교원임용 교육학 논술 대비 2027 권지수의 탁월한 만점전략

상

권지수 교육학

합격지수 100

권지수 편저

박문각

머리말

본 서적은 교육학에 대한 이해(理解)와 정리(整理)를 지향한다. '이해'란 글을 다스려 풀어 헤친다는 의미이고, '정리'는 흐트러진 것을 가지런히 바로 잡는다는 뜻이다. 무릇 공부는 이해에서 출발하여 정리에서 종결된다. 정리되지 않은 이해는 교육학 논술에서 무기력하며, 이해되지 않은 정리는 교육학 논술에서 맹목적이다. 따라서 교육학 논술에서 고득점을 받기 위해서는 이해와 정리가 필수적으로 요구된다. 본 서적은 이 두 마리의 토끼를 모두 잡기 위해 탄생하였다.

필자는 교육학의 이론적 깊이와 논리적 구조를 유지하면서 다음과 같은 점에 특히 유의하여 본 서적을 집필하였다.

첫째, 교육학의 구조를 이해하고, 내용별 중요도를 파악할 수 있도록 하였다. 각 분과 학문 영역별로 Thinking Map을 만들어 교육학의 구조를 한눈에 파악할 수 있도록 하였으며, 각 쟁점별 기출사항을 표시하여 출제 비중을 살필 수 있도록 하였다. 수험생은 교육학의 구조를 한 번에 전부 파악함과 동시에 출제 비중을 고려하여 학습의 강약을 조절할 수 있을 것이다.

둘째, 교육학에 대한 충분한 이해를 지향하도록 하였다. 깊이 있는 이해를 요하는 내용은 좀 더 깊게 다루고, 간략한 이해만 요구되는 내용은 간단하게 처리하였다. 공부는 시간 대비 효율성을 추구해야 합리적이므로 수험생은 본 서적을 통해 보다 합리적이며 효율적으로 학습할 수 있을 것이다.

셋째, 본문은 핵심 내용을 중심으로 간결하게 요약 및 정리하였다. 이것저것 짜깁기된 장황한 줄글의 책들은 정작 핵심 내용을 파악하기 어렵게 하여, 결국 남는 것은 공허한 허상뿐이다. 본 서적은 방만한 내용의 단순 나열을 과감히 탈피하여 핵심을 철저하게 요약하고 정리하였다. 수험생은 교육학의 내용을 보다 쉽게 정리하며 암기해 나갈 수 있을 것이다. 바로 이 점에서 본 서적은 탁월한 만점 교육학을 추구한다. 수험생은 핵심 내용을 정확히 파지할 수 있어 교육학의 만점을 꿈꿀 수 있을 것이다.

본 서적은 철저히 시험에서 승리하기 위해 태어났다. 그 시험이 임용시험이든 행정고시 또는 교육전문직 시험이든 대학원이나 대학의 학과시험이든 불문한다. 본 서적을 통해 시간과 노력의 비용을 절감하면서 최대의 효과를 거둘 수 있을 것이라 확신한다. 필자는 본 서적을 집필하는 데 많은 시간과 노력을 투자하였지만 아직 부족한 점도 일부 엿보인다. 이는 향후 개정판을 통해 보완할 것을 약속드리며, 모쪼록 본 서적이 교육에 헌신하고자 하는 동도제현께 탁월한 선택이 되었으면 하는 바람이다.

겸재 권지수

출제 경향 분석

❶ 교육학 논술 출제 경향 분석

▶ 교육학 논술(20점) = 내용 영역(15점), 체계 영역(5점)

연도	전체 주제	출제 논점(소주제)	출제 영역	논술 유형
2013학년도 (중등 특수) [2013. 5. 25.]	IQ의 해석 ↓ 학습동기	IQ의 해석 [3점]	교육심리학	[대화문] •설명형 •관점 제시형 •실질적 제시문
		기대×가치이론(학습동기 상실 원인/해결방안) [6점]	교육심리학	
		욕구위계이론(학습동기 상실 원인/해결방안) [6점]	교육심리학	
2014학년도 [2013. 12. 7.]	학습동기 유발 ↓ (수업 참여 촉진)	잠재적 교육과정(진단: 수업 소극적 참여) [3점]	교육과정	[대화문] •설명형 •관점 제시형 •실질적 제시문 •형식적 제시문
		문화실조(진단: 수업 소극적 참여) [3점]	교육사회학	
		협동학습 실행(학습동기 유발방안) [3점]	교육방법론	
		형성평가 활용(학습동기 유발방안) [3점]	교육평가	
		교사지도성 행동(학습동기 유발방안) [3점]	교육행정학	
2014학년도 (상반기 추시) [2014. 6. 28.]	학생의 학교생활 적응 향상 및 교사의 수업 효과성 증진 ↓ (학교생활 적응)	차별접촉이론/낙인이론(원인: 학교 부적응) [3점]	교육사회학	[성찰 일지] •설명형 •관점 제시형 •관점 추론형 •실질적 제시문 •형식적 제시문
		행동주의 상담기법(학교생활 적응 향상) [3점]	생활지도와 상담	
		인간중심 상담기법(학교생활 적응 향상) [3점]	생활지도와 상담	
		발견학습(학문중심 교육과정에 근거한 전략) [3점]	교육방법론	
		장학 활동(교사 전문성 개발) [3점]	교육행정학	
2015학년도 [2014. 12. 6.]	교육개념에 충실한 자유교육의 이상 실현	자유교육 관점에서 교육 목적(내재적 목적) [4점]	교육철학	[워크숍] •논증형/설명형 •관점 제시형 •관점 추론형 •실질적 제시문 •형식적 제시문
		백워드 교육과정 설계(특징) [4점]	교육과정	
		Keller의 ARCS(학습동기 향상－과제 제시 방안) [4점]	교육방법론	
		Senge의 학습조직(학습조직 구축 원리) [4점]	교육행정학	
2015학년도 (상반기 추시) [2015. 6. 27.]	교사의 과제 (학교 및 수업에 대한 이해)	학교교육의 선발·배치 기능/한계(기능론 관점) [4점]	교육사회학	[학교장 특강] •설명형 •관점 제시형 •관점 추론형 •형식적 제시문
		관료제 및 이완결합체제(특징) [4점]	교육행정학	
		ADDIE 모형(분석 및 설계의 주요 활동) [4점]	교육방법론	
		준거지향평가(개념 및 장점) [3점]	교육평가	
2016학년도 [2015. 12. 5.]	교사의 역량 (교과·생활지도·조직활동)	경험중심 교육과정(장점 및 문제점) [4점]	교육과정	[자기계발계획서] •설명형 •관점 추론형 •형식적 제시문
		형성평가(기능 및 시행 전략) [4점]	교육평가	
		에릭슨(심리적 유예기)/반두라(관찰학습) (개념) [3점]	교육심리학	
		비공식 조직(순기능 및 역기능) [4점]	교육행정학	
2017학년도 [2016. 12. 3.]	2015 개정 교육과정의 실질적 구현	교육기획(개념과 효용성) [4점]	교육행정학	[신문 기사] •논증형/설명형 •관점 추론형 •실질적 제시문 •형식적 제시문
		내용조직의 원리(통합성+2가지) [4점]	교육과정	
		조나센의 구성주의 학습환경 설계(학습지원 도구·자원과 교수활동) [4점]	교육방법론	
		타당도의 유형과 개념(내용타당도) [3점]	교육평가	
2018학년도 [2017. 11. 25.]	학생의 다양한 특성을 고려한 교육	워커 모형(명칭과 교육과정 개발에 적용 이유) [4점]	교육과정	[대화문] •설명형 •관점 추론형 •실질적 제시문 •형식적 제시문
		문제중심학습(학습자 역할, 문제 특성과 학습효과) [4점]	교육방법론	
		평가유형(준거지향·개인차 해석, 능력지향·성장지향) [4점]	교육평가	
		동료장학(명칭과 개념, 활성화 방안) [3점]	교육행정	

2019학년도 [2018. 11. 24.]	수업 개선을 위한 교사의 반성적 실천	다중지능이론(명칭과 개념, 개발과제와 그 이유) [4점]	교육심리학	[성찰 일지] • 설명형 • 관점 추론형 • 실질적 제시문 • 형식적 제시문
		경험선정의 원리(기회·만족 원리) / 잠재적 교육과정(개념, 결과 예시) [4점]	교육과정	
		척도법(리커트 척도) / 문항내적 합치도(신뢰도 추정방법의 명칭과 개념) [4점]	교육평가	
		변혁적 지도성(명칭, 신장방안) [3점]	교육행정	
2020학년도 [2019. 11. 23.]	토의식 수업 활성화 방안	비고츠키 이론(지식론 명칭과 지식의 성격, 교사와 학생의 역할) [4점]	교육심리학	[교사협의회] • 설명형 • 관점 추론형 • 관점 제시형 • 실질적 제시문 • 형식적 제시문
		영 교육과정(영 교육과정 시사점) / 중핵 교육과정(교육내용 조직방식의 명칭, 이 방식이 토의식 수업에서 가지는 장점과 단점) [4점]	교육과정	
		정착수업(정착수업의 원리) / 위키 활용 시 문제점 [4점]	교육방법	
		스타인호프와 오웬스의 학교문화 유형(명칭, 개선방안) [3점]	교육행정	
2021학년도 [2020. 11. 21.]	학생의 선택과 결정의 기회를 확대하는 교육	교육과정 운영 관점(충실도 관점의 장단점, 생성 관점의 운영방안) [4점]	교육과정	[이메일] • 설명형 • 관점 추론형 • 관점 제시형 • 실질적 제시문 • 형식적 제시문
		자기평가(교육적 효과, 실행 방안) [4점]	교육평가	
		온라인 수업(학생 특성과 학습 환경의 예, 토론게시판을 활용한 학생 지원 방안) [4점]	교육방법	
		의사결정 모형(명칭, 개선방안) [3점]	교육행정	
2022학년도 [2021. 11. 27.]	학교 내 교사 간 활발한 정보 공유를 통한 교육의 내실화	교육과정(수직적 연계성, 교과 내 교육과정 재구성) [4점]	교육과정	[학교 자체 특강] • 설명형 • 관점 추론형 • 관점 제시형 • 실질적 제시문 • 형식적 제시문
		교육평가(총평관에서 진단검사, 평가결과 해석기준) [4점]	교육평가	
		교수전략(딕과 캐리 모형의 교수전략, 온라인 수업에서 고립감 해소를 위한 교수·학습활동 및 테크놀로지) [4점]	교육방법	
		교원연수(학교중심연수 종류, 활성화 지원방안) [3점]	교육행정	
2023학년도 [2022. 11. 26.]	학생, 학부모, 교사의 의견을 반영한 학교 교육 개선	교육심리(자기효능감, 자기조절학습) [4점]	교육심리	[학교 운영 자체 평가 보고서] • 설명형 • 관점 추론형 • 관점 제시형 • 실질적 제시문 • 형식적 제시문
		교육평가(형성평가 활용방안, 내용타당도) [4점]	교육평가	
		교육과정(경험중심 교육과정, 학문중심 교육과정) [4점]	교육과정	
		관료제(순기능, 역기능) [3점]	교육행정	
2024학년도 [2023. 11. 25.]	학습자 맞춤형 교육 지원을 위한 교사의 역량	교육과정(잠재적 교육과정) [3점]	교육과정	[신임교사와 교육전문가 대담] • 설명형 • 관점 추론형 • 관점 제시형 • 실질적 제시문 • 형식적 제시문
		교육방법(온라인 수업 상호작용) [4점]	교육방법	
		교육평가(능력참조평가, CAT 검사) [4점]	교육평가	
		학교운영위원회(구성위원 3주체, 그 구성의 의의, 위원으로 학생 참여의 순기능과 역기능) [4점]	교육행정	
2025학년도 [2024. 11. 23.]	변화하는 환경에서 교육의 기본에 충실한 교사	교육과정(타일러 목표중심모형) [4점]	교육과정	[경력교사와 신임교사의 대화] • 설명형 • 관점 제시형 • 실질적 제시문 • 형식적 제시문
		교육방법(조나센 구성주의 학습환경) [4점]	교육방법	
		교육평가(준거참조평가, 교육평가 기본 가정) [4점]	교육평가	
		교육행정(카츠 리더십 이론) [3점]	교육행정	
2026학년도 [2025. 11. 22.]	수업의 개선을 추구하는 교사	교육과정(학교수준 교육과정, 자연주의 모형) [4점]	교육과정	[교사의 성찰 일지] • 설명형 • 관점제시형 • 실질적 제시문 • 형식적 제시문
		교육방법(학습자 특성, 라이겔루스 이론) [3점]	교육방법	
		교육평가(성장참조평가, 학생 참여 평가) [4점]	교육평가	
		교육행정(직무연수, 학교 중심 교원 전문성 개발 활동) [4점]	교육행정	

❷ 교육학 내용 영역별 출제 경향 분석

연도 \ 영역	교육과정	교육심리	교육방법	교육평가	생활지도	교육행정	교육사회	교육사 철학
2013학년도 (중등 특수)		IQ해석, 기대가치이론, 욕구위계이론						
2014학년도	잠재적 cur.		협동학습	형성평가		상황적 지도성	문화실조	
2014학년도 (상반기)			발견학습		상담기법 (행동주의, 인간중심)	장학활동	차별접촉이론, 낙인이론	
2015학년도	백워드설계		ARCS			학습조직		교육목적 (자유교육)
2015학년도 (상반기)			ADDIE	준거참조평가		관료제, 이완결합체제	기능론 (선발·배치 기능/한계)	
2016학년도	경험중심 cur.	에릭슨, 반두라		형성평가		비공식조직		
2017학년도	내용조직원리		조나센	내용타당도		교육기획		
2018학년도	워커 모형		PBL	준거참조평가, 자기참조평가		동료장학		
2019학년도	경험선정원리, 잠재적 cur.	다중지능이론		리커트 척도, 신뢰도 추정방법		변혁적 지도성		
2020학년도	영 교육과정, 중핵교육과정	비고츠키이론	정착수업, 위키활용			스타인호프와 오웬스의 학교문화유형		
2021학년도	교육과정 운영 관점		온라인 수업	자기평가		의사결정 모형		
2022학년도	수직적 연계성, 교육과정 재구성		딕과 캐리 모형, 온라인 수업	총평관에서 진단검사, 평가결과 해석기준		학교중심연수		
2023학년도	경험중심 cur. 학문중심 cur.	자기효능감, 자기조절학습		형성평가, 내용타당도		관료제		
2024학년도	잠재적 cur.		온라인 수업 상호작용	능력참조평가, CAT 검사		학교운영위원회		
2025학년도	타일러 모형		조나센	준거참조평가, 평가 기본 가정		카츠 리더십		
2026학년도	학교수준 교육과정, 자연주의 모형		학습자 특성, 라이겔루스 이론	성장참조평가, 학생참여평가		직무연수, 학교 중심 교원 전문성 개발 활동		

교사 10계명

1. 하루에 몇 번이든 학생들과 인사하라. 한 마디 인사가 스승과 제자 사이를 탁 트이게 만든다.

2. 학생들에게 미소를 지으라. 밝고 다정한 스승으로 호감을 줄 것이다.

3. 학생들의 이름을 부르라. 이름을 부르는 소리는 누구에게나 감미로운 음악이다.

4. 친절하고 돕는 교사가 되어라. 학생들과 우호적인 관계를 원한다면 무엇보다도 친절하라.

5. 학생들을 성의껏 대하라. 내가 하는 모든 일을 즐거이 말하고 행동하되, 다만 신중할 것을 잊지 말라.

6. 학생들에게 진심으로 관심을 가지라. 내가 노력한다면 거의 누구든지 좋아할 수 있다.

7. 칭찬을 아끼지 말라. 그리고 가능한 한 비판을 삼가라.

8. 항상 학생의 입장을 이해하라. 서로 입장이 다를 경우에는 일반적으로 세 편이 있음을 기억하라. 그것은 '나의 입장', '학생의 입장', 그리고 '올바른 입장'이다.

9. 봉사를 머뭇거리지 말라. 교사의 삶에 있어서 가장 가치로운 것은 학생을 위하여 사는 것이다.

10. 이상의 것에 깊고 넓은 실력과 멋있는 유머와 인내, 약간의 겸손을 더하라. 그러면 교사가 하루를 후회하는 경우는 별로 없을 것이다.

교사의 기도

주여, 저로 하여금 교사의 길을 가게 하여 주심을 감사하옵니다. 저에게 이 세상의 하고 많은 일 가운데서, 교사의 임무를 택하는 지혜를 주심에 대하여 감사하옵니다. 언제나, 햇빛 없는 그늘에서 묵묵히 어린이의 존귀한 영을 기르는 역사에 참여할 수 있는 기회를 주신 데 대하여 감사하옵니다.

주여, 저는 이 일이 저에게 찬란한 영예나 높은 권좌나 뭇 사람의 찬사나 물질적 풍요를 가져오지 않을 것을 잘 알고 있사옵니다. 이 길이 극히도 험난하고 지루하게도 단조로우며 뼈에 사무치게도 외로운 것임을 잘 알고 있사옵니다. 제가 차지하는 사회적 지위를 천시하면서도 제가 완전하기를 기대하는 지난(至難)한 것임도 잘 알고 있사옵니다. 때로는 찢어지게 가난한 낙도에서, 때로는 다 찌그러진 몇 개의 단칸 초가밖에 없는 산촌에서 무지와 싸워야 하는 노역임도 잘 알고 있사옵니다.

그럼에도 불구하고 이 길을 선택한 의지와 용기를 저에게 베풀어 주신 주의 은총을 감사하옵니다. 이 길만이 사람의 올바른 마음을 키우고 우리 사회와 나라를 번영으로 이끌며 인류를 구원할 수 있는 것임을 깨닫게 한 주의 천혜(天惠)를 감사하옵니다.

주여, 그러나 저는 저에게 맡겨진 이 거룩하고도 어려운 과업을 수행하기에는 너무도 무력하고 부족하며 어리석습니다. 갈 길을 찾지 못하여 어둠 속에서 방황할 때, 저에게 광명을 주시어 바른 행로를 보게 하여 주시고, 폭풍우 속에서 저의 신념이 흔들릴 때, 저에게 저의 사명에 대한 굳은 믿음을 주시어 좌절됨이 없게 하여 주시옵소서.

힘에 지쳐 넘어질 때, 저를 붙들어 일으켜 주시고, 스며드는 외로움에 몸부림칠 때 저의 따뜻한 벗이 되어 주시며, 휘몰아치는 슬픔에 흐느낄 때, 눈물을 씻어 주시옵소서. 세속의 영화와 물질의 매력이 저를 유혹할 때, 저에게 이를 능히 물리칠 수 있는 용기를 주시고, 제가 하고 있는 일에 의혹을 느낄 때 이를 극복할 수 있는 총명과 예지를 주시옵소서.

주여, 저로 하여금 어린이에게 군림하는 폭군이 되지 않게 하시고, 자라나는 생명을 돌보아 주는 어진 원정이 되게 인도하여 주옵소서. 제가 맡고 있는 교실이 사랑과 이해의 향기로 가득 차게 하여 주시고, 이로부터 채찍과 꾸짖음의 공포를 영원히 추방하여 주옵소서. 모른다고 꾸짖는 대신에 동정으로써 일깨워 주고, 뒤떨어진다고 억지로 잡아끄는 대신에 따뜻한 손으로 제 걸음을 걷게 하여 주옵소서. 길을 잘못 간다고 체벌을 주기에 앞서 관용으로써 바른 길을 가르쳐 주고, 저항한다고 응징하기 앞서 애정으로써 뉘우칠 기회를 주도록 도와주시옵소서.

주여, 저로 하여금 혹사자가 되지 않게 하여 주시고, 언제나 봉사자가 되게 하여 주시옵소서. 저로 하여금 어린이의 천부적 가능성을 십분 발휘할 수 있는 기회와 풍토를 마련해 주는 협조자가 되게 하여 주시고, 억압이나 위협으로 자라 오르려는 새싹을 짓밟는 포학자가 되지 않게 하여 주시옵소서.

저로 하여금 모든 어린이를 언제나 신성한 인격으로 대하게 하여 주시고, 그들에게도 그들이 살 권리를 가지고 있는 생활과 세계가 있음을 잊지 않게 하여 주시옵소서. 그들은 성인의 축소판도 아니며, 그의 완성물도 아니고 저의 명령에 맹종하여야 하는 꼭두각시도 아님을 항상 기억하고 있게 하여 주옵소서.

주여, 저로 하여금 교사라 하여 어린이의 인격과 자유와 권리를 유린할 수 있는 특권이 있는 것으로 착각하지 않게 하여 주시고 교사의 자리를 이용하여 어린이를 저의 목적을 달성하기 위한 수단으로 쓰지 않게 하여 주시며, 저의 의견을 무리하게 부과하는 대상물로 삼지 않게 하여 주시옵소서. 교사의 임무는 어디까지나 어린이의 올바른 성장을 돕는 협력자요, 동반자임을 잊지 않게 하여 주시고, 그의 올바른 성장이 곧 저의 영광임을 기억하게 하여 주시옵소서.

주여, 저로 하여금 현재 제가 지키고 있는 어린이들이야말로 장차 하느님의 귀한 일꾼이요, 우리나라의 기둥이요, 우리 민족의 계승자임을 거듭 깨닫게 하여 주시고, 그럼으로써 저는 그들을 아끼고, 소중히 하며, 그들을 도와 올바르게 키워야 할 막중한 책무가 저에게 있음을 의식하게 하여 주시옵소서. 저로 하여금 오늘 제가 하고 있는 일이 장차 어린이들의 신앙과 생활과 행복을 좌우하고, 하느님의 일과 교회의 장래, 또한 우리나라와 겨레의 운명을 결정하는 중대한 요인이 될 것임을 마음속에 깊이깊이 간직하게 하여 주시옵소서.

주여, 저에게 힘과 용기를 주시어 이 십자가를 능히 질 수 있게 하여 주시고, 저를 도우시고 긍지를 느낄 수 있는 스승이 되게 하여 주시옵소서.

– 오천석 박사의 "교사의 기도" 중에서

차 례

Part 01 교육과정학

Part 02 교육심리학

Part 03
교수방법 및 교육공학

Part 04
교육평가

권지수의 탁월한 만점전략

권지수 교육학

합격지수 100

PART

01

교육과정학

교육과정학

PART 01 Thinking Map

1 교육과정 개발

- 교육과정 개발절차
  - 교육목표의 설정 95 중등, 10 중등
  - 교육내용의 선정과 조직
    - 교육내용 선정의 원리 99 초등, 00 초등보수, 19 중등論
    - 교육내용 조직의 원리 98~99 초등, 99~00 초등보수, 01 초등, 01 중등, 04 중등, 05~06 초등, 06 중등, 09 중등, 10~11 초등, 11 중등, 17 중등論, 22 중등論
  - 교수학습
  - 평가
- 교육과정 개발모형
  - 개발모형
    - Tyler의 목표중심 모형 98 중등, 00 초등보수, 03 초등, 07~09 중등, 12 초등, 25 중등論
    - Taba의 교사중심 모형 10 중등
    - Skilbeck의 학교중심 모형 07 초등, 11 초등, 12~13 중등
    - Wiggins & McTighe의 백워드 설계 모형 10 초등, 12 중등, 15 중등論
  - 실제모형
    - Schwab의 실제적 모형 07 초등
    - Walker의 자연주의적 모형 00 초등보수, 09 초등, 09 중등, 12 초등, 18 중등論, 26 중등論
  - 이해모형
    - Eisner의 예술적 접근 모형 99 초등, 04 초등, 06~09 초등, 06 중등, 12~13 중등
    - Pinar의 실존적 재개념화 모형 98 중등, 00 중등, 01 초등, 07 중등, 12 초등, 12 중등
    - Apple의 구조적 재개념화 모형 06 중등

2 교육과정 유형

- 공식적 교육과정
  - 교과중심 교육과정 91 중등, 99 초등보수
  - 경험중심 교육과정 90 중등, 92 중등, 94 중등, 99 초등, 99 초등보수, 04 중등, 07~08 중등, 08 초등, 12~13 중등, 16 중등論, 20 중등論, 23 중등論
  - 학문중심 교육과정 92 중등, 94 초등, 99 초등보수, 00 초등, 00 중등, 04 초등, 06 중등, 13 중등, 23 중등論
  - 인간중심 교육과정 92 중등, 99 초등, 10 중등
  - 통합 교육과정
  - 역량중심 교육과정
- 잠재적 교육과정 91 중등, 93 중등, 96 중등, 99 초등, 99~00 중등, 99 초등보수, 02 초등, 06 중등, 08~09 중등, 09 초등, 14 중등論, 19 중등論, 24 중등論
- 영 교육과정 96 중등, 99 초등, 99 초등추시, 02 중등, 03 초등, 05 중등, 09 중등, 09~10 초등, 20 중등論

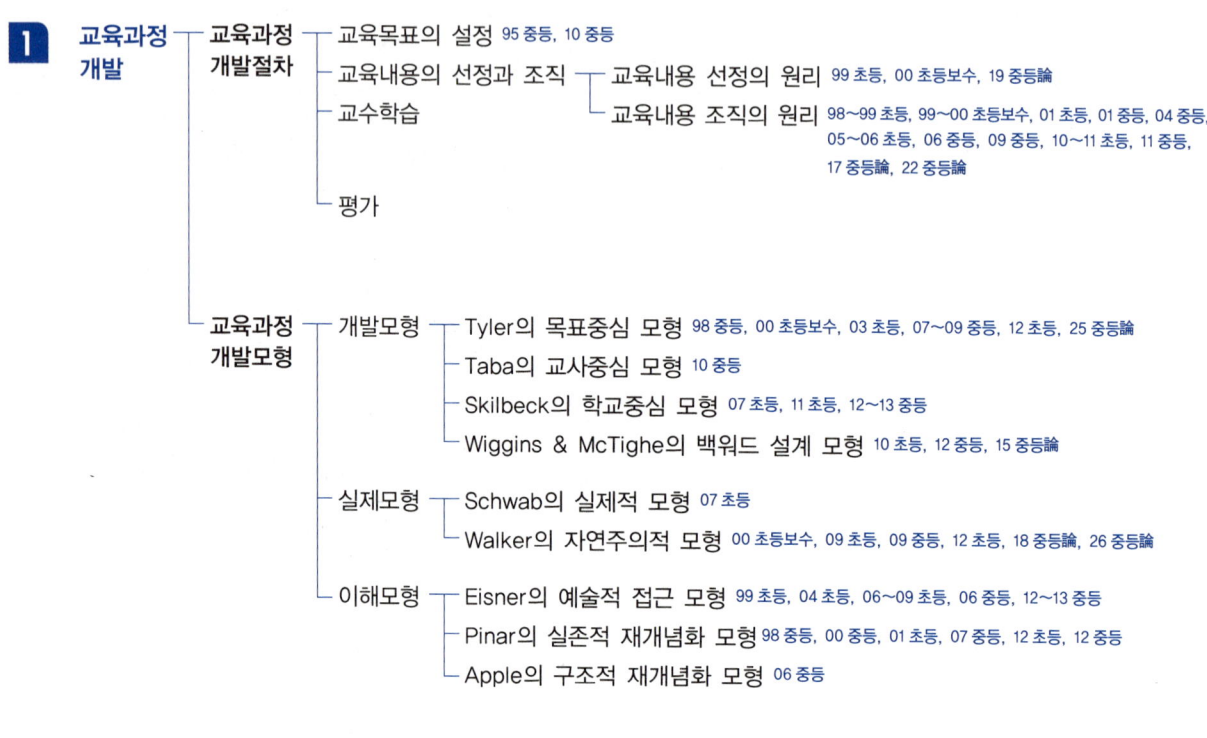

3 교육과정 실제

- **교육과정의 결정과 운영**
  - 교육과정의 결정 98 초등, 02 중등, 05~06 초등
  - Snyder의 교육과정 실행의 관점 07 전문상담, 10 초등, 21 중등論
  - Hall의 교사의 관심에 기초한 교육과정 적용모형 08 초등
  - 학교 교육과정의 재구성 22 중등論, 26 중등論
  - Renzulli의 교육과정 압축
  - Dunkin과 Biddle의 교실 내 수업과정의 연구모형 08 초등
- **2022 개정 교육과정 총론**

권지수 교육학

합격지수 100

Chapter

01

교육과정 개발

Section 01 교육과정 개발절차

MEMO

개념 다지기

❶ 교육과정(curriculum)의 어원

– 라틴어 'currere(쿠레레)'에서 유래 : 경주로, 뛰다(달리다)

1. 전통적 개념

① 결과에 초점을 둔 교육과정 : 명사적 의미, 경주에서 말들이 따라 달려야 하는 경주로(course of race)에서 유래 → 수업에서 따라야 할 학과코스(교수요목)

② 교육의 과정(process, 敎育의 過程)이란 학생이 일정한 목표를 향해 달리는 길(공부하는 과정)

③ 교육목표를 달성하기 위하여 무엇을 선정해서, 어떻게 조직하고, 어떻게 가르치고 평가할 것인지에 대한 교육의 전체적인 계획 예 교수요목(course of study)

2. 현대적 개념

① 과정에 초점을 둔 교육과정 : 동사적 의미, 경주에서 말들이 정해진 길을 따라 달리면서 갖는 경험과 체험의 과정 → 학생들이 살아오면서 겪는 경험, 체험, 반성, 의미 형성 그 자체

② 교육내용(contents, 敎育課程) : 학생이 일정한 목표를 향하여 학습해야 하는 내용 예 지식, 경험

③ 교육과정 발달사에 따른 분류 : 교과중심 교육과정 ⇨ 경험중심 교육과정 ⇨ 학문중심 교육과정 ⇨ 인간중심 교육과정

④ 교육과정 결정요소에 따른 분류 : 교과(학문), 학습자(개인), 사회

❷ 보비트(Bobbitt)의 『교육과정(The Curriculum)』(1918)

1. **교육과정의 정의** : "청소년들이 장차 성인생활을 영위할 때 겪게 될 여러 가지 일들을 보다 효과적으로 처리할 능력 계발이라는 방식하에 경험하지 않으면 안 될 일련의 일들"

2. **이론적 개요** : 학교를 공장에 비유 ⇨ 테일러(Taylor)의 『과학적 경영의 원리(The Principles of Scientific Management)』(1911)에 영향을 받아 '과학적 관리론'을 교육과정에 도입 ⇨ 『교육과정(The Curriculum)』(1918)에서 '교육과정'이라는 용어를 처음 사용한 사람

① 학교는 공장, 학생은 원자재, 교사는 생산직 근로자, 교장은 공장장이다.

② 학교(공장)는 학생(원자재)을 일정 기간 동안 일련의 교육과정(조립생산라인)을 거치게 하여 사회(소비자)가 원하는 이상적인 어른(완제품)으로 제대로(불량품 없이) 배출(생산)할 때 좋은(효율적인) 학교라고 할 수 있다. ⇨ 학교는 아동이 성인 세계에 적응할 수 있도록 준비시키는 기관

③ '이상적인 어른(ideal adult)'이라는 완제품을 향해 제대로 나아가고 있는지를 결정하기 위해 필요한 기준은 지역사회가 정해야 한다.

3. 교육과정의 편성방법: 활동분석법

① 이상적인 어른(ideal adult)의 생활을 몇 가지 주요 활동으로 나눈다.

예 언어활동, 건강활동, 시민활동, 일반적 사회활동, 여가활동, 건전한 정신관리활동, 종교활동, 부모활동 등

② 이러한 주요 활동을 학생이 성취할 수 있는 구체적 활동(specific activities)으로 분석한다. ⇨ 활동 교육과정

③ 학생이 성취해야 할 구체적인 활동을 교육목표로 설정한다.

④ 교육과정 구성의 과학화를 위한 5단계 제시: 인간경험의 광범위한 분석 → 주요 분야의 직무 분석 → 교육목표의 열거 → 목표의 선정 → 상세한 교육계획의 조직

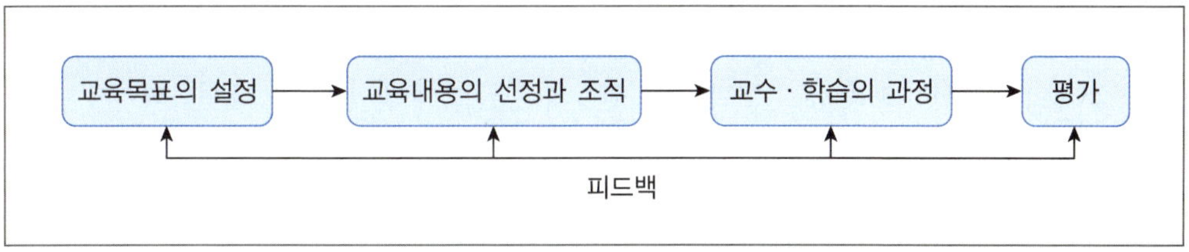

구성요소와 절차

01 교육목표의 설정

1 교육목표의 설정

(1) 교육목표(교육목적)의 기능 키

① **교육활동의 방향 제시**: 교육목표(교육목적)는 교육활동이 나아갈 방향을 제시해 주며, 교육목표가 제시하는 방향에 맞추어 후속적인 교육활동이 전개된다.

② **교육내용의 선정 및 조직, 교수-학습지도 및 생활지도의 기준 제시**: 교육내용을 선정·조직하는 데 있어서 그 기준은 어디까지나 교육목표이다. 교육목표와 무관한 교육내용을 선정·조직할 경우 목적 없는 활동이 된다. 또한 교육목표(교육목적)는 교수-학습지도와 생활지도의 적절한 기준을 제공하는 기능을 한다.

③ **교육평가의 기준(준거) 제시**: 수업이 끝난 뒤 학생들의 도착점행동을 확인하는 평가를 실시하는데, 이때의 평가기준은 이미 설정된 교육목표(교육목적)가 된다. 특히 절대평가에서는 교육목표(교육목적)가 평가의 준거가 된다.

④ **교육활동의 통제**: 교육목표(교육목적)가 교육의 전 과정에 방향을 제시하므로 여기에 어긋난 교육활동은 규제됨으로써 전반적인 교육활동이 효과적으로 실천되도록 유도한다.

MEMO

키워드
활동 방향 제시
내용 선정 기준
교수학습 기순
평가 기준
활동 통제

MEMO

암기법
구포일실

(2) **교육목표 진술의 준거**(기준, 일반원리) 많 02 초등, 08 초등

① **구체성(명료성)**: 교육목표는 교육내용의 선정·조직 및 교육평가에 실질적인 시사를 줄 수 있도록 구체적이고 명료한 행동 용어로 진술되어야 한다.

② **포괄성**: 교육의 궁극적 목적이 전인육성인 만큼 교육목표는 학습자의 사소한 행동이 아니라 폭넓은 행동특성의 변화를 포함하여야 한다.

③ **일관성**: 설정된 목표들은 서로 논리적 모순이 없고 철학적 일관성이 있어야 한다(교육목표는 교육이념과 교육철학에 합당해야 함). 목표 설정은 논리적으로 조직화된 응집성을 견지하여야 하며, 주기적으로 재검토될 수 있어야 한다.

④ **실현 가능성**: 교육목표는 교육활동을 통해 실현 가능한 것이어야 한다. 학습자 개개인의 능력과 수준에 맞아야 할 뿐만 아니라 학교나 학급의 객관적 상황도 고려해야 한다.

⑤ **주체의 내면화**: 교육목표는 모든 교직원들의 행위 속에 받아들여져 내면화되어야 한다. 교육목표를 교직원의 행위 속에 내면화시키기 위한 방법으로 ㉠ 교육목표 설정의 책임을 교직원들의 협동적 작업에 맡기는 일, ㉡ 내용선정과 조직 및 학습활동의 구상을 공동으로 연구하고 작업하는 일, ㉢ 정기적으로 혹은 수시로 교육목표의 재확인, 수정, 보완을 위한 교직원협의회를 가지는 일을 들 수 있다.

⑥ **적합성**: 학생과 사회의 요구와 맥락에 적절해야 한다. 교육목표는 인간의 기본욕구를 충족시켜야 할 뿐만 아니라 학교가 속해 있는 사회의 요구도 고려해야 한다.

⑦ **가변성**: 교육목표는 필요와 상황에 따라 변경될 수 있어야 한다(고정·불변×). 교육목표는 교육내용의 선정·조직과 교수−학습 및 생활지도, 교육평가 등과 역동적인 상호작용을 하므로 그 타당성이 교육의 전 과정에 걸쳐 항상 재검토되고 필요에 따라 변화되어야 한다.

⑧ **타당성**: 학습자의 현재의 삶이나 미래의 삶에 가치 있는 필수적인 것이어야 한다.

2 교육목표 분류(Bloom) 99 초등, 99 중추, 00 초보, 00 중등, 03 초등, 10 중등

(1) **인지적 영역**(cognitive domain) − 복합성(복잡성)의 원리에 따라

지식 (knowledge)	의미	사실, 개념, 원리, 방법 등 이미 배운 내용을 기억하고 재생해 내는 능력(단순한 정보 재생능력) 예 산소의 원자기호 쓰기, 음식의 영양가를 판단하는 데 필요한 준거 쓰기, 삼투압의 원리 쓰기
	세부내용	학습자들이 사실, 개념, 규칙 등을 기억하도록 요구한다.
	행위동사	정의하다, 기억하다, 명명하다, 열거하다, 재생하다 예 5대 영양소를 기억할 수 있다.

MEMO

01

이해 (comprehension)	의미	지식을 바탕으로 자료의 의미를 파악하는 능력 ⇨ 번역, 해석, 추리 능력을 포함 예 [번역] 영어 문장을 우리말로 옮기기, 주어진 2차 방정식을 그래프로 그리기, 그림이나 도표의 내용을 말로 설명하기 [해석] 소설을 읽고 작가의 핵심사상을 파악하는 능력, 건축 설계도를 읽는 능력 [추리] 나타난 진술로부터 직접 추론하여 작품의 결론을 내리기, 추론적 결과를 내릴 수 있는 능력, 장래 예언 능력, 물가변동을 관련 지표를 보고 이 시기를 지난 다음에 어떤 사태가 일어날 것인지를 추측하기
	세부내용	학습내용의 이해를 요구한다.
	행위동사	설명하다, 바꾸어 말하다, 예시하다, 추론하다, 일반화하다 예 이야기의 주요 사건을 요약할 수 있다.
적용 (application)	의미	개념, 원리, 방법 등의 추상 개념을 구체적 사태에 적용하여 문제를 해결할 수 있는 능력 예 삼각함수의 이론을 이용하여 지형의 거리 측정하기, 사회과학의 법칙이나 결론을 실제 사회문제에 응용하는 능력
	세부내용	배운 것을 다른 곳에 적용할 것을 요구한다.
	행위동사	변환하다, 계산하다, 관계 짓다, 사용하다, 작성하다, 연관시키다 예 에너지 보존법칙을 실제 생활에 적용할 수 있다.
분석 (analysis)	의미	주어진 자료를 부분으로 분해하고, 부분 간의 상호관계와 조직원리를 발견하는 능력 ⇨ 요소의 분석, 관계의 분석, 조직원리의 분석 예 사실과 가설의 식별 능력(요소의 분석)
	세부내용	논리적인 오류를 찾아내거나 사실, 의견, 추측, 가설, 결론 간의 차이를 구별해 낼 것을 요구한다.
	행위동사	세분하다, 변별하다, 구분하다, 식별하다, 지적하다, 분리하다 예 신문 사설을 읽고 개인주의를 비난하는 부분을 지적할 수 있다.
종합 (synthesis)	의미	여러 가지 요소나 부분을 새로운 의미체계가 성립되도록 하나의 전체로 묶는 능력으로 창의적인 능력(≒ 창의력)을 포함함 ⇨ 독특한 의사전달방법의 창안 능력, 조작의 계획 및 절차의 창안 능력, 추상적 관계의 도출 능력 예 [독특한 의사전달방법의 창안 능력] 작곡 능력, 자신의 고난 경험을 독특한 표현방식으로 이야기함, 새롭게 작문하는 능력, 즉흥 연설하기 [조작의 계획 및 절차의 창안 능력] 가을 운동회 계획수립 능력, 새로운 프로그램의 창출 능력 [추상적 관계의 도출 능력] 주어진 자료에서 잠정적인 가설을 형성하는 능력
	세부내용	학습자들이 고유하고 독창적인 어떤 것을 만들어 낼 것을 요구한다.
	행위동사	범주화하다, 편집하다, 창조하다, 설계하다, 구성하다, 고안하다 예 주어진 짧은 이야기를 읽고 이야기의 결말을 쓸 수 있다.

MEMO

평가 (evaluation)	의미	어떤 준거를 활용하여 자료의 가치를 판단하는 능력, 최상위 수준의 인지능력 ⇨ 내적 준거에 의한 평가(내적 일관성, 논리적 정확성, 내적 결함 유무를 판단하는 것), 외적 준거에 의한 평가(선정된 준거나 기억된 준거에 의해서 특정 신념을 비판적으로 평가하는 것)
	세부내용	어떤 방법, 생각, 사람들, 물건들에 대해 비판이나 판단을 할 것을 요구한다.
	행위동사	평가하다, 비판하다, 판단하다, 비교하다, 해석하다 예 글을 읽고 제시된 판단기준에 따라 글의 가치를 판단할 수 있다.

암기법
감(수)반가조인

(2) 정의적 영역(affective domain) 암 – 내면화의 원리에 따라

감수(수용, receiving)	의미	어떤 자극이나 활동에 주의를 기울이고 그것을 기꺼이 수용하는 것. 받아들이는 의식과 주의집중과 동기가 필요 ⇨ 감지(인지), 주의집중, 자진감수 예 모차르트 음악을 귀 기울여 듣는다.
	세부내용	어떤 활동을 수용하고 자발적으로 주의를 기울이도록 요구한다.
	행위동사	주의집중하다, 주의 깊게 듣다, 쳐다보다, 바로 앉다 예 자리를 뜨지 않고 베토벤의 교향곡을 주의 깊게 들을 수 있다.
반응 (responding)	의미	어떤 자극이나 활동에 적극적으로 참여하여 만족감을 얻는 것. 주의집중을 넘어 특정 자극이나 활동에 대해 어떤 적극적·자발적인 반응을 보이는 것(≒ 흥미, 만족) ⇨ 묵종반응, 자진반응, 만족 예 모차르트 음악을 들으며 만족감을 느낀다.
	세부내용	어떤 자극에 대해 반응을 하거나 기대되는 행동을 보여 줄 것을 요구한다.
	행위동사	대답하다, 박수치다, 참여하다, 실행하다, 연습하다 예 교사의 지시에 따라 피아노를 연습할 수 있다.
가치화 (valuing)	의미	특정 대상이나 활동에 대해 가치를 직접 추구하고 행동으로 나타내는 것 ⇨ 가치수용, 가치채택, 가치확신 예 친구들에게 좋아하는 모차르트 음악을 듣도록 열렬히 권한다. 한반도 비핵화에 관한 의견을 제시할 수 있다.
	세부내용	학습자들에게 강요하지 않아도 일관된 태도와 믿음을 가지고 행동할 것을 요구한다.
	행위동사	행동하다, 토의하다, 표현하다, 확신하다, 선호하는 것을 나타내다 예 안락사에 대한 자신의 의견을 1000자 내외로 표현할 수 있다.
조직화 (organizing)	의미	서로 다른 가치들을 비교하고 종합하여 일관된 가치체계를 형성하는 것 ⇨ 가치의 개념화, 가치체계의 조직 예 모차르트 음악을 다른 음악과 비교하여 최고의 음악이라고 생각한다.
	세부내용	서로 다른 종류의 가치를 비교하고 연관시켜 통합할 것을 요구한다.
	행위동사	요약하다, 공식화하다, 결합하다, 비교하다 예 자신의 신념에 기반하여 사형제도 찬반론을 비교할 수 있다.

인격화 (내면화, characterization)	의미	가치체계(가치관)가 일관성 있게 내면화되어 인격의 일부가 된 상태. 가치관이 생활양식으로 발전하여 개인의 행동과 생활의 기준이 됨. 내면화 과정의 최종단계 ⇨ 일반화된 행동태세, 인격화 예 이제 모차르트 음악을 듣는 일은 생활(생활양식, 습관체제)이 되었고, 모차르트와 같은 음악가가 되어야겠다고 마음을 먹는다. 장애인들을 볼 때마다 돕고 돌봐주려는 태도를 나타낼 수 있다.
	세부내용	개인의 행동 및 생활의 기준이 되며, 인격의 일부로 내면화될 것을 요구한다.
	행위동사	내면화하다, 요구하다, 결정하다, 보여 주다 예 문제의 대안이 분명하지 않을 때 가설을 세우고 검증하는 탐구적인 태도를 보여 줄 수 있다.

(3) 심동적 영역(psycho–motor domain)

반사 운동(동작) (reflex movements)	개인의 의지와는 무관한 단순 반사동작 예 무릎반사, 동공반사, 파악반사
기초 운동(동작) (basic–fundamental movements)	몇 개의 반사 운동이 통합되어 형성되는 단순 동작 예 이동운동 · 비이동운동 · 손운동 ⇨ 걷기, 달리기, 뛰기, 잡기, 밀기
지각 능력 (perceptual abilities)	주변 자극을 지각하고 해석하여 환경에 대처하는 능력 예 근육변별, 시각 · 청각 · 촉각변별, 자기조정능력 ⇨ 교통경찰의 수신호를 따라 운전하기, 멀리 떨어지는 야구공을 잡기 위해 뛰어가는 것 등
신체 능력 (physical abilities)	숙련된 동작을 위해 필요한 신체 기관의 기능적 능력 예 지구력, 힘, 유연성, 민첩성 ⇨ 멀리 던지기, 높이뛰기, 앞으로 굽히기 등
숙련된 운동(동작) (skilled movement)	비교적 복잡하고 숙련된 운동기능 예 단순 적응기능, 복합 적응기능, 혼합 적응기능 ⇨ 게임, 스포츠, 수영, 무용, 각종 구기운동 등
동작적 의사소통 (non–discursive communication)	신체적 동작을 통하여 감정, 흥미, 의사 등을 표현하는 능력. 표현 자체를 창작하는 운동기능 예 표현운동, 설명적 운동 ⇨ 무용에서 신체동작으로 감정을 표현하는 표현운동, 축구나 야구에서 감독이 자기 팀 선수들에게 신호를 보내는 것, 심판의 판정 등

Plus

교육목표 분류

1. **타일러(Tyler)**: 2원 목표 분류 ⇨ 내용(지식) 차원, 행동(인지과정) 차원
2. **블룸(Bloom)**: 행동적 영역의 목표를 세분화 ⇨ 행동적 영역의 목표를 인지적 영역(Bloom, 1956), 정의적 영역(Krathwohl, 1964), 심리운동적 영역(Harrow, 1972)으로 세분화

MEMO

암기법 기만학습일일

02 교육내용의 선정과 조직

① 교육내용 선정의 원리 (암) 99 초등, 00 초등보수, 03 중등, 07 영양특채, 19 중등論

(1) 기회의 원리(교육목표와의 일관성)

교육목표 달성에 필요한 경험의 기회를 제공하는 것이어야 한다(목표 달성의 경험 제공).

(예) 교육목표가 '교통신호를 지킬 수 있다.'라면 실제로 교통신호를 지킬 수 있는 상황을 주어 어떠하든지 그 신호를 준수할 수 있는 기회를 조성해 주어야 한다. / '컴퍼스를 사용하여 원을 그릴 줄 안다.'가 교육목표라면 실제로 학생들이 컴퍼스를 사용하여 원을 그리는 행동을 할 기회가 제공되어야 한다. / 소설을 읽고 흥미를 느끼는 것이 목표라면 소설을 읽을 기회를 제공하여 목표를 달성해야 한다.

(2) 만족의 원리(동기유발의 원리, 흥미의 원리)

학생들이 학습활동에서 만족을 느낄 수 있도록 학생들의 흥미와 관심에 기초하여야 한다.

(예) 독서지도를 할 때 학생의 흥미와 필요를 토대로 독서에 관한 내용을 선정한다. / '박자치기를 할 수 있다.'는 교육목표를 달성하기 위하여 캐스터네츠를 이용하여 박자치기를 한다고 할 때, 학생들이 캐스터네츠보다 작은북에 더 흥미를 갖는다면 작은북을 이용하는 것이 좋다. / 과학적 태도를 기르는 데 교육목표를 두었다면, 학생은 과학도서와 실험을 접할 수 있는 기회를 많이 가져야 할 뿐만 아니라, 그러한 활동에서 만족감을 느낄 수 있어야 한다.

(3) (학습)가능성의 원리

학습자의 현재 수준에서 학습 가능한 것이어야 한다. 즉, 학습자의 현재 학습능력, 발달수준에 맞는 것이어야 한다. 무조건 쉬워야 함을 의미하는 것이 아니라 적절한 도전감과 좌절감을 경험할 수 있는 것이어야 한다. (예) 초등학교 3학년 학생들에게 2차방정식을 가르칠 수 없다.

(4) 일목표 다경험의 원리(동목표 다경험의 원리, 다양성의 원리)

하나의 목표 달성을 위해 여러 가지 경험을 할 수 있는 것이어야 한다. 다경험의 원리는 교사가 열의와 창의성을 가지면 목표 달성을 위한 효과적인 활동을 많이 할 수 있을 것이라는 것을 알려 준다.

(예) 바람직한 가치관 형성을 위하여 독서, 여행, 대화 등의 다양한 활동을 제공한다.

(5) 일경험 다성과의 원리(동경험 다성과의 원리, 동시학습의 원리)

하나의 학습경험으로 여러 가지 학습결과(학습성과)를 유발하는 것(여러 가지 교육목표에 도달하는 것)이어야 한다. 이를 위해 전이가(轉移價)가 높은 학습경험을 선정해야 한다. 학습경험이 부작용이나 바람직하지 못한 결과를 초래할 가능성은 없는지도 유념해야 한다.

(예) '본 대로 그리기'라는 활동은 '나비의 한살이 이해(자연과)', '박물관에서의 문화재 탐방(사회과)', '보고 그리기(미술과)', '보고 따라하기(체육과)' 등 다양한 목표 달성에 도움을 준다. / 비판적 사고력의 함양, 학교활동에의 적극적 참여 등 여러 가지 교육목표를 달성하기 위하여 '모의법정' 활동을 실시한다.

(6) 타당성의 원리

교육내용은 교육목표 달성에 도움을 주는 것이어야 한다. 즉, 교육목적에 비추어 타당성 있는 내용이어야 한다. 교육내용이 일반목표와 무관하게 선택된다면 목적 없는 교육이 된다.

예 교육내용을 교육목표에 부합되도록 선정한다.

(7) 중요성의 원리

학문을 구성하는 가장 중요한 것을 교육내용으로 삼아야 한다. 교육내용은 학문을 구성하는 가장 본질적인 부분을 나타내는 구조를 담아야 한다.

(8) 유용성의 원리

교육내용은 학습자의 사회생활에 유용한 것이어야 한다. 학생들이 살아가야 할 사회에 필요한 지식, 기능, 가치를 제시해야 한다.

(9) 전이의 원리(파급효과의 원리)

전이가(轉移價)가 높은 학습경험을 선정해야 한다.

예 전이가가 높은 지식의 구조, 기본개념, 일반원리와 같은 내용을 선정한다.

2 교육내용 조직의 원리 01 중등, 04 중등, 05~06 초등, 06 중등, 09 중등, 10~11 초등, 11 중등, 17 중등論

(1) 수평적(횡적) 조직 원리 암

- 같거나 비슷한 시간대에 연관성 있는 교육내용을 나란히 배치하여 학습(수업)의 효율성을 도모하는 것

① 범위(스코프, scope) 01 초등, 04 중등, 22 중등論 : 특정 시점에 학생들이 배우게 될 내용의 폭과 깊이를 결정하는 것이다. ⇨ 학교급, 학년, 교과의 스코프(교과 이름과 배당된 시간 수)

예 관악기의 종류 가운데 어떤 것까지 다룰 것인지 검토한다.

Plus

교육과정 및 교과의 스코프

1. **학교급별 교육과정의 스코프**: 내용의 폭은 교과 이름으로, 내용의 깊이는 교과에 배당된 시간 수를 의미

학교 구분	내용의 폭(교과 이름)	내용의 깊이(배당시간 수)
초등학교	• 1~2학년: 국어, 수학, 바른 생활, 슬기로운 생활, 즐거운 생활 • 3~6학년: 국어, 사회/도덕, 수학, 과학/실과, 체육, 예술(음악/미술), 외국어(영어)	교과별 배당시간 수 예 국어6, 체육3
중학교	필수교과(10개): 국어, 사회(역사 포함)/도덕, 수학, 과학/기술·가정, 체육, 예술(음악/미술), 외국어(영어), 선택	교과별 배당시간 수 예 국어5, 체육3

2. **학년별 교육과정의 스코프**: 학년별 교과 이름과 교과별 배당시간 수
3. **학년별 한 교과의 스코프**: 교과를 구성하는 단원들이나 대주제들 속에 포함된 내용과 할당된 시간 수

   예 중학교 1학년 국어 교과의 스코프: '듣기·말하기, 읽기, 쓰기, 국어 지식, 문학' 등의 내용과 이들에 배당된 시간 수

MEMO

암기법
계 계 통 ← 타일러
\+
범위
수직적/수평적 연계성
균형성

MEMO

② **통합성(integration)**: 유사한 교육내용들을 서로 밀접히 관련(연결, 결합)지어 조직하는 것이다. ⇨ 교육내용들의 관련성을 바탕으로 이들을 하나의 교과나 단원으로 묶는 것, 또는 수업의 효과를 높이기 위하여 관련 있는 내용들을 동시에 혹은 비슷한 시간대에 배열하는 것이다. ⇨ 통합성의 원리가 추구하는 근본적인 목표는 학습자에게 통합된 경험을 제공하는 데 있다. 교육내용들이 상호 연결되어 통합된 경험을 제공함으로써 보다 효율적인 학습과 학습자의 성장·발달을 촉진할 수 있다(통합된 경험의 제공). 그리고 내용의 중복·누락·상극의 모순을 피할 수 있다. 반면, 통합성을 고려하지 않을 경우 교육내용들 간에 불균형·부조화를 가져오게 되고, 또 내용의 중복·누락·상극의 모순을 가져오기도 한다.

예 중학교 1학년에서 환경을 주제로 과학 교과내용과 기술·가정 교과내용을 서로 긴밀히 관련지어 조직한다. / 수학과에서 배운 표와 그래프 개념을 과학과의 실험 결과 데이터 해석과 관련지어 구성한다.

Plus

국가 수준 및 학교 차원에서의 통합성

1. **국가 수준에서의 통합성**: 일부 교과를 통합 교육과정으로 편성하고 학교 단위의 통합적 교과 운영을 강조
   - 초등학교 1~2학년의 통합교과 편제: 슬기로운 생활, 바른 생활, 즐거운 생활(⇨ 교육내용의 논리적 관련성, 사회적 적합성, 개인적 유의미성을 높이기 위해 통합)
   - 중·고등학교의 공통사회, 공통과학의 운영
   - 통일, 교통, 환경, 성교육 등의 범교과 학습
2. **학교 차원의 통합성**: 학년별 또는 교과별 교사들이 참여하여 교육내용을 단원별, 주제별로 상호 연관시키려는 노력을 한다.

③ **균형성**: 여러 학습경험들 사이에 균형이 유지되도록 조직한다.

예 지·덕·체의 조화로운 발달(전인교육) 도모, 일반교양교육과 전문교육의 조화

④ **건전성(보편타당성)**: 건전한 민주시민으로서 지녀야 할 공통적인 가치관, 이해, 태도, 기능 등을 기를 수 있는 건전한 학습경험을 조직한다.

(2) 수직적(종적) 조직 원리

– 시간적 순서에 따라 교육내용을 순차적으로 배치하여 학습(수업)의 효율성을 높이는 것

① **계속성(continuity)**: 일정 기간 동안 동일한 교육내용이 계속 반복되도록 조직하는 것이다(← 중요한 내용이므로 망각하지 않도록). ⇨ 동일한 내용의 단순반복

예 중요 개념·원리·사실학습, 태도학습, 운동기능학습 ⇨ '누적학습' / 인체의 기본 소화기관의 이름과 기능을 초등학교와 중학교에서 반복하여 가르친다.

MEMO

01

② 계열성(sequence) 22 중등論

㉠ 폭과 깊이의 확대 · 심화 : 동일한 내용을 수준을 높여 점차 폭과 깊이를 더해 가도록 조직하는 것이다. ⇨ 동일한 내용의 양적 확대 · 질적 심화 / Taba의 누적학습(계속성과 계열성), Bruner의 나선형 교육과정, Gagné의 위계학습, Skinner의 프로그램 학습

예 고려왕조 설립 과정에 대하여 초등학교에서는 사실만을, 중 · 고등학교에서는 사실과 역사적 의미를 함께 가르친다. 수학에서 덧셈과 뺄셈을 가르치고 난 후 곱셈과 나눗셈을 가르친다.

㉡ 교육내용을 가르치는 순서(배열) : 어떤 내용을 먼저 가르치고 어떤 내용을 나중에 가르칠 것인지를 결정하는 것을 말한다. 학교급, 학년, 학기, 월, 주, 일, 차시별로 결정된다. ※ 계열화 방법 : 단순에서 복잡, 전체에서 부분, 구체적인 것에서 추상적인 것, 논리적 선행요건에 따라, 연대순으로, 주제별로, 학생의 발달단계

단순에서 복잡으로의 방법	기초적이고 단순한 것에서 복잡한 것으로 나아간다. 예 영어 교과에서 과거나 완료 시제를 배우기 전에 현재 시제를 먼저 배운다.
전체에서 부분으로의 방법	전체에서 부분으로 제시한다. 전체에 대한 이해가 부분들을 이해하는 데 필수적일 때 사용 예 지리 교과에서 학습자에게 대륙 전체를 가르친 다음 각 나라와 나라 안의 도시를 소개한다.
구체에서 추상으로의 방법	구체적인 경험에서 추상적인 개념의 순서로 나아간다. 학습자가 친숙한 교육내용에서 점차 낯선 교육내용으로 안내되도록 배치 예 초등학교 도덕 교과는 개인생활, 가정 · 이웃 · 학교생활, 사회생활, 국가 · 민족 생활의 순으로 배열한다.
논리적 선행요건에 따른 방법	논리적인 위계에 따라 조직한다. 어떤 내용을 학습하기 위해 반드시 배워야 할 내용이 있을 때 사용 예 논리적 위계가 분명한 수학, 물리학, 화학 등에서 사용한다. 2차함수를 배우기 전에 1차함수를 먼저 풀도록 하는 것이다.
연대순 방법	다루게 될 교과내용이 시간의 흐름과 관련 있을 때 과거에서 현재 혹은 그 반대로 조직 예 역사 교과, 문학이나 예술 장르의 발전 과정
주제별 방법	내용을 여러 단원으로 묶지만, 단원들이 상호 독립적이어서 학습자가 새로운 단원을 학습하기 전에 이전 단원에서 배운 정보를 사용할 필요가 없을 때 사용 예 중학교 과학 교과에서 '생물의 구성'과 '지구의 구조' 단원은 서로 관련성이 없기 때문에 어떤 것을 먼저 배치해도 상관이 없다.
학생들의 발달 단계에 의한 방법	학생들의 인지, 정서, 신체 등의 발달단계(예 Piaget, Erikson, Kohlberg)에 맞추어 교육내용을 배열 예 Piaget의 인지발달이론에 맞추어 교육내용을 배열한다.

MEMO

③ 수직적 연계성(연속성, continuity, vertical articulation) 05 초등, 22 중등論: 특정한 학습의 종결점이 다음 학습의 출발점과 잘 맞물리도록 교육내용을 조직하는 것이다. 이전에 배운 내용과 앞으로 배울 내용과의 관계성에 초점을 둔 것이다. ⇨ 학교급 간・학년・단원의 연속성

학교급 간의 연속성	초등학교 교육과정은 중학교 교육과정과, 중학교 교육과정은 고등학교 교육과정과 자연스럽게 이어지도록 조직되어야 한다.
학년 간의 연속성	초등학교 3학년까지 전 과목 성취도가 90% 이상이던 많은 학생들이 4학년에 들어와 여러 과목에서 학업성취도가 급격히 떨어진다면 그 과목들의 연속성 상태를 점검할 필요가 있다.
단원 간의 연속성	영어 학습에서 현재형 시제를 처음 접한 학습자에게 곧바로 아주 복잡한 가정법 동사형을 공부할 것을 요구한다면 연속성에서 실패한 것이다.

Plus

연계성

1. **수평적 연계**: 동일 학년 내 유사한 교과내용 간에 동일한 수준을 유지하도록 조직
   예 초등 5학년 도덕과의 인권 개념과 사회과의 인권 개념을 동일한 수준으로 제시
2. **수직적 연계**: 특정 학습의 종결점이 다음 학습의 출발점과 잘 맞물리도록 조직
3. **수평적 연계와 통합의 차이(주된 초점)**
   ① 수평적 연계: 내용 간 '수준'
   ② 통합: 내용 간 '연결(관련)'

✔ 교육내용의 조직방법

논리적 방법	• 교과나 학문의 논리적 구조에 따라 조직하는 방법 • 내용 중심 • 교과 전문가의 판단에 따라 내용을 배열함 • 교과중심 교육과정과 관련됨 • 아동발달단계에 따른 특성, 흥미, 필요 등을 고려하지 못함
심리적 방법	• 아동의 심리적 특성을 토대로 교재를 배열하는 방법 • 행동 중심 • 사고과정, 문제해결과정 등을 중시함 • 경험중심 교육과정과 관련됨 • 논리성, 체계성이 부족함
절충적 방법	• 논리적 방법과 심리적 방법을 절충한 방법 • 아동의 심리적 특성과 교재의 논리적 체계가 유지되도록 배열하는 방법 • 학문중심 교육과정 등 대부분의 교육과정에서 사용됨

Section 02

교육과정 개발모형

01 개발모형

MEMO

개념 다지기

교육과정 개발모형의 전개 과정

1. **개발모형**: Tyler의 합리적 모형, Tyler 모형의 수정(⇨ Taba의 교사 중심 모형, Skilbeck의 학교 중심 모형, Wiggins & McTighe의 백워드 설계 모형)
2. **실제모형**: Schwab의 실제적 모형, Walker의 자연주의 모형(숙의 모형)
3. **이해모형**: Eisner의 예술적 접근 모형, Pinar의 실존적 재개념화 모형, Apple의 구조적 재개념화 모형

개발모형 → 실제모형 → 이해모형

❶ 타일러(Tyler)의 교육과정 개발모형 – 목표중심모형(합리적 모형)

98 중등, 00 초보, 03 초등, 07~09 중등, 12 초등, 25 중등論

(1) 개관 『교육과정과 수업의 기본원리(Basic Principles of Curriculum and Instruction)』(1949)

① **개념**: 교육과정 개발은 교육목표를 설정하고, 학습경험을 선정하여, 이를 잘 조직하고, 적절한 평가 수단을 마련하는 과정이다.

② **가치중립적 입장**: 타일러는 '무엇을 가르칠 것인가'라는 교육과정학의 근본적인 질문에는 전혀 답변하지 않고, 교육과정을 구성하는 방식을 가치중립적인 입장에서 서술하는데, 이것은 당시 전통주의자들과 진보주의자들의 논쟁을 건드리지 않으려는 선택이었다고 볼 수 있다.

MEMO

Plus

❶ 타일러의 논리(Tyler rationale)

1. **사회적 행동주의자 접근**: 과학적인 방법을 통하여 교육과정을 만드는 일과 학교를 통하여 사회에서 필요로 하는 인력을 양성하여 결과적으로 사회를 개선하는 일에 관심을 가졌다.
2. **학력검사의 시각 확대**: 측정의 관점에서만 사용하던 학력검사를 평가의 관점에서도 사용할 수 있도록 시각을 확대시키기 위하여 노력하였다.

❷ '8년 연구'의 책임자

1. **연구 내용**: 고등학교 교육에서도 아동 중심, 생활 중심, 경험 중심을 강조하는 진보주의 교육이 성공할 수 있는가와 진보주의 중등교육을 받은 학생들이 대학에 가서도 성공적으로 학습하고 생활할 수 있는가에 대한 물음에 대한 답을 얻기 위한 연구 ⇨ 1933년부터 1941년까지 30개의 실험학교 학생들을 대상으로 종단연구(고교 3년, 대학 5년)를 실시함
2. **연구 결론**: 진보주의 실험학교의 학생들(진보주의 교육을 받은 고등학교 학생들)이 전통적인 고등학교 학생들(전통적 교육과정으로 공부한 학생들)에 비하여 학문적 성취뿐만 아니라 학교생활 전반에서 오히려 뛰어난 성취결과를 보여 주고 있다.
3. **연구 영향**: 이 연구 결과를 토대로 미국 고등학교의 교육과정이 종래의 교과 중심에서 벗어나 진보주의자들이 희망하는 폭넓은 교양과 생활 적용 교육을 포괄하는 방향으로 바뀌게 되었다.

(2) 개발절차

개념 다지기

교육과정 개발 시 고려해야 할 사항
– 교육과정을 개발하고 수업 계획을 세울 때 반드시 대답해야 하는 4가지 질문

1. 학교에서 달성하고자 하는 교육목표는 무엇인가? ⇨ 교육목표 설정(가장 핵심 요소)
2. 이런 교육목표를 달성하기 위해 어떤 학습경험들을 제공해야 하는가? ⇨ 학습경험의 선정
3. 이런 학습경험들을 효과적으로 조직하는 방법은 무엇인가? ⇨ 학습경험의 조직
4. 의도한 교육목표가 달성되었는지를 어떻게 평가할 수 있는가? ⇨ 결과의 평가

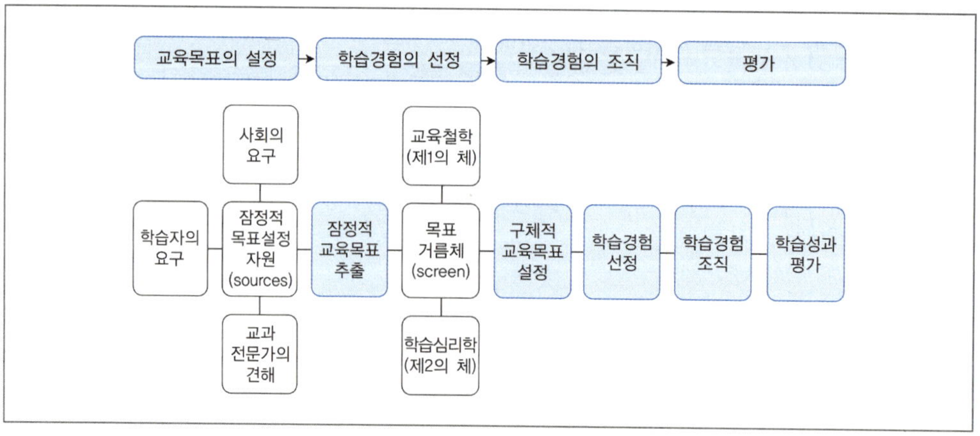

교육과정 개발절차

01

① 교육목표의 설정 : 학교가 달성하고자 하는 교육목표는 무엇인가? ⇨ 가장 중요한 요소

㉠ 잠정적 목표 설정 자원 : 교육목표의 타당성 조건

ⓐ 학습자의 심리적 요구(학습자에의 타당성) : 교육목표는 학습자의 특성, 즉 학습자의 필요와 흥미, 욕구 등을 반영하여 설정

ⓑ 사회적 요구와 가치(사회에의 타당성) : 교육목표는 학교 밖의 사회적 필요나 요구(예 지역사회 · 국가 · 세계) 등에도 부합되게 설정

ⓒ 교과 전문가의 견해(교과에의 타당성) : 교육목표는 교과 관련 전문가들(예 교사, 학자 등)에게 수용될 만한 타당성이 있도록 설정

㉡ 목표 거름체

ⓐ 교육철학(제1의 체) : 교육적으로 추구할 만한 가치가 있는가?

ⓑ 학습심리학(제2의 체) : 학습자가 잠정적 목표를 달성할 수 있는가?

㉢ 구체적 목표 설정(목표 진술 방식 및 원칙)

ⓐ 목표 진술 방식 : 이원목표분류 ⇨ 내용 차원(교육내용, 학습경험)과 행동 차원(도착점행동)으로 나누어 진술

ⓑ 목표 진술 원칙 : ⓘ 포괄성(학습자의 사소한 행동이 아니라 보다 폭넓은 행동특성의 변화를 포함하여야 한다.), ⓘⓘ 일관성(목표는 서로 논리적 모순이 없고 철학적 일관성이 있어야 한다.), ⓘⓘⓘ 실현 가능성(목표는 교육활동을 통하여 실현 가능성이 있어야 한다.)

② 학습경험의 선정 원리 : 교육목표를 달성하기 위하여 어떤 학습경험을 제공해야 하는가?

㉠ 기회의 원리 : 교육목표 달성에 필요한 경험의 기회를 제공하는 것이어야 한다.

예 '컴퍼스를 사용하여 원을 그릴 줄 안다.'가 교육목표라면 실제로 학생들이 컴퍼스를 사용하여 원을 그리는 행동을 할 기회가 제공되어야 한다.

㉡ 만족의 원리 : 학생들이 학습활동에서 만족을 느낄 수 있도록 학생들의 흥미와 관심에 기초하여야 한다.

예 '박자치기를 할 수 있다.'는 교육목표를 달성하기 위하여 캐스터네츠를 이용하여 박자치기를 한다고 할 때, 학생들이 캐스터네츠보다 작은북에 더 흥미를 갖는다면 작은북을 이용하는 것이 좋다.

㉢ (학습)가능성의 원리 : 학습자의 현재 수준에서 학습 가능한 것이어야 한다. 즉, 학습자의 현재 학습능력, 발달수준에 맞는 것이어야 한다.

예 초등학교 1학년 학생들에게 '바르게 글쓰기'라는 교육목표를 설정했다면 붓보다는 연필로 글쓰기를 연습시키는 것이 적절하다. 일반능력을 지닌 초등학교 3학년 학생들에게 2차방정식을 가르칠 수 없다.

㉣ 일목표 다경험의 원리 : 하나의 목표를 달성하기 위해 여러 가지 경험을 할 수 있는 것이어야 한다(다양성의 원리).

예 바람직한 가치관 형성을 위하여 독서, 여행, 대화 등의 다양한 활동을 제공한다. ⇨ 전이력 증가

MEMO

교육목표
학교가 교육과정을 통해 달성하고자 하는 목표, 즉 도착점행동을 의미한다.

학습경험
(learning experience)
교육목표 달성을 위해 학생들이 겪어야 할 경험 ⇨ 어느 한 교과목에서 취급하는 교과내용이나 교사가 펼치게 되는 지도활동 같은 것이 아니라 학습자와 '외적 환경(교육내용)'과의 상호작용을 말하며, 학생들에게 무엇을 제공했느냐의 문제라기보다 학생들이 무엇을 경험했는지의 문제이다.

MEMO

㉤ 일경험 다성과의 원리 : 하나의 학습경험을 통해 다양한 학습결과(학습성과)를 유발하는 것(다양한 교육목표에 도달하는 것)이어야 한다(동시학습의 원리). 이를 위해 전이가(轉移價)가 높은 학습경험을 선정해야 한다. 학습경험이 부작용이나 바람직하지 못한 결과를 초래할 가능성은 없는지도 유념해야 한다.

예 '본 대로 그리기'라는 활동은 '나비의 한살이 이해(자연과)', '박물관에서의 문화재 탐방(사회과)', '보고 그리기(미술과)', '보고 따라하기(체육과)' 등 다양한 목표 달성에 도움을 준다.

③ 학습경험의 조직 원리 : 학습경험을 효과적으로 조직하는 방법은 무엇인가?

㉠ 계속성(continuity) : 일정기간 동안 동일한 교육내용이 계속 반복되도록 조직해야 한다. 동일한 내용의 단순반복 ⇨ 학습경험의 수직적 조직

예 중요 개념 · 원리 · 사실학습, 태도학습, 운동기능학습 ⇨ '누적학습'

㉡ 계열성(sequence) : 동일한 내용을 수준을 높여 점차 폭과 깊이를 더해 가도록 조직한다. 동일한 내용의 양적 확대 · 질적 심화 ⇨ 학습경험의 수직적 조직

예 나선형 교육과정(Bruner)

㉢ 통합성(integration) : 학습경험을 수평적으로 관련지어 조직하여 학습자의 사고의 폭을 넓히고 학습을 용이하게 한다. 서로 다른 교육내용 간의 상호 관련성 ⇨ 학습경험의 수평적 조직

예 3학년 수학과 사회, 과학의 관계(수학에서 계산능력을 사회와 과학의 공부에 쓰이도록 조직 / 과학에 쓰이는 수식이 수학에서 미리 다루지 않은 것이라면 과학 공부의 진전을 가져오기 어려움)

평가
교육목표가 교육과정이나 학습지도를 통해 어느 정도 실행되었는지를 확인하는 과정이다. ⇨ 총괄평가

④ 평가 : 교육목표가 달성되었는지를 어떻게 알 수 있는가?

㉠ 객관적 평가도구의 마련 : 지필검사에는 필요에 따라 다양한 평가방법(작품의 평가, 질문지, 관찰기록, 면접 등)을 사용할 수 있지만, 객관적으로 마련된 도구를 사용해야 한다.

㉡ 교육목표의 달성도 평가

ⓐ 평가의 준거는 교육목표이며, 평가를 통해서 밝혀야 할 사항은 교육목표의 달성도이다.

ⓑ 교육에서 추구하는 것은 교육목표의 실현이며, 그것은 학습자의 행동 변화로 나타날 것이기 때문에 학생의 행동을 평가의 대상으로 삼아야 한다.

ⓒ 단 한 번의 평가로 학생의 행동 변화를 확인할 수 없으므로, 일정 기간 내에 적어도 두 번 이상의 평가 작업이 필요하다.

㉢ 교육목표의 수정

ⓐ 평가는 변화를 알아보는 것이므로 두 번 이상 실행되어야 하며, 평가 결과는 교육목표를 수정할 수 있도록 재투입되어야 한다.

ⓑ 평가의 결과로 얻어진 정보는 학교 프로그램의 특징과 문제를 파악하고 보다 나은 개선안을 만드는 일에 적극 활용되어야 한다.

(3) 특징 암

① **목표중심 모형**: 교육과정 요소 중에서 교육목표를 가장 중시하며, 교육과정의 다른 요소는 교육목표 달성의 수단이다.

② **합리적 모형**: 논리적이고 합리적인 일련의 절차를 제시하고 있어 교육과정 개발에 관심을 가진 모든 사람들이 누구나 쉽게 활용할 수 있다.

③ **결과중심 모형**: 교육의 과정을 검은 상자(black box)와 같다고 보고, 결과로서의 반응에만 관심을 가진다(검은 상자 내에서 어떤 일이 이루어지는가에 관심이 없다). 그래서 교육목표는 교육의 결과 학생이 나타내 보일 행동(도착점행동)으로 진술되기를 요구한다.

④ **평가중심 모형**: 목표 그 자체가 나중에 평가의 준거가 된다.

⑤ **가치중립적 모형**: 교육과정 개발에서 특정 가치나 이념을 배제하고 가치중립적인 입장에서 교육과정을 구성한다. '무엇을 가르칠 것인가'라는 교육과정학의 근본적인 질문에는 전혀 답변을 하지 않고, 교육과정을 구성하는 방식을 가치중립적인 입장에서 제시한다.

⑥ **처방적 모형**: 교육과정 개발자가 따라야 할 실제적인 절차를 제시한다.

⑦ **연역적 모형**: 전체 교과에서 단원(unit)의 개발로 진행된다.

⑧ **직선형 모형**: 목표에서 평가로 진행하는 일정한 방향을 가진다[선형적(linear) 모형].

MEMO

암기법 ▷ 목합가연처

(4) 장단점 암

장점	단점
• **실용성(폭넓은 유용성)**: 어떤 수준이나 어떤 교과에서도 활용·적용할 수 있는 폭넓은 유용성이 있다. ⇨ 국가 수준의 교육과정, 학교 수준의 교육과정 등 폭넓게 적용 가능 • **용이성**: 논리적이고 합리적인 일련의 절차를 제시하고 있어 교육과정 개발자나 수업 계획자가 이를 따라 하기가 쉽다. • **종합성**: 교육과정과 수업을 구분하지 않고 통합적으로 '목표-경험 선정-경험 조직-평가'를 포괄하는 광범위한 종합성을 띠고 있다. • **평가에 광범위한 지침 제공**: 교육목표를 명세화하고 학생의 행동과 학습경험을 강조함으로써 평가에 매우 광범위한 지침을 제공해 준다. • **경험적·실증적 연구 경향 촉발**: 경험적·실증적으로 교육성과를 연구하는 경향을 촉발하였다.	• **내용을 목표 달성의 수단으로 간주**: 목표를 내용보다 우위에 두고 있으므로, 내용을 목표 달성을 위한 수단으로 전락시킨다. • **실질적 내용을 제시하지 않음**: 무엇을 가르쳐야 할 것인가에 대한 대답을 회피하고, 교육과정의 실질적인 내용이 어떤 것인지를 제시하지 않는다. • **부수적·확산적 목표의 중요성 간과(수업의 역동성 간과)**: 목표를 구체화하여 미리 설정하기 때문에 수업 진행 과정에서 새롭게 생겨나는 부수적·확산적 목표(예 표현적 결과)의 중요성을 간과한다. 즉, 수업의 역동성을 반영할 수 없다. • **외적 행동의 변화만 지나치게 강조 ⇨ 내적 행동 파악 곤란**: 겉으로 평가할 수 있는 행동만을 지나치게 강조함으로써 잠재적 교육과정이나 내면적 인지구조의 변화, 가치와 태도 및 감정의 변화를 확인하는 데 약하다. • **교육과정 개발의 실제적 모습을 제시하지 못함**: 교육과정 개발절차를 지나치게 절차적, 합리적, 규범적으로 처방하여 제시함으로써 실제 교육과정 개발에서 일어나는 많은 복잡한 것들에 대한 기술을 경시하였다.

암기법 ▷
- 장점: 실용종평
- 단점: 수실부외실제

MEMO

> **Plus**
>
> **내용모형**(Bruner 모형)
>
> 1. **개념**: 내용모형은 교육내용을 구체화함으로써 교육활동의 성격을 구체화한다. 교육목표를 교육내용에 있는 가치에서 직접 찾고, 지식의 구조를 교육내용으로 한다.
> 2. **특징**: 내용모형은 가치중립적 입장을 취하는 목표모형과는 달리 교육을 통해 이루고자 하는 가치를 더 중시하고 이를 실현하는 데 관심을 가진다. 교육의 가치는 교육내용 속에 내재되어 있다. 따라서 교육과정의 제시는 교육내용을 진술하는 방식을 취하며, 가치 있는 교육내용으로 브루너는 '지식의 구조'를, 피터스는 '지식의 형식' 등을 제시한다.

2 타바(Taba)의 교육과정 개발모형 – 교사중심 모형 10 중등

(1) 개관 『교육과정 개발: 이론과 실제』(1962) 키

키워드
교사 →
교실 수업 염두
학생 요구 반영
한 단원씩 개발

① **교사중심 모형/확장 모형**: 타바(Taba)는 교육과정이 교사에 의해 개발되어야 함을 강조하면서 교육과정 개발이 교수학습 단원(unit)을 만드는 것부터 시작되어야 한다고 하였다.

② **교수-학습활동 전개에 초점**: 타일러 모형에 비해 단계를 세분화하고, 특히 수업 수준에서 교수-학습활동을 어떻게 전개할 것인지를 염두에 두고 만들어진 것이다.

(2) 개발절차

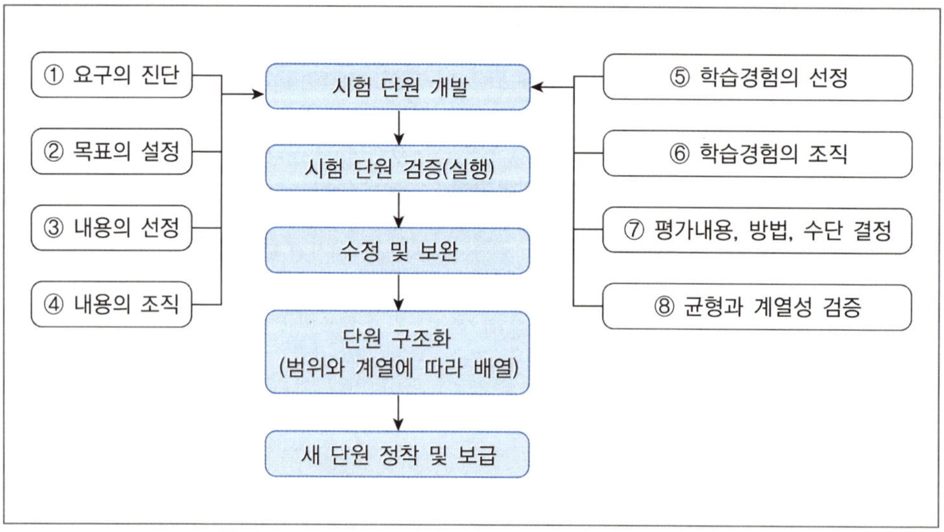

단계	내용
시험 단원 개발	• 교사가 학년별 또는 교과영역별로 시험적인 단원을 개발한다. • 여기에는 요구 진단, 목표 설정, 내용 선정, 내용 조직, 학습경험 선정, 학습경험 조직, 평가내용·방법·수단 결정, 균형과 계열성 검증 등 8가지 하위단계가 순차적으로 요구된다.
시험 단원 검증(실행)	• 이 단계의 목적은 하나 또는 그 이상의 학년 수준들과 다른 교과영역들로 확대될 수 있는 교육과정을 창출하는 데 있다. • 앞의 첫 단계에서는 시험적인 단원이 자신의 학급이나 교과영역을 대상으로 개발된 바, 이의 교수가능성과 타당성을 검증하기 위해 다른 수준의 학년이나 교과영역에 확대 적용해 보는 것이 필요하다.
수정 및 보완	• 개발된 단원들을 수정하고 통합하여 모든 유형의 학급에도 잘 맞는 보편화된 교육과정을 개발한다. • 단원들은 서로 다른 차이를 보이는 학습자들의 요구와 능력, 서로 다른 교육자원(시설·설비·재정), 서로 다른 교수형태에 맞추어 수정이 거듭되어야 온갖 형태의 교실상황에서 쓰일 수 있다.
단원 구조화	• 여러 개의 단원을 구조화하여 전체 범위(scope)와 계열성(sequence)을 검증한다. • 여러 개의 단원들이 개발된 후에 교육과정 개발자들은 횡적 범위의 적정성과 종적 계열의 적절성을 시험해야 한다.
새 단원 정착 및 보급	새로 개발된 단원의 적용과 보급으로, 새 단원을 교실수업에 본격적으로 투입·정착시키기 위해 교사들의 현직연수를 확산해 나가는 것이 필요하다.

(3) 특징

① **교사중심 모형**: 교육과정이 외부 전문가에 의해 개발되어 하향식으로 적용되기보다 교사들에 의해 만들어지는 현장지향적인 것이다.

② **귀납적 모형**: 교육과정 개발이 단원(unit) 개발에서부터 교과 형성으로 진행된다.

③ **처방적 모형**: 교육과정 개발자들이 따라야 할 절차를 상세히 제시한다.
⇨ 타일러 모형 + 학습과 교수의 형태(교수전략)

④ **역동적 모형**: 계속적인 요구진단을 통하여 교육과정 요소들의 상호작용을 강조한다.
⇨ 스킬벡(Skilbeck)과 워커(Walker)는 역동적 모형의 이론가로 분류되는 반면에, 타바(Taba)는 역동성의 측면을 강조한 점은 인정되지만 목표중심 모형 이론가로 분류된다.

(4) 타일러(Tyler) 모형과의 비교

① 타일러 모형에 비해 단계를 세분화하고 특히 수업 수준에서 교수-학습활동을 어떻게 전개할 것인지를 염두에 두고 만들어진 것이다.

② 타일러는 전체적인 학습자, 사회, 교과의 요구나 의견을 분석하였으나, 타바는 보다 좁은 범위에서 학습자에게 무엇이 요구되는가를 분석하였다.

③ 타일러는 연역적 모형이고, 타바는 귀납적 모형이다.

MEMO

④ 접근방법에서 타바는 타일러와 같이 단선형인 반면, 타바는 교육과정 개발 과정의 각 단계에서 보다 많은 정보들이 투입되어야 한다고 본다. 특히 내용에 관한 것(교육내용), 개별 학습자에 대한 것(학습경험) 등을 이원적으로 고려해야 한다고 제안하고 있다.

타일러(Tyler)	타바(Taba)
• 학습자, 사회, 교과의 요구 분석 • 연역적 모형(전체 교과 ⇨ 단원) • 4단계 개발절차 • 교수-학습활동을 단계에서 제외 • 내용과 경험을 학습경험으로 단선화	• 학습자의 요구 분석 • 귀납적 모형(단원 ⇨ 전체 교과) • 타일러보다 세분화된 절차 • 교수-학습활동을 단계에 포함 • 교육내용과 학습경험을 이원화

(5) 장점

① 교사가 수업을 염두에 두고 교육과정을 개발해 나가므로 실제 수업 수준에 적합한 구체적인 교육과정 개발이 가능하다.

② 계속적인 요구진단을 통해 학생의 요구를 교육과정 개발에 계속 반영해 나가므로 학생의 요구나 필요에 부합하는 교육과정 개발이 가능하다.

③ 귀납적 방식으로 교육과정을 개발해 나가므로 한 단원씩 단계적으로 교육과정을 개발하기에 좋다.

④ 교육과정 개발의 절차가 상세히 제시되어 있어 수업을 염두에 둔 교사가 이용하기 쉽다.

키워드
개별 교과
구체적 실천
이해관계

(6) 단점 ㉠

특정 교과의 단원수준의 수업계획서로서의 교육과정을 개발하는 데에는 별문제가 없으나 이보다 상위수준인 국가나 지역수준의 교육과정 총론 개발을 교사들에게 모두 맡기는 것은 부적절할 수도 있다. 특히 중등교사의 경우 개별 교과를 가르침으로써 개별 교과의 시야에 매몰되어 전체 교육과정을 못 본다는 점, 전반적인 철학보다 구체적인 실천에 주목한다는 점, 교육실천에 많은 관심과 경험이 있기 때문에 지나치게 실제적이고 구체적인 측면에 주목한다는 점, 자신이 가르치는 교과의 이해관계에서 벗어나기 어려운 점 등을 문제점으로 지적하고 있다.

3 스킬벡(Skilbeck)의 학교중심 교육과정 개발모형(SBCD) 07 초등, 11 초등, 12 중등, 13 중등

(1) 개관 『학교중심 교육과정 개발모형(School-Based Curriculum Development)』(1984) 키

① **개념**: 스킬벡은 전통적인 교육과정 개발모형의 경직성과 비현실성을 비판하면서, 학교 현장의 교사들이 융통성 있게 교육과정 개발에 참여할 수 있도록 허용하는 학교중심 교육과정 개발모형을 제시하였다.

② **상황분석 단계 추가**: 교육과정 계획에서 '상황분석'의 단계(학교, 교사, 학생 등 내적 상황 분석 및 학부모, 지역사회 등 외적 상황 분석)를 추가하였다. 이는 교육과정이 학교, 교사, 학생의 개별적 특성을 고려한 교육과정 개발을 강조한다. 이런 점에서 보편적인 특성을 지닌 교육과정을 개발하고자 한 타일러(Tyler) 모형과 차이가 있다.

③ **개방된 상호작용 모형(역동적 모형) 제시**: 교육과정 개발자는 자신의 의도에 따라 순서에 상관없이 어느 단계에서나 시작이 가능하며, 심지어 몇몇 단계를 결합하여 운영할 수도 있다. 이로 인해 목표로부터 출발하여 정해진 순서나 절차를 중시한 타일러(Tyler) 모형의 틀은 깨지고 처방 단계 이론은 보다 개방된 상호작용 모형으로 대치된다.

(2) 개발절차

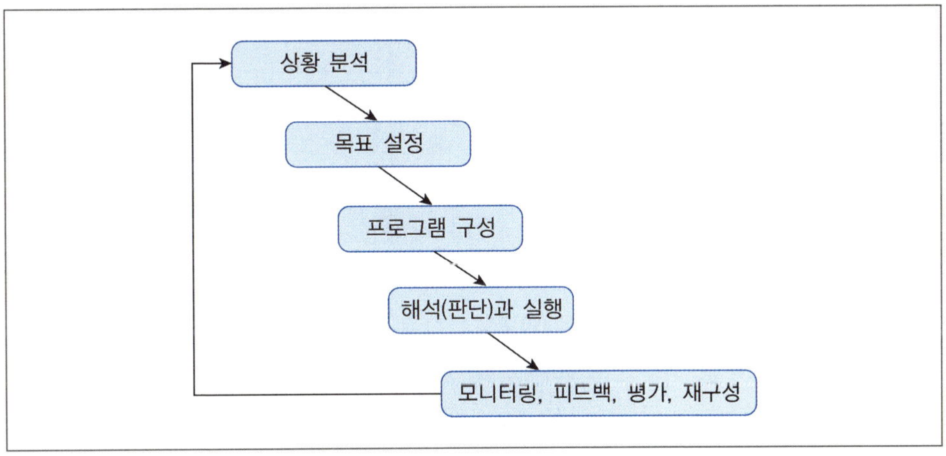

MEMO

키워드
- 상황·특성·현실 고려
- 다양한 요구 고려 (교사·학생·학부모·지역사회)

MEMO

개발절차	내용
상황 분석	• 상황을 구성하는 내적 · 외적 요인들을 분석한다. • 내적 요인 – 학생의 적성 · 능력 · 교육적 요구 – 교사의 가치관 · 태도 · 기능 · 지식 · 경험 – 학교의 환경과 정치적 구조, 공작실 · 실험실 등과 같은 시설 – 교육과정 내에 존재하는 문제점 등 • 외적 요인 – 학부모의 기대감, 지역사회의 가치, 변화하는 인간관계, 이데올로기 등과 같은 사회문화적 변화 – 교육체제의 요구, 변화하는 교과의 성격, 교사 지원체제 등
목표 설정	상황 분석에 기초하여 예상되는 학습결과를 진술하는데, 교육활동의 방향을 제시하기 위한 가치나 판단을 포함한다.
프로그램 구성(구축)	내용 · 구조 · 방법 · 범위 · 계열성 등 교수-학습활동의 설계, 수단-자료의 구비(예 키트, 자원, 교재 등의 상세한 목록), 적절한 시설 환경의 설계(예 실험실, 작업실, 공작실 등), 인적 구성(인사 배치)과 역할 분담, 시간표 짜기 등을 한다.
해석(판단)과 실행	변화된 교육과정에 따라 야기되는 문제점을 예측 · 판단하고 실행한다. 이러한 문제는 경험의 개관, 혁신에 대한 연구와 이론의 분석, 선견지명 등을 통해 파악되고 실행된다.
모니터링, 피드백, 평가, 재구성	모니터링 및 피드백, 평가체제를 설계하고, 연속적인 과정으로 재구성한다.

(3) 특징

① **학교 현실에 기초한 교육과정 개발모형**: 교육과정 개발이 학교 현실이나 상황에 기초하여 이루어지므로 학교 현실을 가장 잘 반영하고 실행 가능성이 높은 학교중심 교육과정 개발모형이다.

② **학교 특성을 고려한 교육과정 개발모형**: 학교, 교사, 학생 등 학교의 개별적 특성을 고려하여 교육과정을 개발하므로 학교 특성을 고려한 교육과정 개발모형이다.

③ **역동적 · 상호작용적 모형**: 교사, 학생, 학부모, 지역사회의 요구와 필요에 따라 발전적으로 수정할 수 있기 때문에 역동적 · 상호작용적인 교육과정 개발모형이다. 또, 교육과정 개발자는 자신의 의도에 따라 순서에 상관없이 어느 단계에서나 시작이 가능하며, 심지어 몇몇 단계를 결합하여 운영할 수도 있다.

MEMO

암기법 학자 / 혼방

01

(4) 장단점 암

장점	단점
• 학교에서 활용하기 적합: 학교의 현실이나 특성 등을 고려하여 교육과정을 개발하므로 학교에서 활용하기 적합하다. • 자율성과 창의성 중시: 교육과정 개발자들의 자율성과 창의성 발휘를 중시하므로 자율적이며 창의적인 교육과정 개발이 가능하다. • 행동적 목표 진술에 따른 교육과정 개발 거부: 행동적 교육목표의 진술에 따른 교육과정 개발을 거부한다.	• 방향감 부족: 교육과정 개발 작업이 나아가는 방향이 일정하지 않아 방향감이 부족하다. • 교육과정 개발의 혼란 야기 가능성: 교육과정 개발의 역동성으로 인해 교육과정 개발 과정에서 혼란이 야기될 가능성이 크다. • 목표 설정 소홀: 목표를 설정해 두는 일을 소홀히 함으로써, 어디로 나아가고 있는가를 분명하게 이해하기 곤란하다.

4 위긴스와 맥타이(Wiggins & McTighe)의 백워드 설계 모형 10 초등, 12 중등, 15 중등論

개념 다지기

백워드(backward) 교육과정 설계

1. 최근 미국에서 널리 활용되고 있는 모형으로, 양질의 교육과정 개발을 위한 노력 가운데 성취기준(standard) 중심의 교육개혁운동에서 비롯되었다. 미국의 1980~1990년대 심각한 학력 저하에 따른 문제 극복을 출발점으로 낙오아동방지법(No Child Left Behind, NCLB법)을 제정하여 학력 향상에 힘쓰기 시작하면서 본격화되었다.

2. 백워드 설계는 미국의 평가 전문가들인 위긴스와 맥타이(Wiggings & McTighe, 1998)에 의해 개발된 모형으로서 타일러(Tyler)의 전통적 교육과정 모델과 브루너(Brunner)의 지식의 구조를 기반으로 하여 만들어진 수업설계 모형이다. 특히 이 모형은 주로 교사가 외부에서 주어진 성취기준을 중심으로 교육과정 단원을 설계·개발할 때 매우 유용하게 활용할 수 있는 틀이다. 백워드 설계는 "학생들이 상황 속에서 무엇을 할 것인가?"보다 "그들이 그것을 수행한 결과로서 무엇을 배울 것인가?"에 더 많은 관심을 기울인다. 따라서 수업을 통해 학생들이 궁극적으로 이해해야 할 '영속적 이해'를 강조한다.

3. 백워드 수업설계란 수업 내내 학습활동만 강조하여 이해능력을 길러주지 못하는 활동중심(activity- based) 설계와 많은 내용을 가르치기에 급급하여 배운 내용의 이해에 이르지 못하는 피상적인(coverage-based) 학습 설계의 잘못을 지적하며, 교육과정 설계는 학생이 배운 내용을 이해하는 데 초점을 두어야 한다고 하였다.
⇨ 수업계획보다 평가계획을 앞세워 학생들의 학습목표 달성 정도를 확인하는 데 유용한 교육과정

4. 이 모형에서 사용한 백워드(backward)라는 단어를 쉽게 설명하자면 다음과 같다. 예를 들어 부산에서 서울로 가려는 사람이 부산에서 대구, 대전에서 해야 할 사항을 나열하면서 최종 목적지인 서울에 도착할 수도 있다(과거 forward식의 접근). 그러나 백워드적 접근 방식에서는 서울에서 봐야 할 가장 중요한 용무를 제일 먼저 제시한 후 이를 위해서 필요한 일을 대전, 대구 그리고 부산 순으로 거꾸로 제시한다.

MEMO

키워드
- 평가계획을 앞세우는 이유? 중요한 개념(big idea)에 대한 영속적 이해를 교수학습의 궁극적 목표로 삼고, 이를 평가계획과 연결하여 수업활동을 전개 → 학생의 이해력 신장 강조
- 그것의 문제점? 평가의존적 수업전략

(1) 개관 『설계에 의한 이해(Understanding by Design)』(1998)

① **개념**: '바라는 결과의 확인(교육목표 설정), 수용 가능한 증거의 결정(평가 계획), 학습경험과 수업의 계획(수업활동 계획)'의 순서로 진행되는 모형으로, 학생의 이해력 신장을 강조한다. 백워드 설계 모형은 미국의 성취기준(standard) 중심의 교육개혁운동에서 비롯된 것으로 교육자들에게 기대된 책무성을 획득하는 데 유리한 수단으로 인식되고 있다.
⇨ **역방향(역행) 설계 모형, 거꾸로 설계 모형**

② **백워드(backward) 설계 모형** 㲹: 전통적인 타일러(Tyler) 방식과 비교할 때 2단계와 3단계의 순서가 역전되어 있는 모형이다. 즉, 학습경험 및 수업 계획보다 평가 계획을 먼저 세운다는 점에서 백워드 설계 모형이라고 부른다. 이 모형은 평가를 교육과정의 마지막 단계에서 고려하는 일반적인 교육과정 모형과 다르게 교육목적과 그 평가 요소를 교육과정 설계의 초기 단계에서 고려하는 것이다. 백워드 디자인에서 평가를 우선적으로 수업설계의 첫 단계로 강조하는 일은 학생 자신이 무엇을 알고, 무엇을 할 수 있어야 하는지 명확하게 알 수 있도록 해 준다. 이와 마찬가지로 교육과정 설계 초기에 평가 항목들을 고려하게 되면 교육과정이 추구하는 목적이 무엇인지, 어떤 내용을 가르쳐야 하는지, 어떠한 방법으로 가르쳐야 하는지를 명확하게 설정할 수 있다.

③ **학생의 이해력 신장**: '학생의 이해력 신장'을 강조하는 교육과정 설계(Understanding by Design) 모형이다. 교육과정 설계는 학생이 배운 내용을 이해하는 데 초점을 두어야 한다고 강조한다.

④ **학습목표 달성 정도의 확인에 유용**: 목표를 마음속에 품고 시작하여 그것을 향해 나아가는 모양으로 설계하는 교육과정 혹은 단원 설계의 접근방식이다.

(2) 이론적 기반 3가지

① **타일러(Tyler) 모형의 이론적 틀 계승**: 백워드 교육과정 설계모형은 전통적인 타일러의 목표 모형을 근간으로 하며, 목표 지향적 교육과정 설계를 강조한다. 상위수준의 교육목표가 하위수준까지 체계적으로 잘 연결되어야 하며, 교사는 책무성을 갖고 이를 교실에 적용하여야 할 것을 요구한다(바라는 결과의 확인).

② **브루너(Bruner)의 지식의 구조 이론에 영향**: 브루너의 지식의 구조를 '영속적 이해(enduring understanding)'라는 용어로 집약하여 교수-학습의 궁극적 목적으로 삼았다. '영속적(지속적인) 이해'란 학습자들이 비록 아주 상세한 것들을 잊어버린 후에도 머릿속에 남아 있는 '큰 개념' 혹은 '중요한 이해'를 의미한다. 학습자들이 학문의 기본적 아이디어, 개념, 원리에 대한 깊은 이해에 도달할 것을 중요한 지침으로 삼는다(바라는 결과의 내용).

③ **교육과정 개발에서 평가의 기능과 역할의 중요성 수용**: 백워드 설계 모형에서는 학습 경험 또는 구체적인 학습내용의 선정에 앞서서 매우 구체적인 평가 계획안을 마련한다. 따라서 이 모형에서 훌륭한 교사는 다양한 평가도구를 타당하고 신뢰할 수 있게 개발할 수 있는 평가 전문가의 역할을 수행한다.

(3) 개발절차 암

바라는 결과의 확인	⇨	수용 가능한 증거의 결정	⇨	학습경험과 수업의 계획
(목표 설정)		(평가 계획)		(수업활동 계획)

백워드 설계 템플릿

1단계: 바라는 결과 확인(desired results)	
설정된 목표(established goals) 이 설계에서 초점을 두는 목표(예 성취기준, 학습 프로그램의 목표, 학습 결과)는 무엇인가?	
이해(understandings) 학생들은 다음을 이해할 것이다. • 중요한 개념(big idea)은 무엇인가? • 중요한 개념에 관해 어떤 특정한 이해가 요구되는가?	본질적 질문(essential questions) 어떠한 질문이 탐구와 이해, 학습의 전이를 유발시키는가?
학생들은 알게(know)될 것이다. 이 단원의 학습결과 학생들이 획득하게 될 중요한 지식과 기능은 무엇인가?	학생들은 할(skill) 수 있을 것이다. 지식과 기능의 습득결과 학생들이 궁극적으로 할 수 있게 되는 것은 무엇인가?
2단계: 수용 가능한 증기 결정(assessment evidence)	
수행과제(performance tasks) • 학생들은 어떤 수행과제(수행평가)를 통해서 바라는 학습결과인 이해를 보여 줄 것인가? • 학생들의 이해를 어떠한 기준(준거)으로 평가할 것인가?	다른 증거(other evidence) • 학생들이 바라는 결과를 성취하였는지를 확인할 수 있는 다른 증거(퀴즈, 시험, 관찰, 숙제, 서닐)는 무엇인가? • 학생들이 어떻게 자신의 학습을 스스로 평가하고 반성할 것인가?

MEMO

암기법
바 수 학

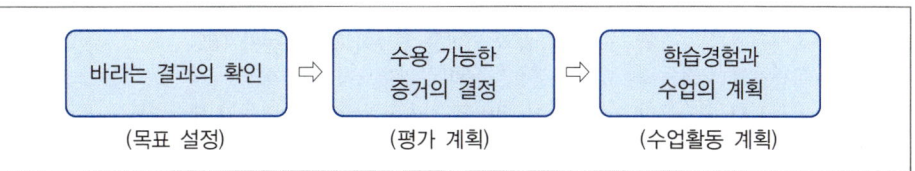

MEMO

3단계: 학습경험 계획(learning plan)

학습활동(learning activities): WHERETO의 단계

학생들이 목표를 성취하기 위한 학습경험을 어떻게 설계할 것인가?

- W = 단원이 어디로 향하며 무엇을 기대하는지 학생들이 이해하도록 돕는가?
  학생의 사전 지식과 흥미를 교사가 이해하도록 돕는가?
- H = 모든 학생의 동기를 유발하고 흥미를 유지하는가?
- E = 학생들이 주요 아이디어를 경험하고 이슈를 탐구하도록 돕는가?(E1)
- R = 학생들의 이해와 학습을 재고하고 수정하기 위한 기회를 제공하는가?
- E = 학생들에게 자신의 학습과 학습의 의미를 평가하도록 하는가?(E2)
- T = 학습자의 서로 다른 요구와 흥미, 능력에 맞추도록 하는가?
- O = 효과적인 학습뿐만 아니라 주도적이고 지속적인 학습 참여를 최대화하도록 조직하는가?

① **1단계 – 바라는 결과의 확인(목표 설정)** ⇨ "학생들이 무엇을 이해하여, 알고, 할 수 있어야 할까?"

바라는 결과의 확인은 국가 수준의 성취기준을 분석하여 목표를 설정하는 것으로, 이는 학생들이 무엇을 이해하고, 알아야 하며, 할 수 있어야 하는지를 밝히는 것이다. ⇨ 설정된 목표, 영속적 이해, 본질적 질문, 학생들이 알고 할 수 있어야 할 지식과 기능의 구체화

㉠ **목표 설정(Goal)**: 교육과정 설계자는 내용 성취기준을 분석하여 성취기준이 되는 중요한 개념(big idea)을 확인한 다음 단원의 목표를 설정한다. 목표는 내용기준과 학습결과 등을 말한다.

㉡ **영속적 이해(Understanding)**: 중요한 개념(big idea)이 학생들에게 어떤 특정한 영속적 이해를 요구하는지 살핀다. 중요한 개념은 바라는 결과의 내용인 영속적 이해를 의미한다. '영속적 이해(enduring understanding)'는 학습자들이 비록 상세 내용을 잊어버린 후에도 머릿속에 남아 있는 '큰 개념/중요한 개념(big idea)'을 뜻한다. '영속적 이해'는 현상을 통찰할 수 있는 지적 안목, 즉 브루너(Bruner)의 지식의 구조에 해당하는 개념이다. 이해는 6가지 종류로 구분된다.

㉢ **본질적 질문(Essential Questions)**: 학생들이 이해를 향해 나아가도록 목표를 심층적 탐구 질문의 형식으로 제시한 것으로, 질문은 주요 아이디어를 가리키는 내용으로 구성된다. 단원 목표를 설정한 후 질문을 개발할 때는 '영속적 이해(큰 개념)'를 포괄할 수 있는 본질적 질문(예 "빛이란 무엇인가?")을 통해 단원전체를 구조화할 수 있는 방향을 설정한다. 그런 다음, 구체적인 내용 중심의 단원 질문을 진술한다(예 '고양이는 어두운 데서 어떻게 보는가?', '빛은 분자인가 파장인가?').

㉣ **지식과 기능의 구체화**: 단원의 학습결과 학생들이 획득하게 될 중요한 지식과 기능은 무엇이며, 지식과 기능의 습득결과 학생들이 궁극적으로 할 수 있게 되는 것은 무엇인지를 구체화한다. 즉, 단원의 학습결과 학생들은 무엇을 알아야 하고, 무엇을 할 수 있어야 하는지 구체화한다.

목표
국가 수준의 성취기준, 학교 수준의 교과별 성취기준과 같은 형식적·장기적 목표를 의미하며, 교수와 평가를 위해서 우선순위를 정하고 기대하는 결과들이다.

성취기준
학습결과로서 학생들이 무엇을 이해해야 하고, 알아야 하고, 할 수 있는지를 제시해 준다. 그러나 실제로 교육현장에서 교육계획을 세울 때에는 성취기준의 범위와 양에 따라 몇 가지 문제가 생긴다. 이를 해결하기 위해 성취기준을 풀고 큰 개념(big idea)으로 재구성하는 작업이 필요하다. Wiggins와 McTighe(2005a)는 '큰 개념'의 의미를 주제에 있는 핵심 개념으로 보았다.

MEMO

01

Plus

영속적 이해

Wiggins와 McTighe는 이해를 여섯 측면(facets)으로 구체화하여 제시하였다. 이는 학습자가 ① 설명할 수 있고(can explain), ② 해석할 수 있고(can interpret), ③ 적용할 수 있고(can apply), ④ 관점을 가지고 바라볼 수 있고(have perspective), ⑤ 공감할 수 있고(can empathize), ⑥ 자기 지식을 가질 수 있는 것이다(have self-knowledge). 학습자가 제대로 이해한다면 다음의 것들을 할 수 있다는 것을 의미한다.

✔ 이해의 6가지 측면 암

이해	의미	예
설명 (explain)	사건과 개념(idea)을 '왜' 그리고 '어떻게'를 중심으로 서술하는 능력	사실이나 사건, 행위에 대해 타당한 근거를 제공하는 능력, 일반화나 원리를 통해 현상·사실·데이터에 대해 정당하고 조직적으로 설명하기, 통찰력 있게 관련짓기, 실례나 예증을 제공하기, 일반화나 원리를 통해 현상이나 사실을 정당하고 조직적으로 설명하기, 통찰력 있게 관련짓기 예 독립전쟁이 왜, 어떻게 발발하였는가?
해석 (interpret)	의미를 제공하는 서술이나 번역	숨겨진 의미를 도출하는 능력, 의미 있는 스토리 말하기, 적절한 번역 제공하기, 자신의 말로 의미 해석하기, 아이디어와 사건에서 드러나는 역사적이거나 개인적인 차원을 제공하기, 이미지·일화·유추·모델을 통해 개인적이거나 접근하기 쉬운 이해의 목표를 설정하기 예 11학년 학생은 걸리버 여행기가 영국 지성인들의 삶에 대한 풍자로서 읽을 수 있음을 보여 준다.
적용 (apply)	지식을 새로운 상황이나 다양한 맥락에 효과적으로 사용하는 능력	알고 있는 것을 다양하고 실질적인 맥락에서 효율적으로 사용하고 적용하기 예 7학년 학생은 자신의 통계적 지식을 활용하여 학생 자치로 운영하는 문구사의 내년 예산을 정확하게 산출한다.
관점 (perspective)	비판적이고 통찰력 있는 견해	비판적인 관점으로 바라보는 능력, 비판적인 관점으로 보고 듣기, 큰 그림을 이해하기 예 학생은 가자 지구의 새로운 협의안에 대한 이스라엘과 팔레스타인의 관점을 설명한다.
공감 (empathize)	타인의 감정과 세계관을 수용할 수 있는 능력	다른 사람이 이상하게 생각하고 이질적이며 믿기 어려워하는 것에서 가치를 발견하기, 이전의 직접 경험에 기초하여 민감하게 지각하기 예 자신을 줄리엣으로 생각하여, 왜 그런 절박한 행위를 하여야만 했는지 설명하는 생각과 감정을 글로 써 본다.
자기지식 (self-knowledge)	자신의 무지를 아는 지혜 혹은 자신의 사고와 행위를 반성할 수 있는 능력	메타인지적 인식을 보여 주기, 개인적 스타일·편견·투사 등 마음의 습관을 지각하기, 우리가 이해하지 못하는 것을 자각하고, 학습과 경험의 의미를 숙고하기 예 내가 누구인지, 어떻게 나의 관점을 결정하는지 스스로 질문해 본다.

암기법
설해적관공자

② 2단계 – 수용 가능한 증거의 결정(평가 계획) ⇨ "애당초 기대하였던 결과를 학생들이 성취하였는지 어떻게 알 수 있을까?"

목표의 성취 정도를 확인하는 평가를 계획하는 단계로서, 교사가 평가자의 입장에서 목표와 이해를 고려하여 수행과제와 평가준거를 마련하고, 그 밖의 다른 증거를 결정한다. 그 주요 내용은 다음과 같다.

㉠ **수행과제와 평가준거 결정**: 수행과제는 바라는 결과인 이해의 정도를 파악하기 위한 수행평가를 의미한다(예 포트폴리오, 프로젝트). 또, 수행결과를 평가할 평가준거인 루브릭(rubric)을 작성한다. 평가준거는 목표와 이해로부터 이끌어 낸다.

MEMO

Plus

GRASPS 모델

Wiggins와 McTighe는 수행과제에 포함되어야 할 요소의 앞 글자를 따서 GRASPS 모델을 제시하였다. 즉, 수행과제는 학생들이 어떤 목표(Goal)를 가지고 특정 역할(Role)을 맡아 구체적인 청중(Audience)과 실제적인 상황(Situation)에서 어떤 수행(Performance)하면서 기준(Standard)에 따라 결과물을 만들어 내는 형식으로 개발한다.

GRASPS 요소에 따른 사회과 수행과제 개발의 예

요소	수행과제 개발의 예
목표 (Goal)	외국 방문객들이 우리 지역의 중요한 역사적, 지리적, 경제적 특징을 이해할 수 있도록 돕고자 한다.
역할 (Role)	당신은 관광공사의 지역 사무소 인턴이다.
청중 (Audience)	영어가 모국어인 외국인 관광객 9명을 대상으로 한다.
상황 (Situation)	4일 동안 지역을 관광하는데 예산과 함께 계획을 세우도록 요구받았다. 방문객들이 우리 지역의 중요한 역사적, 지리적, 경제적 특징이 가장 잘 나타나는 장소를 볼 수 있도록 여행 계획을 세워야 한다.
수행 (Performance)	여행안내서와 예산계획서, 여행일정지도를 작성해야 한다. 당신은 각각의 장소가 선정된 이유와 방문객들이 우리 지역의 중요한 역사적, 지리적, 경제적 특징을 이해하도록 어떻게 도울 것인가 설명해야 한다.
기준 (Standards)	계획서에는 지역의 중요한 역사적, 지리적, 경제적 특징, 특정 지역을 선정한 이유가 포함되어 있고, 정확하고 완벽한 경비가 계산되어 있어야 한다.

ⓛ **다른 증거 결정**: 학생의 이해를 확인할 수 있는 다른 평가 증거(예 퀴즈, 시험, 관찰, 토론, 숙제)를 수집한다. 또, 학생들에게 자기의 학습을 스스로 평가하고 반성할 수 있도록 자기평가의 기회를 준다.

③ **3단계 – 학습경험과 수업의 계획(수업활동 계획)** ⇨ "애당초 바라는 결과를 학생들이 효과적으로 수행하고 성취하기 위해서는 어떤 지식과 기능이 필요하며, 어떤 경험을 하게 할까?"

1, 2단계의 설계 내용에 근거하여 일관성과 계열성을 고려하여 수업활동을 설계한다. 즉, 이해의 여부를 확인할 수 있는 증거를 가지고 학습경험과 수업을 계획하는 단계이다. 목표와 평가의 일치도를 고려하여 수업방법이나 수업자료, 학습경험 등 구체적인 사항에 대해 설계를 한다.

㉠ **WHERETO의 절차(원리)**: Wiggins와 McTighe는 'WHERETO' 요소를 고려하여 구체적으로 학습경험을 계획할 것을 제안하고 있다. 'WHERETO' 요소는 목표를 안내하고(W) 주의 집중시키며(H) 경험하고 탐구하도록 하고(E) 재사고의 기회를 제공하며(R) 함축적 의미를 평가하도록 하고(E) 개별화하여(T) 주도적이고 지속적인 참여를 하도록 조직하도록(O) 한다.

MEMO

01

ⓛ WHERETO의 요소와 의미 : 학습계획 설계를 위한 절차 7단계를 제시하면 다음과 같다.

절차(원리)	의미
W (Where and Why) 단원의 방향과 목적	학생들에게 단원이 어디(Where)로 향하는지, 왜(Why) 배우는지를 이해시켜라. 〈가정과〉 • 게시판에 본질적인 질문을 공고한다. • 영양소에 대한 지식과 학생들의 현재 식습관을 알 수 있는 사전, 사후 테스트를 실시한다. • 요구되는 수행과제와 기한 그리고 체크리스트, 평가 기준에 관한 유인물을 나누어 준다. 〈미술과〉 미술 작품에 담긴 의도, 특징이 의미하는 바에 대하여 알아보도록 한다.
H (Hook and Hold) 주의환기 및 흥미유지	도입에서 학생들의 주의를 집중시키고(Hook), 지속적으로 흥미를 유지(Hold)시켜라. 〈가정과〉 • 신선한 야채와 과일을 먹지 못하는 뱃사람들의 질병에 대한 문제기반 학습을 통해 시작한다. • 학생들에게 "몸에 좋은 음식은 쓰다."라는 말에 대한 학생들의 반응으로 시작한다. 〈미술과〉 미술 작품을 다양한 관점에서 비교하여 이해함으로써 흥미를 유발한다.
E (Equip, Experience, Explore) 경험하고 탐구하기	학생들을 준비(Equip)시키고, 주요 개념(key ideas)을 경험(Experience)하고, 탐구(Explore)하도록 하여라. 〈가정과〉 • 여러 나라의 건강한 식습관에 대하여 조사하라. • 영양에 대한 웹조사를 한다. • 다이어트, 아침 결식과 학습력, 운동기능 등과의 상관관계를 탐구한다. 〈미술과〉 • 문화의 특징이 담겨 있는 시각문화의 생활양식과 사고방식을 이해하고 의미를 탐구하고 존중한다. • 작품의 특징, 의도, 목적을 알아보고 문화와의 관계를 이해한다. • 생활양식이 담긴 전통 미술의 가치를 이해하고, 미술과 문화의 관계를 나타낸다. • 다양한 매체와 재료를 활용하여 전통 미술에 담긴 의미를 표현한다. • 미술 작품에 담긴 가치를 다양한 탐색 과정을 토대로 융합하여 표현한다.

MEMO

R (Rethink, Reflect, Revise) 재고, 반성, 교정하기	학생들에게 주요 개념(key ideas)을 재고(Rethink)하고, 반성(Reflect)하며, 교정(Revise)할 수 있는 많은 기회를 제공하여라(핵심 아이디어들을 다시 생각해 보고 반성하고 교정하게 한다). 〈가정과〉 학생들은 서로 다른 균형 잡힌 영양 식사에 대한 평가를 위해 그룹으로 작업한다. 그리고 나서 그들과 그들 가족의 식습관을 반성한다. 그리고 좋은 식습관에 대한 이해를 확장시키기 위해 가족 식사를 바꾸어 본다. 〈미술과〉 미술 작품에 반영된 사고방식을 이해하며, 계획하여 나타낸 결과에 대하여 서로의 생각을 이야기한다.
E (Evaluate) 작품과 향상도 평가하기	학생들에게 과정과 자기평가(Evaluate)의 기회를 제공하여라(학생들이 그들의 작업과 그것의 함축적인 의미를 평가하도록 허락하라). 〈가정과〉 학생들의 식단을 작성하는 것을 나타내는 핵심과제와 수행에 대한 자기평가를 한다. 〈미술과〉 우리나라와 다른 나라 미술의 가치에 대하여 알게 된 점을 보고서로 작성한다.
T (Tailor) 학습자에게 맞추기, 개별화하기	학생 개개인의 능력, 흥미, 필요를 반영할 수 있도록 개별화(Tailor)하여라. 〈가정과〉 학생들은 자신의 가족구성원이 건강한 식사를 할 수 있도록 식단을 작성, 실행을 평가한다. 〈미술과〉 전통의 아름다움에 대한 의미를 현대적 시각으로 재해석한다.
O (Organize) 효과적인 학습을 위한 내용 조직 및 계열화	깊이 있는 이해를 최적화할 수 있도록 조직(Organize)하여라(효과적인 학습뿐만 아니라 주도적이고 지속적인 학습참여를 최대화할 수 있도록 조직하여라). 〈가정과〉 건강한 식습관과 식단을 계획할 수 있다. 〈미술과〉 전통 미술 문화의 가치를 존중하고 서로의 생각을 발표한다.

MEMO

01

Plus

❶ 포워드 설계 방식과 백워드 설계 방식의 비교

구분	포워드 설계 방식(forward design)	백워드 설계 방식(backward design)
설계절차	교육목표 설정 → 학습내용 선정 → 학습경험 조직 → 학습성과 평가	바라는 결과 확인(목표) → 수용 가능한 증거 결정(평가) → 학습경험 계획(내용, 방법)
교육목표	교육과정 개발에 있어 가장 중요하게 여겨지고 최우선적으로 진행됨	
	목표 설정 원칙, 진술 기준 등을 종합적으로 고려하여 타당하고 합리적으로 설정해야 함	학습자의 사고와 행동 변화에 대한 유의미한 take-away 과정을 통해 내용 목표의 목록 이상의 설정을 요함
교육내용	scope, sequence가 중요한 요인으로, 수직적 연계성을 중요하게 고려하는 계열화 원리에 의해 선정됨	바라는 결과와 증거와의 일관성을 중요하게 고려함. 바라는 결과와 증거를 관통하는 빅 아이디어와 본질적 질문을 통한 의미 구성 과정이 교육내용이 됨
평가도구	목적에 근거하여 가장 적절하되, 분화된 영역(예 정의적, 심동적)을 평가하는 것이 일반적임	어떤 형태로든 이해를 증명할 수 있는 것으로서의 수행 과제. 모범적 예시(anchoring) 제공

❷ 이해중심 교육과정 실천을 위한 교사의 역할

1. 교육과정 개발자로서 교사
2. 평가전문가로서 교사
3. 학습촉진자로서 교사
4. 지속적인 학습자로서 교사

(4) 특징

① **성취기준 강조(성취기준 중심의 모형)**: 교과의 내용 성취기준이 목표 설정 과정에 반영되며, 이 목표를 마음속에 품고 평가와 수업활동이 계획된다(목표 지향적 설계).

② **영속적 이해 강조**: 백워드 설계 모형은 학습자의 영속적 이해(enduring understanding)를 지향한다. 따라서 학생들에게 기본 개념이나 원리에 대한 매우 높은 수준의 이해와 수행을 요구한다.

③ **구체적인 평가 계획 강조**: 학습내용 선정에 앞서 매우 구체적인 평가 계획안이 미리 마련될 것을 강조한다. 교사는 성취기준을 분석하여 목표와 이해를 고려한 수행과제와 평가준거, 그 밖의 다른 증거를 계획하여야 한다.

MEMO

암기법
국교심 / 수평흥

(5) 장단점 암

장점	단점
• **국가 교육과정 기준과 현장 수업의 일치**: 국가 교육과정의 성취기준이 목표 설정과 평가 계획, 수업활동 계획에 반영되므로 국가 교육과정 기준과 현장의 수업이 일치된다. • **교과서에서 교육과정 중심의 수업으로 전환**: 국가 교육과정의 성취기준을 토대로 단원을 설계하고 수업을 운영하므로 교과서 중심 수업에서 교육과정 중심의 수업으로 전환된다. • **성취평가제에 대비한 수업 운영 가능**: 성취기준을 바탕으로 평가를 계획하고 수업을 전개하기 때문에 성취평가제에 대비한 수업을 운영할 수 있다. • **목표, 내용, 평가의 일치**: 목표(standards)와 평가에 합치되는 내용 설계가 가능하여 목표, 내용, 평가가 일치하는 교육과정 설계가 가능하다. • **교과에 대한 학습자의 심오한 이해나 고등사고 능력을 평가 계획에 연결시켜 신장**: 기본 개념, 원리, 핵심적 아이디어를 교수학습의 궁극적 목적으로 삼아, 교과에 대한 학습자의 심오한 이해나 고등사고능력을 평가 계획에 연결시켜 신장시킬 수 있다. • **교사의 교육에 대한 책무성 강조**: 목표 설정과 동시에 평가 계획을 고려한 통합적인 설계 모형으로, 평가 계획은 학습경험과 조직을 통해 계속적으로 실행됨으로써 교사의 교육에 대한 책무성을 강조한다.	• **교육내용의 목표 달성을 위한 수단**: 목표를 우위에 두고 교육과정을 설계하므로 교육내용을 목표 달성의 수단 정도로 이해한다. • **평가 의존적 수업활동 가능성**: 평가 계획을 수업 계획에 앞서 수립하도록 함으로써 평가 의존적인 수업활동이 전개될 가능성이 있다. • **학생의 관심이나 흥미의 고려 문제**: 이 모형에서 설정하는 목표는 주로 학문적 지식에 기반한 내용의 이해에 있으므로 학생들의 관심사나 흥미를 고려하지 못할 수도 있다. • **목표 자체의 정당성 문제**: 목표가 후속 학습내용이나 평가에 직접적인 영향을 미치는 지침의 역할을 하는 것은 사실이지만, 목표의 중요성과 기능만을 강조하였을 뿐 목표 자체의 정당성은 비교적 가볍게 다루고 있다는 지적도 있다.

(6) 백워드 설계 2.0 모형(2011)

① **1단계 – 바라는 결과의 확인**: 바라는 결과는 단원 수준의 영속적·장기적 목표로서, 단원 목표는 설정된 목표, 전이(T: Transfer), 의미(M: Meaning), 습득(A: Acquisition)으로 나누어져 설계된다. 기존 모형에서 이해는 전이(T)와 의미(M)로 나누어지며, 의미는 구체적 이해(Understanding)와 본질적 질문(Essential Question)으로 세분화된다. 따라서 학습자는 지식과 기능을 습득하고 지식의 추론과정을 거쳐 이해에 도달하며 이해한 것을 전이할 수 있어야 한다. 백워드 설계 2.0 모형은 기존 설계에 비해 목표를 세분화하였고, 전이를 강조하였다.

MEMO

㉠ **목표 설정**: 단원의 목표를 설정한다. 목표는 내용 기준과 프로그램의 목표, 학습결과 등을 말한다.

㉡ **전이(Transfer)**: 학생들이 학습한 것을 전이할 수 있도록 바람직한 장기적 성취를 고려한다.

㉢ **의미(Meaning)**

ⓐ **이해(Understanding)**: 이 단원에서 학생들이 이해하기를 바라는 것은 구체적으로 무엇이며, 어떤 추론과정을 형성해야 하는지를 결정한다.

ⓑ **본질적 질문(Essential Questions)**: 학생들의 탐구, 의미 형성, 전이를 촉진할 수 있는 본질적 질문을 한다.

㉣ **습득(Acquisition)**: 학생들은 어떤 사실과 개념을 알아야 하고, 어떤 기술과 절차를 사용할 수 있어야 하는지를 결정한다(사실과 개념의 습득, 기술과 절차의 습득).

② **2단계 – 수용 가능한 증거의 결정**: 바라는 결과, 즉 전이와 의미, 습득 목표에 이르렀음을 보여 줄 수 있는 증거가 되는 수행과제와 다른 증거를 결정하고, 평가준거를 마련한다. 2단계는 코드, 평가준거, 수행과제, 다른 증거로 구성된다.

㉠ **코드**: 바라는 결과 모두가 적절하게 평가되고 있는가를 고려한다.

㉡ **평가준거**: 바라는 결과의 달성을 판단하기 위해 각각의 평가에 필요한 평가준거를 작성한다.

㉢ **수행과제와 다른 증거**: 학생들의 이해(의미 형성 및 전이)를 증명할 수행과제와 다른 증거를 결정한다.

③ **3단계 – 학습경험과 수업의 계획**: 1단계의 바라는 결과와 2단계의 수용 가능한 증거가 일치될 수 있도록 학습경험과 수업을 체계적으로 조직한다. 2.0 버전에서는 사전평가와 모니터링의 단계가 추가되었다. 본격적인 학습활동 전에 학습자들의 사전 지식과 경험을 평가하고, 학습활동 중간의 모니터링을 통해 적절한 피드백을 사용하여 학습자들이 목표에 더 잘 도달할 수 있도록 한 장치라고 할 수 있다.

㉠ **코드**: 각 학습활동의 목표가 무엇인지 고려한다.

㉡ **사전평가**: 학생의 사전지식, 기능수준, 잠재적 오개념을 확인하기 위한 사전평가를 계획한다.

㉢ **학습활동**: 학생들의 전이, 의미, 습득의 성공을 위한 본격적인 학습활동을 계획한다.

㉣ **향상도 관찰**: 학습활동 중에 학생들이 의미, 습득, 전이로 나아가는지 모니터링(관찰), 피드백을 계획하여 목표에 더 잘 도달할 수 있도록 한다.

MEMO

백워드 설계 2.0 모형 템플릿

<table>
<tr><th colspan="3">1단계: 바라는 결과 확인(Desired results)</th></tr>
<tr><th>설정된 목표</th><th colspan="2">전이</th></tr>
<tr><td rowspan="8">• 이 단원은 어떠한 내용기준과 프로그램 혹은 과업 관련 목표를 다룰 것인가?
• 이 단원은 어떤 마음의 습관과 교차 학문적 목표(예 21세기의 기능, 핵심능력)를 다룰 것인가?</td><td colspan="2">학생들은 자신들이 학습한 것을 ……하는 데 사용할 것이다.
어떤 유형의 장기적 성취가 바람직한가?</td></tr>
<tr><th colspan="2">의미</th></tr>
<tr><th>이해</th><th>본질적 질문</th></tr>
<tr><td>학생들은 ……을 이해할 것이다.</td><td>학생들은 ……을 숙고할 것이다.</td></tr>
<tr><td>• 학생들이 이해하기를 바라는 것은 구체적으로 무엇인가?
• 그들은 어떠한 추론을 형성해야 하는가?</td><td>어떠한 사고 유발 질문이 탐구, 의미 형성, 그리고 전이를 촉진할 것인가?</td></tr>
<tr><th colspan="2">습득</th></tr>
<tr><td>학생들은 ……을 알 것이다.</td><td>학생들은 ……에 정통할 것이다.</td></tr>
<tr><td>학생들은 어떤 사실과 기본개념을 알고 또 기억할 수 있어야 하는가?</td><td>학생들은 어떠한 별개의 기술과 절차를 사용할 수 있어야 하는가?</td></tr>
<tr><th colspan="3">2단계: 수용 가능한 증거 결정(Assessment evidence)</th></tr>
<tr><th>코드</th><th>평가준거</th><th></th></tr>
<tr><td rowspan="2">바라는 결과 모두가 적절하게 평가되고 있는가?</td><td rowspan="2">• 바라는 결과의 달성을 판단하기 위해서 각각의 평가에 필요한 준거는 무엇인가?
• 평가양식과 상관없이 어떤 특징이 가장 중요한가?</td><td>수행과제
• 학생들은 ……을 증거로 그들이 실제로 이해하고 있음을 보여 줄 것이다.
• 학생들은 복잡한 수행을 행하며 그들의 이해(의미 형성 및 전이)를 어떻게 증명할 것인가?</td></tr>
<tr><td>다른 증거
• 학생들은 ……함으로써 1단계 목표 달성을 보여 줄 것이다.
• 1단계 목표 달성 유무를 결정하기 위해 수집해야 할 다른 증거(자료)는 무엇인가?</td></tr>
</table>

MEMO

01

3단계: 학습경험 계획(Learning plan)		
코드	학생의 사전 지식, 기능 수준, 그리고 잠재적인 오개념을 확인하기 위해서 어떠한 사전평가를 사용할 것인가?	사전 평가
각 학습활동 혹은 유형의 목표는 무엇인가?	학습활동 학생들의 전이, 의미, 습득 성공은 ……에 달려 있다. • 학습계획에서는 3가지 목표(습득, 의미, 전이)가 다루어지는가? • 학습계획은 학습원리와 최고의 실행을 반영하는가? • 1단계와 2단계는 탄탄하게 줄맞추기 되어 있는가? • 이 계획은 모든 학생들에게 매력적이고 효과적일 것 같은가?	향상도(progress) 관찰 • 학습활동 중에 학생들이 습득, 의미, 전이로 나아가는 것을 어떻게 관찰할 것인가? • 잠재적인 난관이나 오해는 무엇인가? • 학생들은 자신들이 필요한 피드백을 어떻게 구할 것인가?

02 실제모형

1 슈왑(Schwab)의 실제적 교육과정 개발모형 07 초등

개념 다지기

슈왑(J. Schwab)은 『School Review』에서 '교육과정학은 죽어가고 있다.'라고 충격적인 선언을 하면서 학문의 위기를 맞을 때 나타나는 징후가 교육과정학에서도 나타나고 있다고 주장하였다. ⇨ 1970년대 재개념주의 연구가 등장하는 이론적 배경을 제공

1. **교육과정 비전문가에 의한 교육과정 개발**: 그 분야의 전공자가 아닌 타 분야 전공자에게로 주도권이 넘어가고 있다. 즉, 교육과정 개발이 교육과정 전문가가 아닌 브루너(Bruner)와 같은 심리학사나 물리학자에게로 넘어갔다.
2. **타일러(Tyler)의 논리의 반복**: 교육과정 연구에 있어 '타일러(Tyler)의 논리'만 반복하고 있다.

(1) 개관 『School Review』(1969)

① 실제적 상황을 중시하는 교육과정 개발: 슈왑(J. Schwab)은 지금까지의 교육과정 연구가 교육과정 개발의 이론(theory)에만 집착해 온 경향성을 비판하고 교육과정 연구는 '실제적(practical)', '절충적(eclectic)'인 방향으로 진행될 때 교육의 질 향상이 이루어진다고 주장하였다. ⇨ 교육과정 연구가 특수한 상황에 따라 적절한 대안적 행동을 모색할 수 있도록 해야 함을 강조

MEMO

② **숙의 과정 강조**: 슈왑은 교육과정 이론의 좋고 나쁨은 그것이 구체적인 상황에서 얼마나 유용하게 적용될 수 있는가 하는 정도라고 보아야 하며, 이러한 특수한 상황에 대한 배려는 마치 배심원들이 주어진 여러 구체적인 증거들을 바탕으로 고심하여 판결을 내리듯이 '숙의(deliberation)'라고 하는 과정을 통하여 가능한 것이라고 주장한다.

(2) 실제적 교육과정의 목적과 의의

① **목적**: 실제적 교육과정의 목적은 학습자들로 하여금 지식을 추구하기보다는 어떤 결정을 할 수 있는 능력을 기르는 것이다.

② 의의

㉠ **구체적 교육과정에 관심**: 보편화된 일반원리로 구성되는 교육과정의 이론을 추구하기보다는 구체적인 교육과정의 정책이라고 할 수 있는 실천의 사례에서 보다 좋은 결정과 행위를 찾도록 제안한다. 즉, 교육과정은 일반적 이론을 중시할 것이 아니라 구체적, 일상적인 교육과정 문제에 관심을 가져야 한다고 주장한다.

㉡ **유연한 변증법적 특성**: 슈왑의 견해는 타일러의 논의에 비해 조직적이거나 종합적이지는 못하지만, 오히려 보다 유연한 변증법적인 특성을 갖는다고 할 수 있다.

2 워커(Walker)의 자연주의적 교육과정 개발모형 – 숙의(熟議) 모형

00 초등보수, 09 초등, 09 중등, 12 초등, 18 중등論, 26 중등論

개념 다지기

1. 워커(D. Walker)는 교육과정을 실제적 장면에서 연구하였고, 교육과정 개발에 참여하는 사람의 의견이 타협되고 조정되는 과정을 강조하였다. 그는 타일러 모형이 교육과정 개발절차를 지나치게 절차적, 체계적, 합리적, 규범적으로 처방하여 제시함으로써 교육과정 개발에서 일어나는 많은 복잡한 것들에 대한 기술을 사상(捨象)했다고 비판하였다.
2. 워커는 교육과정 개발 참여자들이 다양한 견해를 표방하고 공통된 기반을 모색하는 '토대(강령, platform)' 단계, 다양한 대안들에 대한 논쟁을 거쳐 합의의 과정에 이름으로써 가장 그럴듯한 대안을 선택하는 '숙의(deliberation)' 단계, 선택한 대안을 실천 가능한 것으로 구체화하는 '설계(design)' 단계를 자연스럽게 거치면서 교육과정을 개발한다고 하였다.

(1) 개관

① **개념**: 워커(D. Walker)는 교육과정을 개발할 때 따라야 할 합리적인 절차를 제시하기보다는 실제 상황에서 교육과정이 어떻게 개발되는지 자연스런 과정을 설명하고자 하였다. 이 때문에 자신의 교육과정 개발모형을 '자연주의적 모형(naturalistic model)'이라고 하였다.

② **교육과정 개발모형의 실제적 적용 문제**: 실제성을 강조한 슈왑의 교육과정 개발관을 계승한 워커는 교육과정 개발 과정에 직접 참여하면서 교육과정이 어떻게 개발되는지를 관찰하였다. 그 결과 교육과정 개발이 타일러의 처방대로 진행되지 않는다는 사실을 발견했다.

③ **자연주의적 개발모형 제시**: 그래서 실제 상황에서 교육과정 개발이 어떻게 이루어지는지 교육과정 개발 과정을 설명하는 틀을 만들고, 이를 '자연주의적 모형(naturalistic model)'이라고 명명하였다. 이러한 워커의 모형은 교육과정 개발자들이 실제로 교육과정 개발 과정에서 무엇을 하는지를 구체적으로 드러내 주는 특징을 지닌다.

✔ 타일러 모형과의 비교

타일러(Tyler)	워커(Walker)
교육과정 개발에서 설계 활동에 관심을 두고 설계를 위한 4가지 과제 수행의 원리 처방에 관심	교육과정 개발에서 개발자가 갖는 신념과 활동 그리고 역동적인 상호작용 행위의 묘사에 관심 ⇨ 역동적 모형

MEMO

암기법
토 숙 설

(2) 개발절차 암

순서에 구애받지 않고 융통성 있게 진행할 수 있는 역동적 모형 ⇨ 언제 토대 다지기 활동을 끝내고, 언제 숙의 활동을 시작할 것인지 분명하지 않다. 이는 처음부터 타일러(Tyler)의 선형적 논리체계를 의도하지 않았기 때문이다.

토대(강령) ⟶ [자료] ⟶ 숙의 ⟶ [정책] ⟶ 설계

개발절차	내용
토대(강령) (platform)	• **의미**: 교육과정 개발 참여사들이 나양한 견해(강령, platform)를 표방하고 공통된 기반(토대)을 모색 ⇨ 공감대 형성하기 • **강령(platform)**: 협의회 참석 전에 교육과정 개발 참여자들이 이미 가지고 있는 기본 입장 ⇨ 개념(신념), 이론, 목표, 이미지, 절차 등으로 구성
숙의 (deliberation)	• **의미**: 다양한 대안들에 대한 논쟁을 거쳐 합의의 과정에 이름으로써 가장 그럴듯한 대안을 선택 ⇨ 강령(platform)이 행동차원의 정책으로 전환되는 과정 • **숙의**: 숙의는 주어진 교육과정 문제를 가장 설득력 있고 타당한 방법으로 논의하며, 논쟁을 통해 가장 유망한 교육과정 실천 대안을 검토하는 일 ⇨ 적절한 사실의 규명(어떤 사실이 수단과 목적을 위해 필요한지 규명), 선례에 비춘 여러 대안의 창출, 여러 대안의 비용과 결과 고려, 가장 옹호할 만한 대안의 선택 등을 포함 • **기존 교육과정 정책의 영향**: 반드시 합리적으로 전개되는 것은 아니며, 기존의 교육과정 정책이 영향을 미침
설계 (design)	• **의미**: 선택한 대안을 실천 가능한 것으로 구체화(계획된 교육과정의 창안) ⇨ 교육 프로그램의 상세화 • **설계**: 교육과정에 담으려는 내용, 즉 구체적 프로그램을 만드는 것 ⇨ 구체적인 교과, 수업, 수업자료나 활동 등을 포함

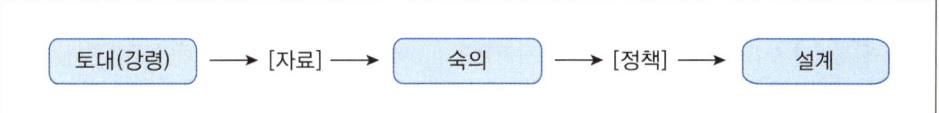

MEMO

(3) 특징

① **서술적 모형**: 교육과정 개발자들이 실제로 따르고 있는 절차를 서술하고 있다는 점에서 서술적(descriptive) 모형이다. 이는 타일러의 처방적(prescriptive) 모형과 비교될 수 있다.

② **과정 지향적 모형**: 교육과정 개발 참여자들 간의 의견이 타협되고 조정되는 과정, 즉 '숙의'를 강조한다. 이런 점에서 결과보다는 교육과정 개발에 이르는 의사결정 과정이나 절차를 중시한다.

③ **비선형적 · 역동적 모형**: 각 단계는 비선형적 · 역동적이며, 순서에 구애받지 않고 타협과 조정이 강조되는 융통적인 모형이다.

④ **대규모 교육과정 개발에 적합**: 국가 수준의 교육과정 개발과 같이 교육과정 전문가들이 참여하고, 개발을 위한 자금과 시간이 풍부한 비교적 대규모 교육과정 개발에 적합하다.

(4) 장단점

장점	단점
• **실제 교육과정 개발과정 묘사**: 교육과정을 계획하는 동안 실제로 일어나는 것을 정확하게 묘사해 준다. • **교육과정 개발에 대화가 필요함을 강조**: 계획자가 다른 강령에 반응하고 숙의하기 위해 대화에 상당한 시간을 보내야 할 필요성을 강조한다. 또, 어떤 교육과정 계획팀에서도 일어날 수 있는 다양한 공격과 논쟁을 보여 준다. • **특수한 상황(맥락)을 고려한 교육과정 개발**: 교육과정의 설계를 특수한 상황(맥락)에 맞추어야 할 필요성을 강조한다. • **합의가 안 된 교육과정 개발 진행 가능**: 교육과정 개발에 대한 합의를 이루지 못했을 경우에도 교육과정이 어떻게 진행될 수 있는지를 잘 진술해 주고 있다. 타일러(Tyler) 모형은 합의가 안 되는 경우에 대해 언급이 없다.	• **소규모의 학교 교육과정 개발에는 부적절**: 전문가, 자금, 시간이 많이 요구되기 때문에 소규모의 학교 교육과정 개발에는 적절하지 않을 수 있다. • **시간 소요가 많음**: 참여자가 강령을 설정하고 숙의하는 데 상당한 시간이 필요하다. • **교육과정 설계 완성 후의 문제**: 거의 전적으로 교육과정 계획에만 초점이 맞추어 있으므로 교육과정 설계가 완성된 뒤의 문제에 대해서는 언급하지 않는다. 즉, 계획된 교육과정을 실행하거나 평가하는 것에 대해 아무것도 말하지 않는다. • **입장을 표명하지 않는 교육과정 개발에는 부적절**: 일상적이며 논쟁적이지 않은 경우나 자신의 입장을 드러내지 않는 경우의 교육과정 계획 활동에는 적절하지 않다.

MEMO

01

03 이해모형

1 아이즈너(Eisner)의 예술적 교육과정 개발모형(예술적 접근 모형)

99 초등, 04 초등, 06~09 초등, 06 중등, 12~13 중등

개념 다지기

1. 아이즈너는 '교육적 상상력(The Educational Imagination, 1979)'을 통해 교육과정 개발에 대한 새로운 관점을 제시하였다. 그는 목표를 중심으로 개발되는 교육과정 개발절차의 과학성을 인정하고는 있으나, 학교 교육과정에서 의도하는 교육적 결과는 그보다 훨씬 복잡하기 때문에 교육적 의도에 맞게 교육적 상상력을 동원하여 최선의 프로그램을 개발해야 한다고 하였다.
2. 아이즈너는 개인이 의미를 구성하는 방법은 다양하므로 교육과정에 대한 의사결정을 하는 사람은 실제에 대한 다양한 시각을 표현하는 예술가와 같은 사람이라고 말했다. 그는 미술교사로서의 경험과 미술 교육과정 프로젝트에 참여한 경험을 바탕으로 교육과정 개발이란 예술가가 상상력을 발휘하듯이 교육적 상상력을 발휘하는 과정이라고 보았다.
3. 또한 교육과정 구성과정과 그 교육과정에 대한 평가에 있어서 예술적 평가방법, 즉 교육비평과 교육적 감식안을 제안하였는데, 평가자는 교육이 실제와 거기서 나타난 결과를 잘 드러내서 표현해야 할 뿐만 아니라 교육이 일어나는 상황을 읽고 이해할 수 있는 개인적 판단능력을 갖출 필요가 있다고 하였다.

(1) 개관 『교육적 상상력(The Educational Imagination)』(1979)

① **개념**: 아이즈너(Eisner)는 교육과정 개발이란 예술가가 상상력을 발휘하듯이 교육적 상상력을 발휘하는 과정이라고 보았다. 즉 개인마다 의미를 구성하는 방법은 다양할 수밖에 없으므로 교육과정 결정자는 실재에 대한 다양한 시각과 견해를 표현하는 예술가와 같은 존재라고 보았다.

② **교육과정 연구의 재개념주의적 접근**

㉠ **행동목표에 대한 비판**: 아이즈너는 1960년대 당시 유행이었던 행동 목표를 강력히 비판하고, 교육과정 개발이란 예술가의 작업과 유사하게 진행되는 과정이라고 보았다.

㉡ **예술적·인본적·심미적 관점에서의 교육과정 재개념화**: 아이즈너는 예술적·인본적·심미적 관점에서 교육과정을 재개념화하려고 노력하였으며, '의미의 추구'는 이미 주어진 것을 그대로 발견하는 것이 아니라 학생 스스로 다양하게 구성(해석)하는 것임을 강조하였다.

MEMO

③ 교육과정 개발의 예술적 접근

㉠ **교육과정 개발의 예술적 접근**: 교육과정이란 각자의 다양한 가치관을 표현하는 수단이며 예술적인 과정이다. 그렇기 때문에 교육과정 개발이란 각자의 생각을 다양하게 표현하는 프로그램을 만드는 과정이며 이는 예술가의 표현행위와 유사한 과정이다.

㉡ **처방적 교육과정 개발 반대**: 교육과정의 내용으로 드러나는 사회적 실재는 독립적이지 않고 다원적이다. 그래서 획일적 처방적인 교육과정을 반대하고 다양한 설계를 중시하였다.

④ 질적 연구 강조

㉠ **질적 연구**: 교육과정에 대한 보편적 법칙 발견을 위한 연구가 아닌, 다양한 실제에 대한 이해를 모색하려는 연구이다. 교육과정 이해에 있어 (주관적) 의도와 결과 분석의 중요성을 강조한다.

㉡ **질적 연구 강조**: 교육 분야의 양적 연구가 전혀 불필요한 것은 아니지만, 그동안 교육현장을 실제로 개선하는 데 별로 도움이 되지 않았다고 비판하며, 학교 현장을 실질적으로 개선하려면 학교 현장에 직접 들어가서 그곳에서 실제 무슨 일이 일어나고 있는지를 자세히 관찰하는 연구, 즉 질적 탐구가 필요하다고 역설하였다.

⑤ 영 교육과정 중시

㉠ **3가지 교육과정**: 모든 학교에서는 3가지 교육과정, 즉 명시적(공식적) 교육과정, 잠재적 교육과정, 영 교육과정을 가르치고 있다.

ⓐ **명시적 교육과정**: 학교가 목표를 세우고 의도적으로 가르치는 교육과정

예 국어, 영어, 수학, 과학, 사회, 음악, 미술, 체육 등의 교과목

ⓑ **잠재적 교육과정**: 학교에서 의도적으로 학생들에게 가르치려고 하지는 않았지만 학생들이 학교를 다니는 동안에 배우는 것들

예 교사가 원하거나 기대하는 것을 교사에게 제공하는 것, 권위에 복종하는 태도, 경쟁 등

ⓒ **영 교육과정(null curriculum)**: 학교에서 의도적으로 가르치지 않아서 학생들이 계발하지 못하는 기능이나 배우지 못하는 과목들

예 우뇌를 활용하는 일, 경제학·법학·시각예술·문화인류학 등의 과목을 거의 안 가르치거나 가르친다 해도 수업시수가 극히 적음

㉡ **영 교육과정의 문제**: 학생들은 학교 밖에서 생활하는 데 실질적으로 필요한 과목을 학교 안에서 배우지 못하게 된다.

MEMO

01

(2) 개발절차

교육과정의 예술적 접근법을 7단계로 제시하였으나, 이는 타일러 모형과 같이 교육과정 개발이 따라야 하는 일정한 절차나 모형이 아니고 고려해야 할 사항들에 해당한다. 이 7단계는 반드시 순서대로 고려되어야 하는 것은 아니다.

① **목표 설정**: 명백한 교육목표(예 행동목표) 이외에 잘 정의될 수 없는 목표(예 표현적 결과)도 고려하여야 한다. 표현적 결과의 경우 반드시 사전에 목표를 설정할 필요가 없으며 사후에 설정하는 것이 바람직하다. ⇨ 목표의 우선순위(중요성)를 토의하는 과정에서 숙의(熟議) 과정 중시

행동목표 (behavioral objectives)	관찰 가능한 행동용어로 진술된 목표 예 타일러(Tyler)의 목표, 덧셈 10문항을 10분 안에 풀 수 있다.
문제해결 목표 (problem-solving objectives)	조건을 충족하며 문제를 해결해야 하는 목표이며, 해결책은 여러 가지이다. 예 20만 원의 예산으로 최소한 책 100권을 갖춘 학급문고 꾸미기, 몸이 불편한 친구를 돕기 위한 방법 찾기 ⇨ 행동목표처럼 미리 정해진 해결책을 학생이 찾아내도록 요구하는 것이 아니라, 정해지지 않은 수많은 해결책 중 하나 또는 그 이상을 학생 각자가 찾아내도록 유도하는 것
표현적 결과 (expressive outcomes)	• 목표를 미리 정하지 않고 어떤 활동을 하는 도중이나 끝난 후에 얻게 되는 교육적으로 바람직한 그 무엇 예 영화를 보러 갈 때 행동용어를 써서 아주 구체적으로 행동목표를 설정하거나 몇 가지 조건이 주어진 문제해결 목표를 미리 정해 놓고 이 목표에 도달하기 위하여 극장에 가는 사람은 아무도 없다. 우리는 정해진 목표 없이도 그저 영화를 보면 뭔가 재미있을 것 같은 막연한 느낌을 가지고 극장에 가서 유익한 그 무엇을 배울 수 있다.) ⇨ 학교에서 표현적 결과를 기대하면서 수업을 하는 경우는 주로 음악, 미술, 체육 등의 과목에서 많이 나타난다. 예 미술 시간에 학생들에게 수채화를 그리도록 요구하는 미술 교사는 행동목표를 제시하거나 문제해결 목표를 제시하지 않는다. 물감을 가지고 종이 위에 무엇인가 표현하도록 학생들에게 요구하고 교사는 학생들의 작품이 진행되는 과정을 지켜보면서 필요한 경우 가끔 지도를 한다. 미리 정해진 목표가 없지만 학생들은 미술 시간을 통해 무엇인가 유익한 것을 배우고 있음은 분명하다. 음악 시간에 노래를 부르거나 악기를 연주할 때, 체육 시간에 무용을 하거나 운동을 할 때 학생들은 행동목표나 문제해결 목표 없이 그저 즐거워서 그 활동을 하고 뭔가 유익한 것을 결과적으로 얻는다. • 처음에는 '표현된 목표'라고 했으나 목표라는 말은 성격상 미리 정해진 것을 의미하기 때문에 최근에는 '표현적 결과'라는 말을 사용한다. 예 친구들과 동네 벽에 벽화 그리기

MEMO

개념 더하기

교육목표의 3가지 형태

구분	특징	평가방식
행동목표	• 학생의 입장에서 진술 ⇨ 수업 전 진술 • 행동용어 사용 • 정답이 미리 정해져 있음	• 양적 평가 • 결과의 평가 • 준거지향검사 이용
문제해결 목표	• 일정한 조건 내에서 문제의 해결책 발견 ⇨ 수업 전 진술 • 정답이 정해져 있지 않음	• 질적 평가 • 결과 및 과정의 평가 • 교육적 감식안 사용
표현적 결과	• 조건 없음 • 정답 없음 • 목표가 사전에 정해지지 않고 활동하는 도중 형성 가능	

Plus

아이즈너의 '행동목표' 비판(논문 「교육목표 : 조력자인가 아니면 방해꾼인가」, 1966)

1. **행동목표는 수업 중에 발생하는 새로운 목표를 반영하기 어려움** : 수업은 아주 복잡하고 역동적인 과정을 거치면서 진행되므로, 수업이 끝난 후 학생들에게 나타날 수 있는 '모든' 것을 수업을 시작하기 전에 미리 행동목표의 형태로 구체화하여 진술하는 것은 불가능하다.
2. **행동목표 진술은 교과의 특성을 전혀 고려하지 않고 있음** : 창의성을 중시하는 예술 영역은 행동목표 진술이 불가능하며 바람직하지도 않다.
3. **기준을 적용하는 일과 판단하는 일을 구분하지 못함** : 학교에서 가장 강조하는 호기심, 창조성, 독창성 등의 특성들은 어떤 '기준을 적용하여' 측정할 수 있는 것이 아니라, 교사들의 '질적인 눈으로' 판단할 수밖에 없는 것이다.
4. **실제 교사들의 수업 활동과 맞지 않음** : 행동목표를 중시하는 학자들은 교육내용을 선정하기 전에 교육목표를 세분화하여 확정할 것을 강조하는데 이는 옳지 않다. 실제 많은 교사들은 교육적으로 유익하리라고 생각되는 활동을 선정하여 학생들에게 적용해 보고, 그 결과를 토대로 하여 그 활동의 목표나 결과를 확인하는 식으로 수업을 한다. 따라서 교육목표는 교육내용을 선정하고 조직하기 전에 명시되어야 한다는 것은 자연스럽지 않은 것, 즉 심리적으로 옳지 않은 것이다.

② 내용 선정

학습자(개인), 사회, 교과 고려	학습자의 흥미, 사회의 요구, 학문(교과)적 요소, 즉 개인, 사회, 교과의 세 자원으로부터 내용을 추출하여야 한다.
영 교육과정 고려	영 교육과정(null curriculum, 예 대중문화)도 고려하여야 한다.

③ 학습기회의 유형

교육적 상상력 필요	교육적 상상력이란 교사들이 학생들에게 의미 있고 만족스러운 다양한 학습기회를 제공할 수 있도록 교육목표와 교육내용을 학생들에게 적합한 형태로 변형하는 능력을 말한다.
의미 있는 학습형태로 다양하게 변형	교사의 교육적 상상력을 동원하여 목표와 내용을 학생들에게 의미 있는 학습활동으로 다양하게 변형해야 한다.

MEMO

01

④ 학습기회의 조직

거미줄 모양으로 조직	학생들의 다양한 학습결과를 유도할 수 있는 비선형적 접근방법을 강조한다. 학생들이 다양한 과제에 대해 동시적으로 흥미를 느끼고 관여할 수 있도록 배려하기 위해서 '거미줄 모양'으로 조직한다.
거미줄을 치는 작업	교과의 다양한 요소를 동시에 다루는 이러한 교사의 역할을 '거미줄을 치는 작업'에 비유한다.

⑤ 내용 영역의 조직 : 내용은 다양한 방법으로 조직되고 통합되어야 한다. 다양한 교과를 꿰뚫는 내용(cross−curriculum, 범교과학습) 조직이 필요하다.

⑥ 제시양식과 반응양식

다양한 의사소통 양식과 표현양식 활용	교사가 학생과 의사소통할 때(교육과정을 제시할 때) 교과서를 매개로 한 일상적 언어 양식 외에 시적 표현이나 은유적 표현 등 다양한 의사소통 양식과 표현양식을 활용하여 학생들에게 다양한 반응양식을 개발하도록 해야 한다(⇨ 학생에게 다양한 교육기회를 넓혀 줌). 교사가 교육과정을 표현하는 의사소통 양식을 다양하게 활용하지 않으면 그 교사는 다양한 반응양식을 개발하는 학생들의 교육기회를 부정하는 꼴이 된다.
시적, 은유적 표현양식	산문보다는 시적 표현이나 은유적 표현을 강조한다. 시적 표현이나 은유적 표현양식을 통한 의사소통이 일상적 언어의 양식보다 더 강력한 의미를 포함한다. 표현양식의 예시 : 표현양식은 다양하게 분류할 수 있다. 예컨대, 사물의 외형을 본뜬 상형문자나 도로표지판에서 보이는 모방적(mimetic) 형식, 십자가나 절 표시와 같이 특정 문화권이나 집단에서 상용되는 관습적(conventional) 형식, 사건과 현상의 본질적 특성을 드러내는 표현적(expressive) 형식 등이 있다.
다양한 의사소통 양식을 통한 제시와 표현의 교육적 효과	• 같은 내용이더라도 표현방식이 다양하게 제공되면 학생들의 흥미, 관심, 재능에 따라 적절하게 이해되고 표현될 수 있으며, 그만큼 다양한 교육기회를 제공하게 된다. • 오늘날과 같은 멀티미디어 시대에 학교수업에서 다양한 표상양식을 사용하는 것은 학생들의 정보문해력을 기르는 데에도 도움이 된다. • 다양한 표현방식의 필요성은 가드너(Gardner)의 다중지능이론과도 부합하여 학습자들의 잠재능력 개발에 기여할 수 있다.

MEMO

교육적 감식안
교육적 감식안은 '감상하는 기술(감상의 예술)'이고 '개인적인' 성격이 강한 반면에, 비평이란 '남에게 전달하는 기술(표출의 예술)'이고 '공적인' 성격이 강하다. 교사는 '교육적 감식안'과 '교육비평'이라는 질적인 평가 기술(arts)을 터득하기 위하여 학생들의 성취도를 유심히 관찰하고 이를 언어로 형상화하려는 노력을 꾸준히 기울여야 한다.

⑦ 평가

참 평가 (authentic assessment)	'타일러의 논리'에 기초한 평가방식, 즉 미리 정해진 목표에 비추어 학생의 성취도 달성 여부를 양적으로 판단하기 위한 선다형 지필평가에 대한 대안으로 제시하였다. '참 평가'란 실제적 과제를 중심으로 실생활의 문제해결능력을 평가하는 것을 의미한다. ⇨ 성격상 질적 평가: 참 평가 과제로 학생들의 성취 형태를 평가하는 것은 그 성격상 질적 평가이다.
학생 평가 기술 (arts)	학생 평가 기술(arts)로 교사의 '교육적(예술적) 감식안(educational connoisseurship, 심미안)'과 '교육비평(educational criticism)'이라는 방법을 제시하였다. • **교육적 감식안**: 학생들의 성취(수행) 형태들 사이의 미묘한 차이를 감식(인식)할 수 있는 능력 ⇨ '포도주 감식가(소믈리에)'가 포도주들의 미묘한 질의 차이를 구별해 낼 수 있듯이 교사도 자신이 가르치는 교과에 대한 학생들의 수행(performances) 사이의 미묘한 차이를 구별할 수 있는 감식안을 가져야 한다. • **교육비평**: 전문가가 감식(인식)한 그 미묘한 차이를 그 분야의 비전문가가 이해할 수 있도록 언어로 표현하는 일

Plus

'참 평가'의 8가지 기준

1. 학생들이 알고 있는 것, 할 수 있는 것을 평가하기 위한 과제는 학교 내에만 국한된 것이 아닌 학교 밖의 세계에서 부딪힐 수 있는 것이어야 한다.
   ① 오늘날 우리 학교 내에서 행해지는 평가의 문항 또는 과제의 특성은 그것이 실생활의 문제와 전혀 또는 거의 관련이 없다.
   ② 학교에서 수학, 과학 등을 가르친 후 평가를 할 때 사용하는 문제는 배운 지식을 이용하여 실생활의 문제를 푸는 능력과 관계있는 것이어야 한다. 일상생활에서는 일생을 통해 전혀 접할 가능성이 없는 그런 형식의 평가 과제는 학교에서 사용하지 않는 것이 바람직하다.
2. 학생들을 평가하기 위해 사용된 과제는 결과뿐만 아니라 문제를 해결하는 과정도 보여 줄 수 있는 것이어야 한다.
   ① 그동안 학교에서 흔히 사용한 평가 문항의 형태는 소위 객관식이라고 불리는 선다형 또는 단답형이었다.
   ② 이런 문항의 특징은 학생이 그 정답에 이르는 과정을 전혀 보여 주지 않는다는 것이다. 학생들은 주어진 답지에서 하나를 고르거나 낱말 한두 개를 쓰면 되기 때문에 학생의 사고 과정, 즉 논리적 추리력의 질을 알아낼 길이 없었다.
   ③ 따라서 '참 평가'가 되려면 학생이 문제를 해결하는 과정을 보여 줄 수 있어야 한다.
3. 평가에 사용된 과제는 그 과제를 만든 지적 공동체의 가치를 반영하여야 한다.
   ① 학교에서 가르치는 지식의 조각들은 학자들, 즉 그 지식을 만든 지적 공동체가 만들어 낸 지식의 일부이다. 이러한 지식의 조각들은 본래 서로 연결되어서 하나의 거대한 의미 구조를 이룬다.
   ② 따라서 학교에서는 학생들로 하여금 자신들이 조각내어 배우는 어떤 지식이 학자들 사이에서 역사적으로 어떤 의미가 있으며 그 조각을 포함하는 지식의 전체는 과연 어떤 모습인지를 알게 해 줄 필요가 있다.
   ③ 이런 식으로 가르쳐야 학생들은 자신이 배우는 지식을 의미 없는 단편적인 지식으로 만들지 않고, 그 지식을 만든 지적 공동체의 활동을 이해하게 되어 학습의 즐거움을 맛보게 된다.

M E M O

4. 평가의 과제는 한 사람의 활동에만 국한될 필요는 없다. 우리가 부딪히는 많은 과제는 집단의 노력을 필요로 한다.
   ① 학생들이 학교를 졸업하고 사회에 나가 일을 할 때는 대부분 다른 사람과 협력하여 일하게 된다. 학교에서 이처럼 실제 사회에서 반드시 필요한 협동심을 길러 주려면 학생들이 협동하여 어떤 일을 성취하는 경험을 교육과정을 통해 많이 제공할 필요가 있다.
   ② 따라서 학교에서는 개인별 평가와 함께 집단별 평가가 동시에 사용되어야 한다. 지금처럼 한 학생의 A학점은 다른 학생의 B라는 철저한 개인별 상대평가보다는 집단의 활동을 강조하는 방향으로 평가의 방향을 바꾸는 것이 바람직하다.

5. 평가의 과제는 그 문제 또는 질문에 대한 해결책 또는 답이 한 가지 이상이도록 구성되어야 한다.
   ① 학교에서 우리가 푸는 문제들은 오직 한 가지 답만을 가지는 경우가 대부분이다. 따라서 학생들은 이 세상 모든 문제에는 소위 하나의 정답이 있다는 생각을 은연중 발전시킨다. 결과적으로 이들은 어떤 문제를 만나면, 그 문제를 자신의 생각으로 풀기보다는 이 세상 어딘가 존재하는 정답을 찾으려고 노력한다.
   ② 그러나 일상생활에서 우리가 부딪히는 문제들의 정답은 어느 참고서에 수록되어 있지 않다. 한 가지 답만 가지고 있는 경우가 매우 드물다. 실생활에서 우리는 그럴듯한 여러 가지 답들 중에서 하나를 선택할 뿐이다.
   ③ 따라서 학생들의 사고력과 추리력을 자극하고 문제해결력을 키우기 위해서는 한 가지 답만을 가진 평가 과제보다는 답이 여러 개일 수 있는 평가 과제가 사용되어야 한다.

6. 평가 과제는 수업 시간에 배운 것을 그대로 측정하는 것이어서는 안 되고, 학생으로 하여금 배운 것을 새로운 상황에 적용하도록 요구하는 것이어야 한다.
   ① 우리가 평가 문항을 제작할 때 고려해야 할 것들 중의 하나는 '내용타당도'이다. '내용타당도'란 평가 문항이 학생들이 실제 배운 것을 측정하고 있는지의 정도를 따지는 것이다. 학생들이 전혀 배우지 않은 내용을 측정한다면 이는 '내용타당도'가 낮은 시험이고 분명 학생들을 당황하게 할 것이다.
   ② 그러나 학교교육의 한 가지 중요한 목적이 학생들로 하여금 배운 것을 새로운 상황에 적용하여 문제를 해결하는 능력을 길러 주는 것임을 생각하면 수업 시간에 가르친 내용만을 포함하여 평가문항을 제작하는 것은 바람직하지 않다. 학생들이 배운 지식을 그 모습 그대로 직장에서 사용하는 경우는 극히 드물다. 학생들은 그 배운 지식을 구체적 상황 속에서 적절히 수행하여 적용하여만 한다.
   ③ 학생들의 적응력을 길러 주기 위해서는 평가 문항이 단순 암기보다는 적용을 요구하는 방식으로 구성되어야만 한다.

7. 평가의 과제는 학생들이 단편적인 사실과 함께 보다 전체적인 맥락에 신경을 쓰도록 하는 것이어야 한다.
   ① 사람의 두상을 조각하는 조각가는 자신이 만들려는 모양의 전체 모습을 머리에 떠올린 다음 대충 윤곽을 만들고 이어서 눈, 코, 귀와 같은 구체적인 부분을 깎는다. 조각가는 또한 구체적인 부분을 형상화시켜 나가는 도중 항상 그 두상의 전체적인 모습을 보려고 노력한다.
   ② 이처럼 부분과 전체를 늘 관련시켜 보는 능력은 실생활에서 매우 중요하므로 학교에서도 이러한 능력의 배양을 강조하여 한다.

8. 평가의 과제는 학생들이 배운 것을 표현하기 위해 사용하는 제시 형태를 다양하게 선택할 수 있도록 허용하는 것이어야 한다.
   ① 현재 우리는 모든 학생에게 똑같은 시험문제가 주어져야 한다고 생각한다. 시험문제가 동일해야 학생들 간의 비교가 가능하고 선발이 가능하기 때문이다. 이는 100미터 달리기의 우승자를 가리려면 출발선이 같아야 하고 그 코스가 같아야 한다는 논리와 같다.
   ② 그러나 교육은 운동경기에서 우승자를 가리는 것과는 거리가 멀다. '누가 잘하나'보다는 '누가 무엇을 할 수 있나'를 강조하는 것이 교육의 본질에 가깝다.
   ③ 그렇다면 학생을 평가할 때 교사가 일방적으로 준비한 획일적인 자료(대부분 선다형 시험)보다는 학생들 각자가 잘할 수 있는 수단, 즉 표현 방법을 통해 자신이 학습한 내용을 보이도록 하는 것은 권장할 만한 일이 아닐까?

MEMO

④ 예를 들면, 학생들은 국어 시간에 배운 것을 표현하기 위해 시를 쓸 수도 있고, 음악을 작곡할 수도 있으며, 단편소설을 쓸 수도 있을 것이다. 생물 수업을 마친 후 이것을 이용해 3차원 모형을 만들 수도 있고 진화에 관한 글을 쓸 수도 있을 것이다.
⑤ 한 학급 40~50명의 학생 전원에게 똑같은 시험문제를 주고 똑같은 반응을 유도하는 시험은 이제 사라져야 한다.

(3) 특징

① **교육적 상상력 중시**: 교사들이 실제 학생들에게 의미 있고 만족스러운 다양한 학습기회를 제공할 수 있도록 교육목표와 교육내용을 학생들에게 적합한 형태로 변형하는 '교육적 상상력'을 중시한다.

② **교육적 감식안과 교육비평 중시**: 교육과정 평가자는 교육현상을 보고 교육활동의 질을 판단할 수 있는 '교육적 감식안(educational connoisseurship, 심미안)'과 '교육비평(educational criticism)'을 지녀야 한다.

③ **교육과정 개발자는 교사**: 교사는 교육과정 실제에 대한 다양한 시각을 표현하는 예술가와 같다고 본다. 따라서 교육과정과 관련된 중요한 대부분의 의사결정은 학생들의 학습경험을 관찰하는 교사에 의해서 이루어져야 한다.

④ **교육과정 개발의 순환적·비선형적 과정**: 타일러(Tyler)는 교육과정이 미리 설정된 교육목표를 달성하는 데 공헌할 때에만 가치가 있다고 보고 선형적·불변적 단계를 설정한 반면, 아이즈너(Eisner)는 교육과정 개발 과정은 어떤 단계에서도 수행될 수 있고 끊임없이 계속되는 순환적·반복적 과정(open ended process)이며, 또한 참가자의 감식안에 의한 선택의 과정으로 간주한다.

(4) 장단점

장점	단점
• **융통성 강조**: 타일러(Tyler)의 합리적 모형에 비해 교육과정 개발의 융통성과 신축성을 강조하고 인정함으로써, 교육과정 개발의 과정을 보다 역동적으로 파악한다. • **영 교육과정 주목**: 교육과정 개발 과정에서 영 교육과정에 대해 주목하여 교육내용의 재점검과 수정·보완이 가능할 수 있도록 한다. • **교사의 전문성 강조**: 교육과정 개발에서 교사의 교육적 상상력이 중요하므로 교사의 전문성 발휘가 강조된다.	• **대안 제시 부족**: 합리적 모형의 문제점은 잘 파악하지만, 구체적인 대안을 제시하지는 못한다. • **공교육 현실에 적용상 어려움**: 교육과정의 체계성과 통일성 및 사회적 합의를 강조하는 공교육 현실에 적용하는 데 어려움이 많다. • **합리적 모형의 대안으로 부족**: 학습과정과 학습활동 후에 드러나는 표현적 결과 목표를 주장하지만, 이것이 목표를 먼저 설정하는 합리적 모형에 대한 대안으로는 부족하다.

MEMO

01

2 파이너(W. Pinar)의 실존적 재개념화 98 중등, 00 중등, 07 중등, 12 초등, 12 중등

(1) 재개념주의

① 재개념주의란 교육과정학의 재개념화를 주장하는 사람들은 '타일러의 논리'에 기초한 전통적인 교육과정학 이론이 학교에서 효율성이라는 이름으로 개인의 희생을 강요한다는 데 인식을 같이 한다. 그리하여 이들은 이러한 학교체제의 문제점을 분석하여 개인의 해방을 추구하는데, 이 문제해결의 출발점과 방법론에서는 상당한 차이를 보인다. 캐나다 브리티시 컬럼비아 대학의 파이너(Pinar)는 개인의 내부 세계로부터 그 현상과 원인을 찾으려고 하였으며, 위스콘신 대학교의 애플(Apple)은 개인에게 영향을 주는 외부 세계의 제 조건에 초점을 맞추고 있다. 즉, 파이너의 접근법은 개인이 갖는 '의식(意識)'에, 애플의 접근법은 '사회구조'에 각각 초점을 맞추고 있다. 맥도널드(MacDonald)는 이 두 사람의 접근방식을 각각 '실존적 접근'과 '구조적 접근'이라고 구분하고, 이 양자가 대립적인 아닌 보완적인 관계에 있다고 지적하였다.

② **파이너(Pinar)의 구분 :**『교육과정 이론화 : 재개념주의자(Curriculum Theorizing : The Reconceptualist)』(1975)에서 처음 사용되었다.

구분	개발모형	특징	대표자
전통주의 (1920~1930)	이론적 개발모형 (합리적 · 체제적 접근)	• **이론화와 실천화 중시** • **가치중립성 추구 :** 탈역사, 탈정치, 탈윤리 • **체제적 접근 :** 체제와 상호작용 중시[기술적(technical), 관료주의] • **실용주의에 기초 :** 실용주의적 접근	보비트, 타일러, 타바
개념-경험주의 (1960~1970)	실제적 개발모형 (지적 · 학구적 접근) ⇨ 경성교육과정	• **이론화, 실천화 중시 :** 실천화를 더 강조 • **가치중립성 추구 :** 탈역사, 탈정치, 탈윤리 • **자연과학적 연구방법 중시(논리, 탐구방법)** : 사회과학 분야(교육과정)에 도입(⇨ 교육과정 현상을 설명, 통제, 예언) • **논리실증주의에 기초 :** 실증주의적 접근	슈왑, 워커, 브루너
재개념주의 (1970's~)	예술적 개발모형 (인본적 · 심미적 접근) ⇨ 연성교육과정	• **가치추구성 :** 기술성, 과학성, 객관성 거부 • **인본적 · 심미적 접근 :** 이론과 실천보다 교육경험에 대한 이념, 목적, 본질 지향(⇨ 기존 교육과정을 비판적으로 검토, 인본주의적 관점에서 재개념화) • **신교육사회학의 이론적 접근 :** 교육과정에 내재된 이데올로기 분석(⇨ 특정 이데올로기로부터 학생들의 삶의 해방 추구)	아이즈너, 파이너, 지루, 애플, 그린

MEMO

(2) 개관

① 기본 전제: ㉠ 파이너(W. Pinar)는 교육과정 개발의 합리적·실증적 접근이 인간의 구체적 경험을 추상화하여 왜곡하였으며, ㉡ 기술공학적 논리가 학교교육을 지배함으로써 학생을 미치게 하고, ㉢ 앎 따로 삶 따로의 무의미한 교육을 자행하고 있다고 비판하였다.

② 기본 주제: 인간의 실존적 해방 ⇨ ㉠ 교육과정에 대한 연구가 '교육과정 개발'이 아닌 '교육과정 이해'의 패러다임으로 전환하고, 그 목적을 인간과 세계의 참된 모습을 종합적으로 이해하는 인간의 실존적 해방에 두어야 함을 강조하였다. ㉡ 인간의 실존적 해방은 개인의 개별적 경험의 특수성을 강조하고 구체적인 개인의 직접적 경험의 세계를 회복함으로써 이루어질 수 있다고 주장하였다.

③ 학교교육의 비판(12가지 교육병폐): 학교교육의 정신분석 ⇨ 학교교육에서는 아동들을 길들이고 훈육해야만 하는 거친 망나니들, 채워져야만 하는 빈 그릇으로 여기므로, 교육은 마땅히 아동을 사회적으로 통제하고 성인의 가치를 아동에게 일방적으로 주입하는 과정으로 생각한다. 이런 교육의 모습은 프레이리의 용어로는 '은행저금식(banking) 교육', 사르트르의 말로는 '소화제식(digestive) 교육'인 것이다. 이러한 교육은 아동들을 반쪽밖에 모르는 분열된 인간으로 만듦으로써 학교교육의 누적된 결과로 남는 것은 인간파괴적인 광기(狂氣, madness)뿐이다. 파이너는 학교교육의 현상을 실존적, 정신분석학적으로 분석하여 학생들을 광기로 만드는 이유를 열두 가지로 제시하였다.

비판	내용
공상적 세계로의 도피와 거부	엄격하게 통제된 학교교육에서 제약에 견딜 수 없는 일부 학생들은 학교생활 중에 많은 시간을 개인적 공상의 세계로 도피한다.
타인의 모방을 통한 자아의 분열과 상실	학생들은 끊임없이 타인을 모방하도록 강요받기 때문에 자신에 대한 불만족과 거부를 학습하게 된다.
자율성의 위축과 의존성의 증대	학생들이 학교에서 가장 먼저 배우는 것은 스스로 아무것도 모른다고 생각하는 것이다. 따라서 자신의 필요나 욕구도 잊어버린 채 맹목적인 의존과 복종의 심리만을 증대시킨다.
타인으로부터 평가와 자기애의 상실	학교교육은 끊임없는 평가와 비판의 연속인데, 모든 학생이 모든 분야에서 '수'를 받을 수 없으므로 대부분의 학생들은 학교에서 실패를 경험하고, 자아존중감과 자기애를 상실한다.
인간관계 욕구의 왜곡	교사와 학생의 인간관계는 수직적·제한적이며, 아동 간의 관계는 협동보다 경쟁이 강조되기 때문에 자신과 동료에 대한 분노나 심리적 공격이 표출된다.
자기소외와 감각 마비 현상	학생들은 학교생활에서 신체적·정신적 고달픔을 받기 때문에 신체적·정신적 감각이 마비되고 자기 내면의 소리에 무감각해진다.
자기 기준의 상실과 타인 지향성	학교생활을 통하여 학생들은 자기 기준을 버리고 타인 지향적인 행동을 배우게 된다. 그 결과 학생은 부모나 선생님을 위해서, 점수를 얻기 위해서, 출세를 위해서 공부해야 한다고 생각한다.

참된 자아의 상실과 객관화된 자아의 수용	학교생활 속에서 학생들은 참된 '자기'가 되기보다는 '착한 학생', '공부 잘하는 학생', '문제아' 등으로 불리고 취급된다. 이러한 분류와 명명은 참된 주관적 존재로서 학생을 객관화된 사물로 전환시킨다.
지배자의 논리 수용과 거짓된 자아의 형성	학교생활 속에서 학생들은 교사와의 사이에 생기는 갈등과 마찰을 피하고 그로부터 스스로를 보호하기 위해 교사의 논리를 일방적으로 받아들이거나, 가면을 쓰고 거짓된 행동을 하지 않으면 안 된다.
학교교육의 집단성과 개인적 세계의 상실	아동들의 학교생활은 교사의 주도로 집단 속에서 이루어진다. 이러한 집단 속에서 아동들은 개인적인 세계를 가질 수 없으며, 오직 무리에서 쫓아다니는 양떼가 되어야 한다.
무관심과 존재 확인의 기회 상실	학교생활은 흔히 학생을 무시하고, 의심하며, 일방적으로 지시하거나 심지어 체벌을 가하는 일이 빈번히 일어난다. 학교에서는 아무도 자신을 알아주지 않기에 학생들은 심지어 벌을 받으면서 자신의 존재를 확인하기도 한다.
미적, 감각적 지각 능력의 둔화	미적 측면은 전혀 고려하지 않고 오직 효율성만 따져 지어진 학교 건축물, 딱딱한 의자와 직선 돌, 획일적이고 기계적인 교과 학습 등, 이러한 것들의 지속적인 반복은 아동의 미적, 감각적 감수성을 둔화시킨다.

(3) 자아성찰을 통한 교육과정 재개념화의 방법 3가지 단계 – 자서전적 방법론

앞서 제시한 12가지 학교교육의 병폐를 극복할 수 있는 대안으로 자서전적 방법론을 제시하였다. 자아성찰을 통한 교육과정 재개념화의 방법으로 3가지 단계를 제시하였다. 그는 자서전적 방법을 통해 자신의 교육적 경험에 영향을 준 요인들을 분석함으로써 오늘날 우리 교육이 갖고 있는 기본구조를 파악하고, 진정한 자신의 모습을 찾을 수 있다고 보았다. 즉, 자서전적 방법은 교수-학습장면에서 학습자의 교육경험을 분석하여 교육상황에 대한 이해와 자아성찰을 촉진하는 방법이다. 이와 같은 과정을 거쳤을 때, 오늘의 우리 교육이 갖고 있는 기본구조, 즉 우리가 행하고 있는 교육의 모습과 그 현실 뒤에 가려져 있는 본래의 모습을 보게 된다. 모든 교육이론은 바로 이 본래의 모습, 즉 일정한 틀로 이론화되거나 개념화되기 이전의 모습에 바탕을 두어야 한다. 교육과정 이론이란 결국 우리의 실존적 경험을 정교화하는 일이기 때문이다.

✔ 자서전적 방법론

자신의 교육경험의 표현	자신의 교육경험을 있었던 그대로 자서전적으로 표현한다. 학생들은 자신이 누구이며, 어떤 환경에서, 어떻게 살아왔는지 등 자신의 교육경험을 있었던 그대로 자서전의 방식으로 글을 작성한다.
교육경험의 비판적 성찰	교사 및 동료학생들과의 대화를 통해 지난 교육경험에서 자신의 행동과 사고에 영향을 미친 가정이나 논리에 대해 비판적으로 성찰한다.
타인의 교육경험 분석	타인의 교육경험의 자서전을 분석함으로써 타인과 함께 교육의 기본 구조를 인식하고 공감한다.

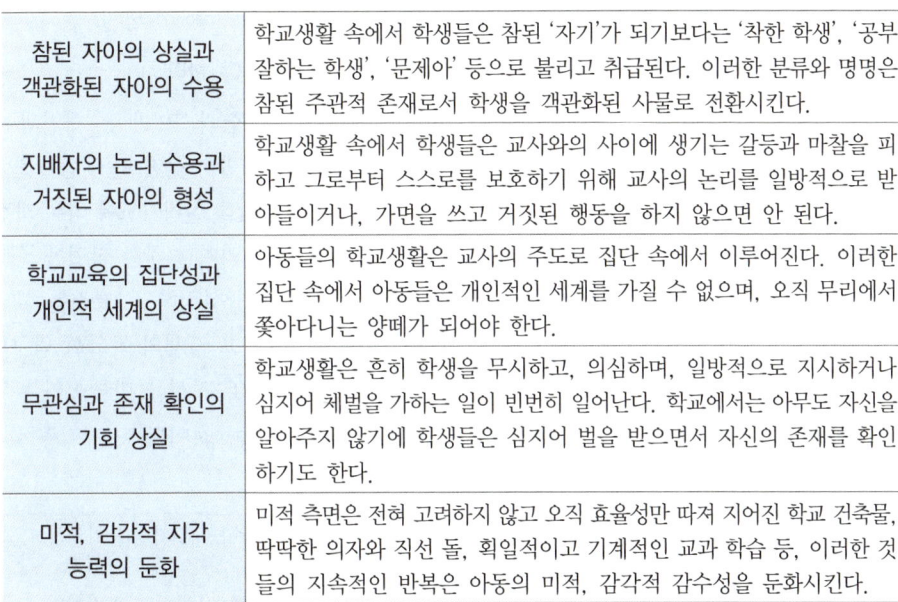

MEMO

키워드
쿠레레: 경험, 체험, 반성, 의미형성

(4) 쿠레레의 방법론 4단계 『교육과정 이론이란 무엇인가?(What is Curriculum Theory?)』 키 암

– "교육과정(curriculum)은 그 어원인 쿠레레(currere)에 복귀해야 한다."

파이너(Pinar)에 따르면, 교육과정(curriculum)은 실존적 체험과 그 반성, 개인의 인생행로에 대한 해석이다. 즉, 교육과정은 교육자나 학습자가 살아오면서 갖게 된 체험들을 자신의 존재 의미와 관련지어서 해석하고 이를 통하여 자기 반성적인 삶을 살아가도록 하는 과정이다. 파이너는 우리가 갖는 교육경험의 본질을 분석하여 그 실존적 의미를 찾는 작업을 '쿠레레의 방법론'이라 지칭한다. '쿠레레'로서의 교육과정 탐구는 목표를 설정하고, 코스를 설계하고, 결과를 평가하고 하는 일과는 거리가 먼 활동들이다. 오히려 그 자체의 독특한 탐구방식을 동원하여 교육경험의 본질을 규명함으로써 스스로 교육과정의 지식을 만들어가는 활동인 것이다. 즉 교육과정을 재개념화하고 재창조하는 계기가 되는 것이다.

암기법
회전분종

① 회귀(소급, regressive)

의미	• 과거를 현재화하는 단계 ⇨ 자신의 실존적 경험을 회상하면서 기억을 확장하고, 과거의 경험을 최대한 생동감 있게 묘사한다. • 전기적 과거는 현재에 존재하며, 베일에 싸인 현재를 이해하는 관건이다. • 과거가 현재가 될 때 현재는 드러난다.
방법	• 회귀하기: 자연스럽게 그때의 상황이 되어보기, 손상되지 않은 원래 그대로의 과거 발견하기 • 과거에서 누군가를 기능적으로 관찰하기 • 관찰하고 기록하기: 관찰한 것을 기록할 때 현재의 반응도 포함하기 • 관찰자의 중심을 자아에 두기: 자아란 과거 경험에 대한 자신의 반응을 의미

② 전진(progressive)

의미	• 자유연상을 통해 미래를 상상하는 단계 ⇨ 자유연상을 통해 아직 현실화되지 않은 자신의 미래 모습을 상상해 본다. • 미래가 현재가 되는 장면을 상상해 본다. • 미래 또한 과거처럼 현재에 존재하며, 심사숙고하여 설정 가능한 미래를 상상한다.
방법	• 가장 편안한 상태가 되기: 편안함을 형성하여 자유연상을 유도하기 • 미래에 관해 생각하기 • 상상한 것을 묘사해 보기 • 편안해질 때까지 여러 번 반복하기 • 미래 상황에 대해 지속되는 기간을 생각하기: 기간을 생각하는 것은 일시적인 감정적·인식적 편견에 의한 왜곡 가능성을 감소시킨다.

MEMO

01

③ 분석(analysis)

의미	현상학적 방법을 통해 회귀와 전진을 거친 후에 현재로 다시 돌아오는 단계 ⇨ 과거, 미래, 현재라는 세 장의 사진을 동시에 펼쳐 놓고, 이들 간의 복잡한 관계를 분석한다. 과거의 교육적 경험으로 인해 형성된 자신의 삶을 분석하는 단계이다.
방법	• 전기적 현재를 묘사하기: 자신의 현재 흥미, 감정 상태 등을 파악하기 • 개념화를 통해 경험으로부터 분리되기: 무엇인지, 무엇이었는지, 무엇일 수 있는지를 일괄하여 다루는 개념화는 경험으로부터 분리되는 것이며, 이를 통해 현재와 미래의 선택이 자유로워질 수 있다. • 과거-현재-미래의 상황을 병렬해 보기

④ 종합(synthesis)

의미	생생한 현실로 돌아가 내면의 목소리에 귀를 기울이고, 자기에게 주어진 현재의 의미를 자문하는 단계 ⇨ 주인공이 과거, 미래, 현재라는 세 장의 사진 속에서 과거 학교교육이 자신에게 어떤 유익이 되었는지, 지적 호기심이 자기 성장에 도움이 되었는지, 개념에 대한 정교성이나 이해가 제대로 되었는지를 자문자답한다.
방법	• 함께 두기: 모든 것을 함께 두고 그것들을 구체적으로 바라보기 • 현재의 의미가 무엇인지를 자문해 보기 • 모두 하나로 만들어 보기

Plus

교사의 역할

1. **교육과정 여행의 가이드**: 교육과정의 단순 전달자가 아니라, 교육과정 여행의 가이드로서 교육과정과 관련된 학생의 경험을 중시하고 학생들이 자신의 경험을 드러내고 공유하는 것을 돕는 자라야 한다. 또, 학생을 과거의 지평 속에서 이해하고 미래의 가능성 속에서 되어 가는 존재로 이해해야 한다.
2. **쿠레레 방법의 모범자**: 교사 자신이 교수-학습 과정에서 쿠레레 방법의 모범을 보여야 하며, 변증법적 운동을 통해 살아있는 경험으로서의 교육과정이 되도록 긴장을 늦추지 않을 것이 요구된다.

쿠레레 방법론의 교육적 시사점

1. **교육 경험의 개인화**: 쿠레레 방법론은 교육이 학습자 각자의 삶과 밀접하게 연결되어 있음을 강조한다. 교육은 단순히 지식을 전달하는 과정이 아니라, 개인의 삶 속에서 의미를 찾아가는 과정이다. 이를 통해 교사는 학생 개개인의 배움의 여정을 존중하고, 보다 개별화된 교육을 제공할 수 있게 된다.
2. **반성적 실천**: 쿠레레 방법론은 자신이 겪었던 과거 경험을 반성적으로 돌아보게 하며, 자신의 삶과 실천에 깊은 통찰을 제공해 준다. 이러한 반성적 실천은 교사와 학생과의 상호작용을 개선하고, 보다 효과적인 교육을 모색하는 데 중요한 역할을 한다.
3. **교육과정의 재구성**: 쿠레레 방법론은 교육과정을 고정된 틀이 아니라, 학습자와 교사가 함께 만들어 가는 유기적인 것으로 재해석한다. 교사들은 자신의 경험을 바탕으로 교육과정을 재구성할 수 있으며, 이를 통해 학생들에게 더 의미 있는 학습 경험을 제공할 수 있다.

MEMO

4. **미래 지향적 사고**: 쿠레레는 학습자가 미래를 상상하고 그 속에서 자신이 원하는 모습과 역할을 구체화할 수 있도록 돕는다. 이는 학생들이 자신의 삶을 능동적으로 설계하는 데 중요한 역할을 하며, 장기적인 목표 설정과 계획 수립에도 기여한다.
5. **통합적 접근**: 쿠레레 방법론은 과거, 현재, 미래를 통합적으로 고려하여 학습 경험을 재구성한다. 이를 통해 교사와 학생들은 단편적인 지식이 아니라, 삶의 전체적인 맥락 속에서 의미를 찾고 성장할 수 있다.

3 애플(M. Apple)의 구조적 재개념화 06 중등

(1) 개관

① **기본 전제**: ㉠ 애플(M. Apple)은 학생의 실패의 원인은 사회적·제도적 체제에 있다고 보고, ㉡ 신마르크스주의 입장에서 교육과 관련되는 지식, 이념, 경제체제, 권력관계의 문제 등에 대한 관련성을 분석하고자 하였다.

② **기본 주제**: 인간의 정치적 해방 ⇨ ㉠ 학교 교육과정 속에 내재된 지배적 이데올로기(ideology, 헤게모니)가 무엇이며, 그것이 학교교육을 통해 어떻게 재생산되는지를 지적함으로써, ㉡ 불평등한 사회 구조 속에서 정치적·경제적·사회적으로 구속받는 인간의 삶을 해방시키고자 하였다.

(2) 학교교육과 교육과정에 대한 비판

① 학교의 문화적 재생산 기능

㉠ 오늘날의 학교는 기성세대의 사회체제와 권력관계를 다음 세대에 그대로 전달하는 '문화재생산(cultural reproduction)'의 기능을 한다고 비판한다.

㉡ 학교 교육과정에는 지배집단이 지닌 의미와 가치체계(이념, ideology)인 헤게모니(hegemony)가 깊숙이 잠재되어 있는데, 이를 완전히 중립적이며 객관적인 진리인 것처럼 제공함으로써 교사와 학생들은 자신도 모르게 권위의 주체가 요구하는 방향으로 통제된다.

㉢ 학교는 문화적·이념적 헤게모니의 매개자로서 표면적·잠재적 교육과정을 통해 보이지 않는 가운데 사회를 통제한다.

② **표면적 교육과정을 통해 문화적 자본을 적법화**: 학교는 형식적(표면적) 교육과정을 통해 지배집단의 '문화적 자본(cultural capital)'을 적법화시켜 준다. 지배집단의 이익에 도움이 되는 지식을 표면적 교육과정에 담아 모든 학생들에게 주입하면 그 지식에 특수한 지위가 부여되고, 지배집단의 문화자본을 자연스럽게 유지·계승시킬 수 있게 된다.

③ **잠재적 교육과정을 통해 기존의 권력관계를 유지**: 학교는 또한 '잠재적 교육과정(hidden curriculum)'을 통하여 학생들을 통제함으로써 그 사회가 갖는 기존의 권력관계를 유지시키는 데 기여하기도 한다.

(3) 기술공학적 논리의 비판과 교육과정 탐구 키

애플은 실증주의적이고 기술공학적 논리가 학교 교육과정의 설계와 운영을 지배하고 있다고 주장한다. 기술공학적 논리에서는 주어진 목표 달성을 위한 효율성과 생산성의 추구가 유일한 관심사이기 때문에 교육과정을 당연한 것으로 간주하고 그 자체가 지닌 논리나 가치에 대해 성찰하거나 비판하는 일을 허용하지 않는다.

① **교육의 가치창조적인 측면을 도외시** : 기술공학적 교육과정에서 지식은 학생들에게 판매되는 상품이고, 가르치는 일은 지식을 전달하는 단순 노동이며, 학생들의 학업성취는 제품 생산의 결과로 이해되기 때문에 학교교육이 지녀야 할 가치창조적인 측면이 도외시된다.

② **교사의 관리자 전락 및 소외 현상 발생** : 기술공학적 교육과정에서는 교육목표의 효율적 달성을 강조하기 때문에 교사는 외부 전문가에 의해 선정·조직된 교육내용을 규정된 절차에 따라 학생들에게 전달하며 관리하는 일종의 관리자로 전락한다. 교육의 실천가에서 관리자로 전락한 교사는 학생이나 동료교사들로부터 소외되고, 심지어 교육 자체로부터 점점 소외되어 간다.

③ **학생의 비판적 사고와 자율적 판단 능력의 상실** : 기술적 통제를 받는 교육과정에서는 구체적으로 명시된 교육목표를 달성한 학생들만이 우수한 학생으로 간주되기 때문에 학생들은 비판적 사고와 자율적 판단 능력을 점차 상실하게 된다.

MEMO

키워드
- **교육** : 가치창조 도외시
- **교사** : 소외현상 발생
- **학생** : 비판적 사고력 상실

(4) 컴퓨터 교육에 대한 비판 키

애플은 학교에서 컴퓨터를 가르쳐야 한다는 생각과 교사가 수업의 질을 향상시키기 위한 수단으로 컴퓨터를 이용하려는 시도를 비판한다. 이것을 위한 논거로서 그는 '계획과 실행의 분리'라는 개념을 사용한다.

① **교사의 단순 노동자로의 전락과 탈숙련화 현상 초래** : 교사들이 수업자료를 만드는 과정에서 분리됨으로써 '타인의 생각을 단순히 실행이나 하는 단순 노동자'로 전락할 위험이 높아지며, 결국 교사들의 전문성이 녹슬게 되는 탈숙련화(deskilling) 현상이 발생한다.

② **교사의 관리자 전락 및 소외 현상 발생** : 교사는 대기업에서 만든 교육용 소프트웨어를 단순 실행하며 수업을 관리하는 '수업의 관리자'로 전락한다. 교육의 실천가에서 관리자로 전락한 교사는 학생이나 동료교사들로부터 소외되고, 심지어 교육 자체로부터 점점 소외되어 간다.

③ **아동들의 계층 간, 성별 간 차별 심화** : 가난한 가정의 아동들은 컴퓨터와 인터넷에의 접근 가능성이 떨어질 수밖에 없고, 그 결과 학교에서 제공되는 컴퓨터 관련 교과의 학습이나 인터넷을 이용한 교과의 학습에서 불리한 위치에 서게 된다.

④ **대안** : "내 주장의 핵심은 …… 컴퓨터를 당장 때려 부수도록 하려는 것이 아니다. 새로운 테크놀로지는 우리 곁에 존재한다. 그것은 결코 어디로 사라지지 않을 것이다. 교육자로서의 우리의 임무는, 그것이 교실에 들어올 때에 어떤 힘을 지닌 집단이 그들의 이미지에 따라 우리들의 주된 교육의 목적을 재정의한 결과로 들여오는 것이 아니라, 정치적·경제적으로, 교육적으로 현명한 이유를 가지고 들어오도록 하는 것이다."(Apple)

키워드
- **교사** : 소외현상 발생
- **교사** : 탈숙련화 초래
- **아동** : 계층 간 차별 심화

MEMO

Plus

교육과정의 유형 – 교육과정 결정의 3요소

1. **개념**: 교과, 학습자, 사회는 교육과정을 결정하는 근원이 된다. 이들 세 요인이 단독 혹은 서로 영향을 주고받은 결과 현실의 교육과정이 탄생된다.

2. **교육과정의 유형**

(1) 교과를 중심으로 한 교육과정

① 교과중심 교육과정: 전래의 문화유산 중에서 보존되어야 할 가장 중요한 내용을 다음 세대들에게 전달하면서 인간의 이성과 합리성의 발달을 목표로 삼는다. 전통적인 교과중심 교육과정은 ㉠ 단일교과에 초점을 맞추고, ㉡ 학급 전체의 학생들에게 강의법과 암송법을 중심으로 한 교사 중심의 수업을 강조하며, ㉢ 교과서와 자습장을 중심으로 한 교재를 사용하고, ㉣ 지필 검사용 시험지를 사용하여 정기적으로 평가하며, ㉤ 학업성취 정도나 학생의 집단 속의 상대적 서열을 강조하고, 평점을 강조하는 특징이 있다.

② 학문중심 교육과정: 각 학문을 구성하는 소수의 기본적인 아이디어를 중심으로 한 지식의 구조를 가르침으로써 진짜 탐구활동에 참여하고 학생들로 하여금 자신들의 지적 능력에서의 자신감과 광범위한 현상에 대한 이해를 도모하는 데 중점을 둔다. 학문중심 교육과정의 특징은 다음과 같다. ㉠ 단일 교과 내에는 단일 학문으로 제한하여 조직한다. ㉡ 소수의 근본적인 개념 혹은 원리를 정선하여 구조화한다. ㉢ 학습자의 인지발달단계와 지식의 표현양식을 관련시킨다. ㉣ 지식의 탐구절차, 자료제시 순서, 실험실 활용 등을 통해 학습자의 능동적인 탐구와 발견을 강조한다. ㉤ 학습자의 학습성향 파악과 동기 유발, 문제해결 과제, 해석할 자료, 설계해 볼 실험과제를 제시하여, 학습자가 교과의 구조에 관한 통찰력과 탐구행위를 경험하게 한다. ㉥ 교사는 정보를 제공하는 자원으로 활동하기보다는 학문적 탐구활동을 시범으로 보여 주는 사람이어야 한다.

③ 행동주의 교육과정: 학생들이 특정 교육 프로그램을 끝마쳤을 때 드러내 보이는 행동특성에 중점을 둔다. 각 행동의 선행 필수 기능을 확인하기 위하여 이 행동들을 분석하며, 학생들이 각각의 기능을 숙달할 때까지 연습할 수 있는 기회와 되새김을 제공해 주고, 학생들의 성취수행을 평가한다. 행동주의 교육과정은 다음과 같은 특징이 있다. ㉠ 평가방법과 밀접한 연관을 맺고 있는 성취 수행 목표, ㉡ 교사 중심의 기능교수법으로서 학생들에게 충분한 기능연습 기회의 제공, ㉢ 준거지향의 평가방법, ㉣ 적절한 행동 및 성공적인 수행에 대한 보상 체제 등이다.

(2) 학습자를 중심으로 한 교육과정

① 경험중심 교육과정: 사회적 존재로서의 개인 경험의 계속적 성장에 관심을 두며, 학교교육이 학생들의 흥미와 문제, 그들의 일상생활의 경험과 더욱 긴밀하게 연결될 때 학생들의 경험은 더욱 성장할 것이고 더 좋은 시민이 될 것으로 본다. 경험중심 교육과정은 다음과 같은 특징이 있다. ㉠ 교과목의 엄격한 구분보다 통합을 지향한다. ㉡ 교과서나 그 밖에 미리 준비된 수업 자료보다는 지역사회를 교수학습의 자원으로 더 많이 활용한다. ㉢ 대집단으로 편성된 경쟁적인 학습 분위기보다 소집단별 협동적인 학습 분위기를 강조하는 학생 중심의 수업을 요구한다. ㉣ 수업은 완결 짓는 데 비교적 긴 시간이 소요되는 과제, 즉 프로젝트를 중심으로 조직된다. ㉤ 교사들이 통제·관리자가 아닌 학습 촉진자 혹은 학습자원으로 활동해 주기를 기대한다. ㉥ 사실적 정보나 용어의 회상을 강조하는 시험보다 현실 세계 속의 실제 과제를 처리할 수 있는 능력을 확인하는 평가방법을 선호한다.

② 인본주의 교육과정: 사람의 온전한 자아실현을 추구한다. 학생들이 가진 인간 잠재력이 발달하는 것을 도와주도록 설계되었고, 건정하고, 균형적이며, 책임감 있는 사람으로 성장하게 돕는 교육과정이다. 학생들을 독특한 기질과 개성을 가진 존재로 이해하고 대우하려고 하며, 최근 사고 싶고 머물고 싶은 학교로 만들자는 움직임은 어느 정도 인본주의 교육과정의 공헌이라고 할 수 있다.

MEMO

01

③ 인지주의 교육과정: 학습을 통한 이해의 확장과 인지구조의 변화를 추구한다. 이 교육과정은 학생들이 이미 알고 있는 것을 토대로 해서 자신들의 지식을 구성하고, 의사결정, 문제해결, 판단이 필요한 유목적적인 활동에 그러한 지식을 활용할 수 있도록 하는 데 중점을 둔다. 최근 인간의 뇌 발달에 관한 뇌과학의 연구 성과를 교육과정과 수업에 응용하려는 노력이 기울여지고 있다.

④ 구성주의 교육과정: 지식이 개인의 자아 성찰적, 인지적 작용과 사회적 참여를 통해 지속적으로 구성되는 것으로 보고, 학습자가 주체적이고 자기반성적으로 학습에 참여할 길을 열어 주며, 학교교육에서는 삶에서 직면하는 진짜 과제(authentic task)를 주체적으로 그리고 교사의 도움을 받아 가며 동료들과 협동적으로 탐구해 가도록 하는 데 중점을 둔다. 구성주의의 주된 수업 모델에는 상황적 학습모델, 인지적 도제이론, 인지적 유연성 모델 등이 있으며, 구성주의의 가장 두드러진 수업 장면은 문제중심학습(PBL)이라고 할 수 있다.

⑶ 사회를 중심으로 한 교육과정

① 생활적응 교육과정: 성인과 학습자가 항상 직면하고 있는 생활 장면을 분석해서 교육과정을 구성하고자 하는 이론이다. 생활적응 교육은 모든 학생들이 스스로 만족스럽게 민주적으로 생활하면서 가족의 일원으로서, 직업인으로서, 또 시민으로서 사회를 위하여 유익한 일을 할 수 있도록 준비시키는 교육을 의미한다. 이 교육과정은 아동과 성인의 생활, 사회기능, 청년의 요구와 문제 및 항상적 생활 장면 등을 분석하는 목표의 질적 분석 방법을 도입함으로써 구체적 교육목표를 제시하며, 개인적 자아실현, 가족성원으로서 역할, 대인관계, 직업적 기능, 시민으로서 공공적 책임감 등을 강조한다.

② 직업 교육과정: 모든 학습자에게 공식적인 최종교육은 직업준비 교육이다. 교육은 미래의 일상생활뿐 아니라 직업생활에의 '준비'로 인식된다. 직업교육은 종종 훈련이라고 일컬어질 만큼 해당 업무와 관련된 지식, 기능을 반복적으로 익힌다. 교육을 훈련으로 왜곡시키고 학습자를 기능인으로 전락시킨다는 비판을 받기도 한다.

③ 중핵 교육과정: 교육과정을 편성 운영함에 있어 일정한 핵심(core)을 갖는 교육과정이라고 할 수 있다. 이 교육과정은 교과, 개인, 사회의 3자를 중핵(core)이라는 곳으로 통합시키려는 것으로 중핵과정과 주변과정이 동심원적으로 조직되는 것을 특징으로 한다. 중핵 교육과정에는 교과중심 중핵 교육과정, 아동중심 중핵 교육과정이 있으며, 사회의 기능이나 사회의 문제에서 중핵의 원리를 찾는 방식인 사회중심 중핵 교육과정은 중핵 교육과정의 가장 발전된 형태이다.

④ 사회개조 교육과정: 사회유지와 발전을 위한 사회성원 양성을 목적으로 하며, 특히 사회개선 중심 교육과정 관점은 학교교육의 내용과 활동을 통해 학생들로 하여금 사회적 불합리성과 모순을 깨닫도록 하여 학생들을 사회적 의식이 깨인 실천가(reflective practitioner), 변화의 주체로 길러 내어 사회의 구조적 모순을 변화시켜 나가는 데 관심을 둔다.

Memo

Chapter

02

교육과정 유형

Section 01

공식적 교육과정(Official Curriculum)

MEMO

개념 다지기

교육과정의 층위(層位)

1. 공식화 정도에 따른 분류: 아이즈너(Eisner)의 교육과정 개념 모형

① 공식적(표면적) 교육과정(official/explicit curriculum) : 형식적인 공식 문서 속에 기술되어 있는 교육과정 ⇨ 잠재적 교육과정과 영 교육과정이 부산물로 발생함

② 잠재적(비공식적) 교육과정(latent/hidden/implicit curriculum) : 공식적(표면적)으로 의도하지 않았으나 학생들이 은연중에 배우는 교육과정 ⇨ 학생들이 반드시 학습함

③ 영 교육과정(null curriculum) : 배울 만한 가치가 있는데도 공식적 교육과정이나 수업에서 배제된 교육내용

2. 교육의 진행과정에 따른 분류 : 진행과정에 따른 교육과정의 수준(level)

① 계획된 교육과정(의도된 교육과정 = 공약된 교육목표로서의 교육과정, 문서화된 교육과정, 공식적 교육과정) ⇨ 공식적인 문서 속에 담긴 교육계획(지침)이다. 교육과정 문서에는 국가 수준 교육과정, 지역 수준 교육과정, 학교 수준 교육과정이 있다.

② 실행된 교육과정(전개된 교육과정 = 수업 속에 반영된 교육과정, 가르친 교육과정) ⇨ 교사가 학교에서 실제로 전개한 교육과정이며, 구체적으로 교사의 실천적인 수업행위를 지칭한다. 교사의 수업행위 그 자체가 교육과정인 것이다. 교사의 수업행위는 계획된 교육과정 문서대로 이루어질 수도 있고, 그렇지 않을 수도 있다.

③ 경험된 교육과정(실현된 교육과정 = 학습성과로서의 교육과정) ⇨ 수업을 통해 실현된 교육과정을 의미한다. 계획되고 전개된 교육과정이 본래 의도한 대로 학생들에게 경험되지 않는 경우가 많다. 학생의 수준이나 배경 등에 따라 천차만별의 교육과정이 있을 수 있다.

> **Glatthorn(1987)**
> ① 공식적 교육과정
> ② 실제적 교육과정
> ㉠ 가르친 교육과정
> ㉡ 학습된 교육과정
> ㉢ 평가된 교육과정
>
> **김호권 등(1982)**
> ① 공약된 교육목표로서의 교육과정(의도된 교육과정)
> ② 수업 속에 반영된 교육과정(전개된 교육과정)
> ③ 학습성과로서의 교육과정(실현된 교육과정)

3. 교육과정의 결정주체(의사결정 수준, 존립 수준)에 따른 분류

① 국가수준 교육과정 : 교육부가 공식적으로 고시하는 문서로서의 교육과정

② 지역수준 교육과정 : 국가 교육과정에 명시된 시·도 교육청의 임무에 따라 각 교육청에서 작성한 시·도 교육과정 편성·운영 지침

③ 학교수준 교육과정 : 국가 교육과정 기준과 시·도 교육과정 편성·운영 지침을 토대로 하여 단위학교에서 편성한 학교 교육과정

④ 교실수준 교육과정 : 학교의 교사들이 학생들과 함께 개인적·집단적으로 결정하여 계획하고 실천한 학년 교육과정, 교과 교육과정, 학급 교육과정

4. 시기별 교육과정

① 전통적인 교육과정(1920~1950년대) : 교과중심 교육과정, 경험중심 교육과정, 학문중심 교육과정, 인간중심 교육과정

② 1960~1970년대 : 잠재적 교육과정, 영 교육과정

③ 1980년대 이후 : 구성주의 교육과정, 통합 교육과정

MEMO

01

01 교과중심 교육과정(1920년대 이전) 91 중등, 99 초등보수

1 개관

(1) 개념

지식의 체계를 존중하는 것으로 학교의 지도하에 학생들이 배우는 모든 교과와 교재

예 서양의 7자유과, 동양의 6예, 교수요목(syllabus)

(2) 특징

① **근거 – 형식도야설**: 교과를 통해 인간의 정신능력을 도야할 수 있다는 형식도야설에 근거한다.

② **교육목표**: 문화유산의 체계적 전달을 목적으로 하며, 수업의 사전계획과 일률적 교재 학습이 중시된다.

③ **교육내용 – 문화유산**: 교과는 문화유산을 '논리적'으로 조직한 것으로 교과의 논리에 따라 교육내용인 문화유산을 선정·조직한다(교과내용의 논리적 조직).

④ **교육방법 – 교사중심**: 교과는 교과전문가의 논리에 의해 조직되어 있으므로, 그 내용의 전달 또한 교사중심의 설명식·강의식으로 진행된다.

Plus

형식도야이론(formal discipline theory) 09 중등, 11 중등

1. **개념**: 운동을 통해 근육을 단련하듯 교과를 통해 몇 가지 마음의 능력을 단련할 수 있다는 이론이다.
2. **기본 전제**: 인간의 마음은 지각, 기억, 상상, 추리, 감정, 의지 등 여섯 가지 능력으로 구성되어 있다. 이러한 능력은 우리 두뇌(마음의 거처)의 각각 상이한 부분, 즉 부소(部所)와 관련되어 있는 부소능력(部所能力)
3. **교육내용**: 우리 몸의 근육이 신체적 훈련을 통해 단련되고 강인해질 수 있는 것처럼, 부소능력은 7자유과와 같은 어렵고 딱딱한 이론적 지식 교과를 통해 단련되고 발달될 수 있다.
   예 3학(문법, 논리학, 수사학) 4과(대수, 기하, 음악, 천문학), 4서(대학, 논어, 맹자, 중용) 3경(시경, 서경, 주역)
4. **교육방법**: 이론적 지식 교과가 가치를 가지는 것은 그것이 지각, 기억 등 마음의 능력을 '도야'한다는 데 있다. 정신능력을 도야하기 위해서는 지식 교과를 반복·훈련해서 학습해야 한다.
5. **교육효과**: 지식 교과를 통해 도야된 정신 능력은 다른 교과는 물론이며 모든 생활사태에 일반적으로 전이된다. 즉, 지식 교과를 통해 도야된 능력은 특정한 내용과 관련이 있지만 여러 가지 다른 내용에도 적용될 수 있는 일반적 능력이다.

MEMO

암기법
- 교사 주도 ↔ 학생 수동적
- 지식 습득 ↔ 학생 흥미 · 필요 무시

2 장단점 암

장점	단점
• 체계적으로 조직되어 문화유산과 지식의 전달이 용이하다. • 교사가 교육활동을 주도하므로 교수-학습활동을 통제하기가 쉽다. • 교육과정의 중앙집권적 통제가 용이하다. • 객관적 기준에 따라 평가하므로 평가 및 측정이 용이하다. • 사전에 계획되어 있으므로 인해 교사, 학생, 학부모들에게 안정감을 준다. • 초임교사도 쉽게 운영할 수 있다.	• 논리적이고 체계적인 교과를 강조하여 학생들의 흥미와 필요가 무시된다. • 교사중심 수업 및 단편적인 지식 주입으로 수동적인 학습 태도를 형성한다. • 지식의 암기에 치중하여 비판력, 창의력 등의 고등정신능력의 함양이 어렵다. • 실제 생활문제와 동떨어진 비실용적인 지식을 전달한다. • 상대평가로 경쟁적 풍토를 조장한다. • 민주적 태도나 가치 형성이 곤란하다.

3 유형(내용 조직, 조직 형태)

(1) 분과형 교육과정(subject matter curriculum)

의미	한 교과를 다른 교과와 완전히 독립하여 조직한 것 예 지리, 역사, 물리 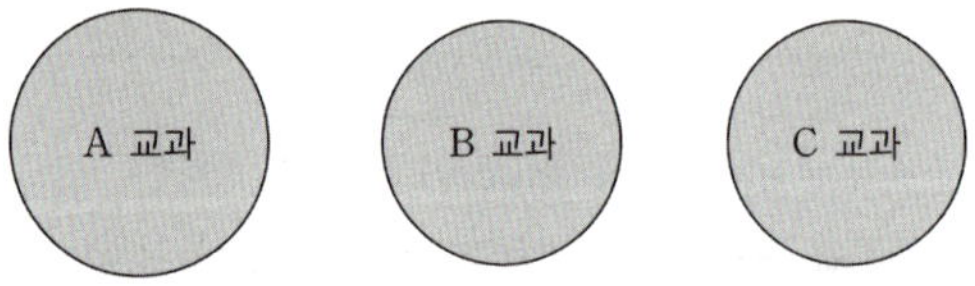
특징	• 각 교과나 과목의 종적 체계는 분명하지만 교과나 과목 간의 횡적 관련은 전혀 없다. • 해당 교과내용에 대한 교사의 심도 있는 지식을 필요로 한다. • 타 교과와 관련성이 없는 완전히 독립된 하나의 교육과정이다.
장점	• 각 교과의 논리적 체계와 전문성을 유지할 수 있다. • 각 교과의 깊이 있는 학습과 탐구가 가능하다. • 교과 교사의 전문성 발휘가 용이하다.
단점	• 교과 간 중복 · 단절이 발생할 수 있다. • 학생의 흥미 · 경험을 반영하기 어렵다. • 실제 생활과의 연계가 부족하다.

MEMO

(2) 상관형(관련) 교육과정(correlated curriculum)

의미	분과 교육과정의 폐단을 시정하기 위해서 교과선(subject line, 교과의 한계선)을 유지하면서 두 개 이상의 교과나 과목을 서로 관련시켜 조직한 것 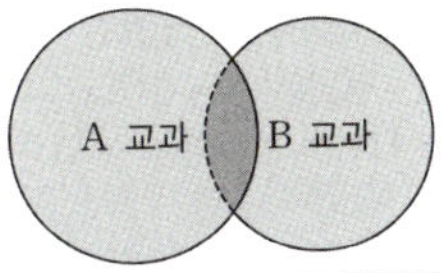
조직 방법 (상관 형식)	• 사실의 상관 : 사실을 중심으로 관련시킴 예 역사적 사실을 배경으로 문학작품을 가르칠 때 역사와 문학을 관련시켜 조직함(국어의 독립선언서와 국사의 3·1운동에 대한 사실을 관련), 세계사에서 문화의 발상을 가르칠 때 지리적 조건을 관련시켜 조직함(지리과목의 지중해와 역사과의 지중해 문화의 상관) • 원리(기술)의 상관 : 한 원리가 두 개 이상의 과목에 활용될 때 예 지리의 침식 작용 원리와 화학의 산·염기 작용 원리를 관련시켜 조직함, 샤를의 법칙이 화학과 물리 과목에 동시에 연관되도록 조직함 • 규범의 상관 : (원리가 규범적이고 도덕적인 경우) 규범을 관련시킴 예 국어의 유관순의 애국심과 세계사의 잔다르크의 애국심을 규범적으로 상관시켜 조직함, 민주주의 원리가 정치나 사회 과목에 연관되도록 조직함
특징	• 교과는 세분화되어 있으나, 교육내용에 있어서는 교과 상호 간에 관련이 깊다. • 인접교과에 대한 교사의 상당한 지식을 필요로 한다.
장점	• 교과 간의 상호 관련성을 높일 수 있다. • 각 교과 간의 중복·누락을 방지할 수 있다. • 학습자에게 통합적 학습의 가능성을 증진시킬 수 있다.
단점	• 여전히 교과의 독립성이 유지되므로 통합성이 낮다(한정된 상관성만 보장하기 때문에 통합성은 부족하다). • 연계 기준이 모호할 경우 형식적 연결에 그칠 수 있다(인공적·작위적으로 무리하게 상관시키기 쉽다). • 교사 간 협력이 어렵다.

MEMO

(3) **융합형 교육과정**(fused curriculum)

<table>
<tr><th>의미</th><td>상관 교육과정에서 광역 교육과정으로 이행하는 과정에서 생긴 것으로, 각 과목의 성질을 유지하면서 (그 사이에 내용이나 성질 면에서) 공통요인을 추출하여 조직한 것이다.
예 사회과에서 일정 기간 동안에 일정한 과목, 즉 지리적 교재를 중심으로 하여 타 과목을 관련시켜서 교수하고, 일정 기간 동안에는 경제적인 교재, 그다음에는 역사적인 교재로 통합 중심을 이행하는 것. 식물학과 동물학을 합쳐서 생물학으로, 대수와 기하를 합쳐서 수학으로 조직하는 것
<table><tr><th colspan="5">융합사회</th></tr><tr><td>지리</td><td>경제</td><td>사회</td><td>문화</td><td>정치</td></tr></table></td></tr>
<tr><th>조직 방법</th><td>중심이동법을 활용하여 조직한다.</td></tr>
<tr><th>장점</th><td>• 유사 교과 간의 중복된 내용을 제거하여 학습의 효율성을 증대시킨다.
• 유사 교과 간의 개념적 연계성 · 일관성을 강화한다.
• 교사 간 협력이 비교적 용이하다(전문성 영역이 유사).</td></tr>
<tr><th>단점</th><td>• 유사 교과 외 통합이 어렵고, 통합 수준이 제한적이다.
• 교과 간 통합 기준이 불명확할 경우 단순 병렬화가 우려된다.
• 교과의 전문성 약화가 가능하다.</td></tr>
</table>

(4) **광역형 교육과정**(broad fields curriculum)

<table>
<tr><th>의미</th><td>관련 교과들을 하나의 학습영역 속에 통합하는 것으로, 동일 교과영역에 속하는 각 과목 간의 구획화를 깨뜨리고 그 영역 내의 지식들을 포괄적으로 조직한 것이다. 서로 유사한 교과들을 한데 묶어 넓은 영역의 하나의 교과로 조직하는 것이다. 예 물리, 화학, 생물, 지구과학을 통합하여 과학으로 하는 경우. 역사, 지리, 정치, 경제 등을 통합하여 사회로 하는 것
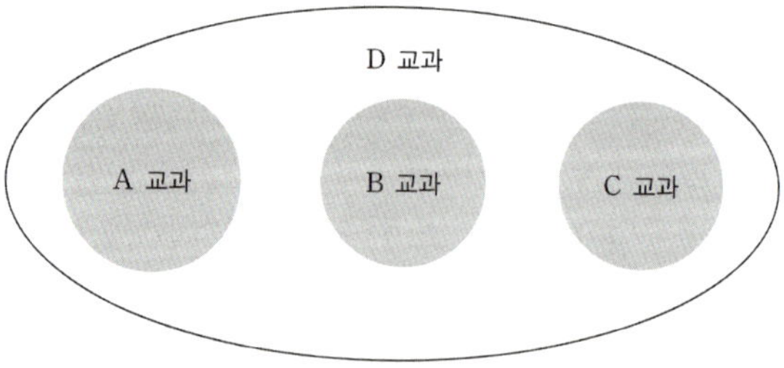
</td></tr>
<tr><th>조직 방법</th><td>주제법을 활용하여 조직한다. → 과목의 체계에 따르지 않고 주요 주제나 제목을 중심으로 조직한다(세부적인 과목들을 포괄할 수 있는 주제를 설정하여 이 주제와 관련하여 지식이나 개념, 원리들을 통합하여 조직한다).</td></tr>
<tr><th>장점</th><td>• 교과 간의 경계가 붕괴되어 교과의 통합성이 촉진된다.
• 주제 중심 학습으로 총체적 사고력 · 종합적 문제해결력 · 융합적 사고력을 신장시킬 수 있다.
• 학생의 흥미 유발로 학습동기가 강화된다.</td></tr>
<tr><th>단점</th><td>• 교과 전문성 약화와 교과 지식의 깊이가 부족하다(교과목에 가지는 고유의 논리성과 개념 체계를 이해하지 못하게 한다).
• 전문성 영역이 다를 경우 교사 간 협력과 조정이 매우 어려울 수 있다.
• 수업 설계와 평가의 복잡성이 증가한다.</td></tr>
</table>

MEMO

01

교과중심 교육과정의 유형 비교

구분	분과형(separated)	상관형(correlated)	융합형(fused)	광역형 (broad-fields)
핵심 개념 (교과 간 관계)	각 교과를 완전 독립적으로 조직	교과의 독립성 유지하면서 관련 있는 내용만 연계	유사 교과 간 공통요소 중심 통합(유사한 성격의 교과를 하나로 통합)	교과 간 경계 허물고 주제 중심 통합
구성 원리	교과 자체 논리에 따라 분리	교과의 독립성 유지, 관련 요소 연계	유사 교과 간 공통 요소 추출·조직	주제나 문제 중심으로 여러 교과 통합
조직 방법	내용해설법	사실·원리(기술)·규범상관법	중심이동법	주제법
통합 수준	없음(×)	낮음(◆)	중간(◆◆)	높음(◆◆◆)
대표 표현 (예시)	국어, 수학, 사회, 과학 등 전통적 교과	역사적 사실을 국어·국사와 연계	• 물리·화학·생물 → 과학 • 정치·경제·지리 → 사회	통합과학(과학 전 분야 주제 중심 통합), 통합사회(사회 전 분야 삶의 주제 중심 통합), STEAM(과학·기술·공학·예술·수학 등 다교과 주제 중심 통합), 인간과 사회, 지속가능한 미래 등
장점	• 각 교과의 논리적 체계와 전문성 유지 • 각 교과의 깊이 있는 학습과 탐구 가능 • 교과 교사의 전문성 발휘 용이	• 교과 간 관련성 높임 • 각 교과의 중복·누락 방지 • 통합적 학습의 가능성 증진	• 유사 교과 간 중복 내용 제거로 학습 효율성 증대 • 유사 교과 간 개념적 연계성·일관성 강화 • 교사 간 협력이 비교적 용이(전문성 영역이 유사)	• 교과 간 경계 붕괴로 교과의 통합성 촉진 • 주제 중심 학습으로 총체적 사고력·종합적 문제해결력·융합적 사고력 신장 • 학생의 흥미 유발로 학습동기 강화
단점	• 교과 간 중복·단절 발생 • 학생의 흥미·경험 반영 어려움 • 실제 생활과의 연계 부족	• 교과 독립성 유지로 통합성 낮음 • 연계 기준이 모호할 경우 형식적 연결에 그침(무리한 상관) • 교사 간 협력이 어려움	• 유사 교과 외 통합이 어렵고, 통합 수준이 제한적 • 교과 간 통합 기준이 불명확할 경우 단순 병렬화 우려 • 교과 전문성 약화 가능	• 교과 전문성 약화와 교과 지식의 깊이가 부족 • 전문성 영역이 다를 경우 교사 간 협력과 조정이 매우 어려움 • 수업 설계·평가의 복잡성 증가

MEMO

02 경험중심 교육과정(1920~1950년대)

90 중등, 92 중등, 94 중등, 99 초등, 99 초등보수, 04 중등, 07~08 중등, 08 초등, 12~13 중등, 16 중등論, 20 중등論, 23 중등論

1 개관

(1) 개념

학교의 지도하에 학생들이 가지게 되는 모든 경험 ⇨ 학생의 경험을 중심으로 교육과정을 구성하고, 학생의 흥미와 요구를 토대로 운영하는 교육과정

(2) 특징

① **교육목표**: 전인교육, 문제해결능력, 생활인의 육성 ⇨ 교과활동 못지않게 과외활동을 중시하여 전인교육과 문제해결능력을 강조하며 생활인의 육성을 목표로 한다.

② **교육내용**: 생활경험 ⇨ 실제 생활경험을 교육내용으로 삼고, 교육내용을 학생의 흥미와 관심을 토대로 '심리적'으로 조직한다(교과내용의 심리적 조직).

③ **교육방법**: 학습자중심 ⇨ 교육과정의 중점을 교과가 아닌 학습자에 둔다. 학생의 흥미와 필요를 토대로 교육과정을 구성하며 학생의 자발적 활동을 강조한다.

암기법
- 학생 주도 ↔ 많은 시간 소요
- 문제 해결 ↔ 체계적 지식 습득 ×

2 장단점 암

장점	단점
• **학생의 자발적 활동을 촉진**: 학생의 흥미와 필요를 토대로 교육과정을 구성하므로 학생의 자발적 활동을 촉진한다. • **실제적 문제해결능력 함양**: 실제 생활문제를 다루므로 실제적인 문제해결능력을 함양한다. • **민주적 태도와 생활양식 함양**: 공동의 과제를 협동하여 해결하는 과정에서 협동성, 사회성, 책임감 등의 민주적 태도와 생활양식이 함양된다. • **전인 형성 가능**: 학교생활의 여러 국면을 통합시켜 주기 때문에 전인 형성을 가능하게 한다.	• **기초학력 저하 우려**: 학생의 흥미와 필요가 중심이 되면 체계적인 지식 습득이 어려워 학생의 기초학력이 저하될 수 있다. • **교육 시간의 경제성 무시**: 직접 경험에 근거한 수업 운영은 많은 시간을 소요하므로 교육 시간의 경제성이 무시된다(교육과정 운영의 효율성 저하). • **새로운 장면에 적용 어려움**: 직접 경험에서 얻은 원리나 사실은 새로운 장면에 적용하기 어렵다. • **미숙한 교사의 운영상 어려움**: 교직 소양과 지도 방법이 미숙한 교사는 경험중심 교육과정의 운영이 어렵다. • **행정적 통제의 어려움**: 사전에 계획하지 않기 때문에 행정적 통제가 어렵다.

MEMO

01

3 유형

(1) 활동중심 교육과정

의미	학습자의 활동을 중시하는 교육과정 ⇨ 학교활동에 포함되는 학습자의 모든 활동경험을 교육과정으로 보고, 학습자의 흥미나 요구에 기초하여 학습활동을 선정하고 조직 예 주창자: 파커(Parker), 듀이(Dewey), 킬패트릭(Kilpatrick) – 구안법(프로젝트법)
장점	• 학습자의 필요, 흥미, 문제에 적합하다. • 개인의 생활경험에 직접적으로 관련되는 기능적인 학습을 마련해 준다. • 학교가 바라는 많은 목표를 달성할 수 있도록 해 준다. • 교사·학생의 공동계획 및 문제해결법의 학습과정을 중시한다. • 새로운 학습심리에 적합하다.
단점	• 교육과정에서 강조되는 흥미, 필요, 문제를 결정하기가 쉽지 않다. • 사회의 방향감과 사회적 책임을 등한시하기 쉽다. • 기본 교재의 적절한 이수를 보장하지 못한다. • 조직적이고 체계적인 교육계획을 세우기 어렵다. • 오늘날과 같은 다인수 학급에서 실현 가능성이 작다. • 내용의 계열성이나 발전성을 보장하기 어렵다.

(2) 생성(현성)중심 교육과정

의미	사전에 계획하지 않고, 교사와 학생이 학습현장에서 함께 '만들어 가는 교육과정'
장점	사전에 계획된 내용이 없다는 점에서 교사와 학생에게 많은 자유와 융통성이 주어진다.
단점	자칫하면 내용의 깊이가 없는 피상적인 문제를 다룰 가능성이 매우 높기 때문에 매우 유능한 교사만이 이러한 형태의 교육과정을 운영할 수 있다.

(3) 광역형(생활영역중심) 교육과정

의미	지식보다는 생활·흥미·경험 등을 (생활활동 중심 또는 사회기능 중심으로) 넓은 영역으로 묶어서 조직해 놓은 형태(작업단원법). 이 방법은 동일 영역의 학습내용을 학습자의 발달단계에 따른 생활경험 중심으로 단원을 조직하는 것
예	사회생활영역, 자연에 관한 영역, 수학영역, 가정영역, 휴양과 예술 영역, 언어생활영역 등

(4) 중핵 교육과정 04 중등, 08 중등, 20 중등論

의미	중심과정(중핵과정)과 주변과정이 동심원적으로 결합된 교육과정으로, 교과의 선을 없애고 학습자의 흥미나 요구, 사회문제를 중심으로 조직하는 형태 ⇨ 중핵과정은 특정 교과의 중요한 주제일 수도 있고, 사회적인 문제일 수도 있으며, 학습자들의 단순한 흥미일 수도 있다.
유형	• **교과중심 중핵 교육과정**: 몇 개의 교과를 선정하거나 통합시켜서 그것을 중핵으로 하고 나머지는 주변학습으로 돌리는 교육과정 • **개인중심 중핵 교육과정**: 중핵의 요소를 학생 개인의 필요와 흥미에 두는 교육과정 • **사회중심 중핵 교육과정**: 사회기능이나 사회문제를 중핵의 요소로 삼는 교육과정

MEMO

특징	• 모든 학생에게 공통적이며 필수적인 학습활동으로 구성 ⇨ 모든 학생에게 기본적으로 중요하다고 생각되는 학습활동으로 구성되므로, 어떤 학생이든 지적 흥미와 요구, 사회적 지위에 관계없이 중핵과정에 참여한다. • 학습활동은 교사와 학생이 상호 협력하여 계획 ⇨ 학생들의 생활주변 또는 광범위한 요구·문제·흥미 등을 고려하여 교사와 학생이 협력하여 계획한다. 이 과정에서 학생들 스스로 관련 사회문제를 발견하고 규정하고 해결하고 자료를 찾는 데 노력한다. • 교과의 구분을 파기 ⇨ 학습활동은 종래의 전통적인 교과의 구분을 없앤다. 더 많은 교과를 결합하는 것과 완전히 교과구분을 없애버리는 것 등이 있다. • 융통성 있게 학습활동을 운영 ⇨ 토의나 실험, 조사, 야외활동 등 여러 가지 학습활동으로 구성된다. 학습활동은 다른 학습에 방해되지 않도록 비교적 긴 시간을 단위로 편성된다.
장점	• 학생들의 개인적 필요와 능력에 적합한 학습경험을 마련하고, 의미 있고 중요한 학습경험을 촉진한다. • 학생들이 현실에서 부딪치는 실제적 과제를 주제로 선정함으로써 문제해결력과 비판적 사고력을 촉진한다. • 교과내용의 통합을 통해 지식의 상호관련성을 이해시키고, 개인의 통합적 성장을 촉진한다.
단점	• 여러 분야의 내용과 연결하여 중심 주제를 이해하고 문제를 해결하기 때문에 특정 교과의 지식을 체계적으로 학습하기 어렵다. • 교사는 자신의 담당 교과뿐만 아니라 다른 교과와 연관하여 교육과정을 구성하고 수업을 준비해야 하므로 수업준비에 많은 시간이 소요된다. • 중핵교육과정을 운영하는 데 필요한 교사들의 적절한 준비가 부족하다.

✔ **경험중심 교육과정의 조직 방법**

조직 형태	조직 방법
활동형	구안법
생성형	현장구성법
광역형	작업단원법
중핵형	동심원법

03 학문중심 교육과정(1960~1970년대)

92 중등, 94 초등, 99 초등보수, 00 초등, 00 중등, 04 초등, 06 중등, 23 중등論

① 개관

(1) 개념

각 학문에 내재해 있는 '지식의 구조와 지식 탐구 과정의 조직'을 교육과정으로 본다.

⇨ Bruner의 대담한 가설 : "어떤 교과든지 지적으로 정직한 형태로 표현하면 어떤 발달단계에 있는 어떤 아동에게도 효과적으로 가르칠 수 있다."

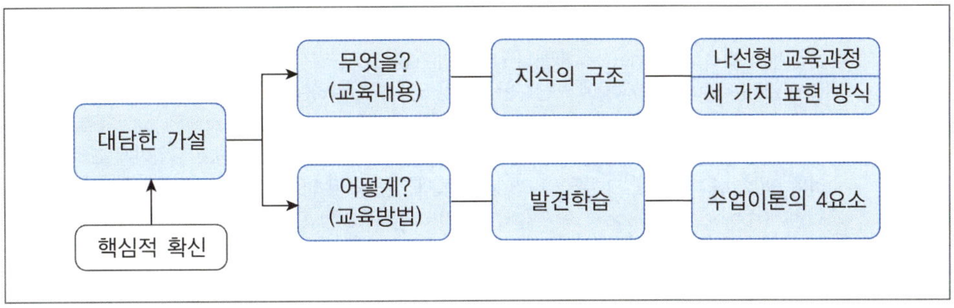

MEMO

(2) 특징

① **교육목적**: 지적 수월성 확보 ⇨ 궁극적인 목적은 학생들이 탐구 능력과 지적 수월성을 배양하도록 하는 데 있다.

② **교육내용**: 지식의 구조 ⇨ 지식의 구조란 각 학문을 구성하고 있는 기본 개념과 원리들을 체계적으로 조직한 것을 말한다.

③ **교육방법**: 발견학습 ⇨ 교사의 지시(scaffolding)를 최소화하고 '학습과제의 최종적 형태(structure of knowledge)'를 '학습자 스스로 찾아내게 하는(discovery) 방법'이다.

Plus

❶ 지식의 구조

1. **개념**: 지식의 구조란 각 학문 분야에서 가장 중요한 기본개념과 원리, 핵심 아이디어들을 논리적 구조에 의해 체계적으로 조직한 것을 말한다. 즉, 지식의 구조란 각 학문의 기저를 이루고 있는 '일반적 개념과 원리', '기본적 아이디어'들 간의 상호 관련성을 의미한다. 지식의 구조를 학습한다는 것은 일반적 개념과 원리들 간의 상호 관련성을 학습한다는 것을 의미한다.

2. **'지식의 구조를 가르친다'는 의미**
   ① 학생들로 하여금 해당 분야의 학자들과 똑같은 일(교과언어, subject language)을 하도록 하는 것이다.
   ② 한 가지 현상을 여러 가지 현상과 관련지어 이해하도록 하는 것이다. ⇨ 개별적인 사실이나 현상이 어떻게 관련되어 있는가를 학습하는 것
   ③ 각 교과를 특정 짓는 안목이나 사고방식을 이해하도록 하는 것이다. ⇨ 개별적인 사실이나 현상의 관련성을 파악하게 해 주는 틀, 사물이나 현상을 보는 안목, 탐구방법

3. **지식의 구조가 갖는 이점** 암
   ① 학습한 내용을 쉽게 이해: 개별적인 사실이나 현상을 연결해서 '보는 안목'을 익히면 학습한 내용을 쉽게 이해할 수 있다.
   ② 학습내용을 오래 기억: 서로 연결되지 않은 개별적 사실은 파지 기간이 짧으나, 원리나 개념을 중심으로 개별적 사실이나 현상을 구조화시키면 오래 기억할 수 있다.
   ③ 학습 이외의 사태에 적용(일반적 전이 ⇨ 높은 전이가): 개별적 사실들을 연결하여 얻은 일반적인 개념과 원리는 전혀 다른 새로운 사태의 문제 해결에 쉽게 적용할 수 있다.
   ④ 초보지식과 고등지식의 간극 좁힘: 학문의 기본원리인 지식의 구조를 익히면 초등학생도 학자들이 하는 것과 같은 종류의 일을 하게 되므로 초보지식과 고등지식의 간극을 좁힐 수 있다.

암기법
이기전간

MEMO

4. 중간언어와 교과언어

① 중간언어(middle language): 학자들의 탐구결과(개념, 원리, 법칙 등)를 그 학문의 탐구과정과 분리된 채로 전달하는 언어 ⇨ 학생들에게 단순한 사실을 암기하도록 하는 결과를 낳으며, 결국 지식이 학생의 내면에 들어가지 못하고 바깥에 머물게 되는 결과를 초래한다. 이 경우에, 학생은 '참여자'로서 교과를 배우는 것이 아니라 '관람자'로서 교과에 '관한' 사실들을 배우게 되며, 학생에게 있어서 교과는 '할 줄 알아야 할(know how to)' 그 무엇이 아니라 그것에 '관하여 알아야 할(know about)' 그 무엇이 된다.

② 교과언어(subject language): 학자들의 생각이나 탐구 과정 자체 ⇨ 학생들이 학자들의 탐구활동과 동일한 일을 하도록 가르치는 것 ⇨ 지식의 구조는 단순히 교육내용만을 의미하는 것이 아니라 교육방법까지도 동시에 포괄한다고 할 수 있다. 지식의 구조는 '발견학습' 또는 '탐구학습'과 불가분의 관계에 있으며, 그와 마찬가지로 종래의 잘못된 교육내용관을 규정하는 '중간언어'는 단순히 교육내용에 대한 지적이 아니라 동시에 교육방법에 대한 비판이라고 할 수 있다.

❷ 교육과정(교육내용) 조직 - 나선형 교육과정(spiral curriculum) 99 중등추가, 13 중등

1. **개념**: 학습자의 발달단계를 고려하여 기본개념과 원리(지식의 구조)를 반복하면서 점점 폭과 깊이를 확대·심화시켜 조직하는 것을 말한다.

2. **조직(구성)원리**

① 계속성: 동일한 내용을 계속 반복되도록 조직한다(계속적 반복학습).

② 계열성: 논리적·심리적 계열방법에 따라 교육내용의 폭과 깊이가 확대·심화되도록 조직한다.

③ 통합성: 기본개념을 교과 간에 상호 연결하고 병합하여 조직한다.

3. **나선형 교육과정의 표현방법**

① 작동적 표현방법

② 영상적 표현방법

③ 상징적 표현방법

2 장단점

장점	단점
• **지식의 경제성과 단순화**: 교육내용을 논리 체계적으로 선정·조직하므로 지식의 경제성과 단순화를 기할 수 있다. ⇨ 지식과 기술의 폭발적 증가에 대처 • **높은 학습전이가 가능**: 기본개념과 원리·법칙을 학습하여 얻은 지식은 다른 사태에 잘 전이되며, 이를 기초로 새로운 지식을 생산할 수 있다. • **내재적 동기 유발**: 학문 탐구에서 얻는 희열은 내재적 동기를 유발하고 교육의 효과를 더욱 높인다. • **초보지식과 고등지식 간의 간극 좁힘**: 학문의 기본적인 내용인 지식의 구조를 학습하므로 초보지식과 고등지식 간의 간극을 좁힐 수 있다. • **탐구 활동을 통한 질 높은 교육**: 탐구와 발견의 과정에서 창의적 활동이 가능하며 이는 교육의 질을 향상시킨다.	• **정의적 교육 소홀**: 지나치게 학문적이고 지적인 교육에 치중하므로 학습자의 정서적 성장에 도움을 주지 못한다. • **실생활과 유리된 비실용성**: 지식의 구조는 순수 지식만을 협소하게 강조하므로 실생활과 유리되어 실용성이 적다. • **소수 엘리트 교육**: 각 학문에 내재한 지식의 구조를 발견하도록 하는 수업은 우수한 소수 엘리트 학생에게 유리하지만, 그 외의 학생들에게는 적절하지 않다. ⇨ 비인간화, 비민주화 현상 초래 • **교사의 문제**: 교사가 지식의 구조를 충분히 이해하기 어렵다. • **교과 간의 통합성 결여**: 단절된 교과목의 수가 늘어날 가능성이 많으며, 교과 간의 통합성이 결여된다. • **기타**: 학습부진아나 학습지진아에 대한 특별한 조치가 없다.

MEMO

01

04 인간중심 교육과정(1970년대 이후) 92 중등, 99 초등, 10 중등

1 개관

(1) 개념

학생들이 학교생활을 하는 동안에 갖게 되는 모든 경험(의도적+비의도적) ⇨ 이런 점에서 교육과정의 의미에는 표면적(공식적) 교육과정뿐만 아니라 잠재적 교육과정도 포함됨 ⇨ 교육은 교과를 가르치는 것이 아니라 인간을 가르치는 것

(2) 특징 암

① **교육의 인간화 강조**: 교육의 목적을 자아실현에 두고 전인적 인간 양성을 위해 교육의 인간화를 강조한다.

② **학교 환경의 인간화 강조**: 학교 환경이 인간 중심적으로 조성될 때 인간적인 경험을 할 수 있으므로 학교 환경의 인간화를 강조한다.

③ **인간주의적 교사 요구**: 진실성, 학생에 대한 존중과 수용, 공감적 이해를 갖춘 인간주의적 교사를 요구한다.

④ **잠재적 교육과정 중시**: 학교가 의도한 교육과정(표면적 교육과정)은 주로 지식, 기능의 신장에 영향을 미치지만, 의도하지 않은 잠재적 교육과정은 학생들의 정의적·사회적 발달에 영향을 준다. 그래서 인간중심 교육과정에서는 잠재적 교육과정을 표면적 교육과정과 똑같이, 경우에 따라서는 더 중시한다.

⑤ **통합 교육과정 중시**: 교과중심, 경험중심, 학문중심 교육과정을 모두 포괄하는 통합 교육과정을 중시한다.

암기법
교육의 인간화
환경의 인간화
교사의 인간화

2 장단점 암

장점	단점
• **인간의 성장 가능성 조화롭게 발달**: 전인교육을 통하여 인간의 성장 가능성을 조화롭게 발전시킬 수 있다. • **학습자의 개별적인 자기 성장 조장**: 학습자의 개별적인 자기 성장을 조장할 수 있다. • **학습자의 자아개념의 긍정적 형성에 기여**: 학습자의 자아개념을 긍정적으로 형성하는 데 도움이 된다. • **교육과 교육환경의 인간화에 기여**: 교육과 교육환경의 인간화에 기여한다. • **학습과정을 통해 터득한 의미의 내면화**: 교수-학습과정에서 개방적·자율적 분위기를 조성하여 학습과정을 통해 터득된 의미가 내면화되도록 할 수 있다.	• **교육성과의 보장 어려움**: 자유로운 환경 조성과 역동적인 인간관계의 유지가 이루어지지 않으면 교육성과의 보장이 어렵다. • **실현상의 어려움**: 교사들의 투철한 교육관의 확립, 과대학교와 과밀학급에 대한 개선 및 학교교육에서의 경쟁적 교육풍토 지양 등이 선행되지 않으면 그 실현이 어렵다. 즉, 교육의 인간화가 보장되지 않으면 그 실현이 어렵다. • **교육과 사회의 관계 경시 우려**: 개인의 성장만을 중시하고 교육과 사회와의 관계를 경시할 수 있다. • **이론 체계 미흡**: 개념이 모호하고 이론 자체가 미비하다.

암기법
인간 인간 인간 ↔
성실 – 어렵다

MEMO

05 통합 교육과정

1 개관

(1) 개념

① **통합 교육과정**: 학생의 관심이나 흥미, 주제, 개념, 이슈 등을 중심으로 교육내용을 통합하여 조직하는 것 ⇨ 경험 내용의 통일성, 전체성, 통합성을 강조

② **교과의 통합 운영**: 국가 수준 교육과정에서 명확히 구분된 교과들을 수업의 장면에서 다양한 방식으로 상호 연관을 지어서 계획하고 가르치며 평가하는 활동

예 중학교 3학년 사회과의 한국사 영역(대한민국의 발전)과 일반사회 영역(정치생활과 민주주의)을 연관 짓는다든지, 중학교 1학년의 사회과 내용(개인과 사회생활)과 도덕과 내용(예절과 도덕)을 관련시켜서 수업을 계획하고 실시하며 평가하는 활동을 가리킨다.

③ STEAM(**스팀: 융합인재교육**): 과학(Science), 기술(Technology), 공학(Engineering), 인문예술(Arts), 수학(Mathematics) 분야의 교과 간 융합을 위한 교육을 의미한다. 스팀교육은 과학기술에 대한 학생들의 흥미와 이해를 높이고, 과학기술 기반의 융합적 사고력과 실생활 문제해결력을 함양하기 위한 교육이다.

(2) **교육적 가치**(이익/필요성) – 김대현, Drake, Jacobs

① 교과별로 상호 관련되는 내용을 묶어 제시함으로써 지식의 폭발적 증가에 대비한 필수적인 교육내용을 선정하는 데 도움을 준다.

② 교과들 간의 중복된 내용과 기능들(skills)을 줄임으로써 학생들이 배워야 할 필수적 교육내용을 배울 시간을 확보해 준다.

③ 현대사회의 쟁점을 파악하는 데 도움을 주고, 현대사회에서 발생하는 복잡한 문제들을 해결하는 능력을 길러 준다.

④ 교과들 간의 관련성을 파악하는 데 도움을 주고, 교과 학습과 생활과의 연계성을 높여 교과 학습의 의미를 삶과 관련지어 인식할 수 있게 해 준다.

⑤ 학생들의 흥미와 관심을 반영하기 쉬우며, 주제나 문제를 중심으로 조직될 때 학생들의 학습 선택권이 확대된다.

⑥ 인간의 뇌가 정보들을 유형화하거나 관련지을 때 학습이 효과적으로 일어난다는 인지심리학의 연구결과와 일치한다. 또한 정보의 적용 기회가 제공되고 학습자 자신의 삶과 관련 있을 때 학습이 촉진된다는 구성주의 학습이론과도 부합한다.

⑦ 교과의 통합 운영(특히 프로젝트 학습활동)은 활동중심 교육과정으로 이루어지며, 학생의 적극적인 참여로 학습동기가 높고 학습에 대한 책임감을 갖게 한다.

⑧ 비판적 사고를 길러 주고 교과의 경계를 벗어나서 독립적으로 사고하고 문제를 해결하는 능력을 길러 준다.

⑨ 학생들 스스로 교과에 흩어진 정보를 관련짓는 그물망을 형성하는 습관을 길러 준다.
⑩ 따라서 계통적 학습이 요구되는 상황에서는 교과별 수업을 하고, 교과의 사회적 적합성을 높이고 학습자의 사회 문제해결력을 신장시키고자 할 때는 교과를 통합하여 운영하는 것이 바람직하다.

MEMO

01

(3) 특징

① 지식의 분절화를 방지한다.
② 학생들의 심리적 발달에 상응한 교육이 가능하다.
③ 전인격적 성장에 관심을 둔다.
④ 학생의 긍정적 자아개념을 형성하게 한다.
⑤ 통합적 접근은 지식의 기본 원리에 대한 이해를 도모한다.

2 장단점 암

암기법
팽필유흥(에 빠져)
교통(사고를 내니)
어렵다어려워

장점	단점
• **지식의 팽창에 대비**: 통합된 내용을 학습하므로 지식의 폭발적 증가에 대비할 수 있다. • **교육과정의 효율적 운영 가능**: 중복된 내용을 줄임으로써 필수 교육내용을 배울 시간을 더 늘려 주어 교육과정의 효율적 운영을 가능하게 한다. • **지식의 유용성 향상**: 통합 교육과정은 학교 밖의 실제적 문제를 중요시하므로 지식의 유용성을 높여 준다(+ 문제해결력 길러줌). • **학교와 사회 간의 거리 좁힘**: 교과와 사회 간의 연계성을 높여 학교와 사회 간의 거리를 좁혀 준다. • **학습자의 흥미와 관심 반영**: '행함을 통한 학습'을 중요시하므로 학습자의 흥미와 관심을 반영하기 쉽다. • **정보를 관련짓는 능력 함양**: 여러 교과에 흩어져 있는 정보를 관련지을 수 있는 능력을 길러 준다. • **학습자의 전인적 성장**: 학습자의 전인적 성장을 돕는다. • **교사 간, 학생 간 의사소통 통로**: 협동적 교수(team teaching)와 협동학습을 강조함으로써 교사들 간, 학생들 간의 의사소통의 통로를 제공한다.	• **현장 교사의 전문가적 식견 요구 어려움**: 현장 교사들에게 각 과목의 모든 내용들에 대한 충분한 이해와 전문적 식견을 요구하는 것은 현실적으로 매우 어렵다. • **통합 교육과정 구성의 어려움**: 교과목을 논리적으로 연결하여 의미 있게 통합해야 하는 통합 교육과정의 구성은 무척이나 어려운 일이다. 의미 있는 통합이란 교과목의 단순한 집합을 말하는 것이 아니라 논리적인 순서에 따라 상호 연관성을 가지고 연결되어야 함을 의미한다. • **교사의 부담 가중 및 교육의 질 저하 우려**: 성격이 다른 각 교과의 내용을 일반상식 수준에서 어설프게 통합할 경우 교사에게 부담은 부담대로 가중시키고, 교육의 질은 오히려 더욱 떨어뜨리는 결과를 야기할 수 있다. • **학생의 혼란 우려**: 학문적 지식의 체계를 따라서 교육과정이 구성되기보다 문제, 주제, 개념, 이슈 등을 중심으로 구성되기 때문에 학생들에게 오히려 혼란을 가져다 주기 쉽다.

MEMO

암기법
중 일 적

3 통합의 일반적 원칙과 통합의 유형

(1) 교과 통합 운영의 일반적 원칙(Jacobs; Martin-Kniep, Feige & Soodak; Mason) 암

① **중요성의 원칙**: 각 교과의 중요한 내용이 반영되어야 한다. 따라서 학생의 흥미와 관심에도 부합되어야 하지만, 지적 능력의 개발에도 관심을 기울여야 한다.

② **일관성의 원칙**: 통합 단원의 내용과 활동이 단원의 목표 달성을 위하여 고안된 수업 전략과 부합되어야 한다. 따라서 통합 단원의 얼개를 작성할 때 효과적인 수업 계획안도 함께 마련해야 한다.

③ **적합성의 원칙**: 통합 단원이 학습자의 개성과 수준에 맞으며, 학습자의 전인격적 성장을 목표로 해야 한다. 즉, 교과 통합이 궁극적으로 학습자의 과거, 현재, 미래의 삶과 연결되어야 한다.

(2) 유형 – 학문이 연결되는 방식 또는 통합의 정도에 따른 구분(Drake)

① 다학문적 통합

의미	각 학문의 독립성을 유지하면서 하나의 주제에 대해 여러 학문(교과)의 관점에서 다룰 수 있도록 교육과정을 조직하는 것. 하나의 주제를 다양한 교과의 렌즈를 통해 바라볼 수 있도록 조직함으로써 한 주제에 대한 통합적 접근을 시도한다.
예	‘인구 감소’ 현상에 대해, 사회학, 경제학, 정치학, 심리학, 지리학 등 여러 학문들에서 관련 개념, 이론 등을 추출하여 병렬적으로 조직하는 방식
학문(교과)의 정체성(독립성)	각 학문(교과)의 독립성(정체성) 유지
주된 관심 (초점, 목적)	각 교과의 지식과 기능의 습득(주제에 대한 학습은 부차적인 것)
운영	주제와 관련된 교과들을 분과교과의 형태로 별도의 수업시간에 번갈아 배움 (여전히 분과교과로 진행)
특징	• 학문들 간의 결합의 정도가 가장 낮다. • 개별 학문의 전문 지식 자체를 학습하는 데 그칠 우려가 있다.
장점	• 학문의 개별적 성격이 유지되면서 교과목의 통합이 촉진된다. • 주제와 관련된 교과의 지식, 기능, 가치 습득이 쉽다. • 사실보다는 기본 개념과 원리에 더 충실한 교육과정 조직이 가능하다.
단점	• 학문들 간의 결합의 정도가 낮아 개별 학문의 전문지식 자체를 학습하는 데 그칠 우려가 있다. • 너무 개략적인 내용만 다루어 학습내용의 깊이가 부족하다. • 추상적이어서 이해가 곤란하다.

② 간학문적 통합

의미	학문 간의 경계를 허물고 여러 학문(교과)에 공통적으로 들어 있는 주제, 개념, 기능(탐구방법) 등을 추출하여 이를 중심으로 교육과정을 조직하는 것
예	'가족' 현상에 대해 가족생활과 관련된 사회학, 경제학, 정치학, 심리학 등에서 공통된 개념, 일반화, 이론 등(지위와 역할 – 사회학, 희소성 – 경제성, 권력과 권위 – 정치학, 사랑과 안정 – 심리학)을 추출하여 통합
학문(교과)의 독립성(정체성)	학문 간의 엄격한 경계가 붕괴 ⇨ 독립성(정체성) 약화
주된 관심 (초점, 목적)	주제, 개념, 기능의 습득
운영	융통성 있는 시간 운영 ⇨ 모듈시간, 블록타임(묶음시간표), 팀티칭
특징	• 여러 학문(교과)들에 공통으로 걸치는 주제를 선정함으로써 개별 학문들 간의 경계를 구분 짓기 어렵다. • 학문 간 연계성을 고려함으로써 개별성보다는 통합이 강조된다. • 각 학문 간의 독립성이 완전히 없어진 것은 아니지만 다학문적 접근에 비하여 학문의 독립성은 흐려진다.
장점	• 종합적인 인식론적 경험을 조성하여 학생의 학습동기를 유발하고 이해와 흥미를 높일 수 있다. • 창의·융합적인 사고력과 종합적인 문제해결능력을 배양할 수 있다.
단점	• 각 학문에 공통적으로 걸치는 주제를 선정함으로써 각 학문의 개별적 성격이 약화된다(개별 학문들 간의 경계를 구분 짓기 어렵다). • 각 교과별 지식을 체계적으로 학습하는 데 장애요인이 될 수 있어 자칫 기초교육을 저해한다. • 다학문적 접근에 비해 학문들 간의 독립성이 약화된다.

MEMO

운영
지원과 학부모 인식 변화가 요구된다.

③ 탈학문적(초학문적) 통합

의미	특정 분과학문(교과)을 초월하여 실제 생활의 주제나 문제, 쟁점을 중심으로 교육과정을 조직하는 것. 학문의 논리에서 벗어나서 학습의 논리, 사회의 요구, 철학적 숙고 등이 반영된다.
예	중핵 교육과정, 초등 1,2학년의 '슬기로운 생활', '즐거운 생활'
학문(교과)의 독립성(정체성)	완전히 사라짐 ⇨ 학생의 흥미나 실제 생활과 관련된 주제나 문제를 중심으로 새로운 형태의 통합교과가 형성
주된 관심 (초점, 목적)	주제 자체의 탐구 ⇨ 교과 지식은 특정 주제를 학습하기 위한 수단으로서 기능
운영	수업 시간은 고정되어 있지 않고 학생들이 시작한 탐구에 필요한 특정 내용을 공부할 때까지 확보된다. ⇨ 학생들에게 자기주도적 학습과 많은 책임감이 부여되며, 교사는 촉진자의 역할을 한다.

MEMO

특징	• 개별 학문에서 강조하는 지식은 특정 주제를 학습하기 위한 수단으로서 기능한다. • 독립된 개별 교과는 사라지고 학생의 흥미를 유발하고 사회생활과 관련된 학습 주제와 자료를 중심으로 새로운 형태의 통합교과가 형성된다. • 결합의 정도가 가장 높은 형태이다. • 내용의 깊이가 낮아질 우려가 있다.
장점	• 학생들의 개인적 필요와 능력에 적합한 학습경험을 마련하고, 의미 있고 중요한 학습경험을 촉진한다. • 학생들이 현실에서 부딪치는 실제적 과제를 주제로 선정함으로써 문제해결력과 비판적 사고력을 촉진한다. • 교과내용의 통합을 통해 지식의 상호관련성을 이해시키고, 개인의 통합적 성장을 촉진한다.
단점	• 여러 분야의 내용과 연결하여 중심 주제를 이해하고 문제를 해결하기 때문에 특정 교과의 지식을 체계적으로 학습하기 어렵다. • 교사는 자신의 담당 교과뿐만 아니라 다른 교과와 연관하여 교육과정을 구성하고 수업을 준비해야 하므로 수업준비에 많은 시간이 소요된다.

교육과정 통합의 세 가지 유형

유형 / 특징	다학문적 통합	간학문적 통합	초학문적 통합
조직의 구심점	특정 교과로부터 추출된 주제	여러 교과에 걸쳐 강조될 필요가 있는 중요한 주제나 개념, 혹은 기능	개인적·사회적 의미가 있는 문제나 쟁점 중심의 주제
내용 조직	• 개별 교과의 정체성 유지 • 개별 교과의 내용을 통해 선정된 주제를 다룸 • 교과 내용이 미리 정해진 계열에 따라 다루어짐	• 교과 간 엄격한 경계가 무너짐 • 선정된 주제/개념/기능 중심으로 여러 교과의 관련 내용을 묶음 • 교과 내용의 학습은 미리 정해진 계열을 따를 필요가 없음	• 교과 간의 경계가 사라짐 • 주제와 그 주제를 탐색하는 데 활용될 활동과 관련된 빅 아이디어나 개념 규명 • 주제 탐구에 적절한 방식으로 지식을 계열화하여 활용
학습의 주된 목적	개별 교과의 내용과 기능 습득	간학문적인 주제/개념/기능 습득	문제나 쟁점 중심의 주제 탐구
수업 시간	정해진 교과 시간	블록 타임 활용하여 교과 간 공통 수업 시간 확보	주제에 따라 다양함
교사의 역할	담당 교과 티칭	공동 계획자 팀티칭	공동 계획자 촉진자
학생의 역할	수용자/행위자	행위자	공동 계획자 탐구자

MEMO

01

06 역량중심 교육과정

개념 다지기

역량중심 교육과정(competency based curriculum)

1. **교육과정 유형**
   ① 지식중심 교육과정: 교과 자체를 교육과정으로 보는 입장
   ② 경험중심 교육과정: 학생의 경험 측면에서 교육과정을 구성하는 입장

2. **두 입장의 공통점과 차이점**
   ① 두 입장의 공통점: 초점을 달리하긴 하지만 모두 학생들의 지성의 발달을 강조하며, 교과를 중시한다.
   ② 두 입장의 차이점: 지식중심 교육과정은 전통적으로 가르쳐 온 학문적 성격의 교과를 처음부터 학생들에게 제공하려고 한 반면, 경험중심 교육과정에서는 학생들을 교과와 관련된 친숙한 경험으로부터 출발하여 점차 그 교과의 논리에 접근해 가도록 이끈다는 점이다.

3. **역량중심 교육과정**: 두 입장과 달리, 사회적 삶에서 필요한 역량을 중심으로 교육과정을 구성하는 입장. 역량중심 교육과정에서는 학생들의 역량의 발달에 초점을 둔다. 여기서 역량은 지성 이상의 것을 의미한다. 즉, 역량은 아는 것에만 머무는 것이 아니라, 이를 자신의 삶에서 적절히 활용할 수 있는 능력, 좀 더 구체적으로 말하면 21세기 사회에 적절하게 살아가기 위해 필요한 지식, 기능, 태도를 갖추기를 강조하는 용어이다. 역량중심 교육과정에서 교과 지식은 이러한 역량을 발달시키는 데 유용한 도구 혹은 소재라는 점에서 그 가치를 지닌다.

1 개관

(1) 등장 배경

① 지식기반시회에서 암기중심과 교사주도의 전통적 교육방식은 더 이상 시대에 맞지 않는다.

② 지식과 이해의 획득에만 치우친 교육으로는 학생들이 삶에서 실질적으로 필요한 능력과 관련된 실천적 지식을 학습할 기회를 갖지 못하기 때문이다.

③ 이러한 반성의 과정을 거쳐 미래사회가 요구하는 역량을 토출하여 이를 반영한 교육을 통해 학생들의 능력을 기른다는 역량중심 교육과정이 해결책으로 등장하였다.

(2) 역량의 특성

① 역량은 수행능력을 강조한다. 즉, 무엇을 아는 것이 아니라 학생이 무엇을 할 수 있는가에 중점을 둔다.

② 역량은 지식, 기능, 가치, 태도 등 여러 능력들의 총체로서의 성격을 갖는다. 인지적 측면과 비인지적 측면이 복합적으로 발현되어 나타난다.

③ 역량은 사회적 맥락을 중시한다. 사회적 삶 속에서 길러지고 그 삶에 활용하므로 사회적 맥락을 중시한다.

MEMO

(3) 역량중심 교육과정의 의미

① 역량중심 교육과정은 사회적 삶에서 필요한 역량을 중심으로 교육과정을 구성하는 것을 말한다. 종래의 교육과정이 교과를 중심으로 접근되어 왔다면, 역량 중심적 접근은 학생들의 사회적 삶에서 필요한 역량을 강화하는 방향으로 교육내용을 제공해야 한다는 것을 의미한다. 역량을 강화하는 교육내용에는 교과 지식뿐만 아니라 사회적 삶에서 필요한 기능이나 태도 등을 포함해야 한다. 교과 지식을 특정 역량으로 대체하려는 것은 아니다. 교과 지식을 통해 역량을 개발하도록 하는 것이다.

② 역량이란 실제적 삶 속에서 무언가를 할 줄 아는 실질적인 능력, 즉, 지식, 기능, 태도 등의 총체를 의미한다(교육부). 다시 말해, 역량은 아는 것에만 머무는 것이 아니라, 이를 자신의 삶에서 적절히 활용할 수 있는 능력, 즉 사회적 삶에서 필요한 지식, 기능, 태도 등의 총체를 의미한다.

③ 교과 지식은 이러한 역량을 발달시키는 데 유용한 도구 혹은 소재로서 가치를 지닌다.

④ 역량중심 교육과정에서 교육의 목적은 개인들이 각자가 살고 있는 사회에 의미 있고 적극적인 방식으로 참여하는 데 필요한 역량을 발달시키는 데 있다.

2 자유교육(liberal education)의 적극적 실천으로서의 역량중심 교육

(1) 자유교육과 역량중심 교육의 관계

① 고대 그리스 아테네에서 추구했던 자유교육은 지식 그 자체의 습득이 주된 목적이 아니라 인간 형성, 즉 교육받은 결과 어떤 사람이 되어야 하는가에 초점을 둔 것이다. 파이데이아(paideia)라는 이름으로 행해진 당시 교육은 성품이나 덕, 즉 시민으로서 갖추어야 할 덕을 함양하는 것을 목적으로 하였다. 당시의 수사학이나 논리학, 문법 같은 교과들은 이러한 실천적 덕을 갖춘 인간을 형성하는 데 도움이 되리라고 가정되었기 때문에 가르친 것이었다.

② 전통적인 자유교육의 주장자인 고대 그리스 철학자 아리스토텔레스(Aristoteles)도 자유교육을 통해 길러야 할 인간상(educated man)에 관심을 가졌다. 그는 이성(理性)을 도야하여 중용의 덕(arete)을 갖춘 자유인을 양성하는 것을 교육의 목적으로 삼았다.

> 덕(arete)
> = the best(최상)
> = excellence(탁월함)

③ 아리스토텔레스가 추구했던 자유교육의 목적은 오늘날의 역량중심 교육 주장자들이 내세우는 것과 동일하다. 역량중심 교육 주장자들은 교육받은 사람이 무엇을 할 수 있어야 하는지를 말하고자 하며, 다만 이를 아리스토텔레스보다 훨씬 더 적극적이고 구체적으로 말하는 데 관심을 가진다. 결국 역량중심 접근은 전통적 자유교육이 본래 관심을 가졌던 교육받은 결과로 갖추어야 할 능력이나 자질에 대한 강조를 복원하기 위한 것이라고 볼 수 있다.

(2) **자유교육과 역량중심 교육의 강조점**

① **자유교육의 목표에 있어서 강조점의 전환** : 역량중심 교육에서는 이론적 지식의 중요성을 무시하지 않는다. 그러나 실제적 지식의 중요성을 더 강조한다. 자유교육의 목표가 이론적인 것의 우위에서 실제적인 것의 우위로의 전환된 것이다. 학생들에게 필요한 것은 단순한 이론적 지식만이 아니라 지식을 효과적으로 활용할 수 있게 하는 기능, 능력, 태도이며, 이러한 실제적 지식이 진정한 '자유'교육의 가장 중요한 부분이다.

② **자유교육이 주목하지 않은 실제의 세계에 대한 관심을 요청한 것** : 역량중심 교육은 '무엇을 아느냐'가 아니라 특정 맥락의 수행과 관련하여 '무엇을 할 수 있느냐'를 강조한다. 역량의 실제적인 측면에 대한 이러한 강조는 역량 중심적 접근을 자유교육과 양립할 수 있게 할 뿐만 아니라, 적극적인 자유교육을 위해서는 그러한 접근이 필요함을 보여 준다.

(3) **소결** – 역량중심 교육의 자유교육적 성격과 강조점

① **자유교육적 성격** : 역량중심 교육은 교육받은 결과로 갖추어야 할 능력이나 자질에 교육의 주된 관심을 둔다는 점에서, 그리고 구체적인 직업교육보다는 인간행동의 여러 영역에서 활용될 수 있는 일반적인 능력을 강조한다는 점에서 자유교육적 성격을 가지고 있다.

② **역량중심 교육의 강조점** : 그러나 역량중심 교육은 전통적 자유교육의 이론적 측면보다는 실제적인 기능 측면을 강조한다. 즉 자유교육을 받은 사람이 실제적인 행동에서도 명확한 대안을 형성하거나 합리적인 선택을 할 수 있도록 함으로써 자유교육에서 그동안 놓치고 있었던 부분을 부각시키고 있는 것이다.

(4) **지식의 형식론** – 자유교육의 전통 계승

① **피터스와 허스트(Peters & Hirst)** : 지식의 형식(forms of knowledge) ⇨ 인간의 누적으로 발전시켜 온 인간 경험에 대한 이해를 체계화해 놓은 것 ⇨ 지식의 형식에 입문함으로써 다양한 경험을 이해할 수 있음 ⇨ 지식의 형식론은 교과의 가치, 이론적 지식의 가치를 강조하는 '자유교육'의 성신을 현대적으로 계승한 것

② **선험적 정당화** : 실용적 가치가 없어 보이는 지식의 형식을 왜 배워야 하는가, 지식의 형식이 과연 내재적 가치를 가지고 있는가? ⇨ 선험적 정당화는 개인이 받아들이는지 아닌지와 무관하게 성립하는 정당화이다. 피터스와 허스트에 따르면 지식의 형식의 내재적 가치는 다음과 같이 정당화된다. 지식의 형식들은 인간이 오랜 세월 동안 누적하여 발전시켜 온 경험의 상이한 측면을 각각 개념적으로 체계화한 것이자, 우리 삶의 공적 전통(public tradition)을 체계화한 것이다. 따라서 우리가 이 세상을 살아가기 위해서는 좋든 싫든 간에 지식의 형식에 입문하지 않으면 안 된다. 지식의 형식은 우리의 선호와 상관없이 우리 삶에 이미 주어진 것이라는 점에서, 그리고 이에 입문되지 않으면 주어진 삶을 원만히 살아갈 수 없다는 점에서 우리 삶의 선험적이고 논리적 전제 조건이라 할 수

MEMO

있다. 이 점에서 전통적으로 가르쳐 온 지식의 형식은 그 자체의 가치를 가지고 있으며, 이 세상을 살아가는 사람들은 이 지식의 형식에 입문되지 않으면 안 된다.

(5) 지식의 형식론에 대한 비판

① **주지교과에 대한 특권적 지위를 부여(홍은숙, 1999)** : 모든 사회적 실제가 그 나름의 고유한 목적과 가치를 지니고 있으므로 주지교과만이 아니라 다른 다양한 기술이나 지식 혹은 활동도 그 자체로 학교에서 동등하게 취급될 필요가 있음 / **(후기) 허스트(1992)** : 이론적 학문이나 지식의 형식이 아니라 '사회적 실제(활동)'(social practice)를 추구하는 교육을 주장 ⇨ 이론적 지식은 실제로부터 추상된 것이고, 실제가 이론적 지식에 우선하므로 교육의 일차적 관심은 사회에서 필요한 다양한 사회적 실제에 관한 것이어야 함 ⇨ 학교 교육과정을 '사회적 실제'의 관점에서 조직할 것을 제안함

② **학교교육의 역동적 양상을 충분히 반영하지 못함(소경희, 1997)** : 지식의 형식은 우리 삶에 구체적으로 작용하는 역동적 양상, 예컨대 사회변화, 교육여건, 학습자의 흥미 등에 관심을 기울이지 않음. 그 결과 학교의 교육내용을 특정한 형태의 교과로 고착화시키는 경향이 있음

3 역량중심 교육과정

(1) 교육의 목적

① **역량의 발달** : 사회적 삶에서 필요한 역량의 발달을 교육의 목적으로 삼는다. 교과 지식은 이러한 역량을 발달시키는 데 유용한 도구 혹은 소재로서의 가치를 지닌다.

② **핵심 역량** : 2022 개정 교육과정에서 강조하는 핵심 역량은 자기관리 역량, 지식정보처리 역량, 창의적 사고 역량, 심미적 감성 역량, 협력적 소통 역량, 공동체 역량이다.

(2) 역량중심 교육과정 설계의 특징 – 교육내용의 선정과 조직

① 역량의 우선적 고려

㉠ 역량을 지식/내용과 구분하되, 지식을 통해 역량을 개발하도록 한다. 지식이나 내용은 그 자체로 중요하기보다는 역량을 발달시키기 위한 수단으로서 가치를 지닌다.

㉡ 즉, 교육과정 설계에서 역량을 우선적으로 고려하고, 그러한 역량의 발달을 촉진할 수 있도록 지식이나 내용을 선정・조직한다.

② 지식/내용 조직의 결정에서 교사의 자율성 보장

㉠ 역량중심 교육과정에서 지식이나 내용의 조직은 교육과정 설계의 출발점이 아니라, 교수방법 차원에서 고려되어야 할 것으로 간주한다. 즉, 지식이나 내용은 역량을 발달시키는 데 적절한가의 여부에 따라 교수자들에 의해 선정・조직된다.

ⓛ 교육과정 설계에서 지식이나 내용의 조직에 대한 결정은 교사들에게 상당 부분 맡겨진다. 교사들은 자신의 교수맥락에서 특정 역량을 가장 잘 발달시킬 수 있는 방법이 무엇인지 고려하여 적절한 지식/내용의 조직 방식을 결정하게 된다. 이 경우 때로는 분과적으로, 때로는 간학문적 혹은 통합적으로 조직된 지식을 통해서 다루어질 수 있다.

(3) 교수방법 및 평가방법

① 교수방법

㉠ 인지적 · 비인지적 요소가 결합되어 특정 맥락에서 학습자가 스스로 수행하며 산출물을 만들어 내는 과정이 강조된다.

ⓛ 교사 주도 수업에서 학습자 개인 또는 집단 지성을 활용한 학습방법이 강조된다.

ⓒ 학생이 직접 참여하여 행동함으로써 학습하는 학생 주도적 배움 중심의 수업 방법이 강조된다.

② 평가방법

㉠ 학생들의 과제 수행 과정 및 결과에 대해 총체적으로 관찰하고 평가하는 과정 중심의 평가(예 수행평가)를 중시한다.

ⓛ 학생들이 학습하는 과정에 대해 성찰하고 스스로 학습하는 방법을 학습할 수 있도록 돕는 학생 참여 중심의 평가(예 자기평가, 동료평가)를 중시한다.

(4) 교사의 역할

① 교육과정의 재구성자: 교육과정을 재구성하여 학생들이 역량을 기를 수 있는 학습경험의 기회를 제공하는 교육과정의 재구성자로서의 역할을 수행한다.

② 학습의 조력자 · 촉진자: 학습자의 학습을 위한 환경을 조성하며 학습의 과정을 조력하거나 촉진하는 역할을 수행한다.

(5) 장단점

장점	단점
• 변화하는 사회의 요구와 필요를 반영하는 교육과정 설계가 가능해짐 • 학습의 결과로 성취되어야 하는 역량을 중심으로 교육과정을 재구성할 수 있음 • 교육과정 재구성 및 교수학습 설계의 전문가로서 교사의 역할이 강화됨 • 결과물로서의 지식이 아닌 지식의 창출과 활용을 위한 능력의 함양을 강조함	• 전통적인 교과가 가지고 있는 지식 자체의 가치를 경시하는 경향이 있음 • 특정한 역량이 다른 역량들보다 왜 중요시되어야 하는지에 대한 정당화 논리를 제공하는 데 소홀히 함 • 특정 역량을 발달시키는 데 적합한 교과내용 및 교수학습 방법에 대한 구체적 대안 제시가 부족함

MEMO

4 역량중심 교육과정의 영향과 쟁점

(1) 학교에 미칠 영향

① 수행중심 교육 : '~을 안다'는 인지중심의 암기 위주 교육에서 '~을 할 수 있다'는 수행으로까지 나아가는 교육으로 변화되어야 한다. 인지적 요소와 비인지적 요소가 결합되어 특정 맥락에서 학습자가 스스로 산출물을 만들어 내는 과정이 강조된다.

② 역량중심 수업 : 교과중심의 수업에서 역량중심의 수업으로 변화되어야 한다. 기존 교과의 틀을 벗어나 교과의 경계를 가로지르거나 교과의 틀을 넘어서는 수업 방식이 도입될 가능성이 높다.

③ 학생중심 수업 : 교사 주도 수업에서 학습자 개인 또는 집단 지성을 활용한 학습방법으로 변화되어야 한다.

(2) 역량중심 교육과정 개편 시 고려해야 할 쟁점

① 우리나라 교육환경 문제 : 입시제도를 비롯한 각종 평가제도와 평가방식, 교과 중심의 교직 문화, 교과서 중심의 수업과 평가 관행 등이 방해 요인으로 작용 ⇨ 현장의 여건을 제대로 진단하고, 간극이 있다면 이를 개선하기 위한 방안을 마련하는 것이 우선적

② 기존 교과와 역량 간의 위상 문제 : 교과를 역량으로 대체하기보다는 역량을 중심으로 이를 강화하기 위한 방향으로 교과를 경험하게 해야 함 ⇨ 기존 교과의 틀을 벗어나 학생들에게 보다 다양한 경험을 제공해야 함

③ 교육적 관심 문제 : 지식과 기술의 습득에서 나아가 궁극적으로 학생의 잠재적인 부분인 자아개념, 동기, 특질의 변화에까지 관심을 가져야 함

Section 02

잠재적 교육과정(Latent Curriculum)

91 중등, 93 중등, 96 중등, 99 초등, 99 초등보수, 99~00 중등, 02 초등, 08~09 중등, 09 초등, 14 중등論, 19 중등論, 24 중등論

01 개관

MEMO

1 개념

(1) 개념

① 잠재적 교육과정은 명시적(明示的 : 눈에 보이는) 교육과정과 비교되는 개념이다.

② 잠재적 교육과정은 공식적 교육과정(공적인 문서)에 명시되지 않은 교육과정이다. 공적인 문서에 명시되어 있지 않지만 학교에서의 교육실천과 교육환경 등에 의해 은연중에 학습되는 경험의 총체이다. 그것은 애초에 계획되지 않은 것일 수도 있고, 의도가 숨겨져 있기 때문일 수도 있다. ⇨ 제2의 교육과정

③ 학교는 일련의 규범과 가치들을 구현하고 있다. 특히 성 · 계층 · 인종 · 권위 · 학교지식 등과 관계가 있다. 잠재적 교육과정이 시사하는 내용은 성 역할, 학생에게 적절한 행동, 공부와 놀이의 구분, 어느 어린이가 다양한 종류의 과제에 성공할 수 있으며, 누가 누구를 위한 의사결정을 할 권리가 있고, 어떤 종류의 지식이 합당하다고 생각되는 것인가에 관한 내용을 포함하고 있다. 특히 콜버그(Kohlberg)는 잠재적 교육과정으로서 학교의 도덕적 분위기를 강조한다.

(2) 의미

– 학교의 일상생활 속에 내재된 잠재적 교육과정, 공식적 교육과정 속에 내재된 잠재적 교육과정

① 공식적 교육과정에서 의도(계획)하지 않았으나 학생이 겪게 되는 경험(Jackson, Apple)

㉠ 학생들은 학교생활을 하는 동안 군집성, 상찬, 권력관계 등을 통해 은연중에 학교생활에 적응하는 방식을 배운다. 학생들은 다른 학생들과 함께 지내야 하고, 여러 가지 형태의 평가를 감당해야 하며, 교사와 학생들 간의 권력 관계가 존재하는 교실 문화 속에서 이에 적응하는 방식을 암암리에 배우게 된다. 예컨대, 남과 더불어 살기 위해서는 참고 견뎌야 하고, 칭찬을 받기 위해서는 때론 속임수가 필요하며, 권력이 있는 사람에게 잘 보여야 한다는 등의 학습을 한다. 잭슨(Jackson)은 『교실에서의 생활』(1968)에서 공식적 교육과정에 계획되어 있지 않은 이러한 학습경험을 잠재적 교육과정이라고 명명했다. ⇨ 교육과정을 결정하는 권력자나 집단이 의도하지 않았으며 교사가 이를 의식하지 않은 가운데, 학생들의 지식, 태도, 행동에 영향을 미치는 '교육실천 및 환경'과 '그 결과'(김대현)

MEMO

㉡ 애플(Apple, 1979)에 따르면, 교사의 의도와는 무관하게 공부와 놀이의 구분을 아동에게 심어준다. 아동은 처음에 공부와 놀이를 구별하지 않았지만, 교사가 개입하고 주도하면 공부로, 그렇지 않으면 놀이로 생각한다는 것이다. 그리고 학습능력보다는 복종, 성실, 적응, 인내 등의 태도를 더 가치 있게 생각한다.

㉢ 이 관점에 따르면 잠재적 교육과정은 공식적 교육과정의 부산물로서 공식적인 교육내용을 가르칠 때 부수적으로 학습되는 것이다. 따라서 잠재적 교육과정은 공식적 교육과정이 있는 한 늘 존재할 수밖에 없다.

㉣ 그러나 이 관점에서는 잠재적 교육과정이 비록 교사가 직접 의도한 것은 아니라고 하더라도 공식적 교육과정에 따르는 것이기 때문에 교사가 이에 대해 책임을 져야 한다고 본다. 따라서 교사는 자신이 계획하지 않았음에도 학생들이 배우고 있는 것이 무엇인지에 대해 관심을 갖고 이에 대한 적절한 대처를 할 필요가 있다. 예컨대, 교사가 계획하지는 않았지만, 학생들이 학교생활을 통해 인종차별주의적 또는 성차별주의적 인식과 태도를 습득한 것으로 보인다면, 교사는 이를 제거하려는 시도를 해야 한다.

② 공식적 교육과정에 의도적(계획적)으로 숨긴(hidden), 숨어있는(latent) 교육과정(Apple, Illich)

㉠ 공식적 교육과정 속에 교육과정을 만든 사람들의 가치가 의도적으로 숨겨져 있을 경우 학생들은 교육내용을 학습하면서 암암리에 그 숨겨진 가치를 습득하게 된다. ⇨ 교육과정을 결정하는 권력자나 집단이 의도하였거나 또는 관행에 의하여 계획하였는데, 교사들이 이에 동조하여 수용하거나 아니면 의도나 관행을 간파하지 못하는 가운데, 학생들의 지식, 태도, 행동에 영향을 미치는 '학교의 교육 실천 및 환경'과 '그 결과'

㉡ 이 경우 잠재적 교육과정은 공식적 교육과정의 부산물이 아니라, 공식적 교육과정의 중요한 일부일 수 있다.

㉢ 일리치(Illich, 1971)에 따르면, 학교의 공식적 교육과정이 은밀하고 부당한 방식으로 학생들에게 특정 가치를 주입하는 역할을 하기 때문에 '탈학교(deschooling) 사회'를 주장했다. 학교교육은 특정 가치에 입각한 지식 분배를 통해 모종의 사회적·정치적 통제를 하고 있기 때문에 폐기되어야 할 것으로 간주된다.

㉣ 애플(Apple, 1979)은 공식적 교육과정에 내재된 잠재적 교육과정을 과학과 사회 과목을 예로 들어 설명한다. 그에 따르면, 과학적 지식은 과학자들 간의 갈등으로 점철된 지적 투쟁의 결과로 나온 것임에도 불구하고, 학교에서 가르치는 과학적 지식은 이런 과학자들 간의 갈등과 분리되어 근본적인 원리에 따라 조직된 안정적인 객관적 지식의 체계로만 '은근슬쩍' 가르쳐지고 있다. 또한 사회 수업에서 갈등은 사회의 원활한 기

MEMO

01

능을 저해하는 것으로 간주되고, 사회적 관계에서는 합의가 무엇보다 중요한 특징으로 간주된다. 이와 같이 학생들은 공식적 교육과정을 배우는 동안 갈등이나 무질서에는 어떤 가치도 부여하지 않는 가정들만을 접함으로써 의견의 차이를 거부하고 합의만을 지향하는 신념 구조를 형성시키게 된다. 결론적으로, 학교의 잠재적 교육과정에 의해 학생은 기존의 사회체제(즉, 자본주의 체제)의 기본구조를 당연한 것으로 받아들이고 합의와 안정을 최고의 가치로 여기게 되어 기존의 사회체제에 순응하는 태도와 사고를 기르게 된다. 학교는 학생과 지식을 사회경제적 계층에 따라 '처리'함으로써 사회의 경제자본 및 문화자본을 불평등하게 분배하는 기능을 '자연스럽게' 수행할 수 있게 된다.

ⓜ 이는 근래 잠재적 교육과정에 대한 논의가 성별, 계급, 인종, 권력 등과 지식, 수업, 평가 등의 관계를 밝히는 방향으로 확대되고 있는 것과 관련된다. 사회와의 관계 속에서 학교교육을 파악해야 한다는 것이다. 예를 들어, 노동계급의 학생들에게는 시간엄수, 용모단정, 권위존중 등 노동자의 역할 수행에 관련된 내용을 가르치고, 상류계급의 학생들에게는 지적개방성, 문제해결력, 융통성 등 관리자나 전문가의 역할 수행에 필요한 내용을 가르친다면 학교는 학부모의 경제적 계급에 따라 학생들에게 교육내용을 차별적으로 제공하게 된다(이규환 역, 1986). 또한 학교에서 여성을 가정주부, 간호사, 유치원 교사 등으로 묘사하고, 남성을 정치지도자, 의사, 기업인 등으로 기술하는 등 직업적 수행 능력과 지위에 있어서 성차별적 내용을 담고 있는 교육용 자료를 가르친다면, 학생들은 성(사회적 성)에 대한 편향적 시각을 갖게 된다.

(3) 잠재적 교육의 장(場) – 잠재적 교육과정이 나타나는 원천

학교 생태	• 잭슨(Jackson) : 군집성(crowd), 상찬(평가, praise), 권력관계(power)	
	군집성	다양한 계층의 아이들이 학교에 모임으로써 상호 간에 어울리는 방법을 배운다. 여기는 긍정적인 태도나 가치관도 있지만, 부정적인 내용도 혼재해 있다.
	상찬(賞讚, 평가)	학생들은 상호 간에 또는 교사에 의해 내려지는 여러 가지 형태의 평가 속에서 살아가는 방법을 배운다. 많은 학생들은 상이나 칭찬을 받기 위해서는 어떻게 해야 하는지를 알아간다.
	권력관계	학생들은 학교 적응을 위해 교사와 학교 당국의 권위에 적응하는 것을 배운다. 교사의 권위에 대한 순종이 이후 직장에서 상사에 대한 순종으로 이어진다.

MEMO

<table>
<tr><td></td><td>• 김종서: 군집성, 위계성, 목적성, 강요성<table>
<tr><td>목적성</td><td>교육의 실제적 목적과 공식적 목적 간의 괴리
예 학교교육은 자아실현을 목적으로 하지만, 학부모가 명문대학 진학을 목적으로 할 때 학생들은 대학 진학 준비를 위해 공부를 하게 된다.</td></tr>
<tr><td>강요성</td><td>학생들로 하여금 학교 교칙, 교육과정, 학년제도, 시설 등에 맞춘 생활을 요구하는 과정에서 잠재적 교육과정을 경험하게 된다.
예 쉬는 시간에만 물을 마실 수 있다.</td></tr>
<tr><td>군집성</td><td>각기 다른 특질이나 가정배경을 가진 학생들이 함께 생활 ⇨ Jackson의 군집성</td></tr>
<tr><td>위계성</td><td>교사와 학생 간, 학생과 학생 간 위계질서 속에서 생활 ⇨ Jackson의 권력관계</td></tr>
</table></td></tr>
<tr><td>학교의 장(場)</td><td>• 물리적 조건: 학교의 규모·위치, 교실의 공간, 책상과 의자의 치수, 조명, 기타 시설 설비
• 학교의 제도 및 행정 조직: 학년제도, 담임제도, 직원조직, 교내 장학을 위한 여러 행정 절차
• 사회 및 심리적 상황: 학교문화, 학교풍토</td></tr>
<tr><td>인적 구성요소</td><td>학교행정가(교장, 교감), 교사, 학생, 학부모</td></tr>
<tr><td>사회 환경</td><td>• 잠재적 교육과정의 원천이 되는 학교 내의 특성은 궁극적으로 그것이 생성·유지되는 사회문화적 조건과 밀접한 관련을 맺고 있으며, 사회와의 상호작용에 의하여 결정된다.
• 잠재적 교육과정의 원천은 궁극적으로 학교 내에서보다 사회 환경에서 찾아야 한다.</td></tr>
</table>

(4) 교사의 역할(교사의 문제)

① 교사는 학생들의 동일시 대상이 되기 때문에 항상 그 행동이 학생들에게 모범이 되도록 해야 한다.

② 교사가 교직에 대하여 긍지와 자부심을 가지고 학생지도에 임할 때 인격적인 영향을 줄 수 있다.

③ 교사는 학생들의 가정환경에 따라 차별을 두지 않고 똑같이 인격을 존중하며 자유로운 활동을 보장해야 한다.

MEMO

01

2 특징과 의의

(1) 특징 – 표면적 교육과정과의 비교

① 표면적 교육과정은 학교에 의하여 의도적으로 조직되고 가르쳐지는 반면에, 잠재적 교육과정은 학교에 의하여 의도되지 않았지만 학교생활을 하는 동안에 은연중에 배우게 된다.

② 표면적 교육과정이 주로 지적인 것과 관련이 있다면, 잠재적 교육과정은 주로 정의적인 영역과 관련이 있다.

③ 표면적 교육과정이 주로 교과와 관련이 있다면, 잠재적 교육과정은 주로 학생의 교실생활이나 학교의 문화풍토와 관련이 있다.

④ 표면적 교육과정은 단기적·일시적인 경향이 있는데, 반하여 잠재적 교육과정은 장기적·반복적이며 보다 항구적이다.

⑤ 표면적 교육과정은 주로 교사의 지적·기능적인 영향을 받으나, 잠재적 교육과정은 주로 교사의 인격적인 감화를 받는다.

⑥ 표면적 교육과정이 주로 바람직한 것인 데 반하여, 잠재적 교육과정은 바람직한 것뿐만 아니라 바람직하지 못한 것도 포함한다.

⑦ 표면적 교육과정과 잠재적 교육과정이 서로 조화되고 상보적인 관계에 있을 때 학생행동에 강력한 영향을 미칠 수 있다.

⑧ 잠재적 교육과정을 찾아내어 이를 계획한다 하여도 표면적 교육과정과 잠재적 교육과정이 구조는 변하지 않는다.

⑨ 표면적 교육과정 자체에 잠재적 기능이 있다. 표면적 교육과정과 잠재적 교육과정은 마치 동전의 양면의 관계와도 흡사하며, 표면적 교육과정이 있으면 잠재적 교육과정이 뒤따른다. 이 뒤따르는 잠재적 교육과정에 대한 계획을 세워 표면화하면 이에 따라 종래와는 다른 잠재적 교육과정이 나타난다. 종래에 동시학습이라고 불러오던 개념이 바로 이에 해당한다.

✔ 표면적 교육과정과 잠재적 교육과정의 비교

구분	표면적 교육과정(제1의 교육과정)	잠재적 교육과정(제2의 교육과정)
교육방법	학교의 의도적·계획적 조직 및 지도하의 학습	학교생활에서의 무의도적 학습
학습영역	인지적 영역	정의적 영역(태도·가치관) ⇨ 인간교육
학습경험	교과, 교재	학교의 문화와 풍토, 생활 경험
학습기간	단기적·일시적·비영속적 경향	장기적·반복적·영속적인 경향
교사의 역할	지적·기능적 영향	인격적·도덕적 감화 ⇨ 학생의 동일시 대상
학습내용	가치 지향적인 내용(바람직한 내용)만 포함	가치 지향적인 것과 무가치적·반사회적인 내용(바람직하지 못한 내용) 모두 학습

MEMO

(2) 의의(공헌)

① **교육과정의 개념 확장에 기여**: 잠재적 교육과정의 등장으로 교육과정 연구의 주된 패러다임이 '개발 패러다임'으로부터 '이해 패러다임'으로 전환되었고, 교육학자들의 관심이 '의도'와 '계획'보다는 '결과'와 '산출'을 중시하게 되었다. 또, '학교교육이 이러이러해야 한다.'는 당위적 진술보다는 '학교교육이 이러이러하다.'는 사실적 진술에 더 많은 관심을 갖게 하였다. 학교와 교실 안의 사실을 정확하게 이해하기 위한 목적에서 학교교육에 관한 문화기술지적 연구 방법을 중심으로 한 질적 연구를 확산시켰다.

② **교육평가의 개념 확장에 기여**: 의도한 목표를 얼마나 성취했는가를 측정하는 전통적인 '목표 중심 평가'에서 벗어나 의도하지 않은 결과나 산출도 중시하는 '탈목표 중심 평가'가 등장하였다.

③ **학교교육과 교육과정의 효율성 제고에 기여**: 공식적 교육과정과 잠재적 교육과정 간에 갈등이 발생할 경우 잠재적 교육과정이 공식적 교육과정보다 학생에게 더 강한 영향력을 미친다. 학교교육의 효율성을 제고하기 위해서는 공식적 교육과정뿐만 아니라 잠재적 교육과정도 활용할 수 있어야 한다. 최근에는 예를 들어 성 편향의 문제를 성평등 교육과정으로 변환하고, 문화편견의 문제를 공식적 교육과정에 다문화주의로 포함시키는 경우와 같이 잠재적 교육과정을 공식적 교육과정으로 전환하려는 노력이 이루어지고 있는데, 이는 교육과정 범람으로 이어질 수 있다는 문제가 있다.

02 잠재적 교육과정을 고려한 교육과정 개발

교육목표의 설정	교육목표를 수립할 때 설계된 교육과정이 의도하지 않은 결과를 낳을 수 있다는 점을 인식하고 다양한 관점에서 교육목표를 수립할 필요가 있다. 따라서 인지적 영역에 집중된 교육목표뿐만 아니라 정의적, 인성적 측면에서도 교육목표를 설정하려는 노력이 필요하다.
학습경험의 선정 및 조직	학습경험의 선정과 조직에 있어서 학생의 참여가 제한적인 교과서 위주의 수업이 아니라 학습경험이 학생에게 어떠한 영향을 미칠지에 대한 다각도의 분석을 통해 학습경험을 선정·조직하는 신중한 배려가 요구된다. 이를 학습자 중심의 교육과정이라 한다.
평가	평가 기준을 세움에 있어서 스크리븐(Scriven)이 주장한 탈목표(goal-free) 평가의 관점을 수용하여 의도하지 않은 교육적 결과에 대해서도 교육적 책임을 지는 자세가 필요하다. 의도하지 않은 교육적 부작용이 발생할 수 있으므로 교육의 결과를 종합적으로 평가하려는 자세가 요구된다.

Section 03 영 교육과정(Null Curriculum)

96 중등, 99 초등, 99 초등추가, 02 중등, 03 초등, 05 중등, 09~10 초등, 09 중등, 20 중등論

01 개관

1 개념

(1) 정의

영 교육과정은 배울 만한 가치가 있음에도 불구하고 공식적 교육과정(공적인 문서)이나 수업에서 배제된 교육과정(교육내용)을 말한다. ⇨ 제3의 교육과정, 배제된 교육과정(excluded curriculum) 예 학교에서 논리적 사고만을 강조하고 심미적 사고를 경시하고, 문자나 숫자 위주의 표현양식을 강조하고 다양한 감각적 경험을 경시하는 것, 일본이 한국 역사 왜곡을 교과서에서 배제시키는 것, 생물 교과에서 창조론을 배제하는 것, 지배계급의 부도덕성을 삭제해 버리는 것 등

(2) 의미

① **공식적 교육과정에 들어 있지 않아서 학생들이 학습하지 못한 교육내용**: 공식적 교육과정에 특정 교과가 없다거나 특정 교과에 특정 주제나 사고방식이 배제되어 있다면, 이들 교과, 주제, 사고방식은 영 교육과정에 해당한다.

② **공식적 교육과정에는 포함되어 있지만 학습할 기회가 없었던 교육내용**: 공식적 교육과정의 내용을 교사가 의도적으로 배제하거나, 실수로 빠뜨리거나, 교재나 교구·시설 등의 수업 환경이 적합하지 않거나, 학교 행사 때문에 수업 시간이 부족하거나 하는 등의 다양한 이유로 가르치지 않는다면 이 부분은 영 교육과정에 해당한다. ⇨ 학교 관리자와 교사들은 영 교육과정이 발생하지 않도록 교육과정 계획에 유의하고, 운영 환경을 최적화할 필요가 있다.

MEMO

2 영 교육과정인 채로 머물러 있는 이유 암

암기법: 의 무 타

(1) 타성(惰性)

교육과정 개발자나 교사가 갖고 있는 편견이나 경직된 신념과 같은 잘못된 타성 때문이다.

(2) 의욕 부족

교육과정 개발자나 교사의 의욕이 부족하면 중요한 것들이 교육과정에서 배제되기 때문이다.

MEMO

(3) 무지(無知)

모르는 것은 교육과정에 포함될 수 없기 때문에 교육과정 개발자나 교사의 무지(無知)로 인해 발생하기도 한다.

02 특징과 의의

1 특징

① 교육과정을 인본주의적·심미적 관점에서 접근하려는 시도 ⇨ 학교에서 소홀히 하는 예술, 철학, 심미적 측면도 중시해야 한다.
② 교육과정은 선택과 배제의 산물이기 때문에 영 교육과정은 공식적 교육과정의 필연적 부산물이다.
③ 영 교육과정은 공식적 교육과정이나 수업에서 배제되므로 학생의 학습기회를 박탈한다.
④ 교육과정 사회학의 접근방법 ⇨ 교육과정은 특정 계급의 이데올로기적 산물이다.
⑤ 영 교육과정은 잠재적 교육과정의 특정한 형태로 간주되기도 한다(Apple). ⇨ 학교에서는 갈등의 긍정적 측면을 교육내용에서 배제함으로써 학생들에게 갈등이 부정적인 것으로 인식되도록 한다.

잠재적 교육과정과 영 교육과정의 특징 비교

구분	잠재적 교육과정	영 교육과정
의도성의 측면	학교에서 의도하지 않은 교육과정	학교에서 의도적으로 배제한 교육과정
명시성의 측면	교육과정에 명시되어 있지 않음	
초점 측면	교육환경의 잠재적 기능에 초점을 둠	학습기회의 박탈에 초점을 둠

2 의의

① 과목 선택에 대한 중요성을 환기시킴으로써 교육과정 개발에서의 실질적 문제를 제기하였다.
② 영 교육과정은 공식적인 교육과정 문서에 담긴 교육목적과 교육내용의 가치를 되묻고, 더욱 중요한 것이 빠지지는 않았는가를 살펴보도록 하였다.
③ 학교교육의 내용이 풍부해질 수 있으며, 학생들에게 더 많은 교육적 결과를 기대할 수 있게 하였다.
④ 공식적 교육과정뿐만 아니라 교재나 수업의 측면에서도 교육적으로 가치 있는 내용이 빠진 것이 없는가를 살펴보게 하였다.

Chapter

03

교육과정 실제

Section 01

교육과정의 결정과 운영

MEMO

01 교육과정의 결정 98 초등, 02 중등, 05~06 초등

① 중앙집권형

(1) **개념** – 교육부가 소수 엘리트를 중심으로 결정, 교사 참여 배제

교육부가 소수 엘리트를 중심으로 교육과정을 결정하는 것을 말한다. 국가가 소수 엘리트를 중심으로 교육과정을 주도하기 때문에 교사의 참여가 배제된다는 특징이 있다.

예 국가 수준 교육과정

(2) **장단점**

장점	단점
• 전국적으로 통일된 교육과정을 가진다. ⇨ 전국 공통 교육과정(common curriculum) • 학교급 그리고 학교 간 교육과정의 연계성을 충족시킨다. • 풍부한 전문 인력을 활용하고 물적 자원을 투입하여 질 높은 수준의 교육과정을 개발할 수 있다. • 국가와 사회의 대변혁 시기에 총체적으로 대응하는 데 도움을 준다.	• 교육과정의 운영이 획일화·경직화되기 쉽다. • 권위주의적 교육풍토를 조성할 가능성이 높다. • 한번 제정된 교육과정은 법규적인 권위 때문에 즉각적인 수정이 어렵다. • 교사가 교육과정으로부터 소외되어 교사의 전문성이 저해된다. 특히 교사 배제 교육과정(teacher-proof curriculum)으로 '교육과정 사소화' 문제가 발생할 수 있다. • 지역, 학교, 학습자의 특수성에 부합하는 다양한 교육과정의 운영이 어렵다.

② 지방분권형

(1) **개념** – 시·도 교육청 단위에서 다양한 인사의 참여를 통해 결정, 교사 참여 유도

시·도 교육청 단위 또는 학교 단위에서 다양한 인사의 참여를 통해 교육과정을 결정하는 것을 말한다. 시·도 교육청이나 학교 단위에서 교육과정을 결정하기 때문에 교사의 참여를 유도할 수 있다는 특징이 있다. 예 지역 수준 교육과정, 학교 수준 교육과정

(2) 장단점

장점	단점
• 지역과 학교의 특수 상황에 부응하는 다양한 교육과정을 개발할 수 있다. • 교사들의 참여로 인해 교사들이 교육과정에 대해 주인의식을 가지고 교육과정을 개발·운영하게 된다. • 주변 상황의 급속한 변화에 대응하여 교육과정을 신속하고 유연하게 수정하고 운영할 수 있다. • 교육과정의 맥락적 특성으로 인하여 학습자들의 자발적 학습기회가 촉진된다.	• 시·도 교육청 단위로 교육과정이 개발되므로 전국적으로 합의된 교육과정을 갖기 어렵다. • 전문가, 예산, 시간, 인식의 부족으로 수준 높은 교육과정의 개발이 어렵다. • 교육과정 개발의 전문성 부족으로 인하여 학교급 그리고 학교 간 교육과정의 연계가 힘들다. • 지역 중심, 학교 중심, 교사 중심에 치우쳐 교육 개혁의 전파가 어렵다. • 지역, 학교 간 격차가 심화될 가능성이 있다.

3 절충형

(1) **개념** – 중앙집권형과 지방분권형의 절충을 통해 각각의 결함을 최소화

중앙집권형과 지방분권형을 절충하여 교육과정을 결정하는 것을 말한다. 국가 수준, 지역 수준, 학교 수준의 교육과정이 존재하게 된다.

(2) 우리나라 교육과정

① 우리나라의 경우는 제6차 교육과정에서 절충 형태의 교육과정 체제를 채택하고 있다.

② 중앙집권적 교육과정 체제의 기본 틀 위에서 교육과정의 분권화를 강화하고 있다.

③ 따라서, 단위학교에서는 국가 수준 교육과정 기준과 시·도 교육과정 편성·운영지침을 근거로 지역의 특수성과 학교의 실정, 학생의 실태에 알맞게 각 학교별로 '당해 학교의 구체적인 실행 교육과정'을 마련하고 운영해야 한다.

MEMO

02 학교 교육과정의 운영

❶ 학교 수준 교육과정 26 중등論

(1) 개념

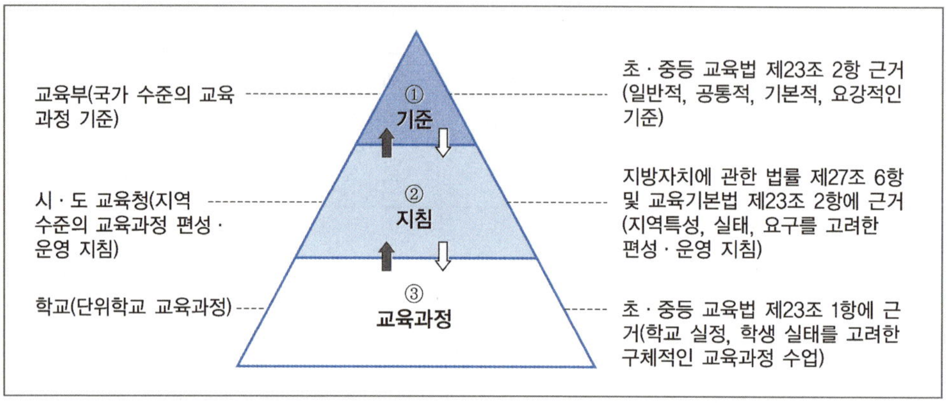

✔ 교육과정의 수준과 법률적 근거

① 국가 수준 교육과정 기준과 시·도 교육청의 교육과정 편성·운영 지침을 근거로 지역의 특수성과 학교의 실정, 학생의 실태에 알맞게 학교별로 마련한 의도적인 교육실천 계획이다(교과부, 2008).

② 즉, 각 학교의 교육과정은 학교가 수용하고 있는 학생에게 책임지고 실현해야 할 교육목표, 내용, 방법, 평가 등에 관한 당해 학교의 구체적인 실행 교육과정이다.

암기법
효율적다 교사학생

(2) **필요성**(교과부, 2008; 소경희, 2017) 암

① **교육의 효율성 제고**: 교육의 효율성을 높이기 위해 학교 교육과정이 필요하다. 국가 수준 교육과정을 학교의 실정에 맞게 재구성함으로써 학교의 교육과정을 탄력적으로 운영할 수 있다(학교 교육과정의 탄력적 운영).

② **교육의 적합성 제고**: 교육의 적합성을 높이기 위해서 학교 교육과정이 필요하다. 지역이나 학교의 특수성, 교육의 실태, 학생·교원·학부모의 요구와 필요를 반영하여 해당 학교의 교육 중점을 설정, 운영함으로써 학교교육의 적합성을 높일 수 있다.

③ **교육의 다양성 추구**: 교육의 다양성을 추구하기 위해서 학교 교육과정이 필요하다. 획일화된 교육내용과 방법, 교육환경을 탈피하여 학생, 교원, 학교의 실정에 알맞은 다양한 교육으로 변화되려면 단위학교중심 교육과정의 편성·운영이 필요하다. 학생 개개인의 적성에 따라 모든 학생이 성공할 수 있도록 개별 교육을 실천하려면 '교과서 중심'에서 '교육과정 중심' 학교교육으로 전환되어야 학교교육의 다양성을 실현할 수 있다('교육과정 중심'의 학교교육 추구).

④ **교원의 자율성과 전문성 신장**: 교원의 자율성과 전문성의 신장을 위해서 필요하다. 학생의 능력과 욕구, 학교의 지역적 특수성을 가장 잘 아는 그 학교의 교사들이 학교 교육과정 편성·운영 과정에 능동적·적극적으로 참여하도록 유도함으로써 자율성과 전문성을 신장할 기회를 가지도록 할 수 있다.

⑤ **학습자 중심의 교육 구현**: 학습자 중심의 교육을 구현하기 위해서 학교 교육과정이 필요하다. 학생들의 다양한 요구와 흥미, 적성을 수용하고, 교육내용에 대한 학생의 선택권을 확대하려면 학생의 발달단계에 알맞은 당해 학교의 교육과정이 필요하다. 학교 교육과정의 편성·운영을 통하여 학생 개인의 특기, 관심, 흥미를 담은 새로운 영역과 내용을 설정함으로써 학습자 중심의 교육과정이 융통성 있고 탄력적으로 운영될 수 있다.

(3) 학교 수준 교육과정 개발의 형태(소경희, 2017)

학교 교육과정 개발의 핵심은 개별 학교의 특성에 바탕을 둔 교육과정의 구성 및 재구성에 있다. 학교 수준에서 자율적으로 할 수 있는 교육과정 개발 형태로는 크게 교육내용의 재구성, 교과목의 탄력적인 편성, 새로운 과목의 개설, 수업 시간의 탄력적인 운영 등이 있다. 이하에서 제시한 학교 수준의 교육과정 개발은 국가 교육과정의 기준 내에서 이루어질 수 있다. 즉, 국가 교육과정의 틀 내에서 학교는 교육과정 편성·운영의 자율권을 행사하여 나름의 교육과정을 개발할 수 있다.

① **교육내용의 재구성**: 교육과정상에 있는 내용 요소를 중심으로 교사가 그 순서와 내용을 재조정할 수 있다. 예컨대, 여러 교과에 관련된 주제를 통합해서 가르친다거나, 교과서의 내용 순서를 바꾸어 가르친다거나, 교과서에 제시된 모든 내용을 다 가르치는 것이 아니라 교육과정상의 필수요소를 중심으로 최소한의 것만을 엄선하여 가르치는 것 등이 이에 해당한다.

② **교과목의 탄력적인 편성**: 국가 교육과정에 편성된 모든 교과목들을 모든 학기에 걸쳐서 편성하지 않고 특정 학년 혹은 학기에 집중 편성할 수 있다. 교과목의 집중 편성 방식은 학습 부담을 적정화하고 의미 있는 학습활동이 이루어지도록 하기 위한 것이다. 예컨대, 초등학교의 경우, 3~4학년군에 편재된 '예술(음악/미술)'을 3학년에는 음악만 집중 편성하고, 4학년에는 미술만 집중 편성하는 방식으로 운영할 수 있다. 또한 중학교 1~3학년군에 편재된 '과학/기술·가정'을, 과학은 1~2학년에 몰아서 편성하고, 기술·가정은 2~3학년에 몰아서 편성하는 방식으로 운영할 수 있다.

③ **수업 시간의 탄력적인 운영**: 학교의 특성이나 학생·교사·학부모의 요구 및 필요에 따라 교과(군)별 20% 범위 내에서 시수를 증감하여 편성·운영할 수 있다. 또한 수업 시간표를 작성할 때 특정 요일에 특정 과목의 시간을 1시간씩 고정 배당하기보다는 필요에 따라 교과목 수업 시간을 융통성 있게 운영할 수 있다. 예컨대, 특정 교과목에 2시간 혹은 3시간을 연속해서 배당하는 블록타임제나 토요일 전일을 배당하는 전일제 등을 도입할 수 있다.

MEMO

④ 새로운 과목의 신설 : 중・고등학교는 필요에 따라 국가 교육과정에 없는 과목을 개설할 수 있다. 특히 고등학교는 지역사회의 학습장에서 이루어진 학습을 이수 과목으로 인정할 수 있으며, 대학선이수제도 과목이나 국제적으로 공인된 과목(예 AP, IB)을 개설할 수 있다.

(4) 학교 교육과정의 재구성

① 교육과정 재구성의 의미 : 교육과정 재구성이란 교사가 이미 만들어진 교육과정을 조정하여 교사 자신의 교육과정으로 재구성하는 것을 말한다. 교사는 교육과정이 요구하는 교육목표를 실현하기 위해 교육목표, 학생의 특성이나 수준 등을 고려하여 수업계획, 수업내용과 방법, 평가방법 등을 조정해 나간다.

② 교육과정 재구성의 방법

재구성	내용
교과 내 재구성 22 중등論	한 교과 내에서 교육내용을 재구성하는 방식 예 교육과정이 제시한 핵심성취기준을 중심으로 내용 압축 및 요약, 교과서 순서 변경, 교과집중, 블록타임제 등의 방식으로 교육과정을 재구성하는 경우
교과 간 재구성	특정 교과를 중심으로 다른 교과의 내용을 연계하거나 각 교과에 공통된 주제를 중심으로 교과 간의 공통내용을 추출하여 통합하는 재구성 방식 예 환경문제, 지구온난화, 다문화 등과 같은 주제를 중심으로 프로젝트 수업을 운영하는 경우
교과와 창의적 체험활동의 연계를 통한 재구성	교과와 창의적 체험활동을 연계하여 교육과정을 재구성하는 방식. 교과활동과 창의적 체험활동의 하위영역인 자율활동, 동아리활동, 봉사활동, 진로활동 등과 연계하여 재구성 가능 예 국어 시간에 보고서 작성법을 익히고, 자율활동으로 박물관 견학 프로젝트 학습을 수행하면서 포토보고서를 작성하는 경우(국어 교과 + 창・체의 자율활동 연계)

2 스나이더(Snyder) 등의 교육과정 실행(운영)의 관점 07 전문상담, 10 초등, 21 중등論

(1) 교육과정 실행(curriculum implementation)의 의미

① 교육과정 실행(운영)이란 개발된 교육과정을 학교와 교실에서 실천에 옮기는 과정을 말한다.

② 교육과정 실행의 관점이란 교육과정의 전개과정을 어떤 시각으로 보는가의 문제를 의미한다. 스나이더(Snyder)는 교육과정 실행의 관점을 충실도 관점, 상호적응 관점, 생성(형성) 관점 등 3가지로 제시하였다.

MEMO

01

(2) 교육과정 실행(운영)의 관점(Snyder, Bolin & Zumwalt, 1992)

① 충실도 관점(fidelity perspective; 충실한 운영 관점)

㉠ 외부에서 개발된 교육과정(계획된 교육과정)이 학교현장에 충실하게 이행되어야 한다는 입장이다. 중앙집권적 교육과정 개발방식에서 강조하는 교육과정 실행 관점이다.

㉡ 계획된 교육과정을 강조하며, 교육과정이 계획된 대로 잘 실행되었는지, 그 실행을 촉진하거나 방해하는 요소는 무엇인지를 밝혀내는 데 관심을 둔다.

㉢ 가장 핵심은 실행된 교육과정과 의도했던 목표 간의 유사성 정도에 따라 평가된다는 점이다. 교육과정의 성패는 개발자의 의도가 학교와 교실 현장에서 얼마나 구현되었는가에 따라 결정된다.

㉣ 교사는 계획된 교육과정의 전달자, 소비자로서 수동적이고 소극적인 역할을 담당하며('교사배제' 교육과정, teacher proof), 교육과정 개발자의 의도에 충실하게 운영하는 역할을 맡아야 한다. 교육과정에 대한 교사의 이해 수준이 낮으므로 교육과정을 고도로 구조화하고 교수방법 지침도 명확해야 한다고 본다.

㉤ 장단점

장점	단점
• 외부에서 계획된 교육과정을 수업에 충실하게 이행할 경우 개발자의 의도가 교실 현장에 잘 구현될 가능성이 높다. • 외부에서 계획된 교육과정을 고도로 구조화하고 교수방법 지침도 구체화하여 제시해 줄 수 있다(쟁점 사항별 실행 수준의 문제와 그에 따른 처방을 구체적으로 제시해 줄 수 있다). • 새로운 교육과정이 실제로 사용되기로 한 시점에서부터 그것이 의도한 대로 사용되고 있는지의 유무를 추적할 수 있다.	• 교사배제(teacher proof) 교육과정으로 설계되어 있어 교육현장의 특수한 상황을 반영하기 어렵고 교사의 능동적 관여를 경시한다(교사들이 실제로 일하고 있는 학교현장의 교육 실제는 이론과 다르다는 사실을 인식하지 못한다). • 교육과정 개발자의 의도에 맞게 충실하게 운영해야 하므로 교사의 역할을 수동적이고 소극적인 역할로 최소화시킨다(교사를 교육 상품의 피동적인 수령자로 간주하고 있다).

② 상호적응 관점(mutual adaptation perspective; 조정 또는 재구성 관점)

㉠ 외부에서 개발된 교육과정은 학교현장에서 그것을 실제로 사용하는 사람(예 교사)에 의해 조정될 수 있다고 보는 관점이다. 절충형 교육과정 개발방식에서 강조하는 교육과정 실행 관점이다.

㉡ 개발자와 사용자 간의 타협과 수정을 강조한다. 상호적응 관점은 교육과정 개발자나 이들의 연구결과를 학교 수업상황에서 실제로 사용하는 사람들의 활동에서 나타나는 양상으로, 여기서는 교육과정 설계자와 이를 사용하는 사람 간의 상호교섭과 유연성 있는 관계가 전제된다.

MEMO

ⓒ 새로운 교육과정의 실행에 대한 평가는 원래 계획과의 일치도보다는 새 교육과정을 실행하는 맥락에서 그것이 어떻게 실행되었는지에 초점을 두어야 한다고 본다.

ⓓ 교육과정 운영은 상황에 따라 적절히 수정되면서 진행되기 때문에 교육과정을 운영하는 사람들은 교육과정이 전개되는 실제 상황에 관심을 갖는다.

ⓔ 계획된 교육과정을 전제한 상태에서 이에 대한 교사의 해석이나 조정 정도를 강조한다는 점에서 교사의 역할을 여전히 제한적으로 본다.

ⓕ 상호적응 관점은 충실도 관점이나 생성 관점과 명확히 구별하기 어려울 때가 있다. 상호적응 관점은 충실도와 생성 관점 사이의 어디엔가 존재하는 것이므로 이 양자의 특징을 일부 공유할 수 있기 때문이다.

③ 생성(형성) 관점(curriculum enactment perspective; 창조적 실행 관점)

ⓐ 교육과정을 교사와 학생에 의해 공동으로 만들어 가는 교육경험으로 본다. 즉, 교실에서 교사와 학생이 함께 교육경험을 생성하는 활동 그 자체가 교육과정 실행인 것이다. 외부에서 개발된(계획된) 교육과정은 교실에서 교육경험을 생성할 때 활용할 수 있는 도구로서의 의미만을 지닌다. 지방분권형 교육과정 개발방식에서 강조하는 교육과정 실행 관점이다.

ⓑ 교사는 교육과정 개발자이자 창안자로서 주체적이고 능동적인 역할을 담당하며, 학생들의 이익을 위하여 학교와 교실의 복잡하고 특수한 환경에 맞추어 교육과정을 운영하는 역할을 맡아야 한다.

ⓒ 교육과정 지식은 교실 밖 전문가들이 만든 산물이 아니라, 교실에서 교사와 학생이 지속적으로 창안하는 것이다. 교사와 학생은 모두 교육과정의 공동 창안자로서 교사와 학생 모두 지속적인 성장과 발달이 가능하도록 교육과정을 운영해야 한다(교육과정 생성에 참여하고 있는 교사와 학생 모두가 개인적으로 발달하고 성장해 가고 있다고 느낄 수 있도록 교육과정을 창조적으로 운영해야 한다).

ⓓ 교사는 교육과정 개발자이자 창안자로서 주체적이고 능동적인 역할을 담당하며, 학생의 이익을 위하여 학교와 교실의 복잡하고 특수한 환경에 맞추어 교육과정을 운영해야 한다.

ⓔ 학생들의 주관적인 지각이나 느낌, 교사와 학생 간의 상호작용 과정 등이 교육과정 운영에 영향을 미치기 때문에 이들을 구체적으로 분석하고 이해하고자 노력해야 한다.

ⓕ 교사는 교육과정 개발자이자 창안자이므로 교사의 주관적인 생각과 느낌, 교육적 가치 등을 이해하고 수용할 필요가 있다.

쟁점 \ 관점	충실도	상호적응	생성(형성)
교육과정 개념	교사가 수행해야 할 구체적인 어떤 것으로서 미리 계획된 것	• 계획된 것 • 교사에 의해 실제로 전개된 것	교사와 학생들에 의해 창안되고 경험된 것
교육과정 지식	교실 밖의 교육과정 전문가가 만든 것	• 교실 밖의 교육과정 전문가가 만든 것 • 교실 실행 과정에서 재구성될 수 있는 것	교실 밖의 전문가들이 만든 산물이 아니라, 교실에서 교사와 학생이 지속적으로 창안하고 있는 것
교육과정 변화	변화는 선형적인 것으로, 계획된 대로 교실에서 실행하면 일어날 수 있음	변화는 예측하기 어려운 복잡한 과정으로, 계획대로 실행이 일어나지 않을 수 있으며, 실행 과정이 변화에 중요함	교사와 학생의 사고와 실천에 있어서의 변화가 진정한 변화임
교사의 역할	계획된 교육과정의 전달자 혹은 소비자	계획된 교육과정의 적극적인 재구성자	교육과정 창안자 혹은 개발자

☑ 교육과정 실행에 대한 3가지 관점의 비교(Snyder, Bolin, and Zumwalt, 1992)

구분	교육과정 운영 개념	교육과정 구성방식	평가 영역
충실도 관점	계획된 교육과정	학교 외부 전문가 ⇨ 기술공학적 관점	계획과 결과 간의 일치 정도
상호적응 관점	조정된 교육과정	외부 전문가와 학교 내부의 교육과정 운영 담당자 간의 상호작용 ⇨ 정치적 관점	상호작용의 변화 과정
생성(형성) 관점	창조된 교육과정	학교 내의 교사와 학생 ⇨ 문화적 관점	교사의 이해와 해석 수준

MEMO

MEMO

3 홀(Hall) 등의 교사의 관심에 기초한 교육과정 적용모형 08 초등

(1) 의미

Hall, Geore, Rutherford는 '교사의 관심에 기초한 교육과정 적용모형(CBAM : Concern-Based Adoption Model)'에서 새로 채택된 교육과정의 실행 양태는 교사의 관심 수준에 따라 달라진다고 하였다.

(2) 단계

관심의 단계		관심의 표현
결과	⑥ 개선단계	새 교육과정을 수정하고 보완하여 더 좋은 결과를 가져올 방법에 대해 관심이 있다.
	⑤ 협동단계	새 교육과정을 실행함에 있어 다른 교사들과 협동하고 조정하는 데 관심이 있다.
	④ 결과단계	새 교육과정을 실행하는 것이 학생들에게 어떤 영향을 끼치는지에 관심이 있다. 새 교육과정의 학생에 대한 적절성, 학생들의 성취에 대한 평가, 학생의 성취를 향상시키기 위한 방안 등에 관심이 있다.
업무	③ 운영단계	새 교육과정의 운영과 관리에 관심이 있으며, 정보와 자원의 활용에 관심이 높다. 효율성, 조직화, 관리방안, 시간계획, 이를 구현하기 위한 교재를 준비하는 데 관심이 높다.
교사 자신	② 개인단계	새 교육과정을 실행하는 것이 자신과 주변에 어떤 영향을 끼칠지 알고 싶어 한다. 새 교육과정 실행에 자신의 역할, 필요한 의사결정, 기존 조직에 야기될 갈등, 재정적 소요 등을 알고 싶어 한다.
	① 정보단계	새 교육과정에 대해 개괄적인 것을 알고 있으나 좀 더 구체적인 것을 알고 싶어 한다. 새 교육과정의 특징, 효과, 실천을 위해 반드시 해야 할 사항 등을 알고 싶어 한다.
	⓪ 지각단계	새 교육과정에 대해 관심이 전혀 없다.

MEMO

01

4 렌줄리(Renzulli)의 교육과정 압축(curriculum compacting)

(1) 개념

① 렌줄리(Renzulli)가 제시한 개념으로, 이질적 교실에 있는 상위 학생들을 위해 이미 숙달한 학습자료의 반복을 피하고 보다 도전적인 학습기회를 마련해 주기 위한 정규 교육과정의 재구성 전략을 말한다.

② 일종의 교육과정 '재구성(modifying)' 혹은 '핵심화(streamling)' 과정으로서, 정규 교육과정에 대한 학습자의 도전 수준을 높이며, 기초학습 기술은 숙달하면서도 적절한 심화 또는 속진형 학습활동의 기회를 마련해 주기 위한 방안이다(⇨ 정상적인 학업이수기간 단축 가능 예 3년의 이수과정을 2년으로 단축).

③ 정규 교육과정의 전체 또는 일부에 대해 미리 학습하였거나 다른 정규 학생들에 비해 탁월한 성취능력을 드러내는 학생들이라면 누구에게나 적용될 수 있는 방법이다.

④ 이러한 교육과정 압축이 성공적으로 실행되기 위해서는 교사가 교육과정 압축 절차에 관하여 사전에 충분한 훈련을 받아 높은 전문성을 갖추고 있어야 한다.

(2) 교육과정 압축의 목표

① 정규 교육과정을 운영하는 중에도 도전적인 학습환경을 마련하는 것이다.

② 기본 교육과정에 대한 숙달 · 완숙 · 능숙성을 보장하는 것이다.

③ 교육과정 압축을 통해 심화와 속진 경험을 위한 시간을 '벌려는' 것이다.

5 던킨과 비들(Dunkin & Biddle)의 교실 내 수업과정의 연구모형 08 초등

던킨과 비들이 제시한 '교실 내 수업과정의 연구모형'은 교수자에 관련된 '선조변인'과 학습자와 그가 처한 물리적 환경을 묶은 '상황변인(맥락변인)'을 교수학습과정에 영향을 미치는 독립변인으로 하고, 결과를 종속변인으로 설정하여 수업에 관한 연구의 패러다임을 이루게 하였다.

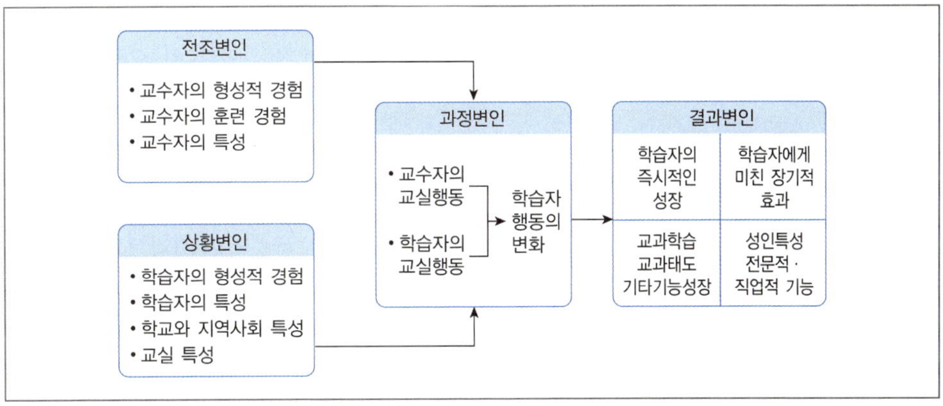

교실 내 수업과정의 연구모형

Section 02

2022 개정 교육과정 총론

MEMO

01 2022 개정 교육과정

① 교육과정의 성격

이 교육과정은 초・중등교육법 제23조 제2항에 의거하여 고시한 것으로, 초・중등학교의 교육 목적을 달성하기 위해 초・중등학교에서 운영하여야 할 학교 교육과정의 공통적이고 일반적인 기준을 국가 수준에서 제시한 것이다. 이 교육과정 기준의 성격은 다음과 같다.

가. 국가 수준의 공통성을 바탕으로 지역, 학교, 개인 수준의 다양성을 추구할 수 있도록 학교 교육과정의 기준과 내용에 관한 기본사항을 제시한다.
나. 학교 교육과정이 학생을 중심에 두고 주도성과 자율성, 창의성의 신장 등 학습자 성장을 지원할 수 있도록 교육과정의 기준과 내용을 제시한다.
다. 학교의 전반적인 교육 체제를 교육과정 중심으로 운영할 수 있도록 교육과정의 기준과 내용을 제시한다.
라. 학교 교육과정이 추구하는 교육 목적의 실현을 위해 학교와 시・도 교육청, 지역사회, 학생・학부모・교원이 함께 협력적으로 참여하는 데 필요한 사항을 제시한다.
마. 학교 교육의 질적 수준을 국가와 시・도 교육청, 학교 수준에서 관리하고 개선하기 위해 기반으로 삼아야 할 교육과정의 기준과 내용을 제시한다.

② 교육과정 구성의 방향

1. 교육과정 구성의 중점

이 교육과정은 우리나라 교육과정이 추구해 온 교육 이념과 인간상을 바탕으로, 미래 사회가 요구하는 핵심역량을 함양하여 포용성과 창의성을 갖춘 주도적인 사람으로 성장하게 하는 데 중점을 둔다. 이를 위한 교육과정 구성의 중점은 다음과 같다.

가. 디지털 전환, 기후・생태환경 변화 등에 따른 미래 사회의 불확실성에 능동적으로 대응할 수 있는 능력과 자신의 삶과 학습을 스스로 이끌어가는 주도성을 함양한다.

나. 학생 개개인의 인격적 성장을 지원하고, 사회 구성원 모두의 행복을 위해 서로 존중하고 배려하며 협력하는 공동체 의식을 함양한다.
다. 모든 학생이 학습의 기초인 언어・수리・디지털 기초소양을 갖출 수 있도록 하여 학교 교육과 평생 학습에서 학습을 지속할 수 있게 한다.
라. 학생들이 자신의 진로와 학습을 주도적으로 설계하고, 적절한 시기에 학습할 수 있도록 학습자 맞춤형 교육과정 체제를 구축한다.
마. 교과 교육에서 깊이 있는 학습을 통해 역량을 함양할 수 있도록 교과 간 연계와 통합, 학생의 삶과 연계된 학습, 학습에 대한 성찰 등을 강화한다.
바. 다양한 학생 참여형 수업을 활성화하고, 문제 해결 및 사고의 과정을 중시하는 평가를 통해 학습의 질을 개선한다.
사. 교육과정 자율화・분권화를 기반으로 학교, 교사, 학부모, 시・도 교육청, 교육부 등 교육 주체들 간의 협조 체제를 구축하여 학습자의 특성과 학교 여건에 적합한 학습이 이루어질 수 있도록 한다.

2. 추구하는 인간상과 핵심역량

우리나라의 교육은 홍익인간의 이념 아래 모든 국민으로 하여금 인격을 도야하고, 자주적 생활 능력과 민주시민으로서 필요한 자질을 갖추어 인간다운 삶을 영위하고, 민주 국가의 발전과 인류 공영의 이상을 실현할 수 있도록 함을 목적으로 한다. 이러한 교육 이념과 교육 목적을 바탕으로, 이 교육과정이 추구하는 인간상은 다음과 같다.

가. 전인적 성장을 바탕으로 자아정체성을 확립하고 자신의 진로와 삶을 스스로 개척하는 자기주도적인 사람
나. 폭넓은 기초 능력을 바탕으로 진취적 발상과 도전을 통해 새로운 가치를 창출하는 창의적인 사람
다. 문화적 소양과 다원적 가치에 대한 이해를 바탕으로 인류 문화를 향유하고 발전시키는 교양 있는 사람
라. 공동체 의식을 바탕으로 다양성을 이해하고 서로 존중하며 세계와 소통하는 민주시민으로서 배려와 나눔, 협력을 실천하는 더불어 사는 사람

이 교육과정이 추구하는 인간상을 구현하기 위해 교과 교육과 창의적 체험활동을 포함한 학교 교육 전 과정을 통해 중점적으로 기르고자 하는 핵심역량은 다음과 같다.

가. 자아정체성과 자신감을 가지고 자신의 삶과 진로를 스스로 설계하며 이에 필요한 기초 능력과 자질을 갖추어 자기주도적으로 살아갈 수 있는 자기관리 역량
나. 문제를 합리적으로 해결하기 위하여 다양한 영역의 지식과 정보를 깊이 있게 이해하고 비판적으로 탐구하며 활용할 수 있는 지식정보처리 역량

MEMO

다. 폭넓은 기초 지식을 바탕으로 다양한 전문 분야의 지식, 기술, 경험을 융합적으로 활용하여 새로운 것을 창출하는 창의적 사고 역량

라. 인간에 대한 공감적 이해와 문화적 감수성을 바탕으로 삶의 의미와 가치를 성찰하고 향유하는 심미적 감성 역량

마. 다른 사람의 관점을 존중하고 경청하는 가운데 자신의 생각과 감정을 효과적으로 표현하며 상호협력적인 관계에서 공동의 목적을 구현하는 협력적 소통 역량

바. 지역·국가·세계 공동체의 구성원에게 요구되는 개방적·포용적 가치와 태도로 지속 가능한 인류 공동체 발전에 적극적이고 책임감 있게 참여하는 공동체 역량

3. 학교급별 교육 목표

초등학교	중학교	고등학교
초등학교 교육은 학생의 일상생활과 학습에 필요한 기본 습관 및 기초 능력을 기르고 바른 인성을 함양하는 데 중점을 둔다.	중학교 교육은 초등학교 교육의 성과를 바탕으로, 학생의 일상생활과 학습에 필요한 기본 능력을 기르고, 바른 인성 및 민주시민의 자질을 함양하는 데 중점을 둔다.	고등학교 교육은 중학교 교육의 성과를 바탕으로, 학생의 적성과 소질에 맞게 진로를 개척하며 세계와 소통하는 민주시민으로서의 자질을 함양하는 데 중점을 둔다.
(1) 자신의 소중함을 알고 건강한 생활 습관을 기르며, 풍부한 학습 경험을 통해 자신의 꿈을 키운다. (2) 학습과 생활에서 문제를 발견하고 해결하는 기초 능력을 기르고, 이를 새롭게 경험할 수 있는 상상력을 키운다. (3) 다양한 문화 활동을 즐기며 자연과 생활 속에서 아름다움과 행복을 느낄 수 있는 심성을 기른다. (4) 일상생활과 학습에 필요한 규칙과 질서를 지키고 서로 돕고 배려하는 태도를 기른다.	(1) 심신의 조화로운 발달을 바탕으로 자아존중감을 기르고, 다양한 지식과 경험을 통해 책임감을 가지고 적극적으로 삶의 방향과 진로를 탐색한다. (2) 학습과 생활에 필요한 기본 능력 및 문제 해결력을 바탕으로, 도전정신과 창의적 사고력을 기른다. (3) 자신을 둘러싼 세계에서 경험한 내용을 토대로 우리나라와 세계의 다양한 문화를 이해하고 공감하는 태도를 기른다. (4) 공동체 의식을 바탕으로 타인을 존중하고 서로 소통하는 민주시민의 자질과 태도를 기른다.	(1) 성숙한 자아의식과 인간의 존엄성에 대한 존중을 바탕으로 일의 가치를 이해하고, 자신의 진로에 맞는 지식과 기능을 익히며 평생 학습의 기본 능력을 기른다. (2) 다양한 분야의 지식과 경험을 융합하여 창의적으로 문제를 해결하고, 새로운 상황에 능동적으로 대처하는 능력을 기른다. (3) 다양한 문화에 대한 이해를 바탕으로 자신의 삶을 성찰하고 새로운 문화 창출에 기여할 수 있는 자질과 태도를 기른다. (4) 국가 공동체에 대한 책임감을 바탕으로 배려와 나눔을 실천하며 세계와 소통하는 민주시민으로서의 자질과 태도를 기른다.

③ 학교 교육과정 설계와 운영

MEMO

1. 설계의 원칙

가. 학교는 이 교육과정을 바탕으로 학교 교육과정을 자율적으로 설계・운영하며, 학생의 특성과 학교 여건에 적합한 학습 경험을 제공한다.

1) 학습자의 발달 수준에 적합한 폭넓고 균형 있는 교육과정을 통해 다양한 영역의 세계를 탐색해보는 기회를 제공하고, 학습자의 전인적인 성장・발달이 가능하도록 학교 교육과정을 설계하여 운영한다.

2) 학생 실태와 요구, 교원 조직과 교육 시설・설비 등 학교 실태, 학부모 의견 및 지역 사회 실정 등 학교의 교육 여건과 환경을 종합적으로 고려하여 학습자에게 적합한 학습 경험을 제공한다.

3) 학교는 학생의 필요와 요구에 따라 학교의 특성을 고려하여 다양한 교육 활동을 설계하여 운영할 수 있다.

4) 학교 교육 기간을 포함한 평생 학습에 필요한 기초소양과 자기주도 학습 능력을 갖출 수 있도록 지원하며 학습 격차를 줄이도록 노력한다.

5) 학생들의 자발적인 참여를 원칙으로 하여 학교와 시・도 교육청은 학생과 학부모의 요구에 따라 방과 후 활동 또는 방학 중 활동을 운영・지원할 수 있다.

6) 학교는 학교 교육과정의 효율적인 설계와 운영을 위하여 지역사회의 인적, 물적 자원을 계획적으로 활용한다.

7) 학교는 가정 및 지역과 연계하여 학생이 건전한 생활 태도와 행동 양식을 가지고 학습할 수 있도록 지도한다.

나. 학교 교육과정은 모든 교원이 전문성을 발휘하여 참여하는 민주적인 절차와 과정을 거쳐 설계・운영하며, 지속적인 개선을 위해 노력한다.

1) 교육과정의 합리적 설계와 효율적 운영을 위해 교원, 교육 전문가, 학부모 등이 참여하는 학교 교육과정 위원회를 구성・운영하며, 이 위원회는 학교장의 교육과정 운영 및 의사 결정에 관한 자문 역할을 담당한다. 단, 특성화 고등학교와 산업수요 맞춤형 고등학교의 경우에는 산업계 전문가가 참여할 수 있고, 통합교육이 이루어지는 학교의 경우에는 특수교사가 참여할 것을 권장한다.

2) 학교는 학습 공동체 문화를 조성하고 동학년 모임, 교과별 모임, 현장 연구, 자체 연수 등을 통해서 교사들의 교육 활동 개선이 이루어지도록 한다.

3) 학교는 학교 교육과정 설계・운영의 적절성과 효과성 등을 자체 평가하여 문제점과 개선점을 추출하고, 다음 학년도의 교육과정 설계・운영에 그 결과를 반영한다.

MEMO

2. 교수 · 학습

가. 학교는 학생들이 깊이 있는 학습을 통해 핵심역량을 함양할 수 있도록 교수・학습을 설계하여 운영한다.

1) 단편적 지식의 암기를 지양하고 각 교과목의 핵심 아이디어를 중심으로 지식・이해, 과정・기능, 가치・태도의 내용 요소를 유기적으로 연계하며 학생의 발달 단계에 따라 학습 경험의 폭과 깊이를 확장할 수 있도록 수업을 설계한다.

2) 교과 내 영역 간, 교과 간 내용 연계성을 고려하여 수업을 설계하고 지도함으로써 학생들이 융합적으로 사고하고 창의적으로 문제를 해결하는 능력을 함양할 수 있도록 한다.

3) 학습 내용을 실생활 맥락 속에서 이해하고 적용하는 기회를 제공함으로써 학교에서의 학습이 학생의 삶에 의미 있는 학습 경험이 되도록 한다.

4) 학생이 여러 교과의 고유한 탐구 방법을 익히고 자신의 학습 과정과 학습 전략을 점검하며 개선하는 기회를 제공하여 스스로 탐구하고 학습할 수 있는 자기주도 학습 능력을 함양할 수 있도록 한다.

5) 교과의 깊이 있는 학습에 기반이 되는 언어・수리・디지털 기초소양을 모든 교과를 통해 함양할 수 있도록 수업을 설계한다.

나. 학교는 학생들이 수업에 능동적으로 참여하고 학습의 즐거움을 경험할 수 있도록 교수・학습을 설계하여 운영한다.

1) 학습 주제에서 다루는 탐구 질문에 관심과 호기심을 가지고 스스로 문제를 해결하는 학생 참여형 수업을 활성화하며, 토의・토론 학습을 통해 자신의 생각을 표현하는 기회를 가질 수 있도록 한다.

2) 실험, 실습, 관찰, 조사, 견학 등의 체험 및 탐구 활동 경험이 충분히 이루어질 수 있도록 한다.

3) 개별 학습 활동과 함께 소집단 협동 학습 활동을 통하여 협력적으로 문제를 해결하는 경험을 충분히 갖도록 한다.

다. 교과의 특성과 학생의 능력, 적성, 진로를 고려하여 학습 활동과 방법을 다양화하고, 학교의 여건과 학생의 특성에 따라 다양한 학습 집단을 구성하여 학생 맞춤형 수업을 활성화한다.

1) 학생의 선행 경험, 선행 지식, 오개념 등 학습의 출발점을 파악하고 학생의 특성을 고려하여 학습 소재, 자료, 활동을 다양화한다.

2) 정보통신기술 매체를 활용하여 교수・학습 방법을 다양화하고, 학생 맞춤형 학습을 위해 지능정보기술을 활용할 수 있다.

3) 다문화 가정 배경, 가족 구성, 장애 유무 등 학습자의 개인적・사회문화적 배경의 다양성을 이해하고 존중하며, 이를 수업에 반영할 때 편견과 고정 관념, 차별을 야기하지 않도록 유의한다.

MEMO

01

4) 학교는 학생 개개인의 학습 상황을 확인하여 학생의 학습 결손을 예방하도록 노력하며, 학습 결손이 발생한 경우 보충 학습 기회를 제공한다.

라. 교사와 학생 간, 학생과 학생 간 상호 신뢰와 협력이 가능한 유연하고 안전한 교수·학습 환경을 지원하고, 디지털 기반 학습이 가능하도록 교육공간과 환경을 조성한다.

1) 각 교과의 특성에 맞는 다양한 학습이 이루어질 수 있도록 교과 교실 운영을 활성화하며, 고등학교는 학점 기반 교육과정 운영을 위해 유연한 학습공간을 활용한다.

2) 학교는 교과용 도서 이외에 시·도 교육청이나 학교 등에서 개발한 다양한 교수·학습 자료를 활용할 수 있다.

3) 다양한 지능정보기술 및 도구를 활용하여 효율적인 학습을 지원할 수 있도록 디지털 학습 환경을 구축한다.

4) 학교는 실험 실습 및 실기 지도 과정에서 학생의 안전사고를 예방하기 위해 시설·기구, 기계, 약품, 용구 사용의 안전에 유의한다.

5) 특수교육 대상 학생 등 교육적 요구가 다양한 학생들을 위해 필요할 경우 의사소통 지원, 행동 지원, 보조공학 지원 등을 제공한다.

3. 평가

가. 평가는 학생 개개인의 교육 목표 도달 정도를 확인하고, 학습의 부족한 부분을 보충하며, 교수·학습의 질을 개선하는 데 주안점을 둔다.

1) 학교는 학생에게 평가 결과에 대한 적절한 정보를 제공하고 추수 지도를 실시하여 학생이 자신의 학습을 지속적으로 성찰하고 개선할 수 있도록 한다.

2) 학교와 교사는 학생 평가 결과를 활용하여 수업의 질을 지속적으로 개선한다.

나. 학교와 교사는 성취기준에 근거하여 교수·학습과 평가 활동이 일관성 있게 이루어지도록 한다.

1) 학습의 결과만이 아니라 결과에 이르기까지의 학습 과정을 확인하고 환류하여, 학습자의 성공적인 학습과 사고 능력 함양을 지원한다.

2) 학교는 학생의 인지적·정의적 측면에 대한 평가가 균형 있게 이루어질 수 있도록 하며, 학생이 자신의 학습 과정과 결과를 스스로 평가할 수 있는 기회를 제공한다.

3) 학교는 교과목별 성취기준과 평가기준에 따라 성취수준을 설정하여 교수·학습 및 평가 계획에 반영한다.

4) 학생에게 배울 기회를 주지 않은 내용과 기능은 평가하지 않는다.

다. 학교는 교과목의 성격과 학습자 특성을 고려하여 적합한 평가 방법을 활용한다.

1) 수행평가를 내실화하고 서술형과 논술형 평가의 비중을 확대한다.

2) 정의적, 기능적 측면이나 실험·실습이 중시되는 평가에서는 교과목의 성격을 고려하여 타당하고 합리적인 기준과 척도를 마련하여 평가를 실시한다.

MEMO

3) 학교의 여건과 교육활동의 특성을 고려하여 다양한 지능정보기술을 활용함으로써 학생 맞춤형 평가를 활성화한다.
4) 개별 학생의 발달 수준 및 특성을 고려하여 평가 계획을 조정할 수 있으며, 특수학급 및 일반학급에 재학하고 있는 특수교육 대상 학생을 위해 필요한 경우 평가 방법을 조정할 수 있다.
5) 창의적 체험활동은 내용과 특성을 고려하여 평가의 주안점을 학교에서 결정하여 평가한다.

4. 모든 학생을 위한 교육기회의 제공

가. 교육 활동 전반을 통하여 남녀의 역할, 학력과 직업, 장애, 종교, 이전 거주지, 인종, 민족, 언어 등에 관한 고정 관념이나 편견을 가지지 않도록 지도한다.
나. 학습자의 개인적 특성이나 사회·문화적 배경에 의해 교육의 기회와 학습 경험에서 부당한 차별을 받거나 소외되지 않도록 한다.
다. 학습 부진 학생, 특정 분야에서 탁월한 재능을 보이는 학생, 특수교육 대상 학생, 귀국 학생, 다문화 가정 학생 등이 학교에서 충실한 학습 경험을 누릴 수 있도록 필요한 지원을 한다.
라. 특수교육 대상 학생을 위해 특수학급을 설치·운영하는 경우, 학생의 장애 특성 및 정도를 고려하여, 이 교육과정을 조정하여 운영하거나 특수교육 교과용 도서 및 통합교육용 교수·학습 자료를 활용할 수 있다.
마. 다문화 가정 학생을 위한 특별 학급을 설치·운영하는 경우, 다문화 가정 학생의 한국어 능력을 고려하여 이 교육과정을 조정하여 운영하거나, 한국어 교육과정 및 교수·학습 자료를 활용할 수 있다. 한국어 교육과정은 학교의 특성, 학생·교사·학부모의 요구와 필요에 따라 주당 10시간 내외에서 운영할 수 있다.
바. 학교가 종교 과목을 개설할 때는 종교 이외의 과목과 함께 복수로 과목을 편성하여 학생에게 선택의 기회를 주어야 한다. 다만, 학생의 학교 선택권이 허용되는 종립 학교의 경우 학생·학부모의 동의를 얻어 단수로 개설할 수 있다.

4 학교급별 교육과정 편성·운영의 기준

1. 기본 사항

가. 초등학교 1학년부터 중학교 3학년까지의 공통 교육과정과 고등학교 1학년부터 3학년까지의 학점 기반 선택 중심 교육과정으로 편성·운영한다.
나. 학교는 학교 교육과정 편성·운영 계획을 바탕으로 학년(군)별 교육과정 및 교과(군)별 교육과정을 편성할 수 있다.

MEMO

다. 학년 간 상호 연계와 협력을 통해 학교 교육과정을 유연하게 편성·운영할 수 있도록 학년군을 설정한다.

라. 공통 교육과정의 교과는 교육 목적상의 근접성, 학문 탐구 대상 또는 방법상의 인접성, 생활양식에서의 연관성 등을 고려하여 교과(군)로 재분류한다.

마. 고등학교 교과는 보통 교과와 전문 교과로 구분하며, 학생들의 기초소양 함양과 기본 학력을 보장하기 위하여 보통 교과에 공통 과목을 개설하여 모든 학생이 이수하도록 한다.

바. 교과와 창의적 체험활동의 내용 배열은 반드시 따라야 할 학습 순서를 의미하는 것은 아니며, 학생의 관심과 요구, 학교의 실정과 교사의 필요, 계절 및 지역의 특성 등에 따라 각 교과목의 학년군별 목표 달성을 위해 지도 내용의 순서와 비중, 교과 내 또는 교과 간 연계 지도 방법 등을 조정하여 운영할 수 있다.

사. 학업 부담을 적정화하고 의미 있는 학습 활동이 이루어질 수 있도록 학기당 이수 교과목 수를 조정하여 집중이수를 실시할 수 있다.

아. 학교는 학교급 간 전환기의 학생들이 상급 학교의 생활 및 학습을 준비하는 데 필요한 교육을 지원하기 위해 진로연계교육을 운영할 수 있다.

자. 범교과 학습 주제는 교과와 창의적 체험활동 등 교육 활동 전반에 걸쳐 통합적으로 다루도록 하고, 지역사회 및 가정과 연계하여 지도한다.

> 안전·건강 교육, 인성 교육, 진로 교육, 민주시민 교육, 인권 교육, 다문화 교육, 통일 교육, 독도 교육, 경제·금융 교육, 환경·지속가능발전 교육

차. 학교는 가정과 학교, 사회에서의 위험 상황을 알고 대처할 수 있도록 체험 중심의 안전 교육을 관련 교과와 창의적 체험활동과 연계하여 운영한다.

카. 학교는 필요에 따라 계기 교육을 실시할 수 있으며, 이 경우 계기 교육 지침에 따른다.

타. 학교는 필요에 따라 원격수업을 실시할 수 있으며, 이 경우 원격수업 운영 기준은 관련 법령과 지침에 따른다.

파. 시·도 교육청과 학교는 필요에 따라 이 교육과정에 제시되어 있는 과목 외에 새로운 과목을 개설할 수 있다. 이 경우 시·도 교육감이 정하는 지침에 따라 사전에 필요한 절차를 거쳐야 한다.

하. 특수교육 대상 학생에 대해서는 이 교육과정 해당 학년군의 편제와 시간(학점 배당)을 따르되, 학생의 교육적 요구를 고려하여 특수교육 교육과정의 교과(군) 내용과 연계하거나 대체하여 수업을 설계·운영할 수 있다.

MEMO

❺ 학교 교육과정 지원

1. 교육과정 질 관리

가. 국가 수준의 지원

1) 이 교육과정의 질 관리를 위하여 주기적으로 학업 성취도 평가, 교육과정 편성·운영에 관한 평가, 학교와 교육 기관 평가를 실시하고 그 결과를 교육과정 개선에 활용한다.
   가) 교과별, 학년(군)별 학업 성취도 평가를 실시하고, 평가 결과는 학생의 학습 지원, 학력의 질 관리, 교육과정의 적절성 확보 및 개선 등에 활용한다.
   나) 학교의 교육과정 편성·운영과 교육청의 교육과정 지원 상황을 파악하기 위하여 학교와 교육청에 대한 평가를 주기적으로 실시한다.
   다) 교육과정에 대하여 조사, 분석 및 점검을 실시하고 그 결과를 교육과정 개선에 반영한다.
2) 교육과정 편성·운영과 지원 체제의 적절성 및 실효성을 평가하기 위한 연구를 수행한다.

나. 교육청 수준의 지원

1) 지역의 특수성, 교육의 실태, 학생·교원·주민의 요구와 필요 등을 반영하여 교육청 단위의 교육 중점을 설정하고, 학교 교육과정 개발을 위한 시·도 교육청 수준 교육과정 편성·운영 지침을 마련하여 안내한다.
2) 시·도의 특성과 교육적 요구를 구현하기 위하여 시·도 교육청 교육과정 위원회를 조직하여 운영한다.
   가) 이 위원회는 교육과정 편성·운영에 관한 조사 연구와 자문 기능을 담당한다.
   나) 이 위원회에는 교원, 교육 행정가, 교육학 전문가, 교과 교육 전문가, 학부모, 지역사회 인사, 산업체 전문가 등이 참여할 수 있다.
3) 학교 교육과정의 질 관리를 위해 각급 학교의 교육과정 편성·운영 실태를 정기적으로 파악하고, 교육과정 운영 지원 실태를 점검하여 효과적인 교육과정 운영과 개선에 필요한 지원을 한다.
   가) 학교 교육과정 편성·운영 체제의 적절성 및 실효성을 높이기 위하여 학업 성취도 평가, 학교 교육과정 평가 등을 실시하고 그 결과를 교육과정 개선에 활용한다.
   나) 교육청 수준의 학교 교육과정 지원에 대한 자체 평가와 교육과정 운영 지원 실태에 대한 점검을 실시하고 개선 방안을 마련한다.

2. 학습자 맞춤교육 강화

가. 국가 수준의 지원

1) 학교에서 학생의 성장과 성공적인 학습을 지원하는 평가가 원활히 이루어질 수 있도록 다양한 방안을 개발하여 학교에 제공한다.

가) 학교가 교과 교육과정의 목표에 부합되는 평가를 실시할 수 있도록 교과별로 성취기준에 따른 평가기준을 개발·보급한다.

나) 교과목별 평가 활동에 활용할 수 있는 다양한 평가 방법, 절차, 도구 등을 개발하여 학교에 제공한다.

2) 특성화 고등학교와 산업수요 맞춤형 고등학교가 기준 학과별 국가직무능력표준이나 직무분석 결과에 기초하여 학교의 특성 및 학과별 인력 양성 유형을 고려하여 교육과정을 편성·운영할 수 있도록 지원한다.

3) 학습 부진 학생, 느린 학습자, 다문화 가정 학생 등 다양한 특성을 가진 학생을 위해 필요한 지원 방안을 마련한다.

4) 특수교육 대상 학생에 대한 정당한 편의 제공을 위해 필요한 교수·학습 자료, 교육 평가 방법 및 도구 등의 제반 사항을 지원한다.

나. 교육청 수준의 지원

1) 지역 및 학교, 학생의 다양한 특성을 반영하여 학교 교육과정이 운영될 수 있도록 지원한다.

가) 학교가 이 교육과정에 제시되어 있는 과목 외에 새로운 교과목을 개설·운영할 수 있도록 관련 지침을 마련한다.

나) 통합운영학교 관련 규정 및 지침을 정비하고, 통합운영학교에 맞는 교육과정 운영이 이루어질 수 있도록 지원한다.

다) 학교 밖 교육이 지역 및 학교의 여건, 학생의 희망을 고려하여 운영될 수 있도록 우수한 학교 밖 교육 자원을 발굴·공유하고, 질 관리에 힘쓴다.

라) 개별 학교의 희망과 여건을 반영하여 필요한 경우 공동으로 교육과정을 운영할 수 있도록 지원한다.

마) 지역사회와 학교의 여건에 따라 초등학교 저학년 학생을 학교에서 돌볼 수 있는 기능을 강화하고, 이에 대해 행·재정적 지원을 한다.

바) 학교가 학생과 학부모의 요구에 따라 방과 후 또는 방학 중 활동을 운영할 수 있도록 행·재정적 지원을 한다.

2) 학생의 진로 및 발달적 특성을 고려하여 자신의 진로를 스스로 설계해 갈 수 있도록 다양한 방안을 마련하여 지원한다.

가) 학교급과 학생의 발달적 특성에 맞는 진로 활동 및 학교급 간 연계 교육을 강화하는 데 필요한 지원을 한다.

나) 학교급 전환 시기 진로연계교육을 위한 자료를 개발·보급하고, 각 학교급 교육과정에 대한 교사의 이해 증진 및 학교급 간 협력 관계 구축을 위한 지원을 확대한다.

다) 중학교 자유학기 운영을 지원하기 위해 각종 자료의 개발·보급, 교원의 연수, 지역사회와의 연계가 포함된 자유학기 지원 계획을 수립하여 추진한다.

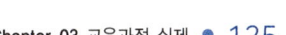

MEMO

라) 고등학교 교육과정이 학점을 기반으로 내실 있게 운영될 수 있도록 각종 자료의 개발·보급, 교원의 연수, 학교 컨설팅, 최소 성취수준 보장, 지역사회와의 연계 등 지원 계획을 수립하여 추진한다.

마) 인문학적 소양 및 통합적 읽기 능력 함양을 위해 독서 활동을 활성화하도록 다양한 지원을 한다.

3) 학습자의 다양성을 존중하고 학습 소외 및 교육 격차를 방지할 수 있도록 맞춤형 교육을 지원한다.

가) 지역 간, 학교 간 교육 격차를 완화할 수 있도록 농산어촌학교, 소규모학교에 대한 지원 체제를 마련한다.

나) 모든 학생이 학습에서 소외되지 않도록 교육공동체가 함께 협력하여 학생 개개인의 필요와 요구에 맞는 맞춤형 교육 활동을 계획하고 실행할 수 있도록 지원한다.

다) 전·입학, 귀국 등에 따라 공통 교육과정의 교과와 고등학교 공통 과목을 이수하지 못한 학생들이 해당 과목을 이수할 수 있도록 다양한 기회를 마련해 주고, 학생들이 공공성을 갖춘 지역사회 기관을 통해 이수한 과정을 인정해 주는 방안을 마련한다.

라) 귀국자 및 다문화 가정 학생을 포함하는 다양한 배경의 학생들이 그들의 교육 경험의 특성과 배경에 의해 이 교육과정을 이수하는 데 어려움이 없도록 지원한다.

마) 특정 분야에서 탁월한 재능을 보이는 학생, 학습 부진 학생, 특수교육 대상 학생들을 위한 교육 기회를 마련하고 지원한다.

바) 통합교육 실행 및 개선을 위해 교사 간 협력 지원, 초·중학교 교육과정과 특수교육 교육과정을 연계할 수 있는 자료 개발 및 보급, 관련 연수나 컨설팅 등을 제공한다.

3. 학교의 교육 환경 조성

가. 국가 수준의 지원

1) 교육과정 자율화·분권화를 바탕으로 교육 주체들이 각각의 역할과 책임을 충실하게 수행할 수 있는 협조 체제를 구축하고 지원한다.

2) 시·도 교육청의 교육과정 지원 활동과 단위 학교의 교육과정 편성·운영 활동이 상호 유기적으로 이루어질 수 있도록 행·재정적 지원을 한다.

3) 이 교육과정이 교육 현장에 정착될 수 있도록 교육청 수준의 교원 연수와 전국 단위의 교과 연구회 활동을 적극적으로 지원한다.

4) 디지털 교육 환경 변화에 부합하는 미래형 교수·학습 방법과 평가체제 구축을 위해 교원의 에듀테크 활용 역량 함양을 지원한다.

5) 학교 교육과정이 원활히 운영될 수 있도록 학교 시설 및 교원 수급 계획을 마련하여 제시한다.

MEMO

01

나. 교육청 수준의 지원

1) 학교가 이 교육과정에 근거하여 학교 교육과정을 편성·운영할 수 있도록 다음의 사항을 지원한다.

가) 학교 교육과정 편성·운영을 위해서 교육 시설, 설비, 자료 등을 정비하고 확충하는 데 필요한 행·재정적 지원을 한다.

나) 복식 학급 운영 등 소규모 학교의 정상적인 교육과정 운영을 지원하기 위해 교원의 배치, 학생의 교육받을 기회 확충 등에 필요한 행·재정적 지원을 한다.

다) 수준별 수업을 효율적으로 운영하도록 지원하며, 기초학력 향상과 학습 결손 보충이 가능하도록 보충 수업을 운영하는 데 필요한 행·재정적 지원을 한다.

라) 학교 교육활동 전반에 걸쳐 종합적인 안전교육 계획을 수립하고 사고 예방을 위한 행·재정적 지원을 한다.

마) 고등학교에서 학생의 과목 선택권을 보장할 수 있도록 교원 수급, 시설 확보, 유연한 학습 공간 조성, 프로그램 개발 등 필요한 행·재정적 지원을 한다.

바) 특성화 고등학교와 산업수요 맞춤형 고등학교가 산업체와 협력하여 특성화된 교육과정과 실습 과목을 편성·운영하는 경우, 학생의 현장 실습과 전문교과 실습이 안전하고 내실 있게 운영될 수 있도록 행·재정적 지원을 한다.

2) 학교가 새 학년도 시작에 앞서 교육과정 편성·운영에 관한 계획을 수립할 수 있도록 교육과정 편성·운영 자료를 개발·보급하고, 교원의 전보를 적기에 시행한다.

3) 교과와 창의적 체험활동 등에 필요한 교과용 도서의 개발, 인정, 보급을 위해 노력한다.

4) 학교가 지역사회의 관계 기관과 적극적으로 연계·협력해서 교과, 창의적 체험활동, 학교스포츠클럽활동, 자유학기 등을 내실 있게 운영할 수 있도록 지원하며, 관내 학교가 활용할 수 있는 우수한 지역 자원을 발굴하여 안내한다.

5) 학교 교육과정의 효과적 운영을 위하여 학생의 배정, 교원의 수급 및 순회, 학교 간 시설과 설비의 공동 활용, 자료의 공동 개발과 활용에 관하여 학교 간 및 시·도 교육(지원)청 간의 협조 체제를 구축한다.

6) 단위 학교의 교육과정 편성·운영 및 교수·학습, 평가를 지원할 수 있도록 교원 연수, 교육과정 컨설팅, 연구학교 운영 및 연구회 활동 지원 등에 대한 계획을 수립하여 시행한다.

가) 교원의 학교 교육과정 편성·운영 능력과 교과 및 창의적 체험활동에 대한 교수·학습, 평가 역량을 제고하기 위하여 교원에 대한 연수 계획을 수립하여 시행한다.

나) 학교 교육과정의 효율적인 편성·운영을 지원하기 위해 교육과정 컨설팅 지원단 등 지원 기구를 운영하며 교육과정 편성·운영을 위한 각종 자료를 개발하여 보급한다.

다) 학교 교육과정 편성·운영의 개선과 수업 개선을 위해 연구학교를 운영하고 연구교사제 및 교과별 연구회 활동 등을 적극적으로 지원한다.

MEMO

7) 온오프라인 연계를 통한 효과적인 교수·학습과 평가가 이루어질 수 있도록 하며, 지능정보기술을 활용한 맞춤형 수업과 평가가 가능하도록 지원한다.
   가) 원격수업을 효과적으로 지원하기 위해 학교의 원격수업 기반 구축, 교원의 원격수업 역량 강화 등에 필요한 행·재정적 지원을 한다.
   나) 수업 설계·운영과 평가에서 다양한 디지털 플랫폼과 기술 및 도구를 효율적으로 활용할 수 있도록 시설·설비와 기자재 확충을 지원한다.

개념 다지기

현행 교육과정의 주요 개념

1. 창의적 체험활동

① 2009 개정 교육과정에서 신설된 것으로 기존 특별활동과 창의적 재량활동을 통합하여 '창의적 체험활동'으로 운영한다.

② 창의적 체험활동은 교과와 상호 보완적 관계 속에서 앎을 적극적으로 실천하고 심신을 조화롭게 발달시키기 위하여 실시하는 교과 이외의 활동이다.

③ 창의적 체험활동은 초·중등학교 학생들이 건전하고 다양한 집단 활동에 자발적으로 참여하여 나눔과 배려를 실천함으로써 공동체 의식을 함양하고 개인의 소질과 잠재력을 계발·신장하여 창의적인 삶의 태도를 기르는 것을 목표로 한다.

④ 창의적 체험활동은 자율·자치활동, 동아리활동, 진로활동의 3개 영역으로 구성하되(종래 봉사활동은 동아리활동에 포함), 학생의 발달단계와 교육적 요구 등을 고려하여 학교 급별, 학년(군)별, 학기별로 영역 및 활동을 선택하여 집중적으로 운영할 수 있다. 이때, 제시되는 영역과 활동 내용은 권고적인 성격을 띠고 있으며, 학교에서는 이보다 더 창의적이고 풍성한 교육과정을 선택, 집중하여 운영할 수 있다.

2. 학년군: 현행 교육과정에서 초등학교는 1~2학년, 3~4학년, 5~6학년의 3개 학년군으로, 중학교와 고등학교는 3개 학년을 각각 1개 학년군으로 묶는 것을 말한다. 교육과정 편성·운영의 경직성을 탈피하고 학년 간 상호 연계와 협력을 통하여 유연성을 부여하기 위한 것으로, 학년군 설정을 통해 수업시수가 적은 교과목의 경우 학년별, 학기별, 분기별 집중이수를 원활하게 할 수 있다.

3. 교과군: 기존의 교과들을 교육목적상의 근접성, 학문 탐구대상 또는 방법상의 인접성, 실제 생활양식에서의 상호 연관성 등을 고려하여 광역군 개념으로 유목화하는 것을 말한다. 예를 들어 '사회/도덕', '과학/실과(기술·가정)', '예술(음악/미술)' 등으로 묶는 경우가 그것이다.

4. 집중이수: 여러 학년에 걸쳐 이수하는 과목을 학년별로 집중이수하거나, 1년 동안 이수하는 과목을 한 학기동안 집중적으로 이수하는 것을 말한다. 집중 학습이 가능하고 수업의 효율성을 높일 수 있다.

5. 블록타임(Block-time)제: 특정 과목의 수업을 요일별로 나누는 대신 여러 시간을 하루에 묶어 연속수업을 진행하는 경우를 말한다. 연속수업을 진행할 경우 수업의 완성도를 높일 수 있다. 예를 들어, 미술수업이 주당 1~2시간인 경우, 학생들은 주어진 시간 내에 작품을 완성하기 어려울 수 있으나 집중이수제로 3~4시간 연속수업을 진행할 경우 학생들에게는 작품의 완성도를 높이고, 교사는 효과적인 수업을 운영할 수 있다.

MEMO

2009 개정과 2015 개정 비교

구분			주요 내용	
			2009 개정	2015 개정
교육과정 개정 방향			• 창의적인 인재 양성 • 전인적 성장을 위한 창의적 체험활동 강화 • 국민공통교육과정 조정 및 학교교육과정 편성·운영의 자율성 강화 • 교육과정 개편을 통한 대학수능시험 제도 개혁 유도	• **창의융합형 인재 양성**: 인문학적 상상력, 과학기술 창조력을 갖추고 바른 인성을 겸비하여 새로운 지식을 창조하고 다양한 지식을 융합하여 새로운 가치를 창출할 수 있는 사람 • 모든 학생이 인문·사회·과학기술에 대한 기초 소양 함양 • 학습량 적정화, 교수-학습 및 평가방법 개선을 통한 핵심역량 함양 교육 • 교육과정과 수능·대입제도 연계, 교원 연수 등 교육 전반 개선
총론	공통 사항	핵심역량 반영	명시적인 규정 없이 일부 교육과정 개발에서 고려	• 총론 '추구하는 인간상' 부문에 6개 핵심역량(자기관리 역량, 지식정보처리 역량, 창의적 사고 역량, 심미적 감성 역량, 의사소통 역량, 공동체 역량) 제시 • 교과별 교과 역량을 제시하고 역량 함양을 위한 성취기준 개발
총론	공통 사항	인문학적 소양 함양	예술고 심화선택 '연극' 개설	• **연극교육 활성화** - (초·중) 국어 연극 단원 신설 - (고) '연극'과목 일반선택으로 개설 • 독서교육 활성화
총론	공통 사항	소프트웨어 교육 강화	• (초) 교과(실과)에 ICT 활용 교육 단원 포함 • (중) 선택교과 '정보' • (고) 심화선택 '정보'	• (초) 교과(실과) 내용을 SW 기초 소양교육으로 개편 • (중) 과학/기술·가정/정보 교과 신설 • (고) '정보' 과목을 심화선택에서 일반선택 전환, SW 중심 개편
총론	공통 사항	안전교육 강화	교과 및 창체에 안전 내용 포함	• **안전 교과 또는 단원 신설** - (초1~2) 「안전한 생활」 신설(64시간) - (초3~고3) 관련 교과에 단원 신설
총론	공통 사항	범교과학습 주제 개선	39개의 범교과 학습 주제제시	10개 내외 범교과학습 주제로 재구조화
총론	공통 사항	NCS 직업 교육과정 연계	〈신설〉	교육과정 구성의 중점 등에 반영

MEMO

총론	고등학교	공통과목 신설 및 이수단위	공통과목 없이 전 학년 선택과목으로 구성	• 공통과목 및 선택과목으로 구성 • 선택과목은 일반선택과 진로선택으로 구분 – 진로선택 및 전문교과를 통한 맞춤형 교육, 수월성 교육 실시
총론	고등학교	특목고 과목	보통교과 심화과목으로 편성	보통교과에서 분리하여 전문교과로 제시
총론	고등학교	국·수·영 비중 적정화	교과 총 이수단위의 50%를 초과할 수 없음	기초 교과(국·수·영·한국사) 이수단위 제한 규정(50%) 유지(국·수·영 90단위 → 84단위)
총론	고등학교	특성화고 교육과정	특성화고 전문 교과로 제시	총론(보통교과)과 국가직무능력표준(NCS) 교과의 연계
총론	중학교	자유학기제 편제 방안	〈신설〉	중학교 '교육과정 편성·운영의 중점'에 자유학기제 교육과정 운영 지침 제시
총론	초등학교	초1, 2 수업시수 증배	〈개선〉	• 주당 1시간 증배, '안전한 생활' 신설 – 창의적 체험활동에서 체험 중심 교육으로 실시
총론	초등학교	누리과정 연계 강화	〈신설〉	초등학교 교육과정과 누리과정의 연계 강화(한글교육 강화)
교과교육과정 개정 방향			〈개선〉	총론과 교과교육과정의 유기적 연계 강화
교과교육과정 개정 방향			〈개선〉	• 교과교육과정 개정 기본방향 제시 – 핵심개념 중심의 학습량 적정화 – 핵심역량을 반영 – 학생참여중심 교수-학습방법 개선 – 과정중심 평가 확대
지원체제		교과서	〈개선〉	흥미롭고 재미있는 질 높은 교과서 개발
지원체제		대입 제도 및 교원	〈개선〉	• 교육과정에 부합하는 수능 및 대입 제도 도입 검토 – 수능 3년 예고제에 따라 '17년까지 '21학년도 수능 제도 확정 • 교원양성기관 질 제고, 연수 확대

MEMO

01

02 자유학기제

1 개관

(1) 개념 – 2016년부터 전국 중학교에 전면 시행

- 중학교 교육과정 중 한 학기 동안 학생들이 중간·기말고사 등 시험부담에서 벗어남
- 꿈과 끼를 찾을 수 있도록 수업운영을 토론, 실습 등 학생 참여형으로 개선
- 진로탐색 활동 등 다양한 체험활동이 가능하도록 교육과정을 유연하게 운영

① 자유학기제란 중학교 과정 중 한 학기 동안 학생들이 시험 부담에서 벗어나 꿈과 끼를 찾을 수 있도록 토론·실습 등 학생 참여형으로 수업을 운영하고, 진로탐색 활동 등 다양한 체험활동이 가능하도록 교육과정을 유연하게 운영하는 제도를 말한다.

② 즉 학생의 관심사에 기반을 두어 '자유학기 활동'을 주당 10시간 이상, 학기당 총 170시간 이상 편성·운영하고 국어, 수학, 영어 등 기본 교과에 한정하지 않고 학생들이 희망하는 주제를 학습할 수 있도록 교육 내용을 구성해 학생들이 시험 부담에서 벗어나 좋아하는 것, 잘하는 것, 하고 싶은 것을 할 수 있는 기회를 얻게 하는 제도이다.

③ 자유학기제의 운영 학기는 중학교 1학년 1학기, 1학년 2학기, 2학년 1학기 중에서, 학교의 장이 해당 학교 교원 및 학부모의 의견을 수렴하여 정한다.

④ 자유학기 활동은 크게 진로탐색 활동, 주제선택 활동, 예술체육 활동, 동아리 활동으로 나뉘며 학교의 여건과 학생의 관심사에 따라 균형 있게 편성된다.

'자유'의 의미

자유학기제에서 말하는 '자유'는 소극적 의미와 적극적 의미를 동시에 포함한다고 할 수 있다. 소극적 의미에서의 '자유'는 '지필고사'로부터의 자유라고 할 수 있다. 반면 적극적 의미로는 행복한 학교생활, 학생의 꿈과 끼 찾기, 미래사회가 요구하는 역량 배양을 위한 자유라고 할 수 있다. 학생들은 지필고사의 부담에서 벗어나 보다 자유롭고 행복한 학교생활 속에서 자신들의 꿈과 끼를 찾기 위해 필요한 다양한 경험을 하고 역량을 키울 수 있는 자유와 기회를 갖게 된다. 한편 자유는 학생뿐만 아니라 교사에게도 주어지는 것으로 교사들은 자유학기제를 통해 교과 교육과정을 재구성하고, 보다 다양한 교수-학습방법과 평가방법을 구안·적용할 수 있는 자율성과 전문성을 갖추게 된다.

(2) 자유학기제 추진 목적

자유학기제의 본래 목적은 학교교육을 '과도한 경쟁과 입시위주의 교육에서, 학생의 소질과 끼를 키우고 미래사회에서 요구되는 역량을 배양하는 행복교육으로' 전환시키는 것이다.

MEMO

① **꿈·끼 탐색**: 자신의 적성과 미래에 대해 탐색하고 설계하는 경험을 통해 스스로 꿈과 끼를 찾고, 지속적인 자기성찰 및 발전 계기 제공
② **미래 핵심역량 함양**: 지식과 경쟁 중심 교육을 창의성, 인성, 자기주도 학습능력 등 미래 핵심역량 함양이 가능한 교육으로 전환
③ **행복교육 실현**: 학교 구성원 간 협력 및 신뢰 형성, 적극적 참여 및 성취 경험을 통해 학생·학부모·교원 모두가 만족하는 행복 교육 실현

(3) 중학교 교육과정 편성·운영 기준('중학교 교육과정', 교육부 고시 제2015-80호)

9) 학교는 학생들이 자신의 적성과 미래에 대해 탐색하고, 학습의 즐거움을 경험하여 스스로 공부하는 자기주도적 학습 능력과 태도를 기를 수 있도록 자유학기를 운영한다.
가) 중학교 과정 중 한 학기는 자유학기로 운영한다.
나) 자유학기에는 해당 학기의 교과 및 창의적 체험활동을 자유학기의 취지에 부합하도록 편성·운영한다.
다) 자유학기에는 지역사회와 연계하여 진로 탐색 활동, 주제 선택 활동, 동아리 활동, 예술·체육 활동 등 다양한 체험 중심의 자유학기 활동을 운영한다.
라) 자유학기에는 협동 학습, 토의·토론 학습, 프로젝트 학습 등 학생 참여형 수업을 강화한다.
마) 자유학기에는 중간·기말고사 등 일제식 지필평가는 실시하지 않으며, 학생의 학습과 성장을 지원하는 과정 중심의 평가를 실시한다.
바) 자유학기에는 학교 내외의 다양한 자원을 활용하여 진로 탐색 및 설계를 지원한다.
사) 학교는 자유학기의 운영 취지가 타 학기·학년에도 연계될 수 있도록 노력한다.

(4) 자유학기제의 기본 방향

① **진로교육의 강화**: 자유학기에 집중적인 진로수업과 체험을 실시하여 초등학교(진로인식) – 중학교(진로탐색) – 고등학교(진로설계 및 준비)로 이어지는 진로교육을 강화한다.
② **교수–학습방법 혁신**: 참여·활동중심 수업 강화 및 다양한 수업방법을 마련하고, 학생의 꿈과 끼를 키우는 다양한 교육 프로그램 운영이 원활하도록 교육과정 편성·운영 자율성을 대폭 확대한다.
③ **학생부담 해소**: 중간·기말고사를 실시하지 않고, 자유학기는 고입에 미반영한다. 학교별로 학생의 기초성취수준 확인 및 수업지도 방안을 마련한다.

MEMO

01

② 자유학기제 운영

(1) 운영방안

① 자유학기제 교육과정은 국어, 영어, 수학, 사회, 과학 등과 같은 기본교과로 구성된 '공통과정'과 학생의 흥미와 관심사를 기반으로 구성된 '자율과정'의 두 영역으로 구분하여 편성·운영한다.

② 오전에는 기본 교과 수업이 진행된다. 자유학기 동안에는 이 수업들도 기존의 암기식 수업을 지양하고 토론, 문제해결, 의사소통, 실험·실습, 프로젝트 학습 등 학생 참여가 이루어질 수 있도록 개선되며, 오후에는 학생의 진로 적성과 희망, 요구에 기초하여 자율과정(진로탐색 활동, 주제선택 활동, 예술체육 활동, 동아리 활동)이 이어진다.

요일 / 교시	월~금	
1~4 (오전)	〈공통과정〉 • **기본교과**: 국어, 영어, 수학, 사회, 과학 등 • **교수-학습방법의 변화**: 문제해결, 의사소통, 토론, 실험, 실습, 현장체험, 프로젝트 학습 등 참여와 활동 유도 • 핵심 성취기준 기반 수업	〈평가〉 • 중간·기말 고사 실시하지 않음 • 고입 내신 미반영 • 구체적인 성취수준 확인 방법 - 기준은 학교에서 결정
5~7 (오후)	〈자율과정〉 • 학생의 흥미, 관심사 등에 기반한 프로그램 편성·운영 • **진로탐색 활동**: 체계적인 진로 학습 및 체험 • **동아리 활동**: 맞춤형 개설, 동아리 간 연계 • **예술·체육 활동**: 예술·체육 교육 다양화, 내실화 • **선택프로그램 활동**: 학생 중심 선택교과	〈기재〉 '학생의 꿈과 끼와 관련된 활동 내역' 중심으로 학교별로 특성에 맞는 방식 마련·운영

③ 자유학기제를 실감할 수 있는 가장 큰 변화는 중간·기말고사를 보지 않는 것인데, 특정 기간에 집중적으로 실시하는 지필시험 대신 학습 성취 수준을 확인할 수 있도록 형성평가, 자기성찰평가 등 학교별 실정에 맞는 방법으로 학습과정을 확인하게 된다. 학교생활부에 '성취도'는 기재하지 않으며 '세부능력 및 특기사항'란 등에 서술식으로 기재한다.

✔ 자유학기 운영 모형(예시)

진로탐색 중점 모형	학생 선택 프로그램 중점 모형
• **편성**: 기본교과(65%) + 진로(15%) + 기타(20%) • **운영**: 진로탐색활동 위주의 자율과정 편성	• **편성**: 기본교과(57%) + 선택(23%) + 기타(20%) • **운영**: 선택형 프로그램 위주의 자율과정 편성

진로탐색활동
진로검사, 초청강연, 포트폴리오 제작 활동, 현장체험, 직업리서치, 모의창업 등

선택형 프로그램
창조적인 글쓰기, 한국의 예술 발견하기, 미디어와 통신, 학교잡지 출판하기, 드라마와 문화, 녹색학교 만들기 등

MEMO

🔔 동아리 활동
문예토론, 라인댄스, 벽화 제작, 과학실험, 웹툰 제작, UCC 제작, 천체관측, 연극, 오케스트라 등

🔔 예술 · 체육 활동
국악, 무용, 만화, 사진, 디자인, 축구 · 농구 · 배구 · 배드민턴, 스포츠리그 등

동아리 활동 중점 모형	예술 · 체육 중점 모형
• 편성: 기본교과(65%) + 동아리(15%) + 기타(20%) • 운영: 동아리 활동🔔 위주의 자율과정 편성	• 편성: 기본교과(66%) + 예 · 체(15%) + 기타(19%) • 운영: 예술 · 체육 활동🔔 위주의 자율과정 편성

(2) **자유학기제 진로교육 운영방안** – 체계적인 진로탐색 기회의 확대

진로교육 목표를 기반으로 자유학기제는 진로학습, 진로상담 및 검사, 진로체험, 진로탐색 포트폴리오 구성 등의 방안으로 학생의 체계적인 진로탐색 기회를 확대하고자 한다.

운영방안	내용
진로학습	• 학생이 적성과 소질을 탐색하여 스스로 미래를 설계해 나갈 수 있도록 체계적인 진로학습 토대를 마련한다. • 선택교과 중 하나인 「진로와 직업」을 자유학기에 개설할 수 있도록 하고, 학교 진로교육 프로그램을 보급한다. • 학생의 진로역량 고양을 위해 국 · 영 · 수 · 사 · 과 등 기본교과에서 '학교 진로교육 성취기준 및 성취지표'를 교육내용에 반영하며 진로와 연관된 다양한 '교과통합 진로교육과정' 운영을 활성화한다.
진로상담 · 검사	• 학생의 개인별 특성과 역량에 맞는 진로설계를 지원하기 위한 진로상담 · 검사 체제를 구축한다. 아울러 진로진학상담교사를 확대하여 연구학교에 우선 배치하고 다양한 사회경험을 가진 학부모들을 학생의 진로 코치로 활용한다. • 커리어 넷(www.career.go.kr) 시스템을 통해 진로심리검사를 무료 제공하며, 학생들이 편리하고 친근하게 진로상담을 할 수 있도록 진로상담 모바일 앱(4종)을 운영한다.
진로체험	• 학생의 수요를 반영하여 진로학습 및 상담에서 모색한 자신의 소질과 적성을 직접적인 체험을 통해 확인하는 기회를 다양하게 제공한다. • 자유학기 동안에 학생 들이 원하는 프로그램 또는 기관에서 '전일제 진로체험' 또는 '진로캠프' 등을 학교별로 2회 이상 실시한다. 이를 위해 지역 내 교육기관 등과 연계한 진로체험 프로그램을 개설 · 운영하고 학부모나 지역사회 직업인을 멘토로 활용하여 학생의 진로 · 직업관 형성에 도움을 준다. • 더불어 학생들의 간접체험도 지원하기 위하여 사회 각 분야의 전문가 또는 경험자 등을 활용하여 초청강의를 열고 다양한 직 · 간접 진로체험 프로그램 운영 · 관리를 지원하기 위하여 모든 시 · 도교육청에 '진로체험 지원센터'를 구축한다.
진로탐색 포트폴리오 구성	• 자유학기를 중심으로 초 · 중 · 고등학교에 걸친 학생의 진로탐색 활동 전반을 체계적으로 기록 · 관리한다. • 현행 학생부의 '진로희망사항'란 등에 학생이 희망하는 직업뿐 아니라 희망 이유 및 비전 등도 기술할 수 있도록 개선하고 '진로희망사항'란에 기술된 내용은 학교 급별로 연계되도록 하여 교사 · 학부모 · 학생 등의 진로지도 및 진로탐색에 활용한다. • 에듀팟(Edupot)을 활용하여 학생의 진로학습 · 상담 · 체험 기록을 누적 관리하여 학생의 진로선택을 위한 포트폴리오로 활용한다.

MEMO

(3) 자유학기제의 기대 효과

① 적성에 맞는 자기계발 및 인성 함양

㉠ 맞춤형 진로탐색을 통해 적성에 맞는 자기계발을 하고 일과 직업세계를 이해할 수 있다.

㉡ 협동·협업·참여를 통해 인성을 함양하고 창의적인 자기주도적 학습능력을 향상시킬 수 있다.

② 만족감 높은 행복한 학교생활

㉠ 참여활동을 통해 학교생활에 만족할 수 있다.

㉡ 협동을 통해 동료학생들과의 관계를 개선할 수 있다.

㉢ 학습에 대한 구체적인 비전을 제시해 줌으로써 학습동기를 유발할 수 있다.

③ 공교육의 신뢰회복 및 정상화

㉠ 학교풍토를 개선하고 학생들의 전인적 성장을 위한 교육을 할 수 있다.

㉡ 공교육에 대한 불신을 불식시키고, 학교 정상화를 통한 공교육에 대한 신뢰를 회복할 수 있다.

권지수의 탁월한 만점전략

권지수 교육학

합격지수 100

PART

02

교육심리학

교육심리학

PART 02

Thinking Map

1 학습자의 특성

- 인지적 특성
  - 지능
    - 전통적 지능이론
      - Spearman의 일반(g)요인설 11 중등
      - Thurstone의 다요인(PMA)설
      - Guilford의 지능구조(SOI)모형 01 초등
      - Cattell의 2형태설 03 초등, 09 초등, 11 초등, 11 중등
      - Horn의 전체적(일반적) 지능 03 초등, 09 초등
    - 새로운 지능이론
      - Gardner의 다중지능(MI)이론 99 중등추가, 00 초등, 00 초등보수, 01 중등, 03~04 중등, 04~05 초등, 07 초등, 07 중등, 09 중등, 10~11 초등, 11 중등, 19 중등論
      - Sternberg의 삼원지능이론 06 초등, 07 중등, 08 초등, 09 중등, 11 초등
      - 감성지능(EQ)이론
    - 지능의 측정 (지능검사)
      - 비네-시몬 검사 98 중등, 07 중등
      - 스탠포드-비네 검사 98 중등, 07 중등
      - 웩슬러 지능검사 98 중등, 02 중등, 13 중등특수추시論
      - 문화공평검사 04 초등, 12 초등
      - IQ의 해석 98 중등, 02 초등, 07 중등, 13 중등특수추시論
  - 창의성
    - 창의성의 구성요소 98 중등, 99 중등추시, 02 초등, 02 중등
    - 창의성의 계발기법 96 초등, 00 초등, 04~05 중등, 08 중등, 12 초등
  - 인지 양식
    - 장독립형-장의존형 인지양식 02 중등, 06 중등, 07 초등, 10 초등, 12 중등
    - 충동형(속응형)-반성형(숙고형) 인지양식 12 중등
    - Kolb의 학습유형 11 초등
- 정의적 특성
  - 자아개념 00 초등보수, 02 초등
  - 동기 이론
    - 동기 일반 92 초등, 95 초등, 96 중등, 99 초등, 99~00 중등, 00 초등, 02 초등, 02 중등, 04 중등
    - 욕구의 영향
      - 욕구위계이론 99 중등추시, 03 초등, 13 중등특수추시論
      - 자기결정성이론 10~11 초등, 11 중등, 13 중등
      - 자기가치이론 12 초등
    - 믿음의 영향
      - 귀인이론 94 중등, 97 중등, 03 중등, 05 중등, 06 초등, 11 중등
      - 자기효능감이론 11 중등, 23 중등論
      - 기대×가치이론 11 중등, 13 중등, 13 중등특수추시論
    - 목표의 영향
      - 목표지향성이론 10 초등, 11 중등
      - 성취동기이론 99 초등, 99 초등추시, 00 초등

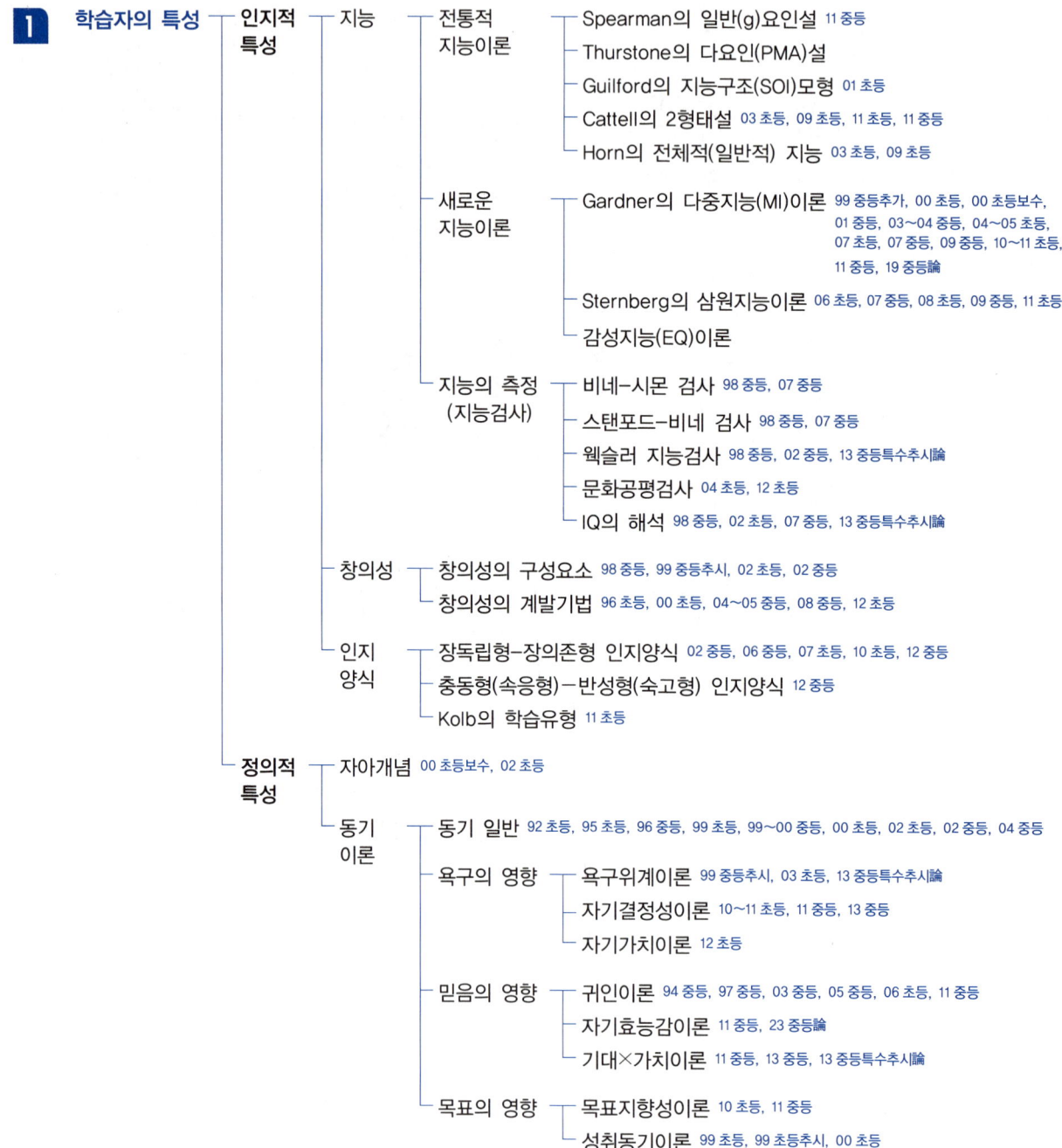

2 학습자의 발달 (발달이론)

- **인지 발달이론**
  - Piaget의 인지발달이론 95 중등, 97~99 중등, 99 초등, 99 중등추시, 00 초등, 03 중등, 05 중등, 05~07 초등, 08 중등, 09~10 초등, 10~11 중등
  - Case의 신피아제 이론 04 초등
  - Vygotsky의 인지발달이론 00 초등, 00 중등, 02~05 초등, 03~04 중등, 06~07 중등, 08 초등, 12 중등, 20 중등論
- **비인지 발달이론**
  - 성격 발달이론
    - Freud의 성격발달이론 02 중등, 03 초등, 06 초등, 07 중등
    - Erikson의 성격발달이론 95 초등, 00 초등, 99~04 중등, 05 초등, 09 중등, 11 초등, 16 중등論
    - Marcia의 정체성 지위이론 05 초등, 09 중등
  - 도덕성 발달이론
    - Piaget의 도덕성 발달이론
    - Kohlberg의 도덕성 발달이론 98 중등, 99 초등, 02 초등, 06 중등, 07 초등, 12 중등
    - Gilligan의 배려의 윤리
  - 사회성 발달이론
    - Selman의 사회적 조망수용이론 10 중등
    - Bronfenbrenner의 생태학적 발달이론 12 초등

3 학습자의 학습 (학습이론)

- **행동주의 학습이론**
  - Pavlov의 고전적 조건화 91 중등, 94 중등, 06 중등, 09 초등
  - Thorndike의 도구적 조건화 95 초등
  - Skinner의 조작적 조건화 96 중등, 97~00 초등, 99 중등추시, 99~04 중등, 02~03 초등, 05~06 초등, 06~09 중등, 08 초등, 10 초등, 11 중등
- **사회인지 학습이론**
  - Bandura의 사회관찰학습이론 98 중등, 99~00 초등, 05~08 중등, 08 초등, 16 중등論, 23 중등論
- **인지주의 학습이론**
  - 형태주의
    - Wertheimer의 형태이론
    - Köhler의 통찰학습
    - Lewin의 장이론
    - Tolman의 기호형태설 07 중등
  - 정보처리 이론
    - 정보처리이론 98 중등, 99~00 초등, 00 초보, 00~04 중등, 02~06 초등, 07~10 중등, 10~11 초등, 13 중등
    - 대안모형 – 신경망모형
- **인본주의 학습이론** 06 중등
- **전이와 망각**
  - 전이 94 초등, 99 초등, 01 중등, 04 초등, 06 중등, 08 초등
  - 망각 99 초등

4 적응과 부적응

- **부적응** — 욕구불만(좌절), 갈등, 압박감, 불안 02 초등
- **적응기제** — 적응기제 · 방어기제 · 도피기제 · 공격기제 99~00 초등, 01 중등, 05~06 중등, 08 초등, 11 초등

권지수 교육학

합격지수 100

Chapter

01

학습자의 특성

Section 01 학습자의 인지적 특성

MEMO

01 지능

개념 다지기

지능(Intelligence)

1. 전문가들이 대부분 동의하는 지능의 세 가지 본질적 능력

① 구체적인 것보다 아이디어나 상징, 개념, 관계성, 원리와 같은 추상성을 다루는 능력
⇨ 추상적 사고 혹은 추상적 추리

② 익숙한 사태에 잘 연습한 반응이 아니라 새로운 상황을 다루거나 문제를 해결하는 능력
⇨ 문제해결능력

③ 언어나 다른 상징이 포함된 추상 개념을 배우고 다루는 학습능력
⇨ 학습능력

2. 지능 연구

① 전통적 지능 연구 : 심리측정적 접근
⇨ 지능을 양적으로 측정하는 데 관심을 가졌기 때문에 지능검사를 통해 개인의 지능이 얼마나 높은지 측정하는 데 초점을 두었음

② 최근의 지능 이론 : 학교에서의 학습능력을 예언하는 데 주로 관심을 가졌던 전통적 지능 이론과 달리, 학교 밖의 일상생활에서의 실제적인 지적 능력을 연구하는 데 관심을 가짐

3. 지능의 실체

① 일반요인설(단일지능설) : 여러 측정문항 간의 상관이 높아서 결국 지능은 하나의 요인으로 구성되어 있다고 보는 관점
⇨ '지능은 하나의 요인이다.'라는 관점 예 Spearman

② 다요인설(집단요인설) : 지능은 하나가 아니라 서로 독립적인 몇 개의 지능(기본정신능력)으로 구성되어 있다고 보는 관점 예 Thurstone, Guilford

③ 다중지능이론 : 지능의 기저능력은 서로 별개의 것으로 고유한 영역이라고 주장하는 관점
⇨ 하위문항의 특성은 '서로 별개의 것이고 각 능력은 고유한 영역이다.'라는 관점(⇨ 지능의 속성은 하나의 일반능력이나 서로 분리된 몇 개의 다른 능력으로 구성되어 있는 것이 아니라 처음부터 서로 별개의 것이라고 주장함) 예 Gardner, Sternberg

MEMO

02

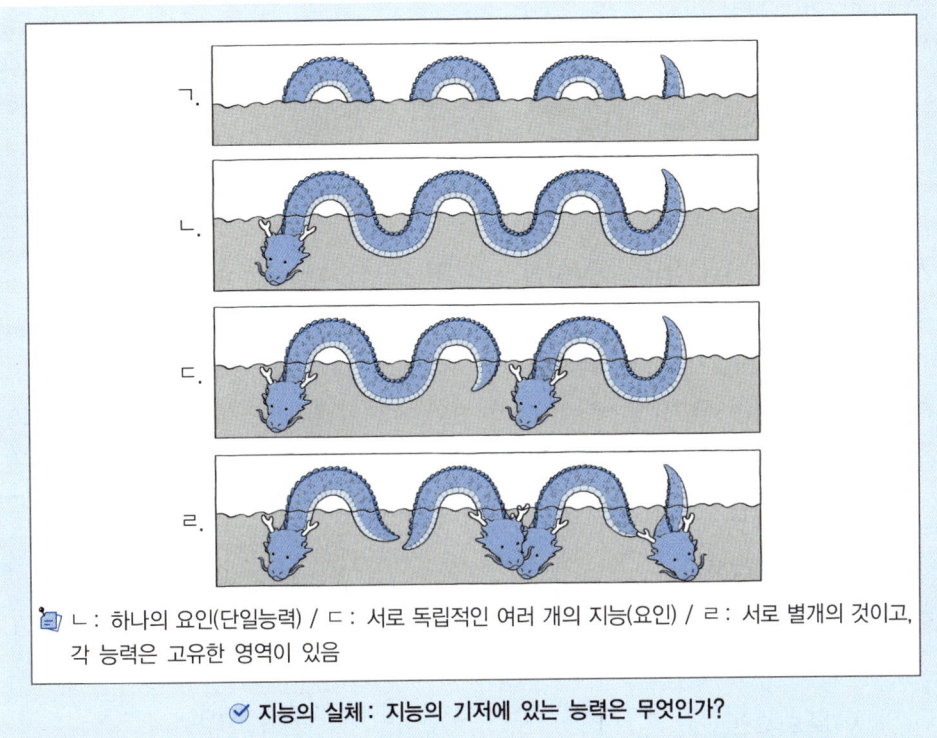

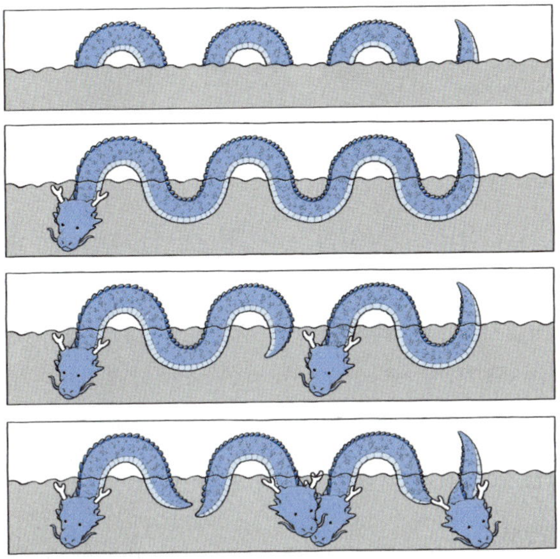

ㄴ: 하나의 요인(단일능력) / ㄷ: 서로 독립적인 여러 개의 지능(요인) / ㄹ: 서로 별개의 것이고, 각 능력은 고유한 영역이 있음

✅ 지능의 실체: 지능의 기저에 있는 능력은 무엇인가?

1 전통적 지능이론

(1) **스피어만**(Spearman)의 **일반요인설**(g요인설, 2요인설) 11 중등

① 개념

㉠ 지능은 일반요인(g요인)과 특수요인(s요인)으로 구성된 단일 능력이다. 일반요인은 모든 지적 과제 수행에 관여하는 반면에 특수요인은 특수한 과제 수행에 관여하기 때문에 일반성이 낮아 일반 지능요인만 심리학적 관심의 대상이 되었다. 따라서 스피어만(Spearman)의 지능이론을 흔히 일반요인설(g요인설)이라고 한다.

일반요인 (G요인, General factor)	특수요인 (S요인, Specific factor)
• 모든 정신 기능에 작용하는 일반적 정신능력(모든 분야에 일반적으로 작용) • 기본적인 정신에너지와 같은 것으로 양적이어서 지능검사로 측정 가능 예 이해력, 관계추출력 / 음악(음악의 기본 속성인 음정, 박자의 지각능력)	특수한 과제의 문제해결에만 작용하는 정신능력(특수 분야에 특수하게 작용) 예 언어 이해력, 수 이해력 / 음악(성악 전공자: 성량, 호흡량, 성악적 표현 등 / 기악 전공자: 해당 악기에 적합한 특수한 능력)

㉡ 지능이 높은 학생은 전 교과에서 높은 성취를 보일 것으로 기대할 수 있다.

예 팔방미인, 다재다능

MEMO

② 일반요인의 본질

㉠ 일반요인의 개인차는 각 개인이 지적 과제 수행에 사용할 수 있는 정신 에너지의 개인차와 관련해서 이해해야 한다.

㉡ 일반요인의 개인차는 경험의 포착, 관계의 유출, 상관인의 유출 등과 같은 3가지 '질적인 인지원리'를 사용하는 능력의 차와 관련해서 이해해야 한다.

(2) **서스톤**(Thurstone)**의 다요인**(PMA)**설** – 기본정신능력(PMA : Primary Mental Abilities)

① **개념** : 지능은 단일능력이 아니라 상호 독립적인 7개의 기본정신능력(PMA : Primary Mental Abilities)으로 구성되어 있다고 주장한다. ⇨ 스피어만의 지능이론 부정

② **기본정신능력(PMA) 7요인** : 단어유창성 요인, 언어이해 요인, 지각속도 요인, 수 요인, 공간시각 요인, 기억 요인, 추리 요인

언어이해 요인	어휘력과 독해력 검사로 측정된다.
단어유창성 요인	단어의 신속한 산출 검사로 측정된다. 예 'S'로 시작하는 단어를 제한된 시간에 가능한 많이 나열하기
수 요인	더하기, 곱하기, 더 큰 숫자 찾기 등과 같은 기초적인 수학 문제로 측정된다.
공간시각 요인	각종 상징이나 기하학적 도형의 정신적 조작능력으로 측정된다.
지각속도 요인	상징의 신속한 재인을 요하는 검사에 의해 측정된다. 예 같은 숫자 찾기, 얼굴 검사, 거울 보기 검사 등
기억 요인	단순한 기억력 검사로 측정된다.
추리 요인	주어진 자료에서 일반원칙을 찾아내어 적용하는 능력검사로 측정된다. 예 '태양 : 낮 : 달 : ?'과 같은 유추 문제, '3, 5, 9, 15, □' 등과 같은 수열 완성형 검사

③ **지능의 개인차에 대한 해석 가능** : 지능이 독자적으로 구분되는 능력으로 구성되어 있다는 입장은 지능의 개인차에 대한 해석을 가능하게 한다. 언어능력이 뛰어난 학생이 있는 반면, 공간능력이 더 우월한 학생이 있다는 점을 이해하는 데 도움을 준다.

(3) **길포드**(Guilford)**의 지능구조모형** – 복합요인설(SOI : Structure of Intellect) 01 초등

① **개념** : 서스톤의 기본정신능력(PMA)을 확대・발전시켜, 지능은 '내용(5)', '조작'(6), '결과'(6)의 3차원 조합으로 이루어진 상호 독립적인 180개의 복합요인으로 구성되어 있다고 주장한다.

예 "여러 도형을 분류하는 원리를 생각하는 대로 들어 보라."라는 과제는 "상징 – 발산적 사고 – 관계"라는 능력에 해당된다. ⇨ 지적 능력은 여러 요인의 결합으로 이루어진 것이다.

MEMO

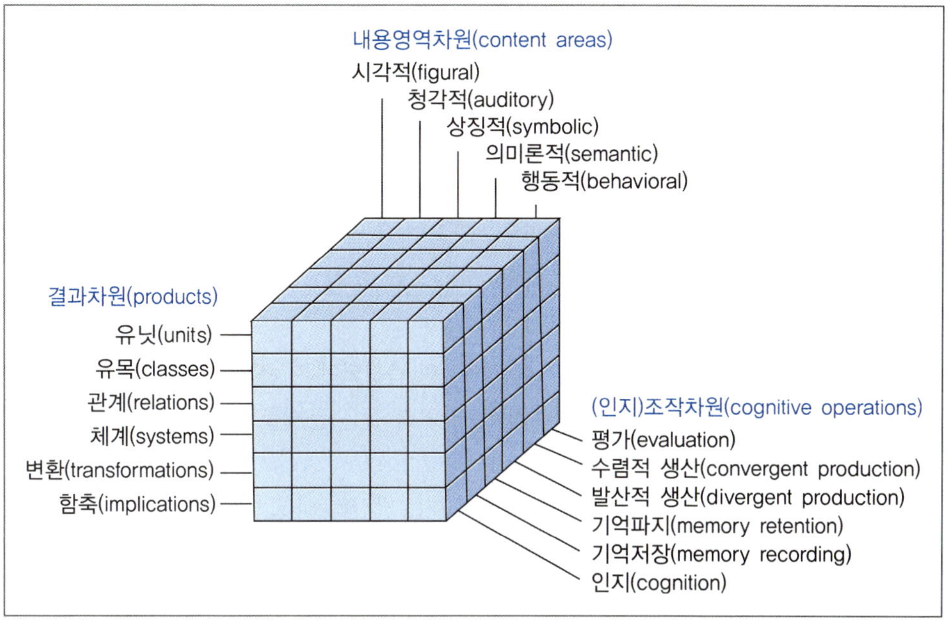

② 지능 구조 01 초등

㉠ 내용 차원(contents) : 조작(정신활동)의 대상(자료), 지식의 일반적 종류 ⇨ 시각, 청각, 상징, 의미, 행동

㉡ 조작 차원(operation) : 내용에 대한 정신활동(정신적 조작활동) ⇨ 기억력(기억저장, 기억파지), 사고력(인지적 사고력, 생산적 사고력 – 수렴적 사고력/발산적 사고력, 평가적 사고력)

기억력	기억 저장		기억 부호화(기록) ⇨ 단기기억
	기억 파지		기억 유지 ⇨ 장기기억
사고력	인지적 사고력(인지)		여러 가지 지식과 정보의 발견 및 인지와 관련된 사고력
	생산적 사고력	수렴적(집중적) 사고력	이미 알고 있는 지식이나 기억된 정보에서 어떤 지식을 도출해 내는 능력 ⇨ 여러 가지 가능성 중에 최선의 답을 선택하는 능력
		발산적(확산적) 사고력	이미 알고 있거나 기억된 지식 이외에 새로운 지식을 창출해 내는 능력 ⇨ 창의력
	평가적 사고력(평가)		기억되고 인지되어 생산된 지식과 정보의 정당성을 판단하는 능력

MEMO

ⓒ **결과 차원(product)** : 조작의 결과 ⇨ 단위, 유목(분류), 관계, 체계, 변환, 함축(적용)

단위	비교적 분리되고 한정된 지식과 정보의 항목(사실)
유목	공통의 속성을 추출하여 유목화한 것 예 척추동물
관계	단위 지식 간의 관련성(항목이나 개념을 연결 짓는 것) 예 지구와 달의 비교
체계	지식 항목들이 체계적·구조적으로 조직된 집합체 예 십진법
변환	지식과 정보를 다른 모양으로 표현하는 것 예 1.5 = 3/2
함축	어떤 지식이나 정보가 함축하고 있는 뜻 예 인플레이션

③ 의의

㉠ 길포드의 이론은 종래 지능검사에 의해서만 측정되던 지능의 협소한 개념을 확장시켰다.

㉡ 길포드의 이론은 학습, 문제해결력, 창의력 같은 문제를 새롭게 볼 수 있는 틀을 마련하였다.

ⓒ 길포드의 이론은 기존의 학교에서는 평가, 발산적 사고, 관계성의 탐구와 같은 부분들이 실질적으로 무시되는 반면, 정의나 사실, 규칙 등의 암기와 같은 지능의 일부분에만 시간과 자원을 불균등하게 사용하고 있다는 문제점을 지적한다.

④ 한계

㉠ 길포드의 이론은 모델의 복잡성으로 인해 교실에서 공식적으로 적용하기 어렵다.

㉡ 실제 지능검사를 받으면, 길포드의 주장처럼 180개 요인이 각각 고유한 것, 별개의 것으로 존재하는 것이 아니라 상호 관련되어 있다.

(4) 카텔(Cattell)의 유동성 지능과 결정성 지능 – 2형태설 03 초등, 09 초등, 11 초등, 11 중등

① **개념** : 지능은 상층부에 일반요인, 하층부에 특수요인(40여 개)이 위계를 이루며(위계적 모형설), 지능의 일반요인은 유동성 지능과 결정성 지능으로 구성되어 있다고 한다. ⇨ 스피어만의 일반요인설과 서스톤의 기본정신능력(PMA) 이론의 장점을 결합, 서스톤의 기본정신능력(PMA)을 분석하여 지능의 일반요인을 유동성 지능과 결정성 지능으로 분류

② **일반요인(일반지능)** : 유동성 지능, 결정성 지능

유동성 지능 (Gf : fluid General intelligence)	결정성 지능 (Gc : crystallized General intelligence)
• 유전적 요인(예 유전, 성숙 등 생리적·신경적 요인)에 영향을 받는 지능으로, 뇌 발달과 비례하는 능력이다. • 기억력, 기계적 암기, 지각력, 일반적 추리력, 정보처리속도 등 모든 문화권에서의 보편적인 능력으로 탈문화적 내용에 해당한다. • 청소년기까지는 발달하나 그 이후부터는 점차 쇠퇴한다.	• 환경적 요인(예 경험, 학습)에 영향을 받는 지능으로, 문화적 환경과 경험에 의해 발달하는 능력이다(개인이 소유하고 있는 정보량). • 독해력(어휘력), 일반지식, 상식, 문제해결력, 논리적 추리력 등 문화적 내용에 해당한다. • 환경적 자극이 지속되는 한(교육기회의 확대 등) 청소년기 이후에도 계속 발달할 수 있다.

③ **지능의 변화 가능성** : 연령이 증가함에 따라 유동성 지능은 감소, 결정성 지능은 불변하거나 오히려 증가

MEMO

02

(5) 혼(Horn)의 전체적 지능 03 초등, 09 초등

① **개념** : 카텔(Cattell)이 제시한 유동성 지능(Gf)과 결정성 지능(Gc)을 종합하여 '전체적 지능(G)'을 제시하였다. 전체적 지능(G)은 종합적 변화로 유동성 지능(Gf)과 결정성 지능(Gc)의 합의 관계이다.

② **지능발달곡선**

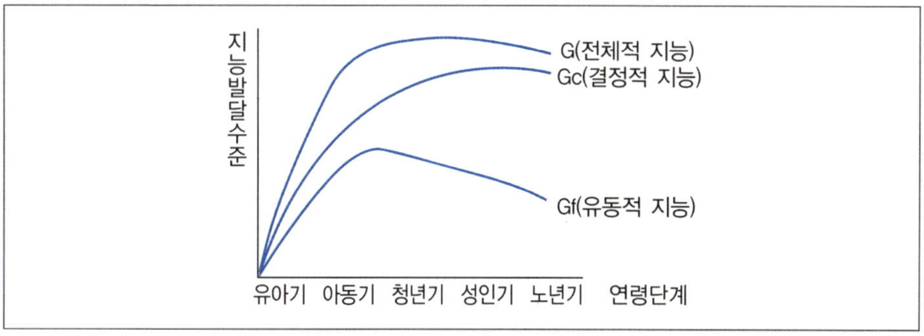

전체적 지능, 결정적 지능, 유동적 지능의 발달곡선

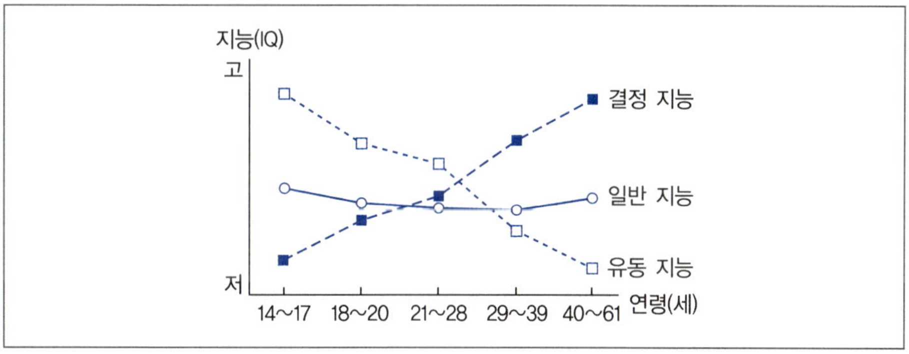

일반적 지능, 결정적 지능, 유동적 지능의 발달양상

MEMO

키워드
다중지능이론의 전제와 주장
- **전제**: 모든 학습자는 서로 다른 능력과 흥미, 동기를 가지고 있다.
- **주장**: 학습자의 능력 및 동기를 고려한 교수학습법을 투입해야 한다.

2 새로운 지능이론

(1) 가드너(H. Gardner)의 다중지능이론(MI : Theory of Multiple Intelligence)

99 중등추가, 00 초등, 00 초등보수, 01 중등, 03~04 중등, 04~05 초등, 07 초등, 07 중등, 09 중등, 10~11 초등, 11 중등, 19 중등論

① 개념 『마음의 틀(Frames of Mind)』(1983) 키

㉠ 지능이란 "그 문화권에서 유용하게 쓰일 수 있는 정보를 처리하는 생물·심리학적 잠재력이다.", "지능은 자신이 처한 문화적 상황에서 문제를 해결하거나 가치 있는 산물을 만들어 내는 능력이다."라고 정의한다(⇨ 문화적 맥락과 시대적 맥락 강조). 따라서 인간의 지능은 문화적으로 상대적이다. 각 문화권마다 성인들의 일상생활에서 가치가 인정되는 지적 능력들이 다르기 때문이다.

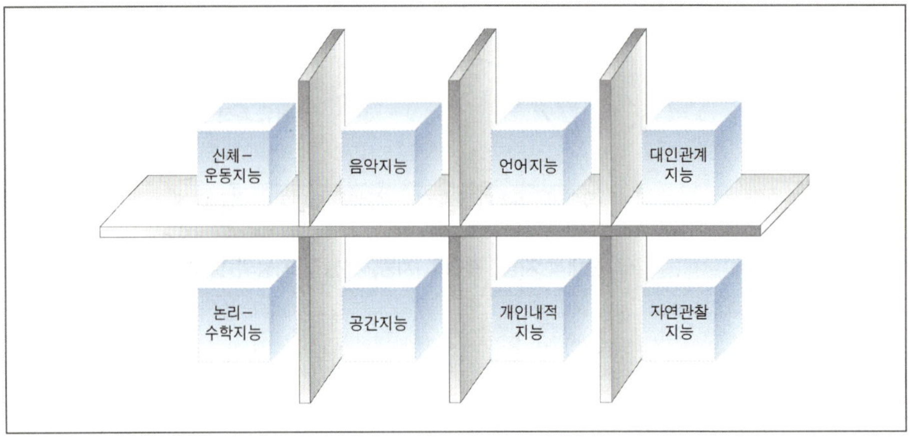

㉡ 지능은 별개의 영역별로 구분되는 9개의 상호 독립적인 지능들로 구성되어 있다. 각 지능 요인들의 결합 형태에 따라 개인의 독특한 지능이 형성된다.

㉢ 인간은 모든 영역에서 타고날 수 있으나 최소한 한 가지 이상의 우세한 지능영역이 있다. 따라서 학습자에게 약한 영역을 지도할 때 그에게 상대적으로 우세한 영역의 지능을 활용할 수 있어야 한다.

② 학교교육 위주의 전통적 지능검사 비판

㉠ 지능의 범위를 언어적 지능과 논리-수학적 지능만으로 너무 협소하게 정의하고, 지능을 학업의 예언변수로만 본 점을 비판하였다.

㉡ 사회에서의 성공과 대학 성적표와는 거의 상관관계가 없다. 즉, 학교의 우등생이 사회의 우등생은 아니라고 주장하였다. 사회의 각 분야에서 성공한 사람들의 지능을 분석한 결과 이들은 언어적 또는 논리-수학적 지능이 아니라 그 직업이 요구하는 특정 지능을 우수하게 갖추고 있다는 경험적 자료들을 제시하고 있다.

MEMO

02

Ⓒ 전통적 지능이론과 다중지능이론의 비교

전통적 지능	단일지능	요인분석	유전요인	객관화된 지필검사
가드너	다중지능	다차원분석	환경(교육)요인	수행평가, 관찰적 접근

전통적 지능관	다중지능이론
지능은 단답형 검사로 측정할 수 있다.	기존의 지능검사는 단답형 검사에서 얼마나 잘 답할 수 있는가나 단편적인 기억 정도밖에 측정하지 못한다. 단답형 검사는 학문의 완성도라든지 고등사고 같은 것을 측정할 수 없기 때문에 다중지능을 측정하는 데 사용할 수 없다. 개개인의 다중지능의 측정은 학습과 문제해결 양식을 촉진시킬 수 있다.
사람의 지능은 타고난 것이다.	사람은 모든 지능을 다 갖고 있지만, 각자에 따라서 지능의 조합이 독특하다.
지능 수준은 일생 동안 변하지 않는다.	모든 사람은 지능을 향상시킬 수 있다. 단 사람에 따라 지능의 향상 속도가 다를 뿐이다.
지능은 논리수학적 능력과 언어적 능력으로 구성되어 있다.	9가지 지능 이외에도 많은 지능이 있을 수 있으며, 이는 사람들 각자가 사는 세계와 어떻게 조화를 시키는가에 달려 있다.
교사는 모든 학생들에게 똑같은 학습자료를 가지고 가르친다.	다중지능이론을 응용한 교실에서는 학습자 개개인의 인지적 강점과 약점에 따라 가르치고 다르게 평가한다.
전통적인 교실에서 교사들은 주제를 가르치거나 교과를 가르친다.	다중지능이론을 응용한 교실에서는 생활에서 처한 쟁점들이나 의문점들 또는 교사와 관련된 것들을 중심으로 학습활동을 재구성하며, 교사는 학습자들로 하여금 다양한 방법으로 자신들이 학습한 것들을 증명할 수 있도록 하며, 학생들의 독특한 특성에 가치를 둔다.

③ 가드너의 기본 입장(견해)

㉠ **지능은 상호 독립적이며 각각의 상대적 중요성이 동일하다** : 영역별로 서로 별개로 구분되는 9개의 지능들로 구성되어 있으므로, 한 지능에 손상이 생겨도 다른 지능은 작동한다. 또, 각 지능의 상대적 중요성이 동일하다. 예 말은 할 수 없어도 운동은 잘한다.

㉡ **지능은 상호 작용한다** : 원칙적으로 지능은 상호 독립적이지만, 특정 영역에서는 여러 개의 지능들이 복합적으로 상호 작용할 수도 있다.

예 문장제 문제를 풀 때 언어지능과 논리-수학지능이 함께 작용하며, 음악가가 연주할 때 음악지능뿐만 아니라 신체운동지능과 대인관계지능도 관여한다.

㉢ **지능은 개별적이고 독특하다** : 모든 인간은 9개(8개)의 다중지능을 모두 소유하고 있지만, 개인마다 다중지능 구성(profile)이 다 다르다.

MEMO

㉣ **지능은 교육 및 훈련을 통해 계발(발달)될 수 있다** : 지능은 교육(훈련)을 통해 계발(발달)시킬 수 있으며 지능계발이 가능한 환경이 중요하다. 교육에서는 가능하면 일찍 아동의 특수한 능력을 진단하여 촉진하는 일이 가장 중요하다고 강조한다. 또, 사람마다 지능 형태에 따라 발달속도가 다르다는 점도 고려해야 한다.

㉤ **학교교육에서는 사회에서 중시되는 다양한 능력을 길러 주어야 한다** : 학교에서 언어지능이나 논리수학지능만 강조할 것이 아니라, 다른 지능에 대한 교육적 배려를 통해 다양한 영역의 지능을 개발하여 학생들이 학교와 직업분야에서 성공할 수 있도록 도와주어야 한다.

㉥ **지능은 문화 의존적이고 상황 의존적이다** : 문화권이나 사회에 따라 중시되는 능력은 매우 다르기 때문에 지능은 문화 의존적이고 상황 의존적이다.

㉦ **지능 측정의 대안적 평가가 필요하다** : 지능은 현실에서 당면하는 문제를 해결하는 능력이므로 기존의 객관식 검사가 아닌 수행평가와 같은 대안적 검사가 요구된다(지능측정방법의 다양성 중시).

④ 다중지능의 유형

지능 유형	핵심 성분과 사례	다중지능을 활용한 수업
언어 지능 (linguistic intelligence)	언어의 의미와 소리에 대한 민감성 / 언어의 활용과 관련된 능력 예 시인, 연설가, 교사 / Eliot	이야기 꾸며 말하기(storytelling), 브레인스토밍, 일기쓰기 · 글짓기 · 문집 · 신문 만들기 등
논리수학 지능 (logical－mathematical intelligence)	논리적 · 수학적 유형에 대한 민감성 / 논리적 사고, 수학적 계산, 관계 이해, 추론, 패턴과 유형 인지능력, 문제이해능력 예 수학자, 과학자 / Einstein	숫자 계산하기, 분류하기, 소크라테스 문답법 활용하기, 문제의 해법 추정하기, 체계적으로 생각하기 등
대인관계 지능 (interpersonal intelligence)	타인의 기분, 동기, 의도를 구분하고 대응하는 능력 / 타인에 대한 지식에 따라 행동할 수 있는 잠재능력 예 정치가, 종교인, 사업가, 행정가, 부모, 교사 / Gandhi	집단학습이나 협동학습 등
자연관찰 지능	동식물이나 주변 사물을 관찰하여 공통점과 차이점을 분석하는 능력 예 동물행동학자, 지리학자, 탐험가 / Darwin	식물이나 곤충의 특징 관찰하기, 위인의 일생이나 역사적 사건에서 어떤 것을 발견하도록 하기 등
음악 지능 (musical intelligence)	음정에 대한 민감성 / 음과 음절을 리듬이나 구조로 결합하는 방법과 음악의 정서적 측면을 이해하는 능력 예 음악가, 작곡가 / Stravinsky	학습내용과 관련된 노래하기 · 리듬치기 등
공간 지능 (spatial intelligence)	시공간 세계에 대한 예민한 지각 / 시공간적 세계를 정확히 지각하고, 지각한 것을 토대로 시공간적 세계를 변형 · 수정 · 재창조하는 능력 예 예술가, 항해사, 기술자, 건축가, 외과의사 / Picasso	학습내용을 그림, 그래프 또는 심상(image)으로 그려 보기, 학습자료에 색칠하여 요소 구분하기 등

MEMO

02

신체운동 지능 (bodily-kinesthetic intelligence)	신체나 사물을 능숙하게 다루는 능력 예 무용가, 운동선수, 배우 / Graham	몸동작으로 말하기, 학습내용을 연극·동작으로 표현하기, 손가락 등 신체를 활용하여 학습활동하기 등
개인 내적 지능 (자기성찰 또는 개인이해 지능) (intrapersonal intelligence)	자신에 대한 이해, 통찰, 통제능력 / 자신의 감정을 잘 알고, 감정의 차이를 식별하며, 그것을 행동하는 데 활용하는 능력(자기 자신의 강점과 약점, 기대, 능력에 대한 지식) 예 소설가, 임상가 / Freud	수업 중 잠깐(1분) 명상하기, 수업에서 자신의 목표 설정하기, 이 공부를 왜 하는지 생각해 보기 등
실존 지능 (영적 지능) (existentialist intelligence)	• 인간의 존재 이유, 삶과 죽음, 희로애락, 인간의 본성 및 가치에 대해 철학적·종교적 사고를 할 수 있는 능력 예 종교인, 철학자 • 뇌에 해당 부위(brain center)가 없고, 아동기에는 거의 출현× ⇨ 반쪽 지능	

⑤ 교육적 의의(시사점, 학습전략)

교육과정	• **교육과정의 다양화**: 학생들의 9가지 다중지능이 골고루 반영된 다양한 교육과정(교육내용)을 구성해야 한다. • **통합교육**: 9가지 지능을 통합한 능력별 통합교육을 통해 다양한 영역의 지능을 발달시키도록 한다. 여러 분야의 능력이 고루 발달되고 조화된 인격을 지닌 전인교육이 가능해진다. • **잠재적 능력을 고려한 학습경험 제공**: 학생이 뛰어난 능력을 나타내는 교과나 영역과 관련된 학습경험을 제공하여 학생 각자가 가진 잠재적 능력을 최대한 개발시켜 주어야 한다.
교수방법	• **강점 지능을 활용한 지도**: 인간은 최소한 한 가지 이상의 우세한 지능영역이 있으므로 학습자에게 약한 영역을 지도할 때 그의 강점 지능을 활용하여 지도한다. ⇨ 학습의 '이차적 통로(secondary route)' 예 음악 지능이 우수한 학생에게는 수학시간에도 음악적 방법을 활용하여 수업내용을 전개함 • **개인차를 고려한 맞춤형 교육**: 학생마다 다중지능 구성(profile)이 다르므로 학생들의 각 지능들을 적절한 수준까지 발달시키기 위해서는 학생의 개인차를 고려한 맞춤형 교육이 필요하다. • **개인차를 고려한 선택 학습**: 학생의 능력이나 학습방법이 각기 다르다는 점을 수용하여 배울 것을 선택하여 학습할 수 있도록 한다. • **결정화 경험**: 학생의 지능 발달에 긍정적 영향을 주는 환경적 자극 또는 경험은 '결정화 경험'이다. 그러나 '결정화 경험'과는 정반대로, 환경적 영향이 학생의 선천적 재능을 개발시키기보다는 오히려 억제시키거나 방해물로 작용할 수 있는데, 이런 경험은 '마비화 경험'이다.

MEMO

평가	• **지능의 강점과 약점을 파악하는 평가**: 학생 간의 개인차를 변별하는 것보다는 학생의 지능에서 강점과 약점을 파악하여 그에 적합한 교육내용과 방법을 연결해 줄 수 있는 평가가 되어야 한다. • **수행평가**: 다양한 형태의 수행평가를 실시하여 학생의 소질과 적성을 판단하고 그 결과에 부합하는 학습경험과 학습방법을 제공해야 한다.
교사 역할	• **학생-교육과정 중개인(연계자)(student-curriculum broker)**: 학생의 인지적 강점과 약점을 고려하여 교육과정을 구성하고 수업을 진행해야 한다. 즉, 학교 교육과정을 통하여 각 학생의 독특한 지적 능력과 흥미에 맞는 학습내용을 연계할 수 있어야 한다. • **학교-지역사회 중개인(연계자)(school-community broker)**: 지역사회의 다양한 자원들을 교육적 자원으로 활용할 필요가 있다. 학교에서 다룰 수 없는 학습내용이나 심화된 학습내용이 필요할 경우, 지역사회의 여러 자원과 학교 또는 학생들을 연결시켜 줄 수 있는 교사의 역할이 필요하다. • **평가 전문가의 역할**: 9가지 지능을 모두 공정하게 측정할 수 있어야 하며, 학생이 어떤 영역에 흥미와 지적 특성이 있는지 정확하게 가려낼 수 있어야 한다.

⑥ **다중지능과 수업도입전략(entry point)** 11 초등 : 효과적인 교사는 '교육의 중개인'으로서 다양한 학습양식을 가진 학생들에게 가능하면 참여를 유도할 수 있는 효과적인 방법으로 관련 내용을 전달하려 할 것이며, 이러한 다양한 도입방법을 사용함으로써 학생들의 오해, 편견, 고정관념을 해소할 수 있을 것이라고 말한다.

서술적 도입전략 (narrational)	의문스러운 개념에 대해 설명하거나 구체적인 사례를 제시하는 방법 예 진화 - 돌연변이 사례, 민주주의 - 고대 그리스 사례 들기
논리적 도입전략 (logical)	구조화된 논쟁을 통해 개념에 접근하는 방법 예 다윈-논리적 유추를 통해 진화론을 발전시킴
수량적 도입전략 (quantitative)	수치와 숫자의 관계를 다루는 방법 예 다윈 - 갈라파고스 섬에서 여러 종의 되새 개체수의 차이에 주목
근원적(실존적) 도입전략 (foundational)	철학적 접근을 개념에 의문("왜?")을 품는 접근방법 예 민주주의의 본질적 의미가 무엇인가? 왜 많은 국가가 전제주의 대신 민주주의를 선택하는가?
미학적(심미적) 도입전략 (aesthetic)	삶의 경험에 대해 예술적 입장을 선호하는 학생들에게 효과적인 방법으로, 감각적이거나 표면적인 특징을 강조하기 예 민주주의 - 음악적 조화의 결과인 현악 사중주나 오케스트라 연주 들려주기
경험적 도입전략 (experiential)	개념이 내재되어 있는 구체적인 학습자료를 직접 다루어 봄으로써 효과적인 학습이 일어나게 하는 방법 예 진화의 개념 - 초파리의 돌연변이 모습을 직접 관찰하거나 컴퓨터 시뮬레이션으로 보여 주기
협력적 도입전략 (cooperative)	학생들 간의 모둠학습이나 토의, 토론, 역할극, 직소활동 등을 통해 접근하는 방법 예 진화 관련 토론수업

MEMO

02

(2) 스턴버그(R. Sternberg)의 삼원지능이론

– 성공지능이론, 삼위일체이론(triarchic theory of intelligence) 06 초등, 07 중등, 08 초등, 09 중등, 11 초등

개념 다지기

1. 대부분의 지능이론이 인간지능의 내용, 즉 인간의 지적인 행동에 기반을 둔 각각의 능력에 초점을 두고 있는 반면에, 스턴버그는 인간이 어떤 문제를 해결하고 지적으로 행동하기 위한 정보를 어떻게 모으고 사용하는지의 관점에서 지능을 바라본다.
2. 삼원지능이론은 모든 사람에게 공통적으로 나타날 수 있는 인지과정을 강조한 이론으로서, 지능에 대한 전통적인 개념에 실제적 지능의 개념을 포괄하고 있는 새로운 관점의 이론이다.
3. 인지과정(지적과정)은 분석적 지능, 경험적 지능, 실제적 지능의 3가지 능력이 하나의 체계로 통합되어 작용한다.
4. 보다 완전한 지능이 되기 위해서는 개인(IQ), 행동(창의력), 상황(적용력) 등 3가지 요소를 고려해야 한다.

① 개념 『IQ를 넘어서』(1984) 키 : 지적 행동이 일어나는 인지과정의 분석을 활용하여 지능을 파악한 정보처리적 접근방법

키워드: 정보처리적 접근 (인지과정 분석)

㉠ 삼원지능이론 : 스턴버그는 요소하위이론, 경험하위이론, 상황(맥락)하위이론으로 구성된 종합적인 삼원지능이론을 주장하였다. 그는 지능의 구성요소를 성분적 요소, 경험적 요소, 상황적(맥락적) 요소로 구분하고, 이는 분석적 지능, 경험적(창조적) 지능, 실제적(실천적) 지능과 관련된다고 보았다. 지능은 수업을 통해 증진될 수 있으며, 세 가지의 능력(분석적 · 창의적 · 실제적 능력)이 모두 동원될 때 학습이 가장 잘 이루어진다고 주장하였다.

㉡ 성공지능(SQ) : 성공지능은 분석적 · 경험적(창조적) · 실제적(실천적) 지능으로 구성되며, 이 세 가지 측면이 잘 연결된 것을 성공지능이라고 부른다(SQ=AI+CI+PI). 분석적 · 경험적 · 실제적 지능 간의 균형을 유지하고 이를 잘 활용할 때 인간은 자신의 목표를 성취하고 그에 따른 성공을 경험한다.

㉢ 성공지능이 높은 사람의 특징

ⓐ 자기 자신에게 동기를 부여한다.

ⓑ 자신의 충동 제어와 자신의 능력을 최대한 활용한다.

ⓒ 생각을 행동으로 옮기며, 공정한 비난은 수용한다.

ⓓ 고정관념에 빠지지 않고 창의적이며, 생산성 있게 일을 계획하고 추진한다.

ⓔ 문제해결능력이 있고, 새로운 환경에 적응을 잘하며, 다른 사람들과 따뜻한 인간관계를 가진다.

MEMO

② **지능의 세 측면**: 성분적·경험적 요소는 문화적 보편성을, 상황적 요소는 문화적 상대성을 지닌 요소

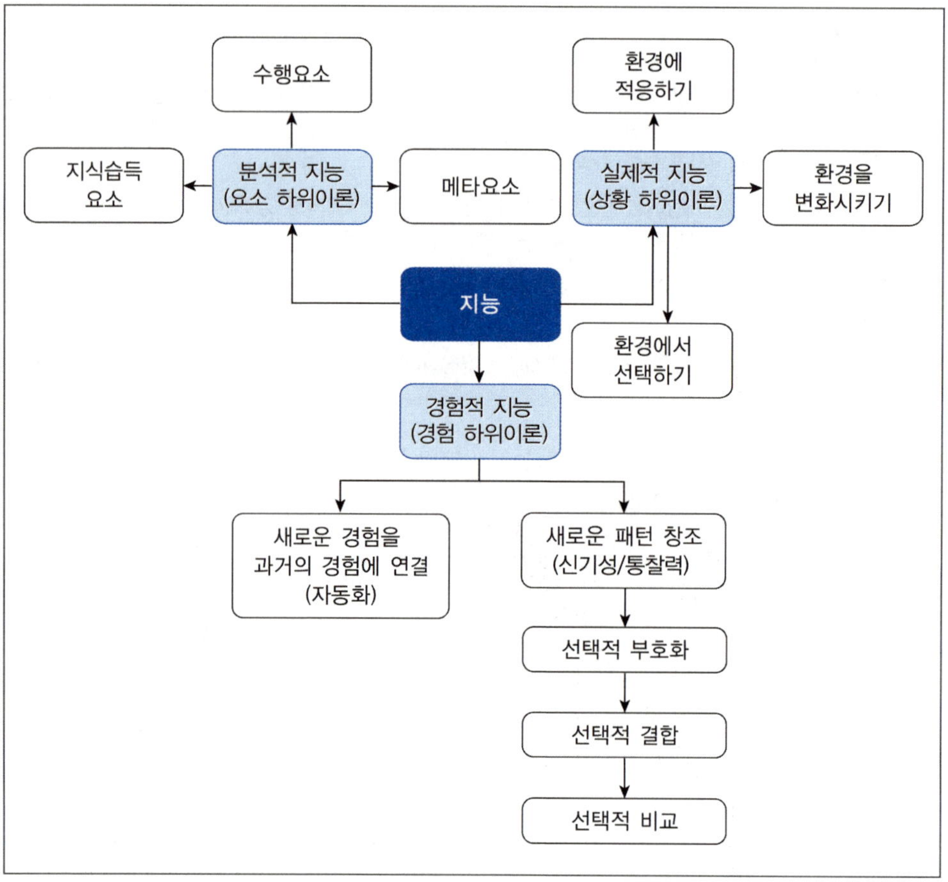

㉠ **분석적 지능(analytical intelligence, 성분적 요소, 요소하위이론)**: 새로운 지식을 습득하고 그 지식을 논리적인 문제해결에 적용하는 능력으로, 지식습득요소·수행요소·메타요소로 구성된다. 이 세 가지 요소는 서로 상호작용하면서 하나의 과업을 완성할 수 있게 된다. 이것은 종래의 IQ와 관련되는 것으로, 학교 학습에 영향을 준다.
⇨ 분석적 사고(비교, 대조, 비평, 판단, 평가 등)

ⓐ **개인의 내부 세계와 관련**: 개인의 내부 세계와 관련하여 분석한 것으로서 지능을 구성하는 가장 기본적인 요소이다.

ⓑ **종래의 IQ, 암기 재능과 밀접한 관련**: 성분적 요소에서 하위요소의 개인차는 지능의 개인차를 의미한다.

ⓒ **결과(분석적 능력)**: 분석, 판단, 평가, 비교·대조하는 능력

MEMO

02

메타요소 (상위요소)	• 지적 행동의 여러 측면들을 계획, 점검, 평가하는 고등정신과정 ⇨ 지식 획득요소와 수행요소를 실제적으로 통제함 • 무엇을 할 것인지 결정하고, 결정한 일이 진행되는 과정을 감독하여, 진행결과를 평가하는 데 사용되는 것 ⇨ 일을 계획하기, 수행과정을 점검하기, 수행결과를 평가하기 등을 포함 예 보고서 주제 정하고 보고서 작성 계획 세우기, 보고서 진척 상황 점검하기
지식습득요소	• 문제해결에 필요한 새로운 지식이나 문제해결 방법을 학습하는 정신과정 • 적절한 정보와 무관한 정보를 가려내는 것, 적절한 정보를 선택해 선택적으로 기호화된 정보들을 통합된 형식으로 조합하는 것, 새로운 정보를 기존의 정보에 연결시키는 것 등이 포함 예 자료를 조직하고 쓰는 방법의 학습, 프로젝트를 수행하기 위해 자료를 탐색하는 방법을 학습하고, 보고서 작성하는 방법을 학습하는 사고과정
수행요소	• 메타요소의 지시를 받아 실제 문제를 해결(과제를 수행)하는 정신과정 • 정보를 저장하는 것, 정보들 사이의 관계를 추리하는 것, 추리된 법칙을 다른 상황에 대입하는 것, 다양한 해결책을 비교하고 최선의 해결책을 찾는 것, 정보에 대해 반응하는 것 등을 포함 예 실제 보고서 작성하기

ⓛ **경험적 지능(creative intelligence, 경험적 요소, 경험하위이론)**: 인간의 경험과 밀접히 관련되어 있는 창의적 능력으로, 익숙한 과제를 자동적으로 수행하는 자동화와 새로운 과제를 처리하는 신기성(novelty), 즉 통찰력(선택적 부호화, 선택적 결합, 선택적 비교)으로 구성된다. ⇨ 창의적 사고(발견, 상상, 고안, 가정 등)

ⓐ **경험과 관련**: 개인의 내부 세계와 외부 세계를 매개하는 경험과 관련되는 것으로, 인간의 경험은 지능과 밀접한 관련이 있으며 지능을 결정하는 중요한 요소이다. 경험을 통해 2가지 지적 능력, 즉 자동화와 통찰력이 증진된다.

예 새로운 이론을 개발해 내는 통찰력 있는 학자, 창의적인 과학자나 예술가, 전문적인 경영인 등 많은 분야에서 탁월한 능력을 보이는 사람들은 경험적 능력이 우수한 사람들임

ⓑ **자동화**: 정보를 자동적으로 처리할 수 있는 능력 ⇨ 정보처리의 자동화 능력은 반복적인 경험을 통하여 점진적으로 이루어진다. 지능이 복잡한 과제를 효율적으로 해결하기 위해서는 정보를 자동적으로 처리하는 능력이 필요하다. 그렇지 않으면 지적인 기능에 지장을 초래한다.

예 책을 읽는 경우 단어의 의미나 문장 구조 등에 대해서는 자동적으로 처리되어야 한다. 만약 이것을 하나하나 분석하고 숙고한다면 문장의 의미를 파악하는 데 지장을 준다.

ⓒ **통찰력**: 생소한 과제를 효과적으로 처리하는 능력 ⇨ 인간의 지능은 새로운 과제에 부딪혔을 경우 기존의 낡은 지식으로 해결이 부적절하면 새로운 개념체계에 의해 주어진 과제를 처리해야 한다.

예 처음 자동차 운전을 배우는 사람은 과거 자전거를 탄 경험만으로는 도로에서 운전할 수 없고 실제로 그것을 직접 운전해 보는 새로운 경험이 필요하다.

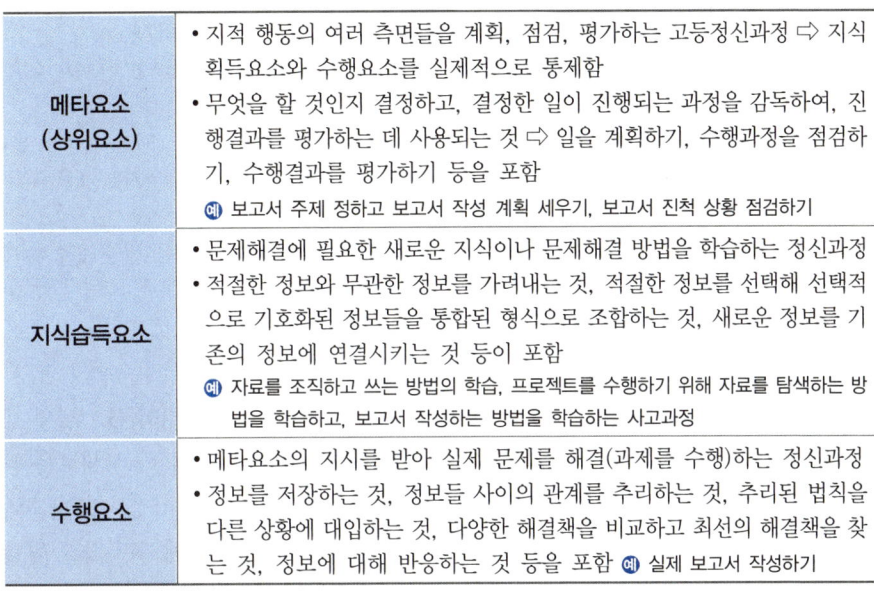

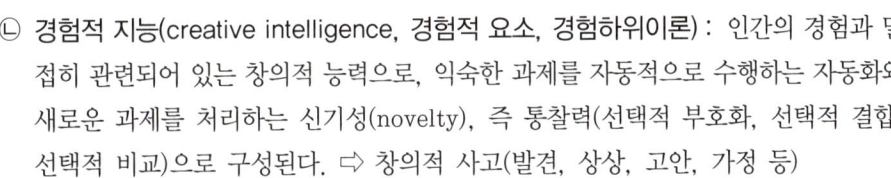

MEMO

선택적 부호화	중요하고 적절한 정보에 주의를 기울이는 과정(능력) 예 플레밍(Flemming)은 많은 학자들이 실험오류라고 간주한 사실에서 페니실린이라는 항생제를 발견함
선택적 결합	아무 관련이 없는 것을 연관시켜 새로운 것을 만들어 내는 능력 예 다윈(Darwin)은 서로 전혀 관계가 없는 자연선택론과 적자생존론을 결합시켜 진화론을 완성함
선택적 비교	기존의 것을 새로운 각도에서 파악하여 새로운 것을 유추해 내는 능력 예 케쿨레(Kekule)는 꿈에 뱀이 똬리를 트는 모양을 보고 벤젠의 분자구조를 발견함 / 케플러(Kepler)는 시계의 동작을 보고 천체의 운동을 유추함

ⓓ **결과(창의적 능력)**: 창조, 발견, 발명, 상상, 탐색하는 능력

㉢ **실제적 지능(practical intelligence, 상황적 요소, 상황하위이론)**: 실제 생활에서 환경에 잘 적응하고, 필요할 경우 환경을 변화시키거나 보다 나은 새로운 환경을 선택하는 능력을 의미하며, 적응·변화·선택으로 구성된다. 이것은 IQ나 학업성적과는 무관한 능력으로, 학교교육이 아니라 일상의 경험에 의해 획득되고 발달한다.

⇨ 실제적 사고(해결점을 찾고 적용, 활용 등)

예 수강과목에 좋은 점수를 얻기 위해 학생들은 교수 평가절차에 따라 자신들의 학습전략을 조정한다(환경적응). 교수의 강의를 정확하게 들을 수 없다고 느끼면 강의실 앞자리로 옮긴다(환경변화). 이러한 노력에도 불구하고 여전히 강의를 따라가기 어렵다면 수강을 취소한다(환경선택).

ⓐ **외부 세계와 관련**: 지능을 외부 세계, 즉 외부 환경에 대응하는 능력과 관련하여 분석한 것 예 일상의 문제해결능력, 실제적인 적응능력, 사회적 유능성, 인간관계

ⓑ **전통적 지능검사의 IQ나 학업성적과는 무관한 능력**: 학교교육을 통해서가 아니라 일상의 경험에 의해 획득되고 발달하는 능력 ⇨ '암시적 지능'

ⓒ **문화적 측면과 관련**: 맥락적 요소는 한 사회의 문화적 측면을 고려해야 한다. 개인이 속한 사회의 문화나 가치관에 따라 성공적인 환경의 적응과 지적 능력을 판단하는 기준이 달라질 수 있다.

예 한국 문화에 잘 적응하고 지적능력을 발휘하여 성공한 사람일지라도 미국 문화에는 잘 적응하지 못하고 지적으로 열등한 사람으로 취급받을 수 있다. 또 같은 나라 안에서도 농촌 문화에는 잘 적응하고 우수한 능력을 인정받는 사람일지라도 도시 문화에는 적응에 실패하고 능력을 발휘하지 못할 수 있다.

ⓓ **결과(실제적 능력)**: 실행, 적용, 사용, 수행하는 능력

③ **삼원지능이론의 수업 적용(지능향상 방법)**: 스턴버그(R. Sternberg)는 자신이 이미 알고 있는 것과 외부에서 새롭게 알게 된 내용을 서로 관련시킬 때 인간의 지능이 더욱 발전할 수 있다고 보았다. 지능 향상을 위한 서로 다른 3가지 종류의 사고를 제안하였다. 3가지 다른 형태의 사고를 연습함으로써 새로운 문제를 해결할 수 있는 학생들의 지능이 향상될 수 있다.

MEMO

02

㉠ 사고의 종류

ⓐ 분석적 사고: 비교, 대조, 비평, 판단, 평가 등과 관련

ⓑ 창의적 사고: 무엇인가를 상상하고 발견하고 고안하며 가정하는 것과 관련

ⓒ 실제적 사고: 적절한 아이디어(해결점)를 찾아내고 적용하며 활용하는 것과 관련

㉡ 세 가지 사고의 적용

분석적 · 창의적 · 실제적 사고의 수업 적용

내용 영역	분석적 사고	창의적 사고	실제적 사고
국어	• 로미오와 줄리엣이 비극으로 간주되는 이유 말하기 • 전래동화 『금도끼 은도끼』와 창작동화 『제키의 지구 여행』의 차이점 비교하기	• 로미오와 줄리엣을 희극으로 만들어 보기 • 전래동화 『금도끼 은도끼』의 결말 부분을 새롭게 고쳐 보기	• 로미오와 줄리엣 연극을 선전하는 TV 홍보물 제작하기 • 전래동화 『금도끼 은도끼』를 연극으로 실행하기 위한 각본 제작하기
수학	• 44를 이진수로 표현하기 • 유리수와 정수의 개념 대조하기	• 피타고라스 정리에 대한 이해를 측정하는 검사문항 만들어 보기 • 유리수와 정수의 개념을 도입한 재미난 문제 만들기	• 기하학이 건설에 어떻게 활용될 수 있는지 생각해 보기 • 유리수의 개념을 실제 생활에 적용하기
사회	한국 전쟁과 베트남 전쟁의 공통점과 차이점 비교하기	미국이 이 두 전쟁에서 다르게 할 수 있었다면 어떤 것들을 할 수 있었을 것인가 생각해 보기	이 두 전쟁에서 우리가 얻을 수 있는 교훈은 무엇인지 생각해 보기
미술	• 고흐와 모네의 스타일 비교하기 • 피카소와 김홍도의 작품 비교하기	• 자유의 여신상이 피카소에 의해 제작되었다면 어떤 모습이었을까 생각해 보기 • 피카소가 수묵화를 활용하였다면 어떤 그림을 그려냈을지 상상하기	• 지금까지 학습한 미술가들 중 한 사람의 스타일을 활용하여 학생 미술전을 알리는 포스터를 제작해 보기 • 피카소의 기법과 수묵화의 기법을 접목하여 그림 그리기
음악	판소리와 창극의 특성 분석하기	'지구온난화'를 주제로 한 3분짜리 창극 만들기	창극 공연을 위한 포스터 제작하기

④ 교육적 시사점

㉠ **3가지 지능을 반영한 수업**: 3가지 능력은 모든 교과 영역에 두루 적용될 수 있으므로 3가지 지능을 반영한 수업을 통해 학생의 지능이 증진될 수 있도록 한다.

예 미술교과에서는 작가의 작품 스타일을 비교하거나(분석적 능력), 작품을 만들거나(창의적 능력), 미술이 광고에 어떻게 활용되고 있는가(실용적 능력)를 논의할 수 있다.

㉡ **강점의 극대화와 단점의 보완**: 학생 개개인의 강점과 약점을 확인한 다음 강점을 충분히 활용하고 단점을 보완할 수 있는 교육을 실시해야 한다.

MEMO

㉢ **학생의 능력에 맞는 수업과 평가**: 삼원이론에 근거하여 수업과 평가를 학생의 능력에 부합시켜야 하며, 그렇게 할 때 학습이 극대화된다.

가드너와 스턴버그 이론의 공통점과 차이점

구분	가드너	스턴버그
공통점	• 지능은 단일한 능력이 아닌 여러 가지 복합적 지능으로 구성 • 지능을 학교교육의 범위를 벗어나 사회·문화적 맥락을 고려하여 이해 • 지능을 가변적 특징으로 보고 수업이나 훈련을 통해 지능 개발 가능 • 학교수업과 평가는 강점 지능을 활용하고 약점 지능을 교정·보완하는 데 초점을 두어야 함	
차이점	• 지능의 독립적 영역(구조)을 중시 ⇨ 지능을 구성하는 요소(영역)를 밝히려 함 • 상호 독립적인 여러 개의 지능으로 구성	• 지능의 작용과정(인지과정) 중시 ⇨ 지능 요소들의 상호작용을 밝히려는 과정이론 • 서로 관련을 맺고 있는 3개의 하위요인으로 구성

(3) 감성지능(정서지능)(EQ: Emotional Quotient, 감성지수, 정서지수) 99 중등, 02 중등

① 개념

㉠ **이론적 기초**: 가드너가 제시한 9개 지능 중 개인내적 지능(자기성찰지능), 대인관계 지능(사회적 지능)을 이론적 기초로 한다.

㉡ **개념**: 감성지능(정서지능)이란 자신과 타인의 감정을 정확히 인식하고 평가하며 표현하는 능력을 말한다. ⇨ 감정이 사고를 촉진시킨다는 전제에서 감정에 접근하여 감정을 이해하며 생성·조절하는 능력

㉢ **대표자**: 샐로비(Salovey)와 메이어(Mayer)가 처음으로 소개(1990), 골맨(Goleman)이 저서 『감성지능』을 출간하며 대중화

② 정서(감정)와 인지의 관계

㉠ **인지기능**: 전통적으로 정서와 인지는 분리된 것으로 보는 이원론적 접근을 하였다. 최근에는 정서가 인지과정에 영향을 준다는 정서와 인지의 통합을 강조하는 다면적 접근이 강조되고 있다. 다면적 접근에서는 판단력, 창의력, 평가력 등의 인지영역의 주요 기능들도 정서적 측면과 깊은 관계가 있다고 본다.

㉡ **공감적 이해**: 타인의 정서를 정확하게 인식하고 이것을 언어적으로 표현하는 공감적 이해는 정서와 인지가 결합된 산물이다.

㉢ **정서 조절**: 정서를 적절히 조절하는 것은 인지과정을 촉진시키고 기억을 활성화하는 역할을 한다. 즉 인간은 정서적으로 관련된 사건이나 정보에 대해서는 주의집중력을 높이고 보다 잘 기억할 수 있다.

㉣ **IQ와 EQ의 관계**: IQ와 EQ는 별개의 능력이다. 즉 IQ가 높다고 EQ가 높은 것은 아니며, 또 반대되는 능력도 아니다.

MEMO

02

③ 감성지능(정서지능)의 구성요소(Goleman)

구분		내용
개인내적 지능	(자기) 감정인식능력	자기감정을 재빨리 인식하는 능력. 자기이해와 자기통찰의 필수적인 능력으로 정서지능의 핵심 ⇨ 주도적인 입장에서 삶을 잘 영위할 수 있다.
	(자기) 감정조절능력	감정에 대한 정확한 인식을 토대로 자신의 감정을 조절하고 전환하는 능력 ⇨ 분노, 흥분, 우울, 불안과 같은 부정적 감정을 쉽게 떨쳐버리고 좌절과 혼돈에서 빨리 벗어날 수 있다. 감정조절능력이 낮은 사람은 분노조절장애를 겪을 수 있음
	(자기) 동기화능력	목표 달성을 위해 자기 자신을 동기화시키는 능력. 목표설정능력, 인내력, 만족지연능력을 포함 ⇨ 주의집중, 자기정복, 창조에 필수적임
대인관계 지능	타인의 감정인식능력	타인의 감정을 읽을 줄 아는 공감능력, 감정이입능력 ⇨ 대인관계를 관리하는 능력의 토대가 됨
	대인관계 관리능력 (인간관계 기술능력)	타인과 효과적인 대인관계(인간관계)를 유지해 나가는 능력, 타인의 감정에 대처하고 조절할 수 있는 능력

④ 감성지능(정서지능) 발달을 위한 지도전략

㉠ **자신과 타인의 정서를 인식하고 표현해 보기**: 자신과 타인의 정서를 인식하고 표현하는 다양한 방법을 배워 봄으로써 인식능력, 표현능력, 공감능력을 기를 수 있다. 언어적 표현뿐만 아니라 예술적 표현, 신체적 표현 등과 같은 비언어적 표현을 통해서도 학습하는 것이 바람직하다.

㉡ **공감 경험 제공하기**: 타인이 처한 상황을 총체적으로 인식하고 그 속에서 타인이 가진 정서를 공감해 보는 경험을 제공해 준다. 공감능력의 향상은 이타적 행동과 친사회적 행동을 육성하는 효과가 있다.

㉢ **정서조절 경험 제공하기**: 다양한 상황에서 발생하는 부정적 정서를 인식하고 조절하는 경험을 제공해 준다. 시뮬레이션이나 역할연기 등을 통해 학습함으로써 실제성을 높일 수 있다.

3 지능의 측정(지능검사) 96 중등, 98 중등, 99 초등, 02 초등, 07 중등

(1) 비네-시몬(Binet-Simon) 검사(1905) 98 중등, 07 중등

① **최초의 지능검사**: 최초의 지능검사, 언어성 검사 ⇨ 아동의 지적 발달 수준을 정신연령(MA)으로 표현

② **학습부진아 변별 목적**: 지능이 낮아서 학교학습을 따라가지 못하는 학습부진아를 판별할 목적으로 고안 ⇨ 판단력, 추리력, 상상력, 이해력 등의 정신능력을 측정

MEMO

(2) 스탠포드-비네(Stanford-Binet) 검사(1916) 98 중등, 07 중등

① **오늘날 지능검사의 기초**: 오늘날 지능검사의 기초(미국 최초), 터만(Terman)이 개발한 지능검사, 언어성 검사

② **IQ 개념 최초 등장**: IQ라고 불리는 지능지수(Intelligence Quotient) 개념이 처음으로 등장 ⇨ 학업성취도 예언에 많이 사용

비율지능지수(RIQ: Ratio Intelligence Quotient)

$$\text{정신연령과 생활연령의 비의 값(비율IQ)} = \frac{\text{정신연령(MA)}}{\text{생활연령(CA)}} \times 100$$

- MA: Mental Age
- CA: Chronological Age

예 8세 아동의 정신연령(MA)이 6세라면 IQ는 75, 10세 아동의 정신연령(MA)이 12세라면 IQ는 120이다.

③ **문제점**: 비율 IQ는 연령이 다른 사람끼리 비교할 때나(예 7세 학생의 정신연령 7세와 12세 학생의 정신연령 7세가 비교될 수 없음), 자신과 연령이 동일한 사람과 상호 비교하여 어느 위치에 있는지 알고 싶을 때 문제가 생김. 또, 정신연령은 15세 이후에는 거의 증가하지 않으나 생활연령은 지속적으로 증가하기 때문에 지능지수는 연령대에 따라 다른 의미를 가지게 된다는 문제가 있음 ⇨ 이 문제를 해결하기 위하여 웩슬러(Wechsler)가 편차 IQ라는 개념을 고안함

④ **개정판 스탠포드-비네 지능검사**

$$IQ = \frac{\text{(원점수}-\text{원점수의 평균)}}{\text{원점수의 표준편차}} \times \text{(모집단의 표준편차)} + 100$$

㉠ **웩슬러 지능검사 체제로 전환**: DIQ 사용(평균 100, 표준편차 16 ⇨ 편차비네점수, DBIQ) → 언어 + 비언어적 검사

㉡ **편차IQ(DBIQ) 사용**: 검사에서 받은 점수를 같은 연령의 모집단 내의 다른 사람의 점수와 비교하여 얼마나 높은지·낮은지 그 상대적 위치를 나타내 주는 점수 ⇨ 연령집단의 정상지능의 평균을 100으로 정의하고 원점수의 평균과 표준편차, 검사에서 사용하는 표준편차를 이용하여 지능지수를 산출함

(3) 웩슬러 지능검사(Wechsler, 1939) - 편차 IQ 98 중등, 02 중등, 13 중등특수추시論

① **편차 IQ(DIQ) 사용**: 편차 IQ는 한 사람의 지능을 그와 동일한 연령집단 내에서의 상대적 위치로 규정한 IQ ⇨ 평균 100, 표준편차 15 ⇨ DIQ = 100 + 15Z(⇨ IQ 70 이하는 정신지체의 지표, IQ 145는 영재의 지표)

예 7세 아동의 점수를 다른 7세 아동들의 점수와 비교하여, 그의 점수가 평균 7세 아동보다 20점 높다면 IQ 120이 됨

② **구성**: 언어성 검사와 비언어성(동작성) 검사로 구성

③ **종류**: WAIS(성인용), WISC(아동용, 7~16세), WPPSI(취학 전 아동용, 4~6세)

(4) 문화공평검사(문화평형검사 : culture-fair test) 암 04 초등, 12 초등

① 개념 : 종래 지능검사가 지닌 문화적 · 경제적 편향성을 극복하려는 검사

② 종류

SOMPA (다문화적 다원사정체제)	• 머서(Mercer)가 웩슬러 아동용 지능검사(WISC)를 보완하여 개발한 것으로, 5~11세 아동을 대상으로 실시 • 아동의 의료적 요소(아동의 키, 몸무게, 시각, 청각, 예민성, 병력 등 전반적 건강상태)와 사회적 요소(문화 · 인종 · 사회경제적 배경 : 교우관계, 학교 외적 생활 측면 등 면접을 통해 파악)를 고려한 지능검사 ⇨ 학생 사정부분과 부모 면담부분으로 구분하여 시행 • 검사방식의 다양성을 통해 특정집단에게 불리하지 않도록 제작된 검사로 아동 개개인의 특성에 맞도록 다양한 평가방식을 활용하여 개개인을 보다 포괄적이고 정확하게 이해하려는 것이 목적
K-ABC	• 아동용(2~12세) 카우프만 지능검사, 아동의 학습잠재력과 성취도 측정을 위한 지능검사 ⇨ 언어성 검사 + 비언어성 검사 • 문화적 편향 극복 목적으로 개발 ⇨ 청각장애자나 언어장애자, 외국인 아동들에게 유용한 검사 • 검사내용의 공정성을 중시하여, 모든 문화권에 공통된 내용을 가지고 모든 피험자에게 표준화된 동일한 검사방식으로 진행 • 처리과정 중심 검사로 아동이 선호하는 정보처리 패턴이 좌뇌 지향적인지 또는 우뇌 지향적인지에 대한 비교는 물론, 인지처리과정 척도(순차처리 척도, 동시처리 척도, 종합처리 척도), 지식습득도 척도로 구성 ⇨ 평균이 100, 표준편차가 15인 편차지능지수(DIQ) 사용
UNIT (동작성 보편지능검사)	• 브래큰과 맥칼럼(Bracken & McCallum, 1998)이 5~17세 11개월 연령 범주에 있는 아동과 청소년의 일반지능과 인지능력을 측정하기 위해 개발 • 언어에 기반한 전통적 검사들로 인해 불이익을 받을 수 있는 사람들에게 사용하기 위해 고안된 검사 ⇨ 특수교육 대상자와 정신장애 진단에 유용
CPMT (색채 누진행렬 지능검사, 레이븐 검사)	• 스피어만의 지능이론(일반요인설)을 토대로 영국의 레이븐(Raven)이 제작한 지능검사 ⇨ 3세트 36문항(각 세트당 12문항씩 총 36문항)으로 구성 • 언어이해력과는 무관한 범문화적 검사로 유아와 노인의 지적능력(추론능력) 측정을 위해 개발 ⇨ 검사 수행을 위해 시각기능과 인지능력만을 필요로 하기 때문에 신체장애인, 언어발달 지체아동, 뇌성마비아동, 청각장애인에게도 적용 가능 ⇨ 언어나 학습경험의 개입을 최소화 한 지능검사 • 컬러(color)로 구성된 도형검사자극에 근거하여 추론능력을 측정하는 비언어적 검사임 ⇨ 비고츠키(Vygotsky)의 근접발달영역의 개념에 따라서 문제해결 양식과 생각을 진행하는 방법을 쉬운 문제부터 점차 고난도 문제로 진행됨 • 개인 또는 집단으로 실시할 수 있으며, 확산적 사고와 수렴적 사고를 교대로 사용할 수 있는 추론능력을 측정하여 잠재적 사고력을 측정함 ⇨ 평균이 100, 표준편차가 24인 편차지능지수(DIQ) 사용

MEMO

암기법 SK가 CU운영, 공평해?

MEMO

암기법
하상범 변학

(5) **지능지수(IQ)에 대한 올바른 해석(해석상 유의점)** 암 98 중등, 07 중등, 02 초등, 13 중등특수추시論

① 지능지수는 지능과 동일한 것이 아니라 지능을 나타내 주는 하나의 지표일 뿐이다(⇨ 지능지수 ≠ 지능).

② 지능지수는 개인의 절대적 지적 수준이 아니라 상대적 지적 수준을 나타낸다. 즉, 지능지수는 규준점수이기 때문에 검사를 실시한 집단의 성격에 따라 다르게 나타날 수 있다(⇨ 지능지수 = 규준점수).

③ 지능지수를 단일점수보다 점수범위(점수대, 점수띠, 신뢰구간)로 생각하는 것이 합리적이다. 모든 검사는 측정에서 오차가 작용할 수 있기 때문에 측정의 표준오차(참값이 위치할 범위)를 고려하여 이해하는 것이 바람직하다.

예 표준오차가 5인 지능검사에서 한 학생의 IQ가 120이 나왔다면 120이 아니라 115~125로 생각함. 철수의 IQ가 99라고 하기보다는 94~104 정도라고 하고, 영희의 IQ를 100이라고 하기보다는 95~105 정도라고 한다면, 이 둘은 같은 수준의 IQ를 가졌다고 말할 수 있다.

④ 지능지수는 고정된 점수가 아니라 개인의 일생 동안 상당한 정도로 변화한다. 카텔(Cattell), 가드너(Gardner), 스턴버그(Sternberg)의 주장처럼 후천적 경험이나 학습을 통해 지속적으로 상승될 수 있다. 지능을 포함한 인간의 모든 특성은 연령이 증가함에 따라 변화되며, 지능이 변화되면 지능지수도 당연히 변화된다.

⑤ 지능지수는 학업성적과 높은 상관($r = 0.50$)이 있지만 절대적인 척도는 아니다. 그러므로 학생의 학업성적을 이해할 때, 지능지수 이외의 요인, 즉 교사의 수업방법, 가정배경 등도 고려해야 한다.

⑥ 지능검사는 잠재능력이나 인간관계 기술, 창의력, 심미적 능력 등을 측정하지 못한다(⇨ 지능검사는 언어능력, 수리력, 유추능력 등 비교적 한정된 지적 능력을 측정할 뿐이다).

⑦ 지능지수가 동일하더라도 지능지수를 구성하는 하위요인은 다를 수 있다. 하위요인 간 격차가 크면 학습장애의 가능성이 있을 수 있으며, 하위요인을 알 때 지능검사의 활용도(실용도)가 높아진다.

⑧ 지능지수만을 가지고 개개인에 대하여 중요한 결정을 내리는 것은 바람직하지 못하다. 따라서 지능지수를 근거로 저능아 · 천재아로 낙인찍어서는 안 된다.

⑨ 지능검사는 대부분 문항형식이 언어성 검사로 구성되어 있어 문화적으로 편향되어 있다(특정 계층이나 인종에게 유리하다). ⇨ 문화적 편향성을 극복한 검사가 문화공평검사(비언어성 검사로 제작)이다. 예 SOMPA, K-ABC, UNIT, CPMT 등

⑩ 지능지수만으로 학급을 편성하거나 부모에게 자녀의 IQ를 상세한 해설 없이 알려 주는 것을 삼가야 한다.

⑪ 학력이나 문화적 영향이 크게 작용하므로, 이미 경험하거나 학습된 지적 수준을 진단함으로써 아동이 발휘할 수 있는 지적 잠재력을 나타내 주지 못한다.

MEMO

02

> **플린 효과(Flynn effect)**
>
> 플린 효과는 뉴질랜드의 정치학자 James Flynn이 발견한 것으로, 세대가 반복될수록 지능검사의 점수가 높아지는 현상을 의미한다. 그는 미국 군입대 지원자의 IQ 검사 결과를 분석하여 신병의 평균 IQ가 10년마다 약 3점씩 올라간다는 사실을 발견하였다. 또한 벨기에, 네덜란드, 이스라엘에서는 한 세대, 즉 30년 만에 평균 IQ가 20점이 올랐고, 13개국 이상의 개발도상국에서도 5~25점 증가했다고 보고하였다(Flynn, 1999). 이러한 연구결과는 IQ 점수를 이해하고 해석함에 있어서 보다 신중한 접근이 필요함을 반영해 준다.

02 창의성

1 개관

(1) 창의성의 개념

① 창의성이란 새롭고(novel) 유용하면서도(useful) 적절한(appropriate) 가치가 있는 어떤 것을 생산해 내는 능력을 말한다(Amabile). ⇨ 확산적(발산적) 사고력(Guilford), 종합력(Bloom), 경험적 지능(Sternberg), 수평적(측면적) 사고(de Bono)

② 과거 창의력은 창의적인 인물의 인지적 특징만을 부각시킨 개념이며, 창의성은 인지적, 정의적, 생리적, 심지어 사회적, 맥락적 요소를 포괄하는 하나의 체계를 의미한다.

(2) 창의성과 지능의 관계 키

지능과 창의성의 상관은 0.27로 두 특성 간 상관은 높지 않다. 창의성에 지능이 어느 정도 필요지만 지능이 높다고 해서 반드시 창의적인 것은 아니다.

> **키워드**
> 문지방 이론: 창의성에는 어느 정도의 지능이 요구되지만, 그 지능을 넘어서면 지능의 차이는 큰 의미가 없다(문지방: DIQ 120 정도).

(3) 창의적 사고과정(Wallas, 1926) 『생각의 기술(The Art of Thought)』

① **준비 단계**: 주어진 문제를 여러 각도에서 지각하고 이해하며 다양한 방법으로 해결책을 모색하는 단계. 문제와 관련된 기본적인 정보를 모으고 연구할 만한 가치가 있는지, 적절한 주제인지 인식함 ⇨ 주의집중과 개방적 사고, 도전적 태도가 요구됨

② **배양(부화) 단계**: 주어진 문제에 대해 일정 기간 동안 곰곰이 생각하거나, 때로는 그 문제를 제쳐 두지만 무의식 수준에서 아이디어를 탐색하는 단계

③ **영감(발현) 단계**: 어느 날 갑자기 기발한 아이디어가 번쩍 떠오르는 단계

④ **검증 단계**: 영감기에서 떠오른 아이디어가 문제해결책으로 적절한지 검증하고, 그 검증결과에 따라 완전한 해결책을 정리하는 단계 ⇨ 계속적 수정, 재수정의 정교화 과정을 거침 ⇨ 검증과정에는 확산적 사고력 외에 수렴적 사고력이 중요한 역할을 함. 그러므로 창의성에서 확산적 사고만 강조하기보다는 수렴적 사고의 필요성도 함께 인정함

MEMO

(4) 창의력 계발의 원리

① **판단보류의 원리** : 일시적으로 평가 판단을 보류한다. 교사가 학생의 질문이나 말을 그대로 받아들여 주면 학생들은 자유롭게 발표할 수 있으므로 아이디어가 산출되고 창의적 사고도 발달될 수 있다.

② **결합의 원리** : 사물이나 사상을 연결하며 관련짓고 종합한다. 수업내용을 여러 상황에 관련 맺도록 하고 종합하는 방법을 통해 창의적 사고력을 길러 주도록 한다.

③ **독창성의 원리** : 독창성이란 이미 알려져 있지 않은 아이디어를 산출하는 능력이다. 수업에서는 독창적인 아이디어를 산출하는 내용과 방법을 활용하도록 한다.

④ **개방성의 원리** : 다른 사람의 동의나 아이디어를 수용함으로써 사고나 표현을 자유롭게 할 수 있게 허용한다.

⑤ **자율성의 원리** : 학생 스스로 생각하고, 만들어 보고, 조작하는 등 학생들이 독립적이고 자율적인 활동을 하도록 배려한다.

2 창의성의 구성요소 98 중등, 99 중등추가, 02 초등, 02 중등

(1) 인지적 특성

민감성(감수성, 지각의 개방성) (sensitivity, perceptional openness)	문제 상황을 민감하게 지각하는 능력. 보통 사람의 경우 특별히 문제되지 않을 것으로 생각하고 그냥 지나치기 쉬운 문제를 민감하게 알아내는 능력 예 분명해 보이는 현상에 대해서 다시 생각해 보기, 일상적인 상황이나 사물을 그냥 지나치지 않고 유심히 관찰하기, 이상한 것을 친밀한 것으로 생각해 보기
유창성 (fluency)	일정한 시간 내에 한 범주의 아이디어를 많이 산출해 내는 능력(양의 다양성). 제한된 시간에 가능한 한 많은 양의 아이디어를 산출해 내는 능력(양의 다양성) ⇨ 사고의 속도 예 특정한 주제에 대하여 떠오른 생각을 모두 말해 보기, 어떤 대상에 대해 가능한 한 많은 것을 연상해 보기
융통성(유연성) (flexibility)	일정한 시간 내에 다양한 범주의 아이디어를 많이 산출해 내는 능력(질의 다양성, 접근방법의 다양성). 낡고 고정된 사고에서 벗어나서 얼마나 다양한 각도에서 접근하는가 하는 사고방식 ⇨ 사고의 넓이 예 바늘의 주요한 용도는 옷을 깁는 것이다. 이 용도 이외에 바늘의 다른 용도를 가능한 한 많이 써 보시오.
독창성(참신성) (originality)	참신하고 독특한 아이디어를 산출해 내는 능력. 사고의 결과로 나타나는 반응의 색다름 · 신기함. 유창성과 융통성으로 많은 아이디어를 산출하고 나면, 그 속에서 비로소 독특하고 쓸모 있는 아이디어가 도출되는 경우가 많음 예 다른 사람과 같지 않은 생각하기, 기존의 생각을 다른 상황에 적용해 보기, 기존의 생각이나 사물의 가치를 부정하기

조직성(재구성력) (organization)	복잡한 문제를 보다 간결하게 재구성하며, 다양한 사물이나 사상을 서로 구조적이고 기능적으로 관련짓는 능력 예 여러 다양한 내용들을 종합하여 새로운 생각이나 산물을 만들어 내는 것
정교성(치밀성) (elaboration)	다소 엉성하게 산출된 아이디어에 세부사항(뼈와 살)을 덧붙여 구체화하거나 의미를 명확히 하는 능력 ⇨ 사고의 깊이 예 잘 다듬어지지 않은 생각을 다듬어 보기, 은연중에 떠오른 막연한 것을 구체적으로 생각해 보기

MEMO

02

(2) 정의적 특성 암

암기법 새관실모자

새롭고 복잡하고 어려운 문제를 선호하는 경향	창의적인 사람은 새롭고, 복잡하고, 어려운 문제를 선호하는 경향이 있다. 흔히 단순하고 쉬우며 명백한 문제 사태 등에서는 도전의식을 갖지 못하고 짜증을 내는 경향이 있다.
모호성을 견디는 역량	창의적인 사람은 모호성을 참는 역량이 있다. 보통 사람들은 문제 상황이 모호할 때 참지 못하고 그 상황을 회피하지만, 창의적인 사람은 잘 참아내고 좌절하지 않으며 주어진 문제를 해결하려고 계속 노력한다.
실패에 대한 불안이 적고 위험부담을 즐기는 경향	창의적인 사람은 실패에 대한 불안이 적으며, 약간의 위험부담을 즐기는 경향이 있다. 성공과 실패를 자기 자신에게 귀속시키는 내적 통제의 경향도 있다.
관행에 동조하기를 거부하는 경향	창의적인 사람은 관행에 동조하기를 거부한다. 표준적 패턴에서 과감히 이탈하며, 독립적이기 때문에 때로는 비사교적이고 고립된 사람으로 인식되기도 한다.
자신의 경험에 대한 개방성	창의적인 사람은 자신의 경험에 대하여 개방적이다. 사물, 사태, 아이디어를 이미 정해진 범주로 지각하지 않고 자기가 느끼는 그대로 받아들인다.

3 창의성 계발기법

(1) 브레인스토밍(brainstorming) 96 초등

① 개념 키: 오스본(A. Osborn)이 창안(1963)한 것으로, 자유로운 집단사고를 통해 창의적 아이디어를 창출하는 방법(집단사고에 의한 아이디어 계발기법). 3인 이상이 모여 하나의 주제에 대해 자유롭게 의견을 제시하며 최대한 많은 아이디어를 생성하는 기법. 여러 사람들의 아이디어를 결합해서 합리적인 해결책을 모색하는 기법

키워드 자유롭게+집단사고 → 창의적 아이디어 창출

② 기본 원리 암

암기법 자양비결

자유분방	과거의 지식, 경험, 전통 등에 구애받지 않고 어떤 아이디어라도 거리낌 없이 내놓을 수 있도록 자유분방한 분위기를 조성해야 한다.
양산(量産)	아이디어의 질에 관계없이 가능한 많은 아이디어를 산출하도록 한다. ⇨ 다다익선, 유창성
비판금지 (판단유보)	아이디어에 대한 비판은 아이디어의 산출을 억제할 수 있으므로, 일체 비판이나 평가하지 않는다.
결합과 개선	제시된 둘 이상의 아이디어를 결합하여 새로운 아이디어를 산출한다. 어떤 특정한 아이디어의 일부를 달리 해 본다. ⇨ 독창성

MEMO

③ 변형 기법

브레인라이팅 (brainwriting)	• 개념 : 집단별로 모여서(6명 1팀) 정해진 용지에 다양한 아이디어를 적고 다른 사람이 다시 추가하도록 하는 기법(독일의 홀리겔이 창안) ⇨ 참여자들이 내성적이어서 자신의 아이디어를 표현하기를 주저하거나 참여자 수가 매우 많아 집단 토의가 어려운 경우에 사용함 • 유의점 : 팀원들이 생성한 아이디어를 읽고 보다 발전된 아이디어를 결합하거나 개선함, 자유로운 분위기 속에서 진행되도록 함, 팀원들 중 한 명도 빠짐없이 참여해야 함 • 635기법 : 6명이 둥근 테이블에 둘러 앉아 3개의 아이디어를 써서 5분 이내에 다른 사람에게 넘김(빈 칸으로 넘겨서는 안 됨) ⇨ 자신의 아이디어를 기록한 용지를 책상 중앙에 놓고 다른 사람이 기록한 용지를 가져온다. 가져온 다른 사람의 용지에 기입된 아이디어를 조합하거나 추가하여 새로운 아이디어를 이어서 적는다. 최종적으로 모든 아이디어를 모아 최선의 것을 선택하는 과정으로 진행한다.
전자 브레인스토밍	• 개념 : 전산망을 이용해 아이디어를 산출, 전파, 평가, 실행하는 기법 • 장점 : 더 많은 아이디어의 산출, 참가자 수의 무제한, 참가자 간의 보다 원활한 상호작용이 장점

(2) 시넥틱스(synectics) 교수법(고든법, 발견적 문제해결법) 00 초등, 04 중등

키워드
비유·유추 '연결' → 창의적 아이디어 창출

① 개념 키

㉠ 고든(Gordon)이 창안한 것으로, 아무 관련이 없어 보이는 요소들을 '비유, 유추(analogy)'로 연결(결합)하여 새로운 생각을 창출하는 방법

㉡ 인간의 전의식적 심리 기제를 의식적으로 사용하는 운용적 이론 ⇨ 합리적·지적 요소보다 비합리적·정의적 요소를 더 중시, 무의식에서 의식화 추구

㉢ 개인이 당연한 것(친숙한 것)으로 받아들이던 대상이나 요소를 이상한 것(낯선 것)으로 파악한다거나 이상한 것(낯선 것)으로 받아들이던 것을 친숙한 것으로 받아들이는 경험을 통해서 사고의 민감성을 증진시키는 창의적 문제해결 방법

암기법
직접 의상환

② 방법(비유·유추의 유형) – 무의식의 의식화 방법 암

직접 유추 (direct analogy)	사물이나 현상, 아이디어들을 연결시켜 직접 비교하는 방법, 사물이나 사상을 개발하려는 물건과 연결시켜서 유추하는 방법 예 신문과 인생(신문과 지하철)은 어떤 면에서 서로 비슷한가?, 우산을 통하여 낙하산의 원리를 알아낸 것, 사람의 귀의 구조를 유추해서 전화기를 만든 것, 벌레의 유충으로부터 문자 그대로 캐터필러(caterpillar)와 탱크를 만든 것
의인 유추 (대인 유추) (personal analogy)	사람이 사물의 일부가 되었다고 생각해 보는 것, 사람을 특정 사물에 비유하여 생각하기 예 네가 만일 새롭게 고안된 병따개라면 어떤 모양이 되고 싶은가? 네가 만약 자동차 엔진이라고 한다면 너는 무엇을 느끼겠는가? 기계가 고장 났을 때 자신이 기계의 부품이 되어 가상적으로 작동해 보며 기계의 문제를 해결하는 것, 탁구공을 잃어버렸을 경우 내가 만약 탁구공이라면 작고 통통 튀어서 어디든 잘 굴러가므로 가구 밑 구석에 들어가 있을 것이다.

상징적 유추 (symbolic analogy)	상징을 활용하여 대상들 간의 관계를 기술하는 것, 서로 모순된 단어를 연결하여 특정 현상을 기술하는 것 예 '파랑새 증후군'이라는 말은 동화 『파랑새』로부터 나온 발상, 피터팬 신드롬, 신데렐라 콤플렉스, 뚱뚱하고 날씬한 사람, 아군과 적군, 잔인한 친절, 친숙한 낯선 사람, 부드럽지만 강한 것
환상적 유추 (fantastic analogy)	현실을 넘어서는 상상을 통해 문제를 해결하는 것 예 하늘을 나는 자동차, 날아가는 양탄자, 전혀 공부를 하지 않고 성적을 올리는 방법 생각하기, 목적지까지 자동으로 운전해 주는 자동차

③ 수업 4단계(전략 · 절차) : 새로운 것을 창조하기 위한 전략으로 4단계를 제시함

탈리(이탈)(detachment)	문제를 그 상황에서 떼어놓고 좀 더 멀리서 통찰함 ⇨ 멀리서 통찰
거치(deferment)	처음에 얻은 해결책에 일시적인 저항을 느끼면서 잠시 두고 봄 ⇨ 1차 해결책을 잠시 두고 봄
성찰(speculation)	최선의 해결책을 찾기 위해 숙고적 탐색을 함(마음을 자유롭게 만드는 과정) ⇨ 숙고적 탐색
자율 (autonomy of the object)	자율적으로 나름의 해결책을 구체화함 ⇨ 해결책의 구체화

(3) 드 보노(Edward de Bono)의 PMI 기법과 육색 사고 모자(six thinking hats) 기법

① PMI 기법 08 중등, 12 초등 : 어떤 문제(아이디어)의 긍정적인 면(Plus), 부정적인 면(Minus), 흥미로운 면(Interesting)을 생각하도록 하는 방법 ⇨ 문제나 대안을 바라보는 시야를 확대해 줌

② 육색 사고 모자(six thinking hats, 6가지 사고모자) 암 05 중등 : 여섯 색깔의 모자를 바꾸어 쓰면서 자신의 모자가 요구하는 특정한 사고만 하도록 하는 기법 ⇨ 한 번에 한 가지씩 사고할 수 있도록 도와줌으로써 여러 가지 측면에서 폭넓은 사고를 가능하게 함

구분	사고 유형	사고 내용
백색(white) 모자	객관적 · 사실적 사고	중립적이고 객관적인 사실, 자료, 정보 예 우리가 알고 있는 것은 무엇인가?
적색(red) 모자	감정적 · 직관적 사고	감정, 느낌, 직관 예 아이디어에 대한 직관이나 감정, 느낌
흑색(black) 모자	논리적인 부정적 사고	나쁜 점, 부정적 판단, 실행 불가능한 이유 예 아이디어의 문제 및 주의점 탐색
황색(yellow) 모자	논리적인 긍정적 사고	좋은 점, 긍정적 판단, 낙관적이고 건설적인 사고 예 아이디어의 이점 및 가치 탐색
녹색(green) 모자	창의적 · 측면적(수평적) 사고	새로운 아이디어, 여러 가지 해결방안 예 대안(제안) 및 아이디어 탐색
청색(blue) 모자	사고에 대한 사고	요약, 개관, 결론 통제, 메타인지 사고, 사고과정 통제 예 목표, 개관, 순서, 결론 및 요약

MEMO

02

암기법
오방색 또는 태극기

MEMO

③ 수직적 사고와 수평적 사고

수직적 사고	수평적 사고
• 수렴적 또는 논리적 사고: 정확한 해결방법을 찾기 위해 정보를 논리적으로 계열화하여 단계적으로 사고하는 방식 • 논리적, 계열적, 예언 가능, 관습적임	• 창의적 사고 또는 확산적 사고: 다양성에 중점을 두고 여러 아이디어를 탐색하며 수많은 사고를 생성해 내는 사고 방식 • 비논리적, 비계열적, 예언 불가능, 비관습적임

(4) 속성열거법(attributing listing)

① 개념: 크로포드(Crawford)가 창안한 것으로, 어떤 대상이나 아이디어의 속성을 목록으로 모두 나열한 다음, 그 세분화된 속성을 변경하여 아이디어를 창출하는 기법이다.

예 벽돌을 새롭게 만드는 방법 창안: 벽돌의 속성 나열하기(색, 크기, 모양, 무게, 가격 등) → 속성을 변경시켜 보기

② 방법: ㉠ 대상의 주요 속성을 열거하기 → ㉡ 속성을 변경시킬 수 있는 방법을 열거하기 → ㉢ 한 대상의 속성을 다른 대상의 속성 변경에 이용하기

(5) 체크리스트(checklist)법

오스본이 창안한 것으로, 타인의 창의적 사고를 유발하는 질문 형태의 점검목록(checklist)을 미리 작성해 놓고 다양한 사고를 능률적으로 전개하는 기법이다.

(6) SCAMPER 기법

오스본의 체크리스트를 보완하여 에벌리(에버를; Bob Eberle, 1971)가 고안한 창의적 기법으로, 특정 대상이나 문제를 다양한 방법으로 변형하여 새로운 아이디어를 창출하는 방법이다. 새로운 아이디어와 상상력을 동원하도록 도와주는 체크리스트 기법의 한 유형으로, 기존의 것을 개선하거나 새로운 것을 만들어 내는 데 유용한 아이디어 촉진 질문법이다. ⇨ 기존의 것을 다양한 방법으로 변형하고 개선하여 새로운 아이디어를 생성하고 상상력을 활성화할 수 있도록 유도한다.

S: substitute (대체하기)	기존 사물의 형태, 용도, 방법 등을 다른 것으로 대체(대치)하기 예 석유난로 대신 전기를 사용하는 난로 만들기, 종이컵
C: combine (결합하기)	2가지 이상의 것들을 결합하여 새로운 것 생각하기 예 매직 훌라후프(훌라후프 + 발포고무나 자석을 넣은 돌기), 등산칼, 복합기
A: adapt (적용하기)	어떤 형태나 원리, 방법을 다른 분야에 적용하기 예 사진을 조각품으로 만들기, 햄버거 모양을 따서 만든 전화기, 입술 모양의 루즈케이스
M: modify (수정하기)	기존의 상품이나 아이디어에 색, 모양, 의미 등을 수정해서 새로운 것 만들기 • M magnify(확대하기): 크기를 더 크게 하거나 문제를 확대하기 • M minify(축소하기): 크기를 더 작게 하거나 문제를 축소하기 예 미니카, 휴대폰, 초미니 컴퓨터

P: put to other uses (다른 용도로 활용)	어떤 사물이나 아이디어를 다른 용도로 활용하기 예 기차 레스토랑
E: elimination (제거하기)	사물의 어떤 부분을 제거·삭제하기 예 노천극장, 오픈카
R: rearrange or reverse (거꾸로 또는 재배열하기)	위치나 속성을 바꾸기 예 여름에 겨울 상품 세일하기, 뒷 번호부터 출석 부르기, 재택근무, 근무시간 변경하기, 교사중심수업에서 학습자중심수업으로의 변화, 아이디어를 거꾸로 뒤집기

MEMO

02

Plus

❶ 창의력을 촉진하기 위한 방안

1. 학생들이 창의력에 가치를 부여하도록 해야 한다. 이를 위해 기발한 아이디어와 행동에 보상을 주도록 한다. 또, 교사가 창의적인 활동에 몸소 참여하는 것도 한 방안이다.
2. 학생들이 외재적 동기보다 내재적 동기를 갖도록 해야 한다. 일반적으로 내재적 동기가 높으면 창의력이 높은 경향이 있다. 따라서 학생들이 특별한 흥미를 갖고 있는 활동에 참여하도록 권장한다.
3. 교과내용을 완전히 이해하도록 해야 한다. 특정 교과영역과 관련된 창의력은 그 교과를 완전히 마스터해야 나타난다.
4. 창의적 사고를 유발하는 질문을 하는 것이 좋다. 어떤 문제에 대해 새로운 관점에서 생각하도록 하는 질문을 받으면 창의적으로 사고할 확률이 높아진다.
5. 학생들에게 자유를 부여하고, 안전감을 느끼도록 실수를 허용해야 한다. 창의력은 실패의 부담이 적은 상황에서 발현된다. 실패의 부담을 없애주려면 평가를 하지 않는 상황에서 활동을 하도록 한다.
6. 창의력을 발휘할 수 있도록 충분한 기회와 시간을 주어야 한다. 새로운 아이디어를 산출하고, 그 아이디어를 실험하는 데는 상당한 시간이 소요된다.
7. 창의적인 모델을 제공해야 한다. 각 분야에서 창의적인 인물을 모델로 제시하거나 교사 자신이 모델이 될 수 있다.

❷ 창의력을 촉진하는 교사의 특징

1. 학생들이 스스로 학습할 수 있도록 한다.
2. 학생들에게 기존의 지식을 충분히 익히도록 한 다음 자유롭게 창의적인 사고를 할 수 있도록 동기를 유발한다.
3. 교사 자신의 의견을 되도록 지연시키고 학생들이 그들의 생각을 완전하게 표현할 때까지 기다린다.
4. 학생들에게 교사의 문제해결 방법을 최선의 것으로 강요하지 말아야 한다.
5. 교사는 절대적으로 순응하는 학생보다 교사 자신의 견해와 다른 아이디어를 창출하는 학생에게 더 많은 보상을 주어야 한다.
6. 학생들의 지적 유연성을 가능하게 한다.
7. 학생들이 자기평가를 할 수 있게 한다.
8. 학생들이 실망을 이겨낼 수 있는 능력을 키워줌으로써 성공만을 위해 노력하지 않고 실패도 이겨낼 수 있도록 한다.
9. 학생들에게 부분적인 것보다는 전체적인 것을 보게 하는 능력을 키워준다.

MEMO

03 인지양식(학습양식, 학습유형, 학습선호도 유형)

❶ 개관

(1) 개념

① 개인이 사물이나 정보를 지각하고 처리하는 독특한 방식, 전형적인 양식이나 습관
② 가치중립적인 개념이므로 어느 유형이 다른 유형보다 더 좋은 것이라고 할 수 없다.

(2) 인지양식(cognitive style)의 교육적 시사점

① 학습양식을 고려하여 교수양식을 다양화해야 한다. 강의식 수업뿐만 아니라 문제중심학습, 소집단토론, 협동학습 등을 활용하여 학생 개개인의 욕구를 만족시키도록 한다.
② 학생들에게 자신이 가장 효과적으로 학습하는 방식에 대해 생각해 보도록 한다. 즉, 메타인지를 활용하여 학습양식의 효과를 검증하게 한다. 이를 통해 학생들은 자기감독과 자의식을 개발할 수 있게 된다.

❷ 위트킨(Witkin)의 장독립적-장의존적 인지양식 02 중등, 06 중등, 07 초등, 10 초등, 12 중등

(1) 개념

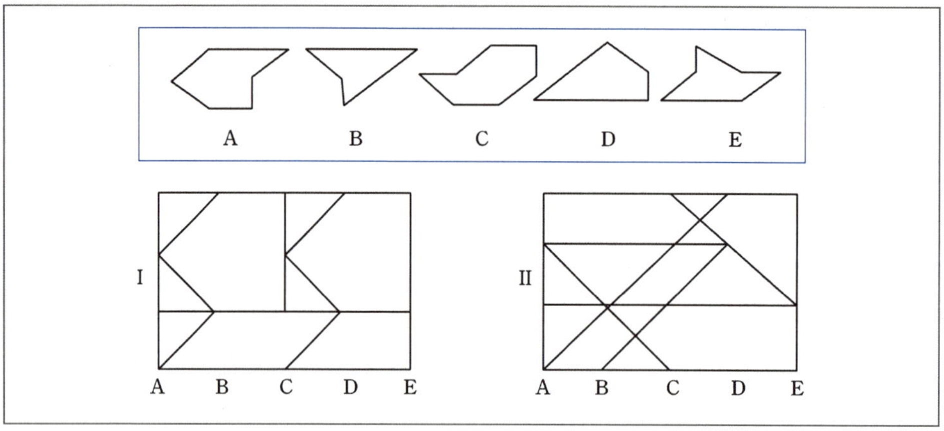

✔ 잠입도형검사(숨은그림찾기)

① 위트킨(Witkin)은 인지과정에서 보이는 정보나 자극에 대한 심리적 분화(psychological differentiation) 정도에 따라 인지양식을 장독립형과 장의존형으로 구분하였다. ⇨ 잠입도형검사(EFT : Embedded Figure Test, 숨은그림찾기)를 통해 측정
② 장독립-장의존은 인지과정에서 정보나 자극에 대한 심리적 분화 정도를 나타내는 지표이다.

(2) 인지양식의 유형

① 장독립형(field independence) : 정보를 인지할 때 주변의 장(배경)에 영향을 별로 받지 않는 인지양식이다. 심리적 분화가 잘 된 유형이며, 내적 대상에 의존하는 성향이 있다. ⇨ '나무는 보되, 숲은 보지 못하는 인지양식'

② 장의존형(field dependence) : 정보를 인지할 때 주변의 장(배경)에 영향을 많이 받는 인지양식이다. 심리적 분화가 잘 이루어지지 않은 유형이며, 외적 대상에 의존하는 성향이 있다. ⇨ '숲은 보되, 나무는 보지 못하는 인지양식'

(3) 학습자 특성 및 교수 전략

① 학습자의 특성 비교(Jonassen 외, Garger & Guild) 암

장독립형	장의존형
분석적 · 논리적임 : 세계를 보다 분화된 방식으로 경험하며, 주어진 대상을 분석적이고 논리적으로 지각함	**전체적 · 직관적임** : 주어진 대상을 전체적이고 직관적으로 지각하려는 경향이 있음
구조화 능력이 뛰어남 : 상황을 분석하여 재조직하고 구조화하는 데 능숙 ⇨ 비구조화된 학습자료를 선호함	**기존의 구조를 수용함** : 주어진 조직을 그대로 수용하고 재조직하지 못하는 경향이 있음 ⇨ 구조화된 학습자료 선호
내적 준거체계 소유 : 자신이 설정한 목표나 강화에 영향을 받는 경향이 있음	**내적 준거체계 없음** : 외부에서 설정한 목표나 강화에 영향을 받는 경향이 있음
내적 동기 유발 : 활동의 선택, 개인의 목표 추구를 통해 내적 동기가 유발되는 경향이 있음. 외부 비판에 영향을 적게 받음 ⇨ 과제가 얼마나 유용한지 보여 주고, 자신이 구조를 디자인할 자유를 줌으로써 동기화시킬 수 있음	**외적 동기 유발** : 언어적 칭찬, 외적 보상 등에 의해 외적 동기가 유발되는 경향이 있음. 외부 비판에 영향을 많이 받음 ⇨ 다른 사람에게 과제의 가치를 보여 주고, 학습과제의 윤곽과 구조를 제시함으로써 동기화시킬 수 있음
개별학습 선호 : 개별적, 독립적으로 학습하는 것을 선호함(발견학습, 탐구학습)	**동료학습 선호** : 공동의 목표를 위해 동료와 함께 학습하는 것을 선호함(협동학습, 토의학습)
개인적 성향 : 사회적 관계에 관심이 없고 대인관계에 냉담(비사교적)	**사회적 성향** : 사회적 관계에 관심이 많고 대인관계를 중시(사교적)
사회적 내용의 학습에 어려움 : 사회적 내용의 자료에 집중하는 데 외부의 도움을 필요로 함 ⇨ 맥락을 이용하는 방법을 학습해야 함	**사회적 내용의 학습을 잘 함** : 사회적 내용을 다룬 자료를 잘 학습함
수학, 자연과학 선호 : 수학자, 물리학자, 건축가, 외과의사와 같은 직업 선호	**사회 관련 분야 선호** : 사회사업가, 카운슬러, 판매원, 정치가와 같은 직업 선호
개념이나 원리 지향적 ⇨ 실험적	사실이나 경험 지향적 ⇨ 관습적 · 전통적
학문중심 교육과정에 유리	인간중심 교육과정에 유리
비선형적인 CAI(Hyper-media) 학습에 적합	선형적인 CAI 학습에 적합

MEMO

암기법
- **장독립형** : 분구내똥개
- **장의존형** : 전구내똥사

MEMO

키워드
- **동기유형**: 내재적 / 외재적 동기
- **과제제시**: 비구조화된 / 구조화된 과제

② 교사 유형(교수 유형)(Garger & Guild)

장독립형 교사	장의존형 교사
• 수업의 인지적 측면이 강조되는 강의법과 같은 교수상황을 선호함 • 주제를 소개하기 위해 질문을 사용함 • 교사에 의해 조직된 학습상황을 이용함 • 학생들에게 원리 적용을 조장하는 사람으로 인식됨 • 정확한 피드백을 주고 부정적 평가도 사용함 • 학생들에게 학습을 조직화하고 안내하는 데 강함	• 사회적 상호작용이 강조되는 협동과 토론이 허용되는 교수상황을 선호함 • 학생들이 교수에 따르고 있는지 확인하는 질문을 많이 이용함 • 학생중심의 활동을 함 • 학생들에게 사실을 가르치는 사람으로 인식됨 • 피드백을 거의 사용하지 않고 부정적 평가를 피함 • 따뜻하고 인격적인 학습환경을 형성하는 데 강함

③ 동기화 방법(동기화 전략)(Garger & Guild) 키

장독립형 학생	장의존형 학생
• 점수를 이용함 • 경쟁을 적절히 이용함 • 활동의 선택과 개인적 목표를 줌 • 과제가 얼마나 유용한가를 보여 줌 • 자신이 구조를 디자인할 자유를 줌	• 언어적 칭찬을 사용함 • 교사의 업무를 돕게 함 • 외적 보상을 함 • 다른 사람에게 과제의 가치를 보여 줌 • 학습과제의 윤곽과 구조를 제시함

④ 학습과제의 구조화와 학습 결과

㉠ **학습과제가 구조화된 경우**: 장독립형과 장의존형의 차이가 없다.

㉡ **학습과제가 구조화되지 않은 경우**: 장독립형이 장의존형보다 학습결과가 높다. 구조화를 시켜주지 않는 교사와 장의존형 학생이 만나면 학습실패가 발생한다.

⑤ 인지양식이 학업성취도에 미치는 영향 연구(Sarache, 1980)

㉠ 장독립형 학생과 장독립형 교사일 때 학업성취도가 제일 높다.

㉡ 장의존형 학생과 장의존형 교사일 때 학업성취도가 제일 낮다.

⑥ **시사점**: 학생의 인지양식에 따라 교수방법이 달라져야 한다. 즉, 개별학습의 필요성이 부각된다.

MEMO

02

3 케이건(Kagan)의 충동형(속응형)−반성형(숙고형) 인지양식 12 중등

(1) 개념

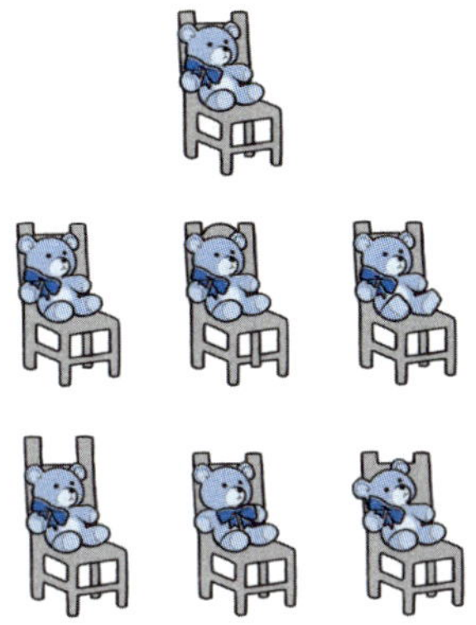

유사도형검사(같은그림찾기)

① 케이건(Kagan)은 과제 해결에 대한 반응시간과 반응오류(오답 수)를 기준으로 인지양식을 충동형과 반성형으로 구분하였다.

② 유사도형검사(MFFT : Matching Familiar Figure Test, 같은 그림 찾기)에서 유사한 도형을 찾는 데 걸리는 반응시간과 반응오류(오답 수)를 계산하여 인지양식을 충동형과 반성형으로 구분하였다.

(2) 인지양식의 유형

① **충동형(속응형, impulsivity)** : 문제에 대한 반응시간은 빠르지만[반응잠시(反應潛時, response latency)가 짧음], 반응오류(오답 수)가 많은 유형(가설을 설정하고 검증하는 과정에서 신중하게 생각하지 않고 실수를 많이 범하는 유형) ⇨ 행동이 사고보다 앞선다. 쉬운 과제를 신속하게 수행해야 할 때 유리하다.

② **반성형(숙고형, reflectivity)** : 문제에 대한 반응시간은 느리지만(반응잠시가 길), 반응오류(오답 수)가 적은 유형(문제를 해결하기 위해 가설을 설정하고 그것의 타당성을 검토하는 과정에서 신중하게 생각하는 유형) ⇨ 사고가 행동보다 앞선다. 어려운 과제를 해결해야 할 때 유리하다.

③ **지능과의 상관성** : 충동형과 반성형 인지양식은 모두 지능과는 낮은 상관을 갖고 있다.

MEMO

(3) 학습자 특성

충동형	활동적	불안적	감각적	총체적	산만	흥분	성취도 낮음	보상에 민감	미래 지향적
반성형	사변적	안정적	언어적	분석적	집중	침착	성취도 높음	보상에 둔감	현재 지향적

① **충동형**: 사고보다 행동이 앞선다.
ⓐ 문제를 해결할 때 생각나는 대로 단순하게 답하려는 경향이 있다.
ⓑ 정보를 빠르게 처리하지만 실수가 많다.
ⓒ 학업성취도가 낮다.

② **반성형**: 행동보다 사고가 앞선다.
ⓐ 문제를 해결할 때 여러 대안들을 탐색하고 여러 측면에서 검토하여 적절한 답을 구하는 경향이 있다.
ⓑ 정보를 느리게 처리하지만 과제수행에서 실수가 적다.
ⓒ 학업성취도가 높다.

(4) 교수 전략

극단적 충동형과 숙고형은 모두 문제이다. 극단적 충동형은 충동적으로 반응하기 때문에 능력에 비해 성적이 낮은 경향이 있고, 극단적 숙고형은 어려운 문제에 매달려 다른 문제를 풀지 못하는 경우가 많다.

① **충동형 학습자**: 신중하게 사고하도록 하는 전략
ⓐ **인지적 자기교수(cognitive self-instruction)**: 학습 중에 자신에게 혼잣말로 가르치기 (Meichenbaum)
예 "나는 이것을 좀 더 깊이 있게 봐야 해…." ⇨ 비고츠키(Vygotsky)의 사적 언어 이용
ⓑ **훑어보기 전략(scanning strategies)**: 학습과제 전체를 모두 개괄적으로 파악하기
예 5지선다형 문제에서 5개의 보기를 모두 하나씩 살펴보도록 격려하기

② **반성형 학습자**: 어려운 문제는 건너뛰게 하는 전략 ⇨ 까다로운 문제에 부딪혔을 때 한 문제를 너무 오랫동안 생각하다가 다른 문제를 놓치는 경우가 생길 수 있으므로 과제를 시간 내에 완성할 수 있도록 어려운 문제는 건너뛰게 하는 전략을 가르쳐야 한다.

MEMO

02

4 콜브(Kolb)의 학습유형 11 초등

개념 다지기

1. **콜브의 경험학습(experiential learning)**: 듀이(Dewey)의 경험과 반성을 중심으로 한 학습의 순환모형(경험 → 관찰 → 반성 → 행위)을 토대로 성인학습을 위한 이론을 전개하였다.
2. **경험학습의 순환(cycle)**: 경험학습의 순환(cycle)은 구체적 경험, 반성적 관찰, 추상적 개념화, 능동적 실험(활동적 실험) 등 4단계를 거쳐 진행된다.

(1) 개념

콜브(Kolb)는 학습자가 사용하는 정보지각방식(perception)과 정보처리방식(processing)에 따라 학습유형을 적응형(조절형), 발산형(분산형·확산형), 수렴형, 동화형(융합형)으로 분류하였다.

(2) 콜브의 4가지 학습유형

① 기준

정보지각방식	• **구체적 경험을 통해 지각하는 유형**: 직접 경험하고 깨달은 일을 통해 학습한다. 사람들과 더불어 하기를 좋아하며 사람들과의 관계를 중시한다. • **추상적으로 개념화하는 유형**: 논리와 아이디어를 사용하여 학습하면서 문제해결에 접근한다. 체계적으로 계획을 수립하며 이론을 개발하고, 정확하고 논리적인 사고를 하며, 추상적인 생각이나 개념을 중요시 여긴다.
정보처리방식	• **활동적으로 실험하는 유형**: 문제를 지켜보기만 하는 것이 아니라, 실제로 문제에 접근하고자 하고 실험을 시도한다. 문제해결, 실제적 결론을 찾아내는 것, 기술적 과제를 좋아한다. • **반성적으로 관찰하는 유형**: 판단하기 전에 주의 깊게 관찰하며, 여러 관점에서 사물을 조망하고 아이디어를 낸다. 행동하기보다 관찰을 좋아하고, 정보를 수집하여 범주를 창출해 낸다.

② 학습유형 팁

암기법
적발(분)수동

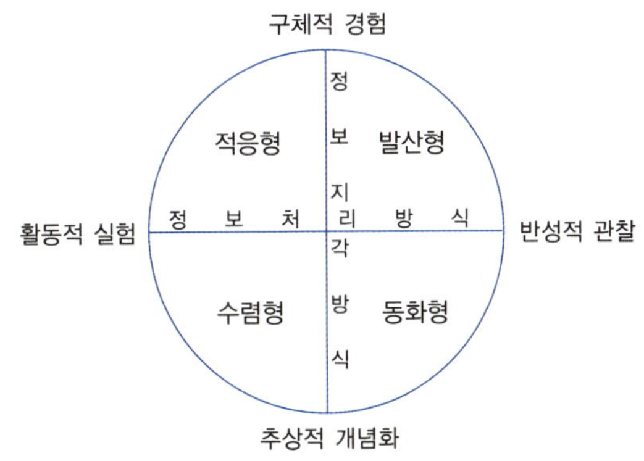

MEMO

구분		정보처리방식	
		활동적 실험	반성적 관찰
정보 지각 방식	구체적 경험	적응형(accommodator, 조절형) 구체적인 경험을 통해 지각하고, 활동적인 실험을 통해 정보를 처리하는 유형 ⇨ 계획 실행에 뛰어나고 새로운 경험을 추구하고 새로운 상황에 잘 적응하며 지도력이 탁월함. 논리적으로 분석하기보다는 감정적이며 느낌에 따라 행동하며, 모험적이고 감각적이고 실험적인 특성을 지님	발산형(diverger, 분산형) 구체적인 경험을 통해 지각하고, 반성적으로 관찰하며 정보를 처리하는 유형 ⇨ 상상력이 뛰어나고 상황을 여러 관점에서 조망하며 많은 아이디어를 냄. 흥미 분야가 넓어 다양한 분야의 정보를 수집함. 학습과정에서 교수자나 동료학습자와 좋은 인간관계를 맺을 수 있으며, 정서적인 특징을 가짐
	추상적 개념화	수렴형(converger) 추상적으로 개념화하여 지각하고, 활동적으로 실험하면서 정보를 처리하는 유형 ⇨ 가설 설정과 연역적 추리가 뛰어나고, 이론을 실제에 잘 적용할 수 있으므로 의사결정능력이나 문제해결능력이 뛰어남. 느낌보다는 이성에 의존하며, 사고지향적이어서 사회문제나 사람들과의 관계에 능숙하지 못한 대신 기술적인 과제와 문제를 잘 다룸	동화형(assimilator, 융합형) 추상적으로 개념화하여 지각하고, 반성적으로 관찰하며 정보를 처리하는 유형 ⇨ 논리성과 치밀성이 뛰어나고 귀납적 추리에 익숙하므로 이론화를 잘함. 여러 아이디어를 잘 종합하고 다각적으로 이해할 수 있어 이론적 모형을 잘 만듦. 과학적이고 체계적인 사고를 하며, 분석적·추상적 사고에도 강함

Section 02

학습자의 정의적 특성

01 자아개념(self concept) 00 초등보수, 02 초등

MEMO

1 개념과 종류

(1) 개념

① 자신의 능력과 가치에 대한 생각, 감정, 태도
② 자기 자신에 대한 생각, 감정, 태도의 복합물
③ 자신에 대한 지각의 총체

(2) 종류

① **긍정적 자아개념**: 자신을 유능하고 가치 있다고 인식하며 자신을 신뢰하는 경향
예 나는 참 좋은 사람이야. 나는 잘할 수 있어.
② **부정적 자아개념**: 자신을 무능하고 가치 없다고 인식하며 자신을 불신하는 경향
예 나는 쓸모없는 사람이야.

2 구성요소와 구조

(1) 구성요소

① **자신감(self-confidence)**: 어떤 과제를 할 수 있는 자기 능력에 대한 신념 ⇨ 매슬로우(Maslow)의 자아이론에 토대
② **자아존중감(self-esteem)**: 개인이 자기 자신에 대하여 내리는 가치 평가 ⇨ 로저스(Rogers)의 자아이론에 토대

(2) 자아개념의 구조

일반적 자아개념은 학문적 자아개념과 비학문적 자아개념(사회적 자아개념, 정서적 자아개념, 신체적 자아개념)으로 이루어져 있다.

MEMO

3 자아개념 형성에 영향을 주는 요인

(1) 환경 및 경험

자아개념은 생득적 구조를 가지고 있는 고정적인 것이 아니라, 의미 있는 환경 속에서 계속적인 경험의 결과로 형성된다.

① **부모와 상호작용과 인간관계**: 발달 초기에는 부모와의 상호작용에 의해 형성되고 발달되며, 형성된 자아개념은 인간관계를 통해 계속 수정되고 변화한다.

② **가정적 결손, 정서적 동요**: 분열적 생의 경험과 가정적 결손은 부정적 자아개념을 형성시키며, 특히 정서적 동요는 자아개념 변화에 영향을 준다.

③ **타인의 평가**: 자아개념은 타인에 의한 평가의 경험에 의해서 더욱 긍정적 혹은 부정적으로 변화한다. 긍정적 평가를 계속 받으면 긍정적 자아개념이, 부정적 평가를 계속 받으면 부정적 자아개념이 형성된다.

④ **성공과 실패의 경험**: 성공과 실패의 경험에 의해서도 자아개념은 더욱 긍정적 혹은 부정적으로 변화한다. 성공의 경험이 많으면 긍정적 자아개념이, 실패의 경험이 많으면 부정적 자아개념이 형성된다.

(2) 연령과 자아개념

연령이 증가할수록 자아개념은 더욱 견고해지고 강화되며 성년기를 통하여 안정되게 된다.

4 자아개념과 학업성취와의 관계

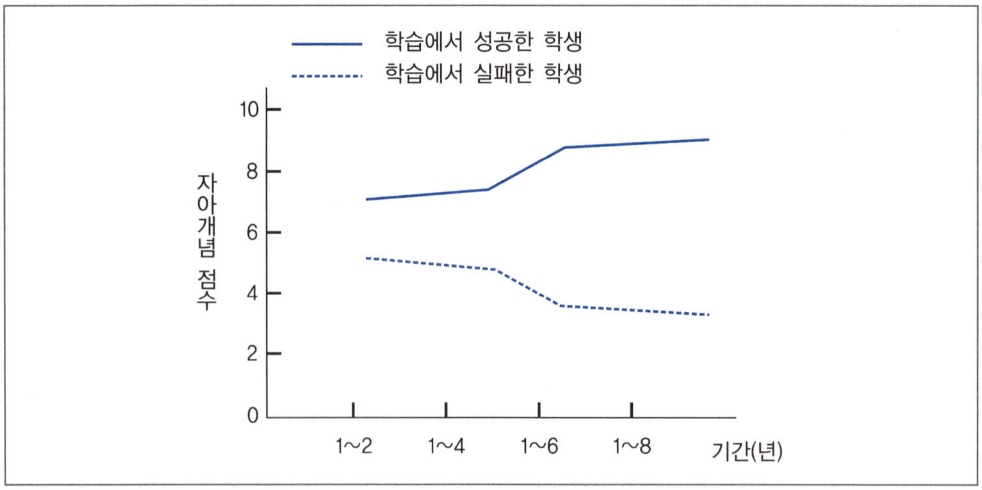

학습에서 성공한 학생과 실패한 학생의 자아개념의 차이

MEMO

02

(1) 키퍼(Kifer)의 연구

① 1973년 키퍼(Kifer)가 학업능력에 대한 자아개념과 학업성취의 관계를 연구한 결과를 나타낸 그래프이다.

② 그래프를 보면, 2학년이 끝났을 때에는 성공하는 학생들과 실패하는 학생들 사이에 작은 자아개념 점수 차이밖에 없다가 4학년이 끝났을 때에 그 차이가 약간 더 벌어지지만, 6학년 말과 8학년 말의 차이는 대단히 크다.

③ 학습에서 성공 경험을 장기간 거듭할수록 자아개념은 점점 긍정적인 방향으로 굳어지며, 실패 경험을 거듭할수록 자아개념은 점점 부정적인 방향으로 고착된다.

(2) 자아개념과 학업성취 간의 연관성

자아개념과 학업성취 간에는 밀접한 상관성이 있다. 키퍼(Kifer)는 과거 모든 연구를 검토하면서 학업성적이 우수한 학생들은 자아개념이 긍정적이어서 자기 자신을 가치 있고 바람직하고, 유능한 사람으로 지각하는 데 반해서, 학업성적이 좋지 않은 학생들은 한결같이 자아개념이 부정적이며, 자신감이 부족하고, 자기를 비하하고 열등감에 사로잡혀 있을 뿐만 아니라, 타인이 자기를 인정하지 않는다는 지각을 하고 있다고 결론 내렸다.

02 동기이론

1 개관

(1) 동기(motivation)의 개념

① 개념 : 개체의 행동을 유발하는 심리적 에너지. 학업성취도와 0.45 정도의 상관을 지님

② 기능 : 행동 유발(시발적 기능), 행동 촉진 및 유지(강화적 기능), 목표 지향(지향적 기능)의 역할

(2) 동기의 종류 – 내재적 동기와 외재적 동기

92 초등, 95 초등, 96 중등, 99 초등, 99 중등, 00 초등, 02 초등, 04 중등

① 내재적 동기(내적 동기, intrinsic motivation) ⇨ 인본주의 및 인지주의 학습이론에서 중시

㉠ 유기체 내부에서 비롯되는 동기, 즉 과제 수행의 활동 그 자체가 보상인 동기

㉡ 과제에 대한 흥미, 호기심, 성취감, 만족감 등에서 유발됨 ⇨ 장기적 효과

MEMO

② 외재적 동기(외적 동기, extrinsic motivation) ⇨ 행동주의 학습이론에서 중시

㉠ 유기체 외부에서 비롯되는 동기, 즉 과제 수행의 결과가 가져다 줄 보상이나 벌에서 비롯되는 동기

㉡ 상벌, 경쟁심, 학습결과 제시 등에서 유발됨 ⇨ 단기적 효과

③ 학습자가 내재적으로 동기화되는 경우

㉠ **학습자의 자율성 촉진**: 자율적인 환경 속에서 학습자 자신이 학습에 영향을 끼칠 수 있다는 느낌을 가질 때 더욱 동기화

㉡ **도전적 과제 제시(유능감)**: 도전은 목표가 적당히 어려워서 성공이 보장되지 않을 때 발생. 도전에 직면하면 감정적으로 만족감이 발생

㉢ **호기심 자극**: 새롭고, 놀랍고, 기존의 생각과 모순되는 경험이 내재적 동기를 유발

㉣ **창의성과 상상력 자극**: 학습자가 상상하면서 창의적 학습과제를 수행하면 자신만의 상상을 사용하여 내용을 자신의 것으로 만들 수 있게 됨

④ 내재적 동기와 외재적 동기와의 관계

개별적 작용	• 내재적 동기와 외재적 동기를 연속선상의 양극단으로 보는 경우(외재적 동기가 높으면 내재적 동기가 낮고, 외재적 동기가 낮으면 내재적 동기가 높다고 보는 경우)가 있는데, 실제로 두 동기는 학생에게 개별적으로 작용한다. ⇨ 개별적인 연속체 • 예컨대, 학습주제에도 흥미를 가지고 수업에서 좋은 점수도 얻기 위해 공부하는 학생이 있는가 하면(외재・내재 동기가 함께 작용한 경우), 오직 좋은 점수만을 얻기 위해 공부하는 학생도 있다(외재 동기는 높지만, 내재 동기는 낮은 경우). ⇨ 이렇듯 외재적 동기와 내재적 동기는 극단에서 서로 대립적인 관계로 있는 것이 아니라 서로 얽혀 있는 심리상태이다.
상황과 시간	• 내재적 동기와 외재적 동기는 상황과 시간에 따라 달라질 수 있다. • 어떤 수업은 내재적 동기가 강하지만 어떤 수업은 외재적 동기가 강할 수 있고(예 체육교과는 그 자체가 재미있어서 공부를 하지만, 수학교과는 단순히 점수를 받기 위해 공부를 하는 경우), 외재적 동기로 시작되었던 공부가 시간에 따라 내재적 동기로 변하기도 한다(예 스티커를 받기 위해 색칠공부를 했는데, 보상이 소멸되었는데도 색칠공부 자체에 흥미가 생겨서 이전보다 더욱 열심히 색칠공부에 열중한다면 처음의 외재적 동기가 내재적 동기로 전환된 것임).
학업성취도	• 내재적으로 동기화된 학생이 외재적으로 동기화된 학생보다 더 높은 학업성취를 보인다. 내재적 동기는 결과에 관계없이 학습이나 행동을 지속적으로 수행하며, 암기학습이 아닌 이해를 통한 개념학습을 주도한다. • 내재적 동기가 학습에 지대한 영향을 끼치는 더 바람직한 동기이다. 그러므로 학습자가 내재적으로 동기화가 되어 있지 않았을 때 사용하는 것이 외재적 동기화라는 점을 생각해 볼 때, 우선 학습자를 외재적으로 동기화한 후 내재적 동기화로 갈 수 있도록 유도하는 것이 교사의 임무라고 볼 수 있다.

외재적 동기의 부정적 측면과 효과적 사용법	• 이미 내재적으로 동기화된 학생에게 외재적 동기인 보상을 제공하면 오히려 내재적 동기가 손상된다(Deci, 2006). 즉, 내재적 흥미를 느끼는 과제에 외적 보상을 주면 내재적 동기가 감소된다(예 하던 굿도 멍석 깔아 놓으면 안 한다). 예컨대, 스스로 독서를 열심히 하고 있는 아이에게 과도한 칭찬과 보상을 주면 독서에 대한 내재적 동기를 손상시키고, 독서에 필요한 내재적 동기를 발달시키는 데 장애가 된다. ⇨ 따라서 보상은 학생이 흥미를 느끼지 않는 과제에 사용되어야 한다. 흥미를 느끼지 않는 과제를 하는 학생에게 보상을 사용하는 것은 그 과제를 계속해서 하고 싶은 마음이 생기게 하는 내재적 동기를 증가시키는 데 도움을 준다. • 외적 보상은 학생들이 자신의 발전이 아니라 주어질 보상에만 관심을 갖도록 만든다(예 제사보다 젯밥에 관심을 가진다). 예컨대, 수준과 관계없이 책을 읽을 때마다 칭찬 스티커를 주면 쉬운 책을 대충 많이 읽어서 칭찬 스티커를 많이 받고자 하도록 만든다. 학생은 보상 때문에 좀 더 단순한 과제를 선호하게 되고 과제에 대한 흥미가 감소하며 보상에만 집착하게 된다. ⇨ 따라서 보상은 수행한 과제의 질에 따라 주어져야 한다(Deci & Ryan, 1991). 학생의 능력이나 공부의 질이 향상되고 있음에 대한 정보를 제공하는 차원의 보상은 과제의 흥미를 증가시키도록 도움을 줄 수 있다. 이처럼 교사는 보상이나 칭찬을 매우 신중하게 사용해야 하며, 학습자 개인의 동기 수준 및 상황에 항상 주의하여 접근해야 한다.

개념 다지기

1. **외재적 보상이 내재적 동기를 감소시키는 경우**
   ① 내재적으로 동기화된 학생에게 외재적 보상을 제공할 경우(⇨ 내재적 동기 손상)
   ② 수행한 과제의 질에 관계없이 외재적 보상을 남용할 경우(⇨ 외적 보상에 집착 → 내재적 동기 감소)

2. **외재적 보상으로 내재적 동기를 증가시키기 위한 방법**
   ① 내재적 흥미를 느끼지 않는 과제에 보상을 사용함
   ② 과제수행의 질을 고려하여 보상을 제공함
   ③ 과제수행의 향상적 정보를 보상으로 제공함 ⇨ 활동에 대한 향상적 정보를 제공하는 정보적 피드백을 제공함(자기결정성이나 유능감의 지각)

(3) 학습자의 내재적 동기를 지속시키는 전략

① 도전적 과제나 상황 제시: 학습자가 적절한 도전감을 느낄 수 있는 과제나 상황을 제시한다.

② 정보적 피드백 제공: 학습자에게 정보적 피드백을 제공한다. 자신이 외부의 조정을 받는다는 느낌을 주는 조정적 피드백은 삼간다. 즉, 학습자에게 통제권을 주어 학습자 스스로 자신을 통제할 수 있다고 느끼게 한다.

예 정보적 피드백: "그동안 사회 공부를 열심히 하더니 실력이 많이 늘었구나. 그래서 성적이 오른 거야."
조정적 피드백: "그것 봐! 선생님이 시키는 대로 하니까 성적이 올랐잖아."

③ 호기심 자극: 기존의 틀을 벗어나 주어진 과제가 학습자의 기존 생각과 조금 거리가 있을 때 학습자의 호기심은 증대된다.

MEMO

MEMO

(4) 학습동기 유발 방법 00 중등, 02 중등

학습목표의 확인	• 모든 행동은 목표를 지향하므로 목표를 뚜렷하게 인식시켜 준다. • 학습자 자신의 '자기 학습의 목표 설정'을 하도록 한다.
개인적 흥미를 통한 동기 유발	• 학습자의 개인적 흥미나 적성에 부합한 학습과제를 제시한다. • 학습자의 능력과 과제의 난이도를 적절히 결합하여 문제해결에서 오는 만족감을 체험하도록 한다. • 적정 수준의 불균형(optimal discrepancy)을 유지한다.
결과에 대한 지식	• 학습자에게 학습결과를 알려 주고 그 결과를 스스로 평가·검토해 보도록 한다. • 학습자의 계속적 과제 수행과 학습향상을 위한 평가적 피드백을 제공한다.
상과 벌의 사용	• 상은 성공감, 만족감을 주고 사회적 승인의 욕구를 충족시켜 주기 때문에 동기 유발에 도움이 된다. • 벌은 불필요한 학습을 방지하고 필요한 학습을 의무적으로 하게 만들 때 이용하는 강제적 수단이다.
긍정적 자아개념의 형성	부정적 자아개념은 자신감을 잃게 하고 학습동기가 좌절되므로 긍정적 자아개념의 형성을 돕는다.
부분 해답의 제시	• 부분 해답을 제시한다. • 답이 주어지지 않은 문제를 남겨 학생들 스스로 그 문제를 해결할 수 있도록 한다.
경쟁과 협동의 적절한 사용	• 경쟁은 우월감과 성공감이 강화되어 학습의 목적의식과 결과파악을 명확하게 해 준다. • 협동은 우호적인 분위기에서 집단의 생산성을 높일 수 있다. • 따라서 이 2가지를 적절하게 조화시키는 것이 중요하다.
교사의 적극적 조력	교사의 열정과 기대, 온정, 감정이입, 적극적 조력은 학생들을 동기화시킨다.

개념 다지기

1. 동기에 대한 이론적 접근

정신분석 관점	정신분석이론(Freud)
행동주의 관점	강화이론, 추동감소이론(Hull)
인본주의 관점	욕구위계론(Maslow), 자기결정성이론(Deci), 자아개념, 실현경향성(Rogers)
인지주의 관점	자기가치이론(Covington), 귀인이론(Weiner), 목표지향성이론(Dweck)
사회학습이론 관점	자기효능감(Bandura), 기대×가치이론(Atkinson), ⇨ 사회학습이론 관점을 인지주의 관점에 포함시켜 설명하기도 함

2. 동기이론의 접근방식

① 학습동기에 대한 욕구의 영향: 욕구 ⇨ 동기이론에서 욕구는 특정한 상태나 사물을 얻거나 피하기 위한 내면적 힘 또는 추동력 ∴ 욕구위계이론, 자기결정성이론, 자기가치이론

② 학습동기에 대한 믿음의 영향: 믿음 ⇨ 그것을 지지할 분명한 증거가 없이도 진실이라고 받아들이는 인지적 생각 ∴ 귀인이론, 자기효능감이론, 기대×가치이론

③ 학습동기에 대한 목표의 영향: 목표 ⇨ 개인이 달성하고자 희망하는 결과
∴ 목표지향성이론, 성취동기이론

3. **행동주의 동기이론**: 강화이론
① 의미: 강화이론은 강화가 동기를 유발한다고 주장한다. 스키너의 강화이론에 따르면 강화는 행동의 확률 혹은 강도를 증가시키고, 처벌은 행동의 확률 혹은 강도를 감소시킨다.
② 시사점: 동기를 높이려면 강화를 주고, 동기를 낮추려면 처벌을 해야 한다. 즉, 바람직한 반응에는 강화를 주고, 바람직하지 않은 반응에는 처벌을 하면 된다.

MEMO

02

② 매슬로우(Maslow)의 욕구위계이론 99 중등추가, 03 초등, 13 중등특수추시論

(1) 개념 암

① 매슬로우(Maslow)는 인간의 내적 욕구를 동기 유발 요인으로 본다. 그는 인간의 욕구를 생리적 욕구, 안전의 욕구, 사회적 욕구, 존경의 욕구, 자아실현의 욕구 등 5단계로 위계화하여 제시하였다.

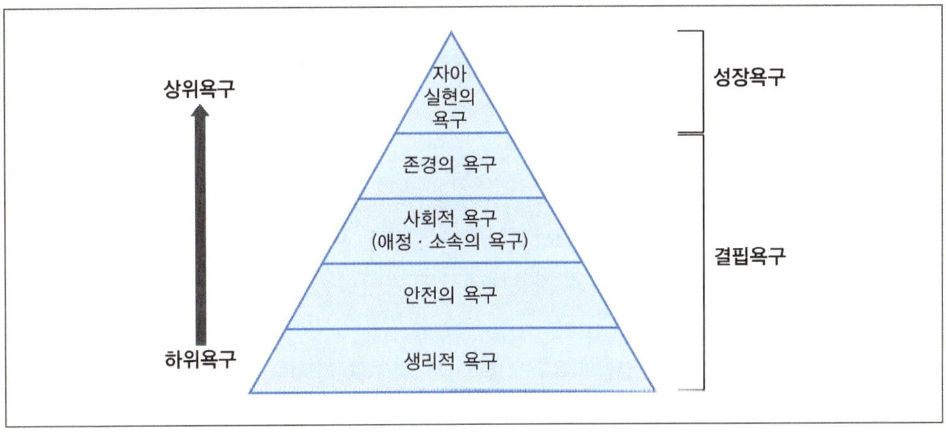

② 하위욕구가 충족되어야 상위욕구가 등장한다고 본다. 하나의 하위욕구가 충족되어야 위계상 다음 단계의 욕구가 나타나서 충족을 요구한다. 일단 충족된 욕구는 약해져서 동기 유발의 요인으로서의 의미를 상실한다. ⇨ **만족-진행 접근법**: 저수준 욕구 → 고수준 욕구

(2) 욕구 5단계

생리적 욕구	인간의 삶 그 자체를 유지하기 위한 가장 기초적인 욕구 예 의식주 · 성 · 수면 등의 욕구
안전의 욕구	신체적 위협이나 위험, 공포나 불안으로부터 벗어나고자 하는 욕구. 확실성 · 예측성 · 질서 · 안전을 보장받고 싶어 하는 욕구 예 불안 · 무질서로부터의 자유, 구조 · 법 · 질서 · 안정에 대한 욕구

암기법
욕구 5단계: 생안사존자

욕구
동기이론에서 욕구는 특정한 상태나 사물을 얻거나 피하기 위한 내면적 힘 또는 추동력

MEMO

사회적 욕구 (애정 · 소속의 욕구)	사회적 존재로서 대인관계의 욕구나 애정 · 소속의 욕구 예 집단에의 소속감, 애정, 소속, 우정 등
존경의 욕구	타인에 의한 존경의 욕구(예 인정, 지위, 명예)와 자기 존중(self-respect)의 욕구(예 자신감, 자기효능감) ⇨ 존경의 욕구가 충족되면 자신감, 권위, 권력 등이 생겨남
자아실현의 욕구	자신의 잠재력을 최대한 실현하려는 욕구. 지적 욕구와 심미적 욕구 등을 포함 예 최대의 자기발견, 창의성, 자기표현의 욕구

(3) 결핍욕구와 성장욕구

결핍욕구 (deficiency needs)	무엇인가 부족한 것을 충족하려는 욕구로, 충족되면 더 이상 욕구(동기)로 작용하지 않는다. 결핍욕구가 모두 충족되지 않으면 성장욕구로 옮겨 가지 않는다. 예 1~4단계의 욕구: 긴장 해소와 평형복구 지향, 강한 사람은 타인 지향적 · 의존적 존재
성장욕구 (growth needs)	자신의 잠재력을 최대한 실현하려는 욕구로, 완전히 충족될 수 없으므로 계속 욕구(동기)로 작용한다. 예 5단계의 욕구(지적 욕구, 심미적 욕구, 자아실현 욕구): 결코 완전히 만족되지 않는 욕구, 긴장의 즐거움이 계속되는 욕구, 강한 사람은 자율적 · 자기지시적 존재

(4) 비판점

① 인간의 욕구가 반드시 위계적으로 나타나는 것은 아니다. 어떤 사람은 생리적 욕구나 안정의 욕구가 충족되지 않은 가운데에서도 자아실현을 위한 활동에 에너지를 쏟기도 한다.

예 나치 수용소에 수감되어 결핍의 욕구가 충족되지 않은 상태의 사람들도 진리를 추구하고 지적 성취를 이룬 역사적 기록들이 있음

② 인간의 행동은 여러 욕구요인이 상호 복합적으로 작용하여 결정되기도 한다. 교사들이 방학 중에도 쉬지 않고 자발적으로 연수를 받는 이유는 자신을 계발하기 위한 자아실현이 욕구와 함께 승진(존경의 욕구)을 위한 욕구를 충족하기 위한 노력일 수 있다.

③ 인간의 욕구와 동기를 너무 정태적으로 파악하였다. 욕구요인의 상대적 중요성은 사람에 따라 다를 뿐 아니라, 개인적으로도 상황에 따라 상대적 선호나 강도가 다르다. 그래서 인간의 행동을 제대로 이해하려면 조직의 변인(구조와 과정, 리더십), 환경 변인(정책이나 제도의 변화 등)을 두루 고려할 필요가 있다.

④ 자율 욕구를 강조하지 않은 한계가 있다. 교사들은 교직을 수행하는 과정에서 전문적인 판단기준과 양심에 비추어 자유롭게 학생들을 가르치기 원하는 경우가 있다.

(5) 교육적 시사점

① 교사는 학생의 결핍욕구가 충분히 채워졌는지 항상 주의를 기울여야 한다. 결핍욕구가 모두 충족될 때 학생들은 비로소 성장욕구인 자아실현의 욕구를 충족하기 위해 열성을 보일 수 있다.

예 결식 학생(생리적 욕구), 집단구타를 당하는 학생(안전의 욕구), 따돌림을 당하는 학생(사회적 욕구), 교사나 친구로부터 자존감의 상처를 입은 학생(존경의 욕구)에게 수업에 적극 참여하도록 요구하는 것은 아무런 의미가 없다.

② 교사는 학생의 자존감에 상처를 입히는 언행을 삼가야 한다. 교사가 학생의 자존감을 건드리고 상처를 입히는 언행을 하면 학생은 더 이상 학습에 흥미를 유지할 수 없게 된다. 교사는 학생의 장점을 부각시켜 주어야 한다.

③ 학생의 동기유발을 위한 사전작업으로 교사는 학생이 지니고 있는 욕구를 충분히 이해하려고 노력해야 한다. 학생이 추구하는 하위수준의 욕구와 교사가 학생에게 요구하는 상위수준의 욕구가 서로 갈등을 일으킬 수도 있다.

예 사회집단 내에서 소속감과 자존감을 유지하려는 것은 청소년기 학생에게는 매우 중요한 일이다. 그러나 때때로 교사가 지시하는 사항이 자신이 속해 있는 집단 내의 규칙이나 가치와 동떨어져 있다면 학생은 당연히 교사의 요구를 거부하거나 심지어 교사에게 도전적인 행동을 보이기도 할 것이다.

3 데시와 라이언(Deci & Ryan)의 자기결정성이론(self-determination theory)

10~11 초등, 11 중등, 13 중등

(1) 개념

① 인간의 동기는 무엇을 어떻게 할 것인지에 대한 자신의 선택이나 자기통제의 욕구, 자신의 의지를 활용하는 과정에서 발생한다고 설명하는 이론이다. 즉, 인간은 자신의 행동을 자율적으로 결정하고자 하는 욕구에 의해 동기화된다는 이론이다. 이에 따르면, 인간은 자율적이고자 하는 욕구를 가지고 있고 스스로 원하기 때문에 활동에 참여한다고 본다.

② 자기결정성(self-determination)🔔 암은 자율성(autonomy), 유능감(competence), 관계성(relatedness)의 3가지 기본욕구로 이루어져 있다. 이 3가지 욕구가 개인의 환경에서 지지될 때 개인의 학습, 성장, 발달에 내재적 동기를 제공한다.

예 학생은 학업상황에서 스스로 공부할 것을 결정했다고 느끼고 싶어 하고, 스스로 유능감을 느끼기 원하며, 가장 가까운 사람들로부터 관계성에 대한 욕구를 충족받고자 한다.

③ 내재적 동기의 중요성을 강조하며, 내재적 동기는 자기결정의 경험에 기초하여 형성된다고 주장한다.

MEMO

🔔 자기결정성
자신의 행동을 자율적으로 결정하고자 하는 욕구

암기법
자기결정성의 기본 욕구: 자유관

MEMO

✓ 자기결정성 인식에 영향을 주는 요인(Deci & Ryan)

선택(choice)	자신이 행동을 정당한 한계 안에서 선택할 수 있을 때 자기결정력을 증가시키고, 이 때문에 내적 동기가 올라가게 된다.
위협과 마감시한 (threat & deadlines)	위협과 마감시한은 자신이 통제받고 있다는 느낌을 제공하여 자기결정력과 내적 동기를 감소(손상)시킨다.
통제적인 표현 (controlling statement)	자신의 행동을 다른 사람이 통제하고 있다는 표현은 자기결정력과 내적 동기를 감소(손상)시킨다.
외적 보상 (extrinsic reward)	외적 보상(강화물)이 과정에 대해 정보 제공이 아닌 행동통제나 행동조종의 수단으로 인식될 때 자기결정력과 내적 동기를 감소(손상)시킨다.
감독과 평가 (surveillance & evaluation)	자신이 평가받고 있다는 것을 느낄 때 자기결정력과 내적 동기를 감소(손상)시킨다.

Plus

인지평가이론(cognitive evaluation theory)

1. **개관**: 외부에서 발생한 사건에 대한 인지적 평가, 즉 '지각된 인과소재'(PLOC: Perceived Locus of Causality)에 따라 내재적 동기 유발 정도가 달라짐
2. **두 가지 인지적 평가**(통제 측면과 정보 측면)
   ① 외부 사건의 목적이 자신을 통제하기 위한 것으로 인식되면(외적 PLOC로 귀인), 그 사람의 자율성을 침해하여 내재적 동기를 손상시킴 예 발표에 대한 교사의 칭찬을 '지난 번 지시사항을 발표에 잘 반영하였구나.'라는 의미로 이해한 경우
   ② 외부 사건의 목적이 자신에게 정보를 제공하는 것으로 인식되면(내적 PLOC로 귀인), 유능감 욕구를 충족시켜 내재적 동기를 증진시킴 예 발표에 대한 교사의 칭찬을 '발표하는 것을 보니 너는 참 논리적이구나.'라는 의미로 이해한 경우

(2) 기본욕구 3가지

자율성 욕구 (통제 욕구) autonomy	외적인 보상이나 압력보다는 자신이 원하는 바에 따라 행동하려는 욕구이다. 인간은 스스로 목표를 세우고, 자신에게 중요하고 가치 있는 것을 결정하기를 원한다는 것이다. ⇨ 자기결정성이론의 핵심
유능감 욕구 (성취 욕구) competence	• 인간은 누구나 능력 있는 사람이기를 원하고 자신의 능력(재능)이 향상되기를 원한다는 것이다. ⇨ Maslow의 욕구위계에서 지적 성취 욕구, 사회인지이론에서 자기효능감과 유사한 개념 • '내가 과연 이 과제를 할 수 있을까?'라는 물음에 대한 답으로, 자신이 그 과제를 얼마나 잘하는가, 다른 학생과 비교했을 때 얼마나 잘하는가, 다른 활동과 비교했을 때 그 과제를 잘하는가에 대한 인식에 의해 형성된다. • 자신의 능력에 대해 긍정적 인식을 가진 학습자는 유능감이 높다. 유능감 욕구는 환경과 상호작용하면서 자신의 능력을 사용하고 성취하는 경험을 할 때 충족된다.
관계성 욕구 (친화 욕구) relatedness	• 다른 사람과 긍정적이고 안정적인 관계를 형성하고자 하는 욕구이다. 관계성 욕구는 내재적 동기와 직접 관련은 없지만, 다른 사람과 함께 하는 활동에서 내재적 동기를 유지하는 데 중요하다. ⇨ Maslow의 욕구위계에서 애정·소속의 욕구와 유사 • 가령, 교사나 부모와 안정적인 관계를 가질 때 학생은 높은 내재적 동기를 가지며, 부모, 교사, 친구들에 대한 관계성 욕구를 충족한 학생은 학교활동에 더욱 몰입한다.

MEMO

02

(3) 자기결정성을 높이기 위한 방안 – 학생이 자기결정적으로 학습하기 위한 방안

① **자율적인 학습환경 제공** : 자율적인 학습 상황에서 학습자는 흥미와 호기심을 갖고 유능감과 창의성을 발휘하여 도전을 즐기게 된다. 반면 통제적 교육환경은 내재적 동기를 훼손한다. 부모나 교사가 만든 규칙과 규율을 따를 것을 요구하거나, 교사가 학생들에게 직접적으로 지시하고 학생의 학습을 자주 간섭하며 비판적이거나 독립적인 의견을 내지 못하게 하는 것은 학생들에게 분노와 불안과 같은 부정적인 감정을 유발하여 무동기를 유도한다. 따라서 교사는 학생들이 자율적으로 판단해서 결정하고 행동하도록 권장하고, 학생들에게 왜 학습활동이 필요하고 중요한지에 대해 설명함으로써 학생들이 학습활동을 내재화하도록 도와야 한다.

- 학생들에게 스스로 자신의 학습목표를 설정하고 모니터하도록 격려한다.
- 교실활동에서 학생 참여가 높은 수준으로 이루어지게 한다.
- 학생들에게 교실의 규칙과 절차를 만드는 과정에 의견을 제시하도록 한다.
- 성취에 대해서 노력과 전략 사용의 효과를 강조하고 능력의 영향을 덜 강조하도록 한다.
- 평가 시 피드백을 제공하고 학습이 향상되는 것에 초점을 둔다.

② **성공적인 과제 수행의 경험 제공** : 성공적인 경험을 할 때 학습자는 유능감이 높아지며 열심히 노력하게 된다. 유능감은 초등학교 학생에게는 매우 높지만 중・고등학교로 성장하면서 점점 낮아지며 이러한 현상은 범문화적으로 나타난다. 학생이 자신이 받는 피드백에 대해 제대로 이해하고 또래와 사회적 비교를 하면서 자신에 대한 평가를 더욱 정확하게 하기 때문이다. 따라서 교사는 학습자가 성공을 경험할 수 있는 기회를 지속적으로 제공해 주어서 학습자가 유능감을 갖도록 도와주어야 한다.

- 학생들에게 도전적 과제를 제시하여 해결하도록 함으로써 자신의 능력을 확인하고 그 능력이 향상되고 있음을 느끼게 한다.
- 학생들의 과제 수행에 대해 구체적이고 긍정적 피드백을 제공하여 학생 이해와 능력 향상에 대한 믿음을 표시한다.
- 과제 실패 시 학생의 능력 부족에 원인을 두지 않고 노력 부족에 원인을 두는 것이 학생의 수행 의지를 강화한다.

학생의 유능감에 영향을 미치는 교사의 행동

교사의 귀인방식	학생의 능력 부족에 원인을 두지 않고 노력 부족에 원인을 두는 것이 학생의 수행 의지를 강화함
칭찬과 비판	부적절한 칭찬은 오히려 학습동기를 손상시킬 수 있으며, 반대로 시의적절한 비판은 학습동기를 높임

MEMO

감정적 반응	학습자의 성공과 실패에 대한 교사의 감정적 반응 역시 영향을 미침 ⇨ 학습자가 실패했을 때 불쾌감을 표현하는 교사는 학생이 노력을 더 하면 능력을 갖출 수 있다고 믿는 것으로 보이며, 동정을 표하는 교사는 학생이 유능해질 만한 능력이 별로 없다고 믿는 것으로 보임
도움의 제공	학생이 도움을 요청하지 않은 상태에서 교사가 도움을 주는 것 역시 문제가 되고 유능감의 감소를 야기할 수 있음

③ **친밀한 사회관계 형성**: 다른 사람과 친밀한 관계를 형성하면 관계성 욕구가 충족되어 동기를 유발할 수 있다. 부모나 교사와 학생 간의 긍정적인 관계는 학생이 부모나 교사가 기대하는 바를 수행하려는 동기를 유발하게 되며, 자신이 좋아하거나 존경하는 가치를 내면화하게 한다. 또, 또래와 친밀한 관계 형성을 위해 협동학습 전략을 사용하는 것도 좋다. 협동학습은 학습자가 사회 구성원으로 참여하여 또래집단으로부터 긍정적인 피드백, 칭찬 등을 받으면서 긍정적 인간관계를 맺을 수 있는 기회가 된다. 따라서 협력적이고 서로 배려하는 환경을 제공하는 것이 필요하다.

- 교사는 학생들의 현재 모습을 그대로 인정하고, 더 나은 존재로 발전할 수 있다는 믿음을 보여 준다. ⇨ 무조건적인 긍정적 존중 전달
- 학생들을 협동학습에 참여시켜 구성원들과 긍정적 상호작용을 하며 공동으로 과제를 해결하도록 한다.
- 교사와 학부모가 학생들의 흥미와 복지에 관심을 보이고 배려한다.

Plus

평가의 역할과 자기결정성을 높이기 위한 평가의 활용 방안

1. 평가의 역할

① 평가가 자신을 처벌 또는 통제하는 수단이라고 여긴다면 평가가 학생의 내재적 동기를 손상시키는 반면, 평가가 자신의 능력을 증진한다는 정보를 제공하는 것으로 여긴다면 학생의 내재적 동기는 향상될 수 있다.

② 학습과 유능감 증진을 강조하는 환경을 조성하는 것이 학생성취를 평가하는 목표가 되어야 한다.

2. 자기결정성을 높이기 위한 평가의 활용 방안

① 학생들에게 분명한 목표수준(기대)을 제공하고 이러한 목표수준(기대)과 일치하도록 평가를 조정한다. 학생들이 평가를 예측 가능하고 도전 가능한 것으로 받아들일 수 있기 때문에 유능감 욕구를 충족할 수 있게 된다.

② 평가를 자주 실시하고 평가가 학습에 이득이 됨을 강조한다. 평가에서 성공할 경우 유능감을 확인할 수 있게 하고, 실패할 경우 교정학습을 통해 성공의 기회를 제공하면 유능감 욕구를 충족시킬 수 있다.

③ 평가 결과에 대해 자세한 피드백을 제공하고, 정답뿐만 아니라 그 정답이 나온 근거를 제시한다. 평가를 통해 내용 이해 및 학습능력 증진의 기회를 제공할 수 있으므로 유능감 욕구를 충족할 수 있다.

④ 평가 결과를 언급할 때, 학생들 간의 사회적 비교를 피하면 유능감 욕구 충족에 도움이 된다.

⑤ 최종 등급을 매길 때, 학생들에게 시험이나 퀴즈에서 가장 낮은 점수를 한두 개 제외할 수 있도록 허용한다. 선택권을 부여함으로써 자율성 욕구를 충족시킬 수 있다.

⑥ 협동학습의 평가 시 집단보상을 실시한다. 집단의 성공을 위해 구성원 간의 협력을 유도할 수 있어 관계성 욕구를 충족시킬 수 있다.

(4) 내재적 동기의 형성과정 – 동기의 변화과정

① 인간의 동기는 무동기에서 외재적 동기를 거쳐 내재적 동기로 발달해 나간다.

② 동기는 무동기 상태에서 적절한 통제나 외적 보상이 있을 때 외재적 동기 상태로 변화하며, 활동에 대한 정보적 피드백이 제공되면 사회적 규범과 가치를 내면화(internalization)하여 내재적 동기로 발달해 나간다.

③ 인간은 내재적 동기를 지닐 때 자기결정성이 제일 높다.

내재적 동기의 형성과정

동기 유형	무동기	외재적 동기				내재적 동기
	자기결정성(×) ◀	──── 내면화 정도 ────				▶ 자기결정성(○)
조절 방식	무조절	외적 조절	내사(부과)된 조절	동일시(확인)된 조절	통합된 조절	내적 조절
인과 소재	없음	외적	약간 외적	약간 내적	내적	내적
관련 조절 과정	무의도성, 무가치성, 무능력, 통제의지 결여	외적 제한에 따름, 외적인 보상과 처벌의 강조, 순응/반응(대응)	자기 통제/자아개입, 내적인 보상과 처벌, 자기 자신 또는 타인으로부터의 인정에 초점을 둠	개인이 중요하다고 여겨 가치를 둠, 활동이 중요하다고 의식적으로 인식함, 목표나 가치를 스스로 인정(수용)함	목표의 위계적 통합, 일치, 자각	흥미/즐거움, 내재적 만족
	무동기	타율적 외재적 동기		자율적 외재적 동기		내재적 동기

Plus

로저스(Rogers)의 실현경향(actualizing tendency)

1. **실현경향이 동기의 원천임**
   ① 자아실현 욕구는 선천적인 것이며, 타고난 잠재력을 완전히 계발하기 위한 지속적인 노력의 욕구, 즉 성장욕구임
   ② 성장을 위한 노력에는 '투쟁과 고통(struggle and pain)'이 수반되며, 이러한 고통을 이겨 나가는 것을 '실현경향'이라고 함. 실현경향은 개인에게 새롭게 도전적인 경험을 하도록 하며, '타율성을 벗어나 자율성을 추구'하는 것으로 볼 수 있음

2. **타인의 역할**: 타인과의 상호작용은 개인의 '실현경향'의 과정에서 매우 중요한 역할을 하는데, 이때 타인의 역할은 '무조건적이고 긍정적 관심'(unconditional positive)을 통해 각 개인이 '충분히 기능하는 인간(fully functioning individual)'으로 성장하게 하는 데 있음

MEMO

내면화 (internalization)
인간은 사회적 규범, 가치, 문화를 내면화해야 심리적으로 성장할 수 있다고 본다. 내면화는 사회적 규범과 가치를 자기 것으로 채택하는 과정으로, 외재적 동기를 내재적 동기로 바꾸어 주는 메커니즘이다. 아동이 발달해 감에 따라 사회화 과정에서 주어지는 통제, 보상 등의 외재적 동기는 내면화되고, 점차 자기조절 과정의 일부가 된다. 이 내면화의 정도에 따라 인간의 동기는 무동기, 외재적 동기, 내재적 동기로 분류되며, 내재적 동기를 지닐 때 자기결정성이 제일 높다고 본다. 인간의 동기는 무동기에서 외재적 동기를 거쳐 내재적 동기로 발달해 나간다.

02

MEMO

자기가치
'유능한 존재'이기를 원하는 자기가치 보존에 대한 욕구

키워드
유능함 유지, 무능함 회피 → 자기보호 전략

암기법
변비미소 부정

④ 코빙톤(Covington)의 자기가치이론(self-worth theory) 12 초등

(1) 개념

① 자기가치이론은 인간은 누구나 자기 자신을 가치 있는 유능한 존재로 인식하기를 원하며, 이러한 자기가치를 보호하려는 욕구가 인간의 행동을 결정한다는 이론이다. 이 이론에 따르면, 핵심동기원은 자기 자신을 유능한 존재로 인식하려는 것이다.

② 자기가치는 자기존중감과 유사한 개념으로 자신의 가치에 대한 평가, 자기 자신에 대한 감정이나 정서적 반응을 의미한다. 이 점에서 자기 자신에 대한 인지적 평가 혹은 믿음인 지각된 유능감과 다르다.

③ 학습자들은 자신이 능력에 대한 자신과 타인의 평가를 통하여 자신을 유능한 존재로 인식하는 경우에는 자기존중감과 자부심이 향상되지만, 무능한 존재로 인식하는 경우에는 수치심과 창피감을 느끼게 된다. 따라서 학습자들은 실패 상황에서 자신의 유능함을 유지하고 무능함을 보여 주지 않기 위해 다양한 자기보호 전략을 구사한다.

(2) 자기장애 전략(self-handicapping strategy)

① **개념** 키: 자기장애(self-handicapping) 전략이란 자기존중감을 보호하기 위해 사용하는 자기보호 전략으로, 학업 실패 시 자신의 유능함을 유지하고 무능함을 보여 주지 않기 위해 구사한다.

② **특징**: 자기장애 전략의 특징은 실패의 원인을 능력 부족이 아닌 노력 부족이나 통제 불가능한 외적 요인에 귀인하려고 한다는 것이다. 실패의 원인을 자신의 능력 부족으로 인식할 경우에 자기존중감이 손상되고 심각한 자기가치의 붕괴를 경험하기 때문이다.
예 어떤 학생들은 능력 부족으로 인식되는 것을 피하기 위해서 의도적으로 노력하지 않거나 노력을 했을지라도 다른 사람에게는 그렇지 않은 인상을 심어 주려고 애를 쓴다. 또한 그들은 시험공부를 열심히 했음에도 시험공부를 하지 않았다고 말하거나 자신이 공부를 포기했다고 말하고 다니면서 공부의 중요성을 격하시키도 한다. ⇨ 교사는 학생들이 자기장애 전략을 사용하기보다는 노력을 통해 문제를 해결하는 것이 더 좋은 것임을 가르쳐야 한다. 이를 위해 교사는 과제의 난이도를 조절하여 노력을 하면 성공할 수 있다는 것을 알려 주어야 한다.

③ **예시** 암

㉠ **비현실적인 목표 설정하기**: 비현실적으로 높은 목표를 설정해 놓고 실패했을 때 능력 부족이 아니라 과제 곤란도로 귀인한다. 실패를 예견하면서도 비현실적인 목표를 설정하는 것은 유능한 사람으로 인정받기를 원하기 때문이다.

㉡ **실패의 원인을 변명하기**: 실패의 원인을 노력 부족으로 돌리거나(노력했으면 성공할 수 있었다고 생각함), 질병이나 가정 사정, 교사의 수업 등 통제 불가능한 외적 요인 때문이라고 변명하고 핑계를 댄다.

MEMO

㉢ **자해전략 사용하기** : 공부를 하지 않거나 미루거나 꾸물거리는 등 자해(自害)전략을 사용한다.

㉣ **학습활동에 소극적으로 참여하기** : 교사의 눈을 피할 수 있는 뒷자리에 앉는 방법, 교사의 질문에 꾸물거리며 지연하는 방법, 시험 때 의도적으로 결석하는 방법 등 실패할 수 있는 장면을 의도적으로 회피한다.

㉤ **부정행위를 하거나 매우 낮은 학습목표를 설정하기** : 자신의 유능함을 유지하기 위해서 시험시간에 부정행위를 하거나, 성공 가능성이 높은 쉬운 과목을 선택하거나, 자신의 기대수준을 낮추어 설정한다. 예 "나는 이 과목은 잘 못한다.", "수학은 과락만 면해도 다행이다." 등 자신의 기대수준을 미리 낮추어 말하는 경우, 이것은 관찰자의 기대수준을 낮추는 효과가 있기 때문에 시험 결과가 보통 수준만 되더라도 그 학생은 꽤 잘하는 학생으로 인식될 수 있다.

㉥ **기타** : 학습에 열중하는 척하거나 답을 알면서 질문하거나(자신을 유능하고 집중력 있는 학생으로 보이도록 하기 위한 전략), 예상되는 문제를 미리 연습해 둔다(실패를 피하고, 타인이 자신의 능력에 의심을 갖지 않도록 하기 위함).

(3) 학생의 유형

코빙톤은 학생들을 완숙 지향형, 실패 회피형, 실패 수용형의 세 가지 유형으로 분류하고 학생들이 실패 수용형이 되지 않도록 지원해야 한다고 주장한다.

① **완숙 지향형** : 완숙 지향형 학생들은 자기의 능력에 대해 유능감과 자기가치를 유지하고, 실패를 두려워하지 않으며, 학습목표 달성을 위해 열중하는 학생들을 말한다.

② **실패 회피형** : 실패 회피 학생들은 자신의 능력에 확신이 없기 때문에 자기가치를 보호하기 위하여 여러 가지 전략(자기장애 전략)을 사용하는 학생들을 말한다.

③ **실패 수용형** : 이러한 실패 회피 전략들은 결국 자기 파괴적인 실패 수용 학생들을 만들고 만다. 그들은 자아존중감과 가치감을 잃어 가고 실패가 자신의 무능력 때문이라고 인식하고 무기력해지며, 더 이상 자신의 가치를 보호할 수 없게 되고 학습을 포기하고 마는 단계에 이르게 된다.

(4) 자기장애 전략의 문제점과 자기가치 증진 전략

① **문제점(실패 수용 학습자)** : 이러한 실패회피 전략들은 자기를 실패로 이끄는 자기 파괴적인 것이기 때문에 자기존중감을 잃어 가고 자신의 가치를 보호할 수 없게 되어 결국에는 자신의 무능력을 인정하고 학업을 포기하게 만든다.

② **자기가치 증진 전략** : 따라서 교사는 학생들이 현실적인 목표를 세우고, 위험 부담을 안고 도전할 수 있도록 격려하며, 실패에 건설적으로 적응하도록 지도해야 한다.

MEMO

(5) 교사가 학생들의 자기가치를 증진시킬 수 있는 지침(Woolfolk, 1995)

① 특정 영역에서 학생들의 진보를 강조한다.

예 • 복습할 때 이전 자료로 돌아가서 그 내용이 얼마나 쉬운지 보여 준다.
• 학생들이 더 많이 배웠을 때 프로젝트를 다시 해서 향상시키도록 격려한다.
• 서류철에 특별히 잘한 과제들을 모아 둔다.

② 향상을 위해 구체적 제안을 하고, 향상을 보였을 때 성적을 고쳐 준다.

예 • 학생들이 잘한 것은 무엇인지 잘못한 것은 무엇인지, 그리고 실수를 왜 했을 것이라고 생각하는지 등에 대한 언급을 해서 과제를 돌려준다.
• 동료들이 피드백을 주는 것을 실험해 본다.
• 고쳐준 높은 성적이 학생들의 높은 유능감을 어떻게 반영하는지와 그들의 향상된 성적이 학급 평균을 어떻게 올려주는지를 보여 준다.

③ 과거의 노력과 성취 간의 관계를 강조한다.

예 • 어려운 문제를 어떻게 풀었는지를 학생들에게 물어보면서 학생들과 개별적인 목표 수립, 목표 점검 모임을 갖는다.
• 자기 파괴적, 실패 회피적 전략들에 정면으로 대처한다.

④ 학생들을 위한 학습목표를 수립하고, 그들을 위한 완숙 지향성을 시범 보인다.

예 • 진보와 향상을 인정한다.
• 어떤 주어진 영역에서 교사가 스스로의 능력을 어떻게 발달시켰는지에 대한 예를 들려준다.
• 신체적 · 정신적 · 경제적 도전을 극복한 학생들에 관한 얘기를 들려준다.
• 학생에게 학교 밖의 문제가 있다는 이유로 그 학생의 실패를 용서하지 않도록 하고, 학생이 학교에서 성공하도록 돕는다.

5 와이너(Weiner)의 귀인이론(attribution theory) 94 중등, 97 중등, 03 중등, 05 중등, 06 초등, 11 중등

(1) 개념

귀인
수행의 원인에 대한 믿음(인지)

① 귀인(歸因)이론은 어떤 상황의 성공과 실패의 원인을 어디로 돌리느냐에 따라 개인의 정서와 행동(학습동기)에 영향을 미친다고 가정하는 이론이다.

② 학생들은 자신들이 경험해 온 학교 성적에서의 성공과 실패를 주로 능력, 노력, 과제 난이도, 운의 4가지 원인으로 설명하려고 한다. 예를 들어, 수학에서 100점 맞은 학생은 능력(난 수학을 잘해)이나 노력(수학시험을 잘 치려고 열심히 공부했어)에 주로 원인을 귀속시키고, 과제 난이도에는 약간의 원인을 돌리고(수학시험이 별로 안 어려웠어), 운에는 거의 영향을 돌리지 않는 경우(추측해서 맞춘 것은 하나도 없어)를 볼 수 있다.

MEMO

02

(2) 귀인의 3가지 차원

원인의 차원	내용
소재 (locus)	성공과 실패의 원인을 자신의 내부에서 찾느냐, 외부에서 찾느냐의 문제이다. 능력이나 노력은 내적 요인, 과제 난이도나 운, 교사의 편견은 외적 요인이다. ⇨ 로터(Rotter)의 통제소재이론
안정성 (stability)	성공과 실패의 원인이 시간의 경과에 따라 변화될 수 있는지의 문제이다. 능력이나 과제 난이도는 안정적이지만, 노력이나 운, 타인의 도움은 불안정적이다. 특정한 노력은 특별한 상황에서 어떤 목적 달성을 위해 기울이는 것이기 때문에 불안정적 요인으로 분류되나, 평소의 지속적인 노력은 안정적 요인으로 분류됨
통제 가능성 (control)	성공과 실패의 원인을 자신의 의도대로 통제할 수 있는지의 문제이다. 노력, 교사의 편견은 통제 가능하지만 능력이나 운, 과제 난이도는 통제 불가능하다.

(3) 귀인모형

원인의 종류	원인의 차원		
	소재	안정성	통제 가능성(책임감)
능력	내적	안정적	통제 불가능
노력	내적	불안정적	통제 가능
과제 난이도	외적	안정적	통제 불가능
운	외적	불안정적	통제 불가능

✓ 시험 실패에 대한 인과적 차원 분류

차원			실패에 대한 이유
내적	안정	통제 불가능	나는 수학적 머리가 없어.
		통제 가능	나는 정말 게을러서 공부를 많이 안 했기 때문이야(평소의 노력).
	불안정	통제 불가능	시험 당일 지독한 감기에 걸렸어.
		통제 가능	시험 전날 TV 보느라 공부를 못 했어.
외적	안정	통제 불가능	그 과목의 pass 기준이 너무 높아.
		통제 가능	선생님이 편파적이었어(교사의 편견).
	불안정	통제 불가능	시험 당일 정말 운이 없었어.
		통제 가능	시험 전날 친구들이 찾아와 늦게까지 놀고 갔어.

MEMO

(4) 학습자에 대한 귀인의 영향

① 귀인과 정서 및 행동의 관계: 바람직한 귀인과 바람직하지 않은 귀인 ⇨ 학교학습에서 성공과 실패의 원인을 무엇으로 지각하느냐에 따라 성공과 실패에 대한 정서(감정적 반응), 성공 기대, 행동(노력, 성취) 등에 지대한 영향을 미친다.

구분	성공/실패	귀인	정서/기대	행동
바람직한 귀인 유형	성공	높은 능력	유능감, 자기존중감/성공 기대 증가	과제에 적극적으로 참여
	실패	노력 부족	죄책감, 수치심/성공 기대 유지	과제에 적극적으로 참여
바람직하지 않은 귀인 유형	성공	운	무관심/성공 기대 감소	과제 참여에 열의 부족해짐(노력 안 함)
	실패	능력 부족	무능감, 낮은 자존감/성공 기대 감소	과제 참여에 노력 안 함

② 귀인과 학습동기의 관계

㉠ 학습자가 성공과 실패의 원인을 내적, 불안정적, 통제 가능한 요인인 노력으로 귀인할 때 학습동기는 가장 증가한다(Ames, 1992).

㉡ 그러나 실패의 원인을 능력 부족으로 돌리면 실패의 과정을 변화시킬 가능성이 없고(안정적), 통제가 불가능하다고 생각하기 때문에 동기가 유발되지 않고 노력을 하지 않게 된다.

③ 귀인과 자아개념의 관계

㉠ 학습자가 성공을 내적 요인(예 '머리가 좋아', '노력을 많이 했어')으로 귀인하고, 실패를 외적 요인(예 '운이 없었어')으로 귀인할 때 학습자는 '긍정적 자아개념'을 형성한다(Johnson, 1981). 또한 성공은 자신의 능력으로, 실패는 자신의 노력 부족으로 귀인할 때 학습자의 '자기효능감'이 높아진다(Schunk, 1984).

㉡ 그러나 학습 실패의 원인을 학습자 자신의 '능력 부족'에 귀인하면 '학습된 무기력감(learned helplessness, 부정적 자아개념)'이 형성된다('능력' ⇨ 내적, 안정적, 통제 불가능한 요인).

④ 교사의 귀인

㉠ 귀인은 교사에게도 영향을 미친다. 교사가 학생의 학업성취도를 자신의 교수법에 귀인하면 그 교사는 잘 가르치기 위해 더욱 노력할 것이다.

㉡ 그러나 학생의 성취 부진을 학생의 배경지식 부족, 열악한 가정환경과 같은 교사의 통제를 넘어서는 다른 원인으로 귀인하면 그 교사는 가르치려는 노력을 감소시킬 것이다(Eggen & Kauchak, 2010).

MEMO

02

Plus

귀인훈련(귀인변경, attribution training) 프로그램(Dweck)

1. **의의**: 체계적인 귀인훈련 프로그램은 학습자의 바람직하지 못한 귀인유형을 바람직한 귀인유형으로 변경시킬 수 있으며, 자신의 능력이 부족하다는 고정관념이 있는 학습자에게 도움을 줄 수 있다. ⇨ Dweck이 학습된 무기력감을 감소시킬 수 있는 귀인훈련 프로그램 개발

2. **귀인훈련 프로그램의 단계별 시행전략**: 노력귀인 ⇨ 전략귀인 ⇨ 포기귀인

[1단계] '노력귀인'으로 유도하기: 노력귀인이란 성공이나 실패의 원인을 자신의 노력으로 돌리는 것을 말한다. Weiner는 '실패 → 능력부족귀인 → 무능감 → 성취 감소'의 귀인 유형을 '실패 → 노력부족귀인 → 죄책감과 수치심 → 성취 증가'의 형태로 바꾸는 것을 귀인훈련 프로그램의 목적으로 보았다.

[2단계] '전략귀인'으로 유도하기: 학습자가 충분히 노력했음에도 불구하고 결과가 좋지 않을 때 '전략귀인'으로 유도한다.

- 전략귀인이란 실패의 원인을 자신의 학습방법이나 학습전략 등으로 귀인하는 것을 말한다. 즉, 학습방법이나 습관을 스스로 점검해 보고 더욱 바람직한 방법으로 바꾸어 주는 전략이 필요하다.
- 노력은 많은 것을 성취시키지만 실패를 무조건 노력으로 귀인한다고 해서 문제가 해결되는 것은 아니며, 실제로 적절하지 못한 경우도 있다. 최선을 다해 준비한 학생에게 충분히 노력하지 않았기 때문에 결과가 좋지 않은 것이라고 말하는 것은 '오히려 아무리 노력해도 안 된다'와 같은 좌절감만 안겨 줄 것이다.

[3단계] '포기귀인'으로 변경하기: 만약 노력귀인과 전략귀인을 다 거쳤음에도, 즉 충분한 노력과 적절한 전략을 사용했음에도 불구하고 결과가 좋지 않을 때는 '포기귀인'으로 간다. 포기하도록 유도함으로써 학습자의 기대 자체를 수정하고 새로운 길을 모색하는 것이 더 유리하다.

(5) 귀인이론의 시사점

① 일반적으로 자신의 성공과 실패의 원인을 외적 요인보다 내적 요인에, 안정적 요인보다 불안정적 요인에, 통제 불가능한 요인보다 통제 가능한 요인에 귀인시킬 때 학습동기는 증가한다.

② 학교학습에서 성공과 실패의 원인을 무엇이라고 지각하느냐에 따라 후속되는 학업적 노력, 정의적 경험, 미래학습에서의 성공과 실패에 대한 기대 등이 달라진다.

③ 학습자의 성취결과에 대한 원인 지각 내용을 알면 미래의 학업성취도를 예측할 수 있고, 인과적 귀인을 바람직한 요인으로 변경시키면 미래의 학업성취도를 증진시킬 수 있다.

MEMO

(6) **학습된 무기력감**(learned helplessness) – Seligman, Dweck

① **개념**: 계속되는 실패로 인해 무능력감이 학습된 것으로, 아무리 노력해도 성공할 수 없다는 감정이다. 거듭된 실패로 인해 자신의 실패가 당연하다고 생각하며 어떠한 시도조차 하지 않고 학업을 쉽게 포기하는 상태이다. ⇨ 셀리그만(Seligman)이 개의 회피훈련 연구에서 처음 사용

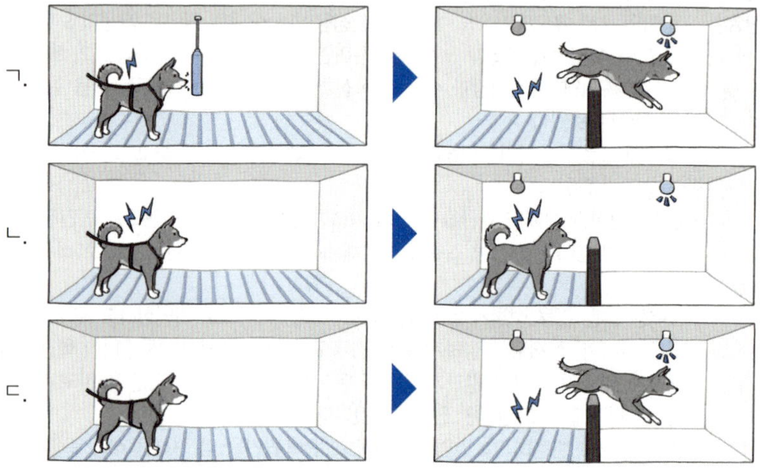

ㄱ: 나무판을 건드리면 전기충격이 멈춤 / ㄴ: 어떤 행동을 해도 전기충격을 멈출 수 없음 / ㄷ: 전기충격을 가하지 않음

셀리그만의 개의 회피훈련 연구

② **영향**: 학습된 무기력감은 동기, 인지, 정서에 심각한 영향을 초래한다. 무기력감을 느끼는 학생들은 동기가 전혀 유발되지 않고, 인지적 결손을 초래하며, 우울감이나 불안을 느낀다. ⇨ 결과적으로 낮은 성취를 보이고 실패할 것이라고 기대함

③ **원인**

㉠ **계속된 학업 실패**: 계속된 학업 실패는 학습과제를 해결할 능력이 없다는 무기력감을 학습하게 한다.

㉡ **실패의 바람직하지 못한 귀인(실패를 능력 부족에 반복적으로 귀인)**: 실패를 능력 부족에 반복적으로 귀인할 경우 학습된 무기력감을 형성한다.

㉢ **학부모의 지나치게 높은 기대수준과 과소평가**: 학부모가 학생이 도달하기 불가능할 정도의 높은 기대수준을 갖고 있을 경우 학생은 좌절감을 가지게 되어 무기력감을 학습한다. 한편, 학부모가 학생의 능력을 과소평가할 경우에도 학생 스스로 무능력하다고 인식하게 되어 무기력감을 학습한다.

㉣ **교사의 낮은 기대수준과 과소평가**: 교사가 학생에 대해 낮은 기대수준을 갖거나 학생의 능력을 과소평가할 경우 학생은 스스로 무능하다고 생각하게 되어 무기력감을 학습한다.

④ 학습된 무기력감의 극복방안 암

㉠ **귀인변경 훈련**: 성공했을 때 능력이나 노력에 귀인하고, 실패했을 때 노력이나 전략 부족에 귀인하도록 훈련한다. ⇨ Dweck(1975): 학습된 무기력감을 감소시킬 수 있는 귀인훈련 프로그램 개발

㉡ **자기효능감 증진**: 성공적인 과제 수행 경험 제공, 구체적인 학습전략 지도, 모델의 활용, 협동학습 전략 활용 등

㉢ **완전학습**: 교수학습방법의 측면에서 완전학습을 통해 학습과제 해결에 성공하면 학습자는 다시 학습동기를 찾게 되어 학습된 무기력에서 벗어날 수 있다.

㉣ **절대평가(준거지향평가, 목표지향평가)**: 남들과 비교하는 학습자의 경우 절대평가는 경쟁심을 배제하고 학습과제의 성공을 경험하게 할 수 있으므로 학습된 무기력감을 해결할 수 있다.

MEMO

암기법 자귀완준(절) 멋져

02

6 반두라(Bandura)의 자기효능감이론(self-efficacy theory) 11 중등, 23 중등論

(1) 개념

① **자기효능감(self-efficacy)**: 자기효능감이란 개인이 특정한 과제를 성공적으로 수행할 수 있다는 자신의 능력에 대한 믿음을 말한다. ⇨ 특정한 과제를 수행하는 데 필요한 일련의 행동을 조직하고 완성할 수 있다는 자신의 능력에 대한 믿음

예 "나는 이 과제를 잘할 수 있다.", "나는 이 과제를 잘할 수 없을 것이다."

자기효능감
개인이 특정한 과제를 성공적으로 수행할 수 있다는 자기 능력에 대한 믿음

② **동기 유발의 매개 요인**: 자기효능감이 동기를 유발시키는 데는 어떤 행동의 결과에 대한 기대(성공 또는 실패)가 매개역할을 한다. 긍정적인 기대는 유인으로 작용하여 동기를 유발하지만, 부정적인 기대는 행동을 억제하게 한다. 이 기대는 개인적 효능감에 의해 영향을 받는다. 즉, 자기효능감이 높은 사람은 성과 기대가 높을 것이고, 자기효능감이 낮은 사람은 성과 기대를 낮게 형성할 것이다. ⇨ 인간의 행동이란, 주어진 상황을 성공적으로 수행할 수 있다는 자신의 능력에 대한 믿음(인지된 자기효능감)과 자신의 행동이 기대하는 성과를 가져오리라는 기대감(결과에 대한 기대감)이 높을 때 더욱 효과적으로 발휘된다.

③ **영역 특수적 개념**: 자기효능감은 주어진 영역 안에서 유능한 수행을 위해 필요한 행동수행과 인지적 기술에 대한 판단이라는 점에서 지각된 유능감보다 더 구체적이고 영역특수적 개념이다. 예를 들면, 자기효능감은 단순히 학교생활을 잘 할 수 있다는 자기 인식(self-recognition)이 아니라, 실제적으로 학습에 필요한 기술을 가지고 있는지에 대한 명확한 판단을 말한다.

MEMO

과제 선택, 노력의 양, 과제에 대한 지속력, 학습전략 등에 영향을 준다.

키워드
더 더 더 더

키워드
덜 덜 덜 덜

(2) 자기효능감의 영향

① 자기효능감과 동기 및 학업성취와의 관계: 자아효능감은 학습동기와 학업성취에 강력한 영향을 준다.

㉠ 자기효능감이 높은 학습자키: 더 도전적인 과제를 선택하고, 목표 달성에 어려움이 있더라도 더 많이 노력하고, 더 오랜 시간 과제를 지속하며, 더 효과적인 학습전략을 사용하여 보다 높은 학업성취를 보인다.

㉡ 자기효능감이 낮은 학습자키: 쉬운 과제를 선택하고, 목표 달성에 어려움이 있는 경우 쉽게 포기하므로 학업성취가 낮다.

② 자기효능감과 귀인과의 관계

㉠ 자기효능감이 높은 학습자: 주어진 과제에 대하여 강한 자기효능감을 가진 학생(예 나는 수학에 자신이 있어)은 자신의 실패를 노력 부족에 귀인한다(예 그 과제를 좀 더 살폈어야 했는데).

㉡ 자기효능감이 낮은 학습자: 자기효능감이 낮은 학생(예 나는 수학에 자신이 없어)은 자신의 실패를 능력 부족에 귀인하는 경향이 있다(예 나는 머리가 나빠).

자기효능감이 학습자의 인지와 행동에 미치는 영향(Eggen & Kauchak, 2004)

구분	자기효능감이 높은 학생	자기효능감이 낮은 학생
믿음	• 자신이 성공할 것이라 믿음 • 목표에 도달하지 못했을 때 생기는 스트레스와 불안감을 통제하고 조절 • 자신이 환경을 통제하고 있다고 믿음	• 무능하다는 느낌에 집중 • 목표에 도달하지 못했을 때 스트레스와 불안감을 느낌 • 자신이 환경을 통제하고 있지 못한다고 믿음
과제 선택	도전감을 느낄 수 있는 과제 선택	도전감을 느낄 수 있는 과제 회피
노력	도전감을 느낄 수 있는 과제를 할 때 더 노력	도전감을 느낄 수 있는 과제를 할 때 덜 노력
인내심(지속성)	목표에 도달하지 못했을 때 포기하지 않음	목표에 도달하지 못했을 때 쉽게 포기
전략 사용	비생산적 전략이라고 생각되면 즉시 사용하지 않음	비생산적 전략을 계속 사용함
수행	같은 능력을 가정할 때 낮은 자기효능감을 가진 학생보다 높은 수행을 보임	같은 능력을 가정할 때 높은 자기효능감을 가진 학생보다 낮은 수행을 보임

(3) 자기효능감의 형성에 영향을 미치는 요인 암 – 자기효능감의 형성 요인

성공 경험 (enactive mastery experience)	과거의 성공 경험은 자기효능감에 가장 큰 영향을 미친다. 성공 경험은 자기효능감을 높이는 반면, 실패 경험은 자기효능감을 낮춘다. 성공 경험의 자기효능감에 대한 영향력은 과제 난이도가 높을수록, 투입되는 노력의 양이 많을수록 높게 나타난다. 만약 과제의 수준이 낮거나 별로 노력을 하지 않는 가운데 성공한 경험은 자기효능감의 변화에 영향을 주지 못한다.
대리 경험 (모델 관찰, vicarious experience)	자기와 유사한 사람의 성공적인 모습을 관찰하면 자기효능감이 높아진다. 유사한 사람이 강화를 받는 것을 관찰함으로써 간접적 강화인 대리 강화를 받기 때문이다. 반면, 그 모델이 실패하는 것을 관찰하면 자기효능감이 낮아진다.
언어적 설득 (verbal persuasion)	타인의 칭찬이나 격려와 같은 언어적 설득은 정도가 약하지만 자기효능감에 영향을 준다. 칭찬이나 격려, 지지는 학습자의 과제 수행 능력에 대한 믿음을 높여주어 자기효능감을 높여준다. 이때 설득하는 사람에 대한 신뢰가 중요하다. 자신이 존경하는 사람, 권위 있는 사람, 친한 사람이 설득할 때 효능감도 높아진다. 교실에서 교사의 영향력이 크기 때문에 교사는 스스로 신뢰와 존경을 받을 수 있도록 행동해야 한다.
정서적 상태 (정서적 안정감, 심리 상태, physiological states)	정서적 안정감이나 최상의 컨디션은 자신감을 향상시켜 자기효능감을 높여준다. 반면, 불안이나 긴장 등의 부정적 정서 상태는 자기효능감을 떨어뜨린다. ⇨ 특정 과제 수행 시 일어날 수 있는 정서적 반응 혹은 생리적 현상은 효능감 판단의 단서가 될 수 있다. 어떤 과제에 직면했을 때 우리 몸은 벌써 잘할 수 있을 것인지 아닌지 반응한다. 높은 불안상태로 인하여 실패를 경험한 학습자는 유사 과제에 직면하면 불안수준이 다시 높아져서 과제 수행에 부정적 영향을 준다.

(4) 자기효능감의 증진 방안(유발 방안)

성공적인 경험 제공	도전적인 과제를 제시하는 등 다양한 상황에서 학습자들이 성공할 수 있는 경험의 기회를 제공해 준다.
모델의 활용 (대리 경험)	자신과 유사한 모델의 성공적인 수행을 관찰하게 함으로써 자신도 그러한 과제를 수행할 수 있다는 신념을 갖게 한다.
언어적 설득	언어적 설득은 학생의 과제수행에 자신감을 갖게 하므로 칭찬이나 격려를 통해 자기효능감을 증진시킨다.
정서적 대처 기술 제공	학생의 긴장과 불안을 능력의 부족이 아닌 다른 긍정적인 이유로 귀인하도록 유도하고, 이와 함께 긴장이나 불안에 대처하는 기술을 훈련시키는 것이 필요하다.
귀인 변화 훈련	성공적으로 과제를 수행한 학습자에게 능력이나 노력에 귀인하도록 함으로써 학습자가 자신의 능력을 높게 자각하도록 할 수 있다.
피드백의 제공	성공했을 경우 학습초기에는 노력과 관련한 피드백을, 학습후기에는 능력과 관련된 피드백을 제공한다.
구체적인 학습 전략 지도	구체적인 학습전략을 가르치고 이를 활용하도록 피드백하면 과제해결능력을 증진시켜 학습자의 자기효능감을 향상시킬 수 있다.
정보적 보상 제공	현재 어느 정도 잘하고 있는가에 대한 정보적 보상을 제공하면 자기효능감을 증진시킨다.

MEMO

암기법
'성대언정'이 효능감 최고

02

MEMO

협동학습 활용	협동학습을 통한 성공적인 과제 수행은 구성원들의 자기효능감을 높여준다. 수행능력이 높은 학생은 다른 학생의 과제해결에 도움을 줄 수 있어 자기효능감을 증진하며, 수행능력이 낮은 학생은 협동을 통해 자기집단의 성공에 기여하므로 자기효능감을 증진할 수 있다.
높은 교사효능감 유지	교사 자신이 교과내용에 대한 지식, 수업 능력, 학습전략과 교수능력, 학생의 생활지도 및 도움 제공 능력 등에 대한 능력을 높게 지각한 상태에서 학생들을 대할 때 능률도 높아지며 결과적으로 학생의 효능감을 높여 줄 수 있다.

Plus

❶ 교사효능감

1. **개념**: 학생들을 잘 가르칠 수 있다는 교사로서의 능력에 대한 신념, 교사가 교직 수행과 관련한 자신의 능력에 대하여 가지는 믿음 ⇨ 학생들의 학업성취를 포함한 교육결과에 긍정적인 영향을 줌
2. **교사효능감이 높은 교사와 낮은 교사**: 교사효능감이 높은 교사는 스트레스를 적게 받고 학생들의 학습에 자신이 영향력이 있다고 확신하며 학생들에 대해서 개방적이고 민주적 관계를 유지하여 의사결정을 한다. 반면, 교사효능감이 낮은 교사는 가르치는 일에 대하여 좌절감을 느끼고 학생의 실패를 두려워하며 학생이 실패했을 때 학생의 가정환경이나 능력, 태도 등에서 그 이유를 설명하려 한다.

교사효능감이 높은 교사와 낮은 교사(Ashton, 1984)

구분	교사효능감이 높은 교사	교사효능감이 낮은 교사
개인적 성취에 대한 지각	가르치는 일을 긍정적으로 생각하며, 학생의 학습에 긍정적인 영향을 미칠 수 있다고 본다.	자신이 가르치는 일에 대해 자주 실망하고 좌절한다.
학생의 성취에 대한 기대	학생이 발전하기를 기대하며, 대부분의 학생들이 그 기대를 충족해 준다고 본다.	학생이 실패하는 것을 예상하지 못하며, 수업에 노력을 기울이지 않는다. 또 부정적인 행동을 많이 한다.
학생의 학습에 대한 책임감	학생이 학습에 책임감을 가지며, 학생의 실패를 자신의 책임이라 생각하고 학생에게 도움이 되는 방향으로 교수방법을 검토한다.	학생의 학습에는 책임감을 가지지만, 학생의 실패를 학생의 가정환경이나 능력, 동기, 태도 등의 관점에서 그 이유를 설명한다.
목표달성을 위한 전략	교수·학습을 계획하고 목표를 수립하고 달성하기 위한 전략을 세운다.	특별한 목표를 가지지 않으며, 목표달성에 대한 확신을 가지지 못하고 전략도 세우지 않는다.
정서	가르치는 행위와 학생의 존재 가치를 인정한다.	학생에 대하여 부정적인 태도를 갖고 실망을 자주 표현한다.
학생 통제관	자신이 학생의 학습에 영향력이 있다고 확신한다.	학생에 대해 무력감을 경험한다.
민주적 의사결정	학생의 학습전략과 목표를 정할 때 학생을 포함하여 민주적으로 결정한다.	학생의 학습전략과 목표를 강제로 부과하고 의사결정을 독단적으로 한다.

3. **교사효능감 증진 방안**
   ① 전문성과 교수기술의 향상: 교사 스스로 학습목표를 갖고 자신의 전문성과 교수기술을 향상하려고 노력해야 한다. ⇨ 수업방법 연수프로그램 참여, 전문적 장학 활용, 동료 또는 선배 교사의 코칭과 피드백, 전문적 학습공동체의 구축 등
   ② 자율성 부여 및 의사결정 참여: 교사에게 자율성을 많이 부여하고 학교의 의사결정에 참여할 기회를 넓혀 주어야 한다. ⇨ 학급운영과 교실환경, 교수방법, 학생지도 등에서 교사의 자율성을 강화하고 창의적으로 운영하도록 하며, 학교경영과 관련된 의사결정에 직접 참여시키도록 한다.

❷ 교사의 기대효과

1. **자기충족적 예언(self-fulfilling prophecy)**: 어떤 예언이나 기대가 근거가 없는 것이더라도 기대가 실현될 것이라는 믿음을 가지고 노력하면 결국 그 기대가 실현되는 것(사회학자 토마스의 상황 정의, 즉 "누군가가 어떤 상황을 진실이라고 정의하면, 그 상황은 결과적으로 진실이 된다."는 개념을 발전시킨 것) = 자성예언, 피그말리온 효과(Pygmalion effect), 플라시보 효과(placebo effect), 로젠탈 효과
2. **기대유지 효과(sustaining expectation effect)**: 학생의 향상을 인정하지 않고 항상 그 수준일 것이라는 교사의 생각이 실제로 학생의 성취를 교사의 기대수준에 머물게 하는 현상

7 앳킨슨(Atkinson)의 기대 × 가치이론(expectancy × value theory)

11 중등, 13 중등, 13 중등특수추시論

(1) 개념

① 기대 × 가치이론은 자신이 성공할 것이라는 기대에 그 성공에 대해 부여하는 가치를 곱한 값만큼 동기화된다는 이론이다. ⇨ '오르지 못할 나무는 쳐다보지도 마라'

② 기대 × 가치이론은 기대와 가치가 동기의 결정요인이라고 가정한다. 이에 따르면, 어떤 행동을 하는가는 그 행동을 통해 목표를 달성할 수 있는 기대(확률)와 목표에 대해 부여하는 가치에 따라 좌우된다.

③ 특정 과제를 수행할 때 동기를 유발하는 2가지 변수가 존재한다. 첫째는, 성공할 수 있다는 믿음, 즉 과제 수행에 대한 기대(expectancy)이고, 둘째는, 과제 수행에서 발생하는 직·간접적 이익에 대한 믿음, 즉 과제 자체 또는 결과물에서 찾을 수 있는 가치(value)이다. 전자를 기대구인(expectancy construct), 후자를 가치요인(value components)이라고 한다.

(2) 동기화 요소 암 – 기대와 가치에 영향을 주는 요소

성공 기대에 영향을 주는 요소	과제 가치에 영향을 주는 요소
• **목표**: 수행해야 할 과제 목표 ⇨ 목표가 구체적이고 단기적일수록 과제 성공에 대한 기대가 높아진다. • **과제 난이도**: 과제 난이도에 대한 지각 ⇨ 과제 난이도를 어떻게 지각하느냐에 따라 과제의 성공 가능성에 대한 기대가 달라진다. • **자기도식**: 자신의 능력에 대한 신념, 자기개념 ⇨ 자기도식이 긍정적일수록 과제 성공에 대한 기대가 높아진다. • **정서적 기억**: 과제에 대한 과거의 경험으로 인해 개인이 가지는 감정 ⇨ 이전에 성공한 경험이 있을 경우 과제에 대한 성공 기대가 높아진다.	• **내재적 흥미(내적 가치)**: 과제 자체에 대한 흥미 ⇨ 과제 자체에 흥미를 가질 때 학습동기가 촉진된다. • **중요성(달성가치)**: 과제를 잘 수행하는 것이 삶에 중요한 의미를 가지는가의 정도 ⇨ 삶에 중요한 의미가 있다고 생각될 때 학습동기가 촉진된다. • **효용가치**: 과제가 현재나 미래의 목표(졸업, 진학, 취직 등) 달성에 얼마나 도움이 되는가(유용한가) ⇨ 과제가 효용성을 지닐 때 학습동기가 촉진된다. • **비용(비용가치)**: 과제에 참여하기 위해 포기해야 하는 것(시간, 노력, 감정 등)들을 얼마나 감내할 수 있는가 ⇨ 과제 수행 결과 얻는 가치가 비용보다 더 높다고 인식할 때 학습동기가 촉진된다.

MEMO

피그말리온 효과 (Pygmalion effect)
교사의 기대에 따라 학습자의 성적이 향상되는 것, 긍정적인 기대나 관심이 사람에게 좋은 영향을 미치는 효과 ↔ 골렘 효과(Golem effect): 교사가 기대하지 않은 학습자의 성적이 떨어지는 효과 / 스티그마 효과(Stigma effect): 부정적으로 낙인찍히면 실제로 그 대상이 점점 더 나쁜 행태를 보이고, 또한 대상에 대한 부정적 인식이 지속되는 현상(= 낙인 효과)

기대
미래 결과에 대한 믿음

가치
과제 수행에서 발생하는 이익(보상)에 대한 믿음

암기법
'목표 과자' 정했어 '흥미'롭지만 '중요'한 건 '비용' 대비 '효용'이 짱

MEMO

(3) 기대×가치이론에 근거한 학습동기 향상 방안

성공 기대를 높이기	과제 가치를 높이기
• 구체적인 장기 및 단기 목표 설정하게 하기: 구체적인 장기 목표와 이를 달성하기 위한 단기 목표를 함께 설정하여 단계적으로 목표에 접근하도록 하면 목표 달성을 위한 노력을 증진하게 되어 성공 가능성에 대한 기대를 높일 수 있다. • 도전적 과제의 제공: 도전적 과제를 제시하여 성공하도록 하면 과제에 대한 성공 기대를 높이면서 자기 능력에 대한 긍정적인 신념도 형성해 준다. • 구체적·긍정적 피드백 제공: 과제 수행의 성공 부분과 부족 부분에 대한 구체적이면서 긍정적 피드백을 제공하면 과제 수행에 대한 자신감이 형성되어 성공 기대감을 높일 수 있다. • 과거의 수행과 성취 제시: 과거의 성공 경험은 미래의 성공에 대한 기대에 영향을 주므로 성공 기대감을 향상할 수 있다.	• 교과 과목의 중요성 강조: 학교에서 다루는 교과목이 우리 삶에 얼마나 중요한 의미를 지니는지 강조함으로써 과제 가치에 대한 인식을 높일 수 있다. • 교과 과목의 효용성 강조: 학교에서 다루는 교과목이 미래의 직업 선택과 목표 성취에 얼마나 필요한지 강조함으로써 과제 가치를 높일 수 있다.

8 드웩(Dweck)의 목표지향성(성취목표, 목표) 이론(goal orientation theory) 10 초등, 11 중등

(1) 개념

① 학생이 갖고 있는 목표지향성(goal orientation)에 따라 학습동기를 설명한다. 과제 수행의 목표를 어디에 두느냐에 따라 과제 수행의 과정과 결과가 달라진다고 본다. 목표는 크게 숙달목표(학습목표)와 수행목표로 분류된다.

> **목표**
> 개인이 달성하고자 희망하는 결과, 개인이 이루고자 하는 성취

② Dweck(1986)은 학습목표와 수행목표, Ames와 Archer(1988)는 숙달목표와 수행목표로, Maeher와 Midgley(1992)는 과제지향형과 능력지향형으로 분류한다.

(2) 목표(목표지향성)의 유형

① **숙달목표(학습목표: mastery goal, learning goal)**: 과제의 숙달 및 이해의 증진 등 학습활동 그 자체에 초점을 둔 목표로서, 자신의 유능감(능력)을 향상시키는 데 관심을 둔다.

② **수행목표(performance goal)**: 자신의 능력을 타인의 능력과 비교하는 데 초점을 둔 목표로서, 자신의 능력이 타인에 의해 어떻게 평가받는가에 관심을 둔다.

(3) 숙달목표가 수행목표에 비해 가지는 장점

① **통제 가능성**: 숙달목표는 통제가 가능하지만 수행목표는 통제 불가능일 수 있다.

② 목표달성 실패 시 학생들의 반응 : 학습목표를 가진 학생이 실패 시에는 더 노력하거나 전략을 바꾸는 방향으로 나아가지만, 수행목표를 가진 학생이 실패 시에는 불안감이 높아지고 수행회피 지향으로 나갈 수 있다.

MEMO

02

(4) 목표지향성의 영향

영향	숙달목표 학습자	수행목표 학습자
귀인	긍정적 · 적응적 귀인과 관련 ⇨ 성공과 실패를 노력으로 귀인하고, 능력은 노력에 비례한다고 생각함	부정적 · 비적응적 귀인과 관련 ⇨ 성공과 실패를 능력에 귀인하고, 능력은 노력과 무관하다고 생각함(능력은 변하지 ×)
인지	정교화나 조직화와 같은 심층적인 인지전략을 적극적으로 활용하고, 메타인지전략과 자기조절전략을 적절하게 적용함	피상적이고 기계적인 학습전략을 활용하는 경향이 있음
정서	• 노력으로 성공했을 때 자부심을, 실패했을 때 죄책감을 경험함 • 흥미와 즐거움 등 내재적 동기가 높고, 학습태도가 긍정적이며, 학습과제에 가치를 부여함	• 실패했을 때 공포나 시험불안과 같은 부정적 정서를 경험함 • 외재적 동기가 높고, 학습과제에 가치를 부여하지 않음
행동	• 유능감을 높이기 위해 도전적이고 새로운 과제를 선호함 • 어려운 과제에 직면했을 때 타인의 도움을 적극적으로 요청함	• 위험부담을 피하려고 하기 때문에 쉬운 과제를 선호하고 도전적인 과제를 회피함 • 타인의 도움을 받는 것은 자신의 능력이 부족하다는 것을 드러낸 것이라고 생각하여 타인의 도움을 요청하지 않음

(5) 수행목표의 유형과 과제회피목표(추가적 연구)

① 수행접근목표(performance-approach goals) : 타인과 비교하여 상대적으로 유능하다고 평가받으려는 목표

예 과학실험 수업에서 발표를 가장 잘함으로써 또래에게 유능하고 지적으로 보이기를 원하는 경우

② 수행회피목표(performance-avoidance goals) : 상대적으로 무능하게 평가되는 것을 피하려는 목표 예 단지 멍청하고 무능하게 보이는 것을 원하는 않는 경우

㉠ 자기장애전략

ⓐ 수행접근목표는 자신이 유능하게 보이는 것에 반복적으로 실패를 경험할 때 수행회피목표로 전환된다. 수행회피목표를 가진 학생은 방어적이고 실패회피전략(failure-avoiding strategies)을 쓴다. 실패회피전략이란 실패에 대한 변명으로 자기 자신만을 방어하는 전략을 의미한다.

예 "내가 공부를 하지 않아서 그런 것이지 제대로 했으면 너보다 훨씬 잘할 수 있어." 등의 말을 매번 반복하며, 마치 결과와 아무 상관이 없는 듯이 이야기하거나 시험에서 부정행위를 저지르기도 한다.

연구
숙달목표와 수행목표가 목표지향성의 모든 유형을 설명하지 못하므로 목표 유형에 대한 추가적인 연구가 이루어지고 있다. 이에 따르면, 수행목표는 접근 또는 회피의 성향에 따라 수행접근목표와 수행회피목표로 구분된다.

MEMO

ⓑ **교사의 지도** : 수행회피목표가 높은 학습자는 성공에 대한 지속적인 강화가 주어지고, 실패로 인한 당황감을 방어할 수 있을 때 동기가 유발된다. 그러므로 수행회피목표의 학습자를 가르치는 교사는 그들이 외적 보상에 민감하다는 점을 이용하여, 그들이 새로운 과제에 도전했을 때 더 좋은 성적을 주고, 수행 정도와 상관없이 현재보다 더 도전감 있는 과제를 수행했을 때 칭찬을 한다.

ⓛ 학습된 무기력(learned helpless)

ⓐ 수행회피목표를 가진 학생이 실패를 반복하면 학습된 무기력 상태의 학습자가 된다. 학습된 무기력 상태의 학습자는 아무리 노력해도 성공할 수 없다고 생각하므로 목표 자체를 설정하지 않으며 쉽게 포기한다. 실패가 거듭될수록 '나는 바보야'라고 실패의 원인을 자신의 능력 부족으로 돌리며, 그로 인해 절망감과 수치감에 휩싸인다. 그리고 어느 누구도, 그 무엇도 자신에게 도움을 줄 수 없다고 생각해 도움을 구하지도 않고 과제를 수행하려는 시도조차 하지 않는다.

ⓑ **교사의 지도** : 교사는 이러한 학습자의 수준을 고려한 적절한 과제를 제시해 줌으로써 그들이 성공을 경험하여 자신감을 가질 수 있도록 유도해야 한다. 또한 그들이 잘하는 것을 발견하고 그것을 공개하며 그에 맞는 특정한 책임을 부여함으로써 학급에서 그들의 위상을 높여 주어야 한다.

③ **과제회피목표(work-avoidance goals)** : 그저 최소한의 노력으로 과제를 대충 수행하는 것이 목표이다. 과제회피목표를 가진 학습자는 과제가 쉽거나 별다른 노력 없이 할 수 있을 때 성공적이라고 느낀다. 그들은 효과적이지 못한 전략을 사용하고, 모둠 활동에 최소한의 공헌을 하며, 도전적인 과제가 주어졌을 때 불평을 한다(Dowson & McInemey, 2001).

목표유형이 학습자의 동기와 성취에 미치는 영향(Eggen & Kauchak)

유형	의미	동기와 성취에 미치는 영향
숙달목표 (학습목표)	과제의 숙달과 이해 자체가 목표 예 은유법을 이해하고 응용하여 나만의 동시를 창작하기	• 과제에 대하여 지속적으로 노력을 기울인다. • 높은 자기효능감과 도전을 받아들이는 자세, 높은 성취를 보인다.
수행접근목표	남보다 유능해 보이려는 목표 예 우리 반에서 은유법을 활용한 동시를 가장 잘 쓰기	• 자신감 있는 학생은 계속 노력하고, 높은 자기효능감을 가지며, 높은 성취를 보일 수 있다. • 그러나 도전을 받아들이고자 하는 동기를 저해할 수 있으며, 이것은 곧 낮은 성취로 이어질 수 있다.
수행회피목표	무능해 보이려는 것을 피하려는 목표 예 교사와 다른 학생 앞에서 능력 없어 보이는 것 피하기	• 동기와 성취를 저해한다. 특히 자신감이 부족한 학생의 경우 동기와 성취가 더욱 저조하다. • 자기장애전략을 사용하는 것과 관련된다.
과제회피목표	최소한의 노력으로 과제를 대충 수행하려는 목표 예 그저 최소한의 노력으로 과제 마치기	노력하지 않고, 자기효능감이 낮다. 성취가 심각하게 저해된다.

(6) 효과적인 목표 사용의 4가지 단계 – 효과적인 목표는 어떤 과정을 거쳐서 설정되는가?

효과적인 목표 설정	적절한 노력으로 성취할 수 있는 구체적이고 도전적인 목표(과제)를 선택하여 지속적으로 성취경험을 갖도록 한다.
목표 점검하기	목표의 성취 여부를 학생 스스로 점검(self-monitoring)하도록 하여 성취감과 자기효능감을 높여 주고 긍정적 자아개념을 느끼게 한다. 예 한 주 동안 학습지를 7장 풀기로 목표를 정하였을 때, 수요일 시점에 3장을 풀었다면 학습 진행 상황에 대해 스스로 만족감을 느낄 수 있다.
효과적인 전략 사용	목표 달성에 도움이 되는 효과적인 전략을 찾아 세부 기술을 익히고 적용하도록 한다. 예 일주일 중 어느 한 요일에 집중하여 7장을 전부 푸는 것보다는 매일 한 장씩 나누어서 푸는 전략을 사용하는 것이 훨씬 효과적이다. '이야기를 읽고 10행으로 요약할 수 있다.'와 같은 독후감 쓰기 목표를 정했다면, 먼저 요약하는 기술을 익혀야 한다.
초인지(메타인지) 전략 사용	목표 수행 전 과정에서 스스로 계획, 점검, 평가할 수 있도록 한다.

(7) 숙달목표 지향성을 증진시키기 위한 방안 암

도전적 과제 제시	• 적절히 도전적인 과제 제시: 학생의 능력 범위 안에서 노력하면 해결할 수 있는 적절히 도전적인 과제를 제시하고, 그 과제의 성취 자체에 관심을 가지도록 한다. • 실제적(참) 과제 제시: 실제적 문제 상황과 연관된 과제를 제시하여 학습과제 자체를 이해하고 학습하는 것이 중요하다는 인식을 갖게 한다. • 과제 및 학습활동에 대한 선택권 부여: 학생들에게 과제나 학습활동에 대해 선택권을 부여하면 과제와 학습활동 자체에 대한 흥미가 증진될 수 있다.
숙달에 초점을 둔 피드백이나 보상 제공	숙달에 초점을 둔 피드백이나 보상 제공: 학생들의 학습 진전과 능력 향상, 숙달에 초점을 맞추어 피드백이나 보상을 제공하면 숙달목표를 지향하게 된다.
자기비교 평가/자기평가	• 사회적 비교 평가를 피하고 자기비교 평가 실시: 개인의 진보와 숙달 정도를 기준으로 한 자기비교 평가를 실시하여 타인과의 경쟁보다 과제의 숙달에 중점을 두도록 한다. • 자기평가방법 활용: 자신의 과제 수행에 대해 학생 스스로 평가하게 하여 과제수행을 위한 학습에 관심을 갖게 한다.
협동학습 활용	협동학습의 활용: 협동학습은 구성원 모두의 과제숙달과 학습수준 향상을 중요시하므로 학생들에게 숙달목표를 지향하도록 한다.

MEMO

암기법
도전, 피자협

MEMO

Plus

드웩(Dweck)의 지능에 대한 암묵이론

1. **개념**: 사람들은 누구나 지능에 대해 암묵적인 신념을 가지고 있는데, 그것이 동기에 영향을 미친다고 봄

2. **지능에 대한 암묵이론의 두 가지 유형**
   ① 고정적 관점: 지능은 고정되어 있으며 불변한다는 관점
      ㉠ 지능과 능력은 변하지 않으며 노력과 무관하다고 생각함
      ㉡ 자신의 능력과 타인의 능력을 비교하는 데 초점을 두는 수행목표를 추구하는 경향이 높음
      ㉢ 실패를 지능과 능력의 부족에 귀인하기 때문에 실패 시 동기가 저하됨
      ㉣ 실패를 지능과 능력의 부족에 귀인하기 때문에 위험부담이 적은 쉬운 과제를 선호하고 도전적인 과제를 회피함
      ㉤ 피상적이고 기계적인 학습전략을 활용하는 경향이 높음
   ② 증가적 관점: 지능은 유연하며 증진될 수 있다는 관점
      ㉠ 지능과 능력은 노력에 따라 변화될 수 있다고 생각함
      ㉡ 과제의 숙달과 이해에 초점을 두는 학습목표(숙달목표)를 추구하는 경향이 높음
      ㉢ 실패를 노력 부족으로 귀인하고 죄책감을 느끼기 때문에 실패는 동기를 촉진시킴
      ㉣ 유능감을 높이기 위해 도전적이고 새로운 과제를 선호함
      ㉤ 심층적인 인지전략을 적극적으로 활용하고, 메타인지전략을 적절히 적용함

3. **교육적 적용**
   ① 교사는 학생의 노력과 발전에 초점을 둔 피드백을 제공함
   ② 학습과정을 중시하는 과정중심평가를 활용함
   ③ 즉, 교사는 학생의 노력에 대한 피드백과 과정중심평가를 활용하여 학생이 지능에 대한 증가적 관점을 갖도록 한 후 도전적인 과제, 효과적인 학습전략을 제공해 줌

M E M O

02

9 성취동기이론(achievement motivation theory) 99 초등, 99 초등추가, 00 초등

(1) 개관

성취동기(achievement motivation)란 도전적이고 어려운 과제를 성공적으로 수행하려는 욕구이다(도전적이고 어려운 과제를 성취하려는 욕구). 학교상황에서는 학업성취에 대한 의욕 또는 동기라 할 수 있다. 이러한 성취동기는 성취결과(보상)에 관계없이 성공 그 자체를 중시하는 것이며, 사회적으로 학습된 동기로서 학업성취와 밀접한 관계가 있다.

(2) 앳킨슨(Atkinson)의 성취동기이론

① 성취과제 접근 또는 회피 경향성(Ta: Tendency to achieve or avoid an achievement-task):

$$Ta = Ts - Taf$$

- Ta: Tendency to achieve or avoid an achievement-task
- Ts: Tendency to achieve success
- Taf: Tendency to avoid failure

성취행동은 성공추구경향성(Ts: Tendency to achieve success: 성취과제에 접근하려는 경향성, 성공에 대한 희망)과 실패회피경향성(Taf: Tendency to avoid failure: 성취과제를 회피하려는 경향성, 실패에 대한 두려움)의 상대적 강도에 의해 결정된다. 성취장면에서 성공추구경향성(Ts)이 높고 실패회피경향성(Taf)이 낮을수록 성취노력을 많이 한다.

② 성공추구경향성(Ts: Tendency to achieve success): 성취상황에서 성공추구경향성(Ts)은 성공동기(Ms), 성공가능성(Ps), 성공유인가(Is)에 의해 결정된다.

$$Ts = Ms \times Ps \times Is$$

- Ts: Tendency to achieve success
- Ms: Motive for success
- Ps: Probability of success
- Is: Incentive value of success

Ms, Ps, Is는 곱셈관계에 있으므로, 특정 요인의 값이 매우 낮으면 전반적인 성공추구경향성도 낮아진다.

예 현재 수강 과목에서 A학점을 받을 수 있는 확률(Ps)이 매우 높지만 A학점이 중요(Is)하지 않다고 생각하면 성공추구경향성(Ts)이 낮아짐

MEMO

성공동기 (성취동기) (Ms)	• 무의식적으로 성공하기 위해 노력하려는 비교적 안정된 욕구이며, 성취상황에서 자부심을 경험할 능력을 말함(=성공추구동기) • 아동 초기에 부모의 양육에 의해 발달 ⇨ 성취하려는 노력에 대해 부모로부터 격려받고, 능력을 확인받을 수 있었던 아동들은 성공동기가 높음
성공가능성 (성공확률) (Ps)	• 과제수행(목표달성)에 성공할 것이라는 기대 • 보통 과제의 난이도를 의미하므로 0~1의 값을 취함
성공유인가 (Is)	• 성공을 통해 느끼게 될 자부심 • 성공가능성에 반비례하므로($Is=1-Ps$) 쉬운 과제보다 어려운 과제를 성취했을 때 자부심이 더 높음

③ **실패회피경향성**(Taf: Tendency to avoid failure) : 성취상황에서 실패회피경향성(Taf)은 실패회피동기(Maf), 실패가능성(Pf), 실패유인가(If)에 의해 결정

$$Taf = Maf \times Pf \times If$$

- Taf : Tendency to avoid failure
- Maf : Motive for avoid failure
- Pf : Probability of failure
- If : Incentive value of failure

실패회피동기 (Maf)	• 무의식적으로 성취과제를 기피하려는 비교적 안정된 욕구이며, 실패상황에서 수치심과 창피함을 참아 내는 능력을 말함 ⇨ 시험상황에서 시험불안을 유발 • 아동 초기에 부모의 양육에 의해 발달 ⇨ 성취노력에 대해 부모로부터 벌을 받았던 경험이 있었던 아동들은 실패회피동기를 형성
실패가능성 (실패확률) (Pf)	과제수행(목표달성)에 실패할 것이라는 기대
실패유인가 (If)	• 실패로부터 느끼게 될 수치심과 창피함 • 실패 가능성에 반비례함($If=1-Pf$) • 실패는 바람직하지 않은 것이기 때문에 실패유인가(If)는 항상 음수(-)값을 갖고, 따라서 실패회피경향성(Taf)은 항상 음수(-)값을 갖게 됨

④ **결론(시사점)** : 앳킨슨(Atkinson)은 성취동기를 성공추구동기(Ms)와 실패회피동기(Maf)로 설명한다. 성공추구동기가 높은 학생은 성공가능성이 높으면서 자부심을 느낄 수 있는 중간 정도 난이도의 과제를 선택하는 경향이 두드러진다. 반면, 실패회피동기가 높은 학생은 실패할 위험 부담이 적은 아주 쉬운 과제나 실패에 대한 변명을 과제 난이도에 귀인시킬 수 있는 아주 어려운 과제를 선택하는 경향이 있다.

MEMO

02

성공추구동기(Ms)가 높은 학생	실패회피동기(Maf)가 높은 학생
성공가능성이 높은 중간 정도 난이도의 과제 선택: 목표가 달성 가능하면서도 자부심을 느낄 수 있는 과제를 선택하는 경향이 두드러짐	아주 쉬운 과제나 아주 어려운 과제를 선택: 아주 쉬운 과제는 실패할 위험 부담이 없이 성취할 수 있고, 아주 어려운 과제는 성공 가능성이 없더라도 실패에 대한 변명을 과제의 난이도에 귀인시킬 수 있기 때문

⑤ 성공추구동기(성취동기)가 높은 사람과 실패회피동기가 높은 사람의 행동특성(McClelland)

성공추구동기(성취동기)가 높은 사람	실패회피동기가 높은 사람
• 과제지향성: 과제를 성취해 나가는 과정 그 자체를 즐기고 만족스럽게 여기는 성향을 지님 • 적절한 모험성: 자신의 능력을 발휘하여 성취할 수 있는 적절한 도전감과 성취감을 맛볼 수 있는 모험적인 과제에 흥미를 느낌 • 높은 자신감: 과제의 성취 가능성에 대해 높은 자신감을 가짐 • 정열적이고 혁신적인 활동성: 과제를 정열적으로 수행하고, 새로운 과제를 찾아 성취해 가는 활동에 열중함 • 높은 자기 책임감: 과제 수행에 대해 일체의 책임을 지며, 실패했더라도 책임을 회피하지 않음 • 결과에 대한 정보 추구 경향성: 과제 수행의 진행상황과 예상되는 결과에 대한 정보를 계속 추구하여 정확한 예측을 하려는 경향이 있음 • 미래지향성: 과제 수행에서 장기적인 계획을 세우고 미래에 얻게 될 성취만족을 기대하면서 끈기 있게 지속해 나감	• 아주 쉬운 과제나 아주 어려운 과제를 선택: 아주 쉬운 과제는 실패할 위험 부담이 없이 성취할 수 있고, 아주 어려운 과제는 성공 가능성이 없더라도 실패에 대한 변명을 과제의 난이도에 귀인시킬 수 있기 때문 • 과제 수행의 노력을 게을리함: 과제를 수행할 때 최선을 다하지 않으며, 꾸물거리거나 늑장을 부림 • 과욕을 부리거나 속임수를 사용: 과욕을 부리거나 성공하기 위해 거짓말이나 속임수를 사용하기도 함

(3) 와이너(Weiner)의 성취동기 연구

① 성취동기와 귀인과의 관계: 성취동기가 높은 학생은 성공과 실패의 원인을 내적으로 귀인시키는 반면, 성취동기가 낮은 학생은 외적으로 귀인시키는 경향이 있다.

② 성공추구동기와 실패회피동기가 동기수준에 미치는 영향: 성공추구동기(Ms)가 높은 학생은 과제 실패 시 성취동기가 증가하고(⇨ 과제 실패 시 그 과제를 도전적 과제로 여기고 성취욕구가 높아져서 성취동기가 증가함), 실패회피동기(Maf)가 높은 학생은 과제 성공 시 성취동기가 증가한다.

구분	$Ms > Maf$	$Ms < Maf$
성공	동기 감소(↓)	동기 증가(↑)
실패	동기 증가(↑)	동기 감소(↓)

MEMO

(4) 성공추구 학습자, 실패회피 학습자, 실패수용 학습자

성취동기의 맥락에서 학습자를 관찰한 결과 '성공추구 학습자, 실패회피 학습자, 실패수용 학습자'로 분류할 수 있다.

① 학습자 특성

성공추구 학습자	실패회피 학습자	실패수용 학습자
• 성취욕구가 높다. • 도전적 과제와 학습목표를 설정한다. • 실패의 귀인을 자신의 노력으로 돌린다. • 능력은 개선될 수 있다고 생각한다(향상모형). • 적응 전략을 사용한다.	• 수행목표를 설정한다. • 아주 어렵거나 쉬운 과제를 선택한다. • 실패회피가 동기를 유발시킨다. • 실패의 귀인을 능력 혹은 과제 탓으로 돌리며, 능력은 고정되어 있다고 생각한다(능력모형). • 자아파기전략(self-defeat)을 사용한다.	• 아예 목표가 없다. • 쉽게 포기한다. • 실패의 귀인을 능력으로 돌리며, 능력은 고정되어 있다고 생각한다. • 학습된 무기력 전략을 사용한다.

② 교육적 처치

성공추구 학습자	실패회피 학습자	실패수용 학습자
아무런 문제가 없으므로 놔둬도 된다.	• 교사의 인정이 아닌 학습 그 자체를 즐기도록 유도한다. • 새로운 과제에 스스로 도전했을 때 더 많은 칭찬을 한다. • 현재보다 더 도전감 있는 과제를 수행했을 때 아낌없이 칭찬한다.	• 교사와 부모가 상당히 관심을 기울여야 한다. • 이들의 수준에 적합한 과제를 제시함으로써 성공의 기회를 준다. • 자신감을 가질 수 있도록 유도한다.

Chapter

02

학습자의 발달

Section 01

인지발달이론

MEMO

01 피아제(Piaget)의 인지발달이론 – 개인적 구성주의

95 중등, 97~98 중등, 99 초등, 99 중등, 99 중등추가, 00 초등, 03 중등, 05~07 초등, 05 중등, 08 중등, 09~10 초등, 10~11 중등

1 개관

(1) 개념

인지발달이란 인간과 환경과의 능동적 상호작용을 통해 인지구조가 질적으로 변화되는 과정을 말한다.

(2) 기본 입장

① **발생학적 인식론**: 지식(인식론)의 기원 탐구 ⇨ 피아제의 인지발달이론은 단순히 아동의 성장·발달에 관심을 두지 않고 지식의 본질, 즉 지식의 구조와 발달의 과정에 관해 연구하는 발생학적 인식론에 관심을 두었다. 피아제는 '지식(인지)이 어떻게 생기는가?'라는 인식론에 관심을 가져 그의 이론을 '발생학적 인식론' 또는 '발달적 인식론'이라고도 한다.

② **인지적(개인적) 구성주의**: 아동은 환경과의 상호작용을 통해 지식(인지구조)을 구성. 행동 ⇨ 사고 ⇨ 언어

③ **인지발달**: 인간과 환경과의 능동적 상호작용의 결과 인지구조의 질적 변화 ⇨ 인간은 태어날 때 반사신경 외에는 인지구조가 거의 없이 태어난다. 인간의 인지도식(schema)은 인간이 타고난 능력인 '적응'과 '조직'을 통해 변화해 가는데, 이러한 인지구조의 변화가 바로 인지발달, 지적 성장이다.

④ **인지발달(지적 성장)의 촉진 요인**: 지적인 성장을 촉진하는 요인으로 성숙(maturation), 경험(physical experience), 사회적 상호작용(social interaction)을 들 수 있다.

(3) 주요 개념

① **인지기능**: 적응(adaptation)과 조직(organization) ⇨ 인지기능은 유기체가 환경에 적응하려는 선천적·불변적 경향성으로, 인지기능의 작용이 있어야 인지도식이 형성되고 인지구조가 변화된다. 98 중등, 99 중등추가, 99 초등, 05~06 중등

<table>
<tr><td rowspan="3">적응
(순응)</td><td>동화</td><td>새로운 정보(환경자극)를 자신의 기존 인지구조(도식)에 흡수 ⇨ 도식의 양적 성장 예 '개'에 대한 도식을 가진 아이가 '염소'나 '송아지'를 '개'라고 부르는 것</td></tr>
<tr><td>조절</td><td>자신의 기존 인지구조(도식)를 새로운 정보(환경자극)에 알맞게 수정. 기존의 인지구조를 변화시켜 그 대상을 이해하게 됨 ⇨ 도식의 질적 성장
예 '개' 도식을 가진 아이가 '염소'를 '염소'라고 부르는 것</td></tr>
<tr><td>평형</td><td>동화와 조절을 통해 인지적 평형(equilibrium, 균형)을 이루는 상태. 동화와 조절 간의 인지적 균형을 유지하도록 하는 것. 즉 평형화는 새 정보가 기존 지식구조와 일치하면 새 정보를 기존 지식구조에 적합시키는 동화 또는 일치하지 않으면 변화시키는 조절의 과정임 ⇨ 인지발달의 핵심기제(평형화는 개인이 스스로 자신의 인지구조를 형성하고 재구성하는 인지발달의 핵심 기능)
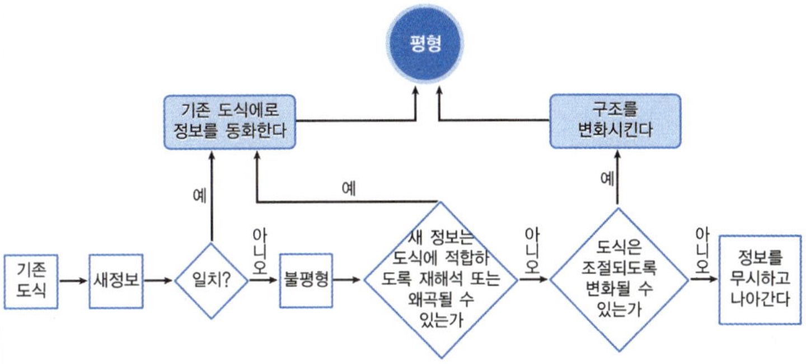
</td></tr>
<tr><td colspan="2">조직(조직화)</td><td>수용된 정보를 구조적으로 관련지어 더 높은 수준의 체계로 통합하는 것
예 '개'와 '염소'를 더 일반적인 범주인 '동물'의 하위범주로 생각하는 것</td></tr>
</table>

② **인지도식(schema)** : 인지구조의 기본 단위 ⇨ 외부 세계에 대한 이해의 틀, 사고 체계, 정신적 표상이나 지식 체계를 의미

③ **인지적 불평형(비평형, 불균형)** 11 중등 : 동화와 조절이 원활하게 일어나지 않는 인지갈등 상태, 동화와 조절 간의 인지적 평형(균형)이 깨진 인지갈등 상태 ⇨ 기존의 인지도식으로 새로운 자극이나 정보를 이해하기 어려울 때 인지적 불균형이 발생하며, 이때에는 인지구조의 변화, 즉 평형화가 필요하다.

(4) 피아제의 인지발달이론의 특징

① **각 발달단계는 질적으로 다르다(인지발달은 인지구조의 질적 변화의 과정이다)** : 인간의 인지발달은 감각운동기, 전조작기, 구체적 조작기, 형식적 조작기라는 질적으로 다른 4가지 단계를 거쳐 발달한다. 따라서 각 발달단계는 질적으로 다르다. 질적으로 다르다는 것은 각 단계별로 발달하는 행동특성이 다르다는 것을 의미한다.

② **각 발달단계는 서로 연속된 것이다** : 각 발달단계는 연속된 것으로 이전 단계에 근거해서 새로운 단계가 나타난다. 따라서 새로운 단계와 이전 단계는 별개의 것이 아니라 서로 통합된다. ⇨ 포섭적 팽창

MEMO

③ **발달단계의 순서는 불변한다** : 발달단계의 순서와 발달단계별 행동이 나타나는 순서는 유전이나 경험, 즉 개인차에 관계없이 일정하다. 인지발달의 단계는 모든 문화권을 초월해서 일정·불변하다.

④ **발달속도에 있어 개인차가 존재한다** : 발달단계의 순서는 개인차가 없으나, 발달단계가 나타나는 시기(즉, 발달의 속도)에는 개인차가 있을 수 있다. 예컨대, 개인에 따라 구체적 조작기가 나타나는 시기가 빠를 수도 있고, 느릴 수도 있다.

⑤ **발달이 학습에 선행하며, 언어는 인지발달의 부산물이다** : 발달이 학습에 선행한다. 즉, 발달에 기초하여 학습이 이루어진다. 또, 사고가 언어에 반영되므로(행동 ⇨ 사고 ⇨ 언어), 언어는 인지발달의 부산물이다. 즉, 인지발달의 수준에 따라 그에 맞는 언어발달이 자연스럽게 뒤따른다.

2 피아제의 인지발달단계 00 초등, 10 초등

(1) 감각운동기(0~2세)

– 감각 운동을 통해 세상을 지각·이해하는 시기, 행동 > 사고 99 중등

① **목적 지향적 행동** : 목표에 이르는 일련의 행동을 할 줄 안다.

예 뚜껑이 닫힌 투명 플라스틱 속의 장난감을 여러 번의 시행착오를 거쳐 꺼내면서 '장난감통 속의 장난감'이라는 도식을 형성하고 되고, 뚜껑을 열고 통을 거꾸로 해서 장난감을 꺼낼 수 있게 된다.

② **대상영속성 획득(4~12개월)** : 어떤 대상이 시야에서 사라져도 여전히 존재한다는 사실을 인지한다.

예 공을 보자기로 감추면 두리번거리며 공을 찾는다. ⇨ 공을 머릿속에 표상하고 있음을 나타내는 것으로, 이는 표상능력의 획득을 의미(인지발달의 코페르니쿠스적인 전환). 사고의 발생을 나타내는 지표, 애착형성의 중요한 요소

③ **지연모방(관찰학습의 토대)** : 눈앞에 없는 모델을 모방한다. 타인의 행동을 하루 이틀 뒤에 모방할 수 있는 능력을 말한다. ⇨ 모델의 행위에 대한 내적 표상을 형성

예 Jacqueline은 자주 보는 남아가 굉장히 화가 나서 발을 동동 구르며 소리 지르는 것을 놀라서 보고 있었다. 다음날, 그녀는 소리를 지르고 발을 여러 번 계속해서 구르는 것이었다.

(2) 전조작기(2~7세)

– 지각이 아동의 사고를 지배하는 시기, 직관적 사고, 언어의 급속한 발달 05 초등, 07 초등, 09 초등

① **상징의 사용과 언어의 급속한 발달(4세 전후)** : 사물과 생각을 개념적, 상징적으로 표현하는 능력이 발달 ⇨ 전(前)개념(preconcept)의 수준

예 승용차, 트럭, 기차 등을 모두 차라고 부르는 것과 같다.

MEMO

02

② **직관적 사고** : 현저한 지각적 특성으로 대상을 파악하는 사고, 인상이나 지각에 의존하는 사고. 지각과 사고가 완전히 분리되지 못하고 지각(인상)이 사고에 앞선다. ⇨ 겉모습이 곧 실재(현실)라고 생각

예 귀신 가면을 쓴 엄마를 보고 귀신이라고 생각하고 무서워한다. 선생님이 오른손을 들며 '오른손을 드세요.' 라는 선생님의 말씀에 아이는 왼손을 든다.

③ **중심화(지각적 중심화)** : 사물을 여러 관점에서 보지 못하고 가장 두드러진 한 가지 측면으로 본다. 보존성 개념이 없어 가역적 사고를 하지 못한다.

예 단추를 색상별로 구별할 수는 있어도 크기별, 색상별, 형태별 등 여러 차원에서 분류하지는 못한다. 모든 털이 달린 동물(토끼, 고양이, 개)을 보고 '고양이'라고 한다. 동일한 양의 물을 모양이 다른 그릇에 담으면 양이 다르다고 생각한다. 과자를 하나 가지고 있는데도 더 달라고 졸라서, 엄마가 그 과자를 둘로 쪼개어 주었더니, 아이는 더 달라고 하지 않고 만족스러워한다.

④ **자기중심적 사고(egocentric thought)** : 다른 사람의 감정, 생각, 관점이 자신과 동일하다고 생각(나의 생각 = 남의 생각)한다. ⇨ 주관적이고 비사회적인 사고, 사물이나 사건을 대할 때 다른 사람의 관점을 고려 ×, 조망수용능력 부족 ⇨ 세 산(山) 모형 실험

예 아동들은 천으로 눈을 가리면 자신만 남을 볼 수 없는 것이 아니라 남들도 자신을 볼 수 없다고 생각함. 내가 형이 있으면 모든 사람도 다 형이 있을 거라고 생각함. 엄마의 생일선물을 사기 위해 두 소년이 쇼핑을 했는데, 형(7세 소년)은 보석을 고르고, 동생(3세 소년)은 모형차를 고름

⑤ **자기중심적 언어** : 자기 생각만 일방적으로 전달한다. ⇨ 비사회적 언어, 집단 독백(collective monologue)

예 4세 여아들이 놀이를 하면서 대화를 하는 것처럼 보이지만 각 여아는 실제로는 자신의 마음속에 있는 것에 대해서만 말하고 있는 것이다. 한 여아는 자신이 만들고 있는 인형집에 대해서 말하고 있고, 다른 여아는 자신이 여행 간 곳에 대해서 말하고 있다.

⑥ **가상놀이(상징적 사고)** : 가상적인 상황이나 사물을 사용하여 실제 상황이나 사물을 상징화하는 놀이 예 소꿉놀이, 병원놀이

⑦ **물활론적 사고** : 세상의 모든 물질은 살아 있고 자기의 의지에 따라 움직인다고 믿는 생각

예 산은 죽은 것이고 구름은 살아 있는 것

⑧ **인공론적 사고** : 사물이나 현상이 사람의 필요와 목적에 맞도록 쓰려고 만들어진 것이라고 생각하는 것 예 파란 하늘은 누군가가 파란 물감으로 도색했기 때문

(3) 구체적 조작기(7~11세)

– 구체적 사물에 대한 논리적・조작적 사고 91 중등, 99 초등, 99 중등추가

① **탈중심화(decentration)** : 사물이나 현상의 여러 측면을 고려 ⇨ 조망수용능력 발달, 사회화된 사고와 언어가 발달

② **보존 개념 발달** : 물체가 위치나 모양을 달리해도 본질, 즉 수나 양은 변함이 없다는 개념. 탈중심화로 인해 사물을 여러 차원에서 볼 수 있기 때문 ⇨ 동일성, 가역성, 보상성의 개념을 통해 발달

조망수용능력 (perspective-taking ability)
사회적 대인관계에서 나타나는 탈중심화 능력으로, 다른 사람의 입장이나 생각, 감정 등을 추론해서 이해하는 능력을 말한다. 공간 조망능력, 인지 조망능력, 감정 조망능력 등이 있다.

MEMO

Plus

수평적 격차(horizontal decalage)

1. **수평적 격차(위계)(horizontal decalage)**: 보존성 개념은 과제의 형태에 따라 습득 시기가 달라진다는 것, 즉 보존성 개념들이 차례대로 습득된다는 것
2. **보존 개념의 형성과정**: 수 → 질량 → 길이 → 면적 → 무게 → 부피

㉠ 동일성(identity): 어떤 사물에 무엇이 더하거나 빼지 않으면 항상 같다.

예 똑같은 양의 플라스틱으로 된 2개의 동일한 공을, 하나는 길게 늘이고 다른 하나는 변화시키지 않고 어느 것이 양이 더 많은지 묻는다. 아동이 똑같은 양을 가졌다(保存)라고 말하면 다음의 사고를 추리할 수 있다. 아동은 길게 늘린 사물(공)에 더 보태거나 뺀 것이 하나도 없으므로 그것은 전에 있었던 것과 똑같다(同一性)고 생각한다.

㉡ 가역성(reversibility): 처음의 상태로 돌이켜 생각할 수 있는 능력이다(A + B = C, C − B = A의 관계).

예 위의 예에서 아동은 공을 소시지 형태로 만들었을 때 똑같은 양이 포함되어 있다고 추리한다(可逆性).

㉢ 보상성(상보성, compensation): 한 차원의 변화는 다른 차원의 변화에 의해 보상(상쇄)된다. 즉 A + 5 − 5 = A이다. +, − 조작이 서로 상쇄되어 A만 남는다는 사고이다.

예 위의 예에서 더 길게 늘인 사물(공)은 더 길기 때문에 더 많은 자료를 갖고 있고, 더 얇기 때문에 덜 갖고 있는 것처럼 보인다고 한다. 그러므로 2개의 차원은 서로를 보상하고 그 변화가 없어진다(두께의 손실은 길이로 보상되기 때문에 형태가 변해도 물체는 동일하다).

③ **중다분류·중다서열(배열)**: 여러 기준을 사용하여 사물을 분류하거나(유목화 능력 발달), 차례대로 배열할 줄 안다.

예 분류: 15송이의 장미와 5송이의 민들레로 된 꽃바구니를 보고, "장미가 더 많을까 꽃이 더 많을까?"라고 물으면 꽃이 더 많다고 대답할 수 있다. 장미의 꽃의 하위분류라는 것을 이해하고 있다. 그리고 단추를 크기나 구멍의 수에 의해서 구분할 뿐만 아니라 색에 의해서도 구분할 수 있게 된다.

예 서열(배열): 길이가 다른 나무 막대 X, Y(X가 Y보다 길다)를 보여 준 뒤 Y, Z(Y가 Z보다 길다)를 보여주면, X와 Z를 직접 시각적으로 비교하지 않고도 X가 Z보다 더 길다는 것을 안다. 그러나 순전히 언어로만 들려주고 비교를 요구하면 대단한 혼란을 일으키게 된다.

암기법
반조명 추가이자

(4) **형식적 조작기**(11세~) 암

− 구체적 사물이 없이도 추상적이고 개념적인 사고가 가능한 시기 99 초등, 00 중등, 03 중등, 10 중등

① **추상적 사고**: 추상적 개념을 사용하여 논리적으로 사고하는 능력 ⇨ 추상적 관련성을 이해하고, 속담과 격언의 추상적·상징적 의미 이해

예 '낮말은 새가 듣고 밤말은 쥐가 듣는다.'라는 속담을 '항상 말조심해야 한다.'와 같이 추상적·상징적 의미로 이해하고 해석

② **반성적 추상화(reflective abstraction)** 10 중등: 구체적 경험과 관찰의 한계를 벗어나서, 제시된 정보에 기초해서 내적으로 추리(반성: internal reflection)하는 메타사고(사고에 대한 사고) 과정을 의미. 반성적 추상화의 예는 대상들 간의 관계를 유추하는 사고과정임 ⇨ 논리수학적 지식을 획득

MEMO

02

예 '할아버지와 할머니의 관계는 아버지와 어머니의 관계에 해당한다.'와 같이 대상들 간의 관계를 유추하는 과정에서 작용한다. / 강아지, 새, 털, 깃털과 같이 경험을 통해 잘 알고 있는 일반적 대상을 '강아지 : 털 = 새 : 깃털'의 관계로 설명하는 것은 단순히 관찰할 수 있는 것이 아니며 반성적 추상화를 통해 이루어진다. / 공깃돌을 가지고 놀면서 공깃돌은 일렬로 늘어놓고 세거나 둥글게 늘어놓고 세거나 어떤 것을 먼저 세는 것에 관계없이 그 개수는 늘 일정하다는 것을 발견했다면 반성적 추상화를 경험한 것이다. '대상의 개수는 세는 순서에 관계없이 늘 일정하다'(원수의 개수 개념)는 사실은 공깃돌에 담겨져 있는 성질이 아니라 대상에 대한 행위로부터 추상된 사실이다.

③ **가설·연역적 사고**: 가설을 설정하고 연역적으로 검증 및 결론을 추론한다.

④ **이상주의적 사고**: 가설적 사고를 하면서 관념을 통해 이상적인 세계를 구상. 더 나은 사회를 건설하기 위해 기존의 사회를 개혁 또는 파괴하려는 성향이다.

⑤ **자기중심적 사고**: 이상주의적 사고를 하면서 가상적 청중에 대한 과민반응, 개인적 신화, 불사신 신화와 같은 자기중심적 사고가 나타난다(Elkind: 청소년기 자아중심성 이론).

㉠ **가상적 청중(상상적 청중)**: 남들이 모두 나만을 주시하고 있다는 생각 ⇨ 청소년기의 과장된 자의식으로 인해 자신이 타인의 집중적 관심과 주의의 대상이 된다고 믿는 자아중심성이다.

㉡ **개인적 신화(개인적 우화)**: 자신의 경험·느낌·생각은 오직 자신만이 겪는 것이라는 믿음 ⇨ 자신이 특별하고 독특한 존재로 자신의 감정이나 경험은 다른 사람과는 근본적으로 다르다고 생각하는 자기 과신적인 자아중심성이다. 자기 과신이 심해지면 자기 존재의 영속성과 불멸성을 믿게 되는 불사신 신화에 빠져들 위험이 있음

㉢ **불사신 신화**: 불치병, 재난 등 불행한 사건은 남들에게만 일어난다는 생각

⑥ **조합적 사고**: 몇 가지 변인들을 체계적으로 조합하여 문제를 해결하는 사고 ⇨ 문제해결적 사고·융합적 사고

예 몇 가지 액체를 섞어 노란색을 만드는 과제에서 모든 경우의 수를 생각하여 하나하나 조합하여 노란색을 만드는 경우 / 전구의 밝기를 결정하는 변인으로 전지의 수와 전구의 종류를 결정했다고 하면 이 2가지 변인을 조합하여 실험을 설계하는 경우

⑦ **명제적 사고**: 명제를 구성하고 명제들 사이의 관계에 대해 논리적으로 추론

예 삼단논법적 추리

MEMO

3 피아제 이론의 교육적 시사점(적용)

(1) 교육적 시사점(적용)

① **아동의 사고능력을 키워주는 교육**: 피아제에 따르면, 교육의 목표는 각 발달단계에 적합한 사고능력을 키워주는 데 있다. 따라서 주입식 수업 대신 아동이 직접 사고하고 탐구하며 발견할 수 있는 환경을 조성해 주는 것이 중요하다.

② **인지발달 수준에 기초한 교육**: 피아제에 따르면, 발달이 학습에 선행한다. 개인의 발달수준이 사고의 질을 결정하므로 현재의 발달수준을 넘어선 교육내용을 제시하면 의미 있는 학습이 일어나지 못한다. 즉, 교사가 아무리 훌륭한 수업계획을 구상하였더라도 아동이 수업내용을 이해하는 데 필요한 인지구조나 조작능력을 갖고 있지 못하면 수업은 무의미해진다. 따라서 발달단계를 훌쩍 뛰어넘는 선행학습은 지양해야 한다.

예 감각동작기의 영아는 가능하면 많이 빨고 만져 보는 것이 공부가 된다. 전조작기 유아에게 가상놀이는 상징도식을 활발하게 확장하는 최고의 공부이며, 구체적 조작기의 아동에게는 직접 경험하게 하는 체험학습이 중요하다.

③ **인지불평형(인지갈등)을 유발하는 교육**: 피아제에 따르면, 상위수준의 단계로 발달하려면 현재의 인지구조로는 해결할 수 없는 인지갈등을 경험해야 한다. 즉, 아동의 인지발달을 촉진하려면 인지갈등(인지적 불평형)을 유발해야 한다. 따라서 적정 수준의 곤란도를 가진 과제를 제시하여 이를 해결하도록 함으로써 인지발달을 촉진시켜 주어야 한다. 하지만 이때 제시되는 새로운 과제가 학생의 인지발달단계를 훌쩍 뛰어넘는 것이어서는 안 된다.

④ **능동적 활동을 강조하는 교육**: 피아제에 따르면, 아동은 능동적으로 지식을 구성하는 적극적인 지식구성자이다. 아동은 환경과 끊임없는 상호작용을 통해 세계에 대한 지식을 구성한다. 그러므로 아동이 스스로 개념을 구성할 수 있도록 학생의 활동을 촉진할 수 있는 환경을 조성하고, 아동 스스로 조작하고 탐색하며 문제를 해결할 수 있는 기회를 충분히 부여해 주어야 한다.

⑤ **또래와의 사회적 상호작용을 촉진하는 교육**: 피아제에 따르면, 또래와의 사회적 상호작용은 인지발달의 중요한 원천이다. 또래와의 사회적 상호작용은 인지불균형을 쉽게 유발하고 인지발달을 효과적으로 촉진하므로 비슷한 수준의 또래와의 상호작용의 기회를 풍부하게 제공해 주어야 한다. 반면, 어른들과의 상호작용에서는 인지불균형이 거의 초래되지 않는다. 아동은 어른들이 더 많은 것을 알고 있다고 생각하며, 아동과 어른의 세력관계도 불균형을 이루고, 어른들은 일방적으로 지시하려는 경향이 강하기 때문이다.

⑥ **인지발달 수준을 고려한 교육과정의 계열화**: 교육과정은 학습자의 인지발달 수준을 고려하여 적절하게 계열화하여야 한다. 즉, 구체적이고 단순한 경험에서 추상적이고 일반적인 경험으로 교육내용을 계열화하여 조직하고 제시해야 한다.

MEMO

02

(2) 피아제 이론에 근거한 오개념 변화

명료화 · 교환	우선 학생들이 자신의 오개념을 충분히 인식할 수 있도록 자신의 생각을 표현할 수 있는 기회를 제공한다.
인지갈등상황 제시 (갈등상황 경험)	학생의 오개념과 상충되는 인지적 갈등(cognitive conflict) 상황을 제시하여 자신의 생각에 불만족을 갖도록 한다(dissatisfaction).
새로운 개념의 구성	학생들의 생각을 변화시킬 수 있도록 올바른 개념을 이해 가능하고(intelligent), 그럴 듯하고(plausible), 활용 가능성이 많음(fruitful)을 보여 주어 새로운 개념을 구성하도록 한다.

4 피아제 이론에 대한 비판과 영향

(1) 피아제 이론에 대한 비판

① 연령이 낮은 아동의 능력(예 전조작기)을 과소평가했다. 실제 상황에서는 유사한 과제를 해결할 수 있음에도 불구하고, 피아제가 제시한 과제는 추상적인 지시와 요구사항 때문에 아동들이 과제를 제대로 수행하지 못하게 된다는 것이다.

② 연령이 높은 아동(예 형식적 조작기 이후)의 능력을 과대평가했다. 실제로는 구체적 조작기에 머물러 있는 중 · 고등학생들이 많다.

③ 아동의 인지발달에 미치는 사회적 · 문화적 영향을 고려하지 못했다. 문화는 아동의 경험, 가치, 언어, 다른 사람들과의 상호작용 방식에 중요한 영향을 미친다.

예 비고츠키(Vygotsky)

④ 인지발달에 있어 인간의 전 인지 영역을 포괄하고 있지 못하다. 수학이나 과학적 사고의 발달을 언급하고 있으나, 음악 · 문학 · 예술 등 정서성이 포함된 인지발달을 언급하지 않았다.

⑤ 표집 수의 제한으로 인해 사례연구 혹은 임상연구라는 점에서 비판을 받는다.

(2) 피아제 이론의 영향

① 교육자들이 학습을 학습자들이 수동적으로 정보를 받아들이는 것이 아니라 학습자가 자신의 이해를 구성해 나가는 적극적인 과정으로 보게 되었다.

② 교육과정에도 영향을 끼쳐, 수업은 구체적 경험이 먼저 제시되고 추상적 개념을 나중에 다루는 방식으로 조직되었다.

MEMO

02 케이즈(Case)의 신피아제 이론(명칭: 실행제어 구조이론) 04 초등

1 개관

① 정보처리적 접근을 통해 피아제의 이론을 재해석한 것으로 피아제의 인지발달이론과 정보처리이론을 결합한 것이다.

② 피아제는 수학적·논리적 형식의 관점에서 인지발달을 기술하였으나, 케이즈는 정보처리전략(information-processing strategies)의 관점에서 인지발달을 기술하였다. 이 전략들은 컴퓨터 시뮬레이션이나 과정모형의 견지에서 기술될 수 있다.

③ 피아제의 이론에서 인지발달은 조작가능성 수준(level of operativity)으로 나타난다. 조작가능성 수준이란 어린이가 사용할 수 있는 정신적 조작의 개수를 의미한다. 반면, 케이즈 이론에서 인지발달 수준은 작업기억 용량(작업기억의 정보처리용량)의 증가로 본다. 작업기억 수준은 아동이 작업기억 속에 한 번에 지닐 수 있는 서로 다른 정보의 개수를 의미한다. 발달단계가 높아지면 작업기억 속에 담기는 정보의 개수도 많아진다. 작업기억의 용량은 3, 4세 아동은 2~3항목, 5세 아동은 4항목, 7세 아동은 5항목, 성인은 7항목으로 발전한다고 주장한다.

④ 이렇게 케이즈는 인지가 발달할수록 세련된 방식으로 문제를 해결할 수 있는 작업기억의 용량이 늘어나는 것으로 본다.

⑤ 케이즈는 아동을 문제해결자로 간주하였으며, 문제해결능력을 '실행제어구조'의 사용을 가정하여 모형화하였다.

⑥ 실행제어구조란 아동이 문제를 해결해 나가는 습관적 방법을 대표하는 내적 청사진이다. 실행제어구조(중심개념구조)는 아동이 새롭게 직면하는 복잡한 문제를 해결하기 위해 형성하는 내적인 개념 연결망이며, 피아제의 도식의 개념과는 달리 가르칠 수 있는 특정 과제나 영역에 적용된다. 모든 실행제어구조는 연속적인 구성요소, 즉 문제상황의 표상, 목표의 표상, 전략의 표상을 포함하고 있다.

2 케이즈의 인지발달

(1) 케이즈의 인지발달

① **인지발달**: 아동이 과제를 처리하는 작업기억 용량(working memory capacity)의 증가를 인지발달로 본다. 작업기억(작동기억)은 조작공간과 저장공간으로 구성되어 있으며 저장공간이 커질수록 아동의 인지능력은 발달하는 것으로 본다.

② **자동화(automatization)**: 반복적인 연습으로 과제처리능력이 향상되어 자동화되면 조작공간은 감소하고 저장공간은 증가하여 인지발달이 촉진된다고 본다.

MEMO

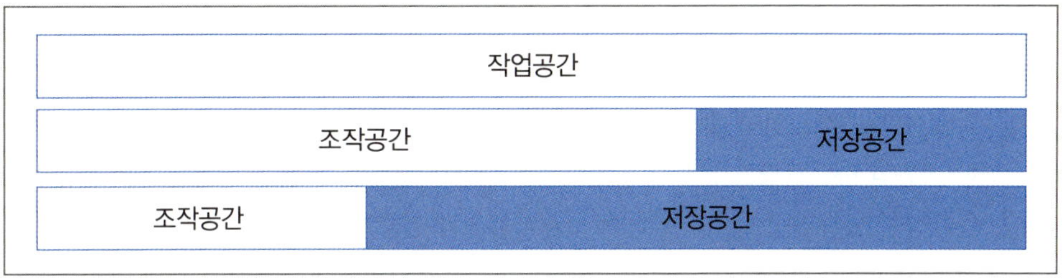

작업공간 감소모형(Case, 1984)

아동의 과제능력의 발달을 '작업기억에서 조작공간은 감소하지만, 저장공간은 증가하는 것'으로 해석하는 것과 가장 관련 있는 개념은? 04 초등 기출

① 평형화 ② 부호화 ③ 정교화 ④ 자동화

(2) 케이즈의 인지발달 단계

감각운동기 (0~18개월)	피아제의 감각운동기와 동일하며, 영아들의 표상은 거의 신체적인 활동과 관련하여서만 이루어진다.
관계기 (18개월~5세)	아동들은 사물, 사건, 사람들 간의 관계를 이해하게 되고, 이를 표상화할 수 있다.
차원기 (5~11세)	아동들은 물리적·사회적 자극이나 대상을 주요 차원(가깝다-멀다, 많다-적다, 길다-짧다와 같은 차원)에 따라 비교·분석하고 표상할 수 있다.
벡터(방향성)기 (11세 이상)	아동들은 둘 이상의 차원들 간의 상호작용 결과를 파악할 수 있으며, 유추와 비유 등 구체적인 하위차원들을 추상적으로 관련짓는 상위차원 조작에 의한 문제해결이 가능하게 된다.

(3) 작업기억의 용량을 늘리는 방법

① **자동화**: 하나의 문제해결 절차(방법)에 대해 계속적인 연습을 하여 자동화하면, 그 절차는 더 이상 작동기억에 부담을 주지 않기 때문에, 더 많은 내용들을 동시에 처리할 수 있고 다른 의식적인 작업들과 통합이 가능해진다.

② **중심개념구조의 습득**: 여러 개념들을 관련시킨 연결망인 중심(핵심)개념구조를 습득하면 작동기억에서 처리할 수 있는 정보의 양이 증가한다.

③ **신경계의 성숙(생물학적 성숙)**: 정보를 처리하는 신경계의 성숙에 따라서도 작동기억의 용량이 증가한다.

(4) 교육적 시사점

① 새로운 과제에 대한 학습의 초기 단계에서는 학습자가 이해하고 수행할 수 있도록 과제가 학습자의 작업기억에 부담이 되지 않는 수준에서 출발하여 단계적으로 과제의 수준을 높여 나가되, 그러한 과제를 자동적으로 수행할 수 있는 단계까지 연습을 해야 한다.

MEMO

⇨ 교사의 역할도 새로운 과제를 학습하는 초기 단계에서는 많은 도움을 주지만, 아동의 능력이 향상되어 감에 따라 도움을 점차 감소시켜 나가야 한다.

② 학습전략을 가르치되 같은 발달단계에 있는 아동 중 성공적인 아동의 학습전략과 실패한 아동의 학습전략을 분석하여 성공적인 학생의 전략을 실패한 학생에게 가르쳐야 한다.

③ 위계적인 학습과정에서 학생들이 실패하는 이유는 가네(Gagné)가 주장하듯이 학습위계상 하위과제를 학습하지 못하는 데 기인하기도 하지만, 학습전략이 세련되지 못한 데에도 기인한다. 따라서 교정학습에서 세련된 학습전략을 개발하여 훈련시켜야 한다.

03 비고츠키(Vygotsky)의 인지발달이론 – 사회적 구성주의

00 초등, 00 중등, 02~05 초등, 03~04 중등, 06~07 중등, 08 초등, 12 중등, 20 중등論

1 개관

(1) 개념

비고츠키(Vygotsky)는 사회문화적 맥락 속에서 타인과의 사회적 상호작용을 통해 인지발달이 일어난다고 설명한다. 특히 유능한 사람과의 상호작용은 학습 및 발달에 중요한 영향을 미친다. 즉, 문화적 맥락 속에서 사회적 상호작용과 언어가 인지발달에 미치는 영향을 강조하였다.

(2) 기본 입장

① **사회적 존재로서의 인간**: 피아제는 아동이 스스로 세계를 구조화하고 이해하는 존재라고 생각했으나, 비고츠키는 아동이 타인과의 관계에서 영향을 받으며 성장하는 사회적 존재임을 강조하였다.

② **사회적 구성주의**: 인지발달은 사회문화적 맥락 속에서 타인과 사회적 상호작용을 하면서 일어난다. 특히 유능한 사람과의 상호작용은 학습 및 발달에 중요한 영향을 미친다.

③ **언어와 인지발달**: 언어는 학습 및 발달에서 핵심적인 역할을 한다. 언어는 사고의 도구이기 때문에 개인의 사고와 행동을 조절해 줄 뿐만 아니라 사회적 상호작용을 가능하게 한다.

④ **학습과 인지발달**: 피아제는 발달이 학습보다 선행한다고 본다. 즉, 학습이 이루어지려면 일정 수준의 발달이 전제되어야 한다는 것이다. 그러나 비고츠키에 따르면, 학습이 발달에 선행하며 발달을 주도한다. 즉, 성인이나 유능한 또래의 도움을 받으면 학습은 근접발달영역 내의 발달을 주도한다. 따라서 학습자가 학습을 통해 발달을 주도할 수 있도록 적극적으로 사회문화적 환경을 조성해야 하며, 교사－학생 간의 상호작용이나 학생－학생 간의 상호작용을 중시하는 수업을 해야 한다.

⑤ 인지발달의 촉진 : 사회적 상호작용, 언어, 문화가 인지 발달에 매우 중요한 역할을 한다고 주장하였다.

MEMO

02

(3) 주요 개념 – 인지발달 촉진 요인

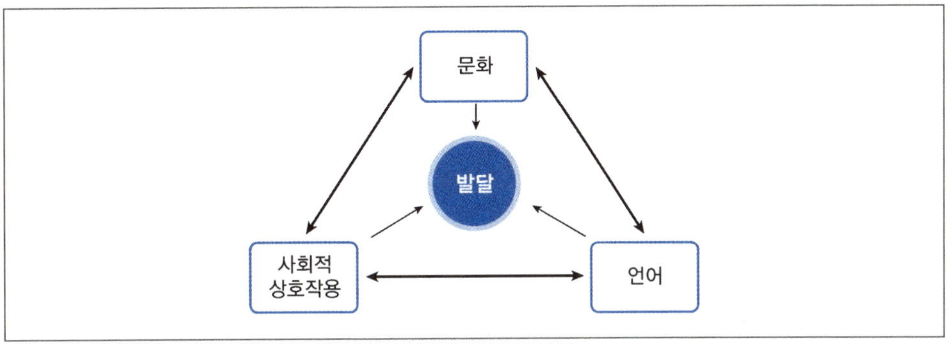

인지발달에 영향을 주는 요인

① 사회적 상호작용과 인지발달

㉠ 비고츠키는 사회적 상호작용이 학습과 인지발달을 가져오는 직접적 요인이라고 생각한다. 사회적 상호작용을 통해 수천 년 전에 걸쳐 축적된 외부의 지식은 내면화된다. 따라서 아동이 스스로 문화적 지식을 새롭게 창조해 낼 필요는 없다고 보았다.

㉡ 내면화(internalization)란 외부의 개인 간 사회적 활동(mediation, 매개)이 아동의 내부에서 심리적으로 재구성되는 과정으로(⇨ 외적 작용의 내적 재구성), 외적 정보를 자신의 지식 기반과 일치하는 내적 부호로 전환하는 과정을 말한다. 내면화는 아동의 내적 세계와 외부 세계를 연결하는 고리를 형성하고 인지발달의 기본적인 기제가 된다.

예 아동이 수업을 통해 교사로부터 전달된 내용을 이해하고 자신의 사고 속으로 통합한다.

반면, 피아제는 사회적 상호작용이 인지적 불평형을 유발하는 기제이며, 이후 학습자는 동화와 조절을 통해 도식을 형성하고 인지발달이 이루어진다고 생각한다.

② 언어와 인지발달

㉠ 정신기능이 외부에서 내부로 내면화하는 과정에서 언어가 중추역할을 한다(반면, 피아제는 언어를 현재의 생물학적 인지발달 수준을 보여 주는 통로쯤으로 간주하였으며, 아동의 사고과정에서 언어가 중요한 역할을 하지 않는다고 생각했다). 언어는 사고의 도구로서 개인의 사고와 행동을 조절하고, 사회적 상호작용을 가능하게 하는 수단이기 때문에, 학습 및 인지발달에서 핵심적인 역할을 한다.

㉡ 언어는 인지발달에서 적어도 3가지 역할을 수행한다. 언어는 다른 이들의 지식에 접근할 수 있게 하고(다른 이들의 지식에 접근), 문제를 이해하고 세계에 대해 생각할 수 있게 하는 인식의 도구를 제공하며(인식의 도구 제공), 자신의 사고와 행동을 조절하고 반영하는 수단으로서의 역할을 한다(자신의 생각을 조절・반영하는 수단).

MEMO

언어의 발달 순서

사회적 언어 (social speech)	다른 사람의 행동을 통제하기 위해 감정이나 사고를 전달하는 초보적 언어 기능(3세 이전)
사적 언어 (자기중심적 언어) (private speech)	• 자신의 사고와 행동을 조절하기 위해 자기 자신에게 하는 혼잣말(3~7세) • 외부의 사회적 지식을 내부의 개인적 지식으로 바꾸어 주는 기제 • 자기지시나 자기조절, 문제해결을 위한 사고의 도구 • 과제가 어렵고 복잡할 때, 중요한 목표를 달성하려고 할 때 많이 사용
내적 언어 (inner speech)	• 머릿속으로만 하는 들리지 않는 속내말, 내적 자기대화(7세 이후) • 사적 언어는 연령 증가에 따라 사라지는 것이 아니라 내면화되어 내적 언어로 바뀜 • 내적 언어는 사고와 행동을 조절하며 모든 고등정신기능을 가능하게 하는 토대가 됨

자기중심적 언어에 대한 피아제와 비고츠키 이론 비교

피아제	비고츠키
• 전조작기에 나타나는 언어로 미성숙의 증거라고 봄 ⇨ 전조작기의 자기중심적 사고(비논리적 사고)에서 비롯된 비사회적 언어 • 성숙하면서 논리적 사고가 발달하면 자기중심적 언어는 자연히 사라짐(사회적 언어 발달) • 언어발달 : 자기중심적 언어 → 사회적 언어	• 미성숙의 표시가 아니라 인지발달에 중요한 역할을 한다고 봄 ⇨ 자기지시 및 자기조절, 사고의 수단이 됨 • 자기중심적 언어가 내적 언어로 진행되면서 논리적 사고가 발달 • 언어발달 : 사회적 언어 → 자기중심적 언어(사적 언어) → 내적 언어

③ 문화와 인지발달

㉠ 인지발달에서 문화의 역할 : 비고츠키의 발달 이론에서 문화는 세 번째로 중요한 개념으로, 발달이 일어나는 상황적 맥락을 제공한다. 그리고 한 문화의 언어는 아동이 세계를 이해하고 다른 사람과 상호작용하기 위한 인지적 도구로서 기능을 한다. 또, 문화는 사고와 의사소통에 중요한 수단을 제공한다.

㉡ 문화적 도구들(cultural tools) : 실제적 도구(예 인쇄기, 자, 주판 등)와 상징적 도구(예 수, 수학체계, 점자와 수화, 예술품, 기호와 부호, 언어 등)를 포함하는 문화적 도구들(cultural tools)이 인지발달에 중요한 역할을 한다. 아동은 문화적 맥락에서 활용되는 언어, 컴퓨터 등과 같은 문화적 도구를 이용해 논리적으로 사고하며 문제를 해결해 나가게 된다.

MEMO

02

② 근접발달영역

(1) **근접발달영역**(ZPD: Zone of Proximal Development) 00 초등

① 근접발달영역(ZPD)이란 실제적 발달수준과 잠재적 발달수준 사이에 있는 영역으로, 혼자서는 해결할 수 없지만 성인이나 뛰어난 동료의 도움(비계설정, scaffolding)을 받으면 문제를 성공적으로 해결할 수 있는 영역이다. 근접발달영역은 개인에 따라 다를 수 있다.

② 따라서 근접발달영역은 학습 및 발달이 가장 왕성하게 일어나는 역동적인 영역으로 '마법의 중간지대(magic middle)'이다. ⇨ 협력학습, 구성주의 학습에 이론적 근거를 제공함

Plus

발달수준(development level)

1. **실제적 발달수준(actual development level)**: 학생의 내부에 이미 발달한 기능에 의하여 혼자 힘으로도 문제를 해결할 수 있는 수준 ⇨ 현재 수준
2. **잠재적 발달수준(potential development level)**: 타인(성인, 뛰어난 동료)의 도움을 받으면 문제를 해결할 수 있는 수준 ⇨ 미래의 가능성(능력)

(2) **비계설정**(발판, scaffolding) 00 초등, 04 초등

① 개념: 근접발달영역 내에서 제공되는 성인이나 뛰어난 동료의 도움을 말한다(Wood, Bruner & Ross, 1976).

② 효과적인 비계설정(유의점)

㉠ 효과적인 비계설정은 학습자 스스로 할 수 있도록 지원해 주는 것에 국한해야 한다. 교사나 부모는 도움을 줄 수 있을 뿐, 실제로 학습하는 주체는 학습자 자신이어야 한다. 교사가 문제의 정답을 지접 제공하거나 문제의 해결책을 직접 제시하는 것은 발판을 잘못 제공하는 것이다.

㉡ 초기 단계에서는 많은 도움을 제공하다가 점점 지원을 줄여서(fading) 스스로 할 수 있는 단계까지 이끌어 나가야 한다.

③ 효과적인 비계설정(scaffolding)의 구성요소

공동의 문제해결	사람들은 다른 사람들과 함께 일함으로써 가장 잘 배울 수 있다. 교사와 학생, 학생과 학생 간의 협동적(공동적) 문제해결 과정에 참여하도록 한다.
상호주관성 (inter-subjectivity)	어떤 과제를 시작할 때 참여자들이 공유된 이해에 도달할 수 있도록 항상 협의하고 타협해야 한다. 공유된 이해는 교사와 학생들이 학습과제에 대해 공통된 관점을 가질 때 생기는 것을 말한다.

MEMO

따뜻한 반응	성인의 따뜻한 반응, 언어적 칭찬, 적절한 자신감 유발 등을 해 줄 때 아동의 집중과 도전적 태도가 최대화된다. 이렇게 스캐폴딩의 또 다른 중요한 구성요소는 상호작용의 정서적 분위기를 고려하는 것이다.
아동을 근접발달영역 안에 머물게 하기	스캐폴딩의 주요 목표는 아동이 자신의 근접발달영역 내에서 과제를 해결하도록 하는 것이다. 이를 위해 첫째, 아동에게 적합하고 도전적 수준의 과제를 제시하고, 둘째, 아동의 요구와 능력에 맞도록 성인이 개입하는 정도를 조절한다.
자기조절 증진하기	스캐폴딩의 또 다른 목표는 아동이 가능한 한 많은 공동 활동을 조정하게 함으로써 자기조절을 훈련하는 것이다. 이를 위해 아동이 곤경에 빠져 있을 때에만 개입하고, 독립적으로 할 수 있게 되면 가능한 한 빨리 조절과 도움을 멈추어야 한다.

④ 비계설정(scaffolding)의 유형(방법)

모델링	• 체육 교사는 농구수업에서 슈팅 시범을 보인다. • 미술 교사가 학생들에게 새로운 화법을 사용하여 그림을 그리도록 말하기 전에 먼저 시범을 보인다.
소리 내어 생각하기	• 수학 교사는 이차방정식 풀이 과정을 칠판에 적으면서 말로도 똑같이 말한다. • 물리 교사는 칠판에 운동량 문제를 풀면서 자신의 생각을 소리 내어 말한다.
질문하기	• 수학 교사는 이차방정식 문제를 푼 후, 이차방정식에 대한 이해를 높이기 위해 일차방정식과의 공통점과 차이점에 대한 질문을 던진다. • 물리 교사가 학생들에게 중요한 시점에서 관련 질문을 던짐으로써 학생들이 문제를 보다 구체적으로 이해할 수 있게 한다.
수업자료 조정하기	• 체육 교사는 뜀틀 수업에서 처음에는 3단 뜀틀로 연습시키다가 학생들이 능숙해지면 4단 뜀틀로 높이를 올린다. • 초등학교 체육 시간에 농구 슛하는 기술을 가르치는 동안 농구대의 높이를 낮췄다가 학생들이 능숙해지면 농구대의 높이를 올린다.
조언과 단서 제시하기	• 과학 교사는 태양계의 행성들을 암기할 때 행성의 앞 글자를 딴 '수금지화목토천해'를 제시한다. • 취학 전 아동들이 신발 끈을 묶는 것을 배울 때 유치원 교사가 줄을 엇갈려 가면서 끼우도록 옆에서 필요한 힌트(단서)를 준다.

✅ 스캐폴딩의 유형과 방법

유형	역할	방법
개념적 스캐폴딩	학습자가 알고 있어야 할 주요 개념이나 수행방법에 대한 이해를 제공함	• 모델링(시범 보이기) • 소리 내어 생각하기(think aloud) • 어려운 내용 질문하기 • 힌트나 단서 제공
절차적 스캐폴딩	주어진 학습환경에서 사용 가능한 자원과 툴을 사용하는 방법을 안내함	• 절차적 촉진자 안내하기 • 학습환경을 효율적으로 활용하는 방법 안내하기

전략적 스캐폴딩	학습과제나 문제에 대해 분석하고 접근하는 전략을 안내하여 대안을 제공함	• 난이도 조절하기 • 절반쯤 해결된 예를 제공하기 • 상호교수 촉진하기
메타인지적 스캐폴딩	메타인지적 질문을 통해 학습자의 학습 과정에 대한 성찰을 유도함	• 어려운 분야 예상하기 • 자기점검 체크리스트 제공하기 • 약점에 대해 지적하기

MEMO

3 비고츠키 이론의 교육적 시사점(적용) 03~04 중등

교육적 시사점	내용
교수-학습	• **수업은 발달에 선행하도록 계획**: 교사는 학생들의 근접발달영역을 확인한 다음 그 영역에 부합되는 학습과제를 제시하여야 한다. ⇨ 이런 점에서 교수-학습은 잠재적 발달수준을 실제적 발달수준으로 전환시키는 작업이라고 할 수 있다. 비고츠키는 학교에서 학생들이 혼자서 공부하도록 하는 것은 학생의 인지발달을 늦춘다고 하였다. • **비계설정을 활용**: 학생들이 문제해결에 어려움을 겪을 때 교사는 부분적으로 해답을 제공하거나 적극적으로 시범을 보이는 등 적절한 비계설정(scaffolding)을 통해 도움을 제공해 주어야 한다. • **협동학습을 적극 활용**: 유능한 또래와의 상호작용이 학습자의 사고를 향상시키는 데 매우 효과적이므로, 능력 수준이 다른 이질집단의 협동학습을 통해 근접발달영역 안에서의 성장을 촉진시켜야 한다. ⇨ 협동학습에서 또래와의 상호작용은 근접발달영역 내에서 이루어지며, 서로에게 좀 더 발전된 모델을 제공해 준다. 또한 협동학습은 아동의 내적 언어를 소리 내어 말하도록 이끌며, 이는 친구들의 각기 다른 추론 과정에 대한 통찰을 얻을 수 있게 해 준다. • **문제해결을 위해 사적 언어를 활용하도록 지도**: 사적 언어는 자신의 사고와 행동을 조절하는 수단이 되며 문제해결을 위한 사고의 도구가 되므로, 교사는 학생들이 자신의 사고과정을 소리 내어 말할 수 있도록 하며 조금 소란스러운 교실환경을 허용해야 한다.
평가	**역동적 평가(dynamic evaluation) 필요**: 역동적 평가란 아동이 혼자서 할 수 있는 것에 대한 평가(정적 평가)가 아니라 다른 사람의 도움을 받아 할 수 있는 잠재적 능력에 대한 평가(동적 평가)이다. 역동적 평가에서는 명시적 또는 묵시적으로 힌트와 피드백을 제공한다(비계설정). 검사자는 피험자가 주어진 문제를 해결하기 위해 어떤 힌트와 피드백이 얼마나 필요한지를 확인하여 피험자의 학습능력을 평가한다. 검사자와 피험자 관계는 양방향적 상호작용 관계가 요구된다.
장애아 교육	**장애아 통합교육**: 장애아 분리교육을 반대하고 통합교육을 강조한다. 신체적·정신적으로 장애가 있는 아동은 비장애아동과 함께 교육받는 것이 효과적이다. 아이가 덜 유능한 사람과 상호작용을 하면 퇴행할 수도 있기 때문이다.

MEMO

4 피아제와 비고츠키 이론의 비교

공통점	• **환경과의 상호작용을 통한 발달**: 두 관점 모두 인간은 인간과 환경과의 상호작용을 통해 발달한다고 한다. 또, 언어와 사회적 상호작용의 중요성을 인정한다. • **학습자의 능동적 존재**: 두 관점 모두 지식을 수동적으로 전달받는 것이 아니라 학습자 스스로가 적극적으로 구성한다는 입장을 견지한다. • **적극적·능동적 활동 강조**: 두 관점 모두 교사가 가능한 한 강의와 설명을 지양하고 학생들이 인지적 사고를 적극적으로 사용할 수 있는 활동에 참여할 수 있게 해야 한다고 강조한다.
차이점	• **인지발달과 학습**: 피아제는 발달이 학습에 선행한다고 본다. 즉, 발달에 기초하여 학습이 이루어진다고 주장한다. 개인의 발달수준이 사고의 질을 결정하며 현재의 발달수준을 넘어선 교육을 제시한다면 학습이 일어나지 못한다고 본다. 반면, 비고츠키는 학습이 발달에 선행하며 발달을 주도한다고 주장한다. 발달과정은 학습과정에 뒤처지는 것으로 보며 아동이 혼자는 할 수 없어도 부모나 교사의 도움으로 문제를 해결할 수 있다고 본다. • **인지발달과 언어**: 피아제는 언어는 인지발달의 부산물로 본다. 즉, 인지발달의 수준에 따라 그에 맞는 언어발달이 자연스럽게 뒤따른다는 것이다. 반면, 비고츠키는 인지발달과 언어발달이 상호 독립적이며, 언어는 학습과 발달을 매개하는 중요한 요인이라고 본다. • **지식의 구성 과정**: 피아제는 스스로 지식을 구성한다고 생각한 반면, 비고츠키는 개인이 사회적 상호작용을 통해 지식을 내면화한다고 본다. • **언어와 사회적 상호작용의 역할**: 피아제는 언어와 사회적 상호작용이 평형상태를 깨뜨리고 지식을 재구성하는 기제로 작용한다고 본 반면(인지구조를 검증하고 확인하는 수단), 비고츠키는 언어와 사회적 상호작용은 사회적 환경 속에서 지식을 구성하는 직접적 역할을 담당한다고 본다.

피아제와 비고츠키 이론의 차이점

구분	피아제	비고츠키
아동관	꼬마 과학자 ⇨ 학습자가 발달에 주체적 역할	사회적 존재 ⇨ 사회적 영향이 발달에 주요한 역할
환경	물리적 환경 중시	사회적 · 문화적 · 역사적 환경 중시
지식 형성과정	개인 내적 지식이 사회적 지식으로 확대 또는 외면화된다.	사회적 지식이 개인 내적 지식으로 내면화된다.
인지발달의 형성	인지갈등을 해소하려는 평형화 과정에서 이루어진다(개인 내적 과정).	사회적 상호작용을 통한 내면화에 의해 이루어진다(외부의 개인 간 사회적 과정 → 내부의 개인 내 심리적 과정).
학습과 인지발달	발달에 기초하여 학습이 이루어진다.	학습은 발달을 주도한다.
언어와 인지발달	언어는 인지발달의 부산물이다(사고가 언어에 반영). 인지발달 후 언어발달이 이루어진다.	인지발달과 언어발달은 상호 독립적이며, 언어는 학습과 발달을 매개하는 역할을 한다.
혼잣말	미성숙하고 자기중심적인 성향을 대변하는 표상이다.	자신의 사고와 행동을 조절하기 위한 수단, 문제해결을 위한 사고의 도구이다.
발달의 양태	발달이 동심원의 확대와 같이 나타나는 발달의 포섭적(동심원적) 팽창	발달이 나선적으로 확대되는 발달의 나선적(심화 · 확대) 팽창
개인차	발달의 개인차에 관심 없음	발달의 개인차에 관심 있음
학습	현재 지향적 접근 ⇨ 현재 아동의 발달 단계에 맞는 내용 제시(⇨ 자기주도적 학습)	미래 지향적 접근 ⇨ 현재 발달수준보다 조금 앞서는 내용 제시
교사 역할	안내자(환경조성자)	촉진자(성장조력자)
평가	정적 평가	역동적 평가
공통점	• 학습자를 능동적 존재로 파악 • 발달은 개체와 환경의 상호작용을 통해 일어남 • 발달을 급격한 변화로 구성된 역동적인 과정으로 간주함	

MEMO

02

Section 02

성격발달이론

MEMO

01 프로이트(Freud)의 성격발달이론 – 심리 · 성적 성격발달이론

03 초등, 06 초등, 07 중등

1 개관

프로이트(S. Freud)는 인간이 강한 생물학적 충동, 즉 본능을 선천적으로 타고난다고 보았다. 그는 정신분석학이라는 조직적인 성격이론을 처음으로 제안하고 체계화하였다. 그의 이론은 생물학적 기제와 본능적인 충동을 기초로 한다.

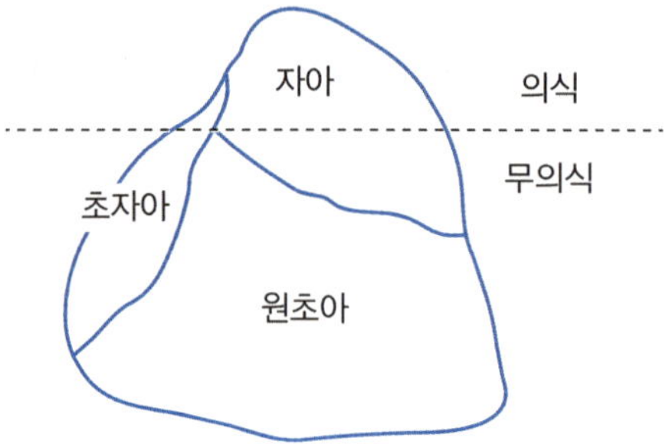

(1) **정신의 구조** – 인간의 정신세계는 의식과 무의식으로 구성 ⇨ 빙산이론

① 의식(conscious) : 자신이 주의를 기울이는 순간에 곧 인식할 수 있는 정신활동 부분
예 감각, 지각, 경험

② 전의식(pre-conscious) : 즉시 인식되지는 않지만 주의를 집중하고 노력하면 의식될 수 있는 정신활동 부분 예 기억, 중 1 때 담임선생님의 성함

③ 무의식(unconscious) : 의식되지 않는, 자신이 전혀 모르는 정신활동 부분, 억압된 욕구나 본능이 깊이 자리 잡고 있는 심층영역 ⇨ 인간행동의 중요 동기, 내적 갈등의 경험
예 잘 아는 사람의 이름을 잊어버리는 것, 신경증적 증상, 꿈

(2) 성격의 구조 03 초등

MEMO

02

성격 구조	의미	지배원리	역할	형성시기
id (원초아)	• 성격의 무의식적 부분으로, 기본적 욕구의 저장고 • 원시적 · 본능적 충동 • 생물학적 자아	쾌락의 원리 예 영아는 엄마가 우유를 줄 때까지 계속 운다.	모든 에너지의 원천	• 선천적으로 타고남 • 구강기
ego (자아)	• 성격의 현실적인 부분(성격의 합리적인 부분) • 심리적 자아 • 성격의 집행관	현실의 원리 예 아이는 우유를 먹고 싶어도 엄마가 설거지를 마칠 때까지 기다린다.	• id와 superego의 중재자(조정자) • 본능(충동)을 조절하여 현실에 적응하도록 함(원초아의 욕구를 현실적으로 충족시켜주는 기능 수행)	• id로부터 형성(항문기) • 본능의 욕구를 현실적 · 합리적으로 처리하는 과정에서 발달
superego (초자아)	• 성격의 이상적인 부분 • 학습된 도덕성이 내면화된 것 • 윤리적 · 이상적 자아, 사회적 자아	양심의 원리	• 도덕적 규제와 판단 • 원초아의 욕구를 완전 봉쇄하는 기능 수행 • 현실보다 이상 추구	• 후천적으로 학습(남근기) • 양심(죄책감)과 자아이상(이상적 사람의 행동 동일시)으로 구성 예 유아에게 불결함에 대해 엄격한 태도를 보이면 '양심'을, 청결함에 대해 우호적 태도를 보이면 청결을 이상화하는 '자아이상(ego-ideal)'을 형성

(3) 특징

① **초기 경험(조기교육)의 중요성 강조**: 개인의 성격의 기본구조는 5세 이전에 완성되고, 그 이후는 그 기본 구조가 정교화된다. 따라서 프로이트는 초기 경험의 교육적 중요성을 강조하였다(⇨ 아이는 어른의 아버지, the child is father to the man).

② **고착(이상 성격) 현상**: 각 발달단계에서 충분히 욕구만족을 얻으면 다음 단계로 이행되고, 욕구가 불충족되거나 과잉 충족되면 다음 단계의 발달을 저해하는 고착 현상이 나타난다.

③ **개인의 발달**: 개인의 발달은 id, ego, super-ego의 상호작용의 결과이며, 개인의 성격도 이 세 요소의 역동적 관계에 의해서 형성된다. 특히 id의 역할을 중시하였다.

MEMO

암기법
구항남잠생

2 성격발달단계 암

프로이트(Freud)는 개인의 성적 에너지인 리비도(libido)의 발생부위와 충족방식에 따라 성격발달단계를 유형화하였다[구강기(id) → 항문기(ego) → 남근기(super-ego) → 잠복기 → 생식기]. 각 발달단계마다 유아가 추구하는 만족을 충분히 획득해야 다음 단계로 순조로운 이행이 가능하다(성적 욕구 충족 시 다음 단계로 이행). 각 발달단계에서 욕구불만을 느끼거나 그 시기에 느낀 쾌감에 지나치게 몰입하게 되면 다음 발달단계로 넘어가지 못하고 고착(fixation, 異常 성격)된다(욕구 불충족·과잉충족 시 성격적 고착 발생).

(1) 구강기(oral stage, 0~18개월)

① **성격의 원형 형성 시기(id가 지배)**: 성격의 원형이 형성되는 시기로 id가 지배·발달한다(자아정체감 형성의 원형이 됨). 구강(입, 입술, 혀 등)의 자극으로부터 쾌감을 얻는 시기로, 쾌감이나 만족을 주는 인물에 대해 애착(attachment)을 지닌다.

구강 빨기 단계	고착 시 과식, 흡연, 과음, 다변(多辯) 등 말을 통해 쾌락 추구 또는 의존적 성격
구강 깨물기 단계	고착 시 손톱 깨물기, 남 비꼬기 등 적대적이고 호전적 성격

② **욕구충족의 경험**: 충분한 욕구충족을 경험하면 남을 배려하는 성격, 낙천적 성격, 긍정적 신뢰감이 형성된다. 그렇지 못하면 비판적 성격을 형성한다.

(2) 항문기(anal stage, 2~3세)

① **배변 훈련을 통해 대인 간 갈등 해결의 원형 형성(id와 ego가 지배)**: 배변 훈련이 성격에 영향을 미치는 시기로 ego가 형성되고 발달한다. 이 시기는 배변(항문) 훈련을 통해 성적 쾌감을 얻는 시기로, 배변 훈련의 방법이나 배변에 대한 감정이 성격특성이나 가치관 형성에 영향을 주며, 갈등해결의 원형을 형성한다(ego 형성).

② **외부적 통제 경험**: 배변 훈련은 아이가 세상에 태어나서 최초로 받는 통제이므로 훈련을 어떻게 받느냐가 성격 형성에 중요하다. 본능적 충동(id, 배설에 대한 만족감)에 대한 외부적 통제(ego)를 처음 경험하는 것이다.

배변 훈련 원만	독창성, 창조성, 생산성, 자신과 사회의 원만한 관계 형성
배변 훈련 엄격 (항문 보유적 성격)	대소변 통제로 인한 불안 형성, 소유욕 증대 ⇨ 결벽증, 지나친 규율 준수, 인색, 강박, 수전노, 융통성 없는 소극적 성격
배변 훈련 허술 (항문 방출적 성격)	대변을 부적절하게 본 것에서 비롯되는 공격적 성향 ⇨ 무절제, 기분파, 반사회적 행동 경향

MEMO

02

(3) **남근기**(phallic stage, 3~5세) 06 초등

① **성적 갈등(complex) 과정에서 초자아 형성(id, ego, super-ego가 지배)**: 성기에 리비도가 집중되고, 성기의 자극을 통해 쾌감을 얻는 시기이다. 고착 시 성불감증이나 동성애(성적 대상을 내부에서 찾음)가 형성된다. 성적 갈등현상(complex)을 동성 부모에 대한 '동일시(identification)'를 통해 극복하고 성역할 및 부모의 도덕률과 가치체계를 내면화한다.

② **성격발달의 결정적 시기**: 부모의 도덕성(양심)을 주도적으로 내면화함으로써 도덕성이 발달된다. 이 시기를 성격발달의 결정적 시기라고 한다.

오이디푸스 콤플렉스 (Oedipus complex)	• 남아의 어머니에 대한 애정 갈구 현상 • 아버지를 애정 경쟁자로 생각하여 적대감 → 거세불안증 가짐 • 어머니의 사랑을 얻기 위해 아버지를 동일시(identification) → 성역할(남성다움) 습득 → 초자아 형성
일렉트라 콤플렉스 (Electra complex)	• 여아의 아버지에 대한 애정 갈구 현상(남근 선망) • 어머니도 남근이 없다는 사실을 인정하고 아버지를 확실히 '갖고 있는' 어머니를 동일시(identification) → 성역할(여성다움) 습득 → 초자아 형성

(4) **잠복기**(latent stage, 6~11세) 07 중등

① **성적 본능이 휴면하는 시기(id, ego, super-ego가 지배)**: 성적 관심이 잠재적으로 존재하는 시기이다.

② **근면성 발달**: 성적 갈등이 억압되고 성적 에너지는 학교 공부나 놀이 등과 같은 사회적으로 바람직한 활동들로 넘어간다. 따라서 다른 부분, 즉 학습이나 신체적 활동 능력의 신장 등이 활발하게 나타난다(근면성 발달).

(5) **생식기**(성기기, genital stage, 11세~)

① **이성애(hetero-sexuality)의 욕구가 강해지는 시기**: 급속한 성적 성숙에 의해 이성에 대한 사랑의 욕구가 강해지는 시기이다. 생식기는 평생 동안 계속되며, 이 시기에 있어서 성본능의 가장 중요한 목적은 생물학적 재생산이다.

② **심리적 이유기(心理的 離乳期, Hollingworth)**: 부모로부터 독립하려는 욕구가 강하다.

MEMO

3 교육적 시사점 및 한계

(1) 교육적 영향

① **초기 경험의 중요성**: 인생의 초기경험을 강조함으로써 유아교육의 중요성을 일깨워 주었다. 개인의 성격과 사회성은 아동의 초기경험에 의해 형성된다.

② **성격연구의 새로운 측면 제시**: 행동의 무의식적 결정요인을 강조하여, 성격연구의 새로운 측면을 보여 주었다.

(2) 이론의 비판점

① 인간을 수동적 존재(예 성적 본능과 과거 경험에 지배되는 존재)로 파악하였다.

② 문화적 특수성을 경시하였고, 여성에 대한 편견(예 오이디푸스 콤플렉스)이 강하다.

③ id, ego, super-ego 등의 개념이 모호하고 경험적으로 검증이 불가능하다.

④ 인간행동에 영향을 주는 상황 변인(예 격려, 처벌 등)이 양심의 발달에 미치는 영향을 무시하였다.

⑤ 과학적 정확성이 결여되어 예언하기가 곤란하다.

02 에릭슨(Erikson)의 성격발달이론 – 심리사회적 성격발달이론

95 초등, 99~01 중등, 00 초등, 03~04 중등, 05 초등, 09 중등, 11 초등, 16 중등論

1 개관

(1) 개념

성격발달은 심리적 성숙요인과 사회 문화적 환경요인의 상호작용의 결과로 이루어진다. 에릭슨(Erikson)의 성격발달이론은 개인의 정서적 욕구와 사회적 환경과의 관계를 서술하는 이론이므로 '심리사회적 발달이론(psycho-social development theory)'이라고 한다. 에릭슨은 자아의 중요성과 인간발달의 사회적 측면을 강조하였다.

MEMO

02

(2) 특징

① 심리사회적 발달이론(psycho-social development theory) : 프로이트의 정신분석학을 이론적 배경으로 삼고 있으나, 프로이트와는 달리 에릭슨은 발달에는 심리사회적 환경(대인관계)이 중요하다고 본다. 개인이 사회 속에서 맺게 되는 사회적 관계에 따라 성격발달단계를 8단계로 나누고, 각 발달단계는 상호관련성이 있다고 보았다. ⇨ 대상관계이론(object relation theory)

② 양극 이론(polarity) : 각 발달단계에는 결정적 시기(critical period)가 있다고 보고, 각 발달단계에는 심리사회적 위기(psycho-social crisis, 특정 시기에 획득해야 할 사회발달과제 = 발달과업)가 있는데, 이를 잘 극복하면 건강한 성격이 발달하지만, 그렇지 않으면 성격적 퇴행을 경험하게 된다.

③ 점성의 원리(점진적 분화의 원리, epigenetic principle) : 발달은 선천적인 기본계획에 따라 일반적이고 포괄적인 발달이 먼저 이루어지고 점차 세부적으로 분화되면서 이 모든 부분이 통합되어 하나의 기능적 전체를 이룬다고 본다. 이렇게 점진적 분화의 원리에 의해 심리사회적 발달이 이루어진다. 이처럼 발달은 이전의 발달에 기초하여 계속적 · 누적적으로 일어난다. 따라서 어떤 발달이 정해진 시기에 이루어지지 못하면 결함으로 남는다.

④ 기타

㉠ 발달에는 자아가 핵심적 역할을 한다(자아ego 심리학).

㉡ 발달은 일생 동안 이루어지며, 각 단계는 질적으로 다르다(전 생애 발달, 질적 접근).

(3) 프로이트와 비교

공통점	
• 정신분석학에 기초를 둔 발달이론 • 인생의 초기경험의 중요성을 강조함 • 성격발달은 일련의 단계를 거쳐 이루어짐(질적 접근) • 원만한 성격발달을 위해 성장과정에서 욕구가 적절히 충족되어야 함을 강조함	
차이점	
프로이트	에릭슨
• 심리성적 발달이론 : id심리학 • 가족관계 중시 : 엄마의 영향 강조 • 리비도의 방향 전환 • 무의식과 본능 중시 • 발달의 부정적인 면 : 이상(異常)심리학 • 청년기 이후 발달 무시 : 5단계 • 과거지향적 접근	• 심리사회적 발달이론 : ego심리학 • 사회적 대인관계 중시 • 개인에 대한 가족과 사회의 영향 • 의식과 이성적 적응 중시 • 발달의 긍정적인 면 : 양극 이론 • 전 생애를 통한 계속적 발달 : 8단계 • 미래지향적 접근

MEMO

암기법

신자주근자 친생자

2 성격발달단계 암

단계	주요 특징	주요 덕목
신뢰감 대 불신감 (0~18개월)	• 부모로부터 지속적이고 일관성 있는 보살핌(사랑)을 받으면 신뢰감이 형성되고, 부적절하고 일관성이 없으면 불신감을 갖는다. • 유아의 신체적·심리적 욕구를 적절히 충족시켜 주는지의 여부에 따라 세상에 대한 기본적인 태도를 형성한다. ⇨ 성격발달에 가장 중요한 시기로 토대를 형성함	희망
자율성 대 수치심·의심 (18개월~3세)	• 주변 환경을 자유롭게 탐색하고, 스스로 먹고, 입고, 걷고, 배변활동을 하면서 자율성을 형성하고자 한다. 이때 부모가 유아의 자발적 행동을 칭찬하면 자율성이 형성되지만, 지나치게 통제하거나 과잉보호하면 수치심을 느끼고 자신의 능력에 대해 의심을 품게 된다. • 유아의 자율성 욕구가 충족되지 못하면 성인이 되어 강박증(특정 행동·사고 반복)이나 결벽증으로 나타난다.	의지
주도성 대 죄책감 (3~6세)	• 자율성을 바탕으로 새로운 것을 추구하고 무언가 적극적으로 수행하려는 욕구가 작동된다. • 이때 아동에게 탐구·실험하는 자유가 주어지고 자기주도적인 활동을 최대한 허용하면 주도성이 발달하지만, 지나치게 통제·제한하면 자신의 행동에 대해 죄책감을 형성한다.	목적
근면성 대 열등감 (6~12세) 95 초등, 00 초등, 11 초등	• 자신이 행한 업적에 대해 인정받고 싶은 욕구가 큰 시기이다. 가정이나 학교에서 아동의 성취에 대해 인정하고 격려하면 근면성이 발달하지만, 실패가 반복되거나 노력을 비웃으면 열등감을 갖게 된다. 근면성을 발휘하게 되면 자신감을 갖게 되며, 이 시기를 잘 극복하면 긍정적 자아개념과 유능감을 갖게 된다. ⇨ 자아개념 형성의 결정적 시기 • 교사는 학생이 잘하지 못하는 것을 강조하기보다는 잘하는 것을 강조하는 것이 중요하다.	능력
자아정체성 대 역할혼미 (12~18세) 99~01 중등, 03~04 중등, 16 중등論	• 급격한 신체적·심리적 변화와 사회적 요구에 따라 자기 존재에 대한 새로운 탐색을 시작하는 시기이다. 또래집단과의 상호작용, 개인의 내적 동일성(자기동일성)이 확보될 때 자아정체성(자아정체감)이 형성되지만, 그렇지 않으면 역할혼미(= 정체성 혼미)를 겪게 된다. • 1단계에서 4단계를 잘 형성해 오면, 즉 신뢰감, 자율성, 주도성, 근면성이 잘 발달되면 자아정체감을 쉽게 찾을 수 있다. • 심리적 유예기(psychological moratorium) : 사회적 책임으로부터 유예 ⇨ 자신을 찾아 끊임없이 노력하는 기간, 정체감 형성을 위해 대안적 탐색을 계속 진행하는 시기(자신에 대한 결정을 잠시 보류)	충성 (충실)
친밀감 대 고립감 (19~24세, 성인 초기)	• 사회에 참여하고 자유와 책임을 가지고 자신의 삶을 영위하는 시기이다. 직업과 친구, 애인과 배우자를 선택해야 하는 시기이다. 만족스런 취업과 결혼이 중요한 발달과업이다. • 친구나 애인, 동료 간에 친밀한 인간관계를 형성하면 친밀감이 형성되지만, 그렇지 못하면 사회에 고립감을 경험한다.	사랑

생산성 대 침체감 (25~54세, 중년기)	• 타인과 사회에 무언가 공헌하기 위해 노력하는 시기이다. • 자녀 양육과 직업에서 생산성, 창조성을 나타내고자 하며, 그렇지 못하면 침체감을 느끼게 된다.	배려
자아통합 대 절망감 (54세 이상, 노년기)	• 자신의 지나온 생애를 돌아보며 성찰하는 시기이다. • 최선을 다해 자신의 삶을 살아왔고 후회가 없다고 느끼면 자아통합감(자아통정성)을 이루고, 후회와 자책감을 느끼면 절망감을 갖게 된다.	지혜

MEMO

02

3 교육적 시사점(적용)과 한계

(1) 교육적 시사점(적용)

① 중·고등학교 이전 시기

㉠ 부모는 자녀들에게 이 세상은 평온하고 안전한 곳이라는 느낌을 전해 주어 기본적 신뢰감을 형성하도록 도와주어야 한다.

㉡ 4~5세의 유치원 아동들에게 교사는 자기주도적인 활동을 최대한 허용하여 아동들이 주도성을 형성하도록 도와주어야 한다.

㉢ 초등학교 교사는 근면성과 열등감의 위기를 긍정적으로 해결하도록 유능감을 키워 줄 수 있어야 하며, 이를 위해 도전적 경험과 지지, 피드백을 제공할 수 있어야 한다.

② 중·고등학교 시기

㉠ 중·고등학교 시기의 청소년들은 자아정체감의 확립단계이므로 교사들은 열린 마음으로 솔직하게 토론의 장을 마련하여 스스로 문제해결을 할 수 있도록 격려해 주어야 하며, 사춘기의 불확실성을 공감하면서 허용 가능한 행동 범위의 한계를 확실히 규정지어 주는 확고하고 애정 어린 지원이 필요하다.

㉡ 교사는 공평하고 중립적인 입장에서 다른 학생들 앞에서 드러나지 않게 칭찬하고 잘못된 부분을 지적해야 학생들의 긍정적 자아정체성 형성을 도울 수 있다.

㉢ 중·고등학교 학생들은 자아정체성 탐색이 중요하는 것을 유념해야 한다. 학생들이 다양한 상황을 경험하도록 하고 일기쓰기 등을 통해 그들의 행동과 태도, 믿음을 평가하는 기회를 가지도록 함으로써 자신의 정체성을 탐색하도록 독려해야 한다.

㉣ 교사는 학생들에게 '장래 희망은 무엇인지, 가장 영향을 미친 사람은 누구인지, 자신의 진로를 선택했다면 그 선택에 대해 얼마나 확신하는지' 등의 질문을 던지면서 교육적·직업적 관심에 관하여 이야기를 나눔으로써 학생들이 자아정체성을 형성하도록 적극적으로 도와야 한다.

㉤ 일부 학생들의 방황이 심리사회적 유예(psychological moratorium)를 나타낼 수도 있음을 유념하고, 가능하면 장기적인 목표를 계속 추구하는 과정에서 단기적인 목표에 주안을 두도록 격려하는 것이 좋다.

MEMO

ⓗ 부적응 행동이 부정적 정체성에서 기인했다는 의심이 들 경우에는 인내심을 가져야 한다.
ⓢ 개인에 따라 정체성 지위가 다르다는 사실을 유념해야 한다.

(2) 한계

① 성격, 정서 및 사회성 발달에서 문화가 차지하는 역할을 간과했다. 예를 들어, 어떤 문화권에서는 아동이 처한 환경 내 위험으로부터 아동을 보호하기 위해 아동의 자립과 주도성을 부정적으로 보기도 한다.
② 남성을 대상으로 한 연구에 기초해 이론을 세웠기 때문에 정체감의 발달 후 친밀감이 확립된다고 하였으나, 여성의 경우 친밀감의 확립이 정체감 형성과 함께 또는 앞서 일어나기도 한다.
③ 대부분의 사람들은 정체감이 에릭슨이 제시한 것처럼 일찍 형성되지 않는다. 정체감은 고등학교 시절이 아니라 그 이후에 형성된다.
④ 이론이 모호하고, 경험적으로 검증하기가 어렵다. 주도성이나 통합성을 어떻게 측정해야 하고, 심리사회적인 갈등을 극복하기 위해 어떤 경험을 제공할 것인가에 대한 뚜렷한 지침을 제공하지 못하고 있다.
⑤ 이론의 대부분이 에릭슨(E. Erikson)의 개인적이고 주관적인 해석에 근거하고 있을 뿐, 엄밀한 실험을 통해서 검증되지 못했다.
⑥ 성격발달의 초기 단계는 결국 동일한 특성을 강조하고 있어 분명하게 구분이 어렵다. 자율성, 주도성, 근면성은 모두 아동이 능동적으로 행위를 하도록 허용하고 격려하는 것을 강조하고 있다.

Plus

❶ 근면성 향상 전략

1. 학생들에게 현실적 목표를 세우고 실행할 기회가 있도록 한다.
① 간단한 과제로부터 시작하고 더 길고 복잡한 것은 그 후에 주도록 한다.
② 합리적 목표를 세우도록 학생들을 지도한다. 목표를 적어 놓고, 학생들로 하여금 목표를 향한 진전을 기록하도록 한다.

2. 학생들이 자신들의 독립성과 책임감을 나타낼 기회를 준다.
① 적당한 실수에 대해 관대하게 대한다.
② 화분에 물주기, 자료를 수집하고 분배하기, 컴퓨터실 감독하기 등의 과제를 학생들에게 위임한다.

3. 위축된 듯한 학생들에게 도움을 준다.
① 학생의 개인 도표를 사용하여 그들이 향상된 것을 보여 준다.
② 초기 작업의 견본을 보관하여 학생들이 그들의 진전 상황을 볼 수 있도록 한다.
③ 가장 많이 향상된, 가장 많은 도움이 된 그리고 가장 열심히 작업한 것 등에 대한 상을 준다.

MEMO

02

❷ 자아정체감(자아정체성) 향상 전략

1. 직업선택과 성인의 역할에 대한 많은 모델을 제시한다.
① 문학과 역사 속의 모델을 지적한다. 저명한 여성들이나, 소수 민족 지도자 또는 가르치는 과목을 통해 알려진 훌륭한 사람에 대해 안다.
② 강연자를 초청하여 그가 어떻게, 왜 자신의 직업을 선택했는지를 이야기하도록 한다. 여러 종류의 직업을 가진 사람들을 포함시키도록 한다.

2. 학생이 개인적 문제를 해결하도록 돕는다.
① 학교 상담 교사와 면담하도록 격려한다.
② 학교 외부에는 어떤 서비스가 있는지에 대해 토론한다.

3. 타인을 불쾌하게 하거나 학습에 방해가 되지 않는 한 십대들의 일시적인 유행에 대해 인내심을 갖는다.
① 지난 시대의 일시적인 유행에 대하여 토론한다.
② 엄격한 옷차림이나 머리 모양을 강요하지 않는다.

4. 학생들에게 실제적 피드백을 준다.
① 학생이 잘못된 행동을 하거나 잘못 수행할 때, 그 행동의 결과와 그것이 자신과 타인에게 미칠 영향에 대해 확실히 이해시키도록 한다.
② 모범답안을 주거나 다른 학생의 우수한 프로젝트를 보여 주어서 좋은 사례들과 자신의 작업을 비교할 수 있게 한다.
③ 학생은 여러 가지 역할을 시도해 보는 것이므로, 역할과 사람을 분리시킨다. 그러면 사람을 비판하지 않고도 행동을 비판할 수 있다.

03 마샤(Marcia)의 정체성 지위(identity status)이론 05 초등, 09 중등

1 개관

(1) 개념

정체성(identity, 자아정체감)이란 '나는 누구이고, 자신의 존재 의미가 무엇이며, 인생에서 무엇을 성취하고자 하는지에 관한 생각'이라고 정의할 수 있다. 한 마디로 정체성은 인생관의 정립으로 표현할 수 있다.

(2) 정체성의 유형

마샤(Marcia)는 정체성 지위이론에서 '위기(crisis)'와 '참여(전념, commitment)'를 기준으로 정체성 지위(identity status)를 4가지 유형으로 분류하였다. '위기'란 정체성을 찾으려고 고민하고 노력하는지의 문제이며, '참여'란 무엇인가에 전념하고 있는지의 문제이다. '정체감 유예'와 '정체감 성취'는 건강한 자아정체성의 상태에 해당한다. 반면, 에릭슨은 '정체감 유예'를 부정적 의미로 해석하였다.

MEMO

참여경험		위기 경험: No	위기 경험: Yes
	Yes	정체감 유실	정체감 성취
	No	정체감 혼미	정체감 유예

암기법
혼유유성(확)

2 정체감(정체성) 유형 암

(1) 정체성 지위에 따른 의미와 특징

① 정체감 혼미(identity diffusion)

의미	정체성을 찾으려고 노력하지도 않고 어떤 가치나 활동에 전념하지도 않는 상태, 정체성 위기를 느끼지 않는 상태 ⇨ 정체성 지위 중 가장 낮은 수준
특징	• 삶의 방향감이나 뚜렷한 목표도 없고, 어떤 일을 하더라도 왜 하는지 모르며 충동적이다. • 자존감이 낮으며, 혼돈과 공허감에 빠져 있는 경우가 많다. • 부모에 대한 애정이 부족하다. • 이 상태가 지속되면 '부정적 정체성'에 빠질 위험이 있다. ⇨ 청소년 초기 또는 대부분의 비행청소년의 정서 상태에 해당한다. 아직 그들은 '아무것도 아니기 때문에 무슨 짓이든' 할 수 있다.

Plus

부정적 정체성(negative identity)

1. 부정적 정체성(부정적 정체감)이란 바람직하지 못한 사회적 모델에 근거하여 형성된 정체성을 말한다. 부모의 가치관이나 사회의 가치관과 정반대의 자아개념을 보인다.
2. '불량소년', '소년 범죄자' 등으로 불리는 청소년들이 부정적 정체감을 형성하는 것으로 보인다.
3. 이들은 사회적으로 용납되는 행위를 내면화할 기회가 없어, 사회적 가치에 반대되는 태도, 행동 등을 자신의 것으로 수용하여, 그것을 암암리에 드러내는 등 악순환적 과정을 통해 부정적 정체감을 형성하게 된다.
4. 가족이나 지역사회가 바람직하다고 생각하는 역할에 대한 적대감이나 경멸로 표출되기도 한다.
   예 부모가 학교공부가 중요하다고 계속 잔소리를 할 경우 아예 학교를 그만두는 경우

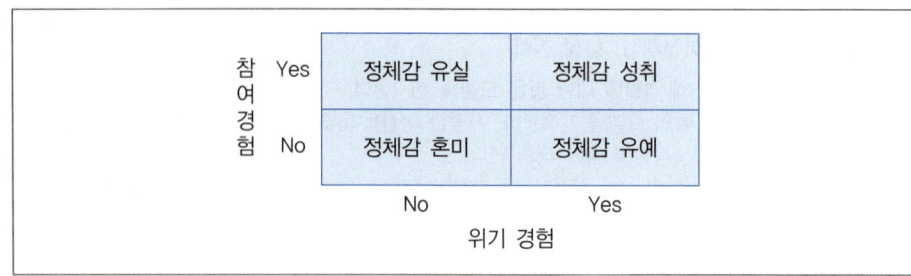

MEMO

02

② 정체감 유실(폐쇄; identity foreclosure)

의미	정체성 위기를 경험하지 않았지만 정체성이 확립된 것처럼 행동하는 상태. 남의 정체성을 빌려 쓰면서 자신의 정체성 형성 가능성을 폐쇄하고 있는 유형
특징	• 가장 큰 특징은 권위에 맹종한다는 것이다. 권위에 맹종하므로 정체성을 형성하기 위해 노력하지도 않고 부모가 선택해 준 인생을 그대로 수용한다. • 사회적 인정의 욕구가 강하고, 부모와 원만한 관계를 유지하며, 부모의 과업을 물려받거나, 일찍 결혼하여 안정된 가정을 꾸려 나가는 경향이 있다. 그러나 성인기에 들어 뒤늦게 정체성 위기를 경험하는 경우가 많다. • 목표의식이 뚜렷하고 안정적이지만, 목표달성이 좌절될 경우 자기 존재 자체를 송두리째 무가치한 것으로 여길 수 있다. '자살'은 이런 좌절의 극단적 표현이다. ⇨ 부모나 성인들의 기대나 가치를 너무 일찍 그대로 수용한 대부분의 모범생들이 이에 해당한다.

③ 정체감 유예(모라토리움; identity moratorium)

의미	정체성 위기를 경험하면서 정체성 확립을 위해 노력하는 단계, 정체성 성취에 도달하기 위한 과도기적 단계. 아직 정체감이 형성되어 있지 않아서 불안하고 긴장되어 있지만, 진지하게 삶을 바라본다.
특징	• 여러 가지 대안을 탐색하지만 자신의 역할이나 과업에 몰두하지 못한다. • 안정감은 없으나 다양한 역할과 정체성을 실험하며 적극적으로 정체성을 탐색한다. ⇨ 정체성 성취와 함께 건강한 상태로 간주된다.

④ 정체감 성취(확립; identity achievement)

의미	정체성 위기를 경험한 후 개인적 정체성을 확립한 단계. 대안적 가능성을 탐색한 후 자아정체성을 성공적으로 성취해 낸 상태. 모라토리움을 극복한 상태 ⇨ 정체성 지위 중 가장 높은 수준
특징	삶의 방향이 분명하고, 자존감이 높으며, 현실적이고 안정감 있는 대인관계를 형성하고, 스트레스에 대한 저항력도 높다.

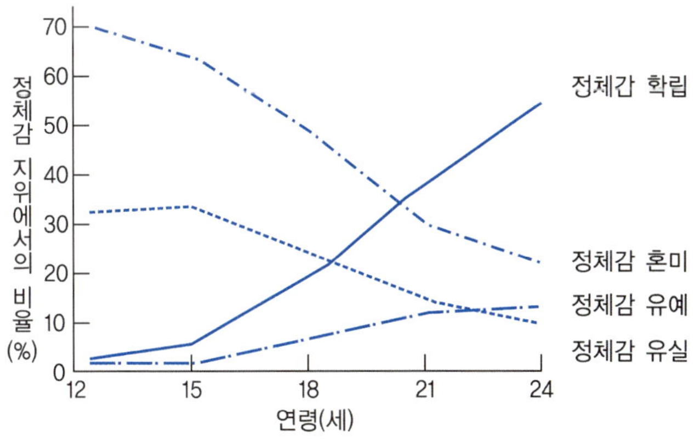

연령에 따른 자아정체감의 성취상태(Meilman)

MEMO

Plus

메일만(Meilman)의 연령에 따른 정체감 발달지위

1. 메일만은 마샤가 구분한 정체감 지위이론을 확인하기 위해 횡단적 연구를 수행하였다. 그는 12~18세 남성들의 대다수가 정체성 혼란이나 정체성 유실 상태에 있으며, 21세 이후에야 실험대상자 대다수가 유예 상태에 도달하거나 안정된 정체성을 성취하였다고 하였다.
2. 청소년기 초기(중학생), 중기(고등학생), 후기(대학생)를 비교한 연구들을 살펴보면, 청소년기 초기나 중기보다는 후기에 정체감 발달 수준이 더욱 높아진다. 또한 대학생보다는 사회 초년생들이 정체감 혼란을 훨씬 덜 겪고 있다. 이것은 나이가 들수록, 교육수준이 높아질수록 자아정체감이 차츰 안정적으로 형성되어 가고 있음을 말한다.
3. **연령에 따른 정체감 발달지위 그래프**: 12~18세에는 대부분이 정체감 혼란이나 유실 지위에 있으나, 21세 이후에는 정체감 성취나 유예가 증가하고 있다.

(2) 정체성 성취를 돕기 위한 방안(교육적 시사점)

① 교사는 학생들의 정체성 성취를 돕기 위해 청소년이 위기를 경험하고 자기 연령 수준에 맞는 무엇인가에 전념하도록 격려해야 한다. 대단한 것보다는 자신의 수준에 맞는 활동이 중요하며, 한 가지 일에 전념하고 스스로 정한 것을 지킬 수 있도록 돕는다.

② 각 분야에 전념하여 성공한 예를 보여 주고, 교사나 다른 성인이 역할모델이 되어 주는 것도 중요하다. 다양한 인물의 사례를 통해 모델을 발견하거나 다양한 가치, 문화 등을 체험하도록 하는 것은 정체성 확립에 도움이 된다.

③ 정체성 형성이란 일생 동안 지속된다고 볼 수 있으므로, 지속적인 자기평가를 통해 정체성을 확고히 하는 노력이 필요하다.

Section 03

도덕성 발달이론

개념 다지기

도덕성 발달이론

구분	정신분석학	행동주의	사회인지이론	인본주의	인지주의
도덕성 발달	부모의 가치관 ⇨ 내면화 ⇨ 초자아 형성 ⇨ 양심, 죄책감의 형성과정	• 고전적 조건형성: 환경자극과 행동의 연합 • 조작적 조건형성: 행동 ⇨ 강화·벌의 결과	모델링	본래 타고난 선 ⇨ 자연스럽게 성장 ⇨ 자아실현	도덕적 추론·판단 능력의 발달
도덕성	• 사회나 자연 등 외부에 의해 이미 규정된 것 • 개인의 도덕성 관점 간과				도덕적 갈등상황 ⇨ 옳고 그름의 판단 ⇨ 개인의 도덕적 판단(추론) 능력

01 피아제(Piaget)의 도덕성 발달이론

1 개관

(1) 인지적 접근

① 피아제는 도덕성 발달이 인지발달에 병행하며 단계별로 발달한다고 보았다.

② 도덕발달을 인지발달과 거의 같은 방식으로 연구하였다. '아동의 도덕적 판단능력은 어떻게 발달하는가?'에 관심을 가지고, 아동에게 도덕적 갈등 상황(moral dilemma)의 문제를 제시한 후 아동의 도덕적 추론과 판단능력을 연구한 것이다.

③ 피아제에 따르면 도덕성은 옳고 그름에 대한 도덕적 판단능력이라 할 수 있다.

MEMO

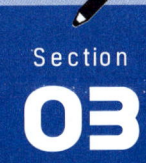

MEMO

도덕적 갈등 상황(moral dilemma)의 예

줄리앙이라는 꼬마는 아빠가 없을 때 아빠의 만년필을 갖고 놀다가 테이블보에 조그만 잉크 자국을 남기고 말았다. 톰은 아빠가 사용하는 잉크병이 비어 있다는 것을 발견하고 아빠를 도와주기 위해 잉크병에 잉크를 채워 넣다가 테이블보에 커다란 잉크 자국을 내고 말았다.
줄리앙과 톰 중에서 누가 더 나쁜가? 왜 그렇게 생각하는가?

(2) 도덕성 발달단계이론

① 피아제는 도덕적 문제에 대한 아동의 반응을 크게 두 단계로 구분하였다.
② 타율적 도덕성 단계와 자율적 도덕성 단계가 그것이다.

2 도덕성 발달단계

(1) 타율적 도덕성(4~8세)

① 규칙은 어른이 만든 것으로 절대적으로 지켜야 하는 것이다(규칙에 무조건 복종).
② 규칙에 일치하면 선이고, 규칙에 어긋나면 악이다. 규칙 위반 시 반드시 처벌받는다.
③ 행위자의 의도나 동기를 고려하지 못하고 결과만 놓고 판단한다.
예 테이블보를 많이 더럽힌 톰이 나쁘다.

(2) 자율적 도덕성(8~12세)

① 규칙은 임의로 정한 약속이므로 사회적으로 합의하면 변경될 수 있다.
② 규칙 위반 시 반드시 처벌받는 것은 아니다.
③ 행위자의 의도나 동기, 상황을 고려하여 선악을 판단한다.
예 놀다가 테이블보를 더럽힌 줄리앙이 더 나쁘다.

02 콜버그(Kohlberg)의 도덕성 발달이론 98 중등, 99 초등, 02 초등, 06 중등, 07 초등, 12 중등

MEMO

02

1 개관 98 중등

(1) 기본 입장

① 피아제(Piaget) 이론의 영향 : 인지발달은 도덕발달의 필요조건이다. 인지구조의 발달에 따라 도덕성이 발달한다. 아동기에 초점을 둔 피아제의 도덕성 발달단계이론을 성인기의 도덕성이론으로 확대·발전시켰다.

② 도덕성은 도덕적 판단능력 : 도덕성은 옳고 그름에 대한 도덕적 판단능력이다. 도덕적 갈등 상황(예 Heinz의 딜레마)을 설정하고 도덕적 판단능력(추론과정)을 바탕으로 발달과정을 설명한다.

③ 도덕적 발달단계 : 도덕적 발달단계를 인습 혹은 관습을 기준으로 3수준 6단계로 구분하였다. 도덕발달은 단계적으로 이루어지며, 모든 사람은 동일한 순서로 도덕발달단계를 통과한다. 도덕발달단계는 질적으로 상이한 비연속적이고 도약적인 과정이다.

> **도덕적 갈등 상황(moral dilemma)의 예 – Heinz의 딜레마**
>
> "하인츠의 아내는 암에 걸려 죽어가고 있었다. 의사는 그녀를 살릴 수 있는 특효약이 있다고 말하는데, 그 약은 그 마을에 사는 약사가 개발한 것이었다. 약사는 약값을 8천 달러나 요구했다. 재료비의 10배나 되는 값이었다. 하인츠는 여기저기 돈을 구하러 다녔지만 약값의 반밖에 구하지 못했다. 그는 약사를 찾아가서 아내가 지금 죽어가고 있으니 그 약을 좀 싸게 팔거나 외상으로 해달라고 사정했으나 하인츠는 거절당했다. 하인츠는 절망에 빠졌다. 다음날 밤 하인츠는 약국 문을 부수고 들어가 약을 훔쳐내고 말았다. 과연 하인츠의 행동이 옳았는가?"

(2) 특징

① 인지발달은 도덕발달의 선결요건 : 인지발달은 도덕발달의 필요조건이다. 도덕발달은 인지구조의 발달에 따라 나타난다.

② 발달의 계열성(developmental sequence) : 도덕발달은 단계적으로 이루어지며, 하위단계는 상위단계를 위한 필수적 선행조건이다.

③ 발달의 순서성 : 각 단계들은 불변의 연쇄를 이루고 있어 극단적으로 신체적, 정신적, 손상을 입은 경우를 제외하고 사람은 반드시 순서에 따라 각 단계를 거쳐 간다.

④ 발달의 질적 상이성 : 도덕발달단계는 질적으로 상이한 비연속적이고 도약적인 과정이다.

⑤ 인지적 불균형(cognitive disequilibrium) : 딜레마적 상황에서 현재의 인지적 판단으로 해결하지 못하는 인지적 불균형이 생성될 때 새로운 인지적 구조로 전환하여 해결해 나가는 것이 도덕 발달이다.

⑥ 도덕성 발달의 보편성 : 문화와 상관없이 도덕성의 발달단계는 동일하다. 다만, 발달속도에는 개인차가 존재하며, 모든 사람이 6단계에 도달하는 것은 아니다.

MEMO

암기법
'벌자' '대범'하게
'사양' 말고

② 도덕성 발달단계 (암) 99 초등, 02 초등, 06 중등, 07 초등

(1) 인습 이전 수준(pre-conventional level) – 전도덕기(힘의 원리)

<table>
<tr>
<td>1단계 :
처벌과 복종
지향</td>
<td>
• 도덕적 판단 기준 : 벌의 회피와 힘의 복종 ⇨ 벌을 피하고 힘에 복종하는 것이 옳은 행위라고 판단한다.
예 '힘이 곧 정의다.', '큰 물고기가 작은 물고기를 잡아먹는다.', '적자생존' 등
• 특징
– 물리적(신체적) 결과 중시 : 행위자의 의도는 고려하지 않고 행위의 결과에 따라 선과 악을 판단한다. 처벌받으면 나쁜 행위, 처벌받지 않으면 옳은 행위이다.
예 아무리 나쁜 행동을 해도 처벌받지 않으면 그 행동은 옳다. 부정행위를 해도 들키지 않아서 처벌을 받지 않으면 정당하다.
– 자아중심적 사고(관점) : 타인의 입장이나 감정을 고려하지 못하며, 그래서 자신과 타인의 관점을 관련시키지 못한다.
<table>
<tr><th>찬성</th><th>반대</th></tr>
<tr><td>아내를 죽게 내버려 둔다면 벌을 받게 되므로 약을 훔치는 것은 정당하다. / 처음부터 돈을 안 내겠다고 한 것도 아니고, 훔친 약값이 실제로 200달러밖에 안 되므로 그가 2000달러를 훔친 게 아니다.</td><td>약을 훔치는 것은 큰 범죄이고 벌을 받게 되므로 약을 훔치는 것은 옳지 않다.</td></tr>
</table>
</td>
</tr>
<tr>
<td>2단계 :
개인적 욕구
충족 지향</td>
<td>
• 도덕적 판단 기준 : 욕구 충족 ⇨ 자신과 타인의 욕구를 충족하는 것이 옳은 행위라고 판단한다. 예 '네가 내 등을 긁어 주면, 나도 네 등을 긁어 줄게.'
• 특징
– 자신의 이익과 욕구 우선시(개인적 쾌락주의) : 아무리 나쁜 행동을 해도 자신에게 이익이 되고 들키지 않으면 정당하다고 생각한다.
예 '나한테 좋은 것이 뭐지'를 가장 먼저 고려해서 나에게 이익이 되는가를 보고 행동한다. 부정행위를 하거나 뇌물을 받고 공금을 횡령해도, 나에게 이익이 되고 들키지 않을 수만 있다면 아무리 나쁜 행위라도 정당하다.
– 상호 교환관계, 도구적 상대주의 : 대인관계에서 공평성, 상호성 등이 나타나지만 그것은 어디까지나 실용적인 수준에서 이해된다(상호 이익을 주고받는 교환관계).
예 '네가 내 등을 긁어 주면, 나도 네 등을 긁어 줄게.', '네가 크레파스를 빌려주면, 나는 물감을 빌려주겠다.', '누군가가 차를 훔치다가 들켰다면 차 값이 얼마인가에 따라 벌이 결정된다.', '아동은 자신에게는 잠을 자야 할 시간이라고 하면서 왜 어른은 더 늦은 시간까지 자지 않아도 되는지를 이해하지 못한다.'
– 자기중심적(개인주의적) 사고(관점) : 타인에 대한 인도성, 즉 진정한 감정이입을 할 수 있는 능력이 없으며, 신의를 지킨다거나 감사를 느낀다거나 하는 것도 할 수 없다.
<table>
<tr><th>찬성</th><th>반대</th></tr>
<tr><td>자기 아내의 생명을 구하기 위해서는 약을 훔칠 수밖에 없으며, 약값은 앞으로 지불하면 되므로 약을 훔치는 것은 괜찮다.</td><td>약사도 이익을 남기려고 약을 파는 것이므로 약사의 행위가 나쁘지 않으며, 약을 훔쳐서도 안 된다.</td></tr>
</table>
</td>
</tr>
</table>

(2) 인습 수준(conventional level) – 타율적 도덕기(가정 · 집단 · 국가의 기대)

MEMO

3단계 : 대인관계 조화 지향 (착한 소년 · 소녀 지향)

- 도덕적 판단 기준 : 자기 주변의 대다수의 공통된 생각 ⇨ 주변 사람으로부터 칭찬과 인정을 받는 행위가 도덕적으로 옳은 행위라고 판단한다['착한 소년 · 소녀(good boy–nice girl)' 지향]. 예 부모님을 기쁘게 하기 위해 열심히 공부한다. 부모님을 걱정시켜 드리지 않기 위해 일찍 귀가한다.
- 특징
  - 대인관계 조화(사회적 조화)가 중심이 됨 : 타인의 인정과 승인을 지향하며, 주변 사람들의 역할기대에 부합하기 위해 착한 행동을 하려고 한다(착한 소년 · 소녀 지향, 비난 회피). 예 부모님을 걱정시켜 드리지 않기 위해 일찍 귀가한다.
  - 다른 사람의 관점과 의도를 이해할 수 있음 : 자기중심적인 사고에서 벗어나 감정이입을 할 수 있는 능력과 다른 사람을 배려하려는 의식이 강하게 나타난다. 신뢰, 충성, 의리가 대인관계를 유지하는 데 매우 중요하다고 생각한다. 행동은 의도에 의해 판단되기 시작한다. 그러나 이 단계의 도덕적 사고는 사회의 고정된 인습에 엄격하게 따르기 때문에 융통성이 없고, 독립적으로 결정을 내릴 수 있는 자율성이 없다.

찬성	반대
약을 훔치는 것은 좋은 남편으로서 자연스러운 일이다. 아내를 향한 사랑으로 약을 훔치는 것을 비난할 수 없다. 만약 아내를 죽도록 내버려 둔다면 주위 사람들로부터 비난받을 것이다.	약을 훔치지 않아서 아내가 죽는다고 해도 남편을 비난할 수 없고 무정한 남편이라고 할 수 없다. 오히려 약사가 이기적이고 무정한 사람이다. 남편은 아내가 죽어가는 것을 지켜볼 수밖에 없는 것이다.

4단계 : 법과 질서 지향

- 도덕적 판단 기준 : 법과 질서(의무) ⇨ 법과 질서를 준수하고 유지하는 행위를 옳은 행위라고 판단한다. 법과 질서를 준수하며, 사회 속에서 개인의 의무를 다한다. 사회적 인습은 지역적이고 국지적인 것인 반면에 법과 질서는 보편적인 것으로 사회의 모든 사람들에게 적용될 수 있는 행동의 표준을 제공한다.
  예 질서는 아름답다. 다른 사람이 모두 교통신호를 위반하더라도 반드시 신호를 지키고 규정 속도를 준수해야 한다.
- 특징
  - 법과 질서 유지가 절대적임 : 사회적 인습보다 법과 질서 유지가 절대적이다. 법질서는 절대적인 것이기 때문에 예외 없이 철저하게 지켜져야 한다.
    예 악법도 법이다. '이것이 법이다. 만약 모든 사람이 자신이 원하는 대로 행동한다면 세상은 어떻게 될 것인가'라고 생각하면서 주어진 사회질서를 유지하려는 행동을 한다. 전기 회사나 가스 회사는 요금을 지불하지 않는 고객에게 한 겨울에도 공급을 중단해 버려도 된다.
  - 대인관계와 구별되는 사회적 관점 : 사회체제적 관점에서 자신의 행동을 판단한다. 법과 질서를 지키는 것이 자신의 의무라고 생각한다.

찬성	반대
아내를 살리는 것이 남편의 의무이자 책임이다. 그러나 약값은 반드시 갚아야 하며 훔친 데 대한 처벌도 받아야 한다.	아내를 살리려면 하는 수 없지만 그래도 훔치는 것은 나쁜 행동이다. 개인의 감정이나 상황에 관계없이 법과 질서는 어떠한 경우에도 지켜져야 한다.

MEMO

(3) 인습 이후 수준(post-conventional level)

– 자율적 도덕기(도덕적 가치 · 원리 · 보편적 도덕 원리)

<table>
<tr>
<td>5단계 :
사회계약
지향</td>
<td>
• 도덕적 판단 기준 : 사회 전체가 합의한 기준 ⇨ 사회 전체가 합의한 기준에 따르는 행위가 옳은 행위라고 판단한다. 그러므로 옳은 행위는 사회 전체의 비판적인 고려(예 자유 · 생명 등 특정한 개인의 기본권리 보호, 민주적 과정과 절차)를 통해 합의된 법규와 질서에 부합되는 행위이다. 비록 소수라고 하더라도 개인의 권리를 보호하는 것이 정의라고 생각한다. 예 전체 법체계(헌법), 계약정신(개인의 자유와 권리 등), 십계명
• 특징
– 사회 전체의 합의 중시 : 법과 제도를 중요하게 여기면서도 사회적 유용성이나 합리성에 따라 그 법과 제도는 바뀔 수 있다고 생각한다(법과 규칙은 사람들이 합의하여 만든 것이므로 예 공리주의적 사고, 최대다수의 최대행복, 법의 예외성 인정). 법은 개인의 자유를 규제하기 위한 것이 아니라 극대화하기 위해 공동체가 합의한 것이다. 예 인간의 기본적 권리를 침해하는 법률이라면 민주적 절차에 의해 변경해야 한다.
– 사회적 관점 : 전체 법체계의 사회계약 정신을 중시한다. 문제를 하나의 법으로 해결하는 것이 아니라 전체 법체계를 통해서 해결한다. 예 전체 법체계(헌법)
<table>
<tr><th>찬성</th><th>반대</th></tr>
<tr><td>약을 훔치는 것은 분명 옳지 않지만, 인명을 구하기 위한 이런 특수한 상황에서는 약을 훔치는 것이 정당화될 수 있다(이 상황에서 법은 인간의 기본적 권리를 보호하지 못한다).</td><td>특수한 상황에서의 하인츠의 행위를 무조건 비난할 수는 없지만, 아무리 결과가 좋아도 목적이 수단을 정당화할 수 없기 때문에 법을 위반한 하인츠의 행위는 옳지 않다.</td></tr>
</table>
</td>
</tr>
<tr>
<td>6단계 :
보편적
도덕원리
지향</td>
<td>
• 도덕적 판단 기준 : 자기양심 · 보편적 도덕원리 ⇨ 옳은 행동은 스스로 선택한 보편적 원리와 양심에 따라 결정된다. 법이나 관습을 넘어서서 정의, 평등, 생명의 가치와 같은 추상적이고 보편적인 원리를 지향한다.
예 황금률('남에게 대접받고자 하는 대로 남을 대접하라'), Kant의 정언명령(무조건적이고 절대적인 도덕적 명령: '네 의지의 준칙이 항상 보편적 입법의 원리에 타당하도록 행동하라'–그 환경에서 모든 사람이 행동할 수 있는 그러한 행동만을 하라), 소크라테스의 행위
• 특징
– 보편적 도덕원리 중시 : 올바른 행동이란 스스로 선택한 도덕원리에 따른 양심의 결단이다. 도덕원리는 인간 생명의 존엄성, 정의, 평등과 같은 추상적이고 보편적인 원리를 말하며, 논리적 · 포괄적이며 일관성이 있어야 한다. 십계명처럼 구체적인 규칙이 아니다.
– 사회적 관점 : 사회 규칙을 초월한 보편적 도덕원리를 중시한다.
<table>
<tr><th>찬성</th><th>반대</th></tr>
<tr><td>하인츠가 약을 훔친 것은 인간 생명의 가치가 다른 어떤 재화의 가치보다 더 근원적인 보편원리이므로 정당화된다. 동시에 하인츠는 훔친 일에 대한 법률적 처벌을 받을 자세도 되어 있어야 한다.</td><td>암환자는 많고 약은 귀해서, 하인츠가 약을 훔쳐 감으로써 다른 응급환자의 생명에 지장을 줄 수 있다. 자신의 아내에 대한 사적인 감정에 따라서만 행동해서는 안 되며 그 이외 모든 사람들의 생명도 귀중하다는 것을 동시에 고려해야 한다.</td></tr>
</table>
</td>
</tr>
</table>

MEMO

02

3 교육적 적용과 한계

(1) 교육적 적용(시사점)

① **도덕적 판단능력을 길러주는 교육**: 학교의 도덕교육은 학생의 도덕적 판단능력을 길러주는 교육이어야 한다. 구체적인 덕목이나 규범을 가르치는 덕목교육으로는 도덕적 사고력을 길러주지 못한다. 구체적인 행동만 나열(예 '거짓말해서는 안 된다.', '다른 사람의 물건에 손대지 않는다.')하기보다는 왜 그렇게 해야 하는지를 생각해 보도록 함으로써 다양한 상황에서 스스로 판단하여 도덕적 행동을 하도록 하는 것이 바람직하다.

② **도덕성 발달수준에 기초한 교육**: 학생에게 그들의 인지발달 수준보다 더 높은 도덕적 판단을 기대할 수 없다. 학생의 도덕성 발달수준(도덕적 판단수준)을 이해하고 그에 따라 대응해야 한다. 예컨대, 어린 유아들은 즉각적인 처벌이 필요하고, 더 성숙한 아동은 사회적 제재(착한 아이는 그런 행동을 하지 않는다)가 더 효과적이며, 아동이 더욱 성숙하면 보편적 도덕원리나 양심에 호소하는 것이 적절한 대응행동이 될 수 있다.

③ **도덕적 인지갈등을 유발하는 교육(+1 전략)**: 현재의 도덕적 추론 수준으로는 해결할 수 없는 도덕적 인지갈등을 유발하는 도덕적 딜레마 상황을 제시해야 한다. 그리고 토론을 통해 자신과 타인의 도덕적 사고를 비교하고 자신보다 상위수준의 도덕적 사고에 노출되도록 함으로써 도덕발달을 증진하게 한다.

④ **역할극을 활용한 교육**: 역할극을 활용하여 여러 인물의 입장이 되어 보게 함으로써 다른 사람의 입장을 이해하고 더 높은 수준의 도덕적 추론을 할 수 있도록 돕는다.

⑤ **모델링을 활용한 교육**: 도덕적 귀감이 되는 모델이나 감동적인 모범 사례, 교사의 도덕적 품성 등 다양한 모델을 활용하여 도덕적 가치와 규범을 배우도록 한다.

(2) 한계

① **도덕적 판단 능력과 도덕적 행위의 불일치 문제**: 도덕적 판단수준이 높다고 해서 도덕적으로 행동하는 것은 아니다.

② **문화적 편향성**: 인습 이후 수준의 발달단계는 개인의 존엄성을 중시하는 서구사회의 가치를 반영되었다. 예 중국 성인남자의 경우는 1단계가 대부분임(콜버그 이론을 모든 문화권에 적용 ×)

③ **도덕발달단계의 구분 불명확**: 도덕발달단계의 구분이 명확하지 않다. 딜레마에 대한 반응이 동시에 2개 이상의 단계로 분류되는 경우가 많다.

④ **도덕발달의 퇴행 문제**: 발달단계가 일정불변이라고 하나, 반드시 일정한 순서로 발달해 나간다고 할 수 없다. 도덕발달의 퇴행(退行)도 발생한다.
예 4단계에서 3단계로, 2단계에서 4단계로의 발달도 가능

⑤ **인습 이후 수준은 이상적 방향일 뿐임**: 5·6단계에 도달하는 사람이 극소수이다. 인습 이후 수준은 도덕발달의 이상적 방향을 제시할 뿐 실제적 지침으로는 부족하다.

MEMO

⑥ **남성중심의 도덕관**: 남성중심적 도덕관이며, 권리 또는 정의의 도덕성(justice perspective)이다. 여성의 도덕 발달수준은 3단계가 많다[보살핌 또는 배려의 도덕성(care perspective)].

03 길리건(Gilligan)의 배려의 윤리

1 개관 『다른 목소리로(In a Different Voice)』(1982)

(1) 개념

① **배려의 윤리**: 서양의 기존 윤리관을 남성중심의 성차별적 윤리관으로 규정하고 이에 대한 대안으로 배려의 윤리를 주장하였다. ⇨ 인간관계 속에서 배려(care)와 책임(responsibility)을 중심으로 도덕적 판단을 강조하는 배려의 윤리 제시

② **여성의 도덕성 발달단계**: 여성의 도덕성 발달단계는 3가지 수준의 단계와 각 단계 사이의 2개의 전환기로 설명된다. 각 단계는 자신(self)과 타인(others) 간의 관계를 더 정교하게 설명하고, 각 전환기는 이기심(selfishness)과 책임감(responsibility) 간의 이해를 보여 주고 있다.

③ **인간관계 속에서의 배려와 책임**: 소년은 독립적이고 추상적인 사고를 할 수 있도록 교육받는 반면, 소녀는 양육적이고 돌보기를 중시하도록 양육되고 있으므로 남녀는 각기 다른 유형이 도덕적 추론을 할 수밖에 없다. 즉 남성은 추상적 판단에 기초한 정의 관점(justice perspective)으로 도덕적 판단을 하고, 여성은 인간관계 속에서 배려와 책임을 중심으로 판단한다.

(2) 배경

① **콜버그(Kohlberg) 이론 비판**: 길리건(Gilligan)은 콜버그의 도덕성 발달이론이 추상적인 도덕원리를 강조하고, 백인 남성과 소년만을 대상으로 도덕성 발달단계를 설정한 것에 대해 비판하였다. 또한 성인 남성은 4, 5단계의 도덕성 발달단계를 보이고, 여성은 대부분 3단계의 도덕성 발달수준을 보이므로 여성의 도덕발달이 남성에 비해 낮다고 규정한 콜버그의 주장이 여성의 도덕발달을 적절하게 설명하지 못한다고 비판한다.

② **하버드 프로젝트**: 임신중절 결정 연구 ⇨ 낙태 여부를 결정해야 하는 29명의 여성의 응답을 분석하여 인간관계의 보살핌, 애착, 책임을 강조하는 여성의 도덕성 발달단계를 제시하였다.

MEMO

02

② 여성의 도덕성 발달단계

(1) 여성의 도덕성 발달단계

1단계	자기 이익 지향 (orientation to individual survival)	생존을 위해 자신만을 보살피는 이기적 단계이다. 어떤 상황이나 사건이 자신의 욕구와 갈등을 일으킬 때에만 도덕적 사고와 추론을 시작하며, 어느 쪽이 자신에게 중요한가가 판단의 준거가 된다.
전환기 1	이기심에서 책임감으로 (from selfishness to responsibility)	첫 번째 전환기에서는 타인과의 애착과 관계 형성이 중요해지면서 도덕적 판단기준이 이기적인 것에서 배려와 책임감으로 옮겨 가기 시작한다. 책임과 배려를 도덕적 판단기준으로 통합해 간다.
2단계	자기희생으로서의 선 (타인에 대한 책임으로서의 선) (goodness as self-sacrifice)	사회적 조망이 발달하면서 자신의 욕구를 억제하고 타인에 대한 배려와 책임을 지향하며 자기희생을 선(도덕적 이상)으로 간주하는 단계이다(모성적 도덕성의 단계). 그러나 이 수준에서의 타인은 사적인 관계이며, 공적인 관계를 의미하지는 않는다.
전환기 2	선에서 진실로 (from goodness to truth)	두 번째 전환기에서는 왜 다른 사람을 위해서 자신을 희생해야 하는가에 대한 의문을 가진다. 두 번째 전환기는 자아개념과 관련된다.
3단계	자기와 타인의 역동 조화 (비폭력 도덕성) (the morality of nonviolence)	대인 간 도덕적 추론의 마지막 단계이다. 개인의 권리와 타인에 대한 책임이 조화를 이루는 단계이다. 타인과 함께 자기 자신도 보살핌의 대상이 되어야 함을 자각하고 자기와 타인을 평등하게 다루는 단계이다. 의사결정 과정에 적극적으로 참여하고, 다른 사람에게 상처 주는 것을 피한다. 비폭력, 평화, 박애 등은 이 시기 도덕성의 주요 지표이다.

(2) 여성의 도덕성 발달단계의 결론

① 길리건은 여성의 도덕성이 자신의 필요에 몰두하는 이기적 단계에서 시작하여 자신의 욕구보다는 타인의 입장을 중요시하는 도덕성 단계를 거쳐 타인은 물론 자신의 책임의 중요성을 인식하고 자신과 관련된 모든 사람에게 최선의 방법을 모색하는 도덕성으로 발달해 나간다고 주장한다.

② 여성은 도덕성에서 추상적인 도덕적 원리보다는 인간에 대한 책임을 강조하며 타인의 요구에 민감하게 반응하고 타인과의 관계를 고려하는 도덕적 사고를 중시한다.

③ 여성은 자신을 희생하더라도 인간관계를 유지하고자 하는 강한 배려지향적인 성향을 가진다.

Section 04

사회성 발달이론과 생태학적 발달이론

MEMO

개념 다지기

사회성 발달

1. 사회성 발달의 의미

① 사회성 발달은 다른 사람들과 서로 상호작용하고 잘 어울릴 수 있는 개인의 능력이 향상되는 것을 의미한다. 사회성 발달은 개인의 전반적인 발달에 있어 필수 요소이기도 하다.

② 최근 과학적 근거를 둔 연구가 점점 많아지고 있고, 이러한 연구들은 사회정서행동발달이 학교생활의 성공, 나아가 삶의 성공과 높은 관련성을 갖는다고 전문가들은 주장한다.

2. 사회성 발달의 구성요소

① 관점수용: 상대방의 생각과 감정 이해하는 능력

㉠ 관점수용은 다른 사람의 생각과 감정을 이해할 수 있는 능력을 의미하는 것으로, 피아제의 인지발달단계와 관련이 있다. 관점수용은 천천히 발달하며, 8세 이하의 아동들은 일반적으로 상대방의 관점을 수용하기를 어려워한다.

㉡ 상대방의 관점에 대한 이해능력이 뛰어난 사람은 곤란한 사회적 상황에 능숙하게 대처하고, 공감과 동정을 보여 주며 또래로부터 호감을 얻는다. 반면, 상대방의 관점에 대한 이해능력이 부족한 사람은 다른 사람의 의도를 적대적인 것으로 해석하는 경향이 있고, 이는 언쟁과 싸움, 또는 다른 반사회적인 행동으로 이어질 가능성이 있다. 또, 다른 사람의 감정을 다치게 해도 아무런 죄책감이나 후회를 느끼지 않는다.

② 사회적 문제해결력: 갈등을 해결하는 능력

㉠ 사회적 문제해결력이란 해당된 사람 모두에게 유익한 방법으로 갈등을 해결하는 능력을 의미하는 것으로, 상대방의 관점수용과 밀접하게 관련되어 있다. 사회적 문제해결력은 일반적인 문제해결력과 유사하고 순차적인 네 단계로 이루어진다. ⇨ 사회적 단처의 관찰 및 해석 → 사회적 목표의 확인 → 전략 세우기 → 전략의 실행 및 평가

㉡ 사회적 문제해결력이 뛰어난 학생들은 그렇지 않은 학생들에 비해 친구가 많고, 친구들과 싸우는 일이 적으며, 조직 활동에서 더 효율적인 수행을 보여 준다. 어린 아동의 경우 사회적 단서를 읽는 데 능숙하지 못하고 자신만을 만족시키는 단순한 해결책을 세우는 경향이 있다. 연령이 증가함에 따라 아동은 설득과 타협이 모든 사람에게 유익할 수 있다는 사실을 깨닫고 처음의 노력이 성공적이지 않았을 때 이를 해결하기 위해 다른 사회적 단서를 읽는 능력이 향상되어 간다.

MEMO

02

01 셀만(Selman)의 사회적 조망수용이론(사회인지 발달이론) 10 중등

1 개관

(1) 개념

① **사회인지**: 사회적 관계를 인지하는 것으로 타인의 생각과 의도, 감정을 이해할 수 있는 사회적 조망수용능력(social perspective taking ability)을 의미한다. 즉, 사회인지(social cognition)는 다른 사람이 무슨 생각을 하는지, 어떻게 느끼는지를 아는 것으로, 다른 사람과 원만한 인간관계를 유지하고 그들을 이해하는 데 필수적이다.

② **사회적 조망수용능력**: 사회적 조망수용능력이란 타인의 관점, 입장, 사고, 감정 등을 추론하여 이해하는 능력을 말한다. 사회적 조망수용능력의 발달은 사회적 관계를 인지하는 사회인지의 발달을 의미한다. 사회적 조망수용능력의 발달은 타인과 잘 지낼 수 있는 성숙한 사회행동을 가능하게 한다.

③ **사회적 조망수용능력이 발달한 아동**: 사회적 조망수용능력이 발달한 아동은 다른 사람의 정서 상태를 대리적으로 경험하는 감정이입(empathy) 능력과 동정심(compassion)을 가지고 있으며, 어려운 사회적 상황을 잘 처리하는 사회적 문제해결(social problem solving) 능력도 지니고 있다.

(2) 사회적 조망수용능력의 발달단계

① **구조화된 면접**: '구조화된 면접(사전에 계획한 대로 면접 진행 ⇨ 홀리의 딜레마)'을 사용하여 사회적 조망수용능력의 발달단계를 5단계로 구분하여 기술하였다.

② **조망수용의 발달단계**: 0단계(자기중심적 관점수용), 1단계(사회정보적 조망수용), 2단계(자기반성적 조망수용), 3단계(제3자적 조망수용), 4단계(사회적 조망수용)로 구분하였다.

2 사회적 조망수용능력의 발달단계 10 중등

(1) 발달단계 암

암기법
짜사자3사

① 0단계 – 자기중심적 관점수용(미분화된 조망수용, egocentric viewpoint)

시기	3~6세, 전조작기
의미	자기중심적으로 타인을 보기 때문에 자신과 다른 관점(생각, 느낌)이 있을 수 있다는 것을 전혀 이해하지 못한다. 즉, 모든 사람은 자신과 같은 견해를 갖는다고 생각한다. 예 학교폭력의 가해자는 자신의 폭력으로 학급의 다른 아동이 괴로움을 당한다는 것을 전혀 인지하지 못한다.
사례	홀리는 홀리의 아빠가 자신이 나무에 올라간 것을 아셔도 화를 안 내실 것이라고 말한다. 왜냐하면 홀리 자신이 고양이를 좋아하니까 아빠도 고양이를 좋아할 것이라 생각하기 때문이다.

MEMO

② 1단계 – 사회정보적 조망수용(주관적 조망수용, social-information subjective perspective taking)

시기/특징	6~8세, 구체적 조작기 / 처벌과 복종 지향
의미	타인의 조망이 자신의 조망과 다를 수 있다는 것까지는 이해하지만, 아직도 자신의 입장에서 이해하려고 한다. 자신의 행동을 타인의 조망을 통해 평가하기 어렵다. 예 학교폭력의 가해자는 왜 폭력을 가했는가에 대한 질문에 대해 '피해자가 잘못을 했으니 때릴 수도 있다.'고 생각하거나, "재미있어서요.", "단순한 장난이에요." 등의 대답을 할 수 있으며, '내가 장난으로 때린 것이라는 것을 피해자도 알고 있으니 괜찮다.'고 생각한다.
사례	홀리 아빠는 홀리가 왜 나무에 올라갔는지 모르신다면 화를 내겠지만 그 이유를 아신다면 화를 내지 않으실 것이라고 대답한다(즉, 나와 다른 정보를 가지고 있다면 나와 다르게 대답하지만 나와 같은 정보를 가지고 있다면 같은 대답을 했을 것이라는 것).

③ 2단계 – 자기반성적 조망수용(self-reflective perspective taking)

시기/특징	8~10세, 구체적 조작기 / 개인적 욕구 충족 지향
의미	타인의 조망과 자신의 조망을 이해하고, 타인의 입장에서 자신의 생각과 행동을 조망할 수 있다. 그러나 자신의 관점과 타인의 관점을 동시 상호적으로 고려하지는 못한다. 예 학교폭력의 가해자는 피해자가 아프고 속상해한다는 것을 알고 피해자가 자신을 미워할 것임을 안다.
사례	홀리가 고양이를 구하러 나무에 올라갈지를 물으면, 자기가 왜 그렇게 했는지 아빠가 이해할 것이라고 생각했기 때문에 그럴 것이라고 대답한다. 아동은 홀리의 입장에 대한 아빠의 고려에 초점을 맞춘다. 그러나 "홀리가 나무에 올라가는 것을 아빠가 원할까?"라고 질문하면, 아빠의 입장을 가정하여 홀리의 안전에 대한 염려 때문에 아빠가 반대할 것이라고 대답한다.

④ 3단계 – 제3자적 조망수용(상호적 조망수용, mutual perspective taking)

시기/특징	10~12세, 형식적 조작기 / 대인관계 조화 지향
의미	제3자의 입장에서 객관적으로 자신과 타인의 조망을 동시에 이해할 수 있다. 다른 사람과의 관계 혹은 상호작용 속에서 발생하는 문제에 대해 제3자의 입장에서 객관적으로 생각하게 된다. 예 학교폭력의 가해자는 교사나 부모가 학교폭력에 대해 부정적으로 생각하고 있음을 알고 있으며 자신이 교사나 부모로부터 벌을 받을 수 있다는 것을 깨닫는다. 또한 자신의 폭력행위 때문에 부모가 경찰서에 불려가는 등의 피해를 입을 수 있다는 것을 인지한다.
사례	제3자의 입장에서 그리고 홀리와 홀리 아빠가 상대방의 생각을 안다는 것을 알고 있다면, '홀리 딜레마'의 결과를 서술할 수 있다. 예를 들어, 한 아동은 "홀리가 고양이를 좋아하기 때문에 고양이를 구하려 했지만, 나무에 올라가서는 안 된다는 것도 알고 있었다. 홀리의 아빠는 홀리가 나무에 올라가서는 안 된다는 것을 알고 있었으나 고양이에 대해서는 알지 못했다. 그래서 홀리 아빠는 홀리가 약속을 어겼기 때문에 아마 벌을 주실 거야."라고 했다.

MEMO

02

⑤ 4단계 – 사회적 조망수용(social and conventional system perspective taking)

시기/특징	12세~성인, 형식적 조작기 / 법과 질서 지향
의미	사회적 가치체계(예 법, 질서, 도덕)에 근거하여 자신과 타인의 조망을 이해하고 판단한다. 이것은 사회관계를 이해하는 능력이 더욱 심층적으로 발달하게 된다는 것을 의미한다. 자기와 타인을 포함하여 개인은 물론 집단과 전체 사회체계의 조망을 이해하는 최상의 사회인지능력을 획득한다. 예 학교폭력의 가해자는 폭력이 바람직한 행동이 아니라고 사회에서 보기 때문에 교사나 친구들이 학교폭력을 중지하기 바란다는 것을 깨닫는다. 자신의 폭력행위는 사회질서를 어지럽히는 일이므로 소년원이나 감옥에 갈 수 있는 위법행위임을 인지한다. 학교폭력 행위는 학생기록부에 기록될 수 있고, 전과자가 될 수 있으므로 자신이 취직을 하거나 사회에 진출하는 데 문제가 될 것이라는 것을 알게 된다. 이 단계에서도 폭력을 행사하는 아동은 사회적 조망수용능력의 문제가 아닌 기질, 성격, 환경적 영향 등 다른 개인적 특성이 종합적으로 폭력의 원인이 된다고 해석할 수 있다.
사례	홀리가 나무에 올라갔기 때문에 벌을 받아야 하는지를 질문하면, 청소년들은 아니라고 대답한다. 그리고 동물을 인간적으로 대우하는 것의 가치는 홀리의 행동을 정당화시킬 것이고 대부분의 아빠들도 이 점을 알 것이라고 말한다.

(2) 교육적 시사점

① **조망수용능력의 지도 및 훈련**: 아동에게 조망수용능력을 지도하고 훈련하면 반사회적 행동이 감소하고 감정이입과 친사회적 행동이 증가한다고 한다. 예컨대, 교실에서 서로 돕기, 나누기, 보살피기, 위로하기, 협동하기 등이다.

② **높은 단계의 조망수용능력의 발달 조력**: 교사는 학생들이 높은 단계의 조망수용능력을 발달시킬 수 있도록 도와주어야 한다. 학교폭력의 가해자는 조망수용능력이 높은 단계로 발달함에 따라 타인, 제3자, 사회 안에서 자신의 행동이 어떻게 인식될 것인지 이해하고 생각하게 된다. 따라서 폭력을 줄이고 사회에서 바람직하다고 생각되는 행동을 함으로써 학교폭력의 문제 또는 사회 문제를 해결할 수 있게 된다.

MEMO

02 브론펜브레너(Bronfenbrenner)의 생태학적 발달이론 12 초등

1 개관 『인간발달의 생태학(The Ecology of Human Development)』(1979)

개념 다지기

생태학(ecology)이란?

생태학은 개인과 직접·간접으로 연결되어 있는 환경적 상황을 의미한다. 인간을 둘러싸고 있는 생태학적 환경의 구조체계를 러시아 인형에 대한 은유(metaphor)로 표현하였다. "러시아 인형이 가장 큰 인형 속에 점차 작은 인형들이 차례로 들어 있는 것처럼, 상황들도 역시 더 큰 상황 속에 담겨 있다. 미시체계는 중간체계 속에 담겨 있고, 중간체계는 외체계 속에 담겨 있다." 브론펜브레너는 이러한 각각의 상황들 속에서의 역동성과 그 상황들 간의 전이(轉移)에 관심을 가졌다.

① 환경의 다차원적인 체계가 상호작용하여 발생하는 힘이 개인의 발달과 행동에 영향을 미친다.

② 개인을 둘러싼 환경은 미시체계, 중간체계, 외체계, 거시체계의 네 층과 시간체계로 구분된다.

③ 개인의 발달에 영향을 미치는 지배적인 환경은 연령 증가에 따라 미시체계에서 바깥층의 체계로 점차 이동한다.

암기법
미중외거시

2 인간을 둘러싸고 있는 생태학적 환경의 구조체계 암

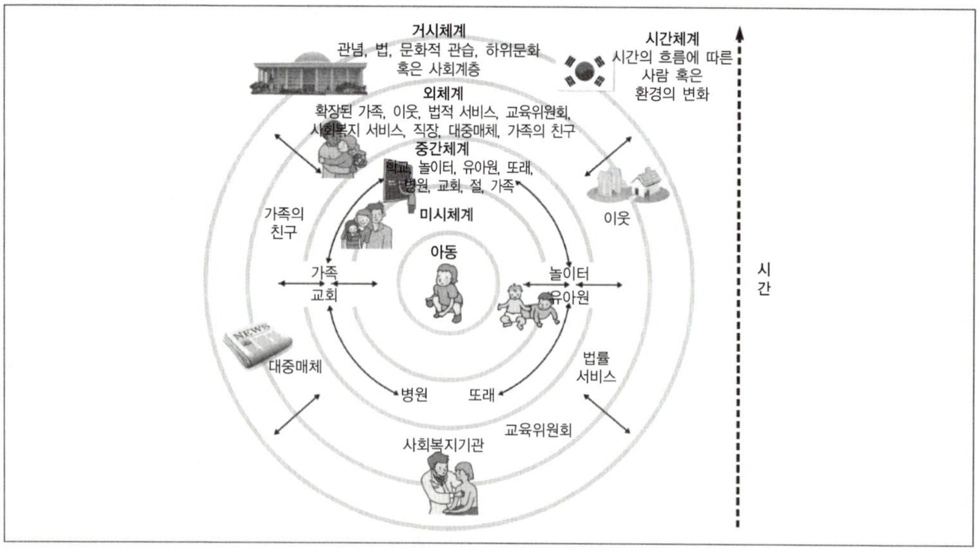

브론펜브레너 모형

MEMO

02

미시체계 (microsystem)	아동이 직접 접촉하며 상호작용하는 환경이다(양방향적). 예 가정, 부모(가족), 친구, 놀이터, 학교, 교사 등 / 아동은 부모에게 영향을 주고, 부모는 아동에게 영향을 준다. / 아동의 활동은 직접적인 환경에 의해 강하게 영향을 받고, 아동의 기질, 능력, 성격과 같은 특성이 성인의 행동에 영향을 미치므로 모든 관계가 상호적이다. (⇨ 친절하고 예의바른 아동은 부모에게서 긍정적이고 인내하는 반응을 유도하는 반면, 그렇지 못한 아동은 부모의 엄격한 반응을 유발시킴). / 양육방식(부모의 다툼으로 인한 불일치한 양육방식)/ 부부갈등은 아동에 대한 일관성 없는 훈육 원칙과 적대적 행동의 원인이 된다.
중간체계 (mesosystem)	• 미시체계들 간의 연결(연결망)이나 상호관계를 의미한다(양방향적). 가정, 학교, 친구, 교사 등이 모두 연결되어 있고 이 줄줄이 엮어진 연결이나 상호관계가 아동 발달에 영향을 주게 된다는 것이다. 예 가정과 학교의 관계, 부모와 교사의 관계, 가정과 친구의 관계, 부모와 친구의 관계, 부모 간의 관계, 형제 관계 등 / 교사는 부모에게 영향을 주고, 부모는 교사에게 영향을 주는데, 이러한 상호작용이 아동에게 영향을 준다. • (부모, 형제, 친구, 교사 등) 각 미시체계들 간의 관계가 밀접하게 연결될수록 아동의 발달이 순조롭고 바람직하게 이루어지며, 이들 간의 잦은 충돌이나 상호 무교류는 문제 발생의 소지를 높이게 된다. 예컨대, 부모와의 관계가 원만하지 않은 아동은 친구와의 관계도 원만하지 않을 수 있는데, 이는 중간체계가 아동의 발달에 영향을 미쳤기 때문이다. 예 아동이 공부를 잘하려면 아동 혼자만의 노력으로는 부족하다. 부모는 자녀의 학교생활에 관심을 가지고, 교사가 아동의 학업을 열정적으로 가르칠 때 아동이 학업에 열중하도록 긍정적 영향을 미친다. 아동의 학업성취는 부모의 학교 참여와 가정학습에 의해 더욱 향상될 수 있다. 부모와 아동의 상호작용은 아동-교사, 부모-교사 등의 상호작용과 서로 연관되어야 한다.
외체계 (exosystem)	• 아동이 직접 접촉(참여)하지는 않지만 아동에게 간접적으로 영향을 미치는 사회적 환경이다. 예 대중매체, 부모의 직업(부모의 실직, 장기간의 빈곤), 부모의 친구, 친척, 사회복지기관, 교육기구, 정부기구 등 / 부모의 직장에서 아버지나 어머니를 먼 지방으로 전근시키거나 해고한다면 아동의 미시체계와 중간체계는 심각한 영향을 받을 수 있다. • 사회적으로 고립된 가족은 외체계의 부족으로 아동발달에 부정적 영향을 미친다. 예 지역사회가 부모역할교실을 운영하여 부모들이 다른 사람으로부터 정서적 지지를 얻고 다른 부모들을 보면서 서로 부모역할을 학습할 수 있는 기회를 주는 것은 건강한 외체계를 형성한다. / 사회적으로 고립된 부모나 실업자인 부모의 경우 아동 학대의 경향이 높다는 연구 결과는 아동발달에서 외체계가 신중하게 고려되어야 함을 보여 준다.
거시체계 (macrosystem)	• 아동이 살고 있는 문화적 환경을 의미한다. 가장 바깥에 존재하며 가장 넓은 체계의 환경이다. 예 사회적 가치(관념), 법, 관습 등과 같은 문화적 환경 • 아동의 삶에 직접적으로 개입하지는 않지만 간접적으로 매우 강력하고 지속적인 영향을 미친다. 예 사회적으로 유행하는 '얼짱 신드롬'은 아동의 가치관 형성에 영향을 준다. / 거시체계의 영향으로 인해 한국에서 성장한 아동과 미국에서 성장한 아동의 특성은 서로 다르다. / 사회가 가족문제나 자녀양육을 중요하다고 보는 공통된 가치를 가지고 부모가 가사노동에 참여하도록 돕는 유급휴직, 육아휴직을 할 권리를 보장하는 사회정책을 갖추는 것은 아동발달을 바람직한 방향으로 돕는 거시체계라고 할 수 있다. / 정부의 아동보호에 대한 기준이 높게 책정되어 있을 경우 아동이 보다 쾌적한 경험을 할 수 있다는 사실은 거시체계가 아동발달에 영향을 준다는 명백한 증거가 된다.

MEMO

시간체계 (chronosystem)	• 일생 동안 시간의 경과에 따라 발생하는 사건이나 사회역사적 환경의 변화를 말한다. 예 부모의 이혼, 가족구조의 변화, 사회경제적 지위의 변화, 거주지역의 변화, 가족제도의 변화, 결혼관의 변화, 직업관의 변화 등 / 부모가 이혼한 시점, 동생이 태어난 시점 등이 언제이냐에 따라 아동에게 주는 영향이 다르다. / 부모의 이혼이 시간이 지남에 따라 부정적인 영향을 미치는 것이 다르며, 과거보다 더 많은 여성이 사회생활을 한다. • 환경은 외부적 사건으로 인하여 변화하며 아동이 자신의 환경과 경험을 선택하면서 환경의 변화를 만들어 가기도 한다. • 현대의 아동은 과거에 비해 완전히 다른 환경에서 생활하고 있는데, 이러한 환경의 시대적인 변화는 발달에 영향을 준다.

3 이론에 대한 평가

(1) 의의

① **유전과 환경의 종합 모형**: 개인의 발달은 유전과 환경 모두의 영향을 받는다.

② **아동 발달에서 환경의 중요성 부각**: 아동의 발달에서 환경의 중요성을 부각시켰고, 특히 환경이 아동을 직접적으로 둘러싸고 있는 환경 그 이상의 요소를 포함한다는 점을 알게 한다.

(2) 한계

① 발달에서 인지적 요인을 고려하지 않는 것이 이론의 약점이다. 아이들이 자기 스스로와 다른 사람과의 관계에 대해 생각하는 방식 또한 성격, 사회성, 도덕성 발달에 영향을 미친다.

② 발달단계를 제시하지 않고 있다는 비판을 받는다. 즉, 발달단계라는 아이디어를 고려하지 않는다는 것이 약점이다.

Chapter

03

학습자의 학습

Section 01

행동주의 학습이론

MEMO

개념 다지기

행동주의 학습이론

1. 학습이론 비교

구분	행동주의 학습이론	인지주의 학습이론	인본주의 학습이론
인간관	• 자극(환경)에 반응하는 수동적 존재 • 인간은 동물과 양적 차이만 존재할 뿐 질적 차이는 없음	• 인지구조를 재구성하는 능동적 존재 • 인간은 생각하는 존재로서 동물과 질적으로 다름	• 전인적 존재 • 인간은 유일하면서도 통합된 전체로서 동물과 질적으로 다름
학습목표	관찰 가능한 행동의 변화	사고과정의 비연속적 변화(통찰)	전인적 발달, 자아실현
학습관	자극과 반응의 연합을 통한 관찰 가능한 행동의 변화 예 발달: 점진적·누가적인 행동 변화의 결과	인지구조(사고)의 변화 ⇨ 인지구조(Piaget), 통찰(Köhler), 장(Lewin), 인지지도(Tolman)의 변화(구조화, 재체계화) 예 발달: 불연속적·비약적 과정	지적·정서적 측면을 포함한 전인적 변화
학습원리	학습목표의 구체적 설정, 학습과제의 세분화, 출발점행동 진단, 외적 동기 유발, 반복적 학습, 적절한 피드백과 강화, 프로그램 학습, 동일요소설	내적 동기 유발, 학습자 수준에 맞게 지식의 구조 제시, 발견학습(탐구학습), 형태이조설	인간성과 자아실현, 교육의 적합성, 정의적 측면 중시(잠재적 교육과정)

2. 행동주의 학습원리

① 학습은 인간의 외적 행동의 변화이다. 학습 = 조건화, 결합, 연합, 시행착오

② 학습의 결과는 행동의 변화이다.

③ 연구대상은 관찰 가능한 사건이나 현상(예 인간행동의 외현적 행동)에 한정되어야 한다.

④ 인간행동은 환경의 통제에 의해 예측과 통제가 가능하다.

⑤ 학습은 환경적 자극(S)에 대한 유기체의 반응(R)에 의해 일어난다.

⑥ 기계론적 세계관을 지향한다. 전체(B)는 부분(S)과 부분(R)의 합이다. ⇨ 요소주의, 기계주의, 환원론, 미시이론

MEMO

02

01 파블로프(Pavlov)의 고전적 조건형성이론 91 중등, 94 중등, 06 중등, 09 초등

1 개관

개의 타액분비 실험[고요의 탑(tower of silence) 실험]

(굶주린) 개에게 먹이를 주면서 종소리를 들려주는 연습을 되풀이해 보니 나중에 종소리만 들어도 침을 흘리게 되었다.

(1) 개념

중립자극(NS)과 무조건자극(UCS)을 결합시켜 유기체에게 제공함으로써 조건자극(CS)만으로도 조건반응(CR)을 유발하는 수동적 조건형성이론이다. 불수의적(不隨意的)인 생리반응이나 정서반응의 학습을 설명하는 데 유용하다.

① **수동적 조건화설(respondent conditioning theory)** : 유기체는 환경(외부)자극에 의해 수동적으로 반응하는 존재이다. 유기체의 행동은 특정 자극에 의해 유발(인출)되는 '반응적 행동(respondent behavior)'이며, 수동적인 반응적 행동을 조건화(학습)한다(예 종소리를 들으면 조건화된 개는 침을 흘린다). 행동은 행동에 앞서 제시되는 자극에 의해 통제된다.

② **S형 조건화설(type S conditioning)** : 행동을 유발하는 것은 자극이다. 환경(자극)을 적절히 조작함으로써 원하는 학습을 성취할 수 있다.

③ **자극대치이론(stimulus substitution theory)** : 중립자극(NS)이었던 종소리를 무조건자극(예 고기)의 위치로 대치함으로써 반응을 유발한다.

④ **감응학습(感應學習, respondent learning)** : 자율신경의 지배 아래 일어나는 타액분비 반응, 위경련 반응 등과 같은 반응의 학습을 말한다. 정서적 반응[예 불수의적 반응(반응적 행동), 유도된 반응]이 학습된다.

MEMO

(2) 개념(용어) 설명

개념(용어)	유사용어	의미	예
무조건자극 (UCS : unconditioned stimulus)	1차적(선천적) 자극, 행동촉발의 근원	• 자동적으로 본능적인 반응(생리적 · 정서적 반응)을 일으키게 하는 자극 • (학습되지 않은) 무조건반응을 일으키는 자극	(굶주린 개를 침 흘리게 하는) 고기
무조건반응 (UCR : unconditioned response)	1차적(선천적) 반응	무조건자극에 의해 유발되는 본능적인 반응(생리적 · 정서적 반응)	(굶주린 개에게 고기가 주어졌을 때) 개는 침을 흘린다(타액 분비).
중립자극 (NS : neutral stimulus)	중성자극	의도한 본능적인 반응(생리적 · 정서적 반응)을 일으키지 못하는 자극	(조건 형성 이전의) 종소리
조건자극 (CS : conditioned stimulus)	2차적(학습된) 자극	중립자극과 무조건자극의 결합으로 조건 형성된 이후 생리적 · 정서적 반응을 일으키는 자극	(조건 형성 이후의, 즉 굶주린 개에게 고기가 제공되지 않아도 침 흘리게 하는) 종소리
조건반응 (CR : conditioned response)	2차적(학습된) 반응	조건자극에 의해 학습된 반응(생리반응 또는 정서반응)	(고기를 주지 않고 종소리만을 들려주었을 때) 개는 침을 흘린다.
조건화 (조건형성; conditioning)	학습 (learning)	• 조건자극(CS)에 의해 조건반응(CR)이 나타나는 현상 • 중립자극(NS)에 대한 새로운 반응(CR)의 형성	

2 고전적 조건형성의 과정 94 중등

(1) 고전적 조건형성의 과정

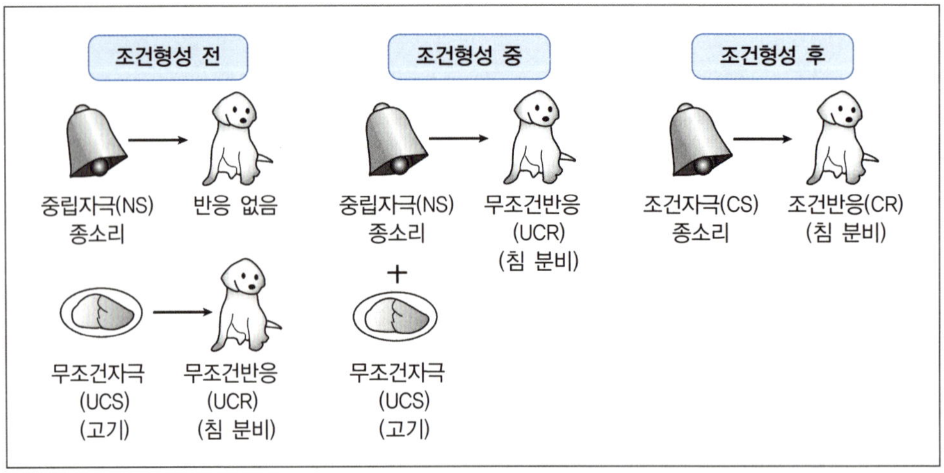

MEMO

02

(2) 고전적 조건형성의 원리(학습의 원리) – 조건화가 잘 이루어지기 위한 원리

시간의 원리	조건자극은 무조건자극과 동시에 또는 조금 앞서서(예 0.5초) 제시되어야 조건화가 잘 이루어진다.
일관성의 원리	조건자극이 일관성 있게 같은 자극으로 계속 제시되어야 조건화가 잘 이루어진다. 예 종소리의 음색, 음량, 음의 깊이 등이 일관성 있게 제시되어야 조건화가 잘 일어난다.
강도의 원리	후속되는 무조건자극의 강도가 처음보다 강할수록 조건화가 잘 이루어진다. 예 개가 더욱 좋아하는 먹이를 무조건자극으로 사용하면 조건화가 훨씬 쉽게 이루어진다.
계속성의 원리	자극과 반응의 결합횟수가 많을수록 조건화가 잘 이루어진다. ⇨ 연습의 법칙(Thorndike, 후에 폐기함)이나 빈도의 법칙(Sandiford)과 유사

(3) 고전적 조건형성과정에서 나타나는 주요 현상(개념)

자극 일반화	조건형성이 된 후 조건자극과 유사한 자극에도 동일한 반응을 보이는 현상 ⇨ 자극일반화는 자극변별의 실패 현상 예 "자라 보고 놀란 가슴 솥뚜껑 보고 놀란다.", "더위 먹은 소가 달만 봐도 헐떡거린다.", 수학시험의 실패가 수학과 유사한 과학시험의 실패로 이어지는 것
자극 변별	원래의 조건자극에만 조건반응을 나타내고, 다른 자극에는 조건반응을 나타내지 않는 현상 ⇨ 자극 일반화와 상반된 현상 예 "호박에 줄 긋는다고 수박이 되는 것은 아니다.", 수학시험에는 실패했지만 사회시험에는 실패하지 않는 것 ⇨ 변별하도록 하려면 조건자극(CS)과 무조건자극(UCS)은 짝지어 제시하고, 비슷한 자극에는 무조건자극(UCS)을 제시하지 않는다.
소거	조건반응이 점차 사라지는 현상, 무조건자극 없이 조건자극만 반복해서 제시하여 조건반응이 사라지는 현상(학습되기 이전 상태로 되돌아가는 현상) ⇨ 내부억제의 법칙으로 발생, 망각이 아닌 학습현상의 일종 예 고기 없이 종소리만 계속 제시하면 개가 종소리에 대해 타액을 분비하지 않는 원래의 상태로 되돌아 감
자발적 회복	조건반응이 소거된 후 일정 시간이 경과한 다음 조건자극을 다시 제시했을 때 조건반응이 다시 회복되는 현상 ⇨ 단, 조건자극을 무조건자극과 다시 결합시키면 조건반응이 완전히 회복된다.
재조건형성	조건자극과 무조건자극을 계속 짝지어 제시했을 때 조건반응이 곧 원래의 강도로 되돌아오는 현상 ⇨ 재조건형성은 처음 조건형성 때보다 빨리 이루어지는데, 이것은 소거가 작용된 뒤에도 원래 조건형성된 것이 그냥 남아 있었다는 것을 입증하는 것이다.
고차적(2차적) 조건형성	조건화된 후 조건자극을 다른 제2의 자극과 짝지어 새로운 조건반응을 만들어 내는 현상. 첫 번째 조건자극(CS_1)과 연합된 제2의 중립자극이 조건자극(CS_2)이 되어 조건반응을 유발하게 되는 현상 예 북소리 + (종소리) ⇨ 타액 분비 / 조건자극들이 연달아 제공되고 무조건자극(음식)이 제시되지 않아 소거의 과정의 일어나기 때문에 3차적 조건화 이상은 일어나기 어렵다.

MEMO

3 고전적 조건형성이론의 교육적 적용

(1) 정서적 반응 학습

정서적 반응은 주로 고전적 조건형성에 의해 학습된다. 과거에 특정한 상황(예 시험, 교과수업, 교실 분위기 등)에서 부정적인 정서(예 두려움, 불안 등)를 경험한 경우 부정적 정서를 학습하며, 긍정적 정서(예 즐거움, 흥미 등)를 경험하면 긍정적 정서를 학습한다.

① **시험불안**: 시험(NS)에 실패(UCS)하여 불안(UCR)을 경험하면, 시험(CS)만 생각해도 불안(CR)해진다.

> 시험(NS) + 실패(UCS) ⇨ 불안(UCR)
> ∴ 시험(CS) ⇨ 불안(CR)

② **학습 싫증**: 학습(NS)에 실패(UCS)하여 흥미가 없거나 벌(UCR)을 경험하면, 공부(CS)에 대해 혐오감이나 부정적 감정(CR)이 생긴다.

③ **교실 분위기**: 교실(NS)에서 교사의 따뜻한 미소나 태도(UCS)를 경험하면, 교실(CS)은 즐거운 공간(CR)이 된다.

> 교실(NS) + 교사의 따뜻한 미소나 태도(UCS) ⇨ 즐거움(UCR)
> ∴ 교실(CS) ⇨ 즐거움(CR)

④ **고차적 조건화**: 교사(NS)가 학생에게 따뜻하고 존중하는 태도(UCS)를 보여 주면 교사(CS)에게 좋은 감정(CR)을 가지게 되는데, 교사와 관계되는 학교, 클럽활동, 다른 수업(NS ⇨ CS)도 좋은 감정(CR)을 갖게 된다.

⑤ **광고 효과**: 어떤 상품(NS)에 유명 연예인(UCS)을 출연하여 광고하면 상품(CS)에 대한 호감(CR)이 올라간다.

> 상품(NS) + 유명 연예인(UCS) ⇨ 호감(UCR)
> ∴ 상품(CS) ⇨ 호감(CR)

암기법
소체홍역혐오(스러워)

(2) 고전적 조건형성이론을 적용한 부적응행동의 교정 암

① **소거(extinction)**: 무조건자극을 제거하고 조건자극만 계속 제시함으로써 조건반응을 약화시키거나 사라지게 하는 현상

예 지나친 음주나 흡연(CR)의 경우 생리적 만족감(UCR)을 유발하는 알코올, 니코틴(UCS)을 제거한 무알코올 술이나 금연초를 제시한다.

MEMO

02

② 체계적 둔감법(systematic desensitization) : 역조건형성을 이용하여 불안이나 공포를 일으키는 조건자극에 이완(relaxation)반응을 결합하여 불안이나 공포를 소거하는 방법이다(웰페가 개발). 바람직하지 못한 반응을 유발하는 자극을 낮은 수준에서부터 점진적으로 자극의 강도를 높여 나감으로써 공포반응이 정반대의 이완반응으로 완전히 대치된다. 불안이나 공포를 유발하는 자극을 직접 경험하는 것이 아니라 상상하도록 한다. 마음속으로 상상을 할 때는 불안이나 공포가 극복되었지만 실제 상황에서는 여전히 불안이나 공포를 경험할 수 있다는 문제점이 있다. 1단계와 2단계의 순서는 변경 가능하다.

1단계	불안위계 목록 작성	불안을 일으키는 자극을 불안을 일으키는 정도에 따라 순서대로 배열한다. 예 비행기를 타고 여행을 간다. 비행기 좌석에 앉아 있다. 비행기 가까이 다가간다. 멀리서 비행기를 바라본다.
2단계	이완훈련	이완훈련을 통해 이완의 느낌이 어떤지 경험하도록 한다. 즐거운 장면을 상상하면서 이완훈련을 한다. 예 명상, 근육이완, 선(禪) 명상
3단계	상상하며 이완하기	환자가 완전히 이완된 상태에서 불안위계에서 가장 약한 불안을 일으키는 항목에서부터 상상하여 차츰 상위수준의 자극과 이완을 결합시킨다.

③ 홍수법(범람법, flood method) : 공포나 불안을 일으키는 조건자극을 장시간 충분히 경험시켜 공포나 불안을 소거하는 방법이다.

예 뱀에 대한 공포를 가진 아동에게 공포가 사라질 때까지 뱀을 만지도록 한다. 이것은 공포나 불안과 정면으로 맞서는 방법이다. 다만 공포를 일으키는 대상에 장기간 노출되면 스트레스를 유발할 수 있다.

④ 역조건형성(상호제지, counter conditioning) : 바람직하지 못한 반응(예 공포, 두려움)을 야기하는 (무)조건자극에 더 강력한 새로운 자극을 연합하여 이전 반응을 제거하고 새로운 반응을 조건화하는 방법이다. 역조건형성은 바람직하지 못한 조건반응(예 공포, 두려움)을 바람직한 조건반응(예 행복감)으로 대치하는 방법이다.

예 귀신소리에 공포반응을 느끼는 경우 즐거운 게임을 하는 동안 귀신소리를 제시하면 귀신소리는 즐거운 게임과 조건화되어 공포반응을 억제하게 된다. 즉 귀신소리가 들려도 무서워하지 않게 된다.

⑤ 혐오치료(aversion therapy) : 바람직하지 않은 반응(예 알코올 중독)을 유발하는 자극과 혐오자극을 함께 제시하여 조건자극을 회피하도록 하는 방법이다. 공포나 불안 자체를 소거하려는 것이 아니라 그것을 이용하여 해로운 생활을 회피하도록 하는 방법이다.

예 알코올 중독자를 치료하기 위해서 술잔 안에 죽은 거미를 몰래 넣어두는 방법, 구토제를 주사하여 술을 마실 때 구토와 혐오감을 함께 경험하게 하여 술을 회피하도록 하는 방법. 젖을 뗄 때 빨간색의 약을 발라 아이가 젖꼭지를 회피하도록 하는 방법

⑥ 내파치료(내폭요법, implosive therapy) : 극심한 불안이나 공포를 일으키는 대상이나 장면을 상상하도록 하여 불안이나 공포를 이겨내도록 하는 방법이다. 홍수법과 유사하다.

MEMO

02 손다이크(Thorndike)의 도구적 조건형성이론 95 초등

1 개관

개념 다지기

도구적 조건형성이론 관련 실험

1. **고양이의 문제 상자(problem box) 실험**
   ① 닫힌 상자 안에 굶주린 고양이와 발판이 있고, 상자 밖에는 생선(목표)이 놓여 있다.
   ② 고양이가 상자에서 어떻게 탈출할 수 있는지를 구명하려는 실험이다.
   ③ 고양이는 상자 밖의 음식을 먹으려고 여러 가지 행위(예 배회하기, 할퀴기, 껑충 뛰기)를 거듭하다 우연히 발판을 누르게 되어 상자 문이 열리고 탈출하였다(우연적 성공). ⇨ '우연적 학습'
   ④ 시행착오를 거듭하던 고양이가 시행이 반복되면서 탈출시간은 점점 단축되고 나중에는 상자 안에 넣자마자 바로 탈출하는 것을 학습하였다. 이처럼 시행횟수가 증가함에 따라 탈출시간이 짧아지는 것을 '시행착오학습'이라고 한다.
2. **쥐의 미로 실험**: 복잡한 미로, 출구에 먹이(목표)

(1) **도구적 조건화설**(instrumental conditioning theory)

행동을 유발하는 것은 단순한 자극 때문은 아니다. 행동 뒤에 수반되는 결과 때문이다. 행동은 결과 또는 목표 달성을 위한 도구·수단이 되는 것으로, 그 도구적 행동을 조건화한다는 이론이다.

(2) **시행착오설**(trial and error theory)

시행횟수가 증가함에 따라 목표에 도달하는 시간이 짧아지는 학습을 말한다. 학습은 동물이 특정 자극(S; 예 먹이)에 대하여 시행착오(trial and error)의 반응(R; 예 미로탈출)을 반복한 결과, 그 S와 R이 연합됨으로써 일어난다.

(3) **S-R연합**(결합설, connectionism)

행동을 자극(S)과 반응(R)의 결합으로 설명하는 이론이다. 학습은 감각경험(자극의 지각)과 반응(신경충동) 간의 연합 또는 결합을 형성하는 과정이다.

MEMO

02

② 학습 원리 – 효과의 법칙을 가장 중시

준비성의 법칙 (law of readiness)	• 학습이 일어나려면 학습자가 학습할 태세(준비)가 되어 있어야 한다. 예 굶주린 고양이 • 준비성은 물리적 조건뿐만 아니라 심리적 조건(지능, 경험, 성숙도, 성격, 태도, 의지, 노력 등)을 포함한다.
연습의 법칙 (law of exercise)	• 반복연습이 반응의 학습을 촉진한다. ⇨ 후속연구 뒤에 폐기 • 연습횟수(사용빈도)가 증가할수록 자극–반응 결합이 강해지고, 연습횟수(사용빈도)가 감소할수록 자극–반응 결합이 약화된다. • 에빙하우스(Ebbinghaus)의 파지–망각 곡선은 연습곡선에 관한 설명이다.
효과의 법칙 (law of effect)	• 행동의 결과(보상)가 만족스러울 때 학습이 촉진된다. 특정 반응의 결과가 만족스러우면 자극과 반응(S–R)의 결합은 강화된다. • 학습과정에서 만족한 경험이 있어야 학습이 촉진되며, 보상이 처벌보다 강력한 영향을 준다.

03 스키너(Skinner)의 조작적 조건형성이론

96 중등, 97~00 초등, 99 중등, 99 중등추가, 00~04 중등, 02~03 초등, 05~06 초등, 06~09 중등, 08 초등, 10 초등, 11 중등

① 개관

개념 다지기

조작적 조건형성이론 관련 실험

1. **스키너 상자(skinner box) 실험**(예 쥐와 비둘기)
   ① 상자 안에는 전기배선이 깔린 바닥에 쥐, 지렛대, 먹이접시, 빨간불 · 녹색불, 상자 위에는 먹이가 있다.
   ② 쥐가 지렛대를 누르면 먹이접시에 먹이가 떨어지도록 고안되어 있는 상자 안에 쥐를 넣어둔다.
   ③ 처음에는 쥐가 이리저리 돌아다니기 시작한다. 왼쪽으로 돌기도 하고 오른쪽으로 돌기도 하며 벽에 부딪치기도 한다. 그러다가 우연히 지렛대를 누르게 되면 먹이가 먹이접시 위로 떨어진다.
   ④ 반복적인 과정을 거쳐, 쥐는 지렛대를 누르면 그 행동의 결과로 자기가 좋아하는 먹이를 얻을 수 있다는 사실을 알게 되어 반복적으로 지렛대를 누르게 된다.
   ⑤ 이처럼 쥐가 지렛대를 누르는 행동의 빈도가 증가하는 과정을 스키너는 '강화(reinforcement)'라는 용어로 설명한다.
2. **비둘기용 상자**: 상자 벽에 있는 표적을 쪼게 될 때 먹이가 떨어지도록 고안되었다.

MEMO

(1) 등장 배경

① **인간의 능동적 행동 문제** : 고전적 조건화의 학습원리가 다양한 심리적·생리적 현상을 설명하는 강력한 도구임에는 틀림없다. 그러나 학습자는 고전적 조건화에서의 설명과 같이 어떠한 환경에서 단순한 자극에 반응하는 것만 아니다.

② **고차원적 학습에의 적용 문제** : 스키너(Skinner)는 고전적 조건화의 원리가 학습자의 의지가 개입되지 않는 비자발적 학습에는 유용한 설명이지만, 학교에서 일어나는 대부분의 고차원적 학습에는 적용되기 힘들다고 주장하며, 조작적 조건화(operant conditioning)의 원리를 제시하였다.

③ **행동의 결과(보상)의 문제** : 고전적 조건화가 행동을 유발하기 위해 자극에 관심을 두는 반면, 조작적 조건화는 자극보다는 스스로 방출하는 행동의 결과에 관심을 둔다. 즉, 어떤 행동을 보인 이후에 나타나는 산물에 관심을 두었다.

(2) 개념

유기체는 어떤 효과를 내기 위해 스스로 능동적 행동을 하고, 그 능동적 행동 뒤에 수반되는 결과에 의해 능동적·조작적 행동을 조건화한다는 이론

① **조작적(작동적) 조건화설(operant conditioning theory)**

㉠ **조작적 행동(조작반응, operant behavior)의 학습** : 유기체의 행동은 환경에 어떤 효과를 나타내기 위해 스스로 방출하는 능동적 행동이며, 수의적(隨意的) 반응이다(예 휘파람 불기, 걷기, 노래 부르기). 조작적 행동은 그 행동에 수반되는 결과(강화와 벌)에 의해 통제된다(예 Skinner box 안에 갇힌 비둘기가 우연히 노란 단추를 쪼면 콩이 나온다. 그 콩을 먹기 위해 노란색 단추를 계속 누르게 된다).

㉡ **조작적(작동적) 조건형성(operant conditioning)** : 외부의 자극이 없음에도 불구하고 어떤 조작적·능동적 행동이 뒤에 수반되는 결과에 따라 그 조작적·능동적 행동을 조건화한다. 유기체는 스스로 반응(행동)하여 그 결과가 좋으면 같은 반응(행동)을 할 확률이 높아지고, 나쁘면 같은 반응(행동)을 할 확률이 감소된다. 결국 조작적 조건형성은 강화에 의한 습관형성을 학습으로 본다. 손다이크(Thorndike)의 '효과의 법칙'을 수정·보완하여 발전시킨 이론이다.

② **R형 조건화설(type R conditioning)** : 조작적 행동을 조건화시키는 절차는 유기체의 자발적 반응(R)이 중요한 역할을 한다.

③ **반응변용이론(response modification theory)** : 강화와 벌에 의해 반응행동(반응률)을 변화시키려는 방법이다. 모든 인간의 행동학습에 적용 가능하다. 예를 들어, 어떤 행위 뒤에 수반되는 결과가 좋으면 그 행동을 계속하고(강화), 결과가 나쁘면 그 행동을 안 한다는 것이다(벌).

MEMO

02

고전적 조건화설과 조작적 조건화설 비교

구분	고전적 조건화	조작적 조건화
목적	중립자극에 대한 새로운 반응 형성	반응확률의 증가 또는 감소
절차 (학습과정)	중립자극(조건자극, NS, CS : 종소리)과 무조건자극(UCS : 먹이)의 연합 : S-S형 연합 예 학습자가 교실(원래 중성적 자극)을 교사의 따뜻함과 연합하면 교실이 긍정적인 정서를 유발한다.	반응(R, 지렛대 누르기)과 강화(S, 먹이)의 결합 : R-S형 연합 예 학습자가 질문에 답하면 칭찬이 주어지고 그러면 답을 하는 시도가 증가한다.
자극-반응 순서	자극(S)이 반응(R) 앞에 온다. ⇨ 강화(무조건자극)가 반응에 선행한다.	반응(R)이 강화(보상, S) 앞에 온다. ⇨ 강화가 반응 뒤에 수반된다.
조건화 유형	S형 조건화(수동적 조건화)	R형 조건화(능동적 조건화)
자극의 역할	반응이 인출(추출, eliciting)된다. 즉, 외부에서 오는 자극에 의하여 반응이 나온다. ⇨ 반응적 행동	반응이 방출(emitting)된다. 즉, 어떤 행동이 외부에서가 아니라 자발적 또는 의식적으로 일어난다. ⇨ 조작적 행동
자극의 적용성	특수한 자극은 특수한 반응을 일으킨다.	특수한 반응을 일으키는 특수한 자극이 없다.
조건화 과정	한 자극(NS)이 다른 자극(UCS)을 대치한다.(자극대치)	자극의 대치는 일어나지 않는다(반응변용).
내용	정서적·자율신경계의 반응행동이 학습된다. • 불수의적 반응(반응적 행동) ⇨ 사람이 행동을 통제하지 않는다. • 유도된 반응(elicited response)	목적 지향적·의도적·중추신경계의 행동이 학습된다. • 수의적 반응(조작적·자발적 행동) ⇨ 사람이 행동을 통제한다. • 방출된 반응(emitted response)

2 강화(reinforcement) 이론 99 중등, 03 초등, 09 중등, 10 초등, 11 중등

강화의 유형(종류)

분류		강화자(reinforcer)	
		쾌 자극	불쾌 자극
제시 방식	반응 후 제시 (수여)	정적 강화 예 프리맥의 원리, 토큰강화, 칭찬	제1유형의 벌(수여성 벌) 예 처벌, 꾸중하기, 청소시키기
	반응 후 제거 (박탈)	제2유형의 벌(제거성 벌) 예 Time-Out, 반응대가, 자유시간 제한	부적 강화 예 회피학습, 청소면제, 잔소리 않기

MEMO

우연적 강화(비유관강화)
특정 행동과 관계없이 강화를 주어 바람직하지 않은 행동이 증가되는 경우. 우연적 강화에 의해 형성된 행동을 '미신적 행동'이라고 함(예 시험 보는 날 세수 안 하기)

교실에서 일어날 수 있는 정적 강화
학생과 교사 모두에게 일어날 수 있음 ⇨ 좋은 성적, 교사의 웃는 표정, 칭찬, 게시판에 전시된 학생의 작품 등은 학생들에게 정적 강화물로 작용함 / 학생들이 보여 주는 성실한 수업태도나 질문, 학부모나 교장으로부터의 인정 등은 교사에게도 정적 강화물로 작용함

수여성 벌의 장단점
① 장점: 수여성 벌은 대부분 물리적인 경우가 많기 때문에 효과가 즉각적이다.
② 단점: 물리적 벌은 장단기적으로 학생들에게 이로울 것이 없다. 단기적으로는 학생들에게 고통이나 두려움, 모욕감, 심지어 육체적 상해를 가져올 수 있다. 장기적으로는 폭력에 대한 무감각함이나 모든 문제를 물리적으로 해결하려는 습관의 형성, 심지어 정신질환성 스트레스 증상까지 야기할 수 있다.

(1) 강화

① 강화(reinforcement): 특정 행동의 발생빈도를 증가시키는 것

② 강화물(강화자, 강화인, reinforcer): 특정 행동의 발생빈도를 증가시키는 개체(물건이나 자극)

예 비둘기에게 주는 먹이, 아동에게 하는 칭찬, 학생에게 주는 상장, 교사의 웃는 표정, 자신이 하고 싶은 행동의 기회 등

③ 강화의 조건
  ㉠ 강화는 자주 주어야 한다.
  ㉡ 강화는 반드시 반응 후에 주어야 한다.
  ㉢ 강화는 반응 후 즉시 제시하여야 한다.
  ㉣ 강화는 반응에 수반되어야 한다(contingent on). 따라서 바람직한 반응을 할 때만 강화를 주어야 한다. ⇨ 유관강화(contingent reinforcement) (↔ 우연적 강화)

④ 강화의 유형(종류): 강화(reinforcement)는 강화물(reinforcer)의 제시방법에 따라 '정적 강화(positive reinforcement)'와 '부적 강화(negative reinforcement)'로 나뉜다.

강화	내용
정적(적극적) 강화 (positive reinforcement)	반응(행동) 후에 쾌 자극(예 정적 강화물: 상, 칭찬)을 제시하여 바람직한 행동의 발생빈도를 증가시키는 것 예 프리맥의 원리, 토큰강화, 착한 행동 칭찬하기, 열심히 일한 직원에게 보너스 주기
부적(소극적) 강화 (negative reinforcement) 99 중등추가, 00~01 중등	반응(행동) 후에 불쾌 자극(예 부적 강화물: 꾸중, 벌청소)을 제거하여 바람직한 행동의 발생빈도를 증가시키는 것 예 화장실 청소 면제(수업에 집중하고 질문하는 학생에게 청소를 면제해 주겠다고 하여 학생들이 수업에 매우 집중하고 질문의 빈도가 증가하는 경우), 공부를 열심히 할 때 잔소리하지 않기, 자동차에 탄 후 안전벨트를 맬 때까지 귀에 거슬리는 경보음을 계속 울리게 하기 ⇨ 혐오자극으로부터 회피하는 방법을 학습하는 '회피학습(도피학습)'의 계기

(2) 벌

① 벌(punishment): 특정 행동의 발생빈도를 감소(약화)시키는 것

② 벌의 유형(종류): 제1유형의 벌(수여성 벌, presentation punishment)과 제2유형의 벌(제거성 벌, removal punishment)로 나뉜다.

제1유형의 벌 (수여성 벌, 정적 벌, presentation punishment)	행동(반응) 후 불쾌 자극(혐오 자극: 예 체벌, 꾸중)을 제시하여 바람직하지 못한 행동의 발생빈도를 약화시키는 것 예 교실바닥에 습관적으로 휴지를 버리는 행동을 억제시키기 위해 교사가 꾸지람을 하거나 청소를 시키는 것
제2유형의 벌 (제거성 벌, 부적 벌, removal punishment)	행동(반응) 후 쾌 자극(예 자유 시간, 점수)을 제거(박탈)하여 바람직하지 못한 행동의 발생빈도를 약화시키는 것 예 타임아웃(격리, time-out), 반응대가(response cost), 학생들에게 주어진 자유 시간을 제한하는 것, 성적이 나쁘면 장학금 지급을 정지하는 것

MEMO

02

③ 벌의 효과

㉠ 바람직하지 못한 행동을 신속하게 중단시켜야 할 상황에서는 효과적이다. ⇨ 어린이가 다리미를 만지려 할 때 즉시 처벌하기

㉡ 벌은 지속적인 효과가 없다. 일시적인 억압적 기능만 있다.

㉢ 벌은 의도하지 않은 부작용을 초래할 가능성이 높다. ⇨ 정서적 부작용과 회피반응 유발, 타인에게 고통을 주는 행위를 정당화함. 처벌자에 대한 적대감과 공격성 유발, 바람직하지 못한 행동을 또 다른 바람직하지 못한 행동으로 대치, 처벌하는 사람이 바람직하지 못한 모델이 될 가능성이 있음

㉣ 바람직한 행동에 대한 정보를 제공하지 못한다.

㉤ 다만, 관대한 처벌은 특정 장면에서 어떤 행동이 바람직하고 어떤 행동이 바람직하지 않은지에 관한 정보를 제공하기도 한다.

④ 벌의 대안(효과적인 벌의 사용)

㉠ **타임아웃**: 문제행동을 할 때 정적 강화의 기회(쾌 자극)를 박탈한다.
예 수업시간에 소란을 피우면 교실 밖으로 내보낸다.

㉡ **반응대가**: 문제행동을 할 때마다 정적 강화물을 회수한다.
예 수업시간에 소란을 피우면 자유 시간을 박탈한다. 과제 미제출 시 감점한다.

㉢ **소거**: 문제행동에 주어지던 강화를 중단한다. 바람직하지 못한 행동을 하면 철저하게 무시한다.

㉣ **상반행동 강화**: 문제행동과 반대되는 바람직한 행동에 강화를 준다. 벌의 대안이 될 수 있다. 예 지각을 자주 하는 학생을 처벌하기보다는 제시간에 등교했을 때 강화를 준다. 수업시간에 돌아다니는 학생이 조용히 책상에 앉아 있으면 강화한다.

㉤ **포만법**: 문제행동을 지칠 때까지 반복하도록 한다. 벌의 대안이 될 수 있다.

㉥ **자극통제**: 문제행동을 유발할 수 있는 내·외적 조건들을 변화시켜 문제행동을 줄이고 바람직한 행동을 증가시킨다. 예 교실 뒷자리에 앉아 있는 학생을 앞자리로 옮긴다.

⑤ 벌의 지침

㉠ 벌은 처벌적이어야 한다. 즉, 문제행동을 약화시키는 기능이 있어야 한다.

㉡ 처벌하는 행동을 분명하고 구체적으로 정의해야 한다.

㉢ 처벌 전에 미리 경고하는 것이 좋다.

㉣ 행동 후 즉시 처벌해야 한다.

㉤ 처벌하는 이유를 분명하게 설명해야 한다.

㉥ 처벌할 때 개인적 감정을 개입하지 말아야 한다.

㉦ 처벌받는 사람이 아니라 잘못된 행동에 대해 처벌해야 한다.

㉧ 처벌 후 보상을 주지 말아야 한다.

㉨ 대안적 행동(바람직한 행동)을 분명하게 제시해야 한다.

㉩ 일관성 있게 처벌해야 한다.

㉪ 벌의 강도는 적당해야 한다.

MEMO

❸ 강화계획(reinforcement schedule)

(1) 강화계획

① 개념 : 강화계획이란 언제 어떻게 강화를 줄 것인가라는 강화조건의 패턴화(계획)를 말한다.

② 강화계획의 유형 02 중등 : 강화계획에는 매 행동마다 강화하는 계속적 강화(연속강화, continuous reinforcement)와 가끔씩 부분적으로 강화하는 간헐적 강화(부분강화, intermittent reinforcement)가 있다. 또, 간헐적 강화에는 일정한 시간(간격)을 기준으로 강화하는 간격강화(interval reinforcement)와 일정한 행동(반응 횟수)을 기준으로 강화하는 비율강화(ratio reinforcement)가 있다.

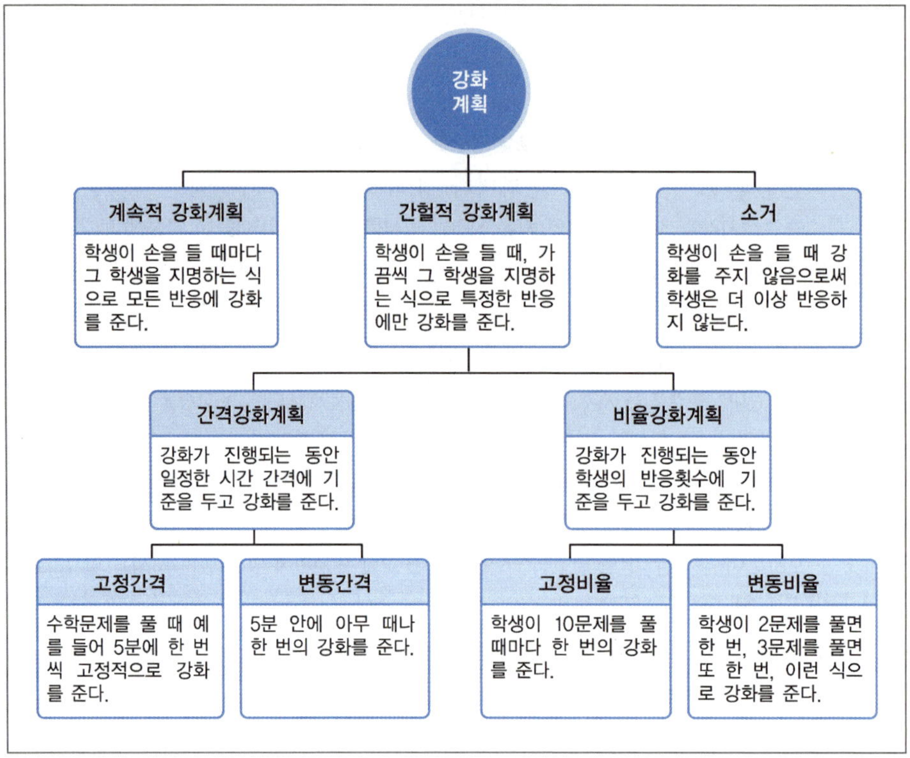

계속적 강화			• 매 행동마다 강화하는 것 예 교사가 돌아다니며 학생들이 방정식 문제를 푸는 단계를 보면서 각 단계에서 문제를 풀 때마다 칭찬을 함 • 행동을 빨리 변화시키므로 학습 초기단계에 효과적임. 그러나 학습한 행동에 대해서 계속 강화물을 줄 경우 강화에 대한 포만감이 생겨 학습한 행동을 지속시키는 효과가 감소함
간헐적 강화	간격 강화	고정간격 강화	• 정해진 시간마다 한 번씩 강화하는 것 예 정기고사, 월급, 매주 금요일마다 시험을 실시함 • 강화가 주어지는 시점이 가까워지면 반응확률(행동빈도)이 높아지지만, 강화 직후에는 반응확률(행동빈도)이 급격히 떨어짐 ⇨ 강화 후 휴지
		변동간격 강화	• 강화를 주는 시간간격을 변화시켜 강화하는 것(평균 시간간격으로는 한 번씩 강화) 예 수시고사(불시에 시험 보기), 낚시, 버스 기다리기, 축구장에서 골을 기다리는 관중의 모습, 녹음된 메시지를 확인하거나 E-mail을 확인하는 것 • 언제 강화를 받을지(강화가 주어지는 시점) 예측할 수 없기 때문에 반응확률을 항상 일정하게(꾸준하게) 유지할 수 있는 장점이 있음
	비율 강화	고정비율 강화 04 중등, 06 초등	• 정해진 행동(반응)의 횟수마다 강화하는 것 예 성과급, 수학 세 문제를 풀 때마다 사탕 주기, 수학교사가 '계속해서 두 문제를 맞게 풀면 수업이 끝나기 전에 숙제를 시작할 수 있어요.'라고 말함 • 강화 직후에 잠시 휴식과 같이 반응을 중단하는 일시적 중단현상이 있음 ⇨ 강화 후 휴지
		변동비율 강화 00 중등	• 강화를 주는 행동(반응)의 횟수를 변화시켜 강화하는 것(일정한 행동에 대해 강화하는 비율이 다름. 평균 횟수의 반응을 보일 때마다 한 번씩 강화) 예 도박, 무작위 출석 체크, 새로운 것을 발명하기 위한 과학자의 실험, 학생이 자진해서 손을 들어 답하고 무작위로 불림, 야구의 평균타율, 애인에게 데이트 신청하기 • 강화 후에도 반응확률을 가장 높게 유지하며, 학습 후 소거도 가장 늦게 나타남

(2) 강화계획의 효과

① 가장 이상적인 강화계획은 학습의 초기 단계에는 '계속적 강화'를, 후기에서는 '간헐적 강화'를 사용하는 것이다.

② '고정간격강화'와 '고정비율강화'는 '강화 후 휴지(post-reinforcement pause)'가 나타난다. 따라서 학습자의 반응 지속성을 높이기 위해서는 고정강화계획보다 변동강화계획을 사용한다.

③ 간헐적 강화 중에서 반응확률이 높게 나타나는 순서는 '변동비율강화 > 고정비율강화 > 변동간격강화 > 고정간격강화' 순이다.

④ 일단 학습 후 소거가 가장 늦게 나타나는 것은 '변동비율강화'이다.

⑤ 학습시간(반응확률)을 계속 일정하게 유지할 수 있는 것은 '변동간격강화'이다.

MEMO

02

키워드
• 간격: 시간간격
• 비율: 행동횟수

MEMO

④ 행동수정기법(behavior modification theory, 응용행동분석)

96 중등, 98 초등, 03 중등, 07 중등, 14 중등추가論

개념 다지기

행동수정기법(응용행동분석)

1. **개념**: 개인의 특정 행동을 변화시키기 위해 체계적으로 행동주의 원리를 적용하는 과정, 즉, 조작적 조건 형성의 기법을 이용해서 행동을 변화시키려는 절차를 말함
2. **전제**
   ① 모든 행동은 학습된다. 따라서 특정 행동A를 다른 행동B로 대치시킬 수 있다.
   ② 강화 또는 벌을 효과적으로 활용하면 모든 행동을 수정할 수 있다.
3. **적용 절차**: 목표행동 결정하기 → 목표행동의 기저선(기초선, baseline) 만들기 → 강화인 선택하기(필요 시 처벌인도 선택) → 목표행동의 변화 측정하기 → 행동이 향상되면 강화인의 빈도를 점점 줄이기

암기법 프리토큰 행행차용

(1) 바람직한 행동의 증가를 위한 행동수정기법 암 14 중등추가論

① 프리맥(Premack)의 원리

개념	빈도가 높은 행동(좋아하는 행동)을 이용하여 빈도가 낮은 행동(싫어하지만 바람직한 행동)을 강화하는 방법이다. ⇨ "~하면 …해 줄게", 정적 강화 방법, 할머니의 법칙(Grandma's law)
활용 예	• 숙제를 다 하면 나가 놀게 한다. • 싫어하는 시금치 반찬을 먹으면 좋아하는 아이스크림을 준다. • 싫어하는 독서를 하면 좋아하는 축구를 하게 해 준다.
유의점	• 강화물은 개인마다 다를 수 있으며, 또 개인 내에서도 언제든지 바뀔 수 있다는 점에 유의해야 한다(⇨ 강화의 상대성 원리). 가장 효과적인 강화물이란 학생이 만족하고 흥미를 가질 수 있는 것이어야 한다. • 불쾌 자극을 먼저 제시하고, 쾌 자극을 나중에 제시해야 한다.
문제점	어떤 대가가 따라야 한다는 식의 교육은 장기적으로 '노예근성' 혹은 '뇌물근성'을 기르게 할 우려가 있다.

② 토큰강화(token reinforcement)

개념	토큰(token, 상표, 쿠폰, 포인트, 스티커)을 모아 오면 자기가 좋아하는 강화물과 교환할 수 있게 하여 강화하는 방법이다. ⇨ 조건강화(예 돈)는 그 자체로는 강화력이 없지만(1차적 강화) 자기가 좋아하는 여러 강화물과 교환할 수 있기 때문에 강력한 2차적 강화자극이 된다. 조건강화를 2차적 강화자극, 학습된 강화자극이라 부르기도 한다. 상징적 강화는 돈처럼 교환가치가 부여될 때 강화자극으로 힘을 발휘하게 된다.
활용 예	바람직한 행동을 했을 경우 스티커를 하나씩 주고 이 스티커 30개가 모이면 매점에서 간식을 사먹을 수 있는 티켓으로 교환해 준다.
장점	• 한 가지 강화물만 주었을 때 생길 수 있는 포화현상을 방지할 수 있다. • 강화의 시간적 지연을 예방한다. • 간편하고, 더 큰 강화물로 교환이 가능하다.

M E M O

02

③ 행동조성(행동조형, shaping) 99 초등, 08 초등

개념	차별적 강화를 이용하여 목표행동을 점진적으로 형성하는 기법이다. 학생이 한 번도 해 본 적이 없거나 거의하지 않는 행동을 여러 단계로 나누어 강화시킴으로써 점진적으로 바람직한 행동을 학습할 수 있게 한다.
활용 예	철수는 글씨를 잘 못 쓴다. 연필 잡기를 싫어하고, 연필도 잘 못 잡고, 선을 바르게 긋지 못하며, 글씨를 쓰는 일에 집중하지 못하기 때문이다. 김 교사는 글씨를 잘 쓰는 데 필요한 단계적 행동들을 구분한 다음, 철수가 이러한 행동 하나하나를 수행할 때마다 철수가 좋아하는 사탕을 주어서 글씨를 잘 쓰게 하였다.
원리	차별강화(선택적 강화, differential reinforcement : 여러 행동 중 어느 하나만을 골라 선택적으로 강화하는 것) + 점진적 접근(연속적 접근법, successive approximation : 목표행동에 근접하는 행동에만 강화)
절차	바람직한 목표행동 선정 → 목표행동이 나타나는 빈도(baseline rate, 기초선 비율) 설정 → 강화물 선택 → 목표행동을 소단위 행동으로 구분한 다음 순서대로 배열 → 계속적 강화에 따라 목표행동에 접근하는 행동을 할 때마다 강화 제공 → 목표행동을 할 때마다 강화 제공 → 간헐적 강화에 따라 목표행동에 강화 제공

④ 행동계약(behavior contract)

개념	특정 행동에 제공될 강화인과 벌인에 관해 사전에 협약을 맺고, 그 협약에 따라 자극을 제공하면서 행동을 수정하는 기법이다. 당사자가 어떤 행동을 할 것이며 결과에 대하여 누구에 의해서 어떻게 보상 혹은 처벌될 것인지를 상호 동의한 서면계약이다.
활용 예	• 식사 뒤에 양치질하기를 3일 동안 연속으로 한다면, 하루에 30분씩 컴퓨터를 할 수 있다는 계약을 체결한다. • 교사와 학생이 수업시간 45분 동안 조용히 공부하면 15분 자유 시간을 준다는 계약을 체결한다.

⑤ 용암법(단서 철회, fading)

개념	목표행동을 스스로 할 수 있도록 도움을 점차 줄여 나가는 방법이다.
활용 예	• 골프 연습 시키기 • 정신지체아를 교육할 때

⑥ 차별강화(선택적 강화, differential reinforcement)

개념	여러 행동 중 어느 하나만을 골라 선택적으로 강화하는 방법이다(감소표적행동 대신 증가표적행동에 강화를 주어 행동을 수정).
행동조성과의 차이점	차별강화는 학생이 이미 할 수 있는 행동을 더 자주 하도록 할 때 사용되고, 행동조성은 학생이 한 번도 해본 적이 없거나 거의 하지 않는 새로운 어떤 행동을 가르치려고 할 때 효과적으로 사용된다.
활용 예	수업 중 발표를 잘 하지 않는 학생이 발표를 할 때에는 강화하고, 그 밖의 시간에는 강화를 하지 않는 것 → 발표를 많이 하도록 해 줌

MEMO

암기법
소거타임반응 포상 과자

(2) 문제행동의 교정을 위한 행동수정기법 암

① 타임아웃(격리, 퇴장, TO : Time-Out) 99 초등, 08 초등

개념	• 문제행동을 할 때 정적 강화의 기회(쾌 자극)를 박탈(차단)하여 문제행동을 감소시키는 방법이다. • 쾌 자극이 없는 장소로 일시적으로 격리시키는데, 주로 그릇된 행동을 하는 학생을 일시적으로 다른 장소에 잠시 격리시키는 방법으로 이루어진다.
활용 예	수업시간에 소란을 피우면 교실 밖으로 내보낸다.
2가지 조건	• 문제행동을 하는 장소가 떠나기 싫을 만큼 유쾌한 곳이어야 한다. • 일시 격리된 장소가 강화자극이 없는 불쾌한 곳이어야 한다.

② 반응대가(response cost)

개념	문제행동을 할 때마다 정적 강화물을 박탈(회수)하여 문제행동을 감소시키는 방법이다.
활용 예	• 수업시간에 소란을 피우면 자유 시간을 박탈한다. • 과제 미제출 시 감점한다. • 교통법규 위반 시 과태료를 부과한다.
타임아웃과의 차이점	타임아웃은 일시적이지만 쾌 자극 모두 박탈하나, 반응대가는 쾌 자극의 일부만을 박탈한다.

③ 소거(강화중단, extinction)

개념	• 문제행동에 주던 강화를 중단하여 문제행동을 감소시키는 방법이다. • 바람직하지 못한 행동을 하면 철저하게 무시한다. • 일시적으로 '소거폭발'이 발생한다.
활용 예	• 울고 보채는 아이를 무시한다. • 학생이 수업시간에 발표하기 위해 큰소리로 외치며 열심히 손을 들어도 교사가 지명하지 않는다.

Plus

소거에 대한 저항과 소거폭발

1. **소거에 대한 저항**: 강화물을 철회한 뒤에도 조작반응을 계속하려는 경향
2. **소거폭발**: 강화물의 제거 이후에 나타나는 일시적인 행동의 증가현상
   예 수업 중에 질문을 하기 위해 "선생님!"하며 큰 소리로 외치는 학생이 있다고 하자. 교사는 질문을 하기 위해 조용히 손을 드는 행동을 가르치려고 일단 학생이 "선생님!" 하고 외치는 소리를 무시하기로 했다. 하지만 교사의 기대와는 달리 학생은 "선생님! 선생님!" 하며 더 큰 소리로, 그리고 더 자주 외치는 경우가 있다.

MEMO

02

④ 상반행동강화(incompatible behavior reinforcement)

개념	문제행동과 반대되는 바람직한 행동에 강화를 주어 문제행동을 감소시키는 방법이다. → 동시에 공존 불가능한 상반행동을 강화함
활용 예	• 지각을 자주 하는 학생을 처벌하기보다는 제 시간에 등교했을 때 강화를 준다. • 수업시간에 돌아다니는 학생이 조용히 책상에 앉아 있으면 강화한다.

⑤ 포만법(심적 포화, 물리게 하기, satiation)

개념	문제행동을 지칠 때까지 반복하게 하여 문제행동을 감소시키는 방법이다.
활용 예	• 수업시간에 쪽지 돌리는 학생에게 수업시간 내내 쪽지를 가득 적도록 한다. • TV 보는 것을 좋아하는 아동에게 하루 종일(24시간) TV만 보게 함으로써 TV 보는 것에 싫증이 나게 하여 TV를 너무 많이 보는 행동을 수정한다.

⑥ 과잉교정(overcorrection)

개념	문제행동을 했을 때 원상회복의 방법으로 싫어하는 행동을 하도록 하는 처벌기법이다.
활용 예	• 책상에 낙서했을 때 원래보다 더 깨끗하게 지우도록 한다. • 철자법이 틀린 학생에게 정확한 철자를 반복해서 쓰도록 한다.

⑦ 자극통제(stimulus control)

개념	• 문제행동을 유발할 수 있는 내·외적 조건들을 변화시켜 문제행동을 줄이고 바람직한 행동을 증가시키는 방법이다. • 문제행동을 교정하기 위한 방법이자, 바람직한 행동을 증가시키기 위한 방법이다.
활용 예	교실 뒷자리에 앉아 있는 학생을 앞자리로 옮긴다.

5 조작적 조건형성의 교육적 적용과 한계

(1) 조작적 조건화의 교육적 적용

– 행동수정이론, 수업목표의 명세적 진술, 목표지향평가, 프로그램 학습(PI), 완전학습, 개별화교수체제(PSI), 컴퓨터보조학습(CAI)

① **행동수정 프로그램**: 학습원리를 응용하여 부적응행동을 감소시키고 적응행동을 증진시켜 바람직한 방향으로 행동변화를 추구하는 방법

② **행동목표(behavioral objectives) 사용**: 수업을 통해 달성하고자 하는 학습성과를 관찰 및 측정이 가능하도록 구체적으로 진술 ⇨ 수업지침과 평가의 준거로 활용

MEMO

③ **프로그램 학습**(PI : Programmed Instruction) : 행동조성(shaping)의 원리를 수업에 적용
 ㉠ 학습과제를 여러 개의 작은 단위로 세분한 다음(과제분석) 순서대로 배열하여 학습자가 자기 속도에 맞추어 단계별로 학습하도록(small step) 하는 방법
 ㉡ 계열성의 원리(점진적 학습의 원리)와 강화의 원리(즉시 확인의 원리)를 활용
④ **컴퓨터보조수업**(CAI) : 프로그램 학습(PI)을 컴퓨터를 활용하여 전개하는 수업
⑤ **완전학습**(mastery learning) : 충분한 시간과 적절한 수업방법을 제공하면 대부분의 학생들이 교과를 완전히 학습할 수 있다는 학습형태
 ㉠ 일반 교실 상황에서 적용할 수 있는 집단(group) 기반의 교수방법
 ㉡ 캐롤(Carroll)의 학교학습모형에 영향을 받아 블룸(Bloom)이 주장함 ⇨ 학업성취에 대한 학습자의 개인차는 타고는 능력(예 지능) 때문이 아니라 학습에 사용한 시간의 차이 때문임
⑥ **개별화 교수체제**(PSI : Personalized Systems of Instruction)
 ㉠ **켈러 플랜**(Keller plan) : 조작적 조건형성 원리를 이용하여 개발한 프로그램
 ㉡ **특징**
  ⓐ 학습자들이 개별적인 속도로 학습한다.
  ⓑ 완전학습을 지향한다. 블룸(Bloom)의 완전학습이 일반 교실 상황에서 적용 가능한 모델이라면, PSI는 철저하게 개별화된 프로그램이다.
  ⓒ 학습자료를 학습자 스스로 학습하거나 소집단 단위로 학습한다.
  ⓓ 교과는 단원으로 나누어져 있으며 학습자는 각 단원에 대한 시험에 합격해야 다음 단원으로 진행할 수 있다.
  ⓔ 학습진도가 빠른 학생은 느린 학생을 기다릴 필요 없이 자기 속도에 맞춰 학습을 진행해 나갈 수 있다.
  ⓕ 학습능력이 우수한 학생이 학습능력이 부족한 학생을 가르친다.

(2) 조작적 조건화의 한계 – 작동적 조건화 이론으로 설명할 수 없는 경우

① **잠재학습** : 강화 없이도 학습이 일어나는 경우, 비의도적 학습(우연적 학습) ⇨ 톨만(Tolman)의 쥐의 미로 찾기 실험
② **지각학습**(perceptual learning) : 외적 강화나 훈련 없이 자극에 단순히 노출만 되어도 학습이 일어나는 경우(Lieberman)
 예 비슷한 소리나 불빛을 반복적으로 접하면 나중에는 그 차이를 잘 변별할 수 있다.
③ **통찰학습**(a-ha phenomenon) : 쾰러(Köhler)의 주장
④ **각인**(imprinting)**현상** : 강화의 영향 없이 자동적으로 일어나는 현상. 로렌즈(Lorentz)의 주장

Section 02 사회인지 학습이론

01 반두라(Bandura)의 사회인지 학습이론

98 중등, 99~00 초등, 07~08 중등, 08 초등, 16 중등論

MEMO

1 기본 입장

개념 다지기

사회인지 학습이론은 이름에 나타나 있듯이 해를 거듭할수록 인지적 측면을 점점 더 반영하고 있지만, 이론의 역사적 뿌리는 행동주의에 있다. 조작적 조건형성의 원리를 이용하여 모방을 통한 인간의 사회학습을 설명하면서도 인간행동의 목적지향성과 상징화나 기대와 같은 인지과정의 중요성을 인정하고 있다. 그래서 행동주의에서 인지주의로 넘어가는 과도기 이론으로 평가받고 있다.

(1) 사회(인지) 학습이론

① **관찰학습(사회학습) 이론**: 인간은 직접적인 자극이나 강화를 받지 않아도 사회적 상황 속에서 타인(모델, model)의 행동을 관찰하고 모방하는 것으로도 학습한다. 이를 사회학습이론(social learning theory)이라고 한다. 반두라의 이론은 사회 상황의 역할을 강조하기 때문에 사회학습이론이라고 하고, 학습자의 기대나 신념, 지각 등과 같은 인지적 속성을 강조한다는 점에서 사회인지이론(social cognitive theory)이라고도 부른다.

② **학습은 인지과정의 변화**: 학습은 인지과정의 변화이다. 인지과정이 학습에 중요한 역할을 한다. 사회인지 학습이론에 따르면, 행동을 하면 강화나 처벌을 받을 것이라는 기대(expectation)나 신념(믿음), 주의(attention), 파지(retention)와 같은 인지과정이 학습에 영향을 미친다. 따라서 행동이 변화되지 않아도 학습은 이루어진다. 학습은 인지과정의 변화이다.

③ **삼요인 상호성(상호결정론, triadic reciprocal)**: 사회인지 학습이론은 개인 요인(기대나 신념, 자기효능감, 목표 등)과 환경(모델의 행동과 그에 따른 결과, 상황, 물리적 배경), 행동(개인의 반응적 행동)이 서로 영향을 주고받으며, 학습에 영향을 미친다고 설명한다. 특히 행동의 결과 주어지는 강화와 처벌은 학습자에게 기대를 형성하고 동기에 영향을 미친다. 개인, 행동, 환경의 3요인 중 어느 하나가 다른 둘에 미치는 상호적 인과관계를 나타내면 다음과 같다.

MEMO

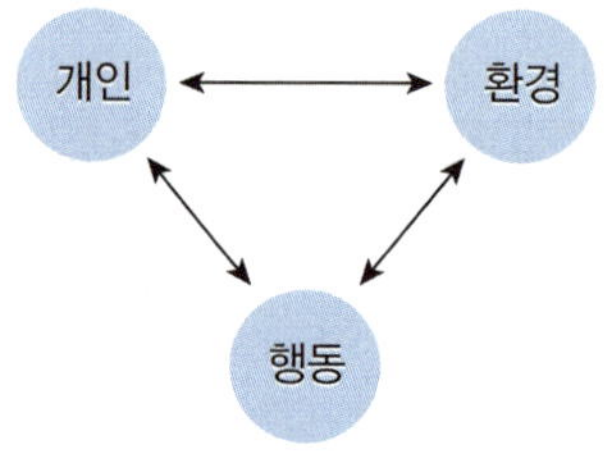

독립변인	종속변인	일반적인 예
개인의 효과	환경	자기효능감은 활동의 선택과 선택의 결과 접하는 특정 환경에 영향을 미친다.
	행동	주의집중, 파지, 재생, 동기화는 모델링하는 행동을 모방하는 정도에 영향을 미친다.
행동의 효과	환경	특정 행동은 받게 되는 강화와 처벌의 양에 영향을 미친다.
	개인	성공과 실패는 장차 수행에 대한 기대에 영향을 미친다.
환경의 효과	행동	강화와 처벌은 장차 행동에 영향을 미친다.
	개인	다른 사람들로부터 받는 피드백은 자기효능감에 영향을 미친다.

④ **자기조절 학습**: 이러한 관찰학습(모델링)은 직접 강화, 대리 강화, 자기 강화 등을 통해 자기행동을 통제하고 궁극적으로는 학습자가 자기조절을 하도록 한다. 모델의 행동이 관찰자의 행동을 통제하는 것이 아니라 관찰자 자신의 내적인 인지적 규제(자기규제, 자기조절, 자기통제, self-regulation)에 의해 학습이 일어난다. 자기조절(self-regulation) 과정에 영향을 미치는 요인에는 자기평가(self-evaluation)와 자기효능감(self-efficacy)이 있다.

(2) 행동주의와의 비교

① 행동주의와 사회인지 학습이론의 유사점과 차이점

유사점	• 모두 경험이 학습의 중요한 요인임에 동의한다(이 점은 피아제와 비고츠키 이론도 마찬가지). • 모두 행동에 대한 설명에서 강화와 벌의 개념을 포함한다. • 모두 학습을 촉진하는 데 피드백이 중요하다는 것에 동의한다.
차이점	• 학습에 대한 관점 – 행동주의는 자극과 반응의 연합에 의한 '관찰 가능한 행동의 변화'를 학습으로 규정한다. – 사회인지 학습이론은 이전과는 다른 행동을 보여 줄 수 있는 '정신구조(정신과정, 인지과정)의 변화'를 학습으로 규정한다(행동주의에서 학습은 관찰 가능한 행동의 변화임). 학습은 즉각적인 행동변화를 가져올 수도 있고 아닐 수도 있다. 따라서 행동이 변화되지 않아도 학습은 이루어진다. 인지과정은 학습에 중요한 역할을 한다.

MEMO

02

	• 행동, 환경, 개인 내 요인 간 상호작용을 설명하는 방법 – 행동주의는 환경과 행동 사이에서 환경이 일방적으로 행동을 야기하는 '일방적' 관계를 제시함 – 사회인지 학습이론은 환경(모델의 행동과 그에 따른 결과, 상황, 물리적 배경)과 개인 내적 요인(기대, 자기효능감, 목표, 신념 등), 행동(개인의 반응적 행동)이 서로 상호작용한다고 봄 • 강화와 처벌에 대한 해석 – 행동주의는 강화인과 처벌인을 행동의 직접적인 원인으로 봄 – 사회인지 학습이론은 강화인과 처벌인은 기대를 갖게 하는 행동의 간접적인 원인으로 봄

② 스키너와 반두라 이론의 비교

구분	스키너	반두라
인간행동의 결정요인	기계론적 환경결정론 : 환경이 인간행동을 결정하는 '일방적' 관계를 제시함	상호작용적 결정론 : 인간행동은 개체의 인지 내 요인과 행동, 환경이 상호작용한 결과
인간의 합리성에 대한 견해	논의 자체를 거부(연구 대상에서 제외)	인간은 합리적으로 행동을 계획하는 것이 가능
인간본성에 대한 견해	자극-반응의 객관적 관점에서 설명 가능	환경으로부터의 객관적 자극에 반응할 때 주관적 인지 요인이 관여(주관적 관점과 객관적 관점 모두 수용)
기본 가정	인간의 자기통제능력 부정	인간의 자기통제능력 긍정
강화와 학습	외적 강화가 수반되어야 학습 가능	외적 강화 없이 학습 가능
강화와 처벌에 대한 해석	강화인과 처벌인을 행동의 직접적인 원인으로 봄	강화인과 처벌인은 기대를 갖게 한다고 봄(행동의 간접적 원인)
학습에 대한 관점	관찰 가능한 행동의 변화	이전과는 다른 행동을 나타내 보일 수 있도록 하는 정신구조의 변화
공통점	• 인간의 행동을 불러일으키는 요인은 환경적 자극이다. • 인간 본성이 가변적 속성을 지니고 있다. • 관찰 가능한 행동에 초점을 두고 있다.	

(3) 기대

① 행동주의에서는 강화인과 벌인이 행동의 직접적 원인이 되지만, 사회인지 학습이론에서는 강화인과 벌인은 기대를 갖게 하는 행동의 간접적 원인이다. 기대는 행동에 영향을 주는 인지과정이다. 즉, 행동을 하면 강화 또는 처벌을 받을 것이라는 기대나 신념, 주의, 파지와 같은 인지과정이 학습에 영향을 미친다.

② 즉, 어떤 행동이 강화 받거나 벌 받을 것인지를 학습자가 알고 있을 때에만 강화가 행동을 변화시킨다는 것이다.

MEMO

③ 이것은 학생 인지의 중요성을 의미한다. 교사는 ㉠ 어떤 행동을 강화할 것인지 미리 설명하여 학생이 자신의 행동을 조절할 수 있도록 해야 하며, ㉡ 학습자에게 분명한 피드백을 제공하여 무슨 행동이 강화받는지를 학생이 알고 있도록 해야 함을 의미한다.

(4) 기대 불충족의 효과

관찰이나 경험의 결과, 어떤 행동을 할 때 강화 또는 처벌을 받을 것이라는 기대(expectation)가 형성되면 모델의 행동을 학습한다. 하지만 기대는 충족되지 않았을 때에도 행동에 영향을 주기 때문에 중요하다.

① **기대했던 강화인의 미발생은 벌인으로 작용**: 기대했던 강화인이 발생하지 않으면 이것이 벌인으로 작용하여 다음에 특정 행동을 하지 않게 된다. 다음에도 그럴 것이라고 기대하기 때문이다. 즉, 특정 행동을 했는데도 기대했던 강화인이 없을 경우, 다음에도 그럴 것이라고 기대하여 특정 행동을 하지 않게 될 수 있다.

예 현수는 열심히 숙제를 완성해 제출했는데, 교사는 과제물을 거둬 가지 않았다. 그 후 현수는 숙제를 열심히 하지 않았다.

② **기대했던 벌인의 미발생은 강화인으로 작용**: 기대했던 벌인이 발생하지 않으면 이것이 강화인으로 작용하여 다음에 문제행동을 할 가능성이 높아진다. 다음에도 그럴 것이라고 기대하기 때문이다. 즉, 문제행동을 했음에도 불구하고 기대했던 벌인이 주어지지 않을 경우, 다음에도 그럴 것이라고 기대하여 문제행동의 빈도가 증가하게 된다. ⇨ 억제 약화(탈억제 또는 해지) 효과

예 현아는 학급의 규칙을 어긴 민호가 처벌받지 않는 걸 보고, 자신도 앞으로 규칙을 지키지 않을 거라고 생각했다.

2 주요 개념

(1) 사회인지 학습이론의 주요 개념

반두라(Bandura)에 따르면, 사회인지 학습이론은 크게 3가지 개념으로 설명된다.

모델링 (modeling)	특정한 행동을 관찰하고 그대로 흉내 내는 과정이다. 모델링은 대부분 인지적 요인의 개입 없이 자동적으로 이루어진다. 가장 단순한 형태의 사회적 학습이다. 모델링은 한 명 또는 여러 사람의 모델을 관찰한 결과로 발생하는 행동, 인지, 정서 변화를 의미한다. 모델링은 직접 모델링, 상징적 모델링, 종합적 모델링 등이 있다. 예 태연하게 주사를 맞는 친구의 모습을 보고 자신도 아무렇지 않게 주사를 맞는 아이 / 폭력적인 아버지의 행동을 모방하여 친구에게 그대로 따라 하는 학생 / 출생 직후 신생아는 혀를 내미는 어른을 흉내 내고, 이후 부모의 행동을 모방하며 언어 · 행동 · 습관 등을 학습해 감 / 인간 사회의 수많은 아이디어, 습관, 유행 등도 모방을 통해 전파

MEMO

02

대리적 조건형성 (대리학습, vicarious condition)	다른 사람의 행동의 결과(강화나 벌)를 관찰함으로써 학습이 일어나는 것이다. 다른 사람의 행동 결과(강화나 벌)가 자신에게도 동일하게 나타날 것이라는 기대와 신념이 대리적 조건형성(대리학습)을 가능하게 한다. 예 오빠가 난로에 손을 데는 것을 목격한 동생은 난로를 함부로 만지면 안 된다는 것을 배우게 된다(대리적 조건형성은 특히 직접적인 조건형성이 어려운 위험도가 높은 학습의 경우 효과적으로 활용될 수 있다). / 친구가 사용하는 학습전략이 좋은 결과를 얻는 것을 보고, 친구의 학습전략을 모방하면서 자신도 좋은 시험성적을 얻을 것이라는 기대와 신념을 가질 수 있다. / 수업시간에 수업태도가 좋지 않은 학생이 벌 받는 모습을 보고 자신도 비슷한 행동을 하면 처벌을 받을 것이라는 기대를 가질 수 있다.
관찰학습 (observational learning)	사회적 상황 속에서 다른 사람의 행동을 관찰해 두었다가 유사한 행동을 나타내는 학습현상이다. 즉, 타인이나 주변에 일어나는 일에 선택 주의집중하여 정보와 기술을 획득하는 과정이다. 관찰학습에는 대개 모델링의 개념이 포함된다. 학생들은 모델의 행동을 관찰한 후 그 행동을 그대로 모방했을 때 원하는 결과를 얻을 수 있다는 기대에 의해 동기화된다. 반두라는 관찰학습에는 인지적 과정이 개입된다고 보고, 주의집중, 파지, 재생, 동기화 단계를 통해 관찰학습의 과정을 설명한다. 예 범죄영화에 나오는 범인의 행동을 유심히 관찰해 두었다가 자신이 복수하고 싶은 상대에게 유사한 방법으로 해를 가하는 경우

(2) 학습에 영향을 주는 강화의 종류

직접 강화 (direct reinforcement)	자기 행동의 결과로 직접 강화를 받는 경우이다. 조작적 조건화 이론에서의 강화와 동일하다. ⇨ 자발학습 예 아동이 단어를 정확하게 발음할 때 부모가 칭찬을 하는 경우
대리 강화 (vicarious reinforcement)	타인의 행동에 대한 결과에 간접적으로 영향을 받는 강화(모델이 특정 행동에 대해 강화나 처벌받는 것을 관찰함으로써 간접적으로 강화를 받는 경우). 관찰자도 모델과 같은 행동을 하면 역시 강화를 받을 것이라고 기대하기 때문이다. 타인의 행동을 관찰하는 것만으로 강화된다면 간접 강화인 대리 강화이다. ⇨ 관찰학습 예 TV 광고에서 시원하게 음료수를 마시는 모델을 보고서 동일한 음료수를 사서 마시는 행동 / 고속도로에서 제한속도 규정을 어기고 달리던 자동차가 순찰차에 붙잡히는 것을 보고 즉시 속도를 줄이는 경우
자기 강화 (self-reinforcement)	어떤 행동에 대해 자기 스스로 자신에게 내적 강화를 주는 경우이다. 자기 행동의 결과에 대해 아무런 외적 강화를 받지 못해도 계속해서 그 행동을 지속하는 까닭은 자기 강화 때문이다. ⇨ 자기조절 예 과제에 대해 높은 수준의 흥미를 느끼거나 스스로 높은 가치를 부여하는 경우, 그 행동을 지속하는 것은 외적으로 제시되는 강화와 무관하다.

MEMO

암기법
'정동행'의 '정서'

Plus

대리 강화의 역할 암 07 전문상담

1. **개념**
   ① 모델이 보상이나 처벌을 받는 것을 관찰함으로써 간접적으로 강화를 받는 경우
   ② 모델의 행위를 모방하는 것이 어떤 결과를 가져올 것인지 모델이 행한 결과를 보고 예기하는 것

2. **역할**
   ① 정보제공 기능: 모델이 행한 일의 결과는 자신의 행동 여부를 결정짓는 정보로 사용된다.
   ② 동기유발 기능: 모델이 강화 받는 것을 보고 자신도 같은 일을 하면 보상받을 것이라는 기대감을 갖게 됨으로써 동기를 유발한다.
   ③ 정서학습 기능: 관찰을 통해 모델이 보이는 정서상태도 학습한다. 반응결과의 관찰을 통해 두려움과 제지를 획득시킬 수도 있고 감소시킬 수도 있으므로 이는 심리치료 과정에서도 많이 활용된다.
   ④ 영향가능성 기능: 강화 받는 모델의 반응을 관찰함으로써 관찰자의 직접 강화에 대한 민감성이 증가되어 그 일을 수행할 가능성을 높여준다.
   ⑤ 모델의 지위변화 기능: 보상 또는 처벌의 결과에 따라 모델의 가치가 상승 또는 하락한다.
   ⑥ 가치평가 기능: 관찰자의 개인적 가치관은 모델 행위의 강화에 따라 달라질 수 있다.

3 관찰학습이론(observational learning theory)

관찰학습은 사회인지 학습이론의 핵심적인 개념으로, 모델에 대한 관찰을 통해 일어나는 인지적·정의적·행동적 변화를 지칭하는 일반적 용어이다.

Plus

관찰학습에 대한 연구 – 보보 인형 실험(Bobo doll experience)

1. **실험연구**
   첫 번째 집단(모델이 공격적인 행동을 하고 난 후 상을 받는 내용의 비디오 시청), 두 번째 집단(공격적인 행동 후 벌을 받는 내용의 비디오 시청), 세 번째 집단(공격적인 행동 후 상도 벌도 받지 않는 내용의 비디오 시청)

2. **실험결과**
   첫 번째 집단의 아동들이 가장 공격적으로 행동했으며, 두 번째 집단의 아동들이 공격적인 행동을 가장 적게 하였다. 그러나 흥미로운 결과는 실험에 참가한 세 집단의 아동 모두에게 비디오 속 모델과 같은 행동을 하면 상을 주겠다고 했을 때, 모든 아동이 비디오에 나온 모델의 행동을 모방했다는 것이다. 아동들은 이미 보여 준 모델의 행동을 모두 학습하고 있었던 것이다.

3. **공격성 모방의 정도**
   모델의 형태에 따라 살펴보면 실제 모델(예 부모나 교사의 폭력 행사) > 영상 모델 > 만화 모델 순으로 모방 가능성이 높다.

4. 공격성 모방에 영향을 미치는 모델의 특성
   ① 성, 연령, 문화 등 학습자와 모델 간의 유사성이 높을수록 모방 가능성이 높다.
   ② 유사성이 낮을지라도 모델이 높은 능력과 지위를 가지고 있다고 지각할 때 모방 가능성이 높다.
   예 부모나 교사 등 자신이 존경할 만하다고 지각하는 사람을 모방할 가능성이 큼
   ③ 모델의 신체적 매력(예 아이돌에 열광하며 모방하는 청소년)이나 모델의 행동이 어느 정도 현실 가능성을 가지고 있는지도 모방을 통한 학습에 영향을 미친다.

5. 모델링을 통한 관찰학습으로 뱀에 대한 공포증 경감 과정 연구
   ① 관찰자는 모델이 자연스럽게 뱀을 만지거나 가지고 노는 것을 관찰하고 모방하면서 뱀에 대한 공포를 줄일 수 있었다.
   ② 관찰자는 모델의 행동을 관찰하고 모방하면서 뱀에 대한 공포심을 줄일 수 있는 능력이 자신에게 있다는 기대와 신념을 형성하고, 그러한 믿음이 실제 뱀에 대한 공포심을 줄여 주었다.
   ③ 행동주의 이론에서는 학습을 관찰 가능한 행동의 변화로 보지만, 사회인지 학습이론에서는 내적 과정의 변화에 주목한다. 뱀의 공포를 피하는 행동에 영향을 미치는 또 하나의 요인, 즉 자신의 능력에 대한 기대와 신념은 조건화 이론에서는 고려하지 않는 정신과정이다.
   ④ 이처럼 특정한 과제를 수행할 때 필요한 일련의 행동을 조직하고 완성할 수 있다는 자신의 능력에 대한 믿음을 자기효능감(self-efficacy)이라고 한다. 자기효능감을 형성하는 요인에는 과거의 성공 경험, 모델관찰, 언어적 설득, 개인의 심리상태가 있다.

MEMO

(1) 모델링의 유형

직접 모델링	실제 모델의 행동을 단순하게 모방하려는 시도이다. 예 현수는 시험공부를 할 때 수진이를 따라 한다. 1학년 아동은 교사와 똑같은 필체로 글자를 쓴다.
상징적 모델링	책, 연극, 영화 또는 TV에 등장하는 주인공들의 행동을 모방한다. 예 10대는 10대 취향의 인기 있는 TV쇼에 나오는 연예인처럼 옷을 입기 시작한다.
종합적 모델링	관찰한 행동의 부분들을 종합하여 행동을 발전시킨다. 예 형이 책을 꺼내기 위해 의자를 사용하는 것과 엄마가 찬장 문을 여는 것을 보고, 의자를 사용해 혼자 서서 찬장 문을 연다.
인지적 모델링	모델이 시범을 보일 때 생각과 행동에 대한 언어적 설명과 함께 보여 주는 것을 모방한다. 학습자가 전문가의 사고를 배울 수 있게 해 주는 모델링 예 교사가 자신의 생각을 소리 내어 말로 표현할 때나, 학생들에게 자신의 생각을 표현하도록 지도할 때, 교사는 문제에 대해 어떻게 생각하고 어떻게 해결하는지를 학습자에게 구체적인 예로 제시한다.
자기 모델링	자기 자신의 행동을 관찰하고 반성한 결과로 일어나는 모방이다. 예 자기장학

(2) 관찰학습의 과정 05~06 중등

인라인 스케이팅을 배우려면, 첫째, 인라인 스케이팅을 잘 타는 사람의 동작에 세심한 주의를 기울여야 하고(주의집중단계), 둘째, 관찰한 동작을 머릿속에 기억해야 하며(파지단계), 셋째, 나중에 인라인 스케이팅을 직접 할 수 있도록 동작을 충분히 익혀야 하며(재생단계), 넷째, 인라인 스케이팅을 행동으로 나타내려는 동기를 갖추어야 한다(동기화단계).

MEMO

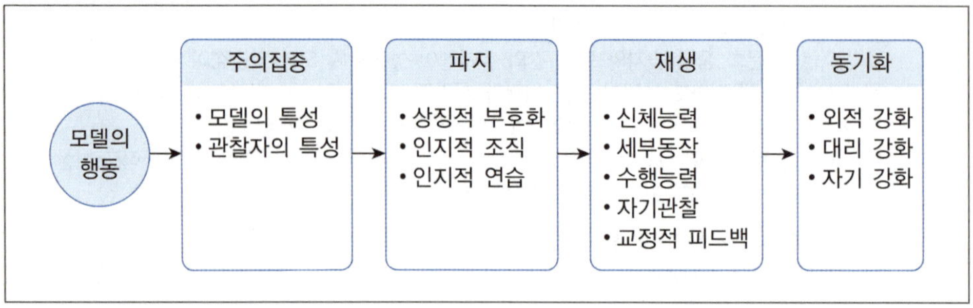

암기법
주파재동

주의집중(attention) : 모델의 행동에 주의집중	• 모델의 행동에 주의를 기울이는 단계이다. 모델이 학습자와 유사성이 있거나, 능력이나 지위가 높거나, 매력적일 때 더욱 집중하는 경향이 있다. 예 수영을 배울 때 유능한 코치가 보여 주는 수영 동작 시범에 집중하는 경우, 유명 탤런트나 배우들이 입는 옷, 헤어스타일 등에 끌려 모방하는 경우 • 교사는 수업시간에 특정 내용이 중요하다는 사실을 강조하거나 시험에 출제된다고 주지시키는 것, 생생한 실례를 드는 것 등은 학습자의 주의를 끌기 위한 방안이다.
파지(retention) : 모델의 행동 기억	• 모델의 행동을 머릿속에 기억하는 단계이다. 모델의 행동은 시각적 또는 언어적 형태의 상징적 부호로 저장된다. 관찰학습은 주로 심상과 언어라는 2가지 표상체계에 의존한다. 예 수영 코치의 수영 동작의 순서를 차례대로 말로 되뇌거나 시각적 영상으로 생각해 내는 경우 • 상징적 부호화를 통해 행동의 인지 가이드(cognitive guidance)가 만들어지기 때문에 실제로 행동을 해 보지 않아도 모방이 가능하다.
재생(reproduction) : 기억을 행동으로 전환	• 기억된 모델의 행동을 능숙하게 수행할 수 있도록 연습하는 단계이다. 예 수영 코치가 보여 준 수영 동작 중 자유형 동작을 기억하고 호흡, 손동작, 발동작 하나하나를 직접 해 보고 수영 코치의 수영 동작과 비교하여 수정하고 그 동작이 자연스러워질 때까지 연습하는 경우 • 모델의 행동을 관찰한다고 해서 모든 관찰자가 모방한 행동을 잘 재생하는 것은 아니다. 모방한 행동을 능숙하게 재생하려면 연습과 피드백을 통해 수행기술을 갖추어야 한다.
동기화(motivation) : 강화에 의해 행동을 동기화	• 강화를 기대하면서 학습한 행동을 동기화하는 단계이다. 긍정적 강화가 기대되면 행동은 수행으로 나타나지만 그렇지 않으면 기대되는 행동은 수행되지 않는다. 강화에는 직접 강화, 대리 강화, 자기 강화가 있다. 예 3개월 간 수영 동작을 연습한 이후 전보다 더욱 건강해졌거나, 기대한 만큼의 효과가 있어서 주위 사람으로부터 긍정적 피드백을 받았다면, 이 사람은 계속해서 수영강습을 계획하게 된다. • 사회인지이론에서는 학습과 수행을 구분한다. 조건화에서는 강화가 학습의 조건이 되지만, 사회인지 학습이론에서는 강화가 수행의 조건이 된다.

MEMO

02

(3) 관찰학습에 영향을 미치는 요인

① **결과의 일관성**: 모델의 행동을 일관되게 강화하거나 처벌하면, 비일관적일 때보다 관찰학습이 더 효과적으로 형성된다. 일관된 강화 또는 처벌이 관찰자가 이후 모델링한 행동을 실제 했을 때 발생할 결과에 대해 강한 믿음을 주기 때문이다.

예 모델의 공격적 행동이 일관성 있게 강화를 받으면 관찰자는 행동을 모방하는 경향이 강해지고, 모델의 공격적 행동이 일관성 있게 처벌받으면 행동을 모방하는 경향이 줄어든다.

② **모델의 특성**: 모델이 능력 있고, 매력적이며, 높은 지위나 힘을 갖고 있을 때 관찰학습이 더욱 촉진된다. 또한 자신과 유사한 측면이 있는 또래 모델의 행동을 더 잘 따라 하는 경향을 갖는다. 아이들은 자신과 성별이 같거나 성적이 비슷한 친구의 행동을 더 잘 따라한다. 이처럼 모델의 특성은 관찰자가 모델의 행동에 더욱 주의 집중하도록 만들기 때문에 모델링에 영향을 미칠 수 있다.

③ **모델의 행동이 가진 기능적 가치**: 사람들은 모델의 행동이 자신에게 얼마나 유용한가에 따라 모델링 여부를 결정한다. 아이들은 부모님을 곧잘 따라 하지만 헤어스타일이나 옷차림은 또래나 아이돌 스타의 것을 따라 한다.

(4) 관찰학습의 효과 암

암기법
새이억정

① **새로운 행동의 학습**: 타인(모델)의 행동을 관찰함으로써 전에는 할 수 없었던 새로운 반응을 학습할 수 있다.

예 수학 방정식을 해결하는 교사의 시범을 본 뒤에 문제를 해결하는 것, TV를 시청한 뒤 새로운 요리를 만드는 것, 예시를 보고 문장을 명료하게 쓰는 것 등을 학습

② **이미 학습한 행동의 촉진**: 모델의 행동은 관찰자가 이미 학습한 행동을 촉진한다(사회적 촉진). 모델의 행동은 관찰자가 적절히 행동하게 하는 사회적 자극으로서의 역할을 한다.

예 콘시트장에서 다른 사람들이 박수를 치는 것을 보고 함께 박수를 치거나, 텔레비전 주인공이 담배를 피울 때 시청자가 담배를 피우며, 모든 사람이 같은 방향으로 보고 있을 때 그 방향을 보는 것 등

③ **억제 변화시키기**: 타인(모델)의 행동을 관찰함으로써 어떤 특수한 행위의 억제를 변화시킬 수 있다. 억제는 자신의 행동에 스스로 부여한 구속이다. 억제가 강화되기도 하고 약화되기도 한다.

예 급우 중 하나가 학급규칙을 어겨 야단을 맞으면 다른 학생들이 학급규칙을 어길 가능성이 줄어들게 된다. 규칙을 어기는 것에 대한 억제가 강화된 것이다(⇨ 억제효과, 제지효과). 만약 야단을 맞지 않으면 다른 학생들이 학급규칙을 어길 가능성이 높아진다. 규칙을 어기는 것에 대한 억제가 약화된 것이다(⇨ 탈억제효과, 억제약화효과).

④ **정서 유발(정서적 각성 효과)**: 개인의 정서적 반응은 모델의 정서 표출을 관찰함으로써 바뀔 수 있다.

예 높은 다이빙대에서 다이빙 선수가 불안해하는 것을 보고 관객도 불안해한다. 교사가 어떤 주제에 관해 토론하면서 진정으로 즐기는 것을 관찰한 학생들도 비슷한 열정을 경험할 수 있다.

MEMO

개념 다지기

파급효과(ripple effect)

1. 기대했던 강화인이 발생하지 않으면 처벌인으로 작용할 수 있다.
   예 현수는 열심히 숙제를 완성해 제출했는데, 교사는 과제물을 거둬 가지 않았다. 그 후 현수는 숙제를 열심히 하지 않았다.
2. 기대했던 처벌이 발생하지 않으면 강화인으로 작용할 수 있다. ⇨ 억제 약화(탈억제) 효과
   예 현아는 학급의 규칙을 어긴 민호가 처벌받지 않는 걸 보고, 자신도 앞으로 규칙을 지키지 않을 거라고 생각했다.

4 자기조절(self-regulation) 04 초등, 11 초등, 23 중등論

(1) 개관

① 자기조절의 개념

㉠ 관찰학습의 궁극적 목적은 학습자가 자기조절(self-regulation)을 하도록 하는 데 있다. 자기조절이란 학습자의 기대와 신념이 행동과 환경에 영향을 줄 수 있도록 자신의 인지, 정서, 행동을 스스로 조절하고 통제하는 것을 말한다. 목표가 학습에 있을 경우 자기조절학습이라고 한다. 인간은 처음에는 외부 환경에 영향을 받지만 점차 자신의 행동을 스스로 조절하는 자기조절 능력을 발달시킨다(자기강화 → 자기조절 → 자기주도적 학습).

㉡ 자기조절학습은 목표를 달성하기 위해 인지, 정서(동기), 행동을 스스로 조절하고 통제하는 것을 말한다(Zimmerman, 2002). 자기조절학습에서 인지적 요소는 주어진 과제를 암송하거나 조직화할 수 있는 능력을 뜻하고, 정서적·동기적 요소는 과제의 중요성, 가치나 신념, 기대 등을 의미한다. 행동적 요소는 시간이나 상황의 관리, 도움요청 등 필요한 자원의 활용 등을 포함한다. 자기조절 학습자는 인지적, 동기적, 행동적 측면에서 자신의 학습과정을 계획, 조절, 통제한다. 이들은 학습에 적극 참여하며, 높은 성취와 뛰어난 능력을 보인다(신명희 외).

㉢ 자기조절학습은 넓게 말해서 초인지이다(Schmit & Newby, 1986).

② **자기조절 과정에 영향을 미치는 요인**: 자기평가(self-evaluation)와 자기효능감(self-efficacy)

㉠ **자기평가(self-evaluation)**: 자기가 스스로 설정한 수행기준에 따라 자신의 행동(수행정도)을 평가하는 것을 말한다. 만족할 만하다고 평가되면 내적 강화가 수반된다.

㉡ **자기효능감(self-efficacy)**: 자기가 무엇을 할 수 있다는 능력에 대한 신념이다.

MEMO

02

(2) 자기조절의 구성과 전략

① 자기조절학습의 구성(Bandura, 1986) = 인지적 행동수정

㉠ 인지적 행동수정은 보이지 않는 생각의 과정을 조작함으로써 눈에 보이는 행동을 수정하는 것을 말한다. 즉, 내재적 사고과정을 조작하여 외현적 행동을 수정하려는 기법이다.

㉡ 외현적 행동의 변화를 목적으로 하고 강화원리를 활용한다는 점에서 스키너의 조작적 조건형성과 유사하지만, 행동을 변화시키기 위해 인지과정을 조작한다는 점에서 사회인지이론을 응용한 것이다.

구성요소	내용
목표 설정 (goal setting)	자신의 학습목표 설정하기 ⇨ 학습자 스스로 적절한 목표를 설정하고 구체적인 계획을 세운다(goal setting). 학습자가 스스로 설정한 도전적 목표가 교사에 의해 부과된 목표보다 자기조절학습에 훨씬 효과적이다. 그러나 일반적으로 학생들은 쉬운 목표를 설정하는 경향이 있기 때문에 교사의 조력이 필요하다.
자기 관찰 (진행 점검) (self monitoring)	자신의 행동 관찰하기 ⇨ 학습을 진행하면서 자신의 전략사용, 동기수준, 행동을 스스로 관찰하며 점검한다(self monitoring). 예를 들어 최종목표를 구성하는 하위 행동요목들을 체크리스트로 만든 후, 이를 체크하면서 자신이 현재 어떤 상태에 있는지를 모니터링할 수 있다.
자기 평가 (자기 판단) (self evaluation)	자신의 행동 평가하기 ⇨ 학습자는 자신이 설정한 목표를 기준으로 자신의 수행정도(목표달성 정도)를 평가한다(self evaluation). 메타인지를 적극적으로 활용해야 한다. 예를 들어, 바람직한 행동을 하고 있는지, 동기가 적절히 유지되고 있는지, 효과적인 인지전략을 사용하고 있는지에 대해 스스로 평가한다. 학습자가 정확한 자기 관찰에 기초하여 타당한 자기 평가를 하도록 돕는 것이 교사가 직면한 가장 중요한 과제이다.
자기 강화 (자기 반응) (self reinforcement)	자신에게 상 수기 ⇨ 자기 평가를 토대로 목표달성 여부에 따라 스스로 강화하거나 처벌을 한다. 또, 자기 평가를 토대로 새로운 자기 반응을 계획하고 실천한다. 만약 부적절한 목표 설정, 비효과적인 전략 사용으로 인해 학습에 성공하지 못했다면 성공적인 다음 학습을 위해 목표와 전략을 수정해야 한다.

② 자기조절학습 전략의 구성요소(구성변인) 04 초등

전략		내용
인지 변인	인지 전략	학습자가 정보를 기억하고 이해하는 데 사용하는 실제적 전략으로, ㉠ 시연(rehearsal, 암송), ㉡ 정교화(elaboration), ㉢ 조직화(organization) 전략을 말한다.
	메타 인지 전략	인지에 대한 인지로서 자신의 인지과정을 계획·점검·조절·통제하는 전략으로, ㉠ 계획하기(planning), ㉡ 점검하기(모니터링, monitoring), ㉢ 조절하기(교정/revising), ㉣ 평가하기(evaluation) 등이 있다.

MEMO

동기전략 (동기변인)	자기주도학습을 진행하는 데 있어서 학습목적에 대한 동기 유발 전략으로, ㉠ 과제가치(학습자가 자신의 학습과제가 가치 있다고 생각하는 것), ㉡ 숙달목표 지향성(새로운 지식과 기능을 습득하는 것에 대한 내재적 가치를 우선시하는 것), ㉢ 자기효능감(자기능력에 대한 자신의 평가), ㉣ 통제인식(perception of control : 학업성취의 성공과 실패의 책임이 자기에게 있다고 이해하는 것) 등이 있다.
행동전략 (행동변인)	학습행동(수행)과 관련된 것으로, ㉠ 행동통제(어려움이 있어도 포기하지 않고 노력하기), ㉡ 도움 구하기(동료나 선생님에게 도움을 구하는 것), ㉢ 학습시간 관리, ㉣ 물리적 환경 구조화하기 등이 있다.

5 사회인지 학습이론의 교육적 시사점 및 적용

(1) 교육적 시사점

① **조작적 조건형성의 보완**: 관찰학습은 조작적 조건형성을 통해 학습을 유발하기 어려울 때 효과적으로 사용할 수 있다.

예 학생들에게 건강 보건교육을 실시하는 경우에는 학생들이 올바른 행동을 할 때마다 강화를 제공하여 보건생활을 습관화하는 것보다는 학생들에게 건강한 생활을 하기 위해 필요한 손 씻기, 목욕하기, 양치질하기, 편식하지 않기, 규칙적인 생활하기 등의 내용이 담긴 영상을 보여 주고 학생들이 이와 같은 행동을 따라 하도록 하는 것이 효과적일 것이다.

② **새로운 행동의 학습과 이미 학습한 행동의 촉진**: 관찰학습을 통해 학생들은 새로운 행동을 학습하거나, 이미 학습한 행동을 촉진할 수 있다.

예 학생들은 또래 친구의 학습방법을 보거나, 교사가 체육시간에 여러 가지 운동기구를 다루는 방법을 보면서 새로운 기술과 지식을 배운다. / 비디오 영상 속에서 자신과 비슷한 또래의 친구가 건강한 생활습관으로 칭찬을 받는 것을 보면 자신이 알고 있던 건강한 생활행동을 자주 수행하게 될 것이다.

③ **억제 변화시키기**: 그 반대로, 관찰학습을 통해 행동을 억제하거나 억제된 행동을 약화할 수 있다. 따라서 교사는 학생들이 모델링을 통해 학습한다는 사실을 항상 기억하며 모델링을 통한 학습결과에 대해서도 주의를 기울여야 한다. 때로는 교사가 의도하지 않은 학습결과가 나타날 수 있기 때문이다.

예 비디오 영상 속의 또래 모델의 행동이 부정적인 결과를 초래하는 것을 보고 그와 유사한 행동을 감소시키거나, 그동안 억제된 행동을 더욱 감소시키고자 할 것이다. 그러나 어떤 학생이 규칙을 위반하고도 벌을 받지 않는 것을 보게 되면, 관찰을 통해 억제된 부정적인 행동이 다시 나타날 수도 있다.

④ **정서적인 면의 학습**: 관찰학습을 통해 학생들은 행동적인 측면뿐만 아니라 정서적인 면도 학습한다. 학교에서 많은 시간을 보내는 학생들은 교실에서 보여 주는 교사의 여러 가지 태도를 통해 정의적인 면도 학습한다. 교사가 보여 주는 지적 호기심, 학생들과의 상호작용, 교사의 감정 표출 등을 보면서 학생들은 정서를 학습해 나갈 수 있다. 즉, 수학시간에 수학 공부하는 것을 진정으로 즐기는 교사의 모습을 보면서 학생들은 학업에서 비슷한 흥분을 경험할 수 있다. 학생들과 소통하고 열정적으로 강의하는 교사의 모습을 보면서 교사라는 직업에 대해 흥미를 가질 수도 있다. 자신의 질문에 항상 관심을 갖고

대하는 교사의 태도를 통해 학생들은 대인관계 기술을 습득할 수도 있을 것이다. 반면, 화가 나면 자신의 감정을 통제하지 못하고 학생들을 대하는 교사의 감정 표출에서 학생들은 잘못된 자기감정 조절을 배울 수도 있다.

⑤ **모델의 언행일치**: 모델은 그 언행이 일치할 때 그 효과가 크다. 학생에게 항상 관찰의 대상이 되고 모델이 되는 교사나 부모는 언행의 일치를 위해 노력해야 한다. 말하는 것과 행동하는 것이 일치하지 않을 경우, 2가지를 모두 학습함으로써 위선적인 태도까지도 학습할 수 있기 때문이다.

(2) 교육적 적용

① **교사의 모범**: 학생들은 교사의 행동과 태도를 관찰하고 모방하여 학습하므로 교사 스스로 좋은 모델링이 되어야 한다. 긍정적인 정서와 태도, 교과목에 대한 열의, 학습전략에 대한 시범 등을 보여 줌으로써 학생들의 본보기가 되어야 한다.

② **효과적인 모델의 활용**: 학생들의 학습에 도움이 될 수 있는 모델을 선정하고 모델의 행동을 관찰하고 모방하도록 해야 한다. 이때 모델은 유능하거나 매력적인 모델을 선정하도록 한다. 교사 자신이나 또래, 위인들을 효과적인 모델로 사용할 수 있다. 특히 교사는 교수과정에서 생각과 행동에 대한 언어적 설명과 함께 시범을 보여 주는 인지적 모델링을 할 수 있다.

③ **잠재적 교육과정에 주의**: 학생들은 모델이 전혀 의도하지 않은 것을 모방하여 학습할 수 있기 때문에 잠재적 교육과정에 주의하여야 한다.

④ **학생의 기대를 충족시켜 주기**: 바람직한 행동에 대해 기대했던 강화인이 발생하지 않으면 벌인으로 작용하여 다음에 특정 행동을 하지 않게 된다. 또, 문제행동에 대해 기대했던 벌인이 발생하지 않으면 강화인으로 작용하여 다음에 문제행동을 할 가능성이 높아진다.

MEMO

02

Section 03

인지주의 학습이론

96 중등, 99 초등, 01~02 중등, 04 중등

MEMO

개념 다지기

인지주의 학습원리

1. 인간은 생각하는 존재로서 동물과 질적으로 다르다.
2. 인간은 자신의 인지과정(인지구조)을 재구성하는 능동적 존재로서 환경에 적극적으로 반응하는 능동적 학습자이다.
3. 유기체론적 세계관을 지향한다. 전체는 부분의 합 이상이다. ⇨ 전체주의, 거시이론
4. 학습은 인지과정, 사고의 변화이다. ⇨ 학습 = 인지구조(Piaget), 통찰(Köhler), 장(Lewin), 인지지도(Tolman)의 변화
5. 학습에서 내적 동기 유발, 학습자 수준에 맞는 지식의 구조 제시, 발견학습, 형태이조설을 강조한다.

01 형태주의 학습이론

1 베르트하이머(Wertheimer)의 형태이론(gestalt theory)

(1) 개관

① 파이(φ) 현상: 운동착시현상(주관적 지각, 유의미 학습)

㉠ 우리가 무언가를 경험할 때 종종 실제 존재하는 사실과는 다르게 받아들이게 된다는 것이다. 2개의 정지된 불빛이 일정한 시간 간격을 두고 점멸을 반복하면 불빛 하나의 움직임으로 지각된다. 운동은 두 불빛을 하나하나 분석함으로써 설명되는 것이 아니라, 요소의 조합에서 생겨나는 운동의 경험이다. 인간이 지각하는 것은 정적(靜的)인 부분이 아니라 동적인 운동 그 자체에 의한 전체이다.

예 영화필름을 영사기에 돌리면 운동으로 지각되는 현상

㉡ "전체는 부분과 부분의 합보다 크다."는 형태이론의 기본견해를 정립하였다. 인간은 자극을 있는 그대로 지각하지 않고 유의미한 전체로 지각하고 경험한다. 학습은 지각장면(perceptual field)의 재구성 과정이다. ⇨ 원자론(atomism), 환원주의의 입장에 반대, 전체론(holism)의 입장, 생산적 사고(유의미 학습)

MEMO

02

② **생산적 사고**: 구조적 원리를 이해하려는 사고

㉠ 베르트하이머는 구조적 원리를 이해하려는 사고를 "생산적 사고"라 불렀으며, 생산적 사고와 비생산적 사고를 구별하기 위해 여러 가지 예를 들었다. 예를 들어, 사다리꼴의 넓이를 구하려고 할 때 사다리꼴의 한 꼭짓점에 보조선을 그어 직사각형으로 변형하여 구할 수 있다.

㉡ 생산적 사고와 비생산적 사고의 구별은 '통찰과 시행착오의 구별', '관계의 의미 있는 이해 대 기계적 연습에 의한 임의적 연결' 및 '구조적 이해 대 기계적 기억' 등으로 비교할 수 있다. 이러한 차이는 유의미한 학습과 기계적 학습에서 나타난다.

㉢ 베르트하이머는 학생들에게 평행사변형의 면적 계산법을 구조적인 방법과 기계적인 방법으로 가르쳤다. '구조적인 방법'은 '도형의 한쪽 끝에 있는 삼각형을 다른 한쪽으로 옮겨 놓으면 평행사변형이 직사각형으로 변한다.'는 구조적 속성을 강조하는 것이다. 그리고 '기계적인 방법'은 수직선을 그어 밑변×높이 공식으로 면적을 구하도록 하는 것이다.

(2) 전경-배경의 원리(figure-ground principle, 도형-배경 원리) - 지각의 제1법칙

① **개념**: 지각장에서 사물을 지각할 때 자동적으로 전경(前景, 도형)과 배경(背景)을 구분한다는 원리이다.

② **전경과 배경**: 전경은 지각장에서 주의를 기울이는 대상이고, 배경은 도형을 둘러싸고 있는 주위환경이다. 전경과 배경은 모양, 크기, 고저, 색상 등과 같이 지각장의 두드러진 특징에 따라 분리된다. 유기체가 도형과 배경을 어떻게 구분하느냐에 따라 동일한 도형(자극)이 여러 가지로 지각될 수 있음을 보여 주는 역전성(reversible) 도형(혹은 반전도형)에 이 원리가 잘 나타나 있다.

예 '루빈(Rubin)의 컵' 그림은 '컵'으로도 지각되고, '두 사람이 마주보고 있는 얼굴'로도 지각된다.

루빈(Rubin)의 컵

MEMO

③ **시사점**: 이 원리는 '중요한 학습내용(전경)'을 '중요하지 않은 내용(배경)'과 뚜렷하게 구분될 수 있도록 제시해야 함을 시사한다. 지각장에서 두드러진 학습자료는 오래 파지되지만 동질성이 높은 학습자료는 잘 파지되지 않는다는 레스토프 효과(Restorff effect)도 이 원리와 긴밀하게 관련된다.

Plus

레스토프 효과(Restorff effect)

1. 지각장에서 두드러진 학습자료는 오래 파지되지만 동질성이 높은 학습자료는 잘 파지되지 않는다는 것으로, 전경(도형)－배경 원리와 긴밀하게 관련된다.
2. 우리의 두뇌가 특이한 요소를 잘 기억하는 현상
   예 낯선 곳을 처음 방문했을 때 그 지역 풍광이 오래 기억되는 것
3. 중요한 내용에 밑줄을 긋거나 굵은 글씨, 색깔, 다른 서체 등을 활용하는 것과 관련된 현상

(3) **프래그난츠**(pragnanz) **법칙** – 지각의 제2법칙, 게슈탈트 법칙, 지각적 집단화(grouping)

프래그난츠 법칙은 인간이 어떤 사물을 지각할 때 전체를 조화롭게 조직하여 의미 있게 지각하려 한다는 것이다. 프래그난츠 법칙은 게슈탈트 법칙, 지각적 조직의 특징(지각적 경향성), 통찰이 보다 잘 일어나는 요소 등으로 불린다.

완결성 (폐쇄성)	어떤 사물을 지각할 때 불완전한 부분이 있더라도 그것을 채워 완전한 것으로 지각하려는 경향 예 불완전한 멜로디를 들을 때나 불완전한 철자(ph–los–py)를 지각할 때 적용된다.
근접성 10 초등	멀리 떨어져 있는 것보다 서로 가까이 있는 것들끼리 묶어서 지각하려는 경향(가까이 있는 요소들을 서로 통합시켜 하나의 전체로 인식하려는 경향) 예 책을 읽을 때 띄어쓰기가 되어 있지 않으면 내용을 정확히 이해할 수가 없다.
유사성	그 사물의 속성(예 크기, 모양, 색상 등)에 따라 유사한 것끼리 의미 있게 묶어서 지각하려 경향
연속성 (계속성)	자극요소들이 같은 방향으로 흐름이나 패턴을 형성할 경우 서로 연속된 하나의 도형으로 지각하려는 경향(배열과 진행 방향이 비슷한 것끼리 연속되어 있을 때 하나로 보이게 되는 원리) 예 문자열 abdeghjk 다음에 오는 철자는 m이다.
단순성 (간결성)	복잡한 사물을 지각할 때 가급적 단순화시켜 조직하여 지각하려는 경향(시각적인 모양을 독립된 부분에서 인식하는 것이 아니라 전체의 구조로 단순화하여 인식하려는 경향)

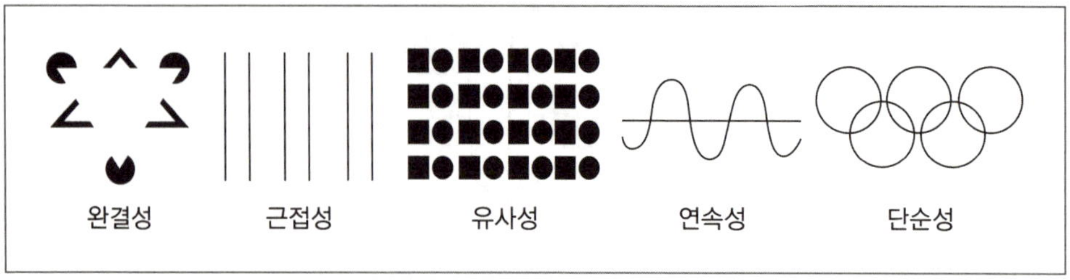

MEMO

02

(4) 특징

① 베르트하이머는 지각적 경향성(게슈탈트 법칙)이 인간의 모든 행동에 확대될 수 있다고 믿었고, 학습이란 바로 이러한 게슈탈트 법칙에 따라 일어난다고 믿었다.

② 지각의 장 또는 문제 상황이란 있는 그대로의 시각적 장이 아니라 개인이 이해하는 그 장, 개인이 경험하는 장이다.

③ 부분과 부분 간의 관계를 어떻게 이해하느냐가 바로 통찰의 근거가 된다.

개념 다지기

❶ 형태심리학이란?

형태심리학은 전체는 부분의 합보다 크다는 인식을 바탕으로 현상은 그 구성요소들로 인식되는 것이 아니라 하나의 전체로 인식된다고 본 심리학의 한 분파이다. 형태(gestalt)는 독일어로 '패턴', '전체'를 의미하는 것(즉, '조직화된 전체')으로, 인간이 자기를 둘러싼 세계를 의미화하기 위하여 자기가 지각한 것을 패턴이나 관계성으로 조직화하거나 구조화하려는 경향을 말한다.

형태심리학에 따르면 인간은 감각적 자극들을 단순히 합한 것과는 다른 하나의 전체를 조직하는 방법으로 지각(perception)을 한다. 따라서 지각하는 사람은 어떤 환경에서 전체적인 모양이나 형태를 찾으려는 경향이 있으며, 이것은 지각의 특별한 법칙에 의하여 영향을 받는다.

❷ 행동주의와 구별되는 형태심리학의 기본 가정

1. **연구대상에 대한 가정**: 행동주의가 외적 행동을 연구대상으로 삼은 것에 비해 형태심리학은 자극과 반응의 중간과정인 인간의 내적 인지과정을 연구대상으로 삼았다. 그래서 재생적 사고보다는 인간의 생산적 사고를 주로 연구하였다. 생산적 사고란 구조적 원리를 이해하려는 사고를 의미한다.
2. **학습단위와 학습방법에 대한 가정**: 행동주의는 학습의 단위를 자극과 반응의 연결로 보고 이 연결은 주로 시행착오에 의해 이루어진다고 본 반면, 행태심리학은 학습의 단위를 요소들 간의 관계로 보고 이런 관계는 통찰에 의해 발견된다고 보았다.
3. **인간의 학습과 동물의 학습의 차이에 대한 가정**: 행태심리학은 인간의 학습과 동물의 학습 사이에는 양적인 차이가 아닌 질적인 차이가 있다고 보았으며 인간을 실험의 대상으로 이용하였다. 인간은 외부의 자극에 수동적으로 반응하는 것이 아니라 외부의 자극을 능동적이고 적극적으로 지각하고 해석하고 판단하는 사고과정을 통해서 행동한다고 보았다.
4. **전체는 부분의 합 이상이라는 가정**: 인간은 환경을 지각할 때 자극의 요소들을 지각하는 것이 아니라 요소들 간의 관계로 지각한다는 것이다. 인간은 자극을 있는 그대로 지각하지 않고 자기를 둘러싼 세계를 의미화하기 위하여 나름대로 관계성이나 패턴으로 조직화·구조화하여 유의미한 전체로 지각하고 경험한다.

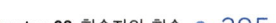

MEMO

2 쾰러(Köhler)의 통찰학습

(1) 통찰 – 통찰학습, 관계학습

① **개관**: 통찰설은 1916년 쾰러(Köhler)가 술탄(Sultan)이라는 침팬지를 대상으로 문제해결 과정을 설명하는 실험으로부터 발전된 이론이다. 통찰(a-ha 현상)이란 상황(장, field)을 구성하는 요소들 간의 관계, 즉 형태(gestalt)를 파악하는 능력을 말하며, 이것은 순간적으로 일어나는 비약적 문제해결의 과정이자 비약적 사고의 과정이다. 통찰은 흔히 '아하 현상(a-ha phenomenon)'이라고 한다.

② **인지구조의 변화**: 통찰설은 학습을 행동의 변화가 아니라 능동적이고 의도적인 정신활동과 전체적 구조 파악에서 비롯된 인지구조상의 변화로 파악하려는 것이다.

③ **통찰학습(관계학습)**: 통찰학습은 문제 상황을 구성하는 요소들 간의 관계를 완전한 형태(gestalt)로 파악하여 문제를 해결하는 것을 말한다. 즉, 서로 관련 없던 부분의 요소들이 유의미한 전체로 갑자기 파악되면서 문제해결을 위한 수단과 목적으로 결합된다. 이 순간 학습자는 '아하 현상(a-ha phenomenon)'을 경험하게 된다. 이와 같은 통찰(insight)을 통해 획득된 지식은 다른 상황에 쉽게 전이되며 오랫동안 기억된다. 학습은 행동주의 관점처럼 자극-반응의 연합(조건화) 과정이나 계속적인 시행착오의 결과처럼 점진적으로 이루어지는 것이 아니라 순간적인 통찰(insight)에 의해 이루어진다.

④ **통찰의 과정**: 전체의 파악 → 분석 → 종합(재구조화)

㉠ **전체 파악**: 학습목표를 중심으로 그를 둘러싸고 있는 사태를 전체적으로 파악한다.

㉡ **분석**: 그러한 사태 안에서 목표 달성에 관련이 있는 요인을 분석한다.

㉢ **종합(재구조화)**: 이를 토대로 하여 목표를 달성할 수 있도록 환경구조를 개조한다.

⑤ **통찰의 효과**: 통찰을 통해 획득된 지식은 다른 상황에 쉽게 전이되며 오랫동안 기억된다.

(2) 교육적 의의

① 학습은 자극-반응의 연합(조건화)이나 시행착오의 결과처럼 점진적으로 이루어지는 것이 아니라 순간적인 통찰(insight)에 의해 이루어진다.

② 통찰(a-ha 현상)이란 상황(장, field)을 구성하는 요소들(수단과 목적) 간의 관계, 즉 형태(gestalt)를 파악하는 능력을 말하며, 이것은 순간적으로 일어나는 비약적 문제해결의 과정이자 비약적 사고의 과정이다. 통찰은 다른 상황에 쉽게 전이되며, 수행 상 오차가 없고 원활하며, 그 효과도 상당기간 유지된다.

③ 문제의 해결은 단순한 과거의 경험의 집적이 아니라 그의 경험적 사실을 재구성하는 인지구조의 변화과정이다.

MEMO

02

Plus

쾰러(Köhler)의 통찰학습

1. 관련 실험

쾰러는 천장 위에 바나나(목표)를 매달아 놓고 방안 구석에 막대기와 크기가 다른 나무 상자(수단)를 몇 개 넣어 둔 후 침팬지(sultan)를 넣었다. 침팬지는 바나나를 따기 위해 손을 뻗치거나 발돋움을 하는 등 애를 썼지만 바나나를 딸 수 없었다. 침팬지는 잠시 행동을 멈추고 방안을 살피더니 갑자기 해결책을 발견(통찰)한 듯 상자들을 쌓고 그 위에 올라가 막대기를 이용하여 바나나를 따 먹었다.

2. 실험 결과
   ① 술탄의 힘이 미치는 영역(즉, 술탄이 갇힌 우리)을 장(field) 또는 형태(gestalt)라고 하며, 우리 안에 있는 바나나, 상자, 막대기를 장을 구성하는 요소라고 한다.
   ② 학습이란 처음에는 아무런 관련이 없던 장의 구성요소들 간의 관계를 목적(바나나)과 수단(상자, 막대기)이라는 관계로 재구성하는 원리를 발견하는 것을 말한다. 즉, 상자를 쌓아올리는 과제에서 침팬지는 상자와 바나나를 별개의 부분들로 보지 않고 전체 게슈탈트로 조직되어 있다는 것을 안 것이다. 막대기와 바나나도 상호관계된 것으로 보았으며, 이러한 지각의 재조직이 있은 뒤에야 비로소 문제해결에 대한 통찰이 일어난 것이다.
   ③ 침팬지가 문제 장면에서 문제를 해결한 것은 인지적 학습의 결과이며, 이를 통찰학습 또는 관계학습이라고 한다. 통찰은 흔히 '아하 현상(a-ha phenomenon)'이라고 한다.

3 레빈(Lewin)의 장이론(field theory)

(1) 학습 – 장(場, field), 즉 인지구조의 변화

① **장(場, field)**: 한 사람의 전체적인 생활공간(life space)으로서, 물리적 공간이 아니라 유기체의 행동을 결정하는 모든 심리적·주관적 요인(예 태도, 욕구, 기대, 감정 등)의 복합적 상황을 의미한다.

② **학습**: 학습은 장(field) 또는 생활공간에 대한 인지구조의 변화이다. 학습은 낡은 심리학적 구조가 새로운 심리학적 구조로 변화되어 가는 과정이다(인지구조의 재구조화). 학습은 개인이 지각하는 외부의 장과 개인의 내적·개인적 영역의 심리적 장의 관계에서 이루어지는 인지구조의 성립 또는 변화이다.

③ **행동방정식**: 개인의 행동(behavior)은 개체(person)와 심리적 환경(environment)과의 상호작용이다.

MEMO

$$B = f(P \cdot E)$$

- B : behavior
- P : person
- E : environment

(2) 이론의 특징

① **지각과 실재의 상대성** : 지각과 실재(reality)는 상대적인 것이다. 개인이 감각기관을 통해 받아들이는 실재는 자신의 요구와 목적에 의해 다시 만드는(재구성하는) 것이다.

② **유의성(valence)의 원리** : 개인은 자신이 설정한 목표를 달성하는 데 유리한 쪽으로 지적인 사고를 한다.

③ **현시성(現時性, contemporaneity)의 원리** : 장이란 현재의 순간적인 의미밖에(now & here) 없기 때문에, 과거의 경험마저도 현재의 의미로 변하여 현재의 장 영역이 되며, 미래의 희망도 현재의 심리적 장 안에 있기 때문에 현재의 장을 이룬다.

④ **학습이란 통찰 또는 인지구조의 변화** : 학습이란 통찰 또는 인지구조의 변화이다. 개인은 유목적적으로 행동하고 목적을 추구하기 위해 자기에게 유리한 면으로 통찰하고 의미를 변화시킨다.

4 톨만(Tolman)의 기호－형태설(sign－gestalt theory) 07 중등

(1) 개관

① 레빈(Lewin)의 영향을 받았으며, 장(field)이라는 개념 대신 인지지도(cognitive map)라는 용어를 사용하였다. 인지를 학습의 중요한 조건으로 보았으며, 목적적 행동주의(purposive behaviorism), 인지적 행동주의, 잠재학습설, 기호학습설, 기대이론(expectancy theory), 기호－의미체이론(S-S이론, sign－signification theory)을 제시하였다.

② **학습** : 학습은 자극－반응의 결합이 아니라, 수단과 목표의 의미관계를 파악하고 인지지도(cognitive map)를 형성하는 것이다. 학습은 어떤 동작을 배우는 것이 아니라 어떤 반응이 어떤 목표를 달성하게 하느냐 하는 수단과 목표의 관계를 의미하는 기호를 배우는 것이다. 학습은 인지지도(cognitive map), 즉 기호(sign)－형태(gestalt)－기대(expectation)를 인지구조 속에 형성하는 것이다.

MEMO

02

Plus

쥐의 미로 찾기 실험

1. **실험 내용**: 세 집단의 쥐를 미로상자에 넣고 목적지에 도착하는 실험을 하였다.
   ① A집단(통제집단: 매일 보상집단)의 쥐에게는 목적지에 도착할 때마다 먹이를 주어 강화를 하였고(실험이 종료될 무렵에는 1~2개 정도의 오류만을 범하고 목표에 도착하였다), B집단(무보상집단)의 쥐에게는 목적지에 도착해도 먹이를 주지 않았다(B집단의 쥐는 실험이 끝날 때까지 계속해서 많은 오류를 범했다). C집단(실험집단: 11일째 처음 보상집단)의 쥐에게도 목적지에 도착해도 강화를 하지 않았다. 이 조건하에서는 A집단의 쥐가 목적지에 도달하는 것이 우수하였다.
   ② 실험 시작 10일이 지난 후 실험 11일째, C집단의 쥐에게도 목적지에 도착할 때 강화를 하였다. 그랬더니 놀라운 사건이 발생하였다. 그 다음날인 12일 째에 C집단의 쥐는 거의 실수를 하지 않고 A집단의 쥐와 마찬가지로 정확하게 목적지에 도착하는 행동을 하였다. 11일째에 제시한 단 한 번의 강화가 그 다음날의 수행을 극적으로 변화시킨 것이다. C집단의 쥐는 강화되지 않은 10일간 행동으로 드러나지는 않았지만 분명히 학습을 하고 있었다. 이를 '잠재학습'이라고 하였다. 쥐는 자신의 환경에 대한 인지지도를 내면화하고 있었던 것이다.

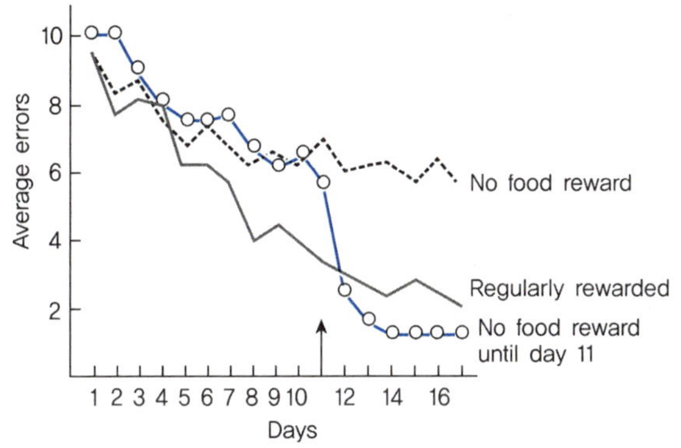

2. **실험 결과**
   ① 학습이란 자극－반응의 결합을 통한 행동의 학습이 아니라 인지지도(cognitive map), 즉 기호(sign)－형태(gestalt)－기대(expectation)를 신경조직 속에 형성하는 것이다. 학습은 어떤 행동의 결과로서 석절한 목표에 도달할 수 있다는 인식이며, 이렇게 하면 목표에 도달할 수 있다는 기대가 성립하는 것이다. 학습자가 수단과 목표의 의미관계를 파악하고 인지지도를 형성하는 것이 학습이다.
   ② 학습은 어떤 동작을 배우는 것이 아니라 어떤 반응이 어떤 목표를 달성하게 하느냐 하는 수단과 목표의 관계를 의미하는 기호를 배우는 것이다.
   ③ 학습하는 것은 자극과 반응 간의 관계가 아니라 자극들 사이의 관계이다. 따라서 쥐의 미로학습 실험에서 쥐는 먹이를 찾아가는 길을 인지지도라는 기호－형태로 기억(잠재학습)하고 있다가 문제 상황이 다시 주어지면 이를 이용하여 찾아가는 것이다.
   ④ 강화가 학습에 결정적인 역할을 한다는 행동주의를 비판한다. 강화가 없어도 학습이 이루어지고 있음을 설명한다. 강화물은 단지 학습이 행동으로 표출되도록 만드는 역할만 할 뿐이라는 사실을 보여준다.

MEMO

(2) 학습이론

① **잠재학습(latent learning)**: 잠재학습이란 유기체에 잠재되어 있지만 행동(수행)으로 나타나지 않는 학습을 말한다. 강화물에 의해 동기화될 때 잠재된 학습이 수행으로 전환된다. 이를 우연적 학습(incidental learning)이라고도 한다(⇨ 학습과 수행을 구분). 따라서 강화(보상) 없이도 학습이 일어나며, '강화(보상)'는 학습변인이 아니라 수행변인이다(⇨ 행동주의의 비판 근거, 반두라와 같은 견해). 행동주의자들은 강화를 받은 행동만 학습되고 강화를 받지 않는 행동은 학습되지 않는다고 하였으나, 톨만은 강화를 받지 않은 행동이라도 잠재학습의 형태로 남아 있어 다음 학습에 영향을 미친다고 보았다. 강화는 학습의 원인이라기보다는 학습된 결과를 구체적인 수행으로 동기화하는 요인이라는 것이 주된 결론이다.

② **장소학습(place learning)**: 유기체는 목표물이 어디에 있는가에 대한 장소를 학습한다. 유기체가 어떤 장소에 가면 어떤 강화를 받을 것이라는 기대가 경험을 통하여 검증되면서, 장소에 대한 인지지도를 형성하여 획득된 과정이다.

예 비둘기가 매일 먹이를 구하러 일정한 장소를 찾아 날아가고, 또 철새들이 겨울이 되면 우리나라의 일정한 지역을 찾아 수만 리를 날아서 찾아 날아온다.

③ **보상기대(reward expectancy)**: 동물은 행동할 때 특정목표에 대해 사전인지를 가지고 있어 '어떤 행동을 하면 어떤 결과가 나타날 것'이라는 기대를 가지며, '보상'이란 기대에 대한 확인을 말한다. 기대에 못 미치는 보상은 수행을 감소시킨다.

예 원숭이가 보는 앞에서 엎어 놓은 그릇 속에 바나나를 넣었다가 원숭이가 보지 않을 때 원숭이가 덜 좋아하는 야채로 바꾸어 놓자, 원숭이는 바나나만을 찾고 채소는 먹으려 하지 않았다. 평소에 먹던 야채지만 원숭이는 바나나라는 보상을 기대하고 있었기 때문에 실망을 하고 야채를 먹지 않는 것이라고 톨만은 보았다.

(3) 톨만(Tolman)과 피아제(Piaget) 이론과의 공통점 – 행동주의와 피아제 이론과의 관계

① 행동주의 이론과의 차이점

㉠ 행동주의 이론에 속하면서도 인지적 개념을 이용해서 행동을 설명하고 있다.

㉡ 강화를 학습의 필수요건으로 간주하지 않는다. (≠ 강화이론)

㉢ 학습과 수행을 구분한다.

② **피아제(Piaget) 이론과의 공통점**: 상호결정론적 견해 ⇨ 환경, 개체, 행동(기대, 신념 등)은 서로 영향을 주고 동시에 영향을 받는다. (≠ 환경이 행동에 일방적인 영향을 준다고 가정하는 행동주의적 견해)

M E M O

02

02 정보처리이론(information-processing theory)

98 중등, 99~00 초등, 00 초보, 00~04 중등, 02~06 초등, 07~10 중등, 10~11 초등, 13 중등

개념 다지기

정보처리이론

1. **개념**: 정보처리이론은 인간의 인지과정(사고과정)을 컴퓨터의 정보처리과정에 비유하여 새로운 정보가 투입되고 저장되며 인출되는 과정을 설명한다. 이 이론은 앳킨슨과 쉬프린(Atkinson & Shiffrin, 1968)에 의해 처음 제안되었다.

2. **전통적 정보처리모형**
   ① 에빙하우스(Ebbinghaus)의 망각과정 연구: 무의미철자의 학습과 망각에 관한 연구 ⇨ 기억 연구의 선구자
   ② 앳킨슨과 쉬프린(Atkinson & Shiffrin)의 이중저장고모형(기억구조모형)
   ㉠ 기억을 감각기억, 단기기억, 장기기억으로 구분
   ㉡ 계열위치효과(초두최신효과): 무의미철자 자유회상 연구에서 회상된 항목들 분석 ⇨ U자형 곡선(단어목록의 처음과 끝에 제시된 항목들이 회상이 잘 된 반면, 중간부분에 있던 항목들은 회상이 잘 되지 않음)

초두(初頭)효과	목록의 처음 부분에 제시된 항목의 회상률이 높은 현상 ⇨ 장기기억의 존재 증거
최신(最新)효과	목록의 끝 부분에 제시된 항목의 회상률이 높은 현상 ⇨ 단기기억의 존재 증거

   ③ 배들레이(Baddley)의 다중저장고 모형: 기억은 감각기억, 작업(작동)기억, 장기기억으로 구성

3. **정보처리이론의 구조 - 정보저장소, 인지과정(인지처리과정, 인지전략), 메타인지로 구성**
   ① 정보저장소: 정보가 저장되는 곳, 기억의 기본구조 예 감각등록기, 작동기억(단기기억), 장기기억
   ② 인지과정(인지전략): 정보의 이동과정 예 주의집중, 지각, 시연, 부호화, 인출 등
   ③ 메타인지(상위인지, 초인지): 자신의 인지과정을 인식하고 통제하는 과정 예 인지과정을 계획, 점검, 평가

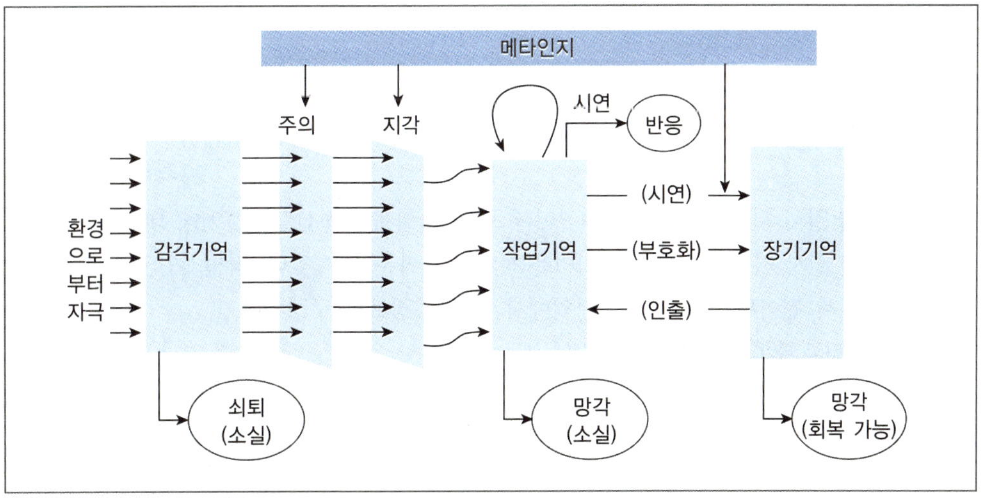

정보처리이론

MEMO

❶ 정보 저장소 99~00 초등, 01 중등, 02~03 초등, 04 중등, 07 중등, 10 중등, 13 중등

구분	감각기억	작업기억	장기기억
유사 명칭	감각등록기	작동(단기)기억, 1차적 기억	2차적 기억
정보의 투입	외부자극	주의집중, 지각	시연, 부호화
저장 용량	무제한	제한(7 ± 2unit)	무제한
기억 지속시간	순간적(1~4초 이내)	일시적(20~30초 이내)	규정할 수 없음(무제한)
정보원	외부환경	감각기억과 장기기억	단기기억에서의 전이
부호 형태	원래의 물리적 형태	이중부호(언어적, 시각적)	일화적, 의미적
정보 형태	감각 ⇨ 영상기억(시각정보), 잔향기억(청각정보)	현재 의식하고 있는 정보(음운적)	학습된 혹은 약호화된 정보(조직화 및 유의미성)
일반적 특징	일시적, 무의식적	의식적, 능동적	연합적, 수동적
정보 상실	소멸	치환 또는 소멸	인출실패
컴퓨터/두뇌활동		RAM, CPU / 의식	HARD, USB / 사고(思考)

(1) 감각기억(감각등록기, sensory register) 02 초등

① 학습자가 감각수용기관(눈, 귀 등)을 통해 정보를 최초로 저장하는 장소이다.

② 기억용량은 무제한이나 약 1~4초(시각적 정보는 약 1초, 청각적 정보는 약 4초) 정도 순간적으로 저장되므로 투입된 정보가 즉시 처리되지 않으면 그 정보는 곧 유실(망각)된다.

③ 주의(attention)를 받은 자극과 정보만이 다음의 기억저장고인 단기기억으로 전이된다.

④ 2가지 이상의 감각 정보가 동시에 제시되는 것은 정보처리에 도움을 주지 못한다.

예 교사가 판서를 하면서 설명하는 경우 학생은 필기에 집중하여 설명을 잘 듣지 못한다.

(2) 작업기억(작동기억, working memory) – 단기기억(short-term memory)

00 초등, 01 중등, 04 중등

① **정보의 일시 저장소**: 정보의 재연이나 조작 등 실제적 정신활동(예 시연, 청킹)이 일어나는 정보의 일시 저장소이다. 작업기억은 작업대로 비유될 수 있다. 작업기억의 내용은 감각기억에서 전이된 정보와 장기기억에서 인출된 정보로 구성된다.

예 컴퓨터의 중앙연산처리(CPU), RAM에 해당

② **저장용량과 지속시간 제한**: 감각기억을 거쳐 투입된 7 ± 2unit(5~9개)의 정보가 약 20초 정도 저장된다(예 처음 들은 전화번호를 한 번 보고 암송한 뒤 버튼을 눌러 전화한 후 잊어버린다). 또한 2~3개 정도의 정보만 동시에 처리할 수 있다.

MEMO

02

③ 작업기억 속의 정보를 유지하는 방법 : 유지시연(maintenance rehearsal)
유지시연은 작업기억에 들어온 정보를 변형하지 않고 반복적으로 되뇌는 과정이다(기계적 암송). 이 방법은 구구단, 알파벳, 전화번호 등 사실적 정보를 암송할 때 자주 쓴다. 유지시연은 정보가 사용될 때까지만 그 정보를 작업기억에 유지한다. 유지시연을 충분히 하면 정보는 장기기억으로 이동될 수 있다. 하지만 유지시연은 비효과적인 부호화 전략이다. 왜냐하면 장기기억 속에서 이 정보는 고립된 상태로 존재하기 때문이다. 그리고 유지시연을 통해서는 정보를 이해하거나 새로운 상황에 적용할 수 없다.

④ 작업기억의 한계용량을 극복하는 방법 : 인지과부하 줄이기 전략 – 인지부하이론(cognitive load theory)
인지부하이론(cognitive load theory)에 따르면 작업기억의 한계용량은 청킹(묶기), 자동화, 이중처리를 통해 상당 부분 극복될 수 있다.

청킹 (chunking, 의미 덩이 짓기) 06 초등	개별적인 정보를 보다 의미 있는 큰 단위로 묶는 것(예 10개의 수 '0, 4, 1, 3, 4, 5, 9, 9, 8, 7'을 041, 345, 9987로 묶는 경우, 3개의 철자 'u, r, n'을 'run'이라는 1개의 단어로 결합하는 경우) ⇨ 의미 단위로 묶인 정보들은 하나의 단위로 처리되므로 청킹화하면 보다 많은 정보를 동시에 처리할 수 있다.
자동화 (automatization)	의식적인 노력 없이도 정보를 능숙하게 처리하는 것(예 걷기, 운전하기) ⇨ 어떤 기능이 자동화되어 있으면 인지부하를 줄여 주므로(작업기억의 용량 차지 ×) 보다 많은 정보를 처리할 수 있고, 복잡한 문제해결에도 도움을 준다.
이중처리 (dual processing) 00 초등, 13 중등	작업기억에서 시각과 청각을 함께 활용하는 방법(예 식물의 뿌리에 대해 언어로 설명하면서 동시에 실제 뿌리의 사진을 보여 줌) ⇨ 시각과 청각은 각기 독립적으로 작업하는 동시에 공동으로 작업하면서 서로를 보충함. 시각적 과정은 청각적 과정을 보충하고, 역으로 청각적 과정은 시각적 과정을 보충함 ⇨ 언어적 설명과 함께 시각자료를 활용하면 인지부하를 극복할 수 있고 재생도 쉽다. 파이비오(Paivio)의 이중부호화 이론

Plus

파이비오(Paivio)의 이중부호화 이론(dual-coding theory) 00 초등, 10 초등, 13 중등

1. **인간의 2가지 인지적 부호화 기능** : 이중부호화 이론에 의하면, 인간은 2가지 인지적 부호화 기능을 가지고 있다. 즉, 언어정보는 계열적으로 부호화되고, 시각정보는 공간적으로 부호화된다는 것이다. 이는 마치 인간에게 언어적 정보처리를 맡는 뇌의 좌반구와 비언어적·심상적 정보처리를 맡는 우반구가 있는 것과 같다. 그러므로 장기기억 속의 정보는 언어적 형태와 비언어적·심상적 형태(시각적 형태)로 저장된다고 주장한다. 즉, 언어정보와 시각정보는 각각 분리된 인지체제에 저장된다고 본다. 따라서 언어정보와 시각정보를 별도로 제시하는 것보다는 함께 제시하는 것이 효과적이며, 멀티미디어가 단일매체보다 학습에 효과적이다.
   예 성공, 영혼, 진리와 같이 추상적 개념은 언어적 형태로 표상된다. 반면, 소리, 행동 기타 비언어적 사상은 심상적 형태로 표상된다. 한편, '집', '호랑이'와 같이 구체적 속성과 추상적 속성을 함께 갖고 있는 사상은 2가지 형식으로 표상된다.

MEMO

2. **언어정보의 기억 · 재생**: 언어정보는 계열적으로 기억, 재생, 처리된다. 그렇기 때문에 언어정보는 예컨대, 단어의 순서를 변경하거나 기억되어 있는 단어 순서에 새로운 단어를 끼워 넣음으로써 재조직될 수 있다.
3. **시각정보의 기억 · 재생**: 시각정보는 각 부분이 개별적이고 순차적으로 기억되는 것이 아니라, 현실에 존재하는 영상처럼 전체적인 영상을 구성하면서 우리의 두뇌에 기억되고 재생된다.
4. **별개의 분리된 인지체제에 정보 저장**: 이중부호화 이론에 따르면, 우리가 정보를 언어적 형태와 시각적 형태로 학습할 때 각 정보는 분리된 인지체제에 저장된다고 가정할 수 있다(동일한 정보에 대해 2가지 저장체제가 있다는 가정). 정보의 재생은 기억에서 어떤 정보를 찾는 것이기 때문에, 2개의 정보처리 위치를 가진 정보가 위치를 하나만 가진 정보보다 잘 회상된다. 예를 들어, 단어와 그림으로 기억된 정보가 단어만으로 기억되거나 그림만으로 기억된 정보보다 우월하게 재생된다.
5. **교육적 시사점**: 언어정보와 시각정보를 별도로 제시하는 것보다는 함께 제시하는 것이 효과적이며, 멀티미디어가 단일매체보다 학습에 효과적이다.

(3) 장기기억(long-term memory) 99 초등, 07 중등

① **정보의 영구 저장소**: 작업기억의 정보를 부호화 과정을 거쳐 영구적으로 저장하는 장소이다. 예 하드디스크(hard disk), USB(이동식 저장장치)

② **저장용량과 지속시간 무제한**: 거의 무제한의 정보를 영구적으로 저장한다.

③ **장기기억 속의 지식**: 선언적(서술적) 지식, 절차적 지식, 조건적 지식 ⇨ 장기기억 속에 어떤 형식으로 '정신적으로 표상(기억 속에 저장되는 방식)'되느냐에 따른 구분

예 컴퓨터에 비유하면 선언적 지식은 자료(data), 절차적 지식은 프로그램(program)에 해당

선언적 지식 (knowing that/what)	• 개념: '무엇이 어떻다(knowing that)'는 것을 아는 것으로, 사실 · 개념 · 원리 등에 대한 지식(서술적 · 명제적 지식. 선언적 지식은 개인적 사건(경험), 사실, 법칙, 이론, 태도 등을 망라하기 때문에 일화기억과 의미기억을 포괄하는 개념 예 해는 동쪽에서 떠서 서쪽으로 진다는 것을 아는 것, 단어의 의미를 아는 것 • 저장 · 표상 방법: 서로 관련 있는 정보들이 유의미한 체제로 조직화된 도식(schema)으로 저장되고 표상됨 • 획득 방법: 새로운 정보를 기존의 지식과 통합함으로써 획득됨 ⇨ 정교화, 조직화, 심상화, 맥락화 등은 선언적 지식을 획득하는 데 가장 필수적인 전략임
절차적 지식 (knowing how)	• 개념: '무엇을 어떻게 하는가'에 대해 아는 것으로, 방법에 관한 지식 예 자전거를 타는 방법, 수학적 증명을 하는 방법 • 저장 · 표상 방법: 특정한 조건하에서 드러내야 할 행위 규칙인 산출(production)로 저장되고 표상됨. 산출은 조건-행위의 규칙이며, '만일(IF)~, 그러면(THEN)~'의 형식으로 표현된다. 따라서 산출은 확실한 조건들이 존재할 때만 특정 행위가 일어나도록 한다. 산출은 두 부분으로 구성되어 있는데, 만일(IF) 부분과 그러면(THEN) 부분이다. 만일(IF) 부분은 행위를 실행할 때 꼭 있어야 할 조건을 명확히 한다. 그러면(THEN) 부분은 조건이 맞을 때 실행 또는 발사되는 행위를 나타낸다.

MEMO

02

- **획득 방법**: 절차와 규칙이 사용되는 다양한 맥락(상황) 속에서 많은 연습으로 획득되며, 많은 연습을 통해 자동화하는 것이 학습목표임

	강화	삼각형	방 안 둘러보기
만일 (IF)	목적은 아동의 주의 집중 행위를 증가시키기이다. 그리고 아이가 보통 때보다 약간 오래 주의를 집중했다.	도형이 2차원이고 3개의 변을 가졌으며 닫혀 있다.	목적은 방 안을 둘러보는 것이다. 나는 전등 스위치 곁에 있다.
그러면 (THEN)	아동을 칭찬해라.	도형을 삼각형으로 분류하고 "삼각형"이라고 말하라.	스위치를 켜라. 그리고 방 안을 둘러보라.

조건적 지식 (knowing why/when)

- **개념**: 선언적 지식(개념)과 절차적 지식(절차, 규칙)을 언제 어떻게 왜 적용할 것인지에 대한 지식. 학습이나 기억, 사고를 조절하고 점검하는 기능을 함
  - 예 선다형 문제 푸는 전략과 논문형 시험 푸는 전략을 아는 것 ⇨ 학교학습에서는 선언적 지식과 절차적 지식만으로는 충분하지 않다. 조건적 지식이 부족하면 부적절한 전략을 적용할 것이고, 결국 학습에 실패할 것이다. 최근 관심의 대상이 되고 있는 자기조절학습(self-regulated learning)의 핵심을 차지한다.
- **저장·표상 방법**: 인지전략으로 저장되거나 또는 선언적 지식과 절차적 지식이 서로 연결된 명제망의 형태로 저장되고 표상됨
- **획득 방법**: 절차적 지식처럼 다양한 상황 속에서 많은 연습을 해야 획득됨

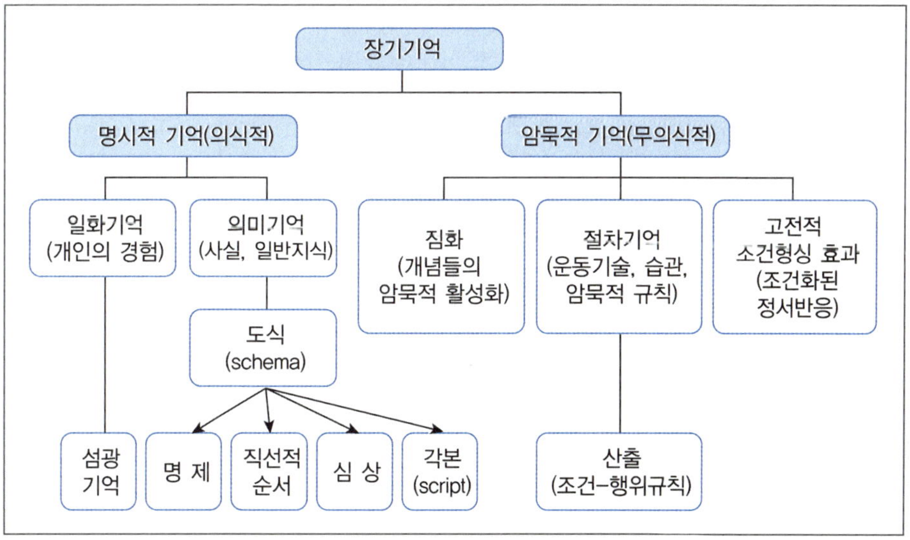

MEMO

④ **장기기억의 유형**: 장기기억은 저장되는 정보의 내용에 따라 일화기억(episodic memory), 의미기억(semantic memory), 절차기억(procedural memory)으로 분류된다.

일화기억 (episodic memory)	• 개인적 경험에 대한 기억을 말하며, 심상의 형태로 저장되고 표상된다. 예 지난여름 해수욕장에서 있었던 일, 크리스마스 때 있었던 일 • 사건이 일어난 시점과 장소를 중심으로 조직되기 때문에 일화기억을 인출할 때는 장소와 시간적 단서가 중요하다.
의미기억 (semantic memory)	• 사실, 개념, 원리, 법칙 등에 대한 장기기억(⇨ 선언적 지식)을 말하며, 도식(schema)이나 명제망, 심상의 형태로 저장되고 표상된다. 예 석굴암은 경주에 있다. 참새는 조류다. • 학교에서 배우는 대부분의 내용은 의미기억에 저장된다.
절차기억 (procedural memory)	• 무엇을 어떻게 하는 방법에 관한 기억(⇨ 절차적 지식)을 말하며, 조건－행위 규칙인 산출로 저장되고 표상된다. 예 자전거 타기, 수영하기, 미적분 풀기 등 • 운동기술과 인지기술을 학습하는 것으로, 많은 연습을 통해 자동화된다.

⑤ **도식이론(schema theory)**: 장기기억 속의 지식들은 조직화되어 서로 연관을 맺으면서 체계적인 네트워크를 형성하고 있는 도식들로 저장된다. 10 중등

개념 다지기

1. 학교에서 학습되는 대부분의 지식은 서로 연관을 맺으면서 체계적인 네트워크를 구성하게 된다. 이것은 장기기억 속에 존재하는 정보들이 따로따로 분리되어 존재하는 것이 아니라 서로 관계성을 맺고 상호 연결되어 있다는 것을 의미한다. 학습자가 학습에서 어떤 식으로 네트워크를 구성하느냐에 따라 학습의 질이 달라질 수 있다.
2. **관련 연구**: 도식이란 용어를 처음 사용한 바틀렛(Bartlett)은 무의미음절을 소재로 삼은 에빙하우스(Ebbinghaus)와는 달리 문화적으로 동떨어진 이야기를 기억 연구의 소재로 삼았다.
   ① 케임브리지 대학 학생들에게 아메리카 원주민들 사이에서 구전으로 전해지는 '유령들의 전쟁' 설화를 들려주고, 15분 후에, 몇 개월 후에, 6년 후에 최대한 기억해서 글로 쓰게 하였다.
   ② 연구 결과 시간이 지날수록 기억의 양이 줄어들고 원래와는 다른 내용으로 왜곡됨을 발견하였다. 제일 먼저 잊힌 부분은 영국의 문화적 틀로 이해되지 못하는 것이었다.

의미	• 도식(schema)은 인간의 기억 속에 축적된 지식의 구조 혹은 인지구조, 이해의 틀을 의미 예 주택의 도식: 특징, 용도, 재료, 크기, 모양 등과 같은 속성들로 범주화하여 형성함으로써 다른 건축물과 구별한다. • 도식은 일련의 유사한 경험을 통해 형성된 공통적인 속성. 어떤 사물에 대한 세부적인 정보를 담고 있지 않고 일반화된 개념적인 정보를 담고 있음 예 개를 여러 번 경험하면 개의 공통된 속성(다리가 4개, 털이 있고, 짖고 등)을 추상화하는데, 이것이 개에 관한 도식이다. • 개념(concept)은 공식적・객관적인 정의를 제공하나, 도식은 주관적인 지식을 말함 • 개인이 세계를 범주화하고 지각하는 방식, 심리적인 이해의 틀이므로 도식이 다르면 동일한 현상도 서로 다르게 해석함 예 사람들마다 사물이나 현상에 대해 형성한 도식이 다르기 때문에 동일한 현상도 다르게 해석한다.

용어	• 바틀렛(Bartlett)이 처음 사용 ⇨ 도식을 바탕으로 유입된 정보를 학습하고 기억 ⇨ 스키마 학습 • 피아제(Piaget)는 도식을 '인지발달단계별 사고구조'의 의미로 사용 • 오수벨(Ausubel)은 도식을 '학습자의 선행 지식(관련정착의미, 기존 인지구조)'의 의미로 사용
특징	• 도식은 기억 속에 존재하는 조직화된 구조를 의미한다. • 도식은 직접적인 경험이 아니라 추상적인 표상이다. 예 기억 속에 저장된 '개'의 도식은 개의 세부적인 특징들을 하나하나 그대로 표상한 것이 아니라 개의 일반적인 특징(4개의 다리, 2개의 눈 등)만 표상한다. 도식의 이러한 특성은 기억용량과 인지적 자원을 효율적으로 처리하도록 해 준다. • 도식은 교육이나 경험에 따라 다르게 형성되고, 성장함에 따라 더욱 발달한다. 도식이 변용되는 과정을 Piaget는 동화와 조절이라고 불렀다.
기능	• 도식은 수많은 정보 중에서 중요한 정보에 주의를 기울이도록 한다. 적절한 도식이 없으면 중요한 정보에 주의를 집중하기 어렵다. 도식은 선택적 주의집중에 영향을 주어 제한된 인지능력을 효율적으로 활용하게 한다. • 도식은 새로운 정보를 지각하고 이해하는데 영향을 준다. 우리가 무엇을 지각하고 어떻게 이해하느냐 하는 것은 어떤 도식을 갖고 있느냐에 따라 좌우된다. 세대 갈등이나 문화 갈등의 차이도 도식의 차이에서 비롯된다. 예 "아는 만큼 보인다." • 도식은 기억 속에 저장된 정보를 회상하는 데 영향을 준다. 이는 학습하려는 정보에 대한 선행지식을 활성화시키면 학습이 향상됨을 시사한다. 예 공룡에 대한 지식이 많을수록 공룡이름을 잘 회상한다. 도식을 잘 활성화하면 학습이 향상된다. • 도식은 문제를 적절히 표상하는 데 영향을 주어 문제해결을 촉진한다. 이에 반해 도식이 존재하지 않으면 문제를 적절하게 표상하지 못하고, 결국 문제를 해결하는 데 어려움을 겪는다. • 새로운 정보는 기존 도식과 연결하면 더 쉽게 이해되고, 기억되며, 또 많은 정보를 정리해서 저장하기 때문에 그 정보의 인출도 쉽게 이루어진다. • 도식은 어떤 사실을 추론하는 역할도 한다. 예를 들어, 친구가 아침에 전화로 밤늦도록 시험공부를 하였다는 말을 했다면 우리는 그가 아침에 피곤해 할 것이고, 눈도 충혈되어 있을 것으로 추측하는 등 밤늦도록 공부해 본 경험에 의해서 형성된 도식을 가지고 추론할 것이다. • 도식은 지엽적인 사항의 누락, 정보 왜곡 등 인지 과정에 부정적인 영향을 줄 수도 있다. 특정 도식을 갖고 있으면 지엽적인 사항들은 누락되어 기억되지 않고, 심지어 존재하지 않는 것도 인지하는 왜곡현상이 나타나기도 한다. 고정관념의 틀로 판단하여 인지를 왜곡시킨다. 예 눈의 충혈은 눈의 질병이라는 도식을 갖고 있으면 밤샘하여 충혈된 사람을 잘못 판단하게 된다.
각본 (script)	도식의 한 종류, 사람들이 알고 있는 일상적인 활동에 대한 조직화된 지식 예 레스토랑에 대한 각본: 레스토랑에 들어가기(빈자리 찾기, 앉을 자리 정하기, 자리로 가서 앉기), 음식을 주문하기(메뉴판 보기, 음식 선택하기…), 먹기, 떠나기로 구성되며 다시 하위구성요소로 구성된다.

MEMO

인지과정
인지과정(인지처리과정)이란 특정 기억체계, 즉 정보저장고 속에 저장된 정보를 다른 기억체계로 전이시키기 위한 정신과정을 말한다. 인지과정은 인지전략(cognitive strategies)이라고도 한다. '주의집중 ⇨ 지각 ⇨ 시연 ⇨ 부호화 ⇨ 인출'이 있다.

암기법
주지시부인

2 인지과정(인지전략; cognitive process) 암 00 중등, 04~05 초등, 11 초등

(1) 주의(attention)

① 개념 : 특정 정보자극에만 선택적으로 주의를 집중하고 다른 측면은 무시하는 것이다. 이를 '선택적 주의(selective attention)'라고 한다. 정보처리능력의 한계로 인해 감각기억에 투입되는 정보를 모두 처리할 수는 없기 때문이다.

예
- 칵테일파티 효과(cocktail party effect : 자신에게 의미 있는 정보에만 주의를 기울임), Broadbent의 청취 조건 실험(동시적인 정보보다 분리해서 제시되는 정보의 기억이 더 높다. 한 가지 정보만이 입력되고 나머지 정보들은 여과된다.)
- 교사가 칠판에 판서를 하면서 학습 내용을 설명할 경우, 학생들은 필기에 집중하여 교사의 설명을 잘 듣지 못한다. ⇨ 감각기억의 한계

② 주의의 특징

㉠ 모든 사람의 주의는 용량과 지속성에서 한계가 있다. 학생들은 교사의 설명 중 일부만 주의를 기울이고 나머지는 놓치기 쉽다.

㉡ 우리의 주의는 한 자극에서 다른 자극으로 쉽게 옮겨질 수 있다. 주의를 분산시키는 다양한 요인으로 인해 교사의 설명을 제대로 듣지 못하는 경우가 많다.

㉢ 유능한 교사는 학생들이 필요 없는 자극을 무시하고 배우는 것에 주의를 집중할 수 있도록 수업을 계획하여야 한다.

③ 학습자의 주의를 유도하는 전략

강조	• 시각적 자료를 제시할 때 밑줄, 별표, 색상, 진한 글씨, 큰 글자 등을 이용해서 강조한다. • 정보를 언어로 제시할 때에는 음성의 고저·강약·세기를 조절하고, 특이한 발성으로 강조하거나 시험에 반드시 출제되는 내용이라고 강조한다. 예 교사가 "여기 집중하세요. 다음 2가지는 아주 중요해요."라고 말한다.
흥미유발 자료	호기심을 자극하고 흥미를 유발할 수 있는 다양한 자료와 시청각 매체를 이용한다.
특별한 자극	학생의 관심을 끌 수 있는 특별한 자극을 사용한다. 예 베토벤의 음악을 들려주면서 수업을 시작한다든지, 고대 그리스에 대한 토론을 시작하기 위해 한 장의 천을 걸치고 샌들을 신고 왕관을 쓰고 교실로 들어온다.
시범	과학 교사가 학생이 앉아 있는 의자를 교실에서 끌고 다니면서 힘과 일의 개념을 시범 보인다.
도표·그림·사진	• 보건 교사가 고지방 식품에 대한 도표를 보여 준다. • 영어 교사가 수염이 덥수룩한 헤밍웨이의 그림을 보여 주면서 헤밍웨이의 영어 소설의 주요 내용을 영어로 소개한다.
문제제기	수학 교사가 "철수는 토요일에 음악 공연장에 가고 싶지만 돈이 없어요. 공연표는 5만 원인데, 추가로 2만 원 정도 교통비와 저녁 식사비가 필요해요. 철수가 아르바이트를 해서 시간급으로 시간당 5천 원을 벌고 있는데, 공연장에 가기 위해 몇 시간을 일해야 할까요?"라고 문제를 제기한다.

사고를 자극하는 질문	역사 교사가 "일본이 제2차 세계대전에서 이겼다면 지금의 아시아는 어떻게 달라졌을까요?"라고 묻는다.
호명하기	질의응답 시간에 교사가 질문을 하고 잠시 멈춘 후 한 학생의 이름을 부르며 답변하게 한다.

MEMO

02

(2) **지각**(perception)

① **개념**: 주의집중한 자극을 해석하고 의미를 부여하는 과정이다.

예 "남자다"(감각자극), "멋지다"(지각)

② 의의

㉠ 지각은 학습자의 배경지식에 강력한 영향을 받는다.

㉡ 지각은 정보를 주관적으로 처리하는 과정이기 때문에 정보의 왜곡이 일어날 수 있다.

㉢ 사람들이 동일한 자극을 왜 다르게 보는지를 설명해 줄 수 있다.

㉣ 학생들의 지각을 확인하는 효과적인 방법은 개방형 질문을 사용하여 다양한 답을 유도하는 것이다. 예 "이 공식을 보세요. 무엇을 알 수 있나요?"

(3) **시연**(rehearsal)

① **개념**: 정보를 변형하지 않고 계속 반복하여 되뇌는 것이다.

예 전화를 걸 때 전화번호를 머릿속으로 반복하는 것, 음악작품의 악보를 반복적으로 연주하는 것

② **기능**: 1차적으로 작업기억 속의 정보를 유지하는 기능(유지형 시연)을 하며, 2차적으로 단기기억의 정보를 장기기억으로 전달하는 기능(정교화 시연)을 한다.

③ 효과적인 시연 방략

㉠ 시연을 반복할수록 기억이 향상된다(연습의 제1법칙, the first law of practice).

㉡ 집중학습보다 분산학습(일정한 기간을 두고 몇 회로 나누어 학습)이 더 효과적이다(간격효과, spacing effect).

㉢ 중요한 내용을 학습의 처음(예 초두효과)과 마지막 부분(예 최신효과 또는 신근성 효과)에 배치한다(계열위치 효과).

(4) **부호화**(기호화, 약호화, encoding)

① **개념**: 새로운 정보를 유의미하게 전환하여 장기기억 속에 파지하는 것이다. 즉, 시각적 또는 언어적 상징의 형태로 전환하여 저장하는 것이다. 유의미 부호화 전략을 사용하면, 정보(학습내용)를 쉽게 이해할 수 있고, 장기기억에 잘 저장되며, 인출도 쉬워진다.

MEMO

암기법
정조맥심

② 유의미한 부호화 전략 암

정교화 (elaboration)	• 개념 : 새로운 정보에 의미를 추가(부여)하거나 새로운 정보를 기존 지식과 연결(연합)하는 전략. 배경지식이 많을수록 정교하게 연결되어 도식이 정교해짐 예 '국화는 가을에 피는 꽃이다.'를 학습할 때, 가을에 엄마 생일 선물로 샀던 국화꽃과 연결하여 기억함. 처음 만난 사람의 이름이 유명 연예인과 같다면 유명 연예인과 연합하여 그 이름을 기억함. 무의미철자 'EGBDFJ'를 암기할 때 'Every good boy does find job'과 같이 각 철자에 의미를 붙여 한 문장으로 부호화하여 기억함 • 방법 예 구체적 사례(어떤 개념에 친숙한 예를 들어 설명해 주면, 개념과 예를 연결시켜 장기기억에 함께 저장함), 유추하기(어느 정도 유사성을 가진 개념을 활용하여 새로운 개념에 대한 이해를 높임 – 예: 6개의 대륙을 커다란 판 위에 매달려 있는 커다란 소시지라고 생각하자. / 원자의 구조는 태양계와 같다. 핵은 태양이고 전자는 혹성이다), 논리적 결합, 기억술 활용하기, 문답법(교사가 질문하고 학생이 답하기) 등 • 시각적 정교화와 언어적 정교화 : 시각적 정교화와 언어적 정교화로 구분하기도 함(Mayer, 1987) – 시각적 정교화 : '개구리–나무'의 쌍을 기억할 때 개구리가 나뭇가지 위에 앉아 있는 모습을 상상하면 더 쉽게 기억 – 언어적 정교화 : '소년–자동차'의 쌍을 기억할 때 '소년이 자동차를 운전하고 있다.'라는 하나의 문장을 만들어 기억하면 더 쉽게 기억
조직화 (organization)	• 개념 : 관련 있는 정보끼리 묶어 체계화 · 구조화(범주화 · 유형화)하는 것 예 무의미한 철자 'l, e, o, l, m, a'를 "I am leo."라고 청킹(chunking, 덩어리 짓기)하여 기억하거나, '강아지배추사과망치말귤삽고구마괭이양파고양이배'를 "(강아지 말 고양이) (배추 고구마 양파) (사과 귤 배) (망치 삽 괭이)"로 군집화(clustering)하는 것 • 방법 예 개념도/위계도(concept mapping: 개념 간 관계들을 연결하고 도형화한 것), 개요작성(outlining: 학습내용 전체를 조직화된 구조(뼈대)로 제시), 도표작성(많은 양의 정보를 체계적으로 정리하고 관련 있는 것끼리 연결하여 묶음) 등
심상화 (visual imagery)	• 개념 : 정보를 시각적인 형태(심상 형태)로 변형하는 것(⇨ Paivio의 이중부호화 이론). 심상(image)은 또 다른 기억부호를 제공하므로 한 가지 부호보다 회상률을 증가시킴. 심상은 기억술의 토대가 됨 • 방법 예 언어정보와 시각정보를 함께 제시(⇨ 학습내용과 관련된 그림이나 사진을 제공, 학습내용을 다이어그램이나 모형, 순서도와 같은 시각자료로 만들어 제공, 시청각자료나 멀티미디어 자료를 활용), 장소법(암기할 목록을 익숙한 장소와 연결시켜 기억), 핵심단어법[기억해야 할 단어를 익숙한 단어와 연결시키는 심상을 활용하여 기억–barge(유람선)를 유람선에 바지가 걸린 이미지로 기억] 등
맥락화 (context)	• 개념 : 정보를 장소나 사람, 감정 등 물리적 · 정서적 맥락과 함께 학습하는 것 예 어제 수학 시간에 배운 공식이 집에서 생각나지 않다가 학교에 오니 생각이 났다(장소적 맥락). 슬플 때 암기한 것이 슬플 때 잘 기억난다(정서적 맥락) • 방법 예 문법과 철자법을 익히도록 할 경우 문법과 철자법이 요구되는 글을 쓰게 하는 것

MEMO

02

기억술 (mnemonics)	• 개념 : 학습내용에 존재하지 않는 연합을 만들어 부호화하는 것 ⇨ 새로운 것과 기존의 것 사이에 인위적인 고리를 만들어 줌 • 방법 – 장소법 : 항목을 잘 아는 장소에 연결시켜 기억 예 잘 아는 장소를 선택하고 그 위치를 순서대로 암기한 다음 위치마다 기억하려고 하는 정보를 결합함 – 핵심단어법 : 추상적인 단어를 발음이 비슷한 구체적인 단어로 심상화하여 기억 예 '거대한' 뜻을 가진 'huge'를 암송할 때 huge의 발음을 이용하여 '거대한 휴지'를 연상하며 암기 / 4,321,543원을 기억하자면, 숫자마다 발음이 비슷한 단어(일–일꾼, 이–이빨, 삼–삼베, 사–사슴, 오–오물)를 이용해서 심상을 형성함 ⇨ '사슴이 삼베를 이빨로 풀고 일꾼에게 달려가다가 오물을 뒤집어쓰니 다른 사슴이 달려와 물고 삼베를 빼앗아 갔다.') – 두문자법 : 항목의 첫 글자를 따서 기억 예 '태정태세문단세~', 문장작성법(항목의 첫 글자나 단어를 이용해서 문장이나 이야기를 구성하여 기억 예 Mercury, Venus, Earth, Mars, Jupiter, Saturn, Uranus, Neptune, Pluto ⇨ My very educated mother just served us nine pizzas. – 연결법 : 항목들을 서로 결합하는 시각적 심상을 형성하여 기억 예 잡지, 면도용 크림, 필름, 연필을 기억해야 할 경우, 연필과 면도용 크림을 손에 들고 있는 남자가 모델로 실린 잡지의 표지를 연상함 – 운율법 : 항목들을 운율로 만들어 기억. 소거에 대한 저항이 매우 높고 좌반구(언어중추)와 우반구(음악중추)를 동시에 활성화시킴 예 '가나다라…' 가락이나 알파벳 송
초과반복학습 (overlearning)	완전학습 수준 이상으로 학습을 계속하는 것. 다음 학습에 기초가 되는 기초학습과제에서 유용
자기참조적 부호화 (self–referent encoding)	정보가 자신과 어떻게 관련이 있는지를 결정하여 부호화하는 것
학습자의 적극적 활동	학습자가 수동적으로 설명을 듣기보다 적극적으로 수업에 참여할 때 학습을 촉진

(5) **인출**(retrieval)

① **개념** : 장기기억 속의 정보를 의식수준으로 떠올리는 것이다. 즉, 장기기억 속의 정보를 작업기억으로 이동시키는 것이다. 장기기억에 있는 정보가 잘 인출되려면 첫째, 부호화(encoding)가 잘 되어 있어야 하고, 둘째, 적절한 인출단서(retrieval clue)가 있어야 한다. 인출단서(retrieval clue)는 기억 속에 저장되어 있는 정보에 접근하는 데 도움을 주는 실마리나 힌트(예 부호화를 하는 시점의 특별한 사건, 당시의 느낌이나 감정, 정보를 부호화하는 장면에 존재하고 있는 물리적 환경)를 말한다. 정보가 장기기억에 저장되어 있어도 인출단서가 없으면 접근할 수 없다.

MEMO

② **설단현상(tip of the tongue phenomenon, 못난 엇니 현상)** : 생각이 날 듯 말 듯 혀끝에서 맴도는 현상을 말한다. ⇨ 장기기억에 존재하는 특정 정보에 접근할 수 있는 인출단서가 없을 때, 장기기억에 저장된 정보가 체계적이지 못할 때 발생하는 인출실패 현상

③ **부호화 특수성(부호화 특정성, encoding specificity principle, 맥락효과)** 05 초등 : 부호화 맥락이 효과적인 인출단서가 됨

㉠ 정보를 부호화할 때 사용된 맥락이 효과적인 인출단서가 된다는 원리이다. 어떤 정보를 학습할 때 당시의 특수한 상황이나 맥락이 동시에 학습되기 때문이다. 이처럼 인출은 부호화 맥락에 영향을 받는다. 따라서 정보가 저장되었던 맥락과 같은 환경에서는 정보 인출이 쉽지만, 저장되었던 맥락과 다른 환경에서는 정보 인출이 좀 더 어려워진다.

예 '연습은 실전처럼' / 잠수부에게 6미터 아래의 바다 속에서 단어들을 기억하도록 한 다음 그 단어들을 어느 정도 기억하고 있는가를 자유회상을 통해 측정한 결과 같은 조건에서 더 많은 단어들을 회상하였다. / 학교에서 본 선생님을 마트에서 만난다면 선생님의 이름이 번뜩 떠오르지 않을 수 있다. 이는 선생님의 이름이 학교 맥락에서 부호화되었기 때문이다.

㉡ 이 원리에 따르면, 부호화의 맥락과 인출 맥락이 일치할 때 정보 인출이 잘 된다. 따라서 부호화 특수성의 원리는 효과적인 인출단서로 활용될 수 있는 다양한 맥락과 예시를 사용해서 학습내용을 가르쳐야 함을 시사한다.

㉢ 부호화 특수성이 작용해서 나타나는 현상으로 상황학습(장의존학습)과 상태의존학습을 들 수 있다.

상황학습 (situation learning)	• 특정 상황에서 학습한 내용은 상황이 바뀌면 잘 인출이 되지 않는다. 구성주의 학습방법 • 다양한 맥락과 예시를 사용해서 수업해야 학습내용이 효과적인 인출단서와 함께 부호화되어 잘 인출될 수 있다.
상태의존학습 (state-dependent learning)	• 특정 정서 상태에서 학습한 내용은 동일한 정서 상태에서 더 잘 회상되는 현상 예 슬픈 상태에서 학습한 단어는 슬플 때 더 잘 회상된다. • 학습시점과 회상시점의 정서 상태가 동일할 경우 학습내용의 회상이 촉진된다는 것이다.

MEMO

02

③ 메타인지(meta-cognition; 상위인지, 초인지) – 선구자 Flavell(1979)

99 중등, 00 초보, 03 중등, 06~07 초등, 09 중등, 10 초등

개념 다지기

메타인지전략과 인지전략과의 관계

인지전략은 정보를 처리하는 방식(예 주의집중, 지각, 시연, 부호화, 인출 등)을 의미하고, 메타인지전략은 이러한 인지과정에 대한 지식과 인지과정을 어떻게 조절하고 통제할 것인가의 기술을 의미한다(예 어떤 정보에 주의를 기울여야 하는지, 시연을 사용할 것인지 혹은 부호화 전략을 사용할 것인지, 어떤 부호화 전략을 활용할지, 학습하는데 얼마나 많은 시간이 필요한지, 새로운 학습정보가 장기기억에 잘 저장되었는지 확인하는 것 등). 메타인지는 인지에 관한 지식과 인지에 대한 조절 및 통제의 2가지 범주를 포함한다.

예 수학 공부의 경우: 먼저, 학습목표를 설정하고(메타인지), 교재에 주의를 집중해서 읽는다(인지전략). 몇 행 읽다가 개념을 제대로 이해하지 못하고 깨닫고(메타인지), 그 부분을 다시 읽는다(인지전략). 그 부분을 이해했다고 판단되면(메타인지), 다음 개념을 공부한다(인지전략). 중요한 개념은 마음속으로 반복한다(인지전략, 시연).

(1) 개념 – 인지에 대한 인지, 사고에 대한 사고

① 메타인지는 '자신의 인지과정에 대해 알고(self awareness), 그것을 토대로 자신의 인지과정을 조절하고 통제하는 것(self regulation)'을 의미한다.

② 그래서 메타인지는 '인지에 대한 인지'(cognition about cognition), '사고에 대한 사고'(thinking about thinking)라고도 한다.

(2) 구성요소

① 메타인지적 지식(metacognitive knowledge): 인지과정에 대한 지식

메타인지적 지식은 자신의 인지과정에 대한 지식으로, 자신의 인지능력, 과제특성, 학습전략(과제해결전략) 등에 관해 알고 있는 것을 말한다. 자신의 능력과 약점을 알고, 과제특성을 잘 파악하여, 적절한 학습전략을 시행할 수 있어야 한다. 메타인지 분야의 선구자인 플라벨(Flavell)은 메타인지 지식은 사람 변인, 과제 변인, 전략 변인으로 구성된다고 한다.

개인 지식 (사람 변인)	• 자신의 인지능력과 한계에 대한 지식 ⇨ 자신의 학습능력 및 기억능력과 그 한계를 인식하고 있어야 한다. • 일반적으로 연령이 많을수록 자신의 기억능력과 한계를 더 잘 이해하고 있어서 기억전략을 보다 더 계획적이고 자발적으로 활용한다. 반면, 어린 아동들은 기억의 한계 때문에 학습한 기억전략을 자발적으로 사용하지 못하고 중요한 정보를 빠뜨리거나 옳지 않은 전략을 사용하기도 한다.

MEMO

과제 지식 (과제 변인)	• 과제 특성과 관련된 지식(학습해야 할 과제의 주제와 내용 등) ⇨ 학습과제에 대해 어느 정도 파악하고 있어야 하며, 학습과제가 다를 경우 전략도 달라야 한다는 것을 이해하고 있어야 한다. 어려운 내용과 쉬운 내용을 읽을 때는 각각 다른 방법으로 읽어야 한다. • 교사가 특정 학습전략을 제안하기 위해서는 학습자들이 학습내용을 어느 정도 파악하고 있는지 사전 정보를 가지고 있어야 할 것이다.
전략 지식 (전략 변인)	• 메타인지전략 자체에 관한 지식 ⇨ 학습과제의 성질에 따라 적절한 전략을 선택하는 지식이다. • 학습목표에 도달하기 위해서는 과제의 성질에 따라 부호화, 저장, 인출 등을 효과적으로 활용할 수 있는 지식을 갖추고 있어야 한다.

② 메타인지적 기술(metacognitive skill): 인지과정을 조절하고 통제하는 능력

계획 (planning)	과제해결에 필요한 전 과정을 계획하는 것 ⇨ 학습목표를 설정하고, 학습활동을 계획하며, 과제를 훑어보고, 적절한 인지전략을 선택하는 것
점검 (monitoring)	• 과제의 진행상황, 선택한 전략의 적절성, 계획과 실제 수행의 효율성 등을 점검하는 것 • 인식의 착각(illusion of knowledge) 또는 제2의 무지(secondary ignorance): 과제 내용을 제대로 이해하지 못하고 있으면서도 이해하고 있는 것으로 착각하는 경우 ⇨ 과제 내용을 제대로 이해하고 있는지, 무엇을 알고 무엇을 모르는지 수시로 점검하는 것이 중요. 시험공부를 열심히 했는데 시험점수가 낮게 나왔다고 불만을 터뜨리는 학생들의 대부분은 이러한 인식의 착각에 빠진 경우라고 볼 수 있음 • 이해점검(comprehension monitoring)을 위한 방안은 ㉠ 스스로 질문하고 대답해 보는 것(예 핵심내용은 무엇인가, 사례를 들어 설명할 수 있는가, 다른 내용과의 공통점과 차이점은 무엇인가, 어떤 효과와 문제점이 있는가, 원인은 무엇인가 등), ㉡ 학습자료를 그림이나 도표로 나타내 보는 것이 있음
조절 (regulation)	부적절한 인지전략과 학습방법을 수정함
평가 (evaluation)	목표달성 정도, 자신의 인지상태의 변화 정도, 사용한 인지전략의 유용성 등을 평가함

(3) 메타인지(초인지)전략 09 중등

정보가 장기기억 장소에 저장되기 위해서는 유의미 학습이 발생해야 한다. 유의미 학습은 정보를 장기기억에 부호화하고 저장하며, 그것을 회상하기 위해 체계적인 과정을 필요로 한다. 이를 위한 메타인지(초인지)전략을 제시하면 다음과 같다(Mayer, 1975; 박성익 외, 2006).

MEMO

02

발췌 (abstracting)	• 발췌는 학습내용의 핵심을 추출해 내는 기법이다. 예 책을 읽고 주요 내용을 요약하는 것 • 발췌의 목적은 내용을 이해하기 쉽게 양을 줄이는 것이다. 발췌의 결과는 주요 내용의 개요나 요약으로 나타난다.
정교화 (elaborating)	정교화는 발췌와는 약간 상반되는 개념으로 정보를 줄여가는 것이 아니라 더 늘려가는 것으로, 정보를 더 구체적이며 실제적으로 나타낸다. 예 사례나 삽화 등을 추가하여 정리하거나 내용을 자신의 말로 다시 적어 보는 것 등
도식화 (schematizing)	• 도식(schema)은 정보를 이해하고 장기기억에 저장하기 위해 그 정보를 구조화할 때 사용하는 기본 틀(사고 틀)을 의미한다. 예 학습자료에서 주요 개념들을 찾아 개념도를 그려 보기 • 도식은 유의미한 학습을 위한 메타인지 과정의 핵심적인 요소라고 할 수 있다. 도식은 학습하고 있는 것을 이해하고 기억하도록 돕는 사고의 틀과 같다.
조직화 (organizing)	• 조직화는 정보의 내부 구조를 발견하기보다 자료에 구조를 부과하려는 노력이다. 조직화는 정보처리를 쉽게 하기 위해서 내용을 묶음으로 나누고 도식화를 하는 하나의 방법이 된다. 예 책의 목차를 훑어보며 장, 절 등으로 위계화하여 파악함 • 조직화의 부수적인 특징은 장, 절, 머리말 등과 같이 위계적 관계를 가지는 것이다.
인지적 점검 (monitoring)	• 자신이 학습을 제대로 하고 있는지 계속적으로 추적하고 통제하는 활동을 말한다. 인지적 점검(감지)에는 자기질문(self-questioning), 목표설정, 자기검사(self-testing), 환경점검, 피드백활용 등이 있다. 예 오답노트를 만들어 부족한 부분을 확인하고 그 원인을 분석하기 • 효과적인 학습이 이루어지기 위해서는 학생들이 자신의 학습상황을 정규적으로, 계속 점검(감지)하는 것이 바람직하다.

(4) 메타인지의 개인차와 학업성취도 차이 – 메타인지가 학업성취에 영향을 미치는 이유

메타인지 학습자는 그렇지 않은 학습자보다 학업성취도가 높다. 메타인지 능력은 5~7세 정도에 발달하기 시작하여 학령기에 크게 향상된다. 메타인지는 개인차가 있으며, 추리, 이해, 문제해결 등은 물론이며 학습에도 영향을 주어 학업성취도의 차이를 낳게 한다. 메타인지가 학업성취를 높이는 데 기여하는 방식은 다음과 같다.

주의집중 증진	메타인지는 학습자 스스로 주의집중에 효과적인 학습환경을 만들도록 함으로써 학습의 효율성을 높여 준다. 예 교실 앞자리에 앉는다. 공부하는 동안에는 휴대전화를 꺼 놓는다.
정확한 지각 증진	메타인지는 학습자가 필요한 정보를 찾게 하고, 자신의 이해가 정확한지를 점검하도록 함으로써 학습내용에 대한 정확한 지각과 이해를 높여 준다.
유의미한 부호화 전략 사용	메타인지는 학습자가 학습과제에 맞는 효율적인 부호화 전략(인지전략)을 사용할 수 있도록 한다.
학습의 과정 통제 증진	메타인지는 목표와 학습과정을 계획, 조절, 통제, 평가하도록 하기 때문에 학습효과를 증진시켜 준다.

MEMO

④ 인지주의 학습이론의 교육적 시사점

인지주의 학습이론이 학습자에 대한 새로운 이해를 토대로 하여 우리의 교육 현실에 던지는 시사점은 다음과 같다(신명희 외).

학습자의 선행지식 활성화	교사는 학습자의 선행지식을 활성화해 주어야 한다. 학습자는 자신의 선행지식을 토대로 새로운 정보를 부호화한다. 교사는 학생의 선행지식 정도를 파악하고 새로운 학습을 그들의 기존 지식과 연결해 주는 장치를 만들어야 한다.
학습자의 주의를 끄는 수업 계획	학습자의 주의를 끄는 수업을 계획해야 한다. 정보처리이론이 시사하는 바와 같이 주의는 기억과정의 시작이다. 만약 생물 교사가 양서류를 설명하기 위해 살아 있는 개구리를 교탁 위에 놓는다면 졸던 아이들도 깨어나 호기심 어린 눈으로 쳐다볼 것이며, 주의를 받은 새로운 정보는 작업기억을 거쳐 장기기억에 저장될 기회를 갖게 된다. 학습자의 주의를 유도하는 전략으로는 유머 사용하기, 학습자의 수업 참여 기회 높이기, 학생의 이름 부르기, 음악 사용하기, 그림 또는 도표 제시하기 등이 있다.
작업기억에 인지적 과부하 유의	작업기억에 인지적 과부하가 걸리지 않도록 수업을 해야 한다. 작업기억은 기능적 한계가 있다. 많은 교사가 정해진 수업시간 안에 최대한 많은 지식을 학생에게 전달해 주려고 애쓴다. 하지만 이는 교사의 헛된 바람일 뿐이며, 비현실적인 욕심이라는 사실을 깨우쳐야 한다. 수업목표의 정보량이 학생의 기억 저장 용량을 넘지 않을 때, 학생은 자신이 학습한 것을 더 많이 기억하게 된다.

MEMO

02

03 대안 모형 – 신경망 이론

❶ 개관

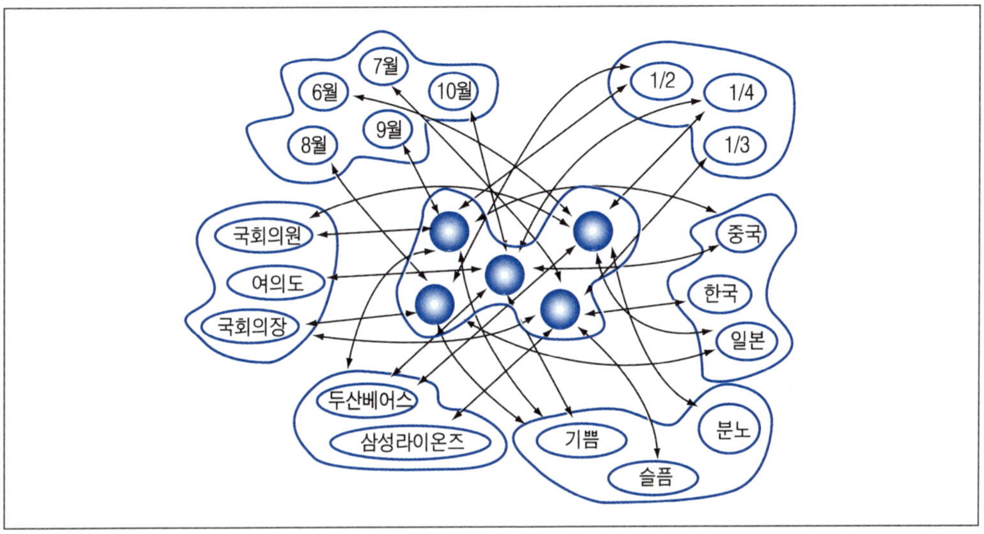

신경망 모형

(1) 인지를 두뇌에 비유

① 신경망이론은 인간의 기억이 신경망으로 구성되어 있고, 기억 내용들이 노드(node) 사이의 연결강도로 저장된다는 이론이다.

② 지식이 거대한 신경망(neural network)에 분산되어 저장된다. 신경망은 뇌의 신경세포가 정보를 처리하는 기제로서, 정보처리요소와 연접경로로 구성된다.

③ 정보가 위계적으로 저장되는 것이 아니라 정보처리 마디(node) 간의 연결강도(connection strength)로 저장된다.

(2) 병렬처리모형

① 정보처리모형은 컴퓨터에 비유하여 정보를 계열적·단계적으로 처리한다고 본다.

② 신경망이론은 정보를 거의 동시에 병렬적으로 처리한다고 본다.

MEMO

2 이론적 특성

① 기본 정보단위(node)는 다양한 수준에서 활성화(의식)될 수 있다.
② 노드는 연결되어 있다.
③ 학습이란 노드 간의 연결을 형성하고 연결강도를 변화시키는 과정이다.

3 정보처리이론과의 차이점

정보처리이론	• 컴퓨터에 비유 • 순차처리(선형적) • 논리연산에 의해 가부가 확실한 의사결정 • 객관주의적 정보처리 • 특정의 정보를 용이하게 검색할 수 있도록 정보가 저장
신경망이론	• 인간의 두뇌에 비유 • 병렬처리(비선형적) • 불완전한 자료에 근거하여 상황에 따라 최적의 의사결정 • 주관주의적 정보처리 • 정보의 일부를 검색하면 관련된 모든 정보가 자동적으로 함께 인출될 수 있도록 정보가 저장

Section 04

인본주의 학습이론 06 중등

MEMO

개념 다지기

인본주의 학습원리

1. 인간은 전인적 존재이다. 인간은 유일하면서도 통합된 전체이다.
2. 인간은 동물과 질적으로 다른 존재이다.
3. 인간은 선천적으로 선한 존재이며, 창조적인 존재이다.
4. 인간의 심리적 건강을 강조한다.
5. 학습목표는 전인적 발달, 자아실현에 둔다.
6. 학습에서 인간성과 자아실현, 교육의 적합성, 정의적 측면을 중시한다. ⇨ 잠재적 교육과정 중시

1 개관

(1) 개념

실존주의 철학과 인본주의 심리학에 이론적 토대를 둔 학습이론

(2) 학습에 대한 현상학적 접근

학습은 지식과 정의(情意)가 결합된 유의미한 실존적(now & here) 경험 ⇨ 특정 사태에 대한 개인의 지각 · 해석 · 의미 등 주관적 경험을 강조

(3) 대표자

올포트(Allport), 매슬로우(Maslow), 로저스(Rogers), 콤즈(Combs)

MEMO

② 인간에 대한 기본 가정

① 인간이란 부분의 합보다 크다. 이것은 인본주의의 전체적인 관점을 나타낸다.
② 인간은 인간관계의 상황에 존재한다. 인간의 실존은 다른 사람들과의 관계 속에서 나타난다.
③ 인간은 자기 자신과 자기의 존재를 의식한다.
④ 인간은 자신의 삶에서 수동적인 방관자가 아니라 스스로의 삶을 선택하는 존재이다.
⑤ 인간은 목적 지향적 존재이다.

③ 학습이론의 특징

① 인간의 내면세계(내적 행동, 내적 동기)에 관심을 갖는다.
② 학습자는 긍정적 자기 지향성과 자유의지를 가지고 스스로 동기화되는 열정적인 존재이다.
③ 교육의 궁극적 목표는 성장과 자아실현에 있으며, 인간적인 환경 조성을 위해 노력한다.
④ 학습자 중심의 교육활동을 전개한다.
⑤ 교사의 역할은 학습자의 학습활동 안내자 또는 촉진자, 조력자, 보조자, 동료이다.

④ 학습원리

① 자기주도적 학습, 학습방법에 대한 학습, 자기평가, 감성의 중요성, 인간적 환경
② 감수성 집단(sensitivity group)과 만남집단(encounter group) 같은 집단과정을 교육방법으로 채택한다.
③ 정의적 학습과 인지적 학습을 통합하려는 융합교육(confluence education)을 중시한다.
④ 학습자 중심 교육과 심층적인 교사, 학습자 관계를 지향하는 열린교육(open education)을 중시한다.
⑤ 수업방법, 교육과정, 시간계획 등을 학생의 학습양식(learning style)에 맞추는 교육을 지향한다.
⑥ 개별학습보다 협동학습(cooperative learning)을 선호한다.

5 비판

① 인본주의 교육의 중심개념(예 자기실현, 충분히 기능하는 인간, 열린교육)이 모호하고, 결론이 매우 사변적이다.

② 이론이 상식에 가깝고 과학이 아니다.

③ 정의적 특성을 지나치게 강조한 나머지 표준교육과정과 지식획득이나 인지발달을 경시하는 결과를 초래하였다.

④ 교육의 효과가 개별교사의 개인적 자질과 기능에 따라 크게 영향을 받는다.

MEMO

02

Section 05

전이와 망각

MEMO

01 전이(transfer)

1 전이의 종류(유형)

(1) 개념

① 전이는 선행학습이 후행학습(새로운 학습)이나 문제해결에 영향을 미치는 현상을 말한다.
⇨ 파급효과, 일반화(Gagné), 적용력(Bloom)

② 전이는 어떤 상황에서 학습한 내용을 새로운 상황에 적용하거나 사용하는 것을 말한다.

(2) 종류

① 긍정적 전이(정적 전이)와 부정적 전이(부적 전이)

긍정적 전이	선행학습이 후행학습을 촉진하는 현상(선행학습이 새로운 학습의 이해를 촉진하는 현상) ⇨ 기능의 유용화(functional availability) 예 한문학습이 일어학습을 촉진하는 경우, 한 가지를 배우면 열 가지를 안다.
부정적 전이 93 초등	선행학습이 후행학습을 방해하는 현상(선행학습이 새로운 학습의 이해를 방해하는 현상) ≒ 순행간섭(선행간섭), 매우 비슷하지만 전혀 다른 반응을 요구하는 과제 사이에서 발생 ⇨ 기능의 고착화(functional fixedness) 예 예전에 학습했던 영어 단어가 불어 단어의 학습에 혼란을 일으키는 경우, 기성세대가 개정된 맞춤법에 제대로 적응하지 못하는 경우, 문제해결과정에서 나타나는 기능적 고착(functional fixedness)의 경우
영(zero) 전이	선행학습이 후행학습에 아무런 영향을 주지 못하는 현상 예 학교교육이 일상생활과 아무런 관련이 없는 경우, 대학을 졸업한 신입사원들이 아무런 쓸모가 없는 경우

② 수평적 전이와 수직적 전이

수평적 전이	선행학습 과제와 후행학습 과제의 수준이 비슷한 경우에 나타나는 전이(한 분야에서 학습한 것이 다른 분야 또는 실생활에 적용되는 것). 특정 교과의 학습이 다른 교과의 학습에 영향을 미칠 때 발생 예 역사시간에 학습한 3·1 운동에 대한 지식이 국어시간의 독립선언문 학습에 영향을 미치는 경우
수직적 전이	내용 면이나 특성 면에 있어서 위계 관계가 분명할 때의 전이(기본 학습이 이후의 고차원적이고 복잡한 학습에 적용되는 것). 선행학습이 후행학습의 기초가 될 때 발생 예 구구단 학습이 분수 학습에 영향을 주는 경우, 교육과정을 계열화할 때 사용

MEMO

02

③ 특수적 전이와 일반적(비특수적) 전이

특수적 전이	선행장면에서 학습한 지식·기능·법칙 등을 매우 유사한 장면에 적용할 때 발생. 학습과제의 구체적 특수성이 유사하기 때문에 발생 예 동일요소설(불어 학습이 스페인어 학습에 영향을 미치는 경우), 상황학습설
일반적 전이	선행장면에서 학습한 지식·기능·법칙을 완전히 새로운 장면에 적용할 때 발생. 선행학습과제와 후행학습과제에 동일한 인지전략을 사용하기 때문에 발생 예 형식도야설, 일반화설, 형태이조설

2 전이이론

(1) 전통적 전이이론

형식도야설 (Locke) 01 중등, 06 중등	• 교과라는 형식을 통해 일반정신능력이 잘 훈련되면 자연스럽게 전이가 발생한다. • 능력심리학에 기초, 교과중심 교육과정에서 강조 예 수학을 열심히 공부하면 추리력이 길러진다.
동일요소설 (Thorndike)	• 선행학습과 후행학습 간 동일한 요소가 있을 때 전이가 발생한다. • 경험중심 교육과정 ⇨ 학습 상황과 실제 상황이 일치할 때 교육효과가 크다. 예 영어를 잘하면 독일어도 잘한다.
일반화설 (동일원리설, Judd) 08 초등	• 두 학습과제 간에 원리가 동일하거나 유사할 때 전이가 발생한다. ⇨ 새로운 상황에 일반화하여 적용할 수 있는 일반적인 원리를 학습하도록 한다. • 학문중심 교육과정(브루너의 지식의 구조 ⇨ 기본개념과 원리를 학습해야 새로운 상황에 전이가 잘 일어난다.) 예 수학적 원리를 잘 알면 물리나 화학도 잘한다. Judd의 **수중표적 적숭 실험(물통실험)**: 초등 5,6학년 학생을 두 집단으로 나누어 한 집단(실험집단)은 빛의 굴절의 원리를 자세히 설명해 주고, 다른 집단(통제집단)은 아무 설명도 없이 4인치의 물속에 있는 물체(목표물)를 맞히는 실험을 수행하였다. 그 결과 실험집단이 통제집단보다 표적 적중률이 높았다.
형태이조설 (Koffka)	• 두 학습과제 간에 형태(Gestalt)가 비슷할 때 전이된다. 즉, 두 학습자료의 형태나 그 자료 내의 관계성에 공통성이 있을 때 전이된다. ⇨ 이것은 선행학습과 후행학습 간에 구성요소의 동일성이나 일반원리의 이해가 전이에 영향을 주는 것이 아니라, 학습의 내용, 절차, 원리 등에 대한 전체적인 관계성이나 형태를 이해하는 것이 전이에 영향을 미친다는 것이다. ⇨ 형태주의 심리학의 원리에 기초함 • 학문중심 교육과정(브루너의 발견학습 ⇨ 브루너의 발견학습 또는 탐구학습은 지식의 구조를 가르치는 방법상의 원리를 나타내는 것으로 형태이조설과 관련된다.)

MEMO

형태이조설 (Koffka)	• 어떤 상황에서의 완전한 형태의 관계를 이해하는 것이 원리를 이해하는 것보다 전이가 더 잘 일어나도록 한다는 것이다. 예 수중 표적 적중 실험에서 목표물의 위치, 물의 깊이, 창의 사용법, 원리 간의 관계를 완전하게 이해하는 것이 전이를 촉진한다. **쾰러(Köhler)의 닭 모이 실험**: 닭에게 명암이 다른 2개의 표적(A보다 B가 더 밝음)을 보여 주고 A에 반응했을 때는 모이를 주지 않고 B를 선택했을 경우 모이를 주어 더 밝은 표적을 선택하도록 훈련시켰다. 그 후 닭에게 원래 강화를 받은 표적 B와 더 밝은 표적 C를 제시했을 때 닭은 2개의 표적 중에서 더 밝은 표적 C에 반응하였다.

(2) 정보처리이론의 전이이론

메타인지 (meta-cognition) 이론	• 메타인지는 인지과정에 대한 지식으로, 인지과정을 점검하고 조절하고 통제하는 과정이다. • 자신의 인지과정을 인식하고 점검하고 조절할 수 있어야 하고, 다양한 인지전략을 언제 어떻게 활용할 수 있는가를 학습해야 전이가 촉진된다. • 문제해결자가 문제의 목표를 파악하고, 이미 학습한 구체적 및 일반적 기능 중에서 새로운 문제를 해결할 수 있는 적절한 기능을 선택하며 문제를 해결하는 데 그 기능이 제대로 적용되는지 점검할 수 있을 때 전이가 잘 일어난다.
인출이론	• 선행학습에서 획득한 지식과 기능을 새로운 장면에 적용하자면 그 지식과 기능을 적절한 시점에 인출할 수 있어야 한다. • 장기기억에 저장되어 있는 관련지식의 인출 여부는 새로운 장면에 존재하는 인출단서에 따라 결정된다. • 인출단서가 장기기억에 존재하는 관련정보와 긴밀하게 관련될수록 선행학습 정보가 인출되어 새로운 장면으로 전이가 일어날 가능성이 높아진다.

(3) 구성주의이론의 전이이론 – 상황학습이론

① 상황학습이론에 따르면 대부분의 학습은 맥락의존적이어서 상황 속에 존재한다. 따라서 새로운 장면이 원래 학습장면과 다르면 전이가 잘 일어나지 않는다.

② 학교학습 활동이 실생활장면과 유사할수록 전이가 잘 일어난다.

MEMO

02

02 망각(forgetting)

① 개념

망각이란 기억 속에 저장되어 있는 정보를 소실하거나 인출하지 못하는 현상이며, 모든 기억 저장소에서 일어난다.

예 감각기억에서는 정보의 쇠퇴(decay), 작업기억에서는 쇠퇴와 치환(displacement), 장기기억에서는 간섭(interference)과 인출실패로 망각이 일어난다.

② 망각의 원인을 설명하는 학설

흔적쇠퇴설	• 의미 : 기억이란 학습내용이나 정보가 뇌(대뇌 피질의 기억중추) 속에 기억흔적(memory trace)으로 남는 것이며, 망각은 이 기억흔적을 연습 또는 재생하지 않고 그대로 두게 될 때 나타나는 소멸현상 예 비석에 새겨진 문자가 시간이 지남에 따라 소멸 • 망각의 주요 원인 : 시간의 경과이다. 예 최근 경험보다 과거 경험을 잘 기억하지 못함 • 망각 방지 방법 : 충분한 반복 연습 • 문제점 – 과거 특정한 사건이 생생히 기억나는 파지개선현상이나 최신 경험이 기억나지 않는 현상을 설명하지 못한다. – 사용하지 않는다고 반드시 망각이 발생하는 것은 아니며, 오히려 학습 직후보다도 일정한 시간이 경과한 후에 기억이 잘 되는 '파지개선현상'을 설명할 수 없다. – 학습이 일어나고 잠시 지난 후에 기억이 약간 증가하는 상기효과(reminiscence effect 예 처음 학습한 경우보다 학습하고 나서 하루가 지난 후에 기억이 더 잘 되었다.)를 설명하지 못한다.
간섭설 (제지설) 99 초등	• 의미 : 망각은 기억이 손실된 것이 아니고 학습 이전이나 이후의 정보에 의해 기억정보가 방해를 받았기 때문에 생기는 현상 ⇨ 기억 속에 저장된 정보들 사이의 혼동으로 인해 망각이 발생 • 종류 – 선행간섭(proactive interference, 순행간섭, 순행제지) : 선행학습내용이 후행학습내용의 기억을 방해. 부정적(부적, 소극적) 전이와 유사, 선행학습과 후행학습이 유사할수록 많이 발생 예 선생님이 비슷한 이름의 학생들을 잘 기억하지 못하는 경우 – 후행간섭(retroactive interference, 역행간섭, 역행제지) : 후행학습내용이 선행학습내용의 기억을 방해 예 새로 사귄 친구의 전화번호는 잘 기억되는데 예전 친구의 전화번호가 잘 기억되지 않는다. Unlearning(새로운 것을 학습하는 과정에서 이미 학습한 것을 잊어버리는 것)으로 발생 • 교육적 의의 : 유의미하게 학습된 정보의 망각보다 기계적으로 학습된 정보의 망각을 더 적절하게 설명한다. 혼동으로 인한 간섭이 일어나지 않도록 학습과제를 차별화하여 제시

MEMO

인출실패설	• **의미** : 망각은 장기기억 속에 저장되어 있는 정보를 제대로 인출(retrieval, 장기기억 속에 저장된 정보를 탐색하여 그 정보에 접근하는 과정)할 수 없을 때 발생한다. • **망각 발생원인** : 정보를 부호화시킬 때 조직적으로 하지 못한 경우나 저장된 정보를 인출할 때 적절한 단서가 존재하지 않는 경우에 발생. 단서의존적 망각(clue-dependent forgetting) • **설단현상(tip of the tongue phenomenon)** : 찾아야 할 정보가 혀끝에서 맴돌면서 바로 회상되지 않는 현상 예 분명히 아는 사람 이름이 잘 기억나지 않는 경우 • **교육적 시사점** : 적절한 단서[예 학습환경이나 맥락, 냄새, 특정 생리적 상태나 정서적 상태(상태의존학습)]가 존재하면 정보 인출이 촉진된다. 다양한 맥락에서 정보를 부호화함으로써 망각 방지

Chapter

04

적응과 부적응

Section 01

부적응

MEMO

01 부적응

1 개념

부적응이란 사회의 질서・규범에 적응하지 못하여 바람직하지 못한 상태에 놓인 것을 말한다. 부적응의 징후로 스트레스(stress)가 나타난다.

2 스트레스의 유형

(1) **욕구불만**(욕구좌절, frustration)

욕구의 결핍 상태나 불균형 상태에서 오는 정신적 긴장 상태이다. 내적・외적 장애 때문에 목표로의 접근이 성취되지 않을 때 경험하는 정서적 긴장상태

(2) **갈등**(conflict)

상반되는 여러 욕구가 동시에 대립할 때 선택이 망설여지는 심리 상태이다. 둘 이상의 장(場)의 힘이 대립된 상태

접근・접근갈등	2개의 긍정적 욕구가 동시에 나타나 선택이 곤란한 경우. 행복한 고민 예 영화도 보고 싶고 여행도 가고 싶은 경우, 부르뎅의 나귀
회피・회피갈등	2개의 부정적 욕구가 동시에 생겨서 겪게 되는 심리적 갈등. 딜레마, 진퇴양난, 사면초가 예 학교는 가기 싫고 부모님께 혼나는 것도 싫은 경우
접근・회피갈등	어떤 자극이 긍정적인 것(매력적인 것)과 부정적인 것(불쾌한 것)을 동시에 갖추고 있을 때의 심리적 갈등 예 시험에는 합격하고 싶으나 공부는 하기가 싫은 경우, 친구는 경쟁자이자 협력자
이중접근・회피갈등	긍정적(매력적인 것)・부정적 가치(불쾌한 것)를 모두 포함하고 있는 두 가지 욕구 간의 갈등 예 심순애의 갈등

(3) **압박감**

어떤 행동기준이나 규범에 맞추려 하거나, 급속한 환경변화에 대처해 나갈 때 경험하는 긴장 상태이다. 내부 압력과 외부 압력으로 구분된다.

(4) 불안(anxiety)

MEMO

심리적인 긴장 상태를 의미하며, 인지적 측면(걱정), 정서적 측면, 행동적 측면으로 구성

02

① 특성불안(일반불안, 성격불안)과 상태불안(특수불안, 상황불안)

특성불안	• 일반불안으로서 보다 넓은 범위에서 강하게 느끼는 불안. 선천적 불안, 광범위한 불안 • 불안을 느끼는 상황에서 손에 땀이 배며, 심장박동이 빨라지거나, 불길한 예감을 갖는 등 신체적·정서적 특징을 보임
상태불안	특수불안으로서 특수상황에서 느끼는 불안. 특수상황에서 학습된 불안 예 시험불안, 대인불안, 고소(高所)불안

② 현실적 불안(ego)과 신경증적 불안(id), 도덕적 불안(super-ego) : 프로이트

현실적 불안	자아(ego)가 외부에 존재하는 현실적인 위험을 인지했을 때 느끼는 불안 예 사나운 개, 어두운 골목길
신경증적 불안	본능(id)으로부터 오는 위험을 자아(ego)가 인지했을 때 느끼는 불안 예 낯선 남자에게서 성적 충동을 경험하는 여자, 사람들이 보는 자리에서 원초적 욕구를 노출할지도 모른다고 걱정하는 남자
도덕적 불안	자아(ego)와 초자아(super-ego)의 갈등에서 비롯되는 불안 예 높은 표준에 맞추어 살지 못하는 데에서 비롯되는 죄책감, 수치심으로 고통을 겪는 남자

③ 촉진적 불안(적응적 불안)과 방해적 불안(부적응적 불안) : 불안이 반드시 해로운 것은 아니다. 적응적 행동으로 나타나기도 하고 부적응 행동을 유발하기도 한다(Alpert & Haber).

촉진적 불안	적응적 기능을 하는 불안 예 높은 수준의 불안이 쉽고 자동화된 과제의 수행을 향상시키는 것 ⇨ 학습동기 및 학업성취도 증가
방해적 불안	부적응 기능을 하는 불안 예 높은 수준의 불안이 어려운 과제의 수행을 방해하는 것 ⇨ 지나친 긴장 유발, 부정적 사고 및 자신감 감소, 회피석 행동의 증가

④ 시험불안

㉠ 개념 : 시험이라는 특수 상황에서 발생하는 상태불안

㉡ 시험불안과 학업성취도와의 관계 : 역 U자 형태로 나타남 ⇨ 불안이 너무 낮거나 너무 높은 것보다는 적정 수준으로 유지될 때 가장 효과적인 학업성취를 할 수 있다.

Plus

예크스-도슨 법칙(Yekes-Dodson law) – 시험불안과 학업성취도와의 관계

1. **개념** : 과제수행이 불안수준과 과제곤란도의 상호작용에 의해 결정된다는 법칙이다.
2. **대부분의 과제** : 대부분의 과제에서는 불안수준이 중간 정도일 때 과제수행이 높다.
3. **어렵거나 쉬운 과제** : 어려운 과제에서는 불안수준이 낮을 때 과제수행이 높고, 쉬운 과제에서는 불안수준이 높을 때 과제수행이 높다. 그러므로 어려운 시험의 경우 불안수준이 높은 학생이 불안수준이 낮은 학생보다 성적이 낮다.

MEMO

ⓒ 시험불안이 높은 학생을 위한 조력 방안

에겐 (Eggen)	• 시험의 경쟁적인 측면들을 최소화하기 위해 준거참조평가(criterion-referenced evaluation)를 사용한다. • 성적이나 등급을 공개하는 것과 같은 학생 간 비교를 피한다. • 퀴즈와 시험의 횟수를 증가시킨다. • 시험 전에 시험의 내용과 절차에 대해 토의한다. • 분명한 지침서를 제공하고, 학생들이 시험의 형태와 요구조건들을 이해하고 있는지 확인한다. • 학생들에게 시험 보는 기술을 가르친다. • 대안적인 평가와 같은 다양한 측정방법을 사용해서 학생들의 이해와 기술을 측정한다. • 시험을 치룰 때 충분한 시간을 준다.
울포크 (Woolfolk)	• 경쟁을 신중하게 사용한다. – 어떤 학생도 지나친 압력 하에 놓이지 않도록 하기 위해 활동을 감독한다. – 경쟁적인 게임 동안, 참여한 모든 학생들이 성공할 기회를 가질 수 있도록 한다. – 협동학습 활동을 활용한다. • 고도로 불안한 학생이 많은 학생들 앞에서 수행해야 하는 상황을 피한다. – 불안한 학생들에게 질문을 할 때는 예, 아니오, 또는 다른 간단한 대답으로 답해질 수 있는 것을 묻는다. – 불안한 학생들에게 소규모 집단 앞에서 얘기하는 것을 연습할 기회를 준다. • 지시를 명확히 하도록 한다. 불확실성이 불안으로 이끌 수 있다. – 시험 지시는 구두로 하는 대신에 칠판에 쓰거나 시험지에 써 준다. – 학생들이 이해했는지 점검한다. 몇몇 학생들에게 첫 번째 질문 혹은 연습문제를 어떻게 할 것인지를 묻는다. 잘못 이해한 것이 있으면 고쳐 준다. – 만약 여러분이 새로운 양식을 사용하고 있거나 혹은 새로운 유형의 과제를 시작하고 있다면, 그것을 어떻게 해야 하는지를 보여 주는 예를 들거나 모델을 학생들에게 제시한다. • 불필요한 시간적인 압박은 피한다. – 때로는 집에서 풀어 오는 시험을 낸다. – 주어진 시간 안에 모든 학생들이 학급 시험을 끝낼 수 있는지 분명히 한다. • 주요 시험에서 일부 압력 요소를 제거한다. – 시험 치기 기술을 가르치고, 연습시험을 주고, 학습지침을 제공한다. – 한 시험에 의존해서 성적을 주는 것을 피한다. – 학기말 성적에 가산점을 받을 수 있는 가외 과제를 준다. – 특정 유형의 문제에 어려움을 겪는 학생들이 있으므로 여러 유형의 문제가 섞여 있는 시험문제를 낸다.

MEMO

02

	• 지필 검사에 대한 대안을 개발한다. – 구술시험, 교과서를 보고 치는 시험(open-book test), 집단시험 등을 시도한다. – 학생들에게 프로젝트를 하게 하거나 발표를 시킨다. • 학생들에게 자기조절전략을 가르친다. – **시험 전**: 학생들이 대비할 수 있는 중요하고 도전할 만한 과제로서 시험에 임하도록 장려한다. – **시험 중**: 학생들에게 그 시험이 중요한 것이라는 것을 상기시킨다(하지만 지나치게 중요한 것은 아니다). 과제에 집중하도록 돕는다. 질문에서 요점을 뽑아내고, 서두르지 말고, 편안한 마음을 갖도록 한다. – **시험 후**: 무엇을 잘 했는지, 무엇을 향상시킬 수 있는지 돌이켜 본다. 통제할 수 있는 내용들, 즉 학습전략, 노력, 질문을 주의 깊게 읽기, 이완전략 등에 초점을 맞춘다.

Section 02

적응기제

M E M O

01 적응기제(부적응의 대처 방식)

부적응 상태인 욕구불만이나 갈등을 해결해 긴장을 해소하려는 구체적인 대처 전략

	종류 \ 의미	
문제 중심 대처전략	의미	문제를 정의하고 대안을 탐색하며 대안들을 평가한 다음 가장 적절한 대안을 선택하여 실천하는 전략
	환경지향적 전략	외부 환경압력·장애물·자원·절차 등을 바꾸기 위해 사용하는 전략 예 컴퓨터가 고장 났을 때 고장의 원인을 분석한 다음 고치는 것
	내부지향적 전략	포부수준을 조정하거나 자기관여를 낮추어 대안적 만족을 모색하거나 새로운 행동기준을 개발하고 새로운 기술을 익히는 것과 같이 동기적 및 인지적 변화를 지향하는 전략
정서 중심 대처전략		• 상황 자체를 변화시키기보다는 그 상황에서 경험하는 정서적 고통을 경감시키려는 전략 예 마음의 고통을 줄이기 위한 운동, 명상, 음주, 정서적인 지지 확보 등 • 회피, 최소화, 거리 두기, 선택적 주의, 긍정적 비교, 사건의 긍정적 의미 탐색, 사건의 의미 재평가 등과 같은 인지적 전략이 포함됨

02 방어기제 99~00 초등, 01 중등, 05~06 중등, 08 초등

개념 다지기

방어기제

1. 개념
   ① 1894년 프로이트의 「방어의 신경정신학」에서 처음으로 사용. 원자아(id)의 충동과 이에 대립되는 초자아(super-ego)의 압력(불안)으로부터 자아(ego)를 보호하기 위해 사용하는 자아(ego)의 전략
   ② 자아(ego)가 자기기만을 통해 불안을 감소시키기 위해 사용하는 무의식적 전략 ⇨ 정서 중심 대처전략
   ③ 욕구충족이 어려운 현실에서 문제의 직접적인 해결을 시도하지 않고 현실을 왜곡시켜 자아를 보호함으로써 심리적 평형을 유지하려는 기제
2. 기능: 자아를 보호하고 불안과 위협을 최소화한다.

보상 (compensation)	자신의 약점을 감추기 위해 장점을 개발하는 경우(약점을 장점으로 보충하여 본래의 열등감으로부터 자아를 보호하려는 기제) 예 성적이 낮은 아이가 운동을 열심히 한다. / 외모에 열등감을 느낀 학생이 공부를 열심히 한다. / 자기가 지니고 있는 약점이나 결함을 극복하기 위하여 반사회적인 행동을 한다.
승화 (sublimation)	성적 충동이나 공격적인 충동 등 바람직하지 못한 욕구를 사회적으로 바람직한 방식으로 전환하는 경우 ⇨ 가장 바람직한(건강한) 방어기제 유형, 창의성의 원천이 되는 방어기제 예 공격적인 충동을 가진 사람이 격투기 선수가 되는 경우 / 동성연애의 욕구나 에너지를 사회적으로 용인되는 음악이나 예술작품으로 표현하는 경우 / 성적 충동을 예술이나 과학·종교·스포츠 등과 같이 사회적으로 승인된 활동으로 변형하여 충족하기 / 성직자의 고행 / 학생이 공부에 전념하기 / 학자의 연구 몰두
합리화 (rationalization)	그럴듯한 변명을 들어 난처한 입장이나 실패를 정당화하려는 자기기만 전략 • **여우와 신포도형**(sour grape) : 원하는 것을 얻지 못했을 경우 처음부터 그것을 원하지 않았다고 변명하는 경우 ⇨ 목표부정 또는 과소평가 전략 예 A대학에 떨어진 학생이 그 대학은 가기 싫었다고 말한다. • **달콤한 레몬형**(sweet lemon) : 불만족한 현재 상태를 원래부터 원하던 것이었다고 주장하는 경우 ⇨ 불만족한 현실을 긍정 또는 과대평가하는 전략 예 지방으로 좌천된 A는 지방은 공기가 좋아 살기가 더 좋다고 말한다. / "오늘의 고난은 내일의 행복을 위한 시련이다.", "팔자소관이다." 등 자기 입장을 숙명적으로 합리화시키는 행위 • **투사형**(전가형, projection) : 변명거리를 들어 자신이 한 행동을 정당화 예 시험문제가 결석한 날 공부한 것에서 나왔다. 테니스 선수가 시합에 지고 나서 라켓을 집어 던진다. • **망상형** : 자기가 원하는 일이 마음대로 되지 않았을 때 전혀 허구적인 자신의 능력에 대한 생각으로써 실패의 원인을 합리화시키는 경우 예 위대한 과학자나 의사가 되겠다고 한 학생이 성적이 불량할 때 자신은 충분한 자질이 있음에도 불구하고 교사가 학생의 눈부신 업적이 두려워 성적을 나쁘게 준다고 믿고 있는 경우
투사 (projection)	• 자신의 잘못이나 결점을 인정하지 않고 타인이나 환경의 탓으로 돌리는 것. 즉, 자신의 결점을 다른 사람이나 사물에 전가시켜 비난함으로써 자신의 결함, 약점, 위험, 불안으로부터 벗어나 자신을 보호하려는 행위 ⇨ 주관의 객관화 현상, 남에게 뒤집어씌우기, 책임 전가, 감정 전이가 일어남 예 "잘되면 내 탓, 못되면 조상 탓" / "못난 목수 연장 나무란다." / "선무당이 장고 탓한다." / "숯이 검정 나무란다." • 합리화는 다른 대상을 탓하기보다는 그럴듯한 이유를 내세우지만, 투사는 문제의 원인을 다른 대상이나 관계되는 사람에게 돌린다. − **책임 전가** : 원하지 않은 일의 원인과 책임이 다른 사람에게 있다고 여기는 경우 예 시험에 실패한 학생이 실패의 원인을 교사의 탓으로 돌린다. 컨닝하다 들킨 학생이 교사가 감독을 소홀히 하여 부정행위를 조장했다고 교사를 비난한다. − **감정 전이** : 자신에게 있는 감정이나 욕구를 상대방에게 떠넘기는 경우 예 선생님을 싫어하는 학생이 선생님이 자기를 미워한다고 주장한다.

MEMO

MEMO

반동형성 (reaction formation)	• 자기 욕구와 정반대되는 감정이나 행동을 드러내 보이는 것 예 "미운 자식 떡 하나 더 준다." / 경쟁자를 지나치게 칭찬한다. / 아버지를 미워하는 아들이 아버지가 자기 집에 방문했을 때 극진히 모신다. / 환경파괴자가 환경운동에 앞장선다. / 지나친 겸손은 오만이다. / 성적 욕구가 강한 사람이 성을 혐오한다. / 음주 욕구가 강한 사람이 금주 운동에 참여한다. / 빈 수레가 요란하다. / 빛 좋은 개살구 • 청소년기는 그 민감한 자존심이나 위신 때문에 허세와 가면을 좋아하게 되며, 모르는 것도 아는 척, 없는 것도 있는 척하게 된다. 이런 경향은 성격상으로 볼 때에 외향적인 청소년보다 내향적인 청소년에게서 더 강하게 나타난다.
치환(전위, displacement)	충동이나 욕구를 다른 대상(제3자)으로 바꿔 충족시키려는 경우 예 "종로에서 뺨 맞고 한강에서 화풀이한다." / 선생님에게 꾸중을 들은 형이 만만한 동생을 때린다. / 직장 상사에게 야단맞고 집에 와서 반찬 투정한다.
대리형성(대치, substitution)	• 목표하던 것을 가질 수 없을 때 원래 대상과 비슷한 사회적으로 용납되는 다른 대상으로 만족하는 기제이다. 즉, 성취할 수 없는 혹은 받아들여질 수 없는 소망, 충동, 감정 또는 목표 등으로 인한 좌절감에서의 불안을 줄이기 위해 원래의 것과 비슷한 것을 취해 만족을 얻는 것 예 "꿩 대신 닭" / 오빠에게 매력을 느끼는 여동생이 오빠와 비슷한 외모를 가진 오빠의 친구와 사귄다. / 어머니에 대한 애정욕구를 어머니를 닮은 여인에게서 충족시키려 한다. • 감정전위(displacement, 치환)와 비슷한 기제로서 전위(치환)에서 보다는 좀 더 용납될 수 있는 형태로 대치된다. 예를 들면, 살인의 충동이 조그만 공격적 행동으로 대치되거나 다른 행위로 그 충동이 배설되는 경우이다. 대리형성과 전위(치환)는 서로 비슷하지만 대리형성은 대체물이 되는 '대상'에 중점을 두고, 전위는 '감정'에 중점을 둔다는 점에서 차이가 있다.
동일시 (identification)	• 무의식적으로 다른 사람의 특성을 내면화하는 과정, 다른 사람의 뛰어난 특성을 끌어들여 인정을 얻고자 하는 기제, 자기의 것이 아님에도 불구하고 자기의 것으로 된 듯이 행동하는 것 예 "친구 따라 강남 간다." / "윗물이 맑아야 아랫물이 맑다." / 자기 친구가 현직 국회의원이라고 자랑한다. / 자기 아들이 외국 명문대학을 나왔다고 자랑한다. / 연예인의 사진을 벽에 붙여 놓고 그의 행동을 흉내 낸다. • 오이디푸스 콤플렉스(Oedipus complex)를 겪는 남근기(phallic stage, 3~5세)의 남아는 거세불안(castration anxiety)으로부터 자아를 보호하기 위해 아버지를 동일시함으로써 아버지에 대한 적대감을 해소하고 애정을 획득한다.
지성화 (intellectualization)	• 감정이 아니라 이성이나 원칙을 따라 행함으로써 문제를 해결하거나 욕구를 해결하는 방법 • 어쩔 수 없이 불쾌한 경험을 할 수밖에 없는 전문가들이 많이 사용 예 암으로 자녀를 상실한 어머니가 학술적인 이야기만 하면서 감정을 전혀 보이지 않는다. / 불법주차 단속요원이 불법주차의 이유가 있지만 불법주차된 차에 스티커를 발부한다. / 은행원은 돈을 돈으로 보지 않는다. / 응급실의 간호사는 환자의 고통에 태연하게 반응함으로써 스트레스를 통제한다. / 검시관들은 사체를 시신으로 보지 않고 중립적인 탐구대상으로 간주하여 사인을 규명한다.
취소 (withdrawal)	허용될 수 없는 상상이나 행동을 반증하거나 물리는 것 예 어린아이가 동생이 밉고 화가 나서 동생을 때리고 난 후 이러한 행동이 가져올 부정적 결과가 두려워 때렸던 동생에게 금방 입맞춤을 한다. / 엄마가 아이를 때리고 나서 금방 미안하다며 안아 준다. / 부인과 싸운 후 저녁에 꽃을 사 간다.

MEMO

02

03 도피기제 11 초등

적응이 어려운 상태에서 비현실적 세계로 도피함으로써 불안과 긴장을 해소하려는 행동양식

억압 (repression)	문제가 발생했을 때 의식적으로 표출되지 않도록 무의식의 세계로 감추려는 것. 수치스럽거나 무서운 일에 대해 내면의 세계로 은폐시켜 버림 ⇨ 의도된(동기적) 망각, 현실의 문제 상황을 수용 예 다른 사람이 눈치채지 못하도록 분노를 겉으로 드러내지 않는 경우, 기억상실증 환자의 경우
부정 (거부, denial)	• 위협이 되는 현실을 부정(거부)함으로써 안정을 유지하려는 기제 예 "나는 화가 나지 않았다.", "우리 애는 그럴 리가 없어.", 평가결과가 나쁠 때 책임을 인정하지 않고 평가 자체가 잘못되었다고 부인하는 경우, 골초가 담배는 폐암과 직접적인 관련이 있다는 증거를 부정하는 경우 • 억압(repression)이 내부적 위협에 대한 부정이라면, 부정(denial)은 외부적 위협에 대한 방어라고 할 수 있다.
고립 (isolation)	문제가 발생했을 때 숨어 버림으로써 적응하려는 기제 ⇨ 자기 내부로 숨기 예 사업에 실패한 사람이 두문불출하는 경우, 자신의 견해와 일치하지 않거나 사회적으로 성공하지 못했다고 느끼는 사람이 동창회에 참석하지 않는 경우
퇴행 (regression)	문제가 발생했을 때 이전 발달단계나 유치한 행동으로 되돌아가는 것 예 부모의 관심이 갓 태어난 동생에게 집중될 때 부모의 관심을 얻기 위해 어리광을 부리는 경우, 하찮은 일에 자주 우는 경우, 부부싸움을 한 후 친정으로 달려가는 신부의 행동, 동창회에 참석해서 학생처럼 행동하는 경우
고착 (fixation)	• 다음 단계로 발달하지 못하고 현행 단계에 그대로 머물러 있는 현상 • 독립적인 행동을 학습하는 것을 불안해하는 지나치게 의존적인 아동에게 주로 발생한다.
백일몽 (白日夢)	현실적으로 만족시킬 수 없는 욕구나 소원을 공상이나 상상의 세계에서 만족을 얻으려는 것. 심해지면 환상이 되고 나아가 정신분열증을 유발 예 사업에 실패한 철수가 백만장자가 되는 꿈을 꾼다.

04 공격기제

욕구충족의 방해요인에 대한 공격으로 정서적 긴장을 해소하려는 능동적 기제. 방어기제나 도피기제처럼 수동적인 것이 아니라 능동적 태도로 정서적 긴장을 해소하려는 기제

직접 공격기제	욕구불만 시 물리적 공격으로 욕구불만을 해소하려는 유형 예 폭행, 싸움, 기물파괴
간접 공격기제	욕구불만 시 간접적 공격으로 욕구불만을 해소하려는 유형 예 욕설, 비난, 조소, 중상모략, 야유

권지수의 탁월한 만점전략

권지수 교육학

합격지수 100

PART

03

교수방법 및 교육공학

PART 03

교수방법 및 교육공학

Thinking Map

1 교육공학

- **교육공학 이해**
  - 교육공학의 개념 99 초등, 04 초등, 08 중등
  - 교육공학의 역사
    - 시각교육
    - 시청각교육 96 중등, 03 초등, 03 중등, 11 초등
    - 시청각통신 04 중등, 11 초등, 12 중등
- **교수매체**
  - 교수매체의 특성과 연구
  - 교수매체의 선정과 활용(ASSURE 모형) 99 중등, 01 중등, 04 중등, 05 초등, 08 중등, 09 초등
  - 교수매체 종류 05 중등
    - 비투사 매체
    - 투사 매체 98 중등, 00 초등, 00 초등보수, 01 중등, 03~04 초등, 04 중등, 06 초등

2 교수설계 (ID)

- **교수설계 모형**
  - 객관주의 교수설계 모형
    - ADDIE 모형 99 초등, 00 중등, 02 중등, 06 초등, 07 중등, 15 중등추가論, 26 중등論
    - Dick & Carey 모형 04 초등, 05~07 중등, 09 초등, 09~11 중등, 11 초등, 22 중등論
    - 브릭스와 웨거(Briggs & Wager)의 교수체제설계모형
    - 켐프(Kemp)의 교수체제설계모형
  - 구성주의 교수설계 모형
    - Jonassen의 구성주의 학습환경 설계모형 08 중등, 12 중등, 17 중등論, 25 중등論
    - 4C/ID 모형 : 총체적 교수설계모형
    - 쾌속원형(RP) 모형
    - 다층협상 모형
    - R2D2 모형 : 순환적 교수설계모형
- **교수설계 이론**
  - 객관주의 교수이론
    - Gagné의 교수설계이론 90 중등, 92 초등, 98~99 초등, 00 중등, 01~02 초등, 03~04 중등, 06~09 중등, 07 초등, 09 초등, 12 초등, 11~13 중등
    - Merrill의 내용요소제시이론 02 초등, 02 중등, 08 초등, 08 중등, 10 초등, 12 중등
    - Reigeluth의 정교화이론 02 중등, 03 초등, 09 중등, 10 초등, 12 중등, 26 중등論
    - Keller의 학습동기설계이론(ARCS 이론) 00 초등, 03 중등, 05 중등, 06 초등, 07 중등, 09~10 초등, 11~12 중등, 15 중등論
    - 완전학습모형(Carroll, Bloom) 91 중등, 93 초등, 97 초등, 00 초등보수, 03 초등
    - Bruner의 발견학습모형 95~96 중등, 99 중등, 01 중등, 05 초등, 06 중등, 14 중등추가論
    - Ausubel의 유의미 수용학습이론 01 초등, 03 초등, 04 중등, 05 초등, 06 중등, 08 초등, 10 중등
  - 구성주의 교수이론
    - 구성주의 개관 99 중등추가, 00 초등, 00 중등, 03 초등, 03 중등, 05~06 초등, 09 초등, 10 중등
    - Schanks의 목표기반시나리오(GBS) 모형 13 중등
    - Barrows의 문제중심학습(PBL) 모형 01 초등, 02 중등, 05 중등, 07 초등, 08 중등, 09 초등, 11 초등, 12 중등, 18 중등論
    - 상황학습이론 02 초등, 07 중등
      - 설계원리/실행공동체(CoP) 07 중등
      - 인지적 도제이론 07 초등, 09 중등, 11 초등
      - 인지적 유연성이론 03 중등, 06~07 초등, 09 초등, 09 중등, 11 초등
      - 정착학습 06~07 초등, 09 초등, 12 초등, 20 중등論
    - 상보적 교수 05 중등, 08 중등, 10 중등, 11 초등
    - 자원기반학습(Big6 Skills 모형) 11 중등
    - 웹퀘스트 수업 10 초등

3 교수방법

- **교수방법**
  - 전통적 교수법
    - 강의법 99 초등, 03 초등, 문답법 99 중등추가, 팀티칭 99 중등추가, 00 서울초보, 게임 02 초등, 사례연구 00 강원초보, 역할놀이 99 초등추가, 01 중등, 토의법 93 중등, 98 중등, 00~01 초등, 04 중등, 07 중등, 11 중등, 문제해결학습 99 중등, 프로젝트학습 99 중등, 00 초등보수, 01 중등, 자기주도학습 99 중등, 01 중등, 04 초등, 05 중등, 11 초등, 개별화학습 92 중등, 94 중등, 99 초등, 02 초등, 04~05 초등, 10 중등
    - 협동학습
      - 개관 96 중등, 99 초등, 99 초등추가, 00 초등, 00 초등보수, 00 중등, 01 초등, 04 중등, 06 초등, 06 중등, 14 중등論
      - 직소모형(Jigsaw) 99 초등추시, 01 초등, 05 중등, 08 중등, 10~11 중등
      - 팀성취분담모형(STAD) 03 초등, 07 중등, 11 중등
      - 팀경쟁학습(TGT)
      - 자율적 협동학습(Co-op, Co-op) 02 중등, 10 중등
      - 집단조사(GI)
      - 함께 학습하기(LT)
      - 팀보조개별학습(TAI) 04 초등
    - 웹기반 협동학습
  - 교수방법의 혁신
    - 컴퓨터보조수업(CAI)
    - 멀티미디어 99 중등추시, 99~00 초등, 02~03 중등, 04~06 초등, 06 중등, 11 중등
    - 원격교육 · 온라인 수업 21 중등論, 22 중등論, 24 중등論
    - 액션 러닝
    - 블렌디드 러닝 07 중등
    - 플립드 러닝
    - 디지털 교과서
    - 디지털 리터러시
    - 미디어 리터러시
    - 테크놀로지 활용 수업
    - 스마트 교육
    - 소셜 미디어
    - 메타버스
- **교수실행**
  - 질문하기와 청취하기
  - 설명하기
  - 마이크로티칭

권지수 교육학

합격지수 100

Chapter

01

교육공학

Section 01

교육공학의 이해

M E M O

01 교육공학의 개념

1 교육공학의 정의

(1) **교수공학**(instructional technology) – 1994년 미국교육공학회(AECT)의 정의 방식

① 교육공학(교수공학)이란 학습을 위한 과정과 자원의 설계, 개발, 활용, 관리 및 평가에 관한 이론과 실제이다.

② 교육공학의 목적은 교수-학습과 직접적으로 관련된 문제를 해결하는 데 있으며, 궁극적으로는 학습의 증진에 있다.

③ 교사와 교수매체를 구별하지 않고 모두 광범위한 의미에서 학습을 위한 자원으로 간주하였다.

(2) **교수설계 공학**(instructional design and technology, 수행공학)

① 2002년 레이저(Reiser)의 정의 방식

㉠ 학습(learning)과 수행(performance) 문제의 분석 그리고 다양한 환경, 특히 교육기관과 직장에서의 학습과 수행을 증진시킬 수 있는 교수적(instructional) 및 비교수적(non-instructional) 과정과 자원의 설계, 개발, 활용, 관리, 평가에 관한 이론과 실제

㉡ 학교에서 일어나는 학습(learning)의 증진과 직장에서의 수행(performance) 증진에 동등한 비중을 두는 정의 방식이다.

㉢ 교수적 처방(예 직장에서의 교육과 훈련)보다는 비교수적 처방(예 업무에 대한 보상체제의 변화, 담당부서의 재배치, 새로운 업무지원 시스템의 제공)에 주안점을 두고 있다.

② 2004년 미국 교육공학회(AECT)의 정의 방식

㉠ 적절한 공학적인 과정(process)과 자원(resources)을 '창출(creating), 활용(using), 관리(managing)'함으로써 학습(learning)을 촉진하고 수행(performance)을 증진하는 것에 관한 연구(study)와 윤리적 실천(ethical practice)

㉡ 새로운 정의의 가장 큰 특징은 '윤리적'이라는 단어를 추가하여 직업윤리의 중요성을 부각시키고 있다.

ⓒ 교육공학이 '학습'을 촉진함과 동시에 '수행'을 증진하는 것에 중점을 두고 있다.
ⓓ 예전의 정의와는 다르게, '창출(만들기), 활용, 관리'를 통해 과정 전체를 설명하고 있다. 창출(만들기, creating)에는 분석, 설계, 개발, 실행, 평가의 기존의 ADDIE에 해당하는 모든 단계가 포함되고, 활용(using)은 교수방법과 교수자료의 선택, 확산, 제도화 등이 포함되며, 관리(managing)의 기능은 예전의 정의와 크게 다르지 않다.
ⓔ '공학적(technological)'이라는 용어는 매체, 테크놀로지, 교수법 등을 통칭한다.

MEMO

03

2 교육공학의 연구 영역

개념 다지기

1. 교육공학의 기본 영역(AECT, 1994)은 설계, 개발, 활용, 관리, 평가의 5가지로 구성되어 있다. 각 기본 영역은 다시 4개의 하위 영역들로 구성되어 있다.
2. 이들 5가지 기본 영역과 하위 영역들은 서로 독립적으로 존재하는 것이 아니라 상호 보완적인 관계를 지닌다.
3. 예를 들면, '설계' 영역 중 '메시지 디자인' 하위 영역에 종사하는 사람이라 하더라도 색채, 활자, 구도 등 시각디자인 원칙이나 커뮤니케이션 전략 등 메시지 디자인과 직결된 지식만을 적용해서는 효과적인 메시지를 고안해 내기가 어렵다. 효과적인 메시지를 디자인하기 위해서는 자신이 고안하는 메시지가 어떤 학습자를 대상으로(설계영역 중 학습자 특성), 어떤 매체를 통해 주로 전달되며(개발영역, 활용영역 중 매체활용), 고안될 메시지의 내용이나 성격이 그것을 활용할 조직이나 기관에서 잘 받아들여질 만한 것인지(활용영역 중 혁신의 보급, 실행과 제도화), 전달된 메시지의 효과를 어떻게 측정할 것인지(평가영역) 등을 미리 고려해야만 한다.

교육공학의 연구 영역

영역	의미	하위 영역
설계 (design)	학습의 조건들을 분석하면서 구체적인 교수목적을 달성하고자 전체 수업의 과정과 다양한 방법 및 전략을 기획하는 이론과 실제의 영역 ⇨ 교육공학의 이론 발전에 기여	교수체제설계, 메시지 디자인, 교수전략, 학습자 특성
개발 (development)	설계에서 만들어진 명세서를 다양한 공학을 활용하여 매체와 자료의 형태로 제작하는 과정(실제 교수자료의 형태로 제작) ⇨ 공학(technology)과 기술발전에 좌우	인쇄공학, 시청각공학, 컴퓨터 기반 공학, 통합공학
활용 (utilization)	교수학습의 효과를 증진시키기 위해 교수매체를 선정하고 활용하는 방법을 연구하는 영역 ⇨ 역사가 오래 된 영역(ASSURE 모형과 관련)	매체의 활용, 혁신의 보급(혁신의 확산), 실행과 제도화, 정책과 규제

MEMO

관리 (management)	교육공학을 운영하고 조절하는 기능과 관련된 영역(시설 및 기자재 관리)	프로젝트 관리, 자원 관리, 전달체제 관리, 정보 관리
평가 (evaluation)	프로그램, 산출, 과정, 질, 효과, 가치 등 교육 프로그램의 가치를 판단하는 영역(교수－학습의 적절성을 결정하는 과정)	문제분석, 준거지향평가, 형성평가, 총괄평가

(1) 설계(design)

학습의 조건들을 분석하면서 구체적인 교수목적을 달성하고자 전체 수업의 과정과 다양한 방법 및 전략을 기획하는 이론과 실제의 영역

하위 영역	내용
교수체제설계 (ISD)	• 학습에 관한 다양한 지식을 효과적인 수업개발을 위해 체계적으로 활용하는 분야로서, 수업을 분석, 설계, 개발, 실행, 평가하는 일련의 과정을 의미 • 수업 수준에서 성공적인 수업지도안을 작성함으로써 해당 수업 체제의 성과를 최대화시킬 수 있는 일련의 구체적인 절차 및 지침을 연구하는 영역
메시지 디자인	• 의사소통에 직접 관련 있는 메시지의 물리적 형태를 구체적으로 구현하는 방법을 연구하는 영역 • 송신자와 수신자 사이의 커뮤니케이션이 원활하고 정확하게 이루어질 수 있도록 하기 위해 수신자의 주의를 집중시키고 인지하기 쉬우며 기억에 오래 남을 수 있게끔 전달내용을 고안하는 활동
교수전략	수업을 설계하면서 교수활동을 선정하고 순서를 결정하기 위한 방법을 연구하는 영역 ⇨ 수업내용과 관련하여 어떠한 교수활동을 선정해야 학습에 더 효과적인지를 연구하며, 선정된 교수활동을 언제 어떠한 순서로 제공해야 하는지를 연구 ⇨ 주어진 조건에 알맞은 최적의 교수전략을 선택하는 것이 매우 중요
학습자 특성	수업과 학습에 영향을 줄 수 있는 학습자들의 특성을 연구하는 분야 ⇨ 학습자의 나이, 지능, 성격, 경제적 문화적 특성, 선수학습수준, 경험적 배경 등 학습에 영향을 미치는 요인들을 어떻게 고려해야 학습효과를 높일 수 있는가를 연구

(2) 개발(development)

설계에서 만들어진 명세서를 다양한 공학을 활용하여 매체와 자료의 형태로 제작하는 과정(실제 교수자료의 형태로 제작)

하위 영역	내용
인쇄 테크놀로지	• 문자자료와 시각자료를 책이나 정지화상으로 제작하고 전달하는 방법의 테크놀로지 ⇨ 교재, 삽화, 사진 등 주로 글과 정적인 시각자료를 의미. 가장 오랫동안 사용되어 전통적인 인쇄자료 • **장점**: 여러 형태의 내용을 다룰 수 있으며, 여러 환경에서 활용할 수 있고, 비용이 저렴하며, 많은 사람들에게 익숙하고 사용하기 쉽다. • **단점**: 독해능력이 필요하며, 사전지식의 영향을 많이 받으며, 너무 많은 내용을 제시하면 인지적·정서적 부담을 줄 수 있으며, 일방적인 특성을 가지고 있다.

MEMO

03

시청각 테크놀로지	• 문자를 포함하여 음성과 시각 메시지를 제시할 수 있는 테크놀로지 ⇨ 영화, 비디오, 슬라이드, 투시물 자료, 라디오, 텔레비전 등을 의미 • **장점**: 대중성을 확보하고 있어 다양한 대상에게 동시 제공이 가능하며, 내용을 시청각적으로 제공함으로써 인쇄매체에서 보여 주기 힘든 내용의 전달이 용이하며, 현장감과 동시성으로 생생한 학습경험을 제공할 수 있다. 또, 주의집중의 효과가 있으며, 정의적 영역의 학습에도 효과적이다. • **단점**: 일방향적인 커뮤니케이션으로서 학습자와의 상호작용이 어렵고, 동시성으로 정해진 시간에만 전달할 수 있다.
컴퓨터 기반 테크놀로지	• 컴퓨터를 기반으로 제작 전달되는 테크놀로지 ⇨ 모든 정보가 디지털 형태로 저장된다는 점에서 다른 테크놀로지와 결정적 차이를 나타냄 • **수업에 적용한 형태**: 컴퓨터기반수업(CBI), 컴퓨터보조학습(CAI), 웹기반수업(Web Based Instruction) • **장점**: ① 학습할 내용의 전달, ② 습득한 기능의 연습 또는 교육용 게임을 통해 지식을 실제 적용해 볼 기회 제공, ③ 학습자가 필요에 따라 원하는 정보를 손쉽게 찾을 수 있도록 데이터베이스 제공, ④ 학습자를 위한 토론의 장을 제공, ⑤ 정보의 제시가 교수자나 학습자의 의도에 따라 변화 가능, ⑥ 학습자와의 상호작용성을 구현할 수 있음
통합 테크놀로지	• 컴퓨터를 제어장치로 이용하면서 여러 가지 매체를 통합적으로 사용하는 테크놀로지 • 음향 시스템, 투사 시스템, CD 또는 DVD 플레이어 등 다양한 멀티미디어 기자재를 컴퓨터와 연결시킴으로써 보다 사실적이고 현실감 있는 내용을 학습자들에게 전달해 줄 수 있다.

(3) 활용(utilization)

교수학습의 효과를 증진시키기 위해 교수매체를 선정하고 활용하는 방법을 연구하는 영역

하위 영역	내용
매체 활용	• 매체와 학습자원을 체계적으로 활용하기 위한 영역 • 기대하는 학습목표를 달성하기 위해 최적의 교수매체를 선정하고 활용하는 방법을 탐색함 ⇨ ASSURE 모형
혁신의 보급	• 교육공학의 새로운 관점이나 아이디어, 기술, 방법 등의 새로운 혁신이 실제 교육현장에 보급되고 잘 활용될 수 있도록 연구하는 영역 • 혁신에 대한 긍정적인 인식, 태도, 행동 등을 유도하는 방안을 탐구함 • 아무리 효과적이고 효율적인 프로그램이나 절차가 개발된다고 하더라도 그에 대한 홍보와 적극적인 도입 노력을 통해 실제 활용으로 이어지지 않는다면 문제해결책으로서의 가치를 상실하기 때문에 교육공학 분야에서 특별히 중요한 의미를 지님
실행과 제도화	• 혁신의 보급과 관련하여 교수혁신이 일상적인 형태로 자리 잡도록 적절한 실행 방안과 제도를 마련하고 지원하는 영역 • 체계적인 연구를 통해 혁신적인 프로그램이나 절차의 장점과 효과에 대한 실증적이고 객관적인 증거가 충분히 수집되고 나면, 이를 새로이 채택·도입하거나 조직문화의 일부로 정착되도록 하는 것

MEMO

정책과 규제	• 교육공학의 확산과 이용에 영향을 미치는 사회적인 규칙과 행위에 대한 정책이나 규제를 고안하는 것에 관심이 있는 영역 • 교육방송, ICT활용교육, 이러닝 등의 개발 및 실행과 관련된 표준화, 다양한 정책 결정, 규제 방안 등을 탐색하는 영역 예 출판물 등의 저작권 보호를 위한 각종 입법 노력

(4) **관리**(management)

교육공학을 운영하고 조절하는 기능과 관련된 영역(시설 및 기자재 관리)

하위 영역	내용
프로젝트 관리	• 교수설계 및 개발 프로젝트를 기획, 조직, 조정, 감독하는 일련의 활동을 의미 • 대규모 프로젝트의 경우 효율적인 프로젝트 관리를 위해 전문인력(예 교수설계자, 내용 전문가, 시청각자료 및 멀티미디어 제작자, 컴퓨터 프로그래머, 평가 전문가, 기타 행정지원 인력)과 함께 일정, 제작, 예산 관리를 전담하는 프로젝트 매니저를 따로 둘 것을 권장함
자원 관리	• 각종 교육관련 자원과 서비스를 효과적으로 제공하기 위한 지원체제를 마련하고, 이를 기획, 조직, 조정하는 기능을 주 대상으로 삼음 • 인적 자원(교수자와 운영요원), 물적 자원(시설, 예산, 비품, 시간), 교수자원을 포함함
전달체제 관리	• 교수자료를 조직 및 전달하는 과정과 방법을 기획, 조직, 조정, 감독하는 것을 의미 예 학교에서 새롭게 e-러닝을 전달체제로 도입하기로 했다면, 이를 위해 인프라 구축을 위한 사양과 요구조건을 결정하고, 기술적인 지원사항 등을 결정하고 이를 기획하여 실행하며 조정, 감독하는 활동을 대상으로 삼음 • 사용자와 운영자를 위한 기술적인 지원 및 교수자와 설계자를 위한 지침을 제공하며 특히 원격수업의 원활한 진행을 위해 필수적임
정보 관리	• 학습을 위한 다양한 자원을 제공하기 위해서 정보의 저장・전송・처리를 계획하고, 모니터링하고 통제하는 활동 • 정보의 접근성과 활용 용이성을 목표로 함

(5) **평가**(evaluation)

프로그램, 산출, 과정, 질, 효과, 가치 등 교육 프로그램의 가치를 판단하는 영역(교수-학습의 적절성을 결정하는 과정)

하위 영역	내용
문제분석	• 문제를 파악하기 위해 다양한 정보수집 방법과 의사결정 방법을 활용함 • 문제 도출의 선수단계로, 현 상황과 이상적 상황 간의 괴리를 분석하는 요구분석, 도출된 문제가 교수적 혹은 비교수적 처방을 필요로 하는지에 관한 판별, 문제해결에 활용할 수 있는 자원과 한계점의 명세화, 목표의 수립과 해결의 우선순위 결정 등의 분석활동을 모두 포함함

MEMO

03

준거지향평가	• 사전에 설정된 목표를 학습자가 어느 정도 성취했는지를 확인하는 것 • 개인 학습자가 각 학습목표를 어느 정도 성취했는지에 관한 절대적인 정보를 제공해 줌
형성평가	• 체제적 교수설계 과정에서 필수 불가결한 단계로서, 현재 개발 중인 교수 프로그램, 교수자료를 개선할 목적으로 정보를 수집하는 활동을 의미 • 일대일 관찰, 소집단 인터뷰, 대집단 시험(field trials) 등을 실시함
총괄평가	• 개발이 마무리된 교수–학습 프로그램 또는 교수–학습자료를 활용한 후, 그것이 과연 소기의 목표를 달성했는지 그 효과를 가늠하기 위하여 실시하는 평가를 의미 • 형성평가에 비해 보다 체계적이고 형식적인 절차와 방법에 의해 이루어지며, 이 평가의 결과에 따라 특정 교수–학습자료가 새로 채택되거나 지속적으로 유지되기도 함

3 교수–학습에 대한 교육공학적 접근의 특징

교육공학이 적용되는 영역이 교수와 학습이라는 점에서 교수와 학습에 대한 교육공학적 접근의 특징은 크게 '체제적'이고 '처방적'이며, '학습자 지향적'이라는 데에 있다.

(1) 체제적 특징

① 시청각교육의 틀에서 벗어나 교육공학으로 재규정되는 과정에서 가장 커다란 영향을 미친 개념은 공학(technology)인데, 공학은 '실제적 문제를 해결하기 위하여 과학적 지식 또는 조직화된 지식을 체계적으로 적용하는 것(Galbraith, 1967)'이다. 공학의 이러한 정의 중에서 초점을 맞춘 개념은 공학에 내재되어 있는 체계(system) 혹은 체제이다. 체제는 세상을 바라보는 한 가지 독특한 관점으로서 상호연관된 요소들의 십합체로 득정의 현상을 파악하거나 문제를 해결하려는 입장이다.

② 교육공학의 체제적 특성이 드러나는 대표적인 교수방법은 다음 3가지가 있다.

㉠ **체제적 교수설계 관점(ADDIE)** : 체제적 교수설계는 수업을 설계하는 과정을 일종의 체제로 파악하여, 분석, 설계, 개발, 실행, 평가의 5단계의 활동을 기술하고 있다. 학습에 관한 많은 과학적 지식들을 단편적으로 적용할 때 기대하는 수업의 목적을 제대로 달성할 수 없다. 효과적인 수업이 되기 위해서는 수업과 관련된 모든 요소들을 최적의 수준에서 고려해야 한다. 체제적 교수설계는 학습에 관한 과학적 설명과 수업방법에 대한 다양한 아이디어를 종합하는 하나의 관점을 제시한 것이다. 즉, 체제적 교수설계의 관점에서 교수방법의 개발은 특정의 교수–학습 상황에서 제기되는 문제해결 과정에서 단편적인 방법에 그치지 않고 통합적으로 나타나는 요소로 파악된다.

MEMO

㉡ **매체의 활용방식 모형(ASSURE)** : 매체를 단순히 수업의 보조물로서 파악해서는 안 되며 전체 수업의 과정에서 통합적으로 활용되어야만 효과적인 결과를 얻을 수 있다는 것이다. 학습자를 분석하고, 목표를 기술하고, 매체를 선정하고, 매체를 활용하고, 학습자의 수행을 요구하고, 그리고 매체활용을 평가하고 수정하는 ASSURE 모형은 매체의 활용이 전체 수업의 개발 과정과 통합적으로 사용하여야 한다는 점이 어떠한 것을 의미하는지를 잘 보여 준다.

㉢ **가네(Gagné)의 9가지 수업사태** : 가네의 수업사태는 행동주의 및 초기 인지주의적 접근으로서 정보처리이론의 학습에 대한 설명을 나름대로 해석한 후 단위 수업의 전개 과정이 일련의 사태로 이루어져야 한다는 아이디어를 제시한 것이다.

(2) 처방적 특성

① 행동주의적, 인지주의적 학습이론은 성격상 기술적(記述的) 혹은 서술적(敍述的) 지식이다. 이러한 기술적 지식의 시사점이나 합의점을 바탕으로 수업 등의 실제적 활동을 안내하고 개선하려는 노력은 성공적이기도 하였지만, 전체적으로는 수업 현실을 체계적으로 안내하고 개선하는 데 충분하지 못하였다. 성공적인 수업 실행 여부는 시사점이나 합의점의 타당성에 따라서 나타나기 보다는 교사의 창의적인 적용 노력 혹은 준비에 좌우되었다. 그 결과 특정의 교수조건(conditions)과 기대한 교수결과(outcomes)가 주어졌을 때 가장 적합한 교수방법(methods)이 어떠한 것인지를 다루는 처방적 지식(Reigeluth)의 필요가 대두된 것이다. 그러므로 교수방법 혹은 교육방법에 관한 지식은 궁극적으로는 처방적이어야 한다.

② 교육공학의 관점에서 교육 특히 교육방법에 관한 문제를 해결하기 위한 처방적 지식의 요구는 어떠한가? 최근 정보화 사회의 도래에 따라서 교육부문의 질적 향상에 대한 요구는 고조되고 있다. 즉 보다 효과적이고 효율적이며, 매력적인 교육 혹은 수업의 실시가 요구되고 있는 것이다. 처방적 지식이 제대로 개발될 때 교육의 질적 수준은 일정한 수준 이상이 될 수 있다. 예를 들면, 처방적 지식에 따라서 아주 잘 만들어진 멀티미디어 프로그램을 누가 제공하는가 하는 점은 학습의 효과에 그다지 영향을 미치지 않는다. 교사 A가 제공하였거나 혹은 교사 B가 제공하였거나 그 결과는 교사의 변인에 의하여 영향을 받지 않는다.

③ 교육공학적 교수-학습방법의 처방적 특성이 드러나는 이론으로는 가네의 수업사태를 들 수 있다.

(3) 학습자 지향적 특성

① 교육공학적 교수-학습방법의 '학습자 지향적' 특성은 앞의 두 특성(체계적, 처방적 특성)이 공학의 의미로부터 나올 수 있는 개념적이며, 논리적인 특징인 것에 비하여, 최근에 강조되고 부각되는 교육 패러다임의 변화로부터 제기되고 있다는 점에서 다르다.

MEMO

03

② 교육공학이 학습자 지향적이라는 것의 의미는 크게 다음 2가지 상징적 사건에 바탕을 두고 있다.

㉠ **1994년 미국 교육공학회의 공식적인 정의**: 교육공학은 "학습을 위한 과정과 자원의 설계, 개발, 활용, 관리, 평가에 관한 이론과 실제이다." 이 정의에 따르면, 학습은 교육공학이 추구하는 활동의 궁극적인 결과이다.

㉡ 최근 정보화 사회의 도래에 따라서 대두되고 있는 학습자 중심의 교육 패러다임이다.

③ 학습자 지향적이라는 말은 '학습자의 학습과정을 지원하는 방식으로' 교육환경, 즉 교수-학습환경이 제공되어야 한다는 말이다. 즉, 학습자가 보다 의미 있는 학습활동에 참여하도록 하기 위해서는 어떠한 환경을 제공할 것인가에 관심이 있다. 학습이 의미 있고, 재미있고, 효율적이기 위해서는 어떠한 노력을 하여야 하는가에 초점이 맞추어져야 한다.

④ 학습자의 학습과정을 지원하기 위해서는 크게 다음과 같은 3가지 측면이 고려되어야 한다.

㉠ 학습자의 요구를 그 어느 때보다도 제대로 반영하려고 노력하여야 한다. 지금까지의 교육 제공자(예 국가, 학교 행정가, 교사 등) 중심의 획일적인 교육의 모습에서 벗어나 학습자 혹은 학부모의 의사를 적극적으로 반영하여야 한다. 초·중등학교의 열린교육이나 대학교육의 선발방법, 전공 선택, 교과과정의 다양화 시도는 이러한 경향을 잘 반영하는 것이다. 학습자의 요구를 반영하려는 노력은 다양한 교육 프로그램의 개발과 획일성을 탈피하려는 교육으로 이어질 것이다.

㉡ 학습자의 사전지식 및 경험을 고려하고, 반영하는 교수-학습방법이 개발되어야 한다. 학습자의 요구를 반영하여 개발된 교육 프로그램들이 실패로 끝나는 원인 중 대표적인 것은 학습자의 사전지식 및 경험을 고려하지 않았다는 점을 들 수 있다. 문제는 어떻게 이러한 요소를 고려하며, 어떠한 방식으로 처방적 환경을 제공할 것인가에 관심을 두어야 한다. 적어도 교사 위주의 일방적 강의가 어쩔 수 없는 마치 유일무이한 방식이라는 관점에서 벗어나야 하며, 구성주의적 관점에서 활발히 논의되고 있는 다양한 교수-학습방법을 구체화하고 개선하려는 노력이 필요하다.

㉢ 학습자의 적극적인 참여를 도모하는 교수-학습방법이 개발되어야 한다. 예를 들면, 탐구식, 문제해결식 학습환경과 같은 대안적인 교육방식이나, 인터넷을 바탕으로 각종 네트워크 기술이 발전되면서 컴퓨터를 매개로 하는 통신을 통하여 교사와 학습자 간 그리고 학습자 상호 간의 상호작용이 보다 활성화될 수 있다.

⑤ 학습자 지향적이라는 특징은 향후에 '교육공학이 학교교육 등 교육현장에서 실질적인 공헌을 하기 위해서는 어떠한 특성을 지녀야 하는가'라는 측면에서 제안된 것이다. 이러한 특성이 제대로 반영되지 않는 교수-학습이론은 교육공학의 원래 목적인 학습을 효과적으로 달성할 수 없게 되기 때문이다.

MEMO

02 교육공학의 역사

1 시청각통신(audio-visual communication, 교육통신) - 커뮤니케이션 모델(이론)

04 중등, 11 초등, 12 중등

(1) 개관

① 1950년대 초기에 들어서면서 시청각교육은 시청각커뮤니케이션(시청각통신)으로 발전되며, 커뮤니케이션(통신)의 이론적 틀을 시청각 매체의 활용에 적용하려는 노력이 시도된다. 교수-학습의 보조물로서 매체를 활용하려는 소극적 접근방식에서 벗어나 교수-학습 과정을 커뮤니케이션 과정으로 보며, 그 과정에서 매체를 효과적으로 활용하기 위한 방법을 고안하기 위해 노력한다.

② 교육을 통신(커뮤니케이션, communication) 과정으로 보려는 통신 개념과 교수-학습 과정을 일련의 요소로 구성된 체제로 간주하는 체제 개념이 결합하여 시청각통신(시청각커뮤니케이션)이 등장한다.

(2) 벌로(Berlo)의 SMCR 모형(1960)

① 개념

㉠ 송신자(S)로부터 메시지(M)가 통신수단(C)을 통해 수신자(R)에게 전달되는 통신 과정과 그 과정 속의 요소들 간의 상호관계를 나타내는 모형

㉡ 통신(communication) 과정의 구성요소로 송신자(S), 메시지(M), 채널(C), 수신자(R)를 제시함

② 모형도(⇨ 선형적 모형) 암

암기법
- 송신자: 통태지사문
- 메시지: 내요구코처

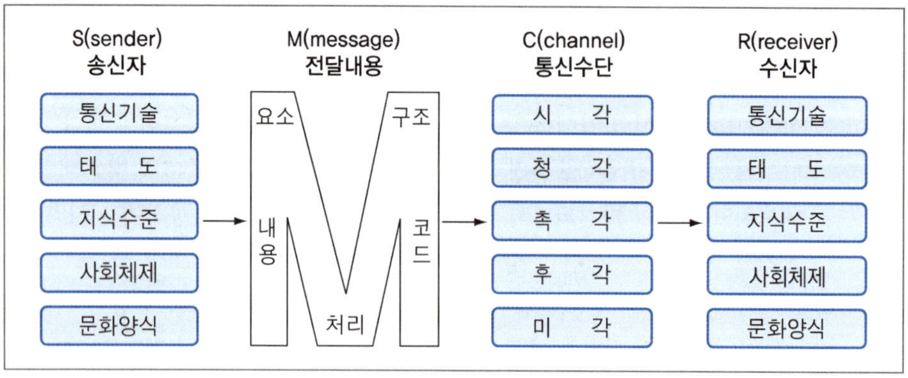

③ 통신과정 요소: 송신자(S), 메시지(M), 채널(C), 수신자(R)

㉠ 송신자(sender, source, communicator): 정보원으로서의 교사 ⇨ 송신자(교사)는 통신기술, 태도, 지식수준, 사회체제(사회체계), 문화양식에 영향을 받음

MEMO

03

㉡ 메시지(message) : 학습자에게 전달되는 전달내용, 교육내용 ⇨ 내용, 요소, 구조, 코드, 처리 등으로 전달내용이 일정한 형태로 부호화되어 전달됨

내용	전달하고자 하는 전달내용
요소	많은 전달내용 중에서 어떤 내용을 선택할 것인가와 관련된 것
구조	선택된 내용(내용요소)을 어떤 순서로, 어떻게 조직하여 전달할 것인가와 관련된 것
코드	언어적 코드와 비언어적 코드(예 몸짓, 표정, 눈 맞추기, 사진)로 이루어지는 것
처리	선택된 코드와 내용을 어떤 형식과 방법으로 전달할 것인가와 관련된 것

대한민국이 낳은 세계적인 운동선수에 관한 이야기를 신문에 기사로 싣는다고 가정해 보자. 여기서 '내용'은 운동선수에 관한 이야기다. 그렇다면 운동선수에 관한 많은 이야기들 중에서 어떠한 내용을 실을 것인가를 결정해야 하는데, 이것은 '요소'에 속한다. 선택한 내용에서 운동선수가 최근에 있었던 경기에서 우승으로 이끌었던 그 숨 막히는 순간을 기사로 쓰기 시작하여 어릴 적 이야기, 그리고 그동안 노력해 온 이야기로 기사가 이어진다면 이것은 '구조'와 관계된다. 운동선수에 관한 기사를 실으면서 사진도 함께 싣는다면 이것은 '코드'에 해당한다. 언어적 코드와 비언어적 코드를 모두 사용하는 것이다. 운동선수에 관한 기사를 쓰되 인터뷰 기사로 할 것인가, 아니면 다큐멘터리로 할 것인가 등 그 형식을 결정하는 것이 '처리'에 해당한다. 또, '처리'에는 머릿기사의 글꼴과 크기의 결정도 포함된다.

㉢ 채널(channel) : 통신수단 ⇨ 송수신자의 오감(시각, 청각, 촉각, 후각, 미각)을 통해 통신함. 커뮤니케이션에서 채널은 주로 인간의 감각기관을 통해 이루어지지만, 매스 커뮤니케이션에서는 텔레비전, 라디오, 신문, 책, 잡지, 컴퓨터, 인터넷 등도 채널에 속함

㉣ 수신자(receiver) : 학습자 ⇨ 수신자(학습자)는 통신기술, 태도, 지식수준, 사회체제(사회체계), 문화양식에 영향을 받음

④ 의의(특징)

㉠ 송신자와 수신자의 하위영역이 일치할수록 통신(communication)이 완벽해진다(학습효과 극대화). 그러므로 교사와 학습자 간에는 학습주제에 대한 사전준비와 사후의 반복학습을 통하여 공유하는 '경험의 장'을 확대하여야 한다. ⇨ 송신자는 독립변인이며, 수신자는 종속변인이므로 종속변인은 수정될 수 없고 독립변인인 송신자를 수정하여야 제대로 된 통신이 이루어진다.

㉡ 교육내용인 메시지는 내용, 요소, 구조, 코드, 처리로 구체화하여 전달된다.

㉢ 통신수단을 '시청각'이라는 제한된 경험 개념에서 탈피하여 '오감각'(예 시각, 청각, 촉각, 후각, 미각)으로 확대하였다. 따라서 송신자의 메시지는 수신자의 시각과 청각에 의해서만 전달되는 것이 아니라 오감각을 통해 전달된다.

㉣ 선형적 모형이다. 따라서 피드백과 그 과정이 모형에 제시되지 않았다는 점과 통신(communication)의 역동성이 모형에 잘 나타나지 않은 단점이 있다.

MEMO

(3) **쉐논과 슈람**(Schannon & Schramm)**의 통신과정 모형**(커뮤니케이션 과정 모형)(1964)

① 개념

㉠ 쉐논과 위버(Schannon & Weaver, 1949)의 커뮤니케이션 모형을 발전시킨 것으로, 송신자와 수신자 사이의 의사소통과정을 강조한 모형이며, 통신(커뮤니케이션)이 이루어지는 과정에 관심을 가짐

㉡ 송신자가 보내는 메시지가 통신경로를 통하여 수신자에게 전달되는 과정을 기호화·해독, 경험의 장, 잡음과 피드백의 개념을 사용하여 설명함

㉢ 경험의 장, 잡음, 피드백 등을 통신상에서 중요한 요소로 고려하였다는 점에서 벌로(Berlo)의 모형과 구별됨 ⇨ 송신자와 수신자의 공통된 경험의 장, 잡음의 제거, 피드백의 원활한 활용 시 효과적인 학습이 가능하다고 봄

㉣ 첫째, 통신이 발생하기 위해서는 송신자와 수신자의 경험의 장이 서로 공통분모를 가져야 한다. 둘째, 통신의 과정에는 필연적으로 여러 가지 수준과 다양한 형태의 잡음이 개입될 수 있다. 셋째, 경험의 차이와 잡음에서 오는 문제나 통신 내용에 대한 피드백이 발생한다.

② 모형도(⇨ 비선형적 모형)

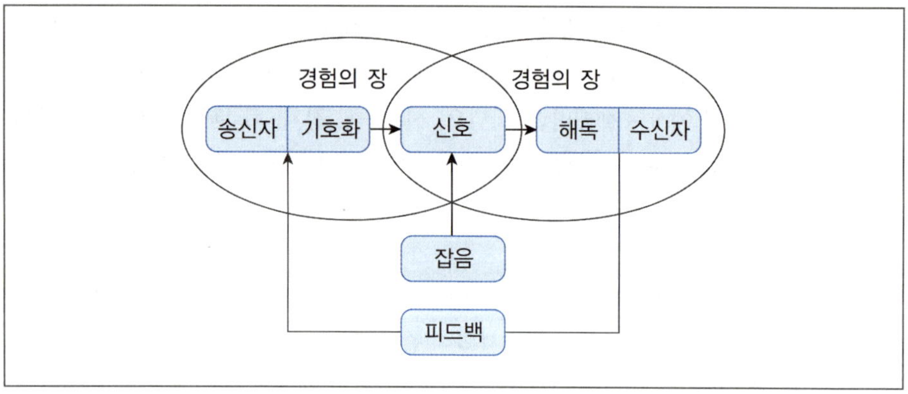

③ 통신과정의 구성요소

㉠ 경험의 장(field of experience): 언어, 문화적 배경, 교육 등뿐만 아니라 개인이 인식하고 지각하는 모든 사건을 포함함 ⇨ 송신자와 수신자의 경험의 장이 서로 중복될 때 교수 효과가 큼. 벌로(Berlo)가 제시한 송신자(S)와 수신자(R)의 하위요소와 유사

> 교사가 전달하고자 하는 메시지, 즉 주제와 학생들의 사전 경험과의 관련성을 확보할수록 수업의 초기 도입은 성공적으로 이루어지게 된다. 예컨대, 중학교에서 '삼투압의 원리'를 가르치기 위한 도입 단계에서 학생들이 쉽게 관찰할 수 있는 가을철의 김치 담그기를 언급할 수 있다. 왜 소금을 이용하여 배추를 절이는지 그리고 그 과정은 어떻게 되는지에 관한 질문과 설명을 통해 이후 다루게 되는 삼투압의 원리를 자연스럽게 유도할 수 있다. 즉 학생의 실제적 경험의 장을 고려할수록 메시지의 전달과정은 효과적이다.

ⓛ 기호화(encoding) : 송신자가 수신자의 경험의 장에 알맞게 메시지를 보내는 과정
ⓒ 신호(sign) : 오감각(시각, 청각, 촉각, 후각, 미각)을 활용
ⓔ 해독(decoding) : 수신자가 송신자에게서 메시지를 수용하는 과정
ⓜ 잡음(noise) : 효과적인 통신을 방해하는 수업의 방해 요소 예 물리적 잡음: 주변 소음, 학생들의 잡담, 교실의 혼탁한 공기, 급식실에서 퍼져오는 냄새, 부적절한 조명 등 / 심리적 잡음: 편견, 오해 등 ⇨ 적절한 조치를 통해서 제거하거나 최소화해야 하는 요소
ⓑ 피드백(feedback) : 송신자의 메시지에 대한 수신자의 반응이 다시 화자에게 전달되는 과정(예 교사와 학생의 상호작용, 학생들의 몸짓 등을 포함) ⇨ 교사와 학생 간의 공통된 경험의 부족이나 의사소통과정에서 생기는 잡음의 개입으로 발생할 수 있는 메시지 전달의 불완전성을 개선하기 위해서는 반복적인 피드백이 필수적임. 수신자(학습자)의 피드백에 의해 송신자(교사)는 수업방법을 수정·보완할 수 있고 수업결과를 판단할 수 있음

④ 효과적인 통신(커뮤니케이션)이 일어날 수 있는 조건
ⓖ 송신자와 수신자 사이에 공통된 경험의 장이 많을수록 통신이 잘 일어날 수 있다. 따라서 교사가 통신을 통해서 학생 경험의 장 쪽으로 메시지 영역을 넓혀야 한다.
ⓛ 메시지의 전달과정에 잡음이 적으면 적을수록 통신이 잘 일어날 수 있다. 따라서 교사는 학습에 필요한 최적의 환경을 구축하여 잡음을 최소화해야 한다.
ⓒ 피드백이 원활하게 많이 발생할수록 경험의 차이와 잡음에서 발생하는 문제를 잘 풀어 나갈 수 있다. 따라서 피드백, 해석, 재전달(형성평가·학생의 반응) 등이 요구된다.

⑤ 특징
ⓖ 교사와 학습자 간에 공유하는 경험의 중요성을 부각시켰다.
ⓛ 통신과정에 피드백 요소를 포함시켜 과정 개념의 부각 및 평가와 수정 기능을 환기시켰다.
ⓒ 통신과정에는 통신의 충실도를 떨어뜨리는 여러 가지 잡음이 개입될 수 있으므로 효과적인 교수-학습을 위해서는 학습에 필요한 최적의 환경을 구축하여 잡음을 최소화해야 한다.

MEMO

03

Section 02

교수매체

M E M O

01 교수매체의 특성과 연구

1 교수매체의 특성

(1) 본질적 특성

교수매체는 교사와 학습자 사이에 정보를 전달하여 상호 간의 의사소통을 가능하게 한다.

(2) 수업적 특성 – 수업을 매체에 적용

① **대리자적 특성**: 매체는 수업의 전 과정에서 교수활동을 수행하는 교사의 대리자이다.

② **보조물적 특성**: 매체는 수업의 보조물로서 교사의 교수활동을 돕는다.

> "어떤 특정한 교구를 사용하는 목적이 무엇인가 하는 문제는 어디서나 제기되는 문제이다. …… 우리가 알아야 할 것은 교수 그 자체가 목적을 결정하지 않는다는 것이다. 시청각 교구나 티칭머신을 만병통치약으로 생각하고 무조건 그것을 찬성하는 사람들은 그것으로 어떤 목적을 달성하려고 하는지가 가장 중요하다는 사실을 간과하고 있다. 이 세상에서 가장 좋은 교육영화들로 끝없이 향연을 베푼다 해도, 그것이 다른 교수방법과 아무 관련을 맺지 못하면, 관람석에 가만히 붙어 있는 관객을 만들어 낼 뿐이다. …… 결국, 지식의 전달자로서, 학문의 모범으로서, 또 동일시 모형으로서의 교사의 과업은 경험의 폭을 넓히고 그 경험을 명료화하여 그 경험에 개인적인 의미를 부여하는 여러 가지 교구를 잘 활용함으로써 훨씬 효과적으로 완수될 수 있다. 교사 자신이야말로 학교 수업 실제에서 수업의 주된 교구이다."
>
> –「교육의 과정」(Bruner)

(3) 기능적 특성(매체의 속성) – 매체를 수업에 적용 02 초등

① **고정성**: 시공을 초월하여 어떤 사물이나 상황을 포착하여 보존하고 재생한다.

예 사진, 비디오테이프, 녹음테이프

② **조작성**: 사물이나 상황을 여러 가지 방법으로 변형한다.

예 컴퓨터로 사진 합성, 제시속도나 크기 조절 ⇨ 물고기가 움직이는 모습을 담은 비디오를 느린 동작으로 학생들에게 보여 줌. 개구리 해부도를 컴퓨터에 담고 중요한 부분을 붉은색으로 칠한 후 빔 프로젝터로 확대하여 학생들에게 보여 줌

③ **확충성(분배성)**: 거의 동일한 경험을 많은 사람들에게 제공한다. ⇨ 경험의 공간적 확대

예 TV, 라디오, 영화

④ **구체성**: 개념이나 가치를 구체화한다. 예 순환기의 모형, 생물의 진화도

⑤ **반복성**: 동일한 내용을 계속하여 사용할 수 있다. ⇨ 시간적 반복 예 비디오테이프

MEMO

03

⑷ 교수매체의 교육적 기능

① **매개적 보조 기능**: 가장 일반적인 교수매체의 기능으로, 교수-학습 과정에서 매체를 보조수단으로 사용하는 것을 말한다.

② **정보전달 기능**: 교수매체의 본질적 기능으로, 매체를 사용하여 필요한 정보를 신속, 정확하게 전달하는 것을 말한다.

③ **학습경험 구성 기능**: 매체 그 자체가 학습경험을 구성하는 기능으로, 기능교육을 위해 피아노, 타자기, 사진기 혹은 기기 등을 사용하는 것 등이 이에 속한다.

④ **교수 기능**: 교수매체의 중요한 기능으로, 매체를 효과적으로 구성·활용하여 학습자의 지적 기능을 계발시키는 것을 말한다.

2 교수매체의 연구 09 중등, 10 초등, 11 중등

매체비교 연구	• 어떤 매체가 학업성취도에 더 영향을 미치는지 비교하는 연구 ⇨ 행동주의 패러다임에 근거한 매체 연구, 학습의 결과적 측면을 연구한 초기의 매체연구 경향 • 새로운 매체가 등장할 때마다 그 매체의 효과성을 입증하려고 시도함 • 독립변인은 특정 교수매체, 종속변인은 학습의 결과인 지식·기술 습득 ⇨ 새로운 매체가 기존 학습보다 더 효과적인가에 중점 예 텔레비전 수업과 교사에 의한 전통적 수업의 효과 비교 연구 • 새로운 매체의 사용으로 인한 신기성 효과(novelty effect)나 교수방법의 효과를 통제하지 못했다는 비판을 받음
매체속성 연구	• 특정 매체가 지닌 속성 자체가 학습자의 인지과정 혹은 학업성취도에 어떤 영향을 미치는가에 관한 연구 ⇨ 인지주의 패러다임에 근거한 매체 연구, 학습의 과정적 측면을 중시 • 교수상황에서 학습자의 인지적 과정에 영향을 미치는 매체 속성이 무엇인지를 밝히는 데 중점 • 대표적 연구 – **굿맨(Goodman)의 상징체제이론**: 상징체제의 구조적 특성을 결정짓는 요소로 '표기성(notationality)', 즉 한 상징체제 내의 구소의 명확성 정도를 제시 – **살로만(Salomon)의 매체속성이론**: 매체의 상징적 특성과 학습자의 인지적 표상과의 관련성 연구
매체선호 연구	• 매체활용에 대한 학습자의 태도에 관한 연구 • 교수매체에 대한 학습자의 태도, 가치관, 신념 등을 독립변인으로 삼고, 이런 정의적 특성 변인들이 학습에 미치는 효과를 탐색하는 연구 • 대표적 연구 – **클락(Clark)과 살로만(Salomon)의 연구**: 태도와 학습은 직접적 관련이 없음 – **반두라(Bandura)와 살로만(Salomon)의 연구(자기효능감 이론)**: 학습자들의 학습에 노력을 기울이는 정도는 지각된 매체 난이도와 지각된 자기효능감에 따라 달라짐 ⇨ 매체 난이도 지각 수준이 중간 정도일 때 학습을 위한 노력이 최고로 높아짐(역 U자형 곡선)

MEMO

매체활용의 경제성 연구	• 교수매체의 비용효과에 관한 연구 ⇨ 다양한 교수매체의 비용효과에 영향을 주는 조직적 요소, 관리적 요소, 실행요소를 연구 예 컴퓨터와 비디오 매체는 실제 교사보다 상대적으로 저렴한 비용으로 개별화 학습에 기여할 수 있다. • 비용(cost)은 학습자가 성취수준에 도달하는 데 걸리는 시간, 개발팀이 교수 프로그램을 개발하고 수정하는 데 소요되는 시간의 양, 소요되는 자원의 비용 등을 의미함

02 교수매체의 선정과 활용

1 교수매체 선정 시 고려사항

(1) 학습자의 특성

학습자의 연령, 지적 수준, 흥미, 적성 등을 고려하여 교수매체 선정

예 연령이 낮은 학습자에게는 그림을, 연령이 높은 학습자에게는 표를 활용하여 정보 제공

(2) 수업상황(수업사태)

수업집단의 형태(소집단, 대집단)나 수업전략(교사중심 수업, 학생중심 수업)을 고려하여 교수매체 선정

예 소집단 개별학습에는 컴퓨터를, 대집단 강의법에는 OHP나 슬라이드를 활용

(3) 학습목표와 학습내용

학습목표와 학습내용을 고려하여 교수매체 선정

(4) 매체의 물리적 속성(예 시각, 청각, 시청각, 크기, 색채 등)과 기능

매체가 어떤 상징매체를 통해 메시지를 전달하느냐에 따라 적합한 교수매체 선정

(5) 실용성

매체를 사용하기 편리하거나 사용할 여건이 조성되었느냐에 따라 결정

예 수업장소의 시설, 이용가능성, 시간, 비용

MEMO

03

② 교수매체의 선정과 활용 – 하이니히(Heinich)의 ASSURE 모형

99 중등, 01 중등, 04 중등, 05 초등, 08 중등, 09 초등

하이니히(Heinich), 모렌다(Molenda), 러셀(Russel) 등은 교수매체와 자료를 효과적이고 체계적으로 활용하기 위한 지침으로 ASSURE 모형을 절차적 모형으로 제시하였다. 각 단계의 앞 글자를 따서 효과적인 수업을 보장(assure)한다는 의미를 내포하고 있다.

학습자 분석 → 목표 진술 → 매체와 자료의 선정 → 매체와 자료의 활용 → 학습자 참여 요구 → 평가와 수정

단계	의미	내용
학습자 분석 (Analyze learners)	학습자의 특성을 파악하고 분석	• **일반적 특성**: 연령, 성별, 학년, 지적 특성, 문화, 사회경제적 배경 등 ⇨ 생활기록부, 관찰, 면담, 동료교사로부터 자료 수집 • **출발점 능력(행동)**: 학습자의 선수 지식, 기능, 태도 등의 정도 ⇨ 사전검사나 질문 등을 통해 선수학습정도 측정 • **학습양식**: 지각적 선호, 정보처리습관, 동기 등
목표 진술 (State objectives)	학습자가 달성해야 할 학습목표를 명세적으로 진술	• **학습목표 진술**: 학습자가 달성해야 할 학습목표를 명세적으로 진술 • **목표진술 기법**: 수업이 끝난 후 학습자가 무엇을 할 수 있는가의 관점에서 관찰 가능한 행동동사(행위동사)로 진술 예 메이거(Mager)의 ABCD 진술기법: 학습자(Audience), 행동(Behavior), 조건(Condition), 준거(Degree)의 4요소
매체와 자료의 선정 (Select methods, media & materials)	학습자 특성과 목표 진술을 토대로 가장 적합한 교수방법과 매체, 자료 선정	• **교수방법 결정**: 학습목표 달성에 가장 적합한 교수방법(수업방법) 결정 • **교수매체 선정**: 교수방법을 수행하기에 가장 적합한 매체 유형 선정 • **교수자료 선정**: 선정된 매체에 사용할 교수자료를 선택, 수정, 제작
매체와 자료의 활용 (Utilize media & materials): 5P	선택한 매체와 자료를 교사나 학생이 실제 수업에서 어떻게 사용할 것인지를 계획하는 것	• **자료의 사전 검토**(preview the materials): 자료가 수업에 적합한지, 화질이나 음질에 이상이 없는지 등 수업자료를 미리 확인하여 그 자료를 충분히 효과적으로 활용할 수 있도록 함 • **자료의 준비**(prepare the materials): 계획한 수업활동에 필요한 매체와 자료를 모으고 사용할 순서를 정함 • **환경의 준비**(prepare the environment): 매체와 자료를 활용하기에 적합하도록 전원이나 전선의 길이, 조명, 교실 채광, 기자재 작동 상태 등 주변 환경을 점검하고 준비

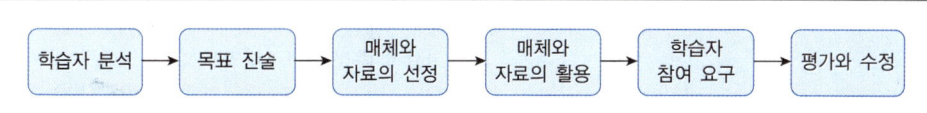

MEMO

		• **학습자의 준비**(prepare the learners) : 학습자에게 학습준비를 위해 학습내용과 교수매체에 관한 정보를 제공 ⇨ 학습자에게 수업내용에 대한 전반적인 개요, 학습목표, 주의 깊게 봐야 할 부분 등을 안내함으로써 수업에 대한 기대감과 동기를 갖게 함 • **학습경험의 제공**(provide the learning experience) : 매체를 활용하여 수업을 진행함으로써 학습자에게 학습경험을 제공 ⇨ 교사 중심형이면 교사가 전문가로서 주도하며(강의와 같은 방법으로 자료를 제시), 인터넷과 같은 학습자 중심형이면 학생들이 자유롭게 경험하고 탐구하며 토론하는 것을 도움
학습자 참여 요구 (Require learners participation)	매체와 자료 활용의 효과를 높이기 위해 학습자의 능동적 참여 요구	• **학습자의 능동적인 참여 요구** : 배운 지식과 기능을 연습할 기회를 주어 학습자의 능동적인 참여를 요구 ⇨ 연습문제 연습, 토의, 과제 부여 등(예 새로운 철자나 어휘 연습, 수학문제 풀기, 운동경기 연습하기, 컴퓨터 보조 수업, 게임활동 등) • **피드백을 통한 학습행동 강화** : 학습자의 반응에 즉각적인 피드백을 제공하여 올바른 학습행동을 강화(피드백 : 교사, 동료, 컴퓨터 등이 제공)
평가와 수정 (Evaluate & revise)	수업이 끝난 후 매체를 활용한 수업의 효과를 평가하고 다음 수업계획에 반영	• **학습자의 성취도 평가** : 학습자의 학습목표 달성 정도 평가 ⇨ 지필검사(인지적 영역), 수행평가(정의적 · 심동적 영역) 등 • **방법과 매체, 자료의 평가** : 교수방법과 매체 및 자료의 효과성 평가 ⇨ 설문지, 관찰, 면담 등 • **수정** : 평가결과가 만족스럽지 않은 부분은 다음 수업을 위해 수정

Chapter

02

교수설계

Section 01

교수설계모형(Instructional Design Model)

M E M O

01 교수설계의 이해

> "교수란 수업에 비해 포괄적인 것으로서 구체적으로는 설계, 개발, 활용(적용), 관리, 평가를 포함하는 것이다."
> – Reigeluth

1 교수, 수업, 학습

(1) **교수**(instruction), **수업**(teaching), **학습**(learning)

① **교수(敎授)**: 수업에 비해 포괄적인 개념으로 교사가 수업을 하기 위한 준비, 계획, 활용(적용), 평가 등을 포함하는 모든 활동 ⇨ 학습에 도움을 주는 의도적이고 계획적인 활동

② **수업(受業)**: 교수 영역 중에서 교사의 적용과 실행에 중점을 두는 활동, 교사가 수업시간에 가르치는 일 ⇨ 교수의 하위개념, 포괄적인 교수 활동의 일부

③ **학습(學習)**: 후천적인 경험(연습, 훈련, 노력)의 결과로 학습자에게 일어나는 비교적 영속적인 행동의 변화

> "학습이란 ① 행동의 변화이며, ② 이러한 변화는 연습, 훈련 또는 경험에 의한 변화로서 성숙에 의한 변화는 학습으로 간주되지 않으며, ③ 이러한 변화는 비교적 영속적이어야 한다. 따라서 동기, 피로, 감각적 순응 또는 유기체의 감수성의 변화 등은 제외된다. ④ 순수 심리학의 학습에 대한 정의에 비하여 교육학적 견해로는 바람직한, 진보적인 행동의 변화만을 학습으로 간주한다."
> – 서울대학교 교육연구소(1994)

㉠ 학습이론

ⓐ 행동주의 학습이론: 학습이란 외적 자극(환경)에 대한 유기체의 반응으로 일어나는 비교적 지속적인 행동변화의 과정 ⇨ 자극과 반응의 연합

ⓑ 인지주의 학습이론: 학습이란 인지구조의 변화과정

ⓒ 구성주의 학습이론: 학습이란 학습자가 학습내용을 스스로 구성해 나가는 과정

MEMO

03

ⓛ 학습의 기준이 되는 3가지 요소

학습의 기준	학습	학습이 아닌 예
변화의 결과 부위 (locus of change)	인지적 · 정의적 · 심동적 영역에서의 행동상의 변화	자연적인 성숙, 생득적인 반응경향 예 특정 자극에 대한 일시적인 반사행동
변화의 지속시간 (duration of change)	장기간 지속되는 변화	• 잠깐 기억되는 공부 예 벼락치기, 밤샘 시험공부 • 피로나 약물, 사고 등으로 인한 일시적인 변화 예 체육시간 다음의 수업에서 주의집중력의 약화
변화를 야기한 원인 (cause of change)	연습이나 훈련, 경험에 의한 변화	약물로 인한 변화

(2) 교수(수업)와 학습 비교

구분	변수	목표	의의	행동변용 방법
교수(수업)	독립변인(원인)	일정한 목표 有	일의적	처방적 · 규범적
학습	종속변인(결과)	목표 有 또는 無	다의적	기술적 · 진단적

① **수업은 독립변인이고 학습은 종속변인이다**: 수업은 작용을 하고 영향을 주는 변인이며, 학습은 작용 결과로 나타나고 영향을 받는 변인이다.

② **수업은 일정한 목표가 있으나 학습은 목표가 있을 수도 있고 없을 수도 있다**: 수업은 의도적인 것이기에 반드시 목표가 있다. 그러나 학습은 의도적인 경우도 있고, 의도 없이 이루어지는 경우도 있다.

③ **수업은 일의적(一意的)이나 학습은 다의적(多意的)이다**: 교사가 가르치는 것은 하나지만, 학습자는 준비성이나 출발점행동이 각기 다르기 때문에 다양하게 학습한다.

④ **교수이론은 처방적 · 규범적이나, 학습이론은 기술적 · 진단적이다(Bruner)**

㉠ 교수이론은 주어진 교육목표를 달성하기 위한 가장 효과적인 수업의 절차를 제시한다는 점에서 처방적(prescriptive)이다. 또한 학습자가 어느 정도까지 학습해야 하며(학습의 준거), 어떤 조건에서 학습해야 하는지(학습의 조건)를 제시해야 한다는 점에서 규범적(normative)이다.

㉡ 학습이론은 학습이 일어날 때의 현상을 있는 그대로 기술하는 이론으로 기술적 · 서술적(descriptive)이고 진단적(diagnostic)이다.

㉢ 교수이론은 학습이론과 발달이론을 바탕으로 구성된다.

특정한 교수조건(conditions)하에서 기대한 교수성과(outcomes)를 얻으려면 그것에 가장 적합한 교수방법(methods)을 사용해야 한다는 점에서 처방적이다(Reigeluth).

MEMO

개념 다미기

기술적(서술적) 이론과 처방적 이론의 차이

1. **기술적 이론**: A라는 교수조건하에서 B라는 교수방법을 사용하면 C라는 교수성과가 나타난다는 것을 설명하는 이론 ⇨ 독립변인(교수조건과 교수방법), 종속변인(교수성과)
2. **처방적 이론**: A라는 교수조건하에서 C라는 교수성과를 얻으려면 B라는 교수방법을 사용해야 한다는 것을 제시하는 이론

(3) 학업성취도(교수효과)에 영향을 주는 변인

① 교사 변인 ⇨ 교사결핍론(Rosenthal & Jacobson, Bloom, Brookover) 91 중등

㉠ 지적 변인

ⓐ **지능**: 교사의 지능과 학업성취도는 상관이 낮다.

ⓑ **표현**: 교사 표현의 유창성과 명확성은 학업성취도에 큰 영향을 미친다.

ⓒ **사고**: 추상적·상대적으로 사고하는 교사가 구체적·절대적으로 사고하는 교사보다 학생들을 더 잘 이해하고 탐구능력을 길러주는 데 뛰어나다. 추상적 사고를 하는 교사가 지도한 학생들이 구체적 사고를 하는 교사가 지도한 학생보다 더 높은 학업성취를 보였으며, 학급 참여도(협동정신)도 높다.

㉡ 정의적 변인

ⓐ **성격**: 교사가 정돈형이고, 활동적·지도성·객관성·사회성이 높을 때 학생의 학업성취도가 높다.

ⓑ **지도유형**: 민주형(White & Lippit), 통합적 성향(Anderson)일 때 효과적이다.

ⓒ **기대수준**: 로젠탈과 제이콥슨(Rosenthal & Jacobson)의 피그말리온 효과(Pygmalion effect)

- **의미**: 교사가 학생을 보는 관점(학생에 대한 기대)에 따라 학업성취도가 달라진다.
- **오크(Oak)학교 실험결과**: 실험집단일수록, 중간성적집단일수록, 저학년일수록, 사회경제적 지위가 낮을수록 기대효과가 크다. ⇨ "교사는 마음으로 아이를 조각하는 교실 안의 피그말리온이다."

Plus

Oak학교 실험 — 『Pygmalion in the classroom』(1968)

1. **실험내용**: 하류층이 압도적으로 많이 거주하는 미국 샌프란시스코의 한 공립초등학교에서 실시되었다. 먼저, 학생과 교사들을 속이기 위해 전교생(650명)에게 비언어적 지능검사를 실시하면서 성적이나 지능이 크게 향상될 사람을 찾아내기 위한 것이라고 광고하였다. 실제는 지능향상과는 아무 관계가 없는 시험이었다. 그 후 학생 20%가량을 무작위로 뽑아 그 명단을 각 학급별로 교사에게 돌리면서

"앞으로 지적 발달이 크게 기대되는 아이들이다."라고 통보해 주었다. 그리고 8개월 후 똑같은 학생을 대상으로 전에 실시했던 것과 똑같은 내용을 테스트한 결과, 교사가 기대를 품었던 아이들(실험집단)의 학업 성적이 크게 향상된 것으로 나타났다.

2. **실험결과**: 실험집단의 향상점수(평균 +12.2점)가 통제집단의 향상점수(평균 +8.4점)보다 3.8점이 더 높게 나타났다. 학년별로는 1학년(+15.4)과 2학년(+9.5)에서, 중간성적 집단에서, 그리고 하류계층의 학생들에게서 교사의 기대효과가 크게 나타났다.

MEMO

② 학생 변인 ⇨ 지능결핍론(Jensen, Eysenck)

㉠ 지적 변인: 지능($r = 0.6 \sim 0.7$), 언어능력, 선행학습정도, 학습양식

㉡ 정의적 변인: 자아개념, 학습동기, 흥미, 태도, 가치관, 성격, 학습불안, 도덕성, 사회성 등 ⇨ 학습동기와 자아개념이 가장 큰 영향 요인, 학습습관($r = 0.45$)

③ 환경 변인 ⇨ 문화환경결핍론(Coleman, Jencks, Plowden)

㉠ 지역사회 환경

ⓐ 대중매체, 도시와 농촌의 문화적 환경요인이 학업성취에 영향을 미친다.

ⓑ 국지현상: 도시학급의 하위학생이 농촌학급의 상위학생과 학업성취도가 같다.

㉡ 가정환경: 지위환경($r = 0.50$) < 과정환경($r = 0.80$)

ⓐ 지위환경(물리적 환경): 가정의 사회·경제적 지위, 부모의 학력, 가족의 구조 등

ⓑ 과정환경: 가정의 언어모델, 성취압력, 학습조력 등(Dave)

㉢ 학교환경

ⓐ 물리적 환경: 학교의 크기, 위치, 시설, 설비 등

ⓑ 심리적 환경: 학교풍토, 학교문화, 학교전통 등

2 교수설계의 이해

(1) 교수설계의 접근방법

① **체계적 접근**: '체계적'이란 순서(order), 절차(procedure)의 의미를 갖는다. 체계적 접근은 주로 단계적이고 선형적 절차를 의미하므로, 교수설계 활동은 사전에 명세화된 절차에 의한다. 따라서 체계적 접근에 의한 교수설계는 미리 정해진 절차나 단계에 따라 주어진 목표를 효과적·효율적으로 달성하기 위해 수업활동을 설계하는 것이다.

예 글레이저(Glaser)의 수업과정(절차)모형, 한국교육개발원(KEDI)의 수업모형

② **체제적 접근**: '체제적'이란 조직화된 전체(organized)의 의미를 갖는다. 체제적 접근은 역동적이고 비선형적이며 하위요소가 상호작용하면서 유기적 총체를 구성하므로, 교수설계 활동은 학습과정에 영향을 미칠 수 있는 모든 상황적 맥락 변인을 동시에 고려한다. 따라서 체제적 접근에 의한 교수설계는 상황적 특성을 고려하여 융통성 있게 설계하는 것이다. 예 ADDIE 모형(일반모형), Dick & Carey 모형(심화모형)

교수설계(수업설계, instruction design)
- 광의의 의미: 수업의 전 과정(예 설계 → 개발 → 실행(활용) → 관리 → 평가)을 체계적으로 계획하는 과정
- 협의의 의미: 최선의 수업방법을 선택하는 과정

MEMO

Plus

객관주의 및 구성주의 교수이론과 교수체제설계

1. 객관주의

① 객관주의자들은 지식이란 학습자와 별도로 존재한다고 믿는다. 따라서 교수는 지식을 질서정연한 방식으로 학습자에게 제공하고 전이시키는 데 초점을 둔다. 교수설계자는 학습자의 학습과제를 적절한 대상과 사태에 따라 묶음으로 조직하여 새로운 지식과 기능을 기존의 지식과 기능으로 통합하도록 돕는 것이다. 객관주의 교수는 교사나 교과전문가가 중요하다고 여기는 지식을 구조화하는 것이 특징이다.

② 객관주의 교수체제설계는 교수자가 교과의 지식을 학습자에게 그대로 전달할 수 있다는 믿음을 가진다. 이 입장에서는 교수자의 시각에서 교수목표를 사전에 명시적으로 규명하는 것이 주요한 활동이기 때문에 교수설계모형의 각 단계는 교수자의 활동을 중심으로 표현된다.

2. 구성주의

① 구성주의자들은 지식이 획일적으로 전수되기보다 독특하게 구성되는 것이고 본다. 따라서 학습은 개인이 자신의 이해를 증진하기 위해 의미를 절충(negotiation)하는 과정이며, 설계는 개인이 표상과 이해를 구성하도록 돕는 환경을 만드는 과정이라고 본다. 그러므로 학습자들이 개인적인 표상과 이해를 구성하도록 돕는 수업설계를 강조한다. 학습목적은 덜 처방적이며 의미를 명료화하기 위해 협상되고 개인적인 이해로 재생성되거나 학습자들이 전적으로 생성하기도 한다. 이러한 과정을 돕기 위해 다양한 자원과 도구가 제공되며, 개인의 이해를 돕기 위한 조언이 제공된다.

② 구성주의 교수체제설계는 교수자를 통해 객관주의적 실체로서의 지식을 그대로 전달하는 것은 불가능하다고 생각한다. 따라서 구성주의 교수설계모형에서 중요시하는 것은 세부적이고 계열적인 교육내용의 제시보다는 학습자의 주관적인 경험에 근거한 개인적 의미 창출을 돕도록 학습환경을 조성하는 것이다. 학습자들이 실제적인 삶의 상황과 맥락을 경험하는 것이 매우 중요한 요소가 되기 때문에 현실성 있는 과제와 문제를 제공하고 동료들과 활발한 협력적인 활동을 통한 상호작용이 중시된다. 그렇기 때문에 교수자 중심이 아닌 학습자 중심의 설계활동이 중시되며, 교수라는 용어보다는 학습이라는 용어를 채택하여 교수설계라고 하기보다 학습환경설계라는 용어를 더 선호한다.

③ 구성주의 교수체제설계에서는 내용이 아니라 맥락이 주요한 조직자로서 지식이 작용하는 학습환경에 초점을 맞춘다. 분석단계에서 학습문제를 어떻게 제시할 것인지의 맥락을 분석하고, 실제적이고 비구조적인 문제를 분석하며, 그 문제와 관련된 핵심개념을 확인하는 것에 초점을 둔다. / 설계단계에서 학습자는 수용자가 아니라 설계자로서 개인적인 학습목적을 설정하고 학습과정(sequences)에 대한 참여 여부를 결정하고, 자원을 평가하고, 해결책을 평가하기 위한 방법을 선택한다. / 개발단계에서는 필요한 경우 활용될 학습자원을 준비하며, 몇 가지는 설계자가 개발하지만 순수한 의미에서는 학습자 개인이 인공물을 구성하고 만들어 가면서 개발한다. / 실행단계에서 학습자는 문제해결과 인공물 구성에 참여하며 무엇을 해야 하고, 언제 해야 하며, 누구에게 조언을 들을 것인지 등을 결정한다. / 평가단계에서는 학습자에 의해 결정될 평가방법에 초점을 둔다.

객관주의 및 구성주의 교수체제설계의 단계별 주요활동(Hannafin & Hill, 2007)

구분	객관주의 교수설계활동	구성주의 교수설계활동
분석	• 교수요구분석 • 교수목적분석 • 내용분석 • 학습자분석	• 맥락분석 • 문제분석 • 확인된 학습개념 • 학습자분석
설계	• 교수목표 설정 • 과제분석 • 준거지향평가	• 학습목적 • 학습과정(sequences) 확인 • 맥락지향평가

개발	교수자료 개발	학습자원 구성
실행	• 교사: 전달 및 지도 • 학습자: 수용 및 습득 • 초점: 목표달성	• 교사: 조언 및 촉진 • 학습자: 지도 및 조정 • 초점: 문제해결
평가	• 학습자가 알고 있는 것 • 선언적 지식과 절차적 지식	• 학습자가 아는 방법 • 전부 알지는 못하지만 자신이 알고 있는 것 만큼은 잘 알고 있는 정도

MEMO

03

(2) **교수설계**(수업설계) **3대 변인** – Reigeluth & Merrill 12~13 중등

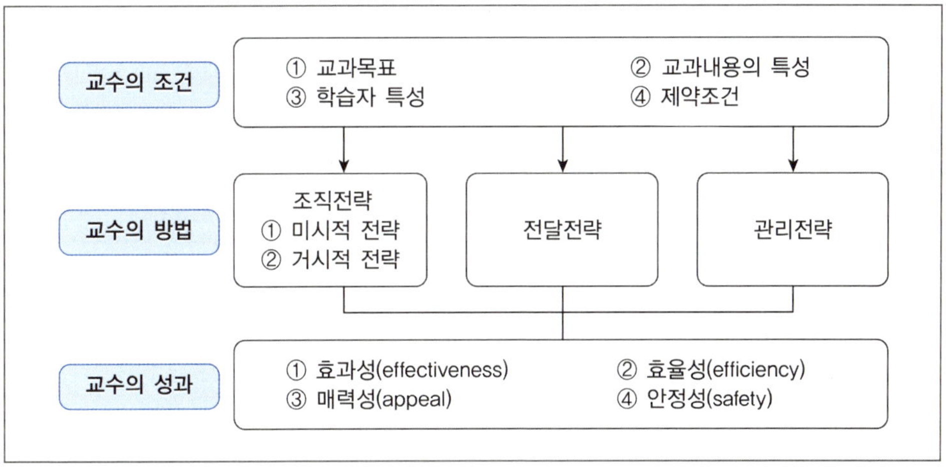

① 교수조건(conditions) 변인: 교수방법과 상호작용을 하지만 교수설계자나 교사에 의해 통제될 수 없는 제약조건 ⇨ 교사라면 누구나 이 요소들을 완벽하게 갖추어야 할 조건

교과목표	교과를 통해서 학생을 어떻게 변화시킬 것인가에 대한 거시적인 목적의식 예 인지적 영역, 정의적 영역, 심리운동기능적 영역
교과내용 특성	교과의 내용이 어떤 지식을 다루는지와 관련된 것 예 사실, 개념, 원리 등과 같은 명제적 지식과 절차적 지식
학습자 특성	학습자의 현재 상태 예 적성, 동기, 흥미와 태도, 학습유형, 선수학습 정도 등 ⇨ 교사에게 가치가 배제된 개념(value-free concept)으로 교사가 통제할 수 있는 변인이 아니라 있는 그대로를 수용해야 하는 조건 변인
제약조건	교수 상황의 여러 요인 예 시간, 교수매체, 교수자료, 인적·물적 자원, 교실환경 등 ⇨ 교사가 사전에 그 상황을 확인하여 그 범위 내에서 교수활동을 전개

MEMO

② **교수방법(methods) 변인**: 서로 다른 조건하에서 의도한 성과(학습결과)를 성취하기 위하여 사용되는 다양한 교수전략(방안) ⇨ 교사가 필요에 따라 조정할 수 있으며, 교사 간의 역량 차이를 드러나게 하는 요인

조직전략	교과의 내용을 그 구조와 학습자의 수준에 적합하게 조직하는 방법 • **미시적 전략**: 단 하나의 아이디어를 가르치는 경우의 교수전략 예 메릴(Merrill)의 구인전시이론 • **거시적 전략**: 복잡한 여러 아이디어를 가르치고자 하는 경우의 교수전략 예 라이겔루스(Reigeluth)의 정교화 이론
전달전략	조직한 내용을 효과적, 효율적으로 학생에게 전달하는 방법 예 교수과정의 전개방법, 학습자에게 학습정보를 전달하는 방법(수업방법), 동기유발 전략, 평가방법, 피드백을 주는 시기와 방법 등에 관한 전략
관리전략	조직전략과 전달전략을 교수과정에서 언제 어떻게 활용할 것인지를 결정하는 전략 ⇨ 교수－학습의 전체 과정을 통제하고 언제 어떤 조직전략과 전달전략을 사용할 것인지를 결정하며 수업 중에 활용하게 될 각종 교수－학습자료를 점검하는 방법

③ **교수성과(outcomes) 변인**: 서로 다른 교수조건에서 사용된 여러 가지 교수방법들이 어떤 면에서 어느 정도 효과가 있었는지를 나타내는 교수활동의 최종 산물

효과성 (effectiveness)	학습자가 특정 교수목표를 달성했는지의 여부 ⇨ 학습자가 교수내용을 어느 정도 획득하였는가에 의해 측정됨
효율성 (efficiency)	목표달성을 이루는 데 가능한 최소 시간과 노력, 비용의 정도
매력성 (appeal)	학습자가 지속적으로 학습하기를 원하는 동기수준 예 켈러(Keller)의 ARCS 이론 – 교수의 매력성을 높이기 위해 주의집중, 관련성, 자신감, 만족감을 제시
안정성 (safety)	학습자가 습득한 지식이나 기능이 물리적·정서적 안정은 물론, 도덕적·정치적·지역적·종교적·신체적으로 위험이 없을 것

(3) **교수체제설계**(ISD: Instructional Systems Design, **체제적 교수설계**)

① **체제**(system)

㉠ 체제는 조직화된 전체를 의미한다. 즉, 공동의 목표를 달성하기 위해 여러 구성요소들이 상호작용하는 조직체를 의미한다. ⇨ 공동의 목적을 위해 여러 요소가 체계적으로 구성된 조직체(Hoban, 1960), 정해진 공동의 목적을 달성하기 위해 상호작용하는 구성요소들의 집합체(Dick & Carey, 2011)

㉡ 체제 내의 구성요소들은 상호 투입과 산출의 관계를 맺고 있고, 피드백에 의해 수정·보완되며, 체제를 둘러싼 외부 환경과 상호작용하게 된다.

② 체제적 교수설계(교수체제설계)

㉠ 체제적(systemic) 접근은 역동적 · 비선형적이며, 하위요소가 상호작용하면서 유기적 총체를 구성한다.

㉡ 체제적 교수설계는 학습과정에 영향을 미치는 모든 상황적 맥락을 고려하여 융통성 있게 수업활동을 설계하는 것을 의미한다.

㉢ 체제적 교수설계는 교수체제의 하위요소인 분석, 설계, 개발, 실행, 평가의 과정을 상호 유기적으로 관련시켜 효과적이고 효율적인 교수 프로그램을 개발하려는 것이다. ⇨ 체제의 관점을 분석, 설계, 개발, 실행, 평가의 과정에 적용하여 효과적이고 효율적인 교육 프로그램을 개발하려는 것

㉣ 즉, 체제적 교수설계는 문제를 해결하려는 목적하에, 교수체제의 구성요소인 학습자 특성, 교수내용, 교수방법, 실행, 평가 등을 상호 유기적으로 관련시켜 교수 프로그램을 개발한다.

③ 체제적 교수설계가 효과적인 이유(필요성)(Dick & Carey, 2011) 암

㉠ 교수설계 초기부터 명확한 목표 진술에 초점을 두기 때문에 후속되는 계획과 실행을 보다 효과적으로 이끌 수 있다.

㉡ 교수설계의 각 단계들을 연관시켜 설계하므로 목표에 가장 적합하고 효과적인 교수 전략 또는 학습조건들을 고안할 수 있다.

㉢ 교수설계 과정에서 발생하는 오류를 지속적으로 수정 · 보완하여 보다 효과적인 교수 프로그램을 완성할 수 있다.

④ 체제적 교수설계의 특징

㉠ 문제해결 지향적이다 : 교수체제설계는 교수와 관련된 문제를 포착하고 해결하는 것을 목적으로 한다. 이 문제는 교수체제의 현재 상태와 바람직한 상태 간의 격차인 '요구(needs)'로 표시되며, 이 요구에 기초하여 체제의 목적이 구체적으로 설정된다.

㉡ 총체적인 접근이다 : 교수체제설계는 문제의 원인을 규명하고 해결방안을 고안할 때, 교수체제의 여러 구성요소들을 총체적이며 유기체적인 관계에서 접근한다.

㉢ 맥락을 중시한다 : 체제가 외부 환경과의 지속적인 상호작용 속에서 역동적으로 변화하듯이, 교수체제설계에서도 교수체제가 사회문화적 혹은 역사적인 맥락 속에서 어떤 영향을 주고받는가를 고려하고, 이를 문제분석 및 해결과정 전반에 반영한다.

㉣ 가치지향적이다 : 교수체제설계에서는 개발자나 관련 이해집단의 가치를 적극적으로 수용하여 교수체제개발에 통합하려고 한다.

MEMO

암기법
목연(관)오

MEMO

02 객관주의 교수설계모형

❶ ADDIE 모형 – 일반적 교수체제설계모형(ISD : Instructional Systems Design)

99 초등, 00 중등, 02 중등, 06 초등, 07 중등, 15 중등추가論, 26 중등論

(1) 개관

① ADDIE 모형은 교수체제설계(ISD)의 기본적인 과정인 분석, 설계, 개발, 실행, 평가라는 다섯 단계로 이루어지며, 각 단계의 두음을 따서 'ADDIE' 모형이라고 불린다.

② 이 모형은 한 학자나 소수의 학자에 의해 개발되고 정교화된 이론이 아니라 오랜 시간에 걸쳐 이루어진 것이다. 즉, ADDIE는 대부분의 교수설계모형에서 공통적으로 나타나는 활동 영역들이지 의도적으로 고안된 모형이 아니다.

암기법 분설개실평

(2) 단계별 활동 암

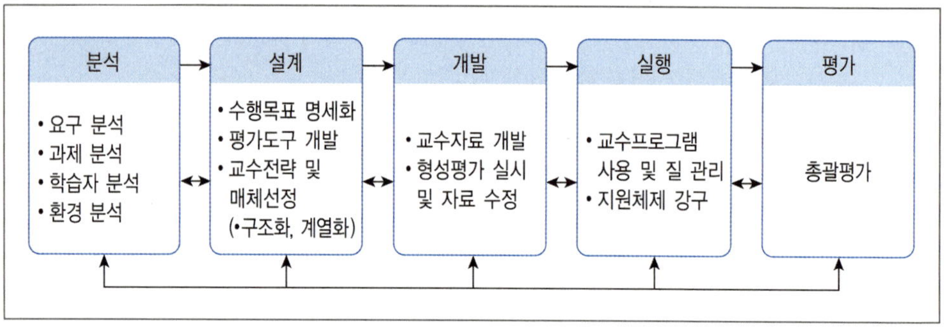

- 분석 : 목표를 설정하기 위해 학습과 관련된 요인들을 분석하는 단계
- 설계 : 분석과정에서 나온 결과를 종합하여 구체적인 교육계획서를 설계하는 단계
- 개발 : 설계단계에서 결정된 설계명세서에 따라 실제 수업에 사용할 교수자료나 교수 프로그램을 제작
- 실행 : 완성된 최종 산출물인 교수자료나 교수 프로그램을 실제 현장에 적용하고 관리하는 단계
- 평가 : 최종적인 총괄평가를 실시하는 단계

구분	주요 활동
분석 (Analysis)	• 요구 분석 : 바람직한 상태(what should be)와 현재의 상태(what is) 간의 차이(gap)를 분석 ⇨ 지식, 기능, 태도에 대한 기대되는 상태와 현재의 상태 간의 격차를 규명 ⇨ 최종 교수목적(교수목표, instructional goal)이 도출 • 과제 분석 : 최종 교수목적을 달성하기 위해 필요한 지식, 기능, 태도 등이 무엇인지 위계적으로 분석하는 것 ⇨ 교수목표(학습목표)의 유형과 그 목표의 하위기능을 분석 ⇨ 학습목표가 도출

MEMO

	• 학습자 분석 : 일반적 특성(성, 연령, 경험, 지능 등), 출발점행동(선수학습능력), 학습양식, 동기나 태도 등 학습자의 특성을 파악하는 것 ⇨ 학습자 특성에 적합한 교수전략 설계 가능 • 환경 분석 : 교수−학습에 영향을 미치는 제반 환경을 분석하는 것 ⇨ 학습공간, 매체, 시설 등
설계 (Design)	• 수행목표 명세화 : 수행목표(performance objectives)는 수업을 마쳤을 때 학습자가 할 수 있기를 기대하는 성과를 구체적인 행동 용어로 진술(수행목표 = 성취목표, 학습목표, 수업목표) 예 타일러(Tyler), 메이거(Mager) 등 ⇨ 과제 분석, 학습자 및 환경 분석을 토대로 수행목표 도출 • 평가도구 개발 : 수행목표를 준거로 수업 후 학습자의 성취수준(목표도달 여부)을 평가할 수 있는 준거지향평가(절대평가) 문항을 개발 ⇨ 사전검사, 학습 증진도검사, 사후검사 등 • 교수전략 및 매체 선정 : 수행목표를 효과적으로 달성하기 위한 교수전략과 교수매체를 선정 (• 구조화 · 계열화 : 학습내용이나 학습활동의 제시 순서를 구조화 · 계열화)
개발 (Development)	• 교수자료 개발 : 실제 수업에 활용할 교수자료(교수 프로그램)를 개발(제작) • 형성평가 실시 : 개발된 교수자료에 대해 형성평가를 실시하고 수정 · 보완하여 완성된 자료를 제작 ⇨ 일대일 평가, 소집단 평가, 현장 평가, 전문가 평가 등
실행 (Implementation)	• 교수 프로그램 사용 및 질 관리 : 완성된 교수자료나 교수 프로그램을 실제 수업에 적용해 보고, 질을 계속적으로 유지 관리 • 지원체제 강구 : 이때 프로그램의 원활한 실행을 위해서는 행정적 · 제도적 · 재정적 지원(예 시설, 기자재, 예산, 인적 자원 등)이 요구
평가 (Evaluation)	총괄평가 : 총괄평가를 실시하여 실제 수업 현장에 실행된 교수자료나 교수 프로그램의 효과성과 효율성을 평가 ⇨ 이를 통해 교수자료나 프로그램의 계속적 사용 여부, 문제점 수정 등을 결정

2 딕과 캐리(Dick & Carey)의 교수체제설계모형

04 초등, 05~07 중등, 09 초등, 09~11 중등, 11 초등, 22 중등論

(1) 개관

① 딕과 캐리(Dick & Carey)의 모형은 체제적 교수설계의 대표적 모형이다(모두 10단계). 이 모형은 효과적인 교수 프로그램을 개발하기 위해 일련의 단계들이 유기적이며 역동적으로 상호작용한다.

② 딕과 캐리 모형은 수업설계자 입장에서 구안한 것이므로 일반적 교수설계모형(ADDIE)의 실행단계(I)가 생략되어 있다.

MEMO

(2) 단계별 활동

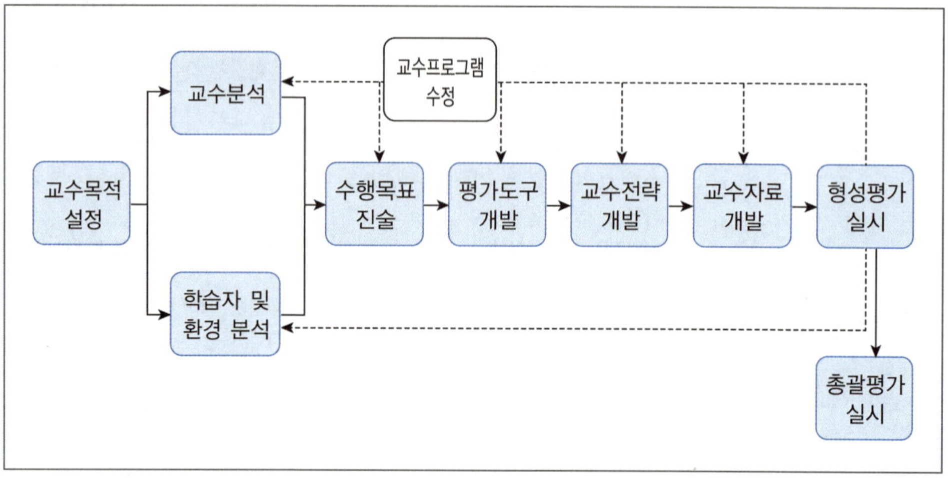

단계	내용	ADDIE 모형
① 교수목적 설정 (요구분석)	• 요구분석을 통해 최종 교수목적(goal)을 도출하는 단계(교육과정 · 교과학습목표의 분석을 통해 도출하기도 함) • **최종 교수목적(교수목표)**: 수업을 모두 끝마쳤을 때 학습자가 할 수 있기를 기대하는 구체적인 행동이며, 수행목표보다 포괄적인 목적임	분석(A)
② 교수분석 (과제분석)	• 최종 교수목적을 달성하기 위해 필요한 지식, 기능, 태도 등이 무엇인지 위계적으로 분석하는 것 ⇨ 교수목표(학습목표)의 유형과 그 목표의 하위기능을 분석 ⇨ 학습목표가 도출 • **목표유형 분석**: 그 목표가 어떤 종류의 학습영역인지를 분석하는 것 • **하위기능 분석**: 목표와 관련된 기능의 관계를 분석하는 것 ⇨ 군집분석, 위계분석, 절차분석, 통합분석	
③ 학습자 및 환경 분석	• 교수전략 수립에 영향을 주는 학습자 특성과 환경을 분석하는 단계 • **학습자 특성**: 출발점행동(선수학습능력), 지능, 적성, 학습양식, 동기, 태도 등 ⇨ 학습자 특성에 적합한 교수전략 설계 가능 • **환경 분석**: 교수-학습에 영향을 미치는 제반 환경을 분석 ⇨ 개발환경, 전달환경, 적용환경, 학습환경 등	
④ 수행목표 진술	• 수행목표(performance objectives) 진술은 수업을 마쳤을 때 학습자가 할 수 있기를 기대하는 성과를 구체적인 행동 용어로 진술(수행목표 = 성취목표, 학습목표, 수업목표) ⇨ 과제분석, 학습자 및 환경 분석을 토대로 수행목표 도출 • 수행목표는 메이거(Mager) 진술방식에 따라 도착점행동(성취행동), 조건(상황), 준거(수락기준, 성취기준)의 3가지 요소로 구성	설계(D)

⑤ 평가도구 개발	• 수행목표를 준거로 수업 후 학습자의 성취수준(목표도달 여부)을 평가할 수 있는 준거지향평가(절대평가) 문항을 개발 ⇨ 사전검사, 학습증진도검사, 사후검사 등 • 평가 문항과 진술된 목표는 반드시 일치해야 한다. 문항의 타당성이 중요한데, 가장 타당한 문항은 명세목표의 '~할 수 있다'는 진술 형식을 '~하라'는 진술로 변경했을 때 논리적이고 형식적인 오류가 없어야 함	
⑥ 교수전략 개발(선정)	• 최종 목표를 달성하기 위한 교수전략(수업운영방법)을 개발(선정) (즉, 목표에 적합한 교수학습모형을 선정하고 이를 진행할 방법과 절차를 개발하고, 적합한 교수매체를 선정하고 활용계획을 수립) ⇨ 동기 유발 전략, 학습내용 제시 전략, 연습과 피드백 전략, 추후활동 전략 등이 고려 • **구체적인 교수전략**: 교수 전 활동(동기 유발, 목표 제시, 출발점행동 확인), 정보 제시(교수계열화, 교수단위의 크기 결정, 정보와 예 제시), 학습자 참여(연습과 피드백), 검사(사전검사, 학습증진검사, 사후검사), 추후활동(교정학습, 심화학습) 등으로 구성 ⇨ Gagné의 9가지 교수사태를 요약	설계(D)
⑦ 교수자료 개발	개발된 교수전략에 근거하여 실제 수업에서 활용할 교수자료(교수 프로그램)를 개발(제작) ⇨ 학습자용 지침서, 교사용 지침서, 멀티미디어를 포함한 각종 교수자료를 개발	
⑧ 형성평가 실시	• 개발된 교수자료와 교수 프로그램에 대해 형성평가를 실시하고 프로그램의 질을 개선하는 데 필요한 자료를 수집(실제 수업에 투입하기 전에 시범적으로 적용) ⇨ 일대일 평가, 소집단 평가, 현장 평가, 전문가 평가 등 ⇨ 형성평가의 목적: 개발된 교수 프로그램의 수정·보완 • 평가방법 ⇨ 일대일 평가: 개발된 교수 프로그램이나 자료를 활용할 개별학습자로부터 정보를 수집하는 것 / 소집단 평가: 일대일 평가 후에 수정된 교수 프로그램을 8~20명 내외의 학습자들에게 실시하여 정보를 수집하는 것 / 현장 평가: 교수 프로그램이 실제로 활용될 상황에서 정보를 수집하는 것 / 전문가 평가: 관련 교과 전공자에게 수업에 대한 전문적 평가를 의뢰하는 것	개발(D)
⑨ 교수 프로그램 수정	• 형성평가의 결과를 토대로 교수 프로그램의 결점을 수정·보완 ⇨ 교수분석, 학습자 및 환경 분석, 수행목표 진술, 평가도구, 교수전략 및 교수자료 등의 전반적인 수정을 하여 프로그램의 완성도를 높임 • 구체적으로 교수분석의 타당성, 학습자 및 환경 분석의 정확성, 성취목표 진술의 적절성, 검사문항의 타당성, 교수전략 및 교수자료의 효과성 등을 검토	
⑩ 총괄평가 실시	• 교수 프로그램을 수업에 실행하고 난 후 프로그램의 효과를 검증하기 위해 총괄평가를 실시 ⇨ 보통 외부평가자에게 의뢰 • 교수 프로그램의 절대적 가치(설정된 교수목표 달성 여부 검증) 또는 상대적 가치(새로 개발된 자료가 기존에 활용되고 있는 자료와 비교 그 효과 검증)를 평가 ⇨ 총괄평가는 외부평가자에 의해 실시되므로 엄격히 말해서 교수설계 과정에 포함시키기는 어려움	평가(E)

MEMO

(3) 교수목적 설정과 요구분석

① 교수목적(교수목표)의 설정

㉠ 대부분의 교수체제설계모형의 첫 단계는 '일반적인 교수목적의 설정(확인, Dick & Carey)' 또는 이러한 교수목적을 확인(설정)하기 위한 '요구분석(needs analysis)'으로 구성되어 있다.

㉡ 교수목적(goal)은 요구분석을 통해 규명되는 일반적 수준의 포괄적 진술 또는 여러 가지 구체적인 행동으로 나눌 수 있는 수업결과의 일반적 진술을 의미한다. ⇨ 수행목표보다 더 포괄적인 목적 예 학생들은 효과적으로 작문을 할 수 있다.

㉢ 교수목적은 보다 세부적인 교수목표(학습목표, 수행목표)로 나누어져 구체적으로 기술될 수 있다. 목표(objectives)는 목적을 성취하기 위해 구체적인 수준으로 세분화되어 관찰 가능한 형태로 진술된다.

예 학생들은 주장과 근거가 드러나게 글을 간추려 쓸 수 있다.

㉣ 요구분석을 통해 교육목적이 도출되면, 과제분석을 통해 학습목표(수행목표)가 도출된다. 즉, 목표는 과제분석, 학습자분석, 환경분석의 결과를 종합하여 불필요한 부분을 제외한 학습과제(learning task)를 바탕으로 도출된다.

키워드
요구 = 차이(격차)

② 요구분석(needs analysis) 키 03 초등, 07 중등, 10 중등, 12 중등

㉠ 개념

ⓐ 바람직한 상태(what should be : desired states : 최적의 수행수준, 원하는 상태)와 현재의 상태(what is : current states, 실제 수행수준) 간의 차이(gap, discrepancy)를 분석하는 것이다. 즉, 두 수행상의 차이가 무엇인지 근본적인 문제의 원인(본질)을 규명하고 가장 적합한 해결방안을 찾는 것을 말한다.

ⓑ 교수학습 차원에서 요구분석이 필요한 상황은 현재의 학습목적이 성취되지 않고 있을 경우, 현재의 수업이 비효과적이거나 비효율적인 경우, 현재의 수업이 학습자의 흥미를 끌지 못할 경우, 새로운 학습목적이 추가될 경우, 학습 집단의 크기에 변화가 올 경우 등이다.

요구분석

요구분석은 기대수준과 실제수준과의 차이를 분석하고 그에 따른 교수목적을 확인하는 활동을 말한다. 예를 들어, 어떤 교육청에서 중학교 2학년 학생들의 학력시험에서의 수학 성취수준이 평균 75점을 목표로 하고 있지만, 실제 평균 70점이라고 할 때 대략 5점 정도의 차이가 나타나게 된다. 이 경우 5점 차이가 왜 났는지를 분석하고 적절한 수업방식에 의해 이 점을 극복하기 위해 교수목적이 설정될 수 있다. 물론 이 경우에도 교수목적을 '5점 향상시키는 것'이라고 기술하는 것이 아니라, 기대하는 학생들의 지적 상태를 일반적으로 기술하여야 한다. 예컨대 '중학교 2학년 학생들은 교과서 내용과 관련된 응용 수학문제를 풀 수 있다.'와 같은 형태로 기술되어야 한다.

ⓛ 요구분석이 필요한 이유(목적, 의의) 암

ⓐ 최적의 수행과 현재의 수행상의 차이를 규명하면, 요구의 우선순위를 결정하고 한정된 자원을 합리적으로 배분할 수 있다.

ⓑ 불확실한 문제의 원인을 규명하고 가장 적절한 해결방안을 제안할 수 있다.

ⓒ 요구분석의 결과를 토대로 교수 프로그램의 목적(goal)을 도출하고 교수 프로그램을 효과적으로 개발할 수 있다.

요구분석을 통해 규명된 문제의 원인과 해결방안

원인	해결방안
기술 및 지식의 부족	교육, 작업 명세서의 작성
열악한 환경	작업도구 개선, 작업환경 개축
부적절한 보상체계	정책 개선, 보상체계 개선
동기 저하	교육, 정보 제공, 코칭

ⓒ 요구분석 기법(도구) : 요구분석 도구는 면담, 관찰, 현존자료 분석, 그룹회의, 설문조사 등 요구분석의 목적에 따라 다양하게 활용할 수 있다. 실태를 파악할 때는 현존자료 분석(현재 가지고 있는 자료를 분석), 관찰, 설문조사가 적절하다. 문제의 원인을 파악할 때는 면담 대상자와의 밀접한 관계를 먼저 수립해야 하고 무기명 설문조사가 적절하다. 요구를 찾아낼 때는 면담이나 그룹회의가 적절하며, 느낌과 해결방법의 우선순위를 파악해야 하는 경우에는 면담이나 그룹회의, 무기명 설문조사가 적절하다.

요구분석 도구	내용
자원명세서 조사	대상 학습자 집단의 특성과 현재 어떤 유형의 교육이 가능한지 파악 ⇨ 현재의 실태 파악에 유용
관찰	학습자를 실제로 관찰함 ⇨ 실태 파악에 유용
설문조사	관련 집단의 견해 조사(우편 설문조사, 전화 설문조사 등) ⇨ 무기명 설문조사는 현재의 실태 파악이나 문제의 원인 파악에 적절
면담	언어를 사용한 대면적인 상호작용 의사소통방식 ⇨ 요구를 찾아낼 때 유용
사용분석	기존 프로그램의 사용 정도와 효율성 조사 ⇨ 유사 또는 새로운 프로그램에 대한 요구분석에 유용한 참고자료가 됨

MEMO

암기법

우선 원목 / 원목 우선

03

MEMO

㉣ 요구분석 절차(과정)

요구분석 단계	요구분석 활동
바람직한 상태 결정	교육과정이나 교과학습목표 등이 지향하는 학습자의 바람직한 수행 상태를 결정
현재의 상태 측정	자원명세서, 관찰, 면담, 설문조사 등을 토대로 학습자의 현재 수행 상태를 측정
요구의 크기 계산 (요구 산정)	학습자의 바람직한 상태와 현재의 상태 간의 차이를 분석
요구의 우선순위 결정	가장 중요하고 주의를 기울여야 하는 차이부터 우선순위를 결정 ⇨ 차이의 크기가 큰 사항, 목적의 중요도가 큰 사항, 영향을 받을 학생의 수가 많은 경우, 목적달성에 큰 영향을 미칠 사항, 차이를 줄일 가능성이 높은 사항을 고려
요구 발생의 원인 분석	요구가 발생하는 원인을 분석하여 교육적인 요구에 대한 해결방법과 그 외 요구에 대한 해결방법을 분리
교수 프로그램 개발	교육적 요구를 해결하기 위해 적절한 교수 프로그램을 개발

(4) **교수분석**(과제분석, task analysis)

① **개념**: 최종 교수목적을 달성하기 위해 필요한 지식, 기능, 태도 등을 위계적으로 분석하는 것 ⇨ '교수목표(학습목표)의 유형 분석'과 그 목표를 구성하는 '하위기능 분석'의 두 단계로 구성

㉠ **목표유형 분석**: 그 목표가 어떤 종류의 학습영역인지를 분석하는 것

㉡ **하위기능 분석**: 목표와 관련된 기능의 관계를 분석하는 것 ⇨ 군집분석, 위계분석, 절차분석, 통합분석

② 필요성(교수설계에 주는 도움)

㉠ **성취목표 확인**: 과제분석을 통해 교육에서 성취하고자 하는 지식, 기능, 태도 등 모든 성취목표를 확인할 수 있다. ⇨ 학습요소(학습내용)의 확인

㉡ **계열화와 조직화**: 학습내용을 논리적으로 계열화하고 조직화함으로써 학습과 파지의 효율성을 증가시킬 수 있다. ⇨ 학습의 순서를 밝힘, 학습요소의 중복이나 누락 방지

㉢ **의사소통 원활화**: 교육 프로그램을 개발하는 전문가들이나 수업 관련자들 간의 의사소통이 원활해진다.

㉣ **교육비용 절감**: 부적절한 수행을 방지해 주어 교육비용을 절감할 수 있다.

㉤ 기타: 수업 중에 실시하는 형성평가의 기준을 설정, 본시학습에 필요한 선수학습요소를 확인

MEMO

03

③ 학습목표 유형

목표 영역 비교

타일러(이원목표 분류)	블룸(교육목표 분류학)		가네	메릴				
내용					사실	개념	절차	원리
행동(수행)	인지적 영역	(복잡성/복합성의 원리) 지식－이해－적용－분석－종합－평가	언어 정보	기억				
			지적 기능	활용	×			
			인지 전략	발견	×			
	정의적 영역	(내면화의 원리) 감수－반응－가치화－조직화－인격화	태도					
	심동적 영역	반사동작－기본동작－지각능력－신체능력－숙련된 동작－동작적 의사소통	운동 기능					

㉠ 블룸(Bloom)의 교육목표 분류

인지적 영역	• **지식**: 이미 배운 내용(사실, 개념, 원리, 방법 등)을 기억했다가 재생해 내는 능력 • **이해**: 지식을 바탕으로 자료의 의미를 파악하는 능력으로, 번역, 해석, 추리 능력이 포함됨 • **적용**: 개념, 원리, 방법, 이론 등의 추상 개념을 구체적 사태에 적용할 수 있는 능력 • **분석**: 주어진 자료를 부분으로 분해하고, 부분 간의 상호관계와 조직원리를 발견하는 능력 • **종합**: 여러 가지 요소나 부분을 하나의 전체로 묶는 능력으로 창의적인 능력 • **평가**: 어떤 순거를 활용하여 자료의 가지를 판단하는 능력
정의적 영역	• **감수**: 어떤 자극이나 활동을 기꺼이 수용하고 주의를 집중하는 것 • **반응**: 어떤 자극이나 활동에 적극 참여하여 만족감을 얻는 것 • **가치화**: 특정 대상이나 활동에 대해 의의와 가치를 직접 추구하고 행동으로 나타내는 것 • **조직화**: 서로 다른 가치들을 비교하고 연관시켜 통합하는 것 • **인격화**: 가치관이 일관성 있게 내면화된 것
심동적 영역	• **반사 운동**: 개인의 의지와는 무관한 단순 반사동작 • **기초 운동**: 몇 개의 반사 운동과 통합되어 형성되는 단순동작 • **지각 능력**: 주변 자극을 지각하고 해석하여 환경에 대처하는 능력 • **신체 능력**: 숙련된 동작을 위해 필요한 신체 기관의 기능적 능력 • **숙련된 운동**: 비교적 복잡하고 숙련된 운동기능 • **동작적 의사소통**: 신체적 동작을 통하여 감정, 흥미, 의사 등을 표현하는 능력

MEMO

ⓑ 가네(Gagné)의 학습목표 분류 : 학습유형을 학습된 결과에 따라 5가지 학습영역으로 분류

언어 정보	사실, 개념, 원리 등을 기억하여 언어로 표현할 수 있는 능력 ⇨ 명제적(선언적) 지식, 다른 학습을 위한 기본이 됨
지적 기능	언어, 숫자, 부호 등 상징적 기호를 사용하여 환경과 상호작용할 수 있는 능력 ⇨ 방법적(절차적) 지식, 학교학습에서 가장 중요하게 다루는 능력 ⇨ 지적 조작의 복잡성 수준에 따라 변별학습, 개념학습, 원리학습(규칙학습), 문제해결학습(고차적 규칙학습)으로 위계화(계열화)되어 있음
인지 전략	학습자가 기억하고 사고하며 학습하는 방법에 대한 능력
태도	어떤 대상이나 활동을 선택하는 학습자의 내적·정신적 경향성
운동 기능	신체의 근육을 활용하여 특정한 동작을 수행하는 능력

ⓒ 메릴(Merrill)의 내용-수행 매트릭스

내용 차원	• 사실 : 사물, 사건, 장소의 이름과 같은 단편적인 정보 • 개념 : 공통적인 속성을 지닌 사물, 사건, 기호들의 집합 • 절차 : 문제를 해결하는 데 필요한 단계들을 순서화한 계열 • 원리 : 어떤 현상을 설명하고 예측하기 위해 사용하는 인과관계나 상호관련성
수행 차원	• 기억 : 이미 저장된 언어 정보(예 사실, 개념, 절차, 원리)를 재생하는 것 • 활용 : 추상성(예 개념, 절차, 원리)을 구체적인 상황에 적용하는 것 • 발견 : 새로운 추상성(예 개념, 절차, 원리)을 찾아내는 것 ⇨ '인지 전략'의 수준

암기법
군위절통

④ 과제분석의 주요 기법(하위기능 분석)(Gagné, 1974) 암

목표 유형	분석 방법	내용
언어 정보	군집분석 (cluster analysis)	• 학습과제를 군집별(범주별)로 묶는 기법 ⇨ 언어 정보와 같이 상하의 위계관계가 없는 과제 분석에 사용하는 분석법 • 예를 들어, 인간의 신체부위의 이름을 학습하는 과제는 신체 각 부위별로 묶는 방법이 있고, 주요 사찰의 소재지를 학습하는 과제는 지역과 도시를 군으로 묶는 방법이 사용될 수 있음
지적 기능	위계분석 (hierarchical analysis)	• 과제 달성에 필요한 기능을 상위기능과 하위기능으로 분석하는 기법 ⇨ 지적 기능과 같이 학습과제가 위계적 조직을 이루고 있을 때 사용하는 분석법 • 지적 기능의 지식은 위에서부터 문제해결, 원리, 개념, 변별학습의 순서로 분석
운동 기능	절차분석 (procedural analysis)	먼저 수행해야 할 과제와 나중에 수행해야 할 과제의 순서를 분석하는 기법 ⇨ 운동 기능의 목표와 같이 학습과제가 절차적 순서로 구성된 경우에 사용하는 분석법
태도	통합(혼합)분석 (combining instructional analysis)	• 군집분석, 위계분석, 절차분석을 혼합하여 분석하는 기법 ⇨ 학습과제가 태도 영역일 때 주로 사용하는 분석법 • 태도 학습은 언어 정보, 지적 기능, 운동 기능을 통해서 어떤 행동을 선택하는 능력이므로 통합분석이 사용

(5) 수행목표(학습목표) 진술 90 중등, 92 중등, 95 중등, 96 초등, 99 초추, 00 초보, 01~02 초등

MEMO

03

타일러 (Tyler)	내용(학습내용)과 행동(도착점행동)으로 나누어 진술 ⇨ 총괄평가, 절대평가에 활용 예 학습자는(주어) 삼각형의 합동조건을(내용) 열거할 수 있다(행동). / 포유류의 특징을(내용) 말할 수 있다(행동).
메이거 (Mager)	• 학습자의 도착점행동(behavior), 조건(상황, condition), 준거(수락기준, criterion)로 진술 ⇨ 형성평가, 절대평가, 실기평가에 주로 활용 • 메이거(Mager)의 ABCD 진술기법 : 수업 대상인 학습자(Audience), 수업 후 기대되는 행동(Behavior : 성취행동 - 관찰 가능한 행위동사로 진술), 행동이 나타날 수 있는 조건(Condition), 목표의 달성 여부를 판단할 수 있는 준거(정도 / Degree, criterion : 성취기준) ⇨ 필요에 따라 학습자나 조건, 준거를 생략할 수 있지만, 고도의 기술 습득을 요할 때는 엄격한 것이 바람직함 예 운동장에서 100m를(조건) 17초 이내에(준거) 달릴 수 있다(도착점행동). / 2차방정식 30문제를 제시했을 때(조건), 60분 이내에 20문제를(준거) 풀 수 있다(도착점행동).
그론룬드 (Gronlund)	• 일반적 수업목표와 명세적 수업목표를 구분하여 먼저 일반적 수업목표를 진술한 후 명세적 수업목표를 진술 • 일반적 수업목표 : 일반적이고 포괄적이며, 장기적인 목표를 말하는 것으로 학습성과를 진술하되 내재적 행동을 나타내는 동사(안다, 이해한다)를 사용한다. 예 형용사를 이해할 수 있다. • 명세적 수업목표 : 관찰 가능한 도착점행동으로 표현된 구체적인 학습성과 목록을 진술하며 관찰 가능한 행위동사(확인하다, 기술하다)를 사용한다. 예 형용사의 '예'를 제시할 수 있다. 형용사와 명사를 구분할 수 있다. 형용사를 자신의 말로 설명할 수 있다.
가네 (Gagné)	예 이력서를 한 장 주었을 때(상황) 컴퓨터를 이용하여(도구) 그 이력서를(내용) 타자를 쳐서(행동) 만들 수 있다(학습능력). • 학습된 능력 : 가네의 학습목표 유형(언어 정보, 지적 기능, 인지 전략, 태도, 운동 기능)을 말함 예 언어정보학습은 '말한다', 지적기능학습 중에서 변별학습은 '구별한다', 개념학습은 '분류한다', 원리학습은 '예증한다', 문제해결학습은 '창안한다', 태도학습은 '선택한다', 운동기능학습은 '실행한다'라는 동사를 주로 사용 • 성취상황 : 학습행동을 수행하게 될 환경적 조건을 의미 ⇨ 메이거식 목표진술에서 '조건'에 해당 예 '운동장에서', '계산기를 가지고', '10개의 사과와 5개의 바나나를 주면' 등 • 성취도구나 제한점, 조건 : 성취행동이 수행될 상황에서의 성취정도와 범위를 더욱 명확하게 만든다. 예 '줄자를 사용해서(도구)', '14초 이내에(제한점)', '지도를 주면(조건)' 등 • 성취내용 : 학생이 학습하게 되는 내용으로서, 정보나 지식, 기능을 모두 포함 예 '민주주의의 이념을 열거할 수 있다.'에서 '민주주의의 이념'이나, '삼국시대의 영토를 지도 위에 표시하여 설명할 수 있다.'에서 '삼국시대의 영토'가 성취내용에 해당함 • 성취행동 : 학습된 능력을 관찰할 수 있는 행위 동사 ⇨ 성취행동은 학습유형에 상관없이 다양한 동사를 사용할 수 있지만, 학습된 능력을 나타내는 동사는 중복해서 사용하지 않는 것이 좋다. 예 '민주주의의 이념을 열거할 수 있다.'에서 '열거', '삼국시대의 영토를 지도 위에 표시하여 설명할 수 있다.'에서 '표시'가 성취행동에 해당함
메릴 (Merrill)	내용 차원과 수행 차원으로 이원화하여 행렬식, 즉 〈내용 × 수행〉의 조합으로 제시 예 대한민국의 수도는 서울이다(사실 × 기억). 환경오염의 개념을 말할 수 있다(개념 × 기억). 환경오염의 예를 제시할 수 있다(개념 × 활용). 환경오염이 생활에 미치는 피해를 찾을 수 있다(개념 × 발견).

MEMO

목표 영역별 동사

구분		동사
인지적 영역	지식	정의하다, 묘사하다, 확인하다, 명칭을 붙이다, 목록을 만들다, 이름을 대다, 진술하다
	이해	비교하다, 토의하다, 식별하다, 그리다, 스스로 설명하다, 예를 들다, 해석하다
	적용	풀다, 계산하다, 사용하다, 연습하다, 작성하다, 시범 보이다
	분석	배열하다, 발견하다, 분류하다, 관련시키다, 추론하다, 변환시키다
	종합	조정하다, 개발하다, 연구하다, 결합하다, 구성하다, 공식화하다, 설계하다, 일반화하다, 통합하다, 생산하다, 조직하다, 만들다, 모으다
	평가	감정하다, 등급 매기다, 시험해 보다, 판단하다, 권장하다, 비평하다, 결정하다
정의적 영역		선택하다, 조직하다, 참가하다, 감상하다, 완성하다
심동적 영역		조립하다, 분해하다, 고정하다

① 목표 진술의 유의점

㉠ 교사의 입장에서 수업목표를 진술하지 않는다. 예 소리의 원리를 설명해 준다.

㉡ 학습과정을 수업목표로 진술하지 않는다. 예 로마의 멸망에 대해 토론한다.

㉢ 주요 제목이나 학습내용을 수업목표로 나열하지 않는다. 예 루소의 자연주의 교육

㉣ 하나의 수업목표에 둘 이상의 학습결과를 포함시키지 않는다.

예 낙하의 법칙을 이해하고 이를 효과적으로 적용한다. ⇨ '이해한다'와 '적용한다'의 2가지 학습결과를 포함

② 행동적 목표 진술의 장단점

장점	• 수업의 방향을 분명히 제시하므로 교사의 수업 전개를 보다 구체화할 수 있다. • 수업 내용과 방법을 계열화하여 조직할 수 있으므로 교수설계에 기초 정보를 제공해 준다. • 학습자의 목표 행동을 행동 용어로 진술하면 교육 효과를 정확히 측정할 수 있다. • 교사, 학생, 전문가 등 교육 참여자들 간에 의사소통의 정확성을 기할 수 있게 된다.
단점	• 수업 중에 발생하는 새로운 목표를 반영하기 어렵다. 수업은 아주 복잡하고 역동적인 과정을 거치면서 진행되므로 모든 것을 수업 전에 미리 행동목표로 구체화하여 진술하는 것은 불가능하다. • 교과의 특성을 전혀 고려하지 않고 있다. 창의성을 중시하는 예술영역은 구체적인 행동 용어로 진술하기가 불가능하며 바람직하지도 않다. • 수업실제에서 낱개의 목표를 중심으로 수업이 진행될 가능성이 높으므로 총체적인 지식의 통합성을 기하기 어렵다. 즉, 교수설계와 교수처방의 단편성을 들 수 있다.

MEMO

03

3 브릭스와 웨거(Briggs & Wager)의 교수체제설계모형

(1) 개관

① 개념 : 교육 프로그램이나 코스 설계를 위한 절차를 체계적으로 제시하는 모형으로, 유치원이나 초중등학교에서 활용할 수 있는 학교중심 교수체제설계모형이다.

② 특징 또는 장점

㉠ 다양한 능력을 소유한 학습자들이 공존하는 학교 상황을 고려한 교수체제설계모형으로, 출발점행동이나 사전검사 등을 통해 확인된 학습자의 능력 편차를 고려하여 다양한 프로그램을 설계할 때 유용하다.

㉡ 각 단계별로 프로그램에 대한 평가자료를 수집할 수 있어 초기 프로그램의 목적에 비추어 효과성과 효율성을 증진시킬 수 있다.

(2) 단계별 활동

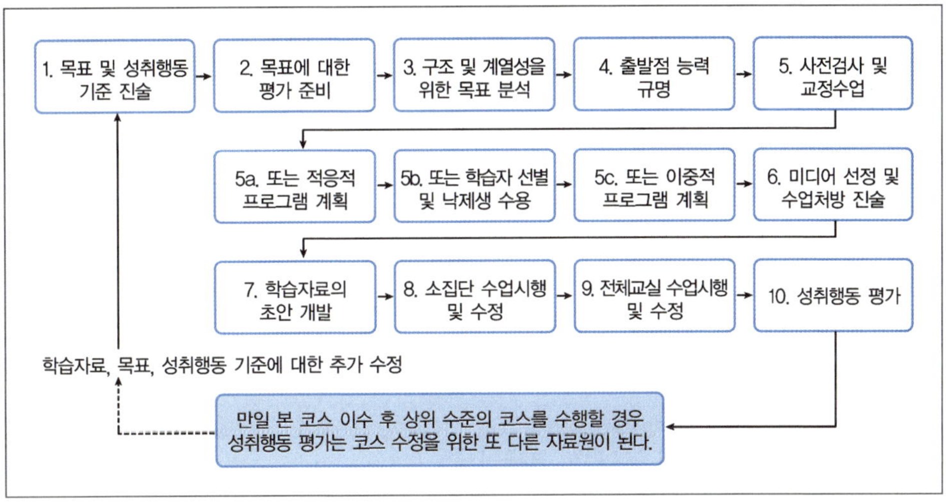

✔ 브릭스와 웨거의 학교중심 교수체제설계모형(1981)

4 켐프(Kemp)의 교수체제설계모형 – 비선형적 교수설계모형

(1) 개관

① 기존의 선형적인 직선형 모형과 달리 교수설계 과정의 순환성을 강조하는 대표적인 비선형적인 교수설계모형이다.

② 켐프(Kemp)는 기존의 교수설계모형이 주로 박스와 화살표로 이루어진 선형적이고 직선적인 형태로서 지나치게 분절적이고 실제 설계환경의 복잡성을 표현하지 못한다고 지적하면서, 교수설계 과정의 순환성을 강조하는 타원형의 모형을 개발하였다.

MEMO

(2) 특징

① **순환성 강조**: 켐프 모형은 순환적인 모형이므로 순서나 절차에 구속되지 않고 실제 수업상황에 따라 융통성 있게 사용할 수 있다. 따라서 교수설계자는 교수개발모형의 어느 단계, 어느 과정에서든지 시작할 수 있으며, 어느 순서로든지 진행할 수 있고, 필요한 경우 동시에 수행될 수 있다. 또, 학습자의 요구가 분명할 때는 교수문제, 과제분석 등의 요소를 생략할 수 있다.

② **피드백과 관리 강조**: 켐프 모형은 형성평가, 총괄평가 등을 통해 설계요소들을 수정할 수도 있으며, 지원 서비스와 같은 교수 환경적인 요소들을 고려한다는 특징이 있다.

③ **학습자의 관점 강조**: 기존 모형과 달리 '학습자'의 관점을 강조하고 있으며, 지나치게 분절적인 기존의 체계적 접근의 한계점을 발전시킨 모형이다.

(3) 설계 요소

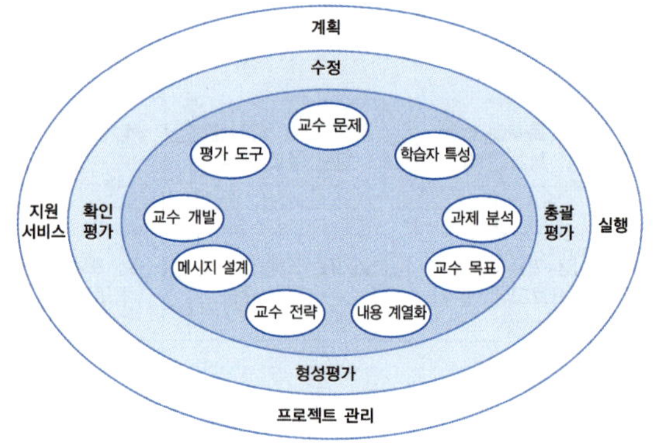

✔ 켐프의 교수체제설계모형(Morrison, Ross, Kemp, 2011)

- **기본 요소**: 교수문제(수업문제), 학습자 특성, 과제분석, 교수목표(수업목표), 내용 계열화, 교수전략(수업전략), 메시지 설계, 교수개발, 평가도구
- **피드백 요소**: 수정, 형성평가, 총괄평가, 확인평가
- **관리 요소**: 계획, 프로젝트 관리, 지원서비스, 실행

교수설계과정의 9가지 요소

1. 교수문제를 확인하고 교수 프로그램 설계를 위한 목적을 명세화한다.
2. 수업 또는 교수 결정에 영향을 미치는 학습자의 특성을 검토한다.
3. 주제 내용을 확인하고 진술된 목적(goal)에 관련된 과제 구성요소를 분석한다.
4. 교수목표(objectives)를 진술한다.
5. 논리적 학습을 위한 각 수업단위 내의 내용을 계열화한다.
6. 각 학습자가 목표를 달성할 수 있도록 교수전략을 설계한다.
7. 교수메시지를 계획하고 교수/수업을 개발한다.
8. 수업 및 학습활동을 지원하기 위한 자원을 선정한다.
9. 목표를 사정(assess)하기 위한 평가도구를 개발한다.

MEMO

03

기본 구성요소	• **교수문제(수업문제)**: 고객의 요구나 문제를 확인하는 것이다. 확인된 요구나 문제가 교육에 의해 가장 잘 해결될 수 있으면 프로젝트를 진행한다. • **학습자 특성**: 학습자 특성을 확인하거나 기대만큼 수행하지 못하는 개개인의 특성을 확인한다. 학습자 특성에는 학문적 요소(예 학생의 수, 학업 성적, IQ, 읽기 수준 등)와 사회적 요소(예 나이, 성숙정도, 주의집중력 등)가 포함된다. • **과제분석**: 학습자가 목표를 달성하는 것을 돕기 위해 어떤 지식과 절차를 수업에 포함시켜야 하는지를 결정한다. 이때, 학습내용의 종류에 따라 다른 기법을 사용하게 된다. • **교수목표(수업목표)**: 학습자가 무엇을 숙달해야 하는지를 명시한 것이다. 교수목표는 교수설계와 평가도구를 개발하는 데 지도와 같은 역할을 한다. • **내용 계열화(순서화)**: 내용을 논리적인 순서로 배열하여 학습자가 정보를 효과적이고 효율적으로 이해할 수 있게 한다. • **교수전략**: 학습자들이 이미 알고 있는 아이디어와 새로운 정보를 통합하는 것을 돕도록 정보를 제시하는 방법을 모색한다. 그 과정은 단순한 유추에서 복잡한 시뮬레이션에 이르기까지 다양한 접근이 가능하다. 교수전략은 전체 교수설계 과정에서 가장 창의력이 필요한 단계이다. • **메시지 설계**: 메시지는 설계자가 학습자와 의사소통을 하기 위해 창조하는 단어와 그림의 패턴이다. 이 과정은 안내문과 같이 문자를 구조화하는 것에서부터 학습자의 주의를 끌기 위해 글자체를 활용하는 것까지 다양한 범위의 기술을 사용한다. 또한, 적절한 그래픽과 텍스트를 선택하는 것도 학습자의 이해도와 독해력을 높일 수 있는 방법이 될 수 있다. • **교수개발**: 모든 부분을 통합하여 비디오나 웹페이지, 인쇄자료와 같은 교수자료를 제작하는 것이다. • **평가도구**: 평가도구는 학습자가 목표를 달성했는지를 측정하기 위해 사용한다. 어떤 목표들은 선다형 평가문항과 같은 익숙한 방법에 의해 쉽게 측정될 수 있지만 어떤 목표들은 포트폴리오와 같은 보다 복잡한 접근이 필요할 수 있다.
지속적인 과정	• **계획과 프로젝트 관리**: 교수설계 프로젝트를 계획하고 관리한다. 프로젝트 관리를 위해 요구되는 노력은 프로젝트의 규모에 의해 결정된다. • **지원 서비스**: 프로젝트의 크기와 규모를 토대로 프로젝트의 성공을 위해 필요한 자원을 결정한다. 소규모 프로젝트의 경우 교수설계자가 교수설계 과정 이외에 편집자에서부터 그래픽 디자이너의 업무에 이르기까지 요구되는 모든 서비스를 담당하게 될 것이다. 그러나 대규모 프로젝트의 경우 교수자료 개발을 지원하기 위해 그래픽 디자이너, 프로그래머, 영상제작자 등 더 많은 전문가들이 프로젝트에 참여하게 된다. • **실행**: 교수를 설계할 때 실행을 위한 계획도 세워야 한다. 실행에 대한 계획이 초기에 이루어질수록 교수 프로그램이 매끄럽게 진행될 수 있다. • **형성평가와 수정**: 설계와 개발 작업의 질은 그 과정이 진행되는 동안 여러 곳에서 평가될 수 있고, 그 결과에 기초해서 수정이 이루어진다. • **총괄평가**: 총괄평가는 최종 산출물이 계획한 대로 사용되었는지 효과성을 평가하기 위해 사용된다. • **확인평가**: 확인평가는 교수설계자가 시간이 지나도 강좌가 여전히 적절한지를 결정하기 위해 사용하는 과정이다.

MEMO

03 구성주의 교수설계모형

1 조나센(Jonassen)의 구성주의 학습환경 설계모형(CLEs) 08 중등, 12 중등, 17 중등論, 25 중등論

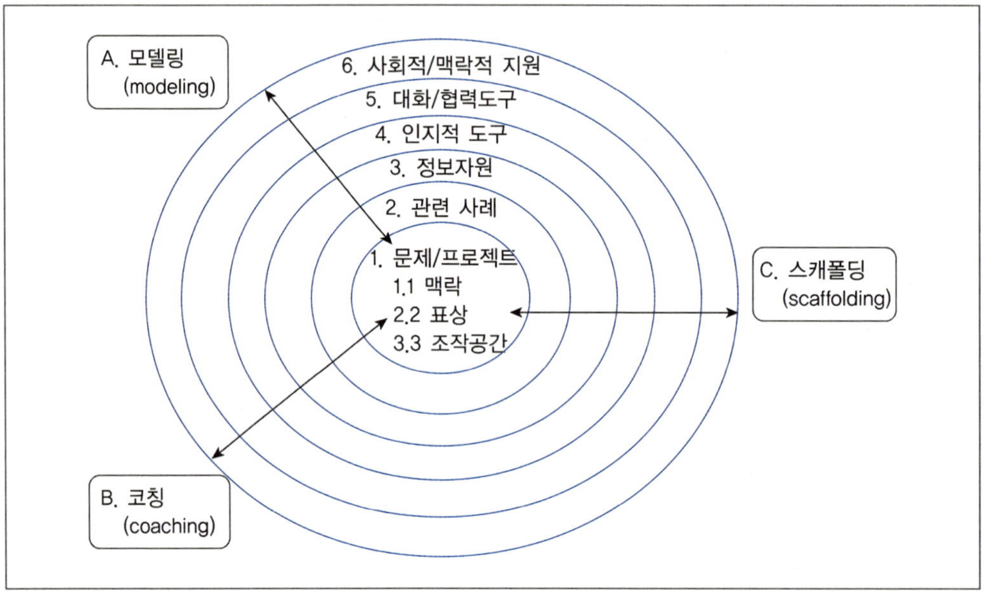

(1) 개관

① 구성주의에서는 '교수설계'보다는 학습자 중심의 학습지원 환경의 설계가 중시되기 때문에 '학습설계'라는 용어를 주로 사용한다.

② 조나센(Jonassen)은 구성주의 학습환경(CLEs : Constructive Learning Environments)을 설계하는 데 고려해야 할 6개의 설계요소와 학습자의 학습활동을 지원하는 3개의 교수활동을 제안한다.

(2) 설계요소

개념 다지기

학습목표

조나센의 구성주의 학습환경 설계에서 학습자의 목표는 문제를 해석하고 해결하거나 프로젝트를 완성하는 것이다. 이를 위해 ① 문제/프로젝트를 제시하고, ② 관련 사례를 통해 문제를 보다 명확히 이해하도록 하며, ③ 정보자원을 통해 문제 해결에 필요한 정보를 제공하고, ④ 인지도구를 통해 문제를 원활하게 해결할 수 있도록 하며, ⑤ 학습자 상호 간에 대화/협력을 통해 의미를 협상하고 지식을 재구성하도록 하는데, ⑥ 이 모든 활동이 성공적으로 실행되도록 사회적/맥락적 지원을 통해 학습환경을 갖추도록 한다.

MEMO

03

① 문제/프로젝트(problem/project)

㉠ 구성주의 학습환경의 가장 큰 특징은 '문제(problem)'가 학습을 주도한다는 점이다. 조나센의 구성주의 학습환경을 설계할 때는 가장 중심부에 있는 '문제, 프로젝트'를 가장 우선적으로 고려해야 한다. 문제를 해결하는 과정에서 그 문제와 관련된 영역의 새로운 지식을 학습한다.

㉡ 문제는 복잡하고 비구조적(ill-structured)이어서 정답이 한정적이지(ill-defined) 않고 다양한 관점을 통해 해결될 수 있는 것이라야 한다.

㉢ 구성주의 학습환경에서 사용되는 문제는 다음 3가지 요소들이 통합되어야 한다.

ⓐ 문제의 맥락(context) : 문제는 맥락과 함께 제시되어야 한다. 문제를 둘러싼 물리적, 사회문화적, 조직적 맥락(⇨ 수행환경에 대한 맥락)과 문제와 관련된 사람들의 가치, 믿음, 사회적 기대, 관행 등(⇨ 수행자와 관련된 맥락)이 함께 제시되어야 학습자는 문제의 원인이 되는 배경을 폭넓게 이해할 수 있다.

ⓑ 문제의 표상(representation) : 문제는 학습자의 관심을 끌고 매력적이며 몰입할 수 있게 표현되어야 한다(문제 제시방법). 효과적인 방법은 이야기 형식으로 제시하는 것이다. 이야기는 텍스트나 음성, 비디오 등으로 제시될 수 있다. 이때 제시되는 문제는 실제적(authentic)이어야 한다.

ⓒ 문제의 조작공간(manipulation space) : 의미 있는 학습이 되도록 학습자가 활동에 참여하여 문제를 조작하고 그 결과가 나타나도록 해야 한다. 문제 조작공간은 물리적 대상을 조작하는 시뮬레이션과 같은 형태로 제시될 수도 있고, 가설이나 활동의 의도를 도출하고 논증하는 논증의 형태로 제시될 수도 있다. 이러한 조작공간은 학습자가 문제 상황에 영향을 미치는 주요한 사람임을 인식시켜 학습에 대한 주인의식을 가지도록 유도할 수 있다.

② 관련 사례(related cases)

㉠ 제시된 문제와 관련된 사례를 충분히 제공하여 학습자가 문제를 보다 명확히 이해하고 인지적 융통성을 높일 수 있도록 한다.

㉡ 어떤 문제를 이해하기 위해서는 그것을 경험하고 그것에 대한 정신모형을 구성해야 한다. 사례는 학습자가 문제를 다른 시각과 해석을 통해 이해하도록 돕는다. 구성주의에서는 개념과 원리의 직접적인 암기/이해보다는 다양한 사례를 접함으로써 지식구조를 점진적으로 확장하고, 정교화하는 과정을 의미 있는 학습과정으로 본다.

MEMO

③ 정보자원(information resources)

㉠ 문제를 해결하기 위해 필요한 정보를 충분히 제공해 주어야 한다. 학습자는 정보를 활용하여 문제해결을 위한 가설을 설정하고 검증하면서 자신의 지식구조를 정교화해 나간다.

㉡ 학습자가 어떤 종류의 정보를 필요로 할 것인지를 미리 예상하고, 풍부한 정보를 준비하여 학습자가 필요할 때는 언제든지 활용할 수 있도록 해 주어야 한다. 최근의 인터넷은 이러한 요구에 효과적으로 대응할 수 있는 도구이다.

④ 인지도구(cognitive tool)

㉠ 인지도구는 학습자가 문제를 원활하게 해결할 수 있도록 학습자의 인지활동을 지원하고 촉진하는 것을 말한다(예 컴퓨터 소프트웨어). 인지도구로는 시각화 도구, 조직화 도구, 수행지원 도구(예 멀티미디어 저작도구, 프레젠테이션 프로그램), 정보수집 도구(검색 도구) 등이 유용하게 활용될 수 있다.

㉡ 가령 컴퓨터 소프트웨어는 인지도구로서, 사고를 시각화하거나 조직화하거나 자동화하는 도구를 통해 학습자의 인지활동을 도와줄 수 있다.

⑤ 대화/협력도구(conversation/collaboration tool)

㉠ 구성주의 학습환경에서는 학습자들이 사회적으로 공유된 지식을 협력하여 구성할 수 있도록 도와야 한다. 학습커뮤니티, 전자게시판, 이메일, SNS, 채팅 등을 통해 학습공동체를 형성해 상호작용을 증진할 수 있도록 설계한다.

㉡ 학습자들은 다양한 유형의 컴퓨터 매개통신 수단을 통해서 각자의 지식과 정보를 서로 교환하고 협동적인 활동을 하면서 지식구성 과정을 촉진하게 된다. 학습자들은 자신의 지식을 외현적으로 표현해 보고 평가해 보고 점검받아 보고, 덧붙여 보고, 수정 재형성해 보는 가운데 진정한 의미의 지식구성을 경험할 수 있게 된다.

⑥ 사회적/맥락적 지원(social/contextual support)

㉠ 사회적/맥락적 지원은 CLEs 모형을 성공적으로 실행하려고 할 때 고려해야 할 요소로서, 교수자와 학습자가 구성주의 학습환경이 실행될 맥락적 요인을 이해하고 수용할 수 있도록 지원한다(예 사전 오리엔테이션과 워크숍 등).

㉡ 교수설계의 혁신이 실패하는 원인은 혁신이 적용되는 환경적, 맥락적 요인들을 수용하지 않았기 때문이다. 혁신이 성공하기 위해서는 혁신이 실행되는 환경의 물리적, 조직적, 문화적 측면을 고려해야 한다.

(3) 교수활동(학습지원)

MEMO

03

개념 더하기

학습환경

조나센의 구성주의 학습환경은 학습자가 수행하는 학습활동과 이를 지원하는 교수활동으로 이루어진다. 학습자들의 학습활동은 문제해결의 단계별로 탐색, 명료화, 반추(성찰)하기이며, 각 단계에서 학습활동을 촉진하는 교수자의 교수활동은 각각 모델링(모형 제시하기), 코칭(지도하기), 스캐폴딩(발판 제공하기)으로 나타난다.

학습활동	교수활동
탐색(exploration)	모델링(modeling)
명료화(articulation)	코칭(coaching)
반성(성찰, 반추, reflection)	스캐폴딩(scaffolding)

① 모델링(modeling)

㉠ **탐색**: '탐색(exploration)'은 원인과 결과에 대한 가설 설정, 자료 수집, 잠정적인 결론의 예측 등을 하는 것을 말한다. 탐색의 가장 중요한 인지적 요소는 목표 설정하기와 이러한 목표의 추구를 관리하는 것이다.

㉡ **모델링**: 이때 학습자의 탐색 활동을 지원하는 교수활동이 '모델링(modeling)'이다. 모델링은 전문가가 과제수행의 시범을 보여 주는 것을 말한다. 모델링은 외현적 행동 모델링(behavioral modeling)과 내재적 인지 모델링(cognitive modeling)이 있다. 외현적 행동 모델링은 바람직한 수행을 시연하거나 바람직한 수행의 사례를 제시해 주는 것이며, 내재적 인지 모델링은 능숙한 추론과정이나 의사결정방법 등 내재적 인지과정을 명료화해 주는 것이다(예 소리 내어 생각하기 제공, 중요한 과정에 대한 단서 제시, 다른 표상으로 다시 설명하기 등). '모델링'은 전문가의 수행에 초점을 맞춘다.

② 코칭(coaching)

㉠ **명료화**: '명료화(articulation)' 활동이란 학습자 자신이 이미 알고 있는 것이나 알게 된 것을 분명히 하는 것을 말한다. 이 단계에서는 학습자가 스스로 설정한 이론이나 모형을 검토하기 위하여 실제로 적용해 보기도 한다.

㉡ **코칭**: 교수자 입장에서 학습자의 명료화 활동을 도와주기 위한 것이 '코칭(coaching)'이다. 코칭은 학습자가 과제를 수행하는 동안 그들을 관찰하고 돕는 것을 말한다. 코칭은 학습자를 동기화하고, 수행을 분석하여 피드백을 제공하고, 학습한 내용에 대해 반성적 사고를 유발한다. '코칭'은 학습자의 수행에 초점을 맞춘다. 구성주의 학습환경에서 제공될 수 있는 코칭의 종류는 다음과 같다.

ⓐ 동기부여를 위한 자극 제공하기
ⓑ 학습자의 수행을 점검하고 규제하기
ⓒ 반성적 사고 유발하기
ⓓ 학습자의 미성숙한 정신모델 교란하기

MEMO

③ 스캐폴딩(scaffolding)

㉠ 반성 : '반성(성찰, 반추 : reflection)'은 학습자가 학습한 내용을 돌이켜 보는 반성적 사고의 과정이다. 학습자는 메타인지를 활용하여 자신의 학습활동을 반성하거나 자신이 수행하고 있는 문제해결과정을 전문가인 교수자의 방법과 비교하여 성찰한다.

㉡ 스캐폴딩 : '스캐폴딩(비계설정 : scaffolding)'은 학습자가 자신의 능력 수준을 넘어서는 수행을 할 수 있도록 임시 발판(지지대)을 제공하는 것이다. 스캐폴딩의 구체적인 방법으로는 ⓐ 과제 난이도 조정하기, ⓑ 과제 재구성하기, ⓒ 점차 스캐폴딩 제거하기, ⓓ 대안적 평가 제공하기 등이 있다. '스캐폴딩'은 학습자가 수행하는 과제(task)에 초점을 맞춘다.

2 4C/ID 모형 – 총체적 교수설계모형

(1) 개관

① 4C/ID(Four Component Instructional Design) 모형은 반 메리엔보어(Van Merriënboer)가 인지부하이론을 기반으로 복합적 인지과제(복잡한 인지기능, complex cognitive tasks)의 학습을 위해 제시한 교수설계모형이다(예 화학산업에서의 오류관리 기능, 항공관제 기능 등). 복잡한 과제는 비순환적인 선언적 지식과 순환적인 절차적 지식으로 이루어져 있다.

② 복잡한 인지기능을 학습하기 위해서는 학습과제들이 인지부하를 줄일 수 있는 방식으로 순서화하여 제시되어야 한다. 4C/ID 모델은 학습과제(learning tasks), 지원적 정보(supportive information), 부분과제 연습(part–task practice), 절차적 정보(procedural information)의 4가지 요소로 구성된다. 학습자들이 과제를 진행하는 동안 복잡한 인지 기능 및 메타인지 기능을 습득할 수 있게 한다.

(2) 특징

① 분석과 설계에 초점 : 모든 교수 단계를 다루지 않고 분석과 설계에 초점을 둔다.

② 미시적 수준의 설계 : 교육과정이나 기관 수준의 거시적 수준보다 코스나 모듈의 미시적 수준의 설계를 대상으로 한다.

③ 객관주의적 관점과 구성주의적 관점 : 객관주의적 관점과 구성주의적 관점을 함께 적용하고 있고, 기술적 교수설계와 처방적 교수설계모형을 포함한다.

MEMO

03

개념 다지기

4C/ID 모형의 핵심적인 특징

1. 유의미하고 전체적인 학습과제(meaningful, whole learning tasks)에 초점을 맞춘다.
2. 학습자들이 전체적 과제의 다양한 측면들을 조합하도록 도와주기 위해 스캐폴딩(scaffolding)을 사용한다.
3. 학습의 전이를 지원하기 위해 학습을 유도하기 위한 방법(mathemagenic methods)을 사용한다.

(3) 4C/ID 모형의 4가지 구성요소(four component)

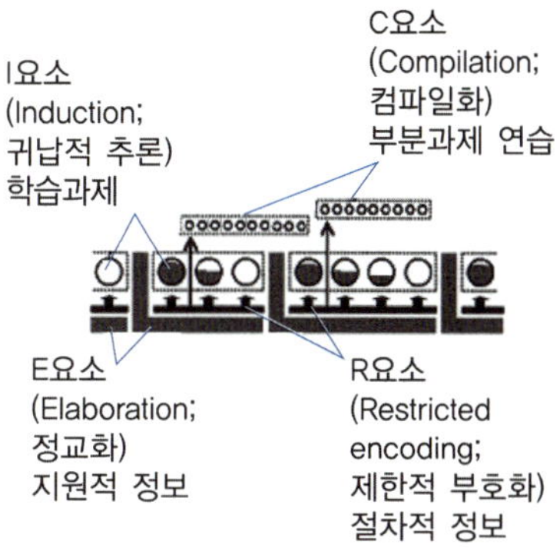

① 비순환적 지식인 선언적 지식을 습득하게 되는 I요소(Induction : 귀납적 추론)와 E요소(Elaboration : 정교화), 그리고 순환적 지식인 절차적 지식을 습득하게 되는 C요소(Compilation : 컴파일화)와 R요소(Restricted encoding : 제한적 부호화)이다.

② 비순환적 지식은 전체과제 연습을 귀납적 추론방식으로 해결하게 되며 이때 다양한 실제적 지원정보를 통해 인지적 쉐마를 획득하게 된다. 한편, 순환적 지식은 부분과제 연습의 반복적인 컴파일화에 필수적인 절차적 지식을 통해 연역적으로 규칙 자동화한다.

구성요소	내용
학습과제 (I요소)	• 학습과제는 문제나 프로젝트 등의 형태로 실제적(authentic)인 전체과제로 제공한다. • 과제는 간단한 것에서 복잡한 순으로 계열화하여 조직하고, 각 과제 해결에 대한 안내와 지원(스캐폴딩)을 점진적으로 줄이도록 설계하여야 한다. • 실제로 접할 수 있는 구체적인 문제나 사례로부터 귀납적 추론을 통하여 인지적 쉐마를 획득하도록 설계한다.
지원적 정보 (E요소)	• 문제해결에 필요한 비순환적 · 선언적 지식의 학습을 지원하는 정보이다. • 학습자가 과제 계열별로 언제나 활용할 수 있도록 풍부하고 구체적으로 설계하여야 한다. • 지원적 정보는 일반적, 추상적인 지식의 발달을 유도하게 되며, 정보의 정교화를 통해 인지적 쉐마를 획득할 수 있도록 설계한다.

암기법
확(학) 지절부

MEMO

절차적 정보 (R요소)	• 문제해결에 필요한 순환적·절차적 지식의 학습을 지원하는 정보이다. • 학습과제별로 구체화하여 학습자가 필요로 할 때 가능하면 적시에 제시될 수 있도록 설계하여야 한다. • 절차적 정보는 인지적 규칙의 발달을 유도하며, 절차적 기능의 습득을 돕기 위한 정보를 분석하여 설계한다.
부분과제 연습 (C요소)	• 높은 자동화 수준으로 숙달되어야 할 부분과제의 반복연습이다. • 절차적 지식의 특성상 알고리즘적인 과제분석이 요구되며, 매우 많은 반복연습이 제공되도록 설계하여야 한다.

(4) 4C/ID의 구조(단계별 설계의 특성)

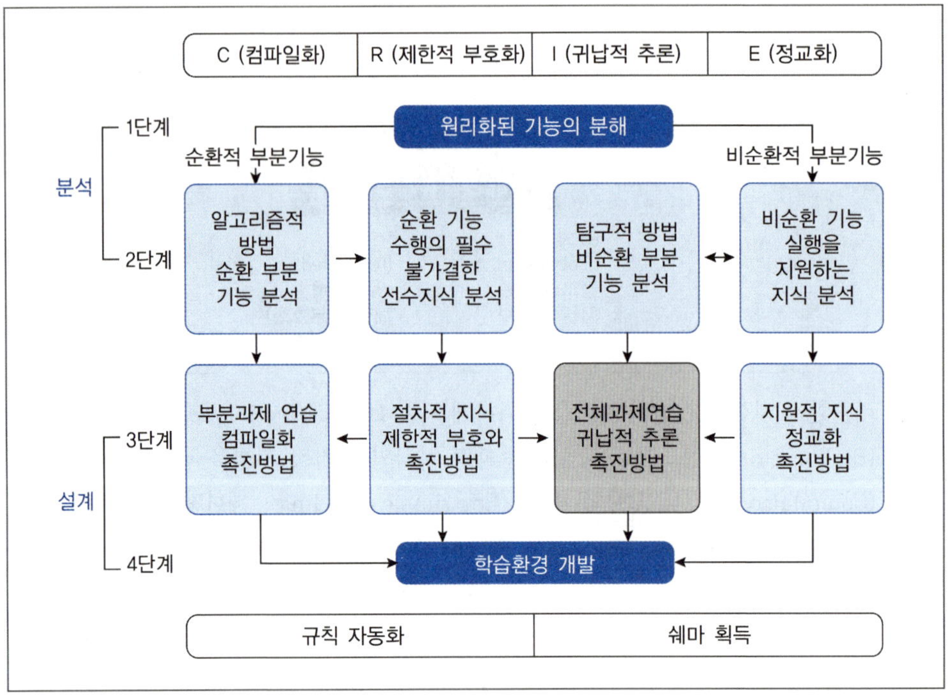

단계		내용
분석	1단계: 원리화된 기능의 분해	복합적 인지기능을 부분기능의 위계, 목표행동, 학습유형에 따라 분류한다.
	2단계: 부분기능과 관련된 지식의 분석	복합적 인지기능과 그 기능의 부분기능의 수행에 포함되어 있는 부분기능과 부분기능 상호 간의 관련성을 분석한다.
설계	3단계: 교수방법의 선택	전체과제와 부분과제 연습 설계, 연습 전과 연습 중의 정보 제시 등을 위한 교수방법을 선택하고 구체화한다.
	4단계: 학습환경 개발	전체적인 훈련 전략 및 학습환경의 청사진을 제시하고 개발한다.

❸ 쾌속원형(속성원형, rapid prototyping) 모형

MEMO

키워드
쾌속원형 설계 이유
: 학습자의 요구와 사용성을 충분히 반영하기 위해

03

(1) 개관 킈

① 교수설계 의뢰인이나 학습자의 요구를 적극적으로 반영하여 교수설계 초기에 빠르게(rapid) 최종 결과물의 형태를 가진 프로토타입(prototype : 원형, 최종 산출물의 초기 형태)을 개발하는 교수개발방법론이다(비선형적인 교수설계방식).

② 즉, 교수설계 과정에서 신속하게 프로토타입을 만들어 이를 중심으로 교수설계, 개발, 평가의 과정을 반복함으로써 개발과정의 모든 단계를 거치지 않고도 최종 결과물의 프로토타입과 학습자의 사용상황을 미리 파악하고 설계 결과물을 수정, 보완할 수 있도록 하는 모형이다.

③ 전통적인 교수설계에서는 교수설계의 마지막 단계에서 교수설계의 최종 결과물을 확인할 수 있었지만, 이 모형에서는 교수설계 초기에 최종 결과물의 형태를 가진 원형(프로토타입)을 신속하게 개발한다.

④ 전통적인 교수설계모형의 경우 각 단계가 지나치게 선형적으로 연결되어 있다든가, 사용자들의 요구나 사용성을 충분히 반영하지 못함으로써 설계 및 개발에 시행착오가 발생할 수 있다는 점 등이 문제점으로 지적되어 왔다.

⑤ 최근 이러닝 콘텐츠 설계에서 그 활용빈도가 점차 증가하면서 다양한 모바일 환경을 활용하는 학습환경에서 그 가치를 인정받고 있다. 이 모형은 후에 다층협상 모형과 R2D2 모형에도 영향을 준다.

(2) 특징 또는 장점

① **순환적 · 반복적 과정** : 전통적인 객관주의 교수설계모형처럼 각 단계가 끝난 후 다음 단계로 진행되는 것이 아니라, 각 단계가 동시적 · 순환적 · 반복적으로 이루어짐으로써 탄력적으로 교수 프로그램을 개발할 수 있다.

② **학습자의 요구와 사용성 반영** : 프로토타입의 사전 실험을 통해 학습자의 요구와 사용성(교수설계모형이 사용되는 현상 상황)을 역동적으로 반영할 수 있다.

③ **신속한 프로토타입의 개발과 수정 · 보완** : 설계자와 사용자가 신속한 커뮤니케이션을 통해 협력적으로 참여하며, 프로토타입을 개발한 후 문제점을 발견하고 수정 · 보완하면서 최종단계에 이를 수 있다.

MEMO

(3) 진행절차와 각 단계별 특징

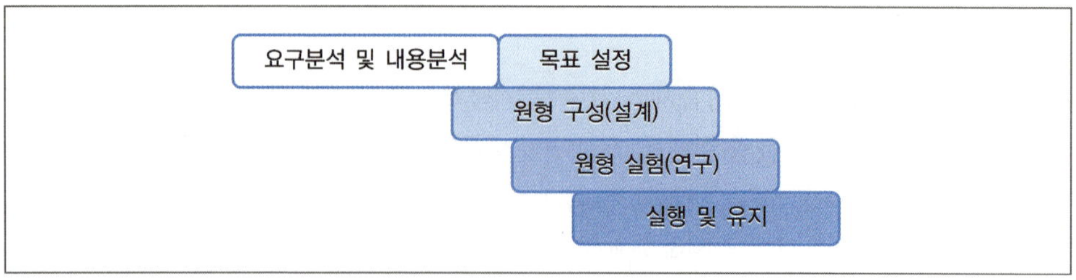

✅ 쾌속원형(rapid prototyping) 모형 (1)

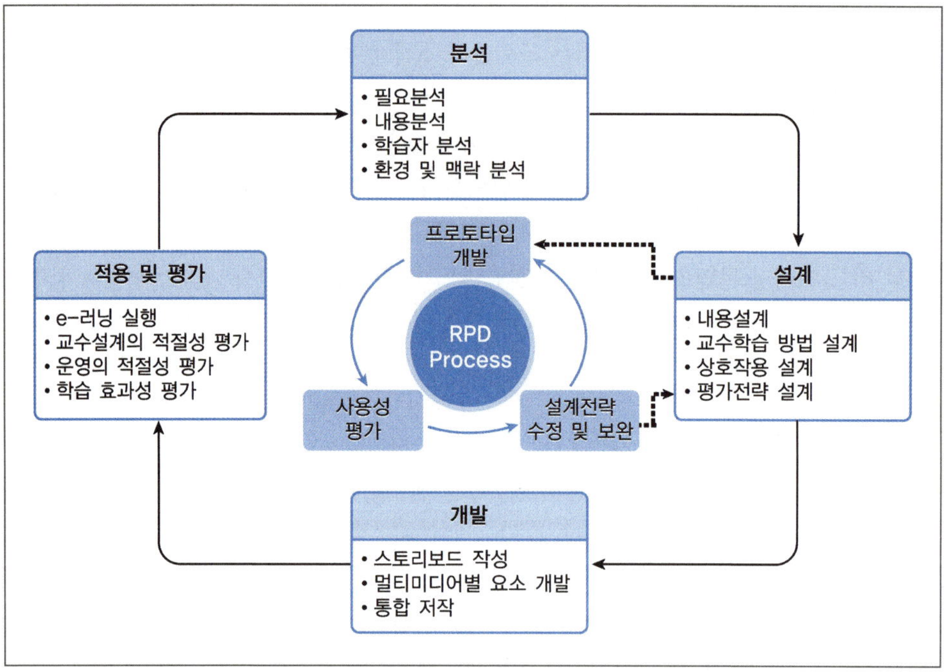

✅ 쾌속원형(rapid prototyping) 모형 (2)

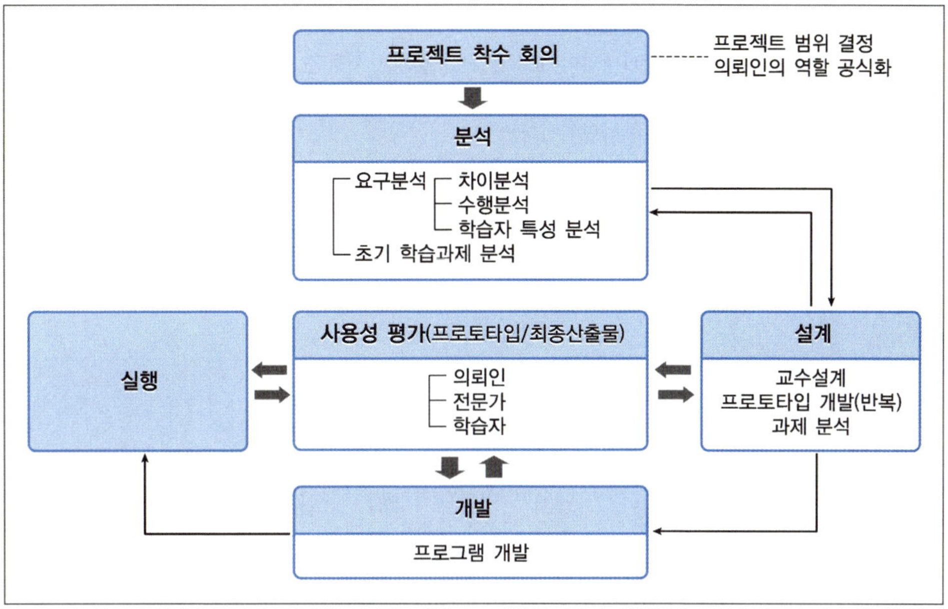

교육과정 설계를 위한 rapid prototyping 방법론(임철일)

단계	활동
분석	학습과 관련된 여러 가지 요인들에 대한 분석 활동을 한다. 필요분석, 내용분석, 학습자분석, 학습환경 및 교수학습 맥락 분석 등이 이루어지며, 이 과정을 통해 이러닝 콘텐츠를 설계하기 위한 각종 요구조건과 필요조건을 파악하게 된다.
설계	분석단계에서 확인한 분석자료들을 바탕으로 이러닝 콘텐츠를 구성하고 있는 각종 설계 요소들인 내용 설계, 교수학습 방법 설계, 상호작용 설계, 평가전략 설계 등의 활동이 이루어진다. 교수학습 방법 및 전략 설계 시 효과적으로 동기를 유발·유지시킬 수 있는 방안도 함께 고려될 필요가 있다.
쾌속원형 설계	가장 핵심적인 단계로서, 프로토타입 개발, 사용성 평가, 설계전략 수정 및 보완 등 세 가지 단계를 거친다. • 프로토타입 개발 단계는 단위 수업을 표준으로 교육목표를 달성하기 위한 교육내용과 교수학습 요소들을 신속하게 원형, 즉 프로토타입 형태로 개발하는 활동이 이루어진다. 상황에 따라 종이 기반의 프로토타입을 개발할 수도 있고, 파워포인트 등을 사용하여 기본적인 애니메이션 수준까지 포함하는 프로토타입 개발도 가능하다. • 프로토타입에 대한 사용성 평가를 실시한다. 사용성 평가란 개발된 프로토타입을 활용하면서 사용자로서 학습자와 교사의 의견을 수집하고 분석하는 활동을 말한다. • 프로토타입에 대한 사용성 평가결과를 체계적으로 분석한 뒤 수정 및 보완을 한다. 프로토타입에 대한 설계전략 수정은 물론 필요한 경우 전반적인 설계전략의 방향을 바꾸거나 보완할 필요가 있을 수도 있다.

MEMO

개발	설계전략을 스토리보드로 상세하게 옮기고 텍스트, 그래픽, 이미지, 애니메이션, 동영상 등 멀티미디어 요소들을 개발하고 이들을 통합하여 페이지 단위로 저작하는 활동이 진행된다. 프로토타입의 특성을 최대한 고려하여 체계적으로 개발활동을 수행하는 것이 바람직하다.
적용 및 평가	이러닝 콘텐츠를 실천적으로 적용하며, 그 후 이러닝 교수설계의 적절성, 운영의 적절성, 이러닝을 통한 학습의 효과성 등을 평가한다.

4 다층협상(layers of negotiation) 모형

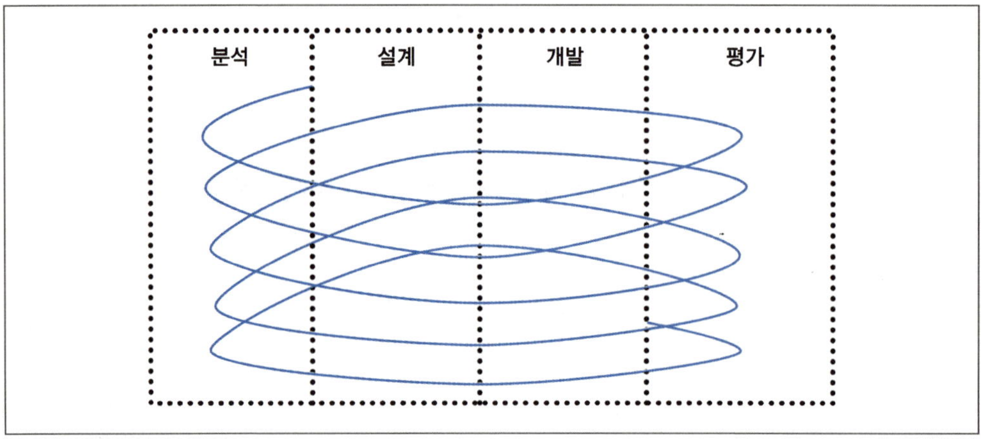

다층협상 모형(Cennamo, Abell & Chung, 1995)

(1) 다층협상 모형에서 구성주의적 교수설계를 위한 기본 가정(교수설계과정에 포함되어야 할 기본 조건)

① **학습환경의 복잡성 제공**: 실제적 활동을 통합한 복잡한 학습환경을 제공해야 한다.

② **사회적 협상 제공**: 집단 과정을 통해 학습이 이루어지도록 사회적 협상을 제공해야 한다.

③ **다양한 관점 제공**: 다양한 관점으로 수업자료를 탐색하고 같은 내용을 다양한 형태의 표상 방법으로 접근할 수 있도록 교수내용을 병렬적으로 배치한다.

④ **본질의 성찰 유도**: 학습자 스스로 사고와 학습과정에 대해 본질을 성찰 또는 인식하도록 유도한다.

⑤ **학습자 중심 수업**: 학습자 스스로가 학습 요구를 결정하고 적극적인 참여를 통해 그 요구를 충족할 수 있도록 학습자 중심 수업을 설계한다.

MEMO

03

(2) 다층협상 모형의 특징

① **질문 중심**: 과제 중심이라기보다 질문 중심이다. 좋은 교수설계자는 규정된 단계를 따라가기보다 좋은 질문을 찾고 그 질문에 대해 답해 가는 과정에 초점을 맞춘다.

예 수업목적을 규명할 때 해야 할 질문: 교육과정에는 무엇이 포함되어야 하는가? 교수자료 개발을 위해 가능한 시간과 비용이 있는가? 학습자는 누구인가? 등

② **과정 기반 설계**: 절차 기반의 설계라기보다는 과정 기반의 설계이다. 규정된 절차를 따라가는 것이 아니라 학습자 중심 설계를 위해 교수설계과정에서의 의사결정과정을 강조한다.

③ **나선형 진행**: 설계의 전체 과정이 분리된 단계라기보다는 나선형으로 진행된다. 분석, 설계, 개발, 평가 활동이 반복적이며 순환적인 과정을 통해 의사결정을 시도하므로 나선형으로 되돌아보고 세밀한 부분을 덧붙이는 식으로 진행한다.

5 R2D2 모형 – 순환적 교수설계모형

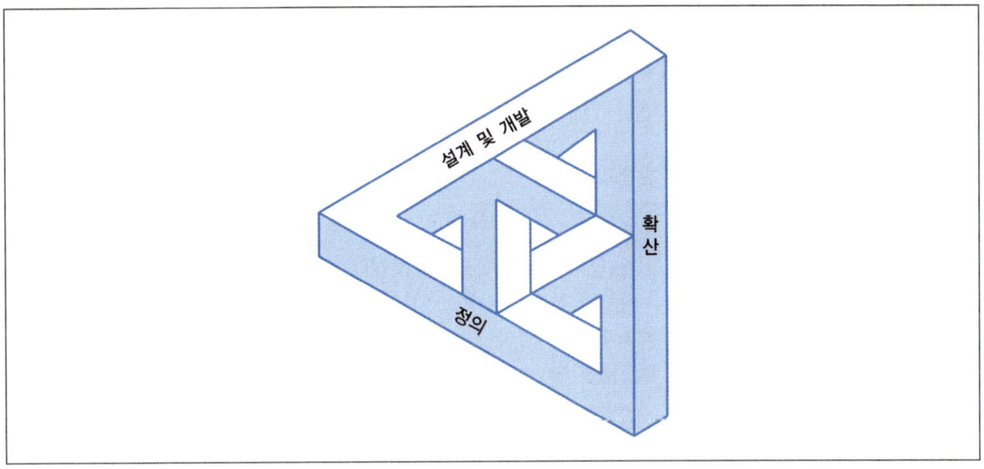

윌리스의 R2D2 수업설계모형

(1) 개관

① 윌리스(Willis, 1995)는 순서적이고 선형적인 체제적 설계모형의 단점을 극복하기 위해 구성주의 이론에 기반한 순환적 교수설계모형을 제안하였다.

② R2D2는 '순환적이며 성찰적인 설계와 개발(Recursive, Reflective, Design and Development)'을 의미한다.

③ R2D2 모형은 구성주의 이론에서 자연스럽게 도출된 순환적(recursive), 성찰적(반성적, reflective), 참여적(participatory) 설계라는 세 가지 일반적 원리가 있다. 또, 정의(확인, define), 설계와 개발(design and development), 확산(dissemination)이라는 세 가지 초점을 가지고 있다.

MEMO

(2) 교수체제설계의 세 가지 원리

① 순환적(반복적, recursive) : 설계절차가 순서적으로 진행되기보다는 특별하게 미리 결정된 순서 없이 교수설계의 각 단계를 재검토하면서 순환적이며 반복적으로 수업을 설계해 나간다. 이 모형은 학습목표와 내용, 교수학습 활동들이 초기 과정에서 명세화되기보다는 점진적으로 도출되는 것이라고 가정한다.

② 성찰적(반성적, reflective) : 설계자는 많은 자원을 검토하고 다양한 피드백과 아이디어를 탐색하며, 사용되는 비구조화된 문제와 수업방법에 대해 깊이 있게 성찰하는 것이 중요하다.

③ 참여적(participatory) : 전문가 중심의 하향식 모델이 아니므로, 교수설계안이 사용되는 맥락에 친숙하도록 사용자들(교사와 학생)이 설계의 모든 국면에 폭넓게 참여하도록 한다.

(3) 교수체제설계의 세 가지 초점과 과제

R2D2 모형은 3가지 꼭짓점을 가진 삼각형으로 묘사되며, 반복적이고 비선형적이며 유연성을 강조한다. 삼각형은 특정한 출발점도 없고, 순서적으로 따라야 할 필요가 없다. 시작 단계나 마무리 단계가 없고, 대신 열린, 유연한 과정이 존재한다.

Willis의 'R2D2' ISD 모형(초점과 과제)

초점(focal points)	과제(tasks)
정의 (확인, define)	• 전단분석(front-end analysis) • 학습자 분석 • 과제 및 개념 분석(목표는 설계와 개발 중에 자연스럽게 드러남)
설계와 개발 (design & development)	• 매체와 교수-학습 형태 선정 • 개발환경의 선정 • 산출물 설계와 개발 • 평가전략(형성평가 중심)
확산 (보급, dissemination)	• 최종 포장(packaging, 최종 수업설계안 확정) • 보급 • 채택(총괄평가가 중요시되지 않음)

① 정의(확인, define) : '정의'에서는 전단분석, 학습자 분석, 과제 및 개념 분석의 세 가지 과제로 이루어진다. 즉, 참여팀(participatory team)이 조직되고, 문제점과 학습자 및 과제 관련 맥락 요인들이 분석된다. 전통적인 교수설계모형에 의하면 설계의 시작은 교수설계자라는 '전문가'에 의해 학습자 분석, 과제 및 개념 분석, 교수목표 명세화 등 다양한 분석활동으로 이루어진다. 하지만 R2D2 모형은 참여팀(participatory team)을 만드는 것으로 시작한다. 교수설계 초기에 고려해야 할 중요한 것은 교수자와 학습자 등

MEMO

03

교수설계 산출물의 궁극적인 사용자들(교사와 학생)을 전체 설계과정에 참여시키는 것이다. 이 단계에서 분석이 이루어지긴 하지만 분석은 전체 과정에 걸쳐 반복적으로 활용된다. 교수설계 초기에 구체적 목표를 명세화하는 것은 중요하지 않으며 설계와 개발 과정에서 자연스럽게 드러난다(Willis, 1996).

② 설계와 개발(design & development) : '설계와 개발'에서는 매체와 교수·학습 형태 선정, 개발환경의 선정, 산출물 설계와 개발, 형성평가 중심의 평가전략이 주된 과제이다. 즉, 학습자의 학습을 촉진하는 데 필요한 다양한 매체와 자료, 정보를 수집하거나 개발한다. 매체는 주로 상호작용이 가능한 멀티미디어를 선정하고, 개발환경 선정 시에는 다양한 제작도구와 소프트웨어를 활용하여 여러 대안들을 실험하고 탐구할 것을 권장한다. 최종 산출물은 직선적이고 상의하달적인 것이 아니라 역동적이고 예술적인 창작품이 될 수 있도록 하며, 평가에서는 형성평가를 강조한다. 전통적으로 설계와 개발은 분리된 활동으로 진행되었다. 하지만 최근 기술의 발달에 의해 개발이 쉽게 이루어질 수 있으며, 프로토타입(prototype)의 개발을 통한 수정과 보완이 가능해졌기 때문에 설계와 개발은 통합된 단계로 진행될 수 있다.

③ 확산(보급, dissemination) : '확산'에서는 최종 포장, 보급, 채택의 요소가 포함된다. 즉, 최종적인 수업설계안과 수업자료를 확정하고, 그것을 현장에 어떻게 제시하여 적용할 것인지를 결정한다. R2D2 모형의 확산에서는 프로그램의 효과성을 측정하는 총괄평가를 제외한다. 구성주의적 접근에서는 교수자료의 효과성은 맥락에 따라 다르고 개개인에 따라 다른 목표를 가지게 되므로 개개인의 다양성을 반영하기 위한 대안적 방법(예 프로젝트, 포트폴리오, 성찰일지, 활동기록, 교수자의 평가 등)을 권장한다.

Section 02

교수설계이론(교수이론)

MEMO

01 객관주의 교수설계이론

1 가네(Gagné)의 교수설계이론

90 중등, 92 초등, 98~99 초등, 00 중등, 01~02 초등, 03~04 중등, 06~09 중등, 07 초등, 09 초등, 11~13 중등

(1) 개관 『학습의 조건(The Conditions of Learning)』(1965) 02 초등, 04 중등

① **교수이론 영역**: 가네(Gagné)의 교수이론은 학습자의 내적 학습과정에서 요구되는 '학습의 조건', 학습자의 내적 학습과정을 지원하기 위한 '9가지 수업사태', 학습에 의해 획득되는 최종결과인 '학습결과의 유형' 등 3가지 영역으로 구성되어 있다. ⇨ 독립변인(학습조건 + 수업사태) → 종속변인(학습결과)

② **목표별 수업이론**: 수업목표(학습결과, 5가지 학습능력)에 따라 수업방법(학습조건)을 다르게 설계해야 한다.

③ **9가지 수업사태**: 실제 수업사태(수업의 절차)를 학습자의 내부에서 일어나는 정보처리 과정으로 설명한다. 학습자의 학습을 촉진하기 위해서는 학습자 내부의 내적 과정을 촉진하도록 수업사태를 제공해야 한다.

④ **처방적 수업이론**: 수업을 위한 구체적인 처방을 제시하고 있어 그 적용범위가 광범위하여 현재 교육과 훈련의 실제 현장에서 많이 활용되고 있다.

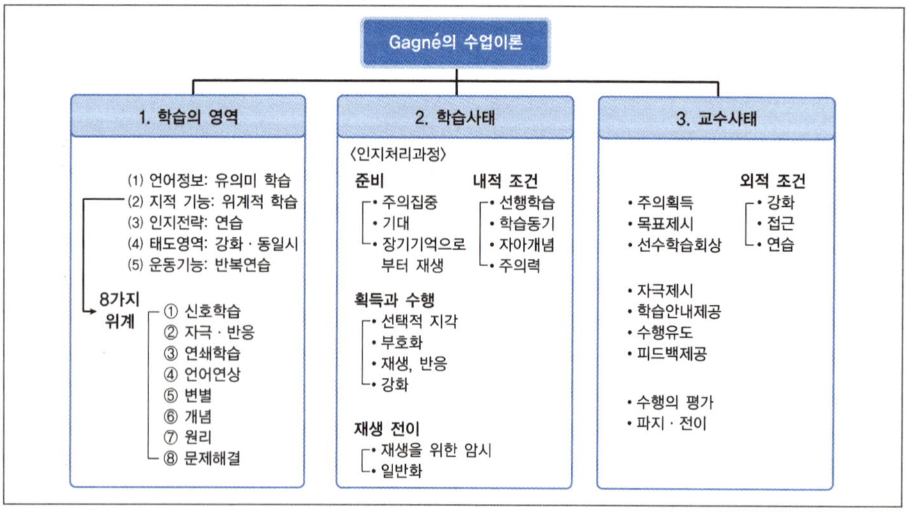

(2) 학습결과(학습영역, learning outcomes)의 유형 90 중등, 92 초등, 07 초등, 07 중등, 09 초등, 11 중등

MEMO

03

① 개관

㉠ **학습결과(학습영역)** : 가네는 학습결과인 학습된 능력 범주를 언어 정보, 지적 기능, 인지 전략, 태도, 운동 기능의 5가지 영역으로 분류하였다. 이 5가지 학습결과(학습영역)는 각기 다른 수업방법(학습조건)을 필요로 한다. ⇨ 목표별 수업이론

㉡ **블룸의 교육목표 분류 통합** : 가네의 5가지 학습결과의 유형은 Bloom의 인지적 영역(지식, 이해, 적용, 분석, 종합, 평가), 정의적 영역(감수, 반응, 가치화, 조직화, 인격화), 심동적 영역(반사동작, 기본동작, 지각능력, 신체능력, 숙련된 동작, 동작적 의사소통)의 세부 요소들을 모두 통합하여 제시한 것이다. 언어 정보, 지적 기능, 인지 전략은 인지적 영역에, 태도는 정의적 영역에, 운동 기능은 심동적 영역에 해당한다.

㉢ **메릴의 미시적 교수설계 이론의 토대** : 가네의 교수이론은 학습영역(learning outcomes)을 세분화하여 제시한 메릴(Merrill)의 내용요소 제시 이론(component display theory)의 토대가 되었다.

② 5가지 학습결과(학습영역, learning outcomes)의 유형 암

암기법
언지인태운

<table>
<tr><th>학습결과
(학습영역)</th><th>내용</th></tr>
<tr><td>언어 정보
(verbal information)</td><td>• 개념 : 사실, 개념, 원리 등을 기억하여 언어로 표현할 수 있는 능력 ⇨ 명제적(선언적) 지식, 다른 학습을 위한 기본이 됨
예 국가의 수도 기억하기, 사물의 이름 기억하기, 음식의 재료 열거하기 등
• 학습방법 : 언어 정보는 오수벨(Ausubel)의 선행조직자를 제공하여 유의미 수용학습을 통해 학습</td></tr>
<tr><td>지적 기능
(intellectual skills)</td><td>• 개념 : 언어, 숫자, 부호 등 상징적 기호를 사용하여 환경과 상호작용할 수 있는 능력(기호나 상징을 규칙에 따라 활용할 수 있는 능력) ⇨ 방법적(절차적) 지식, 학교학습에서 가장 중요하게 다루는 능력
예 빨간색과 파란색을 구별하기, 수동태를 능동태로 바꾸기
• 학습방법 : 지적 기능은 위계학습을 통해 학습
• 지적 기능의 하위범주 ⇨ 지적 조작의 복잡성 수준에 따라 위계화(계열화)되어 있음
<table>
<tr><th>지적 기능</th><th>내용</th></tr>
<tr><td>변별학습</td><td>대상들 간의 속성(차이)을 구별하는 능력. 개념학습을 위한 바탕이 됨
예 여러 모양의 다각형 중에서 삼각형 구별하기, 식물·동물 구별하기</td></tr>
<tr><td>개념학습</td><td>• 의미 : 사물들의 공통적인 속성에 의해 사물들을 분류하는 능력, 사물들의 공통점에 주목함
• 구체적 개념학습 : 사물, 형태 등 지각적인 외형적 특성에 따라 분류하는 개념, 사물이나 형태 등을 지각적으로 구분하고 명칭으로 확인할 수 있음 예 나무, 바위, 포유류, 사각형 등</td></tr>
</table></td></tr>
</table>

MEMO

		• 정의된 개념학습 : 단순히 지각적으로 구분하는 것이 아니라, 합의된 정의에 따라 분류된 개념 예 민주주의, 평화, 자유 등
	원리학습 (규칙학습)	둘 이상의 개념을 사용하여 어떤 현상에 내재된 규칙과 법칙을 파악하는 능력(개념들 간의 관계에 대한 진술). 원리학습은 문제해결을 위한 조건이 됨 예 그림자가 생기는 현상을 통해 빛의 직진 원리를 이해하기, 기단의 생성 원리를 알기, 수요공급의 법칙 등
	문제해결 학습 (고차적 규칙학습)	하나 이상의 원리(규칙)를 적용하여 문제를 해결하는 능력 ⇨ 적용력, 전이력과 관계 예 삼각형과 사각형의 넓이를 구하는 방법을 통해 사다리꼴의 넓이 계산하기, 동위각의 원리와 각에 따른 호의 길이가 비례한다는 원리를 알아 지구 둘레를 측정하기
인지 전략 (cognitive strategies)		• 개념 : 학습자가 기억하고 사고하며 학습하는 방법에 대한 능력 ⇨ 학습자 개인의 학습, 기억, 사고행동을 조정·통제하는 능력, 학교학습의 가장 큰 목표 영역 예 암기방법, 효과적인 노트정리, 조직화 전략, 정교화 전략, 인지리허설 전략 등 • 학습방법 : 매 수업시간마다 달라지는 언어 정보와 지적 기능에 비해, 비교적 장시간에 걸친 연습을 통해 발달
태도 (attitude)		• 개념 : 어떤 대상이나 활동을 선택하는 학습자의 내적·정신적 경향성 예 미술관에 가지 않고 대신 콘서트에 가는 것을 선택하기, 무단횡단하지 않는 행동, 노인에게 자리를 양보하는 행동 등 • 학습방법 : 강화, 대리 강화(관찰학습), 동일시 등을 통해 학습
운동 기능 (motor skills)		• 개념 : 신체의 근육을 활용하여 특정한 동작을 수행하는 능력 ⇨ 블룸의 심동적 영역과 동일한 학습능력 예 수영하기, 그림 그리기, 컴퓨터 문서 작성하기, 라디오 조립하기 등 • 학습방법 : 장기간에 걸친 반복 연습을 통해 학습

③ 8가지 학습위계

신호학습 → 자극·반응학습 → 연쇄학습 → 언어학습 →

변별학습 → 개념학습 → 원리학습 → 문제해결학습

□ 안은 지적 교과학습 유형 / 신호학습~변별학습은 행동주의, 개념학습 이후는 인지주의 학습에 해당

가네(Gagné)는 개념학습, 원리학습, 문제해결학습을 학교교육 수준에서 가장 중요한 학습유형으로 보았다.

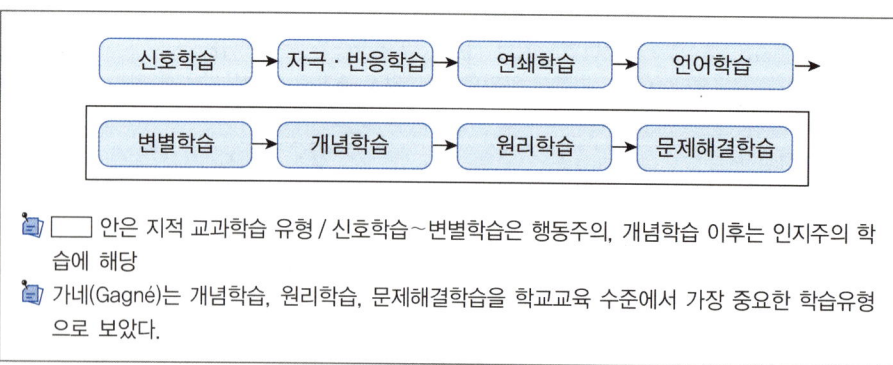

MEMO

03

학습형태	내용
신호학습	위계상 가장 단순한 형태이며, 고전적 조건형성과정을 통해 무의식적·수동적으로 학습되는 경우 인간의 정서반응은 이 유형의 학습으로 이루어짐 예 교사가 매를 들면 학생들은 조용히 한다. 구석진 방을 보면 무섭다.
자극·반응학습	조작적 조건형성과정을 통해 자극과 반응이 연결된 학습으로, 이때의 반응은 능동적이라는 점에서 신호 학습과 구별(예 행동조형). 반응에 대해 강화를 주면 학습의 효과를 높일 수 있음 예 학생이 착한 행동을 하면 칭찬을 해 준다. 교사가 '관찰하여 보자'라고 하면 학생들은 무슨 뜻인지 알고 관찰 준비를 한다. / 숫자들의 이름 말하기(일기예보 학습의 경우).
연쇄학습 (운동연쇄학습)	자극과 반응의 결합이 연쇄적임을 의미. 일련의 반응을 정해진 순서에 따라 연결지음으로써(예 행동연쇄) 학습되는 것 예 연필을 잡고 글씨 쓰기, 현미경을 조작하여 물건 관찰하기, 농구공을 드리블하여 바스켓에 던져 넣기, 자동차 시동 걸기(열쇠구멍에 넣고 돌려서 시동 걸기) / 숫자를 쓰고 기하학적 도형 재기(일기예보 학습의 경우)
언어학습 (언어연합학습)	연쇄학습과 유사하나, 언어적 연결 학습은 언어를 연결하여 사용할 수 있는 능력을 의미 예 영어의 낱말 뜻을 우리말로 외우기, 우리말과 같은 뜻을 가진 외국어 단어 학습하기, 화학에서 사용하는 기호 암기하기, 소금을 영어로 salt라고 하고, 화학 기호로 NaCl이라고 연결하는 것, 문장 외우기 / 온도계 읽기, 습도계 읽기, 기압계 읽기(일기예보 학습의 경우)
변별학습	비슷한 여러 대상(자극)의 차이를 구별할 수 있는 능력의 학습 예 여러 모양의 다각형 중에서 삼각형 구별하기, 식물·동물 구별하기, 여러 가지 동물 사진 중에서 새를 고르기, 음악의 악보를 보고 음계나 음표 구별하기 / 맑은 날과 흐린 날을 구별하기, 공기가 많고 적음을 구별하기, 온도가 높고 낮음을 구별하기, 습도가 높고 낮음을 구별하기(일기예보 학습의 경우)
개념학습	변별이 자극 간의 차이에 대해 반응하는 것임에 비해, 개념을 학습한다는 것은 자극 간의 공통성·유사성을 알고 사물을 분류하는 것 예 개와 고양이의 공통점을 알고 포유류라는 개념 알기, 도형 그림을 보고 사각형 개념 알기, 곤충의 개념은 머리, 가슴, 배로 구분되며, 다리가 3쌍, 더듬이 1쌍, 날개 1쌍(또는 2쌍)이다. / 공기의 개념을 안다. 공기의 성질을 안다. 기압의 개념을 안다. 고기압과 저기압의 차이점을 안다(일기예보 학습의 경우).
원리학습	원리란 '2가지 이상의 개념의 연결'로 정의. 둘 이상의 개념을 사용하여 자연과 사회 현상에 내재되어 있는 규칙과 법칙을 파악하는 것. 원리학습은 문제해결을 위한 조건 예 그림자가 생기는 현상을 통해 빛의 직진 원리를 이해하기, 개념학습을 통해 파장, 파동, 주기 등의 개념을 학습한 후 파동이 전달되는 원리를 알게 되어 호이겐스의 원리를 깨닫기(물결의 동심원이 퍼져가는 원리를 설명하기) / 기압의 성질을 안다. 기압의 특성을 안다. 기단의 생성 원리를 안다(일기예보 학습의 경우).
문제해결학습	하나 이상의 원리를 적용하여 문제를 해결하는 능력을 의미. 적용력, 전이력과 관계 예 삼각형과 사각형의 넓이를 구하는 방법을 통해 사다리꼴의 넓이 계산하기, 동위각의 원리와 각에 따른 호의 길이가 비례한다는 원리를 알아 지구 둘레를 측정하기 / 일기를 예보한다(일기예보 학습의 경우).

MEMO

암기법
- 내적 조건: 선동자주의
- 외적 조건: 강접연

(3) 학습의 조건(condition of learning)

① 개관

㉠ 학습의 조건에는 내적 조건과 외적 조건이 있다.

㉡ **내적 조건**: 새로운 기능을 획득하기 위해 필요한 내적인 상태로서 9가지 학습사태와 관련이 있다. 내적 조건은 효과적인 학습을 위해 학습자가 갖추어야 할 인지적·정의적 요소로서 4가지 요소가 있다.

㉢ **외적 조건**: 학습에 영향을 미치는 외적 요소로서 교수사태와 관련이 있다. 외적 조건은 내적 학습과정을 지원하는 데 필요한 환경자극을 지칭하는 개념이다. 학습에 영향을 미치는 학습의 외적 조건에는 행동주의 학습원리가 적용된다.

② 학습의 조건 (암)

학습 조건	내용
내적 조건	• **선행학습능력**: 학습이 성공하기 위해서는 이전에 학습한 내적 능력이 있어야 한다. • **학습동기**: 학습이 성공하기 위해서는 학습하려는 능동적 자세인 동기가 있어야 한다(내재적 동기). • **자아개념**: 학습에 대한 자신감, 즉 긍정적 자아개념이 있어야 한다. • **주의집중**: 학습에 주의를 집중할 수 있어야 한다.
외적 조건	• **강화**: 새로운 행동의 학습은 그 행동에 대해 보상이 주어질 때 잘 일어난다. • **접근**: 자극과 반응이 시간적으로 근접할 때 학습이 더 잘 일어난다(자극과 반응의 시간적 근접성). 예 어린이에게 '가'자를 가르칠 때 '가'자를 미리 보이면서 써 보라고 하면 잘 쓰게 된다. • **연습**: 반복 연습을 하면 학습이 증진되고 파지가 확실해진다.

③ **목표유형(학습유형)에 따른 내적 조건과 외적 조건**: 목표유형(학습유형)별로 학습이 일어나기 위한 내적 조건과 외적 조건은 달라진다.

학습유형	내적 조건	외적 조건
언어 정보 (verbal information)	관련 내용 회상	• 뚜렷한 특징에 주의집중시킴 ⇨ 주의집중할 수 있도록 수업진행 예 글자를 눈에 띄게 쓰기, 억양 조절, 적절한 제스처 등 • 단기기억에 과도한 부담을 주지 않도록 청킹(chunking)하여 제시 • 학습자가 이미 알고 있는 내용과 새로운 내용을 의미 있게 조직하도록 제시 • 효과적인 부호화가 일어나게 유의미한 맥락과 부호화 전략 제공 • 정보의 효과적인 회상과 일반화를 위한 단서 제공

지적 기능 (intellectual skills)	관련 하위기능 회상 (변별－개념－원리·규칙－문제해결)	• 뚜렷한 특징에 주의집중시킴 • 단기기억의 한계용량을 고려한 분량과 속도 제시 • 이전에 학습한 하위기능의 회상 자극 ⇨ 위계학습에 따라 하위기능의 학습이 먼저 선행되어야 함 예 개념학습 → 원리학습 → 문제해결학습 • 하위기능의 순서나 결합을 위한 언어적 단서 제공 • 연습기회 제공과 간격을 둔 복습제공 ⇨ 새로운 상황에 활용할 수 있도록 다양한 보기와 문제로 연습·적용하도록 함 • 전이를 촉진하기 위한 다양한 맥락 사용
인지 전략 (cognitive strategies)	관련 전략(선행지식) 회상	• 전략을 설명(또는 언어적 지시)하거나 시범 보임 예 '과제의 개념을 자신의 말로 정의하여 보아라' 하고 언어적으로 지시함, 어려운 과제에 대한 중심개념은 교사가 그 중심개념을 작성하는 등 시범을 보여 줌 • 전략을 사용하는 다양한 연습기회 제공 • 전략이나 결과의 창의성 및 독창성에 대한 정보적 피드백 제공
태도 (attitude)	• 태도에 대한 사전지식 소유 예 음주운전을 거부하는 태도를 학습할 경우 음주가 운전에 미치는 영향, 음주운전의 사고율 및 피해 사례, 술의 성분 등 • 모델을 존경하고 식별함	• 학습자가 동일시할 수 있는 모델(본보기) 제시 • 태도와 관련된 적절한 선수지식 회상 • 모델의 바람직한 선택 행위 보여 줌 • 모델의 행동 결과에 대한 기쁨이나 만족감을 보여 줘 대리강화 이끎
운동 기능 (motor skills)	• 특정 운동 기능을 이루는 하위기능의 숙달과 습득이 선행되어야 함(운동 기능의 연쇄들을 기억함) • 실행규칙과 동작순서 등의 절차 회상	• 실행절차에 대한 암시를 제공하는 언어적 또는 다른 안내 제시 • 반복연습의 기회 제공 • 수행의 정확성에 대한 즉각적인 피드백 제공 • 정신적 연습활동 격려

(4) **9가지 수업사태**(학습사태, Event of Instruction) – 학습의 인지처리과정 9단계

00 중등, 01 초등, 08~09 중등, 12 초등, 13 중등

① 개관

㉠ 9가지 수업사태는 정보처리과정에 근거하여 학습자의 내적 학습과정을 지원하는 일련의 외적 교수활동을 말한다. ⇨ 수업을 계열화하는 기본적인 원리를 나타냄

MEMO

암기법

주수선 자학수피 수파

㉡ 가네(Gagné)에 따르면, 학습자의 학습을 촉진하기 위해서는 학습자 내부에서 발생하는 내적 과정을 이해하고, 이를 촉진하기 위한 외적 조건인 수업사태를 제공해야 한다.

㉢ 수업사태의 순서는 융통성 있게 변경하거나 생략하거나 반복할 수 있다. 그러나 정보처리과정과 일치하지 않도록 완전히 순서를 뒤바꾸는 것은 적절하지 않다.

② 9가지 수업사태(학습사태) 암

구분	학습과정(학습사태)	수업사태	기능
학습 준비	1. 주의집중	주의집중 시키기	학습자의 주의를 집중시킨다. ⇨ 학습자는 감각등록기의 선택적 주의를 통해 정보에 주의를 기울인다. 예 흥미나 호기심 유발의 질문('나무에서 잎이 왜 떨어질까?'), 시청각자료의 활용, 주의집중의 말('여기 보세요.') 등
	2. 기대(동기화)	수업목표 제시 (학습목표 제시)	학습자에게 학습목표를 알려 주도록 한다. ⇨ 학습자는 학습이 끝났을 때 성취할 수 있는 능력이 무엇인지에 대해 기대감을 갖게 된다. 예 학습이 끝났을 때 수행할 수 있는 결과 알려 줌
	3. 인출 (장기기억에서 단기기억으로 정보 인출)	선수학습 회상 (선수학습 확인)	새로운 정보를 학습하는 데 필요한 선수학습 내용을 확인한다. ⇨ 학습자는 선행학습 내용을 장기기억에서 단기기억으로 불러오게 된다. 예 선수학습요소 확인(Asubel의 포섭자에 해당)
정보 획득과 수행	4. 선택적 지각	자극 제시 (학습내용 제시)	• 학습자에게 학습할 새로운 내용을 제시한다. ⇨ 학습자는 자극제시에 따라 선택적 지각을 한다. → 학습과제를 다루는 구체적 활동이 시작되는 첫 단계 • 새로운 정보가 적절한 자극의 형태로 제시되는 것이 매우 중요하다. 학습영역(인지정보, 변별, 개념, 원리, 문제해결, 태도, 운동)에 따른 적합한 자극의 형태를 결정하는 것이 요구된다. ⇨ **언어 정보**: 인쇄자료나 청각적 정보들에 대해 각각의 특징을 중심으로 설명, **지적 기능**: 개념이나 규칙의 중요한 특징들을 다양한 자료나 도구를 사용하여 명쾌하게 제시, **인지 전략이나 운동 기능**: 기대한 결과를 보여 주거나 언어적 자료로 제시, **태도**: 모델의 시범 보여 주기로 자극 제시

MEMO

03

			• 텍스트 내의 핵심정보에 대한 강조, 물리적 배열 등을 활용할 수 있다. 그림이나 도표 등은 근접성을 따라야 하며, 차별화를 위해 확대를 활용할 수도 있다. 개념과 법칙학습에서는 일반적으로 법칙을 제시한 후 예를 제공하거나, 예를 제공한 후 법칙을 제공하는 등 연역적 접근과 귀납적 접근을 모두 활용할 수 있다. 예 학습내용의 핵심요소를 설명하기(개념이나 명칭 제시), 학습내용의 예를 설명하기(개념의 사례 제시), 학습내용과 관련된 영상자료 보여 주기, 하이라이트 표시나 밑줄 사용, 운동기능의 시범 등
	5. 의미론적 부호화	학습안내 제시	이전 정보와 새로운 정보를 적절히 통합시키고 그 결과를 장기기억에 저장할 수 있도록 한다. 가네는 이를 '통합교수(integrating instruction)'라고 지칭했다. ⇨ 학습자는 통합된 정보를 유의미하게 부호화하고 장기기억에 저장한다. → 학습안내는 스캐폴딩이라고 할 수 있어서 학습자의 인지적 구성활동을 지원한다. 예 도표, 규칙, 모형, 순서도, 조직화, 연결된 사례, 암시나 단서 제시 등
	6. 반응 (재생과 반응)	수행 유도 (연습 유도)	• 연습기회를 제공하여 학습자가 실제로 학습했는지 확인한다. ⇨ 학습의 진척 상황 확인 단계 • 수행 유도는 단기기억의 내용이 장기기억에 저장되었는지 확인할 수 있어야 하며, 충분하게 학습되었는지를 확인할 수 있어야 한다. 예 질문을 통해 반응(답변)을 유도하거나, 실험 또는 실습의 연습기회 제공 등
	7. 강화 (피드백을 통해 강화받기)	피드백 제공	• 수행이 얼마나 성공적이었고 정확했는지에 대해 정보적 피드백을 제공한다. • 성공적인 수행에는 긍정적 피드백을 제공하여 수행을 강화하고, 개선이 필요할 때는 정확한 구체적 피드백을 제공한다.
재생과 전이 (학습 전이)	8. 단서에 의한 인출 (재생을 위한 암시)	수행평가 (성취행동 평가/형성평가)	• 성취행동을 평가하여 학습목표의 도달정도를 측정한다. ⇨ 수업의 마무리 단계 • 평가에서 중요한 것은 평가의 타당도와 신뢰도이다.
	9. 일반화	파지와 전이 증진	새로운 상황에 적용하게 하여 파지와 전이력을 높이고 일반화하게 한다.

MEMO

2 메릴(Merrill)의 교수설계이론 02 초등, 02 중등, 08 초등, 08 중등, 10 초등, 12 중등
– 내용요소제시이론(CDT : Component Display Theory)

(1) 개관

① **미시적 교수설계이론 :** 내용요소제시이론은 인지적 영역 내에서 특히 하나의 아이디어를 효과적으로 가르치는 데 초점을 두고 있는 미시적 교수설계이론이다. 즉, 사실, 개념, 절차, 원리와 같은 인지적 영역의 내용요소를 하나씩 교수하고자 할 때 적용할 수 있는 미시적 교수설계이론이다.

② **내용요소제시이론 :** 학습결과의 범주를 내용×수행 행렬표로 나눈 다음, 각각에 적절한 교수방법을 제시(display)하는 이론이다.

③ **이차원적 분류체계 제시 :** 가네(Gagné)가 제시한 수행수준 중심의 일차원적 분류체계의 문제점을 보완하고(내용요소 차원을 추가), 내용유형과 수행수준을 축으로 한 이차원적 분류체계를 제시하였다. 블룸, 가네, 라이겔루스 등이 학습유형을 지식의 내용적 차원으로 구분한 반면, 메릴(Merrill)은 학습자 관점의 수행차원을 따로 분리하여 적용한 이론을 개발하였다.

(2) 특징

암기법
'사개절원리' →
'기억'을 '활''발'히

① 내용×수행 행렬표(matrix : 수행×내용 행렬표) 암

㉠ 내용차원에는 사실, 개념, 절차, 원리의 4가지, 수행차원에는 기억, 활용, 발견의 3가지가 있다. '사실에 대한 활용'과 '사실에 대한 발견'은 이론적으로 존재하지 않으므로 총 10개가 된다. 즉, E, I는 존재하지 않는다.

㉡ 내용의 형태와 수행 수준이 만나는 칸(내용－수행의 2차원적 매트릭스)은 학습결과의 범주를 나타낸다.

㉢ 학습결과(학습유형)를 이차원적으로 분류함으로써 학습결과로서의 목표를 보다 정확하게 규정하고, 그 각각에 대해 보다 정확한 교수처방을 가능하게 한다.

MEMO

수행차원		사실	개념	절차	원리
	발견	I	• 포유류의 특성을 고려하여 동물을 분류하는 방법을 고안할 수 있다. • 교실 학생들을 몇 개의 모둠으로 나누는 방법을 고안할 수 있다.	• 다양한 물질을 현미경으로 관찰하는 방법을 찾을 수 있다. • 피험자들을 실험처치 그룹에 우선적으로 배치하는 방법을 고안할 수 있다.	• 지하수의 생성원리를 설명할 수 있는 모형을 만들어 제시할 수 있다. • 담배연기가 식물의 성장에 미치는 효과를 측정하기 위한 실험을 설계하고 결과를 보고할 수 있다.
	활용	E	• 환경오염의 사례를 생활 속에서 찾을 수 있다. • 소설에서 절정을 이루는 내용을 가장 잘 표현한 문단을 찾을 수 있다.	• 현미경을 조작하여 양파를 관찰할 수 있다. • 논설문 작성 방법을 사용하여 자신의 의견을 주장하는 글을 쓸 수 있다.	• 피타고라스의 정리를 이용하여 건물의 높이를 잴 수 있다. • 피타고라스의 정리를 이용하여 직각삼각형의 빗변의 길이를 계산할 수 있다.
	기억	• 대한민국은 민주공화국임을 말할 수 있다. • 원주율 π값을 말할 수 있다.	• 포유류의 특성을 말할 수 있다. • 환경오염의 개념을 말할 수 있다.	현미경을 조작하는 단계를 말할 수 있다.	• 피타고라스의 정리를 말할 수 있다. • 세계지도를 만드는 데 이용되는 3가지 투사기술을 말할 수 있다.

내용차원

내용차원	• **사실**: 사물, 사건, 장소의 이름과 같은 단편적인 정보 ⇨ 임의적·단편적 정보 • **개념**: 공통적인 속성을 지닌 사물, 사건, 기호들의 집합 ⇨ 공통적 속성을 지닌 집합 • **절차**: 문제를 해결하는 데 필요한 단계들을 순서화한 계열 ⇨ 순서화한 계열 • **원리**: 어떤 현상을 설명하고 예측하기 위해 사용하는 인과관계나 상호관련성 ⇨ 인과관계, 현상설명, 예측
수행차원	• **기억**: 이미 저장된 언어 정보(예 사실, 개념, 절차, 원리)를 재생하는 것 ⇨ '언어 정보'의 습득 수준 • **활용**: 추상성(예 개념, 절차, 원리)을 구체적인 상황에 적용하는 것 ⇨ '지적 기능'의 수준 • **발견**: 새로운 추상성(예 개념, 절차, 원리)을 찾아내는 것 ⇨ '인지 전략'의 수준

MEMO

② **자료제시형태(교수방법, display)** : 교수목표를 도달하기 위해 학습자에게 제시되는 수업의 형태나 방법

	설명식 [Expository(E)]	탐구식 [Inquisitory(I)]
일반성 [Generality(G)]	EG(법칙) 법칙 혹은 일반성을 말하고, 보여 주고, 설명하고, 시범을 보여 줌	IG(회상) 일반적 진술문을 완성하게 함으로써 일반성의 이해를 연습하고, 평가함
사례 [Instance(eg)]	Eeg(예시) 특정 사례나 예를 말하고, 보여 주고, 설명하고, 시범을 보여 줌	Ieg(연습) 특정 사례에 일반성을 적용함으로써 사례의 이해를 연습하고, 평가함

㉠ **1차 자료제시형(primary presentation forms)** : 학습목표 도달을 위한 가장 최소한의 기본적인 자료제시 형태, 수업의 뼈대 역할 ⇨ 일반성 설명식(EG), 사례 설명식(Eeg), 일반성 탐구식(IG), 사례 탐구식(Ieg)

예 일반성(Generality)이나 사례(Instance)를 설명식으로 제시하거나(설명식 1차 제시형), 탐구식(질문식)으로 제시함(탐구식 1차 제시형)

일반성(G)	개념, 절차, 원리를 추상적으로 진술한 것 ⇨ 사실은 특수한 사례이므로 '사실의 일반성'은 없음
사례(eg)	개념, 절차, 원리를 특정한 예를 들어 구체적으로 진술한 것
설명식(E)	학습내용을 설명식으로 제시하는 것 ⇨ 말하고(tell), 보여 주고(show), 설명하고(illustrate), 시범을 하는 것(demonstrate)을 말함 • EG(일반성 설명식 : 법칙) : 교사가 개념, 절차, 원리 등 일반적인 내용을 설명해 주는 것 • Eeg(사례 설명식 : 예시) : 교사가 일반성이 적용된 특정 사례를 설명해 주는 것
탐구식(I)	학습내용을 탐구·질문식으로 제시하는 것 ⇨ 질문을 완성형으로 하거나, 일반성을 특정 사례에 적용하는 문제를 내는 것 등 연습(practice)하고 평가(test)하는 것을 말함 • IG(일반성 탐구식 : 회상) : 일반적인 내용을 완성형으로 질문(일반성에 대해 질문하는 것) → 일반성의 이해를 연습·평가 • Ieg(사례 탐구식 : 연습) : 일반성이 적용된 특정 사례를 찾도록 요구(예를 들어보라고 요구) → 사례의 이해를 연습·평가

암기법
맥선기도표피

㉡ **2차 자료제시형** 암 : 필수적인 요소는 아니지만 학습을 보다 쉽게 지원해 주는 부가적인 자료제시 형태, 1차 제시형을 보다 정교화시켜 줌 ⇨ 맥락(context), 선수학습(prerequisite), 기억술(암기법, mnemonic), 도움말(help), 표현법(representation), 피드백(feedback) 등 6가지의 정교화를 포함함 ⇨ 메릴은 EG(법칙), Eeg(예시)의 설

MEMO

03

명시 1차 제시형에서는 맥락, 선수학습, 암기법, 도움말, 표현법의 5가지 정교화 유형만이 타당성을 가지며, IG(회상), leg(연습)의 탐구질문식 1차 제시형에서는 맥락, 도움말, 표현법, 피드백의 4가지 정교화 유형만이 타당성을 갖는다고 함

맥락	교수내용에 맥락이나 역사적 배경을 제시하여 정교화하는 방식
선수학습	새로운 학습을 위해 알아야 할 선수지식을 같이 제시하는 전략
기억술	법칙이나 공식 등을 암기할 수 있는 방법을 같이 제시하여 기억을 촉진시키는 전략
도움	학습자의 학습을 돕기 위해 화살표, 다양한 색상, 굵은 활자 등을 같이 제시하여 주의를 집중시키는 전략 ⇨ 학습촉진 도움말
표현법	일반적인 내용을 공식, 표, 그림, 다이어그램, 차트 등으로 표현하여 학습을 정교화하는 방식
피드백	학습자가 수행한 내용에 대해 도움을 주거나, 정답에 대한 정보를 제공하거나, 활용에 대한 정보를 주어 학습을 정교화하는 방식

EG(법칙) 정교화	설명식으로 일반적 정보를 제시한 뒤에 있을 수 있는 2차 제시형의 형태들 ⇨ 맥락, 선수학습, 암기법, 도움말, 표현법의 5가지 정교화 유형이 있음 예 EG(법칙) : '힘은 질량과 가속도를 곱과 같다'라고 말하거나 쓴다. ⇨ EG'c(맥락) : 이 법칙이 나오게 된 배경이나 뉴턴의 생애를 이야기 함, EG'p(선수학습) : 법칙을 설명하는 개념인 질량과 가속도에 대해 부연 설명함, EG'mn(기억) : 법칙을 쉽게 기억하도록 '힘질가'라고 머리글자만 외우는 방법을 알려 줌, EG'h(도움) : 학생의 주의를 집중시키기 위해 화살표, 밑줄, 색깔을 달리하는 등 학습촉진에 도움을 줌, EG'r(표현) : F = ma처럼 법칙을 말 대신 그림, 공식, 표로 나타냄
Eeg(예시) 정교화	예를 설명한 뒤에 있을 수 있는 2차 제시형의 형태들로, 정교화 방식은 EG정교화와 같다.
IG(회상) 정교화	일반적 내용을 탐구(질문)한 뒤에 있을 수 있는 2차 제시형으로 피드백이 가장 중요한 2차 제시형 ⇨ 맥락, 도움말, 표현법, 피드백의 4가지 정교화 유형이 있음 예 IG'c(맥락) : 탐구(질문)의 맥락을 알려 줌, IG'h(도움) : 탐구(질문)를 하고 힌트를 줌, IG'r(표현) : 질문을 도표나 그림의 형태로 변형하여 함, FB/ca(피드백) : 옳은 답을 줌, FB/h(도움) : 약간의 정보를 주면서 다시 한 번 해 보라는 도움을 줌, FB/u : 지금까지의 모든 것을 다시 한 번 해 보라고 함[* ca : correct answer, h : help, u : use]
leg(연습) 정교화	예를 들도록 질문한 뒤에 나오는 2차 제시형으로 IG 정교화와 같은 맥락이다.

(3) 시사점

① 학습활동을 구조화할 때 제일 먼저 일반성을 제시하고, 예를 제시하고, 연습활동을 제시하는 순서로 진행해야 한다.

예 '녹색소비'의 개념을 가르칠 때, 제일 먼저 그 정의를 제시한 뒤, 녹색소비의 구체적 예를 제공하고, 마지막으로 여러 보기 중 녹색소비에 해당하는 사례를 찾는 연습활동을 진행한다.

② 교사가 수업현장에서 특정 학습과제 유형을 가르칠 때 보다 쉽게 10가지 범주로 학습유형을 분류하고, 이에 적합한 교수전략을 1차 제시형과 2차 제시형의 결합으로 적절히 선택할 수 있다.

MEMO

3 라이겔루스(Reigeluth)의 교수설계이론 – 정교화이론(elaboration theory)

02 중등, 03 초등, 09 중등, 10 초등, 12 중등, 26 중등論

(1) 개관

<table>
<tr><th rowspan="2">전략</th><th colspan="3">조직전략</th><th rowspan="2">전달전략</th><th rowspan="2">관리전략</th></tr>
<tr><th colspan="2">미시적
(개념, 원리, 절차)</th><th>거시적</th></tr>
<tr><th rowspan="4">방법</th><td>일상적</td><td>심화</td><td rowspan="4">여러 아이디어들 간의 순서와 계열</td><td rowspan="4">수업 전달 방법: 매체, 교사, 교재</td><td rowspan="4">조직 및 전달전략의 관리: 수업개별화 방법, 학습자원 계획 등</td></tr>
<tr><td>제시</td><td rowspan="3">필요시 제시</td></tr>
<tr><td>연습</td></tr>
<tr><td>피드백</td></tr>
</table>

① **교수설계전략**: 라이겔루스(Reigeluth)는 학습유형인 개념학습, 원리학습, 절차학습에 따른 교수설계전략인 미시적 전략과 여러 아이디어들을 어떤 순서로 가르칠 것인가와 관련된 거시적 전략을 제시하였다.

② **미시적 전략**: 미시적 전략은 단일 아이디어(개념학습, 원리학습, 절차학습)를 가르치는 교수설계전략이며, 미시적 전략의 하위전술에는 제시, 연습, 피드백과 같은 일상적 방식과 각각의 일상적 방식을 다시 다른 형태로 나타낸 심화방식이 있다.

③ **거시적 전략**: 라이겔루스의 정교화이론은 여러 아이디어들을 어떤 순서로 가르칠 것인가와 관련된 거시적 조직전략 이론이다. 즉, 복잡한 수업내용을 선택(selecting), 계열화(sequencing), 종합(synthesizing), 요약(summarizing)하기 위한 효율적 교수 처방기법을 제시하고 있는 거시적 교수설계이론이다.

④ **이론적 배경**: 가네(Gagné)의 학습위계분석, 오수벨(Ausubel)의 수업이론(선행조직자 및 점진적 분화의 원리), 브루너(Bruner)의 나선형 교육과정 등 ⇨ 이들은 공통적으로 교육내용을 '단순–복잡의 계열'로 조직해야 한다는 것을 중시한다. 교육내용을 계열화하기 위한 가장 중요한 원리로 단순–복잡의 순서로 학습내용을 조직할 것을 제시하였다.

⑤ **단순화 조건법(SCM: Simplifying Conditions Method)**: 학습내용의 가장 핵심이 되는 정수(epitome)를 확인하고, 이후 이를 정교화하는 방법을 제시한다. 라이겔루스는 가네의 위계적 접근이 하위기능부터 상위의 순서로 학습하게 되어 있어 전체의 학습구조를 최종에 이를 때까지 파악할 수 없다고 지적하였다. 이 점은 이미 브루너의 나선형 교육과정에 의해서도 지적되었다. 브루너는 각 교과의 가장 핵심이 되는 지식을 먼저 가르치고 그것을 점점 복잡한 수준으로 폭과 깊이를 더해가며 가르쳐야 한다는 나선형 형태의 교육과정을 제안하였다. 정교화 이론은 이런 나선형 교육과정을 수업상황에서 보다 구체화한 수업의 계열화 이론으로 볼 수 있다.

MEMO

03

(2) 미시적 조직전략 – 개념학습을 중심으로

단계	내용
제시	• 개념의 전형 형성(prototype formation) : 개념의 전형적인 사례 제시(예 곤충의 전형적 사례 : 나비) → 일반적이며 다수의 사례를 대표할 수 있는 것이어야 함 • 변별(discrimination) : 개념 정의, 개념의 결정적 속성 검토(예 곤충의 공통적 속성 : 몸이 머리, 가슴, 배의 세 부분), 개념의 예인 것과 예가 아닌 것 제시(사례와 비사례 제시 예 곤충과 거미) • 일반화(generalization) : 무시하여도 좋은 가변적 속성을 반영한 다양한 사례 제시
연습	개념을 정확히 이해했는지 확인하기 위해 다양한 새로운 사례에 개념을 적용(⇨ 개념의 이해도 검증) → 연습은 매우 발산적 성격을 띠어야 함
피드백	• 동기화(칭찬/격려) : 옳은 응답에 대해 칭찬과 격려 • 유도 : 옳지 않은 응답에 대해 힌트를 제공하여 재시도하게 하거나, 정답과 설명 제공. 이때 부드러운 표정과 함께 격려를 함

(3) 정교화 이론이 적용된 수업 – 줌(zoom)렌즈에 비유

① 전체개요 제시(zoom-out) : 수업의 정수(epitome)라고 불리는 수업의 '전체개요(overview)'를 먼저 제시한다. '개요'는 교과내용 중 가장 단순하고 기본적인 사상들로 구성된 내용을 발췌한 것으로, 내용 전체를 정리한 '요약'과는 다르다. 예 수요공급의 법칙

② 상세한 내용 설명(zoom-in) : '개요'를 부분별로 세분화한 좀 더 상세한 내용을 점진적으로 정교화하여 제시한다.

③ 요약과 종합(zoom-out) : 학습내용의 요약과 종합을 통해 전체개요를 정교화시킨다.

(4) 거시적 조직전략(정교화 전략) – 정교화이론의 7가지 교수전략 암

암기법 정선요종비인학

전략	내용
(단순–복잡의) 정교화된 계열화	학습내용을 단순에서 복잡, 일반적인 것에서 세부적인 것으로 계열화(순서화)하여 조직하는 원리(단순 → 복잡, 일반 → 세부) ⇨ 줌렌즈의 방법 • 개념적 정교화 : 가르쳐야 할 개념을 상위개념, 동위개념, 하위개념 등으로 분류하고 이에 따라 개념조직도를 고안한 후, 가장 일반적이고 포괄적인 개념으로부터 점차 상세하고 세부적인 개념의 순서로 교수내용을 계열화하는 방법. 가르쳐야 할 개념을 인지구조에 유의미하게 동화시키는 방법과 관련됨 • 이론적 정교화 : 가르쳐야 할 원리들의 폭과 깊이를 명세화하고, 가장 기초적이고 명백한 원리로부터 점차 세부적이고 복잡한 원리의 순으로 계열화하는 방법 • 절차적 정교화 : 특정의 학습목표 또는 학습내용을 습득하기 위해 거쳐야 할 일련의 과정이나 절차를 최적으로 계열화하는 방법

MEMO

선수학습요소의 계열화	새로운 내용을 학습하기에 앞서 반드시 학습해야 하는 선수학습요소를 순서화하여 가르치는 원리. 선행학습능력이 구비될 수 있도록 수업을 순서화 예 2차방정식을 학습하기 위해서는 '2제곱'과 '미지수 변인'을 먼저 학습함 ⇨ 학습의 구조 혹은 학습 위계에 기초를 둔 것 • **개념학습의 선수학습요소**: 개념을 구성하는 속성들과 그 속성들 사이의 상관관계를 파악 • **원리학습의 선수학습요소**: 각종 개념들과 그 개념들의 변화를 나타내 주는 이론 • **절차학습의 선수학습요소**: 절차의 각 단계에 속하는 행동들의 구체적 요인들이나 규칙들
요약자(summarizer)의 사용	이미 학습한 내용을 망각하지 않도록 복습하는 데 사용되는 전략. 학습단원 요약자와 교과전체 요약자의 2가지 유형이 활용됨 ⇨ 교수에서 다룬 각 아이디어나 사실에 대한 간결한 설명, 사례, 자기평가적인 연습문제를 제공함
종합자(synthesis)의 사용	• 학습한 내용요소들을 서로 연결하여 통합시키기 위하여 사용하는 전략. 학습단원 종합자와 교과전체 종합자의 2가지 유형이 활용됨 ⇨ 한 가지 혹은 그 이상의 지식구조의 유형으로 일반성 제시, 학습한 아이디어들의 관계를 나타내는 통합적 사례 제시, 자기평가적인 연습문제를 제공함 • **장점**: 학습자에게 필수적이고 가치 있는 지식 제공, 이미 학습한 개개의 아이디어들에 대한 깊이 있는 이해를 제공, 개개의 아이디어들을 수업의 전체적 윤곽 속에서 상호 연관성 있게 제시함으로써 학습의 의미와 동기를 제고
비유(analogy)의 활용	• 새로운 학습내용을 친숙한 아이디어(내용)에 연결시켜 좀 더 쉽게 이해할 수 있도록 도와주는 전략(예 인간의 두뇌는 컴퓨터이다.) ⇨ 비유는 학습자에게 사전에 경험한 구체적인 지식을 회상시킴으로써 학습자가 추상적이고 복잡한 아이디어를 받아들일 수 있도록 준비시킨다. • **비유가 특히 효과적인 경우**: 새로운 정보가 이해하기 어렵고 학습자에게 특별한 의미가 없는 것처럼 보이는 경우, 새로운 정보와 비유되는 아이디어 사이에 유사성이 많을 때, 비유가 학습자에게 친숙하고 의미 있는 것일수록 더욱 유용함
인지전략 촉진자(cognitive-strategy activator)	학습내용을 이해하고 처리할 수 있도록 학습자의 인지전략을 자극하고 도와주는 촉진자(인지전략 자극자·활성자) ⇨ 학습과정에서 학습자가 자신의 인지전략이나 사고과정에 대하여 인식하고 그것을 적절히 조절할 수 있을 때 보다 능동적으로 참여하게 되고 학습효과도 커진다는 점을 활용 • **내재된(포함된) 전략촉진자**: 수업에서 학습자가 인지전략을 사용하고 있다는 것을 의식하지 못하면서도 어떤 특정 인지전략을 거의 무의식적으로 사용할 수 있도록 고안된 자극자 예 그림이나 도식, 기억술, 비유 등을 사용하여 학습자가 그 자극자들을 보고 학습내용과 그들을 연결시키면서 학습내용을 보다 적극적으로 처리하도록 도와준다. • **분리된 전략촉진자**: 학습자 자신이 가지고 있는 기존의 인지전략을 내용에 맞게 사용할 수 있도록 안내해 주는 역할을 하는 것 예 이때는 그림이나 도표, 비유 등의 자극자가 제시되지 않고 학생들 스스로 만들어 보도록 유도하는 지시문이 교수나 교수자료에 첨가된다. 예를 들어, "지금 배운 내용을 설명해 주기 위한 비유를 생각해 보시오." 등의 지시문이 분리된 전략자극자이다.

학습자 통제 (learner control)	학습내용, 학습전략, 인지전략 등을 학습자 스스로 선택하고 통제할 수 있도록 하는 전략 ⇨ 메타인지전략 • **학습자 통제의 유형**: 학습내용의 통제, 학습속도의 통제, 학습자가 선택한 특정의 교수전략요소와 그 전략요소가 사용되는 순서의 통제, 학습자가 수업을 받을 때 사용하는 특정의 인지전략 선택 ⇨ 정교화 교수이론의 학습자 통제: 통제유형 중 '학습속도의 통제'는 제외 • **정교화 교수이론에서의 학습자 통제**: 정교화 교수이론은 2가지 점에서 학습자가 자신의 메타인지 모형에 따라 학습내용, 교수전략, 인지전략을 선택하고 계열화할 수 있도록 해 준다. – 단순-복잡의 정교화된 계열화를 통해 학습자는 가장 흥미 있는 개요 정리나 다른 단원을 선택할 수 있게 되며 다음에 공부해야 할 것을 선택할 수 있게 된다. – 요약자, 종합자, 비유, 인지전략 자극자 등의 전략을 통해 학습자 스스로 교수전략 및 인지전략을 선택하고 계열화할 수 있게 해 준다.

MEMO

4 켈러(Keller)의 학습동기설계이론(ARCS 이론)

00 초등, 03 중등, 05 중등, 06 초등, 07 중등, 09~10 초등, 11~12 중등, 15 중등論

(1) 개관

① ARCS 모형은 학생의 학습동기를 유발하고 유지시키기 위한 체계적이고 구체적인 지침을 제공하고자 하는 모형이다.

② 학습동기 유발을 위한 동기요소에는 주의집중(Attention), 관련성(Relevance), 자신감(Confidence), 만족감(Satisfaction)이 있으며, 이들은 각각 3가지 하위전략을 포함하고 있다. 머리글자를 따서 '악스(ARCS) 모형'이라 불린다.

③ ARCS 모형은 행동주의적 접근과 인지주의적 접근의 동기이론을 통합한 거시적 이론이며, 학습동기를 유발하고 지속시키기 위하여 학습환경의 동기적 측면을 설계하는 문제해결 접근이다.

④ ARCS 모형은 교사가 주도하는 수업과정에 기본적으로 적용되지만 컴퓨터보조수업이나 e-러닝 콘텐츠설계에도 적극적으로 활용되고 있다.

(2) ARCS 이론(모형)의 동기유발요소

① 주의집중(Attention)암: 주의와 호기심을 유발·유지시킨다.

하위 전략	구체적 적용 방법 예시
지각적 주의환기 전략 (perceptual arousal): 주의를 유발·유지하는 전략	• 시청각 매체의 활용(단순한 그림, 그래프, 도표에서부터 각종 애니메이션이나 소리, 반짝거림, 다양한 글씨체 등을 사용) • 비일상적인 내용이나 사건의 제시(사건, 역설, 학습자의 경험과는 다른 사실, 괴상한 사실, 믿기 어려운 통계 등을 제시) • 주의분산의 자극 지양(너무 많은 자극의 남용 ×)

암기법
지탐다

MEMO

탐구적 주의환기 전략 (inquiry arousal) : 호기심·탐구심을 자극하여 학습에 대한 기대감을 갖게 하는 전략	• 능동적 반응 유도(질문과 응답을 통해 적극적인 사고를 유도하거나, 흔치 않은 비유를 해 보라고 요구하거나, 내용과 관련된 연상을 만들어 보도록 요구) • 문제해결활동의 구상 장려(학습자 스스로 문제를 내어서 풀어보게 한 후, 적절한 피드백이나 결과를 제시해 줌으로써 지적 호기심을 계속 유지) • 신비감 있는 문제 제시(탐색과정에서 문제상황을 제시하면서 필요한 지식을 부분적으로만 제공) • 과제를 문젯거리로 만들어 제시 • 지적 갈등을 일으키는 과제 제시
다양성 전략 (variability) : 수업의 요소를 변화시켜 학습자의 흥미·주의를 계속 유지시키는 전략	• 간결하고 다양한 교수형태의 사용(교수의 한 단위를 간결하고 짧게 구성하되, 정보 제시, 연습, 평가 등의 다양한 형태를 적절히 사용) • 일방적 교수와 상호작용적 교수의 혼합(강의식과 토론식 수업의 혼합) • 교수자료의 다양한 변화 추구(여백 두기, 글자 크기, 밑줄, 그림, 표 등 활용)

암기법
친목필

② 관련성(Relevance) 임 : 교수를 주요한 필요와 가치에 관련시킨다.

하위 전략	구체적 적용 방법 예시
친밀성 전략(familarity) : 수업과 학습자의 경험을 친밀하게 관련시키는 전략	• 친밀한 인물이나 사건 활용 • 친밀한 예문이나 배경지식 활용(뺄셈 개념을 가르칠 때 상점에 가서 과자를 사는 상황을 예로 사용) • 구체적이고 친숙한 그림 활용(추상적인 개념을 가르칠 경우)
목적지향성 전략 (goal orientation) : 수업에서 학습자의 목적을 충족시키는 전략	• 실용성에 중점을 둔 목표 제시(학습목표가 미래의 실용성과 연관되어 있음을 인식시킴) • 목적지향적인 학습형태 활용(실용성을 제시하기 어려운 학습과제일 경우, 게임, 시뮬레이션 등과 같이 그 자체로 어떤 목적을 지향하는 학습형태 이용) • 목적의 선택 가능성 부여(다양하게 제시된 목적 중에서 자신에게 적합한 목적을 선택하도록 함)
필요나 동기와의 부합 전략 (motive matching) : 수업을 학습자의 동기와 관련시키는 전략 : 성취욕구와 소속감 욕구 중시	• 어렵고 쉬운 다양한 수준의 목표 제시(자신의 능력이나 특성에 따라 적절한 수준의 목표를 선택하도록 하여 성취욕구 자극함) • 협동적 학습상황 제시(비경쟁적 학습상황에서 학습과정에 몰두하며 소속감의 욕구가 충족) • 비경쟁적 학습상황의 선택가능(높은 수준의 과제를 성취할 때, 비경쟁적 학습환경을 선택할 수 있도록 수업을 설계하면 학습자의 필요나 동기에 부합될 수 있으므로 수업의 관련성을 높일 수 있음) • 학업성취 여부의 기록체제 활용(학업성취 여부를 계속적으로 기록하고 그에 따라 적절한 피드백을 제공함으로써 성취욕구 자극)

③ 자신감(Confidence) 암 : 성공에 대한 자신감과 긍정적 기대를 갖도록 한다.

하위 전략	구체적 적용 방법 예시
학습의 필요조건 제시 전략 (성공기대 증가 전략, learning requirement) : 학습의 필요조건과 평가기준을 제시하여 성공기대감을 높여 주는 전략	• 수업의 목표와 구조 제시(수업목표를 분명하게 제시, 어려운 목표는 작은 단계로 나누어 제시) • 명확한 평가기준 및 피드백의 제시(평가기준을 분명히 제시하고 또 수업목표를 달성할 수 있도록 연습의 기회와 반응에 따른 적절한 피드백을 제공) • 선수학습 능력의 판단(학습자의 성공을 돕기 위해 미리 선수지식, 기술이나 태도 등을 진술해 줌) • 시험의 조건 알려 줌(시험문제 수나 그 성격, 시간제한 등을 미리 알려 줌으로써 학업수행의 필수요건이 무엇인지를 인식하도록 도와줌)
성공기회 제시 전략 (성공체험 전략, success opportunities) : 성공을 경험할 수 있도록 적절한 수준의 도전감을 제공하는 전략	• 쉬운 것에서 어려운 것으로 과제 제시(다양한 수준의 난이도로 계열화하여 제시) • 적정수준의 난이도 유지(지나친 도전이나 권태를 방지하도록 학습자의 수준에 맞는 적절한 정도의 난이도 유지) • 다양한 수준의 시작점 제시(학습자의 능력수준을 평가하여 그 능력수준에 맞는 내용을 선택적으로 제시) • 어려운 과제에 대해 충분한 도움 제공
개인적 조절감 증대 전략 (자기책임, personal responsibility) : 학습자 스스로 자신을 조절·통제하도록 하는 전략	• 학습속도를 적절히 조절할 수 있는 기회 제공(학습자에게 다음 내용으로 스스로 진행하도록 조절의 기회를 줌) • 학습의 끝을 조절할 수 있는 기회 제시(언제든지 학습상황에서 빠져나갈 수 있고, 돌아오고 싶을 때 다시 돌아올 수 있도록 함. 컴퓨터나 기타 시청각매체 사용의 학습에서 더욱 필요) • 원하는 부분에로의 재빠른 회귀 가능(학습하고 싶은 부분으로 쉽사리 가도록 허락함) • 노력이나 능력에 성공 귀착(성공의 이유를 자신의 노력이나 능력에서 찾도록 유도함)

④ 만족감(Satisfaction) 암 : 학습경험에 대해 만족감을 갖도록 한다.

하위 전략	구체적 적용 방법 예시
자연적 결과 강조 전략 (내재적 강화 전략, intrinsic reinforcement) : 학습자의 내적 동기를 유지시키기 위해 학습의 내재적 즐거움을 제공하는 전략	• 연습 문제를 통한 적용 기회 제공 • 모의 상황을 통한 적용 기회 제공 • 후속 학습 상황을 통한 적용 기회 제공

MEMO

암기법
학성개

암기법
내외 공정성

03

MEMO

긍정적 결과 강조 전략 (외재적 보상 전략, extrinsic rewards): 바람직한 행동을 계속 유지시키기 위해 강화와 피드백(외적 보상)을 제공하는 전략	• 적절한 강화 계획의 활용(학습시작 단계에서는 학습자의 반응 뒤에 매번 긍정적 피드백이나 보상을 제공하고, 적용해 보는 연습단계에서는 간헐적 강화를 사용) • 수준에 알맞고 의미 있는 강화의 제공(너무 쉬운 과제에 대해 긍정적 보상을 자주 하는 것은 피드백의 긍정적 동기효과를 저하시킬 우려) • 정답에 대한 보상 강조(옳은 반응에만 긍정적 외적 보상을 주고, 틀린 반응에는 어떤 보상도 주지 않아야 함) • 외적 보상의 사려 깊은 사용(외적 보상이 실제 수업상황보다 더 흥미를 끄는 것이어서는 안 됨) • 선택적 보상체제 활용(보상의 종류를 선택하게 함)
공정성 강조 전략(equity): 공정하게 대우받고 있다고 느끼게 하는 전략	• 수업목표와 내용의 일관성 유지 • 수업내용과 시험내용의 일치 • 학업수행에 대한 공정한 판단

5 완전학습모형(Carroll, Bloom)

(1) 캐롤(Carroll)의 학교학습모형 91 중등, 93 초등, 97 초등, 03 초등

① 개념

㉠ **학교학습의 완전학습모형**: 학교학습의 완전학습모형으로, 학교학습의 여러 형태 중 지적 학습에 작용하는 주요 변인들(예 학습기회, 학습지속력, 교수의 질, 적성, 교수이해력 등 5가지 변인)을 추출한 후 그 변인들 간의 상호관계를 토대로 체계화한 것이다. ⇨ 정의적 학습에는 적용 곤란

㉡ **학습의 경제성에 관심**: 학업성취를 위한 학습의 경제성에 관심을 두고 있어 '학교학습의 계량경제학'이라 불림

② 학교학습의 모형도 (암)

$$\text{학습의 정도} = f\left\{\frac{\text{학습에 사용한 시간}}{\text{학습에 필요한 시간}}\right\} = f\left\{\frac{\text{학습기회, 학습지속력}}{\text{교수의 질, 적성, 교수이해력}}\right\}$$

㉠ **기본명제**: 학습자가 성취한 학습의 정도는 학습에 필요한 시간에 대한 학습에 사용한 시간의 비율로 결정된다.

㉡ **학습의 정도**: 수업목표에 비춰 본 실제 학업성취도

㉢ **학습에 필요한 시간**: 주어진 학습과제를 완전히 학습하는 데 필요한 총소요시간

㉣ **학습에 사용한 시간**: 학습자가 몰두하여 실제 학습에 투입한 시간(수동적으로 보낸 시간은 제외됨)

암기법
• 학습에 필요한 시간: '질적이해'를 위해
• 학습에 사용한 시간: '기지'를 발휘하자

③ 학습의 정도를 결정하는 변인(학습시간의 결정 변인)

㉠ 개인차 변인(학생 변인)

적성 (aptitude)	• 최적의 학습조건에서 주어진 과제를 완전히 학습하는 데 필요한 시간 ⇨ 특정한 학습과제를 효과적으로 학습할 수 있는 특수능력 예 수학 적성, 과학 적성 • 적성이 높으면 과제를 빨리 학습하고, 적성이 낮으면 학습에 소요되는 시간이 길어진다.
교수이해력 (수업이해력)	• 수업내용이나 교사의 설명을 이해하는 학습자의 능력 ⇨ 학습자의 일반지능과 언어능력에 의해 결정 • 적성이 과제의 종류와 성질에 따라 변화하는 특수한 능력임에 반해, 교수이해력은 여러 과제에 공통적으로 적용되는 일반적인 능력임
학습지속력 (지구력)	학습자가 인내를 발휘하여 실제로 노력한 시간(적극적으로 참여한 시간) ⇨ 학습동기와 밀접

㉡ 수업 변인(교사 변인)

교수의 질 (수업의 질)	• 교사의 학습과제 제시나 수업방법에서의 적절성 ⇨ '교수이해력'을 보완할 수 있는 변인 예 교수방법, 교수매체의 사용 • 수업의 질을 높이기 위해서는 학습목표와 학습방법을 사전에 알려 주어 학습과제의 가치를 인식하게 함으로써 학습동기를 유발시키고, 학습과제를 적절하게 계열화하여 제시해야 한다. • 또한 학습자의 능동적 참여를 유도하기 위하여 가능하면 개개 학습자의 흥미와 욕구를 충족시킬 수 있도록 수업을 계획하고 실행해야 하며, 수업결과에 대해 적절한 피드백이 제공되어야 한다.
학습 기회	• 학습과제를 학습할 수 있도록 학습자에게 허용된 시간 ⇨ 개인의 학업적성에 차이가 있기 때문에 학습자들에게 주어지는 학습기회는 달라져야 함 • 지구력이 학습자 스스로의 의지에 따라 학습에 투입한 시간이라면, 학습기회는 학습자의 의사와 관계없이 외부에서 학습자에게 주어진 학습시간을 말함

④ 시사점

㉠ 학교학습의 효과를 극대화하기 위해서는 학교학습의 5가지 변인들 사이의 상호관계를 잘 조절해야 한다.

㉡ 학습에 필요한 시간은 줄이고, 학습에 사용한 시간을 늘리면 학습의 정도가 최대치가 된다.

㉢ 학습에 필요한 시간인 교수의 질(수업의 질)을 높이면 학생들의 교수이해력(수업이해력)이 높아지고, 학습지속력도 높일 수 있기 때문에 학습의 정도를 높일 수 있다.

㉣ 학습에 사용한 시간을 늘려 학습기회를 충분히 허용하면 적성이 낮은 학생일지라도 완전학습에 이를 수 있다.

MEMO

ⓜ 한편, 학습지속력이 다소 낮더라도 적성이 높으면 학습과제를 일정한 시간 내에 달성할 수 있다. 그러나 적성이 낮은 학생이 다른 학생과 동일한 시간 내에 주어진 과제를 달성하려면 교수의 질을 적절히 재구성하여 교수이해력을 높여 주고, 학습지속력과 학습기회도 증대시켜야 한다.

⑤ 의의

㉠ **완전학습의 이론적 토대 제공**: 정상분포 하단에 있는 5%의 학생(학습지진아)을 제외한 95%의 학생들이 완전학습에 이를 수 있다.

㉡ **교육관의 변화**: 선발적 교육관(Education for Elite)에서 발달적 교육관(Education for All)으로의 변화

㉢ **학습자관의 변화에 기여**: 학업성취도에 영향을 주는 변인이 지능지수(IQ)에서 학습시간으로 변화 ⇨ '공부 잘하는 아이 또는 못하는 아이'에서 '빨리 학습하는 아이 또는 느리게 학습하는 아이'로 변화

㉣ **평가관의 변화**: 상대평가를 절대평가로 전환시키는 계기를 마련

(2) 블룸(Bloom)의 완전학습모형 00 대구 · 경북초보

① 개념

㉠ 블룸(Bloom)은 학급의 95% 학생들이 학습과제의 90% 이상 학습하는 것을 완전학습이라고 보고, 이를 달성할 수 있는 수업전략을 제시하였다. ⇨ 캐롤(Carroll)의 학교학습모형에 기초함, 완전학습을 위한 요인들을 제시한 캐롤 모형에 비해 구체적인 교수전략을 제시함

㉡ 학급에서 신체적 · 능력적 결함을 가진 5%의 학생(학습지진아)을 제외하고 각 개인에게 최적의 교수조건(교수방법)이 마련되면 완전학습에 도달할 수 있다.

㉢ 학교 교육과정 속에 규정되어 있는 대부분의 교육목표들은 최저수준에서 결정되기 때문에 거의 모든 학생들에 의하여 달성될 수 있다.

㉣ 교육목표를 성취하기 위해서는 학습자료가 적절하게 계열화되고 학생 개개인의 능력과 학습속도에 맞게 학습기회(학습시간)가 충분히 제공된다면 완전학습이 가능하다.

② 완전학습모형

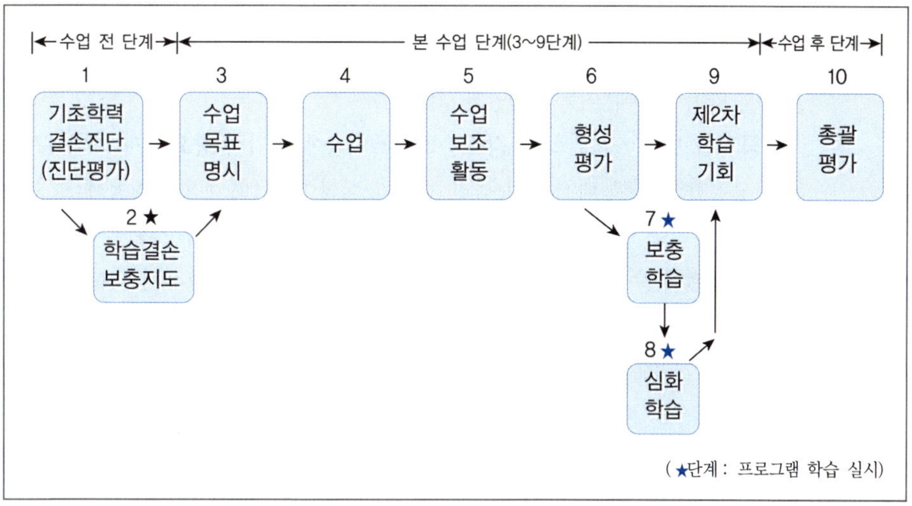

단계		내용
수업 전	1단계: 학습결손진단	진단평가를 실시하여 기초학력을 진단한다.
	2단계: 학습결손 보충지도	프로그램 학습을 사용하여 결손학습을 보충한다.
본 수업 (수업 중)	3단계: 수업목표 명시	구체적인 수업목표를 명시함
	4단계: 수업	실제적인 교수-학습활동을 전개함 ⇨ 학생의 수업 이해력 수준에 기초하여 체계적인 학습내용 제시, 학습시간의 효율성 증대, 학생의 적성에 따른 학습 기회 제공이 있어야 함
	5단계: 수업보조활동	학습자의 흥미와 동기를 유발하기 위해 여러 가지 자료를 제시함 ⇨ 실험, 실습, 연습, 시청각교재 사용 등
	6단계: 형성평가	형성평가를 통해 보충학습군과 심화학습군으로 구분함 ⇨ 평가의 목적은 학생의 학습 진전 상황을 스스로 확인하도록 돕고, 교사의 수업 개선을 위한 정보를 제공함
	7단계: 보충학습	학습부진아를 대상으로 보충학습 시행(프로그램 학습 사용)
	8단계: 심화학습	학습정상아를 대상으로 심화학습 시행(프로그램 학습 사용)
	9단계: 제2차 학습기회	자율학습, 협력학습의 기회를 마련해 줌
수업 후	10단계: 총괄평가	수업 종결 후 학업성취도를 평가함

MEMO

③ 특징(완전학습 전략) 99 초등보수

㉠ 학습시간(학습기회) 가장 중시: 교수의 질, 적성과 교수이해력을 높여 학습에 필요한 시간을 줄이고, 보충학습을 포함한 학습기회를 충분히 제공하여 학습에 사용한 시간을 늘리면 완전학습에 이를 수 있다.

㉡ 형성평가와 보충·심화학습 강조: 교수-학습에서 가장 중요하게 다루어져야 할 것은 형성평가와 이에 따른 계속적인 보충과 심화이다. 형성평가를 통해 보충학습군과 심화학습군으로 구분하고 계속적인 보충학습과 심화학습의 기회를 제공한다.

㉢ 철저한 개별화 수업 및 교정학습 강조: 학습단계마다 따라가지 못하는 학습자에게 철저한 개별화수업(즉, 프로그램 학습)을 통해 보충학습과 교정학습의 기회를 제공하면 완전학습에 이를 수 있다.

6 브루너(Bruner)의 발견학습모형(discovery learning)

95~96 중등, 99 중등, 01 중등, 05 초등, 06 중등, 14 중등추가論

(1) 개념

① 교사의 지시(scaffolding)를 최소화하고 '학습과제의 최종적 형태(structure of knowledge)'를 관찰, 토론, 실험 등을 통해 '학습자 스스로 찾아내게 하는(discovery) 방법'이다. ⇨ 일종의 '안내된 발견(guided discovery)': 교사가 목표를 설정하고 다양한 자료와 사례를 준비하고 질문을 통해 지도하는 상황에서 학습자가 개념이나 원리를 스스로 발견하도록 하는 것

② 발견학습은 지식의 획득 과정에 학생이 주체적으로 참여함으로써 자연이나 사회를 조사하는 데 필요한 탐구능력을 습득할 뿐만 아니라 새로운 지식을 탐구하는 학습방법이다.

③ 브루너는 발견학습을 위하여 문제인식, 가설설정, 가설검증, 결론도출 등의 단계를 제안하였다. 즉, 문제를 제기하고, 가설을 형성하고, 실험을 설계하고, 데이터를 수집하고, 가설을 검증하고, 결론을 내리는 과정을 통하여 학습자가 새로운 개념과 원리를 탐구해 간다. ⇨ 귀납적 추리(inductive reasoning)

Plus

브루너(Bruner)의 교수이론 이해

브루너(Bruner, 1960; 1968)는 피아제의 인지발달 이론을 바탕으로 수업이론을 확립하였으나 수업의 모든 과정을 만족스럽게 설명할 수 없었다. 그래서 20여 년 후 브루너(1986)는 비고츠키의 사회문화적 이론을 수용하여 충분히 설명하지 못했던 부분을 보충하였다. 브루너의 근본 아이디어는 '대담한 가설'에서 시작하며, 여기서 '무엇을 가르칠 것인가(지식의 구조)', '어떻게 가르칠 것인가(발견학습)'에 대한 논의를 전개한다.

MEMO

03

1. 대담한 가설

Any subject can be taught effectively in some intellectually honest from to any child at any stage of development(Bruner, 1960, p.33).
"어떤 교과든지 지적으로 정직한 형태로 표현하면 어떤 발달단계에 있는 어떤 아동에게도 효과적으로 가르칠 수 있다."

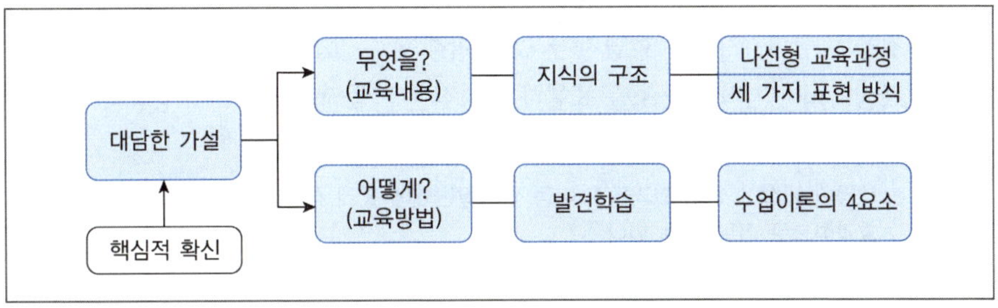

2. 핵심적 확신

"지식의 최전선에서 새로운 지식을 만들어 내는 학자들이 하는 일인지 초등학교 3학년 학생이 하는 일인지를 막론하고, 모든 지적 활동은 근본적으로 동일하다."

① '학자나 초등학생이나 모든 지적 활동은 근본적으로 동일하다'. 차이가 있다면, 일의 종류가 아니라, 지적 활동의 수준에 있다. 따라서 학년과 학교가 높아짐에 따라 동일한 교과를 폭과 깊이를 더해 가며 교육내용을 조직해야 하며(나선형 교육과정), 학자들과 본질상 동일한 종류의 일(즉, 탐구 → 탐구 · 발견학습)을 하도록 해야 한다.
② 이렇게 보면, 브루너의 '지식의 구조'는 교육내용의 성격뿐만 아니라 그것을 가르칠 교육방법까지 함의하는 개념이다.

(2) 발견학습의 특징

① **'지식의 구조'에 대한 철저한 학습 강조 :** 교과의 중간언어나 단편적인 지식을 가르치는 것이 아니라 각 학문을 구성하는 핵심 아이디어나 기본 개념과 원리를 강조한다.

② **학습자의 능동적 학습 강조 :** 학습자 스스로 개념이나 원리를 발견해 내는 능동적이고 주체적인 학습을 강조한다. 이 과정에서 교사는 학습자의 발견과정을 촉진하고 안내하는 역할을 한다.

③ **학습의 결과보다 학습의 과정이나 학습방법 강조 :** 교과의 최종형태를 학습자가 스스로 발견하도록 한다는 점에서 학습의 결과보다 학습의 과정이나 학습방법을 강조한다. 학습자는 발견학습의 과정을 통해 새로운 지식을 탐구하는 탐구능력과 학습방법을 습득하게 된다.

④ **학습효과의 전이 중시 :** 요소와 요소의 관련성을 파악할 때 전이가 잘 일어난다. 발견학습은 이러한 기본 원리에 의한 학습의 전이를 강조한다.

MEMO

암기법
지계학습 강화(강사)

(3) 발견학습의 요소(수업이론의 구성요소) 암

브루너의 수업이론은 지식의 구조, 계열(서열), 최소한 학습의욕, 강화, 학습자 사고의 자극이라는 다섯 측면을 효율화하는 방법을 제시해야 한다고 주장한다. 이 5가지 요소를 이상적으로 조직할 수 있는 수업방법이 발견학습이라는 형태로 나타난다고 보았다.

① 지식의 구조(structure of knowledge)

㉠ 의미 : 지식의 구조란 각 학문을 구성하고 있는 기본 개념과 원리들을 체계적으로 조직한 것을 말한다. 지식은 학습자가 쉽게 이해할 수 있도록 구조화하여 제시하여야 한다.

㉡ 표상방식 : 지식의 구조를 표현하는 방식은 작동적(enactive), 영상적(iconic), 상징적(symbolic) 표현 방식이 있다.

예 대담한 가설 : "어떤 교과든지 아동의 발달단계에 맞게 적절한 형태로 제시하면 어떤 학생에게도 효과적으로 가르칠 수 있다."

㉢ 조직방법 : 나선형 교육과정(spiral curriculum) ⇨ 동일한 내용을 학년이 올라갈수록 점점 폭과 깊이를 더해 가도록 조직하는 것이다. 나선형 교육과정은 동일한 내용을 학년이 올라갈수록 쉬운 것에서 어려운 것으로, 구체적인 것에서 추상적인 것으로 조직하는 것이다. 즉, 브루너는 발달단계에 따라 동작적 표상, 영상적 표상, 상징적 표상의 순으로 가르쳐야 한다는 것이다.

② 계열화(서열, sequence)

㉠ 의미 : 학습과제를 순서대로 조직하여 제시하는 것을 말한다. 학습과제는 학습자가 이해, 변형, 전이할 수 있도록 순서대로 조직하여 제시되어야 한다.

㉡ 유의점 : 학습계열을 결정할 때 고려해야 할 사항은 ⓐ 학습자의 학습경험, 발달단계, 학습자료의 성격, 개인차 등에 따라 다르게 조직해야 한다는 점, ⓑ 학습과제는 작동적 표현, 영상적 표현, 상징적 표현 순으로 표현해야 한다는 점, ⓒ 적절한 수준의 불확실성과 긴장감을 유지할 수 있는 학습계열을 조직해야 한다는 점 등이다.

③ 학습경향성(predisposition to learn)

㉠ 의미 : 학습하고자 하는 의욕, 경향, 동기를 의미한다. 학습에 필요한 조건을 갖추고 있는 상태인 준비성(Thorndike), 출발점행동(Glaser)과 유사하다. 학습자의 학습 의욕을 불러일으키는 구체적인 경험을 명백히 제시해 주어야 한다. 브루너는 학생의 학습을 향한 경향성을 기다릴 것이 아니라 수업을 통해 적극적으로 가르쳐야 한다고 주장한다.

㉡ 유의점 : 학습 의욕을 극대화하기 위해서는 ⓐ 적절한 수준의 불확실성을 가진 문제를 제시해야 하며(도전감 자극), ⓑ 실패에 대한 불안감이 없어야 하며(즉, 탐색해서 얻는 이득이 실패에서 오는 위험 부담률보다 커야 하며 학습 분위기가 수용적이어야 함), ⓒ 학습과제가 어떤 목표를 향해 나아가고 있다는 점과 진행 중인 학습활동이 그 목표와 관련된다는 것을 학생들이 알아야 한다(Bruner, 1968).

④ 강화(reinforcement)

㉠ 의미 : 학습결과에 대해 보상을 주는 것을 말한다. 교사는 발견학습에서 학생의 학습 정도를 수시로 확인해 주어야 한다.

㉡ 유의점 : 강화는 내적 보상과 외적 보상이 있는데, 효과적이고 지속적인 학습을 위해서는 내적 보상이 매우 중요하다.

⑤ 학습자의 사고 자극

㉠ 의미 : 수업활동에서 학습자 스스로 발견하는 발견자가 될 수 있도록 학습자의 사고 과정을 자극하여야 한다.

㉡ 유의점 : 교사는 ⓐ 학습자의 사고를 자극할 수 있는 문제를 제시하고, 학습자는 이에 대해 의문을 갖고 탐구하고 실험할 수 있도록 수업을 조직해야 한다. ⓑ 또 학습자들이 예감을 사용하고, 심지어 대담하고 돌발적이며 비현실적인 아이디어까지도 제안할 수 있도록 격려해야 한다.

MEMO

(4) 발견학습의 조건 암

암기법 태요관련 / 태요연관

① **학습태세(set)** : 학습자가 학습상황에서 정보들 간의 관계를 찾으려는 내적 경향성을 말한다(학습경향성이라고도 함). 발견학습을 촉진하기 위해서는 발견하도록 하는 지시를 자주 하며, 학생 스스로 발견할 기회를 충분히 제공해야 한다.

② **요구상태(need state)** : 학습자의 동기수준을 가리킨다. 브루너는 너무 높거나 너무 낮은 동기수준보다 보통의 동기수준이 분류체계의 발견에 도움을 준다고 한다.

③ **관련정보의 학습(mastery of specifies)** : 학습자가 관련된 구체적 정보를 알고 있는 정도를 말한다. 학습자가 관련된 구체적인 정보를 많이 가지고 있을 때 발견이 잘 일어난다.

④ **연습의 다양성(diversity of training)** : 같은 정보라 하더라도 그 정보에 접촉하는 사태가 다양하면 할수록 그 정보를 조직할 수 있는 분류체계의 개발이 용이해진다는 것이다.

(5) 교사의 역할

① **탐구자료 제시** : 교사는 학습과세를 나선형 교육과정에 따라 조직하고, 지식의 구조인 교과의 기본개념과 원리가 내재된 다양한 탐구자료를 제시한다.

② **해답을 발견하도록 단서 제공** : 학생 스스로 탐구하여 교과의 기본개념과 원리를 발견할 수 있도록 적절한 단서를 제공하면서 안내한다.

③ **학습자와 함께 탐구하는 동료로서의 역할** : 교사는 최종적인 답변을 주지 않으면서 학습자와 함께 탐구하는 동료로서의 역할을 한다.

④ **적절한 강화 제공** : 수업은 강화에 관한 계획을 명시해야 한다. 강화는 내적 보상과 외적 보상이 있는데, 효과적이고 지속적인 학습을 위해서는 내적 보상이 매우 중요하다.

MEMO

⑤ **비계설정**: 비고츠키가 제시한 근접발달영역(ZPD)에서 교사는 비계의 역할을 해야 한다고 한다. ZPD에서 처음에는 교사나 전문가의 도움을 받아 학습하면서 점차 스스로 문제를 해결하고 새로운 개념과 이론을 터득할 수 있도록 해야 한다. ⇨ 비고츠키 이론의 영향(1986)

(6) 발견학습의 장단점

장점	단점
• **내재적 동기 유발**: 발견 그 자체가 하나의 보상이 되어 내적 만족감과 유능감을 높이므로 내재적 동기를 유발한다. • **고등정신능력 함양**: 학습자의 자발적인 수업참여를 유도하고, 탐구능력, 유추능력, 문제해결능력 등과 같은 고등정신능력을 증진시켜 준다. • **학습의 전이효과 증가**: 발견학습을 통해 획득된 지식은 더 오래 기억(파지)되고, 다양한 장면으로 전이된다.	• **방만한 수업**: 발견학습은 학습자의 능동적 학습과정을 중요시한 나머지 방만한 수업이 될 위험이 높다. • **학습노력의 비경제성**: 개념과 원리를 발견하는 데 많은 시간이 소요되어 학습노력의 경제성이 낮다. • **학습자 능력의 한계**: 또 모든 지식을 학생 스스로 발견할 수 없다는 문제가 있다. 특히 지적 능력이 낮은 학생들에게는 적용이 어려워, 학습에서 소외될 가능성이 높다.

Plus

마시알라스(Massialas)의 탐구학습모형(quest learning)

1. 개념

① 탐구학습이란 문제를 인식하고, 문제해결을 위한 가설을 설정하고, 자료를 수집·분석하여 일반화된 지식을 형성하도록 하는 학습방법을 의미한다.

② 탐구력은 문제해결력(problem solving)과 유사하지만, 문제해결력은 과학적인 문제에 국한되어 있는 탐구력보다 더 광범위한 의미로 사용될 수 있다. 탐구력과 관련된 문제해결은 주로 사실과 관련된 문제해결을 의미한다.

③ 일련의 탐구 과정을 통해 사회 현상이나 문제에 대한 '일반화된 지식'을 형성하는 것이 탐구수업의 목표이다. 학생들은 과학적인 탐구 과정을 통해 가설을 검증하고 일반화된 지식을 도출하게 된다. 일반화된 지식은 사회 현상을 보다 과학적으로 이해하고 문제를 합리적으로 해결할 수 있는 토대를 제공한다.

2. 탐구학습의 절차

안내	• 안내: 탐구가 필요한 문제 상황을 적절한 자료로 제시하고, 당면한 문제를 인식하고 파악하는 단계이다. 적절한 자료란 기존의 사고체계를 흔드는 것으로 탐구의 발판(springboard)이라고 한다. 예 문명의 발생 지역은 화려한 대도시 지역이 아니라 비옥한 하천 유역이다. 이러한 지역은 관개, 수송 등의 문제를 해결할 수 있는 충분한 물을 가지고 있고, 많은 음식물의 원천이 되기 때문이다. • 탐구 발판 자료와 만났을 때 학생의 심리 상태: 학생은 심리상 일종의 불균형이 생긴다. 불균형 상태에서 학생은 불안을 느끼므로, 다시 균형을 찾고자 한다. 다시 균형을 찾기 위해서 학생은 동화(새로운 사태를 자신의 기존의 사고 체계 속에 포함시키는 것) 또는 조절(자신의 사고 체계를 새로운 사태에 맞게 변화시키는 것)하려고 한다.

MEMO

03

가설설정	• 제기된 문제에 대한 잠정적인 결론이나 해결책을 도출한다. 개념과 개념과의 관계를 통해 가설을 설정한다. 예 문명의 발생은 음식, 물, 금속 등 기본 자원이 풍부한 장소에서만 가능하다. • 가설을 설정하기 위해서는 학생들이 지금까지 알고 있는 지식을 총동원해야 하므로 이 단계의 성격은 귀납적이다.
용어 정의	• 가설에 포함된 용어의 정의를 명료화한다. • 이 단계는 고정되어 있는 단계라기보다 필요한 경우 수시로 일어나는 단계라 할 수 있다.
탐색	• 설정된 가설에 대한 논리적인 검증과정으로, "만약~(이)라면, ~일 것이다.(if~then)"라는 형태로 생각을 진전시키는 단계이다. 예 만약 문명의 발생이 기본 자원이 풍부한 장소에서만 가능하다면 간신히 먹고 살 수 있을 정도의 자원만 생산되는 지역에서는 문명이 발생하기 힘들 것이다. • 입증단계로 이행되기 위해 한 번 더 논리적 사고를 거치는 단계로서, 이 단계의 성격은 연역적이다.
입증	경험적 사실과 증거를 수집하고 분석하여 가설을 검증하는 단계이다. 예 에스키모가 살고 있는 북극 지방이나 사하라 사막, 고비 사막과 같은 사막 지역에서는 문명이 거의 발달하지 않았다. 그 지역에서는 기본 자원이 부족하고, 생존에 필요한 식량이 충분하지 않기 때문이다.
일반화	설정된 가설의 의미를 밝히고, 일반적으로 적용할 수 있는 진술(결론)을 내리는 단계이다. 예 문명이 발생하기 위해서는 강 유역과 같이 풍부한 자원을 가질 수 있는 지역이어야 한다.

3. 탐구학습을 위한 교사의 역할

① 탐구방법의 안내: 문제 인식 방법, 가설 설정 방법, 가설 검증 방법 등 과학적 탐구 방법을 설명하고 학생들이 일반화된 지식을 습득할 수 있도록 안내하고 촉진한다.

② 다양한 탐구 자료의 준비: 탐구와 관련된 다양한 자료를 준비하여 제공함으로써 학생들이 스스로 탐구할 수 있도록 유도해야 한다.

③ 탐구의 촉진: 학생이 탐구과정에서 한계에 부딪칠 경우 새로운 방향에서 탐구할 수 있도록 유도하는 질문을 하고 추가 자료를 제시하는 등 학습을 촉진해야 한다.

4. 탐구학습의 장단점

장점	• 학습방법의 학습과 자기주도적 학습능력의 신장 및 반성적 사고력·고차적 사고력의 육성에 효과적이다. • 높은 수준의 지식을 학습함으로써 다양한 사회 현상과 문제를 이해하고 설명하는 데 효과적이다.
단점	• 탐구학습은 탐구력과 일반화된 지식을 형성하는 것을 주요 목표로 삼기 때문에, 가치·태도 영역의 목표를 달성하기 어렵다. • 탐구학습은 인지주의 가정에 의거하여 탐구력의 신장에 초점을 맞추기 때문에, 실제 사회문제를 해결하는 데 참여하는 실천적 시민을 기르기 어렵다. • 가치중립적 탐구의 강조로는 민주적 가치와 태도를 형성하기 어렵다. • 객관적 지식의 추구가 실제 생활에서 가치와 연관된 구체적 행위를 제시해 주지는 않는다.

MEMO

7 오수벨(Ausubel)의 유의미 수용학습이론(meaningful reception learning)

01 초등, 03 초등, 04 중등, 05 초등, 06 중등, 08 초등, 10 중등

개념 다지기

오수벨(Ausubel)의 유의미 수용학습의 이해

1. 오수벨의 핵심적 아이디어

> If I had to reduce all of educational psychology to just one principle, I would say this : The most important single factor influencing learning is what the learner already knows. Ascertain this and teach him accordingly(Ausubel, Novak, & Hanesian, 1978, p. iv).
> "학습에 영향을 미치는 가장 중요한 요소는 학습자가 이미 알고 있는 것이다. 이를 확인하고 이에 맞추어 학습자를 가르쳐야 한다."

오수벨(Ausubel 외, 1978)은 1970년대 당시 발견학습이나 탐구학습이 교육적으로 큰 성과를 거두지 못하고, 교실 수업에서 많은 문제점이 노출되면서 새로운 학습이론을 제시하였다. 그 당시 탐구학습은 지나치게 실험 활동을 강조하였는데, 실상 학교에서의 수업은 교사의 설명식 수용학습이 대부분이었다. 오수벨(Ausubel 외, 1978)은 이러한 수업환경에서 수용학습이 유의미 학습이 될 수 있도록 그의 학습이론을 주장하였다.

오수벨의 수업이론도 브루너와 마찬가지로 인지심리학을 바탕으로 하고 있으나, 브루너가 발견학습에 초점을 둔 것이라면, 오수벨은 설명식 학습(유의미 학습)에 초점을 맞춘 것이다. 오수벨에 따르면, 학습이란 학습자가 이미 아는 것에 새로운 정보를 연결시키는 것이다. 따라서 그는 학습자의 기존 지식에 가장 큰 의미를 부여하였으며, 학습자의 인지구조 속에 있는 기존의 지식(개념)에 새로운 내용을 연결시킴으로써 어떤 의미를 갖게 된다고 한다. 이것이 오수벨이 주장하는 유의미 학습이다. 그의 아이디어는 인간의 인지구조와 학문의 조직방식이 서로 유사하다는 데서 창안한 것이다.

오수벨의 핵심 아이디어는 "학습자가 이미 알고 있는 것을 확인하고 이에 맞추어 가르쳐야 한다."는 것이며, 학습자가 알고 있는 것과 관련된 "학습과제"와 "학습자(인지구조/학습태세)"와의 상호작용에 의해 유의미 학습이 일어난다는 것이다. 아래 〈그림〉은 필자가 오수벨의 핵심 아이디어를 이해하기 쉽게 조직한 것이다.

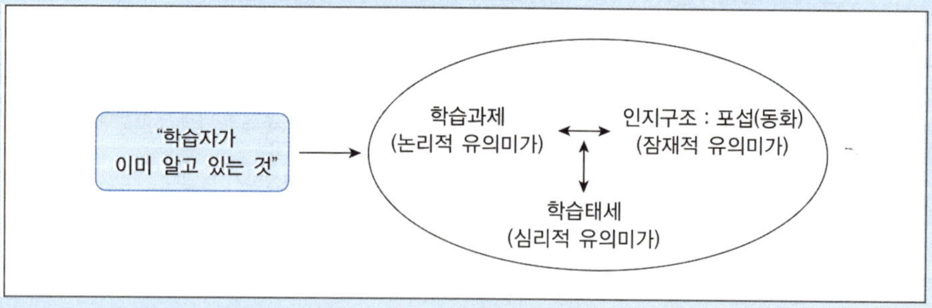

유의미 학습: 새로운 지식과 기존 개념(인지구조) 간의 상호작용

MEMO

03

2. 유의미 학습의 조건

> Knowledge is meaningful by definition. It is the meaningful product of a cognitive("knowing") psychological process involving the interaction between "logically" (culturally) meaningful ideas, relevant background ("anchoring") ideas in the particular learner's cognitive structure (or structure of his knowledge), and his mental "set" to learn meaningfully or to acquire and retain knowledge(Ausubel, 2000, p.vi).

(1) 개관

① 개념

㉠ 유의미 수용학습은 새로운 지식을 학습자의 기존 인지구조에 의미 있게 연결하는 학습을 말한다.

㉡ 유의미 수용학습은 교사가 학습내용을 조직화하여 제시하며, 학생들은 수업내용을 의미 있게 수용할 수 있도록 언어로 설명하는 설명식 방법을 취한다. 따라서 학생의 선행 학습 수준을 무시한 교사중심의 주입식 수업과는 구별된다.

② **학습형태:** 오수벨(Ausubel 외, 1978)은 학습의 형태를 ㉠ 지식이 획득되는 방식(새로운 지식이 학습자에게 제시되는 방식)에 따라 수용학습(reception learning)과 발견학습(discovery learning)으로 구분하며(가로축), ㉡ 학습자가 새로운 지식을 기존의 인지구조에 연결시키는 방식(학습이 일어나는 방식)에 따라 기계적 학습(rote learning, 암기 학습)과 유의미 학습(meaningful learning)으로 구분한다(세로축).

유의미 학습	개념 간의 관계 명료화	시청각 기자재를 이용한 수업	과학자들의 창의적 연구
	강의 또는 교재를 통한 학습	학교 실험 수업	과학자들의 일상적 연구
기계적 학습	구구단 외우기	공식을 적용하여 문제 풀기	시행착오적 수수께끼 풀이
	수용학습		발견학습

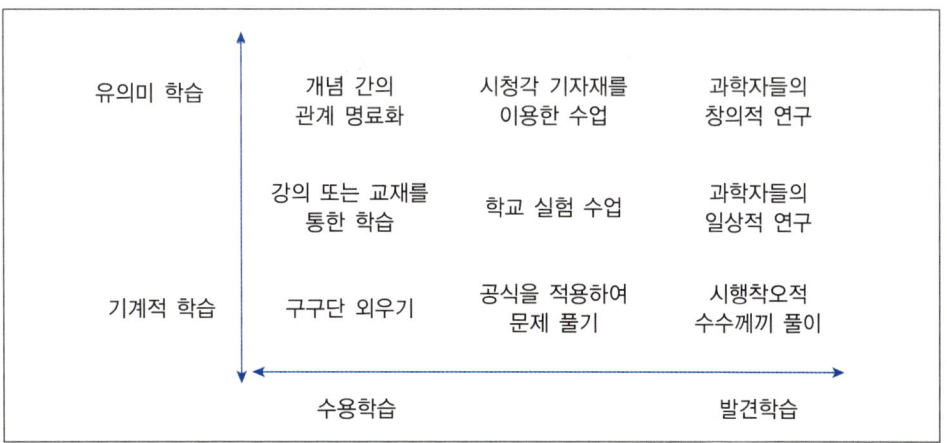

MEMO

㉠ 수용학습(reception learning)과 발견학습(discovery learning)

수용학습	• 학습할 모든 내용을 최종적인 형태로 학습자에게 제시하고 설명하는 것 • 수용학습에서는 학습자가 발견하거나 탐구할 것을 요구하지 않으며, 학습자에게는 단지 제시된 학습내용을 활용 가능한 형태로 내면화하거나 통합하는 것만이 요구됨 • 수용학습은 설명식 수업과 본질적으로 동일한 원리로 진행됨
발견학습	• 교사의 지시를 최소화하고 지식의 최종적 형태를 학습자 스스로 발견하도록 하는 것 • 학습할 내용을 우선 발견한 후에 발견한 내용을 내면화한다는 점에서 수용학습과 차이가 있음 • 수용학습은 일반개념을 먼저 제시하고 구체적 사실을 뒤에 제시하는 연역적 추리를 강조하지만, 발견학습은 귀납적 추리를 강조

㉡ 유의미 학습(meaningful learning)과 기계적 학습(rote learning)

유의미 학습	• 새로운 지식(학습과제)을 학습자의 기존 인지구조(선행지식)에 의미 있게 연결되는 학습 • 획득된 지식은 조직적이고 종합적인 지식체계를 이루어 관련 후속 학습내용을 유의미하게 연결하는 관련정착지식(relevant anchoring ideas, 관련정착개념체계)이 됨 • 그리고 그 지식은 관련 인지구조에 자리 잡고 있는 정착개념 체계의 영향을 받아 파지되거나 기억됨
기계적 학습	• 새로운 지식(학습과제)이 기존 인지구조에 임의적으로 연결되는 암기학습(학습과제가 논리적 유의미성 결핍, 학습자의 인지구조 속에 관련정착지식이 결핍, 학습자의 유의미 학습태세가 결핍될 경우 기계적 학습이 발생) • 획득한 지식은 단편적인 지식들로 인지구조 내에 아무렇게나 저장되고 기존의 정보와 어떠한 상호작용도 이루어지지 않으며, 후속학습에 뚜렷한 영향을 미치지 않음 • 그리고 그 지식은 유의미하게 인지구조와 연결되지 않기 때문에 연합법칙에 따라 파지되고 기억될 뿐임

ⓒ 4가지 학습형태

구분	오수벨의 수용학습		브루너의 발견학습	
교수방식	설명식 교수		발견식 교수	
관심방향	지식의 습득과 보존		지식의 발견과 원리 이해	
학습결과	포섭과 수용		발견과 이해	
학습유형	유의미 수용학습	기계적 수용학습	유의미 발견학습	기계적 발견학습
학습형태	• 잠재적 유의미가를 가진 학습과제의 수용 • 교사에 의해 주어진 잠재적으로 유의미한 학습과제가 학습자의 인지구조에 유의미하게 연결될 때의 수용학습	• 잠재적 유의미가를 갖지 않은 학습과제의 수용 • 학습과제가 잠재적으로 유의미하지 않을 뿐만 아니라, 인지구조에 유의미하게 연결되지도 않을 때의 수용학습	• 학습자 스스로 발견한 학습과제와 학습내용이 학습자의 인지구조에 유의미하게 연결될 때 • 과학 연구에서와 같이 과학자들의 창의적인 과학 활동에서 주로 일어나는 발견학습	• 학습자 스스로 발견한 학습과제와 학습내용이 잠재적 유의미가를 갖지 않거나 그것에 대한 학습자의 인지구조가 없기 때문에 정착되지 못하고 단지 연결 강도에 의존하여 암기된 상태일 때 • 과학자들이 논리적 추론이 아닌 직관을 통해서 문제를 해결하거나 과학법칙을 발견할 때의 발견학습

(2) 유의미 학습의 조건

유의미 학습이 가장 효과적으로 일어나기 위해서는 학습과제, 인지구조, 학습태세의 3가지 조건을 충족시켜야 한다.

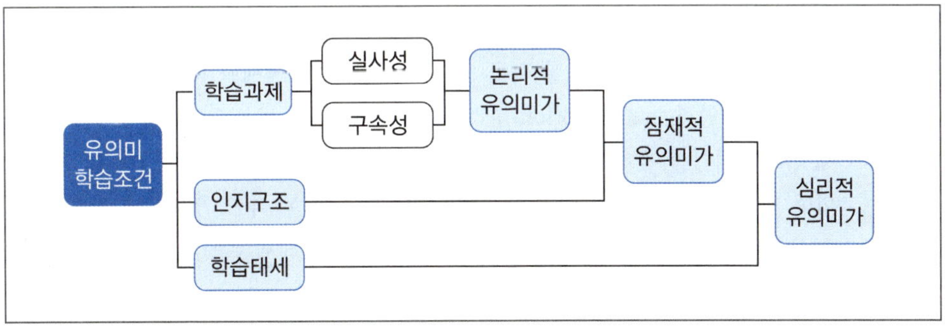

유의미 학습의 조건

MEMO

① **유의미 학습과제(learning task)**: 논리적 유의미가

㉠ 학습과제가 논리적으로 유의미해야 한다. 즉, 학습과제(learning task)가 실사성(substantiveness)과 구속성(nonarbitrariness)을 지녀야 한다. 실사성은 명제가 어떻게 표현되더라도 그 의미가 변하지 않는다는 것을 말한다(예 "정삼각형은 세 변의 길이가 같은 삼각형이다."라는 명제는 "세 변의 길이가 같은 삼각형은 정삼각형이다."라고 표현해도 그 의미가 변하지 않는다). 구속성은 일단 임의적(arbitrary)으로 연결된 관계가 굳어지면 다시 임의적으로 변하지 않는다는 것을 말한다(예 '개'라는 기호는 실제의 개와 임의적으로 관계를 맺으면, 이것이 실제의 개를 가리키는 것임을 학습한 후에는 그 관계가 임의적으로 변하지 않는다).

㉡ 학습과제가 실사성과 구속성을 모두 지닐 때 학습과제는 '논리적 유의미가(logical meaningfulness)'를 갖는다.

㉢ 유의미 학습과제는 주로 개념, 원리, 명제로 구성된다는 점에서 명제학습이라 한다.

② **인지구조 속 관련정착지식**: 잠재적 유의미가

㉠ 학습자의 인지구조 속에 관련정착지식(relevant anchoring ideas)이 있어야 한다. 관련정착지식은 논리적 유의미가를 갖는 학습과제가 포섭되고 정착될 수 있도록 하는 포섭자(subsumer) 역할을 한다. 따라서 학습과제가 논리적 유의미가를 갖추었을지라도 학습자가 그와 관련된 인지구조를 갖고 있지 않으면, 유의미 학습은 일어나지 않는다. 그저 기계적 암기에 의한 학습이 될 뿐이다.

㉡ 오수벨에 따르면, 인지구조(cognitive structure)란 학습자가 유용하게 사용할 수 있는 개념, 원리 및 이론 등으로 이루어진 학습자의 현재의 지식 체계라고 한다. 인지구조는 새로운 정보가 정착할 수 있는 발판을 제공하는 정착지(anchor)의 역할을 하며, 새로운 정보는 이러한 인지구조에 포섭된다.

㉢ 학습과제가 논리적 유의미가를 갖고, 학습자가 그와 관련된 인지구조를 가지고 있으면, 그 학습과제는 학습자에 대하여 '잠재적 유의미가(유의미성, potential meaningfulness)'를 갖는다.

③ **유의미 학습태세(meaningful learning set)**: 심리적 유의미가

㉠ 학습자는 유의미 학습태세를 갖고 있어야 한다. 학습태세란 학습과제를 인지구조에 포섭(包攝, 연결, subsumption)하려는 학습자의 성향 또는 의도이다. 학습과제가 잠재적 유의미가를 갖추었을지라도 학습자가 학습할 마음가짐(학습태세)이 없으면 유의미 학습은 일어나지 않는다. 기계적 반복학습이 될 수도 있다.

㉡ 학습과제가 잠재적 유의미가를 갖고, 학습자가 학습태세를 갖추고 있을 때, 그 학습과제는 학습자에 대하여 '심리적 유의미가(psychological meaningfulness)'를 갖는다.

(3) 유의미 학습의 과정(명제학습의 종류) 08 초등

독립변인	→	매개변인	→	종속변인
유의미 아이디어의 집합체 : 논리적 유의미 학습과제	→	• 인지구조 : 관련정착지식 • 인지과정 : 포섭	→	명제의 재생 · 파지 · 적용(전이)

✔ 유의미 학습의 과정

① 개념

㉠ 오수벨은 유의미 학습이 일어나는 현상을 포섭(subsumption)이라는 개념으로 설명한다. 포섭이란 새로운 학습내용을 기존 인지구조(포섭자, 관련정착지식)에 통합·일체화하는 과정으로, 포섭은 곧 학습을 의미한다.

㉡ 새로운 학습내용이 관련정착지식에 포섭되는 방법은 크게 새로운 학습내용이 관련정착지식의 하위에 포섭되는 방법(종속적 포섭), 상위에 포섭되는 방법(상위적 포섭), 대등한 수준으로 포섭되는 방법(결합적 포섭) 등 3가지가 있다.

② 포섭의 유형

유형	내용
종속적 포섭 (하위적 포섭)	새로운 학습내용이 기존 인지구조의 하위에 포섭되는 것(기존 인지구조가 새로운 학습내용보다 포괄적인 경우에 발생하는 포섭) ⇨ 연역적 학습 • **파생적 포섭** : 새로운 학습내용이 기존 인지구조(이미 학습한 개념이나 명제)의 특수 사례이거나 파생적인 내용일 때 발생하는 포섭 ⇨ 피아제(Piaget)의 '동화'에 해당 예 채소의 개념 : 무·파·배추 등 뿌리·줄기·잎을 채소로 알았던 학생이 '뿌리'를 먹는 당근도 채소로 아는 과정 / 삼각형의 내각의 합이 180도라는 것을 알았던 학생이 이등변 삼각형의 내각의 합도 180도라는 것을 학습하는 경우 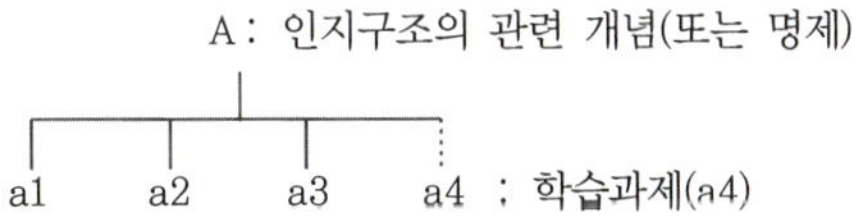 • **상관적 포섭** : 새로운 학습내용이 기존 인지구조(이미 학습한 개념이나 명제)를 수정·확장·정교화하는 포섭 ⇨ 피아제(Piaget)의 '조절'에 해당 예 뿌리·줄기·잎을 채소로 알았던 학생이 '열매'를 먹는 토마토도 채소의 한 종류로 아는 과정 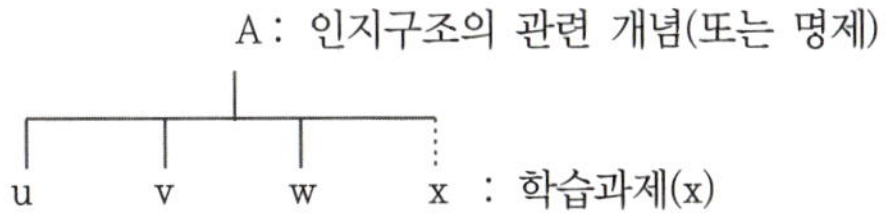

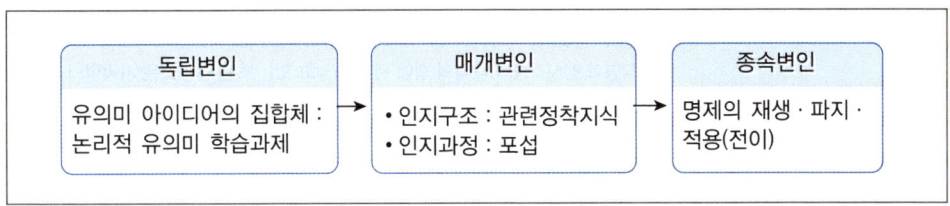

MEMO

상위적 포섭	새로운 학습내용이 기존의 인지구조보다 포괄적인 경우에 발생하는 포섭(새로운 학습내용이 관련정착지식의 상위에 포섭되는 경우) ⇨ 귀납적 학습 예 개·토끼·고양이·소 등을 아는 학생에게 '포유동물'이라는 새로운 개념을 제시할 경우 / 직사각형과 정사각형의 내각의 합에 관하여 알고 있는 학습자가 모든 사각형의 내각의 합은 360도라는 것을 알게 되는 경우 학습과제 A → A′ a1 a2 a3 : 인지구조의 관련 개념(또는 명제)
병위적 포섭 (병렬적 포섭)	새 학습내용이 기존의 인지구조(이미 학습한 내용)와 동일한 수평적(병렬적) 관계에 있을 때 발생하는 포섭 예 기독교 학습 후에 불교 학습할 경우, 민주주의 학습 후에 독재정치나 전제정치 등을 학습할 경우, 전기의 저항과 전류를 제시한 다음 전압을 제시할 때, 체세포 분열의 학습이 끝난 다음 생식세포 분열을 학습할 때, 산과 염기를 차례대로 학습할 때, 퇴적암·화성암·변성암의 순서로 학습할 때 학습과제 A →(B−C−D): 인지구조의 관련 개념(또는 명제)
망각적 포섭 (소멸적 포섭)	새로운 개념이 관련 정착 의미에 동화되어 더 이상 재생되지 않는 상태를 망각이라고 한다. 이때 새로 학습된 개념이 망각되었다 해도 유의미 학습이 이루어졌다면 새로운 개념이 동화되기 전의 인지구조로 돌아가는 것이 아니라 변화된 새로운 인지구조로 변화되는 것을 망각적 포섭이라 한다. 예 새로운 복합적 의미의 채소 개념으로부터 원래의 채소 개념은 물론이고 토마토나 오이의 개념조차도 원래의 의미대로 회상되지 않는다. 즉 토마토와 오이도 채소임을 나중에 알았다는 것조차 기억하지 못하고, 무·배추·파·양파 등과 함께 채소로 안 것으로 생각한다.

암기법
선점통선내 준비도

(4) 유의미 학습의 수업 원리 암

① 선행조직자(advance organizer)의 원리

㉠ 개념: 수업의 도입단계에서 추상성, 일반성, 포괄성의 정도가 높은 입문적 자료를 새로운 학습과제에 앞서 제시해야 한다.

㉡ 선행조직자: 선행조직자는 수업의 도입단계에서 새로운 학습과제에 앞서 제시하는 추상적, 일반적, 포괄적인 입문적 자료로서, 인지구조 내에서 관련정착지식(relevant anchoring ideas)의 역할을 수행하며 유의미 학습을 촉진한다.

예 개념도, 산문체의 문장, 시각적 자료(사진·그림·지도·도표·삽화·모형 등), 질문서, 실물, 시범실험 등 다양한 형식으로 제시 가능. 예를 들면, 주기율표에 관한 수업에서 멘델레예프의 사진과 전기를, 지진파에 대한 수업에서는 지진으로 파괴된 건물과 다리의 사진을, 진화에 대한 수업에서는 생명의 기원에 관한 이야기나 과학적 연구 결과를, 열에너지에 관한 수업에서는 여러 가지 형태의 에너지를 보여 주는 포스트 등을 선행 조직자로 이용할 수 있다(Hassard, 2005).

요약이나 개괄은 학습자료와 같은 수준의 일반성, 포괄성, 추상성을 갖고 있으므로 선행조직자가 아니며, 수업목표도 학습내용에 해당하는 선행조직자와는 다른 개념이다.

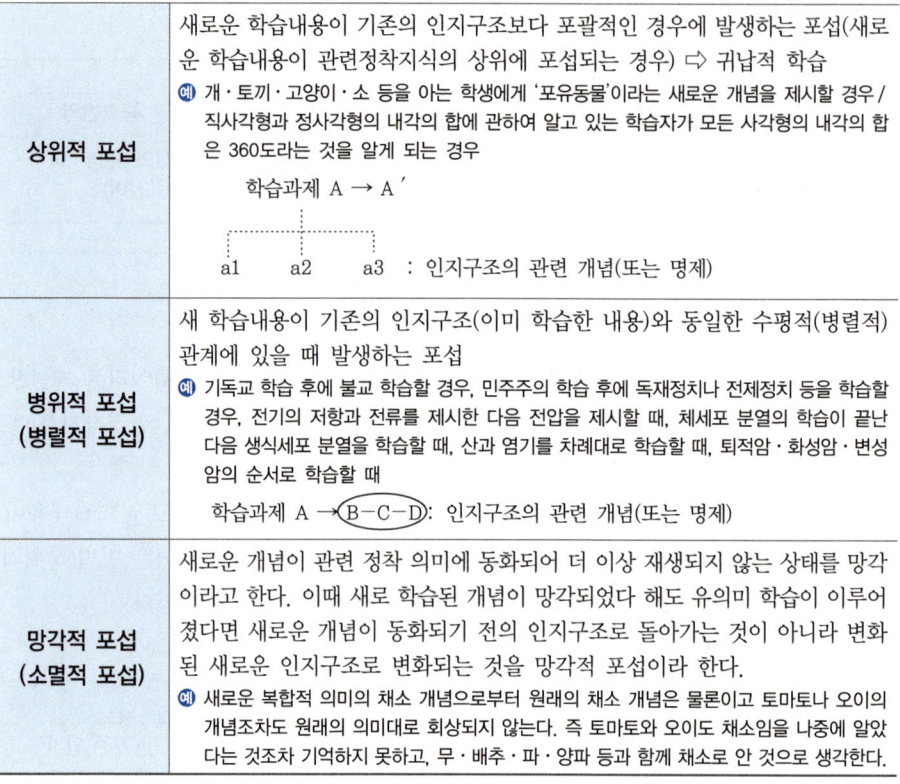

MEMO

03

- **수학 과목** : 정삼각형의 개념을 소개하기 전에 정삼각형, 직각삼각형, 이등변삼각형의 사례를 그림으로 제시한다.
- **국어 과목** : 은유와 직유의 개념을 소개하기 전에 비유적인 표현이 의미하는 것을 설명한다.
- **생물 과목** : 동물의 형태 중 뼈대의 관련성을 설명하기 전에 사람 뼈대의 진화를 보여 주는 차트를 제시한다.

예 "오늘은 고래에 대해 학습해 봅시다. 고래는 우선 생물체에 속하고, 생물체 중에도 동물, 그리고 물속에서 살고 있지만 사람과 같은 포유류에 속합니다."

ⓒ 선행조직자 기능 : 선행조직자는 새로운 학습과제와 관련된 인지구조(관련정착지식)를 미리 설정해 주기 위한 것으로, 새로운 정보를 인지구조 내에 포섭(subsumption)하기 위한 발판을 마련하는 역할을 한다.

설명 선행조직자 (expository organizer)	• 학습자의 인지구조 속에 새로운 학습과제와 관련된 선행지식이 전혀 없을 때, 즉 생소한 학습과제를 학습할 때 사용하는 조직자이며, 새로운 학습과제를 학습자의 인지구조 속에 끌어들이기 위한 발판으로 사용된다. ⇨ 인지구조 내에 관련 개념이 존재하지 않으므로 설명 선행조직자는 새로운 학습에 정착지, 개념적 부착지(ideational scaffolding) 역할 • 설명 선행조직자는 인지구조의 포섭자로서 기존의 관련 있는 인지구조와 결합하여 점진적으로 분화한다(progressive differentiation)(점진적 분화의 원리). 예 (설명 선행조직자) 주기에 대한 개념 → 주기율표 가르침 / (설명 선행조직자) 포유동물에 대한 토의 → 박쥐 가르침 / (설명 선행조직자) 종속과목강문계 → 과, 목 가르침 / (설명 선행조직자) 반응 일반에서 에너지, transition state → 치환 가르침
비교 선행조직자 (comparative organizer)	• 학습자의 인지구조 속에 새로운 학습과제와 유사한 선행지식이 있을 때, 즉 친숙한 학습과제를 학습할 때 사용하는 조직자이며, 기존 개념과의 유사성과 차이점을 비교하여 파악하도록 하기 위해 제공된다. ⇨ 인지구조 내에 관련 개념이 존재하므로 기존 관련 포섭자와 새로운 학습과제를 연결지을 수 있도록 도와주는 인지적 다리(cognitive bridge) 역할 • 새로운 학습과제와 기존의 인지구조를 통합적으로 조정한다(통합적 조정의 원리). 예 (비교 선행조식자) 연소 등 산화 현상 → 환원 개념 도입 / (비교 선행조직자) 비례 논리의 예(사과 상자 등) → 몰 개념 도입 / (비교 선행조직자) 카메라 눈의 구조 → 눈의 구조 도입 / (비교 선행조직자) 울타리, 건물, 교장 → 세포(세포막, 세포질, 핵) 개념 / (비교 선행조직자) 2 × 3 = 3 × 2 / 8 ÷ 2 ≠ 2 ÷ 8 → 곱셈과 나눗셈의 유사점 · 차이점

MEMO

② 점진적 분화(progressive differentiation)의 원리

㉠ 가장 일반적이고 포괄적인 개념을 먼저 제시하고 그 다음에 구체적이고 세분화된 자료를 제시하여야 한다.

㉡ 학습자들이 새로운 학습과제에 대한 선행지식이 전혀 없을 때, 즉 설명 선행조직자 사용할 때에는 점진적 분화의 원리에 따른다.

㉢ 따라서 교과내용도 가장 포괄적인 개념을 먼저 제시하고 나서 점차 분화되는 명제, 개념, 사실들을 계열적으로 구조화하는 방식으로 조직되어야 한다.

③ 통합적 조정(integrative reconciliation)의 원리

㉠ 새로운 개념은 이전에 학습한 내용과 긴밀한 관련성을 맺으며 통합되도록 제시되어야 한다. 오수벨에 따르면, 상위적 학습과 병위적 학습을 통해 일어나는 인지구조의 변화 및 재구성을 통합적 조정이라 한다.

㉡ 비교 선행조직자는 기존 개념과 새로운 개념을 비교하여 따져보며 통합되도록 통합적 조정의 원리에 근거하여 제시한다.

㉢ 따라서 새로운 개념은 이전에 학습한 것과 관계되도록 두 개념을 비교하고 대조하여 따져보는 방식으로 제시되어야 한다.

④ 선행학습의 요약 · 정리의 원리

㉠ 새로운 학습을 시작할 때 지금까지 학습한 내용을 요약 · 정리해 주면 학습이 촉진된다.

㉡ 인지구조 내에 있는 기존의 개념이 명료해져 안정성을 띠게 되면 새 학습과제에 대한 변별력이 증가하기 때문이다.

㉢ 예를 들어, 조선 초기 사육신에 대한 학습에서 그 당시의 역사적 상황에 대해 많이 알고 있는 경우, 사육신의 긍정적 측면과 부정적 측면을 잘 구분할 수 있게 된다.

⑤ 내용의 체계적 조직의 원리

㉠ 학습내용이 계열적 · 체계적으로 조직되어 있으면 학습효과를 극대화시킬 수 있다.

㉡ 학습과제가 체계적으로 조직되어 있으면 선행지식이 후행과제에 대해 선행조직자의 역할을 하기 때문이다.

⑥ 학습 준비도의 원리

㉠ 학습과제는 학습자의 인지구조를 포함한 발달수준에 맞게 제공되어야 한다.

㉡ 오수벨의 준비도 개념은 학습자의 인지구조를 포함하는 발달수준을 가리킨다. 적절한 인지구조의 발달이 이루어져야 학습이 가능하다는 것이다.

(5) **오수벨의 선행조직자 교수모형**(교수 3단계, 수업의 과정) – Joyce & Weil(2004) 12 중등

MEMO

03

1단계 선행조직자 제시	2단계 학습과제와 학습자료 제시	3단계 인지조직(인지구조) 강화
• 수업목표를 명료화한다. • 선행조직자를 제시한다. – 정의적 특성을 확인한다. – 예시를 제시한다. – 배경을 제공한다. – 반복 제시한다. • 학습자의 관련 지식과 경험을 의식하도록 자극한다.	• 학습과제의 실사성과 구속성, 즉 조직을 분명히 한다. • 학습자료를 계열화하여 논리적으로 조직한다. • 주의를 집중시키며 학습자료를 제시한다. • 점진적 분화의 원리를 적용한다.	• 통합적 조정을 유도한다. • 능동적 수용학습을 촉진한다. • 학습내용에 대한 비판적 접근을 유도한다. • 학습내용을 명료화하고 요점을 정리한다.

① 선행조직자 교수모형의 단계별 활동 개관

㉠ 1단계 – 선행조직자 제시 : 수업목표를 명료화하고 선행조직자를 제시하면서 학습자의 관련 지식과 경험을 상기하도록 자극한다.

㉡ 2단계 – 학습과제와 학습자료 제시 : 학습과제와 자료는 실사성과 구속성을 갖추고 계열화하여 조직한 후 점진적 분화의 원리에 따라 포괄적인 것에서 구체적인 것으로 제시한다.

㉢ 3단계 – 인지조직(인지구조)의 강화 : 새로운 내용을 기존의 인지구조에 통합할 수 있도록 통합적 조정을 유도하면서 수용학습을 촉진하고, 학습내용의 요점을 정리해 주어 학습자의 인지구조를 굳힌다. 즉, 학습자료에 제시된 개념이나 명제들 간의 공통점과 차이점을 학습자의 선행학습내용에 근거해서 비교·설명하게 하며, 새로운 내용을 학습자의 인지구조 속에 유의미하게 수용하도록 촉진한다. 또, 학습내용을 다른 시각에서 살펴보거나 숨겨져 있는 가정이나 추론 등에 도전하도록 한다. 마지막으로 학습내용을 계열화하여 수용하도록 지금까지 배운 내용을 명료화하고 요점을 정리해 준다.

② 오수벨 교수모형의 특징

㉠ 수업이 이루어지는 과정을 선행조직자 제시, 학습자료(학습내용) 제시, 학습자 인지조직 강화로 구분

㉡ 각 단계마다 선행조직자의 역할과 효과 제시

㉢ 능동적 학습과정으로서 학습자 내에 존재하는 아이디어를 학습내용에 관련짓도록 함

③ 오수벨 교수모형의 의의 : ㉠ 선행조직자를 제시함으로써 수업이 시작되며, ㉡ 수업종료 시점에는 다시 선행조직자와 학습내용과의 관련성을 정리함으로써 유의미 학습이 확실하게 이루어지도록 한다.

MEMO

개념 다지기

제3단계: 인지조직의 강화

1. **통합적 조정 유도**: 새로운 자료를 기존의 인지구조에 통합
   ① 학생들의 아이디어를 회상시키고, 새로운 학습자료의 주요 속성에 대하여 요약을 요구한다.
   ② 정확한 정의를 되풀이한다.
   ③ 자료의 관점들 간의 차이를 요구한다.
   ④ 선행조직자로 사용한 학습자료가 어떻게 개념과 명제를 지지하는지 설명하게 한다.
2. **능동적 수용학습 유도**: 새로운 자료에 대한 능동적 수용학습 촉진
   ① 새로운 내용과 선행조직자와의 관계 기술
   ② 학습내용의 개념에 대한 부가적인 예를 요구
   ③ 내용의 본질을 말하도록 요구
3. **교과내용에 대한 비판적 접근 유도**: 학습내용을 다른 시각에서 살펴보거나 숨겨져 있는 가정이나 추론 등에 도전하도록 함
4. **학습내용의 명료화**: 학습내용을 위계적으로 계열화하여 수용하도록 함

(6) 교육적 의의와 장단점

① 교육적 의의

㉠ **유의미 수용학습**: 설명식 교수법이라고 하여 반드시 기계적이며 수동적이고 무의미한 학습인 것은 아니다. 학생들의 인지구조와 잘 일치시켜 주기만 하면 기계적 암기학습이 아닌 유의미한 능동적 정보처리가 가능하다.

㉡ **학습자의 인지구조의 중요성**: 학습자 개인의 기존 인지구조가 새로운 학습과제를 조직하고 제시하는 방법을 결정하는 첫 번째 요인이다. 교사는 새로운 자료를 제시하기 전에 학생들의 인지구조의 안정성과 명확성을 증가시켜야 한다.

㉢ **선행조직자의 중요성**: 구체적인 학습과제의 제시에 앞서 그 과제보다 포괄적인 수준의 선행조직자를 제시하는 것이 학습에 효과적이다. 선행조직자는 학습과제와 직접적으로 관련된 의미들을 집합시켜 포섭자를 만들고, 이 포섭자는 주어진 과제들을 보다 친숙하게 해 주며 학습과 파지를 촉진한다.

㉣ **선행학습의 중요성**: 선행학습의 중요성에 대한 이론적 근거를 제공한다. 새로운 학습과제가 기존의 인지구조와 너무 상충하거나 무관할 때 학습은 불가능하다.

② 장단점

㉠ **발견학습의 단점 보완과 학습노력의 경제성 향상**: 유의미 학습은 발견학습의 단점 중 하나인 발견하느라 쓸데없이 많은 시간을 낭비하는 것과 같은 폐단을 줄여 줌으로써 학습에 기울이는 노력의 경제성을 높여 준다.

㉡ **안정된 파지와 높은 학습전이**: 유의미 학습은 학습과제가 학습자의 인지구조 속에 있는 기존의 지식과 연결되어 유의미하게 파지되도록 하기 때문에 학습한 내용을 새로운 문제해결에 쉽게 전이할 수 있게 한다.

③ 문제점

㉠ **무비판적인 기계적 수용학습의 가능성 존재**: 학습자에게 비판적 능력이 없을 경우 지식의 의미와 본질을 따져 보지 못하고 그대로 수용하는 기계적 수용학습이 발생할 수 있다. 이 경우 학습자가 주어진 학습과제를 나름대로 의미를 부여하여 학습한 것처럼 보일 뿐이다.

㉡ **보완책(소크라테스식 문답법의 활용)**: ⓐ 다양한 구체적 사례를 제시하여 학습자가 가지고 있는 개념이 정확한지를 확인하도록 하는 반어법과 ⓑ 질문과 답변의 과정을 통해 정확한 개념 정의에 도달하도록 하는 산파술로 이루어진다.

02 구성주의 교수설계이론(교수이론)

개념 다지기

구성주의 99 중등추가, 00 초등, 00 중등, 03 초등, 03 중등, 05~06 초등, 09 초등, 10 중등

1. 개관

① 객관주의: 객관주의에서는 지식이란 변하지 않으며, 확인할 수 있는 참되고 진리인 지식이 객관적으로 존재한다고 생각한다. 지식은 개인과는 독립적으로 '절대적 지식' 또는 '절대적 진리'로서 존재한다는 절대주의적 세계관에 기초하고 있다. 따라서 지식은 '발견'의 대상이며, 학습은 객관적이고 절대적인 지식을 받아들이는 과정이 된다. 학습이론에서 행동주의와 초기 인지주의는 지식의 절대적 존재 및 이 지식의 습득을 학습이라고 생각하는 객관주의적 인식론에 기초한 학습이론이다.

② 구성주의: 구성주의는 객관주의와 정반대의 입장에 있다. 구성주의 인식론에 따르면 개인은 어느 특정 사회에 속해 살아가면서 그 사회의 사회적, 문화적, 역사적 배경의 영향을 받게 된다. 그리고 개인은 본인의 사회적 경험과 배경을 바탕으로 자신의 개인적인 인지적 작용을 통하여 주어진 현상을 이해하여 가며, 그 결과로 생성되는 것이 지식이다. 구성주의에서 '구성'이란 학습자 개인이 외부 세계와의 상호작용에서 지식을 획득하고 스스로 의미를 부여하는 '의미의 구성'을 말한다. 즉, 외부 세계나 지식은 개인과 별개가 아니라는 상대주의 세계관이다. 피아제, 브루너(후기), 오수벨 등의 학습이론과 최근의 사회·문화적 맥락을 강조하는 학습이론들은 구성주의적 인식론에 기초한 학습이론이라고 할 수 있다.

MEMO

객관주의와 구성주의 비교

구분	객관주의	구성주의
지식의 정의	인식주체와 독립하여 객관적이고 절대적으로 존재하는 진리 ⇨ 지식의 객관성, 절대성, 고정성	개인의 개인적·사회적 경험에 바탕을 둔 개별적 의미의 구성 ⇨ 지식의 상대성, 상황성(맥락의존성), 잠정성(가변성)
교육 목표	진리와 일치되는 보편타당한 지식 습득	• 개인의 개별적 의미 구성 • 개인이 구성한 의미의 사회적 적합성과 융화성
주요 용어	발견, 습득	구성, 창조
지식의 특성	초역사적, 범사회적, 범문화적	상황적, 사회적, 문화적, 역사적
학습자관	지식의 수동적 수용자	지식의 능동적 창조자
교사 역할	지식의 전달자	지식 구성의 촉진자, 안내자, 조력자, 동료학습자
교육 방법	강의, 암기, 반복, 대집단 학습	협동 학습, 소집단 활동, 문제해결학습, 비판적 사고 학습
교육 평가	준거지향평가, 총괄평가, 양적 평가 강조	과정중심의 성찰적 평가, 질적 평가, 형성평가 강조

2. 구성주의 인식론의 특징

① 지식의 상대성: 구성주의에서는 개인의 인지적, 사회 문화적 상황을 바탕으로 지식을 구성한다고 보기 때문에 지식은 상대적일 수밖에 없다.

② 지식의 맥락 의존성: 지식은 인식 주체가 구성하지만 그러한 구성 행위는 항상 상황 안에서 이루어지므로 지식은 상황 맥락과 필연적으로 관련되어 있다. 따라서 학습은 복잡하고 실제적이고 적절한 맥락에서 이루어져야 한다.

③ 지식의 잠정성(변화 가능성): 지식은 우리의 인지 한계를 반영하는 것이므로 끊임없이 수정되고 변화된다고 본다. 따라서 구성주의의 목적은 단순히 정보를 전달하는 데 있는 것이 아니라 메타인지 과정을 기르는 데 있다.

④ 사회적 협상을 통한 지식 형성 가능: 지식구조의 형성 및 변화는 주로 중다관점(multiple perspectives)을 검토하고, 그에 대한 사회적 협상을 통해 이루어진다. 지식이란 보편적 실체가 아니라 특정 맥락 내에서 구성원들이 합의한 잠정적인 결론이다.

3. 구성주의의 교육적 적용: 구성주의 교수-학습(수업설계)의 원리

① 학습자 중심의 학습환경 설계: 구성주의에서 학습의 주체는 학습자이고 지식은 학습자가 능동적으로 구성한다. 따라서 학습활동에서 학습자가 학습의 주체로서 주도권을 가질 수 있게 학습자중심의 학습환경을 설계해야 한다. 교사는 학습자 중심의 자율적인 학습환경을 조성하고, 조력자(조언자)·코치·촉진자·동료학습자(co-learner)의 역할을 수행해야 한다.

② 복잡하고 비구조화된 실제적 과제와 맥락 강조: 학습이 일어날 수 있는 상황은 실제와 같이 복잡하고 비구조적인 상황과 맥락이다. 따라서 복잡한 실제적인 상황과 맥락 속에서 현실적인 학습과제를 제시하여야 한다.

③ 협동학습(collaborative learning) 강조: 지식은 개인의 인지적 활동은 물론 사회적 상호작용을 통해서도 구성되므로 협동학습을 중시한다. 학습자들은 사회적 협동과 상호작용을 통해 다차원적인 사고력과 사회문화적 지식을 습득하며 개인의 인지발달을 촉진하게 된다.

④ 자기성찰(self-reflection): 자기성찰이란 일상적인 경험이나 사건에 대해 질문을 제기하고, 분석하고, 대안을 강구하는 습관을 일컫는다. 모든 경험, 사건, 현상의 의미와 중요성에 대해 질문하고, 분석하고, 대안을 강구해 보아야 한다.

⑤ 중다관점(multiple perspectives): 학습자료를 다양한 관점에서 조망하고 다양한 방식으로 표현해야 한다.

MEMO

03

✔ 객관주의와 구성주의 교수설계이론 비교

객관주의 교수설계이론	구성주의 교수설계이론
• 객관주의 인식론적 배경 • 교수자의 활동에 초점 • 학습자 개별적인 학습 강조 • 목표의 사전 명세화 • 분석 활동 강조 • 세부화, 계열화 강조 • 선수학습 중요성 강조 • 목표를 근거로 한 준거지향평가 강조	• 주관주의, 구성주의 인식론적 배경 • 학습자의 활동에 초점 • 학습자 간의 협력적인 학습 강조 • 수업활동의 종합적인 결과로서의 목표 • 종합과 통합 활동의 강조 • 맥락화 강조 • 학습자의 개인적인 사전 경험의 강조 • 과정중심의 성찰적 평가 강조

1 목표기반시나리오 모형(GBS : Goal-Based Scenarios) – Schanks 13 중등

(1) 개관

① 목표기반시나리오 모형(GBS : Goal-Based Scenarios)은 생크(R. Schanks)에 의해 개발된 것으로, 정해진(구조화된) 목표를 중심으로 마치 연극이나 역할놀이처럼 시나리오에 따른 역할을 실제 수행하는 과정에서 자신도 모르게 목표를 성취하도록 하는 교수학습 모형이다. 예 대통령의 역할을 학습하기 위해 실제 대통령이 되어 그 역할을 수행해 보도록 한다.

② 학교에서 가르치는 지식이 실생활의 맥락이 배제된 채 학습자에게 단편적으로 전달되어 학습자의 자연스러운 학습을 방해한다는 것이 이 이론의 전제이다.

③ 실제적인 맥락에서 자신도 모르게 행함으로써 배우는(learning by doing) 자연스러운 학습(natural learning)이 될 때 학습내용이 쉽게 내면화되고 필요할 때 적절히 활용될 수 있다.

④ 자연스러운 학습이 되려면 학습자들에게 관련성이 있고, 유의미하며, 흥미로운 목표와 내용을 학습자들이 직접적으로 참여하게 될 과제의 실제적인 맥락과 함께 제공되어야 한다. GBS 모형은 특히 이러닝 교수설계에 적용되어 국내 이러닝 콘텐츠의 질을 향상시키는 데 크게 기여하였다.

⑤ GBS 모형의 주요한 목표는 학습자들이 사실적 지식을 알도록 도와주는 것이 아니라 학습자들이 학습한 기술을 실제에서 사용할 수 있도록 하는 데 있다.

⑥ GBS 모형은 실제적인 맥락을 강조하는 점에서 구성주의적이지만, 교수설계과정을 통해 분석된 목표를 중심으로 학습에 필요한 모든 과정을 절차화하기 때문에 객관주의적인 관점을 함께 절충하고 있다. 그렇기 때문에 객관주의 관점에서 구성주의 관점으로 넘어가는 중간 입장에 위치하는 이론이라고 할 수 있다.

MEMO

(2) 목표기반시나리오(GBS)의 구성요소

① 목표(goal)

㉠ 목표는 GBS를 통하여 학습자들이 획득하기를 원하는 지식과 기능(기술, skill)이다.

예 조선시대 말기 운양호 사건을 둘러싸고 이루어진 정치적 의사결정 과정에 가상적으로 참여하는 경험을 통해 비판적·합리적 사고능력을 기른다.

㉡ 목표는 과정지식(process knowledge : 절차적 지식)과 내용지식(content knowledge : 선언적 지식)으로 나누어진다. 과정지식은 목표를 성취하기 위해 필요한 기술을 습득하는 방법에 대한 지식으로 암묵적 지식의 성격을 가지며, 내용지식은 목표를 성취하면서 습득하게 되는 명시적 지식의 성격을 지닌다.

② 미션(임무, mission)

㉠ 미션은 학습자들이 설정된 목표를 성취하기 위해 수행해야 하는 과제이다.

예 운양호 사건 당시에 고종의 조정 대신으로 중요한 직책을 맡아 조선의 운명을 긍정적으로 변화시킨다.

㉡ 미션은 목표와 밀접하게 관련되어야 하며, 실제 상황과 유사하고 흥미롭게 설정되어야 한다.

③ 표지 이야기(cover story)

㉠ 표지 이야기는 미션과 관련된 상황 맥락과 장면을 이야기 형식으로 설명하고 구체화한 것이다. 표지 이야기를 통해 학습자는 미션을 정확하게 이해하고 미션 수행을 위해 무엇을 해야 하는지를 구체적으로 알 수 있게 된다.

㉡ 표지 이야기는 미션과 마찬가지로 실제적이고도 흥미롭게 구성되어야 한다.

예 운양호 사건 발생 당시의 국내외 정치 상황과 주요 인물들을 소개하고, 조정 대신들이 그 사건에 대해 의논하는 장면을 제시한다.

④ 역할(role)

㉠ 역할은 학습자들이 표지 이야기 속에서 맡게 되는 인물이다. 학습자는 표지 이야기 내의 역할에 따라 미션을 수행한다.

예 운양호 사건에 대해 의논하기 위해 고종의 조정 대신으로 중요한 직책을 맡는다.

㉡ 학습자의 역할은 목표를 성취하는데 최선의 것이라야 하며, 실제적이고 흥미롭게 설정되어야 한다.

⑤ 시나리오 운영(scenario operation)

㉠ 시나리오 운영은 학습자들이 임무를 수행하는 모든 구체적인 활동을 의미한다. 시나리오 운영은 목표와 미션에 긴밀하게 관련되도록 설계하여야 한다.

예 학습자가 정책 제안을 할 때마다 고종과 대신들의 반응, 그리고 그로 인한 국내외 정세의 변화를 제시한다.

㉡ 학습자들이 무엇을 해야 하는지 의사결정을 하거나, 지시를 내리게 하거나, 질문에 답하게 하거나, 도구를 사용하게 하거나, 필요한 정보를 탐색하게 하는 등의 활동으로 구성된다. 시나리오 운영에 따라 학습자는 학습을 위한 활동을 하게 된다.

MEMO

03

⑥ 자원(resources)

㉠ 학습자원은 학습자가 미션을 수행할 때 필요한 정보를 말한다. 정보는 잘 조직되어 있어야 하며, 어렵지 않게 접근할 수 있도록 준비되어야 한다.

예 학습자가 자신에게 부여된 직책을 수행할 때 참고할 수 있는 각종 정보와 문서를 제공한다.

㉡ 교재, 인터넷 사이트, 논문, 비디오 클립, 전문가 등 학습자원은 이야기 형식으로 제공된다.

⑦ 피드백(feedback)

㉠ 피드백은 학습자들이 미션 수행 과정에서 겪는 어려움을 해결하는 데 필요한 교수자의 도움이다. 피드백은 학습자의 미션 수행의 맥락에서 이루어져야 하며, 적절한 시기에 제공되어 학습자에게 도움을 줄 수 있도록 설계되어야 한다.

예 학습자의 정책 제안이 조선의 운명을 긍정적으로 이끄는 데 도움이 되고 있는지에 대한 피드백을 수시로 제공한다.

㉡ 피드백의 형태는 임무수행 과정에서 취하게 되는 행동의 결과에 대한 피드백, 학습자들이 필요로 하는 시기에 학습자를 돕기 위한 조언이나 권고를 제공하는 코칭, 전문가들이 실제 미션을 수행할 때 겪게 되는 경험에 대한 간접적인 체험 등이 있다.

(3) 목표기반시나리오(GBS)의 주요 특징(Schank)

① **학습은 목적 지향적(goal-directed)이다**: 학습자들은 실제 상황들이 부여하는 목적지향성으로 인해 그 상황에 주목하고 추론하면서, 결국 학습하게 된다는 것이다.

② **목적 지향적 학습은 기대 실패(expectation failure)라는 계기를 통해 촉진된다**: 기대 실패는 현재 가지고 있는 지식이 부정확하거나 부족하다는 사실을 반증하는 것이다. 따라서 효과적인 학습은 현재의 지식이 부족하여 발생한 기대 실패를 분석하고, 부족한 지식을 채우는 과정 속에서 이루어진다. 한편, 기대 실패는 반드시 부정적인 방향으로의 실패뿐만 아니라 긍정적인 방향으로의 실패도 포함한다. 잘 되기 어려울 것으로 기대했는데 기대 이상의 결과를 얻게 되는 경우도 기대 실패가 일어난 것이며, 따라서 왜 이런 일이 일어났는지를 분석하는 과정에서 학습의 단초를 얻게 된다.

③ **문제해결은 사례 기반(case-based)으로 이루어진다**: 학습은 재사용이 가능한 새로운 문제해결 사례들을 축적하는 과정이다. 기대 실패에 의해 촉발된 문제 상황은 그 문제의 답을 찾기 위해 과거의 축적된 지식과 경험을 활용하게 되고, 당면한 문제가 해결된 이후에는 그 해결 사례가 기억 속에 축적되어 추후에 유사한 문제가 생겼을 때 보다 효과적인 답을 찾는 데 기여하게 된다.

MEMO

(4) 목표기반시나리오(GBS) 설계 시 유의사항

① 학습목표를 정의할 때 내용지식(선언적 지식)의 목표와 과정지식(절차적 지식)의 목표를 구분하여 제시한다.

② 내용지식과 과정지식이 모두 포함된 실제적인 사례를 바탕으로 가상의 시나리오를 만든다.

③ 학습자들이 목표지식과 기술의 사용을 요구하도록 미션을 만들기 위해 실제 사례 현장에서 발생했던 이슈들을 분석한다.

④ 학습자들이 수행해야 할 활동과 주요 절차를 설계한다.

⑤ 학습자들이 수행하는 절차별 코치의 활동(주요 활동별 중간 피드백/최종 피드백 등)을 설계한다.

⑥ 학습자들이 절차마다의 주요 활동을 기록하고 색인화하여 향후 업무에 적용할 수 있도록 지원한다.

⑦ 학습자들이 공개적, 양적으로 평가받기보다는 개별적, 주관적, 질적으로 평가받을 수 있도록 한다.

2 문제중심학습(PBL : Problem-Based Learning) - Barrows

01 초등, 02 중등, 05 중등, 07 초등, 08 중등, 09 초등, 11 초등, 12 중등, 18 중등論

의과대학의 PBL 수업 과정 - 환자의 증상 진단과 해결

학생들은 처음에 의과대학에 들어오면 다섯 그룹으로 나뉘고, 각 그룹에는 한 명의 촉진자가 배정된다. 그 다음에는 학생들에게 어떤 증상을 가지고 있는 환자의 문제가 제시된다. 학생들의 과제는 그 환자를 진단하고, 그 진단과 그에 따른 치료법을 정당화하는 것이다. 학생들은 '감기' 문제에서 시작한다. 학생들은 문제가 제시될 때까지는 어떤 문제를 다루게 될지 알지 못한다. 그들은 문제에 대해 토론하고, 그들이 가지고 있는 지식과 경험에 비추어 가설을 세우고, 관련된 사실을 확인하고, 학습 문제를 확인한다. 학습 문제는 이 문제와 관련된 모든 종류의 주제들이고 학생들은 알지 못하는 것들을 확인하게 된다. 학생들에게는 어떤 특정한 목표도 사전에 제시되지 않는다. 학생들은 자신들의 분석에 근거해서 학습 문제(목표)를 생성해 낸다. 수업은 모든 학생들이 현재 진단에 대해 가지고 있는 자신의 생각을 발표할 때까지 진행된다. 한 과정이 끝난 후 학생들은 모두 자기주도적 학습에 참여한다. 어떤 텍스트도 할당되지 않는다. 대신에 의학 도서관이나 컴퓨터의 데이터베이스 자료에서 정보를 수집하는 모든 과정은 완전히 학생들의 선택에 달려 있다. 학생들은 교수들을 조언자로 활용할 수 있다. 자기주도적 학습이 끝난 후에 학생들은 다시 모인다. 그들은 어떤 자료가 가장 유용하고 어떤 자료가 유용하지 않은지 자료를 평가하기 시작한다. 그 다음에 새로운 수준의 이해도(理解度)로 그 문제를 학습하기 시작한다. 그들은 단순히 서로 무엇을 배웠는가를 이야기하는 것이 아니라 학습한 지식을 이용해 문제를 재진단한다. 이 과정은 새로운 학습 문제가 발생할 때까지 계속 반복된다(보통 1주에서 3주 정도로 학습이 진행된다). 문제해결과정이 끝난 후 실행되는 평가는 동료나 자기 자신에 의한 평가만으로 이루어진다. 어떤 시험도 없다. 학생들은 자기주도학습, 문제해결, 그룹 구성원으로서의 기능의 3가지 영역에서 자신과 동료를 평가한다.

MEMO

03

(1) 개관

① 문제중심학습은 실제 생활과 관련된 비구조화된(ill-structured) 문제를 중심으로 이를 해결해 나가는 과정에서 문제해결력 및 관련 지식과 기능을 학습하도록 하는 방법을 말한다.

② PBL 모형은 1950년대 중반에 캐나다의 한 의과대학에서 개발된 모형이다. 이 모형을 창시한 배로우즈(Barrows)는 의과대학 교수로 활동하면서 기존의 강의식, 암기식 수업이 의과대학 수업에는 적절하지 못한 비현실적인 교육이라는 판단하에 그 대안으로 문제중심학습 방법을 제시하였다.

③ 의과대학에서 처음 개발된 PBL은 이후 그 효과성이 인정되어 경영, 교육, 법률 분야에서 널리 채택되어 활용되고 있다.

④ 문제중심학습에서 추구하는 주요 기능(학습목표)은 문제해결을 위한 추론기능과 지식의 습득, 자기주도적 학습기능이다.

구조적 문제와 비구조적 문제

구조적 문제	비구조적(non-structured) 문제
• 문제의 정의가 쉽게 규명된다. • 문제해결에 필요한 모든 정보가 제공된다. • 문제해결에 초점을 둔다. • 단 하나의 정답만이 확인될 수 있다. • 문제해결에 대한 동기가 낮다(비인지적). • 재생적 사고가 요구된다.	• 문제가 정의되어야 하고, 가능하면 재정의되어야 한다. • 문제해결에 필요한 부가적인 정보가 필요하다. • 문제의 본질에 초점을 둔다. • 여러 개의 서로 다른 해결안이 가능하다. • 문제해결에 대한 동기가 높다(인지적). • 전략적 사고가 요구된다.

(2) 문제중심학습(PBL)의 주요 기능(학습목표)

① **문제해결을 위한 추론기능(reasoning process skill)**: 실제 상황과 관련된 복잡한 문제에 직면하여 가설의 설정, 가설 검토를 위한 자료의 수집, 자료의 분석·종합, 최종 진단과 처방 제시와 같은 복잡한 문제해결을 위한 추론 기능이 요구된다. 이때 추론 기능은 지식 기반과 연계되어야 한다. 추론 기능과 지식 기반은 문제해결에 모두 필수적이다. 추론 기능만 있고 지식 기반이 없는 경우에는 효과적으로 문제를 진단하고 처방을 제시할 수 없다.

② **자기주도적 학습기능(self-directed learning skill)**: 학습자는 자신이 경험하지 못한 독특한 문제에 적응해야 하며, 학습자 스스로 문제해결에 필요한 새로운 지식을 끊임없이 익혀 나가야 하므로 자기주도적 학습기능이 필수적으로 요구된다.

MEMO

(3) 문제중심학습(PBL)의 특징

① **비구조화된 실제적인 문제로 시작한다** : 문제중심학습에서 사용하는 문제는 실생활에서 경험할 수 있는 비구조화된 실제적인 문제이며, 지식 간의 관계가 복잡하게 연결되어 있고, 다양한 접근과 해결이 가능한 문제이다. 복잡하게 얽힌 비구조화된 문제가 제시되면, 학생들은 문제해결을 위한 가설을 설정하고 자료를 수집・분석・종합하여 해결안을 개발하고 문제해결과정의 효과성을 평가한다.

② **학습자 중심 학습환경이다(협동학습 + 자기주도적 학습)** : 문제중심학습에서의 학습은 학습자 중심이다. 전체적인 학습과정은 소그룹을 통한 협동학습(cooperative learning)과 자기주도적 학습(self-directed learning)을 병행하며, 그 학습과정에서 학습자들은 주인의식을 갖고 학습활동을 주도한다. 즉, 문제중심학습에서 학습자는 학습과정에서 주인의식(주도권)을 갖고 학습활동(예 학습목표 설정, 학습속도 조절, 학습상황 점검 등)을 자발적이고 능동적으로 주도한다.

③ **교사는 교육과정 설계자, 학습 진행자, 촉진자의 역할을 수행한다** : 교사는 교육과정 설계자로서 문제상황을 설계하고, 학습 자원을 준비하고, 계획을 세우고, 학습자 집단을 조직하고, 평가를 준비한다. 또한 촉진자로서 학생들에게 적당한 긴장감을 제공하고, 안내자로서 학생들에게 일반적인 관점을 제공하기도 하며, 평가자로서 형성평가를 통한 피드백을 제공하고, 전문가로서 지식의 중요성을 밝혀 학생들이 균형을 유지할 수 있도록 한다.

④ **문제는 학습자에게 학습을 위한 자극을 제시한다** : 의과대학의 문제중심학습에서는 환자나 지역사회 건강과 관련된 문제가 텍스트, 비디오, 시뮬레이션 등 다양한 형태로 제시된다. 이러한 문제를 통해 학습자에게 학습에 대한 동기를 부여하고 실제성에 직면하게 한다. 학습자는 문제를 이해하고자 하는 노력 속에서 무엇을 학습해야 할 것인지를 알게 된다.

⑤ **맥락 중심적이다** : 문제중심학습은 맥락 중심적이다. 학생이 졸업 후에 현실 세계에서 만날 수 있는 문제와 매우 유사한 문제를 제시하여 학생의 동기를 유발한다. 학생은 마치 자동차 설계자는 어떻게 생각하는지, 생명공학자는 영양학자와 어떻게 다르게 문제를 접하고 해결하는지 구체적으로 경험하게 된다.

⑥ **소집단별 학습이 이루어진다** : 학습은 소그룹 집단별로 이루어진다. 이때 한 그룹은 5명에서 8~9명의 학생으로 구성된다.

⑦ **과정중심의 성찰적 평가도 강조한다** : 학습결과에 대한 평가는 물론 학습과정에 대한 성찰적 평가도 중시한다. 또 교사 평가는 물론 학생 자신의 평가와 동료 학생들의 평가도 포함한다.

MEMO

03

(4) 문제중심학습(PBL)의 구성요소

① **문제** : 문제중심학습은 문제로부터 학습이 시작되고 문제를 해결해 가는 과정에서 맥락적 지식과 기능을 학습하며, 협동적이고 자기주도적 학습능력과 효율적인 인지적 학습전략을 습득할 수 있게 된다. 따라서 가장 중요하면서도 어려운 일은 문제를 설계하고 개발하는 일이다. 문제를 개발할 때 주의할 사항으로는 문제는 실제 생활과 관련된 복잡하고 비구조화된(ill-structured) 것이어야 하며, 다양한 접근과 해결이 가능한 것이어야 한다. 그래서 학습자의 내적 동기를 유발하고, 학습자의 사고를 촉진시킬 수 있는 것이어야 한다. 또, 문제는 교육과정과 관련성이 높으며 학습자의 발달단계에 적합하고, 다양한 학습자원들을 활용할 수 있는 것이어야 한다.

② **학습자** : 문제중심학습에서 학습자들은 협동학습(소그룹활동)과 자기주도적 학습(개별활동)을 통해 문제를 해결함으로써 학습목표에 도달한다.

㉠ 문제가 제시되면 소그룹별로 협동학습(그룹활동)을 통해 문제와 관련된 가설을 설정하고, 사실을 확인하며, 문제를 해결하기 위해 알아야 할 학습과제를 설정한 후, 문제해결에 필요한 구체적인 실천계획을 수립한다.

㉡ 문제 확인을 위한 그룹활동이 끝나면, 학생들은 자기주도적 학습을 통해 여러 자원으로부터 효과적인 정보를 수집하고 분석한다. ⇨ 학습자들은 협동학습을 통해 문제를 확인하고, 각자 개별적으로 여러 자원으로부터 정보를 수집·분석하며, 그 후 소그룹에 모여 모든 정보를 통합하고 의견일치를 통해 문제해결책을 모색한다.

③ **교사** : 문제중심학습에서 교사는 지식 전달자가 아니다. 교사는 문제상황을 설계하고, 그룹의 학습과정을 지원하고 촉진하는 학습의 지원자·촉진자이며, 지속적인 모니터링을 통해 학습과정을 관찰하고 평가한다.

④ **학습자원** : 문제중심학습에서는 학습자가 교재, 저널, 인터넷, 비디오, 교사, 친구 등 가능한 많고 다양한 자원을 지식의 습득에 활용한다. 다양한 교육자원의 활용 습관은 정보탐색을 효율적으로 할 수 있는 능력 신장을 지원하며 문제해결능력 향상에 크게 이바지하게 한다.

(5) 문제중심학습(PBL)의 절차

개념 다지기

문제중심학습(PBL)의 절차는 실제적인 문제가 주어지고 문제의 원인과 해결안을 제시하는 과정으로 구성된다. 각 단계에서 학생들은 교사, 튜터 그리고 다양한 자료의 도움을 받으며, 협동학습 및 개별학습을 병행하여 진행한다. Barrows & Myers가 제시한 PBL의 수업진행 절차는 ① 강좌 소개, ② 문제 제시, ③ 문제 재확인, ④ 결과물 발표, ⑤ 문제 결론의 단계로 구성된다. 한편, Barrows & Myers의 수업진행 절차는 ① 문제 제시, ② 문제 확인(협동학습), ③ 문제해결을 위한 자료수집(개별학습), ④ 문제 재확인 및 해결안 도출(협동학습), ⑤ 문제해결안 발표 ⑥ 학습결과 정리 및 평가의 여섯 단계로 재정리될 수 있다(최정임·장경원, 2010).

MEMO

① **강좌 소개**: 학생들을 5명 정도의 소집단으로 구성하고, 각 소집단마다 그들의 학습을 도와줄 튜터를 배당한다. 이 단계에서 학생들과 튜터를 대상으로 PBL에 대한 오리엔테이션을 실시한다. PBL의 배경과 목적, 절차, 역할 등을 충분히 이해하도록 한다.

② **문제 제시**

㉠ **문제 제시**: 이 단계는 해결해야 할 문제를 제시하는 것이다. PBL에서의 문제는 텍스트뿐만 아니라 비디오, 모의실험, 역할극, 컴퓨터 시뮬레이션 등 다양한 형태로 제시될 수 있다. 문제는 실세계에서 경험할 수 있는 것과 같은 방법으로 제시되어야 한다.

㉡ **문제 확인**: 문제가 제시되면 소그룹별로 협동학습(그룹활동)을 통해 문제와 관련된 가설을 설정하고, 사실을 확인하며, 문제를 해결하기 위해 알아야 할 학습과제를 설정한 후, 문제해결에 필요한 구체적인 실천계획을 수립한다. 이때 학생들에게 학습목표를 제시하지 않는다. 대신 학생들은 자신의 문제에 대한 분석에 기초하여 학습문제(목표)를 생성한다.

㉢ **문제해결을 위한 자료수집**: 문제 확인을 위한 그룹활동이 끝나면, 학생들은 자기주도적 학습을 통해 여러 자료로부터 효과적인 정보를 수집하고 분석한다. 개별학습에서 학생들이 사용하는 자료는 전공서적, 인터넷, 학술지 논문과 같은 매체뿐만 아니라 동료, 선배, 전문가와의 면담 등 인적 자료를 사용할 수도 있다.

③ **문제 재확인**: '문제 재확인 및 해결안 도출' 단계로서, 이 단계에서는 문제 제시 단계에서 확인된 자료를 중심으로 문제에 대한 재평가를 실시한다. 학생들은 개별학습 후 다시 팀별로 모여 학습결과를 발표하고 종합하여 가설(아이디어), 사실, 학습과제, 실천계획을 재조정한다. 이 단계는 확인된 자료를 중심으로 문제를 재평가함으로써 최적의 진단과 해결안을 도출하게 된다. 만약 이 과정에서 최종적인 해결안이 도출되지 못하면 문제가 해결될 때까지 2~3차례 이상 계속 반복한다. 협동학습과 개별학습을 반복하며 한 문제를 해결하는 데 걸리는 시간은 보통 1주에서 3주 정도이다.

④ **결과물 발표**: 문제가 해결되면 최종적인 학습결과인 '문제해결안'을 발표하고 다른 팀의 대안적 아이디어와 비교해 본다.

⑤ **문제 결론**: 마지막 단계에서는 학습결과를 정리하며 평가를 실시한다. 특히 이 단계에서는 학생들이 자신의 수행에 대하여 스스로 자신의 탐구능력과 사고과정을 반성(reflection)해 보도록 하는 것이 중요하다. 문제해결적 추론능력, 자기주도적 학습, 협동학습 능력, 새로운 지식의 습득이라는 4가지 영역에서 자기평가와 동료평가, 튜터평가를 실시하며 마친다.

MEMO

03

문제중심학습(PBL)의 수업 절차(Barrows & Myers, 1993)

강좌 소개(수업 전개)

1. 수업 소개
2. 수업 분위기 조성(교사·튜터의 역할 소개)

문제 제시

1. 문제 제시(텍스트, 비디오, 모의실험, 역할극, 컴퓨터 시뮬레이션 등 다양한 형태로 제시)
2. 문제의 내면화(문제에 대한 주인의식을 느끼도록 한다)
3. 최종 과제물 소개(마지막에 제출할 과제물에 대한 소개를 한다)
4. 그룹 내 각자의 역할 분담(그룹 내 각자의 역할을 분담시킨다. 어느 학생은 칠판에 적고, 다른 학생은 그것을 노트에 옮겨 적고, 또 다른 학생은 그 그룹의 연락망을 맡는다)

아이디어(가설)	사실	학습과제	실천계획
주어진 문제에 대한 학생의 생각 기록 : 원인과 결과, 가능한 해결책 등을 추측한다.	생성된 가설을 뒷받침할 지식과 정보를 종합한다.	주어진 과제를 해결하기 위해 더 알거나 이해해야 할 사항을 기록한다.	주어진 과제를 해결하기 위해 취해야 할 구체적인 실천계획을 수립한다.

5. 주어진 문제의 해결안에 대해 깊이 사고한다 : 칠판에 적힌 다음 사항에 대해 과연 나는 무엇을 할 것인지를 생각한다.

아이디어(가설)	사실	학습과제	실천계획
확대/집중시킨다	종합/재종합한다	규명/정당화한다	계획을 공식화한다

6. 가능할 법한 해결안에 대한 생각을 정비한다(비록 학습해야 할 것이 많이 남아 있는 상태지만).
7. 학습과제를 규명하고 분담한다.
8. 학습자료를 선정, 선택한다.
9. 다음 번 토론시간을 결정한다.

문제 재확인(문제 후속 단계)

1. 활용된 학습자료를 종합하고 그에 대한 의견교환을 한다.
2. 주어진 문제에 대하여 다시 새롭게 접근을 시도한다. 다음 사항에 대하여 나는 무엇을 할 것인지를 생각해 본다.

아이디어(가설)	사실	학습과제	실천계획
수정한다	새로 얻은 지식을 활용하여 재종합한다.	(만일 필요하다면) 새로운 과제 규명과 분담을 한다.	앞서 세웠던 실천안에 대한 재설계

결과물 제시 및 발표

문제 결론과 해결 이후

1. 배운 지식의 추상화(일반화)와 정리(정의, 도표, 목록, 개념, 일반화, 원칙을 만들어 본다)
2. 자기평가(그룹원들로부터 의견을 들은 후에), 동료평가 및 튜터평가
   - 문제해결과정에서 논리적으로 사고하였는가? (문제해결적 추론능력)
   - 적합한 자료를 사용하여 필요한 정보를 찾아내었는가? (자기주도적 학습)
   - 자신의 과제 수행이 그룹에 도움이 되었는가? (협동학습 능력)
   - 문제해결을 통해 새로운 지식습득과 심화학습이 되었는가? (지식의 습득)

MEMO

(6) 문제중심학습(PBL)의 교육적 가치

① **창의적 문제해결력 신장**: 실생활의 맥락 속에서 비구조화된 문제를 제시하고 문제발견과 문제를 해결하는 과정을 통해서 학습자는 창의적 문제해결력을 기를 수 있다.

② **자기주도적 학습능력의 신장**: 문제중심학습에서는 학습자가 주인의식을 가지고 끝까지 문제를 해결해 가도록 함으로써 자기주도적 학습능력을 신장시킬 수 있다.

③ **협동심 함양**: 문제중심학습 전 과정을 통해서 학습자는 소집단별로 탐구할 문제를 선정하고, 자료를 찾아 서로 설명해 주고 문제해결책을 생각하고 발표하는 등의 활동을 하게 됨으로써 협동심을 함양할 수 있다.

④ **학습자의 흥미 유발**: 문제중심학습은 실제적이고 맥락적인 문제를 접하게 하기 때문에 학습자의 흥미를 유발하기에 적합하다. 또, 문제를 해결하기 위해 필요한 방법과 자료를 발견하는 순간이나 문제를 해결하는 순간에 학습자가 느끼는 희열도 학습에 대한 흥미를 유발시킨다.

⑤ **지식의 습득과 전이의 활용**: 문제중심학습에서는 지식을 배워야 하는 동기를 자연스럽게 부여한다. 동기가 잘 유발될수록 지식의 습득뿐만 아니라 장기간의 파지와 적용까지의 효과를 기대할 수 있다.

3 상황학습이론(situated learning theory, 상황인지이론) ─ Lave & Wenger 02 초등, 07 중등

키워드
- 전통적 학교학습: 추상적 지식 + 탈맥락적 → 실제생활에 적용·전이(×)
- 상황학습: 실제적 과제 + 상황·맥락 → 실제생활에 적용·전이(○)

(1) 개관 킥

개념 다미기

1. 상황학습은 실생활에서 다루어지는 실제적인 과제(authentic tasks)를 실제 사용되는 맥락(context)과 함께 제시하여 지식이 일상생활에 적용(활용)되고 전이될 수 있도록 하는 방법이다.
2. 상황학습이론은 전통적인 학교학습의 문제점에 대한 대안으로 등장하였다. 전통적인 학교학습의 문제점 중의 하나는 학교에서 배운 지식이 실제 생활에 적용되거나 전이(transfer)되지 못한다는 것이다. 예를 들어, 국어 시간에 문학작품을 접했으면서도 제대로 문학작품을 감상할 수 있는 능력을 가진 사람들은 얼마 되지 않는다. 또한 미분이나 적분과 같은 어려운 수학 공식은 왜 배워야 하는지도 모른 채 무조건 시험을 위해 암기를 하는 경우도 많다.
3. 전통적인 학교학습이 효과적이지 못한 이유는 학교에서 배운 지식이 실제 사용되는 맥락과 분리되어 가르쳐진 결과라고 한다. 즉, 지식이 원래 사용되는 맥락이나 상황과 분리되어 추상적이고 탈맥락적으로 가르쳐진다는 것이다. 예를 들어, 미분이나 적분은 과학자나 수학자들이 기본적으로 사용하는 중요한 원리이다. 하지만 학교교육에서는 그것이 사용되는 맥락에 대한 정보 없이, 맥락과 독립된 추상적인 개념으로 가르친다. 이와 같이 전통적인 학교학습의 문제점에 대한 해답을 찾아보고자 하는 노력을 통해 상황학습이론이 등장하였다.

MEMO

03

① 상황학습이론은 전통적인 학교학습의 문제점에 대한 대안으로 등장하였다. 전통적인 학교학습의 문제점은 지식이 원래 사용되는 맥락이나 상황과 분리되어 추상적이고 탈맥락적으로 가르쳐짐으로써 그 지식이 실제 생활에 적용되거나 전이(transfer)되지 못한다는 것이다.

② 상황학습은 실생활에서 다루어지는 실제적인 과제(authentic tasks)를 실제 사용되는 맥락(context)과 함께 제시하여 지식이 일상생활에 적용(활용)되고 전이될 수 있도록 하는 방법이다.

③ 상황학습에서는 현실 세계에서 사용되는 실제적인 과제를 사실성에 기초하여 다루며, 지식이나 기능이 고립된 것이 아니라 그것이 사용되는 상황이나 맥락과 함께 제시하며, 구체적이고 다양한 사례(cases)를 사용할 것을 강조한다. 예를 들어, 수학학습은 은행이나 쇼핑 상황에서 이루어지도록 하는 것이다.

(2) 상황학습의 설계 원리

학습내용	교수방법
• 실제적인 과제 사용 • 지식이나 기능이 사용되는 맥락 제공 • 전문가의 수행과 사고과정 반영 • 구체적이고 다양한 사례 활용 • 실제적인 평가 설계	• 인지적 전략 시연 • 학습 촉진자로서의 교사 • 협동, 반성, 명료화의 기회 제공

① 학습내용 및 과제 설계

㉠ **실제적인 과제를 제시해야 한다**: 실제적인 과제는 현실 세계에서 사용되는 과제이며, 지식을 '활용(이용)'하여 문제를 해결해야 하는 과제이다(예 돈을 이용하여 물건을 사는 것 – 덧셈이나 뺄셈과 같은 산수 지식을 '이용'하게 됨). 실제적인 과제는 학습자의 지식과 경험에 근접한 범위 내에서의 사실성과 복잡성에 기초하여 설계한다. 이러한 상황에서 학습한 지식은 학습자의 경험과 연결되므로, 학습자의 학습동기를 유발하게 되며, 실제 상황에 쉽게 전이될 수 있다.

㉡ **지식이나 기능은 그것이 사용되는 상황이나 맥락과 함께 제시해야 한다**: 상황을 제공하는 방법은 주제에 대한 다양한 작은 사례나 맥락을 제공하는 미시적 수준과 여러 관점에서 해석될 수 있는 충분히 풍부하고 복잡한 맥락을 제공하는 거시적 수준으로 나눌 수 있다(예 미시적 수준: 2 + 2 = 4라는 원리를 설명하기 위해 사과 2개와 바나나 2개가 있으면 과일이 모두 4개가 있는 것이라고 설명하는 경우 / 거시적 수준: 덧셈과 뺄셈을 가르치기 위해 교실을 선물 가게로 꾸민 다음 학생들에게 종이로 만든 돈을 나누어 주고 그 돈이 모자라지 않는 수준에서 선물을 사고, 정확한 거스름돈을 계산하도록 환경을 꾸미는 것). 상황학습이론은 궁극적으로 거시적인 맥락을 제시할 것을 제안한다.

MEMO

ⓒ **전문가의 수행과 사고과정을 반영해야 한다** : 실제적인 과제는 학습자들이 전문가처럼 실제 문제해결 상황에 참여할 수 있도록 그 분야의 전문가들이 사용하는 체계적인 문제해결 방법과 사고과정을 반영해야 한다(예 수학 또는 과학 지식은 수학자들이나 과학자들이 사용하는 사고방법과 같은 방법으로 활용되어야 한다). 그러나 학교교육에서는 종종 학생들에게 실제로 그 지식을 사용하는 사람들이 자신의 분야에서 지식을 어떻게 사용하고 있는가에 대한 이해 없이 지식을 사용하도록 요구하고 있다. 즉, 수학자들이 어떻게 수학을 사용하는지에 대한 이해 없이 수학을 사용하도록 요구하고 있고, 과학자들이 과학적인 개념을 어떻게 이용하는지를 관찰할 기회 없이 과학적 개념을 사용하도록 요구하고 있다. 결과적으로 학교에서 다루어지는 지식은 그 지식의 의미를 결정하도록 도와주는 맥락적인 단서가 결여되어 있는 것이다.

ⓡ **구체적이고 다양한 사례를 활용해야 한다** : 특정한 맥락에서 구체적이고 다양한 사례를 활용할 때 지식의 전이가 촉진될 수 있다. 한편, 학습에 사용되는 사례들은 상황은 다르지만 본질적인 특징은 유사해야 한다(예 덧셈과 뺄셈을 활용하는 사례는 가게에서 물건을 사는 경우도 있겠지만, 수학여행 경비를 계산한다든지, 상자를 만들기 위해 수치를 계산하는 경우에도 사용될 수 있다). 이러한 다양한 사례를 통해 문제를 해결함으로써 그 원리가 적용되는 일반적인 특징을 구별해 낼 수 있고, 따라서 다양한 상황에서 지식을 사용할 수 있게 된다.

ⓜ **실제적인 평가를 설계해야 한다** : 평가는 실생활의 과제에 더 근접하고, 보다 복잡하고, 도전적인 정신과정을 유도할 필요가 있다.

개념 다지기

상황학습에서 평가의 원리

상황학습 상황에서 평가는 다음의 3가지의 원리를 포함해야 한다.

1. **평가는 학습에 통합되어야 하고 실제적이어야 한다** : 평가가 최종적인 활동이 아니라 학습의 과정에 통합되도록 학습자들이 학습한 방법과 동일하게 이루어져야 하고 학습한 주제와 방법과 유의미하게 관련되어야 한다(예 가게에서 한정된 돈의 범위 내에서 물건을 사는 행동에는 학습과 함께 평가의 기준이 포함된다. 즉, 한정된 돈의 범위를 넘지 않고 물건을 사고, 정확한 거스름돈을 받는다면, 그 학생은 원하는 목적을 달성하는 것이고, 만약 구입한 물건의 액수가 돈의 범위를 넘거나 거스름돈을 잘못 받았다면, 그것은 학습목적 달성에 실패한 것이 된다). 또, 평가가 실제적이도록 지식과 기능이 사용되는 실제적인 과제를 제공해야 한다(예 학습목표가 문법에 맞게 작문을 할 수 있는 능력을 기르는 것이라면, 실제적인 평가 과제는 편지 쓰기나 일기 쓰기와 같이 실생활에 활용될 수 있는 작문 과제이어야 한다).
2. **측정 기준은 문제해결의 다양성과 다양한 시각을 반영해야 한다** : 평가가 학습자들의 수행 결과에만 초점을 두어서는 안 되며 고차적 사고능력의 유연성을 강조해야 한다. 복잡한 실제 과제를 제시하여 학습자들이 문제에 대해 가능한 다양한 해결책을 만들어 내는지, 한 문제에 대해 다양한 시각을 제시하는지 등을 관찰함으로써 평가가 이루어져야 한다.

MEMO

03

> 3. **평가는 아이디어의 생성과 계획, 수행, 수정과 같은 문제해결 과정의 표현을 강조해야 한다**: 학습자들이 내용을 이해한 정도를 평가하고 학습자들이 전문가처럼 실제적인 경험에 참여하도록 하기 위해서는 학습자 스스로 평가 문제를 만들어 내도록 요구할 필요가 있다. 단순히 태도를 측정하기보다는 행위를 강조하는 것이 보다 실제적인 의사결정 방법을 반영하는 것이기 때문이다.

② 교수방법 설계 ㉸

㉠ **인지적 전략의 시연과 관찰의 기회를 제공해야 한다**: 학습자는 스승이 과제를 수행하는 것을 관찰하고, 그것을 모방하는 모델링을 한다.

㉡ **교사는 학습 촉진자의 역할을 담당해야 한다**: 교사는 학습자들이 문제를 해결하는 과정을 관찰하고, 어려움을 겪을 때 조언과 도움을 제공하는 학습 촉진자의 역할을 해야 한다. 학습의 촉진을 위한 대표적인 형태가 코칭(coaching)과 스캐폴딩(인지적 발판, scaffolding)이다.

㉢ **협동, 반성, 명료화의 기회를 제공해야 한다**: 협동학습을 통해 학생들은 다른 사람들과 의미를 공유하고 합의점에 도달하게 된다. 또 자신의 생각을 발표하고 토론하는 과정을 통해 자신의 아이디어를 반성하고 명료화하게 된다.

키워드
- M(모델링) → 관찰·모방의 기회
- C(코칭)·S(스캐폴딩) → 학습 촉진
- A(명료화)·R(반성) → 명료화·반성 기회

(3) 실행(실천)공동체(학습공동체)와 정당한(합법적) 주변적 참여 07 중등

① 개관

㉠ 레이브와 웽거(Lave & Wenger, 1991)에 따르면, 상황학습의 관점에서 학습은 실행공동체에의 참여를 통해 이루어진다. 즉, 상황학습에서 학습은 실행공동체(Communities of Practice)의 정당한(합법적) 주변적 참여(LPP : Legitimate Peripheral Participation)로부터 핵심적인 구성원이 되어가는 과정, 공동체 구성원으로서 자신의 정체성을 형성하는 과정으로 정의할 수 있다.

㉡ 실행공동체란 공동의 주제 및 목적을 가진 사람들이 자발적으로 모여 서로 간의 신뢰를 바탕으로 열정을 공유하고 상호작용하면서 배우고 성장하는 공동체를 말한다. 그것은 가성, 학교, 직장이 될 수도 있고, 시민단체, 여가 및 취미활동모임, 예술가모임, 관리자들의 모임이 될 수도 있다.

㉢ 정당한 주변적 참여란 학습의 주변 참여자로서 주로 관찰을 통해 학습을 시작하는 것을 말한다. 이들이 전체 과정을 관찰하고 전체 그림을 이해하게 되면 기존의 경험 있는 구성원들에게 지속적인 피드백을 받으면서 점차 공동체의 중심 구성원으로 활동할 수 있게 된다. 레이브와 웽거(Lave & Wenger, 1991)는 실천공동체에 새로 들어오는 사람이 합법적 주변 참여를 통해 정식 참여자로 점차 발전하는 과정에서 학습이 발생한다고 보았다.

MEMO

예 대학에서의 학과 공동체: 신입생은 교수, 조교, 선배들과 교류하며 다소 소극적인 참여자 역할을 함, 2학년이 되면 학과의 주요 구성원으로서 적극적인 참여자로 후배들을 이끌며 선배들을 따르게 됨, 3학년이 되면 직접적인 참여는 다소 줄지만 중요한 의사결정을 하는 핵심 구성원의 역할을 하게 됨, 4학년이 되면 학과의 행사에 직접적인 관여는 줄어들지만 후배들의 모델로서 전반적인 지원자로서의 역할을 하게 됨. 상황학습의 관점에서 볼 때 이처럼 실천공동체 내에서 후배가 선배로 성장해 가는 과정이 학습이며 이 과정을 합법적 주변 참여로 설명한 것이다.

② **실행(실천)공동체의 설계전략**: 학습공동체를 활성화하기 위해서는 공동체 구성원으로서의 정체성을 개발하고, 지식생산과 협력적 학습을 촉진하는 학습문화를 조성하며, 공동체에 대한 주인의식을 갖게 하고, 구성원들 간에 친밀감을 높여 사회적 관계를 형성하고, 구성원 개개인의 전문성을 효율적으로 활용하여 협력적으로 지식을 생산할 수 있도록 학습활동을 설계하는 것이 필요하다.

③ **실행(실천)공동체의 교육을 위한 시사점**(Smith, 1999)

㉠ 학습은 사람들과의 관계에서 발생한다. 사람들과의 관계 속에서 관련된 정보를 공유하고 대화하는 상황 속에서 학습이 존재한다.

㉡ 학습자들이 실천공동체의 참여자가 될 수 있도록 교육해야 한다. 교육자는 학생들이 공동체에 온전히 참여할 수 있도록 학생들의 관심과 흥미를 높이고 학습을 촉진해 나가야 한다.

㉢ 지식과 활동 간에 밀접한 관계가 있음을 인식해야 한다. 학습은 매일 삶의 일부분이다. 교사는 무엇이 지식과 실천을 구성하는지에 대한 자신의 이해를 숙고해 볼 필요가 있다.

(4) **인지적 도제이론**(cognitive apprenticeship theory) — Collins, Brown & Holum

07 초등, 09 중등, 11 초등

① 개관

전문가-초보자 이론

인지적 도제학습은 전통적인 학교교육이 많은 개념적, 사실적 지식을 전달하는 데는 성공적이었지만 전문가들이 복잡하고 사실적인 지식을 어떻게 획득하고 사용하는지 그 과정을 보여 주지 못하고, 그럼으로써 학생들이 학교에서 배운 지식을 실생활에서 필요할 때 적용하지 못한다고 지적한다. 이러한 문제를 해결하기 위해서 인지적 도제학습은 전문가의 전문성의 원리를 학습할 필요가 있으며, 이를 위해 전통적인 도제학습의 원리를 응용하고자 하였다.

㉠ 인지적 도제이론은 학생이 실천공동체에 참여할 수 있는 하나의 수단으로 제시하였다. 학습은 전문 분야의 전문가들이 공유하는 실제적인 상황에 참여함으로써 이루어져야 한다는 것이다.

MEMO

03

㉡ 인지적 도제이론은 콜린스(Collins), 브라운(Brown) 등이 제안한 것으로, 비고츠키의 '근접발달영역(ZPD)'의 아이디어를 교수-학습방법에 적용한 대표적인 사례이다.
㉢ 인지적 도제학습은 초보적인 학습자가 전문가인 교사의 과제수행을 관찰하고 모방함으로써 전문가의 문제해결능력과 사고과정을 습득하도록 하는 것을 말한다.
㉣ 고전적 의미의 도제학습의 원칙을 활용하여 메타인지적 기술과 문제해결능력을 습득할 수 있게 한다.
㉤ 전통적 도제에서는 빵을 굽거나 도자기를 굽는 것처럼 물리적인 과정에 대한 관찰이 이루어지지만, 인지적 도제학습에서는 전문가의 사고과정을 관찰하도록 만드는 것이다.
㉥ 인지적 도제이론의 핵심원리는 학습자와 전문가의 사회적 상호작용이다.

② 인지적 도제학습의 과정(수업절차) : MCSARE

모델링 (Modeling)	전문가인 교수자가 과제수행의 시범을 보여 주는 것을 말한다. 전문가의 수행에 초점을 맞추어 외현적 행동을 시연하거나 내재적 인지 과정을 명료화해 준다(외현적 행동 모델링: 바람직한 수행의 시연 또는 사례 제시 / **내재적 인지 모델링** : 소리 내어 생각하기 제공, 중요한 과정에 대한 단서 제시, 다른 표상으로 다시 설명하기 등).
코칭 (Coaching)	학습자의 과제 수행을 관찰하고 돕는 것을 말한다. 학습자의 수행에 초점을 맞추어 학습자를 동기화하고, 수행을 분석하며, 피드백을 제공하고, 배운 내용에 대해 반성적 사고를 유도한다.
스캐폴딩 (Scaffolding)	학습자가 자신의 능력 수준을 넘어설 수 있도록 임시 발판(도움)을 제공해 주는 것을 말한다. 이때 교사는 직접적인 도움을 제공해서는 안 되며 암시나 힌트 등 간접적인 도움을 제공하는 것이 중요하다. 학습자의 과제 수행이 익숙해지면 점차 도움을 감소시켜(fading) 나가면서 더 이상 도움을 받지 않고 과제를 수행할 수 있도록 한다. 스캐폴딩은 학습자가 수행하는 과제에 초점을 두고 체계적으로 지원한다.
명료화 (Articulation)	학습자가 자신의 지식, 기능, 태도, 사고 등을 명백하게 설명하도록 한다. 학생들에게 자신의 생각을 명확히 표현하도록 질문하거나, 문제해결과정에서 자신의 생각을 말하게 함으로써 명료화를 유도할 수 있다. 또한 협동학습에서 비판자나 감독자의 역할을 하게 함으로써 다른 학생들에 대한 자신의 생각을 명료화할 수도 있다.
반성(성찰) (Reflection)	학습자는 자신이 수행하고 있는 문제해결과정을 전문가인 교수자의 방법과 비교하여 성찰한다. 전문가와 초보자를 비교하기 위해 수행을 다시 보여 주거나 재생산을 위한 다양한 기법을 사용한다. 이를 통해 학습자는 자신의 문제점을 찾고 수정한다.
탐색(탐구) (Exploration)	학생들에게 새로운 문제 상황을 제공하여 자기 나름의 지식과 문제해결전략을 적용하고 전이할 수 있도록 함으로써 학생들이 전문가다운 자율성을 획득하도록 한다.

MEMO

(5) **인지적 유연성(융통성)이론**(cognitive flexibility theory) – Spiro, Coulson

03 중등, 06~07 초등, 09 초등, 09 중등, 11 초등

① 개관

인지적 유연성이론(cognitive flexibility theory)

이 이론은 지식의 지나친 추상화와 탈맥락화를 비판한 이론으로 객관화된 지식에 실제적인 맥락을 부여하여 활성화된 지식으로 학습이 이루어졌을 때 전이가 촉진될 수 있다고 하였다. 스피로(Spiro) 등은 상황학습과 관련하여 학습자들에게 필요한 것은 지식을 다양한 맥락에서 다룰 수 있는 인지적 유연성(cognitive flexibility)이라고 주장하였다.

㉠ 인지적 유연성이론은 실제 세계와 같이 복잡하고 비구조화된 과제와 학습환경을 제공하여 복잡하고 다차원적인 개념의 지식을 재현하도록 함으로써 인지적 유연성을 획득하도록 하는 방법이다.

㉡ 복잡하고 다차원적인 개념으로 형성된 지식을 제대로 재현하기 위해서는 '상황의존적인 스키마의 연합체(situation-dependent schema assembly)'를 형성해야 한다.

㉢ 대부분의 지식은 단순한 1차원적 개념으로 표현될 수 있는 것이 아니고, 복잡하고 다원적 개념으로 형성되어 있으며, 이런 복잡하고 다원적 개념의 지식을 제대로 재현할 수 있도록 하기 위해서는 '상황의존적인 스키마의 연합체'를 형성해야 한다.

㉣ 인지적 유연성이론은 학습자들이 여러 지식의 범주를 넘나들고 연결하면서 새로운 상황에 맞게 자신의 지식을 융통성 있게 재구성할 수 있도록 '상황의존적인 스키마의 연합체'의 형성을 목적으로 한다.

㉤ 인지적 유연성이란 여러 지식의 범주를 넘나들고 연결지으면서 새로운 상황에 맞게 학습자 기억 내 자신의 지식을 융통성 있게 재구성하는 능력을 말한다. 지식은 복잡하고 다원적인 특성을 지니므로 다양한 상황에서 지식을 재구성하여 활용하려면 '상황의존적인 스키마의 연합체'를 형성해야 한다.

㉥ 인지적 유연성이론은 실생활과 관련된 매우 구체적인 사례에 기반한 학습(case-based instruction)을 강조하며, 지식에 대한 임의적 접근(random access)을 강조하기 위해 하이퍼미디어 프로그램을 활용한 정보제시 방식을 채택하여 개발되었다.

㉦ 인지적 유연성이론은 실제 세계가 비구조화되어 있다는 것을 전제로 사례나 자료들에 대한 다면적 해석과 상황 맥락적 사고를 촉진하는 학습상황을 구성함으로써, 복잡하고 비구조적인 지식의 영역에서 학습의 전이력을 높이고 고차원적인 사고능력을 기르는 데 초점을 두며, 웹 기반 교육에 적합한 방법적 기반을 제공한다.

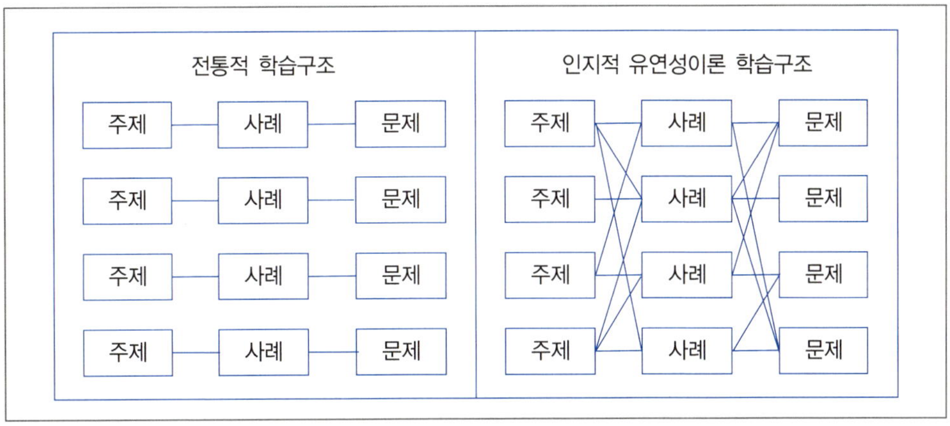

✓ **전통적 학습구조와 인지적 유연성이론 학습구조의 비교**

② 교수방법

㉠ 교수설계를 위한 기본 원리

ⓐ 상위 수준의 지식을 지나치게 단순화하거나 규칙적으로 구성하는 것을 피하라.

ⓑ 다양한 지적 표상들을 활용하라.

ⓒ 다루고 있는 지식을 사례들 속에서 추상적인 개념들로 연결시키도록 하라.

ⓓ 개념 간의 상호 관련성이나 혹은 거미줄 같은 복잡한 지식의 본질을 입증하라.

ⓔ 재생산적인 기억보다는 지식의 총체를 강조하라.

ⓕ 비구조화된 상위 수준의 지식에 대한 초기 단계의 학습에서도 개념과 그 지식 영역의 복잡성을 도입하라.

ⓖ 학습자에 의한 능동적이고 적극적인 참여가 이루어지는 학습이 되도록 하라.

㉡ 교수원칙 암

주제중심의 학습 (theme-based search)	'상황의존적인 스키마의 연합체'를 형성할 수 있도록 주제중심의 학습을 한다.
복잡성을 지닌 과제를 세분화하여 세시 (bite-sized chunk)	학생들이 충분히 다룰 수 있는 정도의 복잡성을 지닌 과제를 작게 세분화하여 제시함으로써 상황과 맥락에 따라 효율적이고 유동적으로 대처할 수 있도록 한다.
다양한 소규모의 사례 제시 (mini-cases)	지식을 실제 상황에 맥락적으로 적용하기 위해서는 다양한 사례의 경험이 필요하다. 다양한 사례의 경험은 작은 사례(mini-cases)들로 구성된다.

암기법
주제 복사

㉢ 교수-학습방법 : 임의적 접근 학습(무선적 접근, 십자형 접근, random access instruction)

ⓐ 특정 과제가 주어졌을 때 그것을 다양한 맥락과 관점에서 접근해 보며, 가르치는 순서도 비순차적으로 재배치해 보고, 특정 과제와 연결하여 가능한 한 많은 사례들을 다루어 보는 방법이다.

MEMO

ⓑ 컴퓨터를 통한 다차원적, 비선형적인 하이퍼텍스트 시스템을 활용한다[예 인지적 유연성 하이퍼미디어 프로그램(CFH : Cognitive Flexibility Hypermedia)]. 컴퓨터상에서 다양한 유형의 매체를 넘나들며 학습할 수 있도록 하는 하이퍼미디어를 활용할 경우 임의적 접근 학습전략을 잘 구현할 수 있기 때문이다.

③ 교육적 의의와 한계

교육적 의의	• 복잡하고 다원적이며 비구조적인 특성을 지닌 고차원적 지식 형성에 유용하다. • 교사는 지식의 지나친 단순화를 피하고, 주제에 대한 다양한 사고를 할 수 있도록 해 주어야 한다. • 교수-학습환경의 설계에 있어서 지식을 다양하게 표현할 수 있는 환경을 마련해 주어야 한다.
한계	• 인간 두뇌의 인지적 작용과 과정에만 초점을 두기 때문에, 지식 구성의 사회적 측면을 무시할 수 있다. • 비구조적인 지식(예 인문사회 계통)이나 특정 학문의 고급단계에만 적용될 수 있기 때문에 잘 짜인 구조적인 지식(예 자연과학 계통)이나 특정 학문의 초보단계의 지식을 가르칠 때는 적합하지 않다. ⇨ 다양한 학습상황에 적용될 수 없다. • CFH(인지적 유연성 하이퍼미디어) 프로그램은 주로 개별적 학습을 위해 사용된다는 한계를 지닌다.

(6) **정착학습**(정착수업, 상황정착 수업이론, 맥락정착적 교수, 정황교수; anchored instruction theory) 06~07 초등, 09 초등, 12 초등, 20 중등論

① 개관

Jasper Series의 예

재스퍼의 친구 래리는 캠핑을 하던 중 부상당한 독수리 한 마리를 발견한다. 래리는 응급 처치를 위해 재스퍼와 다른 친구 애밀리에게 연락을 하고, 그들은 부상당한 독수리에게 갈 수 있는 가장 빠른 방법을 모색한다. 비디오에는 가능한 교통수단과 거리, 연료 등 문제해결을 위한 여러 가지 단서가 암시적으로 제공된다. 학습자들은 비디오에서 제시된 단서에 근거해서 문제해결 방법을 모색하게 된다. 이 문제해결을 위해서는 다양한 수학적 지식이 적용되어야 한다.

Young Sherlock project의 예

'피라미드의 공포(Young Sherlock Holmes)'라는 영화를 활용한 비디오디스크 프로그램에서 학생들은 빅토리아 시대의 생활을 이해하기 위해서 영화에 나오는 내용들의 인과관계, 인물들의 동기, 배경의 실제성 등을 점검하도록 되어 있다. 이 영화는 역사적인 이야기, 특히 역사적인 시대를 이해하기 위한 하나의 상황 배경으로 주어진다.

MEMO

03

㉠ 정착학습은 미국 밴더빌트 대학의 인지공학연구소(CTGV : Cognition and Technology Group at Vanderbilt, 1992)에서 상황학습을 구현시키는 구체적인 방법으로 제시된 것이다. 예 Jasper Series(수학 프로그램), Young Sherlock project(국어와 사회과목 프로그램)

㉡ 정착학습은 실제 상황을 모사한 영상매체의 이야기를 통해 문제를 제시하고, 이를 해결하도록 함으로써 현실 상황에서 활용할 수 있는 유용한 지식을 학습하도록 하는 방법을 말한다. 학생들은 프로그램을 통해 수학, 과학, 역사 등의 교과목과 연계된 지식을 실제적인 맥락에의 정착(anchor)을 통해 보다 상황적으로 학습할 수 있게 된다. 이 프로그램에서 정착의 역할을 하는 것은 실제적인 문제와 스토리(이야기)이다.

㉢ 정착학습은 그룹 구성원들이 협동학습을 통해 문제를 해결하도록 한다. 문제해결에 필요한 모든 단서들은 비디오 안에 내재되어 있다.

㉣ 상황학습은 '맥락(context)' 중심적이고, 정착학습은 '테크놀로지' 중심적이다. 즉, 상황학습은 구체적이고 실제적인 맥락 속의 문제를 중심으로 학습이 전개되지만, 정착학습은 실제 상황을 모사한 영상매체의 이야기를 통해 학습이 전개된다.

② 과제의 성격

㉠ 과제가 학습자들에게 친숙한 이야기 형태로 구성된다.

㉡ 과제 속에는 학습자들이 과제를 해결하는 데 필요한 모든 단서들이 함축되어 있다.

㉢ 과제는 문자보다 실제를 더욱 생동감 있게 전달해 주는 시각적 형태의 자료(예 비디오 디스크)를 제시한다.

㉣ 교사의 개입 없이 학습자들이 과제를 해결할 수 있는 환경이 조성된다.

③ 정착학습의 특징

㉠ 정황중심으로 학습이 전개된다. 학생들에게 관심의 대상이 되는 문제나 쟁점이 들어 있는 이야기, 모험담, 상황 등과 같은 정황(anchor)이 학습과정의 중심이 된다.

㉡ 테크놀로지 중심적이다. 학습은 실제 상황을 모사한 영상매체의 이야기를 통해 전개된다.

㉢ 과제는 학습자들에게 친숙한 이야기 형태로 구성된다. 친숙한 이야기 속에는 과제를 해결하는 데 필요한 모든 정보와 단서들이 함축되어 있다.

MEMO

④ 상보적 교수(reciprocal teaching theory) – Palincsar & Brown

05 중등, 08 중등, 10 중등, 11 초등

(1) 개관

① 상보적 교수는 스캐폴딩(scaffolding)을 활용하는 수업모형으로 비고츠키(Vygotsky) 이론을 바탕으로 팔린사와 브라운(Palincsar & Brown)이 독서지도이론으로 개발한 것이다. 비고츠키 이론에 근거하여 상호작용과 발판화를 강조한다.

② 상보적 교수는 사회적 구성주의에 기초한 사회적 학습의 하나로, 교사와 학생, 학생들 간의 대화를 통해 독해전략을 배우는 방법을 말한다. 주어진 교재의 의미를 보다 정확히 이해하려는 독해(읽기이해) 능력 향상을 목적으로 한다. 요약, 질문, 명료화, 예측의 네 단계로 이루어진다.

③ 요약, 질문, 명료화, 예측 등 교사가 사용하는 전략을 초기에 시범을 보여 주면 학습자는 연습을 통해 점차 교사를 모방하며 전략을 내면화한다. 점차적으로 책임이 교사에게서 학습자에게로 옮겨가도록 구성되어 있다.

상보적 교수방법의 예

교사는 교재를 읽으면서 자신이 읽은 내용을 요약하고, 질문(의문)을 제기하고, 이해가 어려운 부분을 명료화하고, 뒤에 어떤 내용이 나올 것인지를 예측한다. 점차 교사는 학생에게 교사역할을 수행하도록 유도한다. 학생은 교사의 시범을 관찰해서 학습한 기능을 다른 학생들에게 시범을 보이고 설명한다.

암기법
요질명예

(2) 수업전략 암

① 요약하기 (summarizing)	읽은 글의 내용을 학생 각자가 자신의 용어로 요약하기 ⇨ 주어진 교재를 읽고 안에 들어 있는 가장 중요한 단어를 찾아내고 단어와 단어 사이, 문장과 문장 사이, 문단과 문단 사이의 관계를 정립할 수 있는 기회를 제공한다. 학생들이 내용을 이해한 그대로를 자신들만의 용어로 표현한다.
② 질문 만들기 (questioning)	• 교사와 학생, 학생과 학생이 번갈아가며 질문을 만들고 대답하기 • 단순 사실의 확인부터 이해, 적용, 분석, 종합, 평가에 이르기까지 다양한 수준의 질문을 직접 만들어 보기 ⇨ 질문 만들기는 학습자가 주어진 내용을 확실히 이해하고 있는지 알 수 있는 전략이다. 질문을 만들려면 우선 질문의 핵심이 되는 가장 중요한 단어를 찾아야 하고, 이를 바탕으로 내용에 맞는 질문을 해야 한다.
③ 명료화하기 (clarifying)	대답에 근거하여 요약을 명료화하기 ⇨ 학생들이 내용을 이해하지 못하는 주요 원인은 주어진 어휘의 뜻을 잘못 이해하고 있거나 새롭고 어려운 개념일 때가 많다. 다시 읽어보게 하거나 어휘의 정확한 뜻을 사전이나 질문을 통해 명확히 파악할 수 있도록 해야 한다.
④ 예측하기 (predicting)	다음에 이어질 내용을 예측하기 ⇨ 주어진 교재를 읽고 말하는 이가 다음에 무엇을 논의하고자 하는지 예측하도록 한다.

MEMO

03

5 자원기반학습(resources-based learning) 11 중등

자원기반학습

자원기반학습은 특별히 설계된 학습자원과 상호작용적인 매체와 공학기술을 통합함으로써 대량 교육상황에서 학습자 중심의 학습을 증진하기 위한 일련의 통합된 전략이라고 정의할 수 있다. 교육과정을 구현하는 가장 유용하고 성공적인 접근방법으로 서로 다른 교수-학습 양식에 쉽게 적용할 수 있으며, 학습을 위하여 교사, 학습자원, 학습자 등의 모든 자원 요소를 활용한다. 이것은 학습자와 교사 및 매체 전문가가 인쇄물이나 비인쇄물 그리고 인간자원을 의미 있게 사용하면서 능동적으로 참여하는 교수모형이며, 교과학습에서 학습자에게 광범위하고 다양한 학습자원을 사용하도록 하는 학습자 중심의 학습 방법이다.

(1) 개관

① 자원기반학습은 학습자 스스로 다양한 학습자원과 직접적인 상호작용을 함으로써 이루어지는 학습형태를 의미한다. 즉, 학습자 스스로 다양한 학습자원과 직접 상호작용하며 자료를 수집, 분석한 후, 과제해결에 필요한 최종 결과물을 만들어 내는 학습자 중심의 학습방법이다. 학습자가 자신의 학습속도(진도)와 학습활동 선택에 대한 자유를 부여받고 학습자에게 필요한 자료를 필요한 때에 활용할 수 있는 권한이 학습자에게 주어지는 학습유형이다.

② 자원기반학습에서 학습자는 자신의 필요를 반영하여 스스로 학습목적을 설정하고, 이에 적합한 학습방법을 선택하며, 보조적인 학습매체와 지원도구를 선택할 수 있다.

③ 자원기반학습은 다양한 정보자원을 활용함으로써 문제해결력, 비판적 사고력, 정보활용 능력을 향상시키는 것을 목적으로 한다.

재래식 학습모델과 자원기반 학습모델의 비교(Rakes, 1996)

구분	재래식 학습모델	자원기반 학습모델
교사의 역할	내용전문가	과정촉진자 및 안내자
주요 학습자원	교과서	다양한 자원(매체)
주안점	사실적 내용	현장성 있는 문제 상황
정보의 형태	포장된 정보	탐구 및 발견대상으로서의 정보
학습의 초점	결과	과정
평가	양적 평가	질적·양적 평가

(2) 특징

① 학습자가 필요한 자원을 적절히 활용할 수 있도록 자원을 관리하고 제공한다. 자원기반 학습은 교실수업뿐만 아니라 인터넷 웹 등을 활용한 원격자료 활용, 전문가와의 협의, 실제현장 학습 등 생생한 자원들을 활용할 수 있다.

MEMO

② 다양한 학습양식에 따른 융통성과 학습자의 능동성을 촉진한다. 즉, 학습양식에 따라 다양한 자원을 선택할 수 있는 기회를 제공하므로 학습자가 자신이 선호하는 학습환경을 선택할 수 있다.

③ 학습자에게 학습하는 방법과 필요한 기술을 개발할 수 있도록 적절한 기회를 제공한다. 자원기반학습은 다양한 자원과의 상호작용 과정에서 정보 수집과 성찰 활동이 수반되며, 이를 통해 학습의 심화와 탐구능력을 신장시킬 수 있다.

㉠ **위치 확인기능**: 자원을 찾아내고 자원에 포함된 정보를 발견해 내는 기능

㉡ **분석기능**: 학습해야 할 주제를 분석하고 연구계획을 수립하며, 적합한 자원을 분석해 내고, 다루고자 하는 주제와 목적에 관련된 정보의 가치를 분석해 내는 기능

㉢ **이해기능**: 정보를 이해하고 그 정보를 주제와 관련해서 생각하며, 관련된 정보를 이끌어 내고 조직하여 관련성을 알아내고 추론과 결론을 이끌어 내는 기능

㉣ **보고 및 제시 기능**: 서로 다른 사람과 정보를 공부하는 것과 관련된 기능

암기법
문자도스

(3) 자원기반 학습환경 설계 – 자원기반학습의 4가지 방법(Hannafin & Hill, 2008) 암

구성주의 관점에서 자원기반학습은 자원이 적용되는 문제상황, 자원기반학습을 위해 활용되는 학습도구, 자원을 활용하는 교수전략들을 상황에 따라 적절히 고려하여 설계할 필요가 있다.

① 상황맥락적 문제상황(context)

㉠ 전통적인 관점에서 문제상황은 교수자나 외부에 의해 주어지며, 학습에 사용될 정보들이 가능한 구체적으로 명확히 진술된다는 특징을 지닌다.

㉡ 구성주의 관점에서 문제상황은 개개인이 학습상황을 설정하며, 필요로 하는 지식과 기술을 정의하고, 이러한 필요를 충족시킬 수 있도록 상황맥락적 관점에서 제시해야 한다.

㉢ 즉, 학습자 개개인이 다양한 관점에서 문제상황을 조사할 수 있도록 상황맥락적 관점에서 제시해야 한다.

② 자원(resource)

㉠ 자원은 학습을 지원하는 자료들을 말한다. 전자매체부터 인쇄매체, 인간에 이르기까지 다양할 수 있다.

㉡ 시간이 흘러도 안정적인 정보를 담고 있는 정적인 자원(예 사진, 비디오디스크, 멀티미디어 CD-Roms, 교재, 전자백과사전 등)과 시간에 따라 지속적으로 변화하는 자원인 동적인 자원(예 기상 데이터베이스, 위키백과 등)이 있다.

MEMO

03

③ 학습도구(tool)

㉠ 학습도구는 정보가 있는 장소를 찾아내고, 접근하고, 조작하고, 정보의 효용성을 해석하고 평가하는 것을 지원한다.

㉡ 학습도구의 유형

유형	내용	예
탐색도구(조사도구, searching tools)	다양한 학습자원들을 탐색하고 접근하도록 돕는 도구	구글과 같은 웹기반 검색엔진, 도서관의 카드 카탈로그 등
처리도구 (processing tools)	정보를 수집하고 조직하고 통합하고 생성하는 것을 돕는 도구(수집도구, 조직도구, 통합도구, 생성도구)	워드프로세서, 스프레드시트, 인지맵, 차트 등 ⇨ 스프레드시트를 시뮬레이션 도구를 활용하여 서로 다른 시나리오의 영향을 조사해 보는 것
조작도구 (manipulating tools)	신념이나 가설, 이론을 검증하도록 돕는 도구	시뮬레이션 생성프로그램 ⇨ 롤러코스터의 변수를 조작함으로써 움직임, 힘, 속력, 에너지, 중력 간의 관계를 확인하기
의사소통도구 (커뮤니케이션도구, communication tools)	정보와 아이디어의 교환을 돕는 도구 ⇨ 비실시간 의사소통을 지원하는 비동시적 의사소통도구와 실시간 의사소통을 지원하는 동시적 의사소통도구가 있음	• **비동시적 의사소통도구**: 이메일, 게시판 등 • **동시적 의사소통도구**: 문자, 메신저 등

④ 스캐폴딩(scaffolding): 교수전략

㉠ 학습자들이 자신의 학습을 주도해 나갈 수 있도록 스캐폴딩을 적절히 제공해 주어야 한다. 스캐폴딩은 학습자들의 학습활동을 체계적으로 지원하는 것을 의미한다.

㉡ 스캐폴딩의 4가지 유형

유형	내용	예
개념적 스캐폴딩	• (문제에 관련된 지식을 확인하도록 지원함으로써) 무엇을 고려해야 하는지를 안내하는 것 • 학습과제와 관련된 주요 개념의 이해를 돕기 위해 안내하는 것	개념설명, 개념사선, 관련사료 등의 제공
절차적 스캐폴딩	• 어떻게 학습해야 하는지를 안내하는 것 • 주어진 자원과 도구의 활용 방법에 대한 안내 • 정보처리과정에서 받게 되는 인지적 부하를 줄여 줌으로써 과제 자체에 집중할 수 있게 해 줌	각종 도구의 기능(예 온라인 화면에 표시되는 메뉴의 기능)에 대한 도움말이나 학습경로 안내 등

MEMO

전략적 스캐폴딩	과제해결에 필요한 전략과 접근방법, 대안적 방법 등을 안내함으로써 다른 관점과 방향을 고려할 수 있도록 안내하는 것	질문 프롬프트, 전문가 모델링, 과제해결을 위한 전략적 조언, 다른 사람의 해결방법 예시 등 제공하기
메타인지적 스캐폴딩	학습이 잘 진행되도록 지속적으로 계획, 점검, 조절하며 진행결과를 평가하도록 안내하는 것	학습과정을 성찰하도록 돕는 체크리스트, 개념화 지도, 팀활동 기록노트 등의 제공, 학습자 자신의 이해 상태 점검하기, 자신의 사고과정 되돌아보기, 문제해결의 방법과 전략 검토 등

(4) **대표적인 학습모형** – Big 6 Skills 모형(Big 6 정보리터러시 모형, information literacy model)
11 중등

① **개념**: 아이젠버그와 베르코비츠(Eisenburg & Berkowitz, 1990)가 개발한 교수설계모형이다. 문제해결의 과정에서 요구되는 정보활용기술을 블룸의 인지적 영역의 단계를 적용하여 제시한 것이다. Big 6 모형은 학습자들이 필요한 자원을 파악하고 이를 활용하는 능력을 개발하기 위한 교육과정 및 평가의 준거가 되고 있다.

② **단계**: 지식 단계에서 과제를 인식하고 정의하며, 이해 단계에서 정보원을 이해하고 선택한다. 적용 단계에서는 정보원의 소재를 파악하여 정보를 찾고, 분석 단계에서 찾아낸 정보를 분석하여 적합한 정보를 가려낸다. 종합 단계에서 가려낸 정보들을 체계적으로 정리하여 최종 결과물을 만들고, 마지막 평가 단계에서 결과물의 유효성과 과정의 효율성을 평가하도록 한다.

과제 정의 → 정보탐색 전략 → 소재 파악과 접근 → 정보 활용 → 종합 정리 → 평가

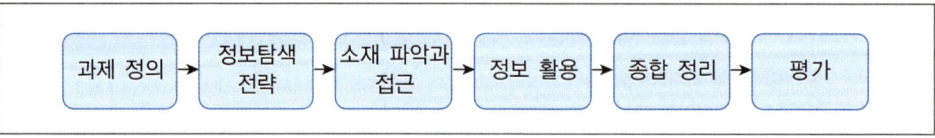

블룸의 인지적 영역 단계	단계	내용
지식	과제 정의 (task definition)	• 해결할 과제의 요점 파악 • 과제해결에 필요한 정보의 유형 파악
이해	정보탐색 전략 (information seeking strategy)	• 사용 가능한 정보원(source) 파악 • 최적의 정보원 선택
적용	소재 파악과 접근 (source location & access)	• 정보원의 소재 파악 • 정보원을 이용해 정보 찾기

분석	정보 활용 (use of information)	• 찾아낸 정보를 읽고, 보고, 듣기 • 적합한 정보 가려내기
종합	종합 정리 (synthesis)	• 가려낸 정보들을 체계적으로 정리 • 최종 결과물 만들기
평가	평가 (evaluation)	• 결과의 유효성 평가 • 과정의 효율성 평가

MEMO

03

6 웹퀘스트 수업(웹기반 탐구학습, web-quest instrution) 10 초등

(1) 개념

① 닷지 등(Bernie Dodge & Tom March)에 의해 제안된 인터넷 정보를 활용한 과제해결 활동이다. 웹기반 탐구수업은 교실 안으로 테크놀로지를 통합시키는 획기적 방법이다.

② 인터넷을 사용하여 진행하는 일종의 프로젝트로 학생들에게 특정 과제가 부여되고, 학생들은 이 과제를 해결하기 위해 인터넷 탐색을 한 뒤 최종 리포트를 작성해야 하는 방식으로 진행된다.

③ 교사는 학생들이 적합한 자료를 탐색할 수 있도록 과제와 관련된 인터넷 자료나 인쇄자료에의 접근방법을 제공한다.

④ 학생들에게 학습동기를 부여하고 흥미로운 수업을 이끌 수 있는 점이 웹퀘스트(web-quest)의 가장 큰 장점이다.

(2) 교수활동

① 웹기반 탐구활동을 해 나아가는 과정에 있어서 학습자들은 주제에 관해 능동적으로 그들 자신의 비평적인 이해를 구축해 가며, 탐구 질문 또는 문제의 해결을 위해 협동적 작업 과정을 거치기도 한다. 교수자들은 학습자들의 추상화 수준에 따라 그들을 과제 또는 활동에 도전하도록 함으로써 활동의 경직성을 변화시킬 수 있다. 교수자료의 관련성은 학습자들에게 증가된 동기를 제공한다는 측면에서 아주 중요한 요소이며, 이는 수업에 최근의 사건을 반영하기 위해 새로운 정보자원을 이용함으로써 제공될 수 있다.

② 학습자들은 전형적으로 협동그룹을 통해 웹기반 탐구활동을 완성해 나간다. 그룹의 각 학습자는 탐구주제에 대한 구체적 영역이나 역할을 부여받는다. 웹기반 탐구는 역할놀이의 형식을 취하며, 이 과정에서 학생들은 전문가나 역사적 인물의 역할을 맡기도 한다. 웹기반 탐구는 반드시 실제 웹사이트를 기반으로 개발될 필요는 없다. 이는 좀 더 낮은 수준의 테크놀로지(예 워드문서, 로컬PC)에 의해서도 행해질 수 있다.

MEMO

(3) 특징

① **교사의 지시와 안내에 기초한 수업**: 웹퀘스트는 교사가 학습과제, 활동과정, 정보자원 등을 제공하고 안내하는 방법으로 진행된다. 이는 학생들에게 시간과 노력을 줄여 주어서 주어진 다양한 정보들을 분석하고 종합하여 학습과제를 해결해 나가도록 하는 데 더 집중하도록 하기 위한 것이다.

② **실생활과 관련된 과제를 제공**: 웹퀘스트에서는 학생들이 실생활과 관련된 주제에 대해 적합한 자료를 탐색하고 문제를 해결하도록 한다. 이를 통해 학습동기를 유발하고 현실적으로 의미 있는 학습이 이루어지도록 한다.

③ **협동학습으로 진행**: 웹퀘스트는 학습자들이 역할분담을 통해 과제를 해결할 수 있도록 하는 협동학습의 방식으로 진행된다.

(4) 교수과정(단계)

학생의 탐구활동은 소개(instruction), 과제(task), 과정(process), 자원(resource), 평가(evaluation), 결론(conclusion)의 단계로 구성된다.

소개(도입, instruction)	• 학습자들에게 무엇을 학습하게 될지를 소개하며 다양한 방식으로 학습자들의 흥미를 야기한다. • 학습내용과 관련된 배경을 제시하되, 학습자들을 대상으로 학습활동이나 학습내용에 관해 간략하게 제시한다. • 학습자에게 특정 역할을 부여하거나 시나리오의 형태로 제시하여 학습동기를 유발할 수 있거나 또는 학습의 핵심적인 질문을 던져 주어 웹기반 탐구활동이 이를 중심으로 진행될 수 있음을 알린다.
과제 (task)	• 학습자들이 학습이 끝난 후 제출해야 하는 과제를 자세히 설명한다. 즉, 개별 학생들 또는 각 그룹원이 해야 하는 과제를 상세히 설명한다. 그룹으로 진행될 경우, 각 그룹원의 역할에 대해서도 설명한다. • 학습과제로 제시된 문제에 대한 해결책, 설득력 있는 신문기사, 예술작품 등 학습자들이 수집한 정보를 이용해 만들어 낼 수 있는 다양한 형태의 학습과제를 제시할 수 있다. • 만약, 특정 소프트웨어를 이용하여 학습과제를 완성해야 하면, 어떤 프로그램으로 어떤 형태로 제출해야 하는지 알려 주도록 한다.
과정 (process)	• 학습과제를 완수하기 위해 필요한 학습과정을 단계적으로 제시한다. 과제를 다시 세세하게 나누거나 각 학습자가 맡아야 할 역할이나 취해야 할 관점에 대한 설명일 수 있다. • 교수자는 내용에 대한 자문이나 협력학습에 대한 도움, 필요하다면 문제해결의 실마리 등을 제공한다.

자원 **(resource)**	• 학습자가 과제를 해결하는 데 필요한 자료를 교수자가 찾아 모아 놓은 부분이다. 자원은 학습자들이 자원이나 자료를 찾아 헤매는 것보다는 해결하려는 주제에 집중할 수 있도록 도와준다. • 관련된 학습사이트들을 연결시켜 주며, 사진, 동영상, 또는 학습자용 연습문제 파일 등 디지털화된 학습자료들을 제공한다.
평가 **(evaluation)**	• 학습자들이 학습한 결과를 측정, 평가하는 부분이다. • 단순한 지필시험이나 선다형 문제가 아니라 평가기준표(rubrics)를 이용하여 측정한다.
결론 **(conclusion)**	• 제공된 학습활동을 마친 후 학습자들이 배운 내용에 대해 요약하여 설명한다. • 이론적인 질문이나 부가적인 학습링크를 제공함으로써 심화학습이나 다른 학습으로 관심을 확장시킬 수도 있다.

MEMO

Memo

Chapter 03

교수방법

Section 01

전통적 교수법

MEMO

01 강의법(lecture method) 99 초등, 03 초등

1 개념

① 강의법은 가장 오래된 전통적 교수방법으로 교사의 언어적 설명에 의해 이루어지는 수업방식이다. 강의법은 지식이나 정보의 체계적인 전달을 주목적으로 하는 수업이다.

② 19세기에 헤르바르트(Herbart)가 체계적이고 과학적인 교수 5단계설을 제시하면서 강의법의 과학화가 고취되었다. 교수 5단계는 준비 – 제시(명료) – 연합 – 체계(계통) – 방법(적용)의 단계를 일컫는다. 흔히 4단계 교수법을 칭할 때에는 명료 → 연합 → 계통(체계) → 방법을 말한다.

2 강의법의 적용

적절한 상황	적절하지 못한 상황
• 지식의 전수가 주목적인 경우 • 교과서에 없는 사실이나 이해하기 어려운 내용의 전달 시 • 수업시작 전 학습과제에 대한 전반적인 방향이나 정보를 제시할 때 • 단기적 파지가 우선 필요한 학습과제인 경우 • 특정한 성격의 학습자들에게 효과적 예 내성적인 학습자, 모호함을 참지 못하는 학습자, 심리적으로 경직되어 있고 근심·걱정이 많은 학습자, 맹종이나 순응형의 학습자	• 지식 습득 이외의 다른 수업목표(예 사회성)가 강조될 때 • 고차적인 학습과제일 때 • 수업목표 달성에 학생의 참여가 필수적일 때 • 장기적인 파지를 요구하는 학습과제인 경우 • 학생의 지적 능력이 평균 또는 그 이하인 경우

MEMO

03

③ 장단점

장점	단점
• **지식의 체계적 전달**: 교사가 지닌 지식을 체계적이고 논리적으로 전달할 수 있다. • **수업의 경제성**: 정해진 시간 내에 다양한 지식을 많은 학생들에게 동시에 전달할 수 있다. • **교사의 자유로운 수업 운영 가능**: 학습량, 수업시간 등을 교사가 자유롭게 조정할 수 있다. • **다인수 학급에 유리**: 학생 수가 많은 경우에도 별 어려움이 없이 실행할 수 있다. • **전체 내용의 개괄시 용이한 이해**: 전체내용을 개괄하거나 요약하고자 할 때 교사의 언어적 표현능력에 따라 학습자를 용이하게 이해시킬 수 있다. • **순응형 학습자에게 효과적**: 심리적으로 경직되어 있거나 융통성이 없는 순응형 학습자에게는 심리적으로 편안함을 느낄 수 있는 교수방법이 되므로 효과적이다.	• **수동적인 학습태도 형성**: 교사의 설명 중심으로 수업이 진행되기 때문에 학습자가 능동적으로 수업에 참여하기 어렵고 수동적이다. • **개인차를 고려한 학습 곤란**: 학생의 개인차를 고려한 학습이 불가능하고, 학생의 개성과 능력을 무시하게 된다. • **고등정신능력의 함양에 미흡**: 문제해결능력, 창의력 등의 고등정신능력을 기르기에 미흡하다. • **교사의 능력에 전적으로 의존**: 교사의 능력에 전적으로 의존하게 되므로 사전에 충분한 수업계획이 없거나 설명력이 부족한 경우에는 그 영향이 직접적으로 학습자에게 미치게 된다.

02 문답법 99 초추

① 개념

① 교사와 학생 간의 질문과 대답에 의해 학습활동이 전개되는 수업형태이다.

② 강의법과 함께 오랜 역사를 지닌 수업방법으로, 사고력·비판적 태도·표현력 신장에 도움

② 문답법 사용 시 유의점 99 초추

① 질문은 문제의 답을 선택하게 하는 형태처럼 지나치게 구조화되는 것은 좋지 않다. 질문의 구조화 정도는 너무 약하거나 너무 강하지 않고 적절한 정도일 때 학업성취에 효과적이다.

② 질문은 학습자가 스스로 답을 얻어 나가도록 계획되어야 하며, 간결하고 명확해야 한다.

MEMO

3 수업의 단계(4단계) – Bellack

구조화	교사가 수업에서 논의될 내용을 간단히 정리해 주는 것, 중간 정도일 때 최적의 학업성취 가능
질의	교사의 질문
반응	학생의 응답
대응	학생의 반응에 대한 교사의 평이나 수정

4 장단점

장점	단점
• 교사와 학생 간의 의사소통이 잘 이루어진다. • 학생의 사고력, 비판적 태도, 표현력 등이 길러지며, 적극적인 참여로 인해 수업에 생기가 있고, 교사가 학생의 능력이나 정도 등 실태를 파악하기 쉽다. • 적극적인 흥미와 동기를 유발하여 적극적인 학습이 된다. • 이미 학습한 사항의 정리 및 정착에 효과적이다.	• 학생들의 능력이 떨어질 경우, 교사 중심으로 되기 쉽다. • 질문에 한정되기 때문에 사고의 영역을 한정시키기 쉽다. • 질문에 대답을 잘하는 우수아를 중심으로 학습이 진행되기 쉽다. • 학습속도가 지연된다.

개념 다지기

발문(發問)

1. 발문의 정의

① 발문은 교사가 학생의 후속 행동을 유도하기 위해서 의도적으로 하는 질문을 의미하며, 질문(質問)은 실제로 모르거나 의문이 생겨 묻는 것을 의미한다.

② 발문에서 묻고 답하는 자의 관계는 상호의존적이고 쌍방적이며, 발문은 응답자의 성장이나 학습을 돕기 위한 목적으로 이루어진다.

③ 교사가 학생에게 질문하는 것뿐만 아니라 학생이 대답하는 것도 발문에 포함된다.

2. 발문의 유형

① 재생적 발문
- ㉠ 학습했던 내용이나 경험한 사항을 알아보기 위한 발문으로 대개 도입단계에 사용
- ㉡ 단순한 지식과 사실, 방법과 열거, 계산 등에 대한 발문으로 문답 형태

② 추론적 발문
- ㉠ 학생들의 지식, 정보 등을 사용하여 비교, 대조, 구분, 분석, 종합하여 응답하게 하는 발문
- ㉡ 학생들로 하여금 생각하게 하는 발문
- ㉢ 문제해결 수준의 발문

MEMO

03

③ 적용적 발문
   ㉠ 학생들의 확산적 사고를 계발하기 위하여 새로운 사태에 적용, 예언 또는 가설을 설정하도록 하는 발문
   ㉡ 학습과 결과를 토대로 보다 확산적 사고를 촉진하는 발문

3. 효과적인 발문의 조건

① 명확하고 간결한 발문: 막연하고 모호하거나 너무 길지 않게 한다.
② 구체적인 발문: 막연하지 않도록 '누가', '무엇을', '어떻게'라고 자세히 발문한다.
③ 학생의 사고를 자극하는 개방적 발문: 발문의 답이 즉석에서 '예, 아니오'로 나오게 되거나, 단순 기억 재생 발문을 피한다.
④ 개인차를 고려한 발문: 학생의 발달 정도나 학습 수준에 맞는 발문을 한다.

4. 학생의 반응 처리 요령

① 교사의 진지한 자세가 필요하다: 학생들의 반응이 실망적인 것일 때도 진지하고 적극적으로 반응해 주어야 한다.
② 성급한 처리를 하지 않는다: 학생들의 반응이나 질문을 교사가 일단 반복하고 그에 대한 자신의 반응을 보이는 것은 항상 필요한 것만은 아니다.
③ 인격을 존중해 주어야 한다: 학생의 반응이 분명히 쓸모없는 것일 때 조소하거나 면박을 주거나 또는 무시해서는 안 된다. 스스로 그것이 의미 있는 반응임을 알도록 도와주어야 한다.
④ 다수의 반응을 유도해야 한다: 항상 한 학생 이상의 반응을 구하는 것이 좋다.
⑤ 정답 이후의 처리가 중요하다: 정답이 제기되었을 때 긍정적인 반응을 보이는 데서 그치지 말고 다른 정답도 생각해 보도록 격려하고 필요에 따라 즉석에서 다른 정답을 같이 찾아본다.
⑥ 여유와 아량을 보여 주어야 한다: 오답의 경우에는 생각하는 입장, 자료의 조건, 변인의 성질 등을 달리했을 때는 정답이 될 수 있다고 합의하는 아량을 베푼다.
⑦ 단답(短答)을 피해야 한다: '맞았어요', '틀렸어요'라고만 반응해서는 안 된다.
⑧ 참신한 아이디어를 칭찬해 줄 필요가 있다: 개성 있는 참신한 반응을 환영한다는 것을 학생들이 알게 한다.
⑨ 교사의 편견을 배제한다: 정답인지 아닌지, 그리고 좋은 의견인지 아닌지를 항상 교사인 당신이 판정하는 것은 아닌가를 생각해야 한다.

MEMO

03 팀티칭(협동교수, team teaching) 99 중추, 00 서울초보

1 개념

① 2명 이상의 교사들이 협력하여 함께 가르치는 교수방법이다.

② 교사들은 하나의 팀으로 수업목표를 정하고, 교수과정을 계획하며, 실제로 학생들을 함께 가르치고 그 결과를 함께 평가하여 더 좋은 교수-학습환경을 구성해 간다.

2 장단점 암

암기법
전자교 ↔ 혼적시

장점	단점
• 교사는 자신의 전문성을 최대한 살려 학생들에게 풍부한 경험을 제공할 수 있다. • 교사들이 교육과정 계획과 준비에 적극적으로 참여할 수 있어 수업자료의 중복을 피하고 새로운 자료를 개발할 수 있다. • 교사들은 학생들의 개별능력에 맞추어 다양한 학습집단을 편성하고 다양한 교수방법을 제공할 수 있다. • 학생들은 다양한 교사들의 다양한 교수-학습 전략이 실행되는 역동적인 수업에 참여할 수 있게 된다.	• 교사들 간의 의견이 일치하지 않는 경우 교사와 학습자 모두 혼동이 생기기 쉽다(교사들 간의 기준이나 가치관의 차이는 학습자들에게 혼란을 줄 수 있다). • 학생들이 다양한 교사들의 특성에 적응하려면 적응할 수 있는 시간이 요구될 수 있다. • 자료의 제작이나 사전 협의를 하기 위해 충분한 시간이 필요하다. • 교사들 간에 개인적인 충돌이나 팀워크에 문제가 발생할 수 있다.

3 성공적인 팀티칭 수업을 위한 고려사항

① 교수자가 자신의 대인관계 스타일을 알고 단점을 보완하려는 노력을 해야 한다. 팀티칭에서는 교수자들 간의 팀워크가 중요하기 때문이다.

② 교수자들 간의 의사소통이 원활해야 한다. 이를 위해 효율적인 열린 의사소통이 가능한 조직문화를 구축하도록 노력한다.

③ 다른 교수자의 수업을 참관하고 건설적인 피드백을 주고받음으로써 팀티칭의 효과를 극대화한다.

MEMO

03

04 게임(game) 02 초등

1 개념

① 게임은 게임의 속성, 즉 규칙과 경쟁적 요소를 이용하여 흥미롭게 학습내용을 습득하도록 구성한 방법이다.

② 게임은 학습자가 규칙에 따라 행동하며 승패가 분명하게 결정되기에 학습자들 간 경쟁심리가 높게 작용한다.

③ 학습자는 게임을 통하여 학습목표뿐만 아니라 타인과의 의사소통기술, 규칙준수, 호기심 등을 함께 배울 수 있다.

2 장단점

장점	단점
• 교육환경이 흥미롭게 구성되어 학습자의 동기를 높일 수 있다. • 학습자가 학습한다는 느낌을 받지 않고 게임에 열중하면서 자연스럽게 교육이 이루어질 수 있다.	학습자가 경쟁에만 초점을 맞출 경우 불필요한 에너지를 소모할 수 있다.

05 사례연구(case study) 00 강원초보

1 개념

① 사례연구는 학습자가 실제적인 사례를 다각적으로 검토하고 분석하여 문제를 해결하는 방법이다.

② 주로 판례나 임상경험이 중요시되는 법학이나 의학 분야에서 그 유래를 찾아볼 수 있다.

MEMO

2 장단점

장점	단점
• 현장감 있는 사례를 통해 실제적이고 실무적인 과제와의 연계성을 높일 수 있다. • 학습자의 능동적 · 적극적 참여를 요구하는 참여학습의 형태이므로 지속적인 흥미유발이 가능하다. • 원리와 원칙을 확인하고 응용하며 분석력, 판단력을 획득할 수 있다. • 종합적인 문제해결능력과 의사결정능력을 높일 수 있다. • 그룹토론을 통해 의사소통능력이 향상될 수 있다.	• 사례분석을 위한 기초자료와 관련 자료들을 준비하고, 시나리오를 작성하는 데에 많은 시간과 노력이 필요하다. • 적합한 사례를 작성하기가 어렵다. • 능동적 참여를 이끌어 내지 못할 경우 기대하는 성과를 달성하기 어렵다. • 의견을 강하게 주장하는 사람에게 이끌려 갈 위험이 있다.

06 역할놀이 99 초추, 01 중등

1 개념

① 역할놀이는 어떤 가상적인 역할을 수행하게 함으로써 태도와 행동을 변화시키려는 수업 방법이다.

② 역할놀이를 통해 학생들은 자신이 지닌 가치나 의견을 좀 더 분명히 깨닫고, 사람들이 어떻게 타인의 행동에 영향을 미치는지 이해할 수 있게 된다.

③ 역할놀이의 절차는 '집단분위기 조성 → 역할연기 참가자 선정 → 무대설치 및 역할연기 준비시키기 → 청중 준비시키기 → 역할연기의 실연 → 역할연기에 대한 토론과 평가 → 재실연하기 → 경험의 공유와 일반화'이다.

② 장단점

장점	단점
• 타인의 역할을 경험해 봄으로써 타인을 이해하는 데 도움을 준다. • 의사결정능력, 문제해결능력, 의사소통기술, 분석력과 종합력 등 고등정신능력을 기를 수 있다. • 자신과 타인의 가치와 행동을 이해할 수 있어 사회적 규범을 가르치는 데 적합하다.	• 제시된 상황이 학생들에게 흥미를 불러일으키지 못하면 수업효과는 크게 떨어진다. • 학습자의 경험세계와 역할놀이의 학습 사이에 괴리가 생기면 학습자는 무엇을 배우는 것인지 이해하지 못하는 상황이 될 수 있다.

MEMO

03

07 토의법 93 중등, 98 중등, 00~01 초등, 04 중등, 07 중등, 11 중등, 12 초등

① 개념 93 중등, 98 중등, 00 초등

① 공동학습의 한 형태로, 교사와 학습자, 학습자와 학습자 간의 언어적 상호작용을 통해 결론을 이끌어 내는 방법이다.

② 토의는 일종의 민주적 원리를 바탕으로 한 민주적인 방법이 되며, 민주시민으로서 필요한 사회적 태도와 기능을 키울 수 있는 학습형태로서의 가치를 지닌다.

② 유형 암

암기법
배원공대 세단 원원 거려

(1) 원탁토의(round table discussion) 04 중등

① **참가자 전원의 대등한 관계**: 5~10명 정도의 참가자 전원이 상호 대등한 관계 속에서 둥글게 둘러앉아 정해진 주제에 대해 자유롭게 서로의 의견을 교환하는 좌담 형식이다.

② **상호 협력적인 태도로 문제해결방안 모색**: 민주적인 토론 기법으로서 상호 협력적인 태도로 문제해결을 위한 방안을 모색하고 최선의 해결방안을 선택한다.

MEMO

③ 장단점

장점	단점
• 타인의 의견을 존중하고 합의를 모색하는 과정에서 민주적인 태도를 학습할 수 있다. • 모두에게 만족하는 효율적인 학습효과를 기대할 수 있다. • 귀속감, 집단의식, 공동체 의식이 고양된다. • 집단학습효과가 증대된다.	• 토론이 지나친 사견으로 흐르지 않도록 해야 한다. • 의사소통의 문제가 생기면 갈등의 여지가 있다. • 결론 없는 탁상공론으로 그칠 우려가 있다.

(2) **배심토의**(panel discussion)

① **상반된 견해를 가진 패널들 간의 토론**: 특정 주제에 대해 상반된 견해를 가진 패널(배심원, panel)들이 다수의 청중 앞에서 사회자의 진행에 따라 토의하는 형태이다. 패널토의, 찬반토의라고도 한다. 청중의 의견개진이나 토론은 원칙적으로 허용되지 않는다. 단, 경우에 따라 사회자의 재량으로 청중에게도 질문과 발언권이 제공되기도 한다.

② 장단점

장점	단점
• 특정 문제나 쟁점에 대해 이해를 증진시키고 다양한 의견을 광범위하게 수렴하는 데 효과적이다. • 전문지식이 없는 학습자에게도 최적의 학습효과를 기대할 수 있다.	• 패널의 선정이 학습효과에 결정적 영향을 미친다. • 비공식적 대화를 중심으로 이루어지므로 논리정연한 지식이나 정보의 제시는 어렵다. • 자칫하면 토론의 방향이 패널들의 관심과 흥미로만 진행될 수 있다.

(3) **공개토의**(forum discussion) 07 중등

① **전문가의 공개 연설 후 청중과 질의 응답하는 방식의 토의**: 1~3인 정도의 전문가가 10~20분간 공개 연설을 한 후, 이를 중심으로 청중과 질의 응답하는 방식의 토의 형태이다.

② 장단점

장점	단점
• 모든 청중(학습자)이 직접 토의에 참여할 수 있다는 점에서 직접적이고 효과적인 학습 성과를 기대할 수 있다. • 청중(학습자)의 다양한 의견 수렴을 통해 집단지혜를 수렴할 수 있다. • 전문가의 의견 개진과 청중(학습자)의 질의응답을 통해 체계적이고 깊이 있는 학습이 가능하다. • 청중(학습자)의 욕구와 필요를 충족시켜 줄 수 있다.	• 주제선정 과정에서 청중의 흥미와 욕구를 충분히 검토하지 않으면 학습 효과는 없다. • 청중이 다수이다 보니 토의가 산만하거나 비체계적으로 흐를 위험이 있다.

MEMO

03

(4) 대담토의(colloquy)

① **청중 대표와 전문가 대표 간의 토의**: 특정 주제에 대해 청중 대표(3~4명)와 전문가 대표(3~4명)가 청중 앞에서 사회자의 진행으로 토의하는 형태이다. 사회자의 진행에 따라 청중들도 질문하거나 의견을 개진할 수 있다.

② 장단점

장점	단점
• 적극적이고 능동적인 학습자의 참여가 가능하다. • 자유로운 의사소통이 가능하여 학습효과가 크다.	• 각 구성원의 역할이 충분히 숙지되지 않으면 학습효과가 떨어진다. • 학습자 집단의 참여가 적극적이지 않으면 배심토론과 차이가 없다.

(5) 단상토의(symposium) 01 초등

① **특정 주제에 대한 전문가의 강연식 토의**: 특정 주제에 대해 다양한 의견을 가진 전문가들(3~4인)이 각각 강연식으로 의견을 발표한 후 발표자 간 좌담식 토론을 하는 방식이다. 원칙적으로 발표자 간 대화나 상호토론, 발표자와 청중 간의 상호의견교환은 허용되지 않으나, 경우에 따라 짧은 시간이 제공되기도 한다.

② 장단점

장점	단점
• 짧은 시간에 특정 주제에 관한 체계적이고 전문적인 지식과 정보를 학습할 수 있다. • 하나의 특정 주제에 대해 다양한 관점에서의 해석과 논의가 가능하다. • 특정 주제에 대해 다양한 관점을 이해함으로써 총체적 안목 형성이 가능하다. • 청중은 간접적인 참여를 통해서도 학습효과를 증대할 수 있다. • 자신의 지식과 견해 등을 비판적으로 검토·수정할 수 있다.	• 준비된 자료의 연속적인 발표 형식으로 인해 발표 내용이 중복될 가능성이 있다. • 청중의 직접 토론 참여가 허용되지 않으므로 학습자가 수동적이 되기 쉽다. • 의견 교환 기회가 거의 없어 자신의 발표 내용의 수정·보완·재검토의 기회가 없다.

(6) 세미나(seminar)

① **전문가 간의 토의**: 해당 주제 분야에 전문적 식견을 갖춘 5~30명 정도의 권위 있는 전문가나 연구가들로 구성된 소수집단 토의이다. 해당 주제 분야에 대한 전문적 연수나 훈련의 기회를 제공하고자 할 때 자주 활용된다. 발제, 의견 개진, 질의·응답의 순으로 진행된다.

MEMO

② 장단점

장점	단점
• 해당 분야에 대한 전문적 연구나 훈련의 기회를 제공한다. • 전 구성원의 적극적이고 능동적 참여가 가능하다.	• 일반 대중은 이해하기 어렵다. • 동일 분야가 아닌 다양한 전공분야 구성원들은 세미나로 학습효과를 얻기 힘들다.

(7) **버즈토의**(buzz group) 11 중등, 12 초등

① **소집단 분과 토론**: 전체집단을 몇 개의 소집단으로 나누어 분과토의를 진행하고, 최종적으로 집단구성원 전체가 모여 전체토의에서 소집단토의 결과를 종합·정리하고 결론을 도출해 내는 방식이다.

예 Phillips의 6·6법(6명씩 한 그룹을 구성하여 6분간 토의한 결과를 다시 전체가 모여 토의함)

② 장단점

장점	단점
• 집단구성원 모두에게 직접 토의에 참여할 기회가 제공되어 집단구성원의 참여의식과 공동체 의식을 높일 수 있다. • 학급 내의 인간관계와 사회적 협동심을 높일 수 있다. • 대주제가 여러 개의 하위주제로 분화·토의됨으로써 보다 심층적이고 다양한 논의가 가능하다. • 다양한 의견을 폭넓게 수렴할 수 있다.	• 소집단별로 분과토의가 진행되기 때문에 복잡한 주제를 토의하기에는 적합하지 않다. • 토론 주제를 잘못 이해하여 소집단의 토론 주제가 대토론 주제와 직결되지 않을 경우 토론이 불분명해진다. • 수많은 소집단을 모두 통제하기 어렵다.

3 장단점

장점	단점
• **민주적 태도와 가치관 함양**: 타인의 의견을 존중하고, 협력하고 타협하는 사회적 기능과 태도를 형성함으로써 민주적 태도와 가치관을 함양할 수 있다. • **고등정신능력의 습득**: 문제해결과정에서 비판적 사고력, 문제해결력 등 고등정신능력을 습득할 수 있다. • **학습동기와 흥미 유발 및 자율성 향상**: 학습자가 자발적이고 적극적으로 참여하게 되므로 학습동기와 흥미를 유발하고 자율성을 향상시킬 수 있다.	• **많은 시간이 소요**: 토의를 준비하기 위해서는 준비와 계획뿐만 아니라 진행과정에서도 많은 시간이 소요된다. • **소수에 의한 토론의 주도**: 소수의 토론자에 의해 토의가 주도될 우려가 있다. 이 경우 나머지 학습자들은 토의과정에 방관하거나 무관심한 상태에 빠질 위험이 있다. • **평가 불안이나 사회적 태만의 문제**: 일부 학습자의 경우 평가불안이나 사회적 태만을 보일 수 있다. 평가불안은 자신의 생각에 대해 다른 사람들이 부정적인 반응을 보이면 어쩌나 하는 두려움

- **사고능력과 의사표현능력의 함양**: 스스로 사고하는 능력과 의사표현능력을 길러준다.

을 말하며, 사회적 태만은 '내가 아니어도 남들이 하겠지'라는 방관적인 태도로 개입하지 않으려는 행동을 말한다.

- **산만하고 초점을 잃을 가능성**: 토의가 원래 목적에서 벗어나 산만하고 초점을 잃은 채 무의미한 것으로 전락할 수 있다.

MEMO

03

Plus

하브루타(Chavruta)

1. 개념

① 유대인의 전통적인 토론 수업 방식으로, 문자적 의미는 함께(together), 친구·동료, 우정 등을 뜻한다.
② 두 명이 짝을 이루어 공부한 것에 대해 질문을 주고받으며 대화와 논쟁을 통해 진리와 지식을 찾아나가는 방식이다.
③ 교사는 학생이 마음껏 질문하고 스스로 답을 찾을 수 있도록 유도하는(도와주는) 역할을 한다.

2. 장점

① 대화를 하며 답을 찾아 가는 과정에서 다층적으로 지식을 이해하고 문제를 해결할 수 있다.
② 하나의 주제에 대한 찬반양론을 동시에 경험하게 되므로 이를 통해 새로운 아이디어와 해결법을 이끌어 낼 수도 있다.
③ 학생들이 서로 대화함으로써 자기주도 학습능력, 고차적 사고력, 창의력 등을 함양할 수 있다.

3. 최고의 공부법, 하브루타

학습 피라미드(learning pyramid)는 다양한 방법으로 공부한 다음에 24시간 후에 남아 있는 비율을 피라미드로 나타낸 것이다. 이 피라미드를 보면 강의 전달 설명(Lecture)은 5%, 읽기(Reading)는 10%, 시청각 교육(Audio-Visual)은 20%, 시범이나 현장견학(Demonstration)은 30%의 효율성을 갖는다. 우리가 학교나 학원에서 교사가 강의를 통해 설명하는 교육은 5%에 불과하고, 학생들이 책상에 앉아 열심히 읽으면서 공부하는 것이 10%, 그렇게 강조해 온 시청각 교육은 20%에 불과하다. 그런데 집단토의(Group Discussion)는 50%, 직접 해 보는 것(연습, Practice)은 75%, 다른 사람을 가르치는 것(Teaching Others)은 90%의 효율을 갖는다. 하브루타는 90%의 효율성을 가진 친구와 토론하면서 서로를 가르치고 서로에게 배우는 최고의 공부방법인 것이다.

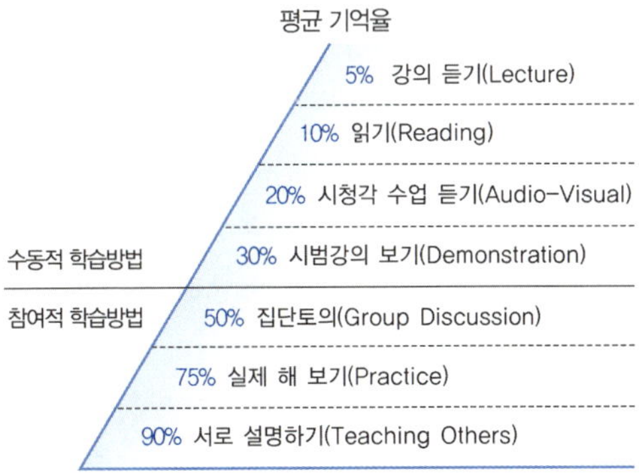

Adapted from National Training Laboratories, Bethel, Maine

학습 피라미드

MEMO

08 듀이(Dewey)의 문제해결학습(problem solving method) 99 중등

1 개념

① 문제해결학습은 학생이 생활의 장면에서 당면하는 여러 문제들을 해결해 나가면서 지식, 기술, 태도 등을 획득하는 학습방법이다. 주요 목적은 문제해결을 위한 반성적 사고를 함양하는 데 있다.

② 학습자는 자신이 배운 지식을 사용하여 문제를 인식, 분석, 종합하여 해결책을 도출하며 학습한다. 교사는 학습자가 문제를 명확히 인식할 수 있도록 지도해야 하며, 문제 상황을 분석하여 명료한 가설을 설정하고 검증할 수 있는 법칙이나 원리를 제공해야 한다.

③ 문제해결학습의 특징은 학습자의 자발적인 활동에 의해 스스로의 힘으로 문제를 해결하여 자율성과 능동적 능력을 기를 수 있다는 것이다.

반성적 사고

반성적 사고(탐구)란 주어진 문제를 현실적으로 파악하고 논리적으로든 경험적으로든 증명할 수 있는 증거에 의해 이를 해결하는 사고력을 말한다(증거에 의한 사고). 반성적 사고는 비판적 사고, 과학적 사고, 귀납적 사고, 윤리적·법적 추론, 가치 탐구, 합리적 의사결정 등 다양한 사고의 과정을 포함한다. 자료의 수집과 분석을 통해 문제의 해답을 검증하고 일반화하는 고차적 사고의 일종이다(문제 제기 → 가설 설정 → 자료 수집 → 결론). 듀이는 반성적 사고(reflective thinking)와 탐구(inquiry)를 동의어로 사용한다.

2 절차

1단계	문제 인식	학습자가 당면한 문제를 자세히 검토하고 정확히 인식한다.
2단계	문제해결의 계획	문제를 어떻게 해결할 것인지 방법이나 절차를 연구한다.
3단계	자료의 수집 및 연구	문제해결을 위해 필요한 자료를 수집하여 연구한다.
4단계	문제해결의 시도	수집된 자료를 조사, 관찰, 비교하여 문제해결을 시도한다.
5단계	결과 발표 및 검토	결과를 정리하여 발표하고 검토한다.

MEMO

03

3 문제해결학습 사용 시 유의사항

① 학습자의 능력, 경험, 흥미 등을 고려하여 문제 상황을 설정해야 한다.
② 문제해결의 결과보다는 문제해결 과정을 더 중시하여 지도할 필요가 있다.
③ 문제를 정확히 이해하기 위해서는 학습자 스스로 주어진 문제를 재조직하도록 요구한다.
④ 문제해결과정에서 대안적 해결방법을 모색하는 기회를 제공해야 한다.

4 장단점

장점	단점
• 학습자의 자발적 학습이 이루어진다(학습자의 자발적인 활동에 의해 자율성과 능동성을 기를 수 있다). • 학습자의 구체적 행동과 경험을 토대로 한 교육으로, 사회적 생활화 과정이 이루어진다. • 문제해결력, 비판적 사고력, 창의력 등 고등정신기능이 길러진다. • 통합된 지식경험을 형성할 수 있으며, 협동적인 학습으로 민주적 생활태도를 배양한다.	• 문제 중심으로 학습을 진행하다 보니 교과 지식을 체계적으로 습득할 수 없다. • 학습의 노력과 시간에 비해 능률이 낮다.

MEMO

09 프로젝트학습(구안법, project method) – Kilpatrick 99 중등, 00 초등보수, 01 중등

1 개념

① 실제 생활과 직결될 수 있는 주제를 학습자 스스로 선정하여 수행하면서 구체적인 결과물을 만들어 내는 교수방법이다. 현실적·실천적 문제해결과 구체적인 결과물 산출에 중점을 둔다.

② 듀이의 문제해결학습법을 이어받아 더 실천적으로 발전시킨 것으로, 문제해결학습법이 반성적 사고를 통해 지식을 획득하고자 한다면, 프로젝트학습법은 구체적인 결과물을 만들어 내는 데 중점을 둔다.

구안법의 예

1. **구성·창조력 프로젝트**: 비행기 만들기, 편지 쓰기, 연극 등 ⇨ 이상(理想)이나 계획의 구체화가 목적
2. **감상·음미적 프로젝트**: 옛이야기 듣기, 교향곡 감상, 그림 감상 등 ⇨ 심미적 경험이 목적
3. **연습·특수훈련 프로젝트**: 글씨 고르게 쓰기, 덧셈 정확히 하기, 자전거 타기 등 ⇨ 특정 분야의 기술·지식 획득이 목적
4. **문제해결적 프로젝트**: 왜 비가 오나, 왜 겨울에 눈이 오나 등 ⇨ 원인에 대한 지적 탐구가 목적

2 특징

① **학습자가 선정한 실제적 주제나 문제를 중심으로 진행**: 프로젝트법은 교사가 부과한 활동이 아니라 학습자 자신이 선정한 실제적 주제나 문제를 중심으로 진행된다.

② **실제적 주제나 문제에 대한 자율적인 계획과 실행 강조**: 프로젝트법은 실제적 주제나 문제에 대해 학습자가 스스로 계획을 세워 실행할 것을 강조한다.

③ **학습에 대한 학습자의 책임 강조**: 학습자는 학습의 전 과정을 스스로 결정하며, 학습에 대한 책임도 동시에 지닌다.

③ 프로젝트학습의 단계(학습과정)

목표 설정 → 계획 → 실행 → 평가

목표 설정	학습자 스스로 학습주제나 학습문제를 선택한다.
계획	목표 달성을 위한 방법을 설계한다.
실행	학습자는 계획에 맞춰 수행하며, 교사는 학습자의 창의성을 존중하고 원활한 학습환경 조성에 조력한다.
평가	결과물에 대해 학습자 자신의 자기평가, 상호평가, 교사평가 등을 실시한다.

④ 장단점 암

장점	단점
• **학교생활과 실생활의 연계**: 현실 생활에서 부딪치는 문제를 실천적으로 해결함으로써 학교생활과 실제생활을 연결시킬 수 있다. 예 학교 '기술가정'시간에서 배운 감자재배법을 집에서 실행한 후 보고서 제출 • **학습자의 자발적이고 능동적 학습활동 촉구**: 학습자가 계획하고 실천하는 것이므로 학습자의 자발적이고 능동적인 학습활동을 촉구할 수 있다. • **창조적·구성적 태도 함양**: 구체적 결과를 만들어 내는 실천적 측면을 중시함으로써 창조적·구성적 태도를 기를 수 있다. • **사회성 및 민주적 생활태도 함양**: 협동심, 지도성, 봉사성 등 사회성과 민주생활태도를 기를 수 있다.	• **수업의 무질서 우려**: 학습자의 자율적 활동이 보장되므로 수업이 무질서하게 될 우려가 있다. • **논리적 지식 습득의 어려움**: 문제 중심의 학습이므로 논리적 지식 습득이 어렵다. • **비경제적 가능성**: 자기 구성 및 실천력이 부족한 학생에게는 시간과 노력을 낭비하며 비경제적이다.

MEMO

암기법
자연구민 ↔ 무지 비경제적

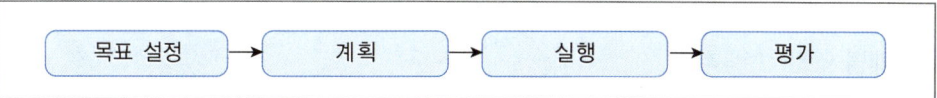

MEMO

10 자기주도적 학습(SDL : Self-Directed Learning)

99 중등, 01 중등, 04 초등, 05 중등, 11 초등

1 개념 01 중등, 05 중등

① 학습자가 스스로 자신의 학습요구를 진단하고 학습목표를 설정하며, 학습에 필요한 인적 · 물적 자원을 파악하고 적절한 학습전략을 선택 · 실행하며, 자신이 성취한 학습결과를 스스로 평가하는 과정을 말한다.

② 학습목표, 학습수준, 학습내용, 학습방법, 학습평가 등 학습의 전 과정을 학습자 스스로 결정하고, 그 결정의 기초는 학습자 개인의 가치, 욕구, 선호 등에 둔다.

③ 노울즈(Knowles)가 성인학습의 한 형태로 주장한 것으로, 평생학습사회에서 능동적으로 살아갈 수 있도록 하기 위해 미래의 학습능력과 태도를 기르는 데 교수(teaching)의 초점을 둔다.

④ 주로 성인교육에서 많이 적용되었으며, 킬패트릭의 프로젝트법이나 문제중심학습(PBL)도 자기주도학습의 한 형태라고 할 수 있다.

2 특징 99 중등

(1) 학습의 자기주도성(self-directedness)

학습자가 학습의 주도권을 갖고 학습을 능동적이고 적극적으로 수행한다.

(2) 학습자의 자기관리(self-management)

학습자가 학습과정을 스스로 관리한다. 학습목표 설정, 학습에 필요한 자원 선택, 학습과정 계획, 실천, 학습평가를 자율적으로 책임감 있게 해 나가는 과정이다.

(3) 학습자의 자기통제(self-monitoring) · 자기조절(self-regulated : 반두라)

학습과정을 스스로 비판 및 반성 · 성찰하면서 자기 행동과 사고를 통제하면서 의미 있고 가치 있는 학습을 만들어 간다. 학습하는 방법을 배우는(learn how to learn) 과정이다.

(4) 학습의 개인차 중시

학습자는 자신의 능력에 따라 학습속도를 조절할 수 있다.

(5) 자기평가 중시

학습결과에 대한 책임은 학습자에게 부여되므로 학습자의 자기평가가 중시된다.

MEMO

3 자기주도적 학습의 필요성 (암)

암기법
교육 인싸

(1) 인간 본성의 존중

인간은 자아실현의 욕구 성향을 갖고 있고 이것이 자기주도적 성향으로 전환되므로 자기주도적 학습은 인간주의 교육의 본령이다.

(2) 교육 본연의 임무

자기주도적 학습능력은 인간 성장과 발달에 가장 기본적인 능력이며, 교육의 본질적·핵심적 목표이며, 교육에 부여된 고유한 임무와 역할이다.

(3) 사회 변화에 따른 교육기회의 확대

지식정보화 사회에서는 학생들이 새로운 지식·기술·태도 등을 언제 어디서나 지속적으로 습득할 수 있는 자기주도적인 평생학습 능력을 필요로 한다.

(4) 교육 조건의 변화

새로운 커리큘럼, 개방교실, 무학년제, 학습자원센터, 독학, 학외학위제, 비전통적 학습프로그램, 벽 없는 대학 등 교육의 새로운 발전은 학습자 개인에게 학습에 대한 주도권을 갖도록 촉구한다.

4 자기주도적 학습능력을 기르기 위한 방안

교수-학습과정의 개선	• **학생 참여형 수업 활성화(학생 중심 교육으로 전환)**: 교사의 가르치는 활동보다 학생의 학습 활동을 더 중시하는 학생 중심의 교육으로 전환해야 한다. • **교육과정의 탄력적 운영**: 정규교과시간에 학생 중심 수업을 운영하여 학생이 수업에서 능동적 행위자가 되게 하고, 창의적 체험활동을 최대한 활용하여 학생 스스로 문제를 발견하고 해결하도록 한다(정규교과시간에 학생중심 수업 전개, 창의적 체험활동 시간을 최대 활용). 또 방과 후 교육활동 시간을 활용하여 자기주도적 학습을 할 수 있는 기회를 제공한다(방과 후 교육활동 시간 활용).

MEMO

	• 교육과정 및 교과서의 구조 개선 : 교과목 수나 교육내용을 축소하여 다양한 방식의 자기주도적 학습이 가능하도록 하고, 교과배당 수업시간의 일정비율을 자기주도적 학습에 배정하며, 교과서가 자기주도적 학습에 활용될 수 있도록 토픽(topic) 중심의 교과서로 개편한다.
평가방법의 개선	• 평가의 개별화 : 자기주도적 학습은 개별 학생들의 학습내용과 수준, 진도가 다름을 전제로 하므로 평가도 개별적으로 시행되어야 한다. • 평가의 다양화 : 개별 학생의 수만큼 다양한 방식의 평가를 시행한다. • 평가의 자율화 : 학습자가 자신의 속도와 진도에 맞춰 학습과정이나 성취결과를 자발적으로 평가하도록 한다.

11 개별화학습(individualized instruction)

92 중등, 94 중등, 98~99 초등, 02 초등, 04~05 초등, 10 중등

1 무학년제(non-graded system) 98 초등

(1) 학년의 구별 없음

학년의 구분이 없이 개별 학생의 능력에 맞게 학습이 이루어지는 교수법. 굿래드(Goodlad)와 앤더슨(Anderson)이 창안했다.

(2) 수준별 교육과정 운영

학년으로 수준을 표시하는 것이 아니라 교육과정을 수준별로 편성 · 운영한다.

(3) 학습목표 달성 극대화

학생 개인의 능력에 적합한 학습을 통해 학습목표 달성을 극대화하고자 한다.

2 달톤 플랜(자율계약학습법, Dalton plan) 99 초등

(1) 학습 계약 중심

교수자와 학습자 간의 학습 계약을 중심으로 이루어지는 개별화 교수법이다. 파커스트(Parkhurst)가 창안(1920)한 것으로 매사추세츠주 달톤시에서 실시한다.

MEMO

03

(2) 사전 계약

학습자가 학습목표, 학습내용, 학습방법, 학습진도, 평가기준 등을 스스로 정한 다음 교수와 계약을 맺는다. 사전에 합의된 내용이 준거가 되어 학생의 성취도가 평가된다.

(3) 자기주도적 학습과 능력에 따른 학습

학생은 독립적, 자기주도적으로 학습을 이끌어 가며, 학생 능력의 차이에 따른 학습이 가능하다.

3 프로그램 학습(PI : Programmed Instruction) 92 중등, 94 중등, 99 초등

(1) 개념

스키너(Skinner)의 조작적 조건형성이론(행동조형, shaping)과 학습내용조직의 계열화 원리, 강화이론에 기초하여 학습부진아의 완전학습을 위해 고안된 수업방법이다. 학습자가 자신의 능력과 속도에 따라 스스로 학습하면서 점진적으로 학습목표에 도달하도록 하는 학습방법이다. 교수 프로그램(교수기계 : teaching machine 예 인쇄자료, 소프트웨어)을 이용하여 학습을 진행한다. ⇨ 교육공학 : CAI 수업

(2) 프로그램 학습의 원리

small step(점진적 접근, 단계적 학습)의 원리	학습내용을 세분화하여, 쉬운 것에서 어려운 것으로 점진적으로 나아가게 한다. ⇨ 계열성의 원리
자기 속도(pace)의 원리	학습자의 능력에 맞는 속도로 학습을 진행한다.
적극적(능동적) 반응의 원리	학습자의 수준에 맞는 문제에 적극적으로 참여하여 활동(반응)한다.
즉각적 강화(즉시확인, feedback)의 원리	학습결과(맞는지, 틀린지)에 대해 즉각적인 피드백을 주면서 즉각적인 강화를 제공한다. 반응이 올바를 때 정반응임을 곧 알려 주어 즉시 강화하면 그 반응은 잘 정착되며 오반응일 때 곧 알려 주면 쉽게 교정된다.
자기검증의 원리	무엇이 어떤 이유로 맞고 틀렸는지 확인하여 스스로 검증할 수 있도록 한다.

(3) 특징

① 학습목표가 명확한 행동적 용어로 진술되어 있다.

② 학습자료는 학습목표를 일정한 계열에 따라 순서대로 세분화된 문제의 형식으로 구성되어 있다. 문제형식은 학습자가 능동적으로 빠르게 반응할 수 있도록 주로 선다형 또는 단답형으로 제시한다.

③ 학습자는 문제형식으로 제시된 학습자료에 직접 반응하게 된다.

MEMO

④ 학습자가 답한 것이 맞는지 틀린지를 학습지 형식에 따라 즉시 알려 준다.
⑤ 학습자는 자기의 학습능력에 맞는 문제부터 시작하여 점진적으로 학습목표에 접근한다.

(4) 유형

① **직선형 프로그램**(Skinner) : 단지 한 개의 경로를 통해 목표에 도달할 수 있도록 설계된 프로그램. 전 단계를 성공적으로 거치지 않고서는 다음 단계로의 진행이 불가능함
② **분지형 프로그램**(Crowder) : 목표에 도달하는 경로가 여러 개 있는 프로그램. 오답에 반응하면 보충학습 경로를 통해 목표에 도달하도록 안내함. 우수한 경우엔 주 계열을 건너뛰어 빨리 진행할 수 있는 방법도 있음. 학습자의 능력에 따른 상이한 경로를 설정함 ⇨ 교육공학 CAI 수업의 기초가 됨

4 개별 처방식 수업(IPI : Individually Prescribed Instruction)

(1) 개념

개별 처방은 학생들의 개인차에 적합한 학습 프로그램을 제시함으로써 학습의 개별화를 통해 학습효과를 극대화하려는 것이다. 교사는 학생의 성취도 수준에 따라 적합한 수업을 처방한다.

(2) 스키너의 프로그램 학습에 기초한 교수법

미국 피츠버그 대학의 쿨리(Cooley)와 글레이저(Glaser)가 창안(1964)한 것으로, 스키너의 프로그램 학습에 기초한 교수법이다.

(3) 절차

계속적 진단 → 처방 → 평가를 통한 완전학습을 지향한다. 정치(배치)검사(진단평가) → 개별화학습(PI) → 정착검사(목표달성 여부 확인, 보충학습) → 사후검사(성취수준 85% 이상이면 새로운 프로그램 실시)

5 개별화 교수체제(PSI : Personalized System of Instruction) 10 중등

(1) 스키너의 프로그램 학습법의 다인수 학급에의 적용

1968년 미국 컬럼비아 대학의 켈러(Keller)가 개발한 개별화된 수업체제이다(일명 Keller Plan). 스키너의 조작적 조건형성의 원리에 기초한 프로그램 학습법을 발전시켜 다인수 학급에 적용하고자 한 것이다. 학습자 각자의 역량에 따라 수업목표에 달성하도록 하는 미시적 접근의 수업체제이다.

M E M O

03

(2) 절차

① **자기 진도에 따른 개별학습** : 스스로 공부할 수 있는 몇 개의 단원으로 나누어진 분절된 학습과제와 학습지침을 바탕으로 학습자는 자기의 속도에 맞추어 자율적으로 학습한다.

② **한 단원 학습 후 평가** : 한 단원을 학습하면 평가를 보고 이를 통과하면 다음 단계로 나아가며, 그렇지 않을 경우 보충학습을 한 후 다시 평가를 보고 통과해야 다음 단계의 학습으로 나아간다.

③ **학습보조원(proctor, 보조관리자) 활용** : 동료학습자 중 우수한 학습자나 지원자를 이용하여 다른 학습자의 개별학습을 돕고 강화하며, 결과를 평가하고 오답을 교정해 준다.

④ **필요 시 강의 실시** : 학습자들의 동기를 강화시켜 주고, 학습자들의 개별학습을 풍요롭게 하기 위해 강의도 실시한다.

(3) 특징

① 자기 진도대로 학습한다.

② 완전학습을 지향한다.

③ 학습보조원을 활용한다.

6 적성처치 상호작용모형[ATI, TTI : Aptitude (Trait) Treatment Interaction]

94 중등, 99 초등, 02 초등, 04~05 초등

(1) 학습자의 적성에 따른 수업처치

학습자의 적성과 교수방법인 처치 간에는 상호작용이 존재하므로, 학습자의 적성(특성)에 따라 수업처치(수업방법)도 달리해야 한다는 것이다. 학습의 결과는 학습자의 적성과 그에 따른 교사의 수업처치의 상호작용의 결과이다. 학생 개개인의 적성은 모두 다르기 때문에 학생 개인이 갖고 있는 적성에 따라 투입되는 교수방법을 달리해야 학생의 학업성취도를 극대화할 수 있다는 것이다. 크론바흐와 스노우(Cronbach & Snow)가 창안하였다.

(2) 기본 개념

① **적성(Aptitude)** : 학생 개인이 가지고 있는 모든 능력

예 일반지능, 특수지능, 성적, 포부수준, 인지양식, 성격유형, 자아개념, 학습유형, 성취동기, 학습불안, 자신감, 사회계층, 인종, 성별 등

② **처치(Treatment)** : 학생들에게 투입되는 교수 프로그램이나 교수방법

예 수용학습-발견학습, 프로그램 수업-전통적 수업, 학생 중심-교사 중심, 개별적 수업-협동적 수업, 연역적 교수-귀납적 교수, 구조화된 학습-비구조화된 학습

MEMO

③ 상호작용(Interaction) : 적성과 처치가 나타내는 상승적 효과 또는 상쇄적 효과

예 학습자의 적성에 따라 최적의 수업방법이 적용될 때, 학습자의 적성과 수업방법 간에 상호작용 효과가 있다.

(3) 적용 방법

① 이상적인 형태(교차적 상호작용모형) : 학습적성이 높은 학생과 낮은 학생에게 똑같은 교수방법을 적용시킬 수 없으므로 각 개인이 지닌 특성에 따라 그에 알맞은 교수방법을 이용하는 것이 효과적이다.

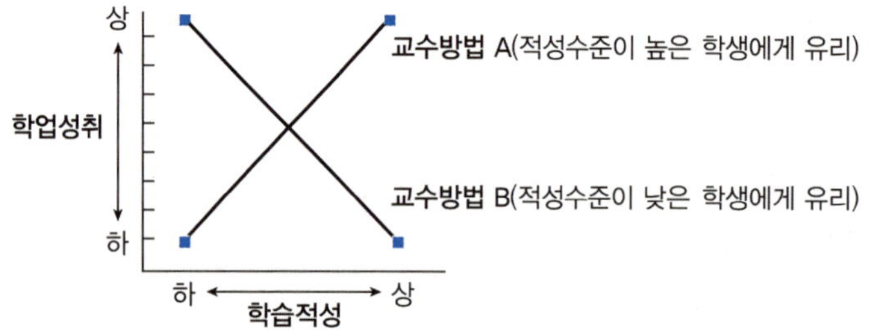

② 현실적인 형태(비교차적 상호작용모형) : 사실상 학습적성이 낮은 학생에게 효과가 있는 교수방법이 학습적성이 높은 학생에게 효과가 없다는 것은 현실적으로는 존재하기 어렵다. 따라서 교수방법 A처럼 다양한 교수변인을 투입하여 학생들 간의 개인차를 줄인 교수방법이 보다 현실적이다. ⇨ 적성과 수업처치 간 상호작용이 없다. 교수방법 A가 적성수준과 상관없이 언제나 교수방법 B보다 더 효과적이다.

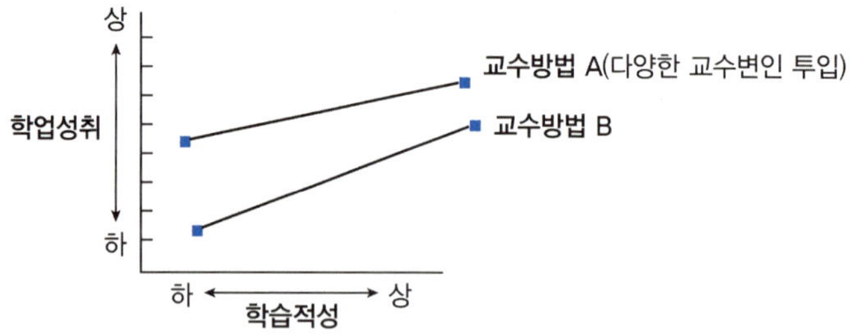

MEMO

03

7 팀티칭(협동교수, team teaching)

(1) 2인 이상 협동교수

2명 이상의 교사들이 동일한 학습집단을 대상으로 협동적으로 계획·지도·평가하는 교수 형태이다. ⇨ 교사 인원의 재조직을 통해 교수 효과를 극대화

(2) 목적

교사의 전문성을 살려 학생들의 개인차를 존중하는 교육 실시, 우수한 교사의 혜택을 많은 학생들에게 제공, 우수교사에게 가장 적합한 근무조건 마련

(3) 장점

① 교사의 전문성을 최대한 살려 학생들에게 풍부한 경험을 제공할 수 있다.

② 교사들이 교과과정 계획과 준비에 적극적으로 참여할 수 있어 수업자료의 중복을 피하고 새로운 자료를 개발할 수 있다.

③ 교사들이 반복적 집단수업에서 해방되어 학생 개개인에게 보다 많은 시간을 투자하고 주의를 기울일 수 있다.

④ 교사들은 학생들의 개별능력에 맞추어 다양한 학습집단을 편성하고 다양한 교수방법을 제공할 수 있다.

⑤ 교사차등제를 활용할 수 있어 인력자원을 효율적으로 활용할 수 있다.

MEMO

12 협동학습(cooperative learning)

96 중등, 99~01 초등, 99 초등추가, 00 초등보수, 00 중등, 04 중등, 06 초등, 06 중등, 14 중등論

1 개념

① 학습능력이 다른 학습자들로 소집단을 구성하여 동일한 학습목표 달성을 위해 공동으로 활동하는 수업 방법이다. ⇨ ㉠ "전체는 개인을 위하여, 개인은 전체를 위하여(All for one, One for all)", ㉡ 구성원 사이의 긍정적 상호의존성(positive inter-dependence)과 개인적 책무성(individual accountability)을 모두 강조

② 집단구성원들이 공동의 학습목표를 달성하기 위해 역할을 분담하고, 다른 구성원들과의 도움을 주고받아 집단구성원 모두에게 유익한 결과를 얻고자 하는 수업방법이다.

2 협동학습의 특성 – 전통적 소집단학습과의 비교

(1) 이질적인 학생들로 구성

협동학습은 구성원의 개인적 특성(학습능력, 지능, 흥미 등)이 있으므로 이질적으로 구성된다.

(2) 개별 책무성 존재

과제를 숙달해야 할 책임이 학생 개개인에게 있다. '무임승객 효과'와 '봉 효과'를 방지할 수 있다.

(3) 구성원 간의 긍정적 상호의존성에 기초

협동학습은 구성원 간의 상호 의존성에 기초하여 공동의 목표를 달성한다.

(4) 구성원 간 지도력 공유

개개인이 책무를 지니므로 능력이 뛰어난 일부 학생에게 지도력이 주어지는 것이 아니라 구성원 모두가 리더가 될 수 있다.

(5) 교사의 적극적 개입

구성원 간의 상호작용을 통해 집단의 목표를 최대한 달성할 수 있도록 교사가 학습활동을 관찰하고 적절한 피드백을 제공하는 등 적극적으로 개입한다.

MEMO

03

전통적 소집단학습과 협동학습의 비교

전통적 소집단학습	협동학습
• 구성원의 동질성 • 책무성이 없음 • 구성원 간의 긍정적인 상호의존성이 없음 • 자기 자신에 대해서만 책임을 짐 • 한 사람이 지도력을 지님 • 과제만 강조 • 교사는 집단의 기능을 무시 • 집단과정이 없음 • 사회적 기능의 학습이 이루어지지 않음	• 구성원의 이질성 • 개별 책무성 중시 • 구성원 간의 긍정적인 상호의존성 • 상호 간의 책임 공유 • 구성원 간 지도력 공유 • 과제와 구성원과의 관계 지속성 • 교사의 관찰과 개입 • 집단과정의 구조화 • 사회적 기능(리더십, 의사소통기술)의 학습

3 전통적 소집단 학습 및 협동학습의 문제점과 극복방안

구분	문제점	극복방안
부익부 현상 (rich-get-richer effect)	학습능력이 높은 학습자가 더 많은 활동을 통해 소집단을 장악하는 현상	각본협동(소집단 구성원들의 역할을 각본으로 규정해 놓음), 집단보상을 통해 극복
무임승객 효과 (free-rider effect)	• 학습능력이 낮은 학습자가 적극적으로 학습에 참여하지 않고도 높은 학습 성과를 공유하는 현상 • 링겔만 효과(Ringelmann effect): 집단에 참여하는 사람의 수가 늘수록 '나 하나쯤은 대충 해도 되겠지'라는 인식을 갖고 전력투구하지 않는 현상 예 줄다리기 게임	집단보상과 개별보상을 함께 실시해 극복
봉 효과 (sucker effect)	학습능력이 높은 학습자가 자기의 노력이 다른 학습자에게 돌아갈까 봐 소극적으로 학습에 참여하려는 현상	집단보상과 개별보상을 함께 실시해 극복
집단 간 편파 현상	외집단의 차별과 내집단의 편애현상으로 외집단의 구성원에게는 적대감을, 내집단의 구성원에게는 호감(好感)을 가지는 현상	주기적인 소집단 재편성, 과목별로 소집단을 다르게 편성
사회적 태만	사회적 빈둥거림 현상	개별책무성 인식, 협동학습기술 습득
자아존중감 손상	다른 학습자로 인해 자기가치(자아존중감)가 상처를 받는 현상	협동학습기술 습득

MEMO

4 협동학습의 원리(기본 요소) – Johnson & Johnson

협동학습의 효과를 극대화하기 위해 협동학습에 반드시 포함되어야 할 기본 요인은 다음과 같다.

(1) 개별 책무성(individual accountability)

집단구성원 각자의 수행이 집단 전체의 수행 결과에 영향을 주므로, 집단 목표의 성공적 성취를 위해 과제를 숙달해야 하는 책임이 학생 개개인에게 있다는 것을 의미한다. '무임승객 효과'와 '봉 효과'를 방지할 수 있다.

(2) 긍정적 상호의존성(positive inter-dependence)

'우리들이 성공하기 위해서는 너와 나 모두 성공해야 한다.'는 관점으로, 학생들 개개인이 집단의 성공을 위해 자신뿐만 아니라 동료들도 성취할 수 있도록 서로 도움을 주는 관계를 의미한다.

(3) 사회적 기술(social skill)

집단구성원들이 서로 배려하고 존중하면서 상호작용할 수 있도록 사회적 기술을 발달시켜야 한다는 것을 의미한다. 집단 내 갈등 관리, 의사결정, 효과적 리더십, 능동적 청취 등을 의미한다.

(4) 대면적 상호작용(face-to-face interaction)

집단구성원 각자가 집단의 목표를 성취하기 위해 다른 구성원들과 얼굴을 맞대고 서로 격려하고 촉진시켜 주는 것을 의미한다.

(5) 집단 과정(group processing)

특정한 집단이 의도한 목표를 성취하기 위해서는 집단구성원의 노력과 행위에 대한 토론과 평가가 필요하다.

5 협동학습의 효과

(1) 학업성취도 향상

집단구성원 전체가 서로 협력하여 교과 지식을 습득하므로 혼자 학습할 때보다 학업성취도를 향상시킬 수 있다. 즉, 집단구성원의 상호작용을 통해, 수행능력이 낮은 학생은 우수한 학습자로부터 학습전략을 배우게 되고, 수행능력이 높은 학생은 타 구성원들에게 설명하는 과정에서 학습내용을 보다 정교화할 수 있어 학업성취도를 향상시킬 수 있다.

MEMO

03

(2) 사회적 관계 기술의 발달

집단구성원들이 서로 배려하고 존중하면서 협동하는 등 학생들의 사회적 관계 기술을 발달시킬 수 있다.

(3) 자신감과 자존감의 향상

집단의 과제 해결에 적극 참여함으로써 모든 구성원들이 자기 집단을 위해 공헌할 수 있다는 자신감과 자아존중감을 높일 수 있다.

6 협동학습의 문제점

(1) 과정보다 결과 중시 버릇 발생

집단의 목표 달성이 강조되다 보면 일의 과정보다 결과를 중시하는 버릇이 생길 수도 있다.

(2) 잘못된 이해 가능성

집단구성원 전체가 잘못 이해한 내용을 마치 옳은 것인 양 오해할 우려가 있다.

(3) 능력이 부족한 학생의 소외나 수치심 문제

소집단 내에서 능력이 떨어지는 학생은 자신이 집단에서 불필요한 존재라고 느끼게 되어 소외되거나 수치심을 느낄 수 있다.

(4) 기타

무임승차 효과, 봉 효과, 링겔만 효과 등이 나타날 수 있다.

7 협동학습의 접근방법(이론적 근거)

사회응집성 관점	팀의 응집성을 강조함으로써 협동기술에 초점을 두는 형태 • 협동기술(사회적 기술)은 대인관계 기술, 사회적 기술, 의사소통 기술 등을 의미하는 것으로, 청취기술, 번갈아 하기, 도움 주고받기, 칭찬하기, 정중하게 기다리기 등이 있다. • 과제분담학습 I(Jigsaw I), 집단조사(GI), 함께 학습하기(어깨동무학습, LT), 자율적 협동학습(도우미 학습, Co−op Co−op) 등이 있다. • 사회적 태만, 자아존중감 손상 등의 문제가 발생할 수 있다.
동기론적 관점	협력적인 상호작용을 촉진하는 집단보상에 초점을 두는 형태 • 집단보상, 개별 책무성, 학습참여의 균등한 기회 등의 요소를 중시한다. • 성취과제분담모형(STAD), 팀경쟁학습(TGT), 팀보조개별학습(TAI) 등이 있다. • 무임승차 효과, 봉 효과 등 사회적 태만(빈둥거림)의 문제가 발생할 수 있다.

MEMO

8 협동학습의 유형

(1) 직소모형(Jigsaw) 99 초등추가, 01 초등, 05 중등, 08 중등, 10~11 중등

개관	• 집단 내 동료들로부터 배우고, 또 동료들을 가르치는 모형(⇨ 모집단이 전문가 집단으로 갈라져서 학습한 후 다시 모집단으로 돌아와서 가르치는 형태의 학습모형) • 집단 간 상호의존성과 협동성을 유발한다. • 전문가 집단(expert team) 활동이 있으며, 학업성취도 향상은 물론 정의적 태도(상이한 인종과 문화에 대한 긍정적 태도) 형성에 기여한다.
직소 I 모형	• 1978년 미국 텍사스 대학교의 애론슨(Aronson)과 그의 동료들이 학교의 인종차별 문제해결방안으로 개발한 모형 • **절차**: 5~6명의 학습능력이 이질적인 학생들로 소집단(모집단)을 구성한 후 집단 구성원의 수에 맞게 학습과제를 소주제로 분할하여 할당 ⇨ 같은 과제를 맡은 학생들끼리 전문가 집단을 형성한 후 학습 ⇨ 모집단으로 돌아와 학습한 내용을 구성원들에게 설명 ⇨ 개별시험(퀴즈)을 보고 개별성적 처리(개별보상) • 집단보상이 없으므로 과제해결의 상호의존성은 높으나 보상의 상호의존성은 낮다.
직소 II 모형	• 1983년 슬래빈(Slavin)이 개발한 모형. 직소 I 모형에서 집단보상(팀 점수)을 추가한 모형 ⇨ 집단구성원 개개인의 기준점수에 비해 향상된 점수를 합산하여 팀 점수를 산정하고(개인별 향상점수를 팀 점수에 반영), 이를 토대로 개별보상과 집단보상을 제공(⇨ STAD 평가방식 도입) • 집단보상으로 인해 집단구성원들 간 보상의 상호의존성을 높일 수 있는 방법
직소 III 모형	• 스타인브링크와 스탤(Steinbrink & Stahl)이 개발한 모형. 수업절차는 직소 I, II 모형과 같이 모집단(과제분담) ⇨ 전문가 집단(소주제학습) ⇨ 모집단(상호교수·동료학습)의 방식은 같다. 그러나 학습한 것을 정리할 수 있도록 일정한 평가유예 기간을 두어 평가를 잘 치를 수 있도록 모집단에서 서로 도와주는 소집단 활동을 하도록 한다(소집단 협동학습). 평가방식은 STAD 방식을 도입하여 개별보상과 집단보상을 실시한다. • 집단보상으로 인해 보상의 상호의존성이 높다.
직소 IV 모형	• 홀리데이(Holliday, 1995)가 개발한 모형 • 모집단(과제분담) ⇨ 전문가 집단(소주제학습) ⇨ 모집단(상호교수·동료학습)의 방식으로 진행되는 점은 이전 직소모형과 같다. 그러나 직소IV모형의 특징은 다음과 같다. '전체 수업내용에 대한 소개'라는 도입단계 설정(⇨ 수업내용에 대한 학생 흥미 올림), 전문가 집단에서 '전문과제에 대한 평가' 단계 설정(⇨ 각 전문가집단의 정확성과 이해도를 점검하기 위해), 개별평가에 앞서 모집단 구성원의 '전체학습과제에 대한 평가' 단계 설정(⇨ 전체 학습과제에 대한 정확성과 이해도를 점검하기 위해 퀴즈 제시), 개별평가에서 어떤 문항을 놓치게 되어 전체 학습과제에 대한 재교수가 필요할 때 '선택적으로 재교수' 실시(⇨ 새로운 학습자료로 넘어가기 전에 이전 학습과제에 대해 학생들이 확실하게 이해하도록 함)

MEMO

03

✔ 직소 Ⅰ~Ⅳ 비교

단계	직소 Ⅰ	직소 Ⅱ	직소 Ⅲ	직소 Ⅳ
1단계	학습자가 교과내용의 일정한 부분을 읽고 과제를 부여받음(과제분담)			
2단계	동일 주제 학습전문가 집단으로 흩어져서 학습을 함(전문가 활동)			
3단계	팀으로 돌아가 동료를 가르침(동료 교수)			
4단계			퀴즈 대비 학습 정리	
5단계	퀴즈			
6단계	개인점수 산정	개인점수와 팀 점수 산정		
7단계				재교수

(2) 성취과제분담모형(STAD : Student Team Achievement Division) 03 초등, 07 중등, 11 중등

개관	• 성취과제분담모형(STAD)은 개인의 성취가 팀의 성취로 연결(분담)되도록 하여 협동학습을 촉진시키는 모형이다. 1986년 미국 존스 홉킨스 대학의 슬래빈(Slavin)이 수학교과와 같은 지식의 이해와 기본기능의 습득을 촉진시킬 목적으로 개발한 것이다. • STAD 모형은 집단구성원의 역할이 분담되지 않은 공동학습구조이면서 동시에 개별보상과 더불어 집단보상(팀 점수가 가장 높은 팀에게 보상)이 추가되는 구조이다. • 이질적인 학생들로 팀을 구성하여 과제를 공동학습 한 후 형성평가를 실시하고, 개인별 향상점수를 계산하여 팀 점수를 산출하며, 이를 토대로 개별보상과 집단보상을 제공하는 방식이다. • '개별 책무성, 집단보상, 성취 결과의 균등분배'라는 협동전략을 사용한다. • 팀경쟁학습(TGT)와 함께 가장 성공적인 모형이다.
절차	• **교사의 수업내용 소개(학습안내)** : 새로운 단원의 전체 개요 안내 • **팀 구성(소집단 조직)** : 학습능력의 수준에 따라 이질적인 학생들로 소집단 구성 • **팀 학습(소집단 학습)** : 퀴즈에 대비하여, 팀별로 나누어 준 학습지의 문제를 협동학습을 통해 해결한다. • **개별 평가** : 개별시험(퀴스) ⇨ 개인 섬수 부여 ⇨ 개인별 향상점수 부여(과거 점수와 비교하여 향상점수 계산) • **팀 점수(소집단 점수) 산출** : 개인별 향상점수를 평균내서 팀 점수로 산출 • **팀 적수(소집단 점수) 게시** : 팀 점수(소집단 점수)를 근거로 우수 팀 선정 • **보상** : 우수한 개인과 집단에게 보상(개별보상, 집단보상)

(3) 팀경쟁학습(TGT : Team Games Tournaments)

개관	• STAD와 유사하게 소집단별 보상을 실시하나, 개인별 시험(퀴즈)을 실시하지 않고 토너먼트식 퀴즈게임을 이용하여 각 팀 간의 경쟁을 유도하는 학습모형이다. ⇨ 집단 내 협력학습, 집단 간 경쟁 유도. 1973년 드바이스와 에드워드(Devices & Edward)가 개발 • 이 모형은 공동작업구조이고, 보상구조는 집단 내 협동과 집단 외 경쟁구조이다. • 학습능력이 다른 학습자들로 팀 구성 ⇨ 학습자들은 학습지를 개별적으로 학습한 후 팀원끼리 협력하여 학습을 마무리 ⇨ 매주 각 팀별로 비슷한 수준의 학생들을 모아 토너먼트 퀴즈게임 ⇨ 매주 최우수팀 선정 보상

MEMO

절차	• **교사의 수업내용 소개**: 교사가 학습지를 각 소집단에게 나누어 주고 해당 학습단원에 대해 강의중심으로 수업을 함 • **소집단 학습**: 강의가 끝나면 학습자들은 소집단별로 배포한 학습지에 나와 있는 문제를 풀면서, 소집단 구성원들과 서로 맞추어 보고 필요하면 도움을 주고받음 • **토너먼트 게임 선수 배정**: 각 학습자들은 토너먼트 테이블로 가서 게임에 참여하며, 각 테이블은 각기 다른 소집단에서 나온 학업성취도가 비슷한 구성원들로 구성함 • **퀴즈**: 각 토너먼트 참여자들은 테이블 위에 있는 문제 카드를 뽑아 읽고 이에 답하는 활동을 교대로 해 나감. 정답을 말한 횟수에 따라 참여자들에게 점수를 부여함 • **팀 점수 산출 및 보상**: 모든 테이블의 토너먼트가 종료되면 각 참여자들은 원래의 소집단에 모여 각자가 받은 점수를 합한 후, 구성원의 수로 나누어 평균을 구해서 팀 점수를 산출함

(4) **자율적 협동학습**(협동을 위한 협동학습, 도우미 학습, Co-op Co-op: Co-operation Co-operation) 02 중등, 10 중등

개념	• 학급의 전체 학습과제를 여러 팀(소집단)으로 구성된 학급 전체가 협동해서 해결하는 모형 ⇨ 케이건(Kagan)이 개발 • 학급의 전체 학습과제를 소주제로 나누고 같은 소주제를 선택한 학생들끼리 팀을 구성하여 팀별로 학습한 후 동료 및 교사에 의한 다면적 평가를 실시하는 모형 • 고차적 인지과정의 학습을 위해 개발되었으나 기본기능의 학습에도 적용이 가능하며, 교과내용뿐만 아니라 개념, 사고기술의 발달, 의사소통의 형성, 공동체 의식의 형성을 위해서도 활용함 • 교사와 학생이 토의를 통해 학습과제 선정 ⇨ 학습과제를 소주제로 분류 ⇨ 팀 구성(각자 하고 싶은 소주제를 선택하고, 같은 소주제를 선택한 학생들끼리 팀 구성) ⇨ 팀 활동(소주제를 하위 미니주제로 분담, 개별적으로 정보수집, 개별활동 종합, 팀 보고서 작성 후 학급전체에 발표) ⇨ 다면적 평가(팀 동료에 의한 팀 기여도 평가, 교사에 의한 소주제 학습기여도 평가, 전체 학급동료들에 의한 팀 보고서 평가)
특징	• 팀 구성원 개인의 노력과 팀의 결과물을 다른 팀과 공유하여 학급 전체의 결과물을 산출하는 협동을 위한 협동에 초점을 둠(소집단 경쟁 체제가 아닌 소집단 협력 체제를 지향함) • 분업의 원리를 활용하여, 전체 학습과제를 각 팀(소집단)별로 나누어 학습함으로써 학급 전체에 공헌하는 구조 • 팀(소집단) 내의 협동과 팀(소집단) 간의 협동으로 얻은 이익을 학급 전체가 공유하는 경험을 함 • 무임승객 효과와 봉 효과를 최소화시킬 수 있으며 협동기술을 기르는 데 유용함
절차	• **교사의 학습 안내**: 강의나 강연, 인쇄물, 비디오 등을 이용한 학습동기 유발 • **학생중심 학급 토론**: 교사와 학생이 토의를 통해서 학습과제를 선정함. 학습과제를 소주제로 분류함(주제에 대해 알게 된 것, 더 알고 싶은 것에 대해 '브레인스토밍'을 하고 교실 전체가 토론을 실시함. 학생들의 토론과정에서 다양한 소주제들이 만들어짐) • **소집단 구성을 위한 하위주제 선택**: 학생들은 학습주제 중에서 자신이 학습하고자 하는 주제를 선택 • **하위주제별 소집단 구성**: 학생들이 선택한 주제를 중심으로 소집단을 편성하고 소집단별로 효과적인 집단활동을 위해 팀워크를 다짐

MEMO

03

	• **하위주제의 정교화**: 하위주제별로 모인 소집단은 소집단 내의 토의를 통해서 자신들이 맡은 하위주제를 보다 정교한 형태로 구체화하고 연구 범주를 정함 • **소주제 선택과 분업**: 소집단 구성원들은 하위주제(subtopic)를 몇 개의 소주제(minitopic)로 나누고 이를 구성원 모두가 자신이 원하는 소주제를 분담함 • **개별학습 및 준비**: 각 학생들은 자신이 맡은 소주제를 개별학습하고 소집단 내에서 발표할 준비를 함 • **소주제 발표 및 보고서 작성과 발표**: 소집단 내에서 자신이 맡은 소주제에 대한 학습 및 조사결과를 발표하고, 전체 학급에서 발표할 보고서를 준비하여 발표하고 전체 토의를 진행함 • **평가와 반성**: 다면적 평가(팀 동료에 의한 팀 기여도 평가, 교사에 의한 소주제 학습기여도 평가, 전체 학급동료들에 의한 팀 보고서 평가)
장점	• 학생들이 관심(흥미) 있는 주제를 선택하여 학습하기 때문에 과제 가치가 증진되고 자율성이 증대됨 • 자료를 수집, 분석하고 해석하면서 다양한 사고기술과 고차적 인지기능이 발달함 • 협동을 위한 협동을 통해 관계성 욕구가 충족되고 과제 자체를 추구하는 숙달목표를 지향하므로 학습동기를 자극할 수 있음 • 혼자서는 해결하기 힘든 학습과제를 성취함으로써 유능감이 증진되어 학습동기를 높일 수 있음

(5) 집단조사(GI : Group Investigation)

개념	• 1976년 이스라엘 텔아비브(Tel Aviv) 대학의 샤란(Sharan)이 개발한 모형 • 전체 학습과제를 주제별로 나누어 소집단별로 조사학습을 한 후 평가하는 방식
특징	• 학습과제의 선정에서부터 학습계획, 집단의 조직, 집단과제의 분담, 집단보고에 이르기까지 학생들 스스로의 자발적 협동과 논의로 학습이 진행되는 개방적인 협동학습모형(학생들에게 과제 선택의 기회를 부여했다는 점이 기존 조별 발표 수업과 가장 차별되는 지점임) • 작업구조는 작업분담구조와 공동작업구조가 혼합되어 있고, 보상구조는 개별보상과 집단보상을 자유로이 선택할 수 있는 구조임
절차	• **소주제 범주화와 소집단 구성**: 교사가 탐구주제를 제시하면, 학생들은 그 주제와 관련된 보다 구체적인 질문들을 제기하며, 이러한 질문들을 토대로 소주제를 범주화하여 설정함. 학생들은 각자 소주제를 선택하고 그 소주제를 중심으로 소집단을 구성함 • **탐구 계획 수립 및 역할 분담**: 각 모둠별로 자신들이 선택한 소주제에 대해 누가, 무엇을, 어떻게 탐구할 것인지 구체적인 연구 계획을 세우고 세부적인 역할 분담을 함 • **모둠별 탐구 실행 및 발표 준비**: 학생들은 각자의 역할에 따라 정보를 모으고 조직한 뒤에, 정보를 공유하고 토의를 함. 모둠별로 조사한 탐구 주제를 정리하고 구체적인 발표 방법을 정한 뒤 발표를 준비함 • **발표**: 각 모둠은 조사한 내용을 학급 전체를 대상으로 발표함(전시, 구두보고, 비디오 상영 등). 발표가 끝나면 각 모둠의 보고서를 종합하여 학습보고서를 작성함 • **평가**: 교사와 학생은 각 집단의 전체 학습에 대한 기여도를 평가함. 최종 성적에 대한 평가는 개별평가나 집단평가를 함

MEMO

(6) 함께 학습하기(어깨동무학습; LT : Learning Together)

개관	• 1975년 미국 미네소타 대학의 존슨과 존슨(Johnson & Johnson)이 개발한 모형 • 주어진 과제를 집단별로 공동으로 수행하고 보상도 집단별로 부여하는 방식 • 협동과제구조와 협동보상구조를 사용함 • 시험은 개별적으로 시행하나, 성적은 소속된 집단의 평균점수를 받게 되므로 자기 집단 내 다른 학생의 성취 정도가 개인 성적에 영향을 줌
한계	하나의 집단 보고서에 집단보상을 함으로써 무임승차 효과나 봉 효과가 나타나 다른 협동학습모형에 비해 덜 효과적일 수 있음

(7) 팀보조개별학습(TAI : Team Assisted Individualization) 04 초등

개관	• 미국 존스 홉킨스 대학의 슬래빈(Slavin)이 수학교과 학습을 위해 개발한 것으로 개별학습과 협동학습이 결합(혼합)된 모형 • 작업구조는 개별작업과 작업분담의 혼합구조이고, 보상구조도 개별보상과 협동보상의 혼합구조
절차	• 프로그램화된 학습자료를 이용하여 개별 진단검사를 실시한 후, 각자의 수준에 맞는 단원을 개별적으로 학습함(개별학습). 과제 해결과정에서 곤란을 느낄 때 동료의 도움을 받아 문제를 해결함(협동학습). • 단원이 끝나면 그 단원의 최종적인 개별 시험을 보고, 이 개별 시험 점수를 합산하여 평균을 내고 이것을 팀 점수로 규정함. 미리 설정해 놓은 팀 점수를 초과하면 팀이 보상을 받게 됨

MEMO

03

13 웹기반 협동학습

1 개념

① 웹기반 협동학습은 인터넷과 소집단 협동학습을 결합한 수업의 형태로서, 학생들은 웹을 기반으로 팀원과 상호협력하며 공동의 목표를 달성하게 된다. ⇨ SNS 기반 협동학습
② 웹기반 협동학습은 웹페이지에 개설된 게시판, 채팅, 이메일, 화상대화 등을 통해 협동학습을 진행하는 방법이다.

2 장단점

장점	단점
• **학습기회의 확대**: 웹(SNS)기반 협동학습은 시공간의 제약을 극복하여 언제, 어디서나 협동학습이 가능하므로 학생들의 학습기회가 확대된다. • **학습수준의 향상과 학습효과의 극대화**: 웹(SNS)이 가지는 편의성과 접근성에 기초해 볼 때 반복적이며 집중적인 협동학습이 가능하므로 학생들의 학습수준의 향상과 학습효과의 극대화에 크게 기여한다. • **능동적이면서 균등한 학습참여 보장**: 웹기반 협동학습은 팀원들의 목소리나 얼굴 표정, 분위기 등에 영향을 받지 않고 자신의 의견을 쉽게 제시할 수 있으므로 능동적이며 균등한 학습참여를 보장한다. • **학습자의 선택에 기초한 자율학습 가능**: 웹기반 협동학습에서는 학습자들이 학습내용, 시간, 자원, 매체들을 직접 선택할 수 있기 때문에 학습자의 선택에 기초한 자율적 학습을 가능하게 해 준다.	• **팀원 간 의견 조율에 많은 시간 소요**: 웹(SNS)기반 협동학습은 학습활동이 전자우편, 게시판, 채팅 등 온라인을 통해 진행되므로 팀원 간의 의견 조율에 많은 시간이 소요될 수 있다. • **정보의 과부하 초래**: 웹(SNS)기반 협동학습에서는 인터넷을 이용하여 다양한 자원에 접근할 수 있으므로 학습자가 처리해야 하는 정보에 과부하가 발생할 수 있다. • **학습동기가 낮은 학습자의 학습 참여 저조**: 웹기반 협동학습은 시간과 공간의 제약을 받지 않고 학습자가 자율적으로 학습활동을 해야 하기 때문에 학습동기가 낮을 경우 학습참여가 저조할 수 있다. • **쓰기 능력이 부족한 학생에게 거부감 유발**: 웹기반 협동학습은 게시판, 채팅, 전자우편 등을 이용하여 학습활동이 진행되므로 쓰기 능력이 부족한 학습자들에게 거부감을 줄 수 있다.

Section 02

교수방법의 혁신

MEMO

01 멀티미디어

1 인지부하이론(CLT : Cognitive Load Theory) – Sweller(2010)

(1) 개관

① **개념** : 작업기억의 한계 용량으로 인해 인지부하가 발생하기 때문에 인지부하를 효율적으로 조절할 수 있는 교수처방을 제시하는 이론이다.

② **인지부하(cognitive load)의 개념** : 과제를 수행할 때 학습자의 인지체계에 부과되는 정신적인 노력(인지적 노력)을 의미한다.

③ **인지과부하(cognitive overload)의 개념** : 과제해결에 요구되는 인지부하의 총량(내재적 인지부하 + 본질적 인지부하 + 외생적 인지부하)이 학습자의 작업기억의 용량을 초과할 때 인지과부하가 발생한다.

④ **인지부하이론의 목적** : 인지부하이론의 핵심은 인간의 작업기억에는 한계가 있기 때문에 학습자에게 너무 많은 양의 정보를 한꺼번에 제공하면 인지과부하를 일으켜 효과적인 학습을 방해하게 된다는 것이다. 인지과부하(cognitive overload)는 학습부진의 주요 원인이 되기 때문에 불필요한 인지부하를 초래하는 변인을 밝혀 효과적인 학습을 유도하는 교수전략을 개발하는 것이 매우 중요하다.

(2) 인지부하이론의 가정

① **사람의 작업기억 용량은 제한되어 있다** : 따라서 제한된 용량이 넘치지 않도록 유의하면서 학습해야 한다. 만약 학습자가 인지과부하를 경험하게 되면 학습속도가 느려지거나 진행되지 않을 수 있다. 학습을 촉진하기 위해서는 제한된 작업기억의 용량에서 효율적으로 인지부하를 관리해야 한다.

② **시각 및 청각의 이중처리 과정을 갖고 있다** : 사람들은 시각과 청각 정보를 동시에 처리한다. 그렇기 때문에 어느 한쪽으로만 치우친 정보 입력을 받게 되면 인지과부하가 쉽게 일어날 수 있다. 정보의 입력 채널을 적절하게 분산해야 인지부하를 효과적으로 관리할 수 있다.

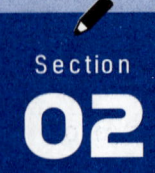

③ **학습의 목적은 스키마의 획득이다 :** 새롭게 입력된 정보와 기존의 정보를 통합시키는 과정이 스키마를 획득하는 과정이다. 학습의 목적은 스키마의 획득을 통해 학습결과의 전이를 높이고 자동화를 달성하여 학습에 대한 숙련도를 높이는 것이다.

④ **스키마 획득과 관련된 인지부하는 늘리고 불필요한 인지부하는 줄이는 것이 가장 중요하다 :** 효율적인 학습을 하기 위해서는 스키마 획득에 필요한 인지부하는 늘리고, 학습에 불필요하게 투입되는 인지부하는 줄여야 한다.

MEMO

03

(3) 인지부하의 발생과 조절

① **인지부하의 종류 :** 인지부하의 발생 원인에 따라 분류

학습과정에서 발생하는 인지부하의 총량은 내재적 인지부하, 본질적 인지부하, 외생적 인지부하를 모두 합친 것이다. 학습과정에 관여하지 않고 있는 부분은 '사용되지 않는 영역'으로 표시되어 있다. 따라서 인지부하의 총량(내재적 인지부하 + 본질적 인지부하 + 외생적 인지부하)은 학습과정에 관여하는 작업기억의 용량이다. 만약 인지부하의 총량이 작업기억의 용량보다 커지면 인지과부하(cognitive overload)가 발생한다.

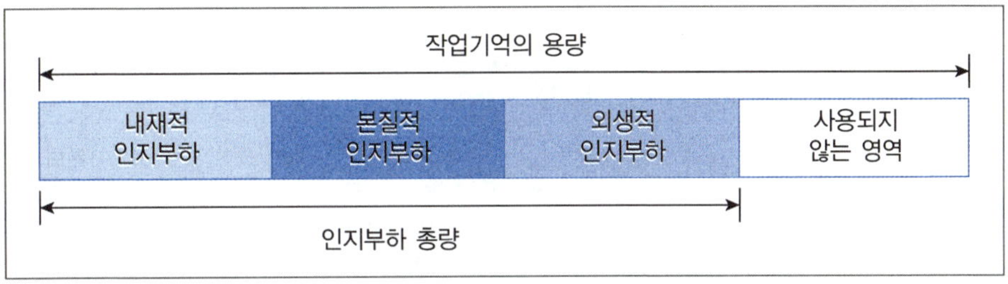

학습과정에서 작업기억 용량의 활용

내재적 인지부하 (intrinsic cognitive load)	• 학습과제 자체의 난이도에 의해 결정되는 인지부하이다. 이것은 학습 난이도에 따라 내재적 인지부하의 수준이 비례한다. 난이도가 높은 과제를 수행하면 학습자의 인지부하는 올라가고, 난이도가 낮은 과제를 수행하면 학습자의 인지부하는 낮아진다. • 내재적 인지부하는 일반적으로 과제에 의해 결정되기 때문에 인지부하의 수준을 조절하기는 쉽지 않다.
본질적 인지부하 (germane cognitive load)	• 학습내용을 이해하거나 적용하기 위해 새로운 스키마(지식체계)를 생성하거나 새로운 지식을 기존의 스키마(지식체계)에 통합시키려는 인지적 노력이다. 본질적 인지부하는 양을 늘리는 것이 좋은 긍정적 인지부하이다. • 이것은 학습자의 학습주제에 대한 집중·몰입 정도에 따라 인지부하의 수준이 비례한다.
외생적 인지부하 (extraneous cognitive load)	• 학습과정에서 불필요하게 투입된 인지적 노력이다. 외생적 인지부하는 양을 줄이는 것이 좋은 부정적 인지부하이다. • 외생적 인지부하는 부적절한 학습자료나 자료제시방식 등으로 인해 발생한다.

암기법
내외본질

MEMO

② **인지부하의 조절**: 3명의 학습자가 동일한 학습과제를 수행하고 있지만, 사용하는 교재는 모두 다르다고 가정해 보자. 학습자 A와 학습자 B를 비교해 보면, 전체적인 인지부하의 총량(내재적 인지부하 + 본질적 인지부하 + 외생적 인지부하)은 서로 비슷하지만, 학습자 B는 외생적 인지부하의 발생이 상대적으로 적고 본질적 인지부하를 더 많이 지각하고 있다. 이것은 학습자 B가 자신이 배운 내용을 기존의 스키마에 통합시키기 위해 더 많은 정신적 노력을 투입하고 있음을 의미한다. 또한 학습자 B가 사용하는 교재는 학습자 A와 비교했을 때 외생적 인지부하의 발생도 더 적은 것으로 나타나고 있다. 학습자 C는 학습자 A와 학습자 B에 비해 인지부하의 총량이 현저하게 많은 것으로 나타나고 있다. 이 경우에는 인지부하의 총량이 학습자의 작업기억 용량을 모두 차지하고 있기 때문에 인지과부하가 발생한 것으로 볼 수 있다. 또한 동일한 학습과제임에도 학습자 C가 지각하는 내재적 인지부하는 학습자 A와 학습자 B에 비해 더 많은 것으로 나타났다. 이런 현상이 나타난 것은 학습자 C의 사전 지식이 상대적으로 적기 때문에 학습과제에 대한 난이도가 높게 지각되었기 때문이다.

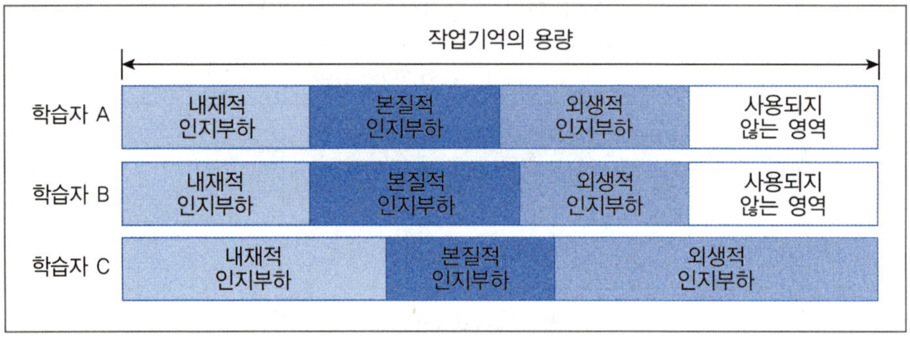

인지부하 정도에 따른 예시

2 멀티미디어 설계 원리 10 초등

(1) 외생적 인지부하를 줄이기 위한 설계 원리 암

– 학습과정에서 발생하는 불필요한 인지과정을 줄이는 방법

<table>
<tr><td>근접성 원리
(contiguity principle)</td><td>글(텍스트)과 그림(그래픽), 시각과 청각은 시공간적으로 서로 가깝게 제시해야 한다는 원리이다. 만약 이 둘을 서로 분리해서 제시하면 학습자의 주의가 분산되고 부가적인 정신적 노력을 투입해야 하기 때문이다.</td></tr>
<tr><td>양식 원리
(modality principle)</td><td>시각 채널과 청각 채널을 모두 활용할 수 있도록 제시해야 한다. 시각적인 글(텍스트)과 그림만 제시하면 시각처리에 의한 인지부하만 높아지므로 그림과 그에 상응하는 내용의 내레이션을 동시에 제공하면 인지부하를 적절하게 관리할 수 있다.
예 애니메이션 + 자막(×), 애니메이션 + 내레이션(○)

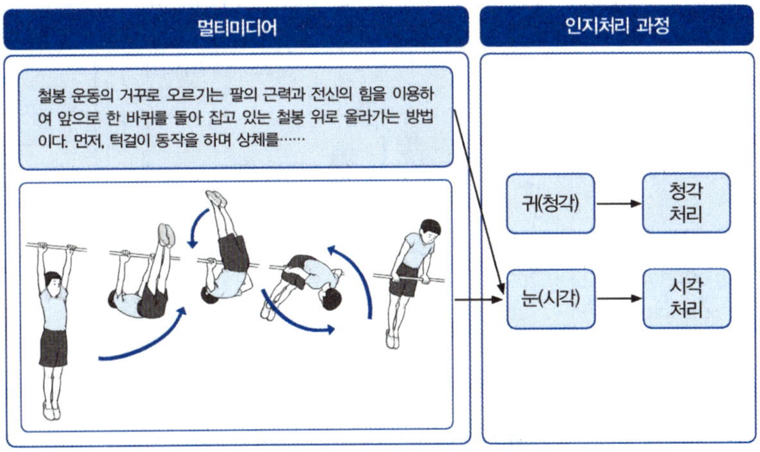

✅ 양식 원리를 적용하지 않은 비효율적 설계

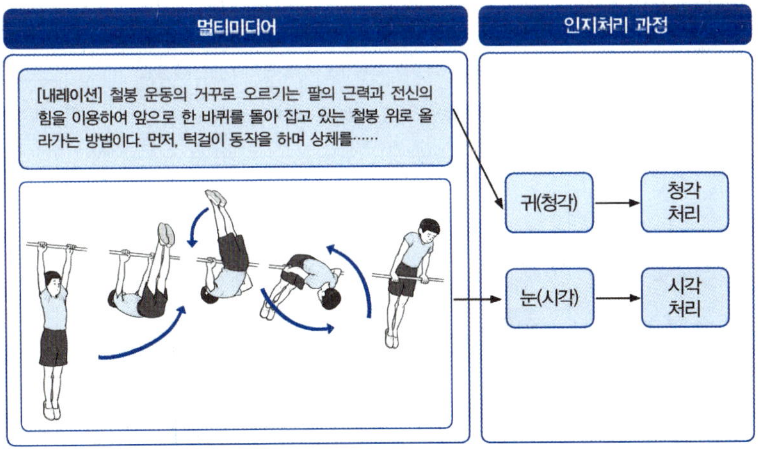

✅ 양식 원리를 적용한 효율적 설계</td></tr>
</table>

MEMO

암기법
근양중일

03

MEMO

중복 원리 (redundancy principle)

동일한 내용을 담고 있는 시각(텍스트)과 청각(내레이션)의 중복을 피해야 한다(예 화면에 제시된 그림(그래픽)을 설명하기 위해 텍스트를 음성으로 읽어 주는 것). 이들을 동시에 제공하면 주의집중이 분산되어 인지부하를 효율적으로 관리할 수 없다. 중복적인 정보를 제거하여 주의분산과 인지부하를 줄여야 한다.

예 그림, 텍스트, 텍스트의 내레이션을 함께 제공하면 텍스트와 동일한 내레이션이 중복되어 학습자의 주의집중이 분산될 수 있다. 이 경우 그림과 텍스트 중 하나를 제거하든지, 시각 채널을 활용하는 그림과 텍스트를 제공하고 그와 다른 내용의 내레이션을 제공한다.

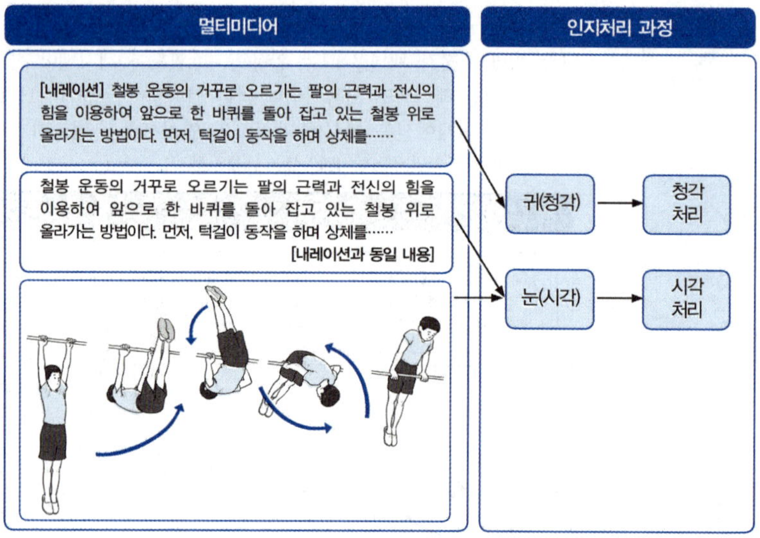

✅ 중복 원리에 의한 비효율적 설계

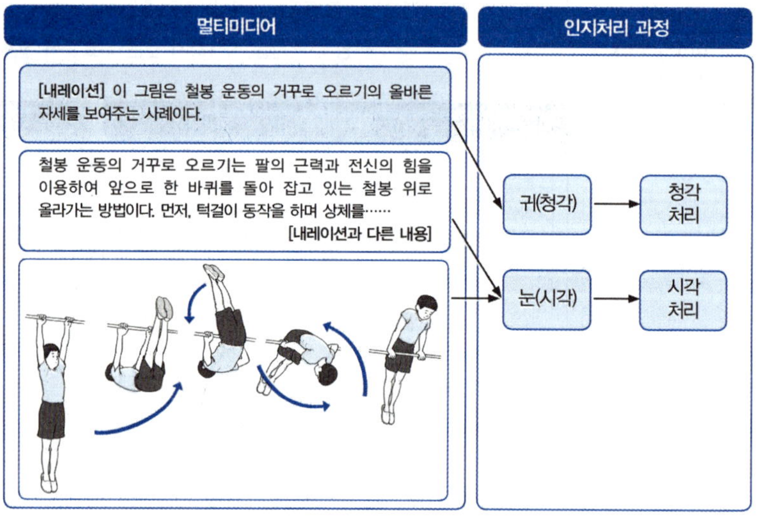

✅ 중복 원리를 배제한 효율적 설계

일관성 원리 (coherence principle)	학습내용에 관련된 내용만으로 구성해야 한다. 학습과 관련 없는 불필요한 배경음악, 그림, 텍스트 정보 등을 추가해서는 안 된다. **제2장 철봉을 오르는 방법 1** 철봉 운동의 거꾸로 오르기는 팔의 근력과 전신의 힘을 이용하여 앞으로 한 바퀴를 돌아 잡고 있는 철봉 위로 올라가는 방법이다. 먼저, 턱걸이 동작을 하며 상체를 철봉 쪽으로 끌어당기는 것과 동시에 두 다리를 철봉 위로 당겨서 올린다. 몸이 철봉 위로 올라갈 때 고개를 뒤로 젖히며 손목을 돌려 잡는다. 무릎을 곧게 펴서 몸의 뒤쪽으로 밀어낸다. 이때 팔꿈치를 곧게 펴야 원심력을 이용할 수 있다. 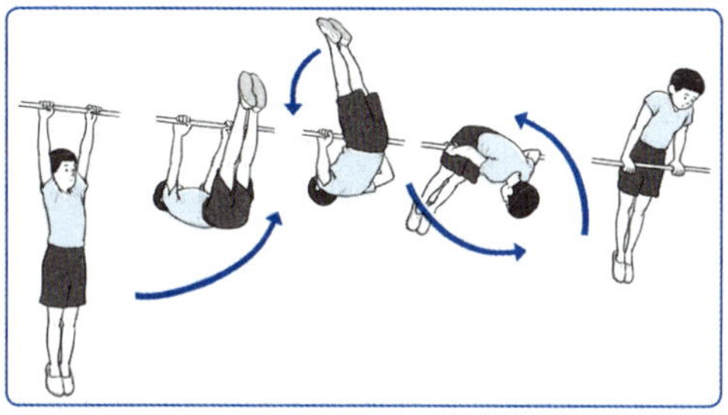 ⚠ **하루 상식** 옛날 철봉에서는 '턱걸이'라는 간단한 동작만을 시행했고 1850년에 '차오르기'라는 기술이 만들어지면서 진화를 시작했다. 현대 기계체조에서는 남자 기계체조의 꽃이다. 스윙, 틀기, 비행 동작의 부드러운 연결로 좋은 점수를 받는다. ✓ 일관성 원리에 위배된 비효율적 설계

(2) 본질적 인지부하를 촉진하기 위한 설계 원리

– 스키마 획득을 촉진시키기 위한 방법

개인화 원리 (personalization principle)	• 학습자와 대화하듯이 내용을 전달하는 방법이다. 예를 들어, 학습내용을 설명할 때 학습자의 이름을 불러 주는 것도 개인화의 적용 사례이다. • 이처럼 직접 대화를 하듯이 정보를 제공하면 학습자는 동기 수준이 더 높아지고 학습에 더욱 집중하게 된다. 결과적으로 학습자는 현재 학습하고 있는 내용에 더 많은 정신적 노력을 투입하게 된다.
자기설명 및 인지 리허설 원리 (self-explanation & cognitive rehearsal principle)	• 학습내용을 학습자 스스로 점검하도록(메타인지) 유도하는 방법이다. 학습내용이나 학습과정을 스스로 설명해 보게 하거나, 과제수행의 절차와 순서를 따져가며 머릿속에 반복하여 연습하는 인지 리허설을 하게 한다. 예 각국의 수도를 외워야 하는 경우 각국의 이름과 수도를 연결된 목록으로 머릿속에 반복하여 연습함 • 이런 방법을 적용하면 학습자는 학습과정을 스스로 점검함으로써 학습내용에 대한 이해를 높이게 된다.

MEMO

03

MEMO

(3) 내재적 인지부하를 조절하기 위한 설계 원리

– 학습과정을 조절함으로써 내재적 인지부하 관리

<table>
<tr>
<td>완성된 예제의 활용
(worked-out example)</td>
<td>
• 완성된 예제는 문제해결 과정을 단계별로 명료하게 제시해 주는 사례를 의미하며, 완성된 예제를 적용한 수업을 진행한다. 완성된 예제는 과제수행에 필요한 절차를 단계별로 제시하고 있기 때문에 학습자는 학습에 필요한 정보만 간결하게 처리할 수 있다. 예를 들어, 3단계로 구성된 학습내용이 있을 때, 완성된 예제(1, 2, 3 단계)를 가장 먼저 제시하고, 어느 정도 이해가 되었으면 맨 마지막 단계부터 그다음 단계의 순서로 학습자가 과제를 스스로 완성하도록 한다(단계 3 → 단계 2 → 단계 1). 이를 후방 페이딩(backward fading)이라고 한다.
• 완성된 예제를 활용하면 2가지 장점이 있다. 첫째, 과제 완성에 필요한 절차를 쉽게 이해할 수 있다. 둘째, 점진적으로 학습과정을 완성할 수 있기 때문에 내재적 인지부하를 조절하기 쉽다.
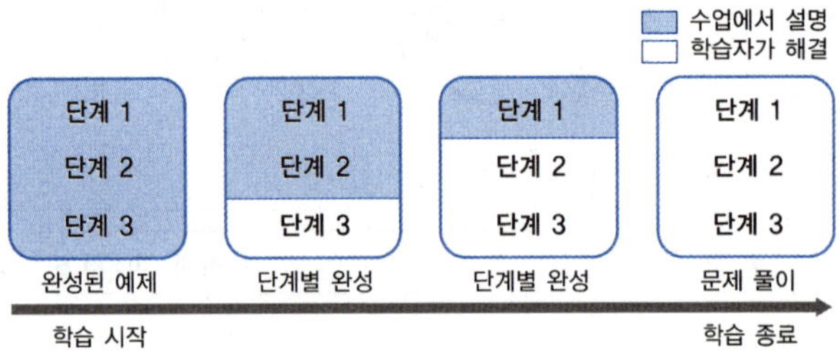

완성된 예제의 적용 예
</td>
</tr>
<tr>
<td>사전 훈련
(pretraining principle)</td>
<td>
학습내용을 이해하기 위해서 알고 있어야 하는 구성을 먼저 이해하도록 하는 방법이다. 각 구성 부분을 이미 이해하고 있다면 학습내용에 대한 종합적인 이해가 빨라질 수 있다.
예 카약의 각 구성 부분에 대한 명칭을 먼저 설명하고, 복잡한 조작 방법에 대해 설명한다. 심장의 기능을 설명하기에 앞서 심장의 위치와 구성요소의 역할을 강의한다.
</td>
</tr>
</table>

MEMO

03

02 원격교육(distance education)·온라인 수업 21 중등論, 22 중등論, 24 중등論

1 원격교육 개관

(1) 개념

① 교수자와 학습자가 직접 대면하지 않고 방송교재나 오디오·비디오 교재 등을 매개로 하여 교수-학습활동을 전개하는 교수전략

② 비면대면(non-face to face) 수업형태 : 모든 종류의 교육공학적 매체들을 종합적으로 사용하는 '다중매체 접근방식(multimedia approach)'의 장점을 최대한 활용, 평생교육에서 중시

	같은 시간	다른 시간
같은 장소	전통적 교실교육	미디어센터(학습센터)
다른 장소	동시적 원격교육	비동시적 원격교육

✔ 콜드웨이(Coldway)의 교육실천 형태 분류

(2) 원격교육을 위한 매체선정 준거 – 베이츠(A. W. T. Bates)의 ACTIONS 모형

ACTIONS 모형에서는 A와 C를 우선적으로 중요시한다. ACTIONS 모형은 SECTIONS 모형으로 불리기도 하는데, 이때 S는 Student(학습자), E는 Ease of use and reliability(사용의 용이성과 신뢰성, 즉 접근성)를 말한다.

기준	내용
A(Access, 접근, 수신, 접속)	• 학습자에게 얼마나 접근성이 좋은가? 학습자가 얼마나 접근하기 쉬운가? • 학습자가 특정 매체에 어느 정도 접근 가능한지를 파악함 • 그 매체가 목표집단에게 얼마나 융통성이 있는지를 파악함
C(Costs, 비용)	• 비용이 얼마나 효율적인가? • 학생 수, 강좌 수, 초기 투자비용과 운영비용 등에 관한 고려가 필요함
T(Teaching and learning, 교수-학습)	• 교수-학습 지원성이 있는가? 하고자 하는 교수-학습에 맞는 매체인가? • 매체가 가지는 교육적 특성, 제시형태뿐만 아니라 학습목표에 대한 분석을 통해 매체를 선정해야 함
I(Interactivity and user-friendliness, 상호작용과 학습자 친화)	• 상호작용을 원활하게 하는가? 학습자가 사용하기 쉬운가? • 특정 매체로 가능한 상호작용의 형태와 그 사용이 용이한지에 대한 고려

MEMO

O(Organizational issue, 조직의 문제)	• 이 매체를 적용하기 위해 조직에 어떤 변화가 필요한가? • 매체가 성공적으로 활용되기 위해 사전에 조직이 갖추어야 할 필요요건은 무엇이며, 제거되어야 할 장애요소는 무엇인가? ⇨ 매체가 성공적으로 활용되기 위해 고려해야 할 조직의 특성 ⇨ 조직 내의 장애요소 제거, 즉 조직개편과 인적 자원의 확충 등을 말함
N(Novelty, 참신성)	• 얼마나 새로운 매체인가? • 학습자에게 얼마나 새롭게 인식되는가의 고려
S(Speed, 신속성)	• 얼마나 빨리 매체가 작동하는가? • 얼마나 빠르게 학습내용을 전달하는가의 고려

(3) 특성

① **교수자와 학습자 간의 물리적 격리**: 비접촉성 커뮤니케이션

② **교수매체의 활용**: 인쇄자료, TV, 라디오, 컴퓨터 코스웨어 등

③ **교수자와 학습자 간의 상호작용(쌍방향 의사소통)**: 학습자－내용, 학습자－교수자, 학습자－학습자 간의 상호작용

④ **다수 대상의 개별학습 가능**

⑤ **학습자의 책임감 및 지원 조직이 필요**

⑥ **평생학습 체제 구현에 기여**: 융통성의 이념 구현을 통해 교육기회 확대에 기여

(4) 장단점

장점	단점
• 학습자들이 원하는 시간과 장소에서 원하는 내용을 학습할 수 있다. ⇨ 적시훈련(just－in－time training) 상황에 유용 • 각 지역에 있는 학습자원을 공유할 수 있다. • 서로 다른 장소에 있는 다수의 학습자를 대상으로 동시에 교육할 수 있다. • 온라인 멀티미디어 코스웨어를 제공한다. • 최신 정보를 입수할 수 있고, 원거리에 있는 교사나 전문가의 도움을 얻을 수 있다. • 학습자 간의 상호작용을 통해 학습을 할 수 있다.	• 원격지의 학습자를 직접적으로 통제할 수 없기 때문에 학습의 질(質)이나 평가관리가 어렵다. ⇨ 혼합교육(blended learning)으로 보완 • 시스템 환경 구축에 필요한 초기 비용 부담이 크며, 계속적인 투자가 요구된다. • 교수매체에 의존하는 의사소통으로 인해 교수자와 학습자 간에 심리적인 거리감이 생기고, 상호작용이 감소될 수 있다.

MEMO

03

2 온라인 수업

(1) 온라인 수업에서 학습자 상호작용의 어려운 점

① 온라인상에서의 상호작용을 위한 활용도구 및 전략에 대한 정보가 부족하거나, 플랫폼, 앱 등의 테크놀로지에 대한 지식과 활용능력이 부족하다.

② 온라인 수업 상황에서 어떤 유형의 상호작용이 가능하고, 어떤 방식으로 상호작용 활동을 수행해야 하는지에 대한 경험이 거의 없기 때문에, 수업의 유형이나 학습상황 등을 고려한 상호작용 활동을 제대로 수행하지 못하고 있는 것이 현실이다.

③ 실시간 온라인 학습에서 학습자가 비디오 화면을 끄면 목소리만으로 학습자의 심리를 추측해야 하는 것처럼 제스처, 몸짓, 목소리 크기, 억양 등을 통한 비언어적 상호작용이 제한적으로 이루어진다.

④ 비실시간 온라인 학습에서는 학습자의 질문에 교수자가 응답을 하는 데 많은 시간이 소요되고 즉각적인 상호작용이 어렵다.

(2) 온라인 수업 상호작용 유형과 그 기능

① **교수자-학습자 간 상호작용**: 수업내용에 질의응답, 과제에 대한 피드백 제공 등 지식과 정보를 공유 → 학생의 학습이해력 점검, 학생의 학습동기 유발, 교수자와 학습자 간의 심리적 거리를 줄이는 기능

② **학습자-학습자 간 상호작용**: 학습내용에 대한 의견교환, 토론수행, 협동학습 등을 공동으로 수행 → 친밀감과 소속감을 높이고 협력적으로 지식을 구성하는 데 도움

③ **학습자-내용 간 상호작용**: 콘텐츠 요구에 반응하고 몰입하며 학습 → 학습내용을 이해, 조직, 정교화하며 고차적 사고를 촉진

④ **학습자 내적 상호작용**: 학습자 스스로 자신의 학습수행과 학습내용 이해 정도를 점검, 성찰, 개선 → 자기조절학습 능력, 자기주도학습 능력 신장

✔ 온라인 수업 상호작용 유형

유형	정의	상호작용 활성화 교수학습 전략	효과
교수자-학습자 간 상호작용	교수자와 학습자가 수업내용이나 학습진행과 관련된 사항들을 주고받거나 질의응답을 수행하거나 과제에 대한 피드백을 제공하는 등 지식과 정보를 공유하는 활동을 의미	• 학습자의 질문에 대한 교수자의 즉각적, 구체적, 개별적인 피드백 제공 • 학습자 활동 및 학습 결과물에 대한 교수자의 피드백 제공 • 학습자 간 토론활동에 대한 교수자의 모니터링 및 피드백 제공	온라인 학습에서 발생하는 심리적 거리인 교류간격(transactional distance)을 줄이는 데 효과적임

MEMO

		• 퀴즈제시를 통한 학습 이해도 점검 및 학습내용 상기	
학습자-학습자 간 상호작용	학습자와 학습자가 온라인 상에서 학습내용에 대해 의견을 교환하거나 토론을 수행하거나 협동학습, 문제해결 등을 공동으로 수행하며 교류하는 활동을 의미	• 학습자 간 토론 기회 제공 • 학습자 간 팀별 프로젝트 및 협동학습 기회 제공 • 학습자 간 과제 공유 및 상호 피드백 제공 • 학습자 간 이메일 및 채팅 유도	친밀감과 소속감을 높이고 협력적으로 지식을 구성하는 데 도움이 됨
학습자-내용 간 상호작용	학습자가 온라인 수업에서 콘텐츠로 제시되는 자료들을 통해 학습하는 과정에서 콘텐츠의 요구에 반응하거나 콘텐츠에 몰입하며 학습하는 활동을 의미	• 퀴즈 및 게임을 통한 학습 몰입감 유도 • 수업내용과 관련된 실제적인 자료(동영상, 사례, 작품) 제시 • 실제적인 과제 제시	학습내용과 인지적 상호작용을 통해 고차적 사고를 촉진하고 학습내용을 이해하는 데 도움이 됨(하이퍼링크 클릭 → 원하는 콘텐츠로 이동, 모르는 내용 → 인터넷 검색, 동영상 강의 중간에 제시되는 퀴즈에 응답하면 자동으로 피드백을 받음, 온라인 학습자료에 필기, 하이라이트, 메모, 북마크 등을 하며 학습내용을 효과적으로 기억하고 조직하고 정교화할 수 있음)
학습자 내적 상호작용	학습자가 온라인 수업 상황에서 자기 스스로 학습을 적절히 수행하고 있는지, 학습내용을 이해하고 있는지 등을 점검하고 성찰, 개선해 나가며 자기 자신과 지속적으로 커뮤니케이션하는 활동을 의미	• 학습내용 및 학습경험에 대한 성찰일지 작성 유도 • 학습 포트폴리오 작성 유도	자기조절학습 능력, 자기주도학습 능력의 신장에 도움

MEMO

03

③ 유형

(1) e-learning(cyber-learning)

① 멀티미디어, 웹 등 여러 형태의 정보기술을 활용한 교육으로 학습자가 시간과 공간의 제약 없이 자유롭게 교육을 받을 수 있으며, 웹을 항해하면서 학습자원을 다양하게 활용할 수 있는 교육 또는 인터넷상에서 시간과 공간의 제약 없이 교육이 가능한 온라인 학습체제
② 전자적 수단, 정보통신 및 전파방송기술을 활용하여 이루어지는 학습(e-러닝 산업발전법)
③ 인터넷 기반으로 학습자 상호작용을 극대화하면서 분산형의 열린 학습 공간을 추구하는 교육(2003, e-러닝 백서)
④ 정보통신기술을 활용하여 언제(anytime), 어디서나(anywhere), 누구나(anyone) 수준별 맞춤형 학습을 할 수 있는 체제(한국교육학술정보원)

(2) **유비쿼터스 러닝**(U-learning, Ubiquitous learning)

① 개념

㉠ 유비쿼터스(ubiquitous)란 물이나 공기처럼 시공을 초월해 '언제 어디에나 존재한다.'는 뜻의 라틴어로, 사용자가 컴퓨터나 네트워크를 의식하지 않고 장소에 상관없이 자유롭게 네트워크에 접속할 수 있는 환경을 말한다. 1998년 미국의 제록스팔로알토 연구소의 마크 와이저(Mark Weiser)에 의하여 처음 사용되었으며, 그는 인간을 중심으로 하는 컴퓨터가 널리 퍼져 있는 상태를 유비쿼터스 컴퓨팅 환경이라고 칭하였다.

㉡ U-learning이란 학생들이 언제 어디서나 내용에 상관없이, 어떤 휴대용 단말기, 즉 모바일(mobile : 움직일 수 있는) 기기(예 휴대폰, PDA, DMB, PC, 노트북, 태블릿 PC, PMP 등)로도 학습할 수 있는 교육환경을 조성해 줌으로써 보다 창의적이고 학습자가 중심이 되는 교육과정을 실현하는 통합적 학습체제를 말한다.

㉢ 컴퓨터 관련 정보화 기기들(예 휴대용, 단말기, 자동차의 내비게이터, 각종 센서 등)이 무선 네트워크에 의해 연결될 때, 어디에나 존재하는 컴퓨팅 환경이 가능해지며, U-learning은 이처럼 컴퓨터가 도처에 편재된 상태인 유비쿼터스 컴퓨팅 기술을 활용하는 학습체제를 의미한다.

MEMO

② 전통적 교육체제와 유비쿼터스 학습체제 간의 비교

구분	전통적 교육체제	유비쿼터스 학습체제
범위	초등교육부터 고등교육까지의 형식적 학교교육	전 생애에 걸친 학습(학교, 직장, 은퇴 후)
내용	지식 내용의 습득과 반복 교육과정 중심형	• 지식의 창조, 습득, 활동 • 다양한 지식 원천 • 학습자의 학습 선택권 강화 • 핵심역량(competence) 중심
전달체제	• 학습방식과 모델이 제한적 • 공식적 교육기관 • 획일적 중앙통제형 관리 • 공급자 주도형	• 학습방식, 상황, 모델의 다양화 • 정보통신기술 기반형 학습지원체제 • 다양하고 유연한 분권적 관리 • 학습자 주도형

③ 특징

㉠ 기본적으로 학습자가 중심이 되는 교육환경을 제공하려고 한다. 학습자 주도적 학습은 학습자가 지식을 창조하고, 습득하고, 활용하며, 그 과정을 적극적으로 성찰하는 등과 같은 핵심능력을 배양하게 하며, 이를 위해 새로운 교수-학습모형이 등장하게 된다.

㉡ 학습참여자들 사이의 상호작용 형태에 변화를 가져오게 된다. 기존의 e-러닝이 일대일 상호작용의 장점을 다소 강조했었다면, U-러닝은 네트워크로 연결된 다른 학습자들 및 교수자가 서로 정보를 공유하면서 협력하여 학습하는 상호작용을 강조한다. 면대면으로, 원격으로, 실시간으로, 비동시적으로 등 다양한 방식으로 상호작용하게 된다.

㉢ 풍부한 학습자료를 활용한다. U-러닝 학습기기나 환경 속에 내재된 기술요소들이 다양하고 풍부한 학습자료를 시간과 공간의 제약 없이 제공해 준다. 또한, 기존의 교실수업에서 자주 접하지 못하는 교실 밖 환경이 콘텐츠 그 자체이자 학습자료가 된다.

㉣ 평생학습을 위한 기반이 된다. e-러닝에서의 단말기가 있는 곳은 '언제 어디서나'의 개념과 달리, 단말기의 역할을 하는 기술이 이미 환경에 정착되어 있어서 단말기가 있건 없건 학습자가 어디에 있건 상관없이 진정한 '언제 어디서나'의 환경이 된다. 이는 학창시절에 국한되었던 학습을 전 생애로 확장하여 형식교육과 비형식교육을 포함하여, 언제, 어디서나, 어느 시기나 학습이 가능하게 하는 환경이 된다는 것이다.

④ 사례

㉠ RFID(Radio Frequency IDentification) : 무선통신 시스템으로 자동화 데이터 수집장치(automatic data collection)이다. 이 무선통신 시스템은 RF 태그와 RF 리더로 구성되어 있는데, 사람, 자동차, 가구, 동물 등에 개체를 식별하는 정보를 부가하게 되고, 이 정보를 무선통신 매체를 이용하여 비접촉으로 해독하며, 이를 통해 관련 애플리케이션을 자동으로 실행하게 하는 기능을 가진다.

예 전자 태그가 부착된 식물이나 자연요소들의 정보가 학습자의 핸드폰이나 시계의 저장 장소 속으로 디스플레이 되고 저장되거나, 디지털로 현장을 사진이나 동영상의 형태로 캡처된 후 전송될 수 있다.

ⓛ 증강현실(augmented reality): 유비쿼터스 환경에서 실물과의 상호작용을 지원하는 기술로서 사람과 정보 간의 이음새 없는 상호작용을 가능하게 한다. 증강현실은 실제 세계와 가상세계(virtual)의 중간 즈음에 위치하는 것으로서, 사용자의 실제 환경에 가상의 정보를 더해 줌으로써 실제감을 향상시키는 기술이다. 당장 적절한 수준의 가상현실을 기술적으로 구현하기 힘들 때 증강현실을 통하여 학습자에게 보다 흥미로운 환경을 보여 줄 수 있는 것이다.

MEMO

03

(3) 모바일 러닝(m-learning, mobile learning)

① 개념

㉠ 기술적인 측면에서 볼 때 무선인터넷 및 위성통신기술을 기반으로 PDA(Personal Digital Assistant, 개인휴대용 단말기), PMP(Portable Multimedia Player, 휴대용 멀티미디어 재생기), 태블릿 PC, 무선인터넷 지원 노트북, 스마트폰을 활용하는 학습환경을 의미한다.

㉡ 모바일 테크놀로지(예 태블릿 PC, 스마트폰)를 활용한 이러닝의 한 형태 → 이동성(mobility)이 있는 무선(wireless)의 매체들을 활용한 교육을 의미한다.

㉢ 교실 내에서 특정한 시간대에 제한된 교육과 학습을 벗어나려는 e-러닝의 지향점은 M-러닝을 통하여 비로소 제대로 구현될 가능성을 보여 주고 있다. 무선인터넷과 관련된 기구들을 활용함으로써 학생들은 자신들이 어디에 있는지에 상관없이 학습활동을 하게 된 것이다.

㉣ 예를 들어, 위성 DMB를 통하여 교육방송을 시청할 수 있는 것이나, PMP 기기를 통해 다양한 학습 컨텐츠와 동영상을 다운로드 받아서 학습을 할 수 있게 하여 주는 사이트나, 디지털 교과서 등이 있다.

② 특징

㉠ **맥락성**: 맥락적(context-sensitive, context aware)이다. 실제적인 맥락 속에서 학습이 이루어지도록 돕는다. 예컨대, 미술관을 관람할 때 특정 작품에 다가가면 그 작품과 관련된 정보나 학습활동(예 퀴즈, 게임)을 자동으로 스마트폰에 전달함으로써 실제적인 학습을 촉진할 수 있다.

㉡ **개별성**: 학습자의 개별성을 지원해 준다. 모바일 기기를 휴대하면서 언제 어디서나 필요한 정보를 검색하고 중요한 내용을 메모하거나 사진 및 동영상으로 기록할 수 있다. 이는 학습자의 관심과 요구를 반영한 개별화 학습을 촉진하며, 학습자가 자신의 학습을 주도하도록 하여 궁극적으로 효과적인 학습을 돕는다.

㉢ **공유성**: 개별 학습의 결과를 학습자 간의 사회적 상호작용을 통해 공유하도록 하는 공유성의 특징을 가진다. 페이스북, 엑스(X), 네이버 밴드 등의 SNS를 이용해서 모바일 러닝 활동과 결과물을 교수자 및 다른 학습자와 쉽게 공유할 수 있다.

MEMO

03 액션 러닝(action learning)

1 개관

(1) 배경

1954년 영국의 레그 르반스(Reg Revans)에 의해 시작되었다. 국립석탄위원회 교육책임자 르반스(Revans)가 당시 탄광의 문제를 해결하기 위해 광부들을 대상으로 집단 컨설팅을 실시한 결과 30% 이상의 생산성 향상효과를 가져온 후 병원, 정부, 대학 등 다양한 분야에서 액션 러닝이 적용되고, 그 성과가 나타나면서 교육현장에서도 새로운 교육 패러다임으로 부각되고 있다.

(2) 개념

① '행함으로써 배운다(learning by doing)'라는 학습원리를 기반으로 팀원들과 함께 실제적인 문제를 해결하는 과정에서 학습이 이루어지는 역량개발의 교육방식이다.
② 개인 또는 팀워크를 기반으로 실제적인 문제를 해결하는 과정에서 동료와 촉진자의 도움을 받아 아이디어를 도출하고 적용하는 실천학습이다.

(3) 교육에 대한 기본 가정

전통적인 가정	액션 러닝에서의 가정
• 학생들은 가르쳐야 이해한다. • 교수는 문제를 내고, 학생은 답을 구한다. • 지식은 읽기와 듣기 중심으로 습득한다. • 교수자는 지식전달자의 역할을 한다.	• 학생들은 스스로 학습할 수 있다. • 학생이 문제를 내고, 학생이 답을 구한다. • 지식은 참여와 경험으로 습득한다. • 교수자는 학습 조력자의 역할을 한다.

✔ 액션 러닝의 정의

학자	정의
Revans (1982)	액션 러닝은 문제 상황에서 관찰 가능한 행동을 향상시키는 의도적인 변화를 얻기 위해 현실적으로 복잡한 스트레스성의 문제에 책임감을 지니고 관여함으로써 학습을 통해 지적, 감정적, 신체적 발달을 이루는 수단
Inglis (1994)	문제에 대한 해결책을 마련하기 위해 구성원이 함께 모여, 개인과 조직의 개발을 함께 도모하는 과정
McGill and Beaty (1995)	목표의식을 가지고 동료구성원의 지원을 토대로 이루어지는 학습과 성찰의 지속적인 과정
Marquardt (1999)	소규모로 구성된 한 집단이 기업에서 직면하고 있는 실질적인 문제를 해결하는 과정에서 학습이 이루어지며, 그 학습을 통해 각 집단 구성원 및 조직 전체에 혜택이 돌아가도록 하는 일련의 과정이자 효과적인 프로그램

김미정 (2001)	조직이 당면하고 있는 문제 혹은 기회에 대한 쟁점을 해결하고, 동시에 이러한 해결 노력 속에서 구성원들의 역량이 함께 개발될 수 있는 접근
박수홍, 안영식, 정주영 (2005)	교육 참가자들이 소집단을 구성하여 각자 또는 전체가 팀워크를 바탕으로 실패의 위험을 갖는 실제문제를 정해진 시점까지 해결하는 동시에 문제해결과정에 대한 성찰을 통해 학습하도록 지원하는 역량개발의 교육방식이며, 학습조직 구축의 초석이 되며, 교육훈련과 조직개발이 혼합된 교육기법
이태복, 최명숙 (2005)	액션 러닝의 궁극적인 목적은 학습으로, 변화하는 환경의 속도보다 더 빨리 학습할 수 있는 역량을 키우는 것이며, 액션 러닝이 끝나도 여기서 향상시킨 역량을 통해 스스로 변화를 만들어 내고, 환경에 빨리 적응하도록 하는 것
봉현철 (2006)	교육 참가자들이 학습팀을 구성하여 실제적인 과제를 팀 전체 또는 각자가 주체가 되어 러닝 코치(learning coach)와 함께 정해진 시점까지 해결하는 동시에 그 과정에서 지식습득, 질문 및 성찰을 통하여 과제의 내용 측면과 과제해결의 과정 측면을 학습하는 프로세스

2 액션 러닝의 특징과 효과

(1) 액션 러닝의 특징(박수홍 외, 2010)

① 액션 러닝에서 해결하는 문제는 학습팀이 실제로 겪고 있는 어려움이나 주변의 문제들이기 때문에 학습경험이 실시간이고 현재진행형이다.

② 액션 러닝 학습자 개인의 학습 역량뿐만 아니라 학습팀과 소속된 집단전체의 역량을 향상시킨다.

③ 액션 러닝은 교수자가 학습자를 의도적으로 조직하여 권위적으로 운영하는 것이 아니라 학습자의 자발적이고 민주적인 참여로 진행된다.

④ 서로 다른 경험과 학습을 수행하는 동료 팀으로부터 다양한 관점을 공유함으로써 최적의 해결방안을 도출할 수 있다.

(2) 액션 러닝의 효과

① 조직구성원의 문제해결력을 향상시킬 수 있다. 액션 러닝은 현업과 밀접한 관련이 있는 실제적 문제를 해결하는 과정에서 학습이 일어나므로 그를 통해 자연스럽게 문제해결력이 커진다.

② 리더십을 발휘할 수 있다. 액션 러닝은 교수자가 일방적으로 진행하는 수업방식이 아니라 학습자에 대한 임파워먼트를 통한 자기주도학습 방식이기 때문에 미래지향적 리더십이 함양될 수 있다.

③ 뛰어난 성과를 내는 고성과 팀을 만들 수 있다. 학습자들은 협업과 팀워크를 통해 강한 결속력으로 뛰어난 성과를 낼 수 있기 때문이다.

MEMO

④ 학습조직을 구축해 갈 수 있다. 향상된 학습스킬 및 능력, 변화된 조직문화 및 구조, 전 직원의 참여, 지식관리 능력 향상을 통해 액션 러닝 학습팀은 자생적인 학습조직으로 지속할 수 있기 때문이다.

③ 액션 러닝의 구성요소와 절차

(1) 액션 러닝의 구성요소(Marquardt, 1999)

실제적 문제 (과제)	• 개인 또는 팀이 해결해야 할 실제적인 문제(과제)를 발견하거나 선택한다. 문제(과제)는 가상으로 만든 것이 아니라 실제적인 문제이다. 과제는 팀 과제방식(single-project program : 팀 전체에 하나의 과제 부여)이 일반적이지만, 개인 과제 방식(open-group program : 각기 다른 과제 부여)도 허용한다. 실제적 문제는 과제, 프로젝트, 문제, 이슈 등으로 불린다. • 문제(과제) 선정기준 – 중요성(개인 또는 팀에게 중요한 문제이어야 한다) – 실제성(개인 또는 팀에게 실제적인 문제이어야 한다) – 복잡성(다각적인 관점에서 해결될 수 있는 복잡하고 비구조적인 문제이어야 한다) – 학습기회(학습목표를 충분히 달성될 수 있는 학습기회가 제공되어야 한다) – 해결 가능성(해결 가능한 결과물들이 도출될 수 있는 문제이어야 한다)
학습팀 (실행팀)	• 4~8명 정도로 학습팀(실행팀)을 구성하며, 문제해결에 대한 창의적 접근이 가능하도록 다양한 시각과 경험을 가진 이질적인 집단으로 구성한다(성별, 연령, 국적, 전공, 학습스타일, 성격유형 등). 다만, 한두 사람이 팀 활동을 주도하는 것을 방지하고, 토론과 비판이 자유롭도록 하기 위해 구성원의 능력 수준이 비슷하도록 팀을 구성할 필요가 있다. • 학습팀은 문제해결의 주체에 따라 2가지 형태로 구성할 수 있다. – 첫째, 학습팀 전체가 하나의 과제를 해결하는 임무를 부여받는, 즉 팀 전체가 그 과제의 해결주체가 되는 방식으로 이런 방식의 프로그램을 single-project program이라 한다. – 둘째, 학습팀원이 각자 서로 다른 자신의 과제를 가지고 팀에 참여하는 방식으로 이때는 각자의 과제에 대한 해결의 책임을 각자가 가지게 된다. 즉, 학습팀원의 숫자만큼 과제가 존재하며 해결의 주체는 학습팀원 각자가 되는 것이다. 이런 프로그램을 action learning에서는 open-group program이라 한다(Marquardt, 2000, p.81~84).
실행의지 (실천행위)	• 문제해결을 위한 실행의지와 실천행위가 필요하다. 실천행위는 문제해결을 위한 자료조사, 설문조사, 인터뷰 등 현장활동을 할 수도 있고, 해결안을 제시하여 직접 실천하는 행위를 하기도 한다. • 아이디어를 실행에 옮겼을 때에야 비로소 참가자들은 그들의 아이디어가 효과적이고 실용적이었는지, 어떤 이슈를 간과했었는지, 그래서 그 결과로 어떤 문제가 야기되었는지, 앞으로는 어떤 식으로 개선할 것인지, 아이디어가 조직의 다른 부문에, 또는 참가자들 각자의 인생의 다른 부문에 어떻게 적용될 수 있을지를 정확히 판단할 수 있다.

질문과 성찰	• 문제해결과정에서 문제의 본질과 효과적인 문제해결방법에 대해 팀 구성원의 상호 질문과 성찰, 피드백이 이루어져야 한다. 성찰방법은 대화, 성찰일지 쓰기, 성찰 시간 갖기 등으로 이루어질 수 있다. • 액션 러닝에서는 교사에 의해 주도되는 것이 아니라 학습자들이 스스로 탐구하고 질문 및 성찰을 하는 가운데 학습이 일어난다.
지식획득	• 문제해결 과정에서 문제 내용 관련 지식과 문제해결 과정 관련 지식을 획득한다. • 내용 관련 지식은 과제의 성격, 내용에 따라 천차만별이다. 과제해결 과정 관련 지식은 다양한 문제해결 기술과 방법, 의사소통 기술, 보고 및 발표 기술, 팀 리더십, 팀원 간의 갈등관리 기술, 토론 및 회의운영 기술, 실행 기술, 경청·질문·상호작용 기술, 신념·가치·관점의 변화 등이 있다.
러닝코치	• 학습팀이 문제(과제)를 명확히 정의하고 타당한 해결방법을 탐색해서 올바른 의사결정을 할 수 있도록 조력하는 역할을 한다. • 러닝코치는 중립적인 입장을 취해야 하며, 반드시 질문을 통해 팀 활동을 조장하거나 최종 목표달성의 방향으로 유도해야 한다.

(2) 액션 러닝의 절차

시작 단계	팀 빌딩 (team building)	• **팀원 구성**: 4~8명 정도로 학습팀을 구성한다. 학습양식, 성격유형 등을 토대로 다양한 시각과 경험을 가진 이질적인 집단으로 구성한다. • **팀 명, 팀 구호, 팀 규칙 정하기**: 팀이 구성되면 팀 명, 팀 구호, 팀 규칙을 정하여 전체 학습자 앞에서 발표한다.
	실제 문제 발굴 및 선정	• 주변에 존재하는 실제 문제에 관심을 갖고 찾아보는 단계이다. • 팀원 각자가 실제 문제 한 가지씩 발굴하여 와서 팀 회의 시 토의활동을 통해 해결하고자 하는 문제를 선정한다. • 문제 선정 시 문제 선정기준을 활용하여 적절성을 따져 본다. • 팀원들이 발굴한 문제를 선정할 때는 의사결정 그리드나 의사결정 매트릭스, PMI 기법 등의 학습도구를 사용할 수 있다.

MEMO

진행 단계 (process)	문제(과제) 정의		• 해결해야 할 문제를 구체적으로 정의하는 단계이다. • 팀에서 선정한 문제의 근본원인 및 구조를 파악하고, 문제를 명료하게 정의(규정)한다. • 근본원인 파악 시 가설설정, 자료조사 결과물 활용, 조사활동이 수행된다. • 파악된 근본원인을 유목화하여 어골도를 그려 본다. • 어골도를 통해 나타난 문제의 근본원인에 따라 해결해야 할 문제가 무엇인지 목록화한다.
	문제(과제) 연구	정보수집 및 분석	• 문제를 해결하기 위한 다양한 정보를 수집하고 분석하는 단계이다. • 정보수집은 문제와 관련된 문헌조사, 연구조사, 인터뷰, 현장조사 등을 통해 이루어진다. • 역할분담표나 자료수집 계획서, 방문조사 및 연구조사 계획서를 활용한다. • 수집된 정보들을 다각적인 관점에서 분석하여 문제해결의 실마리를 찾는다.
		아이디어 개발과 의사결정	• 아이디어 개발과 의사결정은 활동이 진행될 때마다 필요한 단계이다. • 아이디어 개발 시 브레인스토밍, 브레인라이팅, 디딤돌 등의 학습도구를 사용한다. • 의사결정 시 의사결정 그리드, PMI기법, 의사결정 매트릭스, 어골도 등의 학습도구를 사용한다. • 도출된 아이디어들을 해결안 탐색안에 기술해 둔다. • 해결안 탐색안에서 선정된 아이디어를 수정·보완·추가할 수 있다.
	해결안 도출		문제해결을 위한 다양한 해결방법을 찾아 선택하는 단계이다.
	실행하기		문제해결을 위한 다양한 해결방법을 현장에 적용할 계획을 세우고, 계획에 따라 직접 현장에서 실천하는 단계이다.
	발표 및 피드백		• 문제해결을 위한 전 과정을 전체적으로 볼 수 있도록 발표자료 및 보고서를 제작하여 피드백을 주고받는 단계이다. • 문제 발굴에서부터 실행까지 일련의 과정을 발표하며, 새로 알게 된 사실, 느낀 점, 실천할 점 등의 성찰 과정을 거친다. • 피드백 시 액션 러닝의 과정평가, 내용 및 결과 평가, 발표평가, 팀평가, 팀원평가 등이 이루어진다.
결과 단계	창의적 문제해결		

MEMO

03

Plus

❶ 박수홍 등(2010)이 제시한 액션 러닝의 절차

문제 탐색하기	폭넓은 정보수집 및 분석을 통해 문제해결의 실마리를 찾는다.
문제 명료화하기	문제의 근본원인 및 구조를 파악하고, 문제를 명료하게 규정한다.
가능한 해결책 도출하기	문제의 원인이 도출되었다면 원인에 대한 다양한 해결책을 찾는다. 실현 가능한 해결책을 마련하기 위해 다양한 아이디어 도출 기법을 활용하고 토론을 통해 나온 아이디어를 재점검한다.
우선순위 결정하기	도출된 해결책에 대해 시급성, 중요성, 파급성, 실현 가능성, 경제성 및 자원 등을 토대로 실행 우선순위를 결정한다.
액션플랜 작성하기	문제의 해결책을 현장에 적용해 보기 위한 실천계획서인 액션플랜을 작성한다.
실행하기	액션플랜을 기반으로 현장에서 실제 문제를 해결한다.
평가하기	액션 러닝의 과정을 성찰하고 수정 및 보완할 점을 파악한다.

❷ 액션 러닝 프로세스의 예

과제 정의 (과제 명확화)	• 마을회의를 통해 '마을에 공동화장실을 설치해야 한다'는 명확한 과제를 도출함 • 새로운 쇼핑카트를 만들어야 한다는 과제를 받은 후 브레인스토밍, 현장 방문 등을 거쳐 '어린이에게 좀 더 친근하고, 효율적인 쇼핑을 가능하게 하며, 안전성이 확보될 수 있는 쇼핑카트 디자인하기'로 결정
과제 연구	• 마을마다 화장실 건축에 사용할 수 있는 재료들이 무엇이며, 건축방식은 무엇인지 탐색함 • 브레인스토밍으로 다양한 아이디어 도출한 후 시제품이 가져야 할 주요 개념으로 쇼핑편의, 안전, 계산, 물건 찾기를 도출함 / 각각의 개념에 부합하는 시제품을 만들기 위해 노력
해결안 모색	• 마을에 어떤 재료를 활용하여 누가 언제 어떻게 화장실을 건축할 것인지 방안을 도출함 • 각 개념별 시제품을 만들고, 이에 대한 장단점을 논의
실행	• 계획된 대로 화장실 건축 / 마을대표들이 모여 홍수를 예방할 수 있는 대책에 대해 논의 / 배설하지 않아 생긴 토지에 토종감자를 재배 • 4개의 시제품과 추가 아이디어 등을 통합하여 새로운 쇼핑카트 프로토타입 제작

MEMO

4 액션 러닝에 사용되는 학습도구

(1) 아이디어 도출 도구 – 문제해결을 위한 다양한 아이디어를 도출하는 방법

브레인스토밍 (brainstorming)	• 오스본(Alex Osborn)이 창안한 것으로, 3인 이상이 모여 하나의 주제에 대해 자유롭게 의견을 제시하며 최대한 많은 아이디어를 생성하는 기법(Osborn, 1963) • **4가지 규칙**: 자유분방(Silly), 양산(Speed), 비판금지(Support), 결합과 개선(Synergy)
브레인라이팅 (brainwriting)	• 집단별로 모여서(6명 1팀) 정해진 용지에 다양한 아이디어를 적고 다른 사람이 추가하도록 하는 기법(아이디어 릴레이) • **유의점**: 팀원들이 생성한 아이디어를 읽고 보다 발전된 아이디어를 결합하거나 개선함, 자유로운 분위기 속에서 진행되도록 함, 팀원들 중 한 명도 빠짐없이 참여해야 함
디딤돌	주제와 관련된 단어를 전지 한가운데 붙이고, 그 단어와 관련된 아이디어들을 디딤돌로 삼으면서 새로운 아이디어를 확장시켜 나가는 방법 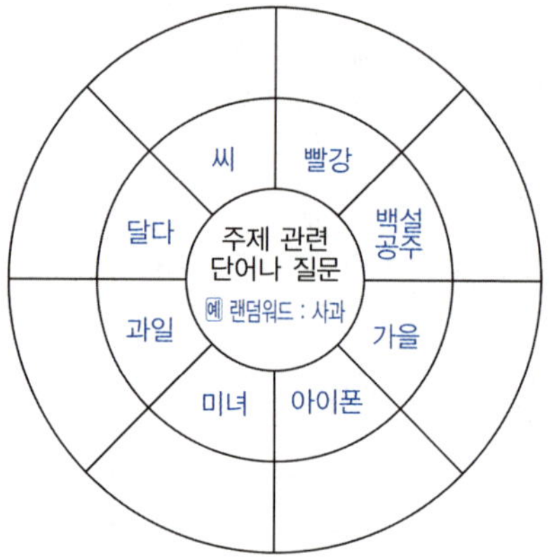
스캠퍼(SCAMPER) 기법	• 오스본의 체크리스트를 보완하여 에벌리(Bob Eberle, 1971)가 고안한 창의적 기법으로, 기존의 것을 다양한 방법으로 변형하고 개선하여 새로운 아이디어를 생성하는 기법 • S(Substitute, 대체하기), C(Combine, 결합하기), A(Adapt, 적용하기), M(Modify, 수정하기), P(Put to other uses, 다른 용도로 활용), E(Elimination, 제거하기), R(Rearrange or Reverse, 거꾸로 또는 재배열하기)

(2) 의사결정 도구

MEMO

03

여러 가지 대안이나 아이디어들 중에서 가장 적절하거나 효과적인 것을 선택하기 위한 도구. 주로 평가나 분석, 분류의 역할을 함

<table>
<tr><td>의사결정 그리드 (decision grid)</td><td>

• 표를 가로, 세로 각각 세 칸으로 그리고(낮음 − 보통 − 높음), 자기 팀의 의사결정 기준에 따라 제안된 의견들을 분류하여 가장 합리적인 최종 의견을 선택하는 것. 여러 의견들 중에서 한 개를 선택해야 할 때 사용하면 보다 효과적임
• 의사결정 기준은 중요도, 긴급도, 실행가능성, 기대효과, 빈도, 강도, 재미 등으로 주제나 아이디어에 따라 취사선택함

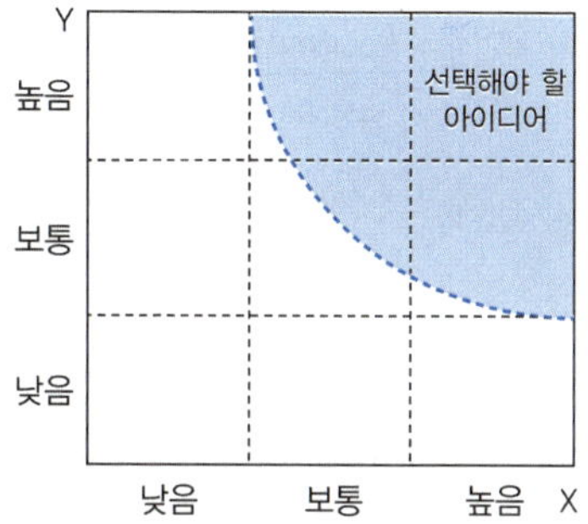

</td></tr>
<tr><td>의사결정 매트릭스 (decision matrix)</td><td>

• 중요성, 시급성, 효과성, 자원활용성 등의 기준을 정해 놓고, 가장 적절한 아이디어나 대안을 기준별로 점수를 부여하는 방법
• 가장 높은 합계 점수를 부여받은 아이디어를 우선으로 선정한다.

<table>
<tr><th rowspan="2">아이디어 (해결안)</th><th colspan="5">평가요소</th></tr>
<tr><th>중요성 (25%)</th><th>시급성 (25%)</th><th>효과성 (25%)</th><th>자원활용성 (25%)</th><th>합계 (100%)</th></tr>
<tr><td>금연스티커 부착</td><td>25</td><td>25</td><td>20</td><td>20</td><td>90</td></tr>
<tr><td></td><td></td><td></td><td></td><td></td><td></td></tr>
<tr><td></td><td></td><td></td><td></td><td></td><td></td></tr>
</table>
</td></tr>
<tr><td>PMI 기법</td><td>

• 긍정적인 면(plus), 부정적인 면(minus), 흥미로운 면(interesting)을 고려하여 의사결정을 하는 방법
• 5점 척도로 산정하여 최대 15점까지 획득할 수 있으며, 가장 점수가 높은 아이디어를 선정한다.

<table>
<tr><th>아이디어</th><th>긍정적인 면</th><th>부정적인 면</th><th>흥미로운 점</th><th>합계</th></tr>
<tr><td rowspan="2">길거리 흡연부스 설치</td><td>거리 청결</td><td>경비 소요 큼</td><td>간접흡연 피해 감소</td><td rowspan="2">13</td></tr>
<tr><td>5</td><td>4</td><td>4</td></tr>
<tr><td></td><td></td><td></td><td></td><td></td></tr>
<tr><td></td><td></td><td></td><td></td><td></td></tr>
</table>
</td></tr>
</table>

MEMO

어골도 (fish bone diagram)	• 물고기 모양을 본떠서 피시본 다이어그램(fish bone diagram)이라고 부르며, 처음에 이시가와 다이어그램(Ishikawa diagram)으로 제시되었다가 근래 인과분석법, 특성요인도 분석법이라고도 부른다. • 문제의 원인을 찾아나가는 과정을 물고기 그림으로 표시한 것이다. 해결하고자 하는 문제를 생선의 머리뼈 부분에 기록하고, 그 문제의 직접적인 원인(주요 원인)이나 범주를 몸통의 큰 뼈에, 세부적인 원인을 잔뼈에 적는다. • 어골도는 해결해야 할 문제의 원인을 밝혀내고, 인과관계를 전체적인 측면에서 이해하는 데 매우 유용한 도구이다. 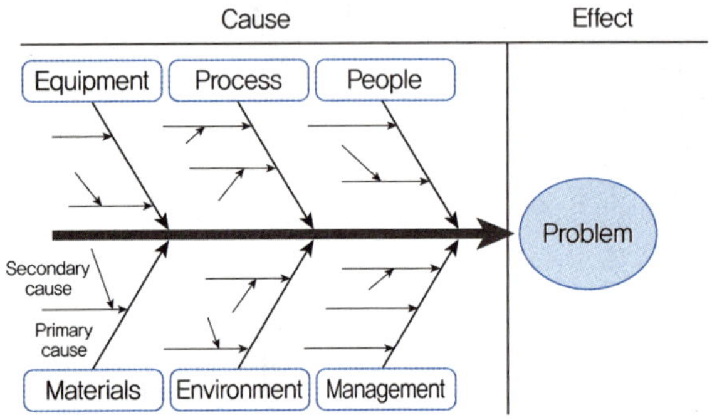

04 디지털 시대의 학습방법

1 블렌디드 러닝(blended learning : 혼합교육, 혼합형학습) 07 중등

개념 다지기

블렌디드 러닝

1. e-러닝의 등장은 교육의 형태와 무대를 사이버 공간으로 확장하며 우리 교육의 새로운 발전 가능성을 제시하고 있다. 최근에는 e-러닝의 다양성이 급속히 확대되고 있는 상황. e-러닝은 시·공간의 제한성 극복, 비용 효과성, 개별학습 및 평생학습의 가능성과 같은 장점에도 불구하고, 실제 인간적인 접촉이 없고 학습자의 실제적인 경험을 촉진하는 것이 쉽지 않다는 문제가 있다. 이를 극복하기 위한 한 방안으로 최근 블렌디드 러닝(blended learning)이 적용되고 있다.

2. 블렌디드 러닝이란 명칭은 학습효과를 최대화하기 위하여 다양한 학습방법을 혼합하는 것이 마치 칵테일이나 요리를 만드는 것과 비슷하다는 데 착안하여 쓰기 시작했다. 많은 학자와 교육 전문가는 전통적인 면대면 교육과 e-러닝이라는 2가지 교수방법의 특성을 혼합하여 각각의 교육 전달체제가 가진 특성을 강화하고 단점을 최소화하는 방법을 연구하였다. 그래서 등장하게 된 것이 '블렌디드 러닝(blended learning)'이다.

3. 블렌디드 러닝이란 전통적인 방식의 교육과 정보통신 기술을 활용하는 e-러닝을 통합한 새로운 형태의 학습 프로그램이다. 단순히 전통적인 면대면 방식과 정보통신 활용 학습방식을 동시에 사용하는 것뿐만 아니라 매체 통합의 형태나 상호작용 전략을 학습자의 요구와 학습유형에 적합하게 구성한다는 점이 특징이다.

MEMO

03

(1) 개념

① 학습효과를 극대화하기 위해 2가지 이상의 학습방법을 결합한 것으로, 일반적으로 온라인 학습과 오프라인 학습이 혼합된 교육방식을 가리킨다. 주로 e-러닝 방식에 전통적인 면대면 교육이 갖는 교육적 장점을 결합·활용함으로써 학습효과를 증진시키기 위한 전략이다. 블렌디드 러닝에서 혼합은 온라인과 오프라인의 단순한 결합이 아니고, 학습매체나 학습방법, 전략, 지원체제의 혼합을 의미한다.

② 기존의 면대면 교육과 온라인(e-러닝) 등을 결합한 블렌디드 러닝이 주목받는 이유는 면대면 교육이 가진 시간적, 공간적 제한점을 온라인 학습의 장점을 통해 보완할 수 있기 때문이다. 반대로 온라인 학습의 문제점으로 지적되는 인간적인 접촉의 상실이나 홀로 학습에 대한 두려움, 이로 인한 동기유발 저하 등을 면대면 교육으로 보완할 수 있다는 측면이 면대면 교육과 온라인 학습을 결합한 혼합학습의 장점이 된다.

③ 블렌디드 러닝의 방법은 집합교육을 중심으로 온라인 교육을 보완하거나 자율학습 방식에 온라인 협동학습을 접목하는 방식, 다양한 온라인 학습전략에 오프라인으로 보조하는 방법 등 각 교육 주체마다 다양한 전략의 사용이 가능하다. 그리고 블렌디드 러닝은 온라인상에서 강좌신청, 학습하기, 과제하기, 토론하기, 평가하기 등도 가능하며, 오프라인에서는 콘텐츠를 활용하여 수업을 할 수도 있다.

(2) 블렌디드 러닝의 실시 목적

① **학습효과를 극대화하기 위함이다** : 다양한 학습자들이 학습내용을 최대한 효율적으로 습득하게 하기 위해서는 학습자의 관심을 이끌어 내야 하며, 이를 위해서 그들의 학습스타일에 적합한 다양한 방법을 혼합해 제공하는 것이다.

② **학습기회를 확대하기 위함이다** : 한 가지 방식으로는 내용을 전달할 수 있는 범위가 한정될 수밖에 없으며 자칫 원하는 결과를 달성치 못할 수 있기 때문이다. 교실에서 이루어지는 집합교육은 정해진 시간과 장소에 참석한 사람에게만 제공되는 단점이 있다. 하지만 e-러닝은 교육에 참석하지 못한 사람들도 학습을 받을 수 있다는 장점이 있다.

③ **비용과 시간을 절약하기 위함이다** : 블렌디드 러닝은 학습 프로그램의 개발이나 과정실행에 있어 적절한 방법을 혼합함으로써 시간과 비용을 최적화할 수 있다. 온라인 형태의 경우 개발비용은 많이 드나 실행에 드는 비용은 최소화할 수 있고, 오프라인 방식은 실행에 드는 비용이 비교적 높은 편이나 시간활용을 집중시킬 수 있는 장점이 있다. 블렌디드 러닝은 무조건 저비용만 고려할 것이 아니라 효과성을 동시에 고려하는 방법인 셈이다.

MEMO

(3) 블렌디드 러닝의 장단점(특징)

① 장점

㉠ **학습 효과의 극대화**: 온·오프라인의 다양한 방법이 결합되므로 학습 효과를 극대화할 수 있다.

㉡ **학습 기회와 학습 공간의 확대**: 온라인 학습을 통해 시간과 장소에 구애받지 않고 학습할 수 있어 학습 기회와 학습 공간이 확대된다.

㉢ **학습자 중심의 학습 가능(개별화 학습/자기주도적 학습 촉진)**: 학습자의 수준과 필요에 맞게 온라인 학습 자료를 조정할 수 있어 개별화 학습을 촉진하고 자기주도적 학습 능력을 신장시킬 수 있다.

㉣ **다양한 의사소통 채널을 통한 교수·학습활동 가능**: 면대면 강의식 수업과 온라인 수업을 결합하므로 다양한 커뮤니케이션 채널을 통한 교수·학습활동이 가능하다.

② 단점

㉠ **자기 관리 필요**: 온라인 학습의 비중이 높아지면서 학습자 스스로 시간을 관리하고 학습 동기를 유지하는 것이 중요해지며, 이 부분에서 어려움을 겪을 수 있다.

㉡ **사회적 상호작용 부족**: 전통적인 교실 환경에서 자연스럽게 이루어지는 사회적 상호작용이 부족해질 수 있으며, 학습자들이 고립감을 느낄 수 있다.

㉢ **교사 부담 증가**: 교사가 온라인 콘텐츠를 제작하고 학습자들과의 온라인 상호작용을 관리하는 데 추가적인 시간이 필요할 수 있다.

㉣ **기술적 문제**: 인터넷 접속, 전자기기 등에 기술적인 문제가 발생하면 학습에 차질이 생길 수 있다.

㉤ **디지털 격차**: 모든 학생이 디지털 기기와 인터넷에 동등하게 접근할 수 있는 것은 아니며, 이로 인해 학습 격차가 발생할 수 있다.

㉥ **학습의 질 차이**: 온라인 학습 콘텐츠의 질이 교실 수업에 비해 낮을 수 있으며, 모든 학습자가 동일한 수준의 학습 경험을 얻지 못할 수 있다.

MEMO

03

(4) 블렌디드 러닝의 혼합방식

① 블렌디드 러닝에서 온라인과 오프라인을 통합할 때는 5가지 혼합 방식이 있을 수 있다.

② 오프라인 학습과 온라인 학습이 만나는 '학습공간의 통합', 자기조절학습과 협동학습이 만나는 '학습형태의 통합', 구조화된 학습과 비구조화된 학습이 만나는 '학습유형의 통합', 기성형 콘텐츠와 주문형 콘텐츠가 만나는 '학습내용의 통합', 학습과 업무가 만나는 '교육과 훈련의 통합'으로 나뉜다.

③ 이처럼 블렌디드 러닝은 접근방식도 다양하다. 학습개체 간의 모듈 통합, 각종 전통적인 교육방법 내에서의 통합, 다양한 기술의 통합, 교육 참가자 간의 통합(학습자－강사, 학습자－학습자, 학습자－tool)을 활용하여 효과를 획득할 수 있다(표 참조).

블렌디드 러닝의 접근방식

영역	블렌디드 옵션
학습자	자기주도 학습, 그룹기반 학습
시간	실시간 · 비실시간의 합성
공간	온 · 오프라인 연계
콘텐츠	구조화, 비구조화된(학습객체) 학습
방법	강의식, 사례연구, 전문가, 패널토의, 그룹토의, 경험학습, 역할 연기, 시뮬레이션, 워크숍, 팀 활동, 독서 등의 연계
중점적인 활동	콘텐츠 중심, 프로세스 중심, 상호활동, 스킬 개발, 사고활동
학습 성향	적응자, 조정자(accommodator), 동화자(assimilator), 확산자(diverger), 통합자(converger)
테크놀로지	텍스트 기반, 오디오 기반, 비디오 기반, 컴퓨터 기반 등
학습 차원	single loop learning, double loop learning
상호활동 수준	학습자－강사, 학습자－학습자, 학습자－커뮤니티, 학습자－tool, 학습자－지식경영시스템, 학습자－학습환경 등의 연계

(5) 블렌디드 러닝의 학습 효과성을 높이기 위한 온라인 학습의 활용방법

－ 온라인 학습이 다른 학습과 통합하여 그 효과성을 높이려면 어떻게 해야 할까?

① 주 학습을 사전에 맛보거나 주 학습 관련 정보를 알려 줄 때 온라인 학습을 제공한다.

② 주 학습을 한 후 실제적인 의사결정에 대한 연습을 하거나 배운 내용을 회상하는 용도로 온라인 학습을 이용한다.

③ 토론을 통하여 학습자 간 상호작용을 활성화시키거나, 학습의 보조수단으로 학습 중이나 이후에 온라인 교육을 활용하는 경우에도 효과가 크다. 이때 학습을 실전에 적용시킬 수 있도록 설계하고 구조화하는 것이 선결과제다.

MEMO

④ 학습자가 온라인 교육방법을 통해서 교수자 혹은 전문가에게 질문과 피드백할 수 있는 기회를 주는 경우다.

⑤ 이 외에도 사전 테스트로 온라인 교육을 활용하는 경우, 학습자가 이전에 배웠던 내용을 회상하고 최신 관련 자료 등과 같은 참고자료를 제공하는 틀로 온라인 수업을 활용하는 경우, 학습자들의 사후 검사도구로서 사용하는 경우 등에 온라인 학습이 다른 학습과 통합되어 효과성을 높일 수 있다.

2 플립드 러닝(플립 러닝; flipped learning)

개념 다지기

플립드 러닝

1. 최근 등장한 플립드 러닝은 교실 수업에 앞서 학습자 스스로 선행학습을 수행한 후 수업에 참여하는 방식으로 진행됨에 따라 최근의 자기주도적 학습을 강조하는 교육 정책과 추구하는 방향이 맞아떨어지며 그에 대한 관심이 높아지고 있다. 플립드 러닝은 새로운 개념의 수업 방법이 아니며, 기존의 블렌디드 러닝의 수업 형태에 선행학습의 개념을 도입하여 학생들이 교실 수업에 앞서 해당 수업 내용을 동영상 자료를 활용하여 미리 학습하고, 수업 시간에는 스스로 학습한 내용을 바탕으로 개별화된 보충학습이나 심화학습을 진행하는 것이다. 이러한 플립드 러닝의 설계를 위한 주요 고려사항으로는 탄력적이고 유연한 수업 환경, 학습문화의 변화, 의도된 수업 내용 및 전문적인 능력을 갖춘 교사 등이 있다.
2. 플립드 러닝의 시초는 공과대학 교수인 Baker가 인터넷이 등장하기 시작한 1995년 우연히 강의 슬라이드를 웹 사이트에 공개하고 학생들이 학습내용을 미리 학습해 오게 하자 수업 내 학생들의 참여도와 질의응답이 늘어남을 발견한 것에서 비롯되었다. 그 후 Baker는 두 번에 걸쳐 학생들의 반응을 설문한 결과, 수업 이전에 교수자가 전달할 내용을 미리 학습해 오는 형태의 수업이 교실 수업의 질을 향상시킬 뿐만 아니라 학생들의 긍정적인 반응을 끌어낼 수 있음을 발견하였다(Baker, 2000). 이를 정리하여 Baker 교수는 학회에서 "The Classroom Flipped"라는 용어를 처음으로 사용하고, 이후 플립드 러닝 교수모형 및 교수법은 미국 교육계 전반의 관심을 끌기 시작하였다.
3. 이에 뒤이어 2007년 미국의 한 고등학교 화학교사인 버그만과 샘즈(Bergman & Sams)가 운동부 학생들의 수업을 보충하기 위해 강의 비디오를 만들면서 점차 발전하게 되었다. 이 교사들은 수업에 참석하지 못한 학생들이 수업 진도를 따라가는 데 어려워하고, 또 수업 내용을 이해하지 못한 학생들이 많다는 점에 주목하였다. 이 문제를 해결하기 위해 수업을 녹화한 동영상 파일을 온라인상에 올려서 학생들이 학습할 수 있도록 하였다. 이러한 시도에서 수업을 미리 녹화해서 제공하고, 이를 집에서 예습하도록 하면, 실제 수업 시간에는 다른 활동을 할 수 있을 것이라는 아이디어로 발전하였다(Bergman & Sams, 2015).

(1) 개념

① 기존 방식을 '뒤집는(flip)' 학습으로, 교실 수업 이전에 동영상으로 미리 학습하고, 수업 시간에는 토의, 토론, 실습, 프로젝트, 문제해결 등의 다양한 활동을 하는 방식을 말한다.

② 전통적 강의식 수업에서는 교사 주도의 설명이 교실에서 진행되고, 집에서 보충학습이나 심화학습을 위해 과제가 주어진다. 그러나 플립드 러닝에서는 수업 전에 동영상이나 오

디오 자료를 통해 사전학습을 하고, 수업 시간에는 습득한 지식을 활용하여 협력학습, 토론학습, 프로젝트학습, 문제해결학습 등의 보충학습, 심화학습을 진행한다.

③ 즉, 전통적 교실 수업에서 수행했던 일들이 교실 밖에서 일어나게 되며, 교실 밖에서 일어났던 일들이 교실 수업에서 수행되는 것이다.

MEMO

03

(2) 플립드 러닝의 특징(Bergman & Sams, 2012) – 전통적 교실수업 환경과 비교한 특징

① 학생들이 단순히 수업을 듣는 수동적인 수강자에서 선행학습을 수행하는 능동적이며 활발한 학습자로 바뀐다.

② 수업시간과 과제를 하는 시간의 개념이 바뀐다. 배울 내용에 대해 스스로 학습하는 것이 선행되고, 실제 수업 시간에는 본인이 학습한 내용 및 수준을 바탕으로 개별화된 수업을 진행할 수 있는 형태로 바뀐다.

③ 수업시간은 학생들이 도전적인 개념에 접근하거나, 고차원적인 문제해결을 위한 시간으로 활용될 수 있다. 학습한 내용이 부족할 경우 수업 시간을 통하여 본인의 학습에 대한 보충학습을 수행할 수 있지만, 그와 반대로 본인의 학습 수준이 일반적인 학생들에 비해 뛰어날 경우 수업 시간을 통하여 교사의 도움을 받아 심화학습을 수행할 수 있다.

(3) 플립드 러닝의 장단점

① 장점

㉠ **학습자 중심의 수업 확대** : 교실 수업 전에 미리 학습 내용을 익히고 참여하므로 교실에서는 프로젝트 학습, 토론학습, 협동학습 등 다양한 학습자 중심의 수업을 운영할 수 있다. / 학생들에게 스스로 학습할 수 있는 기회를 제공하여 자기주도적 학습 능력을 향상시킨다.

㉡ **학습의 효과 극대화** : 수업 시간에 토론, 문제해결, 협력 활동 등 더 많은 상호작용과 활동적 학습을 할 수 있어 더 깊이 있는 학습이 가능하며 학습 효과가 극대화된다.

㉢ **학습의 자신감 고취** : 이미 학습한 내용을 수업에서 다루므로 학습에 대한 자신감을 고취시킬 수 있다.

② 단점

㉠ **사전 학습 의존성** : 학생들이 사전 학습을 하지 않을 경우 수업에서 소외될 수 있으며, 이는 학습 효과를 저해할 수 있다.

㉡ **교사 준비 시간** : 효과적인 수업 자료 제작과 수업 계획에 많은 시간이 소요될 수 있다.

㉢ **기술적 문제** : 학생이 상황에 따라 컴퓨터, 인터넷 등 필요한 기술과 자료에 접근할 수 없는 경우가 발생할 수 있다.

MEMO

(4) 플립드 러닝의 절차

구분	절차
수업 전	• 교수자는 동영상 자료를 제작하여 온라인상에 업로드한다. • 학습자는 수업 전에 제공된 동영상 자료를 학습한 후, 질문 및 학습노트를 준비한다.
수업 도입	• 학습자는 의문사항에 대하여 질문하고, 교수자는 피드백을 제공한다. • 교수자는 해당 수업시간 동안 해야 할 과제를 제시한다.
수업 중	• 교수자는 피드백과 소규모 강의를 통해 학습과정을 안내한다. • 학습자는 제시된 과제를 팀별로 수행한다. • 학습자들은 익힌 지식과 학습내용을 실제 적용해 볼 수 있는 토론, 문제해결, 프로젝트 등을 수행한다. • 학습속도가 느린 학습자를 위해서는 개별 또는 팀별학습을 진행하고 처치한다.
수업 후	• 학습자는 교수자의 명확한 설명과 피드백에 따라 지식과 기술을 계속 활용한다. • 교수자는 필요시 추가적인 설명과 리소스를 제시해야 한다.

(5) **플립드 러닝 설계 시 주요 고려사항**(주요 특징, 플립드 러닝의 요소, 플립드 러닝의 성공적 실현을 위한 4가지 핵심요소 : F–L–I–P)

— Hamdan, McKnight, McKnight, & Arfstrom

① **유연한(융통적) 환경**(Flexible Environments) : 플립드 러닝에서는 학생들의 학습시간이나 학습공간에 대해서 유연하고 탄력적인 환경을 허용해야 한다. 이를 위해서 교사는 기존의 정형화된 강의식 수업에 비해 매우 혼돈스럽고 시끄러운 교실 수업 환경에 대해서도 받아들일 수 있어야 한다.

② **학습 문화의 변화**(Shift in Learning Culture) : 플립드 러닝에서는 교사 중심의 수업에서 학습자 중심의 수업으로의 변화가 나타난다. 학습자는 능동적으로 지식 구성에 참여하고, 개인적으로 유의미한 방식으로 학습을 평가한다. 특히 수업시간은 학생들의 수업 내용에 대한 준비도를 바탕으로 보충학습이나 심화학습과 같은 보다 의미 있는 시간으로 변화한다.

③ **의도된 내용**(Intentional Content) : 플립드 러닝을 수행하는 교사는 수업시간에 어떤 내용을 가르칠 것인지와 학생들에게 사전에 어떤 내용을 학습해 오게 할 것인지에 대한 의도적이고 분명한 계획이 있어야 한다. 따라서 플립드 러닝을 계획한 교사는 학생들이 교실 수업을 통하여 학습 내용에 대한 체계적인 이해와 더불어 충분한 지식을 습득할 수 있도록 지속적으로 고민해야 한다.

④ **전문성을 갖춘 교사**(Professional Educators) : 플립드 러닝의 선행학습 단계에서 적절한 학습자료가 제공되어야 하고, 수업 시간에는 학생들에게 개별화된 보충 및 심화학습이 일어나야 함을 고려해 볼 때, 플립드 러닝에서 교사는 기존의 전통적인 수업에서의 단순한 지식 전달자에 비해 다양한 전문성을 갖추고 더욱 중요한 역할을 수행해야 한다(안내자, 조력자, 발판제공자). 플립드 러닝에서 교사는 학습자에게 피드백을 제공하고, 학습자 중심의 교수법을 효과적으로 활용할 수 있어야 한다.

MEMO

03

(6) 플립드 러닝을 처음 실시하는 교수자가 직면할 어려움

① **불충분한 사전 학습**: 학생들이 사전에 충분히 학습하지 않을 경우, 수업 참여에 어려움을 겪을 수 있고 교실 수업이 원활하게 진행되지 못할 수 있다.

② **학생 참여 유도의 어려움**: 학생들이 사전 학습에 적극적으로 참여하도록 유도하는 것이 어려울 수 있다. 특히 동기 부여가 부족한 학생들에게는 더욱 힘들 수 있다.

③ **수동적 참여의 문제**: 학습자가 수동적으로 동영상 강의를 시청할 경우 깊이 있는 학습이 이루어지지 않는다.

④ **온·오프라인의 연계성 문제**: 온라인 학습은 전통적인 방식으로 지식 획득에 초점을 두고 교실 수업은 학습자 중심의 그룹 활동으로 이루어질 경우, 온라인과 면대면 활동의 연계성이 부족할 수 있다.

⑤ **학습량 증가 문제**: 학습자 입장에서는 가정에서 이루어지는 사전 학습으로 인해서 전체적으로 학습량이 증가되었다고 느낄 수 있다.

⑥ **기술적 문제**: 교사가 비디오 제작, 온라인 플랫폼 활용 등의 기술적 요소에 어려움을 느낄 수 있으며, 학생들 또한 기술에 대한 접근성 문제가 발생할 수 있다.

⑦ **교사의 추가적인 업무 부담**: 수업 전 자료 제작과 수업 중 활동 관리 등 많은 시간이 소요되므로 교사가 추가적인 업무 부담을 느낄 수 있다.

MEMO

3 디지털 교과서 / AI 디지털 교과서(AIDT)

(1) 디지털 교과서

① 개관

㉠ 서책형 교과서를 디지털 형태로 바꾼 뒤 유무선 통신망을 이용하여 그 내용을 읽고, 보고 들을 수 있도록 한 교과서를 말한다.

㉡ 디지털 교과서는 기존의 서책형 교과서를 디지털화하여 서책이 가지는 장점과 아울러 검색, 내비게이션 등의 부가편의 기능과 멀티미디어, 학습지원 기능을 구비하여 편의성과 학습효과성을 극대화한 디지털 학습교재이다.

㉢ 디지털 교과서는 이동의 편리함을 추구하고, 서책형 교과서와 같은 사용 편의성을 도모하기 위하여 현재는 태블릿 PC 환경에서 개발되고 있다.

② 장단점

장점	단점
• **접근성 향상**: 인터넷만 있으면 언제 어디서나 학습할 수 있어 장소와 시간에 구애받지 않음 • **다양한 멀티미디어 활용**: 텍스트, 이미지, 영상, 음성 등 다양한 멀티미디어 자료를 활용해 학습 효과를 극대화할 수 있음 • **업데이트 용이성**: 수정과 업데이트가 쉽기 때문에 최신 정보나 변경 사항을 빠르게 반영할 수 있음 • **상호작용적 학습 지원**: 퀴즈, 문제풀이 등을 통해 학습자가 능동적으로 참여할 수 있음 • **실시간 피드백**: 실시간 피드백을 통해 학습 성과를 즉시 확인하고 개선할 수 있음 • **환경 보호**: 종이를 사용하지 않기 때문에 환경에 미치는 영향을 줄일 수 있음	• **기기 의존성**: 전자기기와 인터넷 접속이 필요해 접근에 제약이 있을 수 있고, 기술적인 문제나 기기의 고장 등이 발생할 경우 학습에 방해가 될 수 있음 • **눈의 피로**: 오랜 시간 화면을 보면 눈의 피로를 유발할 수 있음 • **집중력 저하**: 다양한 콘텐츠와 알림 등이 오히려 방해요소가 되어 학습 집중도를 떨어뜨릴 수 있음 • **디지털 기기 과의존**: 디지털 교과서 사용으로 인해 스마트폰이나 게임 등 다른 디지털 기기에 과도하게 의존할 수 있음 • **기술 격차 문제**: 모든 학생이 동일한 기술적 접근을 갖는 것은 아니므로 디지털 교과서 도입이 학생의 학습 격차를 더 벌릴 수 있음

(2) AI 디지털 교과서(AIDT)

① 도입 배경

㉠ **기술 발전**: 인공지능(AI)과 디지털 기술의 발전은 교육 콘텐츠를 보다 혁신적이고 접근 가능하게 만들고 있다. AI는 학습자의 개인적 필요에 맞춰 맞춤형 학습을 제공할 수 있다.

㉡ **교육의 디지털화**: 전 세계적으로 교육의 디지털화가 진행되면서, 종이 교과서에서 디지털 교과서로의 전환이 가속화되고 있다.

MEMO

03

㉢ **효율성 및 접근성**: 디지털 교과서는 물리적 공간을 절약하고, 학습 자료를 언제 어디서든 접근할 수 있도록 한다. AI는 이러한 교과서에 인터랙티브(interactive: 상호활동적인, 쌍방향)한 요소를 추가하여 학습의 효율성을 높인다.

② 장단점

장점	단점
• **맞춤형 학습**: AI는 학습자의 학습 스타일, 진도, 이해도 등을 분석하여 개인화된 학습경로를 제공할 수 있다. • **즉각적인 피드백**: 학습자가 문제를 해결하는 과정에서 즉각적인 피드백을 받을 수 있어 학습 효과를 높일 수 있다. • **학습의 흥미 제고**: AI 기반의 교과서는 퀴즈, 게임, 시뮬레이션 등 다양한 상호작용적 학습 도구를 제공하여 학습의 흥미를 높일 수 있다. • **효율적인 학습 관리**: 교사들은 AI의 데이터를 통해 각 학생의 학습 상태를 더 쉽게 파악하고, 개인별로 필요한 지원을 제공할 수 있다. 또한, AI는 반복적인 관리 업무를 자동화하여 교사의 부담을 줄여준다. • **적응형 학습**: 학습자의 성과와 이해도에 따라 난이도를 조정하는 적응형 학습이 가능해지며, 이는 학습자가 포기하지 않고 지속적으로 도전할 수 있도록 동기를 부여한다. • **업데이트 용이성**: 디지털 교과서는 최신 정보와 자료로 신속하게 업데이트할 수 있다. • **비용 절감**: 종이 교과서에 비해 제작 및 배포 비용이 절감될 수 있다.	• **문해력 및 사고력 저하**: 학생들이 AI 시스템에 지나치게 의존하게 될 경우, 스스로 문제를 해결하거나 비판적으로 사고하는 능력이 저하될 위험이 있다. • **디지털 피로**: 화면을 오래 보는 것이 눈의 피로를 유발할 수 있으며, 장시간의 디지털 장치 사용이 학습과 건강에 부정적인 영향을 미칠 수 있다. • **기술 의존성**: 디지털 기기에 대한 의존도가 높아질 수 있으며, 기술적 문제나 오류가 발생할 경우 학습에 지장이 생길 수 있다. • **프라이버시 및 보안 문제**: AI 시스템이 학생들의 데이터를 수집하고 분석하기 때문에 개인정보 보호와 데이터 보안 문제가 발생할 수 있다. • **정보 과부하**: 너무 많은 정보와 기능이 제공될 경우 학습자가 오히려 혼란을 느낄 수 있다. • **접근성 문제**: 모든 학생이 고품질의 디지털 기기나 안정적인 인터넷 연결을 갖추고 있지 않을 수 있다. • **비용 문제**: AI 디지털 교과서를 도입하고 유지하는 데 드는 초기 비용이 높을 수 있으며, 일부 학교나 가정에서 경제적 부담이 될 수 있다.

MEMO

4 디지털 리터러시(digital literacy)

(1) 개념

디지털 리터러시(digital literacy)는 디지털 기술을 활용하여 정보를 찾고, 평가하고, 활용하는 능력을 의미한다. 현대 사회는 디지털 기술과 정보가 넘쳐나는 만큼, 디지털 리터러시는 개인의 학습과 사회적 참여에 필수적인 역량으로 자리 잡고 있다.

(2) 디지털 리터러시의 필요성

① **정보의 홍수**: 다양한 정보가 넘쳐나는 시대에 정확하고 신뢰할 수 있는 정보를 찾는 것이 중요하다.

② **사회적 참여**: 디지털 기술이 사회 전반에 깊숙이 자리 잡고 있어 이를 이해하고 활용하는 것이 시민으로서의 역할에 필수적이다.

③ **학습 효과 향상**: 디지털 도구와 리터러시 능력은 학생들이 효과적으로 학습하고 협력할 수 있는 기반이 된다.

④ **직업적 요구**: 많은 직업에서 디지털 기술과 정보 활용 능력이 기본 요구사항이 되고 있다.

(3) 디지털 리터러시의 구성 요소

① **정보 검색 능력**: 필요할 때 적절한 정보를 효과적으로 찾고, 검색 엔진과 데이터베이스를 활용하는 능력

② **정보 평가 능력**: 정보를 비판적으로 분석하고, 출처의 신뢰성과 정확성을 판단하는 능력

③ **정보 활용 능력**: 찾은 정보를 적절하게 활용하고, 이를 바탕으로 문제를 해결하거나 의사 결정을 내리는 능력

④ **디지털 도구 사용 능력**: 워드 프로세서, 스프레드시트, 프레젠테이션 소프트웨어 등의 디지털 도구를 사용하는 능력

⑤ **온라인 커뮤니케이션 능력**: 이메일, 소셜 미디어 등을 통해 효과적으로 소통하고 협력하는 능력

⑥ **사이버 보안 및 윤리적 사용**: 개인정보 보호, 저작권 이해, 안전한 온라인 행동 등 디지털 환경에서의 윤리적 책임을 인식하는 능력

(4) 디지털 리터러시 함양 방안

① **디지털 도구 활용 교육**: 검색 기술, 데이터 분석, 미디어 제작 등의 실습을 통해 학생들이 다양한 디지털 도구를 능숙하고 효과적으로 활용할 수 있도록 교육해야 한다.

② **비판적 사고 교육 강화**: 학생들이 디지털 환경에서 접하는 정보의 출처, 신뢰성(진위 여부), 편향성 등을 판단할 수 있도록 비판적 사고 능력을 키우는 교육이 중요하다.

MEMO

03

③ **실습과 경험 제공** : 학생들이 스스로 디지털 도구를 활용하여 프로젝트를 계획하고 실행하는 기회를 풍부하게 제공하고, 디지털 리터러시를 실생활에 적용할 수 있는 경험(예 인턴십, 자원봉사 등)을 제공한다.

④ **교육과정 통합** : 모든 교과의 교육과정에 디지털 리터러시 관련 내용을 통합하여 모든 학생이 이를 배우도록 한다. 예를 들어, 정보 검색, 데이터 분석, 소셜 미디어 활용 등을 포함시킨다.

⑤ **온라인 안전 및 윤리 교육** : 개인정보 보호, 저작권, 사이버 보안 등의 온라인 안전 교육을 강화하고, 온라인에서의 올바른 행동과 윤리에 대한 교육을 통해 건전한 디지털 시민으로 성장할 수 있도록 한다.

⑥ **디지털 리터러시 평가 및 피드백** : 학생들의 장점과 약점을 파악하고 필요한 부분을 보완하는 학습 기회를 제공할 수 있도록 디지털 리터러시 능력을 체계적으로 평가하고 피드백을 제공하는 시스템을 구축한다.

(5) 디지털 리터러시 향상을 위한 수업방법

– 영국의 Becta(British Educational Communication and Technology Agency)의 권장

① **정의하기** : 디지털 테크놀로지를 활용하여 과제나 문제를 정의한다. 학생들은 자기주도적으로 과제를 분석하고 디지털 환경에서 어떤 정보와 자료를 찾을 것인지 계획을 세우도록 한다.

② **발견하기** : 디지털 테크놀로지를 활용하여 문제해결에 필요한 정보와 자료를 찾도록 한다. 사전에 어떤 정보를 검색할지 목적을 분명히 하고, 검색한 정보의 신뢰성과 타당성, 저작권 등에 유의하도록 한다.

③ **평가하기** : 발견한 정보를 서로 비판적으로 비교·분석하고 평가한다. 디지털 정보와 자료에 대해서 비판적으로 사고할 수 있도록 지원한다.

④ **창작하기** : 다양한 정보를 종합하여 새로운 해결안을 만든다. 테크놀로지를 활용하여 창작물을 만들도록 함으로써 창의적 사고와 컴퓨팅 사고를 촉진한다.

⑤ **의사소통하기** : 디지털 환경에서 아이디어나 창작물(결과물)을 다른 학습자와 공유하고 의견을 주고받는다.

MEMO

5 미디어 리터러시(media literacy)

(1) 등장 배경

미디어 리터러시는 20세기 중반부터 정보통신 기술의 급속한 발전과 함께 주목받기 시작하였으며, 다음과 같은 사회적 변화가 그 배경이 되었다.

① **정보의 양 증가**: 인터넷과 디지털 매체의 발전으로 정보의 양이 폭발적으로 증가하면서, 소비자는 신뢰할 수 있는 정보를 찾는 데 어려움을 겪고 있다.

② **가짜 뉴스와 정보의 왜곡**: 소셜 미디어의 확산으로 인해 허위 정보가 쉽게 퍼질 수 있게 되었고, 이는 비판적 사고의 필요성을 더욱 강조한다.

③ **미디어 환경의 변화**: 전통적인 매체에서 디지털 매체로의 전환이 이루어지면서 사람들이 접하는 정보의 형식과 내용이 다양해졌다.

(2) 개념

미디어 리터러시는 단순히 정보를 소비하는 능력을 넘어서 정보를 이해하고, 해석하며, 비판적으로 분석하고, 평가하는 능력이며, 이는 자신의 생각을 효과적으로 표현하는 능력을 포함한다. 이는 개인이 정보 사회에서 능동적이고 책임 있는 시민으로 살아가는 데 필수적인 역량이다.

(3) 주요 구성 요소

① **메시지 해석**: 다양한 미디어에서 전달되는 메시지를 이해하고, 그 의미를 해석하는 능력

② **비판적 사고**: 미디어 메시지를 분석하고, 그 이면의 의도나 이데올로기, 편향성을 이해하는 능력

③ **정보 평가**: 미디어에 담긴 정보의 출처, 정보의 정확성과 신뢰성을 평가하는 능력

④ **생산 및 창작**: 자신의 의견이나 아이디어를 다양한 미디어 형식으로 표현하는 능력

⑤ **소통 능력**: 타인과의 상호작용에서 효과적으로 의견을 전달하고 논의할 수 있는 능력

(4) 미디어 리터러시 교육의 필요성

① **메시지 해석 능력**: 다양한 미디어 형식과 콘텐츠에 대한 이해가 필수적이다. 디지털 매체의 다양화로 인해 사람들은 다양한 장르와 형식의 정보를 접하게 되며, 이를 효과적으로 해석하는 능력이 필요하다.

② **비판적 분석 능력**: 정보의 홍수 속에서 신뢰할 수 있는 정보를 선택하는 능력이 중요하다. 인터넷과 소셜 미디어의 발달로 가짜 뉴스와 정보의 왜곡이 빈번하게 발생하고 있으며, 이에 대한 비판적 분석 능력이 요구된다.

MEMO

03

(5) 미디어 리터러시 함양 방안

① **교육과정 통합**: 학교 교육과정에 미디어 리터러시 관련 내용을 포함하여 학생들이 자연스럽게 이 능력을 기를 수 있도록 한다. / 언어, 사회, 과학 등 다양한 과목에 미디어 리터러시 요소를 통합하여 가르친다. 예를 들어, 사회 과목에서 뉴스 분석, 과학 과목에서 연구 결과의 출처 검증 등을 다룬다.

② **프로젝트 기반 학습**: 실제 미디어 콘텐츠를 제작하거나 분석하는 프로젝트를 통해 비판적 사고와 창의성을 키울 수 있도록 한다.

③ **미디어 제작 경험 제공(프로젝트 기반 학습)**: 학생들이 직접 블로그, 팟캐스트(포드캐스트), 동영상 등을 제작하게 한다. 미디어 콘텐츠 제작 과정에서 윤리적 고려와 사실 확인의 중요성을 배우게 된다.

④ **토론 및 논의**: 다양한 미디어 콘텐츠에 대한 토론을 통해 학생들이 서로 다른 시각을 이해하고 비판적으로 사고할 기회를 제공한다.

⑤ **비판적 사고 훈련**: 학생들이 정보를 평가하고 분석할 수 있도록 유도하는 질문을 제공하는 질문 중심 학습을 통해 비판적 사고 훈련을 한다. 예를 들어, "이 기사는 어떤 관점을 가지고 있는가?", "출처는 신뢰할 수 있는가?" 등의 질문을 던진다.

⑥ **실제 사례 연구(사례 분석)**: 최신 뉴스 기사, 광고, 소셜 미디어 포스트 등을 활용해 학생들이 직접 사례를 분석하게 한다. 학생들은 사례를 통해 미디어의 영향력과 비판적 분석 기술을 기른다.

⑦ **디지털 시민 교육(온라인 행동 규범 교육)**: 학생들에게 사이버 안전, 개인정보 보호, 디지털 커뮤니케이션의 윤리와 안전한 온라인 행동을 교육한다.

⑧ **미디어 리터러시 워크숍**: 외부 전문가를 초청하거나 워크숍을 통해 심층적으로 미디어 리터러시를 교육한다. 다양한 미디어 형식과 플랫폼에 대한 이해를 넓힐 수 있다.

⑨ **정보 검증 툴(도구) 사용**: 학생들에게 사실 확인 사이트(예 Snopes, FactCheck.org)나 이미지 검증 도구(예 TinEye)를 사용하여 정보의 신뢰성을 평가하는 방법을 가르친다.

⑩ **디지털 플랫폼 활용**: 디지털 도구와 플랫폼을 활용하여 정보 검색, 평가, 생산 능력을 향상시킨다.

⑪ **부모와 커뮤니티의 참여(가정 연계 프로그램)**: 부모를 대상으로 한 워크숍이나 정보 세션을 개최하여 가정에서도 미디어 리터러시의 중요성을 강조하고, 자녀와 함께 미디어 콘텐츠를 분석하는 등 학생들이 배운 내용을 일상생활에서 적용할 수 있도록 지원한다.

MEMO

6 테크놀로지 활용 수업

(1) 모바일 러닝(mobile learning)

① 개념

㉠ 모바일 테크놀로지(예 태블릿 PC, 스마트폰)를 활용한 이러닝의 한 형태. 이러닝은 인터넷 네트워크 기술을 바탕으로 다양한 매체를 활용하여, 시간과 장소의 제약 없이 학습자가 다른 학습자, 교수자, 학습내용과 활발한 상호작용을 하면서, 다양한 학습경험을 할 수 있도록 지원하는 체제

㉡ 모바일 러닝은 언제 어디서나 학습이 이루어지는 교육적 이상을 달성하려는 목적에서 등장하였다. 예컨대, 소크라티브(Socrative)라는 애플리케이션을 활용하여 교수자는 수업 중에 간단한 질문을 올릴 수 있고, 개별 학습자가 태블릿 PC 혹은 스마트폰을 활용하여 답을 하게 되면 이 전체 과정을 교수자가 관리할 수 있다. 또한 스마트폰을 활용하여 교실 밖에서 다양한 형태의 협동 및 탐구 학습을 할 수 있다. 예컨대, 자신의 집 주변에 살고 있는 동식물 사진을 찍어서 다른 학습자와 공유하고 수업 시간에 학습자가 찍은 사진을 이용해서 과학 탐구를 할 수 있다.

② 모바일 러닝의 특성

㉠ **맥락성**: 맥락적(context-sensitive, context aware)이다. 실제적인 맥락 속에서 학습이 이루어지도록 돕는다. 예컨대, 미술관을 관람할 때 특정 작품에 다가가면 그 작품과 관련된 정보나 학습활동(예 퀴즈, 게임)을 자동으로 스마트폰에 전달함으로써 실제적인 학습을 촉진할 수 있다.

㉡ **개별성**: 학습자의 개별성을 지원해 준다. 모바일 기기를 휴대하면서 언제 어디서나 필요한 정보를 검색하고 중요한 내용을 메모하거나 사진 및 동영상으로 기록할 수 있다. 이는 학습자의 관심과 요구를 반영한 개별화 학습을 촉진하며, 학습자가 자신의 학습을 주도하도록 하여 궁극적으로 효과적인 학습을 돕는다.

㉢ **공유성**: 개별 학습의 결과를 학습자 간의 사회적 상호작용을 통해 공유하도록 하는 공유성의 특징을 가진다. 페이스북, 엑스(X), 네이버 밴드 등의 SNS를 이용해서 모바일 러닝 활동과 결과물을 교수자 및 다른 학습자와 쉽게 공유할 수 있다.

(2) 게임화(gamification)

키워드
게임의 요소: 목표, 규칙, 피드백, 보상, 레벨, 이야기 등

① 개념 키

㉠ 게임화는 게임이 아닌 것에 게임의 요소나 원리를 적용하는 것을 의미한다(예 계단을 피아노 건반처럼 흰색과 검은색으로 칠하고 발을 디딜 때마다 특정 음이 들리도록 설계하면 평소 계단을 싫어하는 사람도 건반을 밟는 재미에 더 자주 계단을 오르내릴 것이다). 이처럼 게임의 피드과 보상 요소를 활용하면 사람들이 자발적으로 하지 않는 일을 더 많이 하도록 동기를 부여할 수 있다.

ⓛ 게임화를 위해서는 수업에 게임 요소를 효과적으로 통합하는 것이 필요하다. 게임을 구성하는 요소에는 목표, 규칙, 피드백, 보상, 레벨, 이야기 등이 있다.

ⓒ 수업에 게임 요소를 적용하기 위해 테크놀로지를 효과적으로 활용할 수 있다. 카훗(Kahoot!)이라는 학습 플랫폼은 수업 중에 학습자가 스마트 기기를 활용하여 게임처럼 퀴즈 활동에 참여하도록 돕는다. 교수자는 퀴즈 문제에 이미지나 동영상을 삽입할 수 있고 학습자가 사지선다형 답안 중에 하나를 제한된 시간 안에 선택할 수 있도록 설계할 수 있다. 학습자는 자신의 스마트 기기에서 카훗 앱을 이용하여 응답을 한다. 한 문제에 응답을 할 때마다 즉각적으로 학습자의 응답 결과가 교수자 화면에 막대그래프 형태로 제시되고, 리더보드(leader board)에 지금까지 문제를 가장 빠르게 많이 맞힌 학습자의 이름이 점수와 함께 제시된다. 이처럼 카훗은 게임의 설계 요소 중에서 피드백과 보상 체계를 잘 반영하고 있다.

② 게임의 요소를 수업에 적용할 때 고려해야 할 여섯 가지 원리

㉠ 수업 초기에 게임의 규칙을 명확하게 설명한다.

ⓛ 게임화 전략이 수업목표 및 학습 활동과 일치하도록 수업을 설계한다.

ⓒ 학습자가 과제를 수행했을 때 성취감을 느끼도록 수업을 설계한다.

㉣ 학습자가 쉬운 과제에서 시작하여 점차 어려운 과제를 수행할 수 있도록 레벨을 설정한다.

㉤ 과제를 수행할 때 모든 학습자가 동등한 기회를 가질 수 있도록 한다.

㉥ 게임화가 지나친 경쟁을 유도하지 않도록 학습자 간의 상호의존성을 높인다.

(3) 인공지능 활용 수업

① 개념

㉠ 인공지능은 인간처럼 지적으로 행동하는 컴퓨터 시스템을 의미한다.

ⓛ 인공지능 기술이 급격히 발달하면서 우리 생활 주변에서 인공지능 스피커, 챗봇을 쉽게 발견할 수 있다.

② 인공지능을 수업에 활용하는 방법

㉠ 지능형 튜터링 시스템(ITS : intelligent tutoring system) ㉪

ⓐ 언어, 수학, 과학 등의 교과에서 학습자의 문제해결 과정을 점검하고 오답을 분석하여 학습자에게 필요한 지원과 피드백을 제공한다. ⇨ ITS는 맞춤형 콘텐츠와 문제를 제공한다.

ⓑ 카네기멜론 대학교의 연구에 기반하여 개발된 매시(MATHia)는 학습자가 수학문제를 해결하는 동안 학습자의 지식과 기술 수준을 평가해서 학습자에게 최적화된 문제를 추천하고, 학습자가 문제해결에 어려움을 겪으면 적응적으로 피드백과 힌트를 제공한다.

MEMO

키워드
AI가 학습자의 문제 해결 과정을 점검하고 분석 → 맞춤형 콘텐츠와 문제 제공

MEMO

키워드
챗봇이 학습자의 질문에 맞춤형 답변 제공 → 학습자를 맞춤형으로 지원

키워드
AI가 학습자에게 모델링, 코칭, 스캐폴딩 등을 제공 → 학습자가 스스로 지식을 구성하며 자기주도적으로 학습하도록 도움

ⓒ 우리나라에서 개발한 수학교육 플랫폼인 노리(Knowre)도 학습 데이터를 분석하여 학업 성취도를 높이기 위한 다양한 지원을 제공하고 동일한 실수를 반복하지 않도록 맞춤형 콘텐츠를 제공한다.

㉡ 챗봇(chatbot) 활용 수업 ㉠

ⓐ 챗봇은 채팅(chatting)과 로봇(robot)의 합성어로서 문자와 음성을 통해 학습자와 상호작용을 할 수 있다.

ⓑ 챗봇은 사용자의 요청에 자동화된 응답을 제공할 뿐만 아니라 사용자와 대화를 나눌 수 있다.

ⓒ 사용자는 스마트폰이나 컴퓨터와 같은 장치를 통해 챗봇과 상호작용을 할 수 있을 뿐만 아니라 아마존의 알렉사(Alexa), 카카오 미니, 네이버 클로바 등의 인공지능 스피커를 이용해서 음성으로 챗봇과 대화를 할 수도 있다.

ⓓ 챗봇은 시간과 장소의 제약 없이 문자와 음성을 통해 학습자를 개별적으로 지원하는 데 활용할 수 있다. 챗봇은 학습자의 반응에 따라서 맞춤형 질문과 응답을 하고 각 학습자의 특성에 맞게 개별화된 학습 안내와 도움을 제공함으로써 개별 학습자를 맞춤형으로 지원해 줄 수 있다.

㉢ 지능형 학습환경 ㉠

ⓐ 인공지능 기반의 지능형 학습환경은 학습자가 스스로 지식을 구성하고, 원리를 탐구하고, 자기주도적으로 학습하도록 돕는다. ITS가 학습자에게 지식을 효과적으로 전달하는 데 초점을 두고 있는 반면에 지능형 학습환경은 구성주의에 기반하여 학습자 중심 학습을 지원한다. 지능형 학습환경에서는 인공지능은 교수자를 도와서 모델링, 코칭, 스캐폴딩과 같은 학습 지원을 실제적인 과제와 함께 제공할 수 있다.

ⓑ 베티의 두뇌(Betty's Brain)라는 인공지능 프로그램은 학습자가 베티라는 가상 에이전트를 가르치면서 배우도록(learning by teaching) 지원한다.

ⓒ 인공지능은 자기주도 학습능력이 부족한 학습자를 위해 학습과정을 지속적으로 점검하고 학습자의 능동적 참여를 촉진할 수 있다.

MEMO

03

7 스마트 교육(smart learning)

(1) 개념

① 일반적으로 스마트 기기, 즉 스마트폰, 태블릿, PC, e-Book, 단말기 등을 활용하는 모든 형태의 학습을 지칭한다.

② 학습자들의 다양한 학습 형태와 능력을 고려하고 학습자의 사고력, 소통능력, 문제해결능력 등의 개발을 높이며 협력학습과 개별학습을 위한 기회를 창출하여 학습을 보다 즐겁게 만드는 학습으로서 장치보다 사람과 콘텐츠에 기반을 둔 발전된 ICT 기반의 효과적인 학습자 중심의 지능형 맞춤 학습(곽덕훈, 2010)

③ 스마트 기기와 정보통신기술을 활용하여 지식과 정보, 각종 네트워크에의 상시적 접근을 통하여 협력적 상호작용, 지능적 맞춤화, 자기주도적 지식 구성이 가능한 교수학습체계(김성렬, 2015)

④ 자기주도적으로 내 수준과 적성에 맞는 풍부한 자료와 ICT를 활용하여 재미있게 공부하는 지능형 맞춤 교수-학습 지원체제(김영애, 2011)

⑤ 자기주도적 학습(S), 동기가 부여되는 학습(M), 자신의 수준과 적성에 맞는 학습(A), 풍부한 자료에 기반한 학습(R), 정보기술을 활용한 학습(T)(교육부, 2011)

스마트 교육의 개념(교육부, 2011)

용어		의미
S	Self-directed (자기주도적)	• (지식생산자) 학생은 지식 수용자에서 지식의 주요 생산자로, 교사는 지식 전달자에서 학습의 조력자(멘토)로 그 역할의 변화 • (지능화) 온라인 성취도 진단 및 처방을 통해 스스로 학습하는 체제
M	Motivated (흥미)	• (체험 중심) 정형화된 교과 지식 중심에서 체험을 기반으로 지식을 재구성할 수 있는 교수·학습 방법 강조 • (문제해결 중심) 창의적 문제해결과 과정 중심의 개별화된 평가 지향
A	Adaptive (수준과 적성)	• (유연화) 교육체제의 유연성이 강화되고 개인의 선호 및 미래의 직업과 연계된 맞춤형 학습 구현 • (개별화) 학교가 지식을 대량으로 전달하는 장소에서 수준과 적성에 맞는 개별화된 학습을 지원하는 장소로 진화
R	Resource Enriched (풍부한 자료)	• (오픈마켓) 클라우드 교육서비스를 기반으로 공공기관, 민간 및 개인이 개발한 풍부한 콘텐츠를 교육에 자유롭게 활용 • (소셜네트워킹) 집단지성, 소셜러닝 등을 활용한 국내외 학습자원의 공동 활용과 협력학습 확대
T	Technology Embedded (정보기술 활용)	(개방화) 정보기술을 통해 언제, 어디서나 원하는 학습을 할 수 있고, 수업 방식이 다양해져 학습 선택권이 최대한 보장되는 교육환경

MEMO

(2) 기존의 제한된 교육 영역의 확장

① **공간의 확장**: 교실이라는 물리적 공간이 디지털교과서, 온라인 수업의 활성화 등을 통해 박물관, 지하철 등 교실 밖, 학교 밖, 이동하는 공간 등 어디서나 배움이 이루어지는 공간으로 확대된다. 즉, ICT를 통해 언제 어디서나 원하는 학습을 할 수 있고, 학습선택권이 최대한 보장되는 교육 환경이 마련된다.

② **시간의 확장**: 특정 시간에 학교로 등교하여 하교할 때까지 이루어지던 기존의 교육활동은 이제 온라인 수업으로, 클라우드 교육서비스를 통해 언제나 원할 때 학습의 기회를 제공받게 된다.

③ **교육내용의 확장**: 기존의 제한된 내용을 다루는 서책형교과서와 참고서, 문제집 대신, 디지털교과서를 통해 언제 어디서나 개개인의 수준과 적성에 맞는 풍부한 학습자료에 접근하고 공부할 수 있게 된다. 스마트 교육 추진전략에서는 클라우드 교육서비스를 기반으로 공공 기관, 민간 및 개인이 개발한 풍부한 콘텐츠를 교육에서 자유롭게 활용할 수 있도록 하는 오픈마켓 조성을 기획하고 있다. 또한, 소셜네트워킹을 통한 집단지성, 소셜러닝 등을 활용한 국내외 학습자원의 공동 활용과 협력학습 기반이 확대된다.

④ **교육방법의 확장**: 기존의 지식을 전달하는 교사주도의 강의식 수업에서 학교의 무선인터넷 환경 구축 등 ICT가 내재화되어 모든 정보의 흐름이 원활하게 이루어지는 교육 환경에서 협력학습, 체험학습, 개별학습 등 다양한 교수-학습 방법이 적용된다.

⑤ **교육 역량의 확장**: 과거 산업사회에서 요구되어 왔던 3R(Read, wRite, aRithmetic)을 넘어서 이제는 미래사회에 필요한 역량(7C: Critical thinking and problem solving, Creativity and innovation, Collaboration and leadership, Cross-cultural understanding, Communication, ICT literacy, Career and life skills)을 스마트 교육을 통해 기르게 된다.

(3) 스마트 교육의 특징

① **자기주도적 학습**: 학습자 스스로 학습목표를 세우고, 개인의 능력에 따라 학습속도를 조절하며, 필요에 따라 콘텐츠를 검색, 저장, 활용 및 재가공하는 등 자기주도적 학습이 가능하다.

② **개인별 맞춤학습**: 학습자의 수준, 능력, 선수학습의 정도 및 학습양식 등을 고려하여 개인에게 알맞은 맞춤형 학습을 제공한다.

③ **협력적 학습**: 스마트 학습은 교실뿐만 아니라 온라인으로 연결된 공간에서 교수자와 학습자, 학습자와 학습자 간의 협력적 학습이 광범위하게 이루어지도록 돕는다. 또, 서로 다른 공간의 교수자와 학습자 간의 협력 학습을 가능하게 한다.

④ **상호작용적 학습**: 클라우드 컴퓨팅과 소셜 네트워크 서비스(SNS)는 정보의 개방과 공유를 통해 교수자와 학습자, 학습자와 학습자 간의 쌍방향 상호작용을 촉진한다.

MEMO

8 소셜 미디어(social media)

(1) 소셜 미디어(social media)

소셜 미디어란 사용자가 직접 만드는 정보, 콘텐츠를 말한다(사용자가 그림, 음악, 동영상 등을 직접 만든 사용자 콘텐츠). ⇨ 소셜 미디어는 쌍방향테크놀로지를 통해서 텍스트, 이미지, 오디오, 비디오 등을 전송하거나 제작할 수 있는 다양한 멀티미디어의 구성요소와 사회적 상호작용을 통해 참여자들이 정보와 지식, 의견을 공유하고 통합하는 다양한 활동이다. 소셜 미디어는 웹 2.0이 강조하는 참여, 공유, 개방의 개념이 기술적으로 발전되어 사용자들 스스로 제작한 콘텐츠를 통한 커뮤니케이션으로 인하여 자신들의 경험, 정보, 지식 그리고 다양한 의견의 공유와 상호작용이 가능하도록 도와주는 온라인 서비스이다.

예 X(트위터), 페이스북, 유튜브 등

Plus

웹 3.0(world wide web 3.0)

웹 2.0은 참여, 공유, 개방을 특징으로 하며 사용자들이 적극 참여하여 정보를 만들고 공유하는 사회적인 연결성을 중시했다면, 웹 3.0은 데이터의 의미를 중심으로 서비스되는 시대를 말한다. 즉, 웹 3.0이란 컴퓨터가 시맨틱 웹 기술을 이용하여 웹페이지에 담긴 내용을 이해하고 개인 맞춤형 정보를 제공할 수 있는 지능형 웹 기술을 말한다. 한 마디로 개인화, 지능화된 맞춤형 웹을 일컫는다.
웹 3.0은 인터넷에서의 엄청난 양의 정보 중에 내가 지금 필요한 정보와 지식만을 추출해서 보여 주는 맞춤형 웹의 시대인 것이다. 컴퓨터가 사람을 대신해서 정보를 모으고 필요한 정보만을 편집하여 새로운 정보를 만들어 내는 웹으로 인공지능 웹인 것이다. 예를 들어, 웹 3.0에서는 우리가 여행을 가고 싶을 때 그 여행지에 대한 정보를 찾기 위해 여러 웹사이트를 일일이 들어가서 정보를 모으고 예약하는 과정 대신에 우리의 휴가 일정과 좋아하는 여행 스타일 등을 입력하면 컴퓨터가 정보를 다 찾아보고 그것에 맞게 알려 주는 것을 말한다. 사물인터넷 기술, 클라우드 기술 등이 이 웹 3.0으로 가능하게 되었다. 이처럼 개인화, 지능화된 웹 3.0은 개인에 맞는 정보를 알아서 찾아주는 인공지능형 웹을 말한다.

(2) 엑스(X)

엑스(X)
트위터(Twitter)에서 변경(2023. 4.)

① 개념

㉠ 엑스(X)는 간단한 글을 손쉽게 쓸 수 있는 단문 전용 사이트이다.

㉡ 140자의 단문으로 이루어지며 글을 작성하면 글쓴이의 페이지와 글쓴이의 팔로워들에게 글이 보내진다. 팔로워들은 다시 그 글을 친구들에게 보내거나, 볼 수 있도록 허용할 수 있다.

② 특징

㉠ 엑스(X)는 메신저와 같은 신속성을 가지고 있다. 엑스(X) 웹사이트나 스마트폰의 애플리케이션을 이용해서 글을 실시간으로 빠르게 보내거나 받을 수 있다.

㉡ 언론을 통해서만 전달되던 연예인이나 정치인, 기업인의 발언, 공지들도 여과 없이 빠르게 들을 수 있다는 점에서 기존의 인터넷보다 한층 발전된 소통을 보여 준다.

MEMO

③ 엑스(X)의 교육적 활용 방법

㉠ 교실 안에서나 교실 밖에서 지속적인 대화가 가능하며 이를 통해 교사와 학생 간, 학생 상호 간에 교류가 활발해진다.

㉡ 교사와 학생 간, 학생 상호 간에 질문과 답변이 오갈 수 있고, 스마트폰의 푸시기능을 이용하면 즉각적인 피드백이 가능하다.

㉢ 수업 전에 준비사항에 대해 학생들에게 공지할 수도 있고, 학습내용과 관련된 질문이나 과제 등을 부여할 수 있다.

㉣ 학생들이 과제를 하다가 의문사항을 물어볼 수도 있고, 이를 교사나 다른 학생들이 답변할 수도 있다.

㉤ 팔로워들에게 자신의 글이 전달되기 때문에 교수자나 학습자를 팔로잉할 수 있을 뿐만 아니라 전문가들을 팔로잉해서 그들의 글을 실시간으로 확인할 수 있으며, 교수자 외에 다양한 전문가가 간접적으로 교실상황에 투입될 수 있다.

㉥ 학습자들 간에 협력학습을 통해 협동심을 배양하고 학습내용에 대한 이해를 도울 수 있다.

엑스(X)의 교육적 활용 방법(조민경, 2011)

활용형태	세부내용
채팅 (class chatter)	교실 안과 밖에서 지속적인 대화가 가능하고 학습의 경험이 교실 밖에서도 연결되어 이어진다.
커뮤니티 (class community)	학생들의 대화는 이어지며 발전하고 생산적이게 되며, 교수자는 더불어 학생들의 성향을 파악할 수 있다.
즉각적인 피드백 (instant feedback)	교수자의 즉각적인 피드백이 가능하며(특히 스마트폰이 있다면 푸시기능을 이용), 학생들 간에 질문과 답변이 오갈 수도 있다.
전문가 팔로잉 (follow a professional)	전문가들을 팔로잉해서 그들의 글을 실시간으로 확인할 수 있으며, 교수자 외에 다양한 전문가가 간접적으로 교실상황에 투입될 수 있다.
현실 인식 (get a sense of the world)	퍼블릭 타임라임(public timeline)을 통해 지구상에 일어나는 다양한 일들과 관심사, 주목하고 있는 사건들을 알 수 있다.
학습의 극대화 (maximization the teachable moment)	엑스(X)라는 공간에서 벌어지는 실제적인 일들을 통해 맥락적인 학습이 가능하다.
공공의 메모장 (public notepad)	영감이나 생각을 짧게 공유하기에 좋으며 다른 사람의 생각들도 좋은 정보가 된다.
트랙 기능 (track a world)	관심 있는 단어를 트랙기능을 통해 포스팅하거나 정보를 얻을 수 있다.

MEMO

03

(3) **유튜브**(YouTube)

① 개념 : 사용자가 영상 클립을 업로드하거나 보거나 공유할 수 있는 무료 동영상 공유 사이트 ⇨ 유튜브의 다양한 동영상 자료는 수업 자료나 동기 부여 자료로 쓰일 수도 있고, 실제 제작해서 업로드하는 활동을 통해서 적극적이고 활동적인 수업을 구성할 수도 있다. 또, 복사를 위한 소스코드와 링크 주소가 있어 이를 자신의 블로그나 엑스(X) 등으로 옮겨 갈 수도 있다. 또, 회원 가입을 하면 자신의 기호에 맞게 목록에 저장시켜 놓을 수도 있다.

② 유튜브의 장단점

㉠ 장점

ⓐ 동영상은 강력한 동기부여의 도구이기 때문에 유튜브의 다양한 동영상 자료는 학생들의 학습동기 유발의 자료로 활용할 수 있다.

ⓑ 유튜브의 콘텐츠를 중심으로 학생들 자신의 경험, 정보, 지식 그리고 다양한 의견의 공유와 상호작용이 가능해진다.

ⓒ 학생들이 자신의 경험과 지식 등을 유튜브 동영상으로 직접 제작하여 업로드함으로써 학습활동에 대한 참여의식을 높일 수 있다.

㉡ 문제점

ⓐ 모티브를 찾기 위해 자료를 검색할 경우 특히 영상이나 이미지에서 음란물, 폭력물을 비롯한 비교육적인 정보에 접촉할 수 있다.

ⓑ 기존의 자료를 패러디하거나 편집하는 과정에서 원 저작자의 권리를 침해할 수 있다.

③ 유튜브의 교육적 활용 방법

유튜브의 교육적 활용 방법(조민경, 2011)

활용형태	세부내용
학습 커뮤니티 (learning community)	전원이 참여하여 의견을 내고, 공통의 창조물을 만들고 공유할 수 있다.
과제 (assessment item)	전통적인 과제에서 벗어나 짧은 영상물이 과제를 대신할 수 있다.
미디어에 대한 경험 (experiment in new media)	새로운 미디어를 경험하면서 정보와 지식을 습득할 수 있다.
토론을 위한 도구 (discussion tool)	자신의 콘텐츠에 대한 코멘트들이나 서로 다른 관점의 2-3개의 영상물을 비교함으로써 토론을 촉진시킬 수 있다.
가상 도서관 (virtual library)	기존의 텍스트가 갖고 있지 못하는 다양한 요소들이 유튜브 영상물에는 포함되어 있으므로 학생들에게 강의를 비롯하여 다양한 정보를 제공해 줄 수 있다.

MEMO

9 메타버스(Metaverse)

(1) 개념

① **유래**: 1992년 닐 스티븐슨(Neal Stephenson)의 소설 『Snow Crash』에서 처음 등장한 용어로서, 가상의 세계 메타버스에 진입하기 위해서 사람들이 아바타(Avatar)로 구현되어 활동한다는 내용이 담겨 있다.

② **개념**: 가상, 초월을 뜻하는 메타(Meta)와 현실, 세계를 뜻하는 유니버스(Universe)의 합성어로 온라인상에서 인간의 경제, 문화, 사회 활동이 가능하도록 구현한 가상세계를 의미한다. 학생들이 직접 만나지 않고도 교육을 받을 수 있는 온라인 플랫폼은 많이 존재하지만, 메타버스는 기존의 일반적인 프로그램과 달리 학생들이 아바타를 통해 '같은 공간'으로 함께 접속을 한다는 큰 차이점을 가지고 있다.

(2) 메타버스(Metaverse)의 유형(기술; tech)과 특징

① **메타버스의 유형**: 미국의 미래 가속화 연구재단(ASF: Acceleration Studies Foundation, 2007)은 메타버스의 기술을 크게 4가지, 즉 증강현실(Augmented Reality), 라이프로깅(Lifelogging), 거울세계(Mirror World), 가상세계(Virtual World)로 제안하였다.

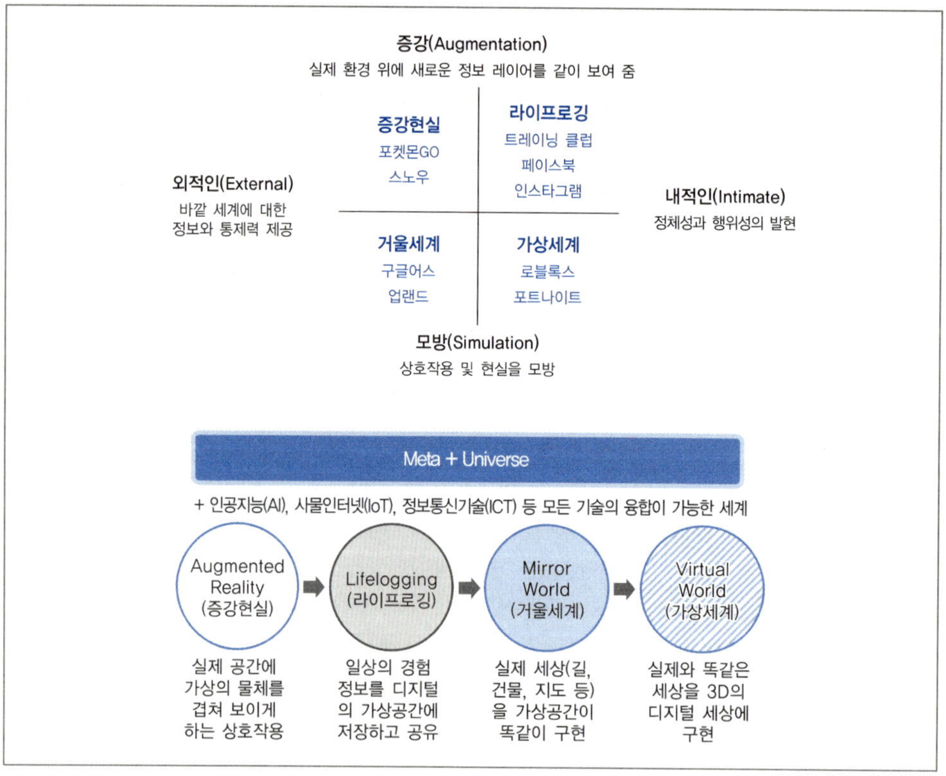

메타버스 기술의 종류 및 특징

구분	정의 및 특징	활용 서비스 예
증강현실 (Augmented Reality)	현실 공간인 일상에서 인식하는 물리적 환경에 가상의 사물 및 인터페이스 등을 겹쳐 놓아 현실을 증강시키는 기술	포켓몬GO, 디지털교과서, HUD(Heads Up Display)
라이프로깅 (Lifelogging)	'삶의 기록'이라는 뜻의 라이프로깅은 취미, 건강 등 개인생활 전반을 기록하는 것으로 인간의 신체, 감정, 경험, 움직임과 같은 정보를 기기를 통해 기록하고 가상의 공간에 재현하는 기술/활동	페이스북 · 인스타그램 등 SNS 공간, 싸이월드, 블로그, 나이키 트레이닝클럽, 삼성헬스, 스마트워치
거울세계 (Mirror World)	실제 세계의 모습이나 정보, 구조 등을 복사하듯이 만들어 낸 세계로, 물리적 세계를 사실적으로 재현하고, 외부 환경 정보를 통합하여 제공하는 기술	구글어스, 구글맵, 네이버 지도
가상세계 (Virtual World)	디지털 기술을 통해 현실의 경제 · 사회 · 정치적 세계를 확장시켜 현실과 매우 유사하거나 혹은 대안적으로 구축한 세계	제페토, 로블록스, 마인크래프트, 포트나이트, 세컨라이프

② 메타버스의 특징

㉠ 가상공간에서 사용자는 자기 모습과 성격을 투영한 아바타를 통해 '사회적 상호작용'이 가능하다.

㉡ 사용자는 가상공간을 자유롭게 이동하면서 가상의 상황에 '몰입'하게 된다.

㉢ 자신의 아바타와 타인의 아바타가 함께 같은 공간에 있으면서 학습자들이 서로가 함께 학습 활동하며, 이를 지각하는 '사회적 실재감(social presence)'이 높아진다.

㉣ 현실세계와 가상공간을 연결하여 현실세계와 유사한 실재감을 제공할 수 있다.

㉤ 메타버스 내에서 디지털통화(가상화폐)가 통용되어 생산과 소비가 가능하다.

㉥ 메타버스 환경에서의 몰입과 상호작용은 학습자의 학습동기 내면화 과정에 긍정적인 영향을 미치며, 학습자에게 흥미감을 제공하므로 학습동기 촉진 또한 가능하다는 이점을 지닌다. 이에 따라 메타버스를 교육 현장에서 적용한다면 학생들의 수업 참여에 대한 흥미를 제공하고, 동기부여를 제공할 것이며, 가상세계이지만 실제 현장에서 이루어지는 수업에 참여하듯이 사회적 상호작용 측면에서도 이점이 있을 것이다.

(3) 교육적 효과 및 문제점

① 교육적 효과

㉠ 현실과 가상이 자연스럽게 연결되면서 학습상황에 대한 학생의 몰입감과 흥미도를 높인다.

㉡ 메타버스가 새로운 사회적 소통의 공간이 되어 아바타를 중심으로 사회적 상호작용이 활발하게 일어나며 수업 참여도를 높인다.

㉢ 학습내용과 관련된 다양한 간접적인 경험과 체험을 하며 즐겁게 학습함으로써 학습의 효과를 높인다.

MEMO

ⓔ 개인의 존재를 대신하는 '아바타'를 통해 가상세계 속 학습 활동에 보다 주체적으로 참여할 수 있다.

ⓜ 학생의 수준과 능력에 맞게 개별화 학습과정이나 수준별 수업을 구현할 수 있다.

② 문제점

㉠ 가상과 현실의 경계가 사라진 세계에서 현실의 정체성과 다른 정체성으로 타인과 상호작용하면서 정체성의 혼란이나 가상과 현실의 혼동을 불러올 수 있다.

㉡ 메타버스는 가상의 세계에서 익명성을 띠고 활동하므로 타인을 속이거나, 사생활을 침해하는 등 윤리적인 문제가 발생할 수 있다.

㉢ 학생의 스마트 기기 활용 능력이 미숙할 경우 메타버스 활용 수업을 더 어렵게 느끼게 되며 교사의 수업을 잘 따라갈 수 없게 된다. 또, 교사의 메타버스 플랫폼 활용을 위한 테크놀로지 역량이 부족할 경우 수업 준비에 대한 부담감이 크고 메타버스의 효과적 활용도 어렵게 된다.

㉣ 메타버스 세계에서는 자유로운 공간 이동이 가능하므로 학생들이 수업과 무관한 다른 공간을 탐색하거나 배회하는 등의 문제가 발생할 수 있다(학생 통제의 어려움).

㉤ 교육적으로 활용 가능한 메타버스 플랫폼이 부족하고, 교사들마다 적용하는 플랫폼도 제각각이며, 교육과정과 연계된 내용으로 구축된 플랫폼도 없다. 또 VR을 사용하기 위해 헤드마운트 디스플레이를 구입할 경우 가격이 너무 비싸서 많이 구비하지도 못한다(교육적으로 활용 가능한 플랫폼의 부족 및 비싼 장비).

㉥ 메타버스에 포함된 상업적 요소로 인해 학생들이 무분별한 아이템을 구매하는 문제도 있다.

(4) 교육적 활용 방안

① **동기 유발 도구로 활용**: 메타버스 안에서 재미와 연대를 경험하게 하고 지속적으로 참여하고 싶은 공간을 마련해 줌으로써 학습욕구와 동기 유발의 도구로 활용한다.

② **수업의 참여와 성취향상 도구로 활용**: 메타버스 플랫폼에 가상 강의실을 구현하여 학생의 참여도를 높이고, 아바타(Avatar)를 통한 실시간 상호작용으로 수업을 듣는 것과 같은 실재감을 제공한다면 학습효과 및 성취감을 향상시키는 데 일조할 수 있다.

③ **가상 도서관의 도구로 활용**: 메타버스 플랫폼에 가상 도서관을 구축하여 제공하면 학생들이 실제 도서관을 방문한 듯한 몰입감으로 인해 흥미로운 독서 환경을 제공해 줄 수 있다.

④ **소속감 제고와 친밀감 형성 수단으로 활용**: 메타버스 플랫폼에 가상 학교와 교실 공간을 구축하고 아바타를 중심으로 상호 교류하며 다양한 학교활동을 하도록 하면 학생들이 소속감과 친밀감을 형성할 수 있다.

⑤ **학습자 중심의 학습 환경으로 활용**: 메타버스에서는 학생이 자신을 대표하는 아바타를 통해 수업에 참여하므로 적극적인 참여가 가능하고 학습자 간의 상호작용이 활발하게 전개되므로 문제해결형 수업이나 토론 수업 등 학습자 중심의 학습이 가능할 수 있다.

Memo

권지수의 탁월한 만점전략

권지수 교육학

합격지수 100

PART

04

교육평가

PART 04

교육평가

Thinking Map

1 교육평가

- 교육평가의 이해
  - 개관 93 초등, 25 중등論
  - 평가관
    - 검사관 97 초등
    - 교육관과 평가관 22 중등論
  - 평가절차와 평가오류
    - 일반적 절차
    - 평가의 오류 08 중등, 11 초등
- 교육평가의 모형
  - 목표중심모형
    - Tyler의 목표중심평가모형 05 중등, 11 초등, 13 중등
    - Provus의 괴리(격차)모형
  - 판단중심모형
    - Scriven의 탈목표평가모형 11 초등
    - Stake의 종합실상모형
    - Eisner의 예술적 비평모형
  - 의사결정모형
    - Stufflebeam의 CIPP 평가모형 99 초등보수, 08 중등, 11 초등
- 교육평가의 유형
  - 평가기준에 따른 유형
    - 준거참조평가 90 중등, 94 초등, 97 중등, 99~00 중등, 99 초등보수, 00 초등, 02 초등, 04 초등, 06 초등, 06 중등, 15 중등추시論, 18 중등論, 22 중등論, 25 중등論
    - 규준참조평가 99 중등, 04 중등, 06 중등, 07 초등, 10 초등, 12 초등, 12 중등
    - 자기참조평가 09~10 초등, 12 중등, 18 중등論, 22 중등論, 24 중등論, 26 중등論
  - 평가시기에 따른 유형
    - 진단평가 93 초등, 02 초등, 06 중등, 12 초등
    - 형성평가 91 중등, 94 중등, 96 초등, 97 중등, 99~00 초등보수, 02 중등, 03 초등, 14 중등論, 16 중등論, 23 중등論
    - 총괄평가 04 초등, 06 중등
  - 평가방법에 따른 유형
    - 양적 평가
    - 질적 평가
  - 표준화 유무에 따른 유형
    - 표준화검사
    - 교사제작검사
  - 수행평가
    - 수행평가의 개관, 특징 98 중등, 99 초등보수, 99~00 중등, 00 초등, 03~04 중등, 05 초등, 07 중등, 방법 99 초등, 99 초등보수, 01~02 중등, 조건 및 고려사항, 장단점 09 초등
  - 성취평가제
  - 기타 평가
    - 정적 평가와 역동적 평가
    - 정의적 특성의 평가 19 중등論
    - 창의·인성 교육을 위한 평가
    - 메타평가 00 교대편입, 12 초등
    - 컴퓨터화 검사 24 중등論

2 평가도구 (검사도구)

- **평가도구**
  - 평가도구의 양호도
    - 타당도 91 중등, 93 중등, 96~00 중등, 99~00 초등보수, 03~04 초등, 04 중등, 06~08 초등, 07 중등, 11 중등, 17 중등論, 23 중등論
    - 신뢰도 91 중등, 99 초등, 99 초등추가, 00 초등, 01 중등, 02 초등, 03 중등, 05 중등, 10 초등, 19 중등論
    - 객관도 95 중등, 02 초등
    - 실용도
  - 평가도구의 제작
    - 평가문항의 제작 절차
    - 평가문항의 유형
      - 선택형 문항 98 중등, 99 초등추가, 00 초등, 00 초등보수, 03 초등, 06 초등
      - 서답형 문항 01 초등, 01 중등, 08 초등
      - 표준화검사
- **문항분석**
  - 고전검사이론 07 초등
    - 문항난이도 97 초등, 99 초등보수, 00 중등, 02 중등, 03 초등, 03~04 중등, 11 중등
    - 문항변별도 94 중등, 99~00 중등, 03~04 초등, 03 중등, 05~06 중등, 10 초등, 10 중등
    - 문항반응분포
  - 문항반응이론 01 중등, 08 초등
    - 문항난이도
    - 문항변별도 07 중등
    - 문항추측도

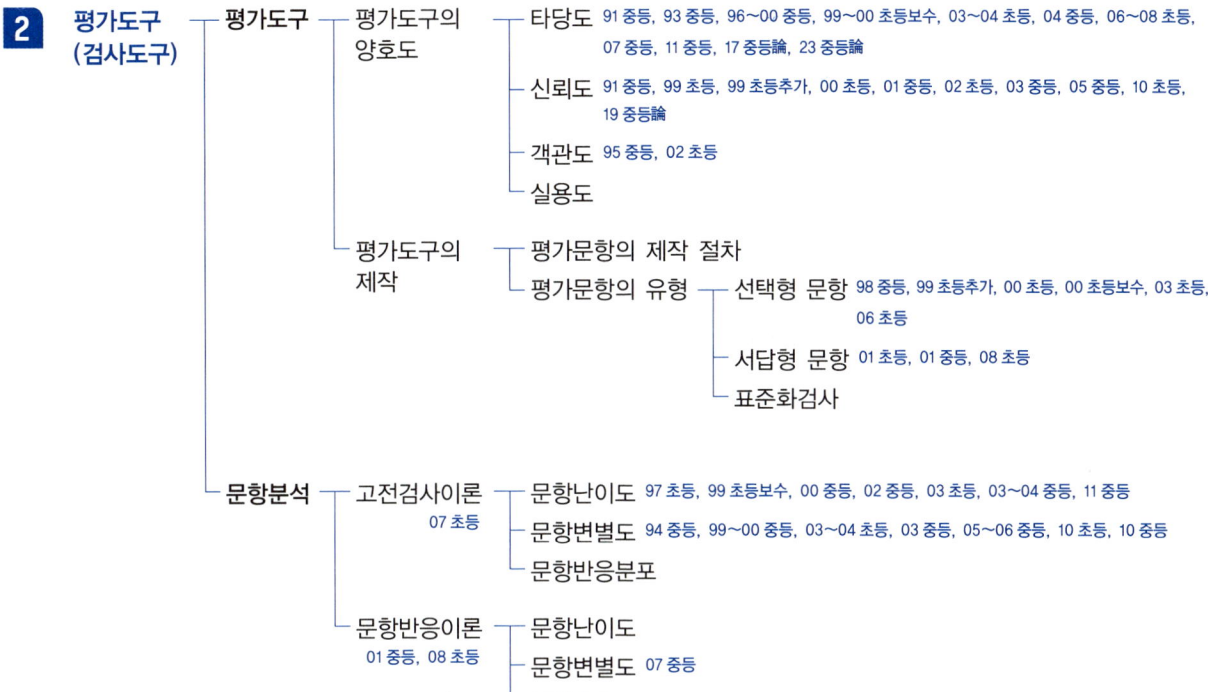

권지수 교육학

합격지수 100

Chapter

01

교육평가

Section 01

교육평가의 이해

MEMO

01 개관

1 교육평가 93 초등

(1) 개관

① 교육평가란 교육 프로그램에 의해 교육목표가 실제로 어느 정도 달성되었는지를 파악하고, 미래의 교육과정과 교육계획을 수립하는 데 도움이 되는 자료를 얻는 각종 활동이다.
② 교육평가는 학생평가뿐만 아니라 교사평가이기도 하며 교육 자체의 평가이기도 하다.
③ 교육목표 달성도를 검증하는 교육의 반성적·자각적인 일련의 과정이다.
④ 학자들의 견해

타일러(Tyler)	평가는 교육 프로그램에 의해 교육목표가 실제로 어느 정도 달성되었는지 결정하는 과정이다.
스크리븐(Scriven)	프로그램이 의도한 효과뿐만 아니라 부수적 효과까지 포함하여 실제 효과를 평가하는 것이다.
아이즈너(Eisner)	교육적 감식안(educational connoisseurship)을 사용하여, 교육현상의 의미 있고 가치 있는 부분을 여러 가지 표현양식을 사용하여 나타내는 교육비평(educational criticism)의 분야를 제안한다. 교육비평은 교육현상의 숨어 있는 여러 가지 의미를 서술적 차원, 해석적 차원, 평가적 차원에서 드러내면서 교육현상에 대한 이해를 도모하고 교육에 관한 인식의 영역을 확장해 주며, 교육의 질적 수준을 개선하게 해 준다.

(2) 교육평가의 기본 가정 25 중등論

① **인간의 잠재능력 개발 가능성**: 교육평가는 인간의 무한한 잠재능력의 개발 가능성을 전제한다. 교육이 인간 발달의 가능성을 제한하면 교육평가의 기능은 극대화될 수 없다.
② **계속성**: 교육평가는 계속적이어야 한다. 시험, 수업, 대화 등 언제나 모든 장면에서 평가가 이루어져야 한다.
③ **종합성**: 교육평가는 종합적이어야 한다. 평가대상의 모든 자료를 종합적으로 수집하여 평가하여야 한다. 지필검사에서 벗어나 관찰, 면접, 수행평가 등 다양한 평가방법을 동원하여 평가를 실시하여야 한다.

④ **자료의 다양성**: 교육평가의 자료는 다양하다. 그림 한 장, 일기 한 줄, 대화 한마디 등이 모두 평가 자료가 될 수 있다.

⑤ **교육활동에 도움**: 교육평가는 교육활동에 도움을 주어야 한다. 교육평가의 결과가 다시 교육활동과 연결되어야 한다. 교육평가의 결과 학생의 학습 개선, 교사의 교수 개선 등에 기여해야 한다.

MEMO

(3) 교육평가의 기능 및 목표

① **학생의 교육목표 달성도 파악**: 학생이 교육활동에서 교육목표를 얼마나 달성하였는지(학업성취도)를 파악하게 해 준다.

② **교육과정 및 교수－학습과정을 개선**: 학생의 현재 학력 상태의 파악, 학습곤란의 진단, 개인차의 확인 등에 기초하여 교육과정 및 교수－학습과정을 개선한다.

③ **학생의 학습방법 개선과 학습동기 유발**: 학습결과에 대한 피드백을 제공함으로써 학습자 개인의 학습방법을 개선하고 새로운 학습동기를 유발함으로써 학습을 촉진할 수 있다.

④ **진로지도와 생활지도에 유용한 자료 제공**: 학생의 인지적·정의적·신체적 측면 등에서 장래 진로지도와 생활지도에 유용한 자료를 제공한다.

⑤ **교육정치(education placement)**: 집단조직, 진급, 진학 등 학생의 능력에 맞는 교육상태에 학생을 배치하도록 한다.

⑥ **학부모, 상급학교, 지역사회의 필요 충족**: 학부모에게 자녀이해의 자료 제공 및 학업성취의 정도를 알려 줌으로써 가정교육에 도움을 준다. 또, 상급학교 등에서 요구하는 내신 성적 작성 및 취업에 필요한 성적과 같은 필요를 충족시킨다.

(4) 교육평가의 어려움

① **평가의 대상이 분명치 않다**: 평가하려면 대상에 대한 조작적 정의가 요구되는데, 인간의 경우 조작적 정의가 어렵다. 특히 성실성, 협동성, 준법성과 같은 인간의 정의적 측면은 정의하기가 곤란하다.

② **평가의 방법이 확실치 않다**: 인간의 다양한 특성을 평가하려면 어떤 방법으로 이를 재야 하는지 분명치 않다.

③ **직접적인 평가가 어렵다**: 학생의 학력은 어떤 시험 문제를 풀게 하고 그 결과를 통해 간접적으로 짐작하는 경우가 대부분이다. 이때 피험자가 성실히 문제를 풀지 않거나 문제가 올바르지 않으면, 학생의 학력을 알아낼 수 없다.

④ **평가결과를 수량화하는 데 문제점이 있다**: 평가점수는 절대영점이 없는 점수를 수치화하여 통계적으로 처리하는 것이므로 한계가 있다.

⑤ **어떤 상황에서 평가하느냐에 따라 결과가 크게 달라진다**

MEMO

2 교육평가의 영역

(1) 학생평가

① **학력평가**: 인지적·정의적·심리운동적 영역 등 인간의 전 영역에 걸친 교육목표 달성도를 평가한다.
② **지능평가**: 학습진단의 과정에서 학습자의 지능의 정도를 측정한다.
③ **적성평가**: 진학지도 및 진로지도에 이용하고자 지능의 여러 가지 분화된 측면을 측정한다.
④ **성격평가**: 상담 및 진로지도에 이용한다.
⑤ **신체평가**: 신체적 발달, 체력, 건강위생 등을 평가한다.

(2) 프로그램 평가

① **교사평가**: 교수방법, 교재 및 학습자료의 선정 및 활용, 교수기술, 교사의 교육관·가치관 등을 평가한다.
② **교육과정 평가**: 실제적인 교육활동의 내용이 되는 교과서, 교재 등을 평가한다.
③ **학교평가**: 학교의 운영계획, 인사관리, 시설관리, 재무관리 등 학교 전반에 관한 평가를 한다.
④ **환경평가**: 가정상황, 지역사회의 실정, 교육관계 등을 평가한다.

02 평가관

개념 다지기

1. 교육과 관련된 측정·평가·총평은 정보 수집 과정으로 검사(testing) 과정이 수반된다.
2. 검사(testing)란 학습자에게 어떤 변화가 어느 정도 일어났는지를 결정하기 위한 정보(증거)를 수집하는 과정이다(Bloom).
3. 검사(testing), 즉 증거 수집을 보는 접근방법에는 측정관(measurement), 평가관(evaluation), 총평관(assessment)이 있다.

MEMO

04

1 교육평가관(검사관) 97 초등, 22 중등論

교육평가관은 세계관, 인간관, 수집된 자료의 특성에서 매우 대조적인 모습을 보이며, 이러한 특성에 따라 측정관, 평가관, 총평관으로 구분될 수 있다.

구분		측정관 (measurement)	평가관 (evaluation)	총평관 (assessment)
의미		일정한 규칙에 따라 어떤 대상의 속성에 수치를 부여하는 것(학습자의 특성을 양적으로 표현하는 과정으로 보는 관점) ⇨ 가치 배제	교육목표에 비추어 학습자의 변화를 알아보는 것(교육목표에 비추어 학습자의 성취도를 알아보는 것이라는 관점) ⇨ 가치 부여	인간의 특성을 여러 다양한 방법을 동원하여 종합적·전체적으로 평가하는 것(전인적 평가)
		• 분트(Wundt), 갈톤(Galton), 비네(Binet) 등 초기 실험심리학자에서 출발 • 서스톤(Thurston), 스트롱(Strong) 등이 대표자	타일러(Tyler), 블룸(Bloom)	머레이(Murray), 다베(Dave), 헤스(Hess), 슈테른(Stern)
관련 교육관		선발적 교육관	발달적 교육관	인본주의적 교육관
특징	기본 전제(가정)	모든 실재나 인간행동 특성은 안정성이 있고 불변한다고 전제함(⇨ 어떤 현상이든 정확하게 측정이 가능함)	모든 실재나 인간행동 특성은 안정성이 없고 변한다고 전제하며, 이 변화를 교육적으로 가치 있게 생각함	인간행동 특성은 환경과의 역동적 상호작용을 통해 변화함
	환경 변인	환경 변인을 측정의 정확성을 저해하는 오차 변인으로 간주 ⇨ 환경의 영향을 통제하거나 극소화하려고 함	행동변화의 중요한 자원으로 간주 ⇨ 환경 변인의 적극적 이용	행동변화를 강요하는 압력으로 간주(행동변화의 한 변인으로 간주) ⇨ 환경과 개인의 상호작용을 이용
	검사의 강조점	• 신뢰도와 객관도 중시 ⇨ 실재의 안정성을 가정하므로 얼마나 오차 없이 정확히 측정하느냐가 가장 중요 • 규준집단에 기초한 개인의 양적 기술(상대평가에서 중시)	• 내용타당도 중시 ⇨ 학습자의 변화 정도를 목표에 비추어 평가해야 하기 때문 • 교육목표에 기초한 양적·질적 기술(절대평가에서 중시)	• 구인타당도 중시 ⇨ 인간의 행동 특성의 구성요인을 얼마나 충실하게 측정하느냐가 중요 • 전인적 기능 또는 전체 적합도에 기초한 질적 기술

MEMO

증거 수집 방법	• 표준화검사(지필검사): 신뢰성과 객관성이 보장된 측정을 위해서는 누가 언제 어디서 측정해도 같은 결과를 얻을 수 있도록 측정 절차나 방법에 있어 표준화를 요구함 • 양적(객관적) 방법	• 변화의 증거를 얻을 수 있는 모든 방법 • 양적 · 질적(주관적 · 객관적) 방법	• 상황에 비춘 변화의 증거를 얻을 수 있는 모든 방법 • 양적 · 질적(주관적 · 객관적) 방법
검사 결과의 활용	• 선발, 분류, 예언, 실험 • 진단에는 관심이 없음	• 평점, 자격수여, 배치, 진급 • 교육목표 달성도의 진단	• 예언, 실험, 분류 • 준거상태에 비춘 진단
장점	능률성 ⇨ 가능하면 하나의 단일점수나 지수로 표시함으로써 어떤 준거의 정보를 가장 손쉽고 간편하게 경제적으로 수집할 수 있음	교육목표의 달성과 관련하여 개인에게 영향을 준 정보를 파악하는 데 도움을 줌	개인과 환경 양 측면에서 증거를 탐색함

Plus

3가지 관점의 비교

교육평가관의 3가지 관점은 인간 행동 특성과 환경을 바라보는 시각과 증거를 수집하는 방법, 검사결과에 대한 해석에서 상당한 차이를 보인다. 같은 증거를 수집하는 검사도구를 사용한다 하더라도, 그것을 측정관의 관점에서 사용하는 경우와 평가관의 관점에서 사용하는 경우, 그리고 총평관의 관점에서 사용하는 경우와 같이 전혀 다른 시각에서 접근하게 되면 그 결과도 전혀 다른 시각에서 해석될 가능성이 높다는 것을 알 수 있다.

측정관은 관찰한 내용에 대하여 가치를 부여하지 않지만 평가관은 측정한 것과 그것의 중요성, 합목적성 등 다른 정보와 합성하여 가치를 부여한다. 그리고 총평관은 다양한 측정 방법을 동원하여 종합적으로 평가한다. 평가관은 프로그램이나 교육과정, 정책에 대한 평가를 할 때 사용하며, 총평관은 일반적으로 사람에 대한 평가를 할 때 사용한다.

측정관과 평가관의 가장 중요한 차이 중 하나는 측정관에서는 가능한 한 검사가 미치는 영향을 제한하거나 극소화하려고 하는 반면, 평가관에서는 검사의 영향 그 자체가 학생의 행동변화를 일으키는 중요 원천이라 보고 그것을 활용하려고 한다는 데 있다.

그러나 이들 3가지 평가관을 서로 배타적인 것으로 보고 취사선택하려 하기보다는 상호 보완적인 관계로 인식할 필요가 있다. 상황에 따라 가장 적절한 것을 이용하는 것이 더욱 효과적이다. 예를 들어, 측정관은 주어진 정보의 증거를 가장 간편하고 경제적으로 수집할 수 있도록 해 주고, 평가관은 교육목표의 달성과 관련하여 인간행동의 변화에 영향을 준 정보를 파악하는 데 도움을 주며, 총평관은 인간과 환경의 상호작용에 대한 분석을 통해 특별한 목적이나 준거에 비추어 개인의 특성에 대한 의사결정을 내리고자 할 때 도움을 준다.

MEMO

2 교육관과 평가관

구분		선발적 교육관	발달적 교육관	인본주의적 교육관
기본 입장		유전론에 입각하여 인간의 지적 능력은 타고났으며 변하지 않는다고 전제하며, 소수 학습자만 교육을 받을 수 있다. ⇨ 개인차는 극복 불가능, 인간행동의 변화 가능성에 대해 매우 부정적	환경론에 입각하여 모든 학습자에게 적절한 교수-학습환경만 제공하면 누구나 의도한 교육목표에 도달할 수 있다. ⇨ 개인차는 극복 가능, 인간행동의 변화 가능성에 대해 매우 긍정적	인간은 환경과 능동적으로 상호작용하는 존재로, 교육을 자아실현의 과정이라고 믿는다(전인형성). ⇨ 학습자의 자율적이고 적극적인 학습 참여를 중시
관련 검사관(testing)		측정관 (measurement)	평가관 (evaluation)	총평관 (査定, assessment)
특징	평가 목적	개인차 변별에 중점을 두며, 교육목표에 도달 가능한 소수의 우수자를 선발하는 것을 평가의 목적으로 삼는다.	수업목표 달성도에 중점을 두며, 가장 적절한 교수방법을 제공하여 완전학습에 이르는 데 평가의 목적이 있다.	학습자의 전체적 특성 이해에 중점을 두며, 전인형성(자아실현)에 평가의 목적을 둔다.
	연관된 평가유형	규준지향평가 ⇦ 우수자 선발을 위한 개인차 변별에 중점을 두므로	목표지향평가 ⇦ 수업목표 달성도에 중점을 두므로	수행평가 ⇦ 종합적·전인적 특성에 중점을 두므로
	학업 실패의 책임	학업 실패의 책임은 학생에게 있다. ⇦ 유전론	학업 실패의 책임은 교사에게 있다. ⇦ 환경론	학업 실패의 책임은 학습자와 교사 모두에게 있다. ⇦ 상호작용론
	강조되는 평가관	학습자의 개별 특성 평가	교수-학습방법 평가	전인적 특성 평가
	학업성취도	상대평가에 의한 정상분포를 이룬다.	절대평가에 의한 부적 편포를 이룬다.	

MEMO

03 평가의 절차와 오류

1 일반적 절차

교육목표의 설정 →	검사장면의 설정 →	검사도구의 제작 →	평가의 실시와 결과의 정리 →	결과의 해석 및 활용

교육목표의 설정 (what)	• 교육평가의 기준이 되는 교육목표를 확인하고 성취해야 할 수준을 결정하는 단계 • 교육목표의 영역은 인지적 영역, 정의적 영역, 심리운동기능적 영역이 있다. • 교육평가는 내용과 행동의 이원적 요소로 나누는 '교육목표 이원분류표'를 제작·이용한다. • 교육목표 이원분류표는 평가의 타당도를 높이기 위해 유용하게 쓰인다. • 교육목표 이원분류표는 교사가 무엇을 평가할 것인가에 대한 명확한 기준이 된다.
검사장면의 설정 (how)	• 교육목표를 어떤 형식이나 방법으로 측정할 것인가를 결정하는 단계 • 검사장면이란 학생의 학습결과가 행동의 증거로 구체적으로 나타날 수 있는 조건이나 기회를 말한다. • 검사장면의 종류에는 지필검사, 관찰법, 면접법, 평정법 등이 있다. • 타당도와 신뢰도가 높은 평가결과를 얻기 위해서는 측정하려는 행동의 학습정도가 잘 드러날 수 있는 검사장면을 설정해야 한다.
검사도구의 제작	• 실제로 행동의 증거를 수집할 수 있는 평가도구(측정도구)를 제작하는 단계 • 이때 중요한 점은 평가도구의 내용이 교육목표를 제대로 측정할 수 있느냐의 합목적이다. • 따라서 타당도, 신뢰도, 객관도, 실용도 등을 고려하여 최적의 평가도구를 제작해야 한다. • 선택형 문항 또는 서답형 문항 중 어떤 문항으로 할 것인지를 결정하고 평가문항을 제작·편집한다.
평가의 실시와 결과의 정리	• 검사의 실시 횟수와 시기를 결정하고 평가를 실시한다. • 검사결과를 채점하고 점수를 기록하여 그 결과를 정리하고 관리한다. • 측정의 오차를 줄이고 검사의 객관성과 신뢰성을 높이기 위한 채점방안이 강구되어야 한다.
결과의 해석 및 활용	• **평가결과의 올바른 해석을 위해서 평가자가 지녀야 할 소양**: 바람직한 행동에 대한 철학적·가치관적 견해, 행동의 발달과 학습원리에 대한 심리학적 소양, 통계의 기초 및 측정이론에 대한 전문적 소양, 교육과정의 내용에 대한 소양 • **교육평가 결과의 활용**: 교육적 정치(定置)를 위한 자료, 학습결손의 진단과 교정지도 계획수립의 자료, 수업과정에서 학습곤란 극복과 학습지도 방법 개선 자료, 생활지도 자료, 학생 개개인의 성적 평정의 자료

MEMO

04

2 평가(평정)의 오류(오차) 08 중등, 11 초등

(1) 평가(평정)의 오류

유형	내용	극복 방안
인상의 오류 (후광 효과, error of halo effect) 08 중등, 11 초등	• 평가대상의 인상이 평정에 영향을 주어 좋게 또는 나쁘게 평가하는 오류('선입견에 따른 오차') • 하나의 특성(예 학생의 인상)이 관련 없는 다른 특성(예 측정하고자 하는 특성)에 영향을 미치는 오류 • 선입견에 따른 오차로서 평가요소보다 피평가자의 인상이나 품성에 의해 평가하는 데서 발생 예 '성적이 좋은 아동, 말썽꾸러기 아동' 등 교사의 자아가 관여된 아동을 좋게 또는 나쁘게 평가하는 오류 ⇨ 인상이 좋은 학생에게 평가결과에 관계없이 면접점수를 좋게 주는 경우	• 채점기준에 따른 평가 • 여러 사람이 공동으로 평가 • 모든 피험자를 한 번에 한 가지 특성만 평정 • 강제선택 평정척도의 활용
논리적 오류 (logical error) 08 중등	• 논리적으로 관련이 없는 두 가지 행동특성을 관련이 있는 것으로 판단하여 평가하는 오류('관련의 착각') • 전혀 다른 두 가지 행동특성을 비슷한 것으로 생각해서 평정하는 오류 예 적용력을 측정해야 하는데 분석력을 측정하고 있는 경우, 지능지수가 높으면 창의력이 높다고 평가하는 경우, 지능지수가 낮으면 학업성적이 낮을 것이라고 평가하는 경우, 공부를 잘하면 성격도 좋다고 보는 경우, 사회성이 높으면 협동성도 높다고 보는 경우 • 두 특성이 논리적으로 관련된다고 가정하는 데서 기인함 ⇨ 객관적인 자료 및 관찰을 통하거나 특성의 의미론적 변별을 명확히 함으로써 오류를 줄일 수 있음	• 객관적 사실과 자료에 기초한 평가 • 특성의 의미론적 변별을 명확히 함 • 평가요소에 대한 명확한 정의 • 평가요소 간에 시간차 평가
집중경향의 오류 (error of central tendency) 08 중등	• 극단적인 점수를 피하고 평가결과가 중간 부분에 모이는 경향 • 평정하려는 특성의 수준을 정확히 변별하지 못하는 데서 기인함. 평가자의 훈련이 부족할 때 주로 발생	• 평가기준의 명확화 • 중간 평정의 간격을 넓게 잡음 • 평가자의 교육 · 훈련과 소양 함양
관용의 오류 (generosity error)와 엄격의 오류 (severity error)	• 관용의 오류 : 전반적으로 높은 점수를 주는 오류 ⇨ 평가자의 평가기준이 후하여 발생 • 엄격의 오류 : 전반적으로 낮은 점수를 주는 오류(인색의 오류) ⇨ 평가자의 평가기준이 인색하여 발생 개인적 편향성 오차(personal bias error) : 모든 피평가자들에게 비슷한 점수를 주려는 경향 ⇨ 관용의 오류, 엄격의 오류, 집중경향의 오류	• 채점기준의 구체화 • 평가자의 교육 · 훈련과 소양 함양 • 절삭평균값 활용하여 극단값 처리
대비의 오류 (contrast error)	• 평가자 자신의 특성과 비교하여 과대 혹은 과소평가하는 오류 • 평가자가 피평가자에게 자신을 투사시켜 평가하기 때문에 발생(평가자가 지닌 특성이 평가에 영향을 미치는 데서 발생) 예 평가자에게 없는 특성이 학생에게 있으면 좋게 평가하고, 평가자에게 있는 특성이 학생에게 있으면 나쁘게 평가하는 경우	• 채점기준의 명확화 • 평가자의 교육 · 훈련과 소양 함양

MEMO

근접의 오류 (approximate error)	• 비교적 유사한 항목들이 시간적으로나 공간적으로 가까이 있을 때 비슷하게 평가하는 오류 • 여러 속성을 근접하여 연속적으로 평정하는 경우 이전의 평정이 이후의 평정에 영향을 미치는 현상 예 학생의 정직성, 타인 배려, 준법성을 연속적으로 평정하는 경우 정직성에 높은 점수를 준다면 이후 타인 배려와 준법성 평정에도 높은 점수를 주는 경향성이 발생할 수 있음 • 누가적 관찰기록에 의하지 않고 학년 말에 급하게 평가할 때 나타남	비슷한 성질을 가진 평가요소에 대한 평정은 시간적으로나 공간적으로 간격을 두어 평가
표준의 오류 (standard error)	• 점수를 주는 표준이 평가자마다 달라서 발생하는 오류 • 평정자가 표준을 어디에 두느냐에 따라 생기는 오류 • 7점 척도를 이용한 평정의 경우 어떤 채점자는 평균의 기준을 3점으로 할 수 있고, 어떤 채점자는 기준을 4로 할 수 있다. 이때 채점자가 가지고 있는 기준의 차이로 인해 나타나는 평정결과의 차이를 표준의 오류라 함 • 어떤 평가자는 표준이 높고, 어떤 평가자는 표준이 낮기 때문에 발생 ⇨ 평가기준을 구체적으로 명시함으로써 오류를 줄일 수 있음	• 평가기준의 구체화 • 평가자 교육·훈련 및 소양 함양 • 척도에 대한 개념을 새로 정립시키고 평정항목에 관한 오차를 줄임
의도적 오류	특정 학생에게 특정한 상을 주기 위해 관찰결과와 다르게 과장하여 평가하는 오류	• 평가기준의 객관화 • 평가자의 소양 함양
무관심의 오류	• 평가자가 무관심하여 피평가자의 행동을 면밀하게 관찰하지 못할 때 발생하는 오류 • 다인수 학급에서 교사가 학생의 행동에 무관심한 경우에 나타남	• 평가기준의 구체화 • 평가자의 소양 함양

(2) 평가(평정)의 오류 최소화 방안

① **채점기준 구체화(명확화)** : 평가대상이 되는 행동 특성에 대한 명확한 정의를 내리고 관찰 가능한 구체적인 채점기준을 명시한다. 명확한 채점기준으로 구성된 루브릭(rubric)을 활용하고 채점기준의 객관성을 확보한다.

② **채점자 훈련 및 소양 함양** : 평가목적, 평가도구, 평가대상, 평가내용, 평가기준, 평정 시 범할 수 있는 오류 등에 관해 충분한 정보를 제공하여 채점자를 훈련시키고 채점자의 소양을 높인다.

③ **채점자 신뢰도 검증** : 채점자 내 신뢰도, 채점자 간 신뢰도 등을 산출하여 평가결과의 신뢰도·객관도를 확인하고, 불일치 정도가 높은 자료는 분석에서 배제하거나 결과해석에 신중을 기한다.

Section 02

교육평가의 모형

MEMO

개념 다지기

최근 교육평가 영역에서는 프로그램평가에 대한 관심이 높아지고 있다. 프로그램평가는 프로그램을 표적으로 하는 평가를 의미하며, 학생을 대상으로 하는 학생중심평가와 대비된다.
평가모형은 평가를 개념화하는 방식을 의미한다. 평가모형은 평가의 개념을 이해하고 평가를 실행하는 데 도움을 준다. 프로그램평가의 대표적인 모형으로 ① 목표중심모형(목표달성 모형), ② 판단중심모형, ③ 의사결정모형, ④ 참여자중심 평가, ⑤ 재판평가모형, ⑥ 소비자지향 평가(고객중심평가)가 있으나, 여기서는 ① 목표중심모형(목표달성모형), ② 판단중심모형, ③ 의사결정모형을 다룬다.

01 목표중심모형(objective-oriented model)

1 타일러(Tyler)의 목표중심평가모형(objective-oriented evaluation model)

05 중등, 11 초등, 13 중등

(1) 개념

① 평가를 미리 설정된 프로그램의 목표 달성 정도를 확인하는 것이라고 보고, 명세적으로 진술된 행동목표를 기준으로 교육성과(예 학생의 학업성취도로 평가)를 평가한다(⇨ 이원목표 분류). 목표달성모형(objective-oriented evaluation) 또는 행동목표모형(behavioral objective model)이라고도 한다.

② 검사결과 교육목표를 달성했을 경우에는 프로그램이 효과가 있다는 긍정적 증거로 간주되며, 교육목표를 달성하지 못했을 경우에는 프로그램이 부적합하다는 증거가 된다.

③ 타일러의 평가모형은 원래 학업성취도를 평가하기 위해 제안된 평가모형이었으나, 지금은 교육과정을 평가할 때도 이용되고 목표관리기법(MBO : management by objectives)이 교육행정에 도입되면서 학교경영 및 학교관리 평가에도 활용되고 있다.

④ 타일러의 평가모형은 준거지향검사 개발의 이론적 토대를 제공하였으며, 목표달성도 측정과 목표관리기법(MBO : management by objectives)의 토대가 되었다.

MEMO

(2) 평가절차

1단계	교육목표를 설정한다.
2단계	설정된 교육목표를 분류한다.
3단계	분류된 교육목표를 행동적 용어로 진술한다.
4단계	교육목표의 달성여부를 확인할 수 있는 평가장면을 설정한다.
5단계	측정방법 및 도구를 선정 또는 개발한다.
6단계	측정을 통하여(측정방법 및 도구를 사용하여) 자료를 수집한다.
7단계	수집된 자료를 분석하여 학생의 성취를 행동목표와 비교한다.

(3) 특징(김석우)

① 교육목표의 달성 정도를 평가하는 것이므로 교육목표가 평가에서 핵심적인 역할을 한다.

② 행동적 용어로 진술된 교육목표는 측정 및 평가를 용이하게 해 주며, 평가의 효율성을 증대시켜 준다.

③ 목표중심모형을 활용하면 교육목표와 학생 성취 간의 합치 여부를 체계적이고 논리적으로 검증할 수 있으므로 학교 현장에서 널리 사용될 수 있다.

암기법
명확 명확 ↔ 불가능 불가능

(4) 장단점 암

장점	단점
• 교육목표를 행동적 용어로 진술하여 명확한 평가기준을 제시한다. 명확한 평가기준에 근거하여 평가함으로써 평가를 과학적으로 접근할 수 있다. • 교육목표를 기준으로 교육성과를 평가하므로 평가를 통해 교육목표의 실현 정도를 명확히 파악할 수 있다. • 교육목표를 기준으로 교육내용을 구성하고 교육내용에 대한 평가가 뒤따르므로 교육목표, 교육내용, 교육평가 간의 논리적 일관성을 유지해 준다. • 교육목표를 중시함으로써 교사들이나 교육 프로그램 개발자들에게 목표 달성 여부의 확인을 통해 교육활동에 대한 책무성을 가지도록 자극한다.	• 행동적 용어로 진술하기 어려운 교육목표에 대한 평가가 어렵다. 학생의 모든 행동변화를 행동적 교육목표로 진술하여 그 성취 정도를 판단하는 것은 불가능하다는 점을 간과하고 있다. • 사전에 목표로 설정되지 않은 부수적·잠재적 교육효과에 대한 평가가 불가능하다. 잠재적 교육과정이 엄연히 존재하는데도 이를 평가의 대상에서 제외하고 있다. • 교육성과에만 관심을 가지므로 교육의 과정 자체에 대한 평가를 소홀히 하며, 교육과정의 본질적인 개선에도 한계가 있다. • 교육이 이루어지는 과정에 대한 평가는 하지 않기 때문에 수단과 방법을 가리지 않고 목표성취라는 결과만 좋으면 그만이라는 비교육적 사태를 초래한다.

2 프로버스(Provus)의 괴리(격차, 불일치)모형(discrepancy model)

MEMO

(1) 개념

① 프로그램이 달성하고자 하는 표준(S)과 실제 수행(P) 사이의 괴리(D)를 분석하는 데 주안점을 두는 모형이다. 괴리정보는 프로그램의 개선 · 유지 · 종결을 위한 정보로 활용된다.

② 이에 따르면, 평가는 ㉠ 프로그램의 표준, 즉 목표를 설정하고, ㉡ 프로그램의 표준과 실제 수행 사이에 괴리가 있는지 확인하며, ㉢ 프로그램의 전체 또는 일부를 개선 · 유지 · 종결하는 결정을 내리기 위해 괴리정보를 활용하는 과정이다.

③ 괴리모형에 따라 프로그램을 평가하려면 표준에 비추어 실제 수행을 비교해야 한다. 표준(Standards : S)은 평가대상이 당연히 갖추어야 할 특성 또는 조건을 지칭하고, 수행(Performance : P)은 평가대상의 실제 특성을 말하며, 괴리(Discrepancy : D)는 표준과 수행 간의 차이 또는 불일치(D = S − P)를 말한다. 괴리정보는 프로그램의 전체 또는 일부를 개선 · 유지 · 종결하기 위한 정보로 활용된다. 결국 괴리모형에서 평가는 '표준(S)'과 '수행(P)'의 괴리에 근거하여 프로그램의 가치와 적합성을 판단하는 과정이다.

(2) 평가절차

① 정의 또는 설계(definition or design) : 프로그램에 투입되는 투입(input), 과정(process), 성과(산출; output) 변인을 기술하고 각각의 표준을 설정한다.

② 설치(installation) : 프로그램의 표준(S)과 실제 프로그램 설계(계획)의 일치 여부를 확인한다.

③ 과정(process) : 학생의 행동이 계획한 대로 변화하였는지를 확인할 자료를 수집한다.

④ 성과(product) : 목표(도착점행동)의 달성 여부 및 표준과의 괴리(불일치) 정도를 확인한다.

⑤ 비용−효과(편익) 분석(cost-benefit analysis) : 비용−효과 측면에서 프로그램과 대안적 프로그램을 비교 · 분석한다.

(3) 특징

① 목표를 평가의 준거로 삼고 있다는 점에서 타일러(Tyler)의 목표달성모형에 속하지만, 목표달성 정도의 측정을 강조한 타일러와 달리 목표와 수행성과 사이의 불일치 정도의 확인을 강조한다.

② 프로그램 개발 단계별(투입, 과정, 산출)로 평가를 강조하고 있기 때문에 CIPP모형과 유사하다.

③ 요컨대, 괴리모형은 타일러의 목표달성모형에 근원을 두고 있으면서도 의사결정을 촉진하는 평가의 기능을 강조한다.

MEMO

④ 프로그램 개발과 시행담당팀과 평가담당팀 간의 지속적인 의사소통을 가능하게 한다.
⑤ 프로그램을 사정하는 동시에 프로그램의 개선에 직접적으로 기여할 수 있는 평가모형이다.

(4) 제한점

① 대규모의 인적 자원과 전문가가 필요하며, 프로그램 개발팀이나 평가담당팀이 오랫동안 관여해야 하기 때문에 시간과 비용이 많이 소요된다.
② 평가 준거 및 기준이 참여자들의 특성에 따라 순간적으로 이루어진다.
③ 전반적인 평가만을 전제하기 때문에 프로그램의 요소에 관한 평가가 용납되지 않는다.

02 판단중심모형(judgement-oriented evaluation)

1 스크리븐(Scriven)의 탈목표평가모형(goal-free evaluation) 07 중등, 11 초등

(1) 개념

① 평가를 프로그램의 가치를 판단하는 과정이라고 보고, 프로그램이 의도한 효과(목표달성 정도)뿐만 아니라 부수적 효과까지 포함하여 실제 효과를 판단하고자 한다(⇨ 목표달성 모형의 약점 보완).
② 어떤 프로그램은 본래 의도한 목표는 달성했지만 그 외의 부수적인 부정적 효과 때문에 폐기될 수도 있으며, 반대로 본래의 목표 달성에는 실패했지만 긍정적인 부수적 효과가 큰 경우 그 프로그램은 계속 채택될 수 있다.
③ 탈목표평가모형은 목표와 관계없이 표적집단, 즉 교육관계자의 요구를 기준으로 프로그램의 실제 효과나 가치를 판단한다. 이 때문에 '요구근거평가(need based evaluation)'라고도 한다.
④ 탈목표평가에서는 프로그램의 가치와 장점을 프로그램이 목표를 달성한 정도를 기준으로 판단하는 것이 아니라 표적집단의 요구를 어느 정도 충족시키는지를 기준으로 하여 판단한다. 따라서 이 평가에서는 프로그램의 효과와 가치를 판단하기 위해 표적집단의 요구를 확인하는 작업을 중시한다.

MEMO

04

(2) 평가방안(특징)

스크리븐(Scriven, 1974)과 스테이크(Stake, 1967)는 판단중심모형의 특징을 다음과 같이 제안하였다.

① **목표중심평가와 탈목표평가** : 의도한 효과를 평가하는 목표중심평가뿐만 아니라 목표 이외의 부수적 효과를 평가하는 탈목표평가를 중시한다.

② **비교평가와 비(非)비교평가** : 프로그램의 자체의 가치나 장단점, 효과 등을 따지는 비(非)비교평가뿐만 아니라, 다른 프로그램의 가치나 장점, 효과 등을 비교하는 비교평가도 중시한다.

③ **내재적 준거와 외재적 준거에 의한 평가** : 프로그램에 내재된 기본적 속성(예 목표, 내용선정과 조직 등)인 내재적 준거에 의한 평가뿐만 아니라 프로그램이 발휘하는 기능적 속성(예 실제 운영 상황, 프로그램의 효과 등)인 외재적 준거에 의한 평가도 실시한다.

④ **형성평가와 총괄평가(종합평가)** : 평가의 기능을 형성평가와 총괄평가로 구분한다. 진행 중에 있는 수업을 개선하기 위하여 실시하는 형성평가와 이미 완성된 수업의 가치를 총합적으로 판단하는 총합평가를 구별하여 판단한다.

⑤ **목표 자체의 가치 평가** : 정해진 목표의 성취 정도(목표달성 정도)뿐만 아니라 '목표 그 자체의 가치'도 판단한다. 제시된 목표의 질과 가치가 낮다고 판단될 때에는 거부하는 태도도 가져야 한다.

(3) 영향

탈목표평가는 목표에 대한 정보가 없더라도 평가가 이루어질 수 있다는 것을 증명하였고, 프로그램의 모든 효과를 포괄적인 입장에서 검토할 것을 강조하였으며, 목표중심평가를 실시하더라도 목표 자체의 가치를 판단할 필요성을 강조함으로써 평가의 이론과 실제에 큰 영향을 미쳤다.

(4) 장단점

장점	단점
• 사전에 계획된 목표의 달성 정도를 평가하는 데에서 벗어나 교육의 과정 중에 발생하는 잠재적 결과까지 포함하여 교육의 실제 효과를 평가한다. • 교육의 결과를 총체적으로 판단하는 전문적 평가를 중시한다. 전문적 평가자가 해야 할 역할은 교육현상이나 대상의 가치에 대해 최종적인 판단을 내려 주는 것이다.	• 각기 다른 판단준거를 사용하여 내린 성과를 같게 생각하는 문제를 낳을 수 있다. • 판단의 타당성을 평가하는 방법이 없다.

MEMO

❷ 스테이크(Stake)의 종합실상모형(안면모형; countenance model)

(1) 개념

① 프로그램의 모든 측면을 고려하여 전체적인 실상을 정확하게 기술(description)하고 판단(judgment)해야 한다는 입장이다.

② 그에 따르면, 공식적 평가(formal evaluation)의 기본활동(즉, 평가의 두 얼굴)은 기술(description)과 판단(judgment)으로 구성된다.

③ 프로그램 평가에서 수집해야 할 자료는 선행요건(antecedents), 실행요인(transaction), 성과요인(outcomes)으로 구분된다.

④ 스테이크(Stake)는 교사들이 자신의 수업방식을 정확히 이해하고 수업이론 발전에 기여하려면 전체적 평가국면(full countenance of evaluation)을 정확하게 심의, 검토해야 한다고 주장하며 종합실상모형을 제안하였다.

(2) 프로그램 평가에서 수집해야 할 자료(평가대상)

선행요건 (antecedents)	프로그램(수업)이 실시(투입)되기 전에 존재하는 학생 및 교사의 특성, 교육과정, 교육시설, 교육환경 등을 지칭한다.
실행요인 (transaction)	프로그램(수업)의 실행과정에서 작용하는 교사와 학생, 학생과 학생 간의 상호작용을 의미하며, 질의, 설명, 토론, 숙제, 시험 등이 그것이다.
성과요인 (outcomes)	프로그램(수업)에 의해 나타난 학습자의 학업성취도, 흥미, 동기, 태도 등의 변화는 물론 프로그램의 실시가 교사, 학교, 학부모, 지역사회에 미친 영향을 의미한다.

(3) 기술(description)과 판단(judgment)

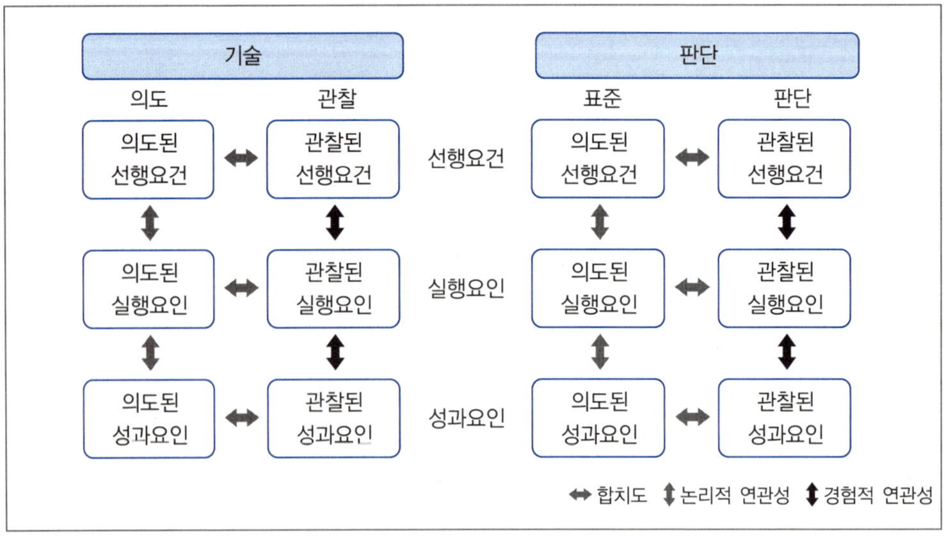

종합실상모형의 구조

기술 단계	• **행렬표 작성**: 수집된 기술자료를 선행요건, 실행요인, 성과요인별로 의도(프로그램에서 의도한 것)와 관찰(실제 관찰된 것)을 구분하여 행렬표에 정리한다. 판단자료는 표준과 판단을 구분하여 같은 행렬표에 작성한다. • **기술자료의 연관성과 합치도 분석**: 의도와 실제 관찰을 구분하여 선행요건, 실행요인, 성과요인 간의 연관성을 점검하고(연관성 분석), 각 요인별로 의도와 관찰이 일치하는 정도를 분석한다(합치도 분석).
판단 단계	가치판단: 프로그램이 구비해야 할 이상적인 표준에 비추어 기술자료의 선행요건, 실행요인, 성과요인에 대해 판단을 한다.

MEMO

04

③ 아이즈너(Eisner)의 예술적 비평모형(connoisseurship and criticism model)

(1) 개념 『교실생활 평가 시 교육적 감식안과 교육비평의 사용에 대하여』(1977)

① 예술작품을 감정하고 비평할 때 그 분야의 전문가가 사용하는 방법과 절차를 교육평가에 원용(援用)하려는 접근이다. ⇨ **감식안(감정술) 및 교육비평 모형**

② 타일러(Tyler)의 공학적 모형(technological model)의 부작용을 제거하기 위하여 공학적 모형의 대안으로 제안한 것이다.

(2) 특징

① 평가대상을 전문가의 입장에서 비판적으로 기술·사정·조명한다. 평가자의 전문성과 자질을 무엇보다 중시한다.

② 자료에 대한 통계적 분석을 지양하고, 평가자의 전문성에 입각한 질적 평가를 중시한다. 즉, 평가자의 지각적 민감성, 풍부한 경험, 세련된 통찰, 전문적 판단을 토대로 하는 평가활동을 강조한다.

③ 평가자는 평가대상의 질을 판단할 수 있는 '교육적 감식안'과 그 미묘한 질적 차이를 표현할 수 있는 '교육비평' 능력이 요구된다.

④ 전문가의 판단결과는 평가대상의 미묘하고 섬세한 측면을 감상하고 이해할 수 있는 방식으로 일반인에게 생생하게 전달된다.

(3) 구성요소

① **교육적 감식안(감정술; connoisseurship)**: 평가대상의 미묘하면서도 중요한 자질을 인식하는 능력이다(전문가의 주관적 능력에 해당). 감식안은 사적인 성격이 강한 감상의 예술이다. 교육적 감식의 대상에는 교육(수업)의 의도, 교육과정, 교수법, 평가, 학교의 구조 등이 있을 수 있다.

MEMO

② **교육비평(educational criticism)**: 전문가의 인식을 글로 표현(예 은유, 비유, 제안, 암시 등)하는 일을 의미한다. 교육비평은 공적인 성격이 강한 표출의 예술(art of disclosure)이다. 대상의 속성을 언어적으로 생생하게 조명해 주기 위해 비평에는 은유(metaphor), 비유(analogy), 제안(suggestion), 암시(implication) 등의 방법이 사용된다.

㉠ **교육비평의 구성**: 기술(description), 해석(interpretation), 평가(evaluation)로 구성된다. 기술(기술적 측면의 비평)은 교육현상을 사진을 보듯이 생생하게 사실 그대로 묘사하는 것이고, 해석(해석적 측면의 비평)은 교육현상이 지닌 의미와 중요성을 설명하는 것이며, 평가(평가적 측면의 비평)는 기술하고 해석한 현상에 대해 교육적 가치를 판단하는 것을 의미한다.

㉡ **교육비평의 궁극적 목적**: 교육비평의 궁극적 목적은 평가적 판단에 있으므로 비평가는 중립적인 관찰이나 공정한 해석에 머무르지 말고, 관찰하고 해석한 사실에 기초하여 교육현상과 그것을 개선할 수 있는 결론에 도달해야 한다.

㉢ **감식안과 비평의 관계**: 효과적인 비평은 감식안을 토대로 하므로 감식안은 비평의 재료를 제공한다. 감식안은 비평 없이 이루어질 수 있으나, 비평은 감식안 없이 이루어질 수 없다.

(4) 장점과 한계

① **장점**: 평가과정에서 전문가의 자질과 통찰력을 충분히 활용한다. 그 결과 일반인들이 자칫 간과할 수 있는 교육현상의 특성과 질을 인식하는 데 도움을 준다.

② **한계**: 평가활동을 어떻게 수행해야 하는가에 대한 구체적인 지침을 제공하지 못한다. 또, 평가과정이 전문가의 자질에 전적으로 좌우되므로 주관성을 배제하기 어렵고, 편견과 부정이 개입될 소지가 있으며, 엘리트주의에 빠질 우려가 있다.

03 의사결정모형(decision facilitation model)

1 스터플빔(Stufflebeam)의 CIPP 평가모형 99 초등보수, 08 중등, 11 초등

(1) 개념

① 평가를 의사결정자에게 유용한 정보를 제공하여 의사결정을 돕는 과정으로 보고, 상황, 투입, 과정, 산출의 측면에서 4가지 평가유형을 제시하였다.

예 의사결정자: 교장, 교사, 학생, 학부모, 지역 인사 등

② 이에 따르면, 평가자의 중요한 역할은 평가정보를 제공하여 의사결정자의 의사결정을 촉진하고 돕는 데 있다. 즉, 교육평가의 일차적 기능은 교육목표의 달성도를 확인하는 것이 아니라, 교육에 관한 의사결정을 촉진하고 도와주는 관리적 기능이라 할 수 있다.

③ 스터플빔(Stufflebeam)은 조직 내에서 이루어지는 의사결정유형을 '계획 의사결정, 구조화 의사결정, 실행 의사결정, 재순환 의사결정'으로 구분하고, 각 단계의 의사결정을 도와주기 위해 상황, 투입, 과정, 산출의 측면에서 4가지 평가유형을 제시하였다.

MEMO

암기법
- 의사결정유형: 계구실재
- 평가유형: CIPP

04

(2) 의사결정유형과 그에 따른 평가유형 암

의사결정유형	평가유형	특징
계획 의사결정 (planning decisions) : 목표를 설정하려는 의사결정	상황평가(맥락/요구평가) (context evaluation)	• 목표 설정을 위한 계획 의사결정에 도움을 주기 위한 평가 ⇨ 목표 • 내외적 상황(맥락), 대상집단의 요구를 분석하여 목표를 설정하는 데 도움을 줌 예 체제분석, 조사, 문헌연구, 면접, 진단검사, 델파이 기법 등 • 상황평가는 의사결정자에게 교육목표를 결정하는 합리적 기초나 이유를 제공함
구조화 의사결정 (structuring decisions) : 설정된 목표 달성에 적합한 전략과 절차를 설계하려는 의사결정	투입평가 (input evaluation)	• 구조화 의사결정에 도움을 주기 위한 평가 ⇨ 계획 • 결정된 목표 달성에 적합한 전략과 절차, 인적·물적 자원, 예산, 시기 등에 관한 정보를 수집하여 제공함 • 이를 통해 의사결정자가 목표 달성에 적합한 프로그램을 선택할 수 있도록 도와줌
실행 의사결정 (implementing decisions) : 수립된 전략과 절차를 실행하려는 의사결정	과정평가 (process evaluation)	• 실행 의사결정에 도움을 주기 위한 평가 ⇨ 실행 • 프로그램이 계획한 대로 실행되고 있는지 정보를 수집하여 피드백을 제공함 예 참여관찰, 토의, 설문조사 • 이를 통해 의사결정자가 프로그램의 운영 상황을 검토하고 수정할 수 있도록 도와줌
재순환 의사결정 (recycling decisions) : 목표 달성 정도의 판단 및 프로그램의 존속 혹은 변경 여부 판단하려는 의사결정	산출평가 (product evaluation)	• 재순환 의사결정에 도움을 주기 위한 평가 ⇨ 결과 • 프로그램의 목표 달성의 정도를 정확히 판단하여 프로그램의 계속 사용 여부를 결정하도록 도와줌 • 산출평가는 프로그램의 전반적 효과, 즉 의도한 효과와 의도하지 않은 효과, 긍정적 효과와 부정적 효과 모두를 점검할 수 있어야 함

MEMO

(3) 장단점

장점	단점
• 프로그램의 여러 상황 및 국면을 평가할 수 있고, 프로그램의 어떤 단계에서도 평가가 가능하다. • 피드백에 민감하여 의사결정과 평가 간에 체계적 접근이 가능하다. • 의사결정권자에게 유용한 정보를 제공해 주므로 의사결정 과정에서 평가가 중요한 역할을 한다. 올바른 의사결정을 도와주는 평가모형이므로 학교현장에서도 중요한 의사결정을 내릴 때 필요한 모형이다. • CIPP평가와 책무성 간의 관계를 정립하는 데 기여할 수 있다.	• 의사결정자에게 필요한 정보를 수집하여 제공해 줄 뿐 평가대상의 가치에 대해 평가하지 않는다. • 의사결정 과정이 명확하지 않고, 의사결정 방법도 정의되지 않았다. • 전체 과정을 모두 이용할 경우 비용이 많이 들고 복잡해진다.

Section 03

교육평가의 유형

평가기준에 따른 교육평가의 유형

기준	평가유형	
평가영역	인지적 영역	기억, 이해, 추론 등의 사고작용을 평가
	정의적 영역	성격, 태도, 행동발달 상황 등 정의적 특성 평가
	심리운동적 영역	실기평가와 같은 동작을 평가
평가대상	학생평가	학생의 능력, 특성, 성취수준 등을 평가
	교사평가	교사의 교수활동이나 학생지도활동 등을 평가
	수업평가	수업이 진행되는 상황에서 학생들의 성취도를 중심으로 수업의 내용과 방법을 평가
	교육과정평가	교육과정의 질과 타당성을 평가
	학교평가	학교에서 제공하는 교육서비스의 질을 평가
	정책평가	교육정책의 타당성, 효과성 등을 평가
	행정기관평가	정책을 추진하는 체제를 포함한 행정의 종합적인 역량과 역할구조의 타당성 및 적합성 등을 종합적으로 평가
	인사 및 행정가 평가	근무평정에 근거하여 상급자가 부하를 평가
성취목표수준	최소필수 학력평가	완전학습평가(기초학력평가), 최소한으로 성취해야 하는 필수 수준을 넘었는지의 여부만을 판단하는 평가 ⇨ 절대평가에서 주로 사용
	최대성취 학력평가	변별평가, 최대로 성취한 수준까지 파악하는 평가 ⇨ 상대평가에서 사용
평가기준	준거참조평가(절대평가)	학생의 성취 정도를 절대준거(예 수업목표)에 비추어 확인하는 평가
	규준참조평가(상대평가)	학생의 성취 정도를 다른 학생들과 상대적으로 비교하는 평가
	성장지향평가	학생이 얼마나 성장하였느냐에 관심을 두는 평가 예 포트폴리오 평가
	능력지향평가	학생이 얼마나 최선을 다해 능력을 발휘했느냐에 초점을 두는 평가
	노력지향평가	학생이 얼마나 노력을 하였는가에 관심을 두는 평가

MEMO

MEMO

평가시기 (평가기능)	진단평가	학생들의 출발점행동을 파악하는 평가
	형성평가	수업개선에 필요한 정보를 수집하는 평가
	총괄평가	학생의 성취 정도를 판단하는 평가
평가방법	양적 평가(정량평가)	검사 등을 사용하여 수량화된 자료를 얻는 평가 ⇨ 인지적 영역 평가
	질적 평가(정성평가)	관찰, 면접, 실기평가 등을 통해 수량화되지 않은 다양한 형태의 자료를 얻는 평가 ⇨ 정의적 영역 또는 심동적 영역의 평가, 수행평가
시간제한 여부	속도평가	일정한 시간 제한을 두는 평가 ⇨ 상대평가에서 사용
	역량평가	일정한 시간 제한 없이 피험자의 역량을 최대한 발휘하도록 하는 평가 ⇨ 절대평가에서 사용
상호작용 여부	정적 평가	학생과 교사의 표준적 상호작용만이 허용된 평가
	역동적 평가	학생과 교사의 상호작용을 통한 평가
평가내용	능력평가	사람이 무엇을 할 수 있느냐에 관련된 평가 예 적성평가, 학력평가
	인성평가	사람이 무엇을 하려고 하느냐에 관련된 평가 예 성격, 적응, 기질, 흥미, 태도 등의 평가
기타	메타평가	평가에 대한 평가
	고부담평가	평가결과가 개인뿐만 아니라 사회에 미치는 영향력이 큰 평가
	파일럿(pilot)평가	교육목적 달성에 교수(教授)가 효과적으로 기여하는지를 알아보기 위하여 교수 산출물의 현실성을 확증하기에 앞서 중요한 데이터 수집활동을 하는 평가

MEMO

04

01 평가기준에 따른 유형

❶ 준거참조평가(criterion-referenced evaluation) — 준거(목표)지향평가, 절대평가

90 중등, 94 초등, 97 중등, 99~00 중등, 99 초등보수, 00 초등, 02 초등, 04 초등, 06 초등, 06 중등, 15 중등추시論, 18 중등論, 22 중등論, 25 중등論

(1) 개념

① 개인의 점수를 절대적 기준인 '준거(criterion)'에 비추어 해석하는 평가이다. 절대적 기준은 보통 학습목표(교육목표)를 가리킨다. 개인의 점수를 절대적으로 해석하기 때문에 절대평가라고도 한다.

② 평가기준을 학습목표(수업목표)에 두고 학습목표를 얼마나 달성하였는지 성취수준을 확인하는 평가방법이다. ⇨ 절대적 기준인 학습목표(교육목표)에 비추어 개인의 성취수준(점수)을 해석하는 평가. 학습자가 무엇을 얼마나 아는지, 정해진 학습목표에 어느 정도 도달하였는지를 판단하는 평가. 학생의 학업성취 정도(원점수)를 절대기준인 학습목표에 비추어 확인하는 평가. 평가기준을 교육을 통해 달성하고자 하는 학습목표(도착점행동)에 두는 목표지향적 평가형태

③ 개인의 점수(원점수)는 점수 그 자체로 중요한 의미를 지닌다. 성취율은 %(백분율)로 표시한다. 준거참조평가는 자격증 부여(예 의사자격, 교사자격, 운전자격 등), 형성평가 등에 사용된다.

④ 준거참조평가는 학생의 성취수준을 확인하고 교수-학습방법을 개선하는 데 목적이 있다.

(2) 특징

① **발달적 교육관에 토대**: 준거참조평가는 적절한 교수-학습환경(충분한 학습시간과 학습조건)만 제공하면 거의 모든 학습자가 의도한 학습목표에 도달할 수 있다는 발달적 교육관에 근거한다.

② **검사의 타당도를 중시**: 준거참조평가에서는 평가도구가 교육목표를 얼마나 충실히 측정하고 있는지가 중요한 과제가 되므로 검사의 타당도를 중시한다.

③ **부적편포를 전제**: 준거참조평가는 거의 모든 학생들이 학습목표(성취기준)에 도달할 수 있다고 기대하므로 검사 점수의 부적편포를 전제한다.

MEMO

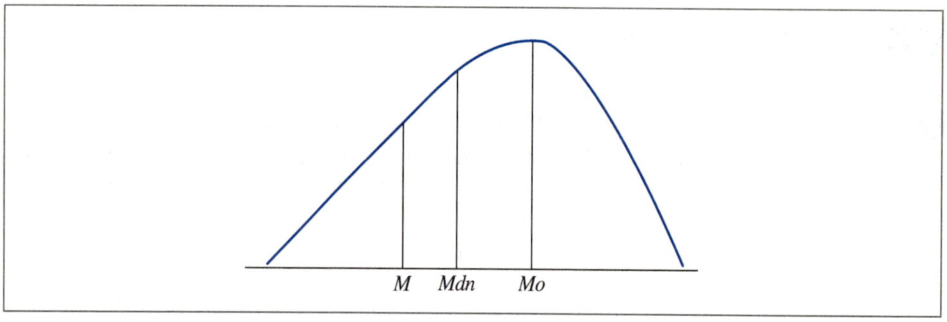

부적편포

④ 기타

㉠ 절대평가의 결과로 얻어진 점수(원점수)는 점수 그 자체로 중요한 의미를 지닌다.

㉡ 교수기능을 강화하고 수업개선의 촉진을 도모한다.

㉢ 학생들 간의 경쟁심을 제거하고 협동적 학습을 가능하게 해 준다.

㉣ 인간의 무한한 가능성과 교육의 효과에 대한 신념을 기초로 한다.

㉤ 학생들에게 보다 많은 성취감과 성공감을 갖게 하므로 내재적 동기가 촉진된다.

(3) 장단점

장점	단점
• **교수-학습이론에 적합**: 무엇을 알고 무엇을 모르는지에 대한 직접적인 정보를 제공해 주기 때문에 무엇을 어떻게 가르쳐야 할지에 대해 시사점을 제시해 준다. • **교수-학습 개선에 공헌**: 준거참조평가는 교수-학습 프로그램이 어느 정도 효과가 있었는지에 대한 정보를 제공해 주므로 교수-학습 개선에 유용하다. • **경쟁보다는 협동적 학습 조성**: 준거참조평가에서는 과제의 숙달과 이해, 목표의 성취 그 자체를 중시하므로 학생들 간의 경쟁심을 제거하고 협동적 학습을 가능하게 한다. • **진정한 의미의 학습효과 측정**: 준거참조평가는 학생의 학습목표 달성 정도에 대한 정보를 제시해 주므로 진정한 의미의 학습효과를 파악할 수 있게 한다.	• **개인차 변별이 어려움**: 준거참조평가에서는 각 학생의 집단 내에서의 상대적 위치를 알 수 없으므로 개인차 변별이 어렵다. • **준거 설정이 어려움**: 절대적 기준인 교육목표를 누가 정하느냐 혹은 어떻게 정하느냐는 고도의 전문성이 요구되기 때문에 준거 설정이 어렵다. • **점수의 통계적 활용이 불가능**: 정상분포를 부정하므로 (평가결과에 대한 통계적 처리가 곤란하여) 점수를 통계적으로 활용할 수 없다. • **최저 수준의 목표만 요구**: 학생 모두가 수업목표에 도달하는 것을 전제하므로 결과적으로 도달 가능한 목표의 최저 수준만 요구하게 된다.

(4) 준거참조평가의 활용방안

① 수업을 시작하기 전 또는 새로운 프로그램을 투입하기 전에 선수학습의 정도나 제반 특성 등 학생의 현 상태를 진단하는 데 활용한다(진단평가).

② 학습부진아의 학습장애 및 결손, 학습실패의 교육 외적 요인을 진단하는 데 활용한다(진단평가).

③ 수업 진행 중에 학생들이 무엇을 얼마나 잘 알고 있는지 학습목표의 달성 정도를 점검하는 데 활용한다(형성평가). 학생들의 단위 학습과제나 수업에서의 성공 여부를 판단하는 데 활용한다.

④ 시간의 경과에 따른 학생의 학업성장 정도를 파악하는 데 활용한다.

⑤ 자격증 수여를 위한 자격시험의 형태로 활용한다.

(5) 준거참조평가가 학습동기를 촉진하는 이유

① **자기효능감 증진**: 준거참조평가는 학습목표 도달에 성공한 학생에게는 직접적인 성공감을, 목표 도달에 실패한 학생에게는 교정을 통해 성공할 수 있는 기회를 제공해 주므로 학생의 자기효능감을 높여 학습동기를 촉진한다.

② **숙달목표 지향**: 준거참조평가는 학생들에게 '무엇을 알고 무엇을 모르는지'에 대한 직접적인 정보를 제공해 주므로 숙달목표를 지향하게 함으로써 학습동기를 촉진한다.

③ **자기결정성 증진**: 준거참조평가는 또래와의 비교나 경쟁보다는 목표의 성취 그 자체를 강조하므로 학생의 자기결정성을 높여 학습동기를 촉진한다.

(6) 준거설정방법 25 중등論

① **규준적 준거설정방법**: 피험자의 상대적 서열이나 피험자 집단의 일정 비율로 준거를 설정하는 방법이다. 예컨대, 어떤 검시에서 피험자 집단의 상위 20% 학생들에게 자격증을 부여한다면 20%가 준거가 된다. 이 방법은 검사를 실시하기 전에 일정한 비율을 쉽게 결정할 수 있으므로 의사결정을 할 때 많이 사용된다. 그러나 일정한 비율에 의하여 선발된 피험자들이 기대하는 성취수준에 도달하였는지에 대해서는 확신할 수 없다.

② **피험자의 집단 특성평가에 의한 절대적 준거설정방법**

㉠ **집단비교방법**: 피험자 집단 개개인을 주관적으로 완전학습자 혹은 불완전학습자로 구분하여 검사를 실시한 후 완전학습자의 점수분포와 불완전학습자의 점수분포가 교차되는 점을 준거로 설정하는 방법이다. 단점으로는 ⓐ 완전학습자와 불완전학습자의 집단 분류에 따라 준거점수가 변화한다. 즉, 두 집단의 능력 특성에 따라 준거점수가 달라진다. ⓑ 준거점수가 불완전학습자로 분류된 소수의 고득점 피험자들에 의해 높아지거나, 완전학습자로 분류된 소수의 하위점수 피험자들에 의해 낮아질 수 있다. ⓒ 준거점수에 도달하지 못하였어도 완전학습자로 분류되거나 준거점수를 능가하였음에도 불완전학습자로 분류되는 판정의 오류가 일어날 수 있다.

MEMO

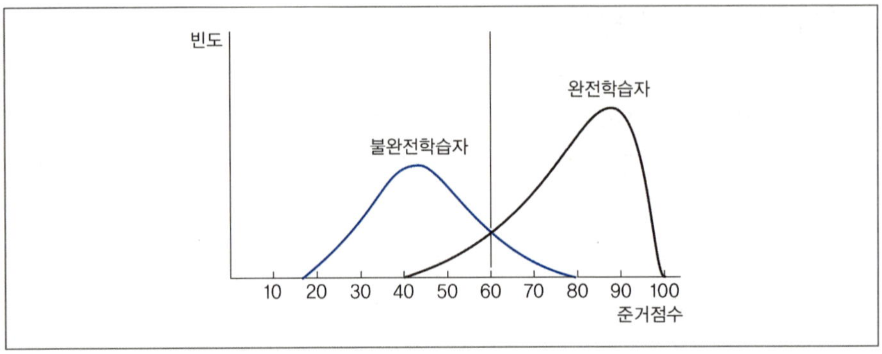

두 집단 비교에 의한 준거점수 설정방법

㉡ 경계선 방법 : 완전학습자로 분류되는 최저점수(예 100점 만점에 80점 이상)와 불완전학습자로 분류되는 최고점수(예 100점 만점에 60점 미만)를 설정하고, 두 점수 사이에 있는 피험자들의 검사점수의 중앙값을 준거점수로 설정한다. 이 방법은 불완전학습자로 분류하는 최고점수와 완전학습자로 분류하는 최저점수에 의하여 준거점수가 변화될 수 있다는 단점을 지닌다.

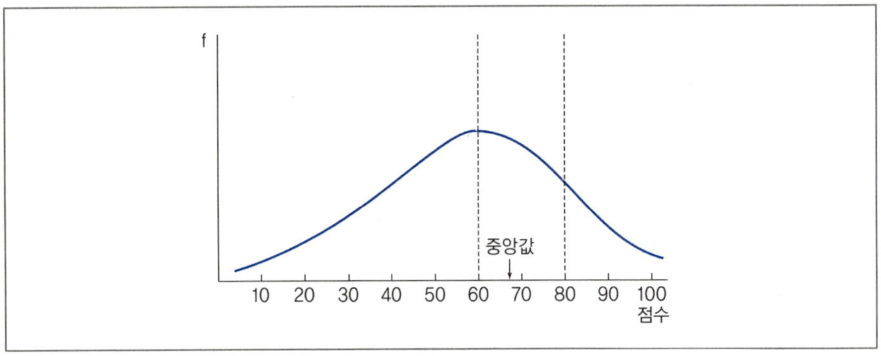

Mills에 의한 경계선 방법

㉢ 검사도구 내용분석평가에 의한 절대적 준거설정방법

ⓐ Angoff 방법 : 최소능력 보유 피험자들로 구성된 가상 집단에서 어느 정도 비율로 피험자가 문항의 정답을 맞힐 수 있는가를 판정한 다음, 각 문항의 답을 맞힐 피험자 비율의 합을 준거점수로 설정하는 방법이다. 이 방법은 절차가 간단하고 문항을 맞힐 수 있는 확률이 다양하며 선다형이 아닌 문항에도 적용할 수 있는 장점이 있다. 단점으로는 교사나 평가 전문가가 문항의 난이도를 부여할 때 문항의 내용보다는 문항의 줄거리나 문항의 보기에 의해 영향을 받아 문항난이도가 과소 추정되거나 과대 추정되는 경우가 있다. 즉, 교사나 평가전문가에 의해 문항 난이도가 다르게 추정되면 준거점수도 달라지게 된다. 그러므로 많은 교사나 평가전문가가 Angoff 방법을 사용하여 준거를 설정할 때 다수의 평가자가 부여한 문항난이도의 평균 확률을 더하여 준거점수를 설정한다.

MEMO

04

✔ Angoff 방법에 의한 준거설정방법

문항	P
1	.5
2	.8
3	.7
4	.9
5	.1
	C = 3.0

ⓑ Jaeger 방법: 최소능력을 보유한 피험자가 각 문항을 맞힐 수 있는지 없는지를 판정한 후, 맞힐 수 있는 문항의 수를 합한 것이 준거점수가 된다. 이 방법은 교사나 평가전문가가 가상적 최저능력의 보유 피험자 집단을 연상할 필요가 없어 개념적으로 간단명료하다.

✔ Jaeger 방법에 의한 준거설정방법

문항 \ 방법	Angoff	Jaeger
1	.5	0
2	.8	1
3	.7	1
4	.9	1
5	.1	0
		C = 3

ⓒ 북마크(bookmark) 방법: 문항난이도에 따라 문항을 배열한 문항순서집에 의해 준거를 설정한다. 북마크한 문제들을 기준으로, 최소능력 보유자가 몇 개의 문제를 풀 수 있는지에 따라 준기점수를 설정한다. 이 방법은 ⓘ 선택형 문항과 서답형 문항으로 구성된 검사에서도 준거를 설정할 수 있으며, ⓘⓘ 개념이 명료하여 다른 준거설정방법에 비해 간단하다는 장점이 있다. 단점으로는 ⓘ 문항순서집을 제작해야 한다는 번거로움, ⓘⓘ 문항난이도에 의해 문항이 정렬되므로 문항의 변별도와 추측도, 문항의 외적 요인이 경시될 수 있다는 점, ⓘⓘⓘ 문항난이도에 의한 문항순서집을 만들기 위해 문항반응모형과 이때 사용되는 응답 확률에 대해 여전히 다양한 의견이 존재한다는 점이다.

MEMO

❷ 규준참조평가(norm-referenced evaluation) – 규준지향평가, 상대평가

99 중등, 04 중등, 06 중등, 07 초등, 10 초등, 12 초등, 12 중등

(1) 개념

① 개인의 점수를 상대적 기준인 '규준(norm)'에 비추어 해석하는 평가이다. 가장 흔히 사용하는 규준은 평균이다. 개인의 점수를 다른 사람들과 상대적으로 비교하기 때문에 상대평가라고도 한다.

② 평가기준을 집단 내부에 두고 개인의 성취수준을 집단 내에서의 상대적 위치로 나타내는 평가방법이다. ⇨ 개인의 성취수준(점수)을 집단 내에서의 상대적 위치로 나타내는 평가

③ 개인의 성취수준을 상대적 비교가 가능한 규준점수(예 연령점수, 석차점수, 백분위점수, 표준점수)로 표시한다. 개인의 점수(원점수)는 평균치와 표준편차에 비추어 결정되고 해석된다. 규준참조평가는 선발시험(예 대학입시, 입사시험 등) 등에 사용된다.

④ 규준참조평가는 개인차 변별(집단 내에서의 각 점수의 개인별 비교)에 목적이 있다.

(2) 특징

① **선발적 교육관에 토대**: 규준참조평가는 학생의 개인차를 당연시하며, 우수한 학생을 선발하고자 하는 선발적 교육관에 근거한다.

② **검사의 신뢰도를 중시**: 규준참조평가에서는 학생들의 개인차를 오차 없이 얼마나 정확하게 측정하는지가 중요한 과제가 되므로 검사의 신뢰도를 중시한다.

③ **정상분포를 전제**: 규준참조평가는 개인차의 변별에 관심을 두기 때문에 평균을 중심으로 좌우대칭형인 정상분포(정규분포)를 전제한다.

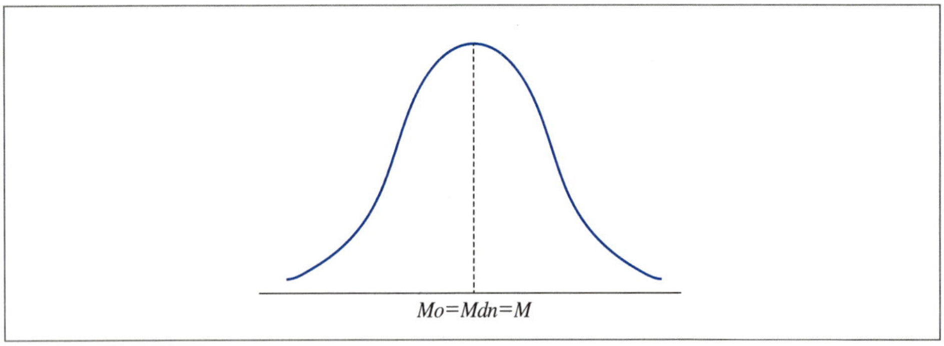

✔ 정상분포(정규분포)

④ **기타**: 원점수 자체보다는 순위나 서열 등 상대적 비교가 가능한 규준점수(예 연령점수, 석차점수, 백분위점수, 표준점수)를 중시한다.

MEMO

04

(3) 장단점

장점	단점
• 개인차의 변별이 가능 : 규준참조평가에서는 각 학생의 집단 내에서의 상대적 위치를 명확히 파악할 수 있으므로 개인차를 변별할 수 있다. • 교사의 주관적 편견을 배제 : 규준참조평가는 신뢰도가 높은 객관적 평가를 사용하게 되므로 교사의 편견을 배제할 수 있다. • 경쟁을 통해 외재적 동기를 유발 : 규준참조평가는 학생들을 비교하기 때문에 경쟁을 통해 외재적 동기를 유발할 수 있다.	• 교수-학습이론에 부적절 : 무엇을 알고 무엇을 모르는지에 관심을 두지 않으므로 교수-학습이론에 맞지 않는다. • 교수-학습 개선이 곤란 : 규준참조평가는 학생의 상대적 위치에 대한 정보만 제공해 줄 뿐 교수-학습 개선에 대한 구체적인 정보를 제공해 주지 못한다. • 경쟁으로 인한 정서적 불안과 비인간화를 초래 : 규준참조평가에서는 학생들 간의 상대적 비교와 우열을 강조하기 때문에 경쟁 심리가 조장되며 정서적 불안과 비인간화를 초래할 수 있다. • 진정한 의미의 학습효과 측정 불가능 : 학습내용을 완전히 이해한 학생일지라도 집단 전체의 점수분포에 따라 학업성취도가 낮은 것으로 판단될 수 있다.

(4) 규준참조평가가 학습동기에 미치는 부정적 영향

① **자기효능감 저하** : 규준참조평가는 소수의 우수한 학생을 제외한 대다수의 학생들에게 실패자라는 인식을 갖게 하므로 학생의 자기효능감을 저하시켜 학습동기에 부정적인 영향을 미친다.

② **수행회피목표 지향** : 규준참조평가에서는 대다수가 소수에게 질 수밖에 없는 구조이므로 학생들은 자신이 무능해 보이는 것을 피하고자 수행회피목표를 지향하게 되어 학습동기가 저하된다.

③ **자기결정성 저하** : 규준참조평가에서는 성적이 압력요소로 작용하므로 학생의 자기결정성 욕구를 떨어뜨려 학습동기가 저하된다.

✓ 준거지향평가와 규준지향평가의 결과보고 방식 비교

준거지향평가	규준지향평가
5단계 절대평가 : 성취표준에 근거하여 정답률이 90% 이상이면 A, 80~89%이면 B, 70~79%이면 C, 60~69%이면 D, 60% 미만이면 F를 주는 방식이다. ⇨ 표준근거해석(standard-based interpretation)	**5단계 상대평가** : 전체집단을 원점수가 높은 순서대로 10%, 20%, 40%, 20%, 10%로 나눈 다음 각각 A(수), B(우), C(미), D(양), F(가)로 성적을 평가한다.
정답률(백분율) : 정답률은 출제된 문항 중 정답을 한 문항들의 백분율(%)로 표시된다. ⇨ 비율척도에 해당한다.	**백분위(서열척도)** : 전체집단에서 특정점수 이하의 점수를 받은 사례들이 차지하는 백분율을 말한다. A의 점수가 백분위 70이라는 것은 A가 받은 점수 이하의 점수를 받은 학생들이 70%라는 것을 말한다.

MEMO

도달-미달 분류: 분할점수를 기준으로 하여 도달-미도달 또는 합격-불합격으로 분류하는 방식이다.	**표준점수(비율척도)**: 정규분포에서 원점수가 평균과 다른 정도를 표준편차 단위로 표시한 점수로, Z점수, T점수, C점수 등이 있다.
지식 혹은 기능을 서술하는 방식: 지식이나 수행할 수 있는 지식을 구체적으로 기술하는 방식이다. 예를 들어, '두 자릿수 덧셈을 할 수 있다.'와 같이 기술하는 것이다.	**학년규준점수(서열척도)**: 원점수가 몇 학년 몇 개월의 평균수준과 같은지를 나타내는 점수를 말한다. 예를 들어, 학년규준점수 3.5는 원점수가 3학년 6개월의 평균수준과 같다는 것을 의미한다.
	연령규준점수(서열척도): 원점수가 어느 연령 집단의 평균과 같은지를 나타내는 점수를 말한다. 정신연령(MA)은 가장 널리 알려져 있는 연령규준점수이다. 예를 들어, A의 정신연령이 7세라는 것은 지적 수준이 7세 아동의 평균과 같다는 것을 의미한다.

Plus

준거지향평가와 규준지향평가의 해석

1. **준거지향평가**
   ① 철수는 덧셈을 할 줄 안다(지식 또는 능력을 서술).
   ② 철수는 10문제 중 7개를 맞추었다(백분율).
   ③ 철수는 영어시험에서 만점을 받았다(원점수).
   ④ 철수는 줄넘기를 계속적으로 50번을 해서 합격판정을 받았다(도달-미달 분류 또는 합격-불합격 분류).
   ⑤ 90% 이상이면 '수'이다(5단계 절대평가).

2. **규준지향평가**
   ① 철수는 1등을 했다(석차점수).
   ② 철수는 평균보다 높은 점수를 받았다.
   ③ 철수는 미술대회에서 최우수상을 받았다.
   ④ 철수의 영어점수의 백분위는 80이다(백분위 점수).
   ⑤ 철수의 언어영역 Z점수는 +1.50이다(표준점수).
   ⑥ 1반의 평균은 2반의 평균보다 높다.
   ⑦ 철수는 상위 10%에 해당하여 '수'를 받았다(5단계 상대평가).

MEMO

04

준거참조평가와 규준참조평가의 비교

구분	준거참조평가	규준참조평가
지향점	**목표지향**: 주어진 교육목표를 학생이 어느 정도 달성하였는가 하는 교육목표의 달성도에 의해 평가가 이루어진다.	**규준지향**: 평가의 기준이 한 집단의 내부에서 결정된다. 한 집단 속의 여러 개인이 보여 주는 점수들의 평균치를 기준으로 삼고, 이 기준으로부터 각 개인의 점수가 얼마나 이탈되었느냐에 따라 새로운 점수, 즉 등위점수나 석차점수를 부여한다.
학업성취	학생의 학업성취는 교육목표의 달성도에 의해 평가된다. ⇨ 학생이 '무엇을' 성취했느냐에 관심	학생의 학업성취는 그가 속한 집단결과에 비추어 상대적으로 평가된다. ⇨ 학생이 '어느 위치'에 있느냐에 관심
가정	**부적편포**: 학습자들은 효과적인 교육활동에 의해 거의 모두 목표를 성공적으로 달성할 수 있다.	**정상분포**: 학습자의 능력이나 학업성취는 정상분포를 이룬다.
인간관	인간은 누구나 목표를 추구하고 그것을 지향해 나가는 적극적인 존재이다. 따라서 인간에 대한 평가는 그가 선택한 목표를 정복한 그 성취의 수준 및 질에 의해 판단되어야 한다.	인간은 생물학적 유기체이다. 선천적으로 능력 있는 유기체는 성공하게 되고, 그렇지 못한 유기체는 실패하게 된다. / 인간을 수동적으로 길러가는 자극-반응의 기계로 본다.
교육관	**발달적 교육관**: 인간의 무한한 발달가능성과 교육효과에 대한 신념을 강조한다.	**선발적 교육관**: 학생들의 개인차를 밝혀내고 능력 판정을 위주로 한다.
신념	적어도 대부분의 학생이 기대하는 성취수준에 비추어 성공할 수 있다는 신념을 갖고 있다.	어차피 성공하는 자와 실패하는 자가 존재하기 마련이라는 신념이 밑받침이 되고 있다.
관심사	각 학습자가 의도하여 설정한 교육목표를 성취 혹은 달성하였느냐가 최대의 관심사이다.	특정의 학습자가 다른 학습자에 비해 얼마나 더 성취하였는가의 상대적 우세에 최대의 관심이 있다.
개인차	개인차는 교육의 누적적 실패에서 생기는 것이며, 이 개인차는 교육적 노력에 의해 시 해소될 수 있다고 본다.	집단을 대전제로 하기 때문에 개인차는 필연적으로 생기는 것이며, 개인차가 클수록 교육평가가 성공적인 것으로 본다.
평가의 기능	교육평가의 기능 자체를 교수-학습과정과 밀접하고 유기적인 관련 속에서 보며, 그것을 교수-학습과정에 도움을 주는 중요한 한 개의 변수로 간주한다.	평가의 기능이 교수-학습과정과 밀접히 관련된 것으로 보지 않으며, 비록 그것이 관련되는 경우에도 그것은 극히 자연적·우발적·임의적인 것에 지나지 않는 것으로 간주한다.
평가도구	**타당도 중시**: 학생의 목표달성 정도를 충실히 측정해야 하므로 신뢰도보다는 타당도를 중시한다.	**신뢰도 중시**: 개인차를 오차 없이 정확히 측정해야 하므로 평가도구의 신뢰도에 우선적 가치를 부여한다.
이용도	진단적 기능과 형성적 기능이 강조되어 교수의 의사결정에 보다 중요하다. / 자격인정시험에 유리	대개 수업이 시작되기 전과 후에 학생의 상대적 위치에 관한 정보를 알아보기 위해 사용된다. / 선발상황에 유리

MEMO

3 자기참조평가

(1) 성장지향평가(성장참조평가, growth-referenced evaluation)

09~10 초등, 12 중등, 18 중등論, 22 중등論, 26 중등論

① 개념: 현재 성취도와 과거 성취도 간의 차이

㉠ 초기의 성취수준에 비추어 얼마나 성장하였느냐(얼마나 능력의 향상을 보였느냐)에 관심을 두는 평가이다.

㉡ 이 평가에서는 학생의 현재 성취수준(X)이 과거 성취수준(Y)보다 더 높으면 좋은 성적을 부여한다. 학생의 성장 또는 진보 정도는 현재 성취도와 과거 성취도의 차이로 표시된다. 예 '진보상', 포트폴리오 평가

㉢ 과거의 능력수준과 현재의 능력수준 간의 차이에 관심을 두므로, 학생들에게 학업증진의 기회 부여와 개인화를 강조하는 특징이 있다.

② 평가방식

구분	A학생		B학생
사전평가	80점	>	50점
사후평가	85점	>	70점
차이(='향상' 정도)	+5점	<	+20점

A학생과 B학생의 사후평가 점수인 85점과 70점을 각각 비교하여 A학생에게 높은 점수를 부여하는 것이 아니라, 각 개인의 사전평가와 사후평가 간의 차이인 '향상' 정도, 즉 +5점과 +20점을 비교하여 B학생에게 유리한 평가를 하고 '성장'을 격려하는 방식이다.

③ 장단점

장점	단점
• 개인의 능력 향상 정도를 중시하므로 학생들에게 학업증진의 기회를 부여하고, 개별화 학습을 촉진할 수 있다. ⇨ 개인을 위주로 하는 개별화 평가, 개별화 학습 • 능력의 변화과정(성장 정도)에 대한 정보를 얻을 수 있으므로 평가의 교수적 기능을 촉진할 수 있다. ⇨ 평가의 교수적 기능 • 과거에 비해 어느 정도 성장했는지를 파악하고자 할 때 유용하다.	• 일반적으로 성적을 성취수준과 동일시하므로 진보나 성장 정도를 기준으로 성적을 줄 경우 성적의 의미를 왜곡시킬 가능성이 있다. • 학생들이 좋은 성적을 받기 위해 사전검사에서 일부러 틀릴 가능성도 있다. • 통계적 측면에서 차이점수의 신뢰도가 낮다는 문제점이 있다. 일반적으로 성취도 검사는 신뢰도가 낮고, 과거 점수와 현재 점수는 상관이 높기 때문에 차이점수의 신뢰도는 낮은 경향이 있다. ⇨ 차이점수의 신뢰도를 높이려면(성장지향평가 결과가 타당하기 위해서는), 첫째, 과거의 성취도 검사의 신뢰도가 높아야 하고, 둘째, 현재의 성취도 검사의 신뢰도가 높아야 하며, 셋째, 과거 점수와 현재 점수 간에 상관이 낮아야 한다.

MEMO

04

	• 이상과 같은 문제점이 있으므로 형성평가와 같이 비교적 영향력이 적은 평가에 국한해서 사용하고, 규준지향평가나 준거지향평가의 보조도구로 활용하는 것이 좋다. 능력지향평가와 마찬가지로 영향력이 큰 고부담평가에서는 공정성 문제가 제기되어 적용하기 어려울 수 있다.

(2) 능력지향평가(능력참조평가, ability-referenced evaluation)

09 초등, 18 중등論, 22 중등論, 24 중등論

① 개념 : 능력에 비추어 본 성취(수행)수준

㉠ 학생 자신의 능력을 기준으로 얼마나 최선을 다했느냐(얼마나 능력을 발휘하였느냐)에 관심을 두는 평가이다. 개인의 능력과 수행결과를 비교하여 성적을 판정하는 평가방식이다.

예 우수한 능력을 지녔지만 최선을 다하지 않은 A와 능력은 없지만 최선을 다한 B가 있을 때 B를 더 높이 평가한다.

㉡ 이 평가에서는 시험 성적이 같더라도 능력이 낮은 학생이 능력이 높은 학생보다 더 높은 성적을 받게 된다.

㉢ 능력지향평가의 특징은 학생 개인이 자신의 능력을 얼마나 발휘하였느냐에 관심을 두므로 개인을 위주로 하는 개별적 평가방법이라는 것이다.

예 우수한 능력을 지녔을지라도 최선을 다하지 않은 학생과 능력이 낮더라도 최선을 다한 학생이 있을 때 후자의 성취수준이 낮더라도 더 좋은 평가를 받게 된다.

② 평가방식

구분	A학생		B학생
잠재능력	90점	>	50점
실제성취	85점	>	60점
차이(=‘노력’ 정도)	−5점	<	+10점

• A학생과 B학생의 실제 성취수준인 85점과 60점을 각각 비교하여 A학생에게 높은 점수를 부여하는 것이 아니라, 각 개인의 능력과 실제 성취 간의 차이인 −5점과 +10점을 비교하여 B학생에게 높은 점수를 부여하고 ‘노력’을 격려하는 방식이다.
• 만약 규준참조평가와 준거참조평가에 의하여 평가를 실시한다면 A학생이 B학생보다 항상 높은 평가를 받을 수밖에 없다. 이런 경우에, B학생은 최선을 다했음에도 불구하고 상대적으로 학습동기를 잃을 수 있다.

MEMO

③ 장단점

장점	단점
• 개인의 능력 발휘 정도에 관심을 두므로 개인을 위주로 하는 개별적 평가이다. ⇨ 개별화 평가, 개별화 학습 • 능력의 발휘 정도에 대한 정보를 얻을 수 있으므로 평가의 교수적 기능을 촉진할 수 있다. ⇨ 평가의 교수적 기능 • 능력이 낮은 학생이라도 자신의 능력에 비추어 최선을 다하면 더 좋은 점수를 받을 수 있어 학습동기가 유발된다. • 능력이 탁월함에도 불구하고 노력을 많이 하지 않은 학생에게는 낮은 평가를 함으로써 경각심을 주어 최대한 노력을 이끌어 낼 수 있다.	• 능력지향평가를 실시하려면 능력을 정확히 측정해야 하는데, 능력을 정확하게 측정하기가 매우 어렵다. 교사는 학생의 능력수준을 막연히 짐작하고 있을 뿐 능력에 관한 객관적인 정보가 부족한 경우가 많다. • 능력지향평가는 학생의 능력이 변하지 않는다고 가정하고 있으나, 이 가정에도 오류가 있다. • 학생의 능력에 대한 정확한 정보가 없을 경우 능력지향평가에 어려움이 있다. 따라서 평가자가 알고 있는 능력에만 국한하여 학생의 수행을 해석하게 되는 한계가 있다. • 학습과제에 관련된 필수적인 능력이 무엇인지 명확하게 규정할 수 없다.

(3) 노력지향평가(노력참조평가, effort-referenced evaluation) 22 중등論

① 개념

㉠ 학생이 기울인 노력의 정도를 기준으로 얼마나 노력을 하였는가에 관심을 두는 평가이다.

㉡ 이 평가에서는 점수에 관계없이 열심히 노력한 학생이 높은 성적을 받게 된다.

② 문제점

㉠ 이 방식으로 부여한 성적은 노력의 정도만 나타낼 뿐 성취도를 나타내지는 못하므로 성적의 의미를 왜곡시킬 가능성이 있다(일반적으로 성적은 성취도를 나타낸다).

㉡ 따라서 노력지향평가를 할 경우 성취도와 노력에 각각 성적을 주는 것이 합리적이다.

✔ 규준지향평가, 준거지향평가, 성장지향평가, 능력지향평가의 비교

구분	규준지향평가	준거지향평가	성장지향평가	능력지향평가
강조점	상대적 서열	특정 영역의 성취	능력의 변화	능력의 최대 발휘
교육신념	개인차 인정	완전학습	개별학습	개별학습
비교대상	개인과 개인	준거와 수행	개인의 성장 및 변화의 정도	개인의 소유 능력과 수행 정도
개인차	극대화	극대화하지 않음	고려하지 않음	고려하지 않음
이용도	분류, 선발, 배치	자격 부여	학습 향상	능력의 최대 발휘
평가기능	평가의 행정적 기능	평가의 교수적 기능		

02 평가시기에 따른 유형

MEMO

① 진단평가(diagnostic evaluation) – 투입(input)평가 93 초등, 02 초등, 06 중등, 12 초등

(1) 개념

① 일반적으로 교수–학습(수업) 전에 학생의 수준과 특성을 진단하기 위해 실시하는 평가이다.

예 수업 전 쪽지시험 · 질문 · 퀴즈, 전학년도 성적표나 생활기록부를 토대로 교사가 간단히 제작한 질문이나 시험 등

② 진단평가는 학습자의 특성에 적절한 교육내용과 교수전략을 투입함으로써 교수–학습의 효과를 극대화하기 위해 실시한다. ⇨ 진단요소: 선수학습능력, 사전학습능력, 정의적 특성 등

③ 크론바흐(Cronbach)의 적성처치 상호작용 모형(ATI)에 응용되어 개별화 수업에 기여하였다.

04

(2) 기능(목적, 특징)

① **선수학습의 정도(출발점행동) 진단**: 진단평가는 수업목표 달성에 필요한 선수학습의 정도를 확인하기 위해 실시한다. 그에 부합하는 교수전략을 마련해야 한다.

예 학습단원이 두 자릿수의 곱셈이라면 한 자릿수의 곱셈을 제대로 이해하고 있는지를 파악한다.

② **교과목표의 사전 성취수준 진단**: 진단평가는 앞으로 가르치려는 교과목표를 어느 정도 성취했는지 파악하여 학생 수준에 맞는 교과목표나 교수 프로그램을 제공하기 위해 실시한다. 만약 학습자가 교과목표를 미리 성취했다면 교수 중복이 발생하지 않도록 심화학습을 제공하거나 다른 단원의 학습으로 나아가게 한다.

③ **학습실패의 교육 외적 원인 진단**: 학생이 학습과정(수업장면)에서 계속적인 결함을 보일 경우 수업 외적 원인, 즉 신체적 요인(예 건강 상태의 이상, 운동기능장애, 언어장애, 시각장애, 청각장애, 신경계장애 등), 정서적 요인(예 심리적 갈등 · 불인, 신경증, 정신질환, 부적절한 자아개념 등), 환경적 요인(예 물리적 · 경제적 빈곤, 문화실조, 갈등상태의 가정, 이중국어, 교사나 교우와의 관계 등)을 확인하기 위해 실시한다. 수업방법을 개선하거나 보상 프로그램(보충학습)을 실시해도 기대하는 수준의 학습성과를 올릴 수 없다면 그 원인을 수업 내적 요인에서 찾을 것이 아니라 수업 외적 요인에 대한 진단에서 찾아야 한다. ⇨ 이때 진단평가는 수업 진행 중에 행해지므로 형성평가와 비슷하지만, 형성평가가 교과내용과 직접 관련된 수업 내적 행동을 평가하는데 비해(학습목표 달성 정도), 진단평가는 더 광범위하고 근원적인 수업 외적 학습결함의 문제를 밝혀낸다는 점이 다르다.

MEMO

④ **학습자의 전반적 특성 확인 :** 진단평가는 학생의 전반적 특성, 즉 지능, 적성, 흥미, 동기, 태도, 자아개념, 기초기능(언어능력, 논리적 사고력 등) 등을 확인하고 그것에 적합한 교수전략이나 교수 프로그램을 제공하기 위해 실시한다.

(3) 효과적인 시행 전략

① **준거지향평가 활용 :** 학습자의 선수학습의 정도나 교과목표의 사전 성취수준을 파악하기 위해서 준거지향평가를 실시한다.

② **다양한 평가도구 활용 :** 표준화 학력검사나 표준화 진단검사, 교사제작검사, 관찰법, 체크리스트 등 다양한 평가도구를 활용하여 진단평가를 시행한다.

③ **종합적인 진단 :** 지적 영역뿐만 아니라 정의적 영역, 심동적 영역도 진단하고, 신체적・심리적・환경적 요인도 확인하도록 한다.

2 형성평가(formative evaluation) – 과정(process)평가

91 중등, 94 중등, 96 초등, 97 중등, 99~00 초등보수, 02 중등, 03 초등, 14 중등論, 16 중등論, 23 중등論

(1) 개념

① 형성평가는 교수–학습(수업) 진행 중에 학생들이 학습목표를 제대로 달성하고 있는지, 학습내용을 얼마나 잘 이해하고 있는지 수시로 점검하기 위해 실시하는 평가이다. 수업 중 학생에게 피드백을 제공함으로써 학생의 학습을 촉진하고, 수업을 개선할 목적으로 실시한다. 예 수업 중 쪽지시험, 질문, 퀴즈, 관찰 등

② 형성평가는 교수–학습이 진행되는 도중에 학습의 진전 상황에 대한 정보를 수집・분석하여 그 수업 및 학습을 개선하기 위해 실시하는 평가이다.

③ 스크리븐(Scriven)이 『평가의 방법론』에서 처음 제안한 평가방법이다. 프로그램을 더 나은 방향으로 형성(form)하고 발전시킨다고 하여 명명한 것이다.

(2) 평가절차

1단계	학습단위를 세분화하여 분석한다.
2단계	학습단위별로 교육목표를 진술하고, 목표진술은 최저 성취수준을 설정하여 제시한다.
3단계	학습단위의 교육을 세분화하고 행동동사로 표현한다.
4단계	평가도구를 제작한다(학습단위 중 중요한 모든 요소와 이원분류표에 의한 행동요소의 각 단계를 포함시킴).

MEMO

04

(3) 기능(목적, 특징)

① **학생의 학습활동 촉진**: 학생들에게 시기적절한 피드백을 수시로 제공함으로써 학생의 학습활동을 강화하고 촉진해 준다.

② **교사의 교수방법 개선**: 학습 진전 상황에 대한 정보를 수집·분석하여(평가결과를 분석하여) 교사의 교수-학습방법을 개선할 수 있다.

③ **학생의 학습곤란 진단과 교정**: 학생의 학습 성공과 실패 등을 확인하여 학생의 학습곤란 지점을 진단(발견)하고 교정해 주며, 학생의 누적적 학습곤란을 해소해 준다.

④ **학생의 학습진행 속도 조절**: 교과내용이 분량이 많거나 일정한 앞뒤 관계에 의해 조직되어 있을 때 적절한 횟수로 평가를 실시함으로써 학습진행 속도를 조절할 수 있다.

(4) 효과적인 시행전략 및 동기유발 방안

① **준거지향평가 실시**: 형성평가는 학습목표 달성 정도를 수시로 점검하는 활동이므로 학습목표에 기초하여 준거지향평가(목표지향평가)를 실시한다. 준거지향평가를 통해 학생의 목표달성 정도나 학습결손 지점을 정확히 확인하고 목표수준을 성취하도록 한다.

② **수시로 평가 실시**: 수시로 평가를 실시하여 학생의 능력이 향상되고 있음을 확인하도록 함으로써 학생의 유능감과 자기효능감을 증진시킨다.

③ **적절한 피드백 제공**: 학생의 오류를 분명히 밝혀 주고 그 오류를 교정할 수 있도록 구체적인 피드백을 제공함으로써 학습활동을 강화하고 촉진한다.

④ **교정학습의 기회 제공**: 학생이 학습목표에 미달되었을 때에는 (목표달성에 필요한 학습정보와 학습전략을 제시하고) 교정학습의 기회를 제공하여 학생이 학습목표를 성취할 수 있도록 안내한다.

⑤ **교사 제작 검사 실시**: 학생 상황과 수업 전략을 가장 잘 알고 있는 수업담당 교사가 직접 평가문항을 제작하여 시행함으로써 교수-학습방법을 개선할 수 있도록 한다.

⑥ **평가결과의 최종 성적에 미반영**: 학생에게 평가 부담을 줄여 주면서 평가와 학습에 능동적으로 반응하며 학습의욕을 강화시킬 수 있도록 형성평가의 결과는 최종 성적에 반영하지 않도록 한다.

(5) 형성평가의 피드백 기능

형성평가에서의 피드백(feedback)은 학생의 학습 향상과 교사의 수업 개선에 도움을 준다.

① **학생의 학습 개선**: 학생의 학습 개선에 도움을 준다. 피드백은 학생이 자신의 학습을 수정·개선하는 데 필요한 구체적인 정보를 제공해 주고, 학생의 개념화와 수정에 대한 의견이나 제안을 제시해 준다. 또, 학습목표를 명확히 이해하도록 하며, 학생 자신의 학습 수준과 목표 수준의 차이를 파악할 수 있게 함으로써 자기조절학습 능력의 개발에도 기여한다.

MEMO

㉠ **직접적 피드백**(directive feedback) : 학생이 자신의 학습을 수정 · 개선하는 데 필요한 구체적인 정보를 제공해 주는 피드백

㉡ **촉진적 피드백**(facilitative feedback) : 학생의 개념화와 수정에 대해 의견이나 제안을 제시해 주면서 안내자의 역할을 하는 형태 ⇨ 촉진적 피드백은 학생들이 주체적으로 지식을 습득하고 이해하면서 다양한 통찰력을 기르도록 유도하기 때문에 촉진적 피드백의 효과적 활용은 학생들의 초인지 발달까지 기대할 수 있음

㉢ **내재적 피드백**(internal feedback) : 학생이 피드백 제공자가 되어 자신의 학습을 성찰하고 모니터링하면서 자신의 학습을 개선하고 조절하는 피드백 ⇨ 학생의 자기조절학습 능력 개발에 영향을 미치는 피드백

㉣ **외재적 피드백**(external) : 교사가 학생들의 실수와 오개념을 발견하고 지적하는 피드백

② **학생의 학습동기 유발** : 행동주의 학습관에 따를 때 피드백이 보상 또는 강화의 기능을 함으로써 학생들의 학습동기를 향상시키는 데 효과적이다. 또한 피드백은 학생의 수행에 대해 정보 제공의 역할을 한다는 점에서도 내재적 동기 유발에 도움이 된다.

③ **교사의 교수 개선** : 교사의 교수 개선에도 기여한다. 교사는 피드백을 통해 수업 개선에 필요한 정보를 얻고 자신의 수업을 개선할 수 있다. 교사가 피드백을 수행하면서 학생들의 학습에 대한 이해를 바탕으로 학습목표 자체를 보다 적절하고 의미 있게 수정할 수 있다.

(6) 바람직한 피드백의 수행전략

① 학생에 대한 의견이 아니라, 학생이 수행한 과제(결과)에 대해 의견을 제공해야 한다.

② 결과 확인 형태보다 주어진 문제의 무엇, 어떻게, 왜에 대해 피드백을 주는 것이 좋다.

③ 학생의 잘못을 고치기에 적절하도록 구체적이며 적정 양의 피드백을 주는 것이 좋다.

④ 너무 복잡한 피드백 대신에 간결한 형태로 피드백을 제공하는 것이 학생에게 더 도움이 된다.

⑤ 학생의 수행과 학습목표를 잘 연계하여 학생이 무엇을 학습해야 하는지에 대한 불확실성을 줄여 주어야 한다.

⑥ 피드백은 반드시 학생이 과제를 수행한 후에 제공되어야 한다.

(7) 형성평가를 통한 진단(성태제, 2014) – 학생의 학습을 정확히 진단하기 위한 자료수집 방법

학생의 학습을 정확히 진단하기 위해서는 수업 중에 학생들의 반응이나 지식 습득 정도 등을 모니터링하며 지속적으로 자료를 수집해야 한다. 진단을 위한 자료수집 방법은 크게 관찰을 하는 방법과 평가도구를 활용하는 방법이 있다.

① **관찰을 통한 진단** : 수업 도중 관찰을 통해 학생의 행동을 파악한다. 몸짓, 표정, 자세, 눈맞춤 등 비언어적 행동이나 목소리의 높낮이, 어조 등은 학생의 학습 정보를 얻을 수 있는 중요한 자료이다.

MEMO

04

② **평가도구를 활용한 진단**: 시험, 질문, 퀴즈뿐만 아니라 스마트폰, 클리커(clicker), 응답카드 등 다양한 평가도구를 활용하여 학생의 학습수준을 진단한다.

(8) 형성평가를 통한 피드백(성태제, 2014) – 수집된 정보(형성평가 결과)를 토대로 피드백 방법

교사는 수집한 정보(형성평가의 결과)를 토대로 피드백 함으로써 자신의 교수방법이나 학생의 학습을 개선해야 한다.

① **교사의 교수방법 개선을 위한 피드백**: 형성평가 결과를 바탕으로 교수방법을 개선하고자 피드백 할 때에는 학생의 특성 및 수준을 고려해야 한다.

㉠ **학습수준(성취수준)이 낮은 학생을 위한 대안적 교수방법**: 학습수준(성취수준)이 낮은 학생을 위한 대안적 교수방법으로는 동료와의 공동수행 허락, 오픈 북 허용, 대표 답안이나 예 제공, 과제해결 단계마다 힌트나 답 제공, 능력에 따른 과제 수행시간 차별화 등이 있다.

㉡ **학습수준(성취수준)이 높은 학생을 위한 대안적 교수방법**: 학습수준(성취수준)이 높은 학생을 위한 대안적 교수방법에는 고난이도 과제 제시, 다양한 정답 요구, 사고의 연계성 요구, 다양한 관점 제시, 문항이나 과제 제작, 해설서 제작 등이 있다.

② **학생의 학습향상을 위한 피드백**: 학생에게 어떤 종류의 피드백을 언제 제공해야 하는지는 학습목표와 학생의 특성(수준)에 따라 다르다.

㉠ **목표참조 피드백**: 학생의 각기 다른 능력 및 특성을 고려하여 도전적이지만 달성 가능한 목표를 설정하고 이를 기준으로 피드백을 제공한다(학생의 능력에 따라 달리하는 목표). 너무 높은 목표는 실패, 사기 저하를 초래하며, 너무 낮은 목표는 효능감 향상에 도움을 주지 않는다.

㉡ **비계식 피드백**: 학생이 학습목표를 달성할 수 있도록 교사가 과제를 단계적으로 제시하거나 학생이 해결하기 어려워할 때 힌트나 관련 정보를 제공한다. 여기서 교사는 학생이 자신만의 학습전략을 발달시킬 수 있도록 도와주는 조력자 역할을 하는 것이 중요하다.

㉢ **자기참조 피드백**: 공동의 학습목표나 성취기준에 비추어 피드백을 제공하는 것이 아니라 과거에 비해 얼마나 향상되었고 앞으로 어떻게 나아가야 할지에 대한 피드백을 제공한다. 자신의 약점을 개선할 수 있고, 노력과 관심도 함께 피드백으로 제공할 수 있으므로 학습동기 유발에 효과적이다.

㉣ **성취기준 참조 피드백**: 해당 학년이 해당 학기에 달성해야 할 성취기준에 비추어 피드백을 제공한다(목표지향적 피드백이지만 학생의 능력에 따라 달리하는 목표가 아님). 이는 학생이 교수–학습과 평가를 연계할 수 있고 스스로 자기평가를 할 수 있게 한다.

MEMO

(9) 형성평가의 도구 제작 시 고려할 사항

① **중요한 학습요소와 행동요소 모두 포함**: 형성평가는 학습목표의 달성 정도를 확인하기 위해 실시하는 만큼 학습단원 중 중요한 학습요소와 각각의 행동수준(행동목표)을 모두 포함하여 제작해야 한다.

② **다양한 형식의 문항 혼용**: 선다형과 서답형은 물론이며 쪽지시험, 퀴즈, 질문 등 다양한 형식의 문항을 적절히 혼용하여 각종 정보를 수집하도록 한다. 다만, 논문형 문항은 종합적 사고력을 요하기 때문에 총괄평가에 적합한 것으로 형성평가의 문항으로는 부적절하다.

③ **학습위계에 따른 문항 제작**: 학습단원을 하위단계로 분할하여 각 단계의 학습이 끝나면 형성평가를 실시하도록 한다. 하위단계의 문항에 정답을 맞히는 것이 상위단계의 문항을 학습하는 필요조건이 될 수 있도록 문항위계가 형성되어 있어야 한다.

④ **최소성취기준(minimum criterion)에 근거한 문항 출제**: 학습목표를 달성했는가의 여부를 판단할 수 있는 최소성취기준(minimum criterion : 교육목표)에 근거하여 문항을 출제한다.

3 총괄평가(summative evaluation) — 산출(output)·성과(outcome)평가 04 초등, 06 중등

(1) 개념

① 일정한 교수-학습이 끝난 후에 교육목표의 달성 여부(성취수준)를 종합적으로 판정하는 평가이다. 예 중간고사, 기말고사

② 학생이 의도된 교육목표를 어느 정도 성취하였는지에 주된 관심이 있으며, 학생의 성취수준을 최종적으로 판정하기 위해 실시하는 만큼 고부담 평가로 인식되기도 한다.

(2) 기능(목적, 특징)

① **학생의 학업성적 판정**: 총괄평가는 학생의 학업성적을 판정하는 역할을 한다. 점수는 수치로도 표시되지만 때로는 기호, 등급으로 표시되기도 한다.

② **학생의 미래 학업성적 예언**: 총괄평가의 결과는 다음 과제의 학습에서 학생의 성공 여부를 예언하는 데 중요한 역할을 한다. 따라서 총괄평가의 결과는 다음 교육을 위한 진단평가의 정보로 이용될 수 있다.

③ **집단 간의 학업성적 비교**: 총괄평가의 결과는 집단 간의 성적(학습효과)을 비교할 수 있는 정보를 제공해 준다.

④ **학생의 자격 부여**: 총괄평가는 학생이 어느 정도의 지식, 능력, 기능을 갖추고 있는지 평가함으로써 관련된 자격을 인정하는 데 사용된다. 예 교과목의 이수, 교육과정의 수료 등

MEMO

⑤ 학습지도의 장기적 질 관리에 도움 : 총괄평가는 대개 학기말이나 학년말에 과하는 것이 통례인데, 이의 결과는 다음 학기나 학년의 수업에서 각 학생을 어느 정도의 수준에서 가르쳐야 할 것인지에 대한 판단에 도움을 준다.

진단평가, 형성평가, 총괄평가의 비교

구분	평가의 유형		
	진단평가	형성평가	총괄(총합)평가
시기	교수-학습 시작 전에 학생의 수준과 특성을 확인하는 평가	교수-학습 진행 중에 학생의 학습목표 도달도를 확인하는 평가	교수-학습 끝난 후 학생의 교수목표 달성 여부(성취도)를 종합적으로 확인하는 평가
목적	학생의 특성 파악, 출발점 행동 진단, 수업방법 선정	학생의 학습촉진, 교수방법 개선	학업성취도(성적) 결정
기능	• 선행학습의 결손진단·교정 • 출발점행동의 진단 • 학습 실패의 교육 외적/장기적 원인 파악 • 학생기초자료에 맞는 교수전략 구안 • 교수의 중복 회피	• 학습 곤란의 진단 및 교정(학습 실패의 교육 내적/단기적 원인 파악) • 피드백 제공으로 학습 촉진 • 교수방법 개선 • 학습 진행 속도 조절 • 보상으로 학습동기 유발	• 학생의 성적 판정 및 자격 부여 ⇨ 고부담 평가로 인식되기도 함 • 학생의 장래 학업성적 예언 • 집단 간 학업효과 비교 • 학습지도의 장기적 질 관리에 도움
대상	학습준비도(선행학습 및 기초 능력 전반)	수업의 일부	수업의 결과
평가방법	비형식적, 형식적 평가	• 수시평가 • 비형식적, 형식적 평가	형식적 평가
평가기준	준거참조평가	준거참조평가	규준 혹은 준거참조평가
평가문항	준거에 부합하는 문항	준거에 부합하는 문항	• 규준참조 : 다양한 난이도 • 준거참조 : 준거에 부합하는 문항
평가중점	• 지적 + 정의적 + 심리운동적 영역 • 신체적·심리적·환경적 요인	지적 영역	일반적으로 지적 + (교과에 따라 정의적 + 심리운동적 영역)
문항난이도 (곤란도)	선수기능 및 능력의 진단 : 대부분 쉬운 문항으로 65% 이상의 난이도	미리 구체화할 수 없음	대체로 다양한 수준의 난이도를 갖는 문항의 표본, 미리 구체화할 수 없음(평균난이도 35~70%)
검사형태	표준화 학력검사, 표준화 진단검사, 교사제작검사도구, 관찰법, 체크리스트	학습목적에 맞게 고안한 교사제작검사(예 쪽지시험, 구두문답)	교사제작검사(예 중간·기말고사, 종합평가 검사), 표준화 학력검사

MEMO

03 평가방법에 따른 유형 – 수집된 자료의 특성과 분석방법에 의거

1 양적 평가

(1) 개념

① 수량화된 자료를 수집하여 통계적 분석을 통해 평가하는 방법이다.

② 평가대상을 어떤 형태로든지 수량화하며, 평가결과는 대개 수치로 제시된다.

(2) 장단점

장점	단점
• 과학적이고 체계적이어서 신뢰성을 보장받을 수 있다. • 주관성을 배제하고 객관성을 확보할 수 있다. • 간결 · 명료하고 분명하다.	• 평가대상을 전체적으로 조망하거나 심층적으로 평가하지 못한다. • 결과중심의 평가에 관심을 기울인다.

2 질적 평가

(1) 개념

① 질적 자료를 수집하여 분석 · 이해 · 판단하는 평가방법이다.

② 평가대상을 있는 그대로 기술하고 해석하며, 평가결과는 평가자의 주관적 판단에 의존하며 언어로 서술된다.

암기법
전자귀

(2) 특징 암

① 전체적 관점(holistic view)을 갖는다. 어떤 현상을 구성요소로 분석하지 않고 전체로서 이해하고자 한다.

② 자연 상황적 탐구(natural inquiry)를 한다. 평가대상에 어떤 조작을 가하지 않고 있는 그대로 평가한다.

③ 귀납적(inductive) 방법을 사용한다. 개방적 태도로 개별적 자료를 수집하고 이를 분석 종합하여 의미를 찾아내고자 한다.

MEMO

04

(3) 장단점

장점	단점
• 평가대상에 대해 전체적이며 종합적인 평가가 가능하다. • 결과뿐만 아니라 과정에도 관심을 기울인다.	• 평가자의 주관이 개입될 소지가 많고, 객관성을 확보하기 어렵다. • 평가결과를 일반화하기가 어렵다.

양적 평가와 질적 평가의 비교

구분	양적 평가	질적 평가
탐구방법	경험적·실증적 탐구	현상적·해석적 탐구
평가도구	신뢰도 강조 ⇨ 측정을 통한 수량화에 관심	타당도 강조 ⇨ 수집된 자료의 의미 이해에 관심
객관성 여부	객관성 강조 ⇨ 양적 정확성을 기하기 위해 주관성을 배제하고 객관성을 확보하고자 함	상호주관성 강조 ⇨ 필연적으로 가치판단이 개입되므로 다수가 공감할 수 있는 상호주관성과 상호주관적 이해를 강조함
평가목적	• 일반성 강조 ⇨ 법칙발견을 위한 노력으로 일반성을 강조 • 더 큰 표집, 더 많은 연구사례, 연구대상과의 일정한 거리 유지, 자료의 수량화 등을 강조	• 특수성 강조 ⇨ 이해증진을 위한 노력으로 특수성 강조 • 평가대상이나 프로그램이 지니고 있는 독특성과 개인차를 중시
탐구논리	연역법 ⇨ 자료수집 전에 특정 이론적 틀에 근거하여 연역적으로 평가	귀납법 ⇨ 개방적 태도로 개별적 자료를 수집하고 이를 분석 종합하여 의미를 찾아냄
결과분석	통계분석	해석적 분석
부분과 전체	• 부분 중심 ⇨ 평가대상을 여러 구성요소로 분석하고자 노력 • 각 부분 간의 관계나 상호관련성에 대한 이해 어려움	전체 중심 ⇨ 구성요소로 분석하지 않고 있는 그대로 전체로서 이해하고자 노력
과정과 결과	결과 중심 ⇨ 결과평가가 관심이 대상이 됨	과정 중심 ⇨ 결과뿐만 아니라 그러한 결과에 도달하기까지의 과정평가에도 많은 관심을 기울임
자료수집 방법	실험적 방법, 질문지 등	참여관찰, 심층면접

MEMO

04 표준화 유무에 따른 유형

1 표준화검사(standardized test)

(1) 개념

① 전문가들이 제작하고 표준화된 절차에 따라 실시 · 채점 · 해석하는 검사를 말한다.

예 표준화 학력검사, 표준화 지능검사, 표준화 성격검사, 표준화 흥미검사 등

② 그래서 누가 언제 어디서 사용하더라도 동일한 방식으로 실시되고 해석된다.

(2) 특징

① 관계 분야의 전문가에 의해 제작되고, 그 제작규모와 절차가 대규모로 전문적 · 체계적이다.

② 검사 목적에 따라 엄격한 절차를 거쳐 검사문항이 제작되고, 피검자가 일정한 방향으로 반응할 수 있도록 엄격하게 규정된 일련의 검사문항을 제시한다.

③ 일정한 지시사항, 검사시간, 검사환경 등 표준화된 조건하에서 실시된다(실시 · 조건의 표준화).

④ 검사결과를 누구나 동일하게 해석할 수 있도록 표준화된 해석절차와 방법을 규정한다(해석의 표준화). 해석의 균일성을 유지하기 위해 백분위, 표준점수 등으로 나타낸다.

암기법
진예조

(3) 기능 암

① **예측 기능** : 현재의 검사결과로 장래의 행동특성을 잠정적으로 추정할 수 있다.

② **진단 기능** : 인간의 성격, 흥미, 지능 등을 진단할 수 있다. 특히 진단을 목적으로 만든 검사를 진단검사라고 한다.

③ **조사 기능** : 검사를 이용해서 어떤 집단의 일반적 경향을 알아볼 수 있다. 예컨대, 학급이나 학교의 상태를 전국적인 경향과 비교한다든지, 지역차 · 민족차를 비교하는 경우가 여기에 해당된다.

④ **개성 또는 적성의 발견** : 개성이나 적성을 발견해서 거기에 맞는 지도와 적성 배치를 할 목적으로 검사를 이용하는 것이다. 예컨대, 군대에서 인원의 배치나 병과를 결정하는 데 적성검사 · 특수조사를 실시한다.

⑤ **프로그램 평가 기능** : 프로그램 평가에 대한 정보도 제공할 수 있다. 각종 프로그램의 효과를 평가하고 그 결과에 따라 정책 결정을 할 때 검사를 통해 좀 더 체계적인 자료를 얻을 수 있다.

MEMO

04

(4) 유형

① **표준화 학력검사**: 일정 연령 또는 학년에 도달한 학생이 그 시기에 배웠거나 배워야 할 교육목표를 어느 정도 달성하고 있는가의 정도를 표준점수로 산출하는 검사이다.

예 기초학습기능검사(3R능력 측정), 학년별 · 교과목별 성취도 검사, 종합학력검사(대입시험) 등

② **표준화 지능검사**: 인간의 인지적 능력을 측정하는 표준화검사이다.

예 일반지능검사와 특수지능검사, 언어검사와 비언어검사, 동작검사와 지필검사, 개인용 지능검사와 집단용 지능검사 등

③ **표준화 적성검사**: 인간의 다양한 종류의 적성을 체계적으로 측정하는 표준화검사이다.

예 종합적성검사와 특수적성검사, 진학적성검사와 직업적성검사 등

④ **표준화 성격검사**: 인간의 성격 유형을 측정하고 진단하는 표준화검사이다.

예 MMPI, 잉크반점검사 등

⑤ **표준화 흥미검사**: 학업에 대한 흥미나 직업에 대한 흥미를 측정하는 표준화검사이다.

예 SII(Strong Interest Inventory), 직업흥미검사 등

⑥ **표준화 창의성검사**: 개인의 창의성 수준을 측정하는 표준화검사이다.

예 K-CCTYC 유아 종합 창의성검사, K-FCTES 초등 도형 창의성검사, K-ICT 통합 창의성검사 등

(5) **표준화검사 선정 · 실시 · 해석상의 유의사항**(이은혜, 1995; 이정환, 박은혜, 1996)

① 표준화검사의 선택은 연구자의 목적과 대상에 알맞은 것이어야 한다.

② 신뢰도와 타당도가 높은 검사도구를 사용해야 한다.

③ 검사 실시상의 특별한 훈련이나 전문지식이 필요한지의 여부를 확인해야 한다.

④ 검사의 소요시간 및 비용이 적절한지를 고려해야 한다.

⑤ 검사 실시 장소는 조용해야 하며, 책상 간격, 실내 온도와 광선, 통풍 상태 등 물리적 조건이 점검되어야 한다.

⑥ 표준화된 검사절차를 준수해야 한다.

2 **교사제작검사**(teacher-made test)

(1) 개념

① 교사가 비공식적으로 제작한 검사를 말한다. 비표준화검사 혹은 학급검사라고도 한다.

예 교사가 출제한 중간 · 기말고사, 수업만족도 설문지, 교우관계 설문지 등

② 출제범위, 문항형식, 배점, 검사실시조건, 채점기준 및 방식이 교사마다 다르다.

③ 일반적으로 규준이 없고, 신뢰도나 타당도와 같은 정보를 제공하지 않으므로 검사의 질을 판단하기 어렵다.

MEMO

✅ 표준화검사와 교사제작검사의 비교

구분	표준화검사	교사제작검사
제작자	전문가	교사
출제범위	모든 학생이 공통으로 학습한 내용	특정 학급에서 학습한 내용
문항	고정되어 있어 임의로 추가·삭제·수정 불가능	필요시 추가·삭제·수정 가능
실시 및 채점	전문가가 결정하며, 검사요강에 제시된 방식을 엄격히 준수해야 함	교사가 결정하며, 필요할 경우 조정할 수 있음
규준	전문가가 제작한 규준이 있음	규준이 없음, 교사가 학급 내에서 규준을 작성할 수는 있음
규준의 단위	지역단위, 국가단위	학급단위, 학교단위
검사의 질	신뢰도나 타당도와 같은 검사의 질을 판단할 수 있는 정보가 있음	교사가 검사의 질을 판단함
사용과 목적	개인의 상대적 서열뿐만 아니라 학교, 지역, 국가 간 비교 가능	개인의 상대적 서열에 초점 맞춤, 어떤 준거(목표)에 대한 성취 여부

05 수행평가(performance assessment)

1 개관

(1) 개념

① 학생이 자신의 지식이나 기능을 산출물이나 행동 또는 답으로 나타내도록 요구하는 평가방식이다. ⇨ 지식과 기능을 실제 활용할 수 있는 능력에 대한 평가

예 과학교과에서 실험을 하거나, 역사교과에서 연구보고서를 작성하거나, 영어교과에서 수필을 작성하도록 한 다음, 그 과정이나 결과를 관찰해서 판단하는 평가

② 교사가 학생이 학습과제를 수행하는 과정이나 결과를 보고, 그 학생의 지식이나 기능, 태도 등을 전문적으로 판단하는 평가방식을 의미한다.

③ 유사개념 : 참평가, 총체적 평가, 주관적 평가, 대안적 평가, 직접평가, 질적인 평가(관찰결과를 수량화 ×, 서술), 포트폴리오 평가

㉠ 대안적 평가(alternative assessment) : 전통적인 선택형 검사에 의한 평가의 형태와 구별된다는 점에서 사용

㉡ 참평가(authentic assessment) : 수행과제들이 실제 생활의 문제와 직접적으로 관련된다는 점에서 사용

ⓒ 직접 평가(direct assessment) : 검사도구에 의한 간접적인 평가가 아니라 어떤 행위를 직접 관찰하며 평가한다는 점에서 사용

ⓓ 포트폴리오 평가(portfolio assessment) : 장기간에 걸쳐 모아 놓은 작품모음집에 대한 평가를 사용한다는 점에서 사용

MEMO

Plus

❶ 수행평가에 포함된 용어(교육인적자원부)

1. **학습과제** : 학생들에게 성취하기를 기대하는 교육과정상 각 교과 교육목표와 관련되는 것으로, 가능한 한 실제 생활에서 보다 의미 있고 중요하고 유용한 과제를 의미한다.
2. **수행** : 학생이 단순히 답을 선택하는 것이 아니라 학생 스스로 답을 구성하는 것, 산출물이나 작품을 만들어 내는 것, 태도나 가치관을 행동으로 드러내는 것 등을 모두 포함하는 것을 뜻한다.
3. **관찰** : 학생이 수행하는 과정이나 그 결과를 평가자가 읽거나, 듣거나, 보거나, 느끼거나 하는 활동을 모두 포함하는 것을 뜻한다.
4. **판단** : 평가자가 관찰한 것을 객관성, 합리성, 타당성, 신뢰성 등이 있는 기준을 준거로 하여 점수화하거나 문장화하는 것을 의미한다.

❷ 수행평가의 도입 배경

1. **21세기 지식정보화 사회가 요구하는 고등정신능력의 강조** : 단편적 · 사실적 지식의 암기나 이해보다는 정보의 탐색 · 수집 · 분석 · 비판 · 종합 창출 능력과 자기주도적인 학습능력, 창의적인 능력, 효율적인 의사소통 능력을 요구
2. **교육본질(전인교육)에 대한 직접평가의 강조** : 교육본질에 대한 간접적인 평가만을 강조했던 종래의 평가방식을 극복
3. **교육상황 개선과 암기 위주 교육의 해소 강조** : 암기해서는 될 수 없는 평가, 교육의 목적과 직접 연결된 상황에서의 평가로의 전환
4. **'아는 것'과 '행하는 것'의 차이 강조** : 궁극적으로는 인문적 지능(아는 것)과 실천적 지능(행하는 것)의 조화(일치) 지향
5. **진리관 · 지식관 · 학습관의 변화에 따른 새로운 교육과정관 강조**
   ① 포스트모더니즘 철학의 대두로 진리관 · 지식관의 변화 : 객관적 · 절대적 진리관(지식관)에서 주관적 · 상대적 진리관(지식관)으로 변화
   ② 교육과정관의 변화 : 객관적 지식의 수동적인 수용 과정을 강조하는 데에서 학습자 내부에서 스스로 지식을 구성하는 구성주의 학습관, 과정으로서의 지식과 결과로서의 지식을 강조하는 방향으로의 변화

(2) 이론적 기초

① 발달주의적 교육관 : 수행평가는 모든 학습자에게 각각 적절한 교수방법만 제공하면 누구나 의도하는 바의 주어진 교육목표를 달성할 수 있다는 가정과 신념에 기초하여 이루어지는 발달주의적 평가관을 바탕으로 한다.

MEMO

② **최근의 인지심리적·구성주의적 학습관과 학습자관**: 최근의 인지심리적 학습관과 구성주의 학습관에서는 객관적 외부환경으로부터 지식이나 정보를 수동적으로 받아들이는 것이 아니라, 학습자 개인의 경험에 의해 주관적으로 구성된다고 가정한다. 따라서 전통적 학습관 및 학습자관이 인지심리학적 학습관 및 구성주의 학습관으로 변화됨에 따라, 종래의 신뢰도와 객관도를 강조하는 평가에서 질적 평가 중심의 수행평가를 강조하게 된다.

(3) 필요성

① **사고의 다양성과 창의성 신장**: 수행평가는 21세기 지식정보화 사회가 요구하는 사고의 다양성과 창의성을 신장하고 조장하기 위하여 필요하다.

② **인지하는 것과 동시에 적용하는 것을 파악**: 수행평가는 학생이 인지적으로 아는 것뿐만 아니라 아는 것을 실제로 적용할 수 있는지 여부를 파악하기 위해서 필요하다.

③ **의미 있는 학습활동**: 수행평가는 학습자 개개인에게 의미 있는 학습활동이 이루어지도록 하기 위해서 필요하다. 수행평가는 학생이 지식이나 기능을 만들어 가는 과정이나 결과를 산출해 나가면서 자신만의 의미를 가질 수 있도록 학습하는 것을 가능하게 한다.

④ **지속적인 평가와 교수-학습의 개선**: 수행평가는 여러 측면의 지식이나 능력을 지속적으로 평가함과 아울러 교수-학습활동을 개선하기 위해서 필요하다.

⑤ **교수-학습과 평가를 통합**: 수행평가는 교수-학습 목표와 평가내용을 보다 직접적으로 관련시키기 위해서 필요하다.

2 수행평가의 특징 98 중등, 99 초등보수, 99~00 중등, 00 초등, 03~04 중등, 05 초등, 07 중등

전문적·주관적 평가	수행평가는 채점이 주로 관찰과 판단을 통해 이루어지므로 학생의 지식과 기능, 태도 등을 교사의 전문적 판단에 의거하여 주관적으로 평가한다.
정답을 구성하거나 행동으로 나타내는 평가	수행평가는 학생이 문제의 정답을 선택하게 하는 것이 아니라, 자기 스스로 답을 작성하거나 행동으로 나타내도록 요구한다.
실제 상황에서의 수행능력평가	수행평가는 추구하고자 하는 교육목표를 가능한 한 실제 상황하에서 수행(달성)할 수 있는지를 파악하고자 한다.
종합적이고 전인적인 평가	수행평가는 학생의 인지적 영역뿐만 아니라 학생 개개인의 행동발달 상황이나 흥미, 태도 등 정의적인 영역, 그리고 운동기능 등 심동적 영역에 대한 종합적이고 전인적인 평가를 중시한다.
과정과 결과를 모두 중시하는 평가	수행평가는 교육의 결과뿐만 아니라, 교육의 과정도 함께 중시하는 평가 방식이다.
전체적이면서 지속적인 평가	수행평가는 단편적인 영역에 대해 일회적으로 평가하기보다는 학생 개개인의 변화·발달과정을 종합적으로 평가하기 위해 전체적이면서도 지속적으로 평가하는 것을 강조한다.

개인과 집단평가	수행평가는 개개인을 단위로 해서 평가하기도 하지만, 집단에 대한 평가를 중시한다.
학생의 개별학습을 촉진하는 평가	수행평가는 학생의 학습과정을 진단하고 개별학습을 촉진하려고 실시하는 평가방식이다.
수업과 평가의 통합	수업과 평가를 통합함으로써 유의미한 학습을 촉진한다.
학생의 자율성 신장	학생은 자기평가를 하고 평가기준을 개발하며, 자신의 진보상황을 기록·관리하고 교사와 적극적으로 상호작용을 하는 등 평가과정에 적극적으로 참여한다. 또 학생에게 평가과제를 선택할 수 있는 자율성을 부여한다.
복합적인 채점준거 활용 및 평가기준의 공유	행동이나 작품을 평가하기 위한 복합적인 채점준거(예 외국어 말하기 기능은 억양, 구문, 어휘 등을 기준으로 평가)를 활용하며, 이 준거는 사전에 공표하여 학습의 기준으로 활용할 수 있도록 한다.
상당한 시간 허용	평가과제를 수행하는 데 상당한 정도의 시간(예 몇 시간에서 몇 개월)을 허용한다.
다양한 평가방법 활용	다양한 평가방법(특히, 비표준화된 평가방법)을 융통성 있게 활용한다.
고등사고능력의 측정	수행평가는 기억, 이해와 같은 낮은 사고능력보다는 적용력, 분석력, 종합력, 평가력과 같은 고등사고능력의 측정을 중시하는 평가방식이다.

3 수행평가의 유형과 방법 99 초등, 99 초등보수, 01~02 중등

서술형 및 논술형 검사, 구술시험, 토론법, 실기시험, 실험실습법, 면접법, 관찰법, 자기평가 및 동료평가 보고서, 연구보고서, 포트폴리오 등 매우 다양하다. 단, 객관식 선택형 평가(지필평가)와 표준화검사는 제외한다.

서술형 및 논술형 검사	문제의 답을 선택하는 것이 아니라 직접 서술(구성)하는 검사이다. 서술형 검사의 하나인 논술형 검사는 개인이 생각이나 주장을 논리적이고 설득력 있게 조직하여 작성해야 함을 강조한다는 점에서 일반 서술형 검사와 구별된다.
구술시험	특정 내용이나 주제에 대해 자신의 의견이나 생각을 발표하도록 하여 학생의 준비도, 이해력, 표현력, 판단력, 의사소통능력 등을 직접 평가하는 방법이다.
토론법	서로 다른 의견을 제시할 수 있는 주제에 대해 개인별 또는 집단별로 찬·반 토론을 하도록 한 다음, 토론하기 위해 준비한 자료의 다양성이나 충실성, 그리고 토론 내용의 충실성과 논리성, 반대의견을 존중하는 태도, 토론진행방법 등을 총체적으로 평가하는 방법이다.
실기시험	실제 상황에서 학생들에게 지식이나 기능을 직접 행동으로 나타내도록 요구하는 평가방법이다. 수행평가에서 말하는 실기시험은 종래의 실기시험과 달리 시험을 치르는 상황이 통제되거나 강요된 상황이 아니라 자연스러운 실제 상황이다. 예·체능 분야에서 많이 활용된다. 축구의 경우, 수행평가의 실기시험에서는 학급 또는 학교대항 축구시합에서 실제로 하는 것을 여러 번 관찰하여 실제 수행능력을 평가하는 것이다.

MEMO

04

MEMO

실험·실습법	자연과학분야에서 많이 활용되는 것으로 어떤 과제에 대해 직접 실험·실습을 한 다음 결과보고서를 제출하게 하는 방법이다.
면접법	평가자가 학생과 대화를 통해 정보를 수집하는 방법이다. 구술시험이 주로 인지적 영역을 평가대상으로 한다면, 면접법은 주로 정의적 영역이나 심동적 영역을 평가대상으로 한다는 점에서 구분된다.
관찰법	개별 학생단위나 집단단위로 학생들을 직접 관찰하고 그 결과를 평가하는 방법이다. 예를 들어, 학생들 간의 사회적 관계구조를 파악하기 위해 한 집단 내에서 개인 간 또는 소집단의 역동적 관계를 집중적으로 관찰할 수 있다.
자기평가 및 동료평가 보고서법	자기평가 보고서법은 특정 주제나 교수－학습영역에 대하여 자기 스스로 학습과정이나 학습결과에 대한 자세한 평가보고서를 작성·제출하도록 평가하는 방식이다. 또, 동료평가 보고서법은 이와 유사하게 학습과정에 대해 동료학생들이 상대방을 서로 평가하도록 하는 방법이다.
연구보고서법	학생의 능력이나 흥미에 적합한 주제를 선택하고, 그 주제에 관한 자료를 수집·분석·종합하여 작성한 연구보고서를 평가하는 방식이다.
프로젝트법	학생들에게 특정한 연구과제나 개별과제 등을 수행하도록 한 다음, 그 과제를 수행하기 위한 계획서 작성 단계부터 결과물 완성단계에 이르기까지 전 과정과 결과물을 함께 평가하는 방법이다.
포트폴리오법 (portfolio)	지속적이면서도 체계적으로 모아 둔 개인별 작품집 혹은 서류철을 이용한 평가방법이다. 포트폴리오는 하나 이상의 분야에서 학생의 노력, 진보, 성취 정도를 보여 주는 학생과제 수집물, 개인별 작품집을 의미한다.
개념지도 작성법	개념지도는 종이의 중앙에 핵심개념을 적어놓고 그 개념과 관련 있다고 생각되는 개념들을 선이나 단어로 연결하여 하나의 관념망을 그려간 것이다.
PMR(Plus Minus Reconstruction)	특정 주제에 대해 긍정적인 측면과 부정적인 측면을 비교·분석한 뒤, 창의적으로 그것을 결합하도록 하는 방법이다. 예를 들어, 인터넷의 장단점을 찾아보고 단점을 최소화하기 위한 방안을 찾아보도록 하는 방식이 이에 해당한다. 이 경우 인터넷의 장점 또는 단점 제시의 적절성 및 풍부성, 대안제시능력 등을 평가할 수 있다.
완성형	미완성의 이야기, 만화, 대본, 소설 등을 제시한 다음 완성하도록 하는 방법이다. 이 방법은 학생주도적인 학습활동을 가능하게 한다.

4 수행평가의 조건 및 고려사항

(1) 수행평가(수행평가과제)가 갖추어야 할 조건(요건)

① 실제적인 과제: 수행평가과제는 학생의 지식과 능력을 실제 상황에서 평가할 수 있는 것이어야 한다.

② 다양한 학습성과: 수행평가과제는 채점에 시간과 노력이 많이 소요되므로 다양한 학습성과(교육목표 달성도)를 평가할 수 있는 것이어야 한다.

③ **채점 가능성 :** 수행평가과제는 신뢰할 수 있고 정확하게 채점할 수 있어야 하며, 채점준거를 명시해야 한다.

④ **공정성 :** 수행평가과제는 성별이나 계층과 같은 학생의 배경특성에 따라 편향되지 않고 공정해야 한다.

(2) 수행평가의 고려사항

① **비용 및 시간 :** 수행평가는 전통적인 지필검사보다 검사의 개발·실시·채점에 비용과 시간이 많이 소요되므로 채점의 공정성을 위해 많은 교사가 필요하며 비용과 시간을 확보할 수 있어야 한다.

② **채점기준 :** 수행평가는 다양한 평가방법으로 점수를 부여하므로 채점기준에 대한 전체적인 틀과 구체적인 채점기준을 마련해 놓아야 한다.

③ **신뢰도 :** 수행평가는 주관적 평가이므로 오차가 개입될 소지가 많으므로 신뢰도를 확보할 수 있도록 다수의 채점자 확보, 명확한 채점기준, 채점자 훈련 등이 요구된다. 또, 학생에 의한 자기평가, 동료에 의한 상호평가도 활용할 필요가 있다.

④ **타당도 :** 수행평가는 학생들의 능력과 기술을 직접 측정하므로 전통적 검사도구에 비해 타당도가 중시된다. 수행평가는 내용타당도와 결과타당도를 확보하는 일이 중요하다. 내용타당도를 확보하기 위해서는 수행과제가 교육목표 및 교육내용과의 관련성이 있어야 하고, 학생의 능력과 기술을 충분히 나타낼 수 있는 것이어야 한다. 또, 결과타당도를 확보하기 위해서는 수행평가를 실시하고 난 후에 원래 의도한 학생 행동 변화의 교육효과가 잘 나타나도록 시행하여야 한다.

Plus

객관도 향상 방법

1. 평가도구 및 평가기준을 객관화시켜야 한다.
2. 평가자의 소양을 높여야 한다.
3. 명확한 평가기준을 마련하여 검사자의 인상, 편견, 감정, 어림짐작, 착오 등 주관적 요소를 최소한으로 줄여야 한다.
4. 여러 사람이 공동 평가하여 그 결과를 종합하는 것이 좋다.
5. 논술, 서술형은 문항단위로 채점하여야 한다.

MEMO

암기법
전과자 연계 ↔ 시채신

5 수행평가의 장단점 암 09 초등

장점	단점
• **종합적·전인적 평가**: 수행평가는 학생의 인지적 영역뿐만 아니라 정의적 영역, 심동적 영역까지 모두 평가할 수 있는 종합적이며 전인적 평가이다. • **과정과 결과의 동시 평가**: 수행평가는 학생 자신의 지식과 기능을 이용하여 과제를 수행하는 과정과 그 결과를 평가하는 것이므로 수행과정과 결과를 모두 평가할 수 있다. 이런 점에서 수행평가는 평가와 교수-학습이 통합된 형태로 운영될 수 있으며, 평가과정에서도 학습이 이루어진다. • **학습동기와 흥미 유발**: 수행평가는 실제 상황에서 학생의 실생활과 밀접한 과제를 수행하도록 요구하므로 학습동기와 흥미를 유발할 수 있다. • **자기주도적 학습능력의 신장**: 수행평가는 학생들이 과제를 스스로 선택할 수 있고 수행과정과 결과에 대해 스스로 평가하며 자신의 학습을 개선할 수 있는 기회를 제공하므로 학생들의 자기주도적 학습능력을 신장시킬 수 있다. • **협동학습 유도**: 수행평가는 개인 평가뿐만 아니라 집단 평가도 중시하며 수행과제의 성격상 협동학습을 유도하므로 학생들의 협동과 배려, 의사소통능력 등 사회기술 능력을 함양하고 전인교육을 도모할 수 있다. • **고등사고능력 증진**: 수행평가는 실제적 과제 수행에서 정보의 탐색, 분석력, 종합력, 평가력과 같은 고등사고능력이 요구되므로 21세기 정보화 사회가 요구하는 고등정신능력의 증진에 도움을 준다.	• **평가도구 개발의 어려움**: 수행평가는 교과내용은 물론 학습자의 인지구조, 학습과제의 실생활 적용범위까지 고려해야 하므로 전통적 방법에 의한 평가문항의 개발보다 수행평가 도구의 개발이 더 어렵다. • **시간과 노력이 많이 소요**: 수행평가는 평가도구 개발, 평가 실시, 채점(점수부여) 등에 이르기까지 매우 많은 시간과 노력이 소요된다. • **채점과 평가의 어려움**: 수행평가는 수행과정과 결과 모두 평가해야 하므로 평가항목이 많으며, 그 각 항목에 어느 정도의 점수를 부여해야 할지 채점과 평가에 어려움이 많다. • **신뢰도가 낮음**: 수행평가는 채점자의 주관이 개입될 소지가 많아 평가결과의 신뢰도가 낮고 불공정할 소지가 많다.

수행평가의 신뢰도 추정

1. 채점자(평가자) 내 신뢰도
2. 채점자(평가자) 간 신뢰도

MEMO

Plus

수행평가의 평가방식 – 채점규정[루브릭(rubric)]

1. 루브릭의 개념

① 루브릭은 학생들의 수행과정과 결과를 측정하기 위해 고안된 평가척도이다(Batzle, 1992).
② 교육기준을 토대로 과제를 평가하는 준거와 다양한 수행의 질이나 수준의 단계(scales)(예 4단계, 5단계 등)가 상세하게 제시된 평가도구를 의미한다(Montgomery, 2000).
③ 보통 항목별·수준별 표로 구성되며, 표의 각 칸에는 어떤 경우에 그 수준에 해당되는지가 상세히 기술되어 있다.
④ 평가준거가 표로 만들어졌을 때, 표의 왼쪽 칸에 기준을 제시하고, 오른쪽에 그 기준에 속한 점수별 성취수준을 제시한다.
⑤ 1990년대에 미주 지역에서 기존의 지필평가를 대체하기 위해 수행평가가 등장하면서 루브릭이 개발되기 시작했다.

2. 예시: 문단구조에 관한 채점규정

기준(요소)	성취수준(전체 점수: 9점)		
	1점	2점	3점
주제문	주제문이 없음. 내용이 무엇인지 명확하지 않음	주제문은 있으나 무엇에 관한 내용인지 불명확함	논술에 관한 전체적인 개관이 제시되어 있음
지원하는 문장	두서가 없고 주제문과 관련이 없음	추가정보가 있지만 모두가 주제문에 초점을 두고 있는 것은 아님	주제문과 관련된 지지문장들이 자세히 제시되어 있음
요약문	요약문이 없거나 이전 문장들과 관련이 없음	주제문과 관련이 있으나 논술의 내용을 요약하고 있지 않음	논술의 내용을 정확히 요약하고 주제문과 관련이 있음

3. 개발절차: 채점준거 결정 → 수행수준을 구체적으로 명시한 표준기술 → 채점방식 결정

4. 루브릭의 특징(Wiggins, 1995)

① 학생들의 수많은 수행을 판단자가 효과적으로 변별할 수 있어야 하며, 이 변별은 신뢰할 수 있는 것이어야 한다. 즉, 시간이 지난 뒤 다시 판단하거나 또는 한 번에 여러 사람이 판단할 경우에도 결과가 일관적이어야 한다.
② 각 차원별로 기술되는 내용은 어떤 수준의 수행을 요구하는지 최대한 모두 기술하고 핵심적인 특성을 반영한 용어로 기술해야 한다.
③ 학생 수행의 양적 정보보다는 질적 정보를 제공하여 학생의 강점과 약점을 파악할 수 있다. 따라서 학생에게 더 필요할 것이 무엇인지와 그 단점을 수정하는 데 도움이 된다.
④ 루브릭은 준거참조적 평가이다. 따라서 루브릭에서 제시되는 점수는 가장 우수한 경우에서부터 가장 부족한 경우까지 수준별로 제시된다. 그리고 수준별 변화는 연속선상에서 점차적으로 설명되어야 한다. 이와 같이 가장 높은 점수와 낮은 점수의 수준을 결정하는 것은 루브릭에서 가장 중요하다.
⑤ 루브릭이 간단하고 구체적일수록 타당성과 신뢰성이 더 높게 나타난다.

5. 루브릭의 장점 암

① 루브릭은 학생의 수행 특성을 여러 단계의 수준으로 세분화하여 제시해 주기 때문에 학생이 도달한 수행의 현재 상태를 진단하고, 발전의 가능성과 방향감을 제공해 준다.
② 루브릭은 학생이 목표에 맞추어 어떻게 학습해 나가야 하는지를 구체적으로 안내해 주므로 자기조절 학습태도를 증진시킨다.
③ 루브릭은 구체적인 채점기준을 제시해 주므로 기존 수행평가의 약점인 객관도와 신뢰도를 높여줄 수 있다.

암기법

루브릭을 만들면 '객관적'이어서 '현''자'가 된다

04

MEMO

6 포트폴리오(portfolio) 평가 99 초등, 99 초등보수, 01~02 중등

(1) 개념

① 포트폴리오 평가는 지속적이면서도 체계적으로 모아 둔 개인별 작품집 혹은 서류철을 이용한 평가방법이다.

② 포트폴리오 평가는 하나 이상의 분야에서 학생의 노력, 진보, 성취 정도를 보여 주는 학생과제 수집물, 개인별 작품집을 평가하는 방법을 의미한다.

③ 학습자의 학습활동에 관련된 다양한 근거자료를 체계적으로 수집하여 그것을 바탕으로 종합적으로 학습자의 수행을 평가하는 방법이다.

④ 포트폴리오에는 학생 자신의 학습목표 진술지, 평가준거, 차시별 증거자료가 되는 작품, 즉 그림, 시, 글짓기, 독서기록, 과제기록물, 연구보고서, 실험・실습 결과보고서 등이 포함된다. 이외에도 교사・학생・학부모의 면담기록, 학생의 학습활동을 기록한 오디오나 동영상, 도표나 차트, 자기평가 및 동료평가 보고서, 수행일지 등의 내용으로 구성되어 포트폴리오로 만들어져 평가된다.

(2) 포트폴리오 평가의 특징(조한무)

① **장시간에 걸친 학생의 성장과 학습의 성과 표현**: 포트폴리오는 장시간에 걸친 학생의 성장과 학습을 나타내며, 이것은 하루아침에 만들어지거나 이용될 수 없으며, 하나 또는 그 이상의 항목을 가지고 있다.

② **교수-학습 목적에 의하여 만들어지며 교수-학습의 정리와 반성의 기회 제공**: 포트폴리오는 교수-학습의 목적에 따라 만들어지며, 학생들에게 자신의 학습에 대한 정리나 반성의 기회를 제공해 준다. 그리고 학생들의 성장과 성취를 타당하게 평가할 수 있는 방법을 제공한다.

③ **학생들에게 구성의 방법 등을 정할 기회 제공**: 포트폴리오는 학생들에게 포트폴리오에 포함될 항목과 구성방법 등을 정할 수 있는 선택의 기회를 제공한다. 그들은 또한 포트폴리오의 어떤 부분이 평가되고 어떤 기준에 의해 평가되는지를 알게 된다.

④ **학생들이 학습을 지배하고 몰두할 수 있는 기회 제공**: 포트폴리오는 학생들에게 실제적인 학습을 하게 하고, 학생들이 학습을 지배하며 몰두할 수 있는 기회를 제공한다.

⑤ **학생들에게 학습의 목표와 과정・결과를 점검하고 비교할 기회 제공**: 포트폴리오는 학생들이 자신의 학습을 점검하고, 더 나은 목표를 세우기 위해 반성을 하게 한다. 학생들은 자신들의 학습내용이 어떻게 변화했는지 알아보기 위해 초기의 노력을 알아보고 그 후의 모습을 비교할 수 있다.

(3) 포트폴리오 평가의 특징(권대훈)

① **포트폴리오 평가는 수업과 평가를 유기적으로 관련짓는다**: 포트폴리오는 평가도구인 동시에 수업도구이기도 하다. 평가가 수업의 일부분이 되어야 한다는 것은 포트폴리오 평가를 지지하는 사람들이 견지하고 있는 중심명제다.

② **포트폴리오는 개별화 수업에 적절하다**: 그 이유는 학생마다 별도의 포트폴리오를 구성하기 때문이다. 지필검사는 같은 문항을 학생집단에 동시에 실시하기 때문에 개별화가 불가능하지만, 포트폴리오는 특정 학생의 고유한 학습목표에 부합되고 있으므로 완전히 개별화할 수 있다.

③ **포트폴리오는 작품 또는 성과물로 구성되므로 과정보다 성과를 평가하는 데 주안점을 둔다**: 포트폴리오에 포함된 작품을 평가할 때는 작품을 제작하는 절차와 과정을 직접 관찰할 수 없고 추론할 수밖에 없다. 과정은 다른 평가방법(비형식 관찰, 면담)을 통해 관찰할 수 있다.

④ **포트폴리오 평가는 학생의 약점이 아니라 강점을 확인하는 데 주안점을 둔다**: 포트폴리오 평가는 학생의 잘할 수 있는 부분에 주안을 두므로 학생은 가장 우수한 작품을 선정하여 제출한다.

⑤ **포트폴리오 평가는 평가과정에 학생을 적극적으로 참여시켜 스스로 강점과 약점을 평가하도록 한다**: 포트폴리오 평가는 궁극적으로 학생 주도적이므로 학생들이 자율적으로 학습하고 평가하도록 조력한다.

⑥ **포트폴리오는 학생의 성취도를 다른 사람들에게 효과적으로 전달한다**: 포트폴리오의 목적은 학생이 무엇을 잘할 수 있는지를 다른 사람들에게 전달하기 위한 것이다. 그렇기 때문에 교사가 학생의 진보상황을 학부모나 행정가에게 효과적으로 전달하는 수단이 된다.

(4) 포트폴리오 평가의 장단점 (암)

장점	단점
• **수업과 평가가 연계**: 포트폴리오 평가는 수업과 관련된 내용을 선정하여 스스로 수행하고 성취한 결과물을 평가하기 때문에 수업과 평가가 자연스런 상황에서 실제적으로 연계된다. • **성장과 발달과정의 파악**: 포트폴리오는 장시간에 걸친 학생의 성장과 발달을 나타내므로 포트폴리오를 통해 학생의 성장과 발달과정을 자연스럽게 파악할 수 있다. • **자신의 강점과 약점의 파악**: 포트폴리오의 수행과정에서 지속적인 자기평가가 이루어지므로 학생 스스로 자신의 강점과 약점을 평가할 수 있으며, 자기평가능력을 신장시킬 수 있다.	• **시간과 노력이 많이 소요**: 평가도구 개발, 채점 기준표 작성, 평가 실시, 채점 등에 이르기까지 매우 많은 시간과 노력이 소요된다. • **채점과 평가의 어려움**: 장시간에 걸친 포트폴리오를 모두 평가해야 하므로 평가항목이 많고, 그 각 항목에 어느 정도의 점수를 부여해야 할지 채점과 평가에 어려움이 많다. • **신뢰도가 낮음**: 채점자의 주관이 개입될 소지가 많아 평가결과의 신뢰도가 낮고 불공정할 소지가 많다.

MEMO

암기법
연성자 ↔ 시채신

MEMO

• 자기주도적 학습 능력의 신장: 포트폴리오를 위한 목적 설정부터 계획 작성, 내용(작품 선정), 점검 및 평가에 이르기까지 모두 학생에게 주어져 있으므로 학생의 자기주도적 학습 및 자기조절 능력의 신장에 도움을 줄 수 있다.	

포트폴리오 평가와 전통적 평가의 특성

포트폴리오 평가	전통적 평가
• 주어진 내용영역에서 학생들의 활동을 다양하게 표현한다. • 자신의 평가와 자신의 목표 설정으로 학생들로 하여금 참여를 높인다. • 학생들의 개인차를 고려한다. • 협력하는 평가이다. • 향상, 노력 및 성취에 초점을 맞춘다. • 학습에 평가와 교수를 연결시킨다.	• 한정된 내용영역을 나타내며 학생들이 배운 것을 실제적으로 나타내지 못한다. • 교사의 채점 또는 학생들의 투입이 거의 없는 기계적 채점 결과에 의존한다. • 같은 범위 내에서 모든 학생들을 검사한다. • 교사와 학생 간의 공동협력체제가 부족하다. • 단지 부분적인 수행을 표현한다. • 평가와 교사와 학생을 분리시킨다.

(5) 포트폴리오 평가의 목적과 활용

포트폴리오 평가의 목적 (Taylor, 1991)	• 학생을 위한 포트폴리오 평가의 목적: 코스 내용과 기술에 관한 학습의 평가, 창의적 과정에 대한 통찰 증가, 학습과정에의 주체성 획득, 시간의 경과에 따른 자신의 성장 인식, 작업에 반영되는 평가기술의 증진, 수동적 학습자에서 능동적 학습자로의 변화, 자신감의 획득, 성공적 학습자로서의 개인적 이미지 개선 등이다. • 교사를 위한 포트폴리오 평가의 목적: 개개 학생의 성장과 진전 영역에 대한 분명한 증거 제공, 각 활동에 대한 가장 좋은 준거 식별, 작업과정에 대한 학생들의 사고 제공, 완성된 작업에 대한 반응을 통한 상호 의사전달과 협동의 개선, 코스 내용과 학생 목표의 개발과 평가 및 수정, 학생의 요구 충족을 위한 수업전략 개발, 학생의 성장에 대한 부모와 다른 교사 및 행정가의 이해 촉진 수단 제공 등이다.
학생학습을 위한 포트폴리오 제작을 위해 고려해야 할 학생의 역할 (요건)	• 포트폴리오는 학생들에게 자기반성에 종사할 수 있는 기회를 제공해야 한다. • 포트폴리오에는 학생들의 활동과 포트폴리오를 만드는 의도가 나타나야 한다. • 포트폴리오에는 성장을 설명할 수 있는 정보가 담겨져야 한다. • 학생들은 포트폴리오에 포함시킬 내용의 선택에 관여하여야 한다. • 최종 포트폴리오는 학생이 남에게 보여 줄 수 있는 바로 그 자료를 포함해야 한다. • 포트폴리오는 많은 목적의 역할을 해야 한다. • 학생들은 자신의 포트폴리오를 개발하기 위해 다른 사람들의 모형과 과정에 대한 정보를 제공받아야 한다. • 검사 점수와 서류철은 포트폴리오의 맥락에서 새로운 의미를 가질 때에만 포함해야 한다.

MEMO

(6) 포트폴리오 평가방법

분석적 평가방법 (analytic scoring)	학생의 작품이 지니고 있는 여러 가지 특성이나 차원에 따라 각각 점수를 할당하는 방법이다(분석적 채점 : 답안을 구성요소로 나눈 다음 구성요소별로 채점하여 합산하는 채점방식).
총체적 평가방법 (holistic scoring)	학생의 포트폴리오를 전체로서 이해하고 전반적인 것에 대해 점수를 부과한다(총체적 채점 : 답안의 전반적인 질을 전체적으로 판단하여 단일점수를 주는 채점방식).

04

(7) 포트폴리오 평가절차

어떤 평가방법을 사용하든지 포트폴리오 평가는 평가결과의 일관성과 신뢰성을 확보하기 위해 자기반성 보고서, 협의회, 채점방법, 향상 보고서 등이 요구된다.

자기반성 보고서 작성	자기반성 보고서는 자신의 포트폴리오 과제의 선정과 진보, 수정, 목표설정 등을 기초로 작성할 수 있다. 학생의 자기반성 능력을 고양하기 위해서도 자기반성 보고서를 작성할 수 있는 간단한 체계와 구조가 필요하다.
협의회	협의회에서는 포트폴리오의 조직과 항목의 선정, 평가기준 및 결과 등에 대한 내용에 대하여 협의한다. 학생들 자신이 그들의 변화에 관하여 관찰한 바를 논의하게 하고 학생들에게 교사의 판단을 비교하게 한다. 협의회는 교사와 학생들이 학생들의 향상과 발전을 위해 적절한 방안들을 고안하게 하고 실패나 문제점보다는 성취와 잠재적 성장에 초점을 맞추어야 한다.
평가방식	포트폴리오는 그릇에 담아 놓은 증거자료 혹은 제작물을 모아 놓고, 이것을 평가하려면 분석적 평가방법으로 기술식 채점기준표를 만들어 이용할 수도 있고, 총체적 평가방법으로 채점기준표를 만들어 이용할 수도 있다. 분석적 평가방법은 개별적인 기술을 잘하느냐 못하느냐에 따라 효율적인 피드백을 할 수 있으나 총체적인 평가방법이 더 효과적이고 실제적이라 할 수 있다.
학습향상 보고서	포트폴리오 항목을 전체적으로 봄으로써 포트폴리오 성과물을 A, B, C의 3단계 평정척으로 평가할 수 있고, 5단계 평정척으로 평가할 수도 있다. 학습향상 보고서는 서술식 평가코드 등을 사용할 수 있으나, 일화기록의 진보적 방법으로 성적표를 보충한다면 더욱 실제적이 될 것이다. 학습향상 보고서는 학습자의 성취와 그들의 장점이나 부족한 점, 어려움, 그리고 그들의 진보를 명확하게 나타내 줄 수 있다. 학습향상 보고서는 등급보다는 수행 표시를 더 강조하고 있다.

MEMO

(8) 포트폴리오 평가의 유의점(권대훈)

① 학생에게 포트폴리오가 '자기 자신의 작품'이라는 사실을 확신시켜야 한다. 포트폴리오가 학생의 성장과정을 정확하게 나타내고 자기평가능력을 신장시키는 데 기여하려면 학생이 포트폴리오가 자신의 작품모음집이라는 사실을 분명하게 인식해야 한다.

② 포트폴리오는 다양한 작품을 포함해야 한다. 포트폴리오는 다양한 작품을 포함할수록 바람직하다. 교사와 학생은 포트폴리오에 어떤 작품을 포함시킬 것인지에 대해 협의하는 것이 좋다.

③ 학생은 소정의 작품을 선정하고 적당한 노트나 폴더에 담아 파일함이나 상자와 같은 안전한 장소에 보관해야 한다. 교사는 학생이 작품을 적절하게 보관하도록 도와주어야 한다.

④ 포트폴리오에 포함된 작품의 질을 판단하기 위한 채점준거를 학생과 공동으로 설정해야 한다. 포트폴리오의 내용은 학생에 따라 다르기 때문에 채점준거를 확인하는 일은 상당히 복잡하다. 그렇다고 해서 공통적인 채점준거를 설정하지 않으면 학생이 자신의 작품을 평가하는 데 어려움을 겪게 되고 작품을 개선하려는 노력을 하지 않게 된다. 일단 채점준거를 설정한 다음에는 그것을 매우 구체적으로 기술해야 한다.

⑤ 학생에게 자신의 포트폴리오를 지속적으로 평가하도록 권장해야 한다. 일단 학생이 평가준거에 따라 자신의 작품을 평가해 보도록 격려해야 한다. 또, 학생에게 특정 작품의 강점과 약점을 기록하고, 앞으로 작품을 어떻게 보완할 것인가에 대해 서술하도록 할 수도 있다. 포트폴리오 평가표에 날짜를 정확하게 기입하도록 해야 한다. 완성된 평가표는 해당 작품에 부착해 두어야 한다.

⑥ 포트폴리오 협의회를 계획·실행하는 것이 좋다. 교사-학생 협의회는 포트폴리오 평가가 잠재력을 발휘하도록 하는 데 중요한 역할을 한다. 이 협의회는 학생의 작품을 평가할 뿐만 아니라 학생의 자기평가능력을 신장시킨다. 가능하면 협의회는 자주 갖는 것이 좋다.

⑦ 포트폴리오 평가과정에 학부모를 포함시키는 것이 좋다. 가능하면 보호자에게 학생의 작품과 그 작품에 대한 자기평가결과를 정기적으로 검토하도록 하는 것이 좋다.

Plus

과정 중심의 평가 – 학생의 학습과 성장을 지원하는 과정 중심의 평가

1. 유형

① 형성평가: 형성평가는 교수-학습의 진행과정에서 학생 및 교사 자신에게 수시로 피드백을 제공하여 교육과정 및 수업을 개선하기 위한 평가이다(자유학기제에서는 중간·기말고사와 같이 지필시험 위주의 총괄평가 기능이 약화되었기 때문에, 상대적으로 학생의 학습발달에 대한 이해를 높일 수 있는 형성평가의 기능을 강화할 필요가 있다).

② 협력기반 수행평가: 2인 이상의 학생들이 서로 협력하여 수행하면서 그들의 지식과 기능을 산출물로 나타내도록 하는 평가이다. 협력기반 수행평가는 기존의 방식에 비해 학생들이 협력하여 수행할 수 있는 기회를 더 확대하고, 학생의 발달과정을 이해할 수 있도록 하는 것이 특징이다. 협력기반 수행평가는 학교 현장에서 실시해 온 모둠 수행평가의 형태로 실시될 수 있으며, 학생의 과제 성과물뿐만 아니라 과제 수행과정의 상호작용, 의사소통, 역할 충실도 등에 대한 평가가 포함될

수 있다. 2명 또는 그 이상의 학생들이 문제 해결을 위해 요구되는 이해와 노력을 서로 공유하며 그들의 지식과 기술, 그리고 그 해결책에 도달하기 위한 노력을 통합하면서 수행하는 절차 및 성과가 평가대상이 되는 것이다.

③ 포트폴리오 평가: 포트폴리오는 일정 기간 동안 구체적인 목적에 따라 계획적으로 학생들의 수행 정도와 성취 정도, 그리고 향상 정도를 표현하는 산출물들의 축적이라고 할 수 있다.

④ 자기평가(자기성찰 평가): 자기평가(자기성찰 평가)는 학생 스스로 자신의 학습과정이나 수행수준을 모니터링하고 평가하는 활동을 총칭한다. 학생들은 스스로 자기평가를 해 봄으로써 자신의 학습상의 강약점을 이해할 수 있으며, 학습전략을 수립할 수 있고, 더 나아가 자신의 학습에 대한 책임을 가질 수 있다.

⑤ 동료평가(상호평가): 동료평가(상호평가)는 동료 학습자가 평가자가 되어 상대 학습자의 학습과정이나 결과물을 평가하는 것(동료끼리 서로의 학습에 대해 점검하는 평가)으로서, 이를 통해 서로 협력하고 함께 성장하는 경험을 키울 수 있다. 과다한 학생인원과 교사의 시간부족으로 인한 평가의 어려움을 극복할 수 있고 학생의 자기평가가 가지는 주관성의 문제점을 동료평가를 통해서 객관성을 확보할 수 있는 장점이 있다.

2. 자기평가가 학생에게 제공할 수 있는 장점 21 중등論

① 학생들의 메타인지를 발달시키는 데 유용하다. 자기성찰적 평가활동을 통해 자신의 인지수준이나 학습전략을 돌아보는 과정에서 메타인지를 향상시킬 수 있다.

② 학생이 스스로 학습목표를 세우고 학습달성에 대한 계획을 수립하고 스스로 점검해 볼 수 있는 기회를 제공할 수 있다.

③ 학생의 자기성찰을 통한 학습과정의 일부로 인식하게 된다.

④ 학생이 스스로 자신의 수행 결과를 평가하면서 학습과정을 이해할 수 있는 대안적 평가방식이다.

⑤ 학습에 대한 인지적 능력과 함께 학습동기 및 태도와 같은 정의적 능력을 통합적으로 개선할 수 있다.

⑥ 자신의 학습 및 평가를 통제함으로써, 보다 독립적으로 자신의 학습 및 발달을 관리할 수 있는 기회를 주는 등 궁극적으로 학생의 자기조절학습 역량 개발에 유용하다.

⑦ 자기평가는 교사의 평가 부담을 분담하는 하나의 방법이 될 수 있다.

3. 자기평가방법을 학교 장면에서 적용할 때, 교사들이 겪을 수 있는 어려움

① 자기평가에 대한 학생대상 사전교육의 필요성과 평가준비를 위한 많은 시간 소모 가능성: 대체로 성취도가 낮거나 자기평가에 대한 경험이 낮은 학생들은 자신의 성취도를 과대추정하는 경향이 있음. 따라서 교사들은 자기평가방법이 개별 학생들에게 익숙해질 수 있도록 충분한 교육을 제공해야 한다.

② 학생의 평가권 거부: 평가는 교사의 업무라고 생각하거나, 자신의 평가능력에 대한 자신감 부족으로 일부 학생들의 경우는 자기평가자의 역할을 거부할 수도 있다.

③ 평가결과의 신뢰성: 자기평가에 의한 평가결과와 기타 다른 평가방법(예 지필검사, 동료나 교사평가 등)의 평가결과가 일치하지 않을 때, 혼란이 야기될 수 있다.

4. 학생 자기평가 실시 원리

① 개별 학생들을 위한 교사의 지원과 훈련이 필요하며, 자기평가 경험이 없는 학생들에게는 자기평가에 대한 자료와 교육이 필요하다.

② 학습목표와 평가기준을 분명하게 설정하고, 학생들이 충분히 이해하고 내면화할 수 있도록 교사들은 충분한 설명과 예시를 제공해야 한다.

③ 학생들이 자기성찰을 통해 자신이 무엇을 알고, 무엇을 배웠는지 생각해 볼 수 있는 기회를 제공해야 한다.

④ 학생의 반성, 학습태도, 학습전략, 학습내용 등으로 구성되지만 평가의 목적에 따라 자기평가의 내용이 달라질 수 있다.

⑤ 평가내용과 학생수준에 따라 구조화/비구조화된 평가지를 사용할 수 있다.

MEMO

04

MEMO

5. 동료평가(상호평가)의 장단점

① 장점

㉠ 자기주도적 학습 촉진: 동료평가는 학생들이 평가 과정의 주체로서 스스로 학습 과정에 적극적으로 참여하도록 유도하므로 자기주도적 학습을 촉진한다.

㉡ 책임감과 협력 증진: 동료평가를 통해 학생들은 서로에게 책임감을 느끼고, 서로 협력하고 함께 성장하는 경험을 키울 수 있다.

㉢ 자신의 학습 성찰과 개선: 여러 동료로부터 다양한 피드백을 받을 수 있어, 학생들은 다각적인 시각에서 자신의 학습을 성찰하며 개선할 수 있다.

㉣ 비판적 사고력 향상: 학생들이 동료의 학습을 평가하면서 비판적 사고와 분석 능력을 기를 수 있다.

㉤ 학습에 대한 긍정적 효과: 동료평가에서 학생들은 평가자와 피평가자로 활동하여 학습에 대한 긍정적 효과를 얻을 수 있다(동료평가는 학습자가 평가 과정의 주체가 되고, 학습 과정에 대한 평가를 수행한다는 측면에서 자기주도적 학습자가 되는 것으로 학습에 긍정적인 영향을 미친다. / 피드백 과정에서 동료 간 활발한 상호작용을 유도하여 학습에 도움을 준다). / 동료 학습자의 학습 행동을 평가하여 학습에 대한 관심과 흥미가 높아지고 긍정적 학습 태도를 기를 수 있다.

㉥ 평가에 대한 긍정적 태도: 평가에 대한 긍정적인 태도를 가질 가능성이 크며, 학급의 분위기가 협조적이고 우호적일 수 있다.

㉦ 교사의 업무 부담 경감: 동료평가는 교사의 입장에서 평가 업무에 대한 부담을 줄여주는 긍정적인 효과가 있다.

② 단점

㉠ 객관성 부족: 학생 간의 관계나 감정이 평가에 영향을 미칠 수 있어 객관적인 평가가 어려울 수 있다.

㉡ 전문성 부족: 모든 학생이 동일한 평가 능력을 가지고 있지 않기 때문에 평가 결과의 신뢰성이 떨어질 수 있다.

㉢ 경쟁과 갈등 심화: 동료평가가 학생 간의 불필요한 경쟁을 유발하거나, 오히려 갈등을 촉발할 수 있다.

㉣ 피드백의 질: 평가자가 피드백을 제공하는 데 익숙하지 않거나 비판을 꺼리는 경우, 피드백의 질이 낮거나 유용하지 않은 피드백을 줄 수 있다.

MEMO

04

06 성취평가제

1 개관

(1) 성취평가제 도입 배경 – 창의 · 인성교육 활성화를 위한 평가제도의 개선 필요

① 다양한 교육과정 운영 실현을 제약하는 현행 평가제도를 개선할 필요가 있다. 현행 상대평가 제도는 수강자 수와 비교 집단에 따라 성적이 달라지므로 학생의 적성과 소질, 진로에 따른 다양한 교육과정을 선택하고 운영하는 데 제약이 있다.

② 창의 · 인성 수업모델과 평가방법의 괴리에 대한 개선이 필요하다. 교과교실제와 함께 다양한 창의 · 인성 수업모델을 적용하고, 수행평가 · 서술형 평가 등을 도입하였으나, 평가방법의 변화는 아직 미흡한 상태이다.

③ 평가의 객관성을 지나치게 강조하는 분위기로 인해 수업은 창의적으로 하더라도 평가는 기존의 지필위주 평가 관행을 유지하고 있으며, 수업과 연계되어 학생의 학업 성취수준을 진단하기 위한 평가보다 줄 세우기를 위한 어려운 '함정 문제'를 출제하는 경우도 있다.

④ 석차에 대한 학생들의 과도한 스트레스를 유발하고, 급우들 간 배타적 경쟁심을 조장하여 협동학습을 통한 나눔과 배려의 학습경험이 부족하다.

⑤ 상대적 서열에 의한 평가제도에서는 학생의 학업 성취수준에 대한 정확한 파악이 어렵다. 학생이 무엇을 얼마만큼 알고 있는지에 대한 정확한 정보가 부족하여 교수-학습으로의 피드백, 학생의 잠재력과 소질을 최대한 발현시키기에 근본적인 한계가 있다.

(2) 성취평가제의 의미

① **학생의 학업성취 수준 평가**: 국가 교육과정에 근거하여 개발된 교과목별 성취기준과 성취수준에 따라 학생의 학업성취 수준을 평가하는 준거지향평가를 가리킨다. ⇨ 성취기준에 도달한 정도에 비추어 성적(성취수준)을 평가하는 준거지향평가이다.

㉠ 학생들이 학습해야 할 성취기준을 중심으로 수업을 진행한 다음, 가르친 내용 지식과 기능의 습득 정도를 평가한다. 성취평가제는 결국 평가를 전제로 교수-학습활동이 이루어진다는 것이다.

㉡ 교과별 교육과정 내에서 교과 지도와 연계하여 학교에서 학생들이 배운 내용을 평가한다.

② **목표중심의 준거참조평가로의 전환을 의미**

㉠ 성취평가제 도입은 학생들 간 상대적 서열 중심의 규준참조평가에서, 학생들이 성취해야 할 목표중심의 준거참조평가로의 전환을 의미한다.

㉡ 현재 고등학교에서 실시되고 있는 석차 9등급의 상대평가를 교육목표의 달성 수준을 강조하는 성취평가로 대체한다.

MEMO

③ 성취평가제의 절차

평가계획 수립 ⇨ 성취기준 및 성취수준 설정 ⇨ 이원목표 분류표 작성 ⇨ 평가도구 제작 ⇨ 평가실시 및 결과처리

(3) 성취기준과 성취수준

① 성취기준

㉠ 성취기준이란 각 교과목에서 학생들이 성취해야 할 지식, 기능, 태도를 진술한 것을 말한다. 그러므로 성취기준은 사실상 교육목표와 같다.

성취기준의 예

- 집합의 개념을 이해한다.
- 어조나 억양을 통해 화자의 심정을 파악한다.
- 물질의 상태에 따른 분자배열의 차이를 비교한다.
- 후기 문화의 새로운 변화를 사례 중심으로 파악한다.

㉡ 성취기준은 국가 수준에서 제공하는 성취기준을 참고하여 설정해야 하며, 국가 수준에서 제공하는 성취기준을 활용할 수 없는 경우 교육과정의 교과목별 목표 및 내용을 토대로 개발해야 한다.

② 성취수준

㉠ 성취수준이란 학생들이 성취기준에 도달한 정도를 몇 개 수준으로 구분한 다음, 각 수준별 지식·기능·태도의 특성을 설명한 것이다. 성취수준은 성적을 판정하는 잣대가 된다.

㉡ 국가 교육과정에 근거하여 개발된 교과목별 성취기준에 따라 교과별 협의회를 통해 본교 특성에 맞는 학생의 학업 성취수준을 개발한다.

㉢ 교육과정 분석을 통해 학생들이 성취해야 할 교과와 과목의 수준을 다음과 같은 일반적인 특성을 고려하여 과목별로 A-B-C-D-E로 구분한 성취수준을 설정한다.

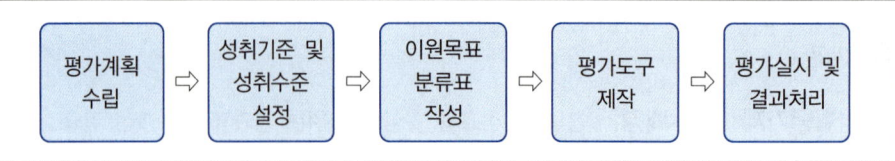

성취수준	성취수준 기술	성취율(원점수)
A	한 학기 동안 학생들이 충실한 교수-학습과정을 통해 성취하기를 기대하는 전체 성취기준에 대한 이해와 수행이 매우 우수한 수준	90% 이상
B	한 학기 동안 학생들이 충실한 교수-학습과정을 통해 성취하기를 기대하는 전체 성취기준에 대한 이해와 수행이 우수한 수준	80% 이상~90% 미만

C	한 학기 동안 학생들이 충실한 교수-학습과정을 통해 성취하기를 기대하는 전체 성취기준에 대한 이해와 수행이 보통 수준	70% 이상~80% 미만
D	한 학기 동안 학생들이 충실한 교수-학습과정을 통해 성취하기를 기대하는 전체 성취기준에 대한 이해와 수행이 다소 미흡한 수준	60% 이상~70% 미만
E	한 학기 동안 학생들이 충실한 교수-학습과정을 통해 성취하기를 기대하는 전체 성취기준에 대한 이해와 수행이 미흡한 수준	60% 미만

MEMO

04

(4) 성취평가(준거참조평가)의 특징

① 미리 선정된 수행 준거(교육목표)에 따라 평가하고 그 결과를 해석한다.

② 학생이 무엇을 알고 무엇을 할 수 있는지에 대한 정보를 제공해 준다.

③ 내용과 과정에 대한 심층적 분석으로 교수-학습 개선이 용이하다.

(5) 성취평가와 상대평가의 비교

구분	성취평가(준거참조평가)	상대평가(규준참조평가)
평가 방식	사전에 잘 정의된 준거에 비추어 특정 영역의 성취 여부나 정도에 따라 평가	개인이 얻은 점수를 비교집단의 규준에 맞추어 상대적인 서열에 의해 판단하는 평가
목적	학생이 무엇을 알고 무엇을 할 수 있는지에 대한 정보 제공	개인차 변별 및 상대적인 위치 파악
비교대상	준거와 수행	개인과 개인
점수기록	A-B-C-D-E 등	석차 9등급, 과목별 석차
장점 및 단점	• 내용과 과정에 대한 심층적 분석으로 교수-학습 개선 용이 • 협동학습 분위기 조성 • 탐구정신의 발휘와 지적 성취 유발 통한 창의·인성 위한 수업 방식 활성화 • 경쟁을 통한 외적 동기 유발 부족	• 상호경쟁으로 발전 유도 • 학습 결과 중심으로 평가함에 따라 학습 촉진 곤란 및 교수-학습이론 부적절 • 집단 내 지나친 배타적 경쟁 유발하여 인성교육에 부적절 • 학생들 간의 협동학습 통한 나눔과 배려 학습경험 저해 • 교육의 질적 수준 분석이 어려움

MEMO

(6) 성취평가제 도입으로 인한 변화 사항

항목	구체적 활동
교수-학습	• 성취기준에 도달할 수 있도록 수업내용을 구성하여 교수-학습 진행 • 교육과정, 교수-학습, 평가 간의 정합성 확보
준거참조평가의 성격을 반영하여 평가 준비 및 시행	• 평가를 계획하는 단계에서 국가 수준의 교육과정을 토대로 한 학기 동안 교수-학습 후에 학생들이 도달해야 하는 성취기준 도출 • 단위학교의 학생 수준을 고려하여 성취수준의 특성 기술 • 성취기준을 토대로 학생들의 성취도를 측정할 수 있는 평가도구 제작 • 평가를 시행하고 결과를 종합하여 교과목별 기준 성취율에 따라 학생의 성취도 평정
학생부 성적 기재 방식	• 교과목별 기준 성취율에 따라 성취도를 5개 수준(A-B-C-D-E) 또는 3개 수준(A-B-C)으로 평정 • 석차 등급 표기 삭제하고, 원점수/과목평균(표준편차)을 병기
교사협의회 활성화	• 학기별 평가계획 수립 • 성취기준 · 성취수준 마련 • 이원목적분류표 작성, 평가도구 공동 개발(출제, 검토) • 과목별 기준 성취율 설정 또는 확인
학업성적관리 규정 개정	• 성취도 표기 방법 개정 • 과목별 기준 성취율 반영 • 기타 개정 사항 반영
정보 공시	평균, 표준편차, 성취도별 분포 비율 공시

2 성취평가의 기록 방식

(1) 성취수준의 표기(성적 표기 방식)

① 학생의 학업 성취수준은 과목별로 성취해야 할 목표에 비추어 도달 정도에 따라 다음과 같이 기록한다.

② 교과의 특성에 따라 성취수준을 '성취도'란에 A-B-C-D-E, A-B-C, P 등으로 표기한다. 학교생활기록부의 '성취도'란에 입력한다. ⇨ 성취수준을 나타내는 평어는 국제적 통용성, 학교급 간(대학 등) 연계 등을 고려하여 알파벳으로 표기한다.

③ 석차 등급 또는 석차 등 서열 정보는 중 · 고등학교 모두 삭제되고, 원점수/과목평균(표준편차)을 성취도(수강자 수)와 함께 입력한다.

(2) 학교생활기록부 기재

① 성취수준(성적)을 'A, B, C, D, E'로 표기하고 원점수/과목평균(표준편차)을 병기한다. 석차는 기재하지 않는다. ⇨ 기존의 '수-우-미-양-가'의 성적표기 방식 변경

개정 전			개정 후		
과목	1학기		과목	1학기	
	성취도	석차(동석차 수)/수강자 수		성취도(수강자 수)	원점수/과목평균(표준편차)
국어	수	4(15)/406	국어	A(406)	97/75.2 (11.3)

② 체육・예술교과는 성취수준(성적)만 'A, B, C'로 표기한다. ⇨ 기존의 '우수-보통-미흡'을 변경

개정 전		개정 후	
과목	1학기	과목	1학기
	성취도		성취도
체육	우수	체육	A

07 기타 평가유형

1 정적 평가와 역동적 평가

(1) 정적 평가(static assessment)

① 전통적 평가(실제적 발달수준의 평가, 혼자 수행하는 평가)로서, 학생의 완료된 발달 정도를 평가하는 것 ⇨ 피아제(Piaget) 이론에 기초

② 평가자(교사)와 학생 간의 표준적인 상호작용을 제외하고는 거의 상호작용 없이 이루어지는 평가

(2) 역동적 평가(dynamic assessment)

① 평가자(교사)와 학생 간의 역동적 상호작용을 중시하는 평가 ⇨ 비고츠키(Vygotsky)의 '근접발달영역(ZPD)'이론에 기초하여 전개된 평가

② 진행 중인 학생의 발달과정을 이해함으로써 미래에 나타날 발달 가능성(잠재적 능력)을 평가

MEMO

③ 역동적 평가에서는 명시적 또는 묵시적으로 힌트와 피드백을 제공한다(비계설정). 검사자는 피험자가 주어진 문제를 해결하기 위해 어떤 힌트와 피드백이 얼마나 필요한지를 확인하여 피험자의 학습능력을 평가하는 것이다. 검사자와 피험자 관계는 양방향적 상호작용 관계가 요구된다.

④ 역동적 평가의 예

㉠ **표준적 접근**: 학생이 정확한 문제해결에 이르지 못했을 때 가장 일반적인 힌트로부터 매우 구체적인 힌트에 이르기까지 점진적인 연속성을 지닌 힌트를 제시하면서 학생이 문제를 정확히 해결하기까지 어느 정도의 힌트를 필요로 하는지를 평가하는 것

㉡ **임상적 접근**: 문제해결의 과정에서 학생의 동기·인지양식·인지기능·인지전략 등을 관찰하고 이를 조정함으로써, 문제해결이 가능하도록 이끌어 주면서 학생의 수행을 평가하는 것

고정적 평가와 역동적 평가

구분	고정적 평가(Piaget)	역동적 평가(Vygotsky)
평가목적	교육목표 달성도 평가	향상도 평가
평가내용	학습결과 중시	학습결과 및 학습과정 중시
평가방법	• 정답한 반응 수 중시 • 일회적·부분적 평가	• 응답의 과정이나 이유도 중시 • 지속적·종합적 평가(준거지향 평가)
평가상황	• 획일적이고 표준화된 상황 • 탈맥락적인 상황	• 다양하고 융통성 있는 상황 • 맥락적인 상황
평가시기	특정 시점(주로 도착점행동)	출발점 및 도착점을 포함한 교수-학습 전 과정
평가결과 활용	선발·분류·배치	학습활동 개선 및 교육적 지도·조언
교수-학습활동	교수-학습과 평가활동 분리	교수-학습과 평가활동 통합

2 정의적 평가 – 정의적 특성의 평가

(1) 개관

① 개념: 학습자의 태도, 자아개념, 학습동기, 자기효능감, 대인관계, 성격, 도덕성 등 정의적 특성을 평가하는 것을 말한다. 정의적 특성의 평가는 학생들을 한 줄로 서열화시키는 것이 아니라, 인간으로서의 학생에게 관심을 가지고, 그들의 성질을 이해하고 돕고자 하는 것이 주된 목적이다.

② 중요성(필요성)

㉠ 전인교육의 이상 실현 : 정의적 특성은 학생의 전인적 발달을 꾀하는 핵심적 구성요소의 하나로서 전인교육의 이상을 실현할 수 있는 중요한 교육적 영역이다.

㉡ 학업성취의 중요한 요인 : 정의적 특성은 수업의 과정에서 학습의 촉진제 역할을 수행한다. 개인의 정의적 특성이 긍정적이냐 부정적이냐 하는 것은 그의 지적 학업성취의 성공과 실패를 결정짓는 중요한 요인으로 작용한다.

㉢ 교육 프로그램의 개선 : 정의적 평가는 교육 프로그램의 개선에 중요한 정보를 제공해 준다. 정의적 평가에 나타난 학생의 흥미나 태도, 가치, 자신감 등을 바탕으로 교육과정과 교수방법을 개선하고 개발할 수 있다.

㉣ 학생지도의 중요한 역할 : 정의적 평가는 학생의 학습지도에 유익한 정보를 제공해 준다. 정의적 평가를 통해 얻은 학생의 정의적 특성에 관한 객관적 정보는 학생의 학습을 진단하고 도와주며, 학생의 문제행동을 교정하고 치료하는 데 중요한 역할을 한다.

③ 정의적 평가의 방향 : 정의적 특성의 평가는 학습자의 정의적 특성의 강점과 약점을 파악하여 이를 바람직한 방향으로 성장시킬 수 있도록 피드백을 제공하는 데 초점을 두어야 한다.

(2) 정의적 특성의 평가방법

① 관찰법

㉠ 개념 : 일상생활이나 학습장면에서 학생들이 보이는 행동을 관찰하고 해석하여 학생의 정의적 특성을 평가하는 방법이다. 인간의 외현적 행동이나 생리적 반응으로부터 정의적 특성을 추론할 수 있다는 전제에 기초하고 있다.

㉡ 관찰 시 유의점 : ⓐ 우발된 관찰이 아니라 계획된 관찰이어야 한다. 관찰행동 단위의 분석, 관찰내용의 분석, 관찰기록 기준의 설정 등 가능한 한 분석적 관찰을 하되, 전체 상황이나 흐름도 파악한다. ⓑ 객관적인 태도로 관찰에 임해야 하며, 타당도, 신뢰도, 객관도가 높아야 한다. ⓒ 관찰결과는 반드시 기록되고 분석되어야 한다. 사전에 기록방법(예 일화기록법, 체크리스트, 평정기록법 등)을 치밀하게 정해 놓아야 한다.

㉢ 관찰결과의 기록방법

ⓐ 일화기록 : 학생의 특성을 이해하기 위해 자연스런 장면에서 유의미한 행동사례를 구체적으로 기록하는 방법이다. 일화기록을 작성할 때에는 ⅰ 어떤 행동이 언제, 어떤 조건에서 나타났는가를 사실적이고 구체적으로 기록하고, ⅱ 하나의 일화기록에는 한 사건만 기록하며, ⅲ 학생의 성장과 발달을 이해하는 데 유의미한 행동만 기록하고, ⅳ 관찰 즉시 기록하며, ⅴ 가장 전형적인 행동을 기록하고, ⅵ 행동에 대한 기술과 그 행동에 대한 해석 및 대처방안을 별도로 기록해야 한다.

MEMO

수업 중 일화기록의 예

학생 : 김영호 일시 : 2022년 5월 7일
장소 : 국어 수업시간 관찰자 : 이대수

사건 : 국어시간에 영호에게 자작시(自作詩)를 낭독하도록 했다. 영호는 얼굴을 붉힌 채 작고 떨리는 목소리로 시를 낭독했다. 그때 뒷줄에 앉아 있던 태수가 "잘 들리지 않으니, 큰 소리로 한 번 더 읽어 달라."고 요구했다. 그렇지만 영호는 대꾸도 하지 않고 그대로 자리에 앉아 버렸다.

해석 : 영호는 시작(詩作)에 상당한 관심과 재능을 갖고 있는 것으로 사료된다. 그렇지만 발표불안이 매우 심한 것 같다. 시를 다시 낭독하지 않은 것은 아마도 발표불안 때문인 것 같다.

ⓑ **체크리스트(checklist)** : 관찰하려는 행동이나 특성을 열거한 목록(list)을 보고 행동이나 특성의 존재 여부를 체크하도록 하는 방법이다. 체크리스트를 이용해서 관찰할 때는 행동이나 특성을 열거한 목록을 보고 일치한다고 생각되는 항목에 ✓를 표시하면 된다.

성격 특성을 재기 위한 체크리스트

다음 중에서 A학생의 성격 특성에 해당된다고 생각하는 항목에 ✓를 표시하시오.

______ 친절하다.	______ 참을성이 많다.
______ 동정심이 많다.	______ 이타적이다.
______ 명랑하다.	______ 냉담하다다.
______ 정직하다.	______ 충동적이다.
______ 성실하다.	______ 호기심이 많다.

ⓒ **평정척도(rating scale)** : 행동이나 특성의 정도·수준·빈도를 평가할 수 있는 방법이다. 평정척도는 양식에 따라 숫자평정척도, 도식평정척도, 기술식 평정척도로 나눌 수 있다.

- **숫자평정척도** : 행동이나 특성의 정도나 빈도(양)를 나타낸다고 생각되는 숫자(평정치)에 표시하도록 하는 척도이다. 단계는 3단계와 5단계가 가장 많이 사용된다.

숫자평정척도의 예

학급 내에서 이영필 학생의 행동을 관찰한 다음, 그의 행동이 진술문과 일치하는 정도를 다음과 같은 기준에 따라 표시하시오.

'매우 그렇다'고 생각하면 ·········	①②③④❺
'상당히 그렇다'고 생각하면 ·········	①②③❹⑤
'보통 그렇다'고 생각하면 ·········	①②❸④⑤
'거의 그렇지 않다'고 생각하면 ·········	①❷③④⑤
'전혀 그렇지 않다'고 생각하면 ·········	❶②③④⑤

1. 교사의 지시를 잘 따른다.	①②③④⑤
2. 어려운 친구를 기꺼이 도와준다.	①②③④⑤
3. 친구들과 사이좋게 지낸다.	①②③④⑤
4. 학급활동에 적극적으로 참여한다.	①②③④⑤
5. 교실을 깨끗하게 정돈한다.	①②③④⑤

MEMO

04

- **도식평정척도**: 평정하고자 하는 특성 밑에 직선을 제시한 다음 그 특성을 가장 잘 나타낸다고 생각하는 직선의 위치에 표시하도록 하는 척도이다. 도식평정척도의 직선은 특성의 연속선을 나타낸다. 평정자마다 숫자(평정치)에 관한 해석이 다른 숫자평정척도의 문제를 해결하기 위해 평정치별로 '매우 소극적이다', '다소 소극적이다', '보통이다', '다소 적극적이다', '매우 적극적이다'와 같이 구체적인 설명을 붙여 놓아, 좀 더 객관적으로 평정할 수 있도록 개발된 것이다.

도식평정척도의 예

A학생의 학급회의 행동을 관찰한 다음 해당하는 위치에 ✓를 표시하시오.

1. 학급회의에 적극적으로 참여하는 정도

매우 소극적	다소 소극적	보통	다소 적극적	매우 적극적

2. 친구들의 발언을 경청하는 정도

전혀	거의	가끔	자주	항상

- **기술식 도식평정척도**: 더 정확하게 평정하기 위해 도식평정척도의 평정치마다 상세한 언어적 설명을 부가한 형식이다.

기술식 도식평정척도의 예

A학생의 과외활동 참여행동을 관찰한 다음 해당하는 위치에 ✓를 표시하시오.

과외활동 참여도

매우 적극적으로 참여한다.	때때로 참여한다.	전혀 참여하지 않고 매우 무관심하다.

② **면접법**: 언어적 상호작용을 매개로 학생으로부터 정보를 수집하는 방법이다. 직접 대면 여부에 따라 면대면 면접, 전화면접, 화상면접이 있고, 피면접자의 수의 따라 개별면접, 집단면접이 있으며, 면접의 구조화 정도에 따라 구조화된 면접, 비구조화된 면접, 반구조화된 면접이 있다.

③ **자기보고법**: 자신의 감정・태도・신념・가치・신체상태를 스스로 표현하거나 기술하도록 하는 방법이다. 성격검사, 태도검사, 흥미검사와 같은 대부분의 심리검사는 자기보고법을 주로 사용하고 있다. 자기보고법에서는 설문지(질문지)나 면접을 통해 응답자에게 질문을 한 다음 그 질문에 대한 반응에 근거하여 태도를 추론한다.

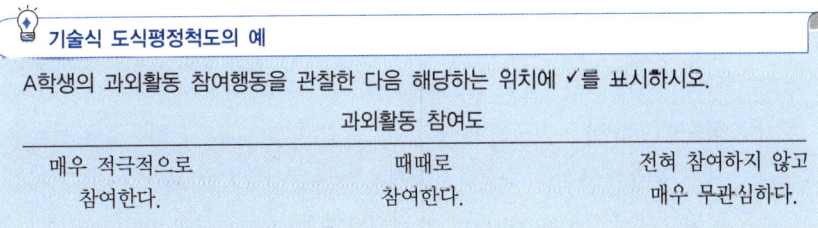

MEMO

㉠ **질문지(설문지, questionnaire)**: 일련의 질문에 응답하도록 하는 자기보고식 방법이다. 구조화 정도에 따라 주어진 질문에 자유롭게 진술하는 자유반응형(개방형, 비구조화 질문지)과 선택지를 고르는 구조화 질문지(폐쇄형, 선택형)가 있다. 질문지(설문지)를 작성할 때에는 ⓐ 간단명료하게 진술해야 하며, ⓑ 내용이나 범위가 중복되지 않아야 하고, ⓒ 특정 응답이 바람직하다는 것을 시사하는 유도질문을 포함하지 않아야 하며, ⓓ 한 문항에 여러 내용이 포함되지 않도록 해야 하고, ⓔ 생략된 표현을 사용하지 말고 완전한 문장을 사용해야 하며, ⓕ 가급적이면 부정문을 사용하지 않아야 하고(논리적 사고를 요하기 때문에 과도한 부담을 주며 실수를 유발할 개연성이 높기 때문), 특히 이중부정문은 사용하지 말아야 한다.

질문지의 예

〈비구조화 질문지〉

학교에서 배우는 과목 중에서 가장 좋아하는 과목과 싫어하는 과목을 하나씩 들고 그 이유를 쓰시오.

1. 가장 좋아하는 과목: (　　　　)
   이유: ______________________________
   ____
2. 가장 싫어하는 과목: (　　　　)
   이유: ______________________________
   ____

〈구조화 질문지〉

학교에서 배우는 과목 중에서 가장 좋아하는 과목을 하나만 골라 괄호 속에 ✓를 하시오.

(　　) 국어　(　　) 수학　(　　) 도덕　(　　) 사회
(　　) 과학　(　　) 미술　(　　) 음악　(　　) 체육

㉡ **척도법(scale)**: 척도는 일련의 상호관련된 진술문이나 형용사쌍으로 구성된다. 태도와 같은 정의적 특성을 측정하기 위한 척도로는 리커트(Likert) 척도, 써스톤(Thurstone) 척도, 구트만(Guttman) 척도, 의미변별척도(semantic differential sacle)가 많이 사용된다.

ⓐ **리커트(Likert) 척도** 19 중등論: 모든 진술문에 반응하도록 한 다음 모든 진술문의 평정점수를 합산하여 정의적 특성 점수로 간주하는 종합평정법이다(연속선상의 양극단에 해당하는 긍정 – 부정의 진술문으로 구성 ⇨ 종합평정법). 리커트 척도는 특정 대상에 대해 긍정적 태도를 나타내는 긍정적 진술문과 부정적 태도를 나타내는 부정적 진술문으로 구성되며, 중립적 진술문은 포함하지 않는다.

MEMO

04

수업내용 및 방법에 대한 설문지(Likert 척도 예시)

이 설문지는 선생님의 수업내용과 방법에 대해 여러분이 어떻게 생각하고 있는지를 조사하여 장차 수업을 개선하기 위한 기초정보를 얻기 위한 것입니다. 이 설문지에 대한 응답내용과 성적은 아무런 관계가 없으며, 응답결과에 대한 비밀이 철저히 보장됩니다. 그러므로 한 문장도 빠짐없이 솔직하고 정확하게 답해 주기 바랍니다.

진술내용이 자신의 생각과 '매우 일치'하면	①②③④❺
진술내용이 자신의 생각과 '다소 일치'하면	①②③❹⑤
'일치하지도 불일치하지도' 않으면	①②❸④⑤
진술내용이 자신의 생각과 '약간 불일치'하면	①❷③④⑤
진술내용이 자신의 생각과 '매우 불일치'하면	❶②③④⑤

*1. 선생님은 수업에 대한 성의가 부족했다. ①②③④⑤
2. 수업내용과 방법이 매우 재미가 있었다. ①②③④⑤
3. 이 과목의 수업에서 중요한 내용을 배웠다고 생각한다. ①②③④⑤
*4. 어려운 용어와 표현이 많아 수업이 어려웠다. ①②③④⑤
*5. 선생님은 수업내용을 정확하게 이해하지 못하는 것 같았다. ①②③④⑤
6. 선생님은 수업내용을 쉽게 설명했다. ①②③④⑤
7. 수업 도중에 학생들의 이해 여부를 수시로 점검했다. ①②③④⑤
8. 수업속도가 적절했다(너무 빠르지도 느리지도 않음). ①②③④⑤
*9. 유머가 부족하여 수업이 지루하고 답답했다. ①②③④⑤
10. 선생님의 말의 속도와 크기는 적당했다. ①②③④⑤

주: *표시가 된 문항은 부정문으로 진술된 문항임

ⓑ 의미변별척도(의미분석법): 연속선상의 양극단에 해당하는 형용사쌍의 진술문으로 구성하는 방법이다.

수학 선생님에 대한 태도(의미변별척도 예시)

평소 수학 선생님에 관해 갖고 있는 느낌이나 생각과 일치하는 정도를 다음의 각 형용사쌍에서 해당되는 위치에 ✓를 표시하시오.

좋은	①	②	③	④	⑤	⑥	⑦	나쁜
느린	①	②	③	④	⑤	⑥	⑦	빠른
약한	①	②	③	④	⑤	⑥	⑦	강한

④ 사회성 측정법

㉠ 개념: 학생이 자기 동료에게 어떻게 수용되고 있는가를 평가하는 방법이다.

㉡ 교육적 가치: ⓐ 개인의 사회적 적응력을 향상할 수 있다. ⓑ 집단의 사회구조를 개선할 수 있다. 학교 또는 학급 내에 존재하는 비형식적 여러 집단을 파악하여 집단의 사회적 구조를 개선하는 데 도움을 준다. ⓒ 집단을 새로이 조직하거나 재조직(예 좌석배치, 위원회 조직, 모둠편성 등)하는 데 도움을 준다. ⓓ 특수한 교육문제(예 집단 따돌림, 왕따 등)의 해결에 이용할 수 있다.

MEMO

(3) 관찰과 면접을 활용할 때 발생할 수 있는 평가(평정)의 오류

① **개관**: 교사가 관찰과 면접을 활용하여 학생의 정의적 특성을 해석하고 판단할 때 범하기 쉬운 오류는 다음과 같다.

② **오류의 종류**: 집중경향의 오류, 인상의 오류, 논리적 오류, 대비의 오류, 근접의 오류, 무관심의 오류, 의도적 오류, 표준의 오류

(4) 정의적 영역의 평가 시 고려사항

① 행동이 발생하는 환경적 조건과 결부시켜 평가되어야 한다.

② 행동특성의 이해는 단일한 환경조건이나 우연적 상황에 의존해서는 안 된다.

③ 행동의 평가는 바람직한 행동은 발전시키고 잘못된 행동은 수정함을 전제로 진행한다.

④ 행동특성에 대해 미리부터 가치개념과 척도를 전제해서는 안 된다.

⑤ 평가영역에 따라 적절한 평가방법을 선택하여야 한다.

3 창의 · 인성 교육을 위한 평가

(1) 개관

21세기가 요구하는 창의성과 바른 인성을 개발하기 위해서는 학습을 극대화하기 위한 평가뿐만 아니라 평가 과정에서도 학습이 이루어지는 '학습으로서의 평가'가 필요하다.

(2) 창의 · 인성 교육을 위한 평가방안

① **수행평가의 내실화**: 수행평가에서 제시되는 수행과제는 정답이 하나로 정해져 있지 않은 비구조적인 실제적 과제이므로 이를 해결하는 과정에서 창의성을 신장시킬 수 있다. 또, 협동학습으로 수행과제를 해결하도록 하면 학생들 간의 존중과 배려의 태도 및 협업능력, 의사소통 능력 등을 향상시킬 수 있어 인성교육에도 도움이 된다.

② **실생활과 연계한 평가**: 실생활과 연계한 평가란 이론적 지식보다 실생활에 활용할 수 있는 실천적 지식을 중시하는 평가를 의미한다. 실생활의 문제를 해결하도록 실생활과 연계한 평가를 실시하면 지식과 정보를 처리 · 활용할 수 있는 지식정보처리 역량, 새로운 것을 창출하는 창의적 사고 역량, 다른 사람의 의견을 경청 · 존중하는 의사소통 역량 등이 요구되므로 창의성과 바른 인성을 증진할 수 있다.

③ **수업과 연계한 평가**: 성취기준 중심의 수업을 진행하면서 수업 중간에 학생의 성취수준을 점검하기 위한 평가를 실시하면 학습내용에 대한 복습의 기회가 되므로 평가가 학습의 연장선이 되며, 평가과정에서도 학습이 이루어질 수 있다.

④ **형성평가의 활용**: 형성평가를 통해 학생의 성취수준과 강 · 약점, 학습결손 및 오류 등에 대해 구체적인 피드백을 제공하면 올바른 학습태도와 창의적이며 자율적인 사고 역량 형성에 이바지할 수 있다.

❹ 메타평가(meta evaluation) 00 교대편입, 12 초등

MEMO

(1) 개관

① 메타평가는 평가에 대한 평가(evaluation about evaluation), 평가의 평가(evaluation of evaluation)를 의미하며, 평가의 질적 수준을 향상시킬 목적으로 실시한다(평가의 질적 개선 도모).

② 메타평가는 평가의 유용성, 실용성, 윤리・기술적 적합성에 관한 정보를 수집・제공・활용하는 평가를 뜻한다.

③ 메타평가는 평가의 문제가 무엇인지 점검하여 확인하여 평가의 질적 개선을 기할 수 있을 뿐만 아니라 평가가 지향해야 할 점을 안내해 준다.

(2) 유형

메타평가는 평가계획에 대한 진단적 메타평가, 평가의 실행과정에 대한 형성적 메타평가, 그리고 평가결과에 대한 총괄적 메타평가 등으로 구분할 수 있다.

① **진단적 메타평가**: 평가가 실시되기 전 단계에서 이루어지는 평가이다. 평가를 어떻게 준비하고 계획했는지를 평가 관련 변인들과의 관련성을 중시하면서 평가해 보는 것이다.

② **형성적 메타평가**: 평가를 실시하는 과정에서 이루어지는 평가이다. 평가의 실행 과정에서 평가자에게 피드백을 제공함으로써 평가활동을 개선하는 데 목적을 둔다. 형성적 메타평가는 평가자가 평가를 계획하고, 수행하고, 해석하고, 보고하는 방법의 의사결정에 대한 안내의 역할을 수행한다. 형성적 메타평가에 포함되어야 할 요소는 평가를 수행할 것인지의 여부, 평가문제에 대한 규정, 평가고객에 대한 명료화, 평가목적에 대한 명시화, 평가를 위한 계약, 예산, 연구진, 자료수집과 분석의 절차, 평가결과와 제안점의 보고 형식 등에 대한 의사결정에 도움을 주는 안내지침이다.

③ **총괄적 메타평가**: 평가활동이 종료된 후 그 평가의 가치와 장단점을 총체적으로 판단하는 평가이다. 관련 낭사사들에세 평가의 질에 대힌 정보를 제공하기 위한 목적으로 실시한다. 총괄적 메타평가는 메타평가의 근본적인 역할을 수행하는 것으로 수행된 평가가 평가의 효용성, 실행가능성, 윤리성, 기술적 적절성의 표준에 부합하는지의 여부를 총괄적으로 판단하여, 평가의 가치와 장단점을 확인하는 것이다.

(3) 기능

① 의사결정을 내리는 데 유용하다.

② 평가과정에서 지켜야 할 윤리가 준수될 수 있다.

③ 평가에 사용된 이론과 기술이 적합한지 판단할 수 있다.

④ 관련 정보 또는 자원을 사용할 때 실용성을 높일 수 있다.

MEMO

(4) 평가에 대한 판단기준

실현성, 실용성, 적합성, 정확성이 평가에 대한 평가기준이 될 수 있다. 평가가 끝난 후 평가에 대한 평가는 생략하는 경우가 많으나 이상의 네 가지 기준에 의하여 평가에 대한 평가가 이루어져야 한다. 특히, 평가의 평가대상뿐만 아니라 평가대상을 둘러싼 모든 현상에 어떤 영향을 주었는지에 대한 결과타당도를 점검하는 것이 매우 중요하다.

① **실현성**(feasibility) : 평가가 실현 가능하였는지 여부

② **실용성**(utility) : 평가가 실제로 필요하였는지 여부(평가의 필요성에 얼마나 부합하였는지)

③ **적합성**(propriety) : 평가가 도덕적으로 적합하게 실시되었는지 여부(도덕적으로 실시되었는지)

④ **정확성**(accuracy) : 정확한 정보를 전달하였는지 여부(정확하게 실시되었는지)

5 컴퓨터화 검사(Computerized Testing)

(1) 컴퓨터 이용검사(CBT: Computer Based Testing)

① 개념

㉠ 컴퓨터를 이용하여 실시하는 지필검사이다.

㉡ 컴퓨터의 신속하고 정확한 자료처리능력을 이용하여 검사 답안지를 채점하거나 그 결과를 분석하여 해석하는 데 활용하는 방식이다.

㉢ CBT를 실시하기 위해서는 기본적으로 검사에 필요한 컴퓨터 하드웨어 및 소프트웨어를 갖추고 있어야 하며, 실시하고자 하는 검사와 관련된 문제은행이 사전에 구축되어 있어야 한다. 또한 피험자는 컴퓨터 문해력(computer literacy)을 갖추고 있어야 한다.

② 장점

㉠ 응답결과나 검사결과에 대한 즉각적인 피드백이 이루어지기 때문에, 학습능력에 대한 신속한 진단이나 교정이 용이하다(학습능력 향상을 촉진할 수 있다). 또한 채점과 결과 통보에 걸리는 인력과 시간, 경비를 절약할 수 있다.

㉡ 사진, 동영상, 음성, 그래프 등 다양한 형태의 문항을 제시하여 지금까지 지필검사로는 측정하지 못했던 능력들을 측정할 수 있다.

㉢ 컴퓨터만 있으면 시기와 장소를 불문하고 언제, 어디서든지 검사를 실시할 수 있다.

㉣ 문항과 피험자에 대한 다양한 정보가 지속적으로 제공, 저장, 관리되기 때문에 문항의 적절성을 평가하거나 학습자의 능력을 정확하게 파악하는 데에도 유용한 정보를 제공해 줄 수 있다. 지필검사에서는 피험자의 응답 자료만을 얻을 수 있지만, CBT에서는 피험자의 응답결과뿐만 아니라 학생의 전체 검사 소요시간 및 문항별 응답시간, 문항의 재검토나 수정 여부 등 피험자와 관련된 다양한 정보들이 제공되므로 피험자의 능력에 대한 정확한 추정이 가능할 수 있다.

㉤ 지필검사보다 인쇄, 시험감독, 채점 등 전체적인 평가 시스템을 관리하기가 훨씬 간편하며, 검사내용에 대한 비밀보장도 용이하다.

㉥ 실시상의 어려움이 따르던 수행평가도 컴퓨터를 이용한 모의실험(simulation)을 통하여 다양하고 편리한 방법으로 실시할 수 있다. 예컨대, 환자의 증상을 컴퓨터로 보고 그 증상에 대한 진단과 치료 방법을 서술하기, 키보드나 마우스와 같은 컴퓨터의 입력장치를 치료도구로 하여 환부의 치료를 시행하기 등이 가능하다.

㉦ 제시문을 읽지 못하는 시각장애자나 유아에게도 음성을 이용하여 검사를 실시할 수 있는 등 장애 정도에 따라 적절한 평가환경을 제공하는 것이 가능하다.

③ 한계

㉠ 지필검사와의 동등성이 완전히 검증되지 않았다. 특정 문항의 경우에는 양식효과(mode effect)가 있을 수 있다.

㉡ 컴퓨터의 조작 능력이 검사 결과에 영향을 미칠 수 있으며, 이에 따라 새로운 측정오차가 발생할 수 있다.

㉢ 컴퓨터의 시스템이 시행 가능한 문항의 형태를 제한하는 경우가 있으며, 교과에 따라 적합하지 않을 수도 있다. 예를 들어, 복잡한 계산 과정이 요구되는 문항이나 집중적인 독해를 요구하는 문항은 컴퓨터로 제시할 경우 가시성이 떨어질 수 있다.

MEMO

양식효과(mode effect)
지필이나 컴퓨터와 같이 검사를 제시하는 방식이 검사 자체에 미치는 영향을 의미한다.

(2) 컴퓨터 능력적응검사(CAT: Computer Adaptive Testing) 24 중등論

① 개념

㉠ 컴퓨터를 이용하여 피험자의 능력수준에 맞는 문항이 자동으로 출제되는 방식의 검사이다. 즉, 모든 피험자에게 동일한 검사를 실시하는 것이 아니라, 사전에 만들어진 문세은행으로부터 개별 피험자의 능력에 맞는 문항을 제시하여 문항을 맞히면 더 어려운 문항을, 틀리면 더 쉬운 문항을 제시하여 피험자의 응답결과에 적응하는 방식으로 실시하는 검사이다.

㉡ 문항반응이론과 컴퓨터공학이 서로 긴밀하게 연결되면서 발전된 하나의 검사방법이다. 컴퓨터의 연산기능을 충분히 활용하는 CAT는 되도록 짧은 시간 내에 적은 수의 평가문항을 사용하면서도 학습자의 능력에 대한 측정오차가 최소가 되도록 정확하게 측정할 수 있으며, 필요에 따라 측정오차의 크기나 검사의 길이 그리고 검사의 신뢰도 등과 같은 변인들을 개별적으로 조정할 수 있다.

② 특징

㉠ **능력수준을 고려한 검사**: 모든 피험자에게 동일한 문항을 제시하는 것이 아니라 피험자의 능력 수준에 따라 각기 다른 문항이 제시된다.

㉡ **개별적인 검사**: CAT의 실현을 위해서는 즉각적인 채점과 다음 문항 선택을 위한 컴퓨터의 빠른 실시간 계산능력이 필수적이며, 이를 통해서 피험자 능력수준에 적합한 보다 효율적이고 개별적인 검사가 가능하다.

MEMO

③ 장점

㉠ **정확하고 공정한 검사**: 피험자 개인의 능력 수준에 맞는 문제가 자동 출제되므로 피험자의 능력을 정확하게 측정할 수 있다.

㉡ **측정 오차 감소**: 피험자의 능력에 맞는 문제를 제시함으로써 동기를 유발하고 사기를 진작시켜, 검사 상황에서 유발되는 측정오차를 감소시킬 수 있다.

㉢ **검사 시간 단축**: 피험자의 능력 수준에 적합한 효율적인 검사이므로 검사 시간을 단축할 수 있으며, 검사 실시에 따르는 경비절감에도 기여한다.

㉣ **부정행위 방지**: 개인마다 다른 형태의 검사를 시행함으로써 검사 도중에 발생하는 부정행위를 방지할 수 있다.

㉤ **정보 유출 최소화**: 검사문항 내용에 대한 정보 유출의 가능성을 최소화할 수 있다.

㉥ **개별 평가 가능**: CAT 도입으로 인해 개인의 학습능력이나 진도에 따른 개별 평가가 가능해졌다는 점도 컴퓨터 이용검사의 장점이 될 수 있다.

④ 문제점

㉠ **비전공자 활용상 어려움**: CAT의 기본원리가 되는 이론적 배경이 수학과 통계학에서 시작되었기 때문에 일반 실무자들이나 비전공자들이 접하기가 어려워서 쉽게 활용할 수 없다.

㉡ **좋은 CAT 모형 판단이 어려움**: 현재 연구된 CAT 모형들이 아주 다양해서 어떤 모형이 좋은지 현장의 교사와 활용자들이 구별하여 사용하기 힘들다.

㉢ **장시간 체계적인 연구가 요구됨**: 문항반응이론에 의하여 출제 문항의 모수들을 계량해야 하는 CAT 모형은 사전에 많은 양의 데이터를 모으고 분석하여 정리할 것을 요구하고 있어 장시간 체계적인 연구를 할 수 없는 일반 실무자들의 경우에는 활용의 제한이 많다.

㉣ **실제 개발에 많은 제한이 존재함**: 대부분의 CAT 모형이 구체적으로 어떻게 검사를 개발해야 하며 컴퓨터 프로그램으로 어떻게 구현해야 되는지에 대한 지침을 제공하지 못하고 있으므로, 설계를 위해 표준화된 자료의 부족으로 실제 개발에 많은 제한이 있다.

Chapter

02

평가도구

Section 01

평가도구

MEMO

01 평가도구(검사도구)의 양호도

평가도구의 양호도란 좋은 검사도구가 갖추어야 할 조건 ⇨ 타당도, 신뢰도, 객관도, 실용도

1 타당도(validity)

91 중등, 93 중등, 96~00 중등, 99~00 초등보수, 03~04 초등, 04 중등, 06~08 초등, 07 중등, 11 중등, 17 중등論, 23 중등論

(1) 개념

① 타당도는 무엇(what)을 재고 있느냐의 문제이다. 즉, 검사가 본래 재고자 하는 것을 얼마나 충실하게 측정하고 있는가의 정도를 말한다. ⇨ 검사대상(what)의 충실성 · 정직성

예 지능검사가 지능을 충실하게 잰다면 타당도가 높다. 반대로 지능검사가 지능과 관계없는 창의력이나 성격을 잰다면 타당도가 낮다.

② 타당도는 검사가 갖추어야 할 가장 중요한 조건이다. 타당도가 높으면 정확한 해석과 추론이 가능하지만, 타당도가 낮으면 검사점수에 근거한 해석과 추론이 오류를 범하기 때문이다.

③ 타당도는 반드시 '준거(criterion)'의 개념이 수반된다. 타당도는 측정하려고 하는 것에 비추어 판단하기 때문이다. '이 검사가 무엇을 재고 있느냐'에서 '무엇'에 해당하는 것은 준거로서 평가의 틀의 역할을 한다.

(2) 종류 – 증거의 종류

내용타당도		• 내용의 충실성 정도 ⇨ 표집타당도, 주관적 타당도 • '이원목표 분류표'를 활용
준거 타당도	공인타당도	• 현 시점에서 관련된 두 검사와의 일치(공인) 정도 • 상관계수(correlation coefficients)로 나타냄
	예언타당도	• 미래의 행동특성을 예언하는 정도 • 기대표(expectancy table)로 활용 • 회귀분석을 활용

구인타당도	• 조작적으로 정의한 구인(construct)을 재는 충실성의 정도 • 요인분석, 상관계수법, 실험설계법 등을 사용
결과타당도	• 검사결과의 교육효과 달성 정도 • 검사나 평가를 실시하고 난 결과에 대한 가치판단

준거타당도(외적 준거타당도)는 어떤 평가도구에 의해 밝혀진 행동특성과 그러한 행동특성을 포함하는 제3의 평가도구(준거)를 비교함으로써 타당도를 밝히는 것이다.

MEMO

04

① 내용타당도(content validity) : 표집타당도, 주관적 타당도, 논리적(내적 준거) 타당도, 목표타당도, 교과타당도

㉠ 개념

ⓐ 평가도구가 그것이 평가하려는 내용, 즉 교육목표를 얼마나 충실히 측정하고 있는가와 관련된 타당도이다. 여기서 내용(교육목표)은 검사에 포함된 교과영역, 즉 지식(예 사실, 개념, 절차, 원리)과 인지과정(예 기억, 이해, 적용, 분석, 종합, 평가)을 포함한다.

ⓑ 검사문항들이 측정하고자 하는 전체내용(전집 : population)을 잘 대표할 수 있도록 표집되어 있는 정도이다. ⇨ '표집타당도'

ⓒ 내용타당도의 판단(즉, 검사가 측정하고자 하는 내용을 골고루 측정할 수 있도록 문항을 얼마나 잘 표집했느냐의 판단)은 검사가 측정하고자 하는 분야의 전문가(예 담담교사)에 의해 이루어진다. ⇨ '주관적 타당도'

ⓓ 학력검사나 절대평가문항의 제작 시에 중시해야 할 평가도구이다.

예 지능검사에서 정의된 지능의 속성을 어느 정도 충실하게 측정하고 있느냐를 따지는 경우

㉡ 내용타당도를 높이는 방법

ⓐ 교육목표가 준거가 되기 때문에 '이원목표 분류표'를 사용하여 교육목표를 세분화하고, 그에 따라 문항이 제작되었는지를 확인함으로써 타당도를 높일 수 있다.

ⓑ 전체내용(전집 : population)을 잘 대표할 수 있도록 표집하여 검사가 측정하고자 하는 내용을 골고루 측정한다.

㉢ 내용타당도를 확인하는 방법

ⓐ 검사가 재고자 하는 전체적인 내용을 충분히 대표하는지를 확인한다.

ⓑ 문항 하나하나가 재고자 목적한 내용을 적절하게 재는지를 확인한다.

ⓒ 통계적 절차(예 상관계수)나 실제 학생의 검사 점수보다는 내용 전문가가 지닌 전문적 지식 및 주관적 경험을 활용하거나 이원목표 분류표에 근거하여 검사내용의 적절성과 대표성에 대해 판단한다.

MEMO

안면타당도(face validity)

1. 안면타당도는 검사가 무엇을 재고 있는 것 같다는 주관적 인상을 중심으로 기술된다. 즉, 검사에 대한 피험자들의 주관적 인상을 중심으로 기술한 타당도이다(권대훈).
   예 운전면허시험이 운전을 하는 데 필요한 지식을 재는 것 같다고 운전면허 응시자들이 생각하면 안면타당도가 높다.
2. 검사문항들이 피험자에게 친숙한 정도를 의미한다(성태제). 피험자가 자주 접해 본 문항들이 많으면 안면타당도가 높다. 이 같은 개념은 학문적으로 과학성을 상실하므로 안면타당도란 용어를 사용하지 않는다.
3. 검사가 측정하고자 하는 것을 제대로 측정하고 있는지를 피험자 입장에서 판단하는 타당도이다. 검사문항의 타당도를 전문가가 판단한다면 내용타당도가 되지만, 피험자가 판단한다면 안면타당도가 된다. 따라서 성취(achievement)의 정도를 파악하고자 하는 검사에서는 안면타당도가 높아야 피험자의 반응을 제대로 도출해 낼 수 있지만, 태도나 가치관과 같은 정의적 특성을 재는 검사에서는 안면타당도가 너무 높으면 거짓반응을 유도해 낼 수도 있다.

② **준거타당도(criterion-related validity, 외적 준거타당도)** : 공인타당도와 예언타당도
준거타당도는 어떤 평가도구에 의해 밝혀진 행동특성과 그러한 행동특성을 포함하는 제3의 평가도구(준거)를 비교함으로써 타당도를 밝히는 것이다(검사와 준거 비교). 준거타당도의 종류로는 공인타당도, 예언타당도가 있다. 통계적 방법인 상관계수 혹은 회귀분석 등이 사용된다.

㉠ 공인(共因)타당도(동시타당도, concurrent validity)

ⓐ 현 시점에서 관련된 두 검사와의 공인(일치) 정도를 밝히는 타당도이다. 동일한 능력 혹은 특성을 재고 있는 두 평가도구(즉, 검사와 준거)가 동일한 시기(예 같은 날)에 치러졌을 때 사용하는 타당도의 증거를 말한다. 준거는 타당성을 인정받고 있는 기존 검사이다. 즉, 새로 제작한 검사(X)와 타당성을 인정받고 있는 기존 검사(Y)와의 공통성을 기준으로 타당도를 밝히는 것이다.

ⓑ 기존의 검사도구를 새로 제작된 검사도구로 대체하고자 할 때 사용한다.
예 새로 제작한 지능검사와 웩슬러 지능검사를 피험자에게 실시하여 나온 두 검사 점수의 상관관계로 타당도를 검정하는 경우

ⓒ 준거(Y)의 기준은 현재이고, 동시에 측정되는 검사 X와 준거 Y의 상관계수(r)로 나타낸다.
예 새로 만든 수학 학력고사 X와 현재 사용하고 있는 수학 학력고사 Y와의 상관관계를 따진다. / 흥미검사에서 음악 부문에 흥미가 높은 학생이 실제로 음악 성적이 우수한가를 밝힌다.

ⓓ 예언타당도가 미래의 준거와 '예언의 적부(適否)'에 관심을 가진다면, 공인타당도는 현재의 준거와 '공통된 요인'에 관심을 갖는다.

MEMO

ⓛ 예언타당도(예측타당도, predictive validity)

ⓐ 어떤 검사결과가 피험자의 미래의 행동특성을 얼마나 정확히 예언하느냐와 관련된 타당도이다. 준거는 미래의 행동특성(예 학업 또는 직업에서의 성공, 사회적 적응력 등)이다.

ⓑ 선행검사성적(X)과 준거(Y : 미래검사성적)의 상관계수(r)로 나타낸다.

예 교원임용시험 성적이 높은 교사가 채용된 후에도 근무 성적이 높으면 이 시험의 예언타당도는 높다.

ⓒ 많은 경우 상관계수보다는 통계적으로 복잡한 회귀분석을 사용한다.

예 대학교 신입생 선발 시험에서 대입수능시험 성적, 고등학교 내신 성적, 면접시험 점수를 고려한다면, 위의 세 결과 점수를 독립변인으로 하고 대학교에서의 학업성적을 종속변인으로 하는 회귀분석을 통하여 검사 점수가 어느 정도 예측력을 가지는지를 분석한다.

04

③ 구인타당도(construct validity) : 구성타당도, 심리적 타당도, 이론적 타당도

㉠ 어떤 검사가 조작적으로 정의한 구인(construct)을 얼마나 충실히 재고 있는가와 관련된 타당도이다. ⇨ '검사의 결과로 산출된 점수의 의미를 심리학적 개념으로 분석하는 것'(Cronbach)

예 '창의력'이라는 개념의 구인은 유창성, 민감성, 융통성 등이 있다. 이러한 하위요소(구인)를 분석하였을 때 우수하게 평가되었다면 창의력이 높을 것이다.

㉡ 구인(construct)은 구성요인(구성개념)을 의미하는 것으로, 직접 측정하거나 관찰하는 것이 불가능한 인간의 인지적, 심리적 특성(예 창의력 검사에서는 민감성, 융통성, 도전성 등이 구인이라 할 수 있고, 지능검사에서는 어휘력, 수리력, 추리력, 공간력, 지각력, 기억력, 언어유창성 등을 구인이라 할 수 있다.)을 말한다. 구인타당도를 확인하기 위해서는 많은 종류의 경험적 증거나 통계적 증거자료를 필요로 한다.

㉢ 조작적으로 정의되지 않고 과학적인 이론으로 정립되지 않은 새로운 개념이나 구인을 측정하는 조사에 과학적 이론과 타당도를 부여한다.

㉣ 요인분석(중다특성기법), 상관계수법, 실험설계법, 공변량 구조 방정식 보형 방법, 수렴－변별타당도 방법 등을 사용하여 추정한다.

④ 결과타당도(영향타당도, consequential validity; 체제적 타당도, systemic validity)

㉠ 검사를 실시하고 난 뒤 검사결과에 대한 가치판단으로, 검사가 체제(system) 전체에 어떤 교육효과나 결과를 가져왔는지를 교육적·사회적 파급효과를 검토하는 것을 말한다. 평가결과의 평가목적과의 부합성, 평가결과를 이용할 때의 목적 도달, 평가결과가 사회에 주는 영향, 그리고 평가결과를 이용할 때 사회의 변화들과 관계있다. ⇨ 평가결과를 가지고 평가도구의 타당도를 검증하는 타당도이다.

예 검사가 원래 의도한 것을 측정했는가, 검사가 학생들의 학습동기 유발에 효과가 있었는가, 검사가 교수－학습방법에 긍정적 변화를 유도했는가 등에 근거해서 판단하고자 한다. ⇨ 선택형 학력검사가 학습방법에 있어서 지나치게 단순한 지식이나 정보에 대한 암기만을 강조함으로써 학생들의 고차원적인 사고력의 신장을 저해하고 있다면 학교 교육의 정상화 측면에 비추어 볼 때 이 시험의 결과타당도(체제적 타당도)는 매우 낮다고 할 수 있다.

MEMO

㉡ 검사가 원래 의도한 결과와 의도하지 않은 결과, 긍정적 결과와 부정적 결과, 실제적 결과와 잠재적 결과에 대한 원인(배경)에 초점을 두고 검사의 타당성을 판단한다.

예 학교교육에 새로운 평가나 검사도구가 도입·적용될 때, 그러한 평가나 검사가 학생, 교사측면에서 학습동기, 학습방법, 교수방법 등에서 긍정적인 변화와 결과를 가져왔는지의 여부는 결과 타당도를 분석하여 알 수 있다.

㉢ 결과타당도는 도구의 타당도를 도구 그 자체에 대한 것에서부터 관심 영역을 더욱 확대시켜 검사시행이나 그 파급효과에 대한 전반적인 검토의 필요성까지도 강조하고 있다.

㉣ 검사가 원래 의도한 것을 측정했는가, 검사가 학생들의 표현력·탐구정신을 얼마나 잘 측정했는가, 학생들이 평가를 준비하기 위해서 얼마나 노력했는지를 파악할 때 사용한다.

생태학적 타당도(ecological validity)

검사의 내용이나 절차가 검사를 실시하고자 하는 피험자들의 사회 문화적인 배경이나 주변 상황에 타당한가를 검토하는 것이다. 예컨대 한국 학생들에게 미국에 관련된 지명이나 생활습관에 대한 내용을 질문한다거나 농촌 학생들에게 도시생활에 대한 내용을 질문한다거나 하는 것은 생태학적인 타당도에 문제가 있을 가능성이 높다. 아울러 문화적 편견이나 성별, 인종별에 따라 불리하게 작용할 소지가 있는지 여부를 검토하는 것도 이에 포함된다.

2 신뢰도(reliability) 91 중등, 99 초등, 99 초등추가, 00 초등, 01 중등, 02 초등, 03 중등, 05 중등, 10 초등, 19 중등論

(1) 개념

① 신뢰도는 '어떻게'(how) 재고 있느냐의 문제이다(검사방법(how)의 문제). 즉, 검사가 얼마나 오차 없이 정확하게 측정하고 있는가의 정도를 말한다. ⇨ 검사점수의 일관성·안정성·정확성

예 혈압계로 혈압을 3회 측정했을 때 혈압이 각각 180, 120, 150이었거나, 같은 수학시험을 3회 실시했을 때 점수가 각각 40점, 80점, 60점이었다면 측정결과의 일관성과 안정성이 낮으므로 신뢰도가 낮다. 즉, 그 기계나 시험은 믿을 만하다고 할 수 없다.

② 한 검사에서 얻어진 점수를 얼마나 믿을 수 있느냐 하는 정도이다.

③ 신뢰도는 타당도와는 달리 대부분의 경우 숫자(혹은 계수)로 표시하는 경우가 많다.

④ 높은 신뢰도는 검사 결과가 일관적임을 의미한다.

㉠ 특정 검사를 어느 집단이 치르든, 어느 상황에서 치르든 검사 점수가 동일하다는 것을 말한다.

MEMO

㉡ 어떤 검사를 치른 학생들이 비슷한 검사 조건에서 비슷한 검사를 치른 경우에 규준참조검사에서는 학생들의 점수 서열의 변동이 거의 없다는 것을 말하며, 준거참조검사에서는 서열보다는 학습목표의 성취 여부 혹은 영역에서의 성취 정도가 변동이 거의 없다는 것을 말한다.

⑤ 신뢰도가 높은 검사 점수는 정확한 점수를 의미한다.

㉠ 정확한 점수는 오차가 0인 점수를 말한다.

㉡ 관찰점수와 진점수가 동일하다면, 오차는 0이 되고 그 관찰점수는 정확하게 진점수가 되며, 모든 학생들의 관찰점수와 진점수가 동일할 때 신뢰도는 1이 된다.

관찰점수(측정값, X)	한 번의 검사도구를 통해 얻어진 점수, $X = T + E$
진점수(참값, T)	동일한 검사를 무한 번 반복하여 얻은 점수를 평균한 값 ⇨ 관찰이 불가능한 진짜 점수
오차점수(E)	관찰점수와 진점수의 차이, 알 수 없는 값 ⇨ 학생들의 관찰점수를 진점수와 달라지게 하는 점수

㉢ **오차점수를 만드는 요인**: 무선오차와 체계적 오차

무선오차 (random error)	• 검사를 치른 학생들에게 자발적으로 작용하는 오차 예 답안지 밀려 쓰기, 부정행위, 읽기 지문에 대한 사전 인지도 • 검사를 치른 학생 중에서 일부 학생이 부정행위를 해서 관찰점수가 진점수보다 2점이 올라가고 다른 학생들은 부정행위를 하지 않았다면 부정행위가 무선오차로서 오차점수를 일으키는 요인이 된다. • 신뢰도에 변화를 가져온다.
체계적 오차 (systematic error)	• 검사를 치른 모든 학생들에게 동일하게 작용하는 오차 예 배우지 않은 범위에서 나온 문제의 답을 모두 맞게 해 주는 경우 • 모든 학생들에게 동일한 정도로 영향을 주기 때문에 관찰점수의 분산에 변화를 일으키지 않는다. • 신뢰도에 변화를 주지 않는다.

(2) 신뢰도 추정방법

측정의 표준오차에 의한 방법	• 단일한 측정대상(예 지능, 성적 등)을 같은 측정도구를 가지고 여러 번 반복 측정한 결과 개인이 얻은 점수의 안정성, 즉 개인 내 변산의 일관성을 알아보는 방법 • 한 개인의 진점수가 위치할 가능성이 있는 점수들의 범위를 말하며, '신뢰구간', '점수 띠', 또는 '프로파일 띠'라고도 한다. 예 측정의 표준오차가 4인 검사에서 A의 원점수가 46일 때 진점수의 범위는 42점과 50점 사이에 위치한다.
두 검사의 상관계수에 의한 방법	• 검사의 측정 결과, 집단 내의 개인이 상대적으로 일관된 위치를 유지하고 있는지를 알아보는 방법, 즉 개인 간 변산의 일관성을 확인하는 방법 • 재검사 신뢰도, 동형검사 신뢰도, 내적 일관성 신뢰도(반분 신뢰도, 문항 내적 합치도)

MEMO

① 재검사 신뢰도(안정성 계수, retest reliability): 전후검사 신뢰도

㉠ 개념: 한 검사를 같은 집단에 일정한 시간간격(예 2주 내지 4주)을 두고 두 번 실시하여 그 두 검사점수 간의 상관계수를 산출하는 방법이다. 전후 검사점수 간의 안정성 정도를 나타내므로 안정성 계수라고 한다.

예 수학시험을 같은 학생집단에게 일주일 간격으로 2회 실시하여 얻은 두 검사점수 간의 상관계수를 구했다면 수학시험의 재검사 신뢰도가 된다.

재검사 신뢰도를 구하는 절차

1. 검사 X를 특정 집단에 실시한다.
2. 일정 시간간격을 두고 검사 X를 같은 집단에 다시 실시한다.
3. 2회 실시한 검사점수 사이의 적률상관계수를 구한다.

㉡ 장단점: 신뢰도 추정방법이 간단하다는 장점이 있다. 그러나 가장 큰 문제는 검사를 두 번 실시해야 한다는 점이다. 그래서 학교시험에서 재검사 신뢰도를 구하는 것은 사실상 불가능하다. 두 번째 문제는 시간간격에 따라 신뢰도 계수가 달리 추정된다는 점이다. 2회 실시하는 시간간격이 너무 짧으면 기억효과나 연습효과로 인해 신뢰도가 과대추정되고, 시간간격이 너무 길면 피험자의 능력이나 성숙의 효과로 인해 신뢰도가 과소추정된다. 마지막으로 동일한 검사환경·검사동기·검사태도를 만들기 어렵다.

② 동형검사 신뢰도(동형성 계수, equivalent-form reliability): 유사검사 신뢰도, 평형검사 신뢰도

㉠ 개념: 동일한 능력을 측정하는 2개의 동형검사를 미리 제작하여 같은 집단에게 거의 동시에 두 번 실시하여 두 검사점수 간의 상관계수를 산출하는 방법이다. 동형검사란 문항의 표현은 다르지만 문항내용, 문항난이도, 문항변별도가 사실상 같은 동질적인 검사를 뜻한다. 두 동형검사가 동일한 특성을 측정하는 정도를 나타내므로 동형성 계수라고 한다.

동형검사 신뢰도를 구하는 절차

1. 검사 X를 특정 집단에 실시한다.
2. 같은 집단에 동형검사 X′를 실시한다.
3. 2개의 동형검사 점수 사이의 적률상관계수를 구한다.

㉡ 장단점: 시험간격이 문제되지 않고, 기억 및 연습효과를 통제할 수 있으며, 신뢰도 계수의 추정이 쉽다는 장점이 있다. 그러나 동형검사를 제작하기 어렵고, 동형성 여부에 따라서 신뢰도가 달리 추정되며, 검사를 두 번 시행해야 하고, 동일한 검사환경·검사동기·검사태도를 만들기 어렵다.

③ 반분 신뢰도(split-half reliability, 동질성 계수)

㉠ 개념 : 한 검사를 특정 집단에게 실시한 후, 이를 적절히 두 부분으로 나눈 하위검사 점수 간의 상관계수를 산출하는 방법이다. 어떤 방법으로 양분하든 반으로 구분한 2개의 하위검사들이 동형검사가 되도록 해야 한다. 재검사신뢰도가 부적당하거나 동형검사를 만들기 어려울 때 사용한다. 상관계수를 계산한 후 Spearman-Brown 공식에 의하여 신뢰도를 추정한다. 반분 신뢰도는 검사 전체의 신뢰도가 아니므로(원래 검사에서 구한 상관계수보다 낮아짐. 상관계수의 크기는 문항수에 비례함) 원래 문항 수로 환원해서 신뢰도를 추정해야 하는데, 이때 Spearman-Brown 공식을 적용하여 두 하위검사를 이용해서 구한 상관계수를 통계적으로 교정한다.

기우법	홀수 문항과 짝수 문항으로 나누는 방법 ⇨ 속도검사에는 신뢰도가 과대 추정되는 경향이 있음
전후법	전체 검사를 문항 순서에 따라 전과 후로 나누는 방법 ⇨ 속도검사에는 사용하지 말아야 함
단순무작위법	무작위로(random) 분할하는 방법
문항특성법	문항특성(문항난이도와 문항변별도)에 의하여 나누는 방법 ⇨ 가장 바람직한 방법

반분 신뢰도를 구하는 절차

1. 특정 집단에 검사 X를 실시한다.
2. 검사 X를 2개의 동형검사가 되도록 2개의 하위검사로 나눈다.
3. 2개로 구분한 하위검사 점수 간의 적률상관계수를 구한다.
4. Spearman-Brown 공식으로 상관계수를 교정한다.

㉡ 장단점 : 두 번 검사를 실시하지 않고 하나의 검사로 신뢰도를 추정할 수 있다(기억효과나 연습효과 통제)는 장점이 있다. 그러나 검사를 양분하는 방법에 따라 신뢰도 계수가 달리 추정되는 단점이 있다. 즉, 검사문항이 동질적이지 않으면 신뢰도 계수가 과소평가되고, 속도검사의 경우 신뢰도 계수가 과대 추정되는 경향이 있다(기우법). 또, 속도검사의 경우 검사를 앞뒤로 나누는 방법을 사용하지 말아야 한다. 그러므로 동질성이 낮은 문항으로 구성된 검사와 속도검사의 신뢰도를 추정할 때 반분 신뢰도는 적절하지 않다.

④ 문항내적 합치도(동질성 계수, 문항내적 일관성 신뢰도) : KR과 α계수

㉠ 개념 : 검사 속의 문항을 각각 독립된 한 개의 검사 단위로 생각하고 그 합치성·동질성·일치성을 종합하여 상관계수로 나타내는 방법이다. 즉, 검사에 포함된 문항들에 대한 반응이 일관성이 있는 정도를 뜻한다. 문항들에 대한 반응의 일관성은 문항들이 같은 특성을 측정하는 정도인 동질성에 따라 좌우되므로 동질성 계수라고 한다. 문항내적 합치도(문항내적 신뢰도)의 추정방법에는 KR-20, KR-21, Hoyt 신뢰도, Cronbach α계수 등이 있다.

MEMO

04

MEMO

KR을 구하는 절차

1. 검사 X를 실시한다.
2. 문항 수, 평균(혹은 문항의 정답률과 오답률), 표준편차를 구한다.
3. KR을 계산한다.

α계수를 구하는 절차

1. 특정 집단에 검사 X를 실시한다.
2. 문항 수, 문항분산, 검사점수 분산을 구한다.
3. α계수를 계산한다.

ⓛ 장단점: 하나의 검사로 신뢰도를 추정할 수 있고(기억 및 연습효과 통제), 단일한 신뢰도 추정 결과를 얻을 수 있다(검사를 반으로 나누는 방식에 영향 받지 않음)는 장점이 있다.

내적 합치도(내적 일관성) 신뢰도(internal consistency reliability)

1. 하나의 검사를 구성하는 하위요소들로 측정한 결과들이 일관성이 있는 정도를 말한다.
2. 반분 신뢰도와 문항 내적 합치도를 말한다.
3. 재검사 신뢰도와 동형검사 신뢰도 적용이 어려운 학력검사의 신뢰도 추정에 많이 사용한다. 즉, 학력검사는 검사를 한번 치르고 그 검사 자체 내의 정보를 이용하여 검사점수의 신뢰도를 추정한다.

신뢰도 추정방식 비교

추정방식	검사지 수	검사실시 횟수	주된 오차요인	통계방법
재검사 신뢰도	1	2	시간간격	적률상관계수(안정성 계수)
동형검사 신뢰도	2	2(각 1)	문항의 동형성(문항차이)	적률상관계수
반분 신뢰도	1	1	반분검사의 동질성	스피어만-브라운 공식
문항 내적 합치도	1	1	문항의 동질성	KR(이분문항), Cronbach-α계수(다분적 문항)
평정자 간 신뢰도	1	1	평가자의 차이	적률상관계수, 백분율

(3) 신뢰도에 영향을 주는 요인

① 검사에 관련된 요인

㉠ 검사의 길이(문항 수): 검사의 길이가 증가함에 따라 신뢰도가 높다. 문항의 수가 늘어남에 따라 신뢰도가 높아진다(단, 문항의 질이 동등하게 유지되어야 함).

ⓛ 문항표집의 적부성: 학습한 내용 중에서 골고루 출제될 때 신뢰도가 높다.

㉢ 문항의 동질성: 검사문항이 동질적일 때 신뢰도가 높다.

MEMO

㉣ **검사내용의 범위**: 시험범위가 좁을수록 문항의 동질성이 유지되므로 신뢰도가 높다.

㉤ **문항난이도**: 문항난이도가 적절할수록(30%~80%) 신뢰도가 높다. ⇨ 50%일 때 신뢰도는 +1

㉥ **문항변별도**: 문항변별도가 높을 때 신뢰도가 높다.

㉦ **가능점수 범위**: 반응점수 범위(상이한 점수가 나올 수 있는 범위)가 클수록, 답지 수(선택문항 수)가 많을수록 신뢰도가 높다.

② 검사집단(혹은 치른 집단)에 관련된 요인

㉠ **집단의 동질성**: 동질집단은 이질집단보다 신뢰도가 낮다.

㉡ **검사요령**: 모든 학생들이 일정 수준 이상으로 검사요령을 숙지하고 있을 때 신뢰도에 도움이 된다. 즉 검사요령을 터득하고 있을 때 신뢰도가 높다.

㉢ **동기 유발**: 모든 학생들이 일정 정도의 성취동기를 가지고 검사를 치를 때 신뢰도에 도움이 된다.

③ 검사 실시와 관련된 요인

㉠ **시간의 안정성**: 시간의 변화에 따라 검사 점수가 달라진다. 검사 시간이 충분히 주어져야 한다.

㉡ **부정행위**: 부정행위의 유발은 신뢰도를 떨어뜨린다.

④ 신뢰도와 타당도의 관계

㉠ 타당도는 측정하려는 것을 얼마나 충실하게 측정하고 있는가와 관계가 있다.

㉡ 신뢰도는 무엇을 측정하든 측정의 정확성과 관계가 있다.

㉢ 신뢰도는 타당도의 필요조건이지 충분조건은 아니며, 타당도는 신뢰도의 충분조건이다.

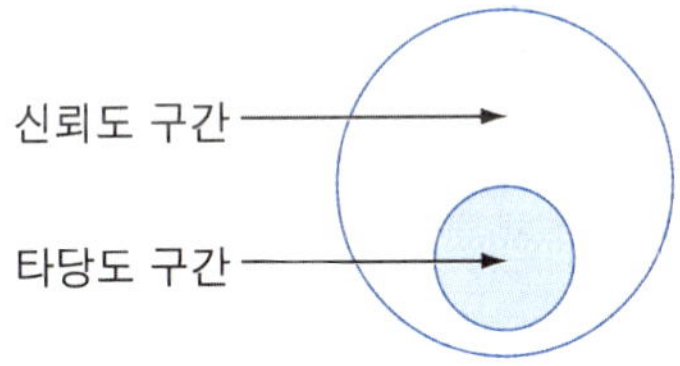

- 타당도가 높으면 신뢰도도 높으나, 신뢰도가 높다고 타당도가 높은 것은 아니다.
- 타당도가 낮아도 신뢰도는 높을 수 있으나, 신뢰도가 낮으면 타당도도 낮다.
- 높은 신뢰도는 높은 타당도의 선행조건이다. 신뢰도는 타당도의 중요한 선행 요건으로서 타당도가 높기 위해서는 신뢰도가 높아야 한다.

MEMO

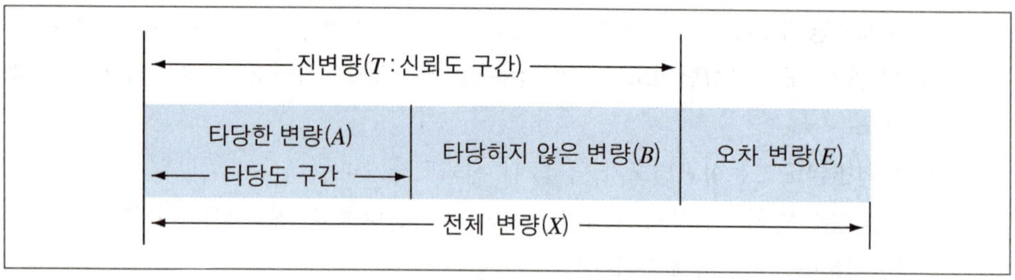

- 전체 변량(X) = 진변량(T) + 오차 변량(E)
- 신뢰도 계수(R) = $\frac{T}{X} = \frac{A+B}{X}$
- 타당도 계수(V) = $\frac{A}{X}$

(4) 신뢰도를 높이는 방법

① 시험의 문항 수를 많이 출제한다.

② 객관식 문제에서 답지 수(선택문항 수)를 많이 한다.

③ 학습내용 중에서 골고루 출제한다.

④ 검사문항을 동질적으로 구성한다.

⑤ 문항난이도를 적절하게(50% 내외) 유지한다.

⑥ 문항의 변별도를 높인다. 문항이 공부를 잘하는 학생과 못하는 학생을 구분할 수 있어야 한다.

⑦ 시험을 실시하는 상황이 적합해야 한다. 시험문항의 지시문이나 설명이 명확해야 하고, 부정행위 방지 및 시험환경의 부적절성으로 인한 오답 가능성을 배제해야 한다.

⑧ 객관적인 채점방법(예 컴퓨터 채점)을 사용한다.

⑨ 시험시간이 충분히 주어져야 한다(문항반응의 안정성이 보장되어야 하기 때문). 신뢰도는 속도검사에는 적용되지 못한다.

⑩ 시험범위가 좁아야 한다(문항의 동질성이 커지기 때문).

⑪ 집단의 점수분포의 변산도, 즉 표준편차가 커야 한다(능력의 범위가 넓으면 전체 점수 변량에 대한 진점수 변량 부분이 상대적으로 커지기 때문).

③ 객관도(objectivity) 95 중등, 02 초등

MEMO

04

(1) 개념

① 객관도는 채점자(평정자) 신뢰도로서, 채점자가 주관적 편견을 얼마나 배제하였느냐의 문제이다. 즉, 채점자가 주관적 편견 없이 얼마나 공정하게 채점하느냐의 문제이다. ⇨ 채점의 일관성

② 객관도는 채점자 내 신뢰도와 채점자 간 신뢰도가 있다. 채점자 내 신뢰도는 채점자 간 신뢰도를 추정하기 위한 전제조건이다. 즉, 채점자 내 신뢰도가 낮다면 채점자 간 신뢰도는 의미가 없다.

㉠ **채점자 내 신뢰도** : 한 채점자가 모든 측정대상을 계속해서 일관성 있게 측정하였느냐의 문제이다. 동일한 평가자가 얼마나 일관성 있게 평가하는지의 문제이다.

예 어떤 교사가 특정 학생의 논술형 검사를 채점할 경우 처음 채점한 점수와 어느 정도 시간이 경과한 후 채점한 결과가 다르다면 채점자 내 신뢰도가 낮다.

㉡ **채점자 간 신뢰도** : 여러 채점자들이 얼마나 일치되게 채점하였느냐의 문제이다. 즉, 한 채점자가 다른 채점자와 얼마나 유사하게 평가하였느냐의 문제이다. ⇨ 평가자 사이에서의 유사성

예 여러 명의 교사가 특정 학생의 논술형 검사를 채점할 경우에 서로의 채점결과가 크게 다르다면 채점자 간 신뢰도가 낮다.

③ **신뢰도와 객관도의 관계** : 신뢰도 ⊃ 객관도 ⇨ 신뢰도가 평가대상자들이 평가도구의 각 문항에 보인 반응과 관련된 개념이라면, 객관도는 평가자가 평가대상에 보인 반응과 관련된 개념이라는 점에서 구분할 수 있다.

(2) 객관도 향상방법

① 평가도구를 객관화시켜야 한다. ⇨ 주관식 검사의 경우 검사자의 개인적 편견이나 감정이 작용될 가능성이 높다.

② 평가자의 소양을 높여야 한다.

③ 명확한 평가기준(예 루브릭)을 마련하여야 한다. ⇨ 검사자의 인상, 편견, 감정, 어림짐작, 착오 등 주관적 요소를 최소한으로 줄여야 한다.

④ 가능하면 여러 사람이 공동으로 평가해서 그 결과를 종합하는 것이 좋다.

⑤ 반응 내용에만 충실한 채점을 한다. ⇨ 논술답안을 채점할 때 수험생의 이름을 가리고 채점한다.

⑥ 답안지는 학생단위로 채점하지 말고 문항단위로 채점한다.

MEMO

❹ 실용도(usability)

(1) 개념

① 검사의 경제성 정도를 의미하며, 하나의 평가도구가 문항제작, 평가실시, 채점에서 비용, 시간, 노력 등을 적게 들여 소기의 목적을 달성하는 정도이다.
② 실용도를 지나치게 강조하다 보면 타당도가 낮아질 수 있다.

(2) 실용도의 조건

① 검사실시와 채점방법이 쉬워야 한다.
② 비용 · 시간 · 노력 등이 절약되어야 한다.
③ 해석과 활용이 용이해야 한다.

02 평가도구의 제작

❶ 평가문항(검사문항)의 제작

(1) 평가문항의 제작절차

평가목표의 설정 ⇨ 이원목표 분류표 작성 ⇨ 출제문항의 제작 ⇨ 지시문의 작성 ⇨ 문항의 편집 ⇨ 예비 실시 및 수정 · 보완 ⇨ 개발된 문항의 검토 ⇨ 최종 문항의 편집 · 인쇄

(2) 평가문항의 유형

채점방식(채점자의 주관성 개입 여부)에 따른 구분	주관식 검사	논문형(서술형)
	객관식 검사	진위형, 배합형(연결형), 선다형(선택형 예 정답형, 최선답형, 다답형, 불완전문장형, 합답형, 부정형, 대체형), 단답형, 완성형
학생의 반응양식에 따른 구분	선택형 검사	진위형, 배합형, 선다형 ⇨ 재인능력 과제(recognition task) 평가에 적합
	서답형 검사	단답형, 완성형, 논문형 ⇨ 회상능력 과제(recall task) 평가에 적합

MEMO

04

(3) 객관식 검사와 주관식 검사의 비교

구분	객관식 검사	주관식 검사
반응의 특징	문항이 요구하는 관련 지식에만 반응	문항이 요구하는 관련 지식, 문장구성력, 표현력, 창의력 등 포함
반응의 강조점	정확한 지식	종합적 이해
반응의 자유도	작음	큼
채점의 객관도	상당히 높음	비교적 낮음
문항의 타당도	유지할 수 있음	유지가 어려움
추측의 작용	상당히 큼	거의 없음
출제 소요시간	많음	적음
채점 소요시간	적음	많음
중시하는 인지능력	재인(recognition) 능력	회상(recall) 능력

❷ 평가문항의 유의점

(1) 객관식 선택형(선다형) 문항 제작 시 유의할 점

① 정답은 분명하게, 오답은 그럴 듯하게 만든다.

② 답지 사이의 중복을 피한다.

③ 답지의 길이는 비슷해야 한다. ⇨ 추측요인의 제거

④ '모두 정답' 또는 '정답 없음'이 정답이 되는 답지도 사용하되, 제한적으로 한다. '모두 정답' 또는 '정답 없음'과 같은 답지는 계산이나 철지문제 등 필요한 경우에만 사용해야 하고, 정답형의 문항에서 '정답 없음'과 최선답형에서 '모두 정답'의 답지는 논리적으로 모순이므로 사용할 수 없다.

⑤ 문항은 자세하게, 답지는 간결하게 표현한다.

⑥ 정답에 대한 단서를 주지 말아야 한다.

⑦ 문항은 가급적 긍정문으로 진술한다.

⑧ 정답의 위치는 다양성이 있어야 한다.

⑨ 문항과 답지는 내용상 관련이 있어야 한다.

⑩ 한 문항 내의 답지는 상호 독립적이어야 하고, 다른 문항의 답지와도 상호 독립적이어야 한다.

⑪ 전문적인 용어 사용을 피한다. 전문적인 용어의 사용은 문항의 적절한 난이도 유지를 곤란하게 할 수 있다.

⑫ 형용사, 부사의 질적 표현을 많이 사용하지 않는다. 형용사나 부사의 사용은 그 의미나 해석이 다를 수 있으므로 질문의 내용이 모호해질 수 있다.

MEMO

(2) 주관식 논문형(서술형) 문항의 채점 시 유의점

① 채점기준을 미리 정한다(예 모범 답안지를 만들어 본다). ⇨ 내용불확정성 효과 방지

② 채점 시에 편견이나 착오가 작용하지 않도록 한다. ⇨ 후광효과 방지

③ 가급적 여러 사람이 공동으로 채점한다. ⇨ 내용불확정성 효과 방지 또는 답안과장 효과 방지

④ 충분한 시간을 갖고 채점한다. ⇨ 피로효과 방지

⑤ 답안 작성자 단위별로 채점하지 말고 평가문항별로 채점한다. ⇨ 순서효과 방지

내용불확정성 효과 (content indeterminancy effect)	채점자가 논술형 문항이 요구하는 반응을 정확하게 이해하지 못하거나 여러 채점자가 바람직한 반응에 대한 의견이 다를 경우 채점결과에 영향을 주는 현상 ⇨ 채점기준을 명확히 제시함으로써 예방
후광효과 (halo effect)	채점자가 학생에 대해 갖고 있는 인상이 채점결과에 영향을 주는 현상 ⇨ 학생의 인적 사항을 모르는 상태에서 채점
순서효과 (order effect)	답안지를 채점하는 순서가 채점에 영향을 주는 현상으로, 일반적으로 먼저 채점되는 답안지가 뒤에 채점되는 답안지보다 더 높은 점수를 받는 경향이 있다. ⇨ 학생별로 채점하지 말고 문항별로 채점하여 예방
피로효과 (fatigue effect)	채점자의 육체적, 심리적 피로가 채점결과에 영향을 주는 현상 ⇨ 충분한 시간을 갖고 채점하여 예방
답안과장 (bluffing)	논술형 문항이 측정하는 지식이나 기능을 갖고 있지 않은 학생이 지식이나 기능을 갖고 있는 것처럼 보이기 위해 허세를 부리거나 의도적으로 답안을 조작하는 현상(예 작문능력, 일반지식, 시험책략 등)으로 부분점수 또는 채점자가 주의하지 않으면 고득점을 받기도 함 ⇨ 가능하면 같은 답안지를 최소 2회 이상 채점하거나 두 사람 이상이 채점한 결과를 평균하여 산출함으로써 예방

Section 02

문항분석

개념 다지기

문항분석

1. **문항분석의 개념**
   ① 어떤 검사를 구성하고 있는 개개 문항의 '양호도'를 검증하는 것을 말한다.
   ② '검사(평가도구)의 양호도'는 '문항들의 양호도'에 따라 결정되기 때문에 '검사의 양호도'를 알아보기 위해 문항분석이 필요하다.
   ③ 객관식(선택형) 문항에 한하여 실시한다.
   ④ 한 검사 속에 포함되어 있는 문항들이 얼마나 적합하며, 제 구실을 하고 있는지를 검증 · 분석하고 이를 통해 문항의 개선을 목적으로 실시한다.

2. **문항분석의 의의**
   ① 문항을 개선하기 위해서 실시한다.
   ② 문항분석 결과는 교수-학습 및 평가과정에 합류시킴으로써 교수-학습과정을 향상시키는 데 도움을 준다.
   ③ 문항분석 절차는 교사의 전문성 향상에 도움을 준다.
   ④ 문항분석은 문항은행 구축에 필요한 절차이다. ⇨ 좋은 문항은 문항은행에 보관

3. **유형**: 고전검사이론과 문항반응이론

고전검사이론	문항반응이론
• 문항특성의 가변성 • 피험자 특성의 가변성 • 관찰점수는 진점수와 오차점수의 합 • 문항난이도, 문항변별도, 문항반응분포	• 문항특성의 불변성 / 단일차원성, 지역독립성 • 피험자 특성의 불변성 • 문항특성곡선(S자형 곡선)에 근거 • 문항난이도, 문항변별도, 문항추측도

MEMO

MEMO

01 고전검사이론(classical test theory) 07 초등

1 문항난이도(문항곤란도, P) 97 초등, 99 초등보수, 00 중등, 02~04 중등, 03 초등, 11 중등

(1) 개념

① 한 문항의 쉽고 어려운 정도 ⇨ 전체 사례 수 중에서 정답을 한 학생의 비율(정답자의 비율)로 나타냄 ⇨ 그 문항의 정답률

② 문항의 배열 순서 결정 시 사용(쉬운 문항 → 어려운 문항)

③ 한 문항에 정답한 학생 수가 많을수록 문항난이도는 크고, 문항난이도가 클수록 그 문항은 쉬운 문항임

(2) 공식

① 추측요인 배제

$$P = \frac{R}{N} \times 100$$

- P: 문항난이도
- R: 정답 학생 수
- N: 전체 사례 수

예 응시자 100명의 학생 중 A문항에는 30명이 정답을 했고, B문항에는 40명이 정답을 했다면 어느 문항이 더 쉬운 문항인가?

A문항: $P=\frac{30}{100}\times 100=30\%$, B문항: $P=\frac{40}{100}\times 100=40\%$ ∴ B문항이 더 쉬운 문항이다.

② 추측요인 고려

$$P = \frac{R-(\frac{W}{n-1})}{N} \times 100$$

- W: 오답 학생 수
- n: 문항의 답지 수

$S=R-\frac{W}{n-1}$를 교정점수라고 한다.

(3) 변산범위

① 변산범위: 0% ≦ P ≦ 100%(0%: 정답자 없음, 100% 모두 정답) ⇨ 30~70%이면 양호, 50%가 이상적

② 상대평가의 경우: P=100%이거나 P=0%일 때 문항이 잘못되어 있음을 뜻함

③ 절대평가의 경우: P=100%이면 교수-학습이 성공한 증거로 보나, P=0%이면 교수-학습이 실패한 증거로 보아 교수-학습 개선이 요구됨

(4) 해석

한 문항에 정답한 학생 수가 많을수록 문항난이도는 높고, 문항난이도가 높을수록 쉬운 문항

MEMO

04

(5) 문항난이도의 이용

① 문항난이도는 문항변별도의 준거가 된다.

② 문항난이도의 정도에 따라 문항 배열의 순서를 정한다(문항의 배열 순서 결정 시 사용 : 쉬운 문항 → 어려운 문항).

③ 검사문항의 수준을 조절할 때 사용한다. 문항난이도가 큰 문항은 능력이 낮은 학생의 동기 유발을 위해, 문항난이도가 작은 문항은 상위능력 학생의 성취감 향상을 위해 필요하다.

2 문항변별도(문항타당도, *DI*) 94 중등, 99~00 중등, 03~04 초등, 03 중등, 05~06 중등, 10 초등, 10 중등

(1) 개념

① 문항 하나하나가 피험자의 상하능력을 변별해 주는 정도(상위집단과 하위집단을 구별해 주는 정도) ⇨ 상위집단의 학생이 하위집단의 학생보다 정답 확률이 높을 때 그 문항의 변별도가 높다.

② 어떤 검사의 개개 문항이 상위집단(H)과 하위집단(L)의 학생을 식별 또는 구별해 줄 수 있는 변별력이며, 검사결과로 나온 총점을 성적순으로 배열했을 때 그 중앙치(Mdn)를 중심으로 상위집단과 하위집단으로 나누어 계산한다.

③ 측정하고자 하는 능력의 상하를 정확히 변별한다는 것은 측정하고자 하는 능력을 충실히 재는 것이므로 문항변별도는 문항타당도의 일종이다.

(2) 공식

① 정답비율 차(정답률 편차)에 의한 문항변별도 계산방법(Johnson) : (상위집단의 정답률)−(하위집단의 정답률)

$$DI=\frac{RH-RL}{\frac{N}{2}}$$

- RH : 상위집단 정답자 수
- RL : 하위집단 정답자 수
- N : 전체 사례 수

예 A문항에 대한 검사결과가 다음과 같이 나왔다. 문항변별도 지수는?

구분	오답	정답
상위집단	20명	80명
하위집단	60명	40명

$$\mathrm{DI}=\frac{\mathrm{RH-RL}}{\frac{\mathrm{N}}{2}}=\frac{80-40}{\frac{200}{2}}=+0.4$$

(상위집단의 정답률)−(하위집단의 정답률)=80%−40%=40%=+0.4

MEMO

② **상관계수에 의한 문항변별도 계산방법**: 문항점수와 검사점수 총점 간의 상관계수에 의한 방법

㉠ 정답지의 상관계수는 높으며 정적이고, 오답지의 경우는 상관이 매우 낮거나 부적 상관계수를 나타낸다.

㉡ 이는 각 답지의 선택 여부와 총점과의 상관계수이므로 정답지의 경우 정답지 선택 여부와 총점의 상관계수 추정에서 정답지를 선택한 피험자의 경우 일반적으로 총점이 높으므로 상관계수가 양수이다. 그러나 각 오답지의 선택 여부와 총점의 상관계수는 오답지를 선택한 피험자들의 총점이 낮고 오답지를 선택하지 않은 피험자들의 총점이 높으므로 음수이거나 0에 가깝다.

(3) 변산범위

① **변산범위**: $-1 \leq DI \leq +1$ ⇨ +0.3~+0.7이면 양호한 문항(변별도가 있다)

② **참고**: 0일 경우: 변별력 없음, +1에 가까울수록: 변별력이 큼, '−'일 경우: 역변별(부적 변별) 문항

(4) 해석

① **상위집단 정답자 수 = 하위집단 정답자 수**: DI(변별도)=0

② **상위집단이 모두 정답, 하위집단이 모두 오답**: DI(변별도)=+1

③ **상위집단이 모두 오답, 하위집단이 모두 정답**: DI(변별도)=−1 (−값을 가지면 '역변별 문항'에 해당)

④ **변별도가 0 이하인 경우**: 나쁜 문항(양호하지 못한 문항)

⑤ **변별도가 '−'일 경우**: 하위집단의 정답자 수가 많음을 의미('역변별 문항'에 해당) ⇨ 양호하지 못한 문항

⑥ '+'값을 가지면서 그 값이 크게 나와야 바람직한 것이다.

⑦ 문항난이도가 50%일 때 변별도는 +1에 가깝다.

(5) 문항변별도의 이용

① 상대평가나 절대평가에 모두 유용하게 사용된다.

② 상대평가에서는 총점에서 성적이 좋은 사람과 나쁜 사람을 분명히 가려낼 수 있는 문항으로 구성되어야 한다.

③ 절대평가에서는 성공 학생과 실패 학생을 잘 변별할 수 있는 문항으로 구성되어야 한다.

④ 절대평가에서는 어떤 문항이 학습에서의 성공자와 실패자를 잘 구별하느냐를 알아보기 위해 사용한다.

MEMO

04

3 문항반응분포

(1) 개념

① 문항별 학생들의 반응분포를 말함

② 정답과 오답이 제 구실을 하고 있는가를 알아보는 것 ⇨ 오답의 매력도 분석

(2) 문항반응분포의 분석

문항 1		문항 2		문항 3	
답지	반응자 수	답지	반응자 수	답지	반응자 수
① 정답	50	①	24	①	5
②	16	②	26	②	0
③	18	③ 정답	25	③	20
④	16	④	25	④ 정답	75
N	100	N	100	N	100

① 문항 1 : 좋은 분포이다. 정답에 많은 수가 분포되어 있고, 나머지 오답은 비슷한 분포를 가지고 있다.

② 문항 2 : 정답이 제 기능을 하지 못하고 있다. 각각의 오답과 정답의 반응 수가 비슷하기 때문에 이런 문항은 정답이나 오답을 수정해야 한다.

③ 문항 3 : 정답에만 몰려 있고, 답지 ①과 ②는 제 기능을 못하고 있다. 이런 문항은 오답을 수정하거나 대치해야 한다.

(3) 바람직한 분포

① 정답지에 50%가 반응하고, 나머지 오답지에 골고루 반응할 때 바람직하다.

② 정답지에는 하위집단 학생 수보다 상위집단 학생 수가 많을 때 바람직하다.

MEMO

02 문항반응이론(item response theory) 01 중등, 08 초등

1 문항특성곡선(ICC : Item Characteristic Curve)

(1) 개관

① 개념 : 학생(피험자)의 능력수준에 따라 문항을 맞힐 확률을 나타내는 S자형 곡선

② 피험자의 능력(가로축) : Θ(theta)로 표기 ⇨ −3.0에서 +3.0 사이에 위치(인간의 능력 평균을 0, 표준편차를 1로 하기 때문에 인간의 능력이 음수로 표기될 수 있음)

③ (각 능력수준에서 그 능력을 가진) 피험자가 각 문항에 정답을 할 확률(세로축) : P(Θ)로 표기 ⇨ 0에서 1 사이에 위치

④ 문항난이도와 문항변별도 : 문항특성곡선에 의해 규정됨

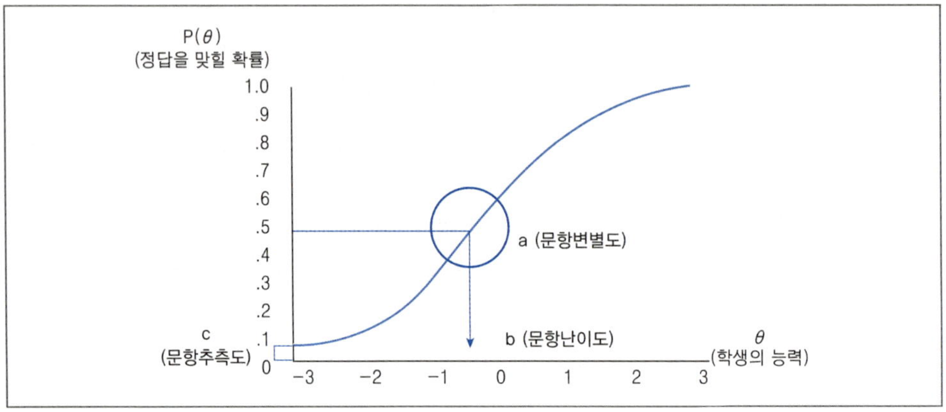

(2) 문항특성곡선의 해석

문항특성곡선은 문항난이도, 문항변별도, 문항추측도에 따라 다양한 곡선이 만들어짐

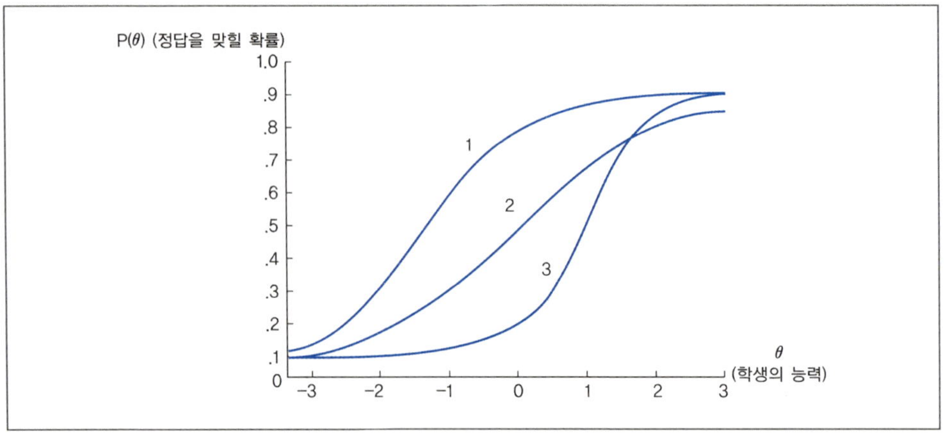

세 문항의 문항특성곡선

① **1번 문항과 3번 문항의 비교**: 3번 문항은 1번 문항보다 오른쪽에 위치하여 능력이 높은 피험자들에게 기능하고, 1번 문항은 능력이 낮은 피험자들에게 기능한다. 3번 문항이 1번 문항보다 더 어렵다. ⇨ 문항난이도

② **2번 문항과 3번 문항의 비교**: 피험자 능력이 증가할 때 3번 문항은 2번 문항보다 피험자가 문항의 답을 맞힐 확률의 변화가 심하므로, 피험자의 능력을 더 잘 변별할 수 있다. ⇨ 문항변별도

MEMO

04

② 문항난이도와 문항변별도, 문항추측도 – 문항특성곡선에 의해 규정

(1) 문항난이도(b 또는 β) – 문항의 답을 맞힐 확률이 0.5에 대응하는 능력수준

① 문항특성곡선이 존재하는 위치가 문항의 어려운 정도를 설명한다.

② 문항특성곡선이 오른쪽으로 위치할수록 어려운 문항이다. (∵ 문항특성곡선의 능력 수준이 보다 높은 피험자 집단에서 가능하기 때문)

③ 문항난이도는 일반적으로 −2에서 +2 사이에 위치하며 값이 커질수록 어려운 문항이다.

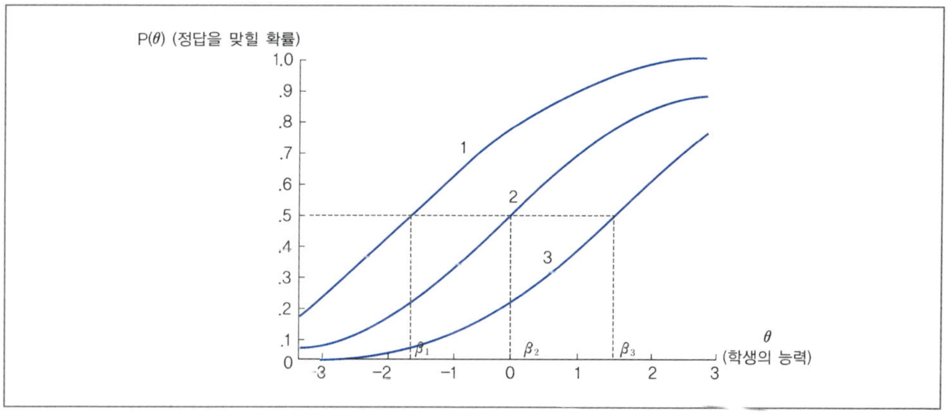

✓ 문항난이도가 다른 세 문항의 문항특성곡선

㉠ 정답을 맞힐 확률이 0.5에 해당하는 학생의 능력 수준: 1번 문항(−1.5), 2번 문항(0), 3번 문항(+1.5) ⇨ 3번 문항이 제일 어렵다.

㉡ 문항난이도의 범위

문항난이도 지수	언어적 표현
−2.0 미만	매우 쉽다.
−2.0 이상 −0.5미만	쉽다.
−0.5 이상 +0.5 미만	중간이다.
+0.5 이상 +2.0 미만	어렵다.
+2.0 이상	매우 어렵다.

MEMO

(2) **문항변별도**(a 또는 α) – 문항특성곡선상의 '문항난이도를 표시하는 인접 지점(b ± 0.5인 지점)'에서 문항특성곡선의 기울기 07 중등

① 문항특성곡선의 기울기가 가파르면 문항변별도가 높아지는 반면에 기울기가 완만하면 낮아지게 된다.

② 문항변별도는 일반적으로 0에서 +2의 값을 가지며 높을수록 좋은 문항이다.

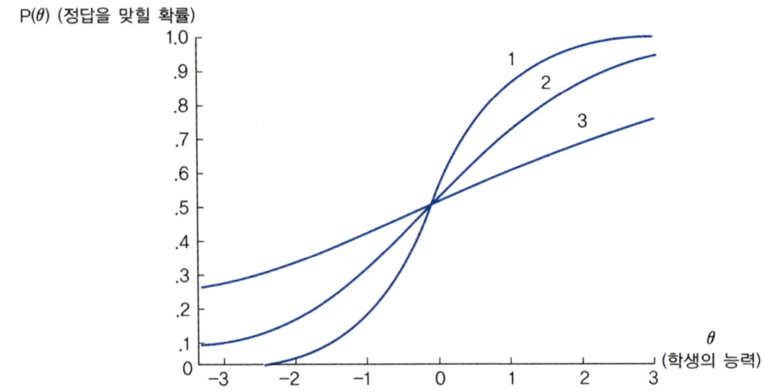

문항변별도가 다른 세 문항의 문항특성곡선

㉠ **문항난이도**(b) : 1번, 2번, 3번 문항이 모두 같다(b=0).

㉡ **문항변별도**(a) : 문항 기울기로 계산한다. 3번 문항은 피험자의 능력 수준이 증가하여도 문항의 답을 맞힐 확률의 변화가 심하지 않은 데 비해, 1번 문항은 심하게 변하고 있다. 그러므로 1번 문항이 3번 문항보다 문항변별도가 높다.

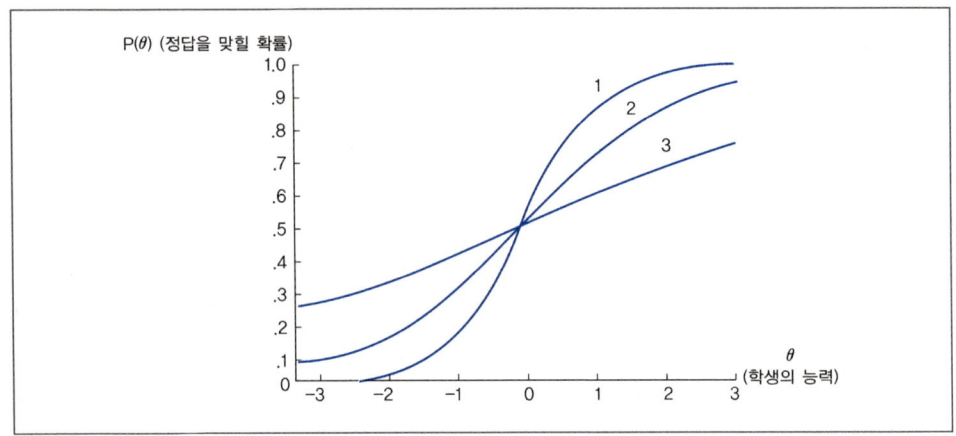

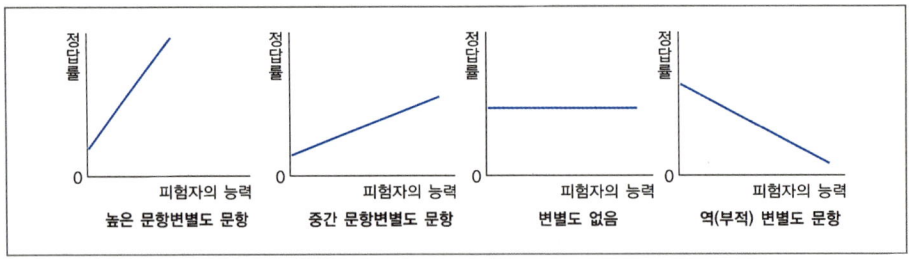

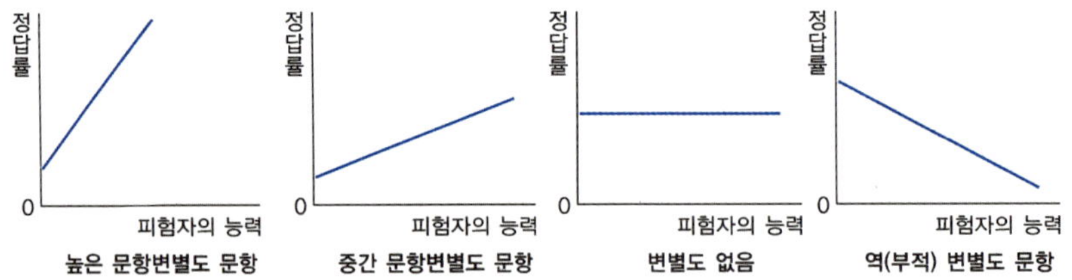

(3) **문항추측도**(c) – 능력이 전혀 없음에도 불구하고 문항의 답을 맞히는 확률

높을수록 좋지 않은 문항이며, 4지 선다형 문항에서 일반적으로 문항추측도는 0.2를 넘지 않는다.

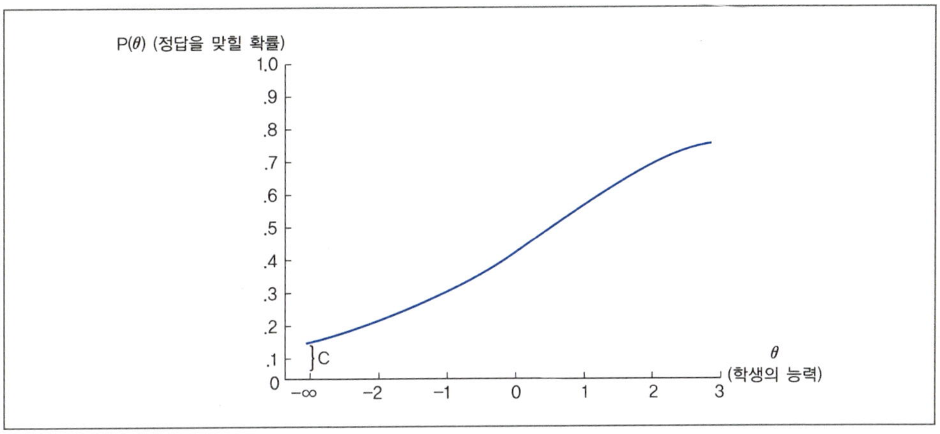

문항특성곡선상의 문항추측도

MEMO

04

③ 고전검사이론과 문항반응이론의 비교

구분	고전검사이론	문항반응이론
문항난이도	• 총 피험자 중 정답을 맞힌 피험자의 비율 • 0 ≦ P ≦ 100 • 값이 커질수록 쉬운 문항	• 문항의 답을 맞힐 확률이 0.5에 대응하는 피험자의 능력수준 ⇨ 문항특성곡선에 위치 • −2 ≦ b ≦ +2 • 값이 커질수록(곡선의 위치가 오른쪽에 있을수록) 어려운 문항
문항변별도	• 문항점수와 피험자의 총점 간 상관계수에 의해 추정 • −1.00 ≦ DI ≦ +1.00 • '+'부호이며 값이 클수록 좋은 문항	• 문항특성곡선상의 '문항난이도를 표시하는 인접 지점(b±0.5인 지점)'에서 문항특성곡선의 기울기 • 0 ≦ a ≦ +2 • 기울기가 가파를수록 좋은 문항

권지수 교육학

합격지수 100

참고문헌

박도순 외(2004), 교육과정 및 교육평가, 문음사

박승배(2007), 교육과정학의 이해, 학지사

권대훈(2015), 교육심리학의 이론과 실제, 학지사

권대훈(2016), 교육평가, 학지사

김대현 외(2011), 교육과정과 교육평가, 학지사

김수천(2001), 교육과정과 교과, 교육과학사

김석우(2015), 교육평가의 이해, 학지사

김재춘(2016), 교육과정, 교육과학사

김재춘 외(2004), 교육과정과 교육평가, 교육과학사

김창걸(2002), 교육학, 박문각

노혜란 외(2012), 교육방법 및 교육공학, 교육과학사

류지헌 외(2013), 교육방법 및 교육공학, 학지사

박성익 외(2015), 교육방법의 교육공학적 이해, 교육과학사

박은숙 외(2015), 교육방법 및 교육공학, 학지사

백영균 외(2015), 교육방법 및 교육공학, 학지사

변영계 외(2003), 교육방법 및 교육공학, 학지사

성태제(2019), 교육평가의 기초, 학지사

소경희(2017), 교육과정의 이해, 교육과학사

송인섭 외(2001), 교육과정과 교육평가, 양서원

신명희 외(2007), 교육심리학의 이해, 학지사

신종호 외(2015), 교육심리학, 교육과학사

이건인 외(2008), 교육심리학, 학지사

이성진(1997), 교육심리학, 교육과학사

이홍우(2010), 교육과정 탐구, 박영사

이화여자대학교 교육공학과(2003), 21세기 교육방법 및 교육공학, 교육과학사

임규혁(2007), 교육심리학, 학지사

전성연 외(2007), 현대 교수학습의 이해, 학지사

홍후조(2016), 알기 쉬운 교육과정, 학지사

한혜정 외(2016), 교육과정, 학지사

황정규(1997), 학교학습과 교육평가, 교육과학사

2027 권지수의 탁월한 만점전략

상

권지수 교육학

합격지수 100

초판인쇄 | 2026. 1. 8.
초판발행 | 2026. 1. 15.
편저자 | 권지수
발행인 | 박 용
발행처 | (주)박문각출판
등록 | 2015년 4월 29일 제2019-000137호
주소 | 06654 서울특별시 서초구 효령로 283 서경빌딩
전화 | 교재주문·학습문의 (02)6466-7202

정가 39,000원

ISBN 979-11-7519-578-3 | ISBN 979-11-7519-577-6(세트)